ARTEMIDORI DALDIANI

ONIROCRITICON LIBRI V

EX RECENSIONE

RUDOLPHI HERCHERI

LIPSIAE
IN AEDIBUS B. G. TEUBNERI
MDCCCLXIV

In the interest of creating a more extensive selection of rare historical book reprints, we have chosen to reproduce this title even though it may possibly have occasional imperfections such as missing and blurred pages, missing text, poor pictures, markings, dark backgrounds and other reproduction issues beyond our control. Because this work is culturally important, we have made it available as a part of our commitment to protecting, preserving and promoting the world's literature. Thank you for your understanding.

ARTEMIDORI DALDIANI

ONIROCRITICON LIBRI V

FRIDERICO GUSTAVO KIESSLINGIO
GYMNASII IOACHIMICI RECTORI

D.

R. H.

PRAEFATIO.

Artemidori Daldiani liber Onirocriticus quam non gratiosus fuerit apud plerosque viros doctos, vel inde cognoscitur, quod, ex quo primum ille typis descriptus est, non nisi duae praeterea editiones memoriam eius retinuerunt. nam principem, quam Aldus impressit Venetiis mense Augusto anni MDXVIII, post annos octoginta quinque secuta est Rigaltiana; hanc annis interiectis ducentis duobus Reiffiana excepit. nec praeter Ioannem Iacobum Reiskium inventus est qui tantum tribueret Artemidoro, ut quas verborum inanitates vel distortiones silentio editores praetermisissent, seorsum sanare aut tollere studeret. nisi forte hanc laudem concedemus Friderico Benedicto, gymnasii Schneebergensis rectori, qui anno huius saeculi vicesimo primo paginis triginta permultos Artemidori locos coniecturis suis refecisse sibi visus est; quanquam, ut verum dicam, non nisi unum illud recte docuit, in tertii libri quodam loco pro nescio qua vocali simplici reponendam esse diphthongum.

Studiosius Artemidorum legit ad eiusque praecepta somnia sua exegit indocta multitudo, ab eo scilicet tempore, quo ille ex Graeco in Italorum Germanorum Gallorum sermonem domesticum conversus vulgi familiaritati traditus est. id quod quodammodo praesensit Franciscus Asulanus, qui in prooemio, quod ad Aldinam editionem addidit, futurum esse auguratur, ut 'aliquis amoeno ingenio vir materiam ex Artemidoro sumat trahendi sermonis longius aliquanto cum aulicis praesertim virginibus atque matronis, nec non etiam aliis, quarum iucunda consuetudine delectetur'. sed ne apud vulgum quidem Artemidori stabilis fuit et diuturna existimatio. nam versio Germanica, quae ceteras vitae firmitate superavit, ultra superioris saeculi initium propagata non est; Italica autem, quam Gabriel Iolitus instituit Venetiis anno 1548, postquam eadem annorum decade bis repetita est, non nisi semel praeterea prodiit anno 1558. nam eodem fere tempore lottaria, quam iurisconsulti vocant, in Venetorum urbem invecta est, unde maior sane somniorum nata est commendatio, sed eadem Artemidoro infestissima. ni mirum sortium aleam ille non prospexerat libro suo; coepit autem apud Venetos is iam somniorum usus communis vulgarisque esse, qui nunc per totam Italiam obtinet, ut ex hominibus rebusve per quietem visis derivent numeros, quorum fidei res suas augendas et amplificandas committant. itaque fieri non potuit, quin Graecus coniector subito respueretur; suffecerunt autem in eius vicem libellum eo ipso tempore confectum a nebulone, qui etsi in expromendis fetibus suis nihil spectavit nisi ut mendaciorum lasciviis populares suos induceret, eo tamen eorum commodis egregie studuisse credebatur, quod somniorum protagonistas et deuteragonistas una cum numeris iustis ac propriis ordine alphabetico exposuisset

Iam ego cur scriptorem a doctis indoctisque desertum in lucem revocandum existimaverim, breviter declarabo. non is sum, qui Artemidori commenta voluptatis causa legere soleam, neque aliis eum hoc nomine commendo. at nesciunt plerique philologi, argumenti futilitatem ab illo et ratione et remotioris doctrinae thesauris aperiendis satis superque compensatam esse adeoque rerum notitiam quarundam ad antiquitates spectantium uni deberi Artemidoro. praeterea videbar mihi orationem eius librariorum stupore incredibilem in modum obscuratam ita codicum meorum ope conformasse atque emendasse, ut nunc demum pateret dicendi generis elegantia, quam Ioannes Gothofredus Reiffius in Artemidoro, qualem ille novit, ὄναρ, opinor, οὐχ ὕπαρ videre sibi visus est. nam etsi gloriosius de se ipso Reiffius non praedicavit, cum scriberet, magnam inter ipsius et Rigaltii editionem differentiam inventurum esse qui vel leviter utramque inter se componere vellet, attamen non tantum praestitit quantum debuit; saepissime enim instrumento suo critico parum scienter usus est. tantum enim plerumque abfuit, ut Aldinae lectiones caeca quadam Marciani sui superstitione obligatus in arbitrio consumeret, ut Artemidori ex eodem manu scripto emendandi opportunitates sexcentas futuro editori relinqueret.

Scriptos Artemidori codices verbo sex habui, re vera duo; duplex enim eorum familia est. quas familias qui ducunt, mirifice inter se dissentiunt, reliquis nihil peculiare ac proprium est. ac duces quidem adhuc fuerunt Marciani 267 et 268, a Michaele Apostolio scripti, quorum hunc (V) Aldina editio repraesentat, alterum Reiffius habuit. ego primus Laurentianum adhibui plut. 87,8 (L), saeculo undecimo scriptum ab homine indocto, sed a cuius manibus librariorum quam toties exsecramur libido abesset. huius simillimus, etsi non descriptus ex eo, Marcianus est 267, itemque Urbinas 107, et ipse ab Apostolio exaratus. neque Suidae codex hoc loco praetermittendus est, qui a Laurentiano ita passim distat, ut vincat eum bonitate. ad alteram familiam pertinent saeculi sexti decimi frusta Ottoboniana et Cantabrigiensia, quibus Artemidori liber primus et secundi particula usque ad capitis decimi verba γυναικωνῖτις θεραπαίνας comprehenduntur. ceterum codicem Laurentianum ante me contulerat Iacobus Gronovius. is schedis suis haec subscripsit: 'optima collatio, sed in libro quarto multum me torsit. reliqui libri egregie emendantur. Florentiae 24 Oct. 1680.'

Conflavi igitur Artemidori orationem ex codicibus Laurentiano et Marciano 268. praeterea ter quaterve ascivi Marcianum alterum, qui in levissimis quibusdam praestat Laurentiano, sed ita, ut ambigas, ad scribamne referenda eae lectiones sint an ad codicem, quem ille descripsit. abstinui autem a veterum editionum commemoratione; nam Aldinae diversitates, cum ipsius Veneti, ex quo fluxit, excerpta tenerem, nullius omnino pretii erant; neque Rigaltiana in censum veniebat, quippe quae, si pauca excipias, quae de suo Rigaltius aut Isaaco Casaubono hortante correxit, merum Aldinae simulacrum esset. virorum doctorum coniecturas nudis eorum nominibus signavi. quae invitis codicibus correcta reperientur nomine addito nullo, mea sunt. horum aliquam partem ante hos tres annos argumentis firmavi in Museo Rhenano, alia viris doctis probare studebimus commentario nostro, in quo et res tractabimus ab Artemidoro memoratas. ibidem etiam de emblematis disputabimus, quibus adhuc Artemidori oratio imperitissime intertexta erat.

Sequitur ut significem, habiliorem me reddidisse Artemidorum rerum indice adiecto locupletissimo. quem indicem quominus sibi scriptum opinentur qui spreta scriptorum oratione per indices vagari solent, non impedio; quanquam verendum est, ne veniam isti non sint daturi, quod prodromi instar ipsum praefixerim Artemidorum ut potui perpolitum.

Verbo dicendum est de capitum titulis, qui plurimi in Artemidori libris adscripti sunt. horum non paucos librariis deberi apertum est; nam saepe absurde concepti sunt et a diversis codicibus exhibentur diversi; alii contra ad ipsum scriptorem videntur referendi esse. quanquam huius rei certum iudicium facere lubricum ac periculosum est. etenim etsi Artemidorus quem ordinem in librorum primi et secundi materia disponenda servaturus esset, disertis verbis demonstravit libri primi capite tertio decimo eiusque materiae has voluit esse particulas:

περὶ τοῦ γεννᾶσθαι

περὶ τοῦ ἀνατρέφεσθαι

περὶ σώματος καὶ τῶν ἐν τῷ σώματι μερῶν προσγινομένων καὶ ἀπογινομένων καὶ αὐξομένων καὶ μειουμένων καὶ ἀλλοιουμένων εἰς μορφὴν ἑτέραν ἢ εἰς ὕλην

περὶ διδασκαλίας τεχνῶν παντοδαπῶν καὶ ἔργων καὶ ἐπιτηδευμάτων

περὶ ἐφηβείας

περὶ γυμνασίων
περὶ ἀγώνων
περὶ βαλανείου καὶ λουτροῦ παντοδαποῦ
περὶ τροφῆς πάσης ὑγρᾶς τε καὶ ξηρᾶς
περὶ μύρων καὶ στεφάνων
περὶ συνουσίας
περὶ ὕπνου
περὶ ἐγρηγόρσεως
περὶ ἀσπασμάτων
περὶ κόσμου παντὸς ἀνδρείου καὶ γυναικείου
περὶ ἀέρος καὶ τῶν περὶ ἀέρα
περὶ κυνηγίου
περὶ ἁλιείας
περὶ πλοῦ
περὶ γεωργίας
περὶ δίκης
περὶ ἀρχῆς δημοσίας καὶ λειτουργίας
περὶ στρατείας
περὶ θεῶν τιμῆς καὶ περὶ θεῶν
περὶ θανάτου,

tamen ego nolim asseverantius pronunciare, indiculos, quos apposuimus, omnes eadem forma in capitum initiis rediisse. veluti a primo indiculo, quem περὶ τοῦ γεννᾶσθαι esse diximus, lemma eius capitis, quo hoc argumentum continetur, ita recedit, ut in libris sit περὶ γεννήσεως. ipse autem Artemidorus infra p. 179, 6 his verbis caput illud respexit: περὶ ὧν ἀκριβέστερον ἐν τῷ πρώτῳ βιβλίῳ ἐν τῷ περὶ γενέσεως παίδων εἴρηκα κεφαλαίῳ. unde suspiceris, non περὶ τοῦ γεννᾶσθαι capiti inscriptum fuisse sed περὶ γενέσεως vel περὶ γεννήσεως. similiter dubitari potest an quae p. 16, 3 generali titulo comprehenduntur περὶ κυνηγίου in membra discerpta fuerint titulis secundariis. partem certe eius argumenti Artemidorus commemorat p. 210, 7 verbis ἐν τῷ περὶ ὀρνίθων λόγῳ. quae cum ita sint, cavendum esse duxi, ne pro certis incerta venderem, atque titulos istos ad unum omnes in marginem reieci.

Restat ut singularibus verbis gratias agam Guilelmo Georgio Pluygersio, bibliothecae Lugduno-Batavae praefecto, qui intercedente Theodoro Mommseno, qui studiis meis eximie favet, collationem Laurentiani codicis Gronovianam et excerpta Cantabrigiensia humanissime mihi transmisit. item gratam memoriam testor Iosepho Müllero et Adolpho Kiesslingio, quorum ille Marcianum 268 in usum meum contulit, hic Laurentianum mea causa inspexit locis nonnullis, de quorum lectione in patriam reduci iniecta erat dubitatio.

Scribebam Berolini in Gymnasio Ioachimico, a. d. IV. Cal. Febr. a. MDCCCLXIV.

Ἀρτεμίδωρος Κασσίῳ Μαξίμῳ χαίρειν.

Πολλάκις προετράπην ἐπὶ τὴν πραγματείαν τὴν προκειμένην 1ᵃ
ὁρμῆσαι, καὶ ἐπεσχέθην οὔτ' ὄκνῳ εἴκων οὔτ' ἀφραδί-
ῃσι νόοιο, ὥς φησιν ὁ ποιητής, ἀλλὰ τὸ μεγαλεῖον τῶν ἐν
αὐτῇ θεωρημάτων καὶ τὸ πλῆθος καταπεπληγὼς μάλιστα καὶ
5 τὰς ἀντιλογίας δεδιὼς τῶν ἀνθρώπων τῶν ἤτοι διὰ τὸ πεπεῖ-
σθαι οὐκ εἶναι μαντικὴν οὐδὲ θεῶν πρόνοιαν λεγόντων ὅσα
λέγουσιν ἢ ἄλλως γυμνάσματα καὶ διατριβὰς ἑαυτοῖς ποριζομέ-
νων. νυνὶ δὲ ἡ παροῦσα χρεία ἀναγκαία οὖσα διὰ τὴν εὐχρη-
στίαν οὐ μόνον τὴν ἡμῶν αὐτῶν ἀλλὰ καὶ τῶν μετέπειτα ἐσο-
10 μένων ἀνθρώπων προετρέψατό με μὴ διαμέλλειν μηδὲ ἀνα- ed. Rigalt. p. 2
βάλλεσθαι, ἀλλὰ περὶ ὧν ἂν ἔχω κατάληψιν, ἣν διὰ πείρας
ἐπορισάμην, συγγράψαι. ἡγοῦμαι δ' ἀμφότερά μοι ἐκ τοῦ τοι-
ούτου περιέσεσθαι, πρός τε τοὺς ἀναιρεῖν ἐπιχειροῦντας μαν-
τικήν τε αὐτὴν καὶ τὰ εἴδη αὐτῆς ἀνεπιφθόνως τε ἅμα καὶ
15 μετὰ κατασκευῆς οὐ τῆς τυχούσης ἀντιτάξεσθαι φέρων εἰς τὸ
μέσον τὴν πεῖραν καὶ τὴν τῶν ἀποτελεσμάτων μαρτυρίαν, ἣ
πᾶσιν ἱκανὴ γένοιτ' ἂν ἀντισχεῖν ἀνθρώποις, καὶ μέντοι καὶ
πρὸς τοὺς χρωμένους μὲν μαντικῇ διὰ δὲ τὸ μὴ ἐντετυχηκέναι
λόγοις περὶ τούτων ἀκριβέσι πεπλανημένους καὶ κινδυνεύοντας
20 ἤδη καταφρονεῖν τε καὶ ἀφίστασθαι θεραπείαν τινὰ σωτηριώδη

Κασσίῳ Rigaltius: κασίῳ LV ‖ 2 οὔτ'] οὐκ V ‖ οὔτ'] οὐδ' V ‖ 8 εὐχρηστείαν L ‖ 11 διὰ πείρας] διὰ τῆς πείρας L ‖ 12 δ'] γὰρ L ‖ 13 τε om pr L ‖ 14 ἅμα Rigaltius: ἀλλὰ LV ‖ 15 τυχούσης] τύχης L ‖ ἀντιτάξεσθαι] ἀντιτάξασθαι LV ‖ τὸ addidi ‖ 16 τὴν πεῖραν om V ‖ ἀποτελεσμάτων Rigaltius: ἐπιτελεσμάτων LV ‖ 20 σωτηριώδη om pr L

ἀντὶ τῆς πλάνης καταστήσειν. σχεδὸν γὰρ οἱ μικρὸν ἡμῶν πρεσβύτεροι δόξαν συγγραφικὴν ἀπενέγκασθαι βουλόμενοι καὶ διὰ τούτου ἡγούμενοι ἔνδοξοι ἔσεσθαι, εἰ συγγράμματα καταλίποιεν ὀνειροκριτικά, ἀντίγραφα ἀλλήλων πεποίηνται ἢ τὰ καλῶς εἰρημένα ὑπὸ τῶν παλαιῶν κακῶς ἐξηγησάμενοι ἢ καὶ ὀλίγοις τῶν παλαιῶν πολλὰ προσθέντες οὐκ ἀληθῆ· οὐ γὰρ ἀπὸ πείρας ἀλλ' αὐτοσχεδιάζοντες, ὅπως ἕκαστος αὐτῶν ἐκινεῖτο περί τινος, οὕτως ἔγραφον, καὶ οἱ μὲν πᾶσιν ἐντυχόντες τοῖς τῶν παλαιῶν βιβλίοις, οἱ δὲ οὐ πᾶσιν· ἔνια γὰρ αὐτοὺς δι' ἀρχαιότητα σπάνια ὄντα καὶ διεφθαρμένα διέλαθεν. ἐγὼ δὲ τοῦτο μὲν οὐκ ἔστιν ὅ τι βιβλίον οὐκ ἐκτησάμην ὀνειροκριτικὸν πολλὴν εἰς τοῦτο φιλοτιμίαν ἔχων, τοῦτο δὲ καὶ σφόδρα διαβεβλημένων τῶν ἐν ἀγορᾷ μάντεων, οὓς δὴ προΐκτας καὶ γόητας καὶ βωμολόχους ἀποκαλοῦσιν οἱ σεμνοπροσωποῦντες καὶ τὰς ὀφρῦς ἀνεσπακότες, καταφρονήσας τῆς διαβολῆς ἔτεσι πολλοῖς ὡμίλησα, ἐν Ἑλλάδι κατὰ πόλεις καὶ πανηγύρεις, καὶ ἐν Ἀσίᾳ καὶ ἐν Ἰταλίᾳ καὶ τῶν νήσων ἐν ταῖς μεγίσταις καὶ πολυανθρωποτάταις ὑπομένων ἀκούειν παλαιοὺς ὀνείρους καὶ τούτων τὰς ἀποβάσεις· οὐ γὰρ ἦν ἄλλως χρήσασθαι τῇ κατὰ ταῦτα γυμνασίᾳ. ὅθεν μοι περιγέγονεν ἐκ περιουσίας ἔχειν περὶ ἑκάστου λέγειν οὕτως ὡς αὐτὰ τἀληθῆ λέγοντα μὴ φλυαρεῖν, ὧν δ' ἂν ἐπιμνησθῶ τὰς ἀποδείξεις φανερὰς καὶ πᾶσιν εὐκαταλήπτους ἀποδοῦναι ἐξ ἀδήλων, πλὴν εἰ μή τι εἴη οὕτω σαφές, ὡς περιττὴν ἡγήσασθαι τὴν περὶ αὐτοῦ ἐξήγησιν.

Ἰτέον δὴ λοιπὸν ἐπὶ τὸ προκείμενον, ἵνα μὴ μεῖζον ἡμῖν ᾖ τὸ προοίμιον τοῦ δέοντος. τί γὰρ καὶ δεῖ λόγων ἄνευ τῶν πραγμάτων αὐτῶν πρὸς σὲ τὸν οὕτω μὲν δεινὸν εἰπεῖν, ὡς οὔπω τις εἰς ἀνθρώπους τῶν Ἑλλήνων παρῆλθεν, οὕτω δὲ συνετόν, ὡς οὐκ ἀναμένειν τοῦ λέγοντος τὸ πέρας, ἀλλὰ τὴν ὑπόθεσιν ὅπου τελευτᾷ καταλαμβάνειν; ἀναγκαῖον δὲ πρῶτον περὶ στοιχείων τινῶν κανονικῶς εἰπεῖν.

---

3 ἡγούμενοι] βουλόμενοι pr L ‖ ἔνδοξοι] μόνον ἔνδοξοι V sec L ‖ καταλείποιεν L ‖ 5 κακῶς om V ‖ 7 αὐτοθενσχεδιάζοντες L ‖ ἐκεινεῖτο pr L ‖ 9 γὰρ] δὲ V ‖ 11 ὅ τι] ὅτε V ‖ 13 δὴ] δὲ pr L ‖ post προΐκτας in L lacunula est duarum literarum ‖ καὶ γόητας Suidas in v. προΐκτης: δὴ καὶ γόητας L, τε καὶ γόητας V ‖ 14 ἀποκαλοῦσιν Suidas: καλοῦσιν LV ‖ σεμνοπροσωποιοῦντες L ‖ 16 ἐν] καὶ ἐν LV ‖ 21 λέγειν] λέγειν πλείονα μὲν ἢ προσδοκῆσαι ἄν τις LV ‖ 22 καὶ post ἐπιμνησθῶ delevi ‖ 23 εὐκαταλείπτους pr L ‖ ἀποδοῦναι] ἀποδοῦναί μ' L, ἀποδοῦναί με V ‖ ἀδήλων Reiskius: ἀπλῶν LV ‖ 28 δεῖ] δὴ pr L ‖ 29 fortasse τοῦ λεγομένου ‖

CAP. I.

Περὶ μὲν οὖν ἐνυπνίου καὶ ὀνείρου διαφορᾶς τῆς πρὸς ἄλληλα διαίρεσις οὐκ ὀλίγη καὶ ἐν ἄλλοις γέγραπταί μοι καὶ * * ἐπειδὴ ἄκοσμον καὶ ὥσπερ οὐκ ἀπ᾽ ἀρχῆς γενόμενον φανεῖταί σοι τὸ σύγγραμμα, καὶ νῦν ἀπ᾽ αὐτῶν τούτων ἄρξασθαι καλῶς ἔχον εἶναί μοι δοκεῖ. ταύτῃ γὰρ ὄνειρον ἐνυπνίου διαφέρειν συμβέβηκε, τῷ τὸν μὲν εἶναι σημαντικὸν τῶν μελλόντων, τὸ δὲ τῶν ὄντων. σαφέστερον δ᾽ ἂν μάθοις οὕτω. τὰ ποιὰ τῶν παθῶν προσανατρέχειν πέφυκε καὶ προσανατάσσειν ἑαυτὰ τῇ ψυχῇ καὶ τοὺς ὀνειρωγμοὺς ἀποτελεῖν. οἷον ἀνάγκη τὸν ἐρῶντα ὄναρ ἅμα τοῖς παιδικοῖς εἶναι δοκεῖν καὶ τὸν δεδιότα ὁρᾶν ἃ δέδιε, καὶ πάλιν αὖ τὸν πεινῶντα ἐσθίειν καὶ τὸν διψῶντα πίνειν, ἔτι καὶ τὸν πεπλησμένον τροφῆς ἢ ἐμεῖν ἢ πνίγεσθαι. ἔστι τοίνυν ἰδεῖν ταῦτα καθυποκειμένων ἤδη τῶν παθῶν οὐ πρόρρησιν ἔχοντα τῶν μελλόντων ἀλλ᾽ ὑπόμνησιν τῶν ὄντων. τούτων δὲ οὕτως ἐχόντων ἴδοις ἂν ἃ μὲν ἴδια σώματος ἃ δὲ ἴδια ψυχῆς ἃ δὲ κοινὰ σώματι καὶ ψυχῇ, οἷον ἐρῶντα δοκεῖν ἅμα τοῖς παιδικοῖς εἶναι καὶ νοσοῦντα θεραπεύεσθαι καὶ συμμίσγειν ἰατροῖς· κοινὰ γὰρ ταῦτα σώματι καὶ ψυχῇ. ἐμεῖν δὲ καὶ καθεύδειν καὶ πάλιν αὖ πίνειν τε καὶ ἐσθίειν ἴδια σώματος ἡγητέον, ὥσπερ ἴδια ψυχῆς χαίρειν τε καὶ λυπεῖσθαι. σαφὲς δὲ ἀπὸ τούτων ὅτι τῶν σωματικῶν ἃ μὲν δι᾽ ἔνδειαν ἃ δὲ διὰ περισσότητα ὁρᾶται, τῶν δ᾽ αὖ ψυχικῶν ἃ μὲν διὰ φόβον ἃ δὲ δι᾽ ἐλπίδα.

Περὶ μὲν οὖν ἐνυπνίου τοσαῦτα εἰρήσθω· τὸ δὲ ὄνομα αὖ τὸ κύριον οὐχὶ οἱ ὑπνοῦντες ὁρῶσι πάντες, ἐπεὶ ὄνειρος ὑπνούντων ἔργον ἐστίν, ἀλλ᾽ ἢ ἐφ᾽ ὅσον μὲν ἐνύπνιόν ἐστιν

---

1 περὶ διαφορᾶς ἐνυπνίου καὶ ὀνείρου LV ‖ οὖν om L ‖ ἐνυπνίων καὶ ὀνείρων V ‖ 3 lacunam signavi ‖ καὶ ante ὥσπερ om V ‖ 4 ἀπ᾽ Reiskius: ὑπ᾽ LV ‖ 5 ἔχον om pr L ‖ ὄνειρον] ὄνειρος LV ‖ 6 διαφέρειν] διαφέρει ἢ V ‖ τῷ τὸν] τῶ V ‖ σημαντικῷ V ‖ τῶν ante μελλόντων om V ‖ 7 τὸ] τῶ V ‖ οὕτως L ‖ τὰ ante V ‖ 9 αὐτὰ L ‖ ὀνειρωγμοὺς Reiskius: ὀνειρογμοὺς LV ‖ 10 ὄναρ om V ‖ δεδιότα L ‖ 11 πηνῶντα L ‖ καὶ τὸν] καὶ τὸν δὲ L ‖ 12 ἔτι] ἔτι δὲ V ‖ ἢ om V ‖ 13 πνίγεσθαι] πνίγεσθαι διὰ τὴν γινομένην ἀπόφραξιν δυσαναθυμιάτου τῆς τροφῆς οὔσης V, πνίγεσθαι διὰ τὴν γινομένην ἀπόφραξιν δυσαναθυμιάσεως ἐκ τῆς τροφῆς οὔσης L ‖ 14 ἀλλὰ V ‖ ὑπομνήμασιν L ‖ 15 ἃ μὲν] ἅμα pr L ‖ 16 σώματος] σώματος μόνου V ‖ ἃ] ἅμα pr L ‖ ἴδια om L ‖ ἃ δὲ κοινὰ σώματι καὶ ψυχῇ addidi: alias utrisque communes Cornarius: ἃ δὲ κοινὰ σώματος καὶ ψυχῆς Reiskius ‖ 18 συμμίσγειν] συμμίσγειν L, συμμίγειν V ‖ 19 πήνειν pr L ‖ τε om L ‖ 22 ὁρᾶται Reiskius: ὁρᾶται LV ‖ 24 οὖν om L ‖ ἐνυπνίων V ‖ 25 οἱ om L ‖ post ὑπνοῦντες expunxi αὐτὸ ‖ 26 ἔργον ὑπνούντων V ‖ ἐστιν om V ‖ ἐφ᾽ ὅσον μὲν om L ‖ ἐνύπνιον] καὶ ὄνειρος ἐνύπνιον L ‖

4 LIB. I.

ἐνεργεῖ, παυομένων δὲ τῶν ὕπνων ἀφανίζεται· ὁ δ' ὄνειρος ἐνύπνιόν τε ὢν ἐνεργεῖ ἄγων εἰς ἐπίστασιν προαγορεύσεως
p. 6 τῶν μελλόντων, καὶ μεθ' ὕπνον ἐνεργεῖς ἐπάγων τὰς ἐγχειρήσεις ἐγείρειν τε καὶ ὀρείνειν τὴν ψυχὴν πέφυκε, διὰ ταῦτα καὶ τοῦ ὀνόματος αὐτῷ τεθέντος ἀπ' ἀρχῆς ἢ παρὰ τὸ τὸ ὂν εἴρειν, 5 ὅ ἐστι λέγειν, ὡς ὁ ποιητής *τὰ δέ τοι νημερτέα εἴρω.* καὶ τὸν πτωχὸν Ἶρον ἐκάλουν οἱ Ἰθακήσιοι *οὕνεκ' ἀπαγγέλλεσκε κιών, ὅτε πού τις ἀνώγοι.*

2   Ἔτι τῶν ὀνείρων οἱ μὲν εἰσὶ θεωρηματικοὶ οἱ δὲ ἀλληγορικοί. καὶ θεωρηματικοὶ μὲν οἱ τῇ ἑαυτῶν θέᾳ προσεοικότες. 10 οἷον πλέων τις ἔδοξε ναυαγεῖν καὶ διατεθεὶς ἔτυχεν οὕτως. ἐπεὶ γὰρ αὐτὸν ἀνῆκεν ὁ ὕπνος, καταποθὲν ἀπώλετο τὸ σκάφος, αὐτὸς δὲ σὺν ὀλίγοις μόλις ἐσώθη. καὶ πάλιν ἔδοξέ τις τετρῶσθαι ὑπὸ ἀνδρός, ᾧ μεθ' ἡμέραν συνεξελθεῖν εἰς θήραν συνέθετο. καὶ δὴ συνεξελθὼν ἐτρώθη ὑπ' αὐτοῦ παρὰ τὸν 15 ὦμον, ἔνθα καὶ ὄναρ ἔδοξεν. ἔτι δόξας τις ἀργύριον παρὰ φίλου λαβεῖν ἕωθεν παρ' αὐτοῦ λαβὼν μνᾶς δέκα παρακαταθήκην ἐφύλαξεν. ἀλληγορικοὶ δὲ οἱ δι' ἄλλων ἄλλα σημαίνοντες, αἰνισσομένης ἐν αὐτοῖς φυσικῶς τι τῆς ψυχῆς.

Ἐγὼ δ' οἶμαι δεῖν καὶ τὴν αἰτίαν αὐτῶν, ὡς μάλιστα δυνα- 20 τὸν ἐμοί, καθ' ἣν οὕτως ὁρῶνταί τε καὶ ἀποβαίνουσι, καὶ τὸ ἔτυμον τοῦ ὀνόματος εἰπεῖν. πρῶτον μὲν οὖν εἰρήσεταί μοι τίς ὅρος καθολικὸς ὀνείρου, οὐδὲν ἀντιρρήσεως δεόμενος, εἰ μὴ πρὸς φιλονεικοῦντας λέγοιτο.

Ὄνειρός ἐστι κίνησις ἢ πλάσις ψυχῆς πολυσχήμων σημαν- 25 τικὴ τῶν ἐσομένων ἀγαθῶν ἢ κακῶν. τούτου δὲ οὕτως ἔχον-

---

1 παυομένων] cf. Suidas in v. ἐνύπνιον ‖ δὲ V ‖ 2 ἄγων Casaubonus: τῶν L, ἀεὶ ὢν V ‖ 4 ὀρίγειν sec L Suidas l. c. ‖ 5 ἀρχῆς] αὐτῆς V ‖ ἦ om V ‖ verba ἢ παρὰ usque ad ἀνώγοι aliunde illata videntur ‖ τὸ ὂν addidit Reiffius ‖ 6 ἐστιν L ‖ 7 εἴρον pr L ‖ Ἰθακίσιοι V ‖ ἀπαγγέλεσκε L ‖ ἀνάγει V ‖ 9 περὶ θεωρηματικῶν καὶ ἀλληγορικῶν LV ‖ 10 ἑαυτὸν L ‖ 11 πλέον L ‖ 12 ἐπεὶ] ἐπειδὴ L ‖ ἀνῆκεν Reiffius: ἀνῆγεν L, ἀφῆκεν V ‖ καταποθὲν Reiskius: πάντοθεν LV ‖ ἀπώλλετο V ‖ 13 δὲ σὺν] ἐν pr L, δὲ ἐν sec ‖ μόλις] μόγις LV ‖ ἔδοξέ τις τετρῶσθαι] τις ἔδοξε τετρῶσθαι V, τετρῶσθαί τις ἔδοξεν L ‖ 14 ὑπὸ] πρὸς V ‖ εἰς θήραν om pr L ‖ 15 συνέθετο] συνετίθετο L, προέθετο V ‖ 16 λαβεῖν παρὰ φίλου V ‖ 18 ἐφύλαξεν L. post hanc vocem in L additur καὶ πολλὰ ὅσα τοιαῦτα, in V καὶ πολλὰ ἄλλα ὅσα τοιαῦτα ‖ δι' ἄλλων ἄλλα σημαίνοντες] ἄλλα δι' ἄλλων ἀγορεύοντες Suidas in v. ἀλληγορικοὶ ὄνειροι ‖ 19 αἰνιττομένης L ‖ ἐν] ἐπ' V ‖ φυσικῷ pr L ‖ τι om L ‖ τῆς] καὶ τῆς LV ‖ 20 δὲ V ‖ δεῖν addidi ‖ 21 καθ' ἣν] καθὼς pr L ‖ τε om V ‖ καὶ τὸ] κατά τε τὸ L ‖ ἔτυμον Reiskius: ἕτοιμον LV ‖ 23 ἀντιρρήσεως] ἀντιθέσεως V ‖ δεόμενον L ‖ 25 κίνησις] κρίσις L Palatinus 132 fol. 251 ‖

τος, ὅσα μὲν ἀποβήσεται χρόνου διελθόντος ἢ πολλοῦ ἢ ὀλίγου,
ταῦτα πάντα δι' εἰκόνων ἰδίων φυσικῶν τῶν καὶ στοιχείων
καλουμένων προαγορεύει ἡ ψυχή, ἐν τῷ μεταξὺ χρόνῳ νομί-
ζουσα ἡμᾶς δύνασθαι λογισμῷ διδασκομένους μαθεῖν τὰ ἐσό-
5 μενα· ὅσα δὲ τῶν γινομένων οὐδ' ἡντιναοῦν ἐπιδέχεται διω- p. 7
ρίαν, μηδὲν ὑπερτιθεμένου τοῦ ὅστις ἐστὶν ὁ διοικῶν ἡμᾶς εἰς
τὴν ἐπαγωγὴν αὐτῶν, οὐδὲν ὄφελος ἡγουμένη τῆς προρρήσεως
ἡμῖν, εἰ μὴ συνήσομεν αὐτὰ πρὶν πείρᾳ μαθεῖν, αὐτὰ δι' αὐ-
τῶν δείκνυσιν, οὐδὲν τῶν ἔξωθεν εἰς ἐπίδειξιν ἀναμείνασα
10 τῶν σημαινομένων, τρόπον τινὰ βοῶσα ἑκάστῳ ἡμῶν· 'θέασαι
τοῦτο καὶ πρόσεχε δι' ἐμοῦ μαθὼν ᾗ σοι μάλιστα δυνατόν.'
καὶ τοῦτο οὕτως ἔχειν ὁμολογήσουσι πάντες. οὐ γάρ ποτε ἐρεῖ
τις ὡς οὐ μετὰ τὴν ὄψιν αὐτὴν ἀποβαίνει τὰ τοιαῦτα οὐδ'
ὀλίγον διαλείποντα, ἤδη δὲ αὐτῶν ἔνια ἅμα νοήματι ὡς εἰπεῖν
15 ἔτι τῆς ὄψεως κατεχούσης περαιοῦνται. ὅθεν καὶ τῆς προσηγο-
ρίας ἔτυχεν οὐκ ἀλόγως, ἅμα θεωρούμενα· καὶ ἀποβαίνοντα.
ἕπεται δὲ τούτοις τῷ μὲν ἐνυπνίῳ τῷ ἀσημάντῳ τὸ φάντασμα,
περὶ οὗ ἄλλοι τε πολλοὶ καὶ δὴ καὶ Ἀρτέμων ὁ Μιλήσιος καὶ
Φοῖβος ὁ Ἀντιοχεὺς διειλεγμένοι εἰσί, τῷ δὲ ὀνείρῳ ὅραμά τε
20 καὶ χρηματισμός. ἡμεῖς δ' ἑκόντες παρήκαμεν τὴν περὶ αὐτῶν
εἰς λεπτὸν ἐξήγησιν, ἐπεὶ ᾧ γε μὴ ἔστι καταφανῆ οἷά ἐστιν,
τοῦτον ἡγοῦμαι μηδὲ ἐξηγουμένῳ τινὶ παρακολουθεῖν δύ-
νασθαι.

Ἔτι τῶν ἀλληγορικῶν ὁρίζονταί τινες πέντε εἶναι εἴδη.
25 τοὺς μὲν γὰρ ἰδίους εἶπον, ἐν οἷς ἄν τις ἑαυτὸν ὑπολάβῃ δρᾶν

---

1 χρόνου] μεταξὺ χρόνου LV. cf. Suidas in v. στοιχεῖα αἱ εἰκόνες καὶ διαπλάσεις τῶν ὀνείρων αἱ δι' ὀλίγου ἢ πολλοῦ χρόνου τὴν ἔκβασιν ἔχουσαι. Reiskius malebat χρόνου μεταξὺ διελθόντος ‖ ἢ πολλοῦ ἢ ὀλίγου] πολλοῦ ἤτοι ὀλίγου L ‖ 2 διὰ L ‖ ἰδίων] οἰκείων ἢ L ‖ 3 ἐν τῷ μεταξὺ χρόνῳ] τὸν μεταξὺ χρόνον V ‖ 4 τὰ ἐσόμενα μαθεῖν V ‖ 5 δὲ] δὴ L ‖ γιγνομένων V ‖ οὐδ'] δ' L ‖ ἥντιν' οὖνL ‖ 6 ὑπερθεμένου V ‖ εἰς] εἰό L ‖ 7 ἡγουμένων pr L, ἡγουμένης V ‖ προσρήσεως L ‖ 8 συνήσομεν Urbinas: συννοσοῦμὲν pr L, συνήσωμεν V sec L ‖ πρὶν πρὶν ἢ L ‖ μαθεῖν] θεῖν pr L ‖ 10 σημαινόντων L ‖ ἡμῶν ἑκάστω V ‖ 11 ᾗ σοι μάλιστα] μάλιστα ᾗ σοι LV ‖ 12 ὁμολογήσουσιν ἅπαντες V ‖ 13 αὑτὴν suspectum ‖ τὰ] τά γε V ‖ οὐδὲ L ‖ 14 ἤδη] οὕτω V ‖ νοήματι ὡς] νοηματικῶς V ‖ 15 post ὄψεως in L est αὑτῶν ‖ κατεχούσης] ἐπεχούσης? ‖ περαιοῦνται sec L ‖ ὅθεν] ἀλλόθεν pr L ‖ 17 τούτοις] αὐτοῖς V ‖ φάντασμα] φάσμα V ‖ 18 ἄλλοι τε πολλοί] ἄλλοτε pr L ‖ ante καὶ δὴ L habet σαφῶς ‖ δὴ καὶ om pr L ‖ 19 διηλεγμένοι εἰσίν L ‖ 20 δὲ V ‖ τὴν] τῇ pr L ‖ αὑτῶν] αὐτοῦ V ‖ 21 ᾧ γε] ὅσα V ‖ καταφανῆς pr L ‖ 22 τοῦτον] τούτοις V, om pr L, τούτων sec ‖ 24 περὶ εἰδῶν ὀνείρων L ‖ 25 εἶπον] εἴπομεν V ‖ ἑαυτὸν om V ‖ ὑπολάβοι V ‖

ἢ πάσχειν· ἀποβήσεται γὰρ αὐτῷ τῷ ἰδόντι εἴτε ἀγαθὰ ὄντα τύχοι εἴτε ἐναντία· τοὺς δὲ ἀλλοτρίους, ἐν οἷς ἂν ἄλλον δοκῇ ἐνεργεῖν ἢ πάσχειν· τῷδε γὰρ ἀποβήσεται μόνῳ, εἴτε ἀγαθὰ ὄντα τύχοι εἴτε ἐναντία, εἴπερ εἰδείη αὐτὸν κἂν ἐπὶ ποσὸν ὄντα συνήθη· τὰ δὲ κοινὰ καὶ τὸ ὄνομα σημαίνει μετὰ οὑτινοσοῦν γνωρίμου πρασσόμενα. ὅσα δὲ πρὸς λιμένας καὶ τείχη ἀγοράς τε καὶ γυμνάσια καὶ κοινὰ πόλεως ἀναθήματα διατείνει, ταῦτα δημόσια καλοῦσιν. ἡλίου δὲ καὶ σελήνης καὶ τῶν ἄλλων ἄστρων ἀφανισμὸν ἢ τελείαν ἔκλειψιν γῆς τε καὶ θαλάσσης ἀκόσμους ἀνατροπὰς πάθη μὲν προαγορεύειν κοσμικά, καλεῖσθαι δὲ κυρίως ὀνείρατα κοσμικὰ **.
ἔχει δ' οὐχ οὕτως ἁπλῶς ὁ καθολικὸς λόγος, ἐπειδὴ οὐδὲ τοὺς ἰδίους ἀποβαίνειν συμβέβηκε διηνεκῶς τοῖς ἰδοῦσι μόνοις, ἤδη πολλῶν καὶ εἰς τοὺς πέλας ἀποβάντων. οἷον ἔδοξέ τις ἀποθανεῖν. συνέβη τὸν πατέρα αὐτοῦ ἀποθανεῖν, ὅσπερ ἦν ἄλλος αὐτὸς τῷ καὶ σώματος καὶ ψυχῆς τῆς αὐτῆς μετέχειν. καὶ πάλιν ἔδοξέ τις τετραχηλοκοπῆσθαι. συνέβη καὶ τούτου τὸν πατέρα ἀποθανεῖν, ὃς καὶ τοῦ ζῆν καὶ τοῦ φωτὸς αἴτιος ἦν, ὥσπερ καὶ ἡ κεφαλή. οἷόν ἐστι καὶ τὸ τετυφλῶσθαι τέκνοις ὄλεθρον καὶ οὐχὶ τῷ ἰδόντι σημαῖνον. οὐδὲ τοὺς ἀλλοτρίους μὴ οὐχὶ καὶ αὐτοῖς τοῖς ὁρῶσιν ἀποβαίνειν τις διοριεῖται πείρᾳ διδασκόμενος. οἷον ἔδοξέ τις τὸν πατέρα κατακαιόμενον ἰδεῖν. συνέβη ἀποθανεῖν αὐτὸν τὸν ἰδόντα, ἵνα διὰ τὴν ἐπ' αὐτῷ λύπην ὡς εἰπεῖν δίκην πυρὸς ὑπὸ τοῦ πάθους καόμενος ὁ πατὴρ διαφθείρηται. καὶ πάλιν ἔδοξέ τις

1 ἀποβήσεται γὰρ] τότε γὰρ ἀποβήσεται V ‖ αὐτῶν V ‖ τῷ ἰδόντι] τῷ ἰδόντι μόνῳ LV ‖ εἴτε — ἐναντία om L ‖ 2 ἄλλον δοκῇ] ἄλλον δοκεῖ L, δοκῇ ἄλλον V ‖ 3 καὶ ante μόνῳ addit L ‖ 4 τύχοι ὄντα L ‖ αὐτὸν] αὐτῶν pr L ‖ κἂν] καὶ V ‖ 5 τὰ] ἃ V ‖ καὶ] ταῦτα καὶ LV ‖ 6 μετὰ] τὰ μετὰ V ‖ οὑτινοσοῦν] οὔτινος L ‖ post πρασσόμενα in LV additur κατ' ὄναρ ‖ πρὸς] εἰς LV ‖ 7 κοινὰ] τὰ κοινὰ L ‖ 8 διατείνει] ἀνατείνει V, διατελεῖ L ‖ δὲ] τε LV ‖ 9 ἔκλιψιν L ‖ 10 ἀκόσμους] κόσμου παντὸς L ‖ μὲν om V ‖ προαγορεύει V ‖ 11 καλεῖται V ‖ κυρίως] κυρίως οὕτως LV. lacunam signavi ‖ 12 δὲ V ‖ ἁπλῶς om L ‖ καθολικὸς] καθολικὸς αὐτοῦ L ‖ οὐδὲ] οὔτε LV ‖ 13 ἰδοῦσιν L ‖ 14 ἤδη] ἤδη δὲ V ‖ πολλοὺς V ‖ πέλας] παῖδας LV ‖ ἀποβάντων] ἀποβαίνοντας V ‖ 15 συνέβη] ἀπέβη LV ‖ 16 ἄλλως L ‖ μετέχειν τῆς αὐτῆς V ‖ 17 τετραχηλοκοπεῖσθαι L ‖ 18 συνέβη] ἀπέβη LV ‖ τουτω L ‖ τοῦ τοῦδε τοῦ L ‖ 19 ἡ κεφαλὴ] ἡ κεφαλὴ τοῦ παντὸς σώματος LV ‖ οἷόν - οἷον δέ LV ‖ 20 τυφλοῦσθαι V ‖ malim τοῖς τέκνοις ‖ καὶ om L ‖ σημαῖνον] σημένον (σημαῖνον Venetus 267) καὶ πολλὰ ἄλλα ὅσα τοιαῦτα εἴποι τις ἂν L, σημαίνει καὶ πολλὰ ἄλλα ὅσα τοιαῦτα εἴποι τις ἂ V ‖ 21 οὐδὲ τοὺς] οὔτε τοὺς V, οὔτ' αὐτοὺς L ‖ 22 ἔδοξέν L ‖ 23 κατακαιόμενον] κατακαιόμενον LV ‖ συνέβη] ἀπέβη LV ‖ 25 καόμενος] καιόμενος LV ‖ διαφθείρεται L ‖ ἔδοξέν L ‖

CAP. II. 7

τὴν ἐρωμένην αὐτοῦ τελευτῆσαι. καὶ μετ' ὀλίγον αὐτὸς ἀπεβίω
τῆς ἡδίστης αὐτῷ χρήσεως ἀφῃρημένος. οἷόν ἐστι καὶ τὸ δοκεῖν
νοσεῖν τὴν μητέρα ἢ τὴν γυναῖκα, ἀσθενεῖς καὶ ἀκόσμους τὰς
ἀπὸ τῶν τεχνῶν παρέχον ἐργασίας. οὐδὲ γὰρ οὐδὲ διαφωνεῖ-
5 ται τοῦτό γε, ἀλλὰ συμφώνως ἐοικέναι λέγουσι πάντες τέχνην
μητρὶ μέν, ἐπεὶ τρέφει, γυναικὶ δέ, ἐπεὶ ἰδιαίτατον. ἔτι καὶ
τὸ φίλους ὁρᾶν, εἰ μὲν λυποῖντο, λύπας παρέχει, εἰ δὲ χαί-
ροιεν, ἡδονάς. ἀπὸ δὲ τῶν αὐτῶν ἐστὶ καὶ τοὺς κοινοὺς διε-
λέγχειν ὀνείρους, ὧν καὶ αὐτῶν ἀντὶ κοινῶν ἰδίας ἤδη τινὲς
10 ἔσχον τὰς ἀποβάσεις. ἀλλὰ καὶ τὰ μὲν πρῶτα, ὡς οἱ παλαιοὶ
περὶ τούτων διέλαβον, ὡς ἐπὶ τὸ πολὺ οὕτως ἔχει· τὰ δ' ἑξῆς
σπανίως μὲν ἀλλ' οὖν ἔστιν ὅτε οὕτως ὡς ἡμεῖς φαμὲν γινό-
μενα πλάνην τοῖς περὶ ταῦτα δεινοῖς ἐμποιεῖ. διαληπτέον δὲ
περὶ αὐτῶν ὧδε. τῶν μὲν ἰδίων ὅσα μὴ διατείνει πρὸς τοὺς
15 πέλας, ἐν μόνοις τοῖς ὁρῶσι καὶ πρὸς μόνους ὄντα καὶ μὴ πρός
τινας καὶ διά τινας ἐνεργούμενα, ταῦτα μόνοις τοῖς ὁρῶσιν
ἀποβαίνει, ὡς τὸ λέγειν, ὡς τὸ ᾄδειν, ὡς τὸ ὀρχεῖσθαι, καὶ
ἑξῆς πυκτεύειν ἀγωνίζεσθαι ἀναρτᾶν ἑαυτὸν ἀποθνήσκειν
σταυροῦσθαι κολυμβᾶν θησαυρὸν εὑρίσκειν ἀφροδισιάζειν ἐμεῖν
20 θακεύειν κοιμᾶσθαι γελᾶν κλάειν θεοῖς λαλεῖν καὶ τὰ ὅμοια.
τὰ δὲ ἀμφὶ τὸ σῶμα ἢ μέρος τι σωματικὸν καὶ τὰ ἐκτός; οἷον p. 9
κλινίδια ἢ κιβώτια ἢ κιστίδια καὶ τὰ ἄλλα σκεύη ἐσθήματά τε
καὶ τὰ ὅμοια, καίτοι ἴδια ὄντα, πολλάκις φιλεῖ καὶ τοῖς πέλας
ἀποβαίνειν κατ' οἰκειότητα τῶν χρειῶν, οἷον κεφαλὴ εἰς πατέ-
25 ρα, ποὺς εἰς δοῦλον, δεξιὰ χεὶρ εἰς πατέρα υἱὸν φίλον ἀδελ-
φόν, ἀριστερὰ χεὶρ εἰς γυναῖκα καὶ μητέρα καὶ φίλην καὶ θυ-
γατέρα καὶ ἀδελφήν, αἰδοῖον εἰς γονέας καὶ γυναῖκα καὶ τέκνα,

---

2 αὐτοῦ L ‖ οἷον] οἷον δέ LV ‖ νοσεῖν δοκεῖν L ‖ 3 ἢ τὴν] καὶ
τὴν L ‖ 4 παρέχον om pr L ‖ γὰρ οὐδὲ] γὰρ οὐ L ‖ 5 γε om V ‖ τέ-
χνην] τὴν τέχνην V ‖ 6 μητρὶ] μητέρα LV ‖ γυναικὶ Reiskius: γυναῖκα
LV ‖ ἰδιαίτατον] ἤδει ειγετο pr L ‖ ἔτι] ἔστι L ‖ 7 εἰ Reiskius:
καὶ εἰ LV ‖ παρέχει] ποιοῦν V ‖ 8 δὲ] γὰρ LV ‖ τοὺς] τὸ LV ‖ 9
ὀνείρους om pr L ‖ ὧν] ὡς V ‖ 10 τὰς om V ‖ ἐκβάσεις L ‖ καὶ
om V ‖ 11 περὶ τούτων διέλαβον] διεῖλον V ‖ τὸ om L ‖ δὲ V ‖
12 γιγνόμενα L ‖ 13 δὲ om pr L ‖ 14 μὲν om V ‖ διατείνῃ V ‖
16 μόνοις om V ‖ 17 ἀποβαίνειν L ‖ λέγειν] δειπνεῖν L ‖ καὶ om L
19 ἀγωνίζεσθαι] αἰωνίζεσθαι L ‖ 19 ἀφροδιάζειν pr L ‖ ἐμεῖν] ὁμιν
L ‖ 20 θακεύειν] καθίζειν εἰς χρείας θακεύειν V ‖ κλάειν] κλαίειν
LV ‖ 21 τὸ σῶμα] σῶμα LV ‖ τι om V ‖ 22 ἢ κιστίδια] α pr
L cum lacunula octo literarum ‖ ἐσθήματα Reiskius: ἐσθῆτα LV ‖ 25
πατέρα Reiskius: μητέρα LV ‖ υἱὸν] εἰς υἱὸν V. malim εἰς πατέρα καὶ
υἱὸν καὶ φίλον καὶ ἀδελφόν ‖ 26 γυναῖκα] πατέρα L ‖ 27 γονέας]
γονεῖς LV ‖

κνήμη εἰς γυναῖκα καὶ φίλην. τῶν δὲ ἄλλων ἕκαστον, ἵνα μὴ μακρολογῶμεν, οὕτω σκοπητέον. τῶν κοινῶν τε καὶ ἀλλοτρίων ὅσα μὲν πρὸς ἡμᾶς τε καὶ δι' ἡμᾶς γίνεται, ἡμῶν αὐτῶν ἴδια νομιζέσθω· ἃ δὲ μὴ πρὸς ἡμᾶς ἢ δι' ἡμᾶς, ταῦτα τοῖς ἄλλοις ἀποβήσεται. ἀλλ' εἰ μὲν εἴησαν φίλοι καὶ τὰ σημαινό- 5
μενα ἀγαθά, γίνοιντ' ἂν ἐκείνοις ἡμῖν τε ἀπὸ μέρους χαρά τε καὶ ἡδονή· εἰ δὲ κακὰ εἴη, ταῦτα μὲν ἐκείνοις, ἡμῖν δὲ λύπη, οὐ πάντως δὲ διὰ τὰ ἐκείνων κακά, ἀλλ' ἤδη τις ἰδία. ἐχθρῶν δὲ ὄντων τὰ τούτοις ἐναντία τεκμαίρεσθαι χρή. ἀτὰρ δὴ καὶ περὶ δημοσίων καὶ κοσμικῶν ὧδε ἔχω λέγειν. τὰ μὲν ὑπὲρ ὧν 10
τις οὐ πεφρόντικεν, ὑπὲρ τούτων οὐδὲν ὄψεται, ἐπεὶ καὶ ὑπὲρ ἰδίων ἤδη τινὲς μὴ φροντίσαντες ὀνείρους εἶδον· τὸ δὲ παρὰ δύναμιν ἀναδέξασθαι μικρὸν ὄντα μεγάλων πραγμάτων θέαν ἀδύνατον· διελέγχει γὰρ τὸν λόγον ἰδίων ὄντων καὶ τούτων τῶν ὀνείρων καὶ εἰς τοὺς ὁρῶντας ἀποβαινόντων, εἰ μὴ 15
ἄρα βασιλεὺς ἢ ἄρχων ἤ τις τῶν μεγιστάνων ἴδοι. τούτοις γὰρ καὶ πεφρόντισται τὰ κοινά, καὶ τὴν ὑπὲρ αὐτῶν ὄψιν ἀναδέξασθαι δύνανται οὐχ ὡς ἰδιῶται μικρὰ πεπιστευμένοι, ἀλλ' ὡς δεσπόται καί τινων πραγμάτων ἐπιμελόμενοι ὑπὲρ εὐδαιμονίας. ὅπερ καὶ ὁ ποιητὴς ἐπὶ τούτων λέγει, περὶ τοῦ ὀνείρου 20
τοῦ Ἀγαμέμνονος διαλαμβανόντων αὐτῶν ἐν τῇ βουλῇ τῶν γερόντων

εἰ μέν τις τὸν ὄνειρον Ἀχαιῶν ἄλλος ἔνισπε,
ψεῦδός κεν φαῖμεν καὶ νοσφιζοίμεθα μᾶλλον·
νῦν δ' ἴδεν ὃς μέγ' ἄριστος ἐνὶ στρατῷ εὔχεται εἶναι. 25
βούλεται γὰρ λέγειν εἰ μέν τις τὸν ὄνειρον Ἀχαιῶν ἰδιώτης ἔλεγεν, οὐχὶ ψεύδεσθαι ἂν τὸν λέγοντα ἡγούμεθα, ἀλλὰ ψευδῆ εἶναι τὸν ὄνειρον αὐτὸν καὶ ἡμῖν οὐκ ἀποβησόμενον· διὸ

---

1 κνήμη] κλήνη pr L ‖ τῶν δὲ] καὶ τῶν L ‖ 2 οὕτω σκοπητέον om L ‖ τῶν] τῶν δὲ L ‖ 3 πρὸς] δι' V ‖ τε καὶ] ἢ? ‖ δι'] πρὸς V ‖ ἡμᾶς] ἡμᾶς μόνους V ‖ 4 τοῖς] τοῖς μὲν L ‖ 6 γίνοιντ'] γίγνοντ' pr L, γένοιτ' V sec L ‖ ἡμῖν — ἐκείνοις om pr L ‖ 8 δὲ om L ‖ ἤδη] ἡδονή L ‖ 10 περὶ om V ‖ δημοσίων] δημοσίων ἀνδρῶν τε V ‖ 11 inter τις et οὐ in L quattuor literarum rasura est ‖ πεφόρτικεν L ‖ οὐδεὶς V ‖ ὄψεσθαι L. post hanc vocem in eodem codice a prima manu est μὴ καλῶς ἔχων οὐ παραλήψω: expunxit secunda ‖ ὑπὲρ] περὶ L ‖ 12 ἰδίων] ἰδίων ὢν V, ἰδιωτῶν ὀνείρους L ‖ μὴ φροντίσαντες ὀνείρους om L ‖ 14 γὰρ om L ‖ post λόγον verba nonnulla excidisse suspicatur Reiskius ‖ 15 τῶν om V ‖ 18 δύναται L ‖ 19 καί τινων] κατά τι τῶν L ‖ ἐπιμελούμενοι V ‖ 20 ὅπερ om pr L ‖ ἐπὶ] περὶ V.‖ περὶ] ἐπὶ L ‖ 21 αὐτῷ Reiskius ‖ 23 ἔνισπε om pr L ‖ 24 κεμφαῖμεν L ‖ 25 ὃς μέγ' om pr L ‖ 26 βούλεται γὰρ λέγειν om pr L ‖ 27 ἂν τὸν] αὐτὸν τὸν V ‖

CAP. II. III.   9

καὶ ἡμᾶς ἀπήγομεν ἂν τοῦ προσέχειν· νυνὶ δὲ ἀμήχανον μὴ p. 10
οὐχὶ ἀποβῆναι ἡμῖν, ἐπειδήπερ βασιλεὺς εἶδεν. ἀλλά φασιν
ὅτι ἤδη τινὲς καὶ ἰδιῶται καὶ πένητες εἶδον ὀνείρους δημο-
σίους, οὓς προκηρύξαντες ἢ γράψαντες καὶ προθέντες ἐπι-
5 στεύθησαν τῷ τὰς ἀποβάσεις ἐοικέναι τοῖς ὀνείροις, λανθά-
νοντες ἑαυτοὺς ὅτι μὴ ἐγνώκασι τὸ αἴτιον· οὐ γὰρ ἑνὸς ἰδόν-
τος ἀπέβη ποτὲ ἰδιώτου ὄνειρος εἰς τὸ κοινόν, ἀλλὰ πολλῶν
κατὰ τὸ αὐτό, ὧν οἱ μὲν δημοσίᾳ ἀναγορεύουσιν οἱ δὲ ἰδίᾳ
ἕκαστος. καὶ γίνεται οὐκ ἰδιώτης ὁ ἰδὼν ἀλλὰ καὶ στρατηγοῦ
10 καὶ ἄρχοντος οὐδὲν ἧττων δῆμος· ἀγαθοῦ μὲν γὰρ ἐσομένου
κοινοῦ πόλει μυρίους ἄν τις ἀκοῦσαι λεγομένους ὀνείρους, οἳ
σημαίνουσι τὸ μέλλον ἄλλος ἀλλοίᾳ καὶ διαφόρῳ ὄψει. οὕτως
δὲ καὶ ἐπὶ τῶν ἐναντίων, ἐὰν μὴ πολλοί, εἷς δέ τις ἴδῃ, δί-
καιος οὐκ ἂν εἴη μόνος ἀναδέξασθαι τὴν ἀπόβασιν, εἰ μή τις
15 εἴη τῶν στρατηγῶν ἢ τῶν ἄλλην ἀρχὴν ἀρχόντων. ἀρέσκει δὲ
ταῦτα καὶ Νικοστράτῳ τῷ Ἐφεσίῳ καὶ Παννάσιδι τῷ Ἁλικαρ-
νασσεῖ γνωριμωτάτοις ἀνδράσι καὶ ἐλλογίμοις.

Ἔτι δὲ λέγουσιν οἱ περὶ ταῦτα δεινοὶ ὅτι δεῖ κρίνειν αἴσια 3
τὰ φύσει καὶ νόμῳ καὶ ἔθει καὶ τέχνῃ καὶ ὀνόμασι καὶ χρόνῳ
20 ὁρώμενα, οὐ προεννενοηκότες ὅτι τὰ φύσει βλεπόμενα τῶν
οὐ βλεπομένων φύσει δεινότερα τοῖς ὁρῶσιν, εἰ μὴ χρησιμεύοι
διὰ τὰς ὑποκειμένας τοῖς πράγμασιν ὑποστάσεις. γίνεται γάρ
πως τοῖς εὐπόροις τὸ ἄκουσιν καὶ τοῖς τὰ πάνυ μυστικώτερα

---

1 ἡμᾶς] ἡμεῖς L, om V || ἀπήγομεν M. Hauptius: ἀπήγομεν αὐ-
τοὺς V, ἀπήρομεν αὐτοὺς L || 2 οὐκ L || ἐπειδὴ L || ἴδεν L || φη-
σιν V || 3 ὅτι om L || καὶ ante ἰδιῶται om L || ἴδον L || 6 αὐτοὺς
V || τὸ αἴτιον] τὸν αἴτιον L, τὸ δέον V || 8 κατὰ τὸ αὐτό delendum vi-
detur || 9 οὐκ ἰδιώτης] οὐκ pr L eraso κ, οὐ γὰρ sec L || 10 ἧττων
δῆμος] ἧττον δῆμος L, ἧττων ὅμως V || γὰρ om V || 11 ἀκούσοι L ||
12 ἀλλοίᾳ] ἄλλοις L || διαφόροις ὄψεσιν L || 13 ἐὰν] ἢν δὲ V || πολ-
λοί] πολλοὶ μὲν L || ἴδῃ om pr L || δίκαιος οὐκ ἂν] οὐ δίκαιον ἂν
V || 14 μόνον V || τις] τι V || 15 ἢ om pr L || τῶν addidi || ἀρχόν-
των] ἀρχόντων ἱερεὺς ἢ μάντις τῆς πόλεως L, ἐχόντων ἢ ἱερεὺς ἢ μάντις
τῆς πόλεως V || 16 Παννάσιδι Cornarius: παννσσιδη V, παννασσιδη L
|| Ἁλικαρνασσεῖ Reiffius: ἁλικαρνασσεῖ LV || 17 καὶ ante γνωριμωτάτοις
addit V || ἀνδράσι καὶ] ἀνδράσιν V || 18 περὶ τῶν ἐξ στοιχείων L,
περὶ εἰδῶν ὀνείρων V || δεινοὶ] δεινότατοι L || 19 καὶ om V ||
νόμῳ καὶ ἔθει καὶ τέχνῃ καὶ ὀνόμασι καὶ] νόμῳ ἔθει τέχνῃ ὀνόμασιν V,
καὶ ἔθει καὶ νόμῳ καὶ τέχνῃ καὶ τρόπῳ καὶ τύπῳ καὶ ὀνόμασι L|| χρόνῳ
ὁρώμενα] ὁρώμενα L, ὁρῶ V. χρόνῳ pro ὁρῶ posuerat Rigaltius || 20
προνενοηκότες L || τὰ om L || φύσει] κατὰ φύσιν L || βλεπομένων L
|| τῶν οὐ βλεπομένων] τῶν οὐχ ἑπομένων V, om L || 21 δεινότερα L ||
εἰ] ἢν L || χρησιμεύοι] χρησιμεύει V, χρησιμεύῃ L || 22 διὰ] εἰς L ||
γὰρ om L || 23 πως] ὡς LV || ἄκουσιν] καθακούειν L || τὰ om V ||

πράττουσιν ἡμέραι καθαραὶ καὶ νυκτὸς εὔσημος ἀστέρων χορὸς ἡλίου τε καὶ σελήνης ἐπιτολαὶ καὶ τὰ παραπλήσια. καὶ τὰ κατὰ τὸ ἔθος οὐ παντάπασιν ἁρμόζει ταῖς τῶν καιρῶν ἐπιμιξίαις οἰκειούμενα. τούτοις ἑξῆς ὅμοια καὶ τὰ περὶ τῶν ἄλλων ἔχω λέγειν· δεῖ δὲ καὶ τῆς συμμετρίας στοχάσασθαι. ὄντων δὲ τούτων τῶν ἓξ στοιχείων οὐ πάντως καθολικῶν πολὺς γέλως παρῆλθεν εἰς ἀνθρώπους ὑπὸ τῶν ταῦτα τὰ ἓξ τῶν μὲν ὀκτωκαίδεκα τῶν δὲ ἑκατὸν τῶν δὲ διακόσια πεντήκοντα εἶναι λεγόντων, ἐπειδὴ ὅ τι ἂν λέγωσιν οὐ διαφεύγει τὸ μή τι τῶν ἓξ εἶναι.

Ταῦτα μὲν οὖν εἰς ἀναπλήρωσιν τῶν ὑπὸ τῶν παλαιῶν ἐνδεῶς εἰρημένων ἱκανῶς εἴρηται. δύο δὲ τρόπους καθολικοὺς ἀναδέξασθαι χρή, τὸν μὲν γενικὸν πρῶτον, τὸν δ' εἰδικὸν δεύτερον. τὸν μὲν οὖν πρῶτον τοῦτον τὸν τρόπον.

4 Τῶν ὀνείρων οἱ μὲν πολλὰ διὰ πολλῶν προαγορεύουσιν, οἱ δὲ ὀλίγα δι' ὀλίγων, οἱ δὲ πολλὰ δι' ὀλίγων, οἱ δὲ ὀλίγα διὰ πολλῶν. πολλὰ μὲν οὖν διὰ πολλῶν. οἷον ἔδοξέ τις πέτεσθαι ἀράμενος ἐκ τῆς οἰκείας μετανοίας πρὸς προτεθειμένον σκοπόν, ἐφ' ὃν ἐσπουδάκει γενέσθαι· εἶτα γενόμενος ἐπ' αὐτὸν πτερὰ ἔχειν ἔδοξε καὶ συναπαίρειν τοῖς ὀρνέοις, καὶ μετὰ ταῦτα κατῆχθαι πάλιν εἰς τὴν οἰκίαν· συνέβη αὐτῷ μεταναστῆναι τῆς οἰκείας διὰ τὴν πτῆσιν, καὶ τὰ προκείμενα καὶ μάλιστα ἐσπουδασμένα αὐτῷ περᾶναι διὰ τὸ μὴ τοῦ σκοποῦ ἡμαρτηκέναι. καὶ δὴ εὐπορήσας ἱκανῶς, ἐπειδὴ τοὺς εὐπόρους πτερὰ ἔχειν φαμέν, καὶ ἐν ξένῃ διατρίψας διὰ τὸ μὴ ὁμογενῆ εἶναι

---

1 ἄστρων L || 2 τὰ posterius om L. malim καὶ τὰ κατὰ τὸ ἔθος δὲ οὐ || 3 ἐπιμιξείαις L || 5 ἐστοχάσθαι L || περὶ τῶν ἓξ στοιχείων V || δὲ]. δὲ καὶ L, δὴ V || 6 πάντως Reiskius: πάντων LV || πολὺς L || 7 ὀκτωκαίδεκα] ὀκτὼ καὶ δέκα L, δεκακοτῶ V || 8 ᾖ ἦ ν L || εἶναι om V || 9 ἐπειδὴ] ἐπειδὴ καὶ L || ὅταν V || γελῶσιν L || τι Reiskius: τινος LV || 10 εἰς] πρὸς L || 11 δὲ] δὲ τούτους V || 12 ἀναδέξασθαι] ἅμα δέξασθαι V || τὸν μὲν — δεύτερον om L || εἰδικὸν] ἰδικὸν V || 13 τὸν — τρόπον] τὸν μὲν πρῶτον τοῦτον L. verba corrupta || 14 περὶ τρόπου γενικοῦ LV || μὲν post τῶν addit L || 15 οἱ δὲ ὀλίγα δι' ὀλίγων om L || πολλὰ — πολλῶν om L || 16 οἷον om V relicta lacunula || 17 ἀράμενος] διαπεραιούμενος L || οἰκίας Reiffius || μετανοίας] διανοίας V || προθέμενος L || 18 εἶτα] εἶτα δὲ L || αὐτὸν] αὑτῶ V, αὐτῶν L || 19 ἔδοξε om V || καὶ οὐ συνεπαίρειν ὀρνέοις L || 20 οἰκίαν Reiffius: οἰκείαν V, οἰκείαν L || συνέβη] ἀπέβη LV || αὑτῶ Reiskius: αὐτῶ τοῦτο V, αὐτῶ τοῦτω μὲν L || μεταστῆναι V || 21 οἰκίας V || τὰ post μάλιστα addit L || 22 μὴ τοῦ σκοποῦ ἡμαρτηκέναι] μῆκος τοῦ ἀναπετᾶσθαι L || 23 καὶ δὴ] καὶ δὴ καὶ L || εὐπόρησεν L || 24 φαμὲν ἔχειν V || διατρίψαι L || τὸ] τὰ V || εἶναι τὰ om V ||

τὰ ὄρνεα, πάλιν εἰς τὴν οἰκείαν κατῆρεν. οἱ δὲ ὀλίγα δι' ὀλίγων. οἷον ἔδοξέ τις χρυσᾶ ὄμματα ἔχειν. ἐτυφλώθη διὰ τὸ μὴ ἴδιον ὀμμάτων εἶναι τὸ χρυσίον. οἱ δὲ πολλὰ δι' ὀλίγων. οἷον ἔδοξέ τις τὸ ἑαυτοῦ ὄνομα ἀπολωλεκέναι. συνέβη αὐτῷ
5 τοῦτο μὲν τὸν υἱὸν ἀπολέσαι (οὐχ ὅτι τὸ τιμιώτατον ἀπώλεσε μόνον, ἀλλ' ὅτι καὶ ταὐτὸ ὄνομα καλούμενος ἔτυχεν ὁ παῖς) τοῦτο δὲ καὶ τὴν κτῆσιν ἀθρόαν, δικῶν τινῶν αὐτῷ γραφεισῶν, ἐφ' αἷς ἑάλω φεύγων γραφὴν δημοσίων ἀδικημάτων· ἄτιμός τε καὶ φυγὰς γενόμενος ἀναρτήσας ἑαυτὸν ἐτελεύτησε
10 τὸν βίον, ὡς μηδὲ ἀποθανὼν ἔχειν ὄνομα. τούτους γὰρ μόνους p. 12 ἐν νεκρῶν δείπνοις οὐ καλοῦσιν οἱ προσήκοντες. δῆλον οὖν παντὶ γένοιτ' ἂν ὅτι πάντα ἀπὸ τοῦ αὐτοῦ ἀπέβη τῷ τὸν αὐτὸν ἔχειν λόγον. οἱ δὲ ὀλίγα διὰ πολλῶν. οἷον ἔδοξέ τις τὸν Χάρωνα παίζειν σύν τινι ἀνδρὶ ψήφοις, αὐτὸς δὲ σπουδάζειν τῷ
15 ἀνδρί, καὶ διὰ τοῦτο λειφθέντα τὸν Χάρωνα χολᾶν τε καὶ διώκειν αὐτόν, ὁ δὲ ἀποστρεφόμενος φεύγειν, ἀφικόμενος δὲ εἰς ξενοδοκεῖον, ᾧ ἐπώνυμον κάμηλος, εἰς δωμάτιον εἰσδραμὼν ἐπιζυγῶσαι τὰς θύρας. τὸν μὲν οὖν δαίμονα οἴχεσθαι ἀπιόντα, τοῖν μηροῖν δὲ τὸν ἕτερον αὐτῷ φῦσαι πόαν. τού-
20 των ἐγένετο πάντων ἓν ἀποτέλεσμα· πεσούσης γὰρ τῆς οἰκίας, ἔνθα ᾤκει, καὶ συρραγέντων ἐπ' αὐτὸν ξύλων συνετρίβη τὸν μηρόν· καὶ γὰρ ὁ Χάρων ψήφοις παίζων λόγον τὸν περὶ θανάτου προηγόρευεν· μὴ καταλαβὼν δὲ μὴ ἀποθανεῖσθαι μὲν ἐδήλου, κινδυνεύσειν δὲ τῷ πόδε διὰ τὴν δί-
25 ωξιν· καὶ τὸ ξενοδοκεῖον κάμηλος καλούμενον τὸν μηρὸν κατάξειν, ἐπεὶ καὶ τὸ ζῶον τὸ καλούμενον κάμηλος μέσους κάμπτει τοὺς μηροὺς ὑποτεμνόμενον τοῖν σκελοῖν τὸ ὕψος, ἐτύμως κεκλημένον κάμηλος οἱονεὶ κάμμηρος, ὥς φησιν Εὔηνος

---

1 πάλιν] οὕτως V ‖ οἰκίαν V ‖ 2 οἷον om V ‖ χρύσεα L ‖ ἔχειν ὄμματα V ‖ 4 ἀπολωλέναι V ‖ συνέβη] ἀπέβη LV ‖ 5 οὐχ ὅτι] οὐχὶ ἦ V ‖ ἀπώλεσε] ἀπολέσαι V, ἀπολέσθαι L ‖ 6 ταὐτό] τὸ αὐτὸ V, αὐτὸ τὸ L ‖ 7 αὐτῷ τινῶν L ‖ 9 ἄτιμος] an καὶ ἄτιμος? ‖ τε om L ‖ ἐτελεύτησεν L ‖ 12 malim πάντα ταῦτα ‖ 13 ἔχειν] ἐπέχειν LV ‖ οἷον om V ‖ χάροντα L ‖ 14 τινει L ‖ ψήφοις αὐτὸς δὲ om L ‖ 15 χάροντα L ‖ χορᾷ τοῖς ψήφοις αὐτὸς δὲ καὶ διάκειν ‖ 16 ὁ] τὸν V ‖ ἀποστρεφόμενον V ‖ ἔφευγεν L ‖ ἀφικόμενον V ‖ δὲ om L ‖ 17 ξενοδοκεῖον] ξενοδοχεῖον LV ‖ post κάμηλος L addit εἰσελθὼν ‖ εἰς] εἰς τὸ L ‖ εἰσδραμὼν] καὶ εἰσδραμὼν L, εἰσδραμόντα V ‖ 19 αὐτῷ om V ‖ 20 πάντων] πάντων τὸ σημαινόμενον LV ‖ οἰκείας L ‖ 21 συνραχθέντων L ‖ αὐτῷ L ‖ 22 μηρὸν] μηρὸν καὶ κατεάγη LV ‖ πέζων L ‖ 23 δὲ μή] δὲ μηδὲ L ‖ 24 μὲν ἐδήλου om L ‖ κινδυνεύσειν] κινδυνεῦσαι LV ‖ τῷ ποδὶ V ‖ 25 ξενοδοκεῖον] ξενοδοχεῖον LV ‖ κάμηλος Reiffius: κάμηλον LV ‖ κατέαξεν pr L ‖ 26 κάμηλον V ‖ 27 ὑποτεμνόμενον] ἐπιτεμνόμενον LV ‖ ἐτύμως Reiskius: ἑτοίμως LV ‖ 28 κεκλημένον L ‖

ἐν τοῖς εἰς Εὔνομον Ἐρωτικοῖς· ἡ δὲ ἐκφῦσα πόα τὸ μηκέτι
ἐνεργὸν τὸν μηρὸν ἕξειν, ἐκ γῆς ἀκινήτου φιλοῦσα ἀναφύεσθαι. καὶ τούτων εἴ τις ἀγαθὸς εἴη λογιστής, τὴν ἐξαρίθμησιν ἐπὶ πάντων οὕτως ἔχουσαν εὕροι ἄν.

5 Τοῦ δὲ εἰδικοῦ καὶ αὐτοῦ τετραχῆ διαιρεθέντος οἱ μὲν
κατὰ τὸ ἐντὸς καὶ κατὰ τὸ ἐκτός εἰσιν ἀγαθοί, οἱ δὲ κατ' ἀμφότερα κακοί, οἱ δὲ κατὰ μὲν τὸ ἐντὸς ἀγαθοὶ κατὰ δὲ τὸ
ἐκτὸς κακοί, οἱ δὲ κατὰ μὲν τὸ ἐντὸς κακοὶ κατὰ δὲ τὸ ἐκτὸς
ἀγαθοί. ἀκουστέον δὲ ὀνείρους ἐντὸς μὲν κατὰ τὴν ὄψιν, ἐκτὸς
δὲ κατὰ τὴν ἀπόβασιν. οἷον κατὰ ἀμφότερά εἰσιν ἀγαθοὶ οἱ τοιοῦτοι· θεοὺς ὁρᾶν Ὀλυμπίους ἱλαροὺς μειδιῶντας διδόντας τι
ἢ λέγοντας ἀγαθὸν αὐτοὺς ἢ τὰ ἀγάλματα αὐτῶν ἐξ ὕλης ἀσήπτου πεποιημένα· ὁμοίως γονεῖς φίλους οἰκέτας οἶκον αὔξοντας, καὶ πολυτελεστέραν κτῆσιν καὶ σώματος ἡδεῖαν ὄψιν ἰσχύν
τε καὶ τὰ ὅμοια· τούτων γὰρ ἡδίστης ὑπαρχούσης τῆς θέας,
πολὺ μᾶλλον ἡδίονα αὐτῶν τὰ τέλη γίνεται. κατὰ δὲ ἀμφότερα κακοὶ οἱ τοιοῦτοι· κατὰ κρημνῶν πεσεῖν οἴεσθαι ἢ λῃστηρίῳ περιπεσεῖν ἢ Κύκλωπα ἰδεῖν ἢ τὸ ἄντρον αὐτοῦ ἢ παραλελύσθαι ἢ νοσεῖν ἢ ἀπολλύειν τι τῶν ἐσπουδασμένων. οἷαι
γὰρ αἱ παθητικαὶ διαθέσεις γίνονται τῆς ψυχῆς κατὰ τὴν θέαν
αὐτῶν, τοιαύτας ἀνάγκη καὶ τὰς ἀποβάσεις γίνεσθαι. κατὰ μὲν
τὸ ἐντὸς ἀγαθοὶ κατὰ δὲ τὸ ἐκτὸς κακοὶ οἱ τοιοῦτοι. ἔδοξέ τις
σὺν τῷ Κρόνῳ δειπνεῖν. μεθ' ἡμέραν εἰς δεσμωτήριον καθείρχθη· δείπνου μὲν γὰρ τοῦ σὺν θεῷ εἰκὸς εἶναι ἡδεῖαν
τὴν ὄψιν, δεσμῶν δὲ καὶ εἰρκτῆς οὐχ ἡδεῖαν. ἔτι δόξας τις
παρὰ τοῦ Ἡλίου ἄρτους λαβεῖν δύο τοσαύτας ἡμέρας ἐπέζησεν· εἰς γὰρ τοσαύτην προθεσμίαν ἡ τοῦ βίου χρῆσις παρὰ
τοῦ θεοῦ δοθεῖσα ἤρκει αὐτῷ. ἔτι καὶ τὸ χρυσοῦν εἶναι δοκεῖν
καὶ τὸ θησαυρὸν εὑρίσκειν καὶ τὸ παρὰ νεκροῦ λαμβάνειν μύ-

---

1 Ἐρωτηματικοῖς Reiskius ‖ τὸ om V ‖ 2 post ἐνεργὸν in LV est
ὄντα ‖ ἕξειν] ἔχειν LV ‖ ἐκ γῆς] ἡ ὀκτῆς L ‖ 3 τοῦτο L ‖ εἴη] ᾔει L ‖
5 περὶ τρόπον εἰδικοῦ L, περὶ τοῦ εἰδικοῦ V ‖ διερεθέντος L ‖
6 καὶ] οἱ δὲ L ‖ οἱ δὲ κατ'— ἀγαθοὶ κατὰ δὲ om L ‖ ἀμφότερα] ἄμφω
V ‖ 7 μὲν addidi ‖ 8 μὲν om L ‖ ἀγαθοὶ] καλοὶ V ‖ 12 τὰ addidi ‖
ὕλης] ὕλης τῆς LV ‖ ἀσίπτου L ‖ 13 ὁμοίω εἰς pr L, σγον interiecit secunda ‖ 14 ἡδίαν L ‖ 15 ὑπαρχούσης] οὔσης L ‖ 16 αὐτῶν τὰ τέλη] τὰ
τέλη τῶν φαινομένων L ‖ 18 ἢ post περιπεσεῖν om L ‖ αὐτοῦ ἢ Reiffius:
αὐτοῦ LV ‖ 19 ἢ om L ‖ νοσσεῖν L ‖ ἢ om L ‖ οἷα V ‖ 20 αἱ παθητικαὶ διαθέσεις γίνονται] τὰ πάθη γίνεται V ‖ 21 ἀνάγκη om V ‖ post γίνεσθαι V addit φιλεῖ ‖ μὲν] δὲ L. malim οἱ δὲ κατὰ μὲν τὸ ἐντὸς — κακοὶ τοιοῦτοι ‖ 22 ἔδοξεν L ‖ 23 μεθ'] καὶ μεθ' LV ‖ εἰς] εἰς τὸ LV ‖
24 τοὺς L ‖ ἡδεῖαν εἶναι L ‖ 25 δεσμοῦ V ‖ δόξας] ἔδοξέ V ‖ 26 δύο
λαμβάνειν ‖ ἔξησεν V ‖ 28 θεοῦ] ἡλίου L ‖ χρυσοῦν] χρύσεον LV ‖

CAP. IV—VII.

ρον ἢ ῥόδον ἢ τῶν ὁμοίων τι εἰς τὴν αὐτὴν ἀνακτέον μοῖραν. οἱ δὲ κατὰ μὲν τὸ ἐντὸς κακοὶ κατὰ δὲ τὸ ἐκτὸς ἀγαθοὶ τοιοῦτοι· κεραυνοῦσθαι δοκεῖν πένητα ὄντα ἢ στρατεύεσθαι δοῦλον ὄντα ἢ μέλλοντα πλεῖν ἢ μονομαχεῖν· τούτων γὰρ ὁ μὲν πλοῦτον ὁ δὲ ἐλευθερίαν, ὁ δὲ πλοῦν οὔριον ὁ δὲ γάμον προσημαίνει. καὶ εἰσὶν αὐτῶν αἱ μὲν ὄψεις κακαί, αἱ δὲ ἀποβάσεις ἀγαθαί.

Ἐννοῆσαι δὲ χρὴ ὅτι τὰ μὲν τοῖς φροντίζουσι περί τινος 6 καὶ αἰτησαμένοις ὄνειρον παρὰ θεῶν ἐπιφαινόμενα οὐχ ὅμοια ταῖς φροντίσι γίνεται, ἐπεὶ τά γε ὅμοια ταῖς ἐννοίαις ἀσήμαντά τέ ἐστι καὶ ἐνυπνιώδη, ὡς ὁ πρότερος ἔδειξε λόγος· μεριμνητικὰ δὲ καὶ αἰτητικὰ πρός τινων λέγεται· τὰ δὲ τοῖς περὶ μηδενὸς φροντίζουσιν ἐφιστάμενα καὶ προαγορεύοντά τι τῶν p. 14 ἐσομένων ἀγαθῶν ἢ κακῶν θεόπεμπτα καλεῖται. οὐχ ὁμοίως δὲ νῦν ἐγὼ ὡς Ἀριστοτέλης διαπορῶ πότερον ἔξωθεν ἡμῖν ἐστι τοῦ ὀνειρώσσειν ἡ αἰτία ὑπὸ θεοῦ γινομένη ἢ ἔνδον αἴτιόν τι, ὃ ἡμῖν διατίθησι τὴν ψυχὴν καὶ ποιεῖ φύσει συμβεβηκὸς αὐτῇ, ἀλλὰ θεόπεμπτα ἤδη καὶ ἐν τῇ συνηθείᾳ πάντα τὰ ἀπροσδόκητα καλοῦμεν.

Ἔτι πᾶσι τοῖς πρόδηλον αἰτίαν ἐκφεύγουσι προσέχειν χρή, 7 ἐάν τε νυκτὸς ἐάν τε ἡμέρας ὁραθῇ, μηδὲν διαφέρειν νομίζοντας εἰς πρόγνωσιν τὴν νύκτα τῆς ἡμέρας μηδὲ τὴν δείλην ἑσπέραν τῆς δείλης πρωΐας, ἐὰν συμμέτρως τις ἔχων τροφῆς καθεύδῃ· ἐπεὶ αἵ γε ἄμετροι τροφαὶ οὐδὲ πρὸς αὐτῇ τῇ ἕῳ παρέχουσιν ἰδεῖν τὸ ἀληθές.

---

1 ῥῶδον L ‖ 2 τοιοῦτοι] οἱ τοιοῦτοι V ‖ 3 δοκεῖ L ‖ ἢ στρατεύεσθαι] καὶ δοῦλον V ‖ 4 ὄντα om V ‖ inter ἢ et μέλλοντα infinitivus excidisse videtur ‖ μονομαχεῖν] μονομαχεῖν ἀγαθόν V, μονομαχεῖν ἄτοπον L ‖ ὁ] τῷ L ‖ 5 ὁ] τῷ L ‖ ὁ δὲ Reiffius: τῷ δὲ L, ἢ V ‖ ὁ] ἔξει οἱ V, τῷ L ‖ προσημαίνει] προσημαίνουσι V, προσημαίνουσιν L ‖ 7 περὶ μνηματικῶν καὶ θεοπέμπτων V, περὶ μνητικῶν καὶ θεοπέμπτων pr L, περὶ μεριμνηματικῶν καὶ θεοπέμπτων sec L ‖ φροντίζουσιν L ‖ 9 post φροντίσι in L est σημαίνοντα δέ τι περὶ τῶν προκειμένων, atque ita V, nisi quod δὲ omissum ‖ 10 ἔστιν L ‖ μεριμνητικὰ] περιμνητικὰ pr L, μεριμνηματικά V sec L ‖ 11 δὲ] τε V ‖ αἰτητὰ L ‖ τοῖς addidi ‖ 12 ἐπιστάμενα V ‖ 13 καλεῖται οὐχ ὁμοίως δὲ νῦν om V ‖ 14 ἐγὼ — διαπορῶ] λέγω — διαπορῶν LV ‖ ἐστὶ om V ‖ 15 ὀνειρόσσειν L ‖ γενομένη V ‖ ἔνδον om pr L ‖ 16 ὃ] ὁ μὲν L ‖ διατίθησιν L ‖ 17 ἤδη] ὡς ἤδη LV ‖ τὰ om L ‖ 18 καλοῦμεν] καλοῦσιν LV ‖ 19 περὶ καιρῶν καὶ ὁποῖα δὴ κριτέον V, καιρῶν κριτέον pr L, περὶ καιρῶν καὶ ποῖα δὴ κριτέον ἐκ τῶν αἰγυπτίων sec L ‖ ἐπὶ V ‖ τοῖς πᾶσαν αἰτίαν πρόδηλον L ‖ ἐκφεύγουσι Rigaltius: ἐκφέγουσι V, ἐκπεφευγότες L ‖ 20 μηδὲν] μὴ δεῖν V ‖ 21 πρόγνωσιν] πρόσωπον pr L ‖ μήτε V ‖ 22 ἑσπέραν Reiskius: ἑσπέρας V, ἑσπέρας ἢ pr L, τῆς ἑσπέρας ἢ sec L ‖ πρωίαν L ‖ malim ἐάν γε ‖ τις post καθεύδῃ ponit V ‖ τροφῆς] τῆς τροφῆς LV ‖

14 LIB. I.

8   Ἔτι καὶ τὰ κοινὰ ἔθη τῶν ἰδίων μακρῷ διέστηκεν. ἃ εἰ
μή τις καταμάθοι, ἐξαπατηθήσεται ὑπ' αὐτῶν. κοινὰ μὲν οὖν
ἔθη ταῦτα. θεοὺς σέβεσθαι καὶ τιμᾶν· οὐδὲν γὰρ ἔθνος ἀν-
θρώπων ἄθεον ὥσπερ οὐδὲ ἀβασίλευτον, ἄλλοι δὲ ἄλλους
τιμῶσι θεούς, ἀλλ' ἐπὶ τὸ αὐτὸ τὴν ἀναφορὰν ἔχουσι πάντες. 5
τέκνα τρέφειν, ἡττᾶσθαι γυναικῶν, ἐγρηγορέναι ἡμέρας, κα-
θεύδειν νύκτωρ, τροφαῖς χρῆσθαι, ἀναπαύεσθαι κάμνοντας,
διάγειν ἐν σκιᾷ, μὴ ὑπαιθρίους. ταῦτα μὲν οὖν κοινὰ ἔθη·
τὰ δὲ ἴδια καὶ ἐθνικὰ καλοῦμεν. οἷον στίζονται παρὰ Θραξὶν
οἱ εὐγενεῖς παῖδες καὶ παρὰ Γέταις οἱ δοῦλοι· ὧν οἱ μὲν πρὸς 10
ἄρκτον οἱ δ' ἐπὶ μεσημβρίαν οἰκοῦσι. καὶ Μόσσυνες οἱ ἐν
Ποντικῇ συνουσιάζουσι δημοσίᾳ καὶ γυναιξὶ μίσγονται ὥσπερ
οἱ κύνες, τοῖς δὲ ἄλλοις ἀνθρώποις ἄτιμα ταῦτα νενόμισται.
καὶ ἰχθύας ἐσθίουσι πάντες πλὴν Σύρων τῶν τὴν Ἀστάρτην
p. 15 σεβομένων. θηρία δὲ καὶ πάντα τὰ κινώπετα λεγόμενα ὡς εἴ- 15
δωλα θεῶν Αἰγυπτίων παῖδες μόνοι τιμῶσί τε καὶ σέβονται,
οὐ πάντες μέντοι τὰ αὐτά. ἔμαθον δέ τι καὶ ἐν Ἰταλίᾳ νόμιμον
παλαιόν. γῦπας οὐκ ἀναιροῦσι καὶ τοὺς ἐπιτιθεμένους αὐτοῖς
ἀσεβεῖν νομίζουσι. ταύροις δὲ κατὰ προαίρεσιν ἐν Ἰωνίᾳ παῖ-
δες Ἐφεσίων ἀγωνίζονται, καὶ ἐν Ἀττικῇ παρὰ ταῖς θεαῖς 20
Ἐλευσῖνι
   κοῦροι Ἀθηναίων περιτελλομένων ἐνιαυτῶν
καὶ ἐν Λαρίσσῃ πόλει τῆς Θεσσαλίας οἱ τῶν κατοικούντων εὐ-
γενέστατοι, ἐν δὲ τῇ ἄλλῃ οἰκουμένῃ τὰ αὐτὰ τοῖς τὴν ἐπὶ θα-
νάτῳ κατακριθεῖσι συμβαίνει. ὁμοίως δὲ καὶ περὶ τῶν ἄλλων 25

---

1 περὶ ἐθῶν LV || ἔτι καὶ] ἐπεὶ V || ἅ εἰ] ἀεὶ L, εἰ V || 2 ὑπ']
ἐξ pr L, sed erasum; ὑπ sec L || in L inter αὐτῶν et κοινὰ rasura est
quatuor fere literarum || οὖν om pr L || 4 οὔτε L || ἄλλους] ἄλλως V ||
5 ἔχουσιν L || 6 post γυναικῶν in L est καὶ τῆς πρὸς ὁμιλίας, in V καὶ
τῆς πρὸς αὑτὰς ὁμιλίας || 7 κεχρῆσθαι L || ἀναπαύεσθαι] παύεσθαι LV
|| 8 ἐν σκιᾷ om·L || post ὑπαιθρίους L addit τὰ πολλὰ || pro οὖν in L
δαίμων, sed erasum. secunda manus puncta superimposuit || κοινὰ] κοινὰ
πάντων L || 9 τὰ δὲ ἴδια] ἴδια δὲ V || καλούμενα L || οἷον om V ||
10 Γέταις Reiffius: γέτταις V, γάλλοις pr L || οἱ δοῦλοι] δοῦλοι V, om
pr L || 11 μέσημβραν L || 13 τοῖς δὲ] ἃ τοῖς V || ταῦτα om V || 14
καὶ addidi || πάντες ἐσθίουσι V || Σύρων] σύρων τινῶν V || 15 κινώ-
πετα] ἑρπετά pr L || 16 τε om V || σέβουσι V || 17 τὰ αὐτὰ om V ||
Ἰταλίᾳ corruptum videtur || 18 ἐπιθεμένους V || 19 ἀσεβεῖν] ἀναιρεῖν
L || νομίζουσιν L || ταύρους V, correctum ab eadem manu || δὲ] δ'ἔτι
L, om V. fortasse scribendum ἔτι δὲ ταύροις || 20 ἐν Ἀττικῇ] ἡ ἑκτικὴ
pr L, sed erasum. ἡ ἀττικὴ sec L || 21 Ἐλευσῖνι] ἐν ἐλευσῖνι V || 22 κοῦ-
ροι] ἄκουροι L || ἀθηναῖοι V || πολιτευομένων pr L || 23 θετταλίας V
|| 24 ἄλλῃ] λοιπῇ L || τὴν om V ||

ἐθῶν ἰδίᾳ δεῖ διαλαμβάνειν πάντων εἴ τι παρά τισι μόνοις φυλάσσεται, ὅτι τὰ μὲν ἐγχώρια ἀγαθῶν ἐστὶ σημεῖα, τὰ δὲ ξενικὰ κακῶν, πλὴν εἰ μή τι τῶν παρόντων τὴν ἀπόβασιν ἀλλαχόσε τρέποι.

5 Λυσιτελὲς δ' ἂν εἴη, οὐ μόνον δὲ λυσιτελὲς ἀλλὰ καὶ ἀναγ- 9 καῖον τῷ τ' ἰδόντι τὸν ὄνειρον καὶ τῷ ὑποκρινομένῳ, ἐπίστασθαι τὸν ὀνειροκρίτην τίς τέ ἐστιν ὁ ἰδὼν τὸν ὄνειρον καὶ ὅ τι πράσσει καὶ ὅπως γέγονε καὶ ὅ τι ἔχει κτῆμα καὶ ὅπως ἔχει σώματος καὶ ἧστινος ἡλικίας γέγονε. καὶ αὐτὸν τὸν ὄνειρον 10 ἀκριβῶς ἐξεταστέον, ὡς ἔστιν. ὅτι γὰρ μικρᾷ προσθέσει ἢ ἀφαιρέσει ἀλλοιοῦται τὸ ἀποτέλεσμα, ὁ ἐπιὼν λόγος δηλώσει· ὡς εἰ μή τις τούτων ἔχοιτο, πταίων ἂν ἑαυτὸν μᾶλλον ἢ ἡμᾶς μέμφοιτο.

Ἑξῆς ὑποθησόμεθα πῶς δεῖ κρίνειν τοὺς ὀνείρους. ἕξει 10 15 δὲ τάξιν ἡ πραγματεία τοιαύτην. οὐχ ὥσπερ οἱ παλαιοὶ ἀπὸ θεῶν ἀρξόμεθα, κἂν ἀσεβεῖν τινι δοκῶμεν, ἀλλὰ πρὸς τὸ ἀναγκαῖον τῆς ἀκολουθίας ἀποβλέποντες ἀρξόμεθα πρῶτον ἀπὸ τοῦ p. 16 γεννᾶσθαι, ἔπειτα ** ἀνατρέφεσθαι, ἑξῆς περὶ σώματος καὶ τῶν ἐν τῷ σώματι μερῶν προσγινομένων τε καὶ ἀπογινομένων 20 καὶ αὐξομένων καὶ μειουμένων καὶ ἀλλοιουμένων εἰς μορφὴν ἑτέραν ἢ εἰς ὕλην, εἶτα περὶ διδασκαλίας τεχνῶν παντοδαπῶν καὶ ἔργων καὶ ἐπιτηδευμάτων, εἶτα περὶ ἐφηβίας, περὶ γυμνασίων, περὶ ἀγώνων, περὶ βαλανείου καὶ λουτροῦ παντοδαποῦ, περὶ τροφῆς πάσης ὑγρᾶς τε καὶ ξηρᾶς, περὶ μύρων 25 καὶ στεφάνων, περὶ συνουσίας, περὶ ὕπνου. ταῦτα μὲν περι-

---

1 ἰδίᾳ] ἴδια L, om V ‖ παραλαμβάνειν L ‖ πάντων] τῶν L, sed erasum ‖ τισιν L ‖ 2 ἐπιχώρια V ‖ 3 ἔθη post ξενικὰ addit V ‖ 4 τρέπει V. sequuntur in L quae post caput 13 transposui ‖ 5 τινὰ ἐξεταστέον τῷ ὀνειροκρίτῃ LV ‖ 6 τε L ‖ ἀποκρινομένῳ L ‖ 7 ὅ τι] ὅπως pr L ‖ 8 ὅπως] οποστον pr L. videtur genetivus excidisse ‖ γέγονε] γέγονεν τις sec L ‖ 9 σώματος] τοῦ σώματος V ‖ ἥντινα ἡλικίαν L ‖ 10 ἀκριβῶς] ὡσαύτως L ‖ ὡς ἔστιν om L ‖ γὰρ addidi ‖ 11 ὁ ἐπιὼν] ὡς ἐπιὼν ὁ L, ὁ ἐπιὼν ὁ V ‖ 12 ἔχοιτο πταίων] ἔχοι τὸ πταίων πλέον εἰκότως L. in πταίων omega librarius radendo in omicron convertit ‖ 14 ἐπαγγελία (ἀπαγγελία L) τῶν ἐν ταῖς βίβλοις γραφομένων VL ‖ ὑποτιθέμεθα L ‖ 15 παλαιοὶ] πολλοὶ L ‖ 17 ἀρξόμεθα] ἀρξώμεθα LV ‖ 18 lacunam signavi ‖ ἀναστρέφεσθαι L ‖ 19 τῷ om V ‖ προσγινομένων — αὐξομένων] ἐπιγινομένων τε αὐξανομένων τε καὶ ἀπογινομένων αὐξανομένων L ‖ 20 καὶ μειουμένων καὶ ἀλλοιουμένων om V ‖ εἰς] καὶ εἰς L ‖ 21 ὕλην] λύσιν L ‖ 23 post γυμνασίων in LV est κατ' εἶδος ‖ βαλανείων V ‖ λουτροῦ παντοδαπῷ] περὶ λουτροῦ παντοδαποῦ L. in V utrumque ου ex correctione ‖ 24 περὶ] καὶ περὶ L ‖ ξηρᾶς τε καὶ ὑγρᾶς V ‖ περὶ] καὶ περὶ L ‖ 25 περὶ σ.] περὶ ἀφροδισίων σ. LV ‖ περιέξει] περιέχει V, ἕξει L ‖

ἕξει ἡ πρώτη βίβλος· ἡ δὲ δευτέρα * * περὶ ἐγρηγόρσεως ἀσπασμάτων κόσμου παντὸς ἀνδρείου καὶ γυναικείου ἀέρος καὶ τῶν περὶ ἀέρα, περὶ κυνηγίου περὶ ἁλιείας περὶ πλοῦ περὶ γεωργίας, περὶ δίκης, ἀρχῆς δημοσίας καὶ λειτουργίας, στρατείας, θεῶν τιμῆς καὶ περὶ θεῶν, περὶ θανάτου, καὶ εἴ τι ἄλλο προϊὼν ὁ λόγος ὑπομνήσει.

11 Χρὴ δὲ κρίνειν τοὺς ὀνείρους ποτὲ μὲν ἀπ' ἀρχῆς εἰς τέλος ἀποβλέποντα τὸν ὀνειροκρίτην ποτὲ δὲ ἀπὸ τέλους εἰς ἀρχήν· ἔστι γὰρ ὅτε ἡ ἀρχὴ τὸ τέλος ἔδειξεν ἀφανὲς ὂν καὶ οὐκ εὐσύνοπτον, ὁτὲ δὲ τὸ τέλος τὴν ἀρχήν. δεῖ δὲ καὶ τοῖς καταπήροις καὶ ὥσπερ οὐκ ἔχουσι λαβὰς ὀνείροις παρ' ἑαυτοῦ τι προσφιλοτεχνεῖν, καὶ μάλιστα ἐν οἷς ἢ γράμματά τινα ὁρᾶται διάνοιαν αὐτοτελῆ μὴ περιέχοντα ἢ ὄνομα ἀπρόσλογον, ποτὲ μὲν μετατιθέντα ποτὲ δὲ ἀλλάσσοντα ποτὲ δὲ προστιθέντα γράμματα ἢ συλλαβάς, ἐνίοτε δὲ ἰσόψηφα ἐπινοοῦντα, δι' ὧν **12** σαφέστερος γένοιτ' ἂν ὁ λόγος. ὅθεν φημὶ δεῖν οἴκοθεν παρεσκευάσθαι καὶ οἰκείᾳ συνέσει χρῆσθαι τὸν ὀνειροκρίτην καὶ μὴ μόνον τοῖς βιβλίοις ἐπανέχειν, ἐπεὶ ὅστις γε τέχνῃ οἴεται ἄνευ φύσεως ἐντελὴς ἔσεσθαι, ἀτελὴς καὶ ἀπέραντος διατελέσει· καὶ γὰρ τὸ ἀπ' ἀρχῆς πεπλανῆσθαι ἐπὶ πλέον τὴν πλάνην παρέχει. ἔτι καὶ τὰ μὴ ἐξ ὁλοκλήρου μνημονευόμενα ἄκριτα νόμιζε, ἐάν τε τὸ μέσον ἐάν τε τὸ πέρας ἐπιλάθηταί τις· εἰς μὲν γὰρ τὸν ὑγιᾶ λόγον δεῖ ἐξετάζειν πᾶν τὸ ὁρώμε-

---

1 lacunam signavi || 2 malim περὶ ἀσπασμάτων, περὶ κόσμου παντὸς ἀνδρείου καὶ γυναικείου, περὶ ἀέρος || ἀέρος] καὶ ἀέρος L || 3 κυνηγίου] κυνηγίας V, κυνηγεσίας L || ἁλιείας Reiskius: ἁλίας LV || 4 περὶ γεωργίας om L || καὶ om V. malim περὶ ἀρχῆς δημοσίας καὶ λειτουργίας, περὶ στρατείας, περὶ θεῶν τιμῆς καὶ περὶ θεῶν || 5 στρατείας] στρατίας L, στρατιᾶς V || τιμῆς θεῶν L || θεῶν περὶ] θεῶν καὶ L || 7 πῶς ἐπιβλητέον ταῖς κρίσεσιν LV || δὲ] μὲν L || 8 post ὀνειροκρίτην in LV est καὶ ὅταν ἢ τὰ θεωρήματα διαλελυμένα ἀπ' ἀλλήλων || δὲ] δὲ καὶ V || ἀπὸ τοῦ τέλους L || 10 οὐκ εὐσύνοπτον] οὐκέτι σύνοπτον L, ἀσύνετον V || 11 καταπήροις] καταξήροις LV Suidas in v. κατάξηροι ὄνειροι || οὐκ] μὴ Suidas || ἑαυτ L || 12 καὶ om V || μάλιστα] μάλιστα τοῖς ἀπόροις L, μάλιστα τοῖς ἀπείροις V || ἢ] ἡ L, om V || γράμματα] γράμματα L, ὁράμα-τά V, in cuius margine ab eadem manu γράφε γράμματα || 13 ἔχοντα V || ἀπρόσλογον] προσλέγον L, om V || 14 post μετατιθέντα in L est τὰ γράμματα ἢ τὰς συλλαβὰς || ποτὲ δὲ προστιθέντα] ἢ προστιθέντα ἢ L || 15 ἰσόψηφα] ἰσόψηφά τινα V || 16 οἷον εἶναι χρὴ τὸν ὀνειροκρίτην LV || φημὶ δεῖν] εἶναι φημὶ L || παρεσκευάσθαι Reiskius: παρασκευάσθαι LV || 18 γε om L || τέχνῃ] τέχνη L, τέχνην V, om Suidas in v. ἐντελής || 19 ἐντελῆ V || post ἀπέραντος in LV Suida est τοσούτῳ (τόσῳ Suidas) μᾶλλον ὅσῳ πλείονα ἕξιν ἔχει || 20 πλείονα L || 22 ἀδιάκριτα V || νόμιζε] νομίζειν LV || ἐάν τε τὸ πέρας ἐάν τε τὸ μέσον L || 23 εἰς] εἰ L. fortasse πρὸς || ἐξαιτάζειν L ||

CAP. X—XIII.

νον ἀποβαίνειν, μόνον δὲ εἰς κατάληψιν ἔρχεται τὸ ἐξ ὁλοκλή-
ρου μνημονευόμενον. ὥσπερ οὖν οἱ θύται τὰ ἀμφίβολα τῶν
σημείων οὐχὶ μὴ ἀληθῆ φασὶν εἶναι, ἀλλ᾽ αὐτοὶ μὴ καταλαμ-
βάνειν δι᾽ ὧν ἐπιθύονται, οὕτω τὸν ὀνειροκρίτην, ὧν μὴ ἀκριβῆ
5 δύναται κατάληψιν λαβεῖν, περὶ τούτων οὐ χρὴ ἀποφαίνεσθαι
οὐδὲ ἀποσχεδιάζειν, ἐπεὶ αὐτῷ μὲν ἀδοξία τῷ δὲ ἰδόντι βλάβη
παρακολουθήσει. ἔτι κἀκεῖνο. ὅσοι τῶν ὀνείρων κακόν τι ση-
μαίνουσιν, ἐὰν ἡ τοῦ ὁρῶντος ψυχὴ μὴ ἀηδῶς ᾖ διατιθεμένη,
ἐλάττονα τὰ κακὰ γίνεται καὶ σχεδὸν ἀτελεύτητα· καὶ πάλιν αὖ
10 ὅσοι τῶν ὀνείρων ἀγαθόν τι σημαίνουσιν, ἐὰν μὴ ἡ τῆς ψυχῆς
διάθεσις ἡδεῖα ᾖ, τὰ ἀγαθὰ ἀτελεύτητα γίνεται ἢ πάντως γε
ἥττονα. διὸ χρὴ ἐπερωτᾶν καθ᾽ ἕκαστον εἴτε ἡδέως εἴτε ἀη-
δῶς τοῦτο ἑώρα.

Εἴ τις δόξειε γεννᾶσθαι ὑπὸ γυναικὸς ἡστινοσοῦν, ὧδε 13
15 κρίνειν προσήκει. πένητι μὲν ἀγαθόν· ἕξει γὰρ τὸν θρέψοντα
αὐτὸν καὶ ἐπιμελησόμενον αὐτοῦ ὥσπερ καὶ τὰ βρέφη, εἰ μὴ
ἄρα χειροτέχνης εἴη· τῷδε γὰρ σχολὴν προαγορεύει· ἀργὰ γὰρ
τὰ βρέφη καὶ ἐνειλημένα τὰς χεῖρας τυγχάνει. πλουσίῳ δὲ τὸ
μὴ κρατεῖν τῆς οἰκίας σημαίνει ἀλλ᾽ ὑπό τινων ἄρχεσθαι ὧν
20 οὐ βούλεται· καὶ γὰρ τὰ βρέφη ὑπὸ ἄλλων ἄρχεται ὧν οὐ
κατὰ γνώμην αὐτοῖς. ἀνδρὶ δὲ γυναῖκα ἔχοντι μὴ ἔγκυον ση- p. 18
μαίνει τῆς γυναικὸς στερηθῆναι· οὐδὲ γὰρ τὰ βρέφη γυναιξὶ
σύνεστιν. ἔτι τῷ ἔχοντι ἔγκυον γυναῖκα σημαίνει παῖδα αὐτῷ
γενήσεσθαι ὅμοιον κατὰ πάντα· οὕτω γὰρ ἂν αὐτὸς δόξειε γεν-
25 νᾶσθαι. δούλῳ δὲ σημαίνει τὸ φιλεῖσθαι παρὰ τοῦ δεσπότου
κἂν ἁμάρτῃ συγγνώμης ἀξιοῦσθαι, ἐλευθερωθῆναι δὲ οὐδέπω·

---

1 ἀποβαίνει L. ὅπη μέλλει ἀποβαίνειν Reiskius ‖ κατάλειψιν L ‖
3 εἶναι φασὶν L ‖ καταλαμβάνεσθαι L ‖ 4 ὧν] ὃ V ‖ an ἐπιθύεται?
‖ ἀκριβῆ τὴν κατάληψιν δύναται V ‖ 6 ἐπεὶ μὲν αὐτῷ μὲν L, sed eraso
posteriore μὲν ‖ ἰδόντι] ἰδιώτῃ L ‖ βλάβος V ‖ 7 ἐπακολουθήσει L ‖
κἀκεῖνο. ὅσοι] κακεινόσοι L, κακεῖνά σοι V ‖ 8 post ψυχῇ in LV est τὸ
ὄναρ. sed praeferat fortasse aliquis ἡ ψυχὴ τοῦ ὁρῶντος τὸ ὄναρ ‖ 9 καὶ
σχεδὸν] malim ᾗ abiecto σχεδόν ‖ 10 αὖ om V ‖ ἐὰν μὴ ᾖ] καὶ μὴ τῇ
L, ἐὰν μὲν ᾖ V ‖ 11 διαθέσει L ‖ ἡδέα L ‖ post γίνεται in LV est ἡ
ἀνόνητα ‖ 12 εἴτε ἀηδῶς εἴτε ἡδέως V ‖ 13 ἑώρα] ἕδρα L ‖ 14 περὶ
γεννήσεως LV ‖ δόξειεν L ‖ 15 προσήκεν L ‖ θρέψοντα] θρέψαντα
LV ‖ 16 καὶ om V ‖ 17 εἴη] ᾖ L ‖ τόδε L ‖ 18 ἐνειλημένα] ἐνει-
λούμενα V, ἐνηλούμενα L ‖ post τυγχάνει in V est χεῖρες δὲ αἱ πράξεις
εἴρηνται, in L χεῖρας δὲ ἀπραξεῖς εἴρηνται ‖ 19 οἰκείας L ‖ 20 ὧν οὐ
κατὰ γνώμην αὐτοῖς] ὧν οὐ κατὰ γνώμην αὐτῶν L. absunt haec verba a
V ‖ 22 στεριθῆναι L ‖ οὐδὲ] οὔτε LV. nisi forte οὐ scribendum est ‖
post γυναιξὶ in LV est γαμεῖται ᾗ ‖ 24 γενήσεσθαι] γεννήσεσθαι LV ‖
οὕτως L ‖ ἂν] ἄνωθεν LV ‖ αὐτός] αὐτὸ V ‖ δόξειεν L ‖ 25 τοῦ δε-
σπότου] τοῖς δεσπόταις LV ‖

ARTEMIDORUS. 2

καὶ γὰρ οὐδὲ τὰ βρέφη ἑαυτῶν ἄρχει, κἂν ἐλεύθερα ᾖ. ἀθληταῖς δὲ κακόν· οὔτε γὰρ βαδίζει τὰ βρέφη οὔτε τρέχει, οὔτε ῥῆξαί τινα δύναται, ὅπου γε οὐδὲ βαδίζειν δύναται. τῷ δὲ ἐπὶ ξένης ὄντι τὴν εἰς τὴν οἰκείαν ἀνακομιδὴν σημαίνει, ἵνα ἐπ᾽ ἀρχὴν ἔλθῃ, ὡς καὶ τὸ γεννώμενον· ἢ πάλιν ἵνα εἰς τὴν 5 γῆν ἔλθῃ, τοῦτ᾽ ἔστιν εἰς τὴν πατρίδα· κοινὴ γὰρ πᾶσιν ἐπίσης ἐστὶν ἡ γῆ πατρίς. τῷ δὲ νοσοῦντι θάνατον προαγορεύει τὸ ὄναρ, ἐπεὶ καὶ οἱ ἀποθανόντες ἐσχισμένοις ἐνειλοῦνται ῥάκεσιν ὡς καὶ τὰ βρέφη καὶ χαμαὶ τίθενται, καὶ οἷόν περ λόγον ἔχει ἡ ἀρχὴ πρὸς τὸ τέλος, τὸν αὐτὸν καὶ τὸ τέλος πρὸς τὴν 10 ἀρχήν. καὶ τὸν ἀποδρᾶναι πειρώμενον οὐκ ἐᾷ διαφυγεῖν οὐδὲ τὸν ἀποδημεῖν ἐθέλοντα ἐᾷ τῆς οἰκείας ἐξελθεῖν οὗτος ὁ ὄνειρος· οὐ γὰρ τὰ πρὸ ποδῶν δύναται φυλάξασθαι τὰ βρέφη· προσπταίει γὰρ ἑκάστοτε. ἐν δὲ ταῖς δίκαις τῷ μὲν ἐγκαλοῦντι δεινὸς ὁ ὄνειρος· οὐ γὰρ πείσει τοὺς δικαστὰς διὰ τὸ τραυλὸν 15 τῆς φωνῆς, τῷ δ᾽ ἐγκαλουμένῳ καὶ φεύγοντι καὶ μάλιστα τῷ δεδιότι καταδικασθῆναι ἄφοβος ὁ ὄνειρος· τὰ γὰρ βρέφη συγγνώμης ἀξιοῦται, ἐὰν ἁμάρτῃ.

14 Εἰ δέ τις ἑαυτὸν ὑπολάβοι κυεῖν, εἰ μὲν πένης εἴη, πολλὰ κτήσεται καὶ περιβαλεῖται χρήματα, ὡς καὶ διογκωθῆναι· εἰ 20 δὲ πλούσιος, ἐν βασάνοις ἔσται καὶ φροντίσι. καὶ ὁ γυναῖκα ἔχων στερηθήσεται αὐτῆς, ὡς οὐκέτι χρείαν ἔχων τῆς κυοφορούσης· ὁ δὲ μὴ ἔχων γυναῖκα γῆμαι ἂν σφόδρα εὔνουν, ὡς δοκεῖν ταὐτὰ τῇ γυναικὶ πάσχειν· τοῖς δὲ λοιποῖς νόσον σημαίνει. τὸ δὲ ἀποτεκεῖν καὶ ἀπογεννῆσαι οὐ ταὐτὰ τῷ ἔτι δοκεῖν 25 ἐν γαστρὶ ἔχειν σημαίνει, ἀλλὰ τὸν μὲν νοσοῦντα δηλοῖ ἀποθανεῖν ταχέως, ἐπειδὴ πᾶν σῶμα τίκτον πνεῦμα ἐξαφίησι,

---

3 post οὐδὲ codices addunt αὐτὰ || 4 τὴν οἰκείαν] οἶκον LV || 5 ἐπ᾽ ἀρχὴν] ἀπαρχὴν L || ἢ addidit Reiskius || 6 πᾶσιν] ἅπασιν LV || 8 ἀποθνήσκοντες V || ἐνηλοῦνται L || 9 καὶ οἷονπερ — ἐὰν ἁμάρτῃ om V. cuius commatis eam partem, quae a verbis πρὸς τὸ τέλος oritur, ex huius libri capite octavo extremo huc transposui || 11 ἀποδρᾶναι] ἀποδράσαι L || 12 ἐθέλοντα] θέλοντα L || ὁ addidi || 13 προσπταίει γὰρ] καὶ προσπταίει γοῦν L || ἑκάστοτε Venetus 267, ἑκάστω τε L || 15 ὁ ὄνειρος — πείσει Venetus 267, οὄνειρος — πίσει L || τραυλὸν] θρασυλον L || 17 δεδιότι Venetus 267, δεδειότι L || 18 ἀξιοῦται ἐὰν] ἀξιοῦνται κἂν L || 19 κυεῖν L, περὶ τοῦ κυεῖν V || ἑαυτὸν] αὐτὸς V || κυεῖν] κύειν L, ἔγκυος εἶναι V || 20 περιβάληται L || 21 καὶ φροντίσιν ἔσται V || 22 στερήσεται V || ὡς om V || μηκέτι L || ἔχων χρείαν V || κυοφορίας V || 23 γυναῖκα om V || 24 ταὐτὰ] ταυτὸ L, τὰ αὐτὰ V || τῇ om L || 25 καὶ απογεννῆσαι — δοκεῖν om V || ταὐτὰ] τὰ αὐτὰ L || 26 ἔχειν σημαίνει, ἀλλὰ τὸν μὲν] ἔχοντα χεῖρον καὶ τὸν V. malim τῷ μὲν νοσοῦντι || δηλοῖ] σημαίνει V || 27 σῶμα τίκτον] σωματικὸν L || ἀφίησιν V ||

καὶ ὥσπερ τὸ βρέφος τοῦ περιέχοντος σώματος ἀπαλλάσσεται, οὕτω καὶ ἡ ψυχή· πένητι δὲ καὶ καταχρέῳ καὶ δούλῳ καὶ παντὶ τῷ ἐν περιστάσει ᾑτινιοῦν ὄντι τὰ παρόντα δεινὰ ἀποθέσθαι σημαίνει· καὶ ἡ αἰτία φανερά. καὶ τὰ κρυπτὰ ἐλέγχει, 5 ἐπεὶ τὸ κεκρυμμένον τέως βρέφος ἐξεφάνη. πλουσίους δὲ καὶ δανειστὰς καὶ πραγματευτὰς καὶ πάντας τοὺς πιστευομένους βλάπτει· ἃ γὰρ τὸ πρὶν εἶχον ἀποθήσονται. ἐμπόροις δὲ καὶ p. 19 ναυκλήροις ἀγαθόν· διαθήσονται γὰρ τὰ φορτία. πολλοὶ δὲ καὶ συγγενεῖς ἀπέβαλον διὰ τὸ ἀφ' αἵματος ὂν τὸ βρέφος ἀπο-10 βεβλῆσθαι.

Παιδία δοκεῖν ἰδεῖν παντελῶς βρέφη, ἴδια μὲν τέκνα καὶ 15 ἀνδρὶ καὶ γυναικὶ μοχθηρόν· φροντίδας γὰρ καὶ λύπας σημαίνει καὶ μερίμνας πραγμάτων ἀναγκαίων τινῶν ἕνεκα, ἐπειδὴ οὐδὲ τὰ βρέφη ἄνευ τούτων ἔστιν ἀναθρέψαι. καί τις καὶ λό-15 γος παλαιὸς ἐπιδείκνυσι τὸ τοιοῦτο· ἔχει δὲ ὧδε·

ἢ δέος ἢ λύπη παῖς πατρὶ πάντα χρόνον.

τούτων δὲ τὰ μὲν ἀρρενικὰ εἰς ἀγαθὸν τελευτᾷ, τὰ δὲ θηλυκὰ χείρονα τῆς ἀρχῆς τὴν τελευτὴν ἐπάγει καὶ ζημίαν προαγορεύει· τὰ μὲν γὰρ ἀρρενικὰ ἀνατραφέντα οὐδὲν παρὰ τῶν γονέων λαμ-20 βάνει, τὰ δὲ θηλυκὰ προικὸς ἐπιδεῖται. οἶδα δέ τινα, ὃς ἔδοξε θυγάτριον αὐτῷ γενέσθαι. ἐδανείσατο. καὶ πάλιν αὖ ἔδοξέ τις τὴν θυγατέρα τὴν ἑαυτοῦ ἀποθανοῦσαν κατορύσσειν. συνέβη αὐτῷ δάνειον ἀποδοῦναι. ἀλλοτρίους δὲ παῖδας ὁρᾶν ἀγαθόν, ὅταν ὦσιν εὔμορφοι καὶ χαρίεντες καὶ τὸ παιδικὸν αὐτοῖς ἐπιτρέχῃ· ἀγα-25 θῶν γὰρ σύστασιν σημαίνει καιρῶν, ἐν οἷς ἔστι τι μέλλον τελέ-

---

2 καὶ δούλῳ om L || 3 ὄντι] ὄντι πάντα L || 4 καὶ alterum om V || 5 ἐπεὶ τὸ] κατὰ τὸ || βρέφος τέως L || ἐξαφάνη L || δὲ] τε V || 7 τὸ om L || ἔχον L || δὲ] τε LV || 8 διαθήσονται addidi || γὰρ τὰ φορτία om V || 9 ὂν] ὃν L, om V || 11 περὶ παίδων καὶ γάλακτος LV || δοκεῖν] δόξαι ἔχειν ἢ LV || 12 φροντίδας γὰρ] καὶ φροντίδας τε L || 13 ἕνεκεν V || ἐπειδὴ οὐδὲ] ἐπεὶ μηδὲ V || 14 καὶ post τις om L || 15 ἐπιδείκνυσι τὸ τοιοῦτο] τὸ τοιοῦτον ἀποδείκνυσι V || ἔχει] ἔστι V, ἔστιν L || 16 ἢ δέος] ὡς υἱοὺς V || ἢ Venetus 267, η L, ἢ V || λύπη παῖς] λυπῆται L || πατρὶ om pr L, περὶ sec L || 17 ἀρρενικὰ] ἀρσενικὰ LV || 18 προαγορεύουσι L || 19 τὰ μὲν γὰρ] ὅτι τὰ μὲν V || ἀρρενικὰ] ἀρσενικὰ LV || ἀνατραφέντα in LV ponitur post οὐδὲν || 20 οἶδα δέ τινα ὃς] οἳ δὲ δεῖνα ὡς L || θυγατέρα αὐτῷ γεγενῆσθαι || 21 ἐδανείσατο] καὶ ἐδανείσατο V, καὶ ἐδανήσατο L || αὖ] ὅς V || ἔδοξεν L || τις τὴν om V || 22 κατορύττειν V || συνέβη] ἀπέβη LV || 23 δάνεια V || post ἀποδοῦναι in L est οὕτως γὰρ τὸν αὐτὸν ἐπέχει λόγον δανείῳ θυγάτηρ, in V οὕτως ἄρα τὸν αὐτὸν ἐπέχει λόγον δανείῳ ἡ θυγάτηρ || 24 ἐπιτρέχῃ Reiffius: ἐπιτρέχει LV || ἀγαθὰς L || 25 σύστασιν] ἔνστασιν V, ἐνστάσεις L || σημαίνει] σημαίνουσιν L, om V || καιρῶν] καιρῶν δηλοῖ V || ἔστι] ἔστιν LV || τι μέλλον] ἐλπὶς ἔτι μᾶλλον V || τελέσαι καὶ καταπράξασθαι] καὶ τέλεσαι τι καὶ καταπράξασθαι ἡδύ L ||

2*

σαι καὶ καταπράξασθαι· καὶ γὰρ οἱ παῖδες τὸ παρὸν ὄντες ἄπρακτοι αὖθις ἐπὰν ἀνατραφῶσι δυνήσονταί τι πρᾶξαι.

16 Εἰ δέ τις ὥσπερ οἱ παῖδες ἐν σπαργάνοις εἶναι δόξειε καὶ γάλα λαμβάνειν παρά τινος γυναικὸς γνωρίμης ἢ οὐ γνωρίμης, νόσον νοσήσει μακράν, εἰ μὴ γυναῖκα ἔχοι ἔγκυον· τότε γὰρ αὐτῷ γενόμενος ὅμοιος ὁ παῖς τοῦτον τὸν τρόπον ἀνατραφήσεται· γυναικὶ δ᾽ ἰδούσῃ θυγάτριον ἐσόμενον προαγορεύει. εἰ δέ τις ἐν δεσμοῖς ὢν ἴδοι τὸν ὄνειρον τοῦτον, προσεπισωρεύσει αὐτῷ τὸ δαιμόνιον καὶ ἄλλα τινὰ κακὰ πρὸς τῷ μὴ λυθῆναι. οὐκ ἄλογον δὲ οὐδὲ κατὰ τὴν νόσον· ἀσθενεῖς γάρ εἰσιν οἱ ἐν γάλακτι παῖδες· καὶ δὴ καὶ οἱ τέλειοι, ὅταν νοσοῦντες τροφῇ μὴ δύνωνται χρῆσθαι, γάλακτι χρῶνται. τὸ δὲ δοκεῖν γάλα ἔχειν ἐν τοῖς μαζοῖς τοῖς ἰδίοις γυναικὶ μὲν νέᾳ συλλαβεῖν σημαίνει καὶ τελεσφορῆσαι καὶ ἀποτεκεῖν, πρεσβύτιδι δὲ εὐπορίαν πενιχρᾷ οὔσῃ, πλουσίᾳ δὲ δαπάνας, παρθένῳ δὲ ὡραίᾳ μὲν οὔσῃ γάμον προαγορεύει· οὐ γὰρ ἄνευ συνουσίας ἀφροδισίου γάλα ἂν σχοίη· παντελῶς δὲ μικρᾷ καὶ πρὸ πολλοῦ τῆς ὥρας τῶν γάμων οὔσῃ θάνατον προμαντεύεται· τὰ γὰρ παρὰ τὴν ἡλικίαν μοχθηρὰ πάντα πλὴν ὀλίγων. ἀνδρὶ δὲ πένητι καὶ βίου δεομένῳ περιουσίαν χρημάτων καὶ κτημάτων προαγορεύει, ὡς δύνασθαι καὶ ἄλλους τρέφειν. καὶ ἀγάμῳ γάμον καὶ ἄπαιδι παῖδας πολλάκις ἐτήρησα προαγορεῦσαν τὸ ὄναρ· ὁ μὲν γὰρ οὕτως ἔσχεν εὔνουν τὴν γυναῖκα ὡς ταὐτὰ ἐκείνῃ πάσχειν δοκεῖν, ὁ δὲ ἀνεθρέψατο παῖδας. ἀθλητῇ δὲ καὶ μονομάχῳ καὶ παντὶ σωμασκοῦντι νόσον προαγορεύει, ἐπειδὴ τὰ

---

2 ἐπὰν] δ᾽ ἂν L ‖ ἀνατραφῶσιν L ‖ 3 περὶ σπαργανωθέντων παίδων LV ‖ δόξειεν εἶναι V ‖ 4 λαμβάνει V ‖ ἢ οὐ γνωρίμης om V ‖ 5 νόσον νοσήσει μακρὰν] νοσήσει μακρὰν νόσον L, νόσον σημαίνει μακρὰν V ‖ ἔγκυον] ἐν γαστρὶ ἔχουσαν L ‖ 6 γεννόμενος L ‖ ὁ om L ‖ 7 δὲ L ‖ 8 ἴδῃ L ‖ τοῦτον om L ‖ προσεπισωρεύσει Reiskius: προσεπισορεύσει L, προσεπισωρεύσει V ‖ 9 τῷ Reiffius: τὸ LV ‖ μὴ λυθῆναι] μὴ ἀπολυθῆναι V, μηδὲ λυθῆναι L ‖ 10 οὐκ ἄλογον δὲ οὐδὲ κατὰ τὴν νόσον] malim οὐκ ἄλογον δὲ εἰ καὶ νόσον σημαίνει ‖ 11 καὶ δὴ καὶ] καὶ μὲν δὴ καὶ LV ‖ τέλειοι] τέλειοι οἱ L ‖ 12 δύνωνται Reiffius: δύνανται LV ‖ γάλακτι] διὰ τὴν ἀνάγκην γάλακτι καὶ μασθῷ γυναικείῳ L ‖ τὸ δὲ δοκεῖν γάλα ἔχειν ἐν τοῖς μαζοῖς τοῖς ἰδίοις] τὸ δὲ δοκεῖν ἔχειν ἐν τοῖς μασθοῖς τοῖς ἰδίοις γάλα L, τὸ δὲ δοκεῖν ἐν τοῖς ἰδίοις μασθοῖς γάλα ἔχειν V ‖ 14 τελεσφορήσειν L ‖ 15 εὐπορείαν L ‖ πενιχρᾷ οὔσῃ εὐπορίαν V ‖ 16 οὐσίας ἀφροδισίαν L ‖ 17 ἂν] ποτὲ ἢ σχοίη] ἔχοι ἡ L ‖ παντελῶς] πάνυ V ‖ πρὸ πολλοῦ] πόρρω V ‖ 18 προμαντεύεται] προμαντεύεται παρὰ τὴν ὥραν L, μαντεύεται V ‖ 20 κτημάτων] κτῆσιν L ‖ 21 θρέψαι V ‖ 22 προαγορεύσαντα V ‖ τὸ ὄναρ] τὸν ὄνειρον V ‖ 23 ὡς ταὐτά] ὡς ταῦτα L, ὥστε τὰ αὐτὰ V ‖ 24 ἀθλητῇ δὲ] ἀθλητῇ δὲ καὶ ἐργάτῃ V ‖ 25 σωμασκοῦντι] σώματι ἀσκοῦντι V ‖

θηλύτερα σώματα γάλα ἔχει. ἔτι καὶ τὸ τοιοῦτον ἐτήρησα. γυναῖκά τις ἔχων καὶ παῖδας ἐπὶ τούτῳ τῷ ὀνείρῳ τῆς γυναικὸς ἐστερήθη καὶ τοὺς ἑαυτοῦ παῖδας ἀνεθρέψατο τὴν ἴσην αὐτοῖς παρέχων χρείαν πατρός τε ἅμα καὶ μητρός.

Καὶ ταῦτα μὲν περὶ ἀνατροφῆς· νυνὶ δὲ περὶ σώματος καὶ τῶν ἐν τῷ σώματι μερῶν προσγινομένων τε καὶ ἀπογινομένων καὶ ἀλλοιουμένων εἰς μορφὴν ἑτέραν ἢ εἰς ὕλην ποιήσομαι τὸν λόγον μικρὰ παραιτησάμενος τοὺς τοῖς εἰς λεπτὸν διαιρουμένοις δυσχεραίνοντας· ἡμεῖς γὰρ οὐχ ὅτι μόνον τοῖς ἐπισύρουσι τὰ τοιαῦτα ἀχθόμεθα ἀλλὰ καὶ βλάβην κοινὴν νομίζομεν τὸ μὴ περὶ ἑκάστου ἀκριβοῦν καὶ ἐξονυχίζειν. τοιγάρτοι πρῶτον μὲν ἀπὸ τοῦ κυριωτάτου τῶν ἐν τῷ σώματι μερῶν ἄρξομαι διασαφεῖν.

Μεγάλην δοκεῖν ἔχειν κεφαλὴν ἀγαθὸν ἀνδρὶ πλουσίῳ οὐδέπω ἄρξαντι καὶ πένητι καὶ ἀθλητῇ καὶ δανειστῇ καὶ τραπεζίτῃ καὶ ἐρανάρχῃ. τῷ μὲν γὰρ ἀρχήν τινα προαγορεύει, ἐν ᾗ δεήσει αὐτῷ στεφάνου, τῷ δὲ εὐπορίαν καὶ χρημάτων ἐπίκτησιν καὶ κατὰ τοῦτο μείζονα τὴν κεφαλὴν ἔσεσθαι· καὶ γὰρ τὰ χρήματα κεφάλαια καλεῖται. ἀθλητῇ δὲ σαφὲς ὅτι νίκην προαγορεύει· τότε γὰρ μείζων ἡ κεφαλὴ γένοιτ᾽ ἂν αὐτῷ. δανειστῇ δὲ καὶ τραπεζίτῃ καὶ ἐρανάρχῃ πλείονα τὴν τῶν χρημάτων συλλογὴν μαντεύεται. πλουσίῳ δὲ πρὸς τῷ ἄρχειν ἤδη καθεστῶτι καὶ ῥήτορι καὶ δημαγωγῷ βαρήσεις καὶ ὕβρεις ἐκ τῶν ὄχλων προαγορεύει, καὶ τῷ νοσοῦντι καρηβαρίαν καὶ στρατιώτῃ πόνους καὶ δούλῳ τὸ μὴ ταχέως ἐλευθερωθῆναι

---

1 ἔχει] ὅσωεχει L ‖ ἔτι om pr L ‖ καὶ] δὲ καὶ V ‖ τοιοῦτον V ‖ 2 παῖδας] παῖδας μόνος L ‖ ἑαυτοῦ suspectum ‖ 4 ἅμα om L ‖ 5 σώματος καὶ om V ‖ 6 post ἀπογινομένων fortasse excidit καὶ αὐξομένων τε καὶ μειουμένων ‖ 7 καὶ] εἴτε V ‖ εἰς] εἴς τε V, εἴς τινα L ‖ ἢ] καὶ LV ‖ 8 τοὺς λόγους L ‖ παραιτησάμενος] δὲ παραστήσομαι V ‖ τοὺς τοῖς Reiffius: τοῖς L, τοὺς V ‖ εἰς λεπτὸν] ἐπίληπτον πρὸς ὀλίγον L, ἐπὶ λεπτὸν V ‖ 9 οὐχ ὅτι] οὐ V ‖ 10 ἀχθόμεθα] ἀπεχθανόμεθα LV ‖ βλάβην] βλάβην τινα V. verba βλάβην νομίζομεν — ἐξονυχίζειν Suidas habet in v. ἐξονυχίζειν ‖ 11 μὴ] μὴ οὐχὶ V ‖ ἑκάστης L ‖ 12 μὲν om V τῷ om L ‖ 14 περὶ κεφαλῆς V, περὶ κεφαλῆς καὶ τῶν ἐν τῇ κεφαλῇ L ‖ ἔχειν δοκεῖν V ‖ 15 δανιστῇ L ‖ τραπεζίτῃ καὶ εἰρηνάρχῃ L ‖ 17 στεφάνου Reiskius: στεφάνου ἢ τροφίον ἢ διαδήματος V, στεφάνους ἢ στροφίου ἢ διαδήματος L ‖ χρημάτων ἐπίκτησιν] κτημάτων κτῆσιν V ‖ 19 κεφάλαια] conf. Suidas in v. κεφάλαια ‖ ἀθληταῖς V ‖ 20 τότε γὰρ] ὅτι L ‖ μείζων ἡ κεφαλὴ] μεῖζον ἡ κεφαλὴ L, ἡ κεφαλὴ μείζων V ‖ αὐτῷ] αὐτῆς V. Reiskius malebat αὐτῆς ‖ 21 τραπεζίτῃ δὲ καὶ δανειστῇ V ‖ καὶ ἐρανάρχῃ om V ‖ τῇ L ‖ 22 συλλογὴν] συστροφὴν V ‖ πρὸς τῷ] πρὸς τὸ LV ‖ 23 βαρήσεις] βαρύνσεις V ‖ 24 καρηβαρίας L ‖ 25 πόνους] πόνον νόσον pr L, πόνον καὶ νόσον sec L ‖

καὶ τῷ τὸν ἥσυχον ἐπανῃρημένῳ βίον ταραχὰς ἅμα καὶ ὕβρεις μαντεύεται. ἡ δὲ μικροτέρα καὶ τοῦ κατὰ φύσιν λειπομένη κεφαλὴ τὰ ἐναντία πρὸς λόγον ἑκάστου τῶν ἀποτελεσμάτων τῇ προγεγραμμένῃ κεφαλῇ σημαίνει.

18 Τρίχας ἔχειν μεγάλας καὶ καλὰς καὶ ἐπ' αὐταῖς ἀγάλλεσθαι ἀγαθὸν μάλιστα γυναικί· ὑπὲρ γὰρ εὐμορφίας ἐστὶν ὅτε καὶ ἀλλοτρίαις θριξὶν αἱ γυναῖκες χρῶνται. ἀγαθὸν δὲ καὶ ἀνδρὶ σοφῷ καὶ ἱερεῖ καὶ μάντει καὶ βασιλεῖ καὶ ἄρχοντι καὶ τοῖς περὶ τὸν Διόνυσον τεχνίταις· τούτων γὰρ οἷς μὲν ἔθος ἐστὶ κομᾶν, οἷς δὲ τὸ ἐπιτήδευμα κομᾶν ἐπιτρέπει. ἀγαθὸν δὲ καὶ τοῖς λοιποῖς πλὴν ἧττον· αὐτὸ γὰρ μόνον εὐπορίαν σημαίνει οὐχ ἡδεῖαν ἀλλ' ἐπίμοχθον διὰ τὸ πολλοῦ καμάτου δεῖν **19** εἰς τὴν κομιδὴν τῶν μεγάλων τριχῶν. αἱ δὲ μεγάλαι μὲν ἀτημέλητοι δὲ τρίχες, ὡς μὴ δοκεῖν κόμην εἶναι ἀλλὰ τρίχωμα, πᾶσιν ἀνθρώποις πένθη τε καὶ λύπας δηλοῦσι· κομεῖν γὰρ τὸ ἐπιμέλεσθαί ἐστιν, ἡ δὲ ἀτημέλητος ἐν συμφοραῖς αὔξεται θρίξ.

20 Τὸ δὲ δοκεῖν χοιρείας ἔχειν τρίχας κινδύνους ἐπάγει βιαίους καὶ τοιούτους, οἵοις ὑποπίπτει τὸ ζῷον, λέγω δὲ ὁ χοῖρος. ἱππείας δὲ ἔχειν τρίχας δουλείαν καὶ ταλαιπωρίαν σημαίνει τοῖς εὖ γεγονόσι. δούλοις δὲ καὶ δεσμὰ περιτίθησιν· ὡς γὰρ ἐπὶ τὸ πολὺ χαίτῃ ἱππεία δεσμεύεται.

21 Ἔρια δὲ ἀντὶ τριχῶν ἔχειν νόσους μακρὰς καὶ φθίσιν προ-

---

1 ἅμα om V ‖ 2 καὶ τοῦ κατὰ φύσιν λειπομένης] τῆς κατὰ φύσιν γινομένης V ‖ 3 τῆς προγεγραμμένης κεφαλῆς V ‖ 5 περὶ τριχῶν L, περὶ τριχὸς V ‖ 6 γὰρ om L ‖ 8 σοφῷ ἀνδρὶ ‖ ἄρχοντι] ἄρχοντι καὶ προφήτῃ L ‖ 9 τοῖς] τὸν L ‖ τὸν om V ‖ τούτοις L ‖ ἔθος ἐστί] ἐστὶ θεὸς L ‖ 10 κομᾶν] κοσμεῖν L ‖ οἷς δὲ] ἀγαθὸν ἐπειδὴ V ‖ κομᾶν] κοσμειᾶν L ‖ 11 μόνον post εὐπορίαν ponit V ‖ εὐπορειαν L ‖ 12 πολλοὺς καμάτους L ‖ 13 ἀτιμελητῶν τριχῶν L, περὶ ἀτημελήτων τριχῶν V ‖ μὲν] τε L ‖ 15 δηλοῦσι] οἷς δὲ ἐπιδέχεται καὶ δεσμὰ σημαίνουσιν L ‖ κομεῖν] κοσμεῖν L ‖ γὰρ] μὲν γὰρ LV ‖ 16 ἐπιμέλεσθαι] ἐπιμελεῖσθαι LV ‖ αὐξάνεται L ‖ 17 post θρίξ in LV est ἐγὼ δέ ποτέ τινα τῶν γνωρίμων ἐν ἀρχῇ καταστάντα καὶ τὴν ἄλλην εὐπραγίαν εὐτυχήσαντα ἐν ὕπνοις θεασάμενος ἐν τῇ πόλει προπεμπόμενον ὑπὸ τῆς ὑποβεβλημένης αὐτῷ τάξεως ἀνίκμους ἔχοντα καὶ κουριώσας τὰς τρίχας τῆς κεφαλῆς ἐπέβαλον μὲν ὡς λύπης αὐτῷ δηλωτικὸν εἴη τὸ ὄναρ· οὐ πολλῶν δὲ διελθουσῶν ἡμερῶν ἐπανθη τῆς ἀρχῆς, ὅπερ ἦν αὐτῷ καὶ ἐπιζήμιον πάνυ καὶ ἐπίλυπον ‖ 18 χοιρίας τρίχας L, περὶ χοιρείας τριχὸς V ‖ χοιρίας L ‖ τρίχας ἔχειν V ‖ 19 οἵοις] οἵους LV ‖ ὑποπίπτει τὸ ζῷον] ὑποπέπτωκε τὸ ζῷον L, καὶ τὸ ζῷον ὑποπίπτει V ‖ 20 ἱππίας L ‖ δουλείας καὶ ταλαιπωρίας V ‖ 21 τοῖς] καὶ τοῖς LV ‖ δὲ καὶ om V ‖ δεσμε L ‖ ὡς] καὶ L ‖ 22 τὸ om L ‖ ἱππεία] ἱππίας πᾶσα L ‖ 23 ἔρια ἀντὶ τριχῶν L, περὶ τοῦ ἔχειν ἔρια ἀντὶ τριχῶν V ‖ μακρὰς om L ‖ φθίσεις L ‖

ἀγορεύει διὰ τὸ τὸν πολλάκις ἐπὶ τῆς κεφαλῆς ἔρια φοροῦντα δοκεῖν συμπεφυκότα ἔχειν. εἰ δὲ εἰς ἄλλην τινὰ ὕλην αἱ τρίχες μεταβάλοιεν, ἀπὸ τῶν ὁμοίων τεκμαίρεσθαι χρή.

Τὸ δὲ δοκεῖν ψιλὸν εἶναι τὸ περὶ μέτωπον πᾶν μέρος ἐν τῷ παρόντι χλεύην ἅμα καὶ ἀπραξίαν μαντεύεται· εἰ δὲ τὸ ὀπίσω τοιοῦτον ἔχειν δόξειέ τις, ἐν τῷ γήρᾳ πενίαν καὶ ἀπορίαν οὐ τὴν τυχοῦσαν ἕξει· πᾶν μὲν γὰρ τὸ ὀπίσω τοῦ μέλλοντός ἐστι σημαντικὸν χρόνου, αἱ δὲ ψιλότητες ἀπορίας οὐδὲν διαφέρουσιν, ἢ ὅτι κατ' ἔλλειψιν γίνονται θερμοῦ, ἢ ὅτι μηδενὸς ἐπιλαβέσθαι παρέχουσιν. εἰ δὲ τὸ δεξιὸν μέρος τῆς κεφαλῆς ψιλὸν ἔχοι τις, πάντας τοὺς καθ' αἷμα προσήκοντας ἄρρενας ἀπολεῖ· εἰ δὲ μηδένα ἔχοι, βλαβήσεται. εἰ δὲ τὸ εὐώνυμον, τὰς θηλείας ἀπολεῖ, εἴγε τινὰς ἔχοι· εἰ δὲ μή, καὶ οὕτω βλαβήσεται. συγγενῶν μὲν γάρ ἐστιν ἡ κεφαλὴ σημαντική, ταύτης δὲ τὰ μὲν δεξιὰ μέρη ἀρρένων τὰ δὲ εὐώνυμα θηλειῶν. ὁπότερον δ' ἂν τῆς κεφαλῆς μέρος ψιλὸν ἔχῃ τις οὐκ ὢν εὐσυνείδητος, κατακριθήσεται τὴν εἰς ἔργον δημόσιον καταδίκην· τοῦτο γὰρ κἀκεῖ παράσημόν ἐστι τοῖς καταδικαζομένοις. ὅλην δὲ τὴν κεφαλὴν ψιλὴν ἔχειν ἀγαθὸν τῷ φεύγοντι δίκην καὶ τῷ φοβουμένῳ μὴ πρός τινων βίᾳ κατασχεθῇ· ῥᾷστα γὰρ ἂν διαφύγοι ἀνεπίληπτος ὤν· τοῖς δὲ ἄλλοις ἀπολέσαι πᾶν σημαίνει τὸ πρὸς κόσμον τοῦ βίου τεῖνον.

Ξυρεῖσθαι δὲ δοκεῖν τὴν κεφαλὴν ὅλην Αἰγυπτίων θεῶν ἱερεῦσι καὶ γελωτοποιοῖς καὶ τοῖς ἔθος ἔχουσι ξυρεῖσθαι ἀγαθόν, πᾶσι δὲ τοῖς ἄλλοις πονηρόν. τὰ γὰρ αὐτὰ τῇ ψιλώσει

---

1 διὰ τὸ τὸν Reiskius: καὶ διὰ τοῦτο LV || ἐν τῇ κεφαλῇ L || φοροῦντα δοκεῖν] δοκοῦντα φορεῖν L || 2 ὕλην] κεφαλῇ L || 3 μεταβάλλοιντο V || χρή] χρὴ τουτέστι τῆς μεταβολῆς V || 4 δοκεῖν ψιλὸν εἶναι τὸ om V || περὶ] ὑπὲρ L || μέτοπον L || μέρος] μέρος δοκεῖν ψιλοῦσθαι V || 5 ἀπραξίαν] πρᾶξιν L || 6 δόξειέν L || ἀπορίαν] ἀτυχίαν V || 7 πᾶν μὲν] ἐξεναντίας V || μέλλοντος χρόνου σημαντικόν ἐστιν V || 8 ἀπορίας om V || οὐδενὶ V || 9 ἔλληψιν L || ἢ ὅτι Reiffius: καὶ ὅτι LV || 10 ἐπιλαβέσθαι] ἐστι λαβέσθαι L || παρέχωσιν V || 12 ἄρρενας] ἄρσενας LV || ἀπολεῖ] ἀποβάλλει L || ante βλαβήσεται videtur excidisse αὐτός. εἰ δέ τὸ — βλαβήσεται om L || 14 σημαντικόν V || 15 μέρη om V || 16 post θηλειῶν in LV est ἐπὶ δὲ (ἐπειδὴ καὶ L) τοῦ παντὸς σώματος τὰ δεξιὰ καὶ τὰ εὐώνυμα ταύτην (τοιαύτην V) ἔχει τὴν διαίρεσιν || μέρος addidi || ἔχῃ] ἔχοι L || 18 κατακρινομένοις L || 19 ψιλὴν ἔχειν] ψιλὴν ἔχει δοκεῖν L, ἔχειν ψιλὴν V || 20 τῷ om L || μὴ] καὶ V || κατασχεθῇ] κατεχομένῳ V || 21 ῥᾷστα] ταῦτα V || ἂν διαφύγοι] καταφύγοι L || 23 περὶ τοῦ ξυρᾶσθαι δοκεῖν τὴν κεφαλὴν V || ξυρεῖσθαι] ξυρεσθαι L, ξυρᾶσθαι V || ὅλην Reiskius: ὅλην πλὴν LV || 24 ἱερεῦσιν L || ἔθος] ἐξ ἔθους V || ξυρεῖσθαι] ξυρᾶσθαι LV || ἀγαθόν, πᾶσι δὲ τοῖς ἄλλοις πονηρόν] πᾶσιν πᾶσιν πονηρόν L ||

σημαίνει, βιαιότερα δὲ ἐπάγει καὶ σύντομα τὰ κακά. πλέουσι
δὲ διαρρήδην ναυάγιον σημαίνει καὶ νοσοῦσιν εἰς ἔσχατον ἐλά-
σαι κίνδυνον πλὴν οὐκ ἀποθανεῖν· ναυαγήσαντες μὲν γὰρ καὶ
ἐκ μεγάλης ἀναστάντες νόσου ξυροῦνται οἱ ἄνθρωποι, ἀποθα-
νόντες δὲ οὔ. κείρεσθαι δὲ ὑπὸ κουρέως ἀγαθὸν πᾶσιν ἐπί- 5
σης· ἔστι γὰρ ὡς εἰπεῖν ἀπὸ τοῦ καρῆναι καὶ τὸ χαρῆναι ἐκ-
δέξασθαι κατὰ παραλλαγὴν στοιχείου, καὶ μέντοι καὶ ἐν περι-
στάσει πονηρᾷ ἢ συμφορᾷ τινὶ καθεστὼς κείρεται οὐδείς, ἀλλ'
οἷς μάλιστα εὐπρεπείας μέλει, οὗτοι κείρονται· μέλει δὲ εὐ-
πρεπείας ἀλύποις τε καὶ οὐκ ἀπόροις. τὸ δὲ ὑπὸ κουρέως 10
πρόσκειται, ἐπεὶ εἴ τις ἑαυτὸν κείροι οὐκ ὢν κουρεύς, τῶν
ἰδίων πένθη ἢ αἰφνίδιόν τινα συμφορὰν μεγάλων κακῶν ἀνά-
πλεων σημαίνει· οἱ γὰρ ἐν τοιούτοις γενόμενοι ἑαυτοὺς περι-
κείρουσι. τὸ δὲ ὀνυχίζεσθαι χρεώστῃ μὲν ἀποδοῦναι τόκον
σημαίνει, τοῖς δὲ λοιποῖς βλάβην ὑπὸ τῶν ὀνυχισάντων, ἐάν 15
γε ἴδωσιν ἑαυτοὺς ὑπ' ἄλλων τινῶν ὀνυχισθέντας· καὶ γὰρ
ἐν τῇ συνηθείᾳ ὀνυχίζεσθαί φαμεν τὸν ἐπὶ βλάβῃ ὑπό τινος
ἐξαπατηθέντα. περὶ δὲ τοῦ κτενίζεσθαι καὶ ἐμπλέκεσθαι καὶ
ἐσοπτρίζεσθαι καὶ τῶν τούτοις ἀκολούθων ἐν τῷ δευτέρῳ ἐπι-
μνησθήσομαι βιβλίῳ, ἐπειδὰν περὶ κόσμου παντὸς ἀνδρείου 20
καὶ γυναικείου λέγω.

23 Μέτωπον ὑγιὲς καὶ εὔσαρκον παντὶ ἀγαθὸν καὶ παρρη-
σίαν καὶ εὐανδρίαν σημαίνει, τὸ δὲ ἡλκωμένον ἢ νοσοῦν αἰ-
σχύνην ἅμα καὶ βλάβην δηλοῖ. χαλκοῦν δὲ ἢ σιδηροῦν ἢ λί-

---

1 σύντομα τὰ] συμπτώματα L ‖ πλέουσιν L ‖ 3 καὶ] ἢ V ‖ 4 ἀνα-
στάντες] σωθέντες V ‖ ξυροῦνται] ξυρῶνται V ‖ οἱ om L ‖ ἀποθα-
νόντες δὲ οὔ] οὐ μὴν οἱ ἀποθανόντες V. post haec in codd. est τοῖς δὲ
προειρημένοις ἀγαθὸν διὰ τὸ ἔθος ‖ 5 ἐπίσης] ἐπίσης δηλοῖ V ‖ 6 ἐστιν
LV ‖ ὑπὸ L ‖ ἐκδέξασθαι κατὰ παραλλαγὴν στοιχείον] προσδέξασθαι
κατὰ παραλλαγὴν στοιχείον L, κατὰ παραλλαγὴν στοιχείου ἐνδέξασθαι V
‖ 7 καὶ post μέντοι addidi. οὐδεὶς post μέντοι ponitur in V ‖ 9 εὐ-
πρεπείας — κείρονται om V ‖ μέλλει — εὐπρεπείας V ‖ 10 ἀλύποις τε
καὶ οὐκ] τοῖς τε ἀλύτοις καὶ μὴ L ‖ ἀπὸ L ‖ 11 εἴ om L ‖ αὑτὸν L ‖
κείροι] κειροῖ L, κείρει V ‖ κουρεύς Venetus 267, κουρέως L, ἕως a m.
sec. in rasura. verba οὐκ — ἰδίων om V ‖ 12 πένθος αἰφνίδιον ἢ συμ-
φορὰν V ‖ 13 οἳ] εἰ L ‖ γινόμενοι V ‖ post ἑαυτοὺς in L est τῇ ἀνάγκῃ,
in V ἀνάγκη ‖ περικείρεσθαι V ‖ 14 χρεωσταις L ‖ 15 βλάβος V ‖ ἀπὸ
L ‖ ὀνυχησάντων L ‖ 16 γε om L ‖ ἑαυτοὺς] τινὰ ἢ L ‖ ὑπὸ L ‖
ὀνυχισθέντας addidi ‖ γὰρ] γὰρ τὸ V ‖ 17 ἐν τῇ συνηθείᾳ om V. conf.
Suidas in v. ὀνυχίζεται ‖ φασὶν L ‖ τινων L ‖ 18 ἐξαπατηθέντα L ‖ post
ἐμπλέκεσθαι in LV est τὴν κεφαλὴν ‖ 19 τῶν τούτοις ἀκολούθων Reis-
kius: τοῖς τούτων ἀκολούθοις LV ‖ 22 περὶ μετώπου LV ‖ 23 εὐ-
ανδρείαν L ‖ ἑλκόμενον L ‖ 24 δηλοῖ] σημαίνει V ‖ χάλκεον V ‖
σιδηροῦν] σιδήρεον LV ‖

CAP. XXII—XXIV. 25

θινὸν μέτωπον δοκεῖν ἔχειν τελώναις καὶ καπήλοις καὶ τοῖς μετὰ ἀναιδείας ζῶσιν μόνοις συμφέρει, τοῖς δὲ λοιποῖς μῖσος ἐργάζεται.

Ὦτα πλείονα ἔχειν ἀγαθὸν τῷ βουλομένῳ κτήσασθαί τινα 24 ὑπακουσόμενον, οἷον γυναῖκα τέκνον οἰκέτην. πλουσίῳ δὲ καταβοήσεις σημαίνει, ἀγαθὰς μέν, ἐὰν εὔμορφα ᾖ τὰ ὦτα, κακὰς δέ, ἐὰν ἄμορφα ᾖ καὶ ἄρυθμα. κακὸν δὲ δούλῳ τὸ ὄναρ καὶ δίκην ἔχοντι ἐγκαλοῦντί τε καὶ ἐγκαλουμένῳ· τῷ μὲν γὰρ πολλῷ χρόνῳ σημαίνει ὑπακούσεσθαι, τῷ δὲ ἐὰν μὲν ἐγκαλῇ καὶ ἀντεγκληθῆναι, ἐὰν δὲ ἐγκαλῆται πλείονα τὰ ἐγκλήματα τῶν φανερῶν ἐπενεχθήσεσθαι· τρόπον γάρ τινα αὐτῷ φησὶ δεῖν πλειόνων ὤτων. ἀνδρὶ δὲ χειροτέχνῃ ἀγαθόν· πολλῶν γὰρ ἀκούσεται ἐργοδοτῶν. τὸ δὲ ἀπολέσαι καὶ τὰ ὄντα ὦτα τἀναντία ἑκάστοτε τοῖς ἔμπροσθεν γεγραμμένοις σημαίνει.

Ὦτα καθαίρειν μεστὰ ῥύπου ἢ ἰχῶρος ἀγγελίας σημαίνει p. 25 ἀκούσεσθαί ποθεν ἀγαθάς, μαστιγοῦσθαι δὲ τὰ ὦτα κακὰς ἀκούσεσθαί ποθεν ἀγγελίας σημαίνει.

Μύρμηκας δοκεῖν εἰς τὰ ὦτα εἰσέρχεσθαι σοφισταῖς μόνοις ἀγαθόν· ὅμοιοι γάρ εἰσι τοῖς φοιτῶσι μειρακίοις· τοῖς δὲ λοιποῖς θάνατον προαγορεύει τὸ ὄναρ· γῆς τε γάρ εἰσι παῖδες οἱ μύρμηκες καὶ εἰς γῆν καταδύονται. οἶδα δέ τινα, ὃς ἔδοξεν ἐκ τῶν ἑαυτοῦ ὤτων πυρῶν ἀστάχυας πεφυκέναι καὶ τοὺς πυροὺς αὐτοὺς ἀπορρέοντας ταῖς χερσὶν ὑποδεχόμενος ἐκλαμβάνειν. ἤκουσε κληρονόμος ἀπόντος ἀδελφοῦ· διὰ μὲν τοὺς στάχυας κληρονόμος, ἀδελφοῦ δὲ ὅτι καὶ τὰ ὦτα ἀδελφά ἐστιν ἀλλήλων.

Ὦτα ὄνου ἔχειν δοκεῖν φιλοσόφοις μόνοις ἀγαθόν, ὅτι μὴ

---

4 περὶ ὤτων LV ‖ ἔχειν πλείονα V ‖ 5 post ὑπακουσόμενον in L est ἄν τό. an αὐτῷ? ‖ τέκνον] τέκνα LV. nisi cum Reiskio scribendum τέκνα οἰκέτας ‖ 6 ἀγαθὰ L ‖ ᾖ τὰ addidi ‖ κακὸν L ‖ 7 ᾖ καὶ ἄρυθμα] ᾖ ἢ ἄρυθμα V, καὶ ἄρυθμα ᾖ L ‖ δούλη L ‖ 9 ὑπακούσασθαι L ‖ ἐγκαλεῖ L ‖ 10 ἀντεκλήθη L ‖ 11 ἐπενεχθήσεται L ‖ τινα om L ‖ αὐτῷ φησὶ δεῖν] δεῖν αὐτῷ V ‖ 13 τἀναντία] τὰ ἐναντία V, ἐναντία L ‖ 14 ἑκάστοτε] ἑκάστῳ LV ‖ πρόσθεν V ‖ γεγραμμένοις] γινομένοις V ‖ 15 μετὰ V ‖ ἢ om L ‖ ἀγγελίας ποθεν ἀκούσεσθαι σημαίνει ἀγαθὰς V ‖ 17 ἀκούσεσθαί ποθεν ἀγγελίας] ἀκοῦσαί ποθεν ἀγγελίας L, ἀγγελίας ἀκούσεσθαι ποθέν V ‖ 18 περὶ μυρμήκων LV ‖ εἰς τὰ ὦτα δοκεῖν V ‖ εἰσπορεύεσθαι V ‖ 19 ὅμοιον γάρ εἰσι L. post εἰσι videtur excidisse οἱ μύρμηκες ‖ φοιτῶσι] φοιτῶσιν ἀκουσομένοις LV ‖ 21 οἱ μύρμηκες om V ‖ γῆν] τὴν γῆν V ‖ post καταδύονται in V est ὡς εἰς ἀπογαιώμενον οὖν τόπον τουτέστιν εἰς ἀποθανόντα καταδύονται ‖ ὃς] ὡς L ‖ 22 ἑαυτοῦ ὤτων] αὐτοῦ ὤτων L, ὤταν αὐτοῦ V ‖ 24 ἤκουσε — κληρονόμος] ἤκουσεν κληρονομίαν ἀποθανόντος ἀδελφοῦ ἤκουσεν διὰ τὰ ὦτα κληρονομία δὲ διὰ τοὺς πυροὺς L ‖ 25 εἰσὶν L ‖ 26 ὦτα ὄνου — σημαίνει om L ‖ μόνοις] μόνον V ‖

ταχέως κινεῖ τὰ ὦτα ὁ ὄνος· τοῖς δὲ λοιποῖς δουλείαν καὶ ταλαιπωρίαν σημαίνει.

Ὦτα λέοντος ἔχειν ἢ λύκου ἢ παρδάλεως ἢ ἄλλου τινὸς τῶν ἀγρίων ζῴων ἐπιβουλὴν ἔχειν ἐκ διαβολῆς σημαίνει· ἀκολούθως δὲ περὶ τῶν ἄλλων ζῴων κατὰ τὸ οἰκεῖον ἐκλαμβάνειν δεῖ.

Ὦτα ἐν τοῖς ὀφθαλμοῖς ἔχειν κωφὸν σημαίνει γενέσθαι καὶ τὰ τῆς ἀκοῆς διὰ τῆς ὁράσεως παραδέξασθαι. ἐπὶ δὲ τοῖς ὠσὶν ὄμματα ἔχειν τυφλὸν γενέσθαι σημαίνει καὶ τὰ τῆς ὁράσεως διὰ τῆς ἀκοῆς παραδέξασθαι.

25 Ὀφρύες δασεῖαι καὶ εὐανθεῖς πᾶσιν ἀγαθαί, μάλιστα γυναιξίν· αὗται γὰρ ὑπὲρ εὐμορφίας καὶ μέλανι χρίονται τὰς ὀφρῦς. τοιγάρτοι ἡδονὰς καὶ εὐπραξίας δηλοῦσι. ψιλαὶ δὲ οὐ μόνον ἀπραξίας καὶ ἀηδίας ἀλλὰ καὶ πένθος ἐσόμενον προδηλοῦσιν· ἔθος γὰρ παλαιὸν ἐπὶ πένθει τὰς ὀφρύας ψιλοῦσθαι.

26 Ὀξὺ ὁρᾶν τοῖς ὀφθαλμοῖς ἀγαθὸν πᾶσιν ἐπίσης. τὸ δὲ ἀμβλυώττειν ἔνδειαν ἀργυρίου δηλοῖ, ἐπειδὴ καὶ τὰ ὄμματα ψήφους ἔχει· ἀπραξίαν δέ, ὅτι οἱ ἀμβλυώττοντες ἧττον τὰ πρὸ ποδῶν ὁρῶσι. τῷ δὲ παῖδας ἔχοντι σημαίνει τοὺς παῖδας νοσῆσαι· ἐοίκασι γὰρ οἱ ὀφθαλμοὶ παισίν, ὅτι καὶ ποθεινοί εἰσι καὶ τοῦ σώματος ὁδηγοὶ καὶ ἡγεμόνες, ὥσπερ καὶ οἱ παῖδες ἐν γήρᾳ γενομένων τῶν γονέων. τὸ δὲ δοκεῖν τετυφλῶσθαι ἀμφοτέρους τοὺς ὀφθαλμοὺς σημαίνει τοῖς παισὶν ὄλεθρον τοῖς τοῦ ἰδόντος καὶ ἀδελφοῖς καὶ γονεῦσι· παισὶ μὲν διὰ τὸν ἔμπροσθεν λόγον· ἀδελφοῖς δέ, ὅτι καὶ οἱ ὀφθαλμοὶ

---

3 ἔχειν om L || 4 ἀγρίων ζῴων — παραδέξασθαι Reiffius: ἀγρίων ζῴων κατὰ τὸ οἰκεῖον ἐκλαμβάνειν δεῖ. ὦτα ἐν τοῖς ὀφθαλμοῖς ἔχειν κωφὸν σημαίνει γενέσθαι κατὰ τῆς ἀκοῆς διὰ τῆς ὁράσεως παραδέξασθαι L, ἀγρίων ζῴων ἐπιβουλὴν ἔχειν ἐκ διαβολῆς σημαίνει καὶ τὰ τῆς ἄλλης ἀκοῆς διὰ τῆς ὁράσεως παραδέξασθαι ἀκολούθως δὲ περὶ τῶν ἄλλων ζῴων κατὰ τὸ οἰκεῖον ἐκλαμβάνειν V || 9 ὄμματα] ὄμματα δοκεῖν V || 10 παραδέχεται L || 11 περὶ ὀφρύων LV || 12 χρείονται L || 13 ὀφρύας V || τοιγάρτοι] τοῖς γὰρ τοιούτοις V || τι post ἡδονὰς addit L || δηλοῖ L || ψιλαὶ — ἀλλὰ Reiskius: ψιλαὶ δὲ οὐ μόνον ἀπραξίας ἰδίας ἀλλὰ V, ψιλὰς δὲ δοκεῖν ἔχειν τὰς ὀφρῦς ἀηδίας L || 15 γὰρ] γὰρ τὸ L || πένθη L || 17 ὀφθαλμῶν L, περὶ ὀφθαλμῶν V || τοῖς ὀφθαλμοῖς delendum videtur || ἀγαθὰ V || ἐφίσης L || 18 ἀμβλυοπεῖν L || ἀργυρίον] ἀργυρίου μὲν ὅτι L || δηλοῖ om L || ἐπειδὴ] ὅτι L || 19 ἀπραξίαν] ἀπραξείαν σημαίνει ἀπραξίαν L || οἱ om L || 21 ὀφθαλμοὶ παισίν] παῖδες ὀφθαλμοῖς L || ποθηνοὶ L || 22 εἰσὶ post ὁδηγοὶ ponit V || καὶ post ὥσπερ om V || 24 ἀμφοτέροις τοῖς ὀφθαλμοῖς L. malim ὄλεθρον σημαίνει τοῖς παισὶ τοῦ ἰδόντος vel παισὶν σημαίνει ὄλεθρον τοῖς τοῦ ἰδόντος || 25 τοῖς om V || καὶ γονεῦσι καὶ ἀδελφοῖς L || παισὶν L ||

ἀδελφοί εἰσιν ἀλλήλων· γονεῦσι δέ, ὅτι καὶ οἱ ὀφθαλμοὶ αἴτιοί εἰσι τοῦ τὸ φῶς ὁρᾶν, ὥσπερ καὶ οἱ γονεῖς· ἡ δὲ τούτων ἀπώλεια τὴν τῶν ὁμοίων ἀπώλειαν προαγορεύει. ἀγαθὸν δὲ τῷ ἐν δεσμοῖς ὄντι τὸ δοκεῖν τυφλοῦσθαι καὶ τῷ βίᾳ ὑπό τι-
5 νων κατεχομένῳ καὶ τῷ σφόδρα πενομένῳ· ὁ μὲν γὰρ οὐκέτι ὄψεται τὰ περὶ αὐτὸν κακά, ὁ δὲ ἕξει τοὺς ὑπηρετήσοντας αὐτῷ· καὶ γὰρ τῷ τυφλῷ προσίασιν ὑπηρετήσοντες οὐκ ὀλίγοι, αὐτός τε τῶν πόνων ἀποπέπαυται. ἀποδημεῖν δὲ κωλύει τὸ ὄναρ καὶ τὸν ἀπόδημον οὔ φησιν ἐπανήξειν εἰς τὴν ἑαυ-
10 τοῦ· οὔτε γὰρ τὴν ξένην ἔστιν οὔτε τὴν οἰκείαν ἄνευ ὀμμάτων ἰδεῖν. δεινὸν δὲ καὶ στρατιώτῃ καὶ παντὶ τῷ ἐν αὐλῇ βασιλέως ὄντι. ἀθλητῶν δὲ τοῖς μὲν τὰ βαρέα ἀθλοῦσιν ἧτταν προαγορεύει, δρομεῦσι δὲ νίκην. οἶδα δέ τινα σταδιέα, ὃς μέλλων ἀγωνίζεσθαι Εὐσέβεια τὰ ἐν Ἰταλίᾳ ἀχθέντα πρῶτον
15 ὑπὸ βασιλέως Ἀντωνίνου ἐπὶ τῷ πατρὶ Ἀδριανῷ ἔδοξε τυφλὸς γεγονέναι. ἐνίκησεν· ἐπίσης γὰρ τῷ τυφλῷ ὁ προάγων ἐν δρόμῳ οὐκ ἂν ἴδοι τοὺς ἀνταγωνιστάς. δεινὸν δὲ καὶ κυβερνήταις καὶ τοῖς τὰ οὐράνια διασκεπτομένοις καὶ μάντεσι· καὶ εἴ τις ἀπολωλός τι ζητῶν ἴδοι τὸν ὄνειρον τοῦτον, οὐκ ἂν εὕ-
20 ροι, οὐδὲ δραπέτην διώκων καταλάβοι. ποιηταῖς δὲ ἄριστον τὸ τοιοῦτο· δεῖ μὲν γὰρ αὐτοῖς πολλῆς ἡσυχίας μέλλουσι ποιήσειν τὰ ἔπη· μάλιστα δ' ἂν οὕτως ἐν ἡσυχίᾳ γένοιντο, εἰ διὰ τὸ μὴ ἔχειν ὄμματα μὴ περιέλκοιντο μήτε ὑπὸ σχημάτων μήτε ὑπὸ χρωμάτων. νοσοῦσι δὲ θάνατον πάντοτε προαγο-

---

2 εἰσιν L ‖ τὸ om L ‖ 3 τὴν] διὰ L ‖ προαγορεύει] σημαίνει V ‖ post ἀγαθὸν δὲ in codd. est τῷ ἐν δεσμοῖς τὸ (τὸ om L) τυφλοῦσθαι καὶ ‖ 4 aut delenda verba τῷ — τυφλοῦσθαι καὶ aut corrigendum τετυφλῶσθαι et lacuna statuenda post κακά ‖ τὸ om L ‖ 5 τῷ] τὸ L ‖ οὐκέτι] οὐκ V ‖ 7 προσίασιν L ‖ οὐχολίγοι L ‖ 8 ἀπολαύεται L ‖ κωλύει L ‖ 9 ἑαυτοῦ] ἑαυτοῦ οἰκίαν V ‖ 10 ἔστιν om V ‖ ὀμμάτων ἰδεῖν] τῶν ὀμμάτων ἰδεῖν L, ὀφθαλμῶν ἰδεῖν δύναται V ‖ 11 post στρατιώτῃ V addit οὐ γὰρ προκόψει ‖ 12 βασιλείῳ V ‖ δὲ τοῖς μὲν] μὲν τοῖς L ‖ 14 εὐσεβεία V ‖ πρῶτον om V ‖ 15 ὃς post Ἀδριανῷ addit L ‖ ἔδοξεν L ‖ 16 ἐνίκησεν] καὶ ἐνίκησεν LV ‖ ἐφίσης L ‖ γὰρ om L ‖ ὁ] ὁ γὰρ L ‖ 17 εἴδοι L ‖ ἀνταγωνιστάς] ἀγωνιστάς LV ‖ δὲ] δὲ ἦν L ‖ 18 post μάντεσι in V est τὸ τυφλοῦσθαι πολλάκις ἐτηρήσαμεν, in L τὸ τυφλοῦσθαι πολλάκις ἐπετηρήσαμεν ‖ 19 εἴδοι L ‖ εὕροι] αὖθις ἴδοι V ‖ 20 οὐδὲ] οὔτε LV ‖ 21 τοιοῦτον V. excidisse videtur ὄναρ ‖ ποιεῖν V ‖ 22 ἡσυχίαις V ‖ εἰ] οὒ V ‖ 23 ὄμματα μὴ] ὄμματα καὶ V ‖ 24 χρωμάτων] χρημάτων ὁ μὲν οὖν δεξιὸς πρεσβύτερα πρόσωπα σημαίνει ὁ δὲ ἀριστερὸς πρὸς τὰ νεώτερα. λόγος δέ τις ἔχει ὡς καὶ ὁ ποιητὴς ὅμηρος L, χρωμάτων ὁ μὲν οὖν δεξιὸς πρεσβύτερα πρόσωπα σημαίνει ὁ δὲ ἀριστερὸς νεώτερα. λόγος δέ τις ἔχει ὡς καὶ ὁ ποιητὴς ὅμηρος τυφλὸς ἦν V. verba χρωμάτων usque ad νεώτερα non vertit Cornarius ‖ νοσοῦσιν L ‖ πάντοτε προαγορεύει] τυφλοσιν προσηγόρευεν πάντοτε L ‖

ρεύει τὸ ὄναρ τοῦτο διὰ τὸ τοῦ φωτὸς ἀπεστερῆσθαι. οἶδα δέ
τινα, ὃς ἔδοξε λέγειν αὐτῷ τινὰ τῶν ἀξιοπίστων (περὶ δὲ τοῦ
τίνες οἱ ἀξιόπιστοι ἐν τῷ δευτέρῳ βιβλίῳ ἐπιμνησθήσομαι) ‛ὁ
πατήρ σου οὐ τέθνηκεν, ἀλλὰ κοιμᾶται.’ τούτου ὁ πατὴρ τυ-
φλὸς ἤδη ἐγεγόνει, καὶ οὐκ εἰς μακρὰν αὐτῷ ἐπεστάλη περὶ 5
τούτου. εἰ δέ τις τὸν ἕτερον τῶν ὀφθαλμῶν τυφλὸς εἶναι δό-
ξειεν, ἀπὸ μέρους τὰ σημαινόμενα γένοιτ᾿ ἂν αὐτῷ καὶ ὡς εἰ-
πεῖν ἐξ ἡμισείας. ἔτι καὶ τοῦτο. ὁ μὲν δεξιὸς ὀφθαλμὸς ση-
μαίνει υἱὸν καὶ ἀδελφὸν καὶ πατέρα, ὁ δὲ ἀριστερὸς θυγατέρα
καὶ ἀδελφὴν καὶ μητέρα· δύο δὲ υἱῶν ὄντων ἢ θυγατέρων 10
δύο ἢ δύο ἀδελφῶν ὁ μὲν δεξιὸς τὸν πρεσβύτερον υἱὸν ἢ ἀδελ-
φὸν ἢ θυγατέρα τὴν πρεσβυτέραν, ὁ δὲ εὐώνυμος θυγατέρα
τὴν νεωτέραν καὶ ἀδελφὸν καὶ υἱὸν τοὺς νεωτέρους. τρεῖς δὲ
ἔχειν ὀφθαλμοὺς ἢ τέσσαρας ἢ καὶ πλείονας γῆμαι προῃρημένῳ
καὶ ἄπαιδι ὁμοίως ἀγαθόν· τῷ μὲν γὰρ γυνή, τῷ δὲ παῖς 15
ἔσται· καὶ οὕτω περὶ ἓν σῶμα πλείονες ἔσονται ὀφθαλμοί. ἀγα-
θὸν δὲ καὶ δανειστῇ· πλείονας γὰρ ἕξει ψήφους. χρεώστῃ δὲ
πονηρὸν ὁμοίως διὰ τὰς ψήφους. πλούσιον δὲ κελεύει ἐν
πολλῇ φυλακῇ ἑαυτόν τε καὶ τὰ κτήματα ἔχειν διά τινας ἐπι-
βουλάς· φησὶ γὰρ δεῖν αὐτῷ ὀφθαλμῶν πολλῶν. ἀποδημεῖν 20
δ᾿ ἐθέλοντι πλάνην προδηλοῖ καὶ πλέοντι παλινδρομίαν διὰ
τὸ περιέλκειν τοὺς ὀφθαλμοὺς τοὺς πολλοὺς τὸ φῶς καὶ τὴν
αὐγήν. οἶδα δέ τινα, ὃς ἔδοξεν ἔχειν τρεῖς ὀφθαλμούς. τυ-
φλὸς ἐγένετο οὐχὶ διὰ τὸν περὶ Κύκλωπα μῦθον, ἀλλὰ διὰ τὸν
τρίτον ὀφθαλμόν, ὃς καὶ ἄλλου φωτὸς ἐσήμαινε δεῖσθαι διὰ 25
τὸ μὴ αὔταρκες εἶναι τὸ οἰκεῖον. ἀνδρὶ δὲ πανούργῳ καὶ γυ-

---

2 ἔδοξεν αὐτῷ λέγειν V ‖ τινα om L ‖ 3 δευτέρῳ om L ‖ 4 τοῦτο
L ‖ τυφλὸς ἤδη ἐγεγόνει] τυφλὸς ἤδη γέγονε V, ἣν ἤδη τυφλὸς L ‖ 5
αὐτῷ om L ‖ ἀπεστάλη V ‖ 6 τούτων L ‖ 7 γένοιτο L ‖ εἶπεν L ‖
8 ἡμισίας L ‖ τοῦτο] τοῦτο χρὴ σκοπεῖν ὅτι V, τοιόνδε δεῖ σκοπεῖν ὅτι
L ‖ 9 υἱὸν] τὸν υἱὸν V ‖ 10 υἱῶν δὲ ὄντων δύο L ‖ 11 ἢ δύο ἀδελφῶν
om L ‖ post ἀδελφὸν V addit ἢ πατέρα ‖ 13 καὶ ἀδελφὴν post νεωτέ-
ραν addit L. requiritur ἢ θυγατέρα ἢ ἀδελφὴν τὰς πρεσβυτέρας, ὁ δὲ εὐ-
ώνυμος θυγατέρα καὶ ἀδελφὴν τὰς νεωτέρας ‖ 14 τέτταρας L ‖ ἢ καὶ
πλείονας om V ‖ προειρημένῳ L ‖ 15 ἄπαιδι ὁμοίως] τῷ κτήσασθαι
παῖδα προειρημένῳ L ‖ 17 δανιστῇ L ‖ πλείονα L ‖ ἕξει] ἔχει V ‖ 18
πλούσιον δὲ κελεύει] πλουσίῳ δὲ προαγορεύει LV ‖ ἐν om L ‖ 19 αὐτὸν V
‖ 20 φησὶν L ‖ πολλῶν ὀφθαλμῶν V ‖ 21 δ᾿ ἐθέλοντι] δὲ θέλοντι V,
δὲ μέλλοντι L ‖ προδηλοῖ] ἐμποιεῖ V ‖ παλινδρομείαν L ‖ 22 περιη-
κειν L ‖ τοὺς πολλοὺς om V ‖ 23 αὐγήν] ψυχὴν L ‖ ὡς ἔδοξε L ‖
τρεῖς ὀφθαλμοὺς ἔχειν L ‖ post ὀφθαλμοὺς in LV est add. L ‖ 24 περὶ om
V ‖ 25 ὡς L ‖ δεῖσθαι ἐσήμαινεν L relictâ inter utramque vocem la-
cunâ sex literarum ‖ 26 καὶ γυναικὶ ὡραίᾳ πολλοὶ ὀφθαλμοὶ] οἱ πολλοὶ
ὀφθαλμοὶ καὶ γυναικὶ ὡραίᾳ V ‖

ναικὶ ὡραίᾳ πολλοὶ ὀφθαλμοὶ πονηροί· τὸν μὲν γὰρ πλείονες
ὀφθαλμοὶ τηρήσουσι, περὶ ταύτην δὲ πλείονες ἔσονται μοιχοὶ p. 28
καταφανεῖς. εἰ δέ τις ἀλλαχοῦ που τοὺς ὀφθαλμοὺς ἔχειν δό-
ξειεν, εἰ μὲν ἐν ταῖς χερσὶν ἢ τοῖς ποσί, τυφλὸς ἔσται· εἰ δὲ
5 ἐν ἄλλῳ τινὶ μέρει τοῦ σώματος, αὐτὸ ἐκεῖνο νοσήσει τὸ μέρος
ἢ ἀλγήσει, ἵνα ταῖς χερσὶν ἢ τοῖς ποσὶ ψηλαφῶν ὥσπερ βλέπῃ
ἢ ἵνα ὥσπερ ὀφθαλμὸν ἔχοντι ἐκείνῳ τῷ μέρει μηδεμίαν ὕλην
προσφέρειν δύνηται. οἶδα δέ τινα, ὃς ἔδοξεν ἐκπεσόντα αὐτοῦ
τὰ ὄμματα ἐπὶ τοὺς πόδας πεσεῖν. καὶ τυφλὸς μὲν οὐκ ἐγέ-
10 νετο, τὰς δὲ θυγατέρας αὐτοῦ οἰκέταις συνῴκισε, καὶ οὕτω τὰ
κρείττονα τοῖς ἥττοσιν ἐμίγη. ἀλλοτρίους δὲ δοκεῖν ἔχειν
ὀφθαλμοὺς τυφλὸν γενέσθαι σημαίνει καὶ ὑπ' ἄλλου χειραγω-
γηθῆναι. εἰ δέ τις ἐπίσταται οὗ ἔχει τὰ ὄμματα, τέκνον ἐκεί-
νου ἀναλήψεται.

15 Ῥῖνα ἔχειν καλὴν καὶ εὔμορφον ἀγαθὸν πᾶσι· πολλὴν γὰρ 27
εὐαισθησίαν καὶ πρόνοιαν ἐν τοῖς πραττομένοις σημαίνει καὶ
πρὸς τοὺς βελτίονας σύστασιν· διὰ γὰρ τῆς ῥινὸς ἀέρα ἐπι-
σπῶντες οἱ ἄνθρωποι βελτίω ὄντως ὠφελοῦνται. τὸ δὲ μὴ
ἔχειν ῥῖνα ἀναισθησίαν πᾶσι σημαίνει καὶ πρὸς τοὺς ὑπερ-
20 έχοντας ἔχθραν καὶ τῷ νοσοῦντι θάνατον· καὶ γὰρ τὰ κρανία
τῶν ἀποθανόντων ἄνευ ῥινὸς εὑρίσκεται. δύο δὲ ἔχειν ῥῖνας
στάσεις πρὸς τοὺς ὑπερέχοντας οἰκείους σημαίνει· στάσεις μέν,
ἐπεὶ τὰ διπλᾶ πάντα τά γε παρὰ φύσιν στάσεώς ἐστι σημαν-
τικά· πρὸς δὲ τοὺς οἰκείους, ὅτι μὴ ἀλλοτρία ἡ ῥίς.

---

1 *πονηροί* Reiffius: *πονηρὸν* LV ‖ 2 *τηρήσουσιν* L ‖ *περὶ ταύ-
την*] *περὶ ἥν* V, *περιὴν* L ‖ 3 *εἰ δέ*] *ἔτι δὲ καὶ εἰ* V ‖ *ἀλλαχοῦ*
Venetus 267, *ἀλλαχῶσε* L, *ἀλλαχόσε* V ‖ *που*] *ποῖ* L, *ποι* V ‖ 4
ποσίν L ‖ 5 *ἄλλο μέρει τινι* L ‖ post *σώματος* V addit *αὐτοῦ*
6 *ἀλγήσει*] *πληγήσεται* LV ‖ *χερσὶ* V ‖ *ἢ*] *καὶ* V ‖ *ποσὶν* L ‖
βλέποι L ‖ 7 *ἢ* om L ‖ *ἕνα* post *ὥσπερ* addit V ‖ 8 *προσέχειν* V
‖ *δύναται* L ‖ *αὐτοῦ πεσόντα* V ‖ 10 *αὐτοῦ*] *τὰς ἑαυτοῦ* V ‖ *συν-
ῴκησε* V ‖ *οὕτως τὰ ἥττονα τοῖς κρείττοσιν* V ‖ 11 *ἔχει* L ‖ 13
τοῦτον post *ἐπίσταται* addit V ‖ *ἔχει*] *εἶχε* V, *εἶχεν* L ‖ 14 *παρα-
λήψεται* V. in LV additur *ἢ ἄλλην τινὰ εὐεργεσίαν μεγάλην. ἔλεγε δέ τις
ὅτι ποτέ τινι θεασαμένῳ ἐν ὕπνοις ὀφθαλμοὺς κατὰ πάντας τοὺς δακτύ-
λους ἔχειν τῶν χειρῶν αὐτοῦ προεῖπε τυφλῶσιν. καὶ οὕτως ἀπέβη διὰ τὸ
ἐπίτηδες προπέμπειν τὰς χεῖρας τοὺς πεπηρωμένους*, nisi quod extremam
vocem Laurentiani librarius scripsit *πεπληρωμένους* ‖ 15 *περὶ ῥινὸς*
LV ‖ post *καλὴν* V addit *καὶ μεγάλην* ‖ *πᾶσι*] *καὶ* L ‖ 16 *εὐαισθησίαν*
Rigaltius: *εὐεσθησίαν* L, *εὐαίσθησιν* V ‖ 17 *συστάσεις* L ‖ *ἀέρα*] *τὸν ἀέρα*
L ‖ 18 *ἐπισπῶνται* L ‖ *βελτίονα* V ‖ *ὄντως* delendum videtur ‖ *μὴ*] *οὐκ*
L ‖ 19 *πᾶσιν* L ‖ 21 *δὲ* om V ‖ *ἔτι* post *ῥῖνας* addit V ‖ 22 *στάσιν* L
‖ *οἰκείους*] *ἢ οἰκείους* L ‖ 23 *διπλᾶ — φύσιν*] *παρὰ φύσιν διπλᾶ* V ‖
σημαντικά] *σημεῖα* L ‖

28 Παρειὰς παχείας ἔχειν ἀγαθὸν παντί, μάλιστα δὲ γυναικί· τὸ δὲ ἰσχνὰς ἢ ἡλκωμένας ἔχειν λύπην ἢ πένθος σημαίνει· ἰσχνὰς μὲν λύπην, ἡλκωμένας δὲ πένθος· καὶ γὰρ ἐν τοῖς πένθεσι λωβῶνται τὰς παρειὰς οἱ ἄνθρωποι.

29 Τὰς σιαγόνας πρὸς ἀποθήκας ἐστὶ ληπτέον καὶ τὰ χείλη πρὸς τοὺς ἑκάστοτε προσιόντας καὶ φιλοῦντας. τοιγάρτοι ὅ τι ἂν τούτων πάθῃ, οὐκ ἐν ἀσφαλεῖ τὰ ἐν ταῖς ἀποθήκαις ἢ τὰ περὶ τοὺς φιλτάτους εἶναι σημαίνει.

30 Γένειον ἔχειν μέγα καὶ λάσιον ἀνδρὶ λόγων ἐπιμελομένῳ καὶ φιλοσοφοῦντι ἀγαθὸν καὶ τοῖς ἐπὶ τὸ πράσσειν ὁρμωμένοις· οὓς μὲν γὰρ κοσμίους, οὓς δὲ φοβεροὺς ποιεῖ. γυνὴ δὲ εἰ δόξειε πώγωνα ἔχειν, ἐὰν μὲν ᾖ χήρα, γαμηθήσεται· ἐὰν δὲ ἄνδρα ἔχῃ, ἀπαλλαγήσεται τοῦ ἀνδρός· ἡ μὲν γὰρ ἕξει σφόδρα εὔνουν ἄνδρα, ὡς δοκεῖν τὰ πρόσωπα μεμῖχθαι· ἡ δὲ ἀποστήσεται τοῦ ἀνδρὸς καὶ τὸν ἑαυτῆς οἶκον οἰκονομήσει, ὡς δῆθεν ἅμα γυνή τε καὶ ἀνὴρ οὖσα, εἰ μὴ ἄρα ἐν γαστρὶ ἔχοι ἢ δίκην ἔχοι· ἡ μὲν γὰρ ἄρρεν τέξεται, ὃ γενόμενον τέλειον ἐπιδοῦσα αὐτὴ δόξει πώγωνα ἔχειν, ἡ δὲ ἀκαταφρόνητος ὥσπερ ἀνδρεία μενεῖ. παιδὶ δὲ κομιδῇ νέῳ θάνατον σημαίνει διὰ τὸ προλαβεῖν τὴν ἡλικίαν, τῷ δὲ ἤδη νεανίσκῳ ὄντι καὶ οὐκ εἰς μακρὰν οἴσοντι γένεια ἐφ' ἑαυτῷ σημαίνει γενέσθαι, ἐάν τε δοῦλος ἐάν τε ἐλεύθερος τύχῃ ὤν, ἵν' ᾖ τέλειος καὶ ἑαυτοῦ προνοῇ. ἀπορρέον δὲ τὸ γένειον ἢ ἀποξυρούμενον ἢ βίᾳ πρός τινος

---

1 περὶ παρειῶν LV ‖ malim πᾶσι ‖ δὲ post μάλιστα om V ‖ 2 ἔχειν ἢ ἡλκωμένας V ‖ ἑλκομένας L ‖ λύπας L ‖ 3 λύπην] λύπας V, λύπας ἴσχει L ‖ ἑλκομένας L ‖ ἐντὸς pr L ‖ 5 περὶ σιαγόνων LV ‖ τὰς] τὰς δὲ LV ‖ ἐστὶ om V ‖ 6 προσειόντας L ‖ φιλοῦντας καὶ προσιόντας V ‖ in L post φιλοῦντας itemque in V post προσιόντας additur εἰσὶ δὲ οἵδε γυνὴ παῖδες συγγενεῖς ‖ τοιγαροῦν V ‖ ὅ τι om L ‖ 7 πάθῃ] πάθοι V, πάθοι τι L. videtur corrigendum esse ὅ τι ἂν ταῦτα τὰ μέρη πάθῃ ‖ τὰ ἐν ταῖς ἀποθήκαις ἢ] οὐδὲ ἀπαθῆ V ‖ τὰ περὶ om L ‖ 8 σημαίνει] δηλοῖ V ‖ 9 περὶ γενείου LV ‖ post μέγα V addit καὶ δασύ ‖ ἐπιμελομένῳ] ἐπιμελουμένῳ LV ‖ 10 καὶ prius om L ‖ ἀγαθόν τε καὶ L ‖ ὁρμωμένοις] ὡρμημένοις LV ‖ 11 τοὺς L ‖ γὰρ om V in ras ‖ τοὺς L ‖ 12 δόξειεν L ‖ ἐάν] εἰ V ‖ γαμήσει L ‖ ἐὰν — ἄνδρος om V ‖ 13 ἡ μὲν γὰρ — ἄνδρα] καὶ εὔνουν ἕξει ἄνδρα σφόδρα V ‖ 14 ἡ δὲ — ἀνδρός] εἰ δὲ γαμηθεῖσα εἴη τοῦ ἀνδρὸς ἀποστήσεται V ‖ 15 ἑαυτῆς οἶκον] οἶκον αὐτῆς V ‖ δῆθεν om V ‖ 16 ἀνήρ τε καὶ γυνή V ‖ 17 ἢ] εἰ L ‖ ὃ] ὁ L, ὅπερ V ‖ γεννόμενον L ‖ ἰδοῦσα V ‖ 18 αὐτή] αὐτῇ L, αὑτὴν V ‖ πώγωνα] ἀπώγωνα L, τέλειον πώγωνα V ‖ εἰ ‖ 19 κομιδῇ νέῳ] νέῳ κομιδῇ V, λίαν μικρῷ καὶ κομιδῇ νέῳ L ‖ προλαμβάνειν L ‖ 20 νεανίσκῳ] παιδὶ καὶ νεανίσκῳ V ‖ καὶ οὐκ εἰς μακρὰν οἴσοντι om L ‖ 21 ἀφ' ἑαυτοῦ V ‖ γενέσθαι] κόσμον γενέσθαι καὶ μόνον ἀναστραφήσεσθαι V ‖ 22 ἵν' ᾖ τέλειος] ἵν' εἴη τέλειος V, ἴνωστελειοσ L ‖ 23 ἀποξυράμενον L ‖ ἢ πρός τινος βίᾳ L ‖

CAP. XXVIII—XXXI.

ἀποσπώμενον ἰδεῖν πρὸς τῷ τοὺς ἀφ᾽ αἵματος διαφθείρειν βλάβας ἅμα καὶ αἰσχύνας προδηλοῖ.

Ἡ περὶ ὀδόντων κρίσις πολλὴν ἐπιδεχομένη διαίρεσιν παρ᾽ ὀλίγων πάνυ κατώρθωται τῶν καθ᾽ ἡμᾶς ὀνειροκριτῶν, Ἀριστάνδρου τοῦ Τελμησσέως ὑποθήκας τὰς πλείστας καὶ ἀρίστας ὑποθεμένου. ἔχει δὲ ὧδε. τῶν ὀδόντων οἱ μὲν ἄνωθεν τοὺς κατὰ τὸν οἶκον τοῦ ἰδόντος βελτίονάς τε καὶ διαφέροντας ἀνθρώπους σημαίνουσιν, οἱ δὲ κάτωθεν τοὺς ὑποδεεστέρους· οἶκον μὲν γὰρ ἡγεῖσθαι χρὴ τὸ στόμα, τοὺς δὲ ὀδόντας τοὺς κατὰ τὸν οἶκον ἀνθρώπους, ὧν οἱ μὲν δεξιοὶ ἄνδρας σημαίνουσιν οἱ δὲ εὐώνυμοι γυναῖκας, πλὴν εἰ μή τινα σπάνια προσπίπτοι, οἷον εἰ πορνοβοσκὸς ὤν τις πάσας ἔχοι θηλείας ἢ φιλογεωργὸς ὢν πάντας ἄρρενας· ἐπὶ γὰρ τούτων οἱ μὲν δεξιοὶ πρεσβυτέρους καὶ πρεσβυτέρας σημαίνουσιν, οἱ δὲ εὐώνυμοι νεωτέρους καὶ νεωτέρας. καὶ κομιδῇ μὲν νέους οἱ τομεῖς λεγόμενοι, τοῦτ᾽ ἔστιν οἱ ἐμπρόσθιοι ὀδόντες, μεσήλικας δὲ οἱ κυνόδοντες, πρεσβύτας δὲ οἱ μύλοι. ὁποῖον οὖν ἄν τις ἀποβάλῃ ὀδόντα, τοιούτου ἀνθρώπου στερηθήσεται. ἐπειδὴ δὲ οὐ μόνον ἀνθρώπους ἀλλὰ καὶ κτήματα οἱ ὀδόντες σημαίνουσιν, ἡγεῖσθαι χρὴ τοὺς μὲν μύλους τὰ κειμήλια σημαίνειν, τοὺς δὲ κυνόδοντας τὰ μὴ πολλῆς ἄξια τιμῆς, τοὺς δὲ τομεῖς τὰ ἔπιπλα τῶν σκευῶν. εἰκὸς οὖν ἐκπίπτοντας αὐτῶν τινὰς κτημάτων ἀπώλειαν σημαίνειν. ἔτι οἱ ὀδόντες καὶ χρείας σημαίνουσι βιωτικάς· καὶ τούτων οἱ μὲν μύλοι μυστικὰς καὶ ἀπορρήτους, οἱ δὲ κυνόδοντες τὰς μὴ πολλοῖς καταφανεῖς, οἱ δὲ τομεῖς τὰς φανερωτάτας καὶ τὰς διὰ λόγου καὶ φωνῆς κατεργαζομένας. ἐκπίπτοντες οὖν οἱ ὀδόντες τῶν ὁμοίων χρειῶν ἐμπόδιοι γίνονται. φέρε δὲ περὶ αὐτῶν ἤδη διαλάβωμεν. τοῖς χρεώσταις οἵτινες ἂν ἐκπίπτωσιν ὀδόντες, ἀπόδοσιν τῶν χρεῶν σημαίνουσι. καὶ ἐὰν μὲν

---

1 ἰδεῖν] ἤ ἴδοι L, om V || 3 περὶ ὀδόντων LV || ὀδόντων] τῶν ὀδόντων V || 4 ὀλίγοις L || 5 Τελμησσέως] τελμισσέως L, τελμισέως V || 6 δὲ om L || 7 τε om V || 11 εὐώνυμοι] ἀριστεροὶ V || 12 φιλόστοργος L || 13 ὢν om V || μὲν om V || πρεσβυτέρους] τοὺς πρεσβυτέρους LV || 14 καὶ πρεσβυτέρας] καὶ τὰς πρεσβυτέρας L, om V || εὐώνυμοι] ἀριστεροὶ V || 15 καὶ] malim ἔτι καὶ || μὲν om V || post νέους addendum videtur σημαίνουσιν || 17 μύλοι] μύλοι οὓς γομφίους ἔνιοι καλοῦσιν V, κυνόδοντες οὓς γομφίους ἔνιοι καλοῦσιν L || ἀποβάλῃ] ἀποβάλοι LV || 18 δὲ om L || 22 κτημάτων] καὶ κτημάτων L, χρημάτων V || 23 ἔτι] ἔτι δὲ καὶ V || σημαίνουσιν L || καὶ τούτων — μυστικὰς om L || 26 διὰ λόγου] διολίγων L || ἐργαζομένας? || 27 δὲ] δὴ LV || 28 ἤδη] ἔτι V || 29 ἀπόδωσιν L || post σημαίνουσι in LV est τοῦτο μὲν οὖν κοινὸν κατημαξευμένον ὅμως δὲ εἰρήσεται τίνα οἱ ὀδόντες σημαίνουσιν ||

ἕνα τις ἐκβάλῃ ὀδόντα, ἑνὶ ἀποδώσει ἢ πολλοῖς ἅπαξ· ἐὰν δὲ
πολλούς, πολλοῖς ἀποδώσει ἢ ἑνὶ πολλάκις· καὶ ἐὰν μὲν ἀπό-
νως ἐκβάλῃ, ἐργασάμενος καὶ πορίσας· ἐὰν δὲ ἐπὶ τῇ ἐκβολῇ
ἀλγεῖν νομίσῃ, ἀποδόμενός τι τῶν οἴκοθεν. ὀδόντες ἐμπρό-
σθιοι ἐκβληθέντες οὐδὲν ἐῶσι πρᾶξαι διὰ λόγου. καὶ ἐὰν μὲν
ἕπηται αὐτοῖς πόνος ἢ αἷμα ἢ σαρκία, τέλεον περιγράφουσι
καὶ ἀναιροῦσι τὰ προκείμενα· ἐὰν δὲ ἀταλαιπώρως ἐκπίπτωσι,
τὸ παρὸν ὑπερτίθενται μόνον. ὀδόντες ὁμοῦ πάντες ἐκπίπτον-
τες ἔρημον τὸν οἶκον σημαίνουσι πάντων ὁμοῦ καταστᾶθῆναι
ἐπί τε τῶν ἐρρωμένων καὶ ἐλευθέρων καὶ μὴ ἐμπόρων, ἐπεὶ
τοῖς νοσοῦσι μακρονοσίαν μὲν καὶ φθίσιν προαγορεύουσι, τὸ
δὲ μὴ ἀποθανεῖν διαβεβαιοῦνται· ἄνευ μὲν γὰρ ὀδόντων οὐκ
ἔστι χρήσασθαι ὑγιεινῇ τροφῇ ἀλλὰ ῥοφήματι καὶ χυλῷ, οὐ-
δεὶς δὲ τῶν ἀποθανόντων ὀδόντας ἀπόλλυσι. δούλῳ δὲ ἐλευ-
θερίαν προαγορεύει τὸ μηδένα ἔχειν ὀδόντα· ἢ γὰρ οὐ διδοὺς
ἀποφοράν, ὥσπερ τοῖς ὀδοῦσι τροφήν, ἢ οὐ λαμβάνων παρ'
ἄλλου τροφάς, ὥσπερ οὐδὲ ὑπὸ τῶν ὀδόντων τρεφόμενος, πάν-
τως ἔσται ἐλεύθερος. ἐμπόροις δὲ ταχέως τὰ φορτία διαθέ-
σθαι σημαίνει τὸ τοιοῦτον ὄναρ, καὶ μάλιστα ἐὰν κινούμενα ᾖ.
αὐξήσαντες δέ τινες τῶν ὀδόντων καὶ ἑτερομεγεθήσαντες στά-
σιν κατὰ τὸν οἶκον τοῦ ἰδόντος ἔσεσθαι σημαίνουσιν, ἐπειδὴ
τῇ ἁρμονίᾳ οὐκέτι χρῶνται. ὅσοι δὲ μέλανας ἢ σεσηπότας ἢ
κολοβοὺς ἔχοντες ὀδόντας ὄναρ ἔδοξαν ἀποβεβληκέναι, οὗτοι πά-
σης δυσχερείας καὶ παντὸς ἀπαλλαγήσονται κακοῦ. πολλάκις δὲ

---

1 ἢ] ἢ καὶ L ‖ πολλὰ V ‖ ἅπαξ] ἅπαξ L, ἐφάπαξ V ‖ 2 post πολ-
λάκις in L est καὶ ἐὰν θραυομένους κατὰ λεπτὸν ἀποδώσει, in V καὶ ἐὰν
μὲν θραυομένους κατὰ μικρὸν ἀποδάσει ‖ 5 post ἐκβληθέντες in V est
οἱ καλούμενοι τομεῖς ‖ 7 ἐὰν δὲ] καὶ ἐὰν V ‖ ἐκπίπτωσιν L ‖ 10 ἐμ-
πόρων] ἐμπόρων ἔχουσί τι V ‖ ἐπεὶ] ἐπὶ L, ἔτι V ‖ 11 νοσοῦσιν L ‖
φθησιν L ‖ προαγορεύουσιν L ‖ 13 ἔστιν L ‖ χρῆσθαι V ‖ ῥοφήμασι
V ‖ 14 ἀπόλλυσιν L. post hanc vocem in L est διὸ σωτήριον πᾶν τὸ μὴ
τοῖς νεκροῖς συμβαῖνον τοῖς νοσοῦσι καθίσταται. ἄμεινον δὲ τοῖς νοσοῦ-
σιν ἐὰν ἢ πάντας ἀπολέσθαι· θᾶττον γὰρ ἀνίσταται, in V διὸ σωτήριον
πᾶν τὸ μὴ τοῖς νεκροῖς συμβαῖνον τοῖς νοσοῦσι καθίσταται. ἄμεινον δὲ
τοῖς νοσοῦσιν ἅπαντας τοὺς ὀδόντας ἀπολέσαι· θᾶττον γὰρ ἀνίσταται ‖
15 οὐ] μὴ L ‖ 16 ἀποφοράν} ἀναφοράν LV ‖ τροφήν om L. spuria vi-
dentur ὥσπερ — τροφήν et ὥσπερ — τρεφόμενος ‖ παρ' ἄλλου om L ‖
17. οὐδὲ om L ‖ 18 τὰ φορτία om L ‖ 19 ἐὰν] ἄν L ‖ 20 ἑτερομεγεθή-
σαντες] ὑπερμεγεθήσεσθαι L ‖ 21 ἔσεσθαι om L ‖ σημαίνει V ‖ ἐπειδ'
ἄν L ‖ 22 οὐκέτι ἔτι L ‖ post χρῶνται in LV est καὶ ὅταν σαλευόμενοι
μὴ ἐκπίπτωσιν ‖ ὅσοι δὲ om L ‖ ἢ] καὶ ‖ σεσιπότας L ‖ post σεσηπό-
τας in V est καὶ βεβρωμένους ‖ 23 ὄναρ ἔδοξαν] ὄναρ ἔδοξεν L, ἔδοξαν
L ‖ 24 καὶ παντὸς ἀπαλλαγήσονται κακοῦ] ἀπηλλάγησαν ἢ κακοῦ τινὸς
L ‖ πολλάκις δὲ καὶ] καὶ πολλάκις V ‖

καὶ πρεσβύτας ἀπέβαλον τινές. ὀδόντας δὲ δοκεῖν ἔχειν ἐλεφαντίνους ἀγαθὸν πᾶσι· τοῖς μὲν γὰρ φιλολόγοις εὐέπειαν τοῖς δὲ ἄλλοις πολυτέλειαν κατὰ τὸν οἶκον σημαίνουσι. χρυσοῦς δὲ δοκεῖν ἔχειν ὀδόντας φιλολόγοις μόνοις ἀγαθόν· ὡς
5 γὰρ ἀπὸ χρυσῶν φθέγγονται τῶν ὀδόντων· τοῖς δὲ ἄλλοις πυρκαϊὰς ἐσομένας κατὰ τὸν οἶκον σημαίνει. κηρίνους δὲ δοκεῖν ἔχειν ὀδόντας σύντομον παρίστησι θάνατον· οὐ γάρ εἰσιν οἱ τοιοῦτοι τροφῆς τμητικοί. μολυβδίνους δὲ ἔχειν ἢ κασσιτερίνους ἀτιμίαν καὶ αἰσχύνην σημαίνει, ὑαλίνους δὲ ἢ ξυλίνους
10 βιαίους ἐπάγει θανάτους. ἀργυροῖ δὲ ὀδόντες χρήματα πορίσαι σημαίνουσι διὰ λόγου, πλουσίοις δὲ εἰς τροφὰς τὰ χρήματα δαπανῆσαι. εἰ δέ τις ἐκβαλὼν τοὺς προτέρους ὀδόντας ἄλλους ἀναφύεσθαι νομίσειεν, ἀλλαγὴν αὐτῷ τοῦ παντὸς βίου σημαίνει τὸ ὄναρ, ἐπὶ μὲν τὸ κρεῖττον, ἐὰν ὦσιν οἱ δεύτεροι ὀδόντες
15 τῶν προτέρων βελτίονες, ἐπὶ δὲ τὸ χεῖρον, ἐὰν ὦσι χείρονες. σαρκία δὲ ἢ ἀκάνθια ἢ ἄλλο τι δοκεῖν ἐν τοῖς ὀδοῦσιν ἔχειν κωλύει φθέγγεσθαι περί τινων ἀναγκαίων, ἔτι καὶ ἀπραξίαν προαγορεύει. εἰ δέ τις τοιαῦτά τινα ἐν τοῖς ὀδοῦσιν ἔχων τὰ δὲ ἐξαιρεῖν νομίσειε, παύσεται ἀπραγῶν καί τι διὰ λόγου πράξει.

20 Γλῶσσαν σύμμετρον ἔχειν καὶ κατάλληλον τῷ στόματι καὶ 32 τρανὸν φθέγγεσθαι πᾶσιν ἀγαθόν, τὸ δὲ μὴ δύνασθαι φθέγγεσθαι ἢ τὴν γλῶτταν δεδεμένην ἔχειν ἀπραξίαν ἅμα καὶ πενίαν σημαίνει· παραιρεῖται γὰρ καὶ τὴν τῶν λόγων παρρησίαν ἡ πενία. εἴποι δ' ἄν τις ἐνταῦθα καὶ τὸ Θεόγνιδος
25 πᾶς γὰρ ἀνὴρ πενίῃ δεδμημένος οὔτε τι εἰπεῖν
οὐδ' ἔρξαι δύναται, γλῶσσα δέ οἱ δέδεται.

---

1 τινές] om L. πρεσβύτας corruptum || δὲ om V || ἐλεφαντίνους ἔχειν L || 2 πᾶσιν L || 3 πολιτέλειαν V || σημαίνουσιν L || χρυσεους L || 4 μόνοις] μόνον L, μὲν V || 5 χρυσῶν] χρυσέων LV || φέγγοιντο L || ἄλλοις] λοιποῖς V || 6 ἐσομένοις L || σημαίνει] προαγγέλουσιν L. post σημαίνει in V est οἷς δὲ νόσον τὴν ὑπὸ χολῆς πλήθους συνισταμένην ἣν καὶ ἴκτερον καλοῦσιν || δοκεῖν ἔχειν ὀδόντας] ὀδόντας ἔχειν V || 7 εἰσιν οἱ] εἰσι τροοι L || 8 τροφῆς om L. fortasse οὐ γάρ εἰσι τροφῆς οἱ τοιοῦτοι τμητικοὶ || 9 καὶ] om pr L, ἢ sec L || σημαίνει] προαγγέλει L || ὑελίνους V || δὲ om L || 10 ἀργυροῖ] ἀργυρεοι L, ἀργυροῦς V || δὲ ὀδόντες] δὲ ἔχειν ὀδόντας V || 11 σημαίνει V || λόγου] λόγων LV || 12 δαπανῆσαι] δαπανῆσαι σημαίνει V || 13 ἀναφῦσαι Reiskius || ἐναλλαγὴν V || βίου παντὸς L || 15 χείρονες L || 16 σαρκία V || 17 κολύει L || ἔτι] ἐπειδὴ V || 18 τὰ δὲ] τάδε V, εἶτα δὲ L || 19 ἐξαιρεῖν] ἐξαίρειν LV || ἀπρακτῶν V || τι] τῇ LV || 20 περὶ γλώσσης LV || σύμμετρον καὶ κατάλληλον ἔχειν V || 21 φθέγγεσθαι om L || δὲ om L || 22 ἢ] τι L || ἔχειν om L || 23 ἡ om L || 25 πᾶς] παρὰ L || δεδμημένος] πεπεδημένος V || 26 οὐδ' ἔρξαι V ||

γλῶσσα δὲ οἰδήσασα τῇ γυναικὶ τοῦ ἰδόντος νόσον σημαίνει, ἐὰν ἔχῃ· εἰ δὲ μή, αὐτῷ. καὶ ὑπὲρ τὸ στόμα πίπτουσα ἀπὸ προπετείας λόγων βλάβην σημαίνει, πολλάκις δὲ καὶ τὴν γυναῖκα τοῦ ἰδόντος μοιχάδα οὖσαν διέβαλε. τὸ δὲ δοκεῖν τρίχας ἔχειν ἐκ τῆς γλώττης πεφυκυίας εἴτε λευκὰς εἴτε μελαίνας οὐκ ἀγαθὸν ἂν εἴη. καίτοι λέγουσι τοῖς ἀπὸ λόγου ποριζομένοις ἀγαθὸν εἶναι. ἡμεῖς δὲ ἐτηρήσαμεν πᾶσι κακὸν τὸ τοιοῦτο γενόμενον· οὐδὲν γὰρ τῶν μὴ ἀργῶν καὶ ἀτριβῶν φύει τρίχας, δεῖ δὲ τὴν γλῶτταν μὴ ἀργὴν ἔχειν. καὶ αἱ μέλαιναι μὲν θᾶττον ἐπάγουσιν αἱ δὲ λευκαὶ βράδιον τὰ ἀποτελέσματα. ὅσα δὲ ἐτήρησα περὶ τοῦ ὀνείρου τούτου, ταῦτα γράφω. τοῖς μὲν διὰ φωνῆς ἐργαζομένοις σχολὴν πρὸς λόγους ἡ γλῶσσα ἔσχε, τοῖς δὲ λοιποῖς πρὸς τροφάς· ἢ γὰρ ἐνόσησαν πολλῷ χρόνῳ καὶ οὐκ ἐχρήσαντο ταῖς κατὰ τὸ ἔθος τροφαῖς, ἢ ἤδη νοσήσαντες ἀπέθανον. μαρτυρήσειε δ᾽ ἂν καὶ Ἀπολλώνιος ὁ Ἀτταλεὺς ἐν τῷ δευτέρῳ τῆς ἑαυτοῦ συντάξεως πολλὰ περὶ τοῦ ὀνείρου τούτου λέγων. οὐδὲν δὲ διαφέρει ἐξ αὐτῆς τῆς γλώσσης πεφυκέναι τὰς τρίχας ἢ ἐκ τῆς ὑπερῴας ἢ ἐκ τῶν οὔλων ἢ ἐκ τῶν ὀδόντων ἢ ἐκ τῶν χειλῶν· τὸ γὰρ αὐτὸ σημαίνουσιν.

33 Αἷμα ἐμεῖν πολὺ μὲν καὶ εὔχρουν καὶ μὴ διεφθορὸς ἀγαθὸν πένητι, πρόσκτησιν γὰρ σημαίνει καὶ περιουσίαν χρημάτων, ὅτι τὸν ἴσον ἔχει λόγον τῷ αἵματι τὸ ἀργύριον, ὡς καὶ οἱ παλαιοὶ ἄνδρες σοφοὶ διέλαβον· ἀγαθὸν δὲ καὶ ἄπαιδι καὶ τῷ συγγενῆ ἀπόδημον ἔχοντι· ὁ μὲν γὰρ τέκνον γενόμενον ὁ δὲ τὸν συγγενῆ ἀνακομισθέντα ἀπὸ τοῦ αὐτοῦ αἵματος ὄντας ἑκα-

---

1 δὲ om L ‖ τῇ addidi, nisi fuit γυναικὶ τῇ τοῦ ἰδόντος ‖ 2 malim ἐάν γε ἔχῃ ‖ καὶ] καὶ ἡ V ‖ προπίπτουσα vel ἐκπίπτουσα Reiskius ‖ ἀπὸ] αὕτη δὲ καὶ ἐκ L ‖ 4 μοιχάδα οὖσαν] πολλὰ λαλοῦσαν L ‖ διέβαλεν L ‖ 5 ἐκ τῆς γλώττης πεφυκυίας] ἐν τῇ γλώττῃ πεφυκυίας L, πεφυκυίας ἐκ τῆς γλώττης V ‖ μέλανας L ‖ 6 οὐκ ἀγαθὸν] malim κακὸν ‖ λόγων V ‖ 7 εἶναι] τὸ τοιοῦτον V ‖ κακὸν] οὐκ ἀγαθὸν V ‖ τοιοῦτον V ‖ 8 μὴ] μὴ οὐχὶ V ‖ φύει] ὅτι φύσει L ‖ 9 αἱ om L ‖ μέλαιναι μὲν] μέλαινα L ‖ 10 θᾶττον] θάνατον L. malim καὶ αἱ μέλαιναι μὲν τρίχες θᾶττον αἱ δὲ λευκαὶ βράδιον τὰ ἀποτελέσματα ἐπάγουσιν ‖ 11 δὲ] τε L ‖ περὶ τοῦ] περτοῦ L ‖ 12 γλῶττα L ‖ 14 κατὰ τὸ] κατ᾽ L ‖ ἤδη om V ‖ 15 νοσοῦντες L ‖ μαρτυρῆσαι L ‖ 16 τῷ addidi ‖ δευτέρα L ‖ αὐτοῦ L ‖ 17 τούτου τοῦ ὀνείρου L ‖ οὐδὲ L ‖ δὲ om L ‖ 18 γλώττης L ‖ τῶν] τοῦ L ‖ 19 ἢ ἐκ τῶν] ἤ τω L ‖ 21 περὶ τοῦ αἷμα ἐμεῖν ἢ χολὴν ἢ φλέγμα ἢ τροφὴν V, αἷμα ἐμεῖν ἢ χολὴν ἢ φλέγμα ἢ τροφὴν L ‖ 22 γὰρ om L ‖ 23 λόγον ἔχει V ‖ τῷ] τὸ L ‖ τὰ ἀργύρια V ‖ 24 σοφοὶ om V ‖ ἄπαιδι καὶ] παντὶ L ‖ 25 ἀπόδημον — ἀνακομισθέντα om L ‖ 26 τὸν addidi ‖ ἑκατέρους L ‖

CAP. XXXII—XXXIV.

τέρους ὄψονται. ἀλλ᾽ εἰ μὲν εἰς ἀγγεῖον ῥέοι τὸ αἷμα, τραφήσεται μὲν ὁ παῖς, ζήσεται δὲ καὶ ὁ ἀπόδημος μετὰ τὴν ἀνακομιδήν· εἰ δὲ χαμαὶ ῥέοι, ἀμφότεροι τεθνήξονται· * * καὶ ὁ ἀπόδημος εἰς τὴν ἑαυτοῦ πορεύσεται, τοῦτ᾽ ἔστιν εἰς τὴν γῆν, ἥτις ἐστὶ κοινὴ πάντων πατρίς. αἷμα φερόμενον ἰδεῖν ἄτοπον τῷ λανθάνειν βουλομένῳ· ἐλεγχθήσεται γάρ. τὸ δὲ διεφθορὸς αἷμα πᾶσιν ἐπίσης νόσον σημαίνει. τὸ δὲ ὀλίγον σφόδρα, ὥστε μὴ ἐμεῖν δοκεῖν ἀλλὰ πτύειν, πρὸς τοὺς οἰκείους ἐτηρήσαμεν στάσιν σημαῖνον. χολὴν δὲ ἢ φλέγμα ἐμεῖν τῷ μὲν ὄντι ἐν συμφορᾷ ἤ τινι ἀνίᾳ ἢ νόσῳ ἀνάπαυλαν τῶν ἐνεστώτων σημαίνει κακῶν· πάντα γὰρ τὰ τοιαῦτα ἀποκριθέντα οὐκέτι ἐνοχλεῖ. τῷ δὲ κατὰ προαίρεσιν ἀναστρεφομένῳ πρότερον ἐπάγει τι τῶν δεινῶν καὶ τότε ἀπαλλάσσει. τροφὴν δὲ ἐμεῖν βλάβην σημαίνει ἡντιναοῦν διὰ τὴν τοῦ σώματος ἀτροφίαν. τὰ δὲ ἑαυτοῦ ἔντερα ἢ σπλάγχνα διὰ τοῦ στόματος ἀποκρίνειν τέκνων ὄλεθρον καὶ ἀνδρὶ καὶ γυναικὶ προαγορεύει, τοῖς δὲ p. 34 ἄπασι τῶν ὄντων αὐτοῖς τὸ κράτιστον ἀπολέσαι σημαίνει· νοσοῦντι δὲ θάνατον μαντεύεται τὸ ὄναρ. τούτων τὰς αἰτίας ὁ ἐπιὼν παρέξει λόγος.

Ὅ τι ἂν περὶ τὸν τράχηλον ἢ τὴν ὑπήνην ἕλκος ἢ πάθος 34 ὄναρ ἔχειν νομίσῃ τις, νόσον ἐπίσης πᾶσι προαγορεύει· ἐξήρτηται γὰρ τρόπον τινὰ τῆς κεφαλῆς καὶ τοῦ τραχήλου πᾶν τὸ σῶμα, καὶ τούτων ἐρρωμένων μὲν ἔρρωται, καμνόντων δὲ νοσεῖ τε καὶ οὐκ ἔρρωται.

---

1 ἀλλ᾽] malim καὶ || 2 ζήσει L || καὶ om V || μετὰ τὴν ἀνακομιδήν] ὃς καὶ μετὰ τὴν ἀνακομιδὴν τεθνήξεται V || 3 χαμαί] εἰς τὴν γῆν L || ταχὺ post ἀμφότεροι addit V || signavi lacunam || 4 πορεύσεται] πορεύσεται διὰ τὸ αἷμα V, πορεύεται διὰ τὸ αἷμα L || ἔστιν ἑαυτοῦ V, ἔστιν ἑαυτὸν L || 5 κοινὴ πάντων addidi || αἷμα om L. malim αἷμα δὲ || δὲ post ἄτοπον addit L || 6 βουλομένῳ] προαιρουμένῳ V. an πειρομένῳ? || ἐλεγχθήσεται γάρ] τεθνήξεται δέ L || 7 ἐφ᾽ ἴσης L || 8 πρὸς τοὺς οἰκείους om V || 9 περὶ χολῆς L || 10 παῦλαν L || 11 κακῶν σημαίνει V || 12 ἐνοχλεῖ] νοσεῖ L || τῷ] τὸ L || 13 τότε] malim εἰς τέλος || τροφῆς L || τροφὴν δὲ ἐμέσαι L || 14 ἡντιναοῦν βλάβην σημαίνει V || 15 δ᾽ αὐτοῦ L || 16 προαγορεύει] σημαίνει L || 17 ἄπασι] ἅπασιν L || τὸ om L || κρατίστων L || ἀπολέσαι] ἀπολέσαιν ut L || 18 τοῦτο L || 19 παρέξει λόγος] λόγος περιέξει L || 20 περὶ τραχήλου LV || ὅ τι ἂν] ὅ τι δ᾽ ἂν LV || τράχηλον] τράχηλον ἢ τὸν αὐχένα V. verba ἢ τὴν ὑπήνην glossam redolent || ἕλκος] ἢ ἕλκος L, ἕλκος ἢ νόσον V || malim ἢ πάθος ἄλλο || 21 ὄναρ ἔχειν] ἔχειν V || νομίσειε V || ἐπίσης] ἐπίσης καὶ κάματον L || πᾶσιν L || 22 τῆς] ἐκ τῆς V || 23 τούτων ἐρρωμένων μὲν] τούτων ἐρρωμένων μὲν πᾶν τὸ σῶμα L, τῶν μὲν ἐρρωμένων || τε om L || 24 post ἔρρωται in V leguntur extrema capitis 35 verba δύο δὲ ἔχειν κεφαλὰς — ἀποθανεῖν σημαίνει ||

3*

35 Ἀφῃρῆσθαι δοκεῖν τῆς κεφαλῆς εἴτε ἐκ καταδίκης εἴτε ὑπὸ λῃστῶν εἴτε ἐν μονομαχίᾳ εἴτε οἱῳδήποτε τρόπῳ (οὐ γὰρ διαφέρει) πονηρὸν τῷ γονέας ἔχοντι καὶ τῷ τέκνα· γονεῦσι μὲν γὰρ ἔοικεν ἡ κεφαλὴ διὰ τὸ τοῦ ζῆν αἰτίαν εἶναι· τέκνοις δὲ διὰ τὸ πρόσωπον καὶ τὴν εἰκόνα. ἤδη δέ τινες καὶ γυναι- 5 κὸς καὶ φίλου καὶ οἰκονόμου ἀγαθοῦ ἐπὶ τούτῳ τῷ ὀνείρῳ ἐστερήθησαν καὶ οὐκέτι ἔσχον τὸ ἐπιβλέπον τὰ κτήματα πρόσ- ωπον. καί τις οἰκίαν ἔχων ἀπώλεσε τὴν οἰκίαν· καὶ γὰρ ἡ κεφαλὴ ὡς εἰπεῖν οἶκός ἐστι τῶν αἰσθήσεων. εἰ δέ τις ὁμοῦ πάντα ταῦτα ἔχοι, φανερὸν ὅτι μὴ εἰς πάντα ἀποβήσεται τὸ 10 ὄναρ, ἀλλ᾽, ὡς ἐγὼ ἐτήρησα, εἰς τὸν μᾶλλον ἐσπουδασμένον καὶ φιλούμενον καὶ ἀναγκαῖον ὄντα τῷ ἰδόντι. ἀγαθὸν δὲ τὸ ὄναρ τοῦτο τῷ φεύγοντι θανάτου δίκην· ὅσα γὰρ ἅπαξ περί τινα γίνεται καὶ ἀδύνατά ἐστι δὶς γενέσθαι, ταῦτα ὄναρ γενό- μενα οὐκέτι ἔσται· ἔφθασε γὰρ γενέσθαι. τραπεζίταις δὲ καὶ 15 δανεισταῖς καὶ ἐραναρχαις καὶ ναυκλήροις καὶ ἐμπόροις καὶ πᾶσι τοῖς χρήματα συνάγουσιν ἀπώλειαν τῶν κεφαλαίων διὰ τὸ ὁμώνυμον σημαίνει. ἀγαθὸν δὲ καταχρέοις διὰ τὰ αὐτά. ὁ δὲ ἐπὶ ξένης ὢν εἰς τὴν ἑαυτοῦ κατέλθοι ἄν, καὶ ὁ περὶ γῆς δίκην ἔχων νικήσει· ἀφαιρεθεῖσα γὰρ ἡ κεφαλὴ εἰς τὴν γῆν 20 πίπτει καὶ ἐν αὐτῇ μένει καὶ τῷ λοιπῷ σώματι παρέχει μηκέτι λυπεῖσθαι. δούλῳ δὲ ἐν πίστει μὲν ὄντι τῆς πίστεως παρα- λυθῆναι σημαίνει· οὐ γάρ τις πρὸ καταγνώσεως τραχηλοκοπεῖ- ται ἢ ὅτι μὴ ἔχων κεφαλὴν οὐ πιστεύεται· ἀκέφαλον γὰρ λέγομεν τὸν ἄτιμον· τοῖς δὲ λοιποῖς πᾶσιν ἐλευθερίαν σημαί- 25 νει τὸ ὄναρ· κυρία γὰρ τοῦ σώματος οὖσα ἡ κεφαλὴ ἐπειδὰν

---

1 περὶ τοῦ τετραχηλοκοπῆσθαι V, τετραχηλοκοπῆσθαι L || ἀφῃρῆσθαι] ἀφαιρεῖσθαι δὲ L, ἀποκεκόφθαι δὲ V || τὴν κεφαλήν V || 2 ἀπὸ L || ἐν om L || ὁτῳδήποτε V || 3 γονέας] γονεῖς LV || 4 ἡ κε- φαλὴ ἔοικε V || 6 τούτου τοῦ ὀνείρου L || 7 τὸ ἐπιβλέπον τὰ Rigaltius: ἐπιβλέποντα L, τὸν ἐπιβλέποντα τὰ V || 8 οἴκειαν L || τὴν οἰκίαν om V || 11 εἰς τὸν μᾶλλον] μᾶλλον εἰς V || 12 φιλούμενον] φιλούμενον μᾶλλον L || ἀναγκαῖον] ἀναγκαῖον ὄντα V || δὲ] γὰρ L || τοῦτο τὸ ὄναρ V || 14 γίγνεται L || καὶ ἀδύνατά ἐστι δὶς γενέσθαι] καὶ ἀδύνα- τόν ἐστι δὶς αὐτὰ γενέσθαι L, καὶ ἀδύνατόν ἐστι δὶς ταῦτα γενέσθαι V || ταῦτα ὄναρ] ταῦτα δ᾽ εἰς ὄναρ L, ὄναρ ταῦτα V || 15 οὐκέτι] οὐκέτι μὴ V || γενέσθαι] γεγονέναι L || 16 δανισταῖς L || καὶ ante ἐρα- νάρχαις inseruit Reiskius || εἰρηνάρχαις L || 17 τοῖς] τοῖς τὰ V || ἀπώλιαν L || 19 γῆς] τὴν L || 20 νικήσῃ L || 21 παρέχει] παρέχει τὸ V, παρέχει τῷ L || 22 ὄντι] οντι τῆς οἰκίας V || 23 οὐ γάρ τις πρὸ καταγνώσεως] οὐ γάρ πρὸ τοῦ κατεγνωσθῆναί τις L || τραχηλοκοπεῖ- ται] ἀποκεφαλίζεται V || 24 ἀκέφαλον] cf. Suidas in v. ἀκέφαλος || 26 τὸ ὄναρ om V ||

ἀφαιρεθῇ, χωρισθέντα τοῦ δεσπότου τὸν οἰκέτην ἐλεύθερον σημαίνει ἔσεσθαι. πολλοὶ δὲ αὐτὸ μόνον ἐπράθησαν. ἐν δὲ ταῖς περὶ ἐπιτιμίας ἢ χρημάτων δίκαις καταδίκην μαντεύεται τὸ ὄναρ, καὶ ἡ αἰτία φανερά. εἰ δέ τις πλέων ἴδοι τὸν ὄνει-
5 ρον τοῦτον, ἀπολεῖσθαι τοῦ πλοίου τὴν ἱστοκεραίαν σημαίνει, εἰ μὴ τῶν ναυτῶν τις εἴη ὁ ἑορακώς· ἐπὶ γὰρ τούτων ἐτήρησα τοῖς ἄρχουσι θάνατον σημαῖνον· ἄρχει δὲ περινέου μὲν ὁ τοίχαρχος, τοιχάρχου δὲ ὁ πρῳρεύς, πρῳρέως δὲ ὁ κυβερνήτης, κυβερνήτου δὲ ὁ ναύκληρος· ἐπὶ δὲ τῶν ἐμπόρων καὶ ἐπιβατῶν
10 κεφαλὴν ἄν τις λέγοι τὴν ἱστοκεραίαν. οἶδα δέ τινα, ὃς ἔδοξε τετραχηλοκοπῆσθαι. ὢν Ἕλλην ἔτυχε τῆς Ῥωμαίων πολιτείας καὶ οὕτως ἀφῃρέθη τοῦ προτέρου ὀνόματός τε καὶ ἀξιώματος.

Δύο ἔχειν κεφαλὰς ἢ τρεῖς ἀγαθὸν ἀθλητῇ· τοσούτους
15 γὰρ ἀγῶνας στεφανωθήσεται. ἀγαθὸν δὲ καὶ πένητι· πρὸς γὰρ τῷ πολλὰ κεφάλαια κτήσασθαι καὶ οὐσίαν περιβάλλεσθαι πολλὴν καὶ παῖδες αὐτῷ ἀγαθοὶ καὶ γυνὴ καταθύμιος ἔσται. πλουσίῳ δὲ ἐπανάστασιν σημαίνει ἔκ τινων συγγενῶν. καὶ ἐὰν μὲν ἡ προτέρα ὑπερέχῃ κεφαλή, οὐ καθέλκουσιν αὐτὸν οἱ ἐπ-
20 αναστάντες· ἐὰν δὲ ὑπερέχηται, κίνδυνον αὐτῷ καὶ θάνατον σημαίνει.

Ἀπεστραμμένην ἰδεῖν τὴν ἑαυτοῦ κεφαλήν, ὥστε τὰ ὀπίσω 36 βλέπειν, κωλύει μὲν τῆς ἑαυτοῦ μετανίστασθαι πατρίδος με- τάνοιαν ἐπὶ τῇ ἀποδημίᾳ προαγορεῦον, κωλύει δὲ καὶ πᾶν ὁτι-
25 οῦν πράσσειν ἄλλο· οὐ γὰρ τὰ νῦν κεχαρισμένα ἀλλὰ τὰ μέλλοντα βλέπειν κελεύει. τοῖς δ' ἐπὶ ξένης οὖσι τὴν εἰς τὴν οἰ-

---

2 αὐτὸ] δι' αὐτό V ‖ 3 ἐπιτιμίαις] ἔτι μίαις L ‖ δίκης L ‖ 4 τὸ ὄναρ μαντεύεται V ‖ ἡ om L ‖ τὸν ὄνειρον τοῦτον] τὸ ὄναρ L ‖ 5 ἀπολέσθαι V ‖ εἰστοκεραίαν L ‖ 6 ὁ ἑορακὼς om L ‖ ἑορακώς] ἑωρακώς V ‖ 7 σημαίνειν V ‖ ἀρχή L ‖ δὲ] γὰρ L ‖ ὁ τοίχαρχος τοιχάρχου Brodaeus: ὁ τοίμαρχος τοιμάρχου V, ὁτοιχαλκόσχαλνοῦς L ‖ 9 ἐπιβατῶν] ἐπιβατῶν τοῦ παντὸς σώματος εἰς τὴν ναῦν διῃρημένον LV ‖ 10 ἰστοκερδίαν L ‖ 11 τετραχηλοκοπεῖσθαι L ‖ ὢν] καὶ ὢν LV ‖ 12 ἀφαιρήθη L ‖ 14 περὶ κεφαλῆς L ‖ δύο] δύο δὲ LV. verba δύο δὲ — θάνατον σημαίνει in V post capitis 34 extremam vocem leguntur ‖ ἀθλητῇ] ἀθληταῖς πιστοὺς ἱεροὺς ἀγῶνας ἀγωνιζομένῳ V ‖ 15 ἀγῶνας] ἀγῶνας ἱεροὺς V ‖ δὲ om V ‖ 16 τῷ] τὸ V ‖ πολλὰς κεφαλὰς V ‖ κτήσασθαι om L ‖ 17 παῖδες] παῖδες δὲ L ‖ ἀγαθὸν L ‖ ἔστι L ‖ 18 ἐὰν] ἢ L ‖ 19 ὑπερέχῃ κεφαλή] ὑπερέχει κεφαλή L, κεφαλὴ ὑπερέχῃ V ‖ αὐτὸν L ‖ ἐπανιστάντες L ‖ 20. θάνατον] ἀποθανεῖν L ‖ 22 περὶ ἀπεστραμμένης κεφαλῆς LV ‖ δὲ post ἀπεστραμμένην addit L ‖ ἑαυτοῦ om L ‖ 23 δὲ post μετάνοιαν addit L ‖ 23 προαγορεύει L ‖ δὲ καὶ] δὲ L ‖ 25 ἄλλο πράττειν L ‖ 26 κελεύει] προαγορεύει L ‖ δ'] δὲ L ‖ οὖσιν L ‖ τὴν οἰκείαν] οἶκον LV ‖

κείαν ἀνακομιδὴν προαγορεύει ὀψὲ καὶ παρὰ προσδοκίαν· ἰδεῖν γὰρ καὶ παρὰ δύναμιν σημαίνει τὴν οἰκείαν.

37 Λέοντος καὶ λύκου καὶ παρδάλεως καὶ ἐλέφαντος κεφαλὴν δοκεῖν ἔχειν ἀντὶ τῆς ἑαυτοῦ ἀγαθόν· μείζοσι γὰρ ἢ καθ' ἑαυτὸν ἐγχειρήσας ὁ ἰδὼν πράγμασιν ἐπὶ τούτοις νίκης τεύξεται καὶ περιγενόμενος ὠφεληθήσεται πολλά, φοβερὸς μὲν τοῖς ἐναντίοις ἐπαχθὴς δὲ τοῖς ἰδίοις γενόμενος. πολλοὶ δὲ καὶ ἐπ' ἀρχὰς καὶ ἡγεμονίας ὁρμήσαντες ἐπὶ τούτοις * * ἔτυχον. κυνὸς δὲ ἢ ἵππου ἢ ὄνου ἤ τινος τῶν ἄλλων τετραπόδων ἢ πετεινοῦ κεφαλὴν δοκεῖν ἔχειν ἀντὶ τῆς ἑαυτοῦ, εἰ μὲν τετράποδος, δουλείαν καὶ ταλαιπωρίαν σημαίνει· εἰ δέ τινος τῶν πετεινῶν, τὸ μὴ μεῖναι ἐν τοῖς οἰκείοις χωρίοις, ἢ διὰ τὴν πτῆσιν, ἢ ὅτι τὰ ὀρνιθογενῆ οὐ μένει παρὰ τοῖς γονεῦσιν.

38 Ἐν ταῖς χερσὶ τὴν κεφαλὴν ἔχειν τὴν ἑαυτοῦ ἀγαθὸν ἄπαιδι καὶ ἀγάμῳ καὶ τῷ ἀπόδημον προσδεχομένῳ. εἰ δέ τις τημελήσειε τὴν κεφαλήν, οἰκονομήσει τι τῶν περὶ αὐτὸν κακῶς ἐχόντων καὶ διαλύσει τι τῶν ἐν τῷ βίῳ μοχθηρῶν. τὸ δ' αὐτὸ σημαίνει καὶ εἴ τις ἅμα κρατῶν ταῖς χερσὶ τὴν ἑαυτοῦ κεφαλὴν ἑτέραν ἔχειν νομίσειε τῆς κατὰ φύσιν.

39 Κέρατα ἔχειν προσπεφυκότα βοὸς ἢ ἄλλου τινὸς ζῴου βιαίου ἐπάγει βιαίους θανάτους· ὡς δ' ἐπὶ τὸ πολὺ τραχηλοκοπηθῆναι τὸν ἰδόντα σημαίνει· τοῦτο γὰρ καὶ τοῖς κέρατα φοροῦσι ζῴοις συμβαίνει.

40 Ὦμοι παχεῖς καὶ εὔσαρκοι πᾶσιν ἀγαθοὶ πλὴν τῶν ἐν δεσμοῖς ὄντων καὶ εἱρκτῇ· εὐανδρίαν γὰρ καὶ εὐπραξίαν σημαί-

---

1 προαγορεύει ὀψὲ καὶ παρὰ προσδοκίαν] προαγορεύει ὅτε καὶ παρὰ τὴν προσδοκίαν L, ὀψὲ καὶ παρὰ προσδοκίαν προμηνύει V ‖ 2 οἰκείαν] οἰκείαν L, οἰκίαν V ‖ 3 περὶ τοῦ δοκεῖν θηρίου κεφαλὴν ἔχειν V, θηρίου κεφαλὴν ἔχειν L ‖ λέοντος] θηρίου κεφαλὴν ἔχειν λέοντος μὲν L ‖ 4 ἀγαθόν] καλόν V ‖ μείζωσι L ‖ αὐτὸν V ‖ 5 ἐπὶ τούτοις νίκης τεύξεται καὶ om L ‖ 6 πολλὰ om L ‖ 7 ἐπαχθὴς corruptum ‖ γενομένοις L ‖ ἐπ'] εἰς LV ‖ 8 καὶ] ἢ L ‖ lacunam signavi. deest τῶν ἐσπουδασμένων vel simile quid ‖ 9 δὲ om V ‖ πετεινοῦ] πετεινῶν LV ‖ 10 δοκεῖν om L ‖ τετράποδος Rigaltius: τετραπόδου LV ‖ 11 εἰ] ε L ‖ 12 διὰ] ὅτι διὰ L ‖ 13 μένει] μένει ἐν τοῖς οἰκείοις χωρίοις ἀλλ' οὐδὲ V ‖ γονεῦσιν] τοκεῦσιν V ‖ 14 περὶ τοῦ ἐν ταῖς χερσὶ τὴν κεφαλὴν ἔχειν V, ἐν ταῖς χερσὶ τὴν κεφαλὴν ἔχειν L ‖ ἐν] ἐν δὲ L ‖ κεφαλὴν ἔχειν τὴν ἑαυτοῦ] ἑαυτοῦ δοκεῖν κεφαλὴν ἔχειν V ‖ 15 τις] τις καὶ L ‖ τημελήσειε] ἔτι μελήσειε V ‖ 17 ἔχον L ‖ τι om V ‖ 18 ταῖς χερσὶ τὴν ἑαυτοῦ κεφαλήν] ἐν ταῖς χερσὶν τὴν ἑαυτοῦ κεφαλὴν V, τὴν ἑαυτοῦ κεφαλὴν ἐν ταῖς χερσὶν L ‖ 19 νομίσειε] νομίσειεν L, νομίσει V ‖ τῆς addidi ‖ 20 περὶ τοῦ κέρατα ἔχειν V, κέρατα ἔχειν L ‖ βιαίους L ‖ 21 βιαίους om L ‖ 22 φοροῦσι] ἔχουσι L ‖ 24 περὶ ὤμων LV ‖ 25 καὶ] ἢ LV ‖ εἱρκταῖς V ‖ εὐανδρίαν] εὐανδρείαν LV ‖

νοντες τούτοις μόνοις εἰσὶ πονηροί· πλείονι γὰρ χρόνῳ ὑπομενοῦσι τὰ δεινά, ὡς ἔτι τῶν ὤμων ἀντέχειν δυναμένων. εἰ δέ τι πάθοιεν οἱ ὦμοι, τὰ ἐναντία τοῖς προειρημένοις σημαίνουσι, πολλάκις δὲ καὶ ἀδελφοῦ θάνατον ἢ νόσον· καὶ γὰρ οἱ
5 ὦμοι ἀδελφοί εἰσιν ἀλλήλων.

Στῆθος ὑγιὲς καὶ ἀπαθὲς ἀγαθόν. τὸ δὲ λάσιον καὶ πε- 41
πυκνωμένον θριξὶν ἀνδράσι μὲν ἀγαθὸν καὶ κερδαλέον, γυναιξὶ δὲ χηρείαν μαντεύεται· ἀμελέστερον γὰρ διάγουσι καὶ δασύνονται, ἐπειδὰν μὴ παρῇ δι' ὃν ἀσκοῦσι τὰ σώματα. ἀγα-
10 θοὶ δὲ καὶ οἱ μαζοὶ πάσης ἐκτὸς ὄντες αἰκίας. εἰ δὲ καὶ μείζονές τινι γίγνοιντο τὸ εὔρυθμον καὶ χάριεν φυλάσσοντες, τέκνων ἅμα καὶ σωμάτων ἐπίκτησιν προαγορεύουσι· παθόντες δέ τι καὶ οἷον ἡλκωμένοι νόσον σημαίνουσιν, ἀποπίπτοντες δὲ θάνατον παισὶ τοῦ ἰδόντος· οὐκ ὄντων δὲ παίδων ἀπορίας
15 εἰσὶ σημαντικοί, πολλάκις δὲ καὶ πένθους, μάλιστα δὲ γυναιξίν· αὗται γὰρ ἐν τῷ πένθει καὶ τοὺς μαζοὺς λωβῶνται. τροφῷ δέ, εἰ τέκνον ἔχοι, εἰς τὸ τρεφόμενον ἀποβήσεται. πολλοὺς δὲ ἔχειν μαζοὺς τὸ αὐτὸ σημαίνει τῷ δοκεῖν τοὺς ὄντας μείζονας γεγονέναι, γυναικὶ δὲ καὶ μοιχείαν. τιτρώσκεσθαι δὲ κατὰ τὸ
20 στῆθος ὑπὸ οὑτινοσοῦν γνωρίμου λυπηρὰν ἀκοῦσαί ποθεν ἀγ- p. 38
γελίαν σημαίνει τοῖς πρεσβύταις· νέοις δὲ καὶ ἀνδράσι καὶ γυναιξὶν ἔρωτα δηλοῖ.

Χεῖρες εὔτονοι καὶ καλαὶ εὐπραξίαν σημαίνουσι μάλιστα 42
χειροτέχναις καὶ τοῖς διὰ δόσεως καὶ λήψεως πυριζομένοις·
25 φοβουμένῳ δὲ δεθῆναι οὐκ ἄφοβον τὸ ὄναρ. ἤδη δὲ κατὰ μέ-

---

1 εἰσὶ μόνοις V ‖ πλείωνι γὰρ χρέω L. an πλείονα γὰρ χρόνον? ‖ ὑπομενοῦσι] ὑπομένουσι LV ‖ 2 ἔτι] ἐπὶ V ‖ 3 πάθοιεν] πάσχοιεν V ‖ σημαίνουσιν L ‖ 4 ἀδελφοῖς V ‖ νόσον] νόσον σημαίνει V ‖ 6 περὶ στήθους καὶ μαζῶν V, στήθους μαζῶν L ‖ στηθες L ‖ καὶ πεπυκνωμένον θριξὶν] εἰ καὶ πεπυκνωμένον θριξὶν εἴη V ‖ 7 κερδαλέον om L ‖ ξυναιξὶ L ‖ 9 παρῇ δι' ὃν] καθ' ἡδονὰς L ‖ ἀσκοῦσιν L ‖ ἀγαθοὶ δὲ καὶ οἱ om V ‖ μαζοὶ πάσης ἐκτὸς ὄντες αἰκίας] μαζοὶ πάσης ἐκτὸς ὄντες αἰτίας L, μαζοὶ δὲ πάσης αἰτίας ἐκτὸς ὄντες ἀγαθοὶ V ‖ καὶ om V ‖ 11 τινι γίγνοιντο] φαίνοιντο V. malim τινι γένοιτο ‖ χαριὲς L ‖ τέκνων] ἀπὸ τέκνων V ‖ 12 σωμάτων] κτημάτων V ‖ προαγορεύουσι] σημαίνουσι V ‖ 13 καὶ om L ‖ ἡλκωμένοι νόσον σημαίνουσι ἀποπίπτοντες] ἑλκόμενοι ἢ ἀποπίπτοντες ἑλκόμενοι μὲν νόσον ἀποπίπτοντες L ‖ 14 ἰδόντος] ἰδόντος σημαίνουσιν L ‖ 15 πένθος V ‖ δὲ] ταῖς L ‖ γυναιξίν] γυναιξὶ σημαίνουσιν V ‖ 16 τῷ addidi ‖ 17 εἰ] εἰ μὲν L ‖ ἔχει L ‖ 18 τῷ] τὸ L ‖ 19 δὲ] γὰρ L, om V ‖ τὸ om V ‖ 20 οὑτινοσοῦν] τινος οὖν L, τινος V ‖ σημαίνει ἀγγελίαν L ‖ 21 τοῖς] τοῖς νέοις L ‖ νέοις δὲ] τε L ‖ καὶ ante γυναιξὶν om L ‖ 22 δηλοῖ] σημαίνει V ‖ 23 περὶ χειρῶν V, χειρῶν L ‖ καὶ om L ‖ 24 λήμψεως L ‖ 25 μέρος] μέρος καὶ V ‖

ρος περὶ τῶν χειρῶν ἐρῶ. ὅ τι ἂν οἱ βραχίονες πάθωσι, πένθος σημαίνουσιν· ὅ τι δ᾽ ἂν οἱ πήχεις, παραλύουσι τῶν ἐν χερσὶ πραγμάτων καὶ τῶν ὑπηρετούντων στερίσκουσιν. ἤκουσα δέ τινος τῶν περὶ ταῦτα δεινῶν λόγον λέγοντος ἐμοὶ μὲν ἀρέσκοντα, ἐπεὶ καὶ ταῖς ἀποβάσεσιν ἀκόλουθον ὄντα εὗρον αὐτόν· εἰ δέ τῳ μὴ πιθανὰ δοκεῖ λέγειν, οἷς ἀρέσκεται χρήσθω. σημαίνειν γὰρ ἔφη τὴν μὲν δεξιὰν χεῖρα τὰ ποριζόμενα τὴν δὲ εὐώνυμον τὰ πεπορισμένα· ἡ μὲν γὰρ πρὸς τὸ λαβεῖν ἕτοιμος, ἡ δὲ ἐπιτήδειος πρὸς τὸ φυλάξαι. ἔστι δὲ παλαιὰ διαίρεσις καὶ ἀληθὴς καὶ ἥδε. σημαίνει ἡ μὲν δεξιὰ χεὶρ υἱὸν πατέρα φίλον καὶ ὃν ἐν τῇ συνηθείᾳ καταχρώμενοι λέγομεν ὅτι ἡ δεξιὰ χείρ ἐστι τοῦ δεῖνος· ἡ δὲ εὐώνυμος γυναῖκα μητέρα ἀδελφὴν θυγατέρα δούλην. ὁποτέρας οὖν ἄν τις δόξῃ ἀφῃρῆσθαι, στερηθήσεταί τινος τῶν ὑπ᾽ αὐτῆς σημαινομένων. κοινῇ δὲ αἱ χεῖρες ἀμφότεραι σημαίνουσι τέχνας χειρόγραφα λόγους· τέχνας μὲν ἐπεὶ διὰ χειρῶν αἱ τέχναι, χειρόγραφα δὲ ὅτι καὶ αὐτὰ χεῖρες λέγονται, λόγους δὲ ἐπεὶ ἅμα τοῖς λόγοις αἱ χεῖρες κινοῦνται. ὅτι δὲ ναύταις καὶ ὀρχησταῖς καὶ θαυματοποιοῖς μὴ ἔχειν χεῖρας οὐκ ἀγαθόν, ἐπειδὴ ἄνευ τούτων οὐχ οἷοί τέ εἰσιν ἐργάζεσθαι, δῆλον δήπουθέν ἐστι παισί.

Δάκτυλοι χειρῶν ἀποβαλλόμενοι ἅπαντες ἢ ἐκ μέρους βλάβας σημαίνουσι καὶ ὑπηρετῶν ἀπώλειαν, γραφεῦσι δὲ καὶ φιλολόγοις σχολὴν καὶ ἀργίαν, τοῖς δὲ ὀφείλουσι πλέον τοῦ δέοντος ἀποδοῦναι καὶ τοῖς δανείζουσιν ἧττον ἀπολαβεῖν. οἶδα δέ τινα, ὃς μέλλων δανείζεσθαι ἔδοξε δακτύλους οὐκ ἔχειν. τούτῳ ὁ δανειστὴς καὶ μὴ γράψαντι ἐπίστευσεν.

---

1 ὅ τι] ὅ τι δ᾽ L ‖ πένθον V ‖ 2 οἱ om L ‖ παραλύσεως L ‖ 4 λόγον om V ‖ λεγόντων L ‖ 5 εὗρον αὐτόν] εὑρόντα L ‖ 6 δοκεῖ] δοκῶ LV ‖ 7 ἔφησε V ‖ 8 εὐώνυμον] ἀριστερὰν V ‖ πεπορισμένα] ποριζόμενα τὴν δὲ εὐώνυμον τὰ πεπορισμένα L ‖ ἑτοίμη V ‖ 10 καὶ ἀληθὴς καὶ ἥδε] καὶ ἀληθὴς καὶ ἤδη L, ἀληθὴς ἤδη καὶ V ‖ ἡ μὲν] μὲν γὰρ ἡ L ‖ 11 καὶ] καὶ ἄλλον V inseruit Reiskius ‖ ἡ om L ‖ 12 τοῦ δεῖνος] τοῦ ἰδόντος V, τούτου ἰδόντος L ‖ 13 δούλην] δούλην δοῦλον δηλοῖ ‖ ὁποτέρας] ὁποτέραν LV ‖ ἂν om V ‖ δόξῃ] δόξει LV ‖ ἀφῃρῆσθαι] ἀφαιρεῖσθαι V, sed correctum ab eadem manu; ἀφῃρεῖσθαι L ‖ 15 ἀμφότεραι αἱ χεῖρες V ‖ 16 μὲν] μὲν γὰρ L ‖ post τέχναι excidisse videtur γίνονται ‖ 18 ὅτι δὲ] ὅτι μὲν γὰρ L, τὸ μὲν γὰρ ὅτι V ‖ ναύταις] ναύταις τε V ‖ ὀρχισταῖς L ‖ ἁρματοποιοῖς L ‖ 19 χεῖρας] τὰς χεῖρας LV ‖ οὐκ] οὖν L ‖ ἀγαθὸν ἐπειδὴ ἄνευ τούτων Rigaltius: ἀγαθὸν ἐπεὶ μὴ ἄνευ τούτων V, om L relicta lacunula ‖ οἷοί τέ] οἴονται L ‖ 20 παισίν] πάλιν V ‖ 21 χειρῶν ἀποβαλλόμενοι] τινὸς ἀπολλύμενοι L ‖ πάντες V ‖ 22 σημαίνουσιν L ‖ δὲ] τε L ‖ 23 σχολὴν] σχολήν τε V ‖ ἀργείαν L ‖ τοῖς δὲ] καὶ τοῖς L ‖ 24 δανίζουσιν L ‖ ἧττον] ἢ τόκον V ‖ 25 μέλλων δανείζεσθαι] μέλλων δανίζεσθαι L, om V ‖ ἔδοξεν L ‖ 26 τοῦτο L ‖ δανιστὴς L ‖

CAP. XLII—XLIV. 41

Πλείονας ἔχειν δακτύλους τἀναντία σημαίνει τῷ δοκεῖν p. 39
ἥττονας ἔχειν· ὅσοι γὰρ προσγίνονται τοῖς κατὰ φύσιν δακτύ-
λοις, αὐτοί τε ἅμα εἰσὶν ἀργοὶ καὶ τοὺς ἐξ ὧν πεφύκασιν
ἀργοὺς ποιοῦσι. πλανώμενοι δέ τινες ἀγαθὸν ὑπέλαβον εἶναι
5 τὸ τοιοῦτο.

Τρίχας ἔχειν ἐκ τῶν χειρῶν πεφυκυίας ἐπὶ μὲν τῶν καρ-
πῶν δεσμὰ σημαίνει, ἐπὶ δὲ τῶν πλατειῶν τῶν ἐντὸς σχολὴν
καὶ ἀργίαν πᾶσι σημαίνει, μάλιστα δὲ γεωργοῖς καὶ χειροτέχ-
ναις· οὐκέτι γὰρ περὶ τὰ ἔργα τριβομένων τῶν χειρῶν οὐδὲ
10 πυκνουμένης τῆς ἐπιφανείας εἰκὸς ἂν εἴη καὶ τρίχας ἀνα-
φανῆναι.

Πολλὰς χεῖρας ἔχειν ἀγαθὸν χειροτέχνῃ· οὐ γὰρ παύσεται
ἐργαζόμενος· τρόπον γάρ τινά φησιν αὐτῷ τὸ ὄναρ 'δεῖ σοι
χειρῶν πλειόνων'. ἀγαθὸν δὲ καὶ τοῖς δικαιοπραγοῦσι· πρόσ-
15 κτησιν γὰρ καὶ τέκνων καὶ οἰκετῶν σημαίνει καὶ χρημάτων ὁ
ὄνειρος, ὡς πολλάκις ἐτήρησα· κακούργοις δὲ δεσμὰ καὶ οὕ-
τως περὶ ἓν σῶμα πολλὰς γενέσθαι χεῖρας σημαίνει.

Λαγόνας καὶ ὑπογάστριον καὶ πάντα τὰ μέχρι βουβώνων 43
τὴν τοῦ σώματος ἰσχύν τε καὶ ὕπαρξιν σημαίνειν νομιστέον.
20 τοιγαροῦν ἐάν τι ταῦτα τὰ μέρη πάθῃ, νόσον μὲν τῷ σώματι,
ἔνδειαν δὲ κατὰ τὸν βίον προαγορεύει. αὐτὸς δὲ ὁ ὀμφαλὸς
ὄντων μὲν γονέων τοὺς γονεῖς, οὐκ ὄντων δὲ τὴν πατρίδα ση-
μαίνει, ἧς ἐξέφυ τις καὶ ἐξεγένετο, ὥσπερ καὶ τοῦ ὀμφαλοῦ.
ἐὰν οὖν τι περὶ τὸν ὀμφαλὸν δυσχερὲς γένηται, στερηθῆναι
25 γονέων ἢ τῆς πατρίδος σημαίνει, καὶ τὸν ἐπὶ ξένης ὄντα οὐκ
ἐπανάγει.

Ἀνατετμῆσθαι δοκεῖν καὶ ἰδεῖν τὰ ἐντὸς ἑαυτοῦ κατὰ φύ- 44

---

1 δακτύλους — ἔχειν om L || δοκεῖν] δοκοῦντι LV || 2 ὅσοι] ὅσοι
L, νόσοι V || 3 εἰσὶν ἀργοὶ] εἰσι δεκτοὶ L || τοὺς] τῶν L || πεφύκασιν
L || 4 ἀργοὺς] ἀπέργους LV || ποιοῦσιν L || 5 τοιοῦτον V || 6 ἐπὶ] ἀπὸ
LV || 7 ἐπὶ] ἀπὸ LV || πλατειῶν τῶν ἐντὸς σχολὴν] πλαταιώνων ἐν
τοῖσχολὴν L || 8 ἀργείαν L || πᾶσι om L || 10 ἀναφῦναι V || 12 πολ-
λὰς] πολλὰς δὲ || 13 γὰρ] δέ V || φησιν] λέγει V || 14 πλειόνων] πλει-
όνων διὰ τὸ τῶν ἔργων πλῆθος LV || δικαιοπραγοῦσιν L || 15 οἰκετῶν
καὶ τέκνων L || καὶ χρημάτων delendum videtur || 16 κακούργοις] κα-
κοῖς L || 17 σημαίνει om V. malim κακούργοις δὲ δεσμὰ σημαίνει, καὶ
οὕτως περὶ ἓν σῶμα πολλαὶ γίνονται χεῖρες || 18 περὶ λαγόνων καὶ
τῶν περὶ ὀμφαλὸν V, λαγόνων καὶ τῶν περὶ ὀμφαλῶν ζήτει
περὶ ὀνύχων L || τὰ om L || βουβῶνα L || 18 τὴν] τήν γε L || τε
om L || ὕπαρξιν] αὐτὴν τὴν τοῦ σώματος ὕπαρξιν L || 20 τοιγάρτοι V
|| τι] ita Reiskius: τε V, om L || 22 μὲν] μὲν τῶν V || σημαίνει τὴν
πατρίδα V || 23 ἐγένετο L || καὶ] ἐκ V || 24 δυσχερὲς γένηται] γενέ-
σθαι δυσχερὲς ἦ V || 25 καὶ om L || 27 περὶ τῶν ἐντὸς LV ||

42   LIB. I.

p. 40 σιν ἕκαστον καὶ κοσμίως κείμενον ἀγαθὸν ἄπαιδι καὶ πένητι·
ὁ μὲν γὰρ ὄψεται παῖδας ἰδίους, ὁ δὲ κτήματα· καὶ γὰρ οἱ
παῖδες σπλάγχνα λέγονται ὡς ἐντόσθια, καὶ ὥσπερ οἴκῳ κτή-
ματα, οὕτω τὰ σπλάγχνα ταῖς λαγόσιν ἔγκειται. πλουσίῳ δὲ
καὶ παντὶ τῷ λανθάνειν πειρωμένῳ ἀσχημοσύνην καὶ ἔλεγχον 5
μαντεύεται. δεινὸν δὲ πᾶσι τὸ ὑπό τινος κατανοεῖσθαι τὰ
σπλάγχνα· πραγμάτων γὰρ πονηρῶν καὶ δικῶν ἐπαγωγὴν ση-
μαίνει καὶ τὰ κρυπτὰ ἐλέγχει. ἀνατμηθέντα δὲ δοκεῖν κενὸν
εἶναι ἔρημον τὸν οἶκον τοῦ ἰδόντος ἔσεσθαι σημαίνει καὶ τέ-
κνων ὄλεθρον καὶ τῷ νοσοῦντι θάνατον· ἀγαθὸν δ᾽ ἂν εἴη 10
μόνῳ τῷ ἐν πολλοῖς κακοῖς ὄντι καὶ ἀνιωμένῳ· τῶν γὰρ ἐν
ποσὶ κακῶν παῦλαν προσημαίνει· ὁ γὰρ τὸ περιεκτικὸν τῶν
φροντίδων ἀπολέσας εἰκότως ἄλυπός ἐστιν. ἔτι κἀκεῖνο. ἡ
καρδία γυναῖκα σημαίνει ἀνδρὸς ἰδόντος, ἄνδρα δὲ γυναικὸς
ἰδούσης διὰ τὸ τὴν ὅλην τοῦ σώματος ἔχειν διοίκησιν. καὶ 15
τὸν θυμὸν τοῦ ἰδόντος καὶ τὸ πνεῦμα· τούτων γάρ ἐστι περι-
εκτική. καὶ ὁ πνεύμων ὁμοίως. ἧπαρ δὲ τέκνον καὶ βίον καὶ
φροντίδας, χολὴ δὲ τὸν θυμὸν καὶ χρήματα καὶ γυναῖκα, σπλὴν
δὲ ἡδονὰς καὶ γέλωτα καὶ τὰ ἔπιπλα τῶν σκευῶν, κοιλία δὲ
καὶ ἔντερα τέκνα πρῶτον, εἶτα δανειστάς, ἐπεὶ μετὰ πολλῆς 20
βίας ἀπαιτεῖ τροφάς. νεφροὶ δὲ ἀδελφοὺς καὶ συγγενεῖς καὶ
τέκνα. ὅθεν μένοντα μὲν ταῦτα μεῖναι καὶ τὰ σημαινόμενα
ὑπ᾽ αὐτῶν σημαίνει, διπλούμενα δὲ πάντα ἢ ἕκαστον ἰδίᾳ δι-
πλᾶ ἔσεσθαι τὰ σημαινόμενα δηλοῖ.

45   Τὸ αἰδοῖον ἔοικε γονεῦσι μέν, ἐπεὶ τὸν σπερματικὸν ἐπέ- 25
χει λόγον· τέκνοις δέ, ἐπεὶ καὶ αὐτὸ τέκνων αἴτιον. γυναικὶ
δὲ καὶ ἐρωμένῃ, ὅτι πρὸς ἀφροδίσια ἐπιτήδειόν ἐστιν. ἀδελ-

---

1 ἕκαστον καὶ] καὶ ἕκαστον LV ‖ 3 ὡς] ὡς καὶ L ‖ ὡς ἐντόσθια suspectum ‖ οἰκείῳ L ‖ 4 τὰ] καὶ τὰ L ‖ τοῖς V ‖ λαγῶσιν L ‖ 5 λανθάνειν πειρωμένῳ] λαθεῖν τι προαιρουμένῳ V ‖ 6 προμαντεύεται V ‖ πᾶσιν L ‖ τινων L ‖ 7 ἐπαγωγὸν V ‖ 9 εἶναι] εἶναι μηδενὸς τῶν σπλάγχνων ἐντὸς ὄντων LV ‖ τὸν οἶκον ἔσεσθαι τοῦ ἰδόντος L ‖ 11 μόνον V ‖ 12 ποσὶν L ‖ παῦλαν προσημαίνει] πᾶν λαμπρὸν σημαίνει L, ἀνάπαυλαν προσημαίνει V ‖ τὸ περιεκτικὸν] τὰ περιεκτικὰ LV ‖ 13 εἰκότος L ‖ ἔτι κἀκεῖνο] ἔτι κἀκεῖνο χρὴ σκοπεῖν L, ἔτι κακεῖνο πρὸς τοῖς εἰρημένοις χρὴ σκοπεῖν V ‖ 15 ἰδούσης om L ‖ τὸ] τε L ‖ ἔχειν διοίκησιν] ἕξιν δοκεῖν V ‖ 18 φροντίδα L ‖ χυμὸν V ‖ γυναῖκας V ‖ 19 δὲ] δὲ καὶ V ‖ ἡδονάς L ‖ γέλωτας L ‖ 20 δανιστάς L ‖ 21 καὶ τέκνα] τοὺς δὲ ἄλλους τέκνα V. locus corruptus ‖ 22 ταῦτα] αὐτὰ L ‖ μεῖναι] ἀμείνω V ‖ 23 σημαίνει] δηλοῖ καὶ ἐρωμένα μὲν πάντα ἑκάστῳ ἰδίᾳ V ‖ διπλᾶ ἔσεσθαι] διπλάσεσθαι L ‖ 24 δηλοῖ] δηλοῖ ἀπολλύμενα δὲ ἀπόλλυσθαι V ‖ 25 περὶ αἰδοίων LV ‖ ἔοικεν L ‖ μὲν γονεῦσιν L ‖ μετέχει L ‖ 26 ἐπεὶ] ὅτι V ‖ αὐτὴ V ‖ 27 ἐρρωμένῃ V ‖ ἀφροδισίαν ἐπιτήδιον L ‖

CAP. LXIV—LXVI. 43

φοῖς δὲ καὶ πᾶσι τοῖς καθ᾽ αἷμα προσήκουσιν, ἐπεὶ ὁ τοῦ παντὸς οἴκου λόγος ἤρτηται ἀπὸ τοῦ αἰδοίου. ἰσχύι δὲ καὶ τῇ τοῦ σώματος ἀνδρείᾳ, ὅτι καὶ αὐτὸ τούτων αἴτιον· διὸ ἀνδρεία p. 41 πρός τινων καλεῖται. λόγῳ δὲ καὶ παιδείᾳ, ὅτι γονιμώτατον
5 πάντων τὸ αἰδοῖόν ἐστιν ὥσπερ καὶ ὁ λόγος. εἶδον δὲ καὶ ἐν Κυλλήνῃ γενόμενος Ἑρμοῦ ἄγαλμα οὐδὲν ἄλλο ἢ αἰδοῖον δεδημιουργημένον λόγῳ τινὶ φυσικῷ. ἔτι καὶ περιουσίᾳ καὶ κτήσει διὰ τὸ ποτὲ μὲν ἐπιτετάσθαι ποτὲ δὲ ἀνεῖσθαι καὶ παρέχειν καὶ ἀποκρίνειν δύνασθαι. βουλεύμασι δὲ ἀπορρήτοις, ὅτι
10 μήδεα καλεῖται τά τε βουλεύματα καὶ τὸ αἰδοῖον. πενίᾳ δὲ καὶ δουλείᾳ καὶ δεσμοῖς ὅτι ἀναγκαῖον καλεῖται καὶ τῆς ἀνάγκης ἐστὶ σύμβολον. πρὸς δὲ καὶ ἀξιώματος ἐπιτιμίᾳ· αἰδὼς γὰρ καὶ ἐπιτιμία καλεῖται. τοιγάρτοι παρὸν μὲν καὶ μένον ἐν τῇ τάξει τῇ οἰκείᾳ ἐπιδιαμεῖναι τὸ παρὸν ἑκάστῳ ὅ τι ἂν ᾖ ὅμοιον
15 τῷ αἰδοίῳ σημαίνει, αὐξῆσαν δὲ ἐπαύξει, ἀφαιρεθὲν δὲ στερίσκει. διπλοῦν δὲ γενόμενον διπλᾶ τὰ ὄντα ἔσεσθαι σημαίνει πάντα πλὴν γυναικὸς ἢ ἐρωμένης· τούτων δὲ στερίσκει· δυσὶ γὰρ ἅμα αἰδοίοις οὐκ ἔνεστι χρῆσθαι. οἶδα δέ τινα, ὃς ἔδοξε τρία ἔχειν αἰδοῖα δοῦλος ὤν. ἐγένετο ἐλεύθερος καὶ
20 ἀνθ᾽ ἑνὸς ὀνόματος τρία ἔσχε, τὰ δύο ἐκ τοῦ ἀπελευθερώσαντος προσλαβών. ἀλλὰ τοῦτο ἅπαξ ἐγένετο· δεῖ δὲ μὴ ἀπὸ τῶν σπανίων ἀλλὰ τῶν ὡς ἐπὶ τὸ πολὺ ἐχόντων τὰς κρίσεις ποιεῖσθαι.

Οἱ βουβῶνες οὐ μακρὰν τῶν αἰδοίων οὐδὲ διάφορόν τι 46
25 σημαίνουσιν. ὅθεν χρὴ κατὰ ταὐτὰ τοὺς βουβῶνας τοῖς αἰ-

---

1 παισὶ V || ἐπεὶ τοῦ παντὸς οἴκου ὁ λόγος ἀπὸ τοῦ αἰδοίου ἤρτηται] ἐπεὶ τοῦ παντὸς οἴκου ὡς λόγος ἤρτηται ἀπὸ τοῦ αἰδοίου V, ἐπεὶ τοῦ παντὸς οἴκου ἀπὸ τοῦ αἰδοίου ὁ λόγος ἤρτηται L || 2 ἰσχύι Rigaltius: ἰσχύει LV || 3 ἀνδρείᾳ] cf. Suidas in v. ἀνδρεία || 4 λόγοις L || ὅτι] ὡς τὸ V || γονιμώτατον] ἡγεμονικώτατον V || 5 τὸ αἰδοῖον] αἰδοίων γόνιμον δέ V || ἴδον L || 6 κυλίνῃ L || 7 φυσικὸν V || περιουσίαν καὶ κτῆσιν V. fortasse ἀποκτήσει || 8 ἀνίσθαι L || 9 βουλεύμασιν L || δὲ] δὲ καὶ V || 10 μήδεα] cf. Suidas in v. μήδεα || τε om V || πενίαν δὲ καὶ δουλείαν καὶ δεσμὰ V || 11 τε post ἀναγκαῖον addit V || τῆς ἀνάγκης] cf. Suidas in v. ἀναγκαῖον || 12 καὶ] τῇ τοῦ L || ἀξιωμάτων V || ἐπιτιμίᾳ] ita Reiskius: ἐπιτιμίαν V. ἐπιτιμία αἰδὼς γὰρ καὶ om L || 13 τοιγάρτοι om L || 15 δὲ] δὲ καὶ LV || ἐπαυξει V || 17 πάντη L || ἐρρωμένης V || 18 δύο L || οὐκ ἔστιν L || χρήσασθαι L || 19 ἔδοξεν L || ἐγένετο] καὶ ἐγένετο LV || 20 ἀντὶ L || ἔσχεν L || τὰ et ἐκ addidi || 21 προσλαβών] προσλαβὼν ὀνόματα V || malim ἀλλ᾽ ἀπὸ τῶν || 22 τὸ om L || ἐχόντων] πάντων V. malim ἀποβάντων || 24 περὶ βουβώνων καὶ μηρῶν V, περὶ βουβώνων μηρῶν L || οἱ om L || post αἰδοίων videtur excidisse εἰσὶ || τι om L || 25 ταῦτα L ||

δοίοις ἐκλαμβάνειν. οἱ δὲ μηροὶ τὰ μὲν ἄλλα πάντα ἐπίσης τοῖς αἰδοίοις σημαίνουσι, μόνον δὲ πιαλέοι γενόμενοι τοῖς πλουσίοις ἀηδεῖς τετήρηνται· ὡς γὰρ ἐπὶ τὸ πλεῖστον περὶ τὰ ἀφροδίσια δαπάνας σημαίνουσι σχεδὸν δὲ οὐδὲ δαπάνας ἀλλὰ βλάβας.

47 Τὰ γόνατα πρός τε ἰσχὺν καὶ εὐανδρίαν ἐστὶ ληπτέα καὶ πρὸς κινήσεις καὶ πράξεις. ὅθεν ἐρρωμένα καὶ σῶα ὄντα ἀποδημεῖν τε καὶ ἄλλην κίνησιν ἡντιναοῦν ἐπιτρέπει κινεῖσθαι καὶ πράξεις ὑπαγορεύει καὶ ὑγίειαν τῷ ἰδόντι· ἢν δέ τι πάθῃ, τἀναντία. ὅ τι δ' ἂν ἐκ τῶν γονάτων φυτὸν πεφυκέναι δόξῃ τις ἀργοῖς χρήσεται τοῖς γόνασιν· ἐὰν δὲ νοσῶν ἴδῃ, τεθνήξεται· γῆθεν γὰρ φύεται τὰ φυτά, εἰς γῆν δὲ καὶ τὰ τῶν σωμάτων ἀναλύεται συγκρίματα. οἶδα δέ τινα, ὃς ἔδοξεν ἐκ τοῦ γόνατος τοῦ δεξιοῦ ἰδεῖν πεφυκότα κάλαμον. συνέβη αὐτῷ σύριγγα ἐν τῷ γόνατι γενέσθαι· καὶ γὰρ ὁ κάλαμος γόνατα ἔχει καὶ σύριγξ γίνεται. πολλάκις δὲ τὰ γόνατα πρὸς ἀδελφοὺς καὶ κοινωνοὺς διατείνει, ἐπεὶ καὶ αὐτὰ ἀδελφά ἐστιν ἀλλήλων καὶ κοινωνεῖ τῆς πορείας. ἔτι καὶ ἀπελευθέρους σημαίνει· ἐπίσης γὰρ τοῖς ποσὶν ὑπηρετεῖ, πλὴν ὑπὲρ τοὺς πόδας ὄντα εἰκότως οὐχὶ δούλους ἀλλ' ἀπελευθέρους σημαίνει.

48 Αἱ κνῆμαι ἔμπροσθέν τε καὶ ὄπισθεν τὰ αὐτὰ τοῖς γόνασι σημαίνουσι. σφυρὰ δὲ καὶ πόδες ἄκροι τὰ μὲν ἄλλα ἐπίσης τοῖς γόνασι σημαίνουσιν, ἐν δὲ τῷ μὴ ἀπελευθέρους ἀλλὰ δούλους σημαίνειν διαφέρουσιν.

Πλείονας πόδας ἔχειν ἀγαθὸν ἐμπόρῳ καὶ ναυκλήρῳ καὶ

---

1 ἐκλαμβάνειν] ἐκλαβεῖν V, προσλαμβάνειν L || τὰ μὲν ἄλλα πάντα ἐπίσης τοῖς αἰδοίοις] τοῖς αἰδοίοις τ' ἄλλα πάντα ἐπίσης V || 2 δὲ πιαλέοι] δ' ἐπιάλεοι V || 3 ὡς γὰρ om V || περὶ τὰ] περὶ δὲ τὰ V, περὶ L || 6 περὶ γονάτων LV || τὰ om L || καὶ] καὶ πρὸς L || εὐανδρίαν] εὐανδρείαν LV || 7 πρὸς ante πράξεις addit V || ἀποδημίαν L || 8 τε om L || 9 ὑγείαν L || ἢν] καὶ ἢν L || 10 τὰ ἐναντία V || δόξῃ τις] δόξει τις L, τις δόξει V || 11 ἴδῃ] ἤδη L || 12 τὰ om L || τὰ τῶν σωμάτων ἀναλύεται συγκρίματα] τὰ τῶν σωμάτων ἀναλύεται καὶ τὰ γόνατα L, τῶν σωμάτων ἀναλύεται τὰ συγκρίματα V || 14 γονάτου τοῦ L || δεξιοῦ] ἰδίου L || συνέβη] καὶ συνέβη LV || 15 γόνατα] γόνυ τε LV || 16 σύριγξ] σύριγξ καλεῖται καὶ L || 17 κοινωνεῖ L || διατείνεται V || ἀδελφά om L || εἰσιν L || 18 ἀπελευθέρους σημαίνει] ἀπελευθέρους ἐστιν μὲν γὰρ L, πρὸς ἀπελευθέρους ἐπιμένει V || 19 ἐπίσις L || γὰρ om L || πλὴν] καὶ πλὴν L, πάλιν V || ὑπὲρ] εἰς V || 20 ὄντας || οὐχὶ] οὖν V || ἀλλ'] καὶ V || σημαίνουσιν V || 21 περὶ ποδῶν καὶ κνημῶν καὶ σφυρῶν LV || ὄπισθεν τε καὶ ἔμπροσθεν V || 22 σημαίνουσιν L || 25 ἐμπόρῳ καὶ ναυκλήρῳ καὶ παντὶ τῷ μισθωτοὺς τρέφοντι· σωμάτων γὰρ πλειόνων ἄρξουσι] ἐμπόρῳ σωμάτων καὶ ναυκλήρῳ πλειόνων γὰρ ἄρξουσι καὶ πάντα τῷ μισθῷ τοὺς τρέφοντι L, ἐμπόροις καὶ ναυκλήρῳ σωμάτων γὰρ πλειόνων ἄρξουσι καὶ παντὶ μισθῷ τούτοις τρέφοντες V ||

CAP. LXVI—LXVIII.

παντὶ τῷ μισθωτοὺς τρέφοντι· σωμάτων γὰρ πλειόνων ἄρξουσι. κυβερνήτῃ δὲ ἰδόντι τὸ ὄναρ γαλήνην σημαίνει· πλείοσι γὰρ ποσὶ χρήσεται τῆς νεὼς ἐρεσσομένης. ἀγαθὸν δὲ καὶ πένητι· κτήσεται γὰρ οἰκέτας. πλουσίῳ δὲ νόσον σημαίνει,
5 ἵνα μὴ τοῖς αὑτοῦ ποσὶ μόνον ἀλλὰ καὶ τοῖς τῶν βασταζόντων χρώμενος πλείονας ἔχειν δοκῇ. πολλοὺς δὲ τὸ ὄναρ τοῦτο καὶ τυφλοὺς ἐποίησεν, ἵνα χειραγωγοῖς χρήσωνται· καὶ κακούργους ἔδησεν, ἵνα μετὰ φυλάκων καὶ μὴ μόνοι προέρχωνται. οἶδα δέ τινα, ὃς ἔδοξε τοῦ παντὸς σώματος ἀτρέμα μένοντος
10 τοὺς πόδας αὐτοῦ μόνους βαδίζειν καὶ προβαίνειν μὲν μηδὲ βραχύ, ὅμως δὲ κινεῖσθαι. συνέβη αὐτῷ εἰς ἀντλίαν καταδικασθῆναι· καὶ γὰρ τοῖς ἀντλοῦσι συμβέβηκε διαβαίνειν μὲν p. 43 ὡς βαδίζουσιν, ἀεὶ δὲ μένειν ἐν τῷ αὐτῷ τόπῳ. ἔτι καὶ ἄλλος ἔδοξεν ἀπὸ τῶν ποδῶν αὐτοῦ ῥεῖν ὕδωρ. συνέβη καὶ τούτῳ εἰς
15 ἀντλίαν καταδικασθῆναι ὄντι κακούργῳ, καὶ τοῦτον τὸν τρόπον ἀπὸ τῶν ποδῶν αὐτοῦ ἔρρευσεν ὕδωρ. ἕτερος δὲ τὸν αὐτὸν ἰδὼν ὄνειρον οὐκ ὢν κακοῦργος ὑδρωπίασε. τὸ δὲ δοκεῖν καιομένους ἰδεῖν τοὺς πόδας πᾶσιν ἐπίσης κακὸν καὶ σημαίνει ἀποβολὴν καὶ διαφθορὰν τῶν ὑπαρχόντων, ναὶ μὴν καὶ παί-
20 δων καὶ δούλων· ἐπίσης γὰρ τοῖς θεράπουσιν οἱ παῖδες ὑπηρετοῦσί τε τοῖς γονεῦσι καὶ θεραπεύουσιν αὐτοὺς ὥσπερ οἰκέται. ὅπερ τοὺς πολλοὺς ἔλαθε τῶν ὀνειροκριτῶν ἡγουμένους ὅτι οἱ πόδες μόνους οἰκέτας σημαίνουσι. μόνοις δὲ τὸ ὄναρ τοῦτο δρομεῦσι συμφέρει, ὅταν πρὸς ἀγῶνα ὄντες ἴδωσι· θᾶτ-
25 τον γὰρ καὶ ὡς εἰπεῖν ἐκ πυρὸς ἁρπάσουσι τὰ σκέλη.

---

2 κυβερνήτῃ L || εἰπόντι L || τὸ ὄναρ] τὸν ὄνειρον V || σημαίνει γαλήνην V || πλείοσιν L || 3 ποσὶν L || ἐρεσσομένης L || δὲ addidi || καὶ om L || 5 μόνον] μόνοις LV || 6 δοκεῖ L || καὶ om V || 7 κακούργους] πανούργους LV || 8 προέρχωνται] προέρχονται L, προσέρχωνται V || 10 βαδίζειν] βαστάζειν V || 11 ἀντλία L || 12 γὰρ] γὰρ ἐκεῖ L || διαβένειν L || 13 ἀεὶ] ὅμως L || τρόπῳ L || 14 ῥέειν V || συνέβη] καὶ συνέβη LV || καὶ τούτῳ] αὐτῷ V || 15 κακούργῳ] πανούργῳ LV || 16 ἔρρευσεν] ἔρευσεν V, ἔδοξεν ῥεῖν τὸ L || ἕτερος δὲ] ἐπεὶ ἕτερός γε V || 17 κακοῦργος] πανούργος LV || ὑδρωπίασεν L || 18 πᾶσιν ἐπίσης] πάντων ἐπίσημον L || σημαῖνον L || 19 φθοράν L || τῶν addidi || ναὶ] ἔτι L || 20 καὶ δούλων καὶ παίδων L || τοῖς θεράπουσιν οἱ παῖδες] οἱ παῖδες τοῖς θεράπουσιν L, καὶ οἱ παῖδες τοῖς θεράπουσιν V || ὑπηρετοῦσιν L || 21 γονεῦσιν L || καὶ θεραπεύουσιν om L || αὐτῶν L. verba ὥσπερ οἰκέται spuria videntur || 22 ἔλαθεν L || 23 οἰκέτας μόνους L || σημαίνουσιν L || μόνοις δὲ τὸ ὄναρ τοῦτο om V || 24 δρομεῦσι] δρομεῦσι δὲ V || συμφέρουσιν L || πρὸς ἀγῶνα ὄντες] προσαγωνιῶντες V || θάττων L || 25 ἁρπάσουσι Venetus 267: ἁρπάσωσι L, ἁρπάζουσι V ||

49 Νῶτον καὶ τὰ ὀπίσθια πάντα τοῦ γήρως εἶναι σημαντικὰ νομίζομεν. ὅθεν ὀρθῶς ἔνιοι καὶ Πλούτωνος αὐτὰ καλοῦσιν ἴδια. τοιγαροῦν ὁποῖα ἄν τις αὐτὰ δόξῃ ἔχειν, τοιούτῳ χρήσεται τῷ γήρᾳ.

50 Ἐν τοῖς περὶ ἀλλοιώσεως πρῶτον χρὴ τὸ ποσὸν σκοπεῖν, δεύτερον τὸ ποιόν, τρίτον τὸ κατὰ τὴν ἰδέαν. καὶ τὸ μὲν ποσόν, τοῦτ' ἔστιν ἐκ μικροῦ μέγαν γενέσθαι ἢ ἐκ τοῦ ὄντος μείζω, ἀγαθόν, εἰ μὴ ὑπὲρ ἄνθρωπόν τις μέγας δόξειε γεγονέναι· οὐ γὰρ τὸ σῶμα ἀλλὰ τὰς πράξεις αὐξῆσαι σημαίνει τὸ ὄναρ καὶ τὸν βίον τοῦ ἰδόντος. τὸ δὲ ὑπὲρ ἄνθρωπον μέγαν δοκεῖν γεγονέναι θάνατον τῷ ἰδόντι σημαίνει· καὶ εἴ τις τὸ ἑαυτοῦ παιδίον βραχὺ ὂν ἄνδρα δόξειε γεγονέναι, τεθνήξεται τὸ παιδίον. δεινὸν δὲ καὶ πρεσβύτῃ τὸ εἰς παῖδα μεταβάλλειν· θάνατον γὰρ αὐτῷ σημαίνει. ἀγαθὸν δὲ ἀνδρὶ τὸ εἰς νεανίσκον μεταβάλλειν καὶ νεανίσκῳ τὸ εἰς παῖδα· ἕκαστος γὰρ αὐτῶν ἐπὶ τὸ ὡραιότερον μεταβάλλει. ἀγαθὸν δὲ καὶ παιδὶ εἰς νεανίσκον καὶ νεανίσκῳ εἰς ἄνδρα καὶ ἀνδρὶ εἰς γέροντα μεταβάλλειν· ἕκαστος γὰρ αὐτῶν ἐπὶ τὸ ἐντιμότερον μεταβάλλει. εἰ δὲ νεανίσκος εἰς γέροντα μεταβάλοι, τεθνήξεται μὲν οὐχὶ ὡς ὁ παῖς, νοσήσει δέ. καὶ εἰ ἀνὴρ εἰς παῖδα μεταβάλοι· ἀφρόνως τι πραγματευσάμενος βλαβήσεται· τὸ γὰρ ποιητικὸν ὀρθῶς εἴρηται

αἰεὶ δ' ὁπλοτέρων ἀνδρῶν φρένες ἠερέθονται.

Τὸ δὲ ποιὸν τῆς μεταβολῆς ὧδε ἔχει. εἰ μὲν εἰς γυναῖκα

---

1 περὶ νώτου ‖ νῶτον] νῶτον δὲ L, νῶτα δὲ V ‖ γηρᾶν L ‖ 2 Πλούτωνος] πλοῦτον ὡς L ‖ 3 ὁποῖα] ὅλως δ' L ‖ τις post ἔχειν ponit L ‖ δόξῃ] δόξειεν LV ‖ 5 περὶ ἀλλοιώσεως V, ἀλλοιώσεως L ‖ τὸ ποσὸν σκοπεῖν] τὸ ποσὸν ὅπερ κατὰ μέγεθος θεωρεῖται σκοπεῖν V, τὸ ποσὸν ὅσον κατὰ μέγεθος θεωρεῖται σκοπεῖν L ‖ 6 τὸ ποιόν] τὸ ποιὸν ὃ κατὰ τὴν ὕλην θεωρεῖται LV ‖ τρίτον] τρίτον δὲ L ‖ ἰδέαν] ἰδέαν ὅπερ ἴδιν τῆς μορφῆς V, εἰδέαν τῆς μορφῆς L ‖ καὶ τὸ μὲν ποσόν, τοῦτ' ἔστιν] καὶ τὸ μὲν ποσὸν τοῦτο L, καὶ τοῖς μὲν τὸ ποσὸν τοῦ εἴτε V ‖ 7 μέγα L ‖ ἢ om L ‖ ἐκ τοῦ ὄντος] requiri videtur ἐκ τελείου ‖ 8 μεῖζον L ‖ δόξειεν L ‖ γεγονέναι] γενέσθαι V ‖ 11 τῷ ἰδόντι θάνατον L ‖ 12 βραχὺ μικρὸν L ‖ δόξειε] ita Reiffius: δόξει LV ‖ 13 παῖδα — ἀνδρὶ τὸ εἰς om V ‖ μεταβάλλειν Venetus 267: μεταβαλεῖν L ‖ 15 μεταβαλεῖν L ‖ παῖδας L ‖ ἑκάστου L ‖ 16 αὐτῶν om L ‖ ὡραιότερον Reiffius: ἀτιμότερον V, ἐντιμότερον καὶ ὡραιότερον L ‖ μεταβάλλει Venetus 267: μεταβαλεῖ L, μετέβαλλεν V ‖ 17 καὶ νεανίσκῳ εἰς ἄνδρα om V ‖ 18 μεταβάλλειν Venetus 267: μεταβαλεῖν L, μεταβαλεῖν V ‖ 19 μετέβαλλεν V ‖ μεταβάλλοι V ‖ 20 ὁ om L ‖ εἰ ἀνὴρ εἰς παῖδα] ἀνὴρ εἰς παῖδα εἰ V ‖ 21 μεταβάλλοι V ‖ τι addidi ‖ πραγματευόμενος L ‖ 22 εἰρήσεται V ‖ 23 φρένες βλαβήσονται ἠερέθονται L ‖ 24 μὲν] μέν τις V ‖

CAP. LXIX. L. 47

μεταβάλοι ἀνήρ, πένητι μὲν ἀγαθὸν καὶ δούλῳ· ὁ μὲν γὰρ
ἕξει τὸν θρέψοντα αὐτὸν ὥσπερ καὶ γυνή, ὁ δὲ ἀπονώτερον
δουλεύσει· μικρότεροι γὰρ οἱ γυναικῶν πόνοι. πλουσίῳ δὲ πο-
νηρόν, καὶ μάλιστα πολιτευομένῳ· ὡς γὰρ ἐπὶ τὸ πολὺ οἰκου-
5 ροῦσιν αἱ γυναῖκες. διὸ παραλύσει πάσης ἀρχῆς τὸν ἰδόντα
τὸ ὄναρ. τοῖς δὲ σωμασκοῦσι νόσον σημαίνει· θηλύτεραι γὰρ
γυναῖκες ἀνδρῶν. εἰ δὲ γυνὴ εἰς ἄνδρα μεταβάλοι, ἄγαμος
μὲν οὖσα γαμηθήσεται καὶ ἄπαις οὖσα τεκνώσει ἄρρεν, καὶ
οὕτως εἰς τὴν ἀνδρείαν μεταβάλλει φύσιν· ἄνδρα δὲ ἔχουσα
10 καὶ υἱὸν χήρα διατελέσει· οὐ γὰρ ἀνδρὶ ἀνδρὸς ἀλλὰ γυναι-
κὸς δεῖ. δούλῃ δὲ τὸ ὄναρ πλείονα τὴν δουλείαν ἐπάγει, ἀγα-
θὸν δὲ ἑταίρᾳ· ἡ μὲν γὰρ ὡς ἀνὴρ ὑπομενεῖ τοὺς πόνους, ἡ
δὲ οὐ παύσεται κινουμένη. εἰ δέ τις ἀργυροῦς ἢ χρυσοῦς δό-
ξειεν εἶναι ἀνὴρ ἢ γυνή, δοῦλος μὲν ὢν πραθήσεται, ἵνα ἀπαρ-
15 γυρωθῇ ἢ ἀποχρυσωθῇ, πένης δὲ εὐπορήσει, ἵνα περὶ αὐτὸν
γένηται ἡ τοιαύτη ὕλη, πλούσιος δὲ ἐν ἐπιβουλαῖς ἔσται, πάντα
γὰρ τὰ ἀργυρᾶ καὶ χρυσᾶ ἐπιβούλους ἔχει πολλούς. νοσοῦντι δὲ
θάνατον προαγορεύει παντὶ δήπουθεν τὸ ὄναρ, ὥσπερ καὶ τὸ
χαλκοῦν δοκεῖν γεγονέναι, πλὴν ἀθλητοῦ καὶ δούλου· ὁ μὲν γὰρ
20 νικήσας ἀνδριάντος τεύξεται, ὁ δὲ ἐλευθερωθήσεται· χαλκαῖ γὰρ
εἰκόνες τῶν ἐλευθέρων ἀνατίθενται. τὸ δ' αὐτὸ σημαίνει κἂν
εἰκόνα τις ἑαυτοῦ ἢ ἀνδριάντα ἴδῃ χαλκοῦν ἐν ἀγορᾷ κείμε-
νον. τὸ δὲ εἰς σίδηρον μεταβάλλειν συμφορὰς ἀτλήτους ση-
μαίνει, ἃς ὑπομείνας ὁ ἰδὼν εἰς γῆρας ἀφίξεται· σιδηροῦς γὰρ p. 45
25 καλοῦμεν τοὺς κακὰ ὑπομείναντας πολλά· πήλινον δὲ ἢ ὀστρά-
κινον δοκεῖν γεγονέναι πᾶσι θάνατον σημαίνει χωρὶς τῶν διὰ

1 μεταβάλοι] μεταβάλοιτό ποτε L, μεταβάλλοιτό ποτε V || 2 θρέψαντα
L || καὶ om V || 4 τὸ om L || οἰκουροῦσιν] οἰκουροί εἰσιν L || 5 παραλύει
V, || 6 θηλύτερα L || γὰρ] γὰρ αἱ V || 7 ἄνδρα] ἄρρεν L || 8 μὲν
οὖσα] μένουσα L || γαμήσει L || 9 τὴν ἀνδρείαν] τὸν ἄνδρα L || 11
δούλῃ Reiskius: δούλῳ V, δούλοις L || 12 δὲ] δὲ καὶ V || ἑτέρα L
|| ἡ] ὁ V || γὰρ ὡς] γὰρ ὡς ἐπὶ πλειόνως L, γὰρ ἐπὶ πλεῖον ὡς V || ὑπο-
μενεῖ τοὺς πόνους] ὑπομένει τοὺς πόνους L, τοὺς πόνους ὑφέξει V || 13
οὐ om V || κινουμένη] κεινουμένη L, κινουμένη τῆς πορνείας V || ἀρ-
γύρεος V || χρύσεος V || δόξειεν εἶναι] δόξει εἶναι L, εἶναι δόξειεν V
|| 15 χρυσωθῇ L || εὐπορήσει, ἵνα περὶ αὐτὸν] ἐν εὐπορίᾳ L || 16 γενήσε-
ται L || ἢ om L || 17 γὰρ] δὲ L || ἀργυρᾶ καὶ χρυσᾶ] ἀργυρᾶ ἢ χρυσᾶ
L, χρύσεα καὶ ἀργύρεα V || 19 χαλκοῦν] χάλκεον LV || 20 νικήσας om
V || χαλκαῖ] χάλκεαι V, χαλκεναῖ L || 21 ἐλευθέρων] ἐλευθερωθέντων
L || δ' αὐτὸ] αὐτὸ δὲ V || κἂν] καὶ ἐὰν L || 22 ἑαυτοῦ] αὐτὸν L || ἢ
om L || εἴδοι L || 23 μεταβαλεῖν L || 24 ἀφήξεται L || σιδηρέους V ||
25 καλοῦμεν] λέγομεν V || πολλὰ ὑπομείναντας κακά] πολλὰ ὑπομείνας
κακά Suidas in v. σιδηροῦς ἄνθρωπος. κακὰ πολλὰ ὑπομείναντας L,
πολλὰ κακὰ ὑπομένοντας V || 26 πᾶσιν L ||

γῆς ἢ πηλοῦ ἐργαζομένων. τὸ δὲ λίθινον δοκεῖν γεγονέναι τραύματα καὶ κατακοπὰς τῷ ἰδόντι σημαίνει· οὐ γὰρ ἐνδέχεται ἄνευ σιδήρου λίθινόν τινα γενέσθαι. ὁμοίως δὲ καὶ περὶ τῆς ἄλλης ὕλης ἐκλαμβάνειν δεῖ. εἰ δὲ εἰς θηρίον μεταβάλοι τις, ἀπὸ τῆς τοῦ θηρίου φύσεως τεκμαίρεσθαι δεῖ τὰς κρίσεις, δείξει δὲ τὸ τοιοῦτον ἐν τῷ περὶ κυνηγίου λόγῳ ἡ δευτέρα βίβλος.

Ἀγαθὸν δὲ ἐπίσης πᾶσιν ἐτήρησα τὸ κάλλος καὶ τὴν τοῦ σώματος εὐφυΐαν καὶ τὴν ἰσχύν, ὅταν μὴ ὑπὲρ ἄνθρωπον ᾖ ταῦτα, ἐπεὶ τό γε ὑπερβαλλόντως καλὸν εἶναι δοκεῖν ἢ εὐπρεπῆ ἢ ἰσχυρὸν ἐπίσης τῷ αἰσχρὸν εἶναι δοκεῖν ἢ παραλελύσθαι ἢ μὴ ἰσχύειν ἀποβαίνει. ἃ δὴ πάντα θάνατον μὲν τοῖς νοσοῦσιν ἀπραγίαν δὲ καὶ μακρονοσίαν τοῖς ἐρρωμένοις σημαίνει.

Περὶ διδασκαλίας τεχνῶν καὶ ἔργων καὶ ἐπιτηδευμάτων τὸ μὲν καθόλου καὶ ἐπὶ πάντων ἄπταιστον τοῦτό ἐστιν. ὅσα τις ἔμαθε καὶ ἐδιδάχθη καὶ ἐπετήδευσε καὶ ποιεῖ ἔργα ἢ τέχνας, ταῦτα ὄναρ ἐργάζεσθαι καὶ ἐπιτηδεύειν καὶ τυγχάνειν τοῦ προκειμένου ἀγαθὸν πᾶσιν· ἃ γάρ τις ἐν νῷ ἔχει, περανεῖ καὶ κατὰ προαίρεσιν ἀνύσει· ἀποτυγχάνειν δὲ μοχθηρόν, τὰ γὰρ ἐναντία τῇ προαιρέσει σημαίνει. ὅσα δέ τις οὐ μαθὼν οὐδὲ ἐπιτηδεύσας ὄναρ δοκεῖ ποιεῖν, ἐπιτυγχάνοντι μὲν ἀγαθόν, δυσεργὲς δὲ καὶ μόλις τελεσθησόμενον· ἀποτυγχάνοντι δὲ πρὸς τῇ ματαιοπονίᾳ πάντως καὶ χλεύη ἀκολουθεῖ. τὰ δὲ κατὰ μέρος ὧδέ πως ἔχει. γεωργεῖν ἢ σπείρειν ἢ φυτεύειν ἢ ἀροτριᾶν ἀγαθὸν τοῖς γῆμαι προῃρημένοις καὶ τοῖς ἄπαισιν· ἄρουρα μὲν γὰρ οὐδὲν ἄλλο ἐστὶν ἢ γυνή, σπέρματα δὲ καὶ φυτὰ οἱ παῖδες, πυροὶ μὲν υἱοί, κριθαὶ δὲ θυγατέρες, ὄσπρια δὲ τὰ

---

3 λίθον L || δὲ om L || 5 τεκμήρεσθαι L || δεῖ] χρὴ V || 6 δὲ om L || τοιοῦτο L || δευτέρα om L || 8 ἐτήρησα τὸ] ἐτηρήσατο L || 9 ᾖ] εἴη V, om L || 10 ἐπεὶ τό γε] ἐπεὶ τοί γε τὸ L, ἐπεὶ τὸ V || δοκεῖν ἢ] καὶ δοκεῖν V || 11 τῷ] τὸ L || δοκεῖν om L || 12 ἢ μὴ] μὴ L || ἀποβαίνειν L || πάντα om V || 13 μακρονοσίαν] προδοσίαν LV || ἐρωμένοις V || σημαίνει] δηλοῖ V || 14 verba περὶ διδασκαλίας τεχνῶν καὶ ἔργων καὶ ἐπιτηδευμάτων in codicibus lemmatis instar illata cum sequentibus coniunxi || 15 μὲν] δὲ V || ἔστιν om L || 16 ἔμαθεν L || ἐπετήδευσεν L || 17 ταῦτα ὄναρ ἐργάζεσθαι καὶ ἐπιτηδεύειν] ταύτας ὄναρ ἐργάζεσθαι τὰς τέχνας καὶ τὰ ἐπιτηδεύματα L, ταῦτα καὶ ὄναρ ἐργάζεσθαι καὶ ἐπιτηδεύειν V || 18 παρανεῖ L || 19 προαίρεσιν] φύσιν L || 20 γὰρ om L || 21 ὄναρ] κατ' ὄναρ V || 22 καὶ om V || τελεσθησόμενον om V || 23 πρὸς δὲ V || πάντως] παντὸς τοῦ προκειμένου LV || ἀκολουθήσει L || 24 ἢ om L || ἢ φυτεύειν ἢ ἀροτριᾶν] ἢ φυτεύειν ἀροῦν L, ἢ ἀροτριᾶν ἢ φυτεύειν V || 25 προειρημένοις L in rasura || 26 μὲν om V || οὐδὲν ἄλλο ἐστὶν om L || 27 οἱ expunxerim, nisi potius scribendum ἄρουρα μὲν γὰρ ἡ γυνή, σπέρματα δὲ καὶ φυτὰ οἱ παῖδες || θυγατέραις L || ὄσπρια δὲ τὰ om V ||

CAP. L—LII. 49

ἐξαμβλώματα· τοῖς δὲ ἄλλοις πόνον καὶ κακοπάθειαν σημαίνει. καὶ ἐάν τις νοσῇ κατὰ τὸν οἶκον τοῦ ἰδόντος, τεθνήξεται· τὰ γὰρ σπέρματα καὶ τὰ φυτὰ ὥσπερ καὶ οἱ ἀποθανόντες καταχώννυται. θερίζειν δὲ καὶ τρυγᾶν καὶ κλαδεύειν παρὰ p. 46
5 μὲν τὸν καιρὸν ὁρώμενα τὰς πράξεις καὶ τὰς ἐγχειρήσεις πάσας εἰς ἐκεῖνο καιροῦ καὶ ὥρας ἀναβάλλεται. κυβερνᾶν δὲ πᾶσιν, ἐὰν μὲν καθορμίζωνται καλῶς ἢ ἀνάγωνται ἀκινδύνως, ἀγαθόν, οὐ μέντοι ἄνευ τινὸς πόνου καὶ φόβου ἐσόμενον· ἐὰν δὲ ἢ χειμάζωνται ἢ ναυαγῶσιν, ὑπερβολῇ κακόν, ὡς ἐγὼ παρε-
10 φύλαξα. σκυτεύειν δὲ καὶ τεκτονεύειν ἀγαθὸν πᾶσι τοῖς κατὰ νόμον ζῶσι διὰ τὰ μέτρα καὶ τοῖς γῆμαι καὶ κοινωνῆσαι ἐθέλουσι διὰ τὰς ῥαφὰς καὶ τοὺς ἁρμούς. τὸ δὲ βυρσοδεψεῖν πᾶσι πονηρόν· νεκρῶν γὰρ ἅπτεται σωμάτων ὁ βυρσοδέψης καὶ τῆς πόλεως ἀπῴκισται, ἔτι καὶ τὰ κρυπτὰ ἐλέγχει διὰ τὴν
15 ὀσμήν. ἰατροῖς δὲ χαλεπώτατον ἁπάντων. χρυσοχοεῖν δὲ πανουργίας περὶ τὸν ἰδόντα σημαίνει διὰ τὰ ὑπόκενα τῶν ἔργων καὶ διὰ τοὺς πεπλεγμένους ὅρμους. πλάσσειν δὲ καὶ πυξογραφεῖν καὶ τορεύειν καὶ ποιεῖν ἀγάλματα ἀγαθὸν μοιχοῖς καὶ ῥήτορσι καὶ πλαστογράφοις καὶ πᾶσι τοῖς ἀπατεῶσι διὰ τὸ τὰ μὴ ὄντα ὡς
20 ὄντα δεικνύειν τὰς τέχνας ταύτας· τοῖς δὲ λοιποῖς περιβοήσεις σημαίνει καὶ ὄχλων συνδρομὰς διὰ τὸ τὰ ἔργα ταῦτα πολλοῖς ἐπιδείκνυσθαι. χαλκεύειν δὲ καὶ παρεστάναι ἄκμονι 52 ταραχὰς καὶ λύπας σημαίνει, τῷ δὲ γῆμαι προῃρημένῳ εὔνουν μὲν τὴν γυναῖκα διὰ τὰς φύσας (συμπνέουσι γάρ), μάχιμον δὲ
25 διὰ τὰς σφύρας, ἠχοῦσι γάρ. περὶ δὲ τῶν ἄλλων τεχνῶν ἔχον-

---

1 ἐξαμβλόματα L || πόνον καὶ κακοπάθειαν] νόσους καὶ κακοπαθείας V || 2 νοσεῖ L || 3 τὰ γὰρ Reiskius: καὶ τὰ L, τὰ δὲ V || ἀποθνήσκοντες L || 4 καταχώννυται] καταχώννυνται LV || παρὰ Reiffius: κατὰ LV || 5 τὸν] τὸν τοιοῦτον V || τὰς πράξεις Rigaltius: τὰ τοιαῦτα τὰς πράξεις V, τὰς πράξεις τὰς τοιαύτας L || ἐγχειρίσεις L || 6 ἐκείνου L || ἀναβάλλεται] ἀναβάλλονται τοῦ ἔτους L || 7 μὲν om L || καθορμίζονται L || ἀνάγονται L || 8 οὐ μέντοι Reiskius: οὐκ LV || φόβον καὶ πόνον V || 9 ἢ] ἢ L in rasura, om V || χειμάζονται L || ὑπερβολῇ] ὑπερβολὴ LV || κακῶν V || 10 καὶ τεκτονεύειν om V || πᾶσιν L || 11 ζῶσιν L || γῆμαι καὶ] γῆμαι ἢ LV || ἐθέλουσι] θέλουσι LV || 13 πᾶσιν L || ἄπτεται] αγεται L || 14 ἔτι] ἐπεὶ V || 15 ὀδμήν V || ἰατροῖς δὲ] ἰατροὺς δὲ ἰδεῖν V || χαλεπώτατον Reiffius: καὶ χαλεπώτατον V, καὶ χαλαιπώτατον L || 16 τὰ ὑπόκενα] τὰ ὑποκείμενα LV || ἔργων] ἰῶν V || καὶ διὰ] καὶ V, διὰ L || 17 ὑποπεπλεγμένους V || ἁρμούς L || πλάσσειν] πᾶσιν L || 17 δὲ adieci || 18 καὶ τορεύειν om L || 19 πᾶσιν L || τοῖς ἀπατεῶσι] απατηωσιν L || 20 δείκνυσιν L || περιβοηθείας L || 21 οχων L || 22 περὶ τοῦ χαλκεύειν V, χαλκεύειν L || δὲ om L || 23 λύπας] δίκας τῷ ἰδόντι V || τῷ] τὸ L || προῃρημένῳ Venetus 267: προειρημένῳ L, βουλομένῳ V || 24 μάχιμον γὰρ διὰ L || 25 περὶ τῶν ἄλλων δὲ L || ἔχοντας] ἔχοντα V, ἔχοντι L ||

ARTEMIDORUS. 4

τας τὰ ὑποδείγματα ὁμοίως συμβάλλειν χρὴ πρὸς τὰς ὑποστάσεις ἀφορῶντας τάς τε τῶν τεχνῶν καὶ τὰς τοῦ ἰδόντος. ἔτι κἀκεῖνο. ὅσα σημαίνουσιν αἱ τέχναι, ἤν τις αὐτὰς ἐργάζεσθαι δόξῃ, τὰ αὐτὰ σημαίνουσι καὶ οἱ τεχνῖται ὁρώμενοι καὶ τὰ ἐργαστήρια αὐτῶν καὶ τὰ ἐργαλεῖα, μικρᾶς ἐπὶ τῶν ἐργαλείων 5 ὑπεξαιρέσεως τηρουμένης· ὅσα γὰρ τέμνει καὶ διχάζει, ταῦτα πάντα διχονοίας καὶ στάσεις καὶ βλάβας σημαίνει, ὅσα δὲ ἑνοῖ καὶ συνδεῖ, ταῦτα ὠφελείας καὶ γάμους καὶ κοινωνίας προ-
p. 47 αγορεύει, ἀποδημεῖν δὲ κωλύει· ὅσα δὲ λειοῖ, τὰς ἔχθρας παύει· ὅσα δὲ ἀπευθύνει, τὰ κρυπτὰ ἐλέγχει. διὸ καὶ τὴν 10 γεωμετρίαν πρὸς τὰ τοιαῦτα ἐπιτήδειον νενομίκαμεν καὶ τοὺς γεωμέτρας ὄναρ ὁρωμένους.

53 Γράμματα μανθάνειν μὴ εἰδότα ἀγαθόν τι μετὰ πόνου καὶ φόβου τῷ ἰδόντι ἐσόμενον προαγορεύει· φοβοῦνται γὰρ ἅμα καὶ πονοῦσιν οἱ μανθάνοντες, πλὴν ἐπὶ τῷ συμφέροντι μαν- 15 θάνουσιν. εἰ δέ τις εἰδὼς γράμματα πάλιν μανθάνοι, πονηρὸν καὶ ἄτοπον νομίζειν χρή· παιδαριῶδες γὰρ τὸ μανθάνειν. διὸ ἀπραξίας ἅμα τοῖς φόβοις καὶ πόνοις σημαίνει. μόνῳ δὲ τῷ ἐπιθυμοῦντι παιδὸς ἀγαθὸν τὸ τοιοῦτον· οὐ γὰρ αὐτὸς ἀλλ' ὁ ἐξ αὐτοῦ γενησόμενος παῖς μαθήσεται γράμματα. εἰ δέ 20 τις Ἑλληνικὰ μανθάνοι γράμματα Ῥωμαῖος ὢν ἢ Ῥωμαϊκὰ Ἕλλην, ὁ μὲν εἰς Ἑλληνικὰς διατριβὰς ὁ δὲ εἰς Ῥωμαϊκὰς ἀφίξεται. πολλοὶ δὲ καὶ ἔγημαν Ῥωμαῖοι μὲν Ἑλληνίδας Ἕλληνες δὲ Ῥωμαίας τοιοῦτον ἰδόντες ὄνειρον. οἶδα δέ τινα, ὃς ἔδοξε Ῥωμαϊκὰ γράμματα μανθάνειν. εἰς δοῦλον κατεκρίθη· οὐδὲ 25 γὰρ ἓν δοῦλος Ἑλληνιστὶ διδάσκεται. βαρβαρικὰ δὲ γράμματα ἀναγινώσκειν δοκεῖν καλῶς καὶ ἑκτικῶς εἰς βαρβάρους σημαίνει χώρας καὶ διατριβὰς ἀφικέσθαι κἀκεῖ πρᾶξαί τι λαμπρόν· τὸ δὲ κακῶς ἀναγινώσκειν τὰ βαρβαρικὰ γράμματα κακῶς ἐν

---

2 ἀφορῶντας] ἀμφοτέρων V || τάς τε om L || ἔτι] ἐπεὶ L || 3 κἀκείνω L || ἤν τις — τεχνῖται om L || 5 ἐργαλία L || ἐργαλίων L || 7 διχόνοιαν καὶ στάσιν V || ὅσα δὲ] ὅσα δὲ τῶν ἐργαλείων LV || ἑνοῖ καὶ] ἑνοῖ ἢ LV || 8 ὠφελίας τε καὶ || προαγορεύει] σημαίνει L || 9 κολύει L || 10 post ἀπευθύνει in LV est ἢ τὴν εὐθεῖαν δείκνυσι. delevit Reiskius || 11 νενόμικα V || 13 περὶ γραμμάτων LV || τι] τι γὰρ V || 16 μανθάνει V || 19 ἀγαθὸς ὁ τοιοῦτος L || 20 γενησόμενος Rigaltius: γεννησόμενος V, γενόμενος L || 22 εἰς ῥωμαϊκὰς διατριβὰς ὁ δὲ εἰς ἑλληνικὰς ἀφίξεται V || 23 καὶ om V || 24 ἔδοξεν L || 25 εἰς] καὶ εἰς LV || οὐδὲ γὰρ ἓν δοῦλος] οὐδὲν γὰρ ἐν δούλῳ LV. nisi simpliciter corrigendum οὐδὲ γὰρ δοῦλος || 26 Ἑλληνιστὶ Reiffius: ἐλληνιστῇ L, ἐλληνικὸν V || 28 χώρας σημαίνει V || καὶ διατριβὰς ἀφικέσθαι om L || τι om L || 29 βάρβαρα L || κακῶς] καὶ κακῶς L ||

CAP. LII—LIV.   51

βαρβάροις ἀπαλλάξαι σημαίνει ἢ νοσήσαντα παρακόψαι διὰ τὸ
ξένον τῆς φωνῆς. οἷα δ᾽ ἂν γράμματά τις μὴ δύνηται γρά-
φειν ἢ ἀναγινώσκειν, ἀπραγήσει· καὶ εἰ μὲν ὀλίγα, πρὸς ἡμέ-
ρας· εἰ δὲ πολλά, πρὸς μῆνας.

5   Ἐφηβεύειν δοῦλος ἐὰν δόξῃ, ἐλεύθερος ἔσται, ἐπειδὴ μό- 54
νοις ἐλευθέροις ἐφίησιν ὁ νόμος. παντὶ δὲ χειροτέχνῃ καὶ p. 48
ῥήτορι σχολὴν καὶ ἀργίαν εἰς ἐνιαυτὸν σημαίνει· χρὴ γὰρ τὸν
ἔφηβον ἐν τῇ χλαμύδι τὴν δεξιὰν ἔχειν ἐνειλημένην διὰ τὸ
ἀργὴν εἶναι εἰς ἔργα καὶ λόγους εἰς ἐνιαυτὸν καὶ μὴ προτένναι
10 τὴν χεῖρα. ἐνιαυτὸν δὲ εἶπον διὰ τὸν τῆς ἐφηβείας χρόνον. εἰ δέ
που τριετίας ἐφηβεύουσι χρόνον, πρὸς τὸ τοπικὸν ἐξετάζειν χρή.
ἀποδημεῖν δὲ κωλύει καὶ τὸν ἐπὶ ξένης ὄντα εἰς τὴν οἰκείαν
ἐπανάγει· ἔνδημον γὰρ χρὴ εἶναι τὸν ἐφηβεύοντα. καὶ τῷ
ἀγάμῳ γάμον προσημαίνει· νόμῳ μὲν γὰρ ἡ χλαμὺς περιτίθε-
15 ται, νόμῳ δὲ καὶ ἡ γυνὴ γαμεῖται. καὶ εἰ μὲν ἡ χλαμὺς εἴη
λευκή, ἐλευθέραν ὁ ἰδὼν γαμήσει· εἰ δὲ μέλαινα, ἀπελευθέ-
ραν· εἰ δὲ πορφυρᾷ, εὐγενεστέραν ἑαυτοῦ, οὐδαμῶς δὲ δού-
λην. εἰ δέ τις ἐπιθυμῶν τέκνων ἢ καὶ γεγονότα υἱὸν ἔχων
ἴδοι τὸ ὄναρ, οὐκ αὐτὸς ἀλλ᾽ ὁ υἱὸς αὐτοῦ ἐφηβεύσει. ἀνδρὶ
20 δὲ πρεσβύτῃ καὶ ὑπὲρ ἡλικίαν θάνατον μαντεύεται τὸ ὄναρ,
καὶ τοὺς παρανομοῦντας ἐλέγχει. τοῖς δὲ δικαιοπραγοῦσι συλ-
λαμβάνει· σχεδὸν γὰρ ἡ ἐφηβεία κανών ἐστιν ὀρθοῦ βίου καὶ
ὑγιοῦς. ἀθλητῇ δὲ πρὸ ἐγκρίσεως πονηρόν, ἐπειδὴ ἔκκρι-
σιν ὡς ὑπὲρ ἡλικίαν προαγορεύει· οὐ γὰρ εἰς μακρὰν ὁ ἐφη-

---

1 κατακόψαι L || 2 τις γράμματα V || μὴ om L || δύναται L ||
γράψαι ἢ ἀναγνῶναι V || 5 περὶ ἐφηβίας V, ἐφηβίας L || μόνοις
τοῖς ἐλευθέροις Reiskius || 6 παντῃ L || καὶ ῥήτορι] ἔτι καὶ ῥήτορσιν L
|| 8 χλανίδι L Suidas in v. ἔφηβος || τὴν] καὶ τὴν V || ἔχειν ἐνειλημέ-
νην Suidas: ἔχειν ἐνειλημένην L, ἐνειλημένην ἔχειν V || διὰ τὸ ἀργὴν
εἶναι] ita Suidas: ὅθεν ἀργίαν σημαίνει L, διὰ τὸ ἀργὴν μὴ εἶναι V || 9
εἰς ἔργα καὶ λόγους εἰς ἐνιαυτὸν καὶ μὴ προτέναι τὴν χεῖρα Suidas: καὶ
πρὸς ἔργα καὶ λόγους αἱ χεῖρες L, καὶ πρὸς ἔργα καὶ πρὸς λόγους τὴν
χεῖρα V || 10 ἐνιαυτὸν] πρὸς ἐνιαυτὸν V || ἐφηβείας] ἐφηβίας LV || εἰ
δέ που τριετίας ἐφηβεύουσι χρόνον] εἰ δέ που τριετίαν ἐφηβεύουσι χρό-
νον L, om V. possis etiam εἰ δέ που τριετίαν ἐφηβεύουσι abiecto χρόνον
|| 11 τὸ τοπικὸν] τὸν τόπον V || ἐξαιτάζειν L || 12 κολύει L || οἰκείαν]
ἰδίαν V || 13 ἐπανάγει Reiskius: ἐπάγει V, κατάγει L || ἔνδημον] ἐν-
δήμῳ V || χρὴ εἶναι τὸν ἐφηβεύοντα Suidas: εἶναι ἀεὶ χρὴ τὸν ἐφηβεύ-
οντα L, χρὴ εἶναι τὸν ἔφηβον V || 14 μὲν γὰρ] γὰρ V, δὲ L || 15 ἡ
om L || γαμῆται L || 16 ὁ ἰδὼν om L || μέλαινα] μελανὴ L || 17 πορ-
φυρᾷν L || 18 καὶ om L || γεγονότα deleam || 19 εἴδοι L || τὸ ὄναρ]
τὸν ὄνειρον V || 20 δὲ om V || 21 δικαιοπραγοῦσιν L || συλλαμβάνειν L ||
22 ἡ om L || ἐφηβεία Suidas: ἐφηβία V, ἐφηβαια L || κανὼν L || βίου
βίου τινὸς V || 23 πρὸ] πρὸ μὲν LV. πρὸ τῆς Reiskius || ἐκκρίσεως V
24 ἡλικία L. post ἡλικίαν Reiskius ὄντι vel ὄντος inserit || οὐ] οὐδὲ V ||

4*

βος ἔσται ἀνήρ· παλαιστῇ δὲ ἀθλοῦντι τὸ μὴ καταλαβεῖν τὸν
ἀγῶνα σημαίνει· εἰ δὲ καταλάβοι, τὸ μὴ ἀγωνίσασθαι· οὐ γὰρ
ὑπερόριοι οἱ ἔφηβοι ἀγωνίζονται.

55 Τροχὸν ἐλαύνειν πόνοις περιπεσεῖν σημαίνει, ἐξ ὧν ἀπόλαυσις τῷ ἰδόντι περιέσται. ἁρπαστὸν δὲ καὶ σφαῖρα φιλονεικίας ἀπεράντους σημαίνουσι, πολλάκις δὲ καὶ ἑταίρας ἔρωτα·
ἔοικε γὰρ ἡ σφαῖρα καὶ τὸ ἁρπαστὸν ἑταίρᾳ διὰ τὸ μηδαμοῦ
μένειν καὶ πρὸς πολλοὺς φοιτᾶν. ἁλτῆρες δὲ καὶ ἡ δι' αὐτῶν
γυμνασία τὸ μὲν παρὸν ἀπραξίας καὶ πόνους, αὖθις δὲ πράξεις μετὰ ῥαστώνης προαγορεύουσιν· ἐστὶ γὰρ τὸ τοιοῦτο γυμνάσιον οὐδὲν ἄλλο ἢ παρασκευὴ χειρῶν. θύλακοι δὲ καὶ
σφῆνες καὶ ὑπεράλματα καὶ ὅσα ἄλλα τοιαῦτα γυμνάσια παιδικὰ φιλονεικίας προαγορεύουσι. περὶ δὲ πάλης ἐν τοῖς περὶ
ἀγώνων ἐροῦμεν, ἵνα μὴ τὰ αὐτὰ δὶς γράφωμεν.

56 Σαλπίζειν δοκεῖν σάλπιγγι τῇ ἱερᾷ ἀγαθὸν τοῖς βουλομένοις συγγενέσθαι τισὶ καὶ τοῖς ἀπολωλεκόσιν ἀνδράποδα ἤ τινας τῶν οἰκείων· καὶ γὰρ ἐν πολέμῳ συνάγει τοὺς ἐσκορπισμένους τὸ ὄργανον τοῦτο. τὰ δὲ κρυπτὰ ἐλέγχει διὰ τὸ μεγαλόφωνον. καὶ τοὺς νοσοῦντας ἀναιρεῖ· σύγκειται γὰρ ἐξ
ὀστῶν καὶ χαλκοῦ, δι' ὧν ἔξεισι μὲν τὸ πνεῦμα, οὐχ ὑποστρέφει δέ. δούλους δὲ καὶ πάντας τοὺς ἐν ὑπηρεσίᾳ ὄντας τῆς
δουλείας ἐλευθεροῖ· ἴδιον γὰρ ἐλευθέρων τὸ ὄργανον. στρογγύλῃ δὲ σάλπιγγι σαλπίζειν πονηρόν· οὐ γὰρ ἱερὸν τὸ ὄργανον ἀλλὰ πολεμιστήριον, καὶ ὅσα τῷ στόματι λέγει ὁ τῷ ὀργάνῳ τούτῳ χρώμενος, ἐπὶ τὴν κεφαλὴν αὐτοῦ ἀνατρέχει. ὅθεν

---

1 δὲ] δὲ καὶ V || 2 καταλάβοι τὸ Reiskius: καταλάβοιτο V, καταλάβοι L || οὐ γὰρ om L || 3 οἱ om L || 4 περὶ γυμνασίων κατ' εἶδος LV || ἀπόλαυσις] ἀπόλυσις V, ἀπολαύσεις L || 5 ἁρπαστὸν] cf. Suidas in v. ἁρπαστόν || φιλονεικίας L || 6 σημαίνουσιν L || ἑταίρας] ἑτέρας L, εἰς ἑταίρας V || 7 ἔοικε γὰρ om L. malim ἐοίκασι γὰρ || ἑτέρᾳ L || 8 ἁλτῆρες Rigaltius: ἁρτῆρες LV || ἡ δι' αὐτῶν] ἡ διαυτῶν L, τὰ ἴδια τούτων V || 9 γυμνάσια V || ἀπραξίαν V || πόνους] πονηροὺς L || 10 γὰρ] δὲ L || τοιοῦτον V || 11 παρασκευαὶ V || θύλακοι] οὐλακοι L. cf. Suidas in v. θύλακοι || 12 σφῆνες Suidas: σφακη L, σφαφίδες V || ὑπεραγάλματα L || 13 φιλονεικίας] καὶ φιλονικίας L || 15 περὶ ἀγώνων V, περὶ ἀγώνων θυμελικῶν ἱππικῶν γυμνικῶν L || δοκεῖν] τῇ L || 16 ἀπολελωκόσιν V || 17 οἰκείων] οἰκετῶν LV || 19 καὶ om L || δὲ ante ἀναιρεῖ inserit L || ἐξ ὀστῶν] ἐξ ὀστέου V, διοστέων L || 20 ἀποστρέφει L || 21 δοῦλοι δὲ καὶ πάντες οἱ ἐν L || ὄντας om L || τῆς δουλείας delendum videtur || 22 ἐλευθεροῖ] ἐλευθεροῦνται L || τὸ ὄργανον· στρογγύλῃ δὲ σάλπιγγι] φοβερὸν δὲ τῇ στρογγύλῃ σάλπιγγι L || 24 πολεμικὸν V || καὶ] καὶ ἄλλα V || 25 τουτο L || αὐτοῦ om L || περιτρέχει L || ὅθεν om L ||

CAP. LIV—LVI. 53

οὐδ' ἐγκαλεῖν τισὶν ἐπιτρέπει. οἴῳ δ' ἂν ὀργάνῳ σαλπίζοντός τινός τις ἀκούσῃ, ταραχθήσεται· εἰ δὲ αὐτὸ μόνον ἴδοι σάλπιγγα, κενῷ περιπεσεῖται φόβῳ. τὸ δὲ κηρύσσειν τὰ αὐτὰ τῷ σαλπίζειν σημαίνει, πλὴν ὅτι τοὺς δούλους οὐ χάριτι τῶν δε-
5 σποτῶν ἀλλὰ ἀναφωνήσαντας ἐλευθερωθῆναι λέγει. αὐλεῖν δὲ πενθικοῖς αὐλοῖς πένθος σημαίνει ἢ ἀνάλογον πένθει λύπην καὶ τοὺς νοσοῦντας ἀναιρεῖ. καλάμοις δὲ αὐλεῖν ἀγαθὸν πᾶσι καὶ σπονδαυλεῖν. ψάλλειν δὲ καὶ κιθαρίζειν πρὸς μὲν γάμον καὶ κοινωνίαν ἀγαθὸν διὰ τὴν ἁρμονίαν, πρὸς δὲ τὰς ἄλλας ἐγχει-
10 ρήσεις πονηρὸν καὶ στάσεων αἴτιον διὰ τὴν ἐπίτασιν, πολλοῖς δὲ καὶ ποδάγραν ἡνίξατο διὰ τὰ νεῦρα· καὶ τὸ κιθαρῳδεῖν δ' εἰς τὸν αὐτὸν κατατακτέον λόγον. τραγῳδεῖν δὲ ἢ τραγικὰ ἔχειν δράματα ἢ πλάσματα ἢ τραγῳδῶν ἀκούειν ἢ ἰαμβεῖα λέγειν μεμνημένῳ μὲν τῶν εἰρημένων κατὰ τὴν περιοχὴν τὰ
15 ἀποτελέσματα γίνεται, οὐ μεμνημένῳ δὲ ταλαιπωρίαι καὶ δουλεῖαι καὶ μάχαι καὶ ὕβρεις καὶ κίνδυνοι καὶ εἴ τι τούτων δεινότερον ἢ ὠμότερον· τοιούτων γάρ εἰσιν αἱ τραγῳδίαι μεσταί. p. 50 τὸ δὲ κωμῳδεῖν ἢ κωμῳδῶν ἀκούειν ἢ κωμικὰ ἔχειν πλάσματα ἢ βιβλία, τὰ μὲν τῆς παλαιᾶς κωμῳδίας σκώμματα καὶ στάσεις
20 σημαίνει, τὰ δὲ τῆς καθ' ἡμᾶς κωμῳδίας τὰ μὲν ἄλλα ἴσα τῇ τραγῳδίᾳ σημαίνει, τὰ δὲ τέλη χρηστὰ καὶ ἀγαθὰ ὑπαγορεύει· τοιαῦται γάρ εἰσιν αἱ ὑποθέσεις τῶν κωμικῶν δραμάτων. χοροὶ δὲ καὶ ὑμνῳδίαι ὑποκρίσεις καὶ ἀπάτας σημαίνουσι· τὰ γὰρ οὐ προσόντα τισὶ κερδῶν ἰδίων χάριν οἱ μελοποιοὶ σεμνύνουσι.
25 ποιητὰς δὲ καὶ ἐγκωμιογράφους καὶ πάντας τοὺς λογοποιοὺς

---

1 οὐδὲ L ‖ οἶον V ‖ σαλπίζοντός τινός τις] σαλπίζον τίς V ‖ 2 ἀκούσηται L ‖ 4 δεσποτῶν] δεσποτῶν ἐλευθεροῖ V ‖ 6 πενθικοῖς] πυθικοῖς LV ‖ σημαίνει om L ‖ πένθει λύπην Reiffius: πένθει λύπην σημαίνει V, λύπη πένθος πρὸς τοῦτο L. fortasse omisso σημαίνει scribendum πένθος ἢ ἀνάλογον πένθει λύπην προσημαίνει ‖ 7 πᾶσιν L ‖ 8 σπενδαυλεῖν V ‖ δὲ om V ‖ γάμους V ‖ 9 κοινωνίας V, sed eadem manus fecit singularem ‖ 10 στάσεως L ‖ πολλοῖς] ἐν πολλοῖς V ‖ 11 δ' εἰς] δεῖσ L, εἰς V ‖ 12 κατατακτέον Reiskius: κατανακτέον V, τακτέον L. fortasse ἐν τῷ αὐτῷ κατατακτέον λόγῳ ‖ post τραγῳδεῖν δὲ excidisse videtur δόξαντι ‖ 13 ἢ πλάσματα delet Reiskius ‖ ἴαμβια L ‖ λέγειν] λέγειν ἢ ποιεῖν V ‖ 14 μεμνημένων L ‖ 15 γίνεται] γίγνεται L, ἅπαντα γίγνεται V ‖ οὐ] οὔ ὂν L ‖ μεμνημένων L ‖ καὶ δουλεῖαι] καὶ ἀπολίαι L, om V ‖ 16 καὶ ὕβρεις om L ‖ εἴ τι] ἔτι L ‖ δεινότερον L ‖ 17 ἢ ὠμότερον delet Reiskius ‖ 18 κωμῳδεῖν ἢ om V ‖ κωμηκὰ L ‖ πλάσματα] ἀναπλάσματα LV ‖ 19 ἢ βιβλία delet Reiskius ‖ τὰ om L ‖ παλαι L ‖ σκώμματα καὶ στάσεις] σκώμματα καὶ ταραχὰς καὶ στάσεις καὶ αἰσχρολογίας V ‖ 22 τοιαῦται] τοιαι L ‖ εἰσιν om V ‖ 23 καὶ ante ἀπάτας om L ‖ σημαίνουσιν L ‖ 24 τισὶ] τισὶν L, τινὶ V ‖ κερδῶν ἰδίων χάριν οἱ μελοποιοὶ] κέρδους χάριν ἴδιον οἱ ποιηταὶ V ‖ σεμνύνουσι] σημαίνουσιν L ‖ 25 ἐγκωμιογράφους] κωμῳδιογράφους L ‖ τοὺς addidi ‖

εἰς τὴν αὐτὴν τοῖς χοροῖς ἀνακτέον μοῖραν οὐδὲν διαφέρειν
ἡγούμενον ἐάν τε αὐτός τι τούτων ποιεῖν ὑπολάβῃ τις ἐάν τε
γινομένοις παρατυγχάνῃ. περὶ δὲ πυρρίχης καὶ ὀρχήσεως μετὰ
στροφῆς ἐν τοῖς περὶ στεφάνων ἐροῦμεν, ἔνθα καὶ περὶ ἀσμά-
των καλῶς ἔχει διαλαβεῖν· νυνὶ δὲ περὶ τῶν ἱππικῶν καὶ γυ-
μνικῶν ἑξῆς διελοῦμεν. ἵππον κέλητα ἐλαύνειν καλῶς πειθό-
μενον τῷ ῥυτῆρι καὶ αὐτῷ τῷ ἐλαύνοντι ἀγαθὸν ἐπίσης πᾶσιν·
ἵππος γὰρ γυναικὶ μὲν καὶ ἐρωμένῃ τὸν αὐτὸν ἔχει λόγον, ὅτι
καὶ ἐπὶ κάλλει μέγα φρονεῖ καὶ τὸν ἐλατῆρα βαστάζει. ὅμοιος
δέ ἐστι καὶ πλοίῳ· ἁλὸς μὲν γὰρ ἵππους καὶ ὁ ποιητὴς τὰς
ναῦς λέγει, ἡμεῖς δὲ τὸν Ποσειδῶνα Ἵππιον καλοῦμεν, καὶ ὃν
ἔχει λόγον ἐν γῇ ἵππος, τὸν αὐτὸν καὶ ἐν θαλάσσῃ ναῦς. ὅμοιος
δ᾽ ἂν εἴη καὶ δεσπότῃ ἐργοδότῃ καὶ φίλῳ τρέφοντι καὶ παντὶ
τῷ βαστάζοντι. ὅπως ἂν οὖν ὁ ἵππος τὸν ἰδόντα φέρῃ, οὕτω
καὶ γυνὴ καὶ ἐρωμένη καὶ δεσπότης καὶ φίλος καὶ ναῦς τὸν
ἰδόντα διαθήσουσι. συνωρὶς δ᾽ οὐδὲν ἵππου κέλητος διαφέρει,
εἰ μὴ τοῖς νοσοῦσι· θάνατον γὰρ αὐτοῖς προαγορεύει, ὥσ-
περ καὶ ἅρμα τέτρωρον, ὃ καὶ αὐτὸ τὰ μὲν ἄλλα ἐπίσης τῷ
κέλητι σημαίνει, ἀθλητῶν δὲ τοῖς μὲν τὰ βαρέα ἀθλοῦσιν
ἀγαθὸν ἂν εἴη καὶ νικηφόρον, εἰσελάσουσι γάρ· τοῖς δὲ τρέ-
χουσιν ἧτταν σημαίνει, οὐ γὰρ ἱκανοὺς εἶναι τοῖς ποσὶ τοῖς
ἰδίοις χρῆσθαί φησι τὸ ὄναρ. φημὶ δὲ καὶ γυναιξὶ καὶ παρθέ-
νοις ἐλευθέραις ἅμα καὶ πλουσίαις ἀγαθὸν εἶναι τὸ διὰ πόλεως
ἅρμα ἐλαύνειν· ἀγαθὰς γὰρ ἱερωσύνας αὐταῖς περιποιεῖ· πε-
νιχραῖς δὲ πορνείαν τὸ διὰ πόλεως ἱππάζεσθαι προαγορεύει·
δούλοις δὲ ἐλευθερίαν· ἴδιον γὰρ ἐλευθέρων τὸ διὰ πόλεως
ἱππεύειν. εἰσελαύνειν δὲ εἰς πόλιν ἀθλητῇ ἀγαθὸν καὶ νο-

---

1 οὐδὲν] οὐδὲν δὲ V ‖ 2 ἡγοῦμαι V ‖ ὑπολάβοι L ‖ τις ἐάν τε] ἢ V ‖ 3 γινομένοις] γιννομένοις L, γενομένοις V ‖ καὶ] ἢ L ‖ μετὰ στροφῆς Reiskius: μεταστροφῆς V, μετὰ τροφῆς L ‖ 6 διελοῦμεν] λέξομεν L ‖ ἱππικὸν L ‖ 7 τῷ ante ἐλαύνοντι om L ‖ 9 ὅμοιος Rigaltius: ὁμοίως LV ‖ 10 ἁλὸς Rigaltius: ἄλλος L, ἄλλη V ‖ 11 λέγει] εἶπε καὶ V ‖ ποσιδῶνα L ‖ 12 ἐν γῇ] ἐπὶ γῆς V ‖ καὶ om V ‖ θαλάττῃ L ‖ ὁμοίως V ‖ 13 ἐργοδότῃ] καὶ ἐργοδότῃ LV ‖ 14 ἂν om V ‖ φέρῃ] φέρει LV ‖ οὕτως L ‖ 16 ξυνωρὶς V ‖ δ᾽ addidi ‖ 17 εἰ] πλὴν εἰ L ‖ 18 ὃ] ὅ τι L ‖ 19 δὲ τοῖς om L ‖ βαρέα] βαρέα καὶ μεγάλα V ‖ ἀθλοῦσιν] ἀθλοῦσι L, ἀσκοῦσιν V ‖ 20 εἰσελάσουσιν L ‖ γάρ] δέ L ‖ 21 ποσὶν L ‖ 22 φησιν L ‖ καὶ γυναιξὶ καὶ παρθένοις ἐλευθέραις ἅμα καὶ πλουσίαις ἀγαθὸν εἶναι] καὶ γυναιξὶν ἐλευθερίαις ἅμα καὶ παρθένοις ἀγαθὸν εἶναι L, ἀγαθὸν ἐλευθέραις γυναιξὶν ἅμα καὶ παρθένοις πλουσίαις V ‖ 24 περιποιεῖ] περιποιεῖται L, προαγορεύει L ‖ 25 πορνείαν] πενίαν L ‖ τὸ διὰ] τὸ αὐτὸ δὲ καὶ ὁπωσοῦν L ‖ 26 ἐλευθέροις V ‖ 27 ἐν πόλει L ‖ ἀθλητὶ L ‖ ἀγαθὸν ἀθλήτῃ V ‖

CAP. LVI—LIX. 55

σοῦντι· ὁ μὲν γὰρ ἱερονίκης ἔσται, ὁ δὲ οὐ τεθνήξεται. τὸ δὲ ἐξελαύνειν πόλεως ἀμφοτέροις κακόν· ὁ μὲν γὰρ ἐξενεχθήσεται, ὁ δὲ οὐ νικήσει. διὰ δὲ τῆς ἐρήμου ἅρμα ἐλαύνειν παντὶ δήπουθεν τῷ ἰδόντι θάνατον οὐκ εἰς μακρὰν ἐσόμενον προ-
5 αγορεύει.

Τὸ δὲ πενταθλεῖν δοκεῖν ἐπὶ πάντων ἐτήρησα ἀποδημίαν 57 μὲν πρῶτον ἢ τὴν ἐκ τόπου εἰς τόπον κίνησιν σημαῖνον διὰ τὸν δρόμον, ἔπειτα δὲ ζημίας τινὰς ἢ δαπάνας ἀκαίρους ἢ ἐξοδιασμούς τινας παρὰ γνώμην διὰ τὸν δίσκον, ὃς χαλκοῦς ὢν
10 τῶν χειρῶν ἀπορρίπτεται· πολλάκις δὲ ἀνίας τε καὶ φροντίδας ἐπὶ τούτοις διὰ τὰ πηδήματα τὰ ἐν τῇ ἁλτηρίᾳ· συνάλλεσθαι γάρ φαμεν καὶ τοὺς ἀνιωμένους ἐπὶ τοῖς προσπεσοῦσιν αἰφνίδιον· ἔτι καὶ μάχας καὶ ἀντιλογίας πρός τινας διὰ τοὺς ἄκοντας καὶ τὸν ῥοῖζον καὶ τὸ τάχος, ἃ λόγοις ἔοικεν εὐτόνοις·
15 ἔπειτα περὶ γῆς πρός τινας μάχην τοῖς εὐπόροις, τοῖς δὲ ἀπόροις νόσον διὰ τὴν πάλην. τὴν δὲ αἰτίαν ὁ ἐπιὼν λόγος δηλώσει.

Τρέχειν ἁπλοῦν δρόμον πᾶσιν ἀγαθὸν πλὴν νοσούντων, 58 ὅταν γε νικᾶν ὑπολάβωσιν· οἱ μὲν γὰρ ἐπὶ τὸ τέρμα τῶν προ-
20 κειμένων ἀφίξονται (διὸ καὶ οἱ δοῦλοι ἐλευθεροῦνται ἐπὶ τούτῳ τῷ ὀνείρῳ), οἱ δὲ ἐπὶ τὸ πέρας τοῦ βίου τὸ ζῆν τελευτήσαντες ἀφίξονται. ὁ δὲ δίαυλος τὰ αὐτὰ τῷ σταδίῳ σημαίνων ἐξ ὑπερ- p. 52 θέσεως ἕκαστα ποιεῖν εἴωθεν, ὡς καὶ ὁ δόλιχος ἐκ πολλῶν ὑπερθέσεων. ἐξαιρέτως δὲ ὁ δόλιχος γυναιξὶν πορνείαν καὶ ἑται-
25 ρικὸν βίον προαγορεύει.

Ἐγκρίνεσθαι πᾶσιν ἀγαθόν. ἀθληταῖς δὲ παισὶ μὲν οὐκ ἐπί- 59

---

1 ἱερονίκης ἔσται] ἱερὸν νικήσεται L ‖ 3 νικήσεται L ‖ 4 προαγορεύει] προδηλοῖ V ‖ 6 περὶ πεντάθλου V, πεντάθλου L ‖ τὸ δὲ om L ‖ 7 σημαίνειν ‖ 8 ἢ ἐξοδιασμούς τινας παρὰ γνώμην delet Reiskius ‖ 9 χαλκοῦς] χάλκεος LV ‖ 10 τὸ χεῖρον ἀπορίπτειτε V ‖ δὲ om L ‖ 11 συναλέσθαι V. ἀνάλλεσθαι Reiskius; malim ἄλλεσθαι ‖ 12 προπεσοῦσιν αἰφνήδιον L ‖ 13 ἔτι] ἔτι δὲ V ‖ μάχην L ‖ ἀντιλογίαν L ‖ τοὺς ἄκοντας καὶ] τὰ ἀκόντι ἢ διὰ L ‖ 14 ῥοῖζον V ‖ ἃ om L ‖ ἔοικεν] ἐοίκασιν LV ‖ 15 ἔπιτα L ‖ γῆς] τῆς L, τόπων ἢ γῆς V ‖ τινας] τινα τόπον L ‖ 18 περὶ δρόμου V, δρόμου L ‖ ἁπλοῦν δρόμον] δὲ δρόμον ἁπλῶς V ‖ 19 τὸ om V ‖ 20 ἀφίξονται L ‖ οἱ om L ‖ 21 οἱ δὲ om L ‖ τὸ addidi ‖ τὸ χεῖρον delendum videtur ‖ τελευτήσαντες] τελέσαντες L ‖ 22 σημαίνων Venetus 267: σημαῖνον L, σημαίνει ὢν V ‖ 23 ἕκαστα om L ‖ ποιεῖν εἴωθεν] verba corrupta ‖ ὑπερθέσεως L ‖ 24 ἐξαιρέτως δὲ ὁ δόλιχος] ἐξαίρετον μόναις δὲ γυναιξὶν ὁ δόλιχος V ‖ 25 προαγορεύει] δηλοῖ V ‖ 26 περὶ ἐγκρίσεως V, ἐγκρίσεως L ‖ ἐγκρίνεσθαι] ἐγκρίνεσθαι δὲ δοκεῖν V ‖ πᾶσιν ἀγαθόν] πᾶσι κακόν V ‖ παισὶ μὲν Reiskius: πᾶσι μὲν V, πᾶσι μόνον L. locus corruptus ‖

σημον διὰ τὴν τῆς ἐγκρίσεως ἡλικίαν, ἀνδράσι δὲ ἄπρακτον·
παιδικὴ γὰρ ἡ ἔγκρισις. τὸ δὲ δοκεῖν ἐκκρίνεσθαι πάντας βλά-
πτον ἔτι καὶ τοὺς νοσοῦντας ἀναιρεῖ. οἶδα δέ τινα, ὃς ἔδοξεν
Ὀλυμπιάσιν ἐκκρίνεσθαι. εἰς μέταλλον κατεκρίθη διὰ τὸ τοῦ
ἱεροῦ ἀγῶνος μὴ μετεῖναι αὐτῷ.

60 Παλαίειν τινὶ τῶν ἀφ' αἵματος ἢ φίλῳ στασιάσαι πρὸς αὐ-
τὸν καὶ φιλονεικῆσαι σημαίνει· ἐπὶ δὲ τῶν ἤδη στασιαζόντων
ὁποτέρου ἂν παλαίοντος ὄναρ ἡ νίκη γένηται, τούτου καὶ μεθ'
ἡμέραν τὸ κράτος ἔσται, εἰ μὴ περὶ γῆς μάχοιντο· ἐν γὰρ ταῖς
τοιαύταις ἀμφισβητήσεσιν ἄμεινον πίπτειν, εἰ μὴ καὶ ῥήσσων
τις κάτωθεν εἴη· τοῦ γὰρ πρὸς τῇ γῇ γινομένου καὶ ἡ γῆ γί-
νεται. οἶδα δέ τινα, ὃς ἔδοξε παλαίειν καὶ ἐκ δακτύλων δύο
περὶ μίαν τὸ λεγόμενον ποιήσας ῥῆξαι τὸν ἀντίπαλον. τούτῳ
συνέβη νικῆσαι γραμμάτων ἐπιλαβομένῳ ὑπὸ τοῦ ἀντιδίκου
γεγραμμένων. τὸ δὲ πρός τινα τῶν οὐ γνωρίμων παλαίειν
κινδύνους διὰ νόσων ἐπιφέρει· ὅπερ γὰρ ὁ παλαιστὴς βούλε-
ται τὸν ἀντίπαλον διαθεῖναι, τοῦτο καὶ ἡ νόσος τὸν κάμνοντα,
τοῦτ' ἔστι τῇ γῇ δοῦναι. πεσόντι μὲν οὖν ἀπόκειται θάνατος,
ῥήξαντι δὲ σωτηρία. ἔτι καὶ τὸ ἄνδρα ὄντα παιδὶ παλαίειν
οὐδαμῶς ἀγαθόν· ἐάν τε γὰρ ῥήξῃ τὸν παῖδα, καταθάψει τινά·
ἐάν τε ὑπὸ τοῦ παιδὸς καταπαλαισθῇ, πρὸς τῇ ματαιοπονίᾳ
καὶ χλεύην καὶ νόσον ὑπομενεῖ· χλεύην μὲν διὰ τὸ ἀκόλου-
θον, νόσον δὲ διὰ τὸ ἁπαλωτέρου σώματος ἡττᾶσθαι. παιδὶ
δὲ ἀγαθὸν τὸ ἄνδρα καταπαλαῖσαι· τῶν γὰρ παρὰ προσδοκίαν
μεγάλων τεύξεται. ἀλλ' οὐκ ἀθλητῇ παιδὶ ἀγαθόν· οὐ γὰρ
ἐγκριθῆναι σημαίνει τοῖς παισί. νεκρῷ δὲ παλαίειν νοσῆσαι
σημαίνει ἢ τῶν τοῦ νεκροῦ ἐκγόνων τινὶ ἢ κληρονόμων φιλο-
νεικῆσαι. ἀεὶ δὲ ἄμεινον τὸ ῥήσσειν.

---

1 ἡλικίαν] προσδοκίαν L ‖ 2 ἐκκρίνεσθαι Reiffius: ἐγκρίνεσθαι LV
‖ βλάπτον] βλάπτον τοὺς ἄλλους L ‖ τοὺς om L ‖ 4 ἐκκρίνεσθαι Reif-
fius: ἐγκρίνεσθαι LV ‖ εἰς] καὶ εἰς LV ‖ malim μέταλλα ‖ 6 περὶ
πάλης V, πάλης L ‖ τινὶ] τινα L, δέ τινι V ‖ ἢ om L ‖ φίλων V ‖
7 καὶ] ἢ V ‖ φιλονικῆσαι L ‖ 8 ἂν addidi ‖ ὄναρ] κατ' ὄναρ V ‖ γέ-
νηται] γεγένηται L, γένοιτο V ‖ 9 μάχοιντο] παλαίοιντο L ‖ 10 ἀμει-
νων L ‖ 11 κάτωθέν τις V ‖ τὴν γῆν L ‖ γινομένου] γιγνομένου sec
L, ἐπιγινομένου V ‖ γίγνεται V ‖ 12 ἔδοξεν L ‖ 14 γραμμάτων] πρα-
γμάτων L ‖ ὑπολαβομένῳ L ‖ 15 γεγραμμένων L ‖ 16 νόσον V ‖
γάρ] καὶ L ‖ 17 διαθῆναι L ‖ 18 τοῦτ' ἐστι] ὅπερ ἐστὶ L ‖ 19 τῷ L
‖ παλαίειν παιδὶ V ‖ 20 τε om V ‖ τινὰ καταθάψει L ‖ 21 τε ὑπὸ] δὲ
πρὸς V ‖ προσκαταπαλαισθῇ L ‖ 22 χλεύειν L ‖ 23 ἁπαλωτέρῳ σώ-
ματι V ‖ παιδὶ — καταπαλαῖσαι om L ‖ 24 καταπαλαῖσαι Reiskius: πα-
λαῖσαι V ‖ 26 ἐκκριθῆναι L ‖ παισὶν L ‖ δὲ addidi ‖ παλαίνειν V ‖
27 ἢ κληρονόμων om L ‖ φιλονικῆσαι L ‖ 28 ἀεὶ] εἰ L ‖

CAP. LIX—LXIV.

Πυκτεύειν παντὶ πονηρόν· πρὸς γὰρ ταῖς αἰσχύναις καὶ **61** βλάβας σημαίνει· καὶ γὰρ ἄσχημον γίνεται τὸ πρόσωπον καὶ αἷμα ἀποκρίνεται, ὅπερ ἀργύριον εἶναι νενόμισται. ἀγαθὸν δὲ μόνοις τοῖς ἐξ αἵματος ποριζομένοις, λέγω δὲ ἰατροῖς θύταις 5 μαγείροις.

Τὸ δὲ παγκράτιον τὰ αὐτὰ τῇ πάλῃ καὶ τῇ πυγμῇ σημαίνει **62** πλὴν τῆς βλάβης, ἰσχυροτέρας δὲ τὰς στάσεις ἐπιφέρει διὰ τὴν μάχην. ἀεὶ δὲ ἄμεινον ἐν ἀμφοτέροις νικᾶν. ὅπως δ' ἂν ἀγωνίσηται δοῦλος ἐν ἱερῷ ἀγῶνι καὶ νικήσῃ καὶ στεφανωθῇ, 10 ἀνακηρυχθεὶς ἐλεύθερος ἔσται· ἴδια γὰρ ταῦτα ἐλευθέρων. μεμνῆσθαι δὲ χρὴ ὅτι ἐν ἱερῷ ἀγῶνι μόνον, ἐπεὶ ἀλλαχόθι γε οὐκ ἔστι τὸ αὐτό. καὶ τοῖς ἄλλοις δὲ ἀνθρώποις τὰ ἄθλα καὶ τὰ ἀγαθὰ καὶ τὰ κακὰ ἐπὶ τέλος ἄγει, ὅταν μέχρι στεφάνου τις ἀφίκηται.

15 Τὸ δὲ ὅπλον λεγόμενον ἐπὶ πάντων πᾶσι παρολκὰς σημαί- **63** νει· τελευταῖον γὰρ καὶ ἐπὶ πᾶσι τὸ ἆθλον. τοῖς δὲ νοσοῦσι δι' αὐτὸ τοῦτο θάνατον σημαίνει.

Οἱ μὲν πάνυ παλαιοὶ τὸ λούεσθαι οὐ κακὸν ἐνόμιζον· βα- **64** λανεῖα γὰρ οὐκ ᾔδεσαν, ἐπειδὴ ἐν ταῖς λεγομέναις ἀσαμίνθοις p. 54 20 ἐλούοντο· οἱ δὲ μεταγενέστεροι ἤδη καὶ βαλανείων ὄντων τό τε λούεσθαι κακὸν ἐνόμιζον καὶ βαλανεῖον ἰδεῖν, καὶ εἰ μὴ λούοιτό τις. καὶ ἐδόκουν ταραχὴν μὲν σημαίνειν τὸ βαλανεῖον διὰ τὸν ἐν αὐτῷ γινόμενον θόρυβον, βλάβην δὲ διὰ τὸν ἀποκρινόμενον ἱδρῶτα, ἔτι δὲ καὶ ἀγωνίαν καὶ δεῖμα τῆς ψυχῆς 25 διὰ τὸ τρέπεσθαι τὴν ἐπιφάνειαν τοῦ σώματος ἐν τῷ βαλανείῳ. καὶ τῶν νῦν τινὲς ἀκολουθοῦντες τῇ παλαιᾷ γνώμῃ κατὰ ταὐτὰ κρίνουσι πεπλανημένοι καὶ μὴ τῇ πείρᾳ ἀκολουθοῦντες. πάλαι μὲν γὰρ εἰκὸς πονηρὰ εἶναι τὰ βαλανεῖα, ἐπεὶ μὴ

---

1 περὶ πυγμῆς V, πυγμῆς pr L || πονηρὸν] βλαβερὸν LV || 2 βλάβαις L || γίγνεται L || 3 αἷμα] αμα L || ἀργύρεον L || 6 περὶ παγκρατίου V, παγκρατείου pr L, περὶ παγκρατείου sec L || παγκράτειον L || τῇ πάλῃ καὶ addidi || 7 ἰσχυροτέρας δὲ] αὐθησίσχυροτέρας L, ἀνθίσχυροτέρας γὰρ V || 8 μάχην] βλάβην L || 9 νικήσει L || 10 ἐλεύθερος ἔσται] ἐλευθερωθήσεται V || 12 ἔστι] ἔτι L || τὸ ἆθλον? || 15 περὶ ὅπλου L || ἐπεὶ V || λεγόμενον] τὸ λεγόμενον V || ἐπὶ πάντων πᾶσι om V || πᾶσιν L || 16 πᾶσιν L || νοσοῦσιν L || 17 δι' om V || σημαίνει] δηλοῖ V || 18 περὶ βαλανείου καὶ λουτροῦ παντοδαποῦ LV || οὐ om L || ἐνόμιζον] ἐνόμιζον εἶναι V || 19 γὰρ] δὲ L || ᾔδεσαν] ἔλεγον L || ἐπεὶ V || λεγομέναις L || ἀσαμίνθοις] cf. Suidas in v. ἀσάμινθος || 21 τε om V || 23 βλάβη L || 24 δὲ καὶ] δὲ V || 25 τρέπεσθαι] τρέπεσθαι τὸν χρῶτα καὶ LV || post βαλανείῳ in V est εἰς ἑτέραν χροιάν || 27 τὰ αὐτὰ L || κρίνουσιν L || 28 εἰκὸς πονηρὰ εἶναι] εἰκὸς εἶναι πονηρὰ V, πονηρὰ εἶναι L ||

συνεχῶς ἐλούοντο οἱ ἄνθρωποι μηδὲ εἶχον τοσαῦτα βαλανεῖα, ἀλλ᾽ ἢ πόλεμον καταστρεψάμενοι ἢ μεγάλου ἀποπαυσάμενοι πόνου ἐλούοντο (ἦν οὖν αὐτοῖς ὑπόμνημα πόνου ἢ πολέμου τὸ βαλανεῖον καὶ αὐτὸ τὸ λούεσθαι)· νῦν δὲ οἱ μὲν οὐ πρότερον ἐσθίουσιν εἰ μὴ λούοιντο, οἱ δὲ καὶ ἐμφαγόντες· εἶτα δὴ 5 λούονται μέλλοντες δειπνήσειν· καὶ ἔστι νῦν τὸ βαλανεῖον οὐδὲν ἄλλο ἢ ὁδὸς ἐπὶ τρυφήν. τοιγαροῦν λούεσθαι ἐν βαλανείοις καλοῖς καὶ φωτεινοῖς καὶ ἀέρος εὐκράτως ἔχουσιν ἀγαθὸν καὶ εὐπορίαν ἅμα καὶ εὐπραξίαν τοῖς ἐρρωμένοις σημαῖνον καὶ τοῖς νοσοῦσιν ὑγίειαν· ἐρρωμένων γὰρ τὸ λούεσθαι μὴ πρὸς 10 ἀνάγκην γε ὄντων. εἰ δέ τις λούοιτο καθ᾽ ὃν οὐ προσήκει τρόπον, οὐκ ἀγαθὸν αὐτῷ. οἷον εἴ τις ἅμα τοῖς ἱματίοις εἰς τὸ θερμὸν εἰσίοι, νόσον σημαίνει καὶ μεγάλας ἀγωνίας αὐτῷ· οἱ γὰρ νοσοῦντες εἰσίασιν ἐνδεδυμένοι καὶ οἱ περὶ μεγάλων ἀγωνιῶντες καὶ ἐν τοῖς ἱματίοις ἱδροῦσι. πονηρὸν δὲ καὶ πέ- 15 νητι τὸ μετὰ θεραπείας καὶ πολλῶν τινῶν περιεπόντων αὐτὸν λούεσθαι· νόσον γὰρ αὐτῷ μακρὰν σημαίνει· οὐ γὰρ ἄλλως πένης μετὰ πολλῶν λούεται. ὁμοίως δὲ καὶ πλουσίῳ πονηρὸν τὸ μόνον λούεσθαι. κοινῇ δὲ πᾶσιν ἄτοπον τὸ μὴ δύνασθαι ἱδροῦν ἢ ὑπαίθριον τὸ βαλανεῖον γενόμενον ἰδεῖν ἀπολέσαν 20 τὴν ὀροφὴν ἢ μὴ εὑρίσκειν ὕδωρ ἐν ταῖς δεξαμεναῖς· τοῦτο γὰρ καὶ παντελῶς ἄτοπον. ἃ γὰρ ἐλπίζει τις, οὐ τελέσει, καὶ μάλιστά γε, εἰ ἐξ ὄχλου πορίζοιτο. οἶδα δὲ κιθαρῳδὸν ἐν Σμύρνῃ μέλλοντα ἀγωνίζεσθαι τὸν ἱερὸν ἀγῶνα τὸν Ἀδριανοῦ, ὃς ἔδοξε λουσόμενος ὕδωρ μὴ εὑρεῖν ἐν τῷ βαλανείῳ. συνέβη 25 αὐτῷ διαφθείραντι τὸν ἀγῶνα καταφανεῖ γενέσθαι καὶ ζημιω-

---

2 ἀλλ'] ἀλλὰ V ‖ ἤ] ἡ L ‖ μεγάλους L ‖ παυσάμενοι V ‖ 3 πόνους L ‖ 4 malim νυνὶ ‖ 5 λούσοιντο V ‖ εἶτα] ἔπειτα L ‖ δὲ] δὴ V. locus corruptus ‖ 6 δειπνεῖν L ‖ 7 τροφὴν V. cf. Suidas in v. βαλανειομφάλους ‖ 8 φωτινοῖς L ‖ ἀέρων V ‖ ἀγαθὸν καὶ om V ‖ 9 ἅμα καὶ εὐπραξίαν] καὶ εὐπραξίαν ἅμα LV ‖ σημαίνει V ‖ 10 ὑγίειαν Reiffius: ὑγείαν V, ὑγίαν L ‖ μὴ] ἡ L ‖ 11 λούοιτο] λούοιτο πυκνῶς καὶ κατὰ ὥραν V ‖ 13 εἰσίοι om L ‖ ἀγωνίας] ἀηδίας L ‖ αὐτῷ] αὐτῷ τὸ ὄναρ V ‖ 14 οὕτως post νοσοῦντες inserit L ‖ καὶ] L V ‖ οἱ περὶ] ἐπὶ L ‖ 15 ἀγωνιῶντες L ‖ ἐν om L ‖ ἱματίοις om L ‖ ἱδροῦσι] ἱδρῶσιν ὄντες L ‖ πονηρὸν]

φοβερὸν L ‖ 16 τὸ om L ‖ περισπόντων L ‖ 17 ἀλλ᾽ ὡς V, οὐ γὰρ ἄλλως mg V. ‖ 18 δὲ om V ‖ 20 ὑπαίθριον] ὕπαιθρον LV ‖ ἀπολέσαν τὴν ὀροφὴν] ἢ ἀπολέσαντα τὴν ἀρχαίαν μορφὴν V ‖ 22 τις ἐλπίζει V ‖ 23 εἰ] ἡ L ‖ ἐξ] ἐν ὄχλῳ ἐξ LV ‖ πορίζοιτο] πορίζοι L, ἐλπίζοι V ‖ δὲ] δέ τινα LV ‖ 24 τὸν ἱερὸν om V ‖ ἀγωνίζεσθαι post Ἀδριανοῦ ponitur in V ‖ 25 ἔδοξεν L ‖ λουσόμενος] λουόμενος LV ‖ εὑρίσκειν V ‖ συνέβη] καὶ συνέβη LV ‖ 26 γενέσθαι] γεγονέναι V ‖

CAP. LXIV—LXVI.   59

θῆναι καὶ ἐκβληθῆναι τοῦ ἀγῶνος, καὶ τοῦτο ἦν, ὅπερ ἐσήμαινεν αὐτῷ τὸ ὄναρ, μὴ εὑρεῖν ὃ ἐζήτει, σημαίνοντος τοῦ βαλανείου τὸ θέατρον. λούεσθαι δὲ θερμοῖς ὕδασι, λέγω δὲ τοῖς αὐτοφυέσι, τοῖς μὲν νοσοῦσιν ὑγίειαν τοῖς δὲ ἐρρωμένοις
5 ἀπραξίαν σημαίνει· ἢ γὰρ ἀναλαμβάνοντες ἢ ἀπραγοῦντες εἰς θερμὰ πορεύονται. ἀγαθὸν δὲ καὶ ἐν πηγαῖς καὶ ἐν λίμναις καὶ ἐν κρήναις καὶ ἐν ποταμοῖς καθαρὸν καὶ διειδὲς ἔχουσιν ὕδωρ λούεσθαι, ἀλλ' οὐχὶ νήχεσθαι, ἐπεὶ τό γε νήχεσθαι πᾶσι πονηρὸν καὶ κινδύνου καὶ νόσου σύμβολον. τὴν δὲ αἰτίαν Πα-
10 νύασις ὁ Ἁλικαρνασσεὺς ἐπιμελῶς ἐξηγήσατο. στελγίδες δὲ καὶ ξύστραι καὶ καταμαγεῖα θεράποντας σημαίνουσιν. ὅθεν εἴ τις ἀπολέσειέ τι τούτων, ἀνδράποδον ἀπολεῖ τῶν πρὸς θεραπείαν ἐπιτηδείων. ἰδίως δὲ αἱ ξύστραι καὶ βλάβης εἰσὶ σημαντικαὶ διὰ τὸ ἀποξύειν τὸν ἱδρῶτα καὶ μὴ προστιθέναι τι
15 τῷ σώματι· ἔστι δὲ ὅτε καὶ ἑταίραν ἠνίξαντο· τὸ γὰρ αὐτὸ καὶ ἑταίρα τῷ σώματι προσιοῦσα ποιεῖ. λήκυθος δὲ καὶ ξυστροφύλαξ οἷς μὲν γυναῖκα οἰκουρὸν ἢ πιστὴν θεράπαιναν, οἷς δὲ οἰκέτην χρήσιμον σημαίνουσιν.

Περὶ τροφῆς διαλαμβάνοντας ἀναγκαῖόν ἐστι διελεῖν ὑπὲρ **65**
20 εὐσήμου διδασκαλίας καὶ μὴ συγχεῖν τὰ ξηρὰ τοῖς ὑγροῖς. ἔτι p. 56
καὶ τῆς ξηρᾶς τὸ ποιὸν ἅμα καὶ τῆς ὑγρᾶς ἰδίᾳ ἕκαστον διαληψόμεθα. καὶ πρῶτον μὲν περὶ τῆς ὑγρᾶς ἐροῦμεν τροφῆς.

Πίνειν ὕδωρ ψυχρὸν ἀγαθὸν πᾶσι· θερμὸν δὲ ὕδωρ νό- **66**
σους ἢ ἀπραξίας σημαίνει πᾶσι χωρὶς τῶν ἔθος ἐχόντων· οὐ
25 γὰρ κατὰ φύσιν ἔχει τὸ θερμὸν ὕδωρ. οἶνον δὲ πίνειν ὀλίγον μὴ ἐν μεγάλοις ποτηρίοις καὶ μὴ μεθύσκεσθαι ἀγαθόν. δοκεῖ

---

1 ἐσήμανεν L ∥ 2 μὴ εὑρεῖν ὃ ἐζήτει] εφώεισῃ μὴ εὑρεῖν L ∥ 3 δὲ om V ∥ ὕδασιν L ∥ δὲ] δὴ V ∥ 4 αὐτοφυέσιν L ∥ ὑγίειαν Reiffius: ὑγείαν LV ∥ 5 ἀπραξίαν om L ∥ 7 κρίναις L ∥ ἐν om L ∥ 8 οὐχὶ] οὐ V ∥ 10 ασις ὁ ἀλικαρνασσεὺς ἐπιμελῶς ἐξηγήσατο στελγίδες καὶ om L relicta 23 fere literarum lacuna ∥ Ἁλικαρνασσεὺς Reiffius: ἀλικαρνασεὺς V ∥ στελγίδες Rigaltius: στεργίδες V. cf. Suidas in v. στελγίδες ∥ δὲ addidi ∥ 11 ξύστρα L ∥ καὶ] δὲ καὶ L ∥ καταμάγια L ∥ 12 τις] τῆς ∥ ἀπολέσειέ τι τούτων] ἀπολέσειέ τι τούτων κατ᾽ ὄναρ V, ἀπολέσειεν καθόναρ τούτων L ∥ ἀπολεῖ] ἀπολέσει LV ∥ πρὸς] εἰς V ∥ 15 ἔστιν V ∥ ἑτέραν L ∥ ἠνίξατο V ∥ τὸ αὐτὸ γὰρ V ∥ 16 ἑτέρα L ∥ λήκυνθος L ∥ ῥυστοφύλαξ L ∥ 17 οἷς μὲν om L ∥ ἢ πιστήν] ἢ πιστὴν ἢ V ∥ 19 περὶ τροφῆς καὶ ποτοῦ LV ∥ περὶ τροφῆς διαλαμβάνοντας] διαλαβόντας περὶ τροφῆς L, περὶ τροφῆς καὶ ποτοῦ διαλαμβάνοντας V ∥ διελθεῖν V ∥ 20 ἔτι] ἐπεὶ L ∥ 21 ξηρᾶς] ὑγρᾶς V ∥ ὑγρᾶς] ξηρᾶς ∥ ἑκάτερον? ∥ 23 περὶ ποτοῦ LV ∥ νόσους ἢ] νοσοῦσι L ∥ 24 πᾶσιν L. πᾶσι χωρὶς om V ∥ ἐχόντων] ἐχόντων ὑδροποτεῖν V, ἐχόντων μὴ ὑδροποτεῖν L ∥ 26 καὶ μὴ] μηδὲ L ∥

δέ μοι ἐν καιρῷ ἄν τις εἰπεῖν τὸ Ξενοφῶντος τοῦ Σωκρατικοῦ
ὁ οἶνος τὰς μὲν λύπας ὥσπερ μανδραγόρας ἀνθρώ-
πους κοιμίζει, τὰς δὲ φιλοφροσύνας ὥσπερ ἔλαιον
φλόγα ἐγείρει. τούτου δ' ἕνεκα προσήκει τὸ αὐτάρκη καὶ
ὀλίγον δοκεῖν πίνειν, ἐπεὶ τό γε πολὺ καὶ ἄμετρον πίνειν 5
πολλῶν κακῶν αἴτιον ἐπίσης πᾶσι καθίσταται. ἐνταῦθα δ'
ὀρθῶς ἄν τις εἴποι τὸ Θεόγνιδος
  οἶνος πινόμενος πουλὺς κακός· ἢν δέ τις αὐτὸν
  πίνῃ ἐπισταμένως, οὐ κακὸς ἀλλ' ἀγαθός.
ἐγὼ δέ φημι οὐ μόνον τὸ πίνειν πολὺν οἶνον εἶναι πονηρὸν 10
ἀλλὰ καὶ τὸ ἐν πολλοῖς πίνουσιν ἀναστρέφεσθαι· ἕπεται γὰρ
ἀεὶ τῇ μέθῃ παροινία, ἐξ ἧς στάσις ἡ πολέμου μήτηρ γεννᾶ-
ται. οἰνόμελι δὲ καὶ μηλόμελι καὶ ὑδρόμηλον καὶ μυρτίτην
καὶ πάντα τὸν ἐσκευασμένον οἶνον πίνειν πλουσίοις μὲν ἀγα-
θὸν διὰ τὸ τρυφᾶν, πένησι δὲ μοχθηρόν· οὐ γὰρ πρότερον 15
ὁρμῶσιν ἐπὶ τὰ τοιαῦτα πόματα εἰ μὴ ὑπὸ νόσου ἀναγκάζοιντο.
ὄξος δὲ πίνειν δοκεῖν στασιάσαι σημαίνει πρὸς τοὺς οἰκείους
διὰ τὴν τοῦ στόματος συστροφήν. γάρον δὲ πίνειν φθίσιν ση-
μαίνει· ἔστι γὰρ οὐδὲν ἄλλο ὁ γάρος ἢ σηπεδών. ἔλαιον δὲ
πίνειν φαρμακείαν ἢ νόσον σημαίνει. ἀεὶ δὲ ἀγαθὸν τὸ δι- 20
ψῶντα πίνειν. τὸ δὲ μὴ εὑρεῖν ὅ τί τις πίῃ καὶ ἐπὶ ποταμὸν
ἢ κρήνην ἢ φρέαρ ἐλθόντα μὴ καταλαβεῖν ὕδωρ οὐδὲν τῶν
κατ' ἐπιθυμίαν πρᾶξαι σημαίνει· τὸ μὲν γὰρ διψῆν οὐδὲν ἄλλο
ἐστὶν ἢ ἐπιθυμεῖν, τὸ δὲ πίνειν τῆς ἐπιθυμίας ἀνάπαυλαν ἔχει.
χρὴ δὲ καὶ τοῦτο σκοπεῖν, ὅτι τῶν ποτηρίων τὰ μὲν χρυσᾶ καὶ 25
ἀργυρᾶ καὶ ὀστράκινα πᾶσιν ἀγαθὰ καὶ ἀσφαλείας πολλῆς ση-
μαντικὰ καθίσταται, τὰ μὲν ὡς ἐξ ὕλης στερεᾶς, τὰ δ' ὡς ἐκ

---

2 ὁ om V ‖ ἀνθρώπους Reiffius: ἄνδρας L, ἀνδρὸς V. cf. Xenoph.
Conv. 2, 24 ‖ 3 δὲ V ‖ 4 ἕνεκα] ἕνεκεν LV ‖ προσήκει] πρόσκειται V
‖ αὐτάρκη] αὐταρ ξ V in fine versus ‖ 5 πίνειν δοκεῖν V ‖ ἐπεὶ — πί-
νειν om L ‖ τό] τοι V ‖ 6 ἐπίσης πᾶσι καθίσταται] ἐπίσης 'καθίστα-
ται πᾶσιν L, καθίσταται πᾶσιν ὁμοίως ἐπίσης V. possis etiam cum Reif-
fio καθίσταται πᾶσιν ἐπίσης ‖ δ' om V ‖ 7 ὀρθῶς ἄν τις εἴποι τὸ Θεόγνι-
δος] ἄν τις ὀρθῶς τὸ Θεόγνιδος εἴποι V ‖ 8 πολὺς L ‖ 9 πίνοι L ‖ 10 εἶναι
om V ‖ 11 τὸ addidi ‖ ἀναστρέφεσθαι] ἀναστρέφεσθαι πονηρὸν εἶναι L ‖
12 τῇ om V ‖ 13 δὲ] μὲν V ‖ μηλόμελι Reiffius: μελίμηλον LV ‖ ὑδρό-
μυλον V ‖ πίνειν post μυρτίτην ponit L ‖ 15 πένητι L ‖ 16 ἀναγκά-
ζοιτο L ‖ 18 στόματος] στόματος V, σώματος L ‖ 19 γάρος] cf. Suidas
in v. γάρος ‖ 20 φαρμακείαν] φαρμακίαν L, φαρμακίαν τινὰ V ‖ τὸ]
τὸν L ‖ διψῶντα L ‖ 23 διψῆν] διψεῖν L, διψᾶν V ‖ 24 τῆς ἐπιθυ-
μίας ἀνάπαυλαν ἔχει] παῦλαν τῆς ἐπιθυμίας ἔχει ὅπερ ἐστὶν ἐπιτυχεῖν
V ‖ 25 καὶ ante τοῦτο om L ‖ 26 πολλῆς σημαντικὰ om L ‖ 27 δὲ V ‖

CAP. LXVI. LXVII.

συντρόφου. ἔτι καὶ τὰ κεράτινα διὰ τὴν ἀρχαιότητα καὶ διὰ τὸ ἄθραυστον ἀγαθά, τὰ δὲ ὑάλινα μοχθηρὰ διὰ τὴν ὕλην, ἔστι δ᾽ ὅτε καὶ κινδύνων προαγορευτικὰ διὰ τὸ εὐκάτακτον, καὶ τὰ κρυπτὰ ἐλέγχει διὰ τὸ διαφανές. ἔστι δέ τις καὶ ἕτε-
5 ρος λόγος ὀρθῶς ἔχων ὡς ἄρα τὰ ποτήρια σημαίνει τοὺς προσιόντας τοῖς χείλεσιν. ὅθεν εἰ κατάσσοιτο, τούτων τινὰς ἀποθανεῖσθαι δηλοῖ. εἰ δέ τις εἴη μόνος, αὐτῷ θάνατον σημαίνει. τοῦτο δὲ καὶ αὐτὸς ἐτήρησα. τοῖς δὲ πλέουσι τὸ δοκεῖν κατάσσειν ποτήρια ναυάγιον προαγορεύει. αὕτη μὲν οὖν ἡ πα-
10 λαιὰ διαίρεσις· νυνὶ δὲ πολλάκις ἀποβὰν εἰς ἡμᾶς ἦλθεν ὄναρ τοιοῦτον. ἔστι τινὰ τῶν ποτηρίων στενόστομα οὐ πάλαι ὑπ᾽ ἀνθρώπων ηὑρημένα. ταῦτα κατασσόμενα πάσης θλίψεως καὶ στενοχωρίας λύσιν ὑπισχνεῖται.

Ἑξῆς δὲ περὶ τροφῆς ξηρᾶς ποιούμενοι τὸν λόγον ἀρξό-
15 μεθα ἀπὸ λαχάνων. τῶν λαχάνων ὅσα ὄδωδε μετὰ τὸ βρωθῆναι, τὰ κρυπτὰ ἐλέγχει καὶ πρὸς τοὺς συνοικοῦντας μῖσος ἐργάζεται, οἷον ῥάφανος σέρις πράσα τὰ κειρόμενα· ὅσα δὲ ἀποξύεται τρωκτὰ ὄντα, βλάβην σημαίνει διὰ τὴν ἀποβολὴν τῶν περισσῶν, οἷον θριδακίναι καὶ εἴ τι ἄλλο ὅμοιον. κινάρα δὲ διὰ τὸ
20 ἀκανθῶδες καὶ ὀξὺ ὀδύνας σημαίνει. ἔτι καὶ ἀνεργασίας· ἔστι γὰρ ἄτροφος. τεῦτλον δὲ καὶ μαλάχη καὶ λάπαθα καὶ ὀξυλάπαθα καὶ ἀδράφαξυς καταχρέοις μόνοις ἐστὶν ἀγαθὰ διὰ τὸ τὴν γαστέρα ἐκταράσσειν καὶ τὰ ὑποκείμενα σκύβαλα ὑπεξάγειν· ἰδίως γὰρ ἡ γαστὴρ καὶ τὰ ἔντερα δανειστῇ ἔοικε. κεφαλωτὰ δὲ καὶ
25 σταφυλῖνοι καὶ ὅσα ἄλλα ἐστὶ τρόφιμα ὠφελειῶν ἐστι σημαντικά, μόνοις δὲ ἐναντιοῦνται τοῖς περὶ γῆς δικαζομένοις· πρόρριζα

---

1 καὶ τὰ κεράτινα] τὰ κεράτινα καὶ V ‖ διὰ om L ‖ 3 ἔστι δ᾽ ὅτε] ἐστὶν ὁτὲ δὲ V ‖ εὐκάτακτον] εὐνατέακτον LV ‖ 4 τις καὶ ἕτερος] καὶ ἕτερός τις L ‖ 5 τοὺς προσιόντας] ὡς προσιόντα L ‖ 6 εἰ] ἂν ‖ κατάσσοιτο] κατεάσσοιτο L, κατεασσῆται V ‖ τινὰ V ‖ 7 δηλοῖ] σημαίνει L ‖ 8 δὲ post τοῖς addidi ‖ κατεάσσειν L ‖ 9 ποτήριον V ‖ προαγορεύει] σημαίνειν V ‖ ἡ om V ‖ 10 ἀποβαῖνον L ‖ ἦλεν L ‖ 11 τοιοῦτο L ‖ ἐστιν L ‖ παλαιὰ L ‖ 12 εὑρημένα V ‖ κατεασσόμενα L ‖ 13 ἐπισχνεῖται L ‖ 14 περὶ λαχάνων LV ‖ δὲ om L ‖ στροφῆς L ‖ ποιούμεθα L ‖ ἀρξώμεθα V ‖ 15 τῶν λαχάνων om V ‖ τὸ βρωθῆναι] τὴν βρῶσιν V ‖ 16 τὰ] καὶ τὰ L ‖ οἰκοῦντας L ‖ 17 οἷον om L ‖ ῥέφανος L ‖ 18 πρωκτὰ L ‖ 19 οἷον addidit Reiffius ‖ θρηδακίναι L ‖ εἴ τι] ἔπι L ‖ κινάρα] κίτρια LV ‖ δὲ] δὲ καὶ V ‖ 20 ἔτι addidi ‖ ἀνεργασίας] δυσεργασίας διὰ τὸ δύσπεπτον V ‖ ἔστιν L ‖ 21 ἄτροφος] ἄτροφα LV ‖ σεῦτλα V ‖ καὶ addidi ‖ καὶ λάπαθα καὶ] λάπαθα V, λάπαρα L ‖ 22 καὶ addidi ‖ καταχρεσίοις L ‖ 23 ἐκταράττειν L ‖ 24 δανειστῇ] δανιστῇ L, δανεισταῖς V ‖ ἐοίκασι V ‖ κεφολωτὰ V ‖ 25 σταφυλῖνος V ‖ ἄλλα addidi ‖ 26 πρόρριζα] πρὸς ῥίζαν L ‖

γὰρ ἀνασπᾶται. κράμβαι δὲ πρὸς οὐδέν εἰσι χρήσιμοι, μάλιστα δὲ καπήλοις καὶ ἀμπελουργοῖς καὶ πᾶσι τοῖς περὶ τὸν Διόνυσον τεχνίταις πονηραὶ καθίστανται, ἐπειδὴ ἄμπελος μόνῃ κράμβῃ οὐ περιπλέκεται. τῶν δὲ λευκῶν λεγομένων λαχάνων γογγύλη μὲν καὶ βουνιὰς καὶ κολοκύντη ματαίας ἐλπίδας σημαίνουσιν· ἔστι γὰρ πάντα ὄγκος ἄτροφος· τοῖς δὲ νοσοῦσι καὶ τοῖς ὁδεύουσι κατατομὰς καὶ διαιρέσεις ὑπὸ σιδήρου γενέσθαι σημαίνουσι διὰ τὸ κατακόπτεσθαι τὰ τοιαῦτα. σίκυοι δὲ περιτεμνόμενοι τοῖς νοσοῦσίν εἰσιν ἀγαθοὶ διὰ τὸ τὰ ὑγρὰ ἀποκρίνειν, πέπονες δὲ πρὸς μὲν φιλίας καὶ συμβιβάσεις εἰσὶν ἀγαθοί, πέπον γὰρ τὸ προσφιλέστατον οἱ ποιηταὶ καλοῦσι· πρὸς δὲ τὰς πράξεις ἄπρακτοι· καὶ γὰρ τὸ ἔκλυτον πέπον καλεῖται. κρόμμυα δὲ καὶ σκόροδα ἐσθίειν μὲν πονηρόν, ἔχειν δὲ ἀγαθόν· μόνοις δὲ τοῖς νοσοῦσι διαφόρως τὰ κρόμμυα ἀποβαίνει. καὶ περὶ αὐτῶν Ἀλέξανδρος ὁ Μύνδιος ἰσχυρῶς ἀπορήσας τὸ τέλος οὐ κατείληφε. φημὶ δὲ ἐγώ· εἴ τις πολλὰ κρόμμυα δόξειεν ἐσθίειν, τύχοι δὲ νοσῶν, ἀναστήσεται, ἄλλον δέ τινα πενθήσει· εἰ δὲ ὀλίγα, τεθνήξεται. δακρύουσι μὲν γὰρ οἱ ἀποθνήσκοντες ὀλίγα, οἱ δὲ πενθοῦντες πολλά, ἐπειδὴ καὶ ἐπὶ πολὺ δακρύουσι.

Τῶν ὀσπρίων πάντα μοχθηρὰ πλὴν πίσου· ἔστι γὰρ πειθοῦς σημαντικόν· μάλιστα δὲ κυβερνήταις καὶ ῥήτορσιν· οἷς μὲν γὰρ τὰ πηδάλια οἷς δὲ οἱ δικασταὶ πεισθήσονται. ἐρεγμὸς δὲ καὶ κύαμος στάσεώς εἰσι σημαντικοί, ὃς μὲν διὰ τὸ δεδιχάσθαι ὃς δὲ διὰ τὸ πνεύματος εἶναι ποιητικὸς ἀτόπου· οὐ μόνον δὲ διὰ τοῦτο ἀλλ' ὅτι καὶ πάσης τελετῆς καὶ παντὸς ἱεροῦ

---

3 πονηραί] πονηρὰ LV ‖ καθίσταται L ‖ 4 κράμβῃ] cf. Suidas in v. κράμβη ‖ 5 γογγύλη V ‖ κολοκύντη] κολοκύνθη L, κολοκύντα V ‖ 6 γὰρ] δὲ L ‖ ὄγκος ἄτροφος] ὀγκώδη καὶ ἄτροφα V ‖ 8 σημαίνει V ‖ σίκιοι V ‖ δὲ] δὲ καὶ LV. malim νοσοῦσίν εἰσιν ἀγαθοὶ διὰ τὸ τὰ ὑγρὰ ἀποκρίνειν περιτεμνόμενοι ‖ 9 τοῖς om V ‖ 10 πέπονες — εἰσὶν ἀγαθοὶ om L ‖ δὲ addidi ‖ μὲν] μὲν τὰς LV ‖ 11 πέπονα V ‖ προσφιλὲς V. cf. Suidas in v. πέπον ‖ καλοῦσιν L ‖ 12 τὰς] τὰς ἄλλας V ‖ πέπον] cf. Suidas in v. πέπον ‖ 13 κρόμμυα δὲ καὶ om L ‖ σκόροδα] σκόρδα δὲ L ‖ 14 μόνον L ‖ 15 καὶ] καίτοι LV ‖ 16 κατείληφεν L ‖ εἴ τις] ἔτι L ‖ 17 νόσον L ‖ ἄλλον — πενθήσει addidi ‖ 18 post ὀλίγα in L ob membranam opinor lituris attenuatam septem fere literarum lacuna relicta est ‖ δακρύουσι] δάκρυα L ‖ μὲν om V ‖ 20 δακρύουσιν L ‖ 21 περὶ ὀσπρίων V, ὀσπρίων L ‖ τῶν] τῶν δὲ L ‖ πάντα μοχθηρὰ πλὴν πίσου] τὰ πάντα ἐστὶ μοχθηρὰ πλὴν πίσου διὰ τὸ ὄνομα L, πλὴν πισσοῦ πάντα μοχθηρὰ διὰ τὸ ὄνομα V ‖ ἔστι γὰρ πειθοῦς] τῆς γὰρ πειθοῦς ἔστι L ‖ 23 ἐρεγμὸς L ‖ 24 σημαντικαὶ L ‖ ὃς] οἷος L ‖ δεδιχάσθαι] δεδῆχθαι V ‖ 25 ἀτόπου οὐ μόνον δὲ διὰ τοῦτο] ἀτόπου οὐ μόνον δὲ τοῦτο V, οὐ μόνον ἀτόπου L ‖

CAP. LXVII—LXX.

ἀπελήλαται. φακῆ δὲ πένθος προαγορεύει καὶ πτισάνη κάματον διὰ τὸ δύστριπτον. κέγχρος δὲ καὶ ἔλυμος καὶ ζειὰ πενίας τε καὶ ἀπορίας ἐστὶ σημαντικά, μόνοις δὲ τοῖς ἐξ ὄχλου ποριζομένοις ἐστὶν ἀγαθά. χόνδρος δὲ καὶ τράγος ᾗ μὲν τρόφιμοί
5 εἰσι, ταύτῃ καὶ κερδαλέοι· ᾗ δὲ μετὰ καμάτου γίνονται, πόνους ὑπερβάλλοντας σημαίνουσι, πένητι δὲ νόσον. σήσαμον δὲ καὶ λινόσπερμον καὶ σίνηπι ἰατροῖς μόνοις ἐστὶν ἀγαθά, τοῖς δὲ ἄλλοις δριμεῖς ἐπάγει πόνους καὶ τὰ κρυπτὰ ἐλέγχει.

Ἄρτους δοκεῖν ἐσθίειν τοὺς ἐξ ἔθους ἀγαθόν· κατάλληλοι
10 μὲν γὰρ πένητι οἱ ῥυπαροί, πλουσίῳ δὲ οἱ παντελῶς καθαροί· οἱ δὲ ἐναλλὰξ οὔτε ἀγαθοὶ καὶ προσέτι κακοί· οἱ μὲν γὰρ νόσον τοῖς πένησιν οἱ δὲ ἀπορίαν τοῖς πλουσίοις σημαίνουσιν. ἄρτοι δὲ κρίθινοι πᾶσιν ἀγαθοί· πρώτην γὰρ ἀνθρώποις τὴν τροφὴν ταύτην παρὰ θεῶν λόγος ἔχει δοθῆναι. ἄλευρα δὲ
15 καὶ ἄλφιτα τὰ μὲν αὐτὰ τοῖς ἄρτοις σημαίνει, ἥττονα δέ.

Κρεῶν τὰ μὲν ὅσα τις ἐσθίει καὶ ποιεῖ, ἀγαθὰ τετήρηται πλὴν ὀλίγων. προβάτεια μὲν γὰρ πᾶσιν ἄτοπα καὶ πένθος οἰκεῖον σημαίνει (ἔστι γὰρ τὰ πρόβατα οὐδὲν ἄλλο ἢ ἄνθρωποι), ἤδη δὲ καὶ τὰ βόεια διὰ τὸ δύστριπτον, καὶ μικρὰς ἐργασίας
20 διὰ τὴν εὐτέλειαν σημαίνει· δούλοις δὲ βασάνους διὰ τὸν ἱμάντα καὶ τὴν ταυρείαν. χιμαίρεια δὲ τοῖς ἐν χειμῶνι διάγουσιν ἀγαθὰ τετήρηται, τοῖς δὲ ἄλλοις ἀκερδῆ. ὧν μὲν γὰρ τὰ δεινὰ διαλύει, ὅτι χειμῶνι ὁμώνυμα ὄντα τὰ ζῷα ἀνῄρηται· οἷς δὲ διὰ τὸ ὀστῶδες μικρὰς τὰς ἐργασίας παρέχει. ἄριστα
25 δὲ πᾶσι τὰ χοίρεια· καὶ γὰρ εἰκός. ζῴων μὲν γὰρ χοῖρος οὐδὲν

2 δύστριπτον[δύστριπτον καὶ δύσπεπτον V || ζεῖα V || 3 τε om V || ἐστὶ] εἰσι LV || ὄχλοις L || προποριζομένοις V || 4 ἐστὶν] εἰσιν LV || ἀγαθὸν L || ᾗ μὲν] εἰ μὲν L, ἐπεὶ V || 5 ταύτῃ] διὰ τοῦτο V || ᾗ] εἰ L, ἐπεὶ V || γίνονται om L || 6 σήσαμοι L || 7 δὲ om L || σίνηποι L || ἐστὶν] εἰσὶν LV || ἀγαθοὶ L || 8 ἄλλοις] λοιποῖς V || ἐπάγουσι V || ἐλέγχουσιν V || 9 περὶ ἄρτων V, ἄρτων L || ἄρτους] ἄρτους δὲ V || 10 πένητοι V || 11 οἱ μὲν] οἱ δὲ μὲν L || 12 ἀπονίαν V || σημαίνουσιν] σημαίνουσιν ᾗ τά γε νῦν ἐλπιζόμενα οὐ τελειοῦσιν V || 13 δὲ addidi || ἀνθρώποις τὴν τροφὴν ταύτην παρὰ θεῶν λόγος ἔχει δοθῆναι] ἀνθρώποις τροφὴν ταύτην παρὰ θεῶν λόγος ἔχει δοθῆναι L, τροφὴν ταύτην ἂν ἀνθρώποις δεδόσθαι παρὰ θεῶν λόγος ἔχει V || 15 καὶ] ἢ V || αὐτὰ μὲν V || ἥττονα δέ] ἥττονα δὲ καὶ βαρύτερα LV || 16 περὶ κρεῶν V, κρεῶν L || τὰ μὲν suspectum || καὶ ποιεῖ verba corrupta || 17 προβάτια L || 18 γὰρ Reiskius: δὲ LV || post ἄνθρωποι in LV est τούτων οὐ ζώντων οὐ γίνεται κρέα || 19 ἤδη] ἔτι? || post βόεια excidisse videtur κακά sive πονηρά || 20 διὰ τὸν om L || 21 ταυρείαν Reiffius: ταυρίαν LV || χιμαίρεια δὲ τοῖς] αἱ περιαδὲ τοῖο L, τοῖς δ' V. Casaubonus malebat αἴγεια δὲ τοῖς || 22 ἀκερδῆ ὧν μὲν γὰρ τὰ] ἀκερδηῶν μὲν γὰρ τὰ L, ἀκέρδειαν μὲν τὰ δὲ || 23 post ἀνῄρηται in LV est ἐπεὶ οὐκ ἂν ἐβιβρώσκετο || 24 τὰς deleam || 25 malim ὁ χοῖρος ||

p. 60 εὔχρηστος ἀνθρώποις, ἀποθανὼν δὲ μᾶλλον ἐδώδιμος τῶν ἄλλων· τὰ δὲ ἄλλα ζῶντα βελτίονα ἢ ἀναιρεθέντα. καὶ τὸ μὲν ὀπτὰ δοκεῖν ἐσθίειν τὰ χοίρεια παντελῶς ἀγαθόν· προστίθησι γὰρ τάχος ταῖς ὠφελείαις διὰ τὸ πῦρ· τὰ δὲ ἡψημένα λιτῶς βραδίονας τὰς αὐτὰς ὠφελείας προαγορεύει, τὰ δὲ κατηρτυμένα ὑπὸ 5 ὀψοποιῶν μετὰ κακουχίας τὰς ὠφελείας ἢ μετὰ προαναλωμάτων φέρει. οὐδαμῶς δὲ τὰ ὠμὰ ἐσθιόμενα κρέα ἀγαθά· παραπολέσαι γάρ τι τῶν ὄντων σημαίνει, ἐπεὶ μὴ κρατεῖ ἡ ἡμετέρα φύσις ὠμῶν κρεῶν. τὸ δὲ μέγιστον καὶ ὑπερβολῇ ἀγαθόν, ὡς ἐγὼ ἐτήρησα, ἀνθρωπείας ἐσθίειν σάρκας, ἀνδρὸς οὐ γνω- 10 ρίμου οὐδὲ οἰκείου, ἐπεὶ ὅ γέ τινος τῶν οἰκείων φαγὼν σάρκας καὶ τὸν οὐ ἔφαγε κατορύξει καὶ αὐτὸς δι' οὐδὲν μέγα τῶν ἐσθιομένων παραμένει· εἰκὸς γὰρ ὅτι ὑπὸ πολλῆς ἀπορίας, ὥς γε φιλεῖ γενέσθαι ἐν πολέμῳ καὶ λιμῷ, ἐπὶ τοιαύτας ὥρμησε τροφάς. πάντων δ' ἂν εἴη σκαιότατον τὸ παιδὸς ἰδίου σάρ- 15 κας ἐσθίειν· σύντομον γὰρ ὄλεθρον μαντεύεται, εἰ μὴ ἄρα τις ἀπὸ τοιούτων ἐσθίειν νομίσειε μερῶν τοῦ παιδός, ἀφ' ὧν ὁ παῖς πορίζεται, οἷον εἰ δρομαίου τοὺς πόδας ἢ χειροτέχνου τὰς χεῖρας ἢ παλαιστοῦ τοὺς ὤμους φάγοι· τότε γὰρ τῷ μὲν παιδὶ εὐπορίαν τὸ ὄναρ τοῦτο, τῷ δὲ πατρὶ ὄνασθαι τοῦ παιδὸς 20 προαγορεύει. τῶν δὲ ἄλλων ἀνθρώπων αἱ σάρκες ἐσθιόμεναι ἀγαθά· τρόπον γάρ τινα οἱ ἄνθρωποι, ὅταν ὠφελῶνται παρ' ἀλλήλων, ἐσθίουσιν ἀλλήλους. ἀεὶ δὲ ἄμεινον τὸ ἀνδρῶν ἢ γυναικῶν ἐσθίειν καὶ τὸ παίδων ἢ πρεσβυτέρων. ὀρνίθεια δὲ καὶ χήνεια κρέα ἐσθίειν πᾶσιν ἀγαθόν· φέρει δὲ τὰ μὲν 25 ὀρνίθεια τὰς ὠφελείας ἀπὸ γυναικῶν ἢ δικῶν, τὰ δὲ χήνεια ἀπὸ ἀνδρῶν ἀλαζόνων. ἀγαθὸν δὲ καὶ παντὸς θηρίου σάρκας ἐσθίειν· πολλὰ γὰρ ἐκ τῆς τῶν ἐχθρῶν οὐσίας ὠφεληθῆναι σημαίνει· τὸ δὲ ποδαπῶν ἐχθρῶν ἐπιδείξει ἡ τοῦ βρωθέντος ἰδέα τε καὶ μορφή. περὶ ὧν ἐν τῷ περὶ κυνηγίου λόγῳ ἐπι- 30

2 verba τὰ δὲ ἄλλα — ἀναιρεθέντα spuria videntur || τὸ] τὰ L || 3 τὰ om L || 4 γὰρ Reiskius: δὲ LV || βραδίονας] βράδιον V, βράδιον μὲν L || 5 post κατηρτυμένα in LV est οὕτως || 7 παραπολέσαι] προαπολέσαι LV || 8 ἢ om L || 9 locus corruptus || 10 ἀνθρωπείας] ἀνθρωπίνας V, ἀνθρώπινα L || 12 ἔφαγεν L || 13 εἰκὸς γὰρ ὅτι] εἰκός γε LV || 14 ὥρμησε] ὁρμῆσαι LV || 17 ἀπὸ expunxerim || νομίσειε] νομίσει V, νομίσῃ L || 18 δρομικῷ? δρομέως? || 20 εὐπορίαν L || ὄνασθαι L || 23 ante ὅταν in L est καί, sed erasum || 24 ὀρνίθεια δὲ καὶ χήνεια Meinekius: ὀρνίθια δὲ καὶ χήνια LV || 26 ὀρνίθεια Meinekius: ὀρνίθια LV || δικῶν] δικῶν ὅτι ἐκ γυναικῶν μετέβαλον αἱ ὄρνεις ἢ ὅτι αἰκάλλουσι LV || χήνεια Meinekius: χήνια LV || 28 ἐχρῶν V || 29 ἐπιδείξει] ἐπιδείξειεν LV || 30 εἰδέα L ||

CAP. LXX—LXXIII. 65

μνησθήσομαι. ἀγαθὸν δὲ καὶ ἰχθῦς ἐσθίειν, μάλιστα μὲν ὀπτούς, οὐδὲν δὲ ἧττον καὶ τοὺς ἄλλως γεγονότας πάντας πλὴν τῶν μικρῶν· οὗτοι γὰρ πλέον τὸ ἀκανθῶδες ἔχοντες τοῦ ἐδωδίμου οὐδαμῶς ὠφελείας σημαίνουσιν, ἔχθρας δὲ πρὸς p. 61
5 τοὺς οἰκειοτάτους καὶ ματαίας ἐλπίδας. τὸ δὲ κατὰ μέρος περὶ ἰχθύων ἐν τῷ περὶ ἁλιείας ἀκριβώσω λόγῳ.

Ταρίχη δὲ καὶ πάντα τὰ ἁλιστὰ κρέα ἐν μὲν τοῖς προκει- 71
μένοις παρολκὰς καὶ ἀναβολὰς σημαίνει· διὰ γὰρ τῶν ἁλῶν ἐπὶ πολὺ τηρεῖται· ἐν δὲ τοῖς ἄλλοις τηκεδόνα καὶ λύπην.
10 πολλάκις δὲ καὶ νόσον σημαίνει διὰ τὸ ὑπὸ τῶν ἁλῶν τετῆχθαι.

Πλακοῦντες οἱ μὴ τετυρωμένοι ἀγαθοί, οἱ δὲ τετυρωμένοι 72
δόλους καὶ ἐνέδρας σημαίνουσι· ταῦτα γὰρ καὶ ὁ τυρὸς προαγορεύει. κοπταὶ δὲ καὶ σησαμῖδες καὶ πυραμοῖ ἀγαθὰ πᾶσι,
15 μάλιστα δὲ τοῖς δίκην ἔχουσιν· ἦν γὰρ ὁ πυραμοῦς παρὰ τοῖς παλαιοῖς ἐπινίκιος. ἐπὶ δὲ τῶν ἄλλων πεμμάτων τῶν ἐν ἑορταῖς καὶ θυσίαις γινομένων τὰς κρίσεις ἀπὸ τοῦ λόγου τῶν ἑορτῶν ποιητέον. περὶ δὲ καππάρεων καὶ ἐλαῶν καὶ λαχάνων ἀποθέτων πάντων καὶ ὑποτριμμάτων καὶ πάντων τῶν
20 ὁμοίων ἑκὼν παρέλιπον ὡς φανερῶν ὅτι μὴ ἔστιν ἀγαθά.

Μῆλα μὲν ἐαρινὰ γλυκέα καὶ πέπανα καὶ ἰδεῖν καὶ φα- 73
γεῖν ἐστὶν ἀγαθόν· πολλὴν γὰρ ἐπαφροδισίαν σημαίνει μάλιστα τοῖς περὶ γυναικὸς ἢ ἐρωμένης φροντίζουσι· ταῦτα γὰρ ἀνάκειται τῇ Ἀφροδίτῃ. τὰ δὲ ὀξέα μῆλα στάσεις καὶ φιλο-
25 νεικίας σημαίνει· ἔστι γὰρ Ἔριδος. τὰ δὲ χειμερινὰ τὰ κυδώνια καλούμενα, λυπηρὰ διὰ τὸ στῦφον. ἀμύγδαλα δὲ καὶ κά- p. 62
ρυα καὶ τὰ λεγόμενα λεπτοκάρυα καὶ ὅσα κατάσσεται, ταραχὰς διὰ τὸν ψόφον σημαίνει καὶ λύπας διὰ τὸ εἶναι πικρὰ φύσει. οἶδα δέ τινα ἄνδρα τῶν εὐπαρύφων ἐν Ἑλλάδι, ὃς

---

1 ἰχθῦς] ἰχθύας LV ‖ 2 οὐδὲν δὲ ἧττον] οὐδὲν ἧττον δὲ LV ‖ ἄλλους V ‖ 3 πλέον] πλεῖον LV ‖ 4 τοῦ ἐδωδίμου] τῷ ἐδωδίμῳ LV ‖ 5 οἰκειωτάτους L ‖ 6 τῷ om L ‖ ἁλιείας Reiskius: ἁλίας LV ‖ ἀκριβῶς, L ‖ λόγ L ‖ 7 περὶ ταρίχων καὶ ἁλιστῶν κρεῶν LV ‖ ταρίχη Reiffius: τάριχοι V, τάραχοι L ‖ κρέα] κρέα καὶ ἰχθύες LV ‖ 8 σημαίνει] σημαίνουσι LV ‖ 9 τηρηται L ‖ 12 περὶ πλακούντων V, πλακούντων L ‖ 13 δόλους καὶ ἐνέδρας] δόλον καὶ ἔνεδραν LV ‖ σημαίνουσιν L ‖ προσαγορεύει L ‖ 14 καὶ ante σησαμῖδες addidit Lobeckius ‖ σισαμίδες L ‖ καὶ om pr L ‖ ἀγαθαὶ V ‖ πᾶσιν L ‖ 15 πυραμὸς V ‖ 18 καὶ] ἢ LV ‖ ἐλωῶν L ‖ 20 παρέλειπον L ‖ 21 περὶ ὀπώρας V, ὀπώρας L ‖ 23 φροντίζουσιν L ‖ 24 φιλονικίας L ‖ 25 τὰ addidi. fortasse tamen scribendum ἃ καὶ κυδώνια καλοῦμεν ‖ 26 στρύφον L ‖ ἀμυγδάλαι V ‖ δὲ] τε L ‖

ARTEMIDORUS. 5

ἔδοξε παρά τινος ὄναρ λαμβάνειν κάρυον, καὶ διυπνισθεὶς ἐν τῇ
χειρὶ ἔτυχε κρατῶν τὸ κάρυον τοῦτο. συνέβη αὐτῷ πολλὰ μὲν
καὶ ἄλλα κακὰ * * τέλος δὲ ἀτίμῳ γενέσθαι. σῦκα δὲ κατὰ
μὲν τὴν ὥραν τὴν ἰδίαν ἀγαθά, παρὰ δὲ τὸν καιρὸν φαινό-
μενα συκοφαντίας καὶ ἐπηρείας προαγορεύει· συκάζειν γὰρ 5
καὶ τὸ ἐπηρεάζειν ἔλεγον οἱ παλαιοί. μόνοις δὲ τοῖς ὑπαιθρί-
οις ἐργαζομένοις τὰ μὲν λευκὰ εὐδίαν τὰ δὲ μέλανα χειμῶνα
καὶ ὄμβρον σημαίνει, ἐπεὶ τοῖς γε ἄλλοις οὐδὲν ἂν μαντεύοιτο
ἡ συκῆ τὸ τοῦ ἀέρος ὅπως ἕξει καταστήματος. σταφυλὴ δὲ
καὶ παρὰ τὸν καιρὸν ἀγαθὴ καὶ κατὰ τὴν ὥραν, ὡς δὲ ἐπὶ τὸ 10
πλεῖστον τὰς ἀπὸ γυναικῶν ἢ διὰ γυναικῶν ὠφελείας σημαί-
νει· φανερὰς μὲν ἡ λευκή, λαθραίας δὲ ἡ μέλαινα. ῥοαὶ δὲ
τραυμάτων εἰσὶ σημαντικαὶ διὰ τὸ χρῶμα καὶ βασάνων διὰ
τὰς ἀκάνθας καὶ δουλείας καὶ ὑποταγῆς διὰ τὸν ἐν Ἐλευσῖνι
λόγον. περσικὰ δὲ καὶ βερεκόκκια καὶ κεράσια καὶ πάντα τὰ 15
ὅμοια πλὴν συκαμίνων προσκαίρους ἡδονὰς καὶ ἀπάτας ση-
μαίνει, παρὰ δὲ τὸν καιρὸν ματαιοπονίας. συκάμινα δὲ τὰ
αὐτὰ ταῖς ῥοαῖς σημαίνει, ὅ γε καρπός· ἐπεὶ τὸ δένδρον τὴν
γενεὰν τοῦ ἰδόντος σημαίνει. ὅθεν εὐθαλὲς μὲν ὂν ἀγαθόν τι
ἐσόμενον προαγορεύει, πρόρριζον δὲ ἀνατρεπόμενον τὴν γε- 20
νεὰν τοῦ ἰδόντος διαφθείρει. ἄπιοι δὲ οἱ μὲν ἥμεροι ἀγα-
θοί· τούτων γὰρ ὁ καρπὸς καὶ ἀποθησαυρισθεὶς ἄσηπτος μέ-
νει, καὶ παραυτίκα ἐσθιόμενος πρὸς τῷ τροφίμῳ καὶ τὸ οἰνῶ-
δες ἔχει. οἶδα δὲ ἐξ αὐτῶν παρά τισι καὶ ποτὸν σκευαζόμενον.
ἀχράδες δὲ καὶ ὄχναι γεωργοῖς μόνοις συμφέρουσι, τοῖς δὲ 25
ἄλλοις εἰσὶν ἀηδεῖς. δεῖ δὲ τὰ ὑποδείγματα ἔχοντας ἀπὸ τῶν

---

1 ἔδοξεν L ‖ διυπνισθείς] διυπνίσας LV ‖ 2 ἔτυχεν L ‖ τοῦτο]
τοῦτο ὃ ἴδεν καθ᾽ ὄναρ L, ὃ εἶδε κατ᾽ ὄναρ V ‖ 3 excidit infinitivus ‖
post γένεσθαι in L est ἀλλὰ τοῦτο διὰ τὸ ἐναργὲς ὡς τέρας τὸ τοιοῦτο εἰς
μεγάλα ἀπέβη, in V ἀλλὰ τούτῳ διὰ τὸ ἐναγὲς ὡς τέρας τὸ τοιοῦτο εἰς
μεγάλα ἀπέβη ‖ δὲ addidi ‖ 4 post ἀγαθά in LV est καὶ τούτων τὰ
λευκὰ ἡδίονα (ἰδίονα pr L) τῶν μελάνων ‖ 5 ἐπηρίας L ‖ συκάζειν] cf.
Suidas in v. συκάζειν ‖ 6 μόνοις] οἷ μόνοις L ‖ 8 οὐδὲν] οὐκ? ‖ 9 ἡ συκῆ
Reiskius: τῇ ψυχῇ LV ‖ τὸ] ἢ τὸ LV ‖ 10 τὸν om L ‖ 11 ἀπὸ γυναικῶν
ἢ διὰ γυναικῶν] διὰ γυναικῶν ἢ ἀπὸ γυναικῶν LV. fortasse tamen διὰ
γυναικῶν ἢ pro glossemate habendum ‖ 12 λαθραίους L ‖ ῥοαὶ Rigaltius:
ῥυαὶ V, ῥύαι L ‖ 14 ἐν Ἐλευσῖνι] malim Ἐλευσίνιον ‖ 15 πραικόκκια
Niclas: βερόκκια LV ‖ 16 post συκαμίνων excidisse videtur κατὰ μὲν
τὴν ὥραν ‖ 18 ὅ γε Reiskius: ὁ δὲ LV ‖ 21 ἄππιοι L ‖ 22 ἄσιπτος L
‖ μαίνει V ‖ 23 τροφήμῳ L ‖ 24 τισιν L ‖ 25 δὲ om V ‖ ὄχνη L ‖
συμφέρουσιν L ‖ 26 ἀηδεῖς] ἀηδέα L. post ἀηδέα sive ἀηδεῖς in LV
est περὶ δὲ ταῶνων καὶ ἀλεκτρυόνων ἐν τῷ περὶ ζώων ἐροῦμεν λόγῳ ‖
26 παραδείγματα V ‖ ἔχοντα L ‖

CAP. LXXIII. LXXIV. 67

εἰρημένων περὶ τῶν ἀγράφων τεκμαίρεσθαι κατὰ τὸ ὅμοιον μετάγοντας τὸν λόγον.

Ἐπεὶ δὲ τῷ περὶ τροφῆς λόγῳ ἕπεται ὁ περὶ σκευῶν τῶν 74 κατ' οἶκον, δίκαιον εἰπεῖν ἡγοῦμαι καὶ περὶ τούτων. ἔχει δὲ
5 ὧδε. ποτήρια μέν, καθὼς ἔμπροσθεν εἴρηται, σημαίνει τὸν βίον, πίνακες δὲ καὶ παροψίδες αὐτὴν τὴν τοῦ βίου διαγωγήν. λαμβάνειν δὲ χρὴ τὸ τοιοῦτον ἀπὸ τῆς πολυτελείας ἢ ἀπὸ τοῦ μείζονα γενέσθαι ἐκ μικροτέρων ἢ μικρότερα ἐκ μειζόνων ἢ ἐξ ὑγιῶν οὐχ ὁλόκληρα ἢ ἐκ κατεαγότων ὑγιᾶ, τὴν
10 μὲν ἐπὶ τὸ κρεῖττον μεταβολὴν πρὸς ἀγαθὸν τιθεμένους, τὴν δὲ ἐπὶ τὸ χεῖρον πρὸς κακόν. ὁ δ' αὐτὸς καὶ περὶ τῶν ἄλλων σκευῶν ἔστω λόγος. λυχνία δὲ γυναῖκα σημαίνει, λύχνος δὲ τὸν τῆς οἰκίας ἄρχοντα καὶ τὸ πνεῦμα τοῦ ἰδόντος ἢ διὰ τὸ ἐπιβλέπειν τὰ ἔνδον ἢ διὰ τὸ εὐαπόσβεστον, καὶ ἔρωτα διὰ τὸ
15 ἀναλάμπειν, τρίπους δὲ καὶ ἑστία τὸν βίον καὶ τὴν ὅλην κατάστασιν καὶ τὴν γυναῖκα τοῦ ἰδόντος. ὅ τι ἂν οὖν πάθῃ ὁ τρίπους ἢ ἡ ἑστία, εἰς ταῦτα τὴν βλάβην ἀνακτέον. τράπεζα δὲ τρίποδος οὐδὲν διαφέρει οὐδὲ ἄλλο τι σκεῦος, ᾧ τις ἐπιδειπνεῖ. τύλη δὲ καὶ κλίνη καὶ πάντα τὰ πρὸς κοίτην τὴν
20 γυναῖκα τοῦ ἰδόντος σημαίνει καὶ τὸν ὅλον βίον. τὸ δ' αὐτὸ καὶ σκίμπους. τούτων δὲ οἱ μὲν πόδες οἰκέτας σημαίνουσι, τῶν δὲ ἐνηλάτων τὸ μὲν ἔξω ἰδίως τὴν γυναῖκα, τὸ δὲ ἔσω τὸν ἄνδρα, τὸ δὲ πρὸς τῇ κεφαλῇ τέκνα ἀρρενικά, τὸ δὲ πρὸς τοῖς ποσὶ θηλυκὰ τέκνα. κατὰ ταὐτὰ δὲ τοῖς ἐνηλάτοις καὶ οἱ
25 τοῖχοι τῶν κλινῶν διαλαμβανέσθωσαν. ξέσται δὲ τοὺς θεράποντας, ἀμφορεῖς δὲ τοὺς ὑπηρέτας, τραπεζοφόροι δὲ τοὺς οἰκονόμους, τὰ δὲ σιτοδόκα σκεύη τοὺς κατὰ τὸν οἶκον ταμίας σημαίνει, ὁμοίως δὲ καὶ τὸ ταμιεῖον. ἀγκῶνες δὲ καὶ πάντα τὰ προσπησσόμενα τὸ κόσμιον τοῦ βίου σημαίνει, κίσται δὲ p. 64

---

3 περὶ σκευῶν LV ‖ ἐπὶ L ‖ τῷ] τῶν L ‖ 6 παροψίδες Rigaltius: παραψίδες LV ‖ post διαγωγὴν in LV est οἷα τίς ἐστιν ἡ ἑστία σημαίνει ‖ 7 τοιοῦτο L. an τὰ τοιαῦτα? ‖ 9 οὐκ L ‖ 10 κρείττω L ‖ ἀγαθόν] ἀγαθῷ LV ‖ 11 χεῖρον L, sed eadem manus fecit χείρω ‖ κακόν] αὐτούς LV. Reiskius coniciebat τοὐναντίον ‖ 12 δὲ addidi ‖ λύχνους L ‖ 13 οἰκείας L ‖ 15 τὴν om V ‖ 16 ἂν addidi ‖ 17 ἡ inseruit Reiskius ‖ 19 δὲ addidi ‖ 20 καὶ τὸν ὅλον βίον expungendum videtur ‖ 23 ἀρρενικά] ἀρσενικὰ LV ‖ 24 ποσὶν L ‖ τὰ αὐτὰ L ‖ 25 δὲ τοὺς addidi ‖ 26 ἀμφορεῖς δὲ] ἀμφορεῖς LV ‖ τραπεζοφόροι δὲ] τραπεζοφόροι LV ‖ 27 σιτοδόκα] σιτοδόχα LV ‖ 28 ὅμοιον V ‖ ταμιεῖον] ταμιεῖον LV ‖ ἀγκῶνες] cf. Suidas in v. ἀγκών ‖ 29 προσπτυσσόμενα V ‖ σημαίνει Suidas: σημαίνουσι LV ‖ κύσται V. ‖ δὲ addidi ‖

5*

καὶ πυργίσκοι καὶ θησαυροφυλάκια τὴν γυναῖκα τοῦ ἰδόντος διὰ τὸ τὸ τιμιώτατον πεπιστεῦσθαι, στρωματόδεσμοι δὲ καὶ ἐνειλήματα παλλακίδας ἢ ἀπελευθέρας. περὶ δὲ τῶν ἄλλων σκευῶν μακρὸν ἂν εἴη λέγειν καὶ ταῦτα ἀπαιτοῦντα παρὰ τῶν ἐντυγχανόντων τοῖς βιβλίοις τὸ μὴ ἀβασανίστως ἀναγνόν- 5
τας παρ᾽ αὐτῶν τι προσφιλοτεχνεῖν.

75 Μυρίζεσθαι γυναιξὶ πάσαις ἀγαθὸν πλὴν τῶν μοιχευομένων, ἀνδράσι δὲ πρὸς αἰσχύνης ἐστὶ πλὴν τῶν ἔθος ἐχόντων μυρίζεσθαι.

76 Ὀρχεῖσθαι δοκεῖν ἔνδον παρ᾽ ἑαυτῷ τῶν οἰκείων παρα- 10
τυγχανόντων μόνων καὶ μηδενὸς ἀλλοτρίου παρόντος καὶ θεωμένου ἀγαθὸν ἐπίσης πᾶσιν. ἀλλὰ καὶ τὸ γυναῖκα τὴν ἑαυτοῦ καὶ τὰ παιδία καὶ τῶν συγγενῶν ἰδεῖν τινὰ ὀρχούμενον ἀγαθόν· εὐφροσύνην γὰρ πολλὴν καὶ δαψίλειαν βίου δηλοῖ, ἐπεὶ οἱ ἄνθρωποι οὐ πρότερον ὀρχοῦνται εἰ μὴ ὥσπερ δεσπότῃ 15
ἀποτόμῳ καὶ ὠμῷ τῇ γαστρὶ τὴν ἀποφορὰν ἀποδῶσι· τότε δὲ ὀρχοῦνται καὶ ἁπλοῦσι τὰ σώματα. ἀσθενοῦντι δὲ ἀνθρώπῳ καὶ ἀνδρὶ καὶ γυναικὶ πονηρόν· διὰ γὰρ τὴν πολλὴν κίνησιν τῆς ὀρχήσεως παρακόψαι δηλοῖ· πονηρὸν δὲ καὶ τῷ νοσοῦντά τινα ἔχοντι· τὰ γὰρ αὐτὰ τῷ κοπτομένῳ καὶ ὁ ὀρχούμενος 20
πάσχει τε καὶ δρᾷ. ἀλλοτρίων δέ τινων παρόντων ἀνθρώπων πολλῶν ἢ ὀλίγων δοκεῖν ὀρχεῖσθαι ἤ τινα τῶν ἰδίων ὀρχούμενον ἰδεῖν οὐδενὶ ἀγαθὸν οὔτε ἐρρωμένῳ οὔτε νοσοῦντι· τῷ μὲν γάρ τις ἔνδον ἐν τῷ οἴκῳ τεθνήξεται, ὁ δὲ ὀρχησάμενος ἀσχημονήσει μεγάλως. παιδίον δὲ ἰδεῖν ὀρχούμενον κωφὸν 25

p. 65 ἅμα καὶ ἄλαλον τὸ παιδίον γενέσθαι δηλοῖ, ἵνα διανεύσῃ ὅσα βούλεται σημαίνειν. ἐν θεάτρῳ δὲ δοκεῖν ὀρχεῖσθαι πεπλασμένον καὶ τὴν ἄλλην ἔχοντα σκευὴν εὐδοκιμεῖν τε καὶ ἐπαινεῖσθαι πένητι μὲν πλουτῆσαι σημαίνει, ἀλλ᾽ οὐ μέχρι γήρως· βασιλικὰ μὲν γὰρ πρόσωπα μιμεῖται καὶ πολλοὺς ὑπηρέτας 30

---

1 πυργίσκοι] cf. Suidas in v. πυργίσκοι || 2 τὸ τὸ] τὸ LV || πεπιστεῦσθαι] πεπιστεῦθαι LV || δὲ addidi || 3 ἐνειλήματα Rigaltius: ἐνηλίματα L; ἐνειλίματα V || 5 ἀναγ ντασ pr L; secunda manus supplevit νῶ || 6 παρ᾽] καὶ παρ V || 7 περὶ μύρων LV || γυναιξὶν L || τῶν addidi || 8 ἐστὶ] ἔσται LV || 10 περὶ ὀρχήσεως καὶ πυρρίχης καὶ ᾀσμάτων LV. ceterum hoc caput reiiciendum est post caput 77 || 13 τὰ addidi || 16 γαστρὶ Rigaltius: ἀρχῇ LV || 17 ἁπλοῦσι] πλοῦσιν L || 19 παρακόψαι] παραφρονῆσαι παρακόψαι L, παραφρονῆσαι καὶ παρακόψαι V || 20 κοπτομένῳ] κοπουμένῳ LV || 21 τε] δὲ L || τινῶν suspectum est || 23 τῷ] τῶν L || fortasse ὁ μὲν γάρ τις τεθνήξεται, ὁ δὲ ἀσχημονήσει μεγάλως || 26 διανεύσῃ Reiskius: διανευθῇ LV || 27 σημαίνειν Rigaltius: σημαίνει LV || πεπλασμένον] ἀναπεπλασμένον LV || 30 βασιλεικὰ L || γὰρ inserui ||

CAP. LXXIV—LXVI. 69

ἔχει ὁ ὀρχηστής, ἀλλὰ μετὰ τὸ δρᾶμα μόνος παραλείπεται·
πλουσίῳ δὲ ταραχάς τινας ἢ δίκας προαγορεύει διὰ τὰς ποικί-
λας τῶν δραμάτων πλοκάς· γυναικὶ δὲ οὔτε πλουσίᾳ οὔτε πέ-
νητι ἀγαθὸν τοῦτο τετήρηται· μεγάλας γὰρ καὶ περιβοήτους
5 ἀσχημοσύνας μαντεύεται. ὁπόταν δ᾽ ὀρχήσηται δοῦλος, πολ-
λὰς λήψεται πληγάς· καὶ ὁ πλέων ἤτοι ναυαγήσει ἢ καὶ μόνος
ἐκπεσὼν κολυμβήσει· ὁ μὲν γὰρ παιόμενος ὁ δὲ νηχόμενος
κινηθήσονται δι᾽ ὅλων τῶν σωμάτων. ἀγαθὸν δὲ ἀνδρὶ δεδε-
μένῳ τὸ ὀρχεῖσθαι· λυθήσεται γὰρ διὰ τὸ εὐκίνητον καὶ εὔ-
10 λυτον τοῦ σώματος. εἰ δέ τις ὑψηλὸς ὀρχοῖτο, εἰς φόβον καὶ
δέος πεσεῖται, κακοῦργος δὲ ὢν σταυρωθήσεται διὰ τὸ ὕψος
καὶ τὴν τῶν χειρῶν ἔκτασιν. τὸ δὲ πυρριχίζειν τὸ αὐτὸ τῷ
ὀρχεῖσθαι σημαίνει. τροχοπαικτεῖν δὲ ἢ μαχαίραις περιδινεῖ-
σθαι ἢ ἐκκυβιστᾶν τοῖς μὲν ἔθος ἔχουσιν οὐ πονηρόν, τοῖς δὲ
15 λοιποῖς εἰς ἔσχατον ἐλάσαι κίνδυνον προσημαίνει. τὸ δ᾽ αὐτὸ
καὶ καλοβατοῦντα ἰδεῖν προαγορεύει. μιμολόγοι δὲ καὶ ἅπαν-
τες οἱ γελωτοποιοὶ ἀπάτας καὶ ἐνέδρας σημαίνουσιν. ᾄσματα
δὲ δοκεῖν ᾄδειν καλῶς καὶ εὐφώνως τοῖς ᾠδικοῖς καὶ μουσι-
κοῖς καὶ τοῖς ἄλλοις πᾶσιν ἀγαθόν, τὸ δὲ πονηρῶς καὶ ἀφώ-
20 νως ᾄδειν ἀπραξιῶν ἐστὶ καὶ πενίας σύμβολον. ὁπόταν δὲ
τῶν ᾀσμάτων μεμνημένος ᾖ τις, ἀπ᾽ αὐτῶν τῶν ᾀσμάτων χρὴ
ποιεῖσθαι τὰς κρίσεις. ᾄδειν δ᾽ ἐν ὁδῷ ἀγαθόν, μάλιστα ἑπό-
μενον ὑποζυγίῳ· ᾄδειν δὲ ἐν βαλανείῳ οὐκ ἀγαθόν· τὸ μὲν
γὰρ εὐπρεπῶς καὶ εὐθύμως τὸν βίον διεξαγαγεῖν σημαίνει, τὸ
25 δὲ μὴ σαφεῖ χρήσεσθαι τῇ φωνῇ· πολλοὶ δὲ καὶ εἰς δεσμὰ p. 66
κατεκρίθησαν. τὸ δὲ ἐν ἀγορᾷ ἢ πλατείαις ᾀσματολογεῖν
πλουσίῳ μὲν ἀσχημοσύνας καὶ καταγέλωτας σημαίνει, πένητι
δὲ μανίαν.

---

1 ὁ om L ‖ 2 δίκας Reiskius: δίκας πλείστας LV ‖ 3 οὔτε] οὐ V ‖
5 μαντεύεται] ποιοῦνται LV ‖ ὁποταν δ᾽ ὀρχήσηται δοῦλος] ὅπως δ᾽ ἂν
ὀρχήσηται δοῦλος καὶ ὅπως δ᾽ ἂν L, ὅπως δ᾽ ἂν ὀρχήσηται δοῦλος καὶ ὅπου
ἂν V ‖ ἐκπεσὼν] ἐκπεσὼν καὶ L ‖ 8 κινηθήσονται] κινηθήσεται LV ‖
10 ὑψηλός] ὑψηλὸς ἐπί τινος LV ‖ 13 τροχοπαικτεῖν Reiskius: τροχο-
πεκτεῖν LV ‖ μαχαίραις Reiskius: μαχαίρας LV ‖ 16 καλοβατοῦντα]
μᾶλλον παίζοντα LV ‖ μιμολόγοις δὲ καὶ ἅπασι τοῖς γελωτοποιοῖς V ‖
17 οἱ addidit Reiskius ‖ post σημαίνουσιν in L est τὸ δ᾽ αὐτὸ ποιεῖν γε-
λωτοποιεῖν μιμολογεῖν ὑποκρίνεσθαι καὶ ἐξαπατῆσαί τινας σημαίνει, in
V τὸ αὐτὸ ποιεῖν γελωτοποιεῖν μιμολογεῖν ὑποκρίνεσθαι ἐξαπατῆσαί τι-
νας σημαίνει ‖ 18 εὐφώνως] εὐφώνως καὶ LV ‖ 19 πονήρως V ‖ 22
τὰς κρίσεις] τὴν κρίσιν LV ‖ δ᾽ addidi ‖ 23 βαλανίῳ L ‖ 24 διεξαγα-
γεῖν] διεξάγειν LV ‖ 25 σαφῆ L ‖ χρήσεσθαι] χρῆσθαι LV ‖ 27 πλου-
σίῳ] πλουσίοις LV ‖ 28 δὲ] τὲ L ‖

77 Στέφανον ἀναδεδέσθαι πεποιημένον ἐξ ἀνθέων τὸ μὲν καθόλου καὶ κοινὸν τῶν κατὰ τὴν ὥραν ἀγαθόν, τῶν δὲ παρὰ τὴν ὥραν πονηρόν. ἐπειδὴ δὲ ἀναγκαῖον ὑπὲρ σαφηνείας περὶ ἑκάστου εἰπεῖν, ἐντεῦθεν ἄρξομαι. στέφανοι ναρκίσσων πεποιημένοι πᾶσι κακοί, κἂν κατὰ τὴν ὥραν βλέπωνται, μάλιστα δὲ τοῖς ἐξ ὕδατος ἢ δι' ὕδατος τὸν πορισμὸν ποιουμένοις καὶ τοῖς μέλλουσι πλεῖν. οἱ δὲ ἐκ τῶν ἴων γεγονότες κατὰ μὲν τὴν ὥραν ἀγαθοί, παρὰ δὲ τὴν ὥραν μοχθηροί· καὶ τούτων οἱ μὲν ἐκ τῶν λευκῶν ἴων φανερὰ τὰ δύσχρηστα καὶ ἐπίσημα σημαίνουσιν, οἱ δὲ ἐκ τῶν κροκέων ἀσημότερα, οἱ δὲ ἐκ τῶν πορφυρῶν καὶ θάνατον σημαίνουσιν· ἔχει γάρ τινα τὸ πορφυροῦν χρῶμα συμπάθειαν πρὸς τὸν θάνατον. οἱ δὲ ἐκ τῶν ῥόδων κατὰ μὲν τὸν καιρὸν πᾶσιν ἀγαθοὶ πλὴν τῶν νοσούντων καὶ τῶν λανθάνειν πειρωμένων· οὓς μὲν γὰρ ἀναιροῦσι διὰ τὸ εὐμάραντον, οὓς δὲ ἐλέγχουσι διὰ τὴν ὀσμήν. ὅπου δὲ καὶ χειμῶνος ἔστι ῥόδοις χρήσασθαι, ἐνταῦθα πάντοτε ὡς περὶ ἀγαθῶν χρὴ ποιεῖσθαι τὸν λόγον. οἱ δὲ ἐκ τοῦ ἀμαράντου πᾶσιν ἀγαθοί, καὶ μάλιστα τοῖς δικαζομένοις, ἐπεὶ μέχρι παντὸς ὁ ἀμάραντος διὰ τὸ ὄνομα καὶ τὸ χρῶμα διαφυλάττει. νοσοῦσι δὲ οὗτοι κακοί· ἢ γὰρ νεκροῖς ἢ θεοῖς ἀνατίθενται, σπάνιον δὲ ἀνθρώποις. οἱ δ' ἐκ τῶν κρίνων γεγονότες εἰς ἐλπίδας ἀναβάλλουσι τὰ πράγματα. σισυμβρίου δὲ καὶ ἀμαράκου καὶ λαπάθου καὶ ἑλενίου καὶ ἀνεμώνης καὶ σαμψύχου στεφάνους ἀναδεδέσθαι πᾶσι πονηρόν· ὡς γὰρ ἐπὶ τὸ πολὺ νόσον σημαίνουσι. τὸ δὲ τῆς μαλάχης ἄνθος καὶ τῆς ῥοδοδάφνης κηπουροῖς καὶ γεωργοῖς μόνοις ἀγαθόν, τοῖς δὲ ἄλλοις μόχθους καὶ ἀποδημίας σημαίνει. κατὰ τὰ αὐτὰ δὲ τούτοις καὶ θύμον καὶ τὸ ἐπίθυμον καὶ τὸ μελίλωτον σημαίνει πλὴν

---

1 περὶ στεφάνων παντοδαπῶν V, στεφάνων παντοδαπῶν L || ἀναδεδέσθαι] ἀναδεδεῖσθαι L, ἀναδεδῆσθαι V || 4 ναρκίσσων Reiskius: ναρκίσω LV || 5 βλέπωνται μάλιστα δὲ τοῖς] βλέπωνται μάλιστα δὲ διὰ τὴν ἱστορίαν μάλιστα τοῖς V atque ita L, nisi quod βλέπονται exhibet || 6 μέλλουσιν L || 10 κροκέων] κροκίων LV || 12 πρὸς τὸν θάνατον] καὶ πρὸς τὸν θάνατον LV || 13 κατὰ Reiskius: παρὰ LV || 14 τῶν λανθάνειν πειρωμένων Reiskius: τοῦ λανθάνειν πειρωμένου LV || 15 δὲ Reiskius: γε LV || 16 ῥόδοις L || 17 ἐκ addidi || 18 τοῖς addidi || 19 ὁ ἀμάραντος Reiskius: ἀμαράντους LV || φυλάττει V || νοσοῦσιν L || 20 νεκροῖς Reiffius: ἱεροῖς V, νευροῖς L || 21 ἐκ om L || 22 ἀναβάλλουσι τὰ Reiskius: ἀναβάλλονται LV || ἀμαράκου καὶ λαπάθου] ἀμαράκου καὶ λαπάθου Φρυγίου LV. ἀμαράκου Φρυγίου καὶ λαπάθου Reiffius || 23 ἑλενίου] ἐλενίου LV || 24 ἀναδεδέσθαι] ἀναδεῖσθαι LV || πᾶσιν L || 25 σημαίνουσιν L || 26 κηπωροῖς V || μόνοις] μόνον LV || 27 ἀποδημίας] ἀηδίας? ἀδημονίας? ||

CAP. LXXVII.

ἰατρῶν· τούτοις γὰρ ἐστιν ἀγαθά. σελίνων δὲ στέφανος νοσοῦντας ἀναιρεῖ ὡς ἐπὶ τὸ πολὺ ὑδρωπιάσαντας διὰ τὸ ψυχρὸν καὶ κάθυγρον καὶ ὅτι ἐπιταφίῳ ἀγῶνι ἐπιτήδειός ἐστιν ὁ στέφανος οὗτος· ἀθληταῖς δὲ ἀγαθός, τοῖς δὲ λοιποῖς ἄτο-
5 πος. φοίνικος δὲ καὶ ἐλάας στέφανοι γάμους ἐλευθέρων ποιοῦσι γυναικῶν διὰ τὴν πλοκὴν καὶ τέκνα προαγορεύουσι πολυχρόνια διὰ τὸ ἀειθαλές· υἱὸν μὲν ὁ φοίνιξ, θυγατέρα δὲ ἡ ἐλάα. καὶ τοῖς ἀθληταῖς συλλαμβάνουσι καὶ πένησιν· οὓς μὲν γὰρ εὐπόρους οὓς δὲ ἐνδόξους ποιοῦσι. καὶ δούλους ἐλευ-
10 θερούσιν· ἴδιον γὰρ ἐλευθέρων οἱ στέφανοι. τὰ δὲ κρυπτὰ ἐλέγχουσι διὰ τὸ περιβοήτους εἶναι τοὺς στεφάνους. τὰ δὲ αὐτὰ τούτοις καὶ ὁ δρύϊνος στέφανος σημαίνει καὶ ὁ δάφνινος· καὶ ὁ μυρσίνης δὲ τὰ αὐτὰ ταῖς ἐλάαις σημαίνει, γεωργοῖς δὲ καὶ μᾶλλον ἀγαθὸς διὰ τὴν Δημήτερα καὶ γυναιξὶ διὰ
15 τὴν Ἀφροδίτην· κοινὸν γὰρ ταῖς θεαῖς τὸ φυτόν. στέφανοι κήρινοι πᾶσι κακοί, μάλιστα δὲ νοσοῦσιν, ἐπεὶ καὶ τὸν θάνατον κῆρα καλοῦσιν οἱ ποιηταί. οἱ δὲ τῶν ἐρίων πεποιημένοι διὰ τὸ ποικίλον φαρμακείας καὶ καταδέσμους σημαίνουσιν. οἱ δὲ τῶν ἁλῶν ἢ τοῦ θείου βαρηθῆναι πρός τινων
20 ὑπερεχόντων τὸν ἰδόντα σημαίνουσιν· εἰσὶν γὰρ φύσει βαρεῖς καὶ οὐδὲν ἔχοντες τερπνόν. στέφανον δοκεῖν ἔχειν χρυσοῦν πονηρὸν δούλῳ, εἰ μὴ καὶ τὰ ἅμα τῷ στεφάνῳ ἔχῃ, πορφύραν λέγω καὶ παραπομπήν· πονηρὸν δὲ καὶ πένητι διὰ τὸ παρ' ἀξίαν. τοιγαροῦν ὁ μὲν βασανισθήσεται, ὁ δὲ ἐπὶ με-
25 γάλοις ἁμαρτήμασι κατάφωρος ἔσται. εἰκὸς δὲ καὶ τοῦτον βασανισθῆναι. νοσοῦντι δὲ σύντομον προαγορεύει θάνατον· χλωρός τε γὰρ ὁ χρυσὸς καὶ βαρὺς καὶ ψυχρός, καὶ διὰ τοῦτο θανάτῳ προσείκασται. καὶ τὰ κρυπτὰ ἐλέγχει διὰ τὸ πάντως

---

1 ἐστιν] ἔνεστιν V || 2 ἀναιρεῖ ὡς ἐπὶ] τε ἀναιρεῖ καὶ ὡς V, δὲ ἀναιρεῖ καὶ ὡς L || 3 ἐπιτήδιος L || 5 ἐλάας] ἐλαίας LV || ποιοῦσι] περιποιοῦσι LV || 8 ἐλάα] ἐλαία LV || καὶ τοῖς ἀθληταῖς] καὶ τοῖς ἐπὶ τὸ ἄρχειν ὁρμωμένοις καὶ ἀθληταῖς LV || συλλαμβάνουσιν L || 9 ἐνδόξους] ἀπόρους V || ποιοῦσιν L || 10 στέφανοι] στέφανοι καὶ μᾶλλον ὅταν ἀγωνισάμενοι δοκοῦσιν εἰληφέναι αὐτούς LV || 11 ἐλέγχουσιν L || 12 ὁ δάφνινος] οὐ δάφνινος στέφανος L || 13 δὲ addidi || ἐλάαις] ἐλαίαις LV || 14 ἀγαθοὶ V || Δημήτερα] δήμητραν LV || 15 γὰρ] δὲ V || τὸ φυτόν] διὰ τὸ φυτόν L || 16 κήρινοι Rigaltius: κρινοι L, κρίινοι V || κακοί Reiffius: κακόν LV || 18 φαρμακίας L || 19 ἁλῶν Rigaltius: ἄλλων LV || βαρηθῆναι] βαρυνθῆναι V || 20 εἰσιν L || 21 χρυσοῦν] χρύσεον LV || 22 ἔχῃ Reiskius: ἔχων LV || 24 παρὰ L || ὁ δὲ — ἔσται om V || 25 ἁμαρτήμασιν L || κατάφωρος] κατάφορος L || εἰκὸς δὲ] εἰκὸς V || 27 τε om V || 28 τὰ addidit Reiskius || διὰ τὸ πάντως] πάντως γὰρ LV ||

ἀπόβλεπτον εἶναι τὸν χρυσοφοροῦντα. πλουσίοις δὲ καὶ δημαγωγοῖς καὶ τοῖς ὄχλου ἄρχειν προῃρημένοις ἀγαθὸν ἐτήρησα τὸν στέφανον. ἀμπέλου δὲ καὶ κισσοῦ μόνοις τοῖς περὶ τὸν Διόνυσον τεχνίταις συμφέρει, τοῖς δὲ ἄλλοις δεσμὰ σημαίνει διὰ τοὺς ἕλικας καὶ τὰς προσπλοκὰς τοῦ κισσοῦ ἢ νόσον διὰ ταῦτα. κακούργοις δὲ τραχηλοκοπηθῆναι σημαίνει διὰ τὸ τέμνεσθαι ταῦτα σιδήρῳ. κρομμύοις δὲ ἐστεφανῶσθαι δοκεῖν τὸν μὲν ἰδόντα ὠφελεῖ, τοὺς δὲ περὶ αὐτὸν βλάπτει.

Ἐν τῷ περὶ συνουσίας λόγῳ διαίρεσιν τὴν ἀρίστην ποιούμενος εἴποι τις ἂν πρῶτον περὶ τῆς κατὰ φύσιν καὶ νόμον καὶ ἔθος συνουσίας, εἶτα περὶ τῆς παρὰ νόμον, καὶ τρίτον περὶ τῆς παρὰ φύσιν. πρῶτον μὲν οὖν περὶ τῆς κατὰ νόμον συνουσίας ὧδέ πως ἔχει. γυναικὶ τῇ ἑαυτοῦ μιγῆναι ἑκούσῃ καὶ προσιεμένῃ καὶ πρὸς τὴν συνουσίαν μὴ ἀντιβαινούσῃ ἀγαθὸν ἐπίσης πᾶσιν· ἔστι γὰρ ἡ γυνὴ ἤτοι τέχνη τοῦ ἰδόντος ἢ πραγματεία, ἀφ' ἧς τὰς ἡδονὰς πορίζεται, ἢ οὗ προΐσταται καὶ ἄρχει, ὡς καὶ τῆς γυναικός. σημαίνει δὲ ὁ ὄνειρος τὴν ἀπὸ τῶν τοιούτων ὠφέλειαν· ἥδονται μὲν γὰρ οἱ ἄνθρωποι τοῖς ἀφροδισίοις, ἥδονται δὲ καὶ ταῖς ὠφελείαις. εἰ δὲ ἀντιβαίνοι ἡ γυνὴ καὶ μὴ παρέχοι ἑαυτήν, τὰ ἐναντία σημαίνει. ὁ δὲ αὐτὸς καὶ περὶ ἐρωμένης ἔστω λόγος. γυναιξὶ δὲ ἑταίραις ταῖς ἐπὶ κασωρίοις ἑστώσαις μίγνυσθαι μικρὰν μὲν αἰσχύνην καὶ βραχὺ ἀνάλωμα σημαίνει· αἰδοῦνται γὰρ ἅμα καὶ ἀναλοῦσι ταύταις πλησιάζοντες οἱ ἄνθρωποι· πρὸς δὲ πᾶσαν ἐγχείρησίν εἰσιν ἀγαθαί· καὶ γὰρ πρός τινων ἐργάσιμοι λέγονται, καὶ οὐδὲν ἀρνησάμεναι παρέχουσιν ἑαυτάς. εἴη δ' ἂν ἀγαθὸν τὸ εἰσιέναι εἰς τὰ πορνεῖα καὶ ἐξιέναι δύνασθαι, ἐπεὶ τό γε μὴ δύνασθαι ἐξιέναι πονηρόν. οἶδα δέ τινα, ὃς ἔδοξεν εἰσελθεῖν εἰς πορνεῖον καὶ μὴ δύνασθαι ἐξελθεῖν. ἀπέθανεν οὐ μετὰ πολλὰς ἡμέρας κατὰ λόγον τούτου ἀποβάντος αὐτῷ·

---

1 εἶναι] χρὴ εἶναι V ‖ 2 ὄχλου inserui ‖ προῃρημένοις] πειρωμένοις LV ‖ 3 στέφανον] στέφανον ὄναρ V, στέφανον ὄνειρον L ‖ 4 δεσμὰ] ἅμα L ‖ 6 ταῦτα Reiskius: ταῦτα LV ‖ 7 ταῦτα] τὰ τοιαῦτα? ‖ 9 περὶ συνουσίας καὶ ἀφροδισίων LV ‖ συνουσίας] συνουσίας ἀφροδισίων V, συνουσίας καὶ ἀφροδισίων L ‖ 12 οὖν om V ‖ 14 ἀντιβαίνουσι L ‖ 16 πραγματεία] ταπραγματείας L ‖ πορεύεται V ‖ 17 δὲ addidi ‖ 18 γὰρ addidi ‖ 20 καὶ] ἢ LV ‖ 21 ἑτέραις L ‖ 22 κασωρίοις] καυστηρίους L, καυστηρίοις V ‖ μήγνυσθαι L ‖ 24 ἀναλοῦσιν L ‖ 25 ἐπιχείρησιν V ‖ 27 δύνασθαι post ἐξιέναι om V ‖ 29 καὶ μὴ] μὴ L ‖ ἀπέθανεν] καὶ ἀπέθανεν LV ‖ 30 λόγον] λόγον τε V, λόγον δὲ L ‖

CAP. LXXVII. LXXVIII.

κοινὸς γὰρ ὁ τόπος οὗτος καλεῖται, ὡς καὶ ὁ τοὺς νεκροὺς δεχόμενος, καὶ πολλῶν σπερμάτων ἀνθρωπίνων ἐνταῦθα γίνεται φθορά. εἰκότως οὖν ὁ τόπος οὗτος ἔοικε θανάτῳ. οὐδὲν μέντοι κοινὸν αἱ γυναῖκες ἔχουσι τῷ τόπῳ· αὐταὶ μὲν γὰρ
5 ἀγαθὰ σημαίνουσιν, ὁ δὲ τόπος οὐκ ἀγαθός. ὅθεν αἱ πλαζόμεναι τῶν ἑταίρων λυσιτελέστεραι ὄναρ ὀφθῆναι. ἀγαθαὶ δὲ καὶ αἱ ἐπὶ ἐργαστηρίων καθεζόμεναι καὶ πιπράσκουσαί τι καὶ δεχόμεναι ἐμπολὰς καὶ ὁραθεῖσαι καὶ μιγεῖσαι. εἰ δέ τις γυναῖκα ἣν οὐκ οἶδεν ὑπολάβοι περαίνειν, εἰ μὲν εὔμορφος εἴη καὶ
10 χαρίεσσα καὶ σκευὴν ἔχοι ἱματίων πολυτελῶν καὶ μαλακῶν καὶ ὅρμων χρυσῶν καὶ ἑαυτὴν παρέχοι, ἀγαθὸν τῷ ἰδόντι οὐ μικρὸν τελεσθησόμενον δείκνυσιν· εἰ δὲ πρεσβῦτις εἴη καὶ εἰδεχθὴς καὶ ἄμορφος καὶ κακοείμων καὶ λυπηρῶς διάγοι καὶ μὴ παρέχοι ἑαυτήν, τἀναντία τῇ προτέρᾳ σημαίνει· χρὴ γὰρ
15 ἡγεῖσθαι τὰς ἀγνοουμένας γυναῖκας εἰκόνας εἶναι πράξεων τῶν ἀποβησομένων τῷ ἰδόντι. οἷα ἂν οὖν ᾖ ἡ γυνὴ καὶ ὅπως διακειμένη, οὕτω καὶ ἡ πρᾶξις διαθήσει τὸν ἰδόντα. δούλῃ δὲ ἰδίᾳ καὶ δούλῳ ἰδίῳ μιγῆναι ἀγαθόν· εἰσὶν γὰρ οἱ δοῦλοι κτήματα τοῦ ἰδόντος. διὸ σημαίνουσιν ἐπὶ τοῖς ἑαυτοῦ κτή-
20 μασιν ἡσθῆναι τὸν ἰδόντα ὡς εἰκὸς πλείοσι καὶ πολυτελεστέροις γινομένοις. περαίνεσθαι δὲ ὑπ' οἰκέτου οὐκ ἀγαθόν· καταφρονηθῆναι γὰρ σημαίνει καὶ βλαβῆναι παρὰ τοῦ οἰκέτου. τοῦτο δὲ καὶ ὑπὸ τοῦ ἀδελφοῦ, ἐάν τε νεώτερος ᾖ ὁ περαίνων ἐάν τε πρεσβύτερος, ἢ καὶ ὑπὸ ἐχθροῦ. γυναικὶ δὲ
25 γνωρίμῃ καὶ συνήθει μίγνυσθαι εἰ μὲν ἐρωτικῶς διακείμενός τις καὶ ἐπιθυμῶν τῆς γυναικὸς ἴδοι τὸν ὄνειρον, οὐδὲν προαγορεύει διὰ τὴν ἐπιτεταμένην ἐπιθυμίαν· εἰ δὲ μὴ ἐπιθυμοίη τῆς γυναικός, ἀγαθὸν αὐτῷ, ὅταν ἡ γυνὴ εὔπορος ᾖ·

---

2 ἀνθρωπείων? || 3 ἔοικεν L || 4 κοινὸν Rigaltius: κοιναὶ LV. αἱ Reiskius addidit || αὗται L || γὰρ Reiskius: τοι LV || 6 ἑτέρων L || αἱ Reiskius addidit || 7 καὶ πιπράσκουσαί τι expungendum videtur || 8 καὶ ὁραθεῖσαι καὶ μιγεῖσαι aliunde illata videntur || 10 ἔχοι] ἔχουσα LV || καὶ] τε L || 11 χρυσῶν] χρυσέων L, χρύσεων V || παρέχοι] παρέχουσα LV || ἀγαθὸν τῷ ἰδόντι] καλὸν τῷ ἰδόντι καὶ LV || 12 πρεσβύτης L || καὶ εἰδεχθὴς καὶ ἄμορφος καὶ κακοείμων καὶ λυπηρῶς διάγοι καὶ] ἢ εἰδεχθὴς ᾖ καὶ ἄμορφος καὶ κακοείμων εἴη λυπηρὸς διάγοι εἰ L , ἢ εἰδεχθὴς ἢ καὶ ἄμορφος καὶ κακοείμων εἴη λυπηρῶς διάγοι καὶ εἰ V || 14 τὰ ἐναντία L || τοῖς προτέροις V || 15 ἀγνοουμένας L || 16 ἀποβησομένων] συμβεβηκότων LV || ἂν οὖν] ἐὰν οὖν L, οὖν ἐὰν V || ᾖ om L || ὅπως] οὕτως L || 17 οὕτω] οὕτως LV || 18 δὲ addidi || μιγνῦναι V || γὰρ addidi || 20 ὡς εἰκὸς suspectum || πλείοσιν L || καὶ addidit Rigaltius, nisi forte πλείοσι aliunde irrepsit || 21 γενομένοις? || 23 malim κακὸν δὲ καὶ ὑπὸ ἀδελφοῦ ||

74 LIB. I.

πάντως γάρ τι πράξει λυσιτελὲς ἀπὸ τῆς γυναικὸς ἢ διὰ τῆς
γυναικός, ἣν εἶδεν ὄναρ. ἡ γὰρ τὸ σῶμα τὸ ἑαυτῆς τινὶ παρ-
έχουσα εἰκότως καὶ τὰ περὶ τὸ σῶμα παρέχοι ἄν. πολλάκις
δὲ τὸ τοιοῦτον ὄναρ καὶ ἐν μυστηρίοις τῆς γυναικὸς γενόμενον
τὸν ἰδόντα ὠφέλησε· παρέχει γὰρ ἡ τοιαύτη καὶ τῶν ἀπορρή- 5
των ἅψασθαι. ὕπανδρον δὲ κατὰ νόμους γεγαμημένην πε-
p. 70 ραίνειν οὐκ ἀγαθὸν διὰ τὸν νόμον· οἵοις γὰρ τὸν ἐπὶ μοιχείᾳ
ἁλόντα ὁ νόμος ὑπάγει, τοῖς αὐτοῖς καὶ τὸ ὄναρ. περαίνεσθαι
δὲ ὑπό τινος γνωρίμου γυναικὶ μὲν λυσιτελές, οἷος ἂν ᾖ ὁ
περαίνων· ἀνδρὶ δὲ ὑπὸ πλουσιωτέρου καὶ πρεσβυτέρου πε- 10
ραίνεσθαι ἀγαθόν· παρὰ γὰρ τῶν τοιούτων ἔθος ἐστὶ λαμβά-
νειν· ὑπὸ δὲ νεωτέρου καὶ ἀπόρου περαίνεσθαι πονηρόν· τοῖς
γὰρ τοιούτοις ἔθος ἐστὶ προσδιδόναι. τὸ δ' αὐτὸ σημαίνει καὶ
ἐὰν πρεσβύτερος ᾖ ὁ περαίνων καὶ πτωχός. χειροτονεῖν δὲ τὸ
αἰδοῖον εἴ τις ὑπολάβοι, δοῦλον ἢ δούλην περανεῖ διὰ τὸ τὰς 15
χεῖρας τὰς προσαγομένας τῷ αἰδοίῳ ὑπηρετικὰς εἶναι· εἰ δὲ
μὴ ἔχοι θεράποντας, ζημίαν ὑπομενεῖ διὰ τὴν εἰς ἄχρηστον
τοῦ σπέρματος ἀπόκρισιν. οἶδα δέ τινα δοῦλον, ὃς ἔδοξε τὸν
δεσπότην αὐτοῦ δέφειν. ἐγένετο τῶν παίδων αὐτοῦ παιδα-
γωγὸς καὶ τροφός· ἔσχε γὰρ ἐν ταῖς χερσὶ τὸ τοῦ δεσπότου 20
αἰδοῖον ὂν τῶν ἐκείνου τέκνων σημαντικόν. καὶ πάλιν αὖ
ἔδοξέ τις ὑπὸ τοῦ δεσπότου δέφεσθαι. προσδεθεὶς κίονι πολ-
λὰς ἔλαβε πληγάς, καὶ οὕτως ὑπὸ τοῦ δεσπότου ἐνετάθη.

περὶ δὲ τῆς παρανόμου συνουσίας οὕτω κρίνειν δέον ἐστίν.
υἱὸν περαίνειν οὐδέπω πενταετῆ γεγονότα θάνατον τῷ παιδὶ 25
σημαίνει, καθὼς πολλάκις ἐτήρησα· εἰκὸς δὲ τοῦτο σημαίνειν
διὰ τὸ φθείρεσθαι τὸ βρέφος, φθορὰν δὲ καλοῦμεν τὸν ὄλε-
θρον. εἰ δὲ ὑπὲρ τὰ πέντε ἔτη ὁ παῖς εἴη γεγονώς, ἔτι δὲ
τῶν δέκα ἐντός, νοσήσει μὲν ὁ παῖς, ἀφρόνως δέ τι πραγμα-
τευσάμενος ὁ ἰδὼν τὸν ὄνειρον βλαβήσεται· ὁ μὲν γὰρ διὰ τὸ 30
παιδικὸν τῆς ἡλικίας πρὸ τῆς ὥρας περαινόμενος διὰ τὸ ἀλ-

---

1 ἀπὸ τῆς γυναικὸς] παρὰ τῇ γυναικὶ LV || 2 ἣν εἶδεν ὄναρ] ἧς εἶ-
δεν ὁ ἀνήρ LV. sed hoc commatium emblematis speciem refert || 3 τὰ]
τὸ V || τὸ addidit Reiskius || 4 τοιοῦτο L || malim ἐν τοῖς μυστηρίοις
|| 8 ἐπάγει V, sed eadem manus fecit ὑπάγει || 9 λυσιτελές] ἡδὺ καὶ λυ-
σιτελές LV || 14 καὶ πτωχός] ἢ πτωχὸς V, ἢ πτωχὸς εἴη L || χειροτονεῖν
Suidas in v. χειροτονεῖν: χειροκοπεῖν LV || 15 περανεῖ Reiskius: περαί-
νει LV || 17 ὑπομενεῖ Rigaltius: ὑπομένει LV || 18 ἔδοξε L || 19 ἐγέ-
νετο] καὶ ἐγένετο LV || 20 ἔσχεν L || χερσὶν L || 21 ἐκείνου] οἰκείων
V || αὖ ἔδοξέ τις] αὖ οἶδα ὅς ἔδοξεν LV || 22 προσδεθεὶς] καὶ προσδε-
θεὶς LV || 23 ἔλαβεν L || 24 δὲ om V || συνηθείας L || οὕτως L ||

γεῖν νοσήσει, ὁ δὲ βλαβήσεται δι' ἀφροσύνην· οὐ γάρ ἐστιν ἐρρωμένου τὴν γνώμην οὐχ ὅτι τὸν ἑαυτοῦ υἱὸν ἀλλ' οὐδὲ ἄλλον τηλικοῦτον περαίνειν. εἰ δὲ ἀντίπαις εἴη ὁ υἱός, ἐὰν μὲν πένης ᾖ ὁ πατήρ, εἰς διδασκάλου πέμπων τὸν υἱὸν μι- σθούς τε αὐτῷ χορηγῶν εἰς αὐτὸν ἀποκρίσεις ποιήσεται· εἰ δὲ πλούσιος τὸ τοιοῦτον ἴδοι, πολλὰ τῷ υἱῷ δωρούμενος καὶ καταγράφων εἰς αὐτὸν ἀπουσίας ποιήσεται. ἀνδρὶ δὲ τελείῳ ἤδη ὄντι τῷ υἱῷ μιγῆναι ἀποδημοῦντι μὲν ἀγαθόν· συνελθεῖν γὰρ καὶ συναναστραφῆναι σημαίνει τὸ ὄναρ διὰ τὸ τῆς συνουσίας ὄνομα· συνόντι δὲ καὶ συνδιατρίβοντι πονηρόν· χωρὶς γὰρ ἀλλήλων γενέσθαι αὐτοὺς ἀνάγκη διὰ τὸ τὴν τῶν ἀνδρῶν συνουσίαν ὡς ἐπὶ τὸ πλεῖστον ἐξ ἀποστροφῆς γίνεσθαι. περαίνεσθαι δὲ ὑπὸ τοῦ υἱοῦ βίᾳ βλαβῆναι ὑπὸ τοῦ υἱοῦ σημαίνει, ἐφ' ᾗ βλάβῃ καὶ ὁ υἱὸς οἰμώξει· εἰ δὲ τὸν ἑαυτοῦ πατέρα δόξειέ τις περαίνειν, φυγὰς ἔσται τῆς ἑαυτοῦ ἢ εἰς ἔχθραν τῷ πατρὶ καταστήσεται· ἢ γὰρ αὐτὸς ἀποστραφήσεται αὐτὸν ὁ πατὴρ ἢ ὁ δῆμος τῷ πατρὶ τὸν αὐτὸν ἔχων λόγον. θυγάτριον δὲ μικρὸν μὲν παντελῶς καὶ οὐδέπω πενταετὲς γεγονὸς * * ἐντὸς δ' ἔτι τῶν δέκα, ἐπίσης τῷ υἱῷ σημαίνει· ὅταν δ' ὡραία γάμων ἡ παῖς τύχῃ οὖσα, εἰς ἀνδρὸς πορεύσεται, καὶ ὁ ἰδὼν τὸν ὄνειρον φερνὴν ἐπιδοὺς οὕτως εἰς τὴν θυγατέρα ἀπουσιάσει. οἶδα δέ τινα, ὃς ἐπὶ τούτῳ τῷ ὀνείρῳ τῆς γυναικὸς ἐστερήθη ὀρθῶς καὶ κατὰ λόγον· λοιπὸν γὰρ ἦν αὐτῷ ἡ θυγάτηρ διὰ τῆς οἰκουρίας καὶ τὰ γυναικὸς καὶ τὰ θυγατρὸς ἔργα παρέχουσα. εἰ δὲ παρὰ ἀνδρὶ οὔσῃ τῇ θυγατρὶ τῇ ἑαυτοῦ τις ὑπολάβοι συνεῖναι, χωρισθεῖσα τοῦ ἀνδρὸς ἡ θυγάτηρ πρὸς αὐτὸν ἀφίξεται, ἵνα αὐτῷ συνῇ καὶ συναναστρέφηται. ἀγαθὸν δὲ πένητι πλουσίαν ἔχοντι θυγατέρα μιγῆναι αὐτῇ· πολλὰ γὰρ ἀπὸ τῆς θυγατρὸς ὠφελούμενος ἡσθήσεται ἐπ' αὐτῇ. πολλάκις δὲ οἱ

---

2 ἐρωμένου V ‖ τὸν ἑαυτοῦ υἱὸν] γέγονεν αὐτοῦ υἱὸς LV. γε τὸν ἑαυτοῦ υἱὸν Reiskius ‖ 3 ἀντίπαις εἴη ὁ] ἀντίπαις ἦν L, ἀντιπάσχει ὁ V ‖ 4 διδασκάλου Reiskius: διδασκάλους LV ‖ 5 χορηγῶν L ‖ εἰς] τὰς εἰς LV ‖ ποιήσεται] ποιήσεται καὶ ἀποκρίσεις LV ‖ 10 συνουσίας] οὐσίας LV ‖ γὰρ] δὲ V ‖ 12 τὸ τὴν Reiffius: τὴν LV ‖ 13 γίγνεσθαι V ‖ 14 οἰμώξει L ‖ 15 δόξειέ] δόξει L, δόξοι V ‖ 16 ἢ εἰς ἔχθραν τῷ πατρὶ καταστήσεται] ἢ πρὸς τὸν πατέρα εἰς χώραν κατασταθήσεται LV. possis etiam ἢ εἰς ἔχθραν καταστήσεται τῷ πατρί ‖ 17 αὐτὸς] αὖ αὐτὸς L ‖ τῷ] ὁ τῷ LV ‖ 18 δὲ addidi ‖ 19 πενταετὴς γεγονὼς L ‖ lacunam signavi ‖ ἐντὸς L ‖ δ' ἔτι Reiskius: δέτι L, δέ τι V ‖ 20 ἢ ὡραία Reiffius: δωρεὰ L, δ' ὥρα V ‖ τύχῃ] τύχοι LV ‖ 21 τὸ L ‖ 22 ἀπουσιάσει] cf. Suidas in v. ἀπουσιάσει ‖ 26 συνεῖναι] συνιέναι LV ‖ 28 συναναστρέφεται L ‖

πλουτοῦντες καὶ παρὰ προαίρεσιν ἐπέδωκάν τι ταῖς θυγατράσι τοῦτον ἰδόντες τὸν ὄνειρον, καὶ οἱ νοσοῦντες ἀπέθανον ἐπὶ κληρονόμοις ταῖς θυγατράσι. περὶ δὲ ἀδελφῆς περισσὸν λέγειν· τὰ αὐτὰ γὰρ τῇ θυγατρὶ σημαίνει. ἀδελφὸν δὲ περαίνειν καὶ πρεσβύτερον καὶ νεώτερον ἀγαθὸν τῷ ἰδόντι· ὑπέρτερος γὰρ τοῦ ἀδελφοῦ ἔσται καὶ καταφρονήσει αὐτοῦ. φίλον δὲ ὁ περαίνων εἰς ἔχθραν αὐτῷ καταστήσεται βλαβέντι πρότερον ὑπ' αὐτοῦ. ὁ δὲ περὶ μητρὸς λόγος ὢν ποικίλος καὶ πολυμερὴς καὶ πολλὴν ἐπιδεχόμενος διαίρεσιν πολλοὺς τῶν ὀνειροκριτῶν διέφυγεν. ἔχει δὲ ὧδε. οὐχ ἡ μῖξις αὐτὴ καθ' ἑαυτὴν ἱκανή ἐστι τὰ σημαινόμενα δεῖξαι, ἀλλὰ τὰ σχήματα τῶν σωμάτων διάφορα ὄντα διαφόρους τὰς ἀποβάσεις ποιεῖ. πρῶτον μὲν οὖν περὶ τῆς σύγχρωτα περαινομένης καὶ ἅμα ζώσης λεκτέον, ἐπειδὴ καὶ ἡ ζῶσα οὐ τὰ αὐτὰ τῇ νεκρᾷ σημαίνει. εἴ τις οὖν τὴν ἑαυτοῦ μητέρα σύγχρωτα, ὅπερ καὶ κατὰ φύσιν τινὲς λέγουσι, καὶ ζῶσαν ἔτι περαίνοι, εἰ μὲν εἴη αὐτῷ ὁ πατὴρ ἐρρωμένος, ἔχθρα αὐτῷ πρὸς τὸν πατέρα ἔσται διὰ τὴν καὶ ἐπὶ τῶν ἄλλων ἀνθρώπων γινομένην ζηλοτυπίαν· εἰ δὲ νοσῶν ὁ πατὴρ τύχοι, τεθνήξεται· ὁ γὰρ ἰδὼν τὸν ὄνειρον προστήσεται τῆς μητρὸς υἱὸς ἅμα καὶ ἀνήρ. ἀγαθὸν δὲ παντὶ χειροτέχνῃ καὶ ἐργοπόνῳ· καὶ γὰρ τὴν τέχνην μητέρα καλεῖν ἔθος ἐστί, τὸ δὲ ταύτῃ πλησιάζειν τί ἂν εἴη ἄλλο ἢ τὸ μὴ σχολὴν ἔχειν ἀλλ' ἀπὸ τῆς τέχνης πορίζειν; ἀγαθὸν δὲ καὶ παντὶ δημαγωγῷ καὶ πολιτευτῇ· σημαίνει γὰρ καὶ τὴν πατρίδα ἡ μήτηρ. ὥσπερ οὖν ὁ μιγνύμενος κατὰ νόμον Ἀφροδίτης παντὸς ἄρχει τοῦ σώματος τῆς συνούσης πειθομένης καὶ ἑκούσης, οὕτως ὁ ἰδὼν πάντων προστήσεται τῶν τῆς πόλεως πραγμάτων. καὶ ὁ ἐχθρὸς ὢν τῇ μητρὶ εἰς φιλίαν αὐτῇ καταστήσεται διὰ τὴν μῖξιν· καὶ γὰρ φιλότης καλεῖται. πολλάκις δὲ καὶ

---

1 ἔδωκάν L ‖ 3 θυγατράσιν L ‖ 4 περαίνειν] σημαίνειν pr L ‖ 7 φίλον] καὶ φίλον LV ‖ βλαβέντι] βλαβεὶς LV ‖ 8 περὶ μητρὸς V, μητρὸς L ‖ δὲ addidi ‖ λόγος] λόγος περὶ ἀφροδισίων LV ‖ ὢν addidi ‖ 10 ὀνειροκριτικῶν V ‖ ὧδε] ὡσδὲ L ‖ 11 ἐστιν L ‖ ἀλλὰ] ἀλλὰ καὶ αἱ συμπλοκαὶ LV ‖ 12 ὄντα] αὐτὰ L ‖ τὰς addidi ‖ 13 σύγχρωτα] συγχρῶτα LV hic et infra ‖ καὶ ἅμα] καὶ ἅμα καὶ L ‖ 14 λεκτέων L ‖ καὶ post ἐπειδὴ deleam ‖ 16 καὶ ζῶσαν] ζῶσαν LV ‖ ἔτι περαίνοι Reiskius: ἐπιπεραίνοι LV ‖ αὐτῷ ὁ] ἔτι LV ‖ post ζηλοτυπίαν in LV est η (ἢ V) μᾶλλον ἂν ἐπὶ τούτων γένοιτο ‖ 19 ὁ γὰρ addidi ‖ ἰδὼν τὸν ὄνειρον om V ‖ 21 τῆς] γὰρ τῆς V ‖ 22 πλησιάζειν τι] πλησιάζοντι V ‖ 23 ἔχειν addidi ‖ ἀλλὰ L ‖ πορίζεσθαι? ‖ 24 γὰρ καὶ] γὰρ LV ‖ 27 οὗτος L ‖ 28 ὁ] εἰ V ‖ αὐτῇ addidi ‖ 29 διὰ] εἰς L ‖ post καλεῖται deesse videtur ἡ μῖξις ‖

CAP. LXXVIII. LXXIX. 77

τοὺς χωρὶς οἰκοῦντας ἐπὶ τὸ αὐτὸ συνήγαγε τὸ ὄναρ τοῦτο καὶ ἐποίησε συνεῖναι. διὸ καὶ τὸν ἀπόδημον εἰς τὴν οἰκείαν ἐπανάγει, ὅταν γε ἡ μήτηρ ἐν τῇ πατρίδι τυγχάνῃ οὖσα· εἰ δὲ μή, ὅπου ἂν ἡ μήτηρ διάγῃ, ἐκεῖσε σημαίνει πορευθῆναι τὸν
5 ἰδόντα. καὶ εἴ τις πενόμενος καὶ ἐν ἐνδείᾳ ὢν τῶν ἐπιτηδείων πλουσίαν ἔχοι μητέρα, λήψεται παρ' αὐτῆς ὅσα βούλεται ἢ ἀποθανοῦσαν μετ' οὐ πολὺ κληρονομήσει, καὶ οὕτως ἐπὶ p. 73 τῇ μητρὶ ἡσθήσεται. πολλοὶ δὲ καὶ ἀναλαβόντες τὰς μητέρας ἔθρεψαν, ἐκείνων ἐπ' αὐτοῖς ἡδομένων. νοσοῦντα δὲ ἀνίστησι
10 τὸ ὄναρ καὶ σημαίνει κατὰ φύσιν ἕξειν, μήτηρ γὰρ κοινὴ πάντων ἡ φύσις, φαμὲν δὲ τοὺς ἐρρωμένους καὶ οὐχὶ τοὺς νοσοῦντας κατὰ φύσιν ἔχειν. μέμνηται δὲ τοῦ τοιούτου καὶ Ἀπολλόδωρος ὁ Τελμησσεύς, ἀνὴρ ἐλλόγιμος. γένοιτο δ' ἂν ἐπὶ τῶν νοσούντων οὐχ ὅμοιον τὸ σημαινόμενον, εἴπερ εἴη νε-
15 κρὰ ἡ μήτηρ, ἐπεὶ αὐτίκα μάλα τεθνήξεται ὁ ἰδών· τῆς τε γὰρ νεκρᾶς τὸ σύγκριμα ἀναλύεται εἰς τὴν ὕλην, ἐξ ἧς συνέστη καὶ συνεκρίθη, καὶ τὸ πλεῖστον γεῶδες ὂν εἰς τὴν οἰκείαν ὕλην μεταβάλλει. καὶ τὴν γῆν οὐδὲ αὐτὴν οὐδὲν ἧττον μητέρα καλοῦμεν. τὸ δὲ μιγῆναι νεκρᾷ τῇ μητρὶ νοσοῦντι τί ἂν
20 ἄλλο σημαίνοι ἢ τὸ τῇ γῇ μιγῆναι; ἀγαθὸν δὲ τῷ περὶ γῆς ἔχοντι δίκην καὶ τῷ γῆν πρίασθαι βουλομένῳ καὶ τῷ γεωργεῖν ἐθέλοντι τὸ νεκρᾷ τῇ μητρὶ μιγῆναι. λέγουσι δ' ἔνιοι ὅτι γεωργῷ μόνῳ κακόν· ὡς ἐπὶ νεκρὰν γὰρ τὴν γῆν καταβαλεῖ τὰ σπέρματα, τοῦτ' ἔστιν ἀκαρπήσει· ἐμοὶ δὲ οὐδαμῶς δοκεῖ
25 ἀληθὲς εἶναι, εἰ μὴ ἄρα τις ἐπὶ τῇ συνουσίᾳ μεταγινώσκειν ἢ ἀνιᾶσθαι νομίζοι. ἔτι καὶ ὁ ἀπόδημος εἰς τὴν οἰκείαν ἀνακομισθήσεται καὶ ὁ περὶ τῆς οὐσίας τῆς μητρῴας ἀμφισβητῶν νικήσει ἐπὶ τούτῳ τῷ ὀνείρῳ οὐκ ἐπὶ τῷ σώματι ἀλλ' ἐπὶ τῇ οὐσίᾳ τῆς μητρὸς τερπόμενος. εἰ δέ τις ἐν τῇ πατρίδι

---

1 συνήγαγεν L || 2 ἐποίησεν L || οἰκίαν V || 3 γε] δὲ V || 4 διάγῃ] διάγοι LV || ἐκεῖσε] ἐκεῖ LV || 5 πενόμενος Reiskius: πενομένων LV || ἐν om L || ἔνδια L || ὢν τῶν Reiskius: οντων L, ὄντων V || 11 τοὺς ante νοσοῦντας om V || 13 Τελμησσεύς] τελμισσεύς LV || γένοιτο δ'] γένοιτ' V || 15 τε om V || 16 ἀναλύεται] ἀναλέλυται LV || 18 καὶ τὴν γῆν — καλοῦμεν] verba corrupta. Reiskius coniiciebat εἰς τὴν οἰκείαν ὕλην μεταβάλλει τὴν γῆν, οὐδὲ αὐτὴν οὐδὲν ἧττον μητέρα καλοῦμεν || 19 νεκρᾷ L || 20 σημαίνοι Reiskius: σημαίνει LV || 21 γῆν Reiskius: τὴν γῆν LV || 22 λέγουσι L || δὲ L || 23 κακόν addidit Reiskius || καταβαλεῖ idem: καταβαλλεῖ L, καταβάλλει V || 24 ἀκαρπήσει] οὐ καρπήσει V || οὐδαμῶς] οὐ L || ἀληθὲς εἶναι δοκεῖ V || 25 μεταγινώσκει L || 26 εἰς] ὢν ἐπὶ V || οἰκίαν V || 27 οὐσίας] συνουσίας L || μητρῴας] μητρὸς V || 28 post ὀνείρῳ in V est ὁ μὲν εἰς τὴν οἰκίαν ἀνακομισθεὶς ὁ δὲ, in L ὁ μὲν εἰς τὴν γῆν τὴν οἰκείαν ἀνακομιζόμενος ὁ δὲ || ἀλλὰ V || ἐπὶ om V ||

ἴδοι τὸ ὄναρ, ἐξελεύσεται τῆς πατρίδος· οὐ γὰρ ἔνεστιν ἐπὶ τοσούτῳ ἁμαρτήματι μένειν ἐπὶ τῆς μητρῴας ἑστίας. καὶ εἰ μὲν ἀνιῷτο ἐπὶ τῇ συνουσίᾳ ἢ μεταγινώσκοι, φεύξεται τὴν πατρίδα· εἰ δὲ μή, ἑκὼν ἀποδημήσει. ἀπεστραμμένην δὲ τὴν μητέρα περαίνειν οὐκ ἀγαθόν· ἢ γὰρ αὐτὴ ἡ μήτηρ ἀποστραφήσεται τὸν ἰδόντα ἢ ἡ πατρὶς ἢ ἡ τέχνη ἢ ὅ τι ἂν ᾖ τὸ προκείμενον τῷ ἰδόντι. πονηρὸν δὲ καὶ ὀρθῇ παρεστάναι τῇ μητρὶ κατὰ τὴν συνουσίαν· ἀπορίᾳ γὰρ κοίτης ἢ στρωμάτων τοιούτῳ χρῶνται σχήματι ἄνθρωποι. διὸ θλίψεις καὶ στενοχωρίας σημαίνει. καὶ εἰς γόνατα κειμένῃ τῇ μητρὶ μιγῆναι πονηρόν· πολλὴν γὰρ ἀπορίαν σημαίνει διὰ τὸ τῆς μητρὸς ἀκίνητον. τὸ δὲ ἄνωθεν ἐπικειμένην καὶ ἐφιππαζομένην τὴν μητέρα περαίνειν λέγουσιν ἔνιοι θάνατον τῷ ἰδόντι σημαίνειν· γῇ γὰρ ἔοικεν ἡ μήτηρ, ἐπειδὴ τροφὸς πάντων καὶ γενέτειρα ἡ γῆ· αὕτη δὲ τῶν νεκρῶν ἄνωθεν καὶ οὐχὶ τῶν ζώντων γίνεται. ἐγὼ δὲ ἐτήρησα τοὺς μὲν νοσοῦντας ἐπὶ τούτῳ τῷ ὀνείρῳ πάντοτε ἀποθανόντας τοὺς δὲ ἐρρωμένους μετὰ πολλῆς ῥαστώνης καὶ κατὰ προαίρεσιν τὸ λοιπὸν τοῦ βίου διαγαγόντας, ὀρθῶς καὶ εὐλόγως τοῦ τοιούτου γινομένου· ἐν μὲν γὰρ τοῖς ἄλλοις σχήμασι καὶ ὁ κάματος καὶ τὸ ἄσθμα περὶ τὸν ἄρρενα ὡς ἐπὶ τὸ πολὺ συνίσταται, ἡ δὲ θήλεια ἀπονωτέρα διατελεῖ· ἐν δὲ τούτῳ τῷ σχήματι πᾶν τοὐναντίον ἥδεται ὁ ἀνὴρ ἄνευ κόπου. ἀλλὰ καὶ τοὺς πλησίον λαθεῖν ἐπιτρέπει μὴ ἐν φωτὶ γινόμενον διὰ τὸ τοῦ ἄσθματος τὸ πολὺ ἀφαιρεῖσθαι. πολλοῖς δὲ καὶ διαφόροις σχήμασιν ἐπὶ τῆς μητρὸς οὐ συμφέρει χρῆσθαι· οὐ γὰρ ἐνυ-

---

1 ἴδοι τὸ ὄναρ] τῇ ἑαυτοῦ ἂν ἴδοι τὸν ὄνειρον τοῦτον V ‖ τοιούτῳ V ‖ 2 μένειν] μένειν ἔτι V ‖ ἑστίας] οὐσίας L ‖ 3 ᾖ] μὴ L ‖ 4 μή] μή γε V ‖ 6 ἢ ὅ τι] ὅ τι L, ἢ οἷον V ‖ 8 ᾖ] καὶ L ‖ 10 γόνατα] τὰ γόνατα V ‖ τῇ μητρὶ κειμένῃ V ‖ post πονηρόν in LV est ἔτι (ἐπεὶ L) καὶ ἄσχημον καὶ ὑπτίᾳ βεβλημένῃ ‖ 11 post ἀκίνητον in L est γένεσιν γὰρ ἢ τύχῃ τοῦ ἰδόντος ἢ δαίμονά τινα τὸν διέποντα καὶ τῶν ὅλων αἴτιον εἶναι νομίζομεν τὴν μητέρα, in V γένεσιν γὰρ ἢ τύχην ἢ δαίμονά τινα τοῦ ἰδόντος τὸν διέποντα καὶ τῶν ὅλων αἴτιον νομίζομεν εἶναι τὴν μητέρα ‖ 12 ἔνιοι λέγουσιν L ‖ 13 ἔοικεν ἡ] ἔοικε L ‖ 14 γενέτειρα] γεννητρια L ‖ 15 οὐχὶ] ου L ‖ γίνεται] γίνεται μήτηρ V ‖ 19 τοῦ τοιούτου γινομένου om L ‖ σχήμασιν L ‖ 20 ἄρρενα] ἄρσενα LV ‖ τὸ addidi ‖ 21 διατελεῖ] διάγει L ‖ 22 πᾶν τοὐναντίον ἥδεται ὁ ἀνὴρ ἄνευ κόπου] πᾶν τοὐναντίον ἥδεται γὰρ ὁ ἀνὴρ ἄνευ κόπου L, ὁ μὲν πόνος περὶ τὴν θήλειαν, τῷ δὲ ἄρρενι συμβαίνει ἀπαράμονι καὶ ἀποτεταμένῳ ἥδεσθαι καὶ τέρπεσθαι. ἀλλὰ καὶ ἧττον (ἥττονας Reiskius) τοὺς πόνους ποιεῖ τοῦτο τὸ σχῆμα διὰ τὸ χωρὶς σαλευμάτων γίνεσθαι ‖ ἀλλὰ om V ‖ 23 γενόμενον V ‖ τὸ addidit Reiskius ‖ 24 τοῦ] καὶ τοῦ V ‖ τὸ om V ‖ ἀφαιρεῖν V ‖ διαφόροις] ἄλλοις V ‖ 25 ἐπὶ τῆς μητρὸς οὐ συμφέρει χρῆσθαι] ἐπὶ μητρὸς οὐ διαφέρει χρῆσθαι L, οὐ συμφέρει χρῆσθαι ἐπὶ μητρὸς V ‖ οὐ] οὔτε V ‖

CAP. LXXIX.

βρίζειν δίκαιόν ἐστι τῇ μητρί. ὅτι δὲ τὰ μὲν ἄλλα σχήματα δι᾿ ὕβριν καὶ ἀκολασίαν καὶ παροινίαν ηὗρον ἄνθρωποι, τὸ δὲ σύγχρωτα μόνον ὑπὸ τῆς φύσεως διδαχθέντες, δῆλον ἀπὸ τῶν ἄλλων ζῴων· πάντα γὰρ τὰ γένη συνήθει τινὶ χρῆται
5 σχήματι, καὶ οὐ μεταβάλλει διὰ τὸ τῷ κατὰ φύσιν ἀκολουθεῖν λόγῳ. οἷον τὰ μὲν ὄπισθεν ἐπιβαίνει, ὡς ἵππος ὄνος αἲξ βοῦς ἔλαφος καὶ τὰ λοιπὰ τετράποδα· τὰ δὲ συμβάλλει πρότερον τὰ στόματα, ὡς ἔχιδναι καὶ περιστεραὶ καὶ γαλαῖ· τὰ δὲ κατὰ βραχὺ συνέρχεται, ὡς στρουθός· τὰ δὲ ἐπιβαίνοντα τῷ βάρει
10 τὰς θηλείας συνιζάνειν ἀναγκάζει, ὡς πάντες ὄρνιθες· τὰ δὲ οὐδὲ πρόσεισιν ἀλλήλοις, ἀλλ᾿ ὑπὸ τῶν ἀρρένων ἀποθλιβέντα ἀναλέγουσιν αἱ θήλειαι τὰ σπέρματα, ὡς ἰχθύες. οὕτως εἰκὸς καὶ ἀνθρώπους τὸ μὲν οἰκεῖον σχῆμα τὸ πρόσχρωτα ἔχειν, τὰ λοιπὰ ἐπιτεχνήσασθαι ὕβρει καὶ ἀκολασίᾳ εἴκοντας. πάντων
15 δὲ δεινότατον ἐτήρησα τὸ δοκεῖν ὑπὸ τῆς μητρὸς ἀρρητοποιεῖσθαι· καὶ γὰρ τέκνων ὄλεθρον καὶ οὐσίας ἀπώλειαν καὶ νόσον σημαίνει μεγάλην τῷ ἰδόντι. οἶδα δέ τινα, ὃς ἐπὶ τούτῳ τῷ ὀνείρῳ ἀφῃρέθη τὸ αἰδοῖον· καὶ γὰρ εἰκὸς ἦν ᾧ ἥμαρτεν μέρει τοῦ σώματος, τούτῳ καὶ κολασθῆναι. εἰ δὲ ὑπὸ τῆς
20 ἑαυτοῦ γυναικὸς ἢ ἐρωμένης δόξειέ τις ἀρρητοποιεῖσθαι, ἔχθρα ἢ λύσις τοῦ γάμου ἢ τῆς φιλίας ἔσται· οὐ γὰρ ἔνεστι τῇ τοιαύτῃ οὔτε τραπέζης οὔτε φιλήματος κοινωνῆσαι, εἰ μὴ ἄρα ἐν γαστρὶ ἔχοι ἡ γυνή· φθερεῖ γὰρ τὸ κατὰ γαστρὸς διὰ τὸ παρὰ φύσιν δέχεσθαι τὰ σπέρματα. ἔτι καὶ ἡ εὐπορωτέρα τοῦ ἀνδρὸς πολλὰ
25 δάνεια διαλύσει ὑπὲρ τοῦ ἀνδρός, καὶ ἡ δούλῳ συνοικοῦσα παρ᾿ ἑαυτῆς εἰσφέρουσα χρήματα ἐλευθερώσει τὸν ἄνδρα, καὶ οὕτω

---

1 ἐστιν L ‖ τῇ om V ‖ ἄλλα] ἄλλα πάντα V ‖ 2 διὰ V ‖ εὗρον V ‖ 3 ἀπὸ] ὑπὸ L ‖ 4 τινι χρῆται Reiskius: τινι χρῶνται V, χρῶνταί τινι L ‖ 5 μεταβάλλεται L ‖ τῷ κατὰ φύσιν ἀκολουθεῖν λόγῳ] τῷ κατὰ φύσιν λόγῳ ἀκολουθεῖν V, συνήθει ἀκολουθεῖν λόγῳ L ‖ 6 ὄπισθεν] ὄπισθεν παραναπίπτει ὡς κάμηλος καὶ κύνες τὰ δὲ ἄνωθεν V ‖ αἲξ βοῦς] βοῦς αἲξ ὗς πρόβατον V ‖ 9 τῷ inserui ‖ 10 συνιζάνειν] καὶ στήξιν L. nisi forte scribendum τὰ δὲ ἐπιβαίνοντα βαρεῖ τὰς θηλείας καὶ συνιζάνειν ἀναγκάζει ‖ πάντες ὄρνιθες] πᾶς ὄρνις V ‖ 11 οὐδὲ] οὐ V ‖ προσίασιν V ‖ ἀρρένων] ἀρσένων LV ‖ ἀποθλιβὲν τὸ σπέρμα ἀναλέγουσιν αἱ θήλειαι V ‖ 13 πρὸς χρῶτα V ‖ 14 ἐπιτεχνήσασθαι V ‖ 15 δεινότατον] δεινότατον L, δεινότατον καὶ ἀπορώτατον V ‖ 16 οὐσίας] περιουσίας LV ‖ 17 σημαίνει καὶ νόσον ‖ δέ τινα ὅς] δέ τινα ὡς L, καί τινα V ‖ 18 ἀφῃρέθη] ἀφαιρεθέντα V ‖ malim τοῦ αἰδοίου ‖ ἥμαρτεν] ἡμάρταν ἐν L eraso spiritu leni, ἡμάρτανεν ἐν V ‖ 20 δόξειεν V ‖ 21 ἢ] καὶ V ‖ λύσις] λύσις αὐτῷ V ‖ ἔνεστιν L ‖ 22 φιλημάτων V ‖ κοινωνῆσαι] κοινωνήσειν V ‖ 23 ἔχει L ‖ φθερεῖ] φθερεῖ V, φέρει L ‖ 24 ᾖ] εἰ V ‖ ἀνδρὸς] ἀνδρὸς εἴη V ‖ 25 λύσει L ‖ ὑπὲρ om V ‖ ἢ] εἰ V ‖ ἑαυτῇ L ‖ 26 οὕτως L ‖

80 LIB. I.

συμβήσεται τοῦ ἀνδρὸς τὸ ἀναγκαῖον (τοῦτο γὰρ τὸ αἰδοῖον καλεῖται) τοῦτ᾽ ἔστι τὴν ἀνάγκην καθαρὰν γενέσθαι. ὁ δὲ ὑπὸ φίλου ἢ συγγενοῦς ἢ τέκνου μηκέτι βρέφους ὄντος ἀρρητοποιηθεὶς εἰς ἔχθραν τῷ ἀρρητοποιήσαντι καταστήσεται, ὁ δὲ ὑπὸ βρέφους ἀρρητοποιηθεὶς κατορύξει τὸ βρέφος· οὐ γὰρ ἔτι 5 τοῦτο οἷόν τέ ἐστι φιλῆσαι. ὁ δὲ ὑπὸ ἀγνωτός τινος ἀρρητοποιηθεὶς ζημιωθήσεται ζημίαν ἡντιναοῦν διὰ τὴν εἰς ἄχρηστον ἀπόκρισιν τοῦ σπέρματος. εἰ δὲ αὐτὸς δόξειέ τις ἀρρητοποιεῖν, εἰ μὲν γνώριμόν τινα εἴτε ἄνδρα εἴτε γυναῖκα, εἰς ἔχθραν αὐτῷ καταστήσεται διὰ τὸ μὴ δύνασθαι στομάτων ἔτι κοινω- 10 νεῖν· εἰ δὲ ἀγνῶτα, πᾶσι βλαβερὸν πλὴν τῶν διὰ στόματος ἐχόντων τὴν ἐργασίαν, αὐλητὰς λέγω καὶ σαλπιγκτὰς καὶ ῥήτορας καὶ σοφιστὰς καὶ εἴ τινες ἄλλοι τούτοις εἰσὶν ὅμοιοι.

80 Περὶ δὲ τῆς παρὰ φύσιν συνουσίας ταῦτα ἄν τις λέγοι.
p. 76 ἑαυτῷ μιγῆναι δοκεῖν πλουσίῳ μὲν ἀπώλειαν τῆς οὐσίας καὶ 15 πολλὴν ἀπορίαν καὶ λιμὸν μαντεύεται ὡς οὐ παρόντος ἄλλου σώματος, πένητι δὲ νόσον μεγάλην ἢ βασάνους ὑπερβαλλούσας· ἄνευ γὰρ μεγάλης βασάνου οὐκ ἄν τις ἑαυτῷ μιγείη. εἰ δέ τις ὑπολάβοι καταφιλεῖν τὸ ἑαυτοῦ αἰδοῖον, εἰ μὲν ἄπαις εἴη, παῖδες ἔσονται αὐτῷ· εἰ δὲ ἀποδημοῦντας ἔχοι παῖδας, 20 ἀνακομισθέντας ὄψεται τούτους καὶ καταφιλήσει· πολλοὶ δὲ καὶ ἔγημαν ἐπὶ τούτῳ τῷ ὀνείρῳ γυναῖκας οὐκ ἔχοντες. εἰ δ᾽ ἑαυτόν τις ἀρρητοποιεῖν ὑπολάβοι, πένητι μὲν καὶ δούλῳ καὶ καταχρέῳ συμφέρει· τὴν γὰρ ἑαυτῶν ἀνάγκην περιελοῦσι· κακὸν δὲ τῷ παῖδας ἔχοντι καὶ τῷ τεκνῶσαι βουλομένῳ· τῷ 25 μὲν γὰρ οἱ ὄντες παῖδες φθαρήσονται, τῷ δὲ οὐκ ἔσονται· τὸ μὲν γὰρ αἰδοῖον παισὶν ἔρικε, τὸ δὲ στόμα τάφῳ· ὅσα γὰρ ἂν

---

1 τοῦ] τὸ V ‖ τούτων L ‖ γὰρ] γὰρ καὶ V ‖ 2 ἐστιν L ‖ 3 ἢ τέκνου ἢ συγγενοῦς L ‖ ὄντως L ‖ 4 δὲ] γὰρ L ‖ 5 ἀρρητοποιηθεὶς om L ‖ ἔτι τοῦτο] τὸ τοιοῦτον V ‖ 6 ἀγνώστου L ‖ 7 ἡντιναοῦν] ἡντινοῦν LV. post hanc vocem in LV est οὐ γὰρ ἔστιν ἐπ᾽ ἀκριβὲς εἰπεῖν ‖ 8 δόξειέν L ‖ 9 γνώριμόν τινα] εἰς γνώριμόν τινα γένηται L, γνώριμόν τινα καὶ συνήθη V ‖ εἰς ἔχθραν αὐτῷ καταστήσεται] εἰς ἔχθραν καταστήσεται αὐτῷ V, κατασταθήσεται αὐτῷ εἰς ἔχθραν L ‖ 11 δὲ Reiffius: δὲ εἰς LV ‖ πᾶσιν L ‖ διὰ] διὰ τοῦ V ‖ 12 αὐλητὰς] οἷον αὐλητὰς V ‖ σαλπιστὰς L ‖ 13 σοφιστὰς] σοφιστὰς πάντες L ‖ 14 περὶ τῆς παρὰ φύσιν μίξεως L, περὶ τῆς παρὰ φύσιν συνουσίας V ‖ δὲ om L ‖ συνουσίας] μίξεως L ‖ 16 λοιμὸν V ‖ μαντεύεται] μαντεύεται τὸ ὄναρ LV ‖ 18 μιγῇ V ‖ 19 ὑπολάβοι] ἴδοι L ‖ 21 τούτους καὶ καταφιλήσει Reiffius: καὶ τούτους καταφιλήσει V, τούτους καὶ τούτους φιλήσει L ‖ 22 οὐκ ἔχοντες] ἃς οὐ κατέσχον L ‖ δ᾽ ἑαυτὸν] δὲ αὐτόν L ‖ 23 ἀρρητοποιεῖν τις L ‖ μὲν om L ‖ 24 περιελοῦσιν L ‖ 25 τῷ] τὸ L ‖ τῷ μὲν] οἱ μὲν V ‖ 26 οἱ om L ‖ παῖδες om L ‖ τῷ] οἱ V ‖

λάβῃ τὸ στόμα, ταῦτα διαφθείρει καὶ οὐ φυλάττει. ἔτι καὶ
γυναικὸς στερίσκει καὶ ἐρωμένης τὸ ὄναρ τοῦτο· ὁ γὰρ ἑαυτῷ
δυνάμενος τὰ ἀφροδίσια παρέχειν γυναικὸς οὐ δεῖται· τοῖς δὲ
λοιποῖς ἢ ἀπορίαν βαρεῖαν ἢ νόσον μαντεύεται, ἵνα ἐπὶ τὰ ἀναγ-
5 καῖα τροφῆς ἕνεκα ἔλθωσι, τοῦτ' ἔστιν ὅσα μὴ βούλονται ἀπο-
δῶνται, ἢ ἵνα ὑπὸ τῆς νόσου τακέντος τοῦ σώματος δύνωνται
διὰ τὴν ἰσχνότητα τὸ στόμα τῷ αἰδοίῳ προσενεγκεῖν. γυνὴ
δὲ γυναῖκα ἐὰν περαίνῃ, τὰ ἑαυτῆς μυστήρια τῇ περαινομένῃ
κοινώσεται. ἐὰν δὲ ἀγνοῇ τὴν περαινομένην, ματαίοις ἐπι-
10 χειρήσει πράγμασιν. ἐὰν δὲ γυνὴ ὑπὸ γυναικὸς περαίνηται,
χωρισθήσεται τοῦ ἀνδρὸς ἢ χηρεύσει· τὰ μέντοι μυστήρια τῆς
μιγνυμένης οὐδὲν ἧττον μαθήσεται. θεῷ δὲ ἢ θεᾷ μιγῆναι ἢ
ὑπὸ θεοῦ περανθῆναι νοσοῦντι μὲν θάνατον σημαίνει· τότε
γὰρ ἡ ψυχὴ τὰς τῶν θεῶν συνόδους τε καὶ μίξεις μαντεύεται,
15 ὅταν ἐγγὺς ᾖ τοῦ καταλιπεῖν τὸ σῶμα ᾧ ἐνοικεῖ· τοῖς δὲ ἄλ-
λοις, ἐὰν μὲν ἥδωνται ἐπὶ τῇ συνουσίᾳ, τὰς ἀπὸ τῶν βελτιό-
νων ὠφελείας σημαίνει, ἐὰν δὲ μὴ ἥδωνται, φόβους καὶ ταρα-
χάς. Ἀρτέμιδι δὲ καὶ Ἀθηνᾷ καὶ Ἑστίᾳ καὶ Ῥέᾳ καὶ Ἥρᾳ καὶ
Ἑκάτῃ μιγῆναι μόναις οὐ συμφέρει, κἂν ἥδηταί τις· ὄλεθρον
20 γὰρ οὐκ εἰς μακρὰν τῷ ἰδόντι τὸ ὄναρ μαντεύεται· σεμναὶ γὰρ p. 77
αἱ θεαί, καὶ τοὺς ἐπιχειρήσαντας αὐταῖς οὐκ ἀγαθῶν ἐπιχεί-
ρων τυχεῖν ὑπειλήφαμεν. σελήνῃ δὲ μιγῆναι ναυκλήροις καὶ
κυβερνήταις καὶ ἐμπόροις καὶ τοῖς τὰ οὐράνια διασκεπτομέ-
νοις καὶ φιλαποδήμοις καὶ πλάνησι πάνυ συμφέρει, τοῖς δὲ
25 λοιποῖς ὑδρωπιάσαι σημαίνει· τοῖς μὲν γὰρ διὰ τὴν κίνησιν,
τοῖς δὲ διὰ τὸ μὴ ἄνευ αὐτῆς τὰ θεωρήματα συνεστάναι συλ-
λαμβάνεται, τοὺς δὲ ὑγρὰ οὖσα διαφθείρει. νεκρῷ δὲ μιγῆ-
ναι καὶ ἀνδρὶ καὶ γυναικὶ πλὴν μητρὸς καὶ ἀδελφῆς καὶ γυ-
ναικὸς καὶ ἐρωμένης καὶ τὸ περανθῆναι ὑπὸ νεκροῦ πάνυ

---

1 λάβοι V ‖ τὸ στόμα ταῦτα] τὸ στόμα V, ταῦτα L ‖ ἔτι] ἔτι δὲ V
‖ 2 ἐρωμένης L ‖ τοῦτο τὸ ὄναρ V ‖ 3 παρέχειν] παρέχειν καὶ τὰ ἄρ-
ρητα V, κἂν ἀπορεῖ L ‖ 4 ἢ om V ‖ ἢ νόσον μαντεύεται] σημαίνει καὶ
λοιμὸν ἢ νόσον V ‖ 5 ἕνεκα] ἕνεκεν LV ‖ ἔλθωσιν L ‖ ἀποδῶνται Reis-
kius: ἀποδόσθαι LV ‖ 6 σώματος] σώματος ἐπὶ τὸ αὐτὸ L ‖ δύνανται
L ‖ 8 περαίνῃ] περαίνειν δοκῇ V ‖ 9 κοινωνήσει L ‖ ἀγνοεῖ L ‖ ἐγ-
χειρήσει V ‖ 10 περαίνεται L ‖ 11 ᾖ] καὶ L ‖ 12 post μιγνυμένης in
L est τὰ ἀπόρρητα ‖ 13 θανάτου σημεῖον L ‖ 15 καταλιπεῖν L ‖ 16
ἥδονται L ‖ 17 ἥδονται L ‖ 18 δὲ] τε LV ‖ 19 ἥδεταί L ‖ 21 ἀγα-
θῶν] ἀγαθῶν τῶν LV ‖ ἐπιχείρων Reiskius: ἐπιχειρήσεων LV ‖ 22 μι-
γῆναι Reiskius: ἐπιμιγῆναι LV ‖ 23 καὶ post κυβερνήταις adiecit Reif-
fius ‖ 26 διὰ τὸ Reiskius: τὸ LV ‖ 27 μιγῆναι] μίγνυσθαι L ‖ 28 καὶ
γυναικὸς om L ‖ 29 τὸ om L ‖

ARTEMIDORUS. 6

ἄτοπον· οἱ μὲν γὰρ ἀποθανόντες εἰς γῆν μεταβάλλουσιν, τὸ
δὲ περαίνειν αὐτοὺς οὐδέν ἐστιν ἄλλο ἢ εἰς γῆν ὠθεῖσθαι,
καὶ τὸ περαίνεσθαι γῆν εἰς τὸ σῶμα παραδέχεσθαι. ἃ δὴ ἀμ-
φότερα θάνατον σημαίνει πλὴν τῶν ἐν ἀλλοδαπῇ ὄντων καὶ
μὴ ἔνθα οἱ νεκροί εἰσι κατατεθαμμένοι· τούτοις γὰρ εἰς ἐκεί- 5
νην τὴν γῆν ἀνακομιδὴν μαντεύεται. καὶ τοὺς τῆς γῆς τῆς
ἑαυτῶν ἀπαλλακτιῶντας κατέχει. οἵῳ δ' ἄν τις ὑπολάβῃ θη-
ρίῳ μιγῆναι, ἐὰν μὲν αὐτὸς ὀχεύῃ, ὠφεληθήσεταί τινας ὠφε-
λείας ἀπὸ τοιούτου τινός, οἷον ἂν ᾖ τὸ θηρίον· δείξομεν δὲ
τούτων ἕκαστον ἐν τῷ περὶ κυνηγίου καὶ περὶ ζῴων λόγῳ· 10
ἐὰν δὲ ὀχεύηται, βίαια καὶ πονηρὰ ὑπομενεῖ πράγματα. πολλοὶ
δὲ ἐπὶ τούτοις καὶ ἀπέθανον. περὶ μὲν οὖν συνουσίας ταῦτα.

81 Αὐτὸ μὲν τὸ καθεύδειν δοκεῖν ἄπρακτον, καὶ τὸ μέλλειν
ὑπνοῦν καὶ αὐτὸ ἄπρακτον καὶ πονηρὸν πᾶσι πλὴν τῶν φο-
βουμένων ἢ βασάνους προσδοκώντων· πάσης γὰρ ἀπαλλάττει 15
φροντίδος καὶ παντὸς δέους ὁ ὕπνος. τὸ δὲ ἀνίστασθαι ἐξ
ὕπνου πράξεις καὶ ἐργασίας προαγορεύει, μόνοις δὲ τοῖς φο-
βουμένοις ἐστὶ πονηρόν. ἐν ἱερῷ δὲ καθεύδειν δοκεῖν νο-
σοῦντι μὲν ὑγίειαν, ἐρρωμένῳ δὲ νόσον ἢ μεγάλας φροντίδας
προαγορεύει· ὁ μὲν γὰρ ἀνάπαυλαν ἕξει τῆς νόσου διὰ τὸ 20
τοὺς καθεύδοντας μὴ ἀντιλαμβάνεσθαι πόνων, ὁ δ' ἐπ' ἰα-
τρείαν θεῶν κατελεύσεται. ἐν μνήμασι δὲ καὶ τάφοις καὶ ἐν
ὁδῷ καθεύδειν τοῖς μὲν νοσοῦσι θάνατον προαγορεύει, τοῖς
δὲ ἐρρωμένοις ἀπραξίαν· ἄπρακτοι γὰρ αἱ τοιαῦται διατριβαὶ
καὶ τὰ χωρία. 25

---

1 εἰς γῆν μεταβάλλουσιν] εἰς γῆν μετεβάλοντο L, μετέβαλλον εἰς γῆν
V ∥ 2 δὲ om V ∥ αὐτοὺς] οὖν αὐτοὺς V ∥ ᾖ om L ∥ 3 γῆν] πλὴν L ∥
4 ἀλλοδαπῇ] ἀλλαγῇ τῶν L ∥ 5 ἔνθα] ἐν ᾗ L ∥ κατατεθαμμένοι εἰσί
V ∥ 6 μαντεύεται] σημαίνει V ∥ τῆς γῆς] ἐκ τῆς γῆς LV ∥ τῆς ἑαυ-
τῶν] τῆς αὐτῆς L, ἑαυτῶν V. fortasse τῆς ἑαυτῶν abiecto ἐκ τῆς γῆς ∥
7 ἀπαλλακτιῶντας κατέχει] ἀπαλλακτικῶς ἔχοντας κατέχει V ∥ ὑπολάβῃ]
ὑπολάβοι LV ∥ 8 μιγῆναι] μεμίχθαι V ∥ 10 τούτων] τὸ καθ' L ∥ καὶ
περὶ] καὶ V ∥ λόγου L ∥ 11 πράγματα ὑπομενεῖ V ∥ 12 δὲ] δὲ καὶ
V ∥ τούτοις καὶ] τοιούτοις V ∥ μὲν οὖν] μὲν V, οὖν L ∥ 13 περὶ
ὕπνου L, περὶ ὕπνου καὶ τοῦ καθεύδειν V ∥ αὐτὸ] περὶ ὕπνου
αὐτὸ L ∥ 14 πᾶσιν L ∥ 15 ἢ βασάνους προσδοκώντων] ἢ βασάνους προσ-
δοκούντων L, καὶ προσδοκώντων βασάνους V ∥ ἀπαλάττει L ∥ 16 παν-
τὸς δέους ὁ ὕπνος] παντωσουσούπνος L, δέους παντὸς ὁ ὕπνος V ∥ 17
πρᾶξιν L ∥ ἐργασίαν L ∥ προαγορεύον L ∥ δὲ om L ∥ 18 ἐστὶν L
∥ δὲ καθεύδειν δοκεῖν] δοκεῖν κοιμᾶσθαι L ∥ 19 ὑγίειαν Reiffius:
ὑγείαν V, ὑγίαν L ∥ 20 παῦλαν L ∥ ἕξει] ἓξ pr L ∥ τὸ] τὸ μὴ L ∥ 21
μὴ om L ∥ δὲ V ∥ ἐπ' ἰατρείαν] ἐπὶ λατρείαν LV ∥ 22 post κατελεύ-
εσται in V est ὥστε τούτων δεηθῆναι ἕνεκεν ἰάσεως ∥ 24 ἀπραγίαν
V ∥ 25 καὶ] τε κα_ι V ∥

CAP. LXXX—LXXXII.

Ἔρρωσο δὲ καὶ ὑγίαινε οὔτε λέγειν οὔτε ἀκούειν ἀγα- 82
θόν· οὔτε γὰρ προσιόντες ἀλλήλοις οὔτε μέλλοντές τι πράττειν
ταῦτα λέγουσιν οἱ ἄνθρωποι, ἀλλὰ ἀπαλλαττόμενοι ἀλλήλων
καὶ πρὸς ὕπνον τρεπόμενοι. διὸ καὶ γάμους καὶ κοινωνίας
5 διίστησι καὶ τοὺς νοσοῦντας ἀναιρεῖ.

Ἡ μὲν οὖν πρώτη τῆς πραγματείας βίβλος, Κάσσιε Μά-
ξιμε, τὸν ἐπιβάλλοντα λόγον ἀποχρώντως καὶ ὡς μήτε ἐνδεῖν
τι τῶν ἀναγκαίων μήτε ὑπερβάλλειν τι τῶν δεόντων ἀπείλη-
φεν· ἐν δὲ τῇ δευτέρᾳ βίβλῳ ὧν ἐπηγγειλάμεθα ἐν ἀρχῇ τῆσδε
10 τῆς βίβλου λόγον ἀποδώσομεν.

1 περὶ τοῦ ἔρρωσο καὶ ὑγίαινε LV ‖ 2 οὔτε] οὐ V ‖ 3 οἱ
om V ‖ ἀλλὰ ἀπαλλαττόμενοι] ἀπαλαττόμενοι δὲ L ‖ 5 διίστησιν L ‖
6 ἡ μὲν] ἡμῖν L ‖ βίβλος om L ‖ Κάσσιε Reiffius: ὡ κάσιε L, κάσιε V
‖ 8 τι] τινι L ‖ δεόντων] ἀναγκαίων V ‖ 9 ὧν] τῶν L, ὃν V ‖ 10
ἀποδώσω L ‖ ἀρτεμιδώρου δαλδιανοῦ περὶ ὀνείρων α βιβλίον
ἐπληρώθη L ‖

B

1ᵃ *Ἐν* μὲν τῇ πρὸ ταύτης βίβλῳ, Κάσσιε Μάξιμε, μετὰ τὰς τεχνικὰς ὑποθήκας καὶ τὴν τοῦ ὅπως δεῖ κρίνειν τοὺς ὀνείρους διδασκαλίαν καὶ ἐπαγγελίαν τῶν ἐν ἀμφοτέραις ταῖς βίβλοις γραφησομένων περὶ πάντων τῶν περὶ ἄνθρωπον κοινῶν τε καὶ ἐν χρήσει ὄντων ἐποιησάμην τὸν λόγον ἀεί τε φυλαττόμενος, ὅπου γε μὴ μεγάλη ἀνάγκη ἐπείγοι, μὴ συνεμπεσεῖν τοῖς παλαιοῖς, καὶ παραλείπων οὐδὲν τῶν δεόντων ἢ εἴ τι προλαβόντες οἱ παλαιοὶ διδασκαλικῶς ἐξηγήσαντο· περὶ ὧν οὐκ ἐχρῆν ἐμὲ λέγειν, ἵνα μὴ ἀντιλέγειν ἐπιχειρῶν ψεύδεσθαι ἀναγκάζωμαι ἢ τὰ αὐτὰ λέγων ἀποκλείω τῆς εἰς μέσον παρόδου τὸν πόνον τῶν παλαιῶν· ἐν δὲ ταύτῃ τῇ βίβλῳ τὴν ὀφειλομένην διαίρεσιν ἀποδώσω. αἰτοῦμαι δὲ παρὰ σοῦ τῇ τῶν πραγμάτων ἀκολουθίᾳ καὶ τῷ ἀκριβεῖ τῶν κρίσεων ἐφ' ᾧ καὶ μόνῳ μέγα φρονῶ παρακολουθεῖν, τὸ δὲ κατὰ τὴν φράσιν μὴ παραβάλλειν τοῖς σοῖς λόγοις, ἀλλ' ὅσον ἐν νυκτὶ λύχνος τὴν ἡλίου χρείαν τοῖς χρῄζουσι παρέχει, τοσαύτην ἡγήσασθαι πρὸς τὴν τῶν νοουμένων ἀπαγγελίαν δύναμιν ἐμὲ ἔχειν. λοιπὸν δὲ (καιρὸς γὰρ καλεῖ) ἐπὶ τὰς κρίσεις τρέψομαι.

1ᵇ Περὶ μὲν τοῦ δοκεῖν ἐξ ὕπνου ἐγείρεσθαι ἐν τῷ περὶ

Ἀρτεμιδώρου δαλδιανοῦ ὀνείρων κρίσεως B L, Ἀρτεμιδώρου δαλδιανοῦ ὀνειροκριτικῶν B προοίμιον V. utrique titulo capitum argumenta praefixa || 1 μὲν om V || πρὸ ταύτης] πρώτη V || Κάσσιε Reiffius: κάσιε LV || μετὰ om V || 3 διδασκαλειαν L || ἐπαγγελειαν L || 4 περὶ] καὶ περὶ L || ἀνθρώπων V || 5 ἐποιησαμεν L || τε om V || φυλαττόμενοι L || 6 ἐπείγοι συνεμπεσεῖν] ἐπίγησὺνενπεσεῖν L, ἤπειγε μὴ συμπεσεῖν V || 7 καὶ addidi || 9 ἀναγκάζομαι L || 10 ἀποκλησω pr L, ἀποκλισω fecit manus secunda || τῶν πόνων V || 12 τῇ — ἀκολουθίᾳ Reiskius: τὴν — ἀκολουθίαν V, τὴν — ἀκολουθείαν L || 13 ἀκριβῆ L || μόνῳ om V || 14 παρακολουθεια pr L, extremae literae ν superscripsit manus secunda || τὸ δὲ κατὰ τὴν φράσιν] κατὰ τὴν φράσιν δὲ L || 17 ἀπαγγελίαν Reiskius: ἀπαγγελειαν L, ἐπαγγελίαν V || 18 γὰρ om L || 19 περὶ ἐγρηγορήσεως L, περὶ ἐγρηγόρσεως V || δόξειν L ||

ὕπνου προείρηκα λόγῳ, αὐτὸ δὲ τὸ ἐγρηγορέναι δοκεῖν νυκτὸς
κατακεκλιμένον ἐν τῇ κοίτῃ φροντίδας ὑπερβαλλούσας τινὰς
τοῖς εὐποροῦσι προαγορεύει, πένησι δὲ καὶ τοῖς ἐπιτιθεμένοις
τισὶν ἀγαθόν· οἱ μὲν γὰρ οὐχ ἕξουσι σχολήν, οἱ δὲ μετὰ πολ-
5 λῆς προνοίας ἐπιτιθέμενοι οὐκ ἀστοχήσουσιν. ὅμοιον δ' ἂν εἴη
τούτῳ καὶ τὸ ὀξὺ τοῖς ὀφθαλμοῖς ὁρᾶν καὶ τὸ ἐν νυκτὶ καὶ
σκότει φῶς ἰδεῖν αἰφνίδιον ἀναλάμψαν.

Προϊέναι ἔωθεν εὐμαρῶς καὶ μήτε κωλύεσθαι ὑπό τινος 2
τῶν ἔνδον μήτε ἐναποκλείεσθαι ἀγαθόν· τὰ γὰρ κατὰ προαί-
10 ρεσιν καὶ κατὰ γνώμην πρᾶξαι σημαίνει· τὸ δὲ μὴ δύνασθαι
προϊέναι ἢ τὰς ἐξόδους τῆς οἰκίας τῆς ἑαυτοῦ ἢ ἡστινοσοῦν ἐν
ᾗ ἂν ὑπολάβῃ τις εἶναι μὴ εὑρίσκειν κατοχὰς μὲν τοῖς ἀποδη-
μεῖν προῃρημένοις, ἐμπόδια δὲ τοῖς πράττειν τι βουλομένοις,
μακρὰν δὲ νόσον τῷ κάμνοντι καὶ τῷ πάλαι νοσοῦντι θάνατον
15 προαγορεύει. ἀσπάζεσθαι δὲ τοὺς συνήθεις καὶ προσαγορεύ-
ειν καὶ καταφιλεῖν ἀγαθόν· ἡδεῖς γὰρ λόγους καὶ εἰπεῖν καὶ
ἀκοῦσαι σημαίνει· τοὺς δὲ μὴ συνήθεις, ἄλλως δὲ γνωρίμους
προσαγορεύειν ἧττον ἀγαθόν· ἐχθροὺς δὲ προσαγορεύειν καὶ
καταφιλεῖν δοκεῖν τῆς ἔχθρας λύσιν ποιεῖ, νεκροὺς δὲ κατα-
20 φιλεῖν δοκεῖν νοσοῦντι μὲν ἄτοπον· ὄλεθρον γὰρ αὐτῷ μαν-
τεύεται· ἐρρωμένῳ δὲ παραγγέλλει λόγοις σπουδαίοις τὸ παρὸν
μὴ χρῆσθαι διὰ τὸ νεκρῷ στόματι συμβάλλειν τὰ χείλη· τοὺς
δὲ ὅτε ἔζων φιλτάτους τε καὶ ἡδίστους γεγονότας νεκροὺς κα-
ταφιλεῖν οὐ κωλύει οὔτε λόγοις χρῆσθαι οὔτε ἄλλο τι πράττειν.

25 Περὶ ἐσθῆτος καὶ κόσμου παντοδαποῦ ποιούμενος τὸν λό- 3
γον πρῶτον περὶ ἀνδρείας σκευῆς ἐγχωρίου τε καὶ ξενικῆς
ἡγοῦμαι δεῖν διαλαβεῖν. ἐσθὴς ἡ συνήθης πᾶσιν ἀγαθὴ καὶ

---

1 ὕπνου] τοῦ ὕπνου V ∥ προειρήκαμεν V ∥ αὐτῷ δὲ τῷ L ∥ 2 κα-
τακεκλιμένον L ∥ τῇ om V ∥ 3 εὐπόροις L ∥ πένησιν L ∥ 4 οὐκ L ∥
χολήν V ∥ 6 τοῦτο L ∥ 7 σκότῳ L ∥ ἰδεῖν ᵑ ἐφηδιον L ∥ ἀναλάμψαν]
λαμβάνειν L ∥ 8 περὶ προόδου καὶ ἀσπασμοῦ LV ∥ προϊέναι]
προϊέναι δὲ LV ∥ εὐμαρῶς ἕωθεν V ∥ μήτε] μὴ L ∥ 9 μήτε] καὶ μὴ L ∥
ἐναποκλεῖσθαι L ∥ 10 κατὰ om V ∥ 11 ᾗ om V ∥ οἰκείας L ∥ ἡ ἡστι-
νοσοῦν] ἡτινοσοῦν L ∥ ἐν ᾗ ἄν] ἐὰν L ∥ 12 ὑπολάβῃ V ∥ 13 προῃρημέ-
νοις] προαιρουμένοις V, πειρωμένοις L ∥ βουλομένοις] προαιρωμένοις L
∥ 16 καὶ ante εἰπεῖν om L ∥ 17 μὴ συνήθεις] ἀηδεῖς L ∥ 18 προαγο-
ρεύειν L ∥ προσαγορεύειν καὶ καταφιλεῖν] προσαγορεύειν καὶ φιλεῖν V,
καταφιλεῖν καὶ προσαγορεύειν L ∥ 19 δὲ καταφιλεῖν δοκεῖν] δὲ δοκοῦντι
καταφιλεῖν L ∥ 20 ἄτοπον om V ∥ γὰρ αὐτῷ om V ∥ 21 παραγγέλει
L ∥ τὸ παρὸν] κατὰ τὸ παρὸν LV ∥ 22 χρῆσθαι Reiffius: κεχρῆσθαι LV
∥ τῷ L ∥ 23 ἡδειστοὺσ L ∥ 24 κολύει L ∥ 25 περὶ ἐσθῆτος καὶ
(καὶ om L) κόσμου παντοδαποῦ ἀνδρείον τε καὶ γυναικείου
LV ∥ 26 ξένης V ∥ 27 post διαλαβεῖν L addit καὶ ∥ ἡ om L ∥

ἡ κατὰ τὴν ὥραν τοῦ ἔτους· θέρους μὲν γὰρ ὄντος ὀθόνια καὶ
τριβακὰ ἱμάτια δοκεῖν φορεῖν ἀγαθὸν ἂν εἴη καὶ ὑγιείας σύμ-
βολον, χειμῶνος δὲ ἐρεᾶ ἱμάτια καὶ καινά. μόνῳ δὲ τῷ δίκην
ἔχοντι καὶ τῷ δουλείας ἀπαλλακτιῶντι πονηρὰ τὰ καινὰ ἱμά-
τια, κἂν χειμῶνος βλέπηται, διὰ τὸ πολλὴν ἔχειν τρίψιν καὶ 5
ἐπὶ πολὺ ἀντέχειν. λευκὰ δὲ ἱμάτια τοῖς ἠθάσι μόνοις συμ-
φέρει καὶ δούλοις Ἑλλήνων, τοῖς δὲ ἄλλοις ταραχὰς σημαίνει
διὰ τὸ τοὺς ἐν ὄχλῳ ἀναστρεφομένους λευκὰ ἔχειν ἱμάτια, χει-
ροτέχναις δὲ ἀργίαν καὶ σχολήν, καὶ ὅσῳ ἂν πολυτελέστερα ᾖ
τὰ ἱμάτια, τοσούτῳ πλείονα· οὐ γὰρ πρὸς ἔργῳ ὄντες οἱ ἄν- 10
θρωποι, καὶ μάλιστα οἱ τὰς βαναύσους τέχνας ἐργαζόμενοι, λευ-
κοῖς ἱματίοις χρῶνται. δούλοις δὲ Ῥωμαίων μόνοις ἀγαθὰ τοῖς
εὖ πράσσουσι, τοῖς δὲ ἄλλοις πονηρά· ἐλέγχει γὰρ αὐτοὺς κακῶς
πράσσοντας. διὰ γὰρ τὸ τὴν αὐτὴν τοῖς δεσπόταις ὡς ἐπὶ τὸ
πλεῖστον ἔχειν ἐσθῆτα ἐπὶ τούτῳ τῷ ὀνείρῳ οὐ γίνονται ἐλεύ- 15
θεροι, ὥσπερ οἱ τῶν Ἑλλήνων. ἀνδρὶ δὲ νοσοῦντι λευκὰ ἔχειν
ἱμάτια θάνατον προαγορεύει διὰ τὸ τοὺς ἀποθανόντας ἐν λευ-
κοῖς ἐκφέρεσθαι, τὸ δὲ μέλαν ἱμάτιον σωτηρίαν προσημαίνει·
οὐ γὰρ οἱ ἀποθανόντες ἀλλ' οἱ πενθοῦντες τοιούτοις χρῶνται
ἱματίοις. οἶδα δὲ πολλοὺς καὶ πένητας καὶ δούλους καὶ δε- 20
σμώτας νοσοῦντας, οἳ καὶ μέλανα δοκοῦντες ἔχειν ἱμάτια ἀπέ-
θανον· ἦν γὰρ εἰκὸς τούτους μὴ ἐν λευκοῖς διὰ τὴν ἀπορίαν
ἐκκομισθῆναι. ἔστι δὲ καὶ ἄλλως ἡ μέλαινα ἐσθὴς πᾶσι πονηρὰ
πλὴν τῶν τὰ λαθραῖα ἐργαζομένων. ποικίλην δὲ ἐσθῆτα ἔχειν
ἢ ἀλουργίδα ἱερεῦσι μὲν καὶ θυμελικοῖς καὶ σκηνικοῖς καὶ τοῖς 25
περὶ τὸν Διόνυσον τεχνίταις μόνοις συμφέρει, τοῖς δὲ λοιποῖς
ταραχὰς καὶ κινδύνους ἐπιφέρει, τοὺς δὲ νοσοῦντας ὑπὸ δρι-

---

1 ὀθόνια] ὀθώνια V. cf. Suidas in v. τριβακά || καὶ] τε καὶ V || 2
ὑγιείας Reiffius: ὑγείας V, ὑγίας L || 3 χειμόνος L || ἐρεᾶ Lobeckius
ἔρεια L, ἔριναι V || καὶ] καὶ ταῦτα V || 4 τῷ om V || ἀπαλλακτιόντι L
|| 5 κἂν καὶ V || βλέπηται] βλέπεται LV || 6 ἐπὶ τοπολὺ L || ἀντέχειν]
στέγειν L || ἠθάσι] ἰωθάσι L, ἱερεῦσι V || μόνοις ante τοῖς ἠθάσι ponit
V || 8 ἀναστρεφομένους] ἀναστρεφομένους καὶ κρινομένους ἀνθρώπους
L || χειροτεχνη L || 10 οὐ] οἱ L || ἔργων V || οἱ om L || 12 δούλοις]
δοῦλοι V || ἀγαθὰ addidi || 13 πονηρά] πονηρόν LV || αὐτοὺς] τοὺς
LV || 14 διὰ γὰρ] διά τε LV || τὸ inseruit Reiskius || 16 οἱ] επι L || 17
προαγορεύει] προσημαίνει L || 19 οἱ πενθοῦντες] οἱ πενθοῦντες τοὺς
ἀποθνήσκοντας V, οἱ τοὺς ἀποθνήσκοντας πενθοῦντες L || 20 ἱματίοις
om V || δὲ] δὲ ἐγώ LV || καὶ ante νοσοῦντας addit L || 21 ἔχειν] εἶναι
L || 22 ἀπορείαν L || 23 ἐκκομισθήσεσθαι V || καὶ om V || μέλανα L
|| πᾶσιν L || 25 ἱερευσιν L || 26 μόνοις τεχνίταις V || 27 μόνους post
κινδύνους addit V || ἐπιφέρει] ἐπιφέρει καὶ τὰ κρυπτὰ ἐλέγχει LV ||
ὑπὸ] απο L ||

μέσων χυμῶν καὶ πολλῆς χολῆς ἐνοχληθῆναι σημαίνει. πορφυρᾶ δὲ ἐσθὴς δούλοις ἀγαθὴ καὶ πλουσίοις· οἷς μὲν γὰρ διὰ τὸ μὴ μετεῖναι ἐλευθερίαν σημαίνει, οἷς δὲ διὰ τὸ ἐπιβάλλειν καὶ τῷ ἀξιώματι κατάλληλον εἶναι τιμὴν καὶ εὐδοξίαν προα-
5 γορεύει. νοσοῦντα δὲ ἀναιρεῖ καὶ πένητα βλάπτει, πολλοῖς δὲ καὶ δεσμὰ προήγγειλε· χρὴ γὰρ τὸν ἔχοντα πορφύραν πάντως διάδημα ἢ στέφανον ἔχειν καὶ πολλοὺς ἀκολούθους καὶ φύλακας. τοῖς δὲ περὶ τὸν Διόνυσον τεχνίταις τὰ αὐτὰ τῇ ἁλουργίδι σημαίνει. κοκκίνη δὲ ἐσθὴς οἷς μὲν τραύματα οἷς δὲ πυρε-
10 τὸν ἐπιφέρει. γυναικεία δὲ ἐσθὴς ἀγάμοις μόνοις συμφέρει καὶ τοῖς ἐπὶ θυμέλην ἀναβαίνουσιν· οἱ μὲν γὰρ γαμήσουσιν οὕτω καταθυμίους γυναῖκας ὥστε τοῖς αὐτοῖς χρῆσθαι κόσμοις, οἱ δὲ διὰ τὸ ἐν τῇ ὑποκρίσει ἔθος μεγάλας ἐργασίας καὶ μισθοὺς λήψονται· τοὺς δὲ λοιποὺς ἢ τῶν γυναικῶν στερίσκει ἢ νόσῳ με-
15 γάλῃ περιβάλλει διὰ τὸ μαλακὸν καὶ ἀσθενὲς τῶν τὰ τοιαῦτα φορούντων. ἐν μέντοι ταῖς ἑορταῖς καὶ πανηγύρεσιν οὔτε ποικίλη οὔτε γυναικεία βλάπτει τινὰ ἐσθής. βαρβαρικὴν δὲ ἐσθῆτα ἔχειν καὶ ἐνεσκευάσθαι ὥσπερ οἱ βάρβαροι ἐκεῖσε μὲν ἀπιέναι βουλομένῳ, ὅπου τοιαύτῃ ἐσθῆτι χρῶνται, ἀγαθὰς τὰς
20 ἐκεῖ γενέσθαι διατριβὰς σημαίνει, πολλάκις δὲ καὶ τὸ ἐκεῖ καταβιῶναι προαγγέλλει. τοῖς δὲ λοιποῖς νόσον σημαίνει ἢ ἀπραγίαν. τὰ δ' αὐτὰ καὶ ἡ Ῥωμαϊκὴ ἐσθής, ἣν τήβεννον καλοῦσιν ἀπὸ Τημένου τοῦ Ἀρκάδος, ὃς πρῶτος τὴν ἑαυτοῦ χλαμύδα τοῦτον περιεβάλετο τὸν τρόπον εἰσπλεύσας κατὰ τὸν Ἰό-
25 νιον κόλπον καὶ ὑποδεχθεὶς ὑπὸ τῶν ταύτῃ κατοικούντων. ἀφ' οὗ μαθόντες οἱ ἐγχώριοι τὸν αὐτὸν ἐνεσκευάζοντο τρόπον

1 πολῆς L ‖ ἐνοχλεῖσθαι L ‖ 2 οἷς] τοῖς L ‖ 3 σημαίνει] προαγορεύει L ‖ οἷς] τοῖς L ‖ ἐπιβάλλειν] μὴ ἐπιτάττειν V ‖ 7 ἢ ante διάδημα addit L ‖ καὶ φύλακας] ἢ φύλακας V ‖ 9 κοκκίνη δὲ ἐσθὴς] κοκκίνη δὲ ἐσθὴς καὶ πᾶσα φοινικοφανής L, κοκκίνη δὲ ἐσθὴς καὶ πᾶσα ἡ τοιαύτη ἐσθὴς ἢ πορφυροβαφής V ‖ τραύματα] ταυτα pr L, τραντα sec ‖ 11 θυμέλιν V ‖ 12 αὐτῶν L ‖ 13 λήμψονται L ‖ 14 λοιποὺς — στερίσκει] γεγαμηκότας τῶν γυναικῶν στερίσκεσθαι L ‖ 15 μαλακὸν] μαλθακὸν LV ‖ 16 μέντοι] μὲν V ‖ 17 ἐσθὴς post γυναικεία ponit L ‖ 18 ἔχειν ἐσθῆτα L ‖ καὶ ἐνεσκευάσθαι] ἐνεσκευασμένην V ‖ ἐκεῖσε] ἐκεῖ LV ‖ 19 βουλομένῳ ἀπιέναι L ‖ χρῶνται] χρῶνται οἱ ἐκεῖ διατρίβοντες LV ‖ 20 ἐκεῖ] ἐκεῖ γενέσθαι V ‖ καταβῆναι L ‖ 21 νόσον σημαίνει ἢ ἀπραξίας] νόσον ἢ ἀπραγίαν δηλοῖ V ‖ 22 τοῖς μὴ ἡθάσιν post Ῥωμαϊκὴν addit L ‖ ἣν] ἣν νῦν V ‖ τήβεννον Suidas in v. τήβεννος. τημενον L, τιβεννον V ‖ 23 Τημένου] τιμένου V ‖ τοῦ om Suidas ‖ Ἀρκάδος] Ἀργείου Meinekius ‖ τὴν ἑαυτοῦ χλαμύδα] ταύτην τὴν χλανίδα Suidas ‖ 24 περιεβάλλετο V ‖ Ιονικον L ‖ 25 ταύτῃ] αὐτὴν L ‖ 26 οἱ Suidas: καὶ οἱ LV ‖ ἐνεσκευάζοντο] ἐσκευάσαντο V ‖

καὶ ἐκάλουν τὴν ἐσθῆτα τημένειον ἐπώνυμον τοῦ εὑρόντος· ὕστερον δὲ τῷ χρόνῳ παραφθαρέντος τοῦ ὀνόματος τήβεννος ἐκλήθη. μαλακῇ δὲ καὶ πολυτελεῖ ἐσθῆτι χρῆσθαι πλουσίοις μὲν ἀγαθὸν καὶ πένησιν· οἷς μὲν γάρ, ἡ παροῦσα διαμενεῖ τρυφή, οἷς δὲ φαιδρότερα τὰ πράγματα ἔσται· δούλοις δὲ καὶ ἀπόροις 5 νόσον προαγγέλλει. κολοβαὶ δὲ καὶ ἀπρεπεῖς ἐσθῆτες ζημίας καὶ ἀπραξίας σημαίνουσι. χλαμὺς δέ, ἣν ἔνιοι μανδύην οἱ δὲ ἐφεστρίδα οἱ δὲ βίρρον καλοῦσι, θλίψεις καὶ στενοχωρίας καὶ τοῖς δικαζομένοις καταδίκην μαντεύεται διὰ τὸ ἐμπεριέχειν τὸ σῶμα, τὸ δὲ αὐτὸ καὶ ὁ λεγόμενος φαινόλης καὶ εἴ τι ἄλλο 10 τούτοις ὅμοιον. ὅθεν ἀπολλύειν τὰ ἱμάτια ταῦτα ἄμεινον ἢ ἔχειν· τῶν δὲ ἄλλων ἱματίων οὐδὲν ἀπολλύμενον συμφέρει, εἰ μή που τοῖς πένησι καὶ δούλοις καὶ δεδεμένοις καὶ καταχρέοις καὶ πᾶσι τοῖς ἐν συνοχῇ οὖσιν· ἀπολλύμενα γὰρ ταῦτα τῶν περιεχόντων τὸ σῶμα κακῶν ἀπώλειαν σημαίνει. τοῖς δὲ ἄλ- 15 λοις οὔτε γυμνοῦσθαι οὔτε τὰ ἱμάτια ἀπολλύειν ἀγαθόν· πᾶν γὰρ τὸ πρὸς κόσμον τεῖνον ἀπολέσαι σημαίνει. γυναικὶ δὲ ποικίλη καὶ ἀνθηρὰ ἐσθὴς συμφέρει, μάλιστα δὲ ἑταίρᾳ καὶ πλουσίᾳ· ἡ μὲν γὰρ διὰ τὴν ἐργασίαν ἡ δὲ διὰ τὴν τρυφὴν ἀνθηραῖς ἐσθῆσι χρῶνται. τὰ δὲ ἰδιόχρωμα ἱμάτια πᾶσιν ἀγαθά, 20 καὶ μάλιστα τοῖς εὐλαβουμένοις ἐλεγχθῆναι· οὐ γὰρ ἀνήσει ποτὲ τὸ χρῶμα. ἀεὶ δὲ ἄμεινον λαμπρὰ καὶ καθαρὰ ἱμάτια ἔχειν καὶ πεπλυμένα καλῶς ἢ ῥυπαρὰ καὶ ἄπλυτα πλὴν τῶν τὰς ῥυπώδεις ἐργασίας ἐργαζομένων. τὸ δὲ δοκεῖν πλύνειν τὰ

---

1 τημένειον Kusterus: τημενιον L, τιμένιον V ‖ ἐπώνυμον Suidas: ἐπώνυμον τημενου L itemque V, nisi quod τιμένον exhibet ‖ 2 τῷ χρόνῳ om Suidas ‖ παραφθαρὲν τὸ ὄνομα V ‖ τιβενος V ‖ 3 δὲ] τε L ‖ πολυτελεῖ Rigaltius: ποτελεῖ V, πολυτελῆ L. καὶ πολυτελεῖ post ἐσθῆτι ponit V ‖ πλουσίῳ V ‖ 4 διαμενεῖ Reiskius: διαμένει LV ‖ οἷς δὲ — ἔσται om L ‖ 6 προαγγέλλει] προαγγέλει L, προαγορεύει V ‖ δὲ om L ‖ 7 σημαίνει L ‖ χλαμὺς δέ] χλαμυδιον L ‖ ἣν] ὃ L ‖ μανδύην] παντιόην L ‖ 8 ἐφεστρίδα] ἀμφιεστρίδα L, cf. Suidas in v. ‖ βίρρον] βήριον V ‖ καλοῦσιν L ‖ θλίψιν V ‖ στενοχωρίαν V ‖ φαινολης V ‖ 11 ὅμοιον] ὅμοιον εἴη LV ‖ ἀπολύειν V ‖ ἄμεινον ἢ ἔχειν] ἢ ἔχειν βέλτιον V ‖ 13 που] ὁμοῦ πάντα L ‖ δεδημένοις L ‖ καὶ] ἢ V ‖ καταχρεέοις L ‖ 14 πασιν L ‖ ἀπολλυμένοις L ‖ 16 τὰ om V ‖ ἀπολλεῖν L ‖ πάντα γὰρ τὰ πρὸς κόσμον τείνοντα L. pro τεῖνον, quod Venetus 267 exhibet, V τινὸς ‖ 17 ἀπολέσθαι V ‖ 18 ἕτεραι καὶ πλουσίαι L ‖ 20 ἀνθιναις L ‖ χῶνται L ‖ ἰδιόχροα V. an ἰδιόχροα? ‖ ἀγαθὰ] ἀγαθὸν σημαίνουσι V ‖ 21 εὐλαβουμένοις] μὴ βουλομένοις L ‖ οὐ γὰρ ἀνήσει ποτὲ τὸ] γὰρ οὐκ ἐᾷ τὸ τοιοῦτον V ‖ 22 καθαρὰ καὶ λαμπρὰ V ‖ 24 περὶ τοῦ δοκεῖν τὰ ἑαυτοῦ ἱμάτια πλύνειν V ‖ τὰ ἑαυτοῦ πλύνειν ἱμάτια V ‖

CAP. III—V. 89

ἑαυτοῦ ἱμάτια ἢ τὰ ἄλλων ἀποθέσθαι τι τῶν δυσχρήστων
κατὰ τὸν βίον σημαίνει διὰ τὸ καὶ τὰ ἱμάτια τὸν ῥύπον ἀπο-
βάλλειν. καὶ τὰ κρυπτὰ ἐλέγχει· πλύνειν γὰρ καταχρηστικῶς
καὶ τὸ ἐλέγχειν ἔλεγον οἱ παλαιοί, ὥς που καὶ Μένανδρος
5 ἐὰν κακῶς μου τὴν γυναῖχ᾽ οὕτω λέγῃς,
τὸν πατέρα καὶ σὲ τούς τε σοὺς ἐγὼ πλυνῶ,
ἀντὶ τοῦ ἐλέγξω. ὅθεν καὶ τοῖς εὐλαβουμένοις ἐλεγχθῆναι
πονηρὸν τὸ πλυνόμενα ἱμάτια ἰδεῖν.

Δακτύλιοι σιδηροῖ ἀγαθοὶ μέν, οὐκ ἄνευ δὲ καμάτου τὰ 5
10 ἀγαθὰ σημαίνουσι· πολύκμητον γὰρ καὶ ὁ ποιητὴς τὸν σίδηρον
καλεῖ· ἀγαθοὶ δὲ καὶ οἱ χρυσοῖ, οἵ γε ψήφους ἔχοντες, ἐπεὶ
οἵ γε ἄψηφοι ἀκερδεῖς τὰς ἐγχειρήσεις σημαίνουσι διὰ τὸ ἄψη-
φον· ψῆφον γὰρ καλοῦμεν λίθον τὴν ἐν τῷ δακτυλίῳ, ταὐτὸ
δὲ καὶ τὸν τῶν χρημάτων ἀριθμόν. ἀεὶ δὲ ἀμείνονες οἱ σφυ-
15 ρήλατοι· οἱ γὰρ κενοὶ θεῖον ἔνδον ἔχοντες δόλους καὶ ἐνέδρας
σημαίνουσι διὰ τὸ ἐμπεριέχειν τι ἐγκεκρυμμένον ἢ μείζονας τὰς
προσδοκίας τῶν ὠφελειῶν διὰ τὸ μείζονα τὸν ὄγκον τοῦ βά-
ρους ἔχειν. σούκινοι δὲ καὶ ἐλεφάντινοι καὶ ὅσοι ἄλλοι δα-
κτύλιοι γίνονται γυναιξὶ μόναις συμφέρουσιν. ὅρμοι δὲ καὶ
20 ἁλύσεις καὶ ἐνώτια καὶ λίθοι πολυτελεῖς καὶ πᾶς κόσμος περι-
δέραιος γυναικεῖος γυναιξὶ μὲν ἀγαθός· καὶ γὰρ ἀγάμοις γάμον
προαγορεύει καὶ ἀτέκνοις τέκνα καὶ ταῖς ἀμφότερα ἐχούσαις
πρόσκτησιν καὶ περιουσίαν πολλήν· ὥσπερ γὰρ ὑπὸ τούτων
κοσμοῦνται γυναῖκες, οὕτω καὶ ὑπὸ ἀνδρῶν καὶ ὑπὸ τέκνων p. 87
25 καὶ ὑπὸ πλούτου (καὶ γὰρ φύσει εἰσὶ φιλόπλουτοι, ὥσπερ καὶ
φιλόκοσμοι), ἔτι καὶ ταῦτα περιπλέκεται τῷ τραχήλῳ, ὥσπερ καὶ
ἀνὴρ καὶ τέκνα. ἀνδρὶ δὲ δόλους καὶ ἐνέδρας καὶ καταπλο-

---

1 ἄλλου V ‖ 3 ἐλέγχει] ἐλέγξαι καὶ μαθεῖν L, ἐξελέγξαι καὶ ἐκμαθεῖν ποιεῖ V ‖ 4 ὥς που] ὥστε L ‖ 5 ἐάν] ἣν γὰρ V ‖ γυναῖκα οὕτως L ‖ 6 πλύνω L ‖ 7 εὐλαβουμένοις] φοβουμένοις V ‖ 8 πονηρὸν] φοβερὸν V ‖ πλυνόμενα] πεπλυμένα V, ‖ ἰδεῖν] φορεῖν καὶ ἰδεῖν V ‖ 9 περὶ τοῦ κόσμου τοῦ ἐκτὸς V, κόσμον τοῦ ἐκτὸς L ‖ δάκτυλοι L ‖ σιδηροῖ ἀγαθοὶ] ἐκτὸς σιδηροῖ ἀγαθὸν V ‖ 10 post ἀγαθὰ excidisse videtur ἔσεσθαι ‖ καὶ om L ‖ 11 καλεῖ] ἐκάλει V ‖ οἱ om L ‖ χρύσεοι L ‖ οἵ γε] ὅτε L ‖ 12 ἐγχειρίσεις L ‖ 13 λίθον] ὥσπερ λίθον V ‖ τὴν] τὸν V et Suidas in v. ψῆφος. ‖ τῷ Suidas: om LV ‖ ταὐτὸ δὲ] τοῦτο δὲ L, οὕτω δὴ V ‖ 14 τῶν χρημάτων τὸν ἀριθμὸν Suidas: χρημάτων τὸν ἀριθμὸν L, τὸν τῶν χρημάτων ἀριθμὸν V ‖ σφυρήλατοι] ὁλόσφυροι V ‖ 15 κενοὶ] κενοὶ καὶ V, κενόρποι L ‖ 16 τι] τό V ‖ ἢ] οἱ δὲ V ‖ 18 ἔχειν] εἶναι L ‖ σούκινοι] σούνιχοι L ‖ καὶ ante ὅσοι om L ‖ 19 ὅλμοι L ‖ 20 περιδέρραιος V ‖ 21 γυναικὸς γυναιξὶν L ‖ μὲν om V ‖ ἀγαθὸς] ἀγαθὸν LV ‖ γάμων L ‖ 22 καὶ ταῖς ἀτέκνοις V ‖ 24 οὕτω καὶ] οὕτως V ‖ 25 verba καὶ γὰρ φύσει εἰσὶ φιλόπλουτοι ὥσπερ (ὡς V) καὶ φιλόκοσμοι glossam sapiunt ‖ 26 καὶ ante ἀνὴρ om V ‖

κὴν τῶν πραγμάτων πολλὴν σημαίνει οὐ διὰ τὴν ὕλην ἀλλὰ
διὰ τὸ σχῆμα καὶ τὴν κατασκευήν· ἔστι γὰρ ὁ χρυσὸς οὐχ
ὥσπερ τινὲς ἔλεγον πονηρὸς διὰ τὴν ὕλην, ἀλλὰ πᾶν τοὐναν-
τίον ἀγαθός, ὡς πολλάκις ἐτήρησα, ἀλλ' ὅ γε μὴ ἄμετρος μηδὲ
πολὺς μηδὲ ἀνοίκειος διὰ τὸ σχῆμα, ὡς τοῖς ἀνδράσιν οἱ ὅρ- 5
μοι, μηδὲ ὑπὲρ τὴν ἀξίαν, ὡς τοῖς πένησιν οἱ στέφανοι καὶ τὰ
μεγάλα σκεύη καὶ τὰ πολλὰ νομίσματα· ἐπεὶ ὅταν τοιοῦτον
ἴδῃ τις, οὐκέτι διὰ τὴν ὕλην ἀλλὰ διὰ τὸ ποιὸν τῆς κατασκευῆς
πονηρὸς γίνεται ὁ χρυσός. ἀπολλύμενα δὲ ἢ κατασσόμενα ἢ
διαλυόμενα γυναικὶ μὲν τὰ περὶ τὸν τράχηλον ἀπώλειαν ὧν 10
ἔμπροσθεν εἶπον σημαίνει, ἀνδρὶ δὲ τὰ περὶ τὴν χεῖρα οὐ μό-
νον ἀπώλειαν τῶν πιστευομένων κατὰ τὸν οἶκον, γυναικὸς
λέγω ἢ οἰκονόμου, ἀλλὰ καὶ αὐτῶν τῶν πραγμάτων διαφθο-
ρὰν δηλοῖ, καὶ τοῖς πιστευομένοις τὸ μηκέτι πιστεύεσθαι·
οὐ γὰρ ἔτι δεῖ τοῖς τοιούτοις δακτυλίων. πολλοῖς δὲ καὶ 15
ὀφθαλμῶν πήρωσιν προηγόρευσε τὸ τοιοῦτον ὄναρ· ἔχει γάρ
τινα συμπάθειαν τὰ ὄμματα πρὸς τοὺς δακτυλίους διὰ τὰς ψή-
φους. τὰ δ' αὐτὰ τῇ ἐσθῆτι καὶ αἱ ὑποδέσεις σημαίνουσιν.

6 Κτενίζεσθαι καὶ ἀνδρὶ καὶ γυναικὶ συμφέρει· ἔστι γὰρ ὁ
κτεὶς χρόνος ὁ τὰ σκληρὰ διαλύων καὶ ἀπευθύνων ἅπαντα. ἐμ- 20
πλέκεσθαι δὲ γυναιξὶ μόναις συμφέρει καὶ ἀνδρῶν τοῖς ἔθος
ἔχουσι, τοῖς δὲ λοιποῖς καταπλοκὰς τῶν χρειῶν καὶ δάνεια
πολλὰ προαγορεύει, ἐνίοτε δὲ καὶ δεσμά.

7 Κατοπτρίζεσθαι δὲ καὶ ὁρᾶν τὴν ἑαυτοῦ εἰκόνα ἐν κατόπ-
τρῳ ὁμοίαν ἀγαθὸν τῷ γῆμαι βουλομένῳ καὶ ἀνδρὶ καὶ γυ- 25
ναικί· σημαίνει γὰρ τὸ κάτοπτρον ἀνδρὶ μὲν γυναῖκα, γυναικὶ
δὲ ἄνδρα, ἐπεὶ πρόσωπα δείκνυσιν ὥσπερ οὗτοι ἀλλήλοις τὰ
τέκνα. ἀγαθὸν δὲ καὶ λυπουμένοις· ἄλυπον γάρ ἐστι τὸ κατ-

---

1 πραγμάτων πολλὴν] χρημάτων V || ἀλλὰ — διὰ τὴν ὕλην om L
|| 4 verba μηδὲ πολὺς Reiskius deleta mavult || 5 μηδὲ] μήτε LV ||
6 μηδὲ] μήτε LV || 7 ἐπεὶ] ἐποίει L || τοιουτα εἴδη L || 9 δὲ om L
|| κατασσόμενα] κατεασσόμενα L, καταγνύμενα V || ἢ om L ||10 γυ-
ναικὶ μὲν τὰ] τὰ V || ἀπώλειαν] ἀπώλειαν τῇ γυναικὶ V || ὧν] ὡς V,
ὥσπερ L || 11 πρόσθεν L || 13 ἢ] καὶ V || ὑπαρχόντων] πραγμάτων L
|| διαφθορὰν] φθορὰν V || 14 προδηλοῖ V || τὸ] τι τὸ V || 16 τοιοῦτο L ||
18 δὲ L || αἱ ὑποθέσεις] τὰ ὑποδήματα V || 19 περὶ τοῦ κτενίζε-
σθαι καὶ ἐμπλέκεσθαι V, κτενίζεσθαι καὶ ἐμπλέκεσθαι L ||
ὁ κτεὶς Fridericus Jacobsius: ὀκτὴς L, τις V || 20 ὁ om V || ἀπευθυνω-
πάντα L || 21 ἀνδρὶ L || 22 ἔχουσιν L || χρειῶν] χρεῶν LV || δάνια L
|| 23 δεσμά] δεσμὰ καὶ στάσεις προαγορεύει V || 24 περὶ τοῦ κατο-
πτρίζεσθαι V, κατοπτρίζεσθαι L || 25 ὁμοίαν post εἰκόνα ponit
V || γῆμαι] γαμῆσαι L || 26 γὰρ] δὲ V || ἀνδρὶ τὸ κάτοπτρον L || μὲν
om L || 28 δὲ om L || ἐστιν L ||

CAP. V—VIII.

οπτρίζεσθαι. νοσοῦντας δὲ ἀναιρεῖ· γήινον γάρ ἐστι τὸ κάτοπτρον, ἐξ οἴας ἂν ᾖ πεποιημένον ὕλης. τοὺς δὲ λοιποὺς μετανίστησιν, ἵνα ἐν ἄλλῃ γῇ τὰ ἑαυτῶν πρόσωπα ἴδωσιν. ἀνόμοιον δ᾽ ἑαυτὸν ἐν κατόπτρῳ δοκεῖν ὁρᾶν νόθων ἢ ἀλλοτρίων
5 παίδων κληθῆναι πατέρα προαγορεύει. κακίονα δὲ ἢ ἀμορφότερον ἑαυτὸν ἰδεῖν οὐδενὶ συμφέρει· νόσους γὰρ καὶ δυσθυμίας σημαίνει, ὥσπερ καὶ τὸ ἐν ὕδατι κατοπτρίζεσθαι θάνατον προαγορεύει αὐτῷ τῷ ἰδόντι ἤ τινι τῶν οἰκειοτάτων αὐτῷ.

10 Ἀὴρ καθαρὸς καὶ λαμπρὸς ὁρώμενος πᾶσίν ἐστιν ἀγαθός, 8 μάλιστα δὲ τοῖς τὰ ἀπολωλότα ζητοῦσι καὶ τοῖς ἀποδημεῖν βουλομένοις· πάντα γὰρ ἐν καθαρῷ τῷ ἀέρι εὐσύνοπτα γίνεται· ὁ δὲ σκοτεινὸς ἢ δνοφερὸς ἢ συννεφὴς πρὸς ταῖς ἀπραξίαις καὶ λύπας σημαίνει. εἰς ὁποίαν δ᾽ ἂν ὕλην μεταβάλῃ, τοῖς
15 τὴν αὐτὴν ἐργαζομένοις ὕλην ἀγαθός· τοῖς δὲ λοιποῖς πονηρὸς τετήρηται. καὶ ὁ ταπεινὸς γενόμενος μόνοις μάντεσι καὶ τοῖς τὰ οὐράνια διασκεπτομένοις ἀγαθός, τῶν δὲ λοιπῶν τὸν βίον εἰς τὸ ταπεινὸν κατάγει.

Ὑετὸς ἄνευ χειμῶνος καὶ πολλοῦ ἀνέμου πᾶσιν ἀγαθὸς
20 πλὴν τῶν εἰς ἀποδημίαν στελλομένων καὶ τῶν τὰς ἐργασίας ὑπαιθρίους ἐχόντων· τούτοις γὰρ ἐμπόδιος γίνεται. ψεκάδες δὲ καὶ πάχναι γεωργοῖς μὲν σφόδρα ἀγαθαί, τοῖς δὲ λοιποῖς μικρὰς ἐργασίας προαγορεύουσιν. ὄμβρος δὲ καὶ λαίλαψ καὶ χειμὼν κινδύνους καὶ ζημίας ἐπάγουσι, μόνοις δὲ δούλοις καὶ p. 89
25 πένησι καὶ τοῖς ἔν τινι περιστάσει οὖσιν ἀπαλλαγὴν τῶν ἐν ποσὶ κακῶν προαγορεύουσι· μετὰ γὰρ τοὺς μεγάλους χειμῶνας εὐδία γίνεται. χιὼν δὲ καὶ πάγος κατὰ μὲν τὴν ὥραν τὴν

---

2 ᾖ] εἴη LV ∥ μετανίστησιν] μεθίστησιν V ∥ 3 εἴδωσιν L ∥ 4 δ᾽ ἑαυτὸν] δὲ αὐτὸν L, δὲ V· ∥ ὁρᾶν] ὁρᾶν ἑαυτὸν V ∥ νόθῳ L ∥ ἢ] γὰρ ἢ V ∥ 5 πατέρα κληθῆναι V ∥ κακίονα ἢ ἀμορφότερον] κακειονα δὲ ει ἀμφότερον L ∥ ante ἰδεῖν adieci ἑαυτὸν ∥ 6 οὐδενὶ] οὔ V ∥ δυσθυμίαν L ∥ 7 ὥσπερ] οπερ L ∥ τὸ] τῶ L ∥ 8 οἰκειοτάτων αὐτοῦ L ∥ 10 περὶ ἀέρος καὶ τῶν περὶ ἀέρα LV ∥ ὁρώμενος om V ∥ πᾶσιν] πρὸς πᾶν L ∥ 11 τὰ om V ∥ ζητοῦσιν L ∥ 12 εὐσύνοπτα] σύνοπτα L, εὔοπτα V ∥ 13 δνοφερὸς] γνοφερὸς LV ∥ ἢ σκοτεινὸς post γνοφερὸς ponit V ∥ σκοτινὸς L ∥ συννεφὴς V ∥ 14 μεταβάλῃ] μεταβάλοι L, αὐτὸν μεταβάλλῃ ὁ ἀὴρ V ∥ 16 μόνοις τοῖς τὰ οὐράνια διασκοπουμένοις καὶ μάντεσιν V ∥ 17 ἀγαθὸν L ∥ 18 τὸ om V ∥ 19 χειμονος L ∥ 21 ὑπαίθρους τὰς ἐργασίας] τὰς ὑπαίθρους ἐργασίας V, τὰς εργασιας ὑπεχθρους L ∥ ἐχόντων] ἐργαζομένων V ∥ ἔμποδος L ∥ 22 δὲ καὶ] καὶ V ∥ 23 μικρὰς] πολλὰς L ∥ ὄμβροι δὲ καὶ λαίλαπες V ∥ 24 χειμών] χειμῶνες ταραχὰς πᾶσι καὶ V ∥ ἐπάγουσιν L ∥ 25 οὖσιν] πολλὴν L ∥ ἀπαλλαγὰς V ∥ 26 ποσὶν L προαγορεύουσιν L ∥ χειμόνας L ∥ post χειμῶνας in V est ταχέως ∥ 27 εὐδεία L ∥ τὴν ὥραν τὴν οἰκείαν] τὴν οἰκείαν ὥραν V ∥

οἰκείαν ὁρώμενα οὐδὲν σημαίνει· μέμνηται γὰρ τοῦ μεθ᾽ ἡμέραν κρύους καὶ καθεύδοντος τοῦ σώματος ἡ ψυχή· παρὰ δὲ τὴν ὥραν ὁρώμενα γεωργοῖς μόνοις συμφέρει, τοῖς δὲ λοιποῖς ψυχρὰς τὰς ἐγχειρήσεις καὶ τὰς προκειμένας πράξεις ἔσεσθαι προαγορεύει, ὁδεύειν δὲ κωλύει. χάλαζα δὲ ταραχὰς καὶ δυσθυμίας δηλοῖ καὶ τὰ κρυπτὰ ἐλέγχει διὰ τὸ χρῶμα. βροντὴ δὲ χωρὶς ἀστραπῆς δόλους καὶ ἐνέδρας διὰ τὸ ἀπροσδόκητον, ἀστραπὴ δὲ χωρὶς βροντῆς φόβον μάταιον σημαίνει, ὅτι μετὰ τὴν ἀστραπὴν προσδοκήσειεν ἄν τις βροντήν, ἢ διὰ τὸν ψόφον οὐδὲν ἄλλο ἐστὶν ἢ ἀπειλή. ἐπειδὰν οὖν μὴ γένηται, ἀτέλεστον τὸν φόβον ποιεῖ.

9 Ἕπεται δὲ τούτῳ τῷ λόγῳ ὁ περὶ πυρὸς λόγος. περὶ οὗ διπλῇ τῇ κρίσει χρῆσθαι καλῶς ἔχει, πῇ μὲν ὡς περὶ οὐρανίου καὶ θείου, πῇ δὲ ὡς περὶ ἐπιγείου καὶ τοῦ ἐν χρήσει. πρῶτον μὲν οὖν περὶ τοῦ οὐρανίου ὧδε χρὴ ποιεῖσθαι τὰς κρίσεις. πῦρ ἐν οὐρανῷ ἰδεῖν λαμπρὸν καὶ καθαρὸν καὶ ὀλίγον ἀπειλὴν ἔκ τινων ὑπερεχόντων σημαίνει, τὸ δὲ πολὺ καὶ ἄμετρον πολεμίων ἔφοδον καὶ ἀφορίαν καὶ λιμὸν μαντεύεται. ὅπου δ᾽ ἂν ᾖ τὸ πῦρ ἢ ὁπόθεν ἂν φέρηται, οἷον ἀπ᾽ ἄρκτου ἢ μεσημβρίας ἢ δύσεως ἢ ἀνατολῆς, ἐκεῖθεν ἔρχονται οἱ πολέμιοι ἢ κατ᾽ ἐκεῖνα τὰ κλίματα ἡ ἀφορία ἔσται. πονηρότατον δ᾽ ἂν εἴη καταφερόμενον εἰς γῆν τὸ πῦρ ἰδεῖν. τὸ δ᾽ αὐτὸ σημαίνουσι καὶ λαμπάδες ἐν οὐρανῷ καιόμεναι. ἃ δὴ πάντα τοῖς ἰδοῦσι περὶ τὴν κεφαλὴν τὸν κίνδυνον συνίστησιν. ὥσπερ γὰρ ὁ οὐρανὸς τοῦ παντὸς ὑπερέχει κόσμου, οὕτω καὶ ἡ κεφαλὴ τοῦ παντὸς σώματος.

Κεραυνὸς δὲ ἄνευ χειμῶνος πλησίον πεσὼν καὶ μὴ ἁψάμενος τοῦ σώματος ἐκβάλλει τῶν τόπων τὸν ἰδόντα, ἐν οἷς

---

2 κρύους] ψύχους V ‖ ἦ erasum in L ‖ 3 καὶ ante μόνοις addit L ‖ μόνοις] μὲν V ‖ 4 ἐγχειρίσεις L ‖ 5 κολύει L ‖ χάλαζα — δηλοῖ om L ‖ 6 τὰ κρυπτὰ] ἄκρυπτα L ‖ 7 δόλους] δούλοις ταραχὰς V ‖ 8 ἀστραπην L ‖ προσδοκήσειεν] προσδοκήσαι LV ‖ ἢ] ἢ V ‖ ψόφον] φόβον V ‖ 10 ἀτέλεστον] ἀτελῆ V ‖ 11 ποιήσει L ‖ 13 κρίσει] χρήσει L ‖ χρήσασθαι V ‖ μὲν] μὲν οὖν L ‖ περὶ] περ L ‖ 14 περὶ πυρὸς L ‖ περὶ] περ L ‖ 15 μὲν om L ‖ 17 ἔκ τινων] εκτεινων L ‖ addidi ἄμετρον ‖ 18 ἀπορίαν V ‖ ὅπου — φέρηται om L ‖ 19 εἴη V ‖ ὅθεν ἂν φέρηται] ὅπου ἀναφέρηται V ‖ ἄρκτου ἢ δύσεως ἢ μεσημβρίας ἢ ἀνατολῆς V ‖ 20 ἐλεύσονται? ‖ 21 κλίματα V ‖ πονηρότερον V ‖ δ᾽ om L ‖ 22 εἰς γῆν om V ‖ δ᾽] δὲ V ‖ σημαίνουσιν L ‖ 23 ἐν οὐρανῷ] ἐξ οὐρανοῦ κατιοῦσαι καὶ ξύλα καὶ δένδρα V ‖ καιόμεναι] καιόμεναι Venetus 267, καιόμενα L, καιόμενα ἰδεῖν V ‖ 25 οὕτως L ‖ 26 παντὸς om V ‖ 27 περὶ κεραυνοῦ L ‖

CAP. VIII. IX. 93

ἐστίν· οὐ γὰρ ἄν τις ὑπομείνειε πλησίον κεραυνοῦ. εἰ δὲ
ἔμπροσθεν πέσοι, κωλύει προϊέναι εἰς τοὔμπροσθεν. τὸ δὲ
κατ᾽ ἄκρας ὑπὸ κεραυνοῦ πεπλῆχθαι οἱ μὲν πάνυ παλαιοὶ διχῇ p. 90
διῄρουν λέγοντες πένησι μὲν ἀγαθὸν εἶναι πλουσίοις δὲ κακὸν
5 λόγῳ τῷδε. ἐοίκασιν οἱ πένητες χωρίοις λιτοῖς καὶ ἀσήμοις,
εἰς ἃ κόπρια ῥίπτεται ἢ ἄλλο τι τῶν φαύλων· οἱ δὲ πλούσιοι
τεμένεσι θεῶν ἢ ἀνθρώπων ἢ ναοῖς θεῶν ἢ ἄλσεσιν ἢ ἄλλῳ
γένει χωρίων ἐλλογίμων. ὥσπερ οὖν ὁ κεραυνὸς τὰ μὲν ἄσημα
τῶν χωρίων ἐπίσημα ποιεῖ διὰ τοὺς ἐνιδρυμένους βωμοὺς καὶ
10 τὰς γινομένας ἐν αὐτοῖς θυσίας, τὰ δὲ πολυτελῆ χωρία ἔρημα
καὶ ἄβατα ποιεῖ (οὐδεὶς γὰρ ἐν αὐτοῖς ἐνδιατρίβειν ἐθέλει),
οὕτως ὁ ὄνειρος πένητα μὲν ὠφελεῖ, πλούσιον δὲ βλάπτει. ἔτι
καὶ ὁ κεραυνὸς οὐδέν ἐστιν ἄλλο ἢ πῦρ, ἴδιον δὲ πυρὸς πᾶ-
σαν ὕλην φθείρειν. ἔχει δὲ ὁ μὲν πένης πενίαν ὁ δὲ πλού-
15 σιος πλοῦτον. τοιγαροῦν τοῦ μὲν τὴν πενίαν τοῦ δὲ τὸν
πλοῦτον φθερεῖ, ἐπεὶ καὶ ὁ κεραυνωθεὶς αἰφνίδιον παρασημ-
μότερος γίνεται. ὁμοίως δὲ καὶ ὁ πένης αἰφνίδιον πλουτήσας
καὶ ὁ πλούσιος αἰφνίδιον ἀπολέσας τὴν ὕπαρξιν παρασημότε-
ροι γίνονται. τούτοις μὲν οὖν τοῖς λόγοις ἐπείθοντο οἱ πρῶ-
20 τοι· οἱ δὲ μεταγενέστεροι ἤδη τινὰ καὶ περὶ δούλων ἔλεγον
καὶ ἔφασκον εἶναι ἀγαθὸν δούλοις τὸ κεραυνοῦσθαι, ὅτι οὔτε
δεσπότας ἔτι οἱ κεραυνωθέντες ἔχουσιν οὔτε κάμνουσι, λαμ-
πρὰ δὲ ἱμάτια αὐτοῖς περιτίθεται, ὡς καὶ τοῖς ἐλευθερωθεῖσι,
καὶ προσίασιν αὐτοῖς ὡς ὑπὸ Διὸς τετιμημένοις οἱ ἄνθρωποι,
25 ὡς καὶ τοῖς ἐλευθερωθεῖσιν ὑπὸ δεσποτῶν τετιμημένοις. πολλὰ
δὲ καὶ Ἀλέξανδρος ὁ Μύνδιος καὶ Φοῖβος ὁ Ἀντιοχεὺς περὶ
τοῦ δοκεῖν κεραυνοῦσθαι ἀπὸ πείρας τε καὶ ἰδίας ἐννοίας

---

1 τις post ὑπομείνειε ponit V ‖ ὑπομείναι V ‖ 2 κωλύει προσιέναι L ‖ τὸ ἔμπροσθεν L ‖ 3 κατὰ V ‖ ὑπὸ om L ‖ πεπλῆχθαι] πληγῆναι V ‖ πάνυ om L ‖ διχῇ] διπλῇ L ‖ 4 διῄρουν] διαιροῦσι V ‖ εἶναι ἀγαθὸν V ‖ 5 τῷδε] τοιῷδε V ‖ ἐοίκασιν] ἐοίκασι γὰρ V ‖ χωρίοις] χωρὶς L ‖ λιτοῖς] λεπτοῖς V ‖ 6 εἰς ἃ κόπρια] εἰς ἃ ἡ κοπρία V, εἶα δεῖ κόπραιαι L ‖ ῥίπτονται L ‖ 7 ἢ ναοῖς] ἢ ναοῖς ἢ οἴκοις L, ἢ ναῶν οἴκοις ἢ ναοῖς V ‖ ἄλσεσιν L ‖ 8 γένει χωρίων ἐλλογίμων] γένει χωρίων ἐλλογίμω Venetus 267 itemque L, nisi quod χωρίω exhibet pro genetivo; τινὶ χωρίω εὐπόρω V ‖ 9 χωρίων] χοορίων L ‖ 10 τὰς ἐν αὐτοῖς γινομένας θυσίας V ‖ 11 ἐθέλει] ἔτι θέλει V ‖ 12 ἔτι] ὅτι V ‖ 13 ἐστι L ‖ 15 τοῦ μὲν] ὁ μὲν V ‖ τοῦ δὲ] ὁ δὲ V ‖ 16 φθερεῖ L ‖ an παρασημότατος? ‖ ὁ om V ‖ 17 γίγνεται V ‖ 18 ὁ om V ‖ παρασημότερος L. malim παρασημότατοι ‖ 19 γίνονται] γίνεται L ‖ οἱ πρῶτοι om L ‖ 21 φάσκον L ‖ 22 κάμνουσιν L ‖ 23 ἐπιτίθεται L ‖ ὡς καὶ — αὐτοῖς om V ‖ ἐλευθερωθῆσι L ‖ 24 αὐτοῖς Venetus 267: αντους L ‖ οἱ ἄνθρωποι — τετιμημένοις om V ‖ 25 ἐλευθερωθῆσι L ‖ malim ὑπὸ τῶν δεσποτῶν ‖ 27 malim κεκεραυνῶσθαι ‖ πείρας τε καὶ ἰδίας ἐννοίας] πείρας ἰδίας V ‖

προεξέθεσαν, πλὴν οὐ πάντα ἀκριβῶς ἴσχυσαν εὑρεῖν. ἔχει δὲ ὧδε. δούλων μὲν τοὺς μὴ ἐν πίστει ὄντας ἐλευθεροῖ, τοὺς δὲ ἐν πίστει ὄντας ἢ τιμῇ παρὰ τοῖς δεσπόταις ἢ πολλὰ κτήματα ἔχοντας ἀφαιρεῖ τῆς πίστεως καὶ τῆς τιμῆς καὶ τῶν κτημάτων. ἐλευθέρων δὲ πένητας μὲν τοὺς μὴ λανθάνειν πειρωμένους ὠφελεῖ, τοὺς δὲ ἀποκρυπτομένους καὶ λανθάνειν βουλομένους ἐλέγχει· οὔτε γὰρ λάθρα πίπτει κεραυνὸς διὰ τὸ μετὰ μεγάλων βροντῶν καὶ πολλοῦ χειμῶνος καταφέρεσθαι οὔτε κεραυνωθέντα λαθεῖν ἐστίν· πλουσίων δὲ τοὺς μὲν χρυσοφορεῖν μέλλοντως διά τινα ἀρχὴν ἢ ἱερωσύνην οὐ βλάπτει, ἀλλὰ ἐπισημοτέρως ἄρξαι ἢ ἱερώσασθαι προαγορεύει· ἔοικε γὰρ πυρὶ τὸ χρυσίον κατά γε τὴν χρόαν, ἐστι δὲ καὶ παρὰ Πινδάρῳ ὁ δὲ χρυσὸς αἰθόμενον πῦρ ἅτε. τοὺς δὲ λοιποὺς ἀφαιρεῖ τῆς οὐσίας διὰ τὸν ἔμπροσθεν λόγον, εἰ μή τι ἄλλο κωλύοι. ἀγάμοις δὲ γάμον προαγορεύει καὶ πένησι καὶ πλουσίοις· οὐδὲν γὰρ οὕτω τὸ σῶμα θερμαίνει ὡς πῦρ καὶ γυνή· γεγαμηκότας δὲ διίστησι καὶ κοινωνοὺς καὶ ἀδελφοὺς καὶ φίλους ἐχθροὺς ποιεῖ· οὐδὲν γὰρ ὁ κεραυνὸς ἑνοῖ, ἀλλὰ καὶ τὰ ἡνωμένα χωρίζει. ἔτι καὶ τὸν παῖδας ἔχοντα τῶν παίδων στερίσκει ἤτοι ἀποθανόντων, ἐὰν ἀλγῇ πρὸς τῷ κεραυνοῦσθαι, ἢ ἄλλως ἀπαλλαγέντων, ἐὰν μὴ ἀλγῇ· καὶ γὰρ τὰ δένδρα, ὅταν κεραυνωθῇ, αὖα γίνεται καὶ τοὺς βλαστοὺς ἀπόλλυσιν. ἀθλητὰς δὲ ἐνδόξους ὁ κεραυνὸς ποιεῖ καὶ πάντας φιλολόγους καὶ τοὺς εἰς τὸ μέσον παρέρχεσθαι βουλομένους. ἐν δὲ ταῖς δίκαις ταῖς περὶ ἐπιτιμίας συμφέρει τὸ δοκεῖν κεραυνοῦσθαι· οὐδεὶς γὰρ κεραυνωθεὶς ἄτιμός ἐστιν, ὅπου γε καὶ ὡς θεὸς τιμᾶται. τοῖς δὲ περὶ κτημά-

---

1 προεξέθεσαν] προσέθεσαν LV ‖ πάντα] πάντα γε V ‖ ἴσχυσαν] ἐξίσχυσαν V ‖ ἔχει δὲ ὧδε] ὡς ἔχει δὲ ὧδε L ‖ 2 πίστει ὄντας ἢ om V ‖ 3 τιμῇ] τινιμη L ‖ δεσπότας L ‖ 4 ἀφαιρεῖ] ἀφαιρεῖται LV ‖ 5 δὲ om L ‖ 6 πειρωμένους] βουλομένους V. in L adduntur ἐφ᾽ οἷς ἁμαρτάνουσιν, eademque in V, nisi quod in hoc ἂν infertur post οἷς ‖ 6 δὲ] δέ γε L ‖ 8 τὸ μετὰ] τῶν L ‖ 9 ἐστιν] ἔσται V ‖ 11 ἢ om L ‖ ἐπισημοτέρως] καὶ L ‖ ἱερᾶσθαι L ‖ 12 τὸ χρυσίον πυρὶ V ‖ κατά γε] καὶ κατὰ L ‖ 13 χροάν] χροὰν L, χροίαν V ‖ ἐστὶ δὲ καὶ παρὰ Πινδάρῳ ὡς καὶ πίνδαρος V ‖ 14 ἀφαιρεῖται L ‖ 15 κολύοι L ‖ 16 πένησιν L ‖ οὕτω] οὕτως LV ‖ τὰ σώματα V ‖ 17 ὡς] ὥσπερ L ‖ διίστησιν L ‖ 18 οὐδὲν] οὐ V ‖ καὶ om L ‖ 19 χωρίζει] διίστησιν L ‖ 20 ἐὰν ἀλγῇ] ἐναλλαγῇ L ‖ 21 πρὸς τῷ] ἐπὶ τῷ L, πρὸς τὸ V ‖ 22 καὶ γὰρ — κεραυνωθῇ om L ‖ αὖα] ἂν L ‖ 23 ἀπόλλυσιν] ἀπόλλυσιν ὥσπερ δὲ τῶν δένδρων τέκνα εἰσὶν οἱ βλαστοὶ οὕτω καὶ τῶν ἀνδρῶν (τὰ addit L) τέκνα εἰσὶν οἱ βλαστοὶ LV ‖ 24 an πάντας τοὺς φιλολόγους? ‖ παρέρχεσθαι] προέρχεσθαι V, παρέχεσθαι L ‖ 26 malim κεκεραυνῶσθαι ‖ 27 ἐστιν om L ‖ ὅπου] ὅθεν V ‖ ὡς] ὦ L ‖ δὲ] γε L ‖

CAP. IX.

των πάντων πλὴν γῆς καὶ τῶν ἐν γῇ δικαζομένοις καταδίκην μαντεύεται· καὶ γὰρ τοὺς καταδικασθέντας ἐν τῇ συνηθείᾳ κεκεραυνῶσθαί φαμεν. ἐν δὲ ταῖς περὶ γῆς δίκαις τοὺς μὲν νεμομένους τὴν γῆν καὶ δεδιότας ἐκβληθῆναι μενεῖν λέγει·
5 οὐδὲ γὰρ οἱ κεκαυνωθέντες μετατίθενται, ἀλλ᾽ ὅπου ἂν ὑπὸ τοῦ πυρὸς καταληφθῶσιν, ἐνταῦθα θάπτονται. τοὺς δὲ ἀντιποιουμένους γῆς ἀλλοτρίας μὴ εἰσελθεῖν εἰς αὐτὴν προαγορεύει, ἀλλ᾽ ὅπου ἂν ὦσιν, ἐκεῖ μεῖναι, τοῦτ᾽ ἔστιν ἔξω, εἰ μὴ ἄρα τις οὐκ αὐτὸς δόξειε κεκεραυνῶσθαι, ἀλλ᾽ εἰς γῆν ἴδοι
10 τὸν σκηπτὸν πεσόντα· καὶ γὰρ τὸ τοιοῦτον ὄναρ τοῖς ἐνοικοῦσιν ἄβατον τὴν γῆν καθίστησιν. ἔτι ὁ κεραυνὸς τοὺς μὲν ἀποδήμους εἰς τὴν οἰκείαν ἐπανάγει, τοὺς δὲ ἐνδήμους ἐν τῇ οἰκείᾳ κατέχει. μεμνῆσθαι δὲ χρὴ ὅτι ταῦτα σημαίνει τὸ δοκεῖν κεραυνοῦσθαι, ὅσα εἰρήκαμεν, ἐπειδάν τις ἢ καταπεφλέχθαι ὑπὸ τοῦ p. 92
15 κεραυνοῦ νομίσῃ ἢ κατὰ κεφαλῆς ἢ κατὰ στέρνου τὸν σκηπτὸν πεπτωκέναι, ἐπεὶ ὅταν γε ἄλλο τι μέρος τοῦ σώματος ὁ κεραυνὸς καταφλέξῃ καὶ μὴ ὅλον τὸ σῶμα ἢ μὴ τοιοῦτό τι καταλάβοι, ἐξ οὗ εἰκὸς θάνατον ἐπακολουθεῖν τῷ κεκεραυνωμένῳ, τότε μικρότερα τὰ ἀποτελέσματα γίνεται. καὶ χρὴ ποι-
20 εῖσθαι τὰς κρίσεις ὡσπερανεὶ βλαπτομένων μερῶν καὶ οὐχὶ παντὸς τοῦ σώματος. περὶ ὧν ἀκριβῶς καὶ ἀνενδεῶς ἐν τῷ περὶ σώματος λόγῳ ἐν τῷ πρώτῳ βιβλίῳ διείρηκα. ἔτι κἀκεῖνο. οὔτε πλέοντα οὔτε ἐν τῇ κοίτῃ κατακείμενον οὔτε ἐπὶ γῆς ὕπτιον ἢ πρηνῆ ὑπὸ κεραυνοῦ καταφλέγεσθαι συμφέρει,

---

1 πλὴν γῆς om L ‖ post καὶ τῶν ἐν γῇ L addit καὶ τῶν ‖ δικαζομένοις Reiskius inseruit ‖ 3 κεκεραυνῶσθαι] κεραυνωσθαι L, κεραυνοῦσθαι V ‖ γῆς] γῆν V ‖ 4 καὶ] καὶ τὸ pr L, καὶ τοὺς sec ‖ δεδειότας L ‖ μενεῖν addidi ‖ λέγει] σημαίνει L ‖ 5 οὐδὲ] οὐ V ‖ ἂν om L ‖ 6 καταλειφθῶσιν V ‖ 7 γῆς ἀλλοτρίας] τῆς ἀλλοτρίας γῆς L ‖ 8 ἂν Reiffius: ἐὰν V, om L ‖ ὦσιν ἐκεῖ] εἰσὶ L ‖ 9 δόξειεν κεραυνῶσθαι L ‖ ἀλλ᾽ εἰς γῆν ἴδοι τὸν σκηπτὸν πεσόντα] ἀλλ᾽ εἰς γῆν τὸν σκηπτὸν πεσόντα L, ἀλλ᾽ εἰς τὴν γῆν ὅπου ἴδῃ σκηπτὸν πεσόντα V ‖ 10 καὶ γὰρ τὸ] τὸν γὰρ L ‖ ὄναρ] ὄνειρον L, ὄνειρον ἀεὶ V ‖ 11 τὴν γῆν ἄβατον L ‖ καθίστησιν] ποιεῖ L ‖ ἔτι] ὅτι δὲ V ‖ 12 εἰς τὴν — ἐνδήμους om L ‖ οἰκείαν Reiffius: οἰκίαν V ‖ 13 in LV post χρὴ infertur τοῦτο. mox malim ὅτι σημαίνει τὸ δοκεῖν κεκεραυνῶσθαι vel ταῦτα omisso ὅσα εἰρήκαμεν. τὰ αὐτὰ pro ταῦτα V ‖ 14 δὲ post ἐπειδὰν addit L ‖ σκηπτὸν] κεραυνὸν V ‖ 16 ἐπεὶ ὅταν γε] ἐπεὶ καὶ ὅταν V ‖ ὁ om L ‖ 17 κεραυνῷ καταφλεχθῇ L ‖ καὶ] εἰ L, ἢ V ‖ ἢ Reiffius: εἰ LV ‖ τοιοῦτό τι] τοιοῦτον V ‖ καταλάβοι om L ‖ 18 ἐπακολουθεῖν] παρακολουθεῖν V ‖ κεκεραυνωμένῳ L ‖ 19 χρὴ] οὕτω χρὴ LV ‖ 20 ὡσπερανεὶ] ὥσπερ εἰ V, ὡς περὶ L ‖ 21 παντὸς τοῦ σώματος] περὶ τοῦ παντὸς V ‖ 22 λόγῳ] λόγῳ κατὰ μέρος LV ‖ 23 τῇ om V ‖ 24 πρηνῆ Rigaltius: πρινῆ V, πρηνι L ‖ an ὑπὸ τοῦ κεραυνοῦ? ‖ καταφέρεσθαι L ‖

ὑπολείπεται δὲ μόνον ἀγαϑὸν εἶναι τὸ ὀρϑὸν ἑστῶτα ἢ ἐπὶ
ϑρόνου καϑεζόμενον ἢ ἐπ' ἄλλου τινὸς ἑτέρου κεραυνοῦσϑαι.
οἶδα δέ τινα, ὃς ἔδοξε τῆς κλίνης τὸ ἔξω ἐνήλατον ὑπὸ κεραυ-
νοῦ διεφϑάρϑαι. ἡ γυνὴ αὐτοῦ ἀπέϑανεν.

Πῦρ δὲ τὸ ἐν χρήσει ὀλίγον μὲν καὶ καϑαρὸν ἰδεῖν ἡ Φη- 5
μονόη λέγει ἀγαϑὸν εἶναι, πολὺ δὲ καὶ ἄμετρον πονηρόν.
ἔστιν οὖν ἄριστον τὸ ἐφ' ἑστίας πῦρ λαμπρὸν καὶ καϑαρὸν
ὁρώμενον. πολλὴν γὰρ εὐπορίαν σημαίνει· ἄνευ γὰρ τοῦ τρο-
φὰς παρασκευάζεσϑαι οὐκ ἔστιν ἐφ' ἑστίας πῦρ ἰδεῖν. σβεν-
νύμενον δὲ τοῦτο ἀπορίαν σημαίνει, καὶ εἴ τις κατὰ τὸν οἶκον 10
νοσοίη, ϑάνατον αὐτῷ προαγγέλλει. ἀγαϑὸν δὲ καὶ λαμπάδα
δοκεῖν ἔχειν καομένην νυκτός, μάλιστα δὲ νέοις· ὡς γὰρ ἐπὶ
τὸ πολὺ ἔρωτας οὐκ ἀηδεῖς σημαίνει καὶ πράξεις προαγορεύει
διὰ τὸ δύνασϑαι τὰ πρὸ ποδῶν ὁρᾶν. ἄλλον δὲ ὁρᾶν ἔχοντα
λαμπάδα πονηρὸν τοῖς λανϑάνειν ἐϑέλουσι. λύχνος δὲ καό- 15
μενος ἐν οἰκίᾳ λαμπρὸς ἀγαϑός· πρόσκτησιν γὰρ σημαίνει καὶ
εὐπορίαν πᾶσι καὶ τοῖς ἀγάμοις γάμον καὶ τοῖς νοσοῦσιν ὑγί-
ειαν· ὁ δὲ μὴ λαμπρὸς ἀλλὰ ἀμαυρὸς δυσϑυμίαν σημαίνει καὶ
τοὺς νοσοῦντας οὐκ εἰς μακρὰν ἀναιρεῖ. ὁ δὲ ἐσβεσμένος σώ-
ζει· μέλλει γὰρ ἀνάπτεσϑαι. λύχνος χαλκοῦς καὶ τὰ ἀγαϑὰ 20
βεβαιότερα καὶ τὰ κακὰ ἰσχυρότερα μαντεύεται, ὁ δὲ ὀστράκι-
νος ἔλαττον· ἀμφότεροι δὲ τὰ κρυπτὰ ἐλέγχουσι. λύχνος δὲ
ἐν πλοίῳ ὁρώμενος δεινῆς νηνεμίας ἐστὶ σημαντικός.

10 Οἶκοι δὲ καόμενοι καϑαρῷ πυρὶ καὶ μὴ διαφϑειρόμενοι
πένησι μὲν εὐπορίαν, πλουσίοις δὲ ἀρχὰς περιποιοῦσιν. οἱ δὲ 25
σμυχόμενοι μὴ καϑαρῷ πυρὶ καὶ καταιϑαλούμενοι καὶ ὑπὸ τοῦ

---

1 ἀπολείπεται V ǁ ἑστῶτα] ἱστάναι V ǁ 2 καϑεζόμενον om L ǁ ἐπὶ L ǁ ἑτέρου] τοιούτου? ǁ 3 ἔδοξεν ǁ ἔξω] ἔξωϑεν L ǁ an ὑπὸ τοῦ κεραυνοῦ? ǁ 4 ἢ] καὶ ἡ LV ǁ 5 περὶ πυρὸς τοῦ ἐν χρήσει LV ǁ Φημονόη] φήμη μόνον L, ὑφείμενον V ǁ λέγω V ǁ 6 post πονηρὸν in L additur δοκεῖ οὖν μοι ἀληϑῆ λέγειν σαφῶς δὲ οὐδέπω ǁ 7 ἑστία L ǁ 8 ὁρωμενον L ǁ εὐπορίαν] τροφὴν L ǁ τοῦ τροφὰς] τούτου τροφὰ L ǁ 9 ἑστία L ǁ 10 τοῦτο expunxerim ǁ 11 νοσοίη] νοσεῖ LV ǁ προαγγέλλει] προαγγέλει L, προαγορεύει L ǁ λαμπάδας V ǁ 12 καομένην] καιομένην L, καιομένας V ǁ δὲ] τοῖς V ǁ 13 τὸ om L ǁ 15 καόμενος] καιόμενος LV ǁ 16 οἴκεια L ǁ 17 ὑγίειαν Reiffius: ὑγεῖαν V, ὑγειαν L ǁ 18 ἀμοιδρὸς L ǁ 20 ἅπτεσϑαι V ǁ χαλκοῦς] χάλκεος LV ǁ 21 ἰσχυρώτερα L ǁ 22 ἐλάττω L ǁ ἐλέγχουσιν L ǁ δὲ ante ἐν om V ǁ 23 ἀνηνεμίας L ǁ

24 περὶ μερῶν οἰκίας καιομένων V ǁ οἶκοι] τοῖχοι L, οἶκοι L, γρ. τοῖχοι mg V ǁ καόμενοι] καιόμενοι LV ǁ δὲ adieci ǁ καὶ ante καϑαρῷ addit L ǁ μὴ] μὴ συμπίπτοντες καὶ μὴ V, μὴ διαπίπτοντες μηδὲ L ǁ 26 μὴ om V ǁ καταιϑαλούμενοι] αἰϑαλούμενοι L. in V additur καὶ συμπίπτοντες, in L καὶ οἱ συμπίπτοντες ǁ

CAP. IX. X. 97

πυρὸς διαφθειρόμενοι πᾶσι πονηροὶ καὶ τοιούτων ὄλεθρον σημαίνουσιν ἀνθρώπων, οἷοι ἂν ὦσιν οἱ οἶκοι. οἷον ὁ μὲν θάλαμος τὴν γυναῖκα σημαίνει, ὅταν ὑπάρχῃ· εἰ δὲ μή, τὸν δεσπότην τῆς οἰκίας· ὁ δὲ ἀνδρὼν τοὺς κατὰ τὸν οἶκον ἀνθρώ-
5 πους συγγενεῖς τε καὶ θεράποντας, ἡ δὲ γυναικωνῖτις τὰς θεραπαίνας. ταμιεῖα δὲ καὶ ἀποθῆκαι τὰ κτήματα ἢ τοὺς ταμίας ἢ τοὺς οἰκονόμους σημαίνουσι.

Ταῦτα μὲν ἐφ᾽ ὅλων οἴκων· τοίχων δὲ ὁ μὲν τὴν θύραν ἔχων τὸν δεσπότην σημαίνει, ὁ δὲ τὴν θυρίδα τὴν δέσποιναν.
10 ὅπου δὲ μὴ ἔστι θυρίς, ὁ μὲν μέσος τὸν δεσπότην ὁ δὲ δεξιὸς τὰ τέκνα ὁ δὲ εὐώνυμος τὴν γυναῖκα. ἐπειδὰν δὲ πολλὰς ἔχῃ θυρίδας ὁ οἶκος, καὶ ἀδελφοῖς καὶ κοινωνοῖς θάνατον προαγορεύει· πρεσβυτέροις μὲν τὰ πρὸς ἀνατολὴν τοῦ οἴκου, νεωτέροις δὲ τὰ πρὸς ἑσπέραν. τὰ δὲ πρὸς ἄρκτον ὁμοίως τῇ ἀνα-
15 τολῇ καὶ τὰ πρὸς μεσημβρίαν ὁμοίως τῇ δύσει κρινέσθω. οἱ δὲ μετὰ τὸ πῦρ αὐξηθέντες τοῖχοι ἢ λαμπρότεροι φαινόμενοι τὸν βίον ἐπὶ τὸ βέλτιον μετάγουσι. θύραι δὲ καόμεναι γυναικὸς ὄλεθρον σημαίνουσι καὶ τὸν βίον τοῦ ἰδόντος οὐκ ἐν ἀσφαλεῖ κεῖσθαι. τούτων δὲ ἡ μὲν τὸν μάνδαλον ἔχουσα ἐλευ-
20 θέραν γυναῖκα σημαίνει, ἡ δὲ ἐχομένη δούλην, καὶ πάλιν ἡ μὲν τὸν μάνδαλον ἔχουσα καὶ τὸν ἄνδρα, ἡ δὲ ἐχομένη τὴν γυναῖκα. κίονες δὲ καθαρῷ πυρὶ καόμενοι καὶ μὴ διαφθειρόμενοι τὰ τέκνα σημαίνουσι τοῦ ἰδόντος ἐπὶ τὸ βέλτιον μεταβῆναι· οἱ δὲ συντριβόμενοι υἱῶν ὄλεθρον σημαίνουσι· p. 94
25   στύλοι γὰρ οἴκων παῖδες εἰσὶν ἄρσενες,
ὥς φησιν Εὐριπίδης. τέρεμνα δὲ καὶ ὑπέρθυρα καὶ δρύ-

---

1 τοιούτων Brunnius: τοιοῦτον LV || 2 οἶκοι] οἶκοι ἢ οἱ τοῖχοι LV. οἶκοι L in rasura a manu recenti || 3 ὑπάρχῃ] εἴη L || 4 οἰκείας L || οἱ δὲ ἀνδρῶνες V || 5 γυναικωνεῖτις L || τὰς inserui || 6 θεραπαίνας] θεραπαίνας μὲν καὶ τὰ πρόθυρα τῆς οἰκείας L, θεραπαίνας καὶ τὰ πρόθυρα τῆς οἰκείας τοὺς δεσπότας V || ταμιεῖα] ταμεῖα V, ταμία L || τοὺς ante οἰκονόμους om L || 7 σημαίνουσιν L || 9 τὸν δεσπότην ὁ δὲ εὐώνυμος τὴν γυναῖκα ὁ δὲ δεξιὸς τέκνα L || 11 τὰ addidit Reiskius || post γυναῖκα desidero σημαίνει vel simile verbum || ἔχει πολλὰς L || 12 fortasse φίλοις καὶ ἀδελφοῖς καὶ κοινωνοῖς || 13 τὰ om L || ἀνατολὰς L || νεωτέροις L || 14 τὰ om L || τὰ δὲ] καὶ τὰ L || 16 μετὰ τὸ] μέγα V || αὐξάνοντες V || ἢ] οἱ V || post φαινόμενοι in LV additur πολυτελέστερον || 17 μετάγουσιν L || θύραι δὲ] θύραι L || καόμεναι] καιόμεναι LV || 18 σημαίνουσιν L || 19 ἀσφαλεῖ] ἀσφαλείᾳ V || μὲν τὸν om V || 20 ἐχομένῃ] δεχομένην V || δούλην — ἐχομένη om V || 22 καόμενοι] καιόμενοι LV || 23 τὸ βέλτιον] τὸ βέλτιον καὶ λαμπρότερον LV || 24 αι ante συντριβόμενοι habet L || σημαίνουσιν L || 25 οἱ ante παῖδες addit L || ἄρρενες L
|| 26 ὥς] ὥς που V || δρύφακτοι] δραφρακτοι V ||

ARTEMIDORUS.   7

φακτοὶ κατακαέντες παίδων ὄλεθρον καὶ οὐσίας ἀπώλειαν μαντεύονται, οἱ δὲ θεμέλιοι δεσποτῶν, οἱ δὲ θρίγκοι συγγενῶν καὶ φίλων, δένδρων δὲ τὰ μὲν πρὸ τῆς οἰκίας πεφυκότα δεσποτῶν, τὰ δὲ ἔνδον ἐν τῇ οἰκίᾳ τὰ μὲν μεγάλα καόμενα ὁμοίως δεσποτῶν, τὰ μὲν ἀρρενικὰ ἀνδρῶν, τὰ δὲ θηλυκὰ γυναικῶν, τὰ δὲ μικρὰ φίλων καὶ συγγενῶν, τὰ δὲ παντελῶς χθαμαλά, οἷον πύξοι καὶ μυρρίναι, οἰκετῶν. ἀνακαίειν δὲ δοκεῖν πῦρ ταχέως ἀναπτόμενον καὶ ἐφ' ἑστίας καὶ ἐν κλιβάνῳ ἀγαθὸν καὶ παίδων σημαίνει γονήν· ἔοικε γὰρ καὶ ἡ ἑστία καὶ ὁ κλίβανος γυναικὶ διὰ τὸ δέχεσθαι τὰ πρὸς τὸν βίον εὔχρηστα· τὸ δὲ ἐν αὐτοῖς πῦρ ἔγκυον ἔσεσθαι τὴν γυναῖκα μαντεύεται· τότε γὰρ καὶ ἡ γυνὴ θερμοτέρα γίνεται. τὸ δὲ καταλαβόντα τὸ πῦρ ἐν τούτοις εἶτα ἀποσβεννύειν ἑαυτῷ αἴτιον ζημιῶν σημαίνει γενέσθαι.

11 Ταῦτα μὲν οὖν τῷ περὶ πυρὸς λόγῳ ἀκόλουθα ὄντα ἱκανῶς εἴρηται· ἑξῆς δὲ περὶ κυνηγίου καλῶς ἔχον εἶναί μοι δοκεῖ διασαφῆσαι. λίνα καὶ στάλικες καὶ πᾶσα ἀρκυοστασία καὶ αἱ νεφέλαι λεγόμεναι καὶ ὅσα πρὸς θήραν ἄνθρωποι κατεσκευασμένα ἔχουσι κακά· μόνοις δὲ ἀγαθὰ τοῖς δραπέτας διώκουσι καὶ τοῖς ἀπολωλός τι ζητοῦσι· ταχεῖαν γὰρ τούτων εὕρεσιν προσημαίνει. τοῖς δὲ λοιποῖς ἐμποδισμοὺς τῶν χρειῶν διὰ τὰς καταπλοκὰς καὶ κινδύνους καὶ ἐνέδρας σημαίνει· ἐπὶ γὰρ βλάβῃ τῶν ζῴων ταῦτα κατασκευάζεται. ἀεὶ δὲ ἄμεινον αὐτὸν ἔχειν ταῦτα ἢ ἄλλον ἔχοντα ἰδεῖν, ὅσῳ καὶ κρεῖττον τὸ κακοῦν τοῦ ὑπό τινος κακοῦσθαι.

p. 95 Ἕπεται δὲ τῷ περὶ κυνηγίου λόγῳ ὁ περὶ ζῴων τῶν

---

1 κατακαέντες] κατακανθέντες L || 2 οἱ δὲ] καὶ L || θρίγγοι V || 3 δένδρα V || μὲν om L || οἰκείας L || 4 οἰκεῖα L || καόμενα] καιόμενα LV || ὁμοίως] τὰ L || 5 ἀρσενικὰ V || 7 καὶ om L || 8 ἁπτόμενον L || 9 ἐοίκασι? || 10 γυναῖκα L || 11 ἔσεσθαι] γενέσθαι L || 12 καταλαβόντα] καταβαλεῖν τὸ V || 16 περὶ κυνηγίον καὶ κυνῶν V, περὶ κυνηγίον L || κυνηγίον] κυνηγίον καὶ κυνῶν V || ἔχον εἶναι] ἔχειν εἶναι V || 17 διασαφισαι L || στάλικες] στάλικες ποδάγραι βρόχοι LV || πᾶσα ἀρκυοστασία] πᾶσαι ἄρκυες L || καὶ αἱ νεφέλαι λεγόμεναι om L || 19 ἔχουσιν L || κακά] κακὸν LV || δὲ om L || διώκουσιν L || 20 ζητοῦσιν L || γὰρ om L || 21 προσημαίνει· προαγορεύει V || ἐμποδισμοὺς] ἐμπόδια L || τῶν om V || 23 κατασκευάζουσιν V || ἀεὶ δὲ] εἴη δ' ἄν L || 24 ὅσῳ καὶ] ὅσῳ τε L || κακὸν τὸ L || 25 ὑπό τινος om V || post κακοῦσθαι in LV adduntur verba κύνες δὲ θηρευτικοὶ (θηραταὶ L) ἐπὶ μὲν θήραν ἐξιόντες ἀγαθοὶ πᾶσι (πασιν L) καὶ πράξεων προαγορευτικοὶ τοῖς φεύγουσι δὲ (δὲ φυγοῦσι L) πονηροί· ἀπὸ δὲ θήρας ἐπανιόντες ἄφοβοι καὶ ἄπρακτοι τετήρηνται || 26 λόγῳ om V ||

CAP. X. XI.

ἐπιγείων διπόδων τε καὶ ἀπόδων καὶ τετραπόδων. ἄρξομαι δὲ
ἀπὸ τῶν τετραπόδων. τῶν κυνῶν οἱ μὲν ἐπὶ θήρᾳ τρέφον-
ται, καὶ τούτων οἱ μέν εἰσιν ἰχνευταί, οἱ δὲ ὁμόσε τοῖς θη-
ρίοις χωροῦσιν· οἱ δὲ ἐπὶ φυλακῇ τῶν κτημάτων, οὓς οἰκου-
5 ροὺς τε καὶ δεσμίους λέγομεν· οἱ δὲ ἐπὶ τερπωλῇ οἱ Μελιταῖοι
λεγόμενοι. σημαίνουσιν οὖν οἱ μὲν ἐπὶ θήρᾳ τρεφόμενοι τὰ
ἔξωθεν ποριζόμενα· ὅθεν ἀγαθὸν ἰδεῖν αὐτοὺς θηρῶντας καὶ
λαμβάνοντάς τι καὶ ἤδη εἰληφότας ἢ μέλλοντας ἐπὶ θήραν ἐξ-
ιέναι· πράξεων γάρ εἰσι σημαντικοί· οἱ δὲ εἰς πόλιν ἐρχόμε-
10 νοι ἀπραξίαν σημαίνουσι· παύονται γὰρ τῶν ἔργων· οἱ δὲ
οἰκουροὶ γυναῖκα σημαίνουσι καὶ οἰκείους καὶ τὰ πεπορισμένα
κτήματα. ὅθεν ἐρρωμένοι καὶ σαίνοντες τοὺς δεσπότας ἀγα-
θὴν οἰκουρίαν καὶ περὶ τὴν γυναῖκα καὶ περὶ τοὺς οἰκείους
σημαίνουσι καὶ τῶν κτημάτων πολλὴν ἀσφάλειαν, νοσοῦντες
15 δὲ τοῖς προειρημένοις νόσον προαγορεύουσι καὶ τοῖς κτήμασι
βλάβας. ἀγριαίνοντες δὲ ἢ ὑλακτοῦντες ἢ δάκνοντες ἀδικίας
τὰς ὑπὸ τῶν τοιούτων μαντεύονται προσώπων καὶ βλάβας
μεγάλας. ἀλλότριοι δὲ κύνες σαίνοντες μὲν δόλους καὶ ἐνέ-
δρας ὑπὸ πονηρῶν ἀνδρῶν ἢ γυναικῶν σημαίνουσι, δάκνον-
20 τες δὲ ἢ ὑλακτοῦντες ἐπιθέσεις καὶ ἀδικίας· κἂν μὲν ὦσι λευ-
κοί, φανεράς, ἐὰν δὲ μέλανες, λαθραίους, ἐὰν δὲ πυρροί, οὐ
παντελῶς φανεράς, ἐὰν δὲ ποικίλοι, δεινοτέρας τὰς ἐπιθέσεις
μαντεύονται. ἐοίκασι δὲ οὐ παντελῶς εὐγενέσιν οὐδὲ ἐλευθέ-
ροις, σφόδρα δὲ βιαίοις καὶ ἀναιδέσι· τοιαῦτα γὰρ τὰ τῶν κυ-
25 νῶν ἤθη. πολλάκις δὲ καὶ πυρετὸν ᾐνίξαντο διὰ τὸ ἄστρον τὸν
Σείριον, ὃς πυρετοῦ αἴτιος ὢν πρός τινων κύων καλεῖται· καὶ

---

1 ἐπιγείων διπόδων τε καὶ ἀπόδων καὶ τετραπόδων] ἐπιγείων πάν-
των λόγος διπόδων τε καὶ ἀπόδων καὶ τετραπόδων V, ἐπιγείων διπόδων
τε καὶ ἀπόδων καὶ τετραπόδων καὶ πάντων λόγος L ‖ 2 τῶν om L ‖
περὶ κυνῶν L ‖ θήραν V ‖ 3 ὁμόσε] ὅμως.αι L ‖ 5 τε om V ‖ δὲ]
τε V ‖ τερπωλὴν V ‖ οἱ] καὶ οἱ V ‖ μελιτεοι L ‖ 6 μὲν om V ‖ θήρᾳ]
θήραν LV ‖ 7 ποριζόμενα] ποριζόμενα καὶ τὰς πράξεις LV ‖ 8 ἢ μέλ-
λοντας] καὶ μέλλοντας V ‖ 9 πράξεων L ‖ 10 σημαίνουσιν L ‖ 11 γυ-
ναῖκα σημαίνουσι καὶ οἰκείους] γυναῖκά τε σημαίνουσι καὶ οἰκείας L, ση-
μαίνουσι γυναῖκας καὶ οἰκέτας V ‖ τὰ om L ‖ 14 σημαίνουσιν L ‖ νοσοῦντες
δὲ τοῖς προειρημένοις] νοσοῦντες δὲ οὗτοι V, νοσοῦντες δὲ οἱ κύνες φαι-
νόμενοι τούτοις τοῖς προειρημένοις L ‖ 15 κτήμασι] χρήμασι V ‖ 16 ἢ
δάκνοντες om V ‖ 17 τῶν om L ‖ προσώπων] fortasse ἀνθρώπων ‖ 18
ἀλλοτρίων L ‖ an ἐνέδρας τὰς ὑπό? ‖ 19 ἢ] καὶ L ‖ γυναικῶν] γυναι-
κῶν ἀλλοτρίων V ‖ σημαίνουσιν L ‖ 20 ἢ] καὶ L ‖ κἂν] καὶ ἐὰν V ‖
ὦσιν L ‖ 21 ἐὰν] ἂν L ‖ πυροί L ‖ 23 post δὲ excidit ni fallor ἀνθρώ-
ποις ‖ 24 ἀνεδέσι L ‖ γὰρ] δὲ καὶ L ‖ 25 πυρετοὺς V ‖ ᾐνίξατο L ‖
26 σιριον L ‖ καὶ γάρ] καὶ ὅτι L ‖

7*

γὰρ βίαιόν ἐστι καὶ ἄγνωμον τὸ ζῷον καὶ πυρετῷ ὅμοιον. οἱ δὲ Μελιταῖοι τὸ τερπνότατον τῶν ἐν τῷ βίῳ σημαίνουσι καὶ τὸ ἥδιστον. τοιγάρτοι ὅ τι ἂν πάθωσι λύπης τε καὶ ἀνίας εἰσὶ σημαντικοί.

12
p. 96

Πρόβατα, ὡς μὲν οἱ παλαιοὶ ἔλεγον λευκὰ μὲν ἀγαθά, μέλανα δὲ πονηρά· ὡς δὲ ἐγὼ ἐτήρησα, πρόβατα καὶ λευκὰ καὶ μέλανα ἀγαθά· λευκὰ μὲν μᾶλλον, μέλανα δὲ ἧττον. ἔοικε δὲ τὰ πρόβατα ἀνθρώποις διὰ τὸ πείθεσθαι τῷ ποιμένι καὶ συναγελάζεσθαι καὶ προβιβασμῷ καὶ τῇ ἐπὶ τὸ βέλτιον προκοπῇ ἀπὸ τοῦ ὀνόματος. ἄριστον οὖν καὶ ἴδια ἔχειν πολλὰ πρόβατα καὶ ἀλλότρια ἰδεῖν καὶ ποιμαίνειν, μάλιστα τοῖς ὄχλου προΐστασθαι βουλομένοις καὶ σοφισταῖς καὶ διδασκάλοις.

Ἔτι δὲ καὶ κριὸν πρὸς δεσπότην ἐστὶ ληπτέον καὶ πρὸς ἄρχοντα καὶ βασιλέα· κρείειν γὰρ τὸ ἄρχειν ἔλεγον οἱ παλαιοί. ἀγαθὸν δὲ καὶ ἐποχεῖσθαι δοκεῖν ἀσφαλῶς καὶ δι' ὁμαλῶν χωρίων, μάλιστα φιλολόγοις καὶ τοῖς ἐπὶ τὸ πλουτεῖν ὁρμωμένοις· καὶ γὰρ ταχὺ τὸ ζῷον καὶ Ἑρμοῦ νενόμισται ὄχημα εἶναι.

Αἶγες δὲ οὔτε λευκαὶ οὔτε μέλαιναι ἀγαθαὶ ἀλλὰ πᾶσαι πονηραί, λευκαὶ μὲν ἧττον, μέλαιναι δὲ μᾶλλον, μάλιστα τοῖς πλέουσι· καὶ γὰρ τὰ μεγάλα κύματα αἶγας ἐν τῇ συνηθείᾳ λέγομεν, καὶ λάβρος ἐπαιγίζων φησὶν ὁ ποιητὴς περὶ σφοδροῦ ἀνέμου λέγων, καὶ τὸ φοβερώτατον πέλαγος Αἰγαῖον λέγεται. γάμους δὲ καὶ φιλίας καὶ κοινωνίας οὔτε συνάγουσιν οὔτε τὰς οὔσας φυλάττουσιν· οὐ γὰρ συναγελάζονται ἀλλὰ χω-

---

1 εὔγνωμον V || 2 τερπνώτατον L || τῶν om L || σημαίνουσιν ἐν τῷ βίῳ L || 3 post καὶ τὸ ἥδιστον V addit τῶν παρ' αὐτοῖς. verba καὶ τὸ ἥδιστον deleta malim || τι om V || 5 περὶ ζῴων παντοίων V, περὶ προβάτων L || πρόβατα Aldina: πρόβατα καὶ αἶγες L, π. δὲ "καὶ αἶγες" V || ἔλεγον] συνέχεον LV || 6καὶ λευκὰ — τὰ πρόβατα om V || καὶ ante μέλανα om pr L || δὲ τὰ] γὰρ τὰ L || 8 post ἀνθρώποις V addit ἐοίκασι || τῷ ποιμένι om L || συναυλίζεσθαι V || 9 προβιβασμοῦ V || τῆς — προκοπῆς V || 10 post ὀνόματος in V additur εἰσι σημαντικοὶ || οὖν] μὲν οὖν L || πολλὰ ἔχειν L || 12 post βουλομένοις in V est καὶ τοῖς ἐπὶ τὸ ἄρχειν στελλομένοις || post διδασκάλοις in L est ἔργων, in V ἔργων εἰσι σημαντικοὶ || 13 κριὸς V || ἐστὶ om L || ληπτὸς V. ληπτέος Reiskius || πρὸς ante βασιλέα addit V || 14 κρείειν Rigaltius: κρίνειν LV || γὰρ] δὲ L || post παλαιοὶ LV addunt καὶ τῆς ἀγέλης δὲ ἡγεῖται ὁ κριὸς || 15 καὶ] τούτῳ καὶ L || δοκεῖν] τούτοις δοκεῖν V || 16 καὶ ante μάλιστα addit V || ἐπὶ] περὶ L || 17 καὶ om L || ὄχημα Reiskius: σχῆμα LV. ceterum εἶναι ὄχημα V || 18 αἶγες δὲ οὔτε om L || οὔτε μέλαιναι ἀγαθαὶ] οὔτε μέλαιναι ἀγαθὸν L, ἀγαθαὶ οὔτε μέλαιναι V || 19 μέλαιναι L || μάλιστα] καὶ μάλιστα V || 20 πλέουσιν L || μεγάλα] μέλανα L. cf. Suidas in v. αἶγες et κῦμα || 22 αἶγεον L. cf. Suidas in v. αἶγες || 23 φίλας L || 24 οὔσας] φιλίας L || συναγελίζονται L ||

CAP. XI. XII.

ρὶς ἀλλήλων νεμόμεναι κατὰ κρημνῶν καὶ πετρῶν αὐταί τε
πράγματα ἔχουσι καὶ τῷ ποιμένι παρέχουσιν. ὅθεν καὶ ὁ ποιη-
τὴς π λ α τ έ α τὰ αἰπόλια καλεῖ λέγων οἵ δ' ὥς τ' αἰπόλια
π λ α τ έ' αἰ γ ῶ ν. p. 97

5 Ὄνοι φέροντές τι ἄχθος καὶ πειθόμενοι τῷ ἐλαύνοντι καὶ
ἐρρωμένοι καὶ ταχέως βαδίζοντες ἀγαθοὶ πρὸς γάμον καὶ κοινω-
νίαν· πρὸς γὰρ τῷ εἶναι πολυτελῆ τὴν γυναῖκα καὶ τὸν κοινω-
νὸν καὶ προθύμως ὑπακούσεσθαι σημαίνουσι καὶ εὐνοήσειν.
καὶ πρὸς τὰς ἄλλας δὲ πράξεις εἰσὶν ἀγαθοὶ διὰ τὸ ὄνομα·
10 ὄνασθαι γὰρ τῶν προκειμένων σημαίνουσι καὶ ἡσθῆναι ἐπ'·
αὐτοῖς· τῷ γὰρ ἡδίστῳ ἀνάκεινται δαίμονι Σειληνῷ. καὶ
πρὸς τοὺς φόβους δὲ ἀγαθοὶ διὰ τὴν περὶ αὐτοὺς ἱστορίαν καὶ
τὸν ἐν τῇ συνηθείᾳ λόγον. πρὸς δὲ τὰς ἀποδημίας πολλὴν
προαγορεύουσιν ἀσφάλειαν, παρολκὰς δὲ καὶ βραδύτητας ἐρ-
15 γάζονται διὰ τὸ νωθὲς τοῦ βαδίσματος.

Ἡμίονοι δὲ πρὸς πάντα ἐπιτήδειοι διὰ τὸ ὑπομενετικὸν
τῶν ἔργων, μάλιστα δὲ πρὸς γεωργίαν· α ἵ γ ά ρ τ ε β ο ῶ ν
π ρ ο φ ε ρ έ σ τ ε ρ α ί ε ἰ σ ι ν, ἑ λ κ έ μ ε ν α ι ν ε ι ο ῖ ο β α θ ε ί η ς π η-
κ τ ὸ ν ἄ ρ ο τ ρ ο ν, ὥς φησιν ὁ ποιητής. μόνον δὲ ἀντιβαίνουσι
20 γάμῳ καὶ παιδοποιίᾳ διὰ τὸ ἄσπερμον εἶναι τὸ ζῷον. ὅταν δὲ
ἀγριαίνωσιν οἱ ὄνοι ἢ οἱ ἡμίονοι, ἐπιβουλὴν ἐκ τῶν ὑποτε-
ταγμένων σημαίνουσιν, ἡμίονοι δὲ καὶ νόσον, ὡς πολλάκις
ἐτήρησα.

---

1 νεμόμεναι Reiskius: νομούμεναι LV || κριμνῶν L || αὐταὶ Meine-
kius: αὐταί LV || 3 ἐπόλια L || ὥστ' αἰπόλια] ὡσται πολλὰ L || 4 πλα-
τέ'] πλατέα LV `post αἰγῶν in LV est καὶ αἰγιβοτάναει (αἰγιβόταν ἀεὶ
V) τὴν ἀγαθὴν κουροτρόφον. περὶ δὲ ἵππων ἐν τῷ περὶ ἀγῶνος λόγῳ προ-
είρηται. ἔλεγε δέ τις θεασαμένῳ τινὶ ἐπὶ κριοῦ καθημένῳ καὶ πεσόντι
(πεσῶντι L) ἐξ αὐτοῦ ἐκ τῶν ἔμπροσθεν μεμνηστευμένῳ (μνηστευομένῳ
V) δὲ καὶ μέλλοντι ἐν αὐταῖς ταῖς ἡμέραις τοὺς γάμους ἐπιτελεῖν, προει-
πεῖν αὐτῷ ὅτι ἡ γυνή σου πορνεύσει καὶ τὸ λεγόμενον κέρατα αὐτῷ ποιή-
σει. καὶ οὕτως ἀπέβη. καὶ διὰ μὲν τὴν πρόρρησιν τοῦ ὀνείρατος παραι-
τησάμενος τὸν γάμον καὶ μόλις ποτὲ πεισθεὶς ὑπὸ φίλων μετὰ χρόνον
τινὰ ἔγημεν μὲν τὴν πρώην αὐτῷ μεμνηστευμένην, δεδιὼς (δεδειὼς L) δὲ
τὸ ὄναρ ἐφύλαττεν τὴν γυναῖκα καὶ διὰ πάσης ἀσφαλείας (ἀσφαλίας L)
διεγίνετο. καὶ ἐκείνη μὲν ἐνιαυτὸν ἐπιζήσασα διετέλεσεν ἄμεμπτος, ἄλ-
λην δὲ ἐπιγήμας γυναῖκα, ὥς καὶ νομίσαι αὐτὸν ἀποσκῆψαι τὸ ὄναρ, πε-
ριέπεσεν τῷ δυστυχήματι· ἀπέβη γὰρ ἐκείνη εἰς ἔσχατον πορνείας ἐκπί-
πτουσα || 5 περὶ ὄνων καὶ ἡμιόνων L || φέροντές τι] φέροντες
μέν τι LV || 6 πρὸς γάμον] καὶ πρὸς φιλίαν LV [7 εἶναι] μὴ εἶναι
LV || 8 ὑπακούσεσθαι Reiskius: ὑπακούεσθαι LV || εὐνοήσειν Reiskius:
εὐνοήσειν LV || 10 προκειμένων] προειρημένων V || 11 δαίμονι σιληνω L ||
13 τῇ addidi || 15 νωθὲς] νωθρὸν V || 16 τὸ] τῷ L || ὑπομενετικὸν] ὑπομο-
νητικὸν V, ὑπομονιτικὸν L || 18 ἑλκέμεναι — ποιητής om V || 19 δὲ addidi
|| 21 οἱ ante ἡμίονοι addidi, nisi potius delendus articulus ante ὄνοι ||

Βόες ἐργάται πᾶσιν ἀγαθοί, ἀγελαῖοι δὲ βόες ταραχὰς καὶ περιβοήσεις σημαίνουσι διὰ τὸ ὄνομα.

Ταῦρος δὲ κίνδυνον οὐ τὸν τυχόντα σημαίνει, μάλιστα ἀπειλῶν ἢ διώκων, καὶ τὴν ἐκ τῶν ὑπερεχόντων ἀπειλήν, ἐὰν ᾖ πένης ὁ ἰδὼν ἢ δοῦλος. ναυτιλλομένοις δὲ χειμῶνα σημαίνει καὶ πλήξας ναυάγιον, τῆς ἱστοκεραίας παθούσης τι δεινόν· ἔοικε γὰρ τῷ ἱστίῳ καὶ τῇ καταρτίῳ διὰ τὴν βύρσαν καὶ τὰ κέρατα.

Ταῦτα μὲν περὶ τῶν ἡμέρων καὶ συντρόφων ζῴων, λοιπὸν δὲ περὶ τῶν ἀγρίων ζῴων εἰπεῖν.

Λέοντα ἰδεῖν ἥμερον μὲν καὶ σαίνοντα καὶ προσιόντα ἀβλαβῶς ἀγαθὸν ἂν εἴη καὶ φέρον ὠφελείας στρατιώτῃ μὲν ἀπὸ βασιλέως ἀθλητῇ δὲ ἀπὸ τῆς τοῦ σώματος εὐεξίας δημότῃ δὲ ἀπὸ ἄρχοντος καὶ δούλῳ ἀπὸ δεσπότου· τούτοις γὰρ τὸ ζῷον ἔοικε διὰ τὸ δυνατὸν καὶ ἰσχυρόν· ὅταν δὲ ἀπειλῇ ἢ ἀγριαίνῃ τινὶ ὁ λέων, φόβον τε ἐπάγει καὶ νόσον μαντεύεται (ἔοικε γὰρ καὶ ἡ νόσος θηρίῳ), καὶ τὰς ἀπὸ τοιούτων ἀνδρῶν ἀπειλὰς μαντεύεται ἢ τοὺς ἀπὸ πυρὸς κινδύνους. σκύμνους δὲ λέοντος ἰδεῖν ἀγαθὸν ἐπίσης πᾶσιν, ὡς δὲ ἐπὶ τὸ πολὺ παιδίον γένεσιν προαγορεύει. ἐτήρησα δὲ πολλάκις καὶ ἄνδρας πλουσίους σημαίνουσαν διαβεβλημένους ἐπὶ κιναιδίᾳ.

Λέαινα δὲ τὰ αὐτὰ τῷ λέοντι σημαίνει, πλὴν ἧττω, καὶ τὰς ὠφελείας σαίνουσα καὶ τὰς βλάβας ἀπειλοῦσα καὶ δάκνουσα οὐκ ἀπὸ ἀνδρῶν ἀλλ᾽ ἀπὸ γυναικῶν γενέσθαι μαντεύεται.

Πάρδαλις καὶ ἄνδρα καὶ γυναῖκα σημαίνει, πανούργους δὲ καὶ κακοτρόπους διὰ τὸ ποικίλον τοῦ χρώματος, πολλάκις δὲ καὶ ἀπὸ ἐθνῶν ὄντας, ἐν οἷς οἱ πλεῖστοι στίζονται. καὶ νόσον καὶ φόβον οὐ τὸν τυχόντα σημαίνει καὶ περὶ ὄμματα κίνδυνον.

---

1 περὶ βοῶν L ‖ 2 post ὄνομα in LV est καὶ κίνδυνον ‖ 3 κίνδυνον addidi ‖ 6 εἰστοκεραίας L ‖ 7 ἱστίῳ Brunnius: ἱστῷ LV ‖ post τῇ καταρτίῳ LV habent τῆς νεὼς ὅλης ‖ τὴν βύρσαν] τὰς βύρσας LV ‖ 8 post κέρατα in LV est καὶ τοῦτο ἐγὼ πάνυ ἐτήρησα καὶ πάντοτε συμφώνως ἀπέβη ‖ 9 ἡμερῶν L ‖ 10 εἰπεῖν om L ‖ 11 περὶ λέοντος L ‖ 14 τὸ ζῷον] καὶ τὸ ζῷον LV ‖ 15 ἀγριαίνῃ Reiskius: ἀγριαίνηται V, ἀγριαίνιται L ‖ 16 τινὶ] τι V ‖ ἔοικε Rigaltius: σοι· καὶ L, σοι καὶ V ‖ 17 θηρία L ‖ ἀνδρῶν deleam ‖ 18 post λέοντος in LV est καὶ ἔχειν καὶ ‖ 19 παιδίου] καὶ παιδίου LV ‖ 22 περὶ λεαίνης L ‖ ἥττω] ἥττον LV ‖ 23 σαίνουσα] σημαίνουσα V ‖ 24 οὐκ ἀπὸ ἀνδρῶν ἀλλ᾽ ἀπὸ] οὐχ ὑπὸ ἀνδρῶν ἀλλ᾽ ὑπὸ LV ‖ 21 ἐπὶ κιναιδίᾳ] ἐπὶ κιναιδιαία L, ἐπεὶ κιναιδιαία ἐστι V ‖ 25 περὶ παρδάλεως L ‖ πάρδαλις] πάρδαλις δὲ LV ‖ 27 post νόσον καὶ in LV additur ἄλλον τινὰ ‖

CAP. XII.

Ἄρκτος γυναῖκα σημαίνει (φασὶ γὰρ ἐκ Καλλιστοῦς τῆς Ἀρκαδικῆς μεταβαλεῖν τὸ ζῷον οἱ περὶ μεταμορφώσεων μυθολογήσαντες) καὶ νόσον διὰ τὸ θηριῶδες καὶ κίνησιν καὶ ἀποδημίαν, ἐπειδὴ ὁμώνυμός ἐστι τῷ ἀεὶ κινουμένῳ ἄστρῳ· πάλιν δὲ τὴν ἐπὶ τοῦ αὐτοῦ τόπου στροφὴν μαντεύεται· καὶ γὰρ τὸ ἄστρον ἀεὶ ἐν τῷ αὐτῷ κινούμενον οὐ καταδύεται.

Ἐλέφας ἔξω μὲν Ἰταλίας καὶ Ἰνδίας ὁρώμενος κίνδυνον καὶ φόβον σημαίνει διὰ τὸ χρῶμα καὶ διὰ τὸ μέγεθος· φοβερὸν γὰρ τὸ ζῷον, καὶ μάλιστα τοῖς μὴ ἠθάσιν αὐτοῦ· ἐν Ἰταλίᾳ δὲ δεσπότην σημαίνει καὶ βασιλέα καὶ ἄνδρα μέγιστον. ὅθεν ἐπειδὰν βαστάζῃ ἀφόβως πειθόμενος τῷ ἐποχουμένῳ, τὰς ἀπὸ τῶν τοιούτων εὐεργεσίας μαντεύεται· ὅταν δὲ βλάπτῃ, τὰς ἀπὸ τῶν τοιούτων βλάβας. πολλάκις δὲ ἐλέφας διώκων καὶ ἀπειλῶν νόσον προαγορεύει. καὶ καταλαβὼν μὲν καὶ διαχρησάμενος τῷ ἰδόντι θάνατον προαγγέλλει, μὴ καταλαβὼν δὲ εἰς ἔσχατον ἐλάσαντα κίνδυνον σωθήσεσθαι· καὶ γάρ φασι τὸ ζῷον ἀνακεῖσθαι τῷ Πλούτωνι. γυναικὶ δὲ οὐδαμῶς ἀγαθός ἐστιν ὁρώμενος οὔτε προσιὼν οὔτε βαστάζων. οἶδα δέ τινα ἐν Ἰταλίᾳ γυναῖκα πάνυ πλουσίαν καὶ μὴ νοσοῦσαν, ᾗ ἐδόκει ἐλέφαντι ὀχεῖσθαι. οὐκ εἰς μακρὰν ἀπέθανεν.

Ὄναγρος ἐχθρὸν προσημαίνει ἀγνώμονα καὶ οὐ πάνυ τι εὐγενῆ· ἔχει γάρ τι ὄνου σύμφυλον. μεμνῆσθαι δὲ χρὴ ὅτι κοινὸν ἔχει πάντα τὰ ζῷα τὰ ἄγρια πρὸς τοὺς ἐχθροὺς λόγον.

---

1 περὶ ἄρκτου L ‖ ἄρκτος] ἄρκτος δὲ LV ‖ Καλλιστοῦς Rigaltius: καλιστους L, καστους V ‖ 2 μεταβαλεῖν] μεταβάλλειν LV ‖ μεταμορφώσεων Rigaltius: μετὰ μορφώδους LV ‖ 4 τῷ] τὸ L ‖ 5 τοῦ αὐτοῦ τόπου στροφὴν Reiskius: τοῦ αὐτοῦ ὑποστροφήν LV ‖ 7 περὶ ἐλέφαντος L ‖ Ἰταλίας] an Λιβύης? nisi Ἰταλίας e dittographia natum est ‖ 9 ἠθάσιν] εἰθάσιν V ‖ Ἰταλίᾳ] an Ἰνδίᾳ? ‖ 11 βαστάζει L ‖ ἀφόβως] an ἀβλαβῶς? ‖ 12 τῶν addidi ‖ post τοιούτων in LV est ἐργασίας τε καὶ ‖ βλάπτει L ‖ 13 post πολλάκις in V habetur ἐπήρησα, in L ἐπετήρησα. proxima in Laurentiano sic leguntur: πολλάκις δὲ ἐπετήρησα ἐλέφας διώκων καὶ ἀπειλῶν νόσον προαγορεύει καὶ καταλαβὼν μὲν καὶ ἀδικήσας τῷ ἰδόντι θάνατον προαγγέλει καὶ καταλαβὼν μὲν καὶ διαχρησάμενος θάνατον σημαίνει, μὴ καταλαβὼν δὲ εἰς ἔσχατον ἐλάσαντα κίνδυνον σωθήσεσθαι· καὶ γάρ φασιν τὸ ‖ 17 ἀγαθόν V ‖ ἔστιν] ἔστιν οὔτε V ‖ 18 οὐδὲ βαστάζων V ‖ τινὰ γυναῖκα ἐν Ἰταλίᾳ V ‖ 19 πάνυ om V ‖ ᾗ post πλουσίαν addit L ‖ νοσοῦσα ἐδόκει L ‖ 20 οὐκ] καὶ οὐκ LV ‖ post ἀπέθανεν in L est ταύρος δὲ ταραχὰς καὶ κινδύνους σημαίνει, ὡς ἔμπροσθεν εἴρηται καὶ περὶ τούτων. ἰδίως ἐπιβάλλει τὰ λοιπά ‖ 21 περὶ ὀνάγρου L ‖ ὄναγρος] ὄναγροι V ‖ ἐχθρὸν προσημαίνει ἀγνώμονα καὶ οὐ πάνυ τι εὐγενῆ] δὲ ἔχθραν πρός τινα ἀγνώμονα πάνυ εὐγενῆ L, δὲ ἔχθραν πρός τινα εὐγνώμονα οὐ πάνυ εὐγενῆ V ‖ 22 σύμφυλον] σύμβολον LV ‖ 23 λόγον om V ‖

ἀεὶ οὖν ἄμεινον κρατεῖν τούτων ἢ κρατεῖσθαι ὑπ' αὐτῶν· τῶν γὰρ ἐχθρῶν περιγενήσεσθαι σημαίνει καὶ ὑπέρτερον ἔσεσθαι.

Λύκος ἐνιαυτὸν σημαίνει διὰ τὸ ὄνομα· λυκάβαντας γὰρ οἱ ποιηταὶ τοὺς ἐνιαυτοὺς καλοῦσιν ἀπὸ τοῦ περὶ τὰ ζῷα ταῦτα συμβεβηκότος· ἀεὶ γὰρ ἑπόμενα ἀλλήλοις ἐν τάξει δίεισι ποτα- 5 μόν, ὥσπερ αἱ τοῦ ἔτους ὧραι ἑπόμεναι ἀλλήλαις τελοῦσι τὸν ἐνιαυτόν. καὶ ἐχθρὸν βίαιόν τινα καὶ ἁρπακτικὸν καὶ ἐκ τοῦ φανεροῦ ὁμόσε χωροῦντα.

Ἀλώπηξ τὰ μὲν αὐτὰ τῷ λύκῳ σημαίνει, διαφέρει δὲ ἐν τῷ τοὺς ἐχθροὺς οὐκ ἐκ τοῦ φανεροῦ ἐπιθησομένους σημαί- 10 νειν ἀλλὰ λάθρᾳ ἐπιβουλεύσοντας. ὡς δὲ ἐπὶ τὸ πλεῖστον γυναῖκας σημαίνει τὰς ἐπιτιθεμένας.

Πίθηκος ἄνδρα πανοῦργον καὶ γόητα σημαίνει.

Κυνοκέφαλος τὰ αὐτὰ τῷ πιθήκῳ σημαίνει, προστίθησι δὲ τοῖς ἀποτελέσμασι καὶ νόσον, ὡς ἐπὶ τὸ πλεῖστον τὴν ἱερὰν 15 καλουμένην· ἀνάκειται γὰρ τῇ Σελήνῃ, φασὶ δὲ καὶ τὴν νόσον ταύτην οἱ παλαιοὶ ἀνακεῖσθαι τῇ Σελήνῃ. σφίγγας δὲ καὶ πιθήκους τοὺς τὰς οὐρὰς ἔχοντας καὶ εἴ τι ἄλλο τοιοῦτο ζῷον εἰς τὴν αὐτὴν τούτοις ἀνακτέον μοῖραν.

Ὕαινα γυναῖκα σημαίνει ἀνδρόγυνον ἢ φαρμακίδα καὶ ἄν- 20 δρα κίναιδον οὐκ εὐγνώμονα.

Σύαγρος χειμῶνα σημαίνει βίαιον τοῖς ὁδεύουσιν ἢ πλέουσιν καὶ τοῖς δικαζομένοις ἐχθρὸν δυνατὸν ἅμα καὶ ἀγνώ-

---

1 ἄμεινον] χρὴ L ‖ an κρατεῖν αὐτῶν ἢ κρατεῖσθαι omissis ὑπ' αὐτῶν? ‖ 2 περιγενήσεσθαι] περιγενέσθαι LV ‖ 3 περὶ λύκου L ‖ λύκος] λύκος δὲ V ‖ διὰ — καλοῦσιν] ita L, nisi quod ante οἱ ποιηταὶ exhibet καί. in V est διὰ τὸν λυκάβαντα, τουτέστι τὸν χρόνον, ὡς οἱ ποιηταὶ ὀνομάζουσιν ‖ 4 ταῦτα om L ‖ 5 δίεισι] διεξιᾶσι V ‖ τὸν ante ποταμὸν addit V ‖ 6 αἱ τοῦ ἔτους] καὶ τὸ σ pr L ‖ 7 καὶ ἐχθρὸν βίαιόν τινα] καὶ ἐχθρὸν βίαιον δέ τινα L, καὶ ἐχθρὸν δὲ βίαιόν τινα V ‖ post ἁρπακτικὸν in LV additur καὶ πανοῦργον ‖ 8 ὁμὸς ἐγχωροῦντα pr L, delevit y sec ‖ 9 περὶ ἀλώπεκος L ‖ τὰ] δὲ τὰ V ‖ 10 ἐκ τοῦ] εἰς L ‖ τοὺς ante ἐπιθησομένους addit V ‖ 11 ἐπιβουλεύσοντας] ἐπιβουλεύοντας LV ‖ 12 malim γυναῖκας σημαίνει ἐπιτιθεμένας ‖ 13 περὶ πιθήκου L ‖ δὲ post πίθηκος addunt LV ‖ σημαίνε L ‖ 14 κυνοκεφάλου L ‖ κυνοκέφαλος] καὶ ὁ κυνοκέφαλος LV ‖ 15 τῶ ἀποτελέσματι V ‖ ἱερὰν] cf. Suidas in v. ἱερὰ νόσος ‖ 16 μὲν ante γὰρ addit L ‖ 17 παλαιοὶ] πολλοὶ L ‖ περὶ σφιγγὸς καὶ λύγγου L ‖ σφίγγες L ‖ δὲ καὶ] δὲ καὶ λύγγοι καὶ L, δὲ καὶ λύγγους καὶ V ‖ πιθήκους] πίθηκοι L, κερκοπιθήκους V ‖ 18 τοὺς] οἷ L ‖ ἔχοντες L ‖ τοιοῦτο ζῷον] τοιοῦτο ζῷον L, ζῷον τοιοῦτον V ‖ 19 ἀνακτέον] ἀνάκειται L ‖ 20 ὕαινης L ‖ ὕαινα] ὕαινα δὲ LV ‖ ἀνδρόγυνον] ἀνδρῶν L ‖ ἄνδρα κίναιδον] ἀνδρὶ γυναικώδη L ‖ 22 περὶ συάγρου L ‖ σύαγρος χειμῶνα σημαίνει] σύαγρος ὑετόν τε σημαίνει καὶ χειμῶνα V ‖ 23 δὲ post δικαζομένοις addit V ‖ ἅμα] ἀμαθῆ L ‖ καὶ βίαιον καὶ ἀγνώμονα V ‖

CAP. XII.

μονα καὶ βίαιον φωνῇ μιαρᾷ πολλάκις κεχρημένον, γεωργοῖς δὲ ἀφορίαν διὰ τὸ λυμαίνεσθαι τὰ φυτά, καὶ τῷ γαμοῦντι οὔτε εὔνουν οὔτε ἐπιεικῆ τὴν γυναῖκα παρίστησιν. οὐδὲν δὲ θαυμαστὸν εἰ καὶ σύαγρος γυναῖκα σημαίνει. καὶ γὰρ εἰ κακόζηλον, ἀλλ᾽
5 οὖν γε εἰρήσεται εἰς ἐπίδειξιν ὧν πολλάκις ἐτήρησα. κάπρος καλεῖται τὸ ζῷον καὶ εἰκότως γυναῖκα σημαίνει· οὕτω γὰρ λέγονται αἱ κατωφερεῖς, καὶ τὸ καπρᾷς, κακόδαιμον Μένανδρος φησίν.

Ἔλαφος ἐν μὲν νηὶ τὰ πηδάλια σημαίνει καὶ τὸ τάχος τῆς
10 νεώς, ἐν ὁδῷ δὲ τὸ κατὰ τὴν ὁδὸν καὶ τὴν ἀποδημίαν εὐκίνητον ἢ πάλιν αὖ δυσεργές. δείξει δὲ τοῦτο ὅπως ἂν ἔχῃ διαθέσεως ἡ ἔλαφος. ἐν δὲ τοῖς λοιποῖς τοὺς ἀποδιδράσκοντας καὶ τοὺς ἐν δίκαις φεύγοντας καὶ τοὺς καταλείποντας τὰς συμβιώσεις εὐγνώμονας μὲν δειλοὺς δὲ καὶ ἀτόλμους παρί-
15 στησιν.

Εἰ δέ τι τῶν μὴ ἐπιπολαζόντων ἀλλὰ σπανίων ἢ ἐν Λιβύῃ ἢ παρ᾽ Ὠκεανῷ γεννᾶται ζῷον, ὃ μὴ ἐν τῷδε τῷ λόγῳ κατηρίθμηται, ἀπὸ τῶν εἰρημένων ἐπὶ τὸ ὅμοιον ἀεὶ καὶ μὴ πολὺ τὴν φύσιν διεστὸς μετάγοντας δεῖ τὰς κρίσεις ποιεῖσθαι.

20 Ταῦτα μὲν οὖν περὶ τετραπόδων ἡμέρων τε καὶ ἀγρίων ἱκανὰ νομίζειν χρή, καὶ μάλιστά γε τὸν μὴ πομπὴν λόγων ἀποδεχόμενον ἀλλ᾽ αὐτὰ τἀληθῆ ἐξετάζοντα. κἀκεῖνο δὲ σκοπεῖν προσήκει, ὅτι τὰ ἐξ ἡμέρων μὲν ἄγρια γενόμενα πονηρὰ ἂν εἴη, ἐξ ἀγρίων δὲ ἥμερα γενόμενα ἀγαθὰ καὶ ὠφέλιμα γίνε-
25 ται. μεγάλα δὲ ἀγαθὰ σημαίνει τὰ καὶ φωνὴν ῥήξαντα καὶ φθεγξάμενα ὥσπερ ἄνθρωποι, καὶ μάλιστα ὅταν τι εὔφημον καὶ ἡδὺ εἴπῃ. ὅ τι δ᾽ ἂν εἴπῃ, πάντως ἀληθῆ λέγει, καὶ χρὴ

p. 101

---

1 μιαρᾷ] μὴ αρα L || 3 δὲ om L || 5 γε εἰρήσεται] εὑρήσεται V || ὧν Reiskius: ὡς LV || κάπρος καλεῖται Rigaltius: καὶ προκαλεῖται LV || οὕτω] an τοῦτο? ceterum οὕτω — φησὶν om L || 7 καπρᾷς Reiskius: κάπροις V || Μένανδρος Rigaltius: μὲν ἀνδρὸς V || 9 περὶ ἐλάφου L || 10 εὐκίνητοι L || 11 αὖ] οὐ L || ἔχοι V || 13 τοὺς ante ἐν om L || φεύγοντας ἐν δίκαις L || καταλιπόντας V || 14 εὐγνώμονας] ἀγνώμονας LV || 17 post Ὠκεανῷ in V est ἢ ἐν τῇ δύσει, in L ἢ πρὸς τῇ δύσει || γεννᾶται] γένηται L || τῷ λόγῳ τῷδε V || 18 μὴ πολὺ om L || 19 διεστὼς L || μετάγοντας] μετάγοντα L, μεταγαγόντας V || δεῖ] χρὴ V || 20 περὶ] περὶ τῶν V || 21 ἱκανὰ νομίζειν] ἱκανομίζειν L, κανονίζειν V || καὶ addidi || τὸν om L || λόγων om L || ἀποδεχομένην L || 22 τἀληθῆ] τἀλληθῆ L, τὰ ἀληθῆ V || δὲ om V || 23 προσήκειν L || ὅτι τὰ Reiffius: οτα L, ὅτι ταῦτα V || ἄγρια γενόμενα] ἀγριαινομενα L || πονηρὰ — γενόμενα om L || 25 καὶ φθεγξάμενα ὥσπερ ἄνθρωποι] ἀνθρωπίνην V || 26 τι] τις L || 27 εἴπῃ] εἴποι L, λέγειν δόξωσιν V || εἴπῃ] εἴποι L, εἴπωσι V || ἀληθῆ] ἀληθὲς L || λέγει] λέγεται L, λέγουσι V ||

πιστεύειν· κἂν μὲν ἁπλοῦν ᾖ τὸ εἰρημένον, αὐτόθεν προσέχειν· ἐὰν δέ τι αἴνιγμα, πειρᾶσθαι ἑρμηνεύειν.

Περὶ δὲ τῶν ἀπόδων ἑξῆς ποιήσομαι τὸν λόγον.

13 Δράκων βασιλέα σημαίνει διὰ τὸ δυνατὸν καὶ ἄρχοντα καὶ χρόνον διὰ τὸ μῆκος καὶ διὰ τὸ ἀποδιδύσκεσθαι τὸ γῆρας καὶ πάλιν νεάζειν· τὸ γὰρ αὐτὸ καὶ τῷ χρόνῳ συμβέβηκε κατὰ τὰς τοῦ ἔτους ὥρας· καὶ πλοῦτον καὶ χρήματα διὰ τὸ ἐπὶ θησαυροὺς ἱδρύεσθαι, καὶ θεοὺς πάντας, οἷς ἐστιν ἱερός. εἰσὶ δὲ οἵδε Ζεὺς Σαβάζιος Ἥλιος Δημήτηρ καὶ Κόρη Ἑκάτη Ἀσκληπιὸς Ἥρωες. ἐπειδὰν οὖν προσίῃ καὶ διδῷ τι ἢ λέγῃ καὶ τὸ μὴ ἄγριον διὰ τῆς γλώσσης ἐμφαίνῃ, ἀγαθὰ μεγάλα σημαίνει ἀπὸ τῶν εἰρημένων ἢ διὰ τῶν εἰρημένων· τὰ δὲ ἐναντία πράττων πονηρός. περιπλακεὶς δὲ καὶ δήσας τινὰ * * καὶ δεσμὰ προαγορεύει καὶ τοῖς νοσοῦσιν ὄλεθρον καὶ σχεδὸν εἰς τὴν γῆν ἄγει· γῆς γάρ ἐστι καὶ αὐτὸς παῖς καὶ τὰς διατριβὰς ἐν τῇ γῇ ποιεῖται.

Ὄφις νόσον σημαίνει καὶ ἐχθρόν. ὅπως δ' ἂν διαθῇ τινά, οὕτω καὶ ἡ νόσος καὶ ὁ ἐχθρὸς διαθήσουσι τὸν ἰδόντα.

Ἀσπίδες καὶ ἔχιδναι ἀργύριον σημαίνουσι διὰ τὸν πολὺν ἰόν, καὶ γυναῖκας πλουσίας διὰ τὸν αὐτὸν λόγον. αὗται δὲ καὶ δάκνουσαι ἀγαθαὶ παρά γε ἐμοὶ τετήρηνται καὶ προσιοῦσαι καὶ περιπλεκόμεναι. οἷον δ' ἂν θηρίον ἑρπετὸν γυνὴ ἐν τῷ κόλπῳ ἔχουσα κρύπτῃ καὶ ἐπ' αὐτῷ τέρπηται, μοιχευθήσεται ὡς ἐπὶ τὸ πολὺ ὑπὸ τοῦ ἐχθροῦ τοῦ ἰδόντος· ἐὰν δὲ

---

1 κἂν] ἐὰν L ‖ ᾖ om V ‖ 2 αἴνιγμά τι V ‖ 4 περὶ δράκοντος L, περὶ ἑρπετῶν V ‖ ὁρώμενος post δράκων addit V ‖ καὶ ἄρχοντα] καὶ δεσπότην καὶ ἄρχοντα V; sed fortasse et ipsum καὶ ἄρχοντα interpolatori debetur ‖ 5 χρόνον διὰ τὸ om L ‖ ἀποδιδύσκεσθαι] ἀποδύεσθαι L ‖ 7 post ὥρας in LV est γηρᾶν τε καὶ νεάζειν ‖ 8 ἱδρῦσθαι V ‖ ἐστι L ‖ εἰσιν L ‖ 9 Σαβάζιος Rigaltius: σεβάσμιος LV ‖ 10 οὖν] δὲ V ‖ προσίῃ] πρωιη L ‖ καὶ] ἢ καίτοι L, ἢ V ‖ τι ἢ λέγῃ] τι ἢ λέγῃ τι V. ab eodem abest ἢ τὸ μὴ ἄγριον — ἐμφαίνῃ ‖ καὶ τὸ] η τὸ L ‖ 12 διὰ τῶν εἰρημένων] διὰ τοὺς εἰρημένους θεοὺς ἢ δαίμονας V, διὰ τοὺς εἰρημένους θεοὺς ἢ δαίμονας ἢ ἄνδρας L ‖ 13 δήσας] δείας V ‖ signavi lacunam ‖ καὶ δεσμὰ προαγορεύει] δεινὰ προαγορεύει καὶ δεσμὰ V ‖ 14 τοῖς om V ‖ τὴν addidi ‖ 15 τῇ om V ‖ 17 ὄφεως L ‖ ὄφις] ὄφις δὲ LV ‖ σημαίνει] προσημαίνει L ‖ ἐχθρὸν] ἐχθραν ἐπάγει V ‖ δὲ ἂν διαθῆταί τινα οὗτος L ‖ 18 διαθήσουσι τὸν ἰδόντα] διαθήσει τὸν ἰδόντα L, τὸν ἰδόντα διαθήσουσιν V ‖ 19 ἀσπὶς καὶ ἔχιδνα V ‖ τε post ἀργύριον addit V ‖ 20 δὲ] γὰρ V ‖ 21 προσιοῦσαι] ἀναιρουσαι L ‖ 22 post περιπλεκόμεναι V addit καὶ περιστρεφόμεναι ‖ ἂν γυνὴ θηρίον ἔχουσα ἐν τῷ κόλπῳ κρύπτῃ V ‖ 23 κρύπτει L ‖ ἐπ' αὐτῶν τέρπεται L ‖ μοιχευθήσεται] μοιχεύεται LV ‖ 24 ὡς ἐπὶ τὸ πολύ] δὲ καὶ ἐπὶ τὸ πολύ L, om V ‖ τοῦ addidi post ὑπὸ ‖

φοβῆται ἢ ἀνιᾶται νοσήσει· καὶ ἐὰν ἐν γαστρὶ ἔχῃ, φθερεῖ καὶ οὐ διασώσει τὸ ἔμβρυον.

Ὕδροι ταὐτὰ τῷ ὄφει σημαίνουσι καὶ τὴν νόσον ἐξ ὑγρῶν p. 102 ποιοῦσι καὶ τοὺς ἐχθροὺς σημαίνουσιν ἐξ ὕδατος ἢ δι' ὕδα-
5 τος ἔχειν τὴν ἐργασίαν. δρυΐναι δὲ καὶ παρεῖαι καὶ φύσαλοι πονηροὶ πάντες, καὶ τὰς ἀδικίας ἐκ τινῶν σημαίνουσιν οὐκ ἀστικῶν οὐδὲ ἐν πόλει διατριβόντων. σὴψ δὲ καὶ διψὰς καὶ ὁ καλούμενος χαμαιλέων καὶ ὅσα ἄλλα Νίκανδρος κατηρίθμησε πονηρὰ οὔτε ὁρώμενα οὔτε ὁμόσε χωροῦντα ἀγαθόν τι σημαί-
10 νει, ἀλλὰ κινδύνους οὐ τοὺς τυχόντας ἐπάγει. φαλάγγια δὲ καὶ σκορπίοι καὶ σκολόπενδραι πονηροὺς σημαίνουσιν ἀνθρώπους.

Σαγήνη καὶ γρῖπος καὶ ἀμφίβληστρον καὶ ὅσα ἄλλα ἐκ λί- 14 νων πέπλεκται ἐπιτήδεια πρὸς ἁλιείαν, ταὐτὰ τοῖς λίνοις τοῖς
15 κυνηγετικοῖς, περὶ ὧν ἔμπροσθεν ἐπεμνήσθην, σημαίνει· ὁρμιαὶ δὲ καὶ ἄγκιστρα καὶ καθετῆρες καὶ οἱ λεγόμενοι δόλωνες δόλους καὶ ἐνέδρας σημαίνουσιν. ἀεὶ δὲ ἄμεινον αὐτὸν ταῦτα ἔχειν δοκεῖν ἢ ἄλλον ἔχοντα ἰδεῖν. λαμβάνειν δὲ ἰχθῦς πολλοὺς ἅμα καὶ μεγάλους ἀγαθὸν καὶ κερδοφόρον πᾶσι πλὴν
20 τῶν ἐπιδίφριον τὴν ἐργασίαν ἐχόντων καὶ σοφιστῶν· τοῖς μὲν γὰρ σχολὴν σημαίνει τὸ ὄναρ διὰ τὸ μὴ δύνασθαι πρὸς ἔργῳ τῷ συνήθει εἶναι, τοῖς δὲ οὔ φησιν ἐπιτηδείων τεύξεσθαι τῶν ἀκροατῶν· ἄφωνον γὰρ ὁ ἰχθύς. μικροὶ δ' ἰχθύες λαμβανόμενοι ἀηδίαν σημαίνουσι καὶ οὐδαμῶς κέρδος, ὧν ἐν τῷ περὶ τροφῆς λόγῳ ἐν τῷ πρώτῳ βιβλίῳ ἐπεμνήσθην, οἷον χαλκί-

---

1 φοβεῖται L ‖ ἀνιᾶται] ἀνιῷτο LV ‖ νοσήσει L ‖ ἔχῃ] ἔχει L ‖ φθερεῖ] φθείρει L ‖ 2 οὐ om L ‖ διασώζει L ‖ 3 περὶ ὕδρου L ‖ δὲ post ὕδροι addit V ‖ ταὐτὰ] τὰ μὲν αὐτὰ LV ‖ σημαίνουσι] δηλοῦσι L ‖ τὴν addidi ‖ post ὑγρῶν in LV est ἢ ἐν ὕδατι τὸν κίνδυνον ‖ 5 παρεῖαι] παρθενίαι L ‖ φύσαλλοι L ‖ 7 ἀστυκῶν V ‖ post πόλει L addit τὰ πολλά ‖ σὴψ] σηψιας L ‖ διψὰς Reiskius: διψὰς καὶ δίψας L, δύψας καὶ δίψας V ‖ 8 χαμαιλέων] λέων V ‖ ἄλλα] ἄλλα πολλὰ V ‖ Νίκανδρος κατηρίθμησε πονηρὰ] κατηρίθμησε Νίκανδρος V ‖ 10 ἀλλὰ] ἀλλὰ καὶ V ‖ οὐ om L ‖ ἐπάγει] ἐπάγουσιν L ‖ περὶ φαλαγγίων καὶ σκορπίων καὶ σκολοπένδρας L ‖ 13 περὶ ἁλίεων βατράχων θηρῶν θαλασσίων λάρων καὶ αἰθυιῶν L, περὶ ἁλιείας V ‖ 14 πέπλεκται] πλέκεται V ‖ ἐπιτήδια L ‖ ἁλίαν L ‖ 15 κυνηγετικοῖς] κυνηγικοῖς L, κυνηγεσίοις V ‖ ἐπεμνήσθην σημαίνει] ἐμνήσθην σημαίνουσιν V ‖ 16 ἄγκιστραι καὶ οἱ καθετῆρες L ‖ δόλονες L ‖ 17 καὶ] ἢ V ‖ αὐτὸν addidi ‖ 18 λαμβάνων L ‖ ἰχθύς] ἰχθύας LV ‖ ἅμα πολλοὺς V ‖ 19 κερδοφόρον] κέρδος φέρον V ‖ 20 τὴν om L ‖ 21 γὰρ om V ‖ πρὸς] καὶ πρὸς LV ‖ 22 εἶναι] εἶναι καὶ ἁλιεύειν LV ‖ οὔ φησιν] οὐκ V ‖ ἐπιτηδίων L ‖ 23 ἄφωνοι γάρ εἰσιν οἱ ἰχθύες V ‖ δὲ L ‖ 24 ἀηδίας V ‖ οὐδαμοῦ L ‖ ὧν om L ‖ 25 ἐμνήσθην V ‖

δες τριχίαι μαινίδες ἑψητοὶ ἀφύαι. ἤδη δέ τι καὶ κατ' εἶδος
οἱ ἰχθύες διάφορον σημαίνουσιν· ἔχει δὲ ἕκαστα οὕτως. ὅσοι
τῶν ἰχθύων εἰσὶ ποικίλοι, τοῖς μὲν νοσοῦσι φαρμακείας τοῖς
δὲ ἐρρωμένοις δόλους καὶ ἐπιβουλὰς σημαίνουσιν, οἷον κίχλη
φυκὶς χάννος ἰουλὶς στρωματεὺς καὶ τὰ ὅμοια· ὅσοι δὲ τῶν 5
ἰχθύων εἰσὶ πυρροί, δούλοις μὲν καὶ κακούργοις βασάνους ση-
μαίνουσι, νοσοῦσι δὲ πυρετὸν λάβρον καὶ φλεγμονάς, τοῖς δὲ
λανθάνειν πειρωμένοις ἔλεγχον ἐπάγουσιν, οἷον συνόδους ἐρυ-
θρῖνος κόκκυξ τρίγλη. αὕτη δὲ γυναιξὶν ἀτέκνοις ἐστὶν ἀγαθή·
τρὶς γὰρ κύει. ὅθεν αὐτῇ καὶ τοὔνομα εἰκότως φασὶ κεῖσθαι 10
καὶ Ἀριστοτέλης ἐν τοῖς περὶ ζώων καὶ Ἀριστοφάνης ἐν τοῖς
εἰς Ἀριστοτέλην ὑπομνήμασι. ὅσοι δὲ τῶν ἰχθύων ἀποδιδύ-
σκονται τὸ γῆρας, ἀγαθοὶ τοῖς νοσοῦσι καὶ τοῖς ἐν εἱρκτῇ
οὖσι καὶ πένησι καὶ πᾶσι τοῖς ἔν τινι περιστάσει οὖσιν· ἀπο-
θήσονται γὰρ τὰ περικείμενα φαῦλα. ἀποδιδύσκονται δὲ 15
τὸ γῆρας τῶν ἰχθύων οἱ μαλακόστρακοι, οἷον καρὶς κάραβος
καρκίνος ἀστακὸς πάγουρος καὶ ἡ λεγομένη γραῦς καὶ ὅσα
ἄλλα ἐστὶν ὅμοια. ταῦτα δὲ καὶ πληγὰς πολλάκις προεμαν-
τεύσατο διὰ τὸ ἑαυτὰ παίειν, καὶ ἀποδημίας, ὅτι ἐστὶν ἀμφί-
βια. ὅσοι δὲ τῶν ἰχθύων ἐκταράττουσι τὴν κοιλίαν καὶ ἀπο- 20
κρίνουσι τὰ σκύβαλα, ταυτὰ τοῖς λαχάνοις σημαίνουσι καὶ τὴν
αὐτὴν τοῖς ἀνθρώποις παρέχουσι χρείαν. περὶ ὧν ἐν τῷ
περὶ τροφῆς λόγῳ εἴρηκα. λύει δὲ τὴν γαστέρα λαμβανόμενα
πάντα τὰ ὀστρακόδερμα, οἷον πορφύρα κῆρυξ ὄστρεον στρόμ-
βος ἐχῖνος μῦς πελωρὶς χήμη κτένες καὶ εἴ τι ἄλλο τοιοῦτον. 25

---

1 τρίγλαι μαινίδες L, μαινίδες τρίγλαι V || ἑψητοὶ Casaubonus: ψη-
στὸς L, ψεστο V || ἀφύαι] ἀφύαι L, αφυαι καὶ ἄλλα πολλὰ εἴδη τῶν ἰχ-
θύων V || τι καὶ om V || 2 οἱ om V || ἔχει δὲ ἕκαστα] ἔχει δὲ ἕκαστος
L, ἕκαστα δὲ ἔχει V || 3 φαρμακείας Reiffius: φαρμακίας LV || 5 ἰου-
λὸς L || δὲ om L || 6 πανούργοις L || 8 τι post λανθάνειν addit V ||
ἐπάγουσιν] σημαίνουσιν ἐπάγειν V || οἷον om L || ἐρυθῖνος L || 9 κόκκη
L || 10 τρὶς Reiffius: τρεῖς V, τοῖς L || κυειν L || φασιν L || 11 τοῖς
περὶ] τῷ περὶ L || 12· δὲ addidi || 13 τὸ γῆρας om V || ἀγαθὸν L || νο-
σοῦσιν L || 14 οὖσι] ουσην L || πᾶσιν L || τινι om L || 15 δὲ] γὰρ LV
|| 16 ἰχθύων om L || οἷον om V || 18 ἐστιν] εισιν L || προεμαντεύσατο]
προεμαντεύσαντο L || 19 ἀποδημίαν L || ὅτι] δηλοῦσιν ὅτι V || ἐστὶν] εἰ-
σὶν L || 20 δὲ addidi || ἐκταράσσουσι L || τὴν κοιλίαν] ἡμῶν τὴν κοιλίαν
L, τὴν κοιλίαν ἡμῶν V || ἐκκρίνουσι V || 21 ταυτὰ] ταυτα L, τὰ αὐτὰ V
|| σημαίνουσιν L || καὶ] ἃ L || τὴν αὐτὴν τοῖς ἀνθρώποις παρέχουσι
χρείαν] τὴν αὐτὴν τοῖς ἀνθρώποις παρέχει χρείαν L, τὴν αὐτὴν παρέχουσι
τοῖς ἀνθρώποις χρείαν V || 23 λαμβανόμενα om V || 24 οἷον om V ||
πορφύρα om L || ὄστρεα L || στρόμβος] ῥόμβος L, καὶ ῥόμβος V || 25
μῦς] μῶς V || χήμη] χηνη L, χῆμαι V || κτένες] malim κτεὶς || post
κτένες in LV infertur καὶ καρκινάδες, post τοιοῦτο in L legitur πορφύρες

πίνα δὲ καὶ ὁ λεγόμενος πινοφύλαξ καρκίνος πρὸς γάμον καὶ κοινωνίαν εἰσὶν ἀγαθοὶ διὰ τὴν πρὸς ἀλλήλους κοινωνίαν καὶ εὔνοιαν. οἱ δὲ μαλακοὶ τῶν ἰχθύων μόνοις τοῖς κακούργοις συμφέρουσι· καὶ γὰρ αὐτοὶ μεταβάλλοντες τὰ χρώματα καὶ 5 ὁμοιούμενοι τοῖς τόποις, ἐν οἷς ἂν γένωνται, λανθάνουσι. τοῖς δὲ λοιποῖς ἐμπόδια καὶ κατοχὰς σημαίνουσι διὰ τὸ καθεκτικὸν καὶ ἰξῶδες, καὶ ἐν ταῖς πράξεσιν ἀτονίας πολλὰς προαγορεύουσι διὰ τὸ μὴ ὀστᾶ ἔχειν· ἰσχὺς γὰρ σώματος ὀστοῦν. εἰσὶ δὲ οἵδε πολύπους τευθὶς ἀκαλήφη ναυτίλος ἐλεδώνη πορφυ-
10 ρίων σηπία. αὕτη δὲ μόνη καὶ τοὺς ἀποδρᾶναι προῃρημένους ὠφελεῖ διὰ τὸν θολόν, ᾧ χρωμένη πολλάκις διαφεύγει. μέμνηται δὲ τούτου τοῦ ὀνείρου καὶ Ἀντιφῶν ὁ Ἀθηναῖος. ὅσοι δὲ τῶν ἰχθύων εἰσὶ σελάχιοι, οἱ μὲν μακροὶ πάντες ματαιοπονίαν σημαίνουσι καὶ τὰ ἐλπιζόμενα οὐ τελειοῦσιν, ἐπειδὴ διο-
15 λισθάνουσι τῶν χειρῶν καὶ λεπίδας οὐκ ἔχουσιν, αἳ τῷ σώματι περίκεινται ὥσπερ ἀνθρώποις τὰ χρήματα. εἰσὶ δὲ οἵδε σμύραινα ἔγχελυς γόγγρος. οἱ δὲ πλατεῖς κινδύνους σημαίνουσι διὰ τὸ θηριῶδες, οἷον τρυγὼν νάρκη βοῦς καὶ ὁ λεγόμενος βάτος καὶ γαλεὸς καὶ ῥίνη καὶ εἴ τι ἄλλο τούτοις ὅμοιον. ὅσοι δὲ
20 τῶν ἰχθύων ὅμοιοι μέν εἰσι λεπιδωτοῖς, οὐκ ἔχουσι δὲ λεπίδας, διολισθεῖν τὰς ἐλπίδας τοῦ ἰδόντος σημαίνουσιν, οἷον θύννος καὶ τὰ εἴδη αὐτοῦ πρημὰς πηλαμὺς σῖμος σφύραινα κολίας καὶ τὰ ὅμοια. μορμύροι δὲ καὶ μελάνουροι καὶ σκορ-

---

καὶ καρκινάδες καὶ ἁλιεῦσι καὶ πορφυρευταῖς καὶ καρκινευταῖς πολλάκις συμφέρουσιν, in V πορφύραι δὲ καὶ καρκινάδες ἁλιεῦσι καὶ πορφυρευταῖς πολλάκις συμφέρει || 1 πίναι L || καὶ post πινοφύλαξ addit V || πρὸς] καὶ πρὸς LV || καὶ] καὶ πρὸς V || 3 μόνοι L || πανούργοις] πανουργεῖν τι ἐπιχειροῦσι V || 5 ὁμοιούμενα L || 6 καθεκτικὸν] καθεκτικὸν αὐτῶν L, καθεττικὸν V || 8 μὴ om V || ὀστᾶ] ὀστέα LV || ἰσχὺς — εἰσὶ δὲ om L || ὀστοῦν] ὀστέον V || 9 οἵδε] ἡ δὲ L || τευθὶς ἀκαλήφη] τενθισακαλυφην L || ναυτίλος Jacobsius: ναύπλιος LV. post hanc vocem in L est ἀληνῶν. scripsi ἐλεδώνη || πορφύρεων L || 10 σηπία Rigaltius: σιπία V, σηπεα L || ἀποδρᾶναι] ἀποδιδράσκειν L || προῃρημένους] πειρωμένους L, βουλομένους V || 11 δόλον V || διαφεύγει] φεύγει LV || 12 δὲ om V || τοῦ ὀνείρου τούτου V || 13 δὲ om L || εἰσὶν L || ἐλάχιοι L || 14 σημαίνουσιν L || διολισθαίνουσι] διολισθαίνουσι V, διολισθένουσι L || 15 καὶ] καὶ ὅτι LV || 16 χρώματα V || εἰσιν L || σμύραινα] μύραινα V, σφυρινες L || 17 ἐγχελις L || γόγγροι L || κινδύνους] καὶ κινδύνους LV || σημαίνουσιν L || 18 θηριώδες] θηριώδες καὶ ἐπιβουλὰς LV || τρυγανάρκη L || βάτος] ἀετός LV || 19 ὅμοιοι] οι L || 20 λεπιδωτοι L || 21 διολισθεῖν] διολισθῆσαι L, μεθῆσαι V || ἐλπίδας] λεπίδας L || τοῦ ἰδόντος σημαίνουσιν om L || 22 καὶ τὰ εἴδη] σκυταιΐδη L || πρημὰς om V || σῖμος] σιμη καὶ L || σφύραινα] σφύραινα καὶ LV || 23 κολίας] κολυιὰς V || μόρμυροι L || σκορπίοι καὶ om L ||

πίοι καὶ κωβιοὶ περιπεσεῖν σημαίνουσι πανούργοις καὶ ἀηδέ-
σιν ἀνθρώποις, κορακῖνοι δὲ καὶ βλέννοι πονηροῖς καὶ ἀνω-
φελέσιν. ἰχθῦς δὲ οἱ λιμναῖοι ἀγαθοὶ μέν, ἧσσον δέ· καὶ γὰρ
ἧσσον τῶν θαλασσίων εἰσὶ πολυτελεῖς, καὶ τρέφουσιν οὐχ
ὁμοίως.

15 Βάτραχοι ἄνδρας γόητας καὶ βωμολόχους προαγορεύουσι,
τοῖς δὲ ἐξ ὄχλου ποριζομένοις εἰσὶν ἀγαθοί. οἶδα δέ τινα οἰκέ-
την, ὃς ἔδοξε βατράχοις κονδύλους ἐπισείειν. προέστη τῆς τοῦ
δεσπότου οἰκίας ἄρχων τῶν ἐν τῇ οἰκίᾳ ἀνθρώπων· ἡ μὲν γὰρ
λίμνη τὴν οἰκίαν ἐσήμαινεν, οἱ δὲ βάτραχοι τοὺς ἔνδον ἀν-
θρώπους, ὁ κονδυλισμὸς δὲ τὴν ἐπιταγήν.

16 Θηρίον θαλάσσιον ἐν θαλάσσῃ ἰδεῖν οὐδενὶ συμφέρει πλὴν
δελφῖνος· οὗτος γὰρ ἐν θαλάσσῃ ὁρώμενος ἀγαθός, καὶ ὅθεν
ἐπέρχεται, ἐκεῖθεν πνευσόμενον ἄνεμον σημαίνει. ἔξω δὲ θα-
λάσσης πᾶν θηρίον θαλάσσιον ὁραθὲν ἀγαθόν· οὐ γὰρ ἔτι
κακῶσαι δύναται ὅπου γε μηδὲ ἑαυτὸ σῶσαι ἀσπαῖρον καὶ
δυσθανατοῦν. διὸ καὶ τοὺς ἐχθροὺς πρὸς τῷ μηδὲν ἰσχῦσαι
κακοὺς κακῶς ἀπολέσθαι σημαίνει. δελφὶς δὲ ἔξω θαλάσσης
ὁρώμενος οὐκ ἀγαθός· τῶν γὰρ φιλτάτων τινὰ ἐπιδεῖν ἀπο-
θανόντα σημαίνει.

17 Λάροι καὶ αἴθυιαι καὶ ὅσα ἄλλα ἐστὶ θαλάσσια ὄρνεα τοὺς
πλέοντας εἰς ἔσχατον κατάγουσι κίνδυνον, ἀλλ᾽ οὐκ ἀπολλύ-
ουσι· καταδύεται μὲν γὰρ ταῦτα πάντα, ἀλλ᾽ οὐκ ἀποπνίγε-
ται τῇ θαλάσσῃ. τοῖς δὲ ἄλλοις ἀνθρώποις ἤτοι ἑταίρας ση-
μαίνουσιν ἢ μαχίμους γυναῖκας ἢ ἄνδρας γόητας ἁρπακτικούς

---

1 σημαίνουσι] συμβαίνουσι L, νόσον σημαίνουσι V ‖ 2 κορακῖνοι]
καρκῖνοι L ‖ βλέννοι] βδελλοι L ‖ 3 ἰχθύες L ‖ δὲ om L ‖ 4
εἰσι om L ‖ εἰσὶ] τισὶν L, om V ‖ 6 περὶ βατράχων V ‖ post
βάτραχοι in LV est δὲ ‖ προαγορεύουσι] προσημαίνουσι V ‖ 7 εἰ-
σὶν om L ‖ τινα] ἕνα L ‖ 8 ὃς ἔδοξε om L ‖ προύστη] καὶ προέ-
στη LV ‖ 9 οἴκειας L ‖ οἰκεία L ‖ 10 οἴκειαν L ‖ ἐσήμενεν L ‖ ὄν-
τας post ἔνδον addit V ‖ 11 malim ὁ δὲ κονδυλισμὸς ‖ 12 περὶ θη-
ρίων θαλασσίων V ‖ θηρίον] θηρίον δὲ L ‖ θαλάσσῃ] θαλάσσῃ ὂν
V ‖ πλὴν] πλὴν δὲ V ‖ 13 γὰρ] δὲ V ‖ ὅθεν] ὅπου LV ‖ 14 ἐπέρχε-
ται] ἄπεισιν V ‖ πνευσόμενον Reiffius: πνευσούμενον V, τὸν L. malim
ἄνεμον πνευσόμενον ‖ post θαλάσσης LV addunt καὶ τοῦ ὑγροῦ ‖ 15
ἀγαθὸν ὁραθὲν V ‖ 16 κακῶσαι] κακοῦν V ‖ ἑαυτῷ L ‖ post σῶσαι
addidi δύναται ‖ 17 καὶ om V ‖ τῷ] τὸ L ‖ ἰσχῦσαι] ἰσχύσαι καὶ V ‖
18 ἀπολέσαι L ‖ δελφὶν L ‖ 19 ἀγαθὸν L ‖ 21 περὶ λάρων καὶ αἰ-
θυιῶν V ‖ ὅσα ἄλλα ἐστὶ θαλάσσια ὄρνεα] ὅσα ἐστὶν ἄλλα ὄρνεα θα-
λάσσια L, ὅσα τοιαῦτα θαλάσσιά ἐστιν ὄρνεα V ‖ 22 κατάγουσι] κατάγει
V ‖ ἀπολλύουσιν Rigaltius: ἀπολύουσιν V, ἀπολλουσιν L ‖ 23 γὰρ ταῦτα
om L ‖ 24 ἤτοι] ἢ τοῖς L ‖ σημαίνουσιν ἢ] σημαίνει καὶ LV ‖ 25 μα-
χίμους] μαχήμους L, μάχλους V ‖

τε καὶ ἀγνώμονας καὶ ἐξ ὕδατος ἢ δι᾽ ὕδατος ἔχοντας τὴν ἐργασίαν. τὰ δὲ ἀπολλύμενα οὔ φασιν εὑρεθήσεσθαι· ὅ τι γὰρ ἂν λάβωσι, τοῦτο καταπίνουσιν.

Ἰχθῦς νεκροὺς ἐν θαλάσσῃ εὑρεῖν οὐκ ἀγαθόν· ματαίας 18
γὰρ ἐλπίδας σημαίνουσι, καὶ τὰ προσδοκώμενα οὐκ ἐῶσι τελεσθῆναι· ζῶντας δὲ ἰχθῦς ἄμεινον λαμβάνειν. περὶ δὲ τῆς σκευασίας αὐτῶν καὶ τῆς ἀρτύσεως τὰς κρίσεις ἀπὸ τῆς τῶν κρεῶν ἀρτύσεως ποιεῖσθαι χρή. ἔτι καὶ τὸ δοκεῖν ἰχθὺν ἐν τῇ κοίτῃ ἰδεῖν πονηρὸν τῷ πλέοντι καὶ τῷ νοσοῦντι· τῷ μὲν γὰρ ναυάγιον τῷ δὲ κίνδυνον ἐξ ὑγρῶν ἢ δι᾽ ὑγρῶν σημαίνει. καὶ ἢν γυνὴ ἐν γαστρὶ ἔχουσα ἰχθὺν ὑπολάβῃ τεκεῖν, ὡς μὲν οἱ παλαιοὶ λέγουσιν, ἄφωνον γεννήσει, ὡς δὲ ἐγὼ ἐτήρησα, ὀλιγοχρόνιον. πολλαὶ δὲ καὶ νεκρὰ ἔτεκον· ἔξω γὰρ τοῦ περιέχοντος γενόμενος πᾶς ἰχθὺς ἀποθνήσκει.

Κάλαμοι ἰξευτικοὶ καὶ ἰξὸς τοὺς ἀποδήμους ἐπανάγουσι 19
καὶ τοὺς δραπέτας εὑρίσκουσι καὶ τὰ ἀπολωλότα σώζουσι καὶ p. 106
τὰ προσδοκώμενα τελειοῦσιν, ἀλλ᾽ οὐ πάντα· τὰ μὲν γὰρ μακρόθεν καὶ διεστῶτα πρὸς τὸν χρώμενον ἄγουσι, τοῦτ᾽ ἔστι πρὸς τὸν ἰξεύοντα, ἔνια δὲ τοὺς καλάμους καὶ διαφεύγει. αἱ δὲ λεγόμεναι νεφέλαι καὶ ὅσα ἄλλα πλεκτά ἐστι πρὸς θήραν ὀρνέων πεποιημένα τὸν αὐτὸν ἔχει λόγον ταῖς σαγήναις καὶ τοῖς δικτύοις.

Ἑξῆς δὲ ἀκολουθεῖ τῷ λόγῳ τούτῳ περὶ ζώων ἀεροπόρων εἰπεῖν.

Ὄρνιθες μεγάλοι πλουσίοις μᾶλλον ἢ πένησι σύμφοροι, οἱ 20
δὲ μικροὶ τοῖς πένησίν εἰσι συμφορώτατοι. οἱ μὲν γὰρ μεγά-

---

1 καὶ ἐξ] ἐξ L || ἢ om L || post ἐργασίαν in LV est πρὸς τὴν τροφὴν || 2 οὔ φασιν] οὐ φησιν L, οὐχ V || εὑρεθήσεσθαι Reiskius: εὑρεθήσεται LV || γὰρ om L || 3 λάβωσιν L || 4 περὶ ἰχθύων νεκρῶν V || ἰχθύας L || post θαλάσσῃ in V est ὁρᾶν δοκεῖν ἢ || 5 σημαίνουσιν L || ἐῶσιν L || 6 ἰχθύας L || post λαμβάνειν in V est καὶ αὐτὸν ἀγρεύειν καὶ παρ᾽ ἄλλων λαβόντα ὠνεῖσθαι καὶ παραθέντας ἐσθίειν || 8 ἔτι καὶ τὸ] καὶ περὶ τοῦ LV || δοκεῖν] δεῖν L || 9 post πλέοντι in LV est νομίζειν || 10 τῶν post κίνδυνον addit L || ἐξ ὑγρῶν ἢ δι᾽ ὑγρῶν] ἐξ ὑγρῶν καὶ διυγρῶν L, δι᾽ ὑγρῶν ἢ ἐξ ὑγρῶν V || 11 ἢν] ἡ LV || ὑπολάβῃ] εἰ ὑπολάβοι V || 12 γεννήσει] γεννήσεται L || 15 ἰξεύειν καὶ περὶ πετεινῶν L, περὶ τοῦ ἰξεύειν V || ἐπανάγουσι] συνάγουσι V || 16 εὑρίσκουσι] ἐπανάγουσι L || 18 καὶ om L. fortasse τὰ μὲν γὰρ μακρῷ διεστῶτα || 19 πρὸς om L || δὲ] δὲ καὶ V || καὶ om V || 20 ἐστιν L || 21 ἔχει ταῖς σαγήναις λόγον V || 25 περὶ ὀρνέων L, περὶ ζώων ἀεροπόρων V || μεγάλοι] ἱεροὶ LV || πένησιν L || σύμφοροι] συμφέρουσιν L || 26 οἱ δὲ — συμφορῷ om L. idem pro τατοι habet τὰ τοιαῦτα || post μικροὶ in V est καὶ παχεῖς ||

λοι διὰ τὸ μὴ λιταῖς χρῆσθαι τροφαῖς ἔστιν ὅτε μεγάλων ἐφιέμενοι καὶ τὸ προστυχὸν οὐκ ἀγαπῶντες λιμώττουσιν, οἱ δὲ σμικροὶ ἅτε σπερμολόγοι εὐπόριστον ἔχοντες τροφὴν οὐκ ἔστιν ὅτε ἐνδεεῖς εἰσιν. ἤδη δὲ καὶ κατ᾽ εἶδος αὐτῶν ἐπιμνησθῆναι καλῶς ἔχον εἶναί μοι δοκεῖ.

Ἀετὸν ἰδεῖν ἐπὶ πέτρᾳ καθεζόμενον ἢ ἐπὶ δένδρῳ ὑψηλοτάτῳ ἀγαθὸν τοῖς ἐπὶ πρᾶξιν ὁρμῶσι, φοβουμένοις δὲ πονηρόν. ἰπτάμενον δὲ ἡσυχῆ καὶ ἀτάραχον ἰδεῖν ὁμοίως ἀγαθὸν ἀνδρί, βράδιον δὲ φιλεῖ ἀποβαίνειν. ἀετὸς ἐπικαθεσθεὶς τῇ κεφαλῇ τοῦ ἰδόντος θάνατον αὐτῷ μαντεύεται· ὅ τι γὰρ ἂν ὑπὸ τοῖς ὄνυξι λάβῃ, θανατοῖ. ὀχεῖσθαι δὲ ἀετῷ βασιλεῦσι μὲν καὶ ἀνδράσι πλουσίοις καὶ μεγιστᾶσι ὄλεθρον μαντεύεται· ἔθος γάρ τι παλαιὸν τοὺς ἀποθανόντας τούς γε τοιούτους γράφειν τε καὶ πλάσσειν ἐπ᾽ ἀετῶν ὀχουμένους καὶ διὰ τῶν τοιούτων δημιουργημάτων τιμᾶν. πένησι δὲ ἀγαθόν· ἀναληφθέντες γὰρ ὑπό τινων πλουσίων ὠφεληθήσονται οὐ μικρὰ ὡς ἐπὶ τὸ πολὺ ἀποδημήσαντες. ἀετὸς ἀπειλῶν ἀνδρὸς δυνατοῦ ἀπειλὴν προσημαίνει, τιθασὸς δὲ καὶ προσιὼν καὶ διδούς τι ἢ φθεγγόμενος τῇ ἑαυτοῦ φωνῇ ἀγαθὸς εἶναι τετήρηται. γυνὴ δὲ ἐὰν ὑπολάβῃ ἀετὸν τεκεῖν, υἱὸν γεννήσει, ὃς ἐὰν μὲν ᾖ πένης, στρατεύσεται καὶ στρατοπέδου ἄρξει· καὶ γὰρ στρατοπέδου παντὸς πρόεισιν ὁ ἀετός· ἐὰν δὲ μέτριος ᾖ, ἀθλήσει καὶ γνώριμος ἔσται· ἐὰν δὲ πλούσιος, ἄρξει πολλῶν ἢ καὶ βασιλεύσει. ἀετὸν νεκρὸν ἰδεῖν δούλῳ μόνῳ συμφέρει καὶ τῷ φοβουμένῳ τινά· τῷ γὰρ ἀπειλοῦντι καὶ τῷ δεσπότῃ θάνατον μαντεύεται· τοῖς δὲ λοιποῖς ἀπραξίαν σημαίνει. σημαίνει δὲ ὁ ἀετὸς καὶ τὸν ἐνεστῶτα ἐνιαυτόν· ἔστι γὰρ τὸ ὄνομα αὐτοῦ γραφὲν

---

2 τὸ προστυχὸν] περὶ τὸ τυχὸν V || 3 μικροὶ V || ἅτε] καὶ LV || οὐκ ἔστιν ὅτε] οὐκέτι V || 4 καὶ om V || κατὰ V || 5 ἔχον εἶναι] ἔχειν L || 6 ἀετοῦ L || καθεζόμενον] καθήμενον V || δένδρῳ ὑψηλοτάτῳ] δένδρῳ ἢ ὑψηλοτάτῳ L, δένδρῳ ἢ ἐπὶ ὑψηλοτάτῳ τόπῳ V || post πονηρόν in LV est καὶ τὸν ἀπόδημον ἄγει || 8 ἰδεῖν om V || 9 ἀποβαίνειν] ἀποβαίνειν ὡς λόγος V || τῇ κεφαλῇ] τὴν κεφαλὴν V || 10 αὐτὸ L || ὑπὸ delendum videtur || 11 ὄνυξιν L || λάβῃ] λάβοι LV || 12 ἀνδράσι πλουσίοις καὶ μεγιστᾶσιν] πλουσίοις καὶ μεγιστᾶσιν L, μεγιστᾶσι καὶ πλουσίοις ἀνδράσιν V || 13 τι om V || ἀποθανόντας] ἀποθνήσκοντας V || τούς γε τοιούτους] τούτους V || 14 πλάσσειν τε καὶ γράφειν V || ἀετῶν] αὐτῷ V || 15 πένησιν L || 17 ἀποδημήσαντες ὡς ἐπὶ τὸ πολὺ V. post haec verba in eodem est καὶ μεταστάντες || ἀπειλὴν post ἀπειλῶν habet V || 18 ᾖ] καὶ LV || 19 φωνῇ τῇ ἑαυτοῦ V || εἶναι om L || 20 τεκεῖν] τετοκέναι L || μὲν om L || 21 στρατεύεται L || post ἄρξει in LV est παντὸς ὡς καὶ ἀετὸς τῶν ὀρνίθων || 22 ὁ om V || ᾖ om L || καὶ] καὶ βασιλεῖ LV || 25 δεσπότι L || 27 ἔστιν L ||

CAP. XX.

οὐδὲν ἄλλο ἢ πρῶτον ἔτος. πρὸς δὲ τὴν διαφορὰν τὴν τῶν ἀετῶν διάφορα νομίζειν χρὴ καὶ τὰ ἀποτελέσματα γίνεσθαι.

Ἅρπη γυναῖκα σημαίνει βασιλικὴν καὶ πλουσίαν, μέγα δὲ ἐπὶ κάλλει φρονοῦσαν καὶ ἀγνώμονα καὶ τοῖς ἤθεσιν εὖ κε‑
5 χρημένην.

Αἰγυπιὸς τὰ αὐτὰ τῷ ἀετῷ σημαίνει.

Γῦπες κεραμεῦσι καὶ βυρσοδέψαις ἀγαθοὶ διὰ τὸ τῆς πόλεως ἀπῳκίσθαι καὶ διὰ τὸ νεκρῶν ἅπτεσθαι σωμάτων· ἰατροῖς δὲ καὶ τοῖς νοσοῦσι πονηροί. σημαίνουσι δὲ καὶ ἐχθροὺς ἐνα‑
10 γεῖς καὶ μιαροὺς καὶ οἰκοῦντας οὐκ ἐν πόλει. καὶ πρὸς τὰ ἄλλα δὲ πάντα εἰσὶ πονηροί.

Ἱέραξ καὶ ἰκτῖνος ἅρπαγας καὶ λῃστὰς σημαίνουσιν· ἱέραξ μὲν ἐκ τοῦ φανεροῦ ὁμόσε χωροῦντας, ἰκτῖνος δὲ λάθρᾳ ἐπιτιθεμένους.

15 Κόραξ μοιχῷ καὶ κλέπτῃ προσεικάζοιτ' ἂν καὶ διὰ τὸ χρῶμα καὶ διὰ τὸ πολλάκις ἀλλάσσειν τὴν φωνήν.

Κορώνη χρόνον τε πολὺν καὶ παρολκὴν τῶν πραττομένων καὶ γραῖαν διὰ τὰ ἔτη καὶ χειμῶνα δηλοῖ διὰ τὸ χειμῶνος εἶναι ἄγγελον.

20 Ψᾶρες ὄχλον σημαίνουσι καὶ ἄνδρας πένητας καὶ ταραχὴν ματαίαν, καὶ οἱ κολοιοὶ δὲ τὰ αὐτὰ τοῖς ψαρσίν.

Φάσσαι καὶ περιστεραὶ γυναῖκας σημαίνουσι φάσσαι μὲν πάντως πορνικάς, περιστεραὶ δὲ ἔσθ' ὅτε οἰκοδεσποίνας καὶ p. 108 κοσμίας. ἔστι δὲ καὶ ἀπὸ πολλῶν μίαν γυναῖκα τεκμήρασθαι
25 καὶ ἀπὸ μιᾶς πολλάς. σημαίνουσι δὲ αἱ περιστεραὶ καὶ τὴν

---

1 τὴν posterius om V ‖ 3 περὶ ἄρπης L ‖ ἄρπη] ἄρπη δὲ V ‖ βασιλεικὴν L ‖ μέγα] μεγάλα L ‖ 4 ἀγνώμενα] εὐγνώμονα LV ‖ καὶ τοῖς] καὶ ἐν τοῖς L ‖ ἤθεσι L ‖ εὖ om L ‖ 6 αἰγυπιός] αἰγυπιὸς δὲ L, καὶ ὁ αἰγυπιὸς δὲ V ‖ fortasse verba καὶ ὁ αἰγυπιὸς τὰ αὐτὰ τῷ ἀετῷ σημαίνει aliunde illata sunt ‖ 7 γυπος L ‖ γῦπες] γῦπες δὲ LV ‖ κεραμεῦσι καὶ delenda videntur ‖ ἀγαθὸν L ‖ 8 ἀπῳκεισθαι L ‖ καὶ om L ‖ 9 post πονηροί in LV est νεκροῖς γὰρ χαίρουσι (χειρουσι L) σώμασι ‖ 10 μιαροὺς] μικροὺς L ‖ καὶ ante οἰκοῦντας addidi ‖ 11 δὲ post ἄλλα om L ‖ 12 ἱερακες ικτινου L ‖ ἱέραξ] ἱέραξ δὲ LV ‖ 13 ἐκ τοῦ addidi ‖ φανεροῦ] φανεροὺς καὶ LV ‖ ὁμωσεγχωροῦντας ικτενος L ‖ 15 κόρακος L ‖ κόραξ] κόραξ δὲ LV ‖ προσεικάζοιτο L ‖ 17 κορώνης L ‖ κορώνη] κορώνη δὲ V ‖ χρόνῳ τε πολλῷ L ‖ παρολκὴν] παρολκῇ L, παρολκὴν τῶν πραγμάτων V ‖ 18 γραῖαν διὰ] γραίδια L ‖ χειμῶνι L ‖ 20 ψαρων κολοιων L ‖ σημαίνουσιν L ‖ ἄνδρα πένητα L ‖ 21 δὲ τὰ αὐτὰ τοῖς ψαρσίν] δὲ τὰ αὐτὰ τοῖς ψαροις L, ὁμοίως V. sed fortasse καὶ οἱ κολοιοὶ — τοῖς ψάροις interpolatori debentur ‖ 22 περὶ περιστερῶν καὶ φασσων L ‖ φάσσαι] φάσσαι δὲ V ‖ σημαίνουσιν L ‖ 23 ἔσθ'] ἔστιν V ‖ ὅτε] ὅτε καὶ V ‖ κοσμίας καὶ οἰκοδεσποίνας V ‖ 24 κοσμίους L ‖ τεκμαιρασθαι L ‖ 25 σημαίνουσιν L ‖ αἱ om V ‖

8

114 LIB. II.

ἐν τοῖς πρασσομένοις ἐπαφροδισίαν διὰ τὸ ἀνακεῖσθαι τῇ
Ἀφροδίτῃ καὶ πρὸς φιλίας δὲ καὶ κοινωνίας καὶ συναλλαγὰς
πάσας εἰσὶν ἀγαθαὶ διὰ τὸ συναγελαστικὸν αὐτῶν.

Γέρανοι καὶ πελαργοὶ κατ' ἀγέλας μὲν καὶ συστροφὰς ὁρώ-
μενοι λῃστῶν ἔφοδον καὶ πολεμίων σημαίνουσι καὶ χειμῶνα 5
ἐπάγουσι χειμῶνος φαινόμενοι, θέρους δὲ αὐχμόν· ἰδίᾳ δὲ
καὶ κατὰ μόνας γέρανοι καὶ πελαργοὶ ἀγαθοὶ πρὸς ἀποδημίαν
καὶ πρὸς ἀποδήμων ἀνακομιδὴν διὰ τὸ περὶ τροπὰς ὡρῶν ἀπο-
δημεῖν τε καὶ μετανίστασθαι. μάλιστα δὲ πρὸς παιδοποιίαν
ἐπιτήδειος ὁ πελαργὸς διὰ τὴν γινομένην ὑπὸ τῶν ἐκγόνων 10
τοῖς γονεῦσιν ἐπικουρίαν.

Κύκνος ἄνδρα σημαίνει μουσικὸν καὶ αὐτὴν τὴν μουσι-
κήν, καὶ τὰ κρυπτὰ ἐλέγχει διὰ τὸ χρῶμα. νοσοῦσι δὲ ὁρώ-
μενος μὲν σωτηρίαν μαντεύεται, φθεγγόμενος δὲ ὄλεθρον· οὐ
γὰρ πρότερον φθέγγεται εἰ μὴ πρὸς τῷ ἀποθνήσκειν ᾖ. 15

Περὶ δὲ χελιδόνος ἐν τῷ περὶ θανάτου λόγῳ ἐπιμνησθή-
σομαι.

Πελεκᾶνες ἄνδρας ἀγνώμονας σημαίνουσιν, ἀσκέπτως δὲ
καὶ ἀλόγως πάντα δρῶντας, καὶ τὸν κλέπτην καὶ τὸν δραπέ-
την ἐγγὺς ποταμοῦ εἶναι σημαίνουσι ἢ λίμνης. 20

21 Νῆσσαι καὶ ὅσα ἄλλα ἐστὶ λιμναῖα ἢ ποτάμια ὄρνεα τὰ
αὐτὰ τοῖς λάροις καὶ ταῖς αἰθυίαις σημαίνει.

Ἐπειδὴ δὲ καὶ τὰ ἔντομα τῶν ζῴων ἵπταται, καὶ αὐτὰ ἐν
τῷ περὶ ὀρνίθων λόγῳ κατατάξω.

22
p. 109   Μέλισσαι γεωργοῖς μὲν καὶ τοῖς ἐξ αὐτῶν ἔχουσι τὴν ἐρ- 25

---

1 πραττομένοις L ‖ 2 post τῇ Ἀφροδίτῃ in L est τὴν περιστερὰν ‖ φι-
λίας] φιλικὰς L ‖ 3 πάσας εἰσὶν] πᾶσιν L ‖ 4 γεράγων πελαργῶν L ‖
γέρανοι] γέρανοι δὲ LV ‖ κατὰ L ‖ μὲν om L ‖ post συστροφὰς in V est αἱ
ὄρνιθες αὗται ‖ ὁρώμεναι V ‖ 6 φαινόμενοι] δρώμεναι V ‖ ἰδίαι L ‖ 7 γέ-
ρανοι καὶ πελαργοὶ Reiffius: γέρανος καὶ πελαργοὶ L, καὶ πελαργὸς καὶ γέ-
ρανος V ‖ ἀγαθοὶ] ἀγαθοὶ καὶ V ‖ 8 πρὸς om V ‖ περὶ τροπὰς] περιτρο-
πὰς L, κατὰ περιτροπὰς V ‖ ὡρῶν] ὡρῶν ὁρωμένους σώζειν τὸ V ‖ 9 μετα-
νίστασθαι] μελετᾶν ἵστασθαι L. post haec in L additur καὶ πρὸς γάμον
καὶ παιδοποιεῖν (εἶν a manu secunda in litura) ἐπιτήδειος διὰ τὸ γα-
μεῖν καὶ τεκνοῦν, in V καὶ πρὸς γάμον καὶ παιδοποιίαν διὰ τὸ γαμεῖν τε
καὶ τεκνοῦν ‖ 10 ἐπιτήδιος V ‖ ὁ om L ‖ ἀπὸ L ‖ 11 τοῖς γονεῦσιν] εἰστο-
κετασ L ‖ 12 κυκνον L ‖ 13 χρῶμα] σῶμα L ‖ 14 μὲν om L ‖ 15 τῷ] τὸ
L ‖ 16 δὲ om V ‖ λόγῳ] ορνεου L ‖ μνησθήσομαι L ‖ 18 ποταμιον ορ-
νεου καὶ πελεκανος L ‖ πελεκᾶνες] ποταμιου ορνέου καὶ πελεκάνος L
‖ ἀσκέπτως δὲ] ἀσκόπως τε V ‖ 19 τὸν κλέπτην] τὰ κλαπέντα V. post κλέ-
πτην L addit δὲ ‖ 20 ἢ] καὶ V ‖ 21 λιμνων L, περὶ ὀρνέων λιμ-
ναίων V ‖ νῆσσαι] νῆσσαι δὲ LV ‖ 22 σημαίνει] προσημαίνουσιν V ‖
23 δὲ om L ‖ ἵπτανται V ‖ 24 ὀρνίθων] ὀρνέων V ‖ καταλέξω L ‖ 25
περὶ μελισσῶν καὶ σφηκῶν ἀκρίδων παρνόπων μαστάκων καν-
θάρων μηλονθῶν λαμπυρίδων L, περὶ μελισσῶν V ‖

γασίαν ἀγαθαί· τοῖς δὲ ἄλλοις ταραχὰς σημαίνουσι διὰ τὸν
βόμβον καὶ τραύματα διὰ τὸ κέντρον καὶ νόσον διὰ τὸ μέλι
καὶ τὸν κηρόν. ἐπικαθεζόμεναι δὲ τῇ κεφαλῇ τοῦ ὁρῶντος
στρατηγοῦντι μὲν καὶ δημιουργοῦντι ἀγαθαί, τοῖς δὲ ἄλλοις
5 πονηραί, καὶ ὡς ἐπὶ τὸ πολὺ ὑπὸ ὄχλου ἢ ὑπὸ στρατιωτῶν
διαφθαρῆναι σημαίνουσι τὸν ἰδόντα. ἐοίκασι μὲν γὰρ ὄχλῳ
ἢ στρατῷ διὰ τὸ ἡγεμόνι ὑποτετάχθαι, ἀναιροῦσι δὲ διὰ τὸ
τοῖς ἀψύχοις ἐπικαθέζεσθαι. ἐγκλείειν δὲ μελίσσας ἀγαθόν,
καὶ ἀναιρεῖν ὁμοίως ἀγαθὸν πᾶσι πλὴν γεωργῶν.
10 Σφῆκες πᾶσι κακοί· περιπεσεῖν γὰρ σημαίνουσι πονηροῖς
ἀνθρώποις καὶ ὠμοῖς.

Ἀκρίδες καὶ πάρνοπες καὶ οἱ λεγόμενοι μάστακες γεωργοῖς
μὲν ἀφορίαν ἢ φθορὰν τῶν καρπῶν προαγορεύουσι· σίνονται
γὰρ τὰ σπέρματα ἢ διαφθείρουσι· τοῖς δὲ λοιποῖς πονηροὺς
15 ἄνδρας ἢ γυναῖκας σημαίνουσι.

Κάνθαροι καὶ μηλολόνθαι καὶ λαμπυρίδες τοῖς τὰς ῥυπώ-
δεις ἐργασίας καὶ ἀσέμνους ἐργαζομένοις μόνοις ὠφέλιμοι, τοῖς
δὲ λοιποῖς βλάβης καὶ ἀπραξίας εἰσὶ σημαντικοί, μάλιστα δὲ
μυροπώλαις καὶ ἀρωματοπώλαις.

20 Πλεῖν δοκεῖν καὶ εὐπλοεῖν πᾶσιν ἀγαθόν, χειμῶνι δὲ πε- 23
ριπεσεῖν δυσθυμίας καὶ κινδύνους σημαίνει. τὸ δὲ ναυα-
γεῖν τῆς νεὼς ἤτοι ἀνατραπείσης ἢ πέτραις περιρραγείσης
πάντας βλάπτει πλὴν τῶν βίᾳ ὑπό τινων κατεχομένων καὶ
δούλων· τούτους γὰρ ἀπαλλάσσει τῶν κατεχόντων. ἔοικε γὰρ

---

1 ἀγαθα L ǁ ἄλλοις] λοιποῖς V ǁ σημαίνουσιν L ǁ 3 ὁρῶντος]
ἰδόντος V ǁ 4 στρατηγοῦντι μὲν καὶ δημιουργοῦντι] στρατηγεῖν μὲν καὶ
δημιουργεῖν ἐπιχειροῦντι V ǁ ἀγαθὸν L ǁ 5 πονηρα L ǁ τὸ addidi ǁ
ὑπὸ] ἢ δι L ǁ 6 διαφθαρῆναι] διαφθαρήσεσθαι V ǁ μὲν om L ǁ 7 τὸ
τω L ǁ ὑποτετάχθαι] ὑποτάσσεσθαι V ǁ 8 επικαζεσθαι L ǁ ἐγκλείειν]
ἐκκαίειν L ǁ 9 πᾶσι om L ǁ τῶν post πλὴν addit V ǁ γεωργοῖς L ǁ 10
σφηκῶν L ǁ σφῆκες] σφῆκες δὲ LV ǁ πᾶσιν L ǁ κακοί] κακόν V,
κακὸν καὶ L ǁ περιπεσεῖν γάρ] περιπεσεῖν L, περιπεσεῖν τε γὰρ V ǁ
σημαίνουσιν post ὠμοῖς habet V ǁ 12 ἀκριδων καὶ παρνοπων μα-
στακων L ǁ ἀκρίδες] ἀκρίδες δὲ LV ǁ 13 προαγορεύουσι] σημαί-
νουσι L ǁ σίνονται] φθίνονται L ǁ 14 ἢ] καὶ V ǁ πονηροὺς ἄνδρας
ἢ γυναῖκας] πονηροῖς ἀνδράσιν ἢ γυναιξὶ περιπεσεῖν V ǁ 15 σημαίνου-
σιν L ǁ 16 κανθάρων μηλονθων λαμπυριδων L ǁ κάνθαροι]
κάνθαροι δὲ V ǁ μηλονθοι L ǁ 17 ὠφέλιμοι μόνοις L ǁ 18 βλάβης] καὶ
βλάβης V ǁ ἀπραξίας] πράξεων ἐπικινδύνων V ǁ post σημαντικοὶ L ha-
bet καὶ κινδύνων ἐπισημαντικοί. καὶ κινδύνων in rasura est ǁ 20 περὶ
πλοοῦ L, περὶ πλοῦ V ǁ πλεῖν δοκεῖν καὶ εὐπλοεῖν] πλέοντα δοκεῖν
εὖ πλεῖν V ǁ post περιπεσεῖν L addit πασιν ǁ 22 ἀνατραπείσης] ἀνα-
τραπείσης ἢ διαφθαρείσης V, ραγεισης ἢ διαφθαρείσης L ǁ ἢ] πρὸς
V ǁ περιραγησαισ L ǁ 24 γὰρ om L ǁ γὰρ om L ǁ

τὸ πλοῖον τοῖς περιέχουσιν αὐτούς * *. ἀεὶ δὲ ἄμεινον ἐν μεγάλῳ πλεῖν πλοίῳ καὶ φορτία στερεὰ ἔχοντι, ἐπεὶ τὰ μικρὰ πλοῖα, κἂν εὐπλοῇ τις, οὐκ ἄφοβα τὰ ἀγαθὰ ποιεῖ. ἔτι κἀκεῖνο. διὰ θαλάσσης πλεῖν καὶ εὐπλοεῖν ἀγαθὸν μᾶλλον ἢ διὰ γῆς· βραδύτερα γὰρ καὶ δυσκολώτερα καὶ μόλις ἐσόμενα τὰ ἀγαθὰ σημαίνει τὸ διὰ γῆς δοκεῖν πλεῖν. πονηρότερον δὲ τὸ διὰ θαλάσσης πλέοντα χειμάζεσθαι ἢ τὸ διὰ γῆς. οὐ δύνασθαι δὲ πλεῖν προῃρημένον ἢ βίᾳ πρός τινων κατέχεσθαι ἐμπόδια καὶ κατοχὰς τῶν ἐγχειρήσεων σημαίνει, ὁμοίως δὲ καὶ τὸ διὰ γῆς πλεῖν δένδρων ἢ πετρῶν ἐμποδὼν γιγνομένων κατοχὰς σημαίνει καὶ ἐμποδισμούς. ἰδεῖν δὲ ἀπὸ γῆς πλοῖα διὰ θαλάσσης πλέοντα καὶ εὐπλοοῦντα ἀγαθὸν πᾶσι καὶ ἀποδημίας σημαντικὸν * * καὶ τοῖς ἀποδήμοις ἀνακομιδήν, πολλάκις δὲ καὶ ἀγγελίας διαποντίους προηγόρευσε. καὶ ἀναγόμενα μὲν τὰ πλοῖα βραδύτερα τὰ ἀγαθὰ ποιεῖ· ἄρτι γὰρ ἄρχεται τοῦ πλοῦ, καταγόμενα δὲ καὶ καθορμιζόμενα θᾶττον· πρὸς γὰρ τῷ συμπεράσματι τοῦ πλοῦ γέγονεν. ἀεὶ δὲ λιμένες φίλους καὶ εὐεργέτας σημαίνουσι καὶ πάντες οἱ ὅρμοι, σκόπελοι δὲ καὶ ὑποδρομαὶ τοὺς δι᾽ ἀνάγκην καὶ μὴ κατὰ προαίρεσιν ὑφ᾽ ἡμῶν φιλουμένους, οἳ οὐδὲ αὐτοὶ ἑκόντες ἡμᾶς εὐεργετοῦσιν. ἄγκυραι δὲ τὸ ἀναγκαῖον τῶν χρειῶν καὶ τὸ ἀσφαλὲς σημαίνουσιν, ἀποδημεῖν δὲ κωλύουσιν· ἀεὶ γὰρ ἐπὶ κατοχῇ πλοίων τίθενται. πείσματα δὲ καὶ τὰ ἀπόγεια σχοινία πάντα δανείων ἐστὶ σημαντικὰ καὶ ἐργολαβειῶν καὶ συνθηκῶν καὶ κατοχῆς. ἱστὸς δὲ τῆς νεὼς τὸν κύριον σημαίνει, ἀντιπρόσωπον δὲ τὸν πρῳρέα, καὶ ὁ χηνίσκος τὸν κυβερνήτην, τὰ δὲ ὅπλα τοὺς ναύτας, καὶ τὸ κέρας

---

1 lacunam signavi. requiritur δεσμοῖς vel δεινοῖς vel simile quid ‖ 2 ἐπεὶ] επι L ‖ 4 καὶ εὐπλοεῖν om V ‖ 5 γάρ] δὲ V ‖ δυσκολώτερα] δυσχερέστερα V ‖ τὰ om L ‖ 6 δοκεῖν πλεῖν] δοκεῖν πλέειν L, om V ‖ πονηρότερον] φανερὸν L ‖ 7 τὸ om L ‖ πλέειν V ‖ προῃρημένον] προειρημένον L, προηρημένω V ‖ 8 βίᾳ] οιαι L ‖ ἐγχειρισμῶν L ‖ 9 ὁμοίως δὲ καὶ — κατοχὰς σημαίνει om L ‖ πλεῖν] πλέειν V ‖ 11 ἰδεῖν] ἰδεῖν ὁ L ‖ διὰ θαλάσσης πλέοντα] εν θαλασση ευπλεοντα L ‖ 12 πᾶσι om L ‖ lacunam signavi ‖ 13 προηγόρευσεν L ‖ 15 ποιεῖ] σημαίνει L ‖ 16 τῷ συμπεράσματι] τὸ συμπέρασμα τῇ L ‖ 17 ἀεί] οἱ L ‖ εὐεργέτας καὶ φίλους V ‖ σημαίνουσιν L ‖ 18 οἱ om L ‖ 19 αὐτοὶ om V ‖ 20 ἑκόντες ἡμᾶς] ἰδόντα ἡμᾶς L, ἡμᾶς ἑκόντες V ‖ 22 post τίθενται in V est καὶ εὐόρμηται ‖ πιάσματα L ‖ τὰ om L ‖ 23 ἅπαντα L ‖ δανείων] διανιστῶν L ‖ ἐστί] εἰσὶ V ‖ ἐργολαβειῶν] ἐργολαβιῶν LV ‖ 24 συνθήκης L ‖ ἱστὸς] ἱστοὺς L ‖ δὲ] δὲ πλοίου V ‖ τῆς νεὼς τὸν κύριον σημαίνει] τῆς νεὼς τὸν κύριον σημαίνει τῆς νεὼς ἢ τῆς οἰκείας L, τὸν κύριον σημαίνει τῆς νεὼς ἢ τῆς οἰκίας V ‖ 25 πρῳρέα L ‖ 26 post τὰ δὲ in LV est πηδάλια τὸν πλοῦν ἢ τούς γε (γε om L) τοῦ ναυκλήρου παῖδας τρόπις τὴν ἐνθήκην τοῦ πλοίου ‖

CAP. XXIII. XXIV.

τὸν τοίχαρχον. ὁποῖον ἂν οὖν μέρος διαφθείρηται τῆς νεὼς ὁρμούσης, τὸν ὅμοιον εἰκὸς διαφθαρήσεσθαι· πλεούσης δὲ τῆς νεὼς περὶ αὐτὸ ἐκεῖνο τὸ μέρος κίνδυνον οὐ τὸν τυχόντα ἔσεσθαι δηλοῖ χειμῶνι βιαίῳ συσχεθείσης. ὅθεν δ᾽ ἂν πῦρ ἐπὶ τὴν ναῦν 5 φέρηται, ἐκεῖθεν χειμῶνα ἐσόμενον προαγορεύει. οἶδα δέ τινα p. 111 ναύκληρον, ὃς ἔδοξε τοὺς ἐν τῷ πλοίῳ ἱδρυμένους θεοὺς ἀπολωλεκέναι. καὶ σφόδρα φοβουμένῳ καὶ ὄλεθρον ἡγουμένῳ σημαίνειν τὸ ὄναρ πᾶν τοὐναντίον εἰς ἀγαθὸν ἀπέβη· πολλὰ γὰρ πορίσας ἀπέδωκε τὰ χρέα τοῖς δανεισταῖς τοῖς ἔχουσιν εἰς 10 ὑποθήκην τὴν ναῦν, καὶ συνέβη αὐτῷ μηκέτι ἔχειν τοὺς κατέχοντας τὸ πλοῖον. ἀεὶ δὲ ἀγαθὸν ἠρέμα πορφύρουσαν καὶ κυμαίνουσαν τὴν θάλασσαν ἰδεῖν· πράξεις γὰρ μεγάλας προαγορεύει· γαλήνη δὲ ἀπραξίας διὰ τὴν ἀκινησίαν, καὶ ὁ χειμὼν ταραχὰς καὶ βλάβας· ἔστι γὰρ τούτων αἴτιος.

15 Σπείρειν καὶ φυτεύειν καὶ ἀροτριᾶν ὅ τι σημαίνει ἐν τῷ 24 περὶ τεχνῶν λόγῳ προείρηται· νυνὶ δὲ περὶ τῶν ἑπομένων τῇ γεωργίᾳ ποιήσομαι τὸν λόγον.

Ἄροτρον ἀγαθὸν πρὸς γάμον καὶ παίδων γονὴν καὶ πράξεις· χρόνους δὲ καὶ παρολκὰς προστίθησι ταῖς ἀποβάσεσι. 20 ζυγὸν δὲ τοῖς μὲν ἄλλοις ἀγαθόν, δούλοις δὲ ἐμπόδιον τῆς ἐλευθερίας γίνεται· ὅθεν κατασσόμενον μᾶλλον τούτοις ἢ ὑγιὲς ὂν συμφέρει. δρέπανον δὲ ἀφαιρέσεως καὶ βλάβης ἐστὶ σημεῖον διὰ τὸ πάντα διχάζειν καὶ μηδὲν ἑνοῦν. δηλοῖ δὲ καὶ ἐξάμηνον· ἥμισυ γάρ ἐστι κύκλου. πέλεκυς δὲ στάσεώς ἐστι 25 σημεῖον καὶ βλάβης καὶ μάχης, ἀξίνη δὲ γυναικός τε καὶ γυναικείας ἐργασίας· καὶ γυναικείας μὲν ἐργασίας διὰ τὸ τῷ κρατοῦντι προσφέρειν καὶ προσέλκειν, γυναικὸς δὲ διὰ τὸ ὄνομα. ὕνις δὲ καὶ ὁ λεγόμενος μίσχος καὶ θρίναξ καὶ πτύον

---

1 τὸν τοίχαρχον] τε χαλκοῦν L, τοὺς τοιχάρχας V || ὁποῖον ἂν οὖν] ὁποῖουν L || post μέρος in V est τοῦ πλοιου καίηται ἢ || διαφθείρεται L || 2 τὸν] τὸ V || διαφθαρῆναι L || 4 δηλοῖ] τῷ πλοίῳ L || post βιαίῳ in V est τῆς νεὼς || τὴν om V || 6 θεοὺς ἱδρυμένους V || ἀπολωλεκέναι] ἀπολωλέναι V || 7 φοβουμένῳ] φοβουμένῳ αὐτῷ V || 8 τὸ ὄναρ] τὸν ὄνειρον V || εἰς ἀγαθὸν] αὐτὸ V || 9 ἀπέδωκε τὰ χρέα] ἐπέδωκεν τὰ χρέη L, τὰ χρέα ἀπέτισε V || δανισταῖς L || εἰς om V || 10 ἔχειν] σχεῖν V || 12 κυμαίνουσαν] κυμαινομένην L || 15 περὶ γεωργίας LV || ὅ τι] τί L || 18 ἄροτρον] ἀροτριᾶν L || πράξεις] πρὸς τὰς πράξεις V. malim πρὸς ἄλλας πράξεις || 19 παραλκας L || προστίθησιν L || ἀποβάσεσιν L || 21 κατεασσόμενον L || τούτοις om L || 23 δηλοῖ δὲ om L || 24 ἥμισυ] ειμισυ L || κύκλου] τοῦ κύκλου V || στάσεως καὶ βλάβης ἐστὶ σημεῖον καὶ βλάβης V || 25 ἀξείνη V || δὲ] δὲ καὶ L || τε καὶ γυναικείας] ἃ μὴ δὲ L || 26 καὶ γυναικείας μὲν ἐργασίας] μὲν L || 27 προσφέρειν] συμφέρειν V || 28 μίσχος Rigaltius: μίσγος LV ||

βλάβην καὶ ἀποβολὴν σημαίνουσιν. ἰδίως δὲ ἡ ὗνις, ὡς πολλάκις ἐτήρησα, τὸ αἰδοῖον τοῦ ἰδόντος σημαίνει, ὅθεν οὔτε ἀπολλυμένη ἐστὶν ἀγαθὴ οὔτε κατασσομένη. ζυγόδεσμος δὲ καὶ ὁ λεγόμενος ἀμφιδέτης πρὸς πάντα εἰσὶν ἀγαθοί, μάλιστα δὲ πρὸς γάμον καὶ κοινωνίαν. κόφινοι δὲ οἰκέτας ση- 5
μαίνουσιν, ἅμαξαι δὲ τὸν βίον τοῦ ἰδόντος διὰ τὸ ἐκ πολλῶν συγκεῖσθαι καὶ πολλὰ βαστάζειν καὶ ἄλλοτε ἄλλα. οὖλοι δὲ καὶ δράγματα καὶ θημῶνες ἀσταχύων παρολκὰς ἐν τοῖς πραττομένοις σημαίνουσι καὶ κόπον· οὐδέπω γὰρ τὰ τοιαῦτα ἕτοιμα εἰς τροφήν ἐστι. σιροὶ δὲ καὶ κάπετοι καὶ πάντα ἐν 10
οἷς θησαυρίζεται καὶ ἀποτίθεται τὰ σπέρματα γυναῖκα σημαίνει καὶ τὸν βίον τοῦ ἰδόντος καὶ τὴν ὕπαρξιν, ὅθεν οὔτε συντριβόμενα οὔτε συμπίπτοντα ἀγαθὰ νενόμισται. θριγκοὶ δὲ καὶ περίβολοι καὶ φραγμοὶ καὶ σκόλοπες καὶ οἱ περὶ τοὺς ὅρους γῦροι τοῖς μὲν φοβουμένοις ἀσφαλείας εἰσὶ σημαν- 15
τικοί, πρὸς δὲ τὰς κινήσεις καὶ ἀποδημίας οὐ πάνυ τι ἁρμόζουσι· κατοχὰς γὰρ σημαίνουσι διὰ τὸ ἀποκεκλεικέναι τὰ ἐντός· πρὸς δὲ τὰς λοιπὰς ἐγχειρήσεις τοὺς παρισταμένους καὶ ἀμύνοντας καὶ συναιρομένους ἐν ταῖς χρείαις σημαίνουσιν.

Ἑξῆς δὲ περὶ δένδρων καὶ φυτῶν ποιήσομαι τὸν λόγον. 20
25 Ἐλάα γυναῖκα σημαίνει καὶ ἄθλησιν καὶ ἀρχὴν καὶ ἐλευθερίαν, ὅθεν ἀγαθὸν εὐθαλῆ ὁρᾶν καὶ ταῖς ῥίζαις ἡδρασμένην καὶ καρπὸν ἔχουσαν πεπανὸν καὶ ὥριμον. τρυγώμεναι δὲ αἱ ἐλᾶαι τοῖς μὲν ἄλλοις πᾶσιν ἀγαθαί, δούλοις δὲ πληγὰς μαντεύονται διὰ τὸ μετὰ πληγῶν τὸν καρπὸν αὐτῶν καθαιρεῖσθαι. 25

1 ἡ om L ‖ ὗνης L ‖ 2 τὸ] καὶ τὸ LV ‖ 3 οὔτε κατασσομένη ἡ ὗνις οὔτε ἀπολλυμένη ἐστὶν ἀγαθή V. κατεασσομένη L ‖ ζυγόδεσμος L, unde eadem manus fecit ζυγοδεσμους. ζυγόδεσμα V ‖ 4 ἀμφιδέτης] ἀμφίδης L ‖ πρὸς] κατὰ V ‖ ἀγαθὰ V ‖ 5 κοινωνίας L ‖ 6 σημαίνουσιν ante διὰ addit L ‖ 7 post ἄλλα in LV est ὅταν μέντοι τις παρὰ τὸν καιρὸν καὶ τὴν ὥραν τοῦ ἔτους τρυγᾶν ἢ θερίζειν ὑπολάβοιεν ἄν τε ἀγαθὸν ἄν τε κακὸν ᾖ τὸ συμβουλευόμενον εἰς ἐκείνην τὴν ὥραν (ἡμέραν L) τοῦ ἔτους τὰ σημαινόμενα ὑπερτίθεται ‖ οὖλοι] βοννοὶ L ‖ 8 θημονες L ‖ 9 σημαίνουσιν L ‖ 10 ἕτοιμα] ἕτοιμοι L ‖ εἰς τροφήν ἐστι[εἰς τροφήν εἰσι L, εἰσὶ τροφαί V ‖ σωροὶ L ‖ post κάπετοι in V est καὶ καλεοὶ V, om L ‖ πάντα] πάντα τὰ V ‖ 12 ὅθεν οὔτε] ὅθεν οὐδὲ V ‖ 13 ἀγαθὸν V ‖ θριγκοὶ] θριγγοὶ V. in mg γρ τρύγοι ‖ 14 σκολοπαιςL ‖ 15 γῦροι] γύροι πονηροὶ μὲν V ‖ μὲν] δὲ V ‖ 16 οὐ πάνυ τι] οὐ πάντη LV ‖ 17 γὰρ om L ‖ ἀποκεκλικέναι L ‖ 18 πρὸς] κατὰ V ‖ ἐγχειρήσεις] ἐγχειρίσεις πρὸς L ‖ τοὺς ante συναιρομένους addit V ‖ 19 συναιρομένους] συναιρουμένους L ‖ 21 περὶ δένδρων L, περὶ δένδρων παντοίων V ‖ ἐλάα] ἐλαία LV. ceterum vide ad p. 119, 3 ‖ 23 πεπανὸν] πέπειρον V ‖ τρυγώμεναι V ‖ αἱ om L ‖ 25 ἐλᾶαι] ἐλαίαι LV ‖ πᾶσιν] ἅπασιν V ‖ ἀγαθὸν V ‖ 25 αὐτῶν om V ‖

CAP. XXIV. XXV.

ἀναλέγειν δὲ χαμόθεν ἐλάας ἢ τρίβειν ἐλάας (λέγω δὲ τὸν καρπὸν) πόνους καὶ καμάτους σημαίνει.

Δρῦς ἄνδρα σημαίνει πλούσιον διὰ τὸ τρόφιμον ἢ πρεσβύτην διὰ τὸ πολυχρόνιον ἢ χρόνον διὰ ταὐτό.

Δάφνη γυναῖκα σημαίνει εὔπορον διὰ τὸ ἀειθαλὲς καὶ εὔμορφον διὰ τὸ χάριεν καὶ ἀποδημίαν καὶ φυγὴν καὶ ἀποτυχίαν. τῶν προσδοκωμένων διὰ τὴν περὶ τὸ δένδρον ἱστορίαν ἰατροῖς δὲ καὶ μάντεσι πρὸς τὴν τέχνην ἐστὶ ληπτέα διὰ τὸν Ἀπόλλωνα.

Κυπάρισσος μακροθυμίας καὶ παρολκῆς ἐστὶ σύμβολον διὰ τὸ μῆκος.

Πίτυς καὶ στρόβιλος ναυκλήροις μὲν καὶ πᾶσι τοῖς ναυτιλλομένοις πρὸς ναῦν εἰσὶ ληπτέαι διὰ τὴν κατασκευὴν τῶν νεῶν καὶ τὴν πίσσαν καὶ τὴν ῥητίνην τὴν ἀπὸ τούτων τῶν δένδρων γινομένην. τοῖς δὲ ἄλλοις ἅπασιν ἀηδίας καὶ φυγῆς εἰσὶ σημαντικαὶ διὰ τὸ φιλέρημον.

Ῥοαὶ καὶ μηλέαι καὶ ἄπιοι καὶ ἀχράδες καὶ πάντα τὰ τοιαῦτα τὸν αὐτὸν τῷ καρπῷ λόγον ἔχει, ὃν ἐν τῷ περὶ τροφῆς εἴρηκα.

Πλάτανοι καὶ αἴγειροι καὶ πτελέαι καὶ ὀξύαι καὶ μελίαι καὶ πάντα τὰ ὅμοια μόνοις τοῖς ἐπὶ πόλεμον ὁρμῶσι καὶ τεκτονικοῖς συμφέρει. τοῖς μὲν διὰ τὸ ἐξ αὐτῶν γίνεσθαι ὅπλα, τοῖς δὲ διὰ τὴν ἐξ αὐτῶν ἐργασίαν. τοῖς δὲ λοιποῖς διὰ τὸ ἄκαρπον πενίας καὶ ἀπορίας ἐστὶ σημαντικά. μόνη δὲ λεύκη ἀθληταῖς συμφέρει διὰ τὸν Ἡρακλέα.

---

1 ἐλάας — ἐλάας] ἐλαίας — ἐλαίας LV. ἐλαίας χαμόθεν V ‖ 2 πόνους καὶ καμάτους a m. sec. in litura L ‖ 3 δρῦς — ταὐτό] haec in V auctius post ποιήσομαι τὸν λόγον (p. 118, 22) leguntur ita: δρῦς ἄνδρας σημαίνει πλούσιον διὰ τὸ τρόφιμον. ταύτης γὰρ τὸν καρπὸν ἤσθιον οἱ ἀρκάδες. καὶ ὁ ἀρχαῖος (Ἀλκαῖος Reiskius) φησιν ἀρκάδες ἔσσαν βαλανηφάγοι (βαλαναφάγοι Ahrens). δηλοῖ δὲ καὶ πρεσβύτην διὰ τὸ πολυετὲς ἢ χρόνον διὰ τὸ αὐτό ‖ 5 δάφνη] δάφνη δὲ LV ‖ 6 διὰ τὸ] καὶ L ‖ χάριεν — προσδοκωμένων] χάριεν καὶ ἀποτυχίαν τῶν προσδοκωμένων διὰ τὸ πικρὸν καὶ ἄβρωτον V ‖ 8 μάντεσιν L ‖ ληπτέα] συλλημπτηρία L ‖ 10 δὲ post κυπάρισσος addit LV ‖ ἐστὶ om L ‖ 12 πίτυς] πίτυς δὲ LV στρόβιλοι L ‖ πᾶσιν L ‖ 13 πρὸς ναῦν] πρὸς τὰς ναῦς V ‖ εἰσὶν L ‖ 15 πᾶσιν L ‖ ἀκηδίας V ‖ φυγῆς] φόβων V ‖ σημαντικὰ V ‖ φιλερημον L ‖ 17 ῥοαί] ῥοιαί V, ῥοαὶ δὲ L ‖ ἄππιοι L ‖ 18 τὸν αὐτὸν ἔχει τῷ καρπῷ λόγον V ‖ ὃν] ὅν τινα V ‖ 20 δὲ post πλάτανοι addit L ‖ ὀξύαι Cornarius: ὄξειαι L, ὀξεῖαι V ‖ μελίαι Cornarius: μελειαι L, μηλίαι V ‖ 21 ὁρμῶσι] ὁρμωμένοις L. post ὁρμῶσι in V est καὶ στρατείαν ‖ 22 συμφέρει] συμφέρουσι LV ‖ διὰ — ὅπλα τοῖς δὲ om V ‖ 23 διὰ τὴν ἐξ αὐτῶν] διὰ ταὐτῶν L, διὰ τὴν ἐξ αὐτῶν ἐργασίαν τοῖς δὲ διὰ τὴν αὐτῶν ἐργασίαν V ‖ 24 ἐστὶ σημαντικά] εἰσὶ σημεῖον V ‖

Πύξοι καὶ μυρρίναι καὶ ῥοδοδάφναι γυναῖκας ἑταιρικὰς καὶ οὐ πάνυ τι κοσμίας σημαίνουσι καὶ τοῖς ἐπὶ τὸ πράττειν ὁρμωμένοις ἀπάτας καὶ τοῖς νοσοῦσιν ἀνάληψιν καὶ ὑγίειαν· τοῖς δὲ λοιποῖς ματαιοπονίας σύμβολα καθίστανται.

Περὶ δὲ τῶν λοιπῶν δένδρων κατὰ τὰς ὑποθήκας τὰς προειρημένας χρὴ ποιεῖσθαι τὰς κρίσεις παραλαμβάνοντας ἀεὶ τὰ ὅμοια ταῖς ἀποβάσεσι. καὶ γὰρ οὐδὲν ἄλλο ἐστὶν ὀνειροκρισία ἢ ὁμοίου παράθεσις. μεμνῆσθαι δὲ καὶ τοῦτο χρή, ὅτι τὰ μὲν ἀγαθόν τι σημαίνοντα δένδρα θάλλοντα καὶ καρποφοροῦντα ἀγαθὰ ἂν εἴη, αὐαινόμενα δὲ ἢ πρόρριζα ἀνατρεπόμενα ἢ κεραυνούμενα ἢ ἄλλως πυρὶ καταφλεγόμενα τἀναντία σημαίνει· τὰ δὲ πονηρόν τι σημαίνοντα ἐν ταῖς ἀποβάσεσιν αὐαινόμενα καὶ διαφθειρόμενα λυσιτελέστερα καθίσταται.

Ἑξῆς δὲ τῇ γεωργίᾳ ἐπιβάλλον ἂν εἴη καὶ περὶ κόπρου εἰπεῖν.

Κόπρος βοεία γεωργοῖς μόνοις συμφέρει, ὁμοίως καὶ ἡ ἱππεία καὶ ἡ ἄλλη πᾶσα πλὴν ἀνθρωπείας, τοῖς δὲ λοιποῖς δυσθυμίας καὶ βλάβας σημαίνει, μολύνουσα δὲ καὶ νόσον. μόνοις δὲ τοῖς τὰς ῥυπώδεις ἐργασίας ἐργαζομένοις συμφέρει καὶ λυσιτελὴς οὖσα τετήρηται. ἀνθρωπεία δὲ κόπρος πολλὴ ὁρωμένη πολλὰ καὶ διάφορα σημαίνει κακά. ἔχει δὲ ὧδε. ἐν πλατείᾳ καὶ ἐν ἀγορᾷ καὶ ἐν παντὶ δημοσίῳ χωρίῳ ὁρωμένη εἴργει χρῆσθαι τοῖς τόποις, ἐν οἷς ἂν ᾖ, πολλάκις δὲ καὶ προιέναι κωλύει, ὥστ' ἔστιν ὅτε τοὺς παρακούσαντας ταῖς ἑαυτῶν κεφαλαῖς μεγάλα ἀναμάξαι κακὰ ἐποίησεν. ἄτοπον δ' ἂν εἴη καὶ τὸ μολύνεσθαι κόπρῳ ἀνθρωπείᾳ καταρρεούσῃ ποθέν. οἶδα δέ τινα, ὃς ἔδοξεν ἑταῖρον καὶ συνήθη τινὰ πλούσιον, ὄντα αὐτῷ φίλον, ὄναρ κατὰ τῆς κεφαλῆς κατατετιλῆσθαι. οὗτος

---

1 πύξοι] πύξοι δὲ L ǁ ἑταιρικὰς] αιτερικασ L ǁ 2 τι] τοι V ǁ κοσμίους L ǁ 3 ἀπάτας] ἀγαθὰ V ǁ ἀνάλημψιν L ǁ ὑγιειαν L ǁ 4 καθίσταται L ǁ 5 κατὰ] πρὸς L ǁ προειρημένας] εἰρημένας L ǁ 6 ἀεὶ] εἰς V ǁ 7 an ἐν ταῖς ἀποβάσεσι? ǁ 8 an ὁμοίων? ǁ 9 τι om L ǁ δένδρα] τὰ δένδρα L ǁ καρποφοροῦντα] ζωογονοῦντα L ǁ 10 εναινομενα L ǁ 11 τὰ ἐναντία L ǁ σημαίνει] σημαίνουσι V ǁ 12 σημαίνοντα ἐν] σημαίνοντα καὶ ἄτοπα V ǁ 14 περὶ κόπρου παντοίας L, quae verba proximo capiti praefixit V ǁ 16 βοῖα L ǁ malim ὁμοίως δὲ καὶ ǁ 17 ἱππία L ǁ ἀνθρωπίας L ǁ 19 δὲ τοῖς om L ǁ τὰς] τὰς τὰς L ǁ 20 ἀνθρωπια L ǁ 21 κακά om L ǁ 22 δημοσίῳ χωρίῳ] χωρίω L, δημοσίω τόπω V ǁ 23 ᾖ] εἴη LV ǁ πολλάκις — δ' ἂν εἴη om L ǁ 24 ὥστ'] ὡς V ǁ 25 κεφαλαῖς Reiskio suadente addidi ǁ 26 τὸ om V ǁ ἀνθρωπία L ǁ καταρεούση L ǁ 27 τινα πλούσιον ὄντα αὐτῷ φίλον] αὐτῶ ὄντα L ǁ 28 κατατετιλῆσθαι] κατατιλῆσθαι L. κατατιλῆσαι V, κατατιληθῆναι Reiskius ǁ

CAP. XXV. XXVI.

διεδέξατο τὴν οὐσίαν καὶ ἐκληρονόμησε τὸν ἑταῖρον. καὶ πά-
λιν αὖ ἔδοξέ τις ὑπό τινος γνωρίμου πένητος προστιληθῆναι,
καὶ ὑπ' αὐτοῦ μεγάλα ἐβλάβη καὶ αἰσχύνῃ τινὶ μεγάλῃ περιέ-
πεσεν· ἦν γὰρ εἰκὸς τὸν μὲν εὐποροῦντα τὰ ἑαυτοῦ τῷ ἰδόντι
5 προσθήσειν, τὸν δὲ πενόμενον καὶ οὐδὲν ἔχοντα καταλιπεῖν
καταφρονήσειν τοῦ ἰδόντος καὶ αἰσχύνῃ περιβαλεῖν αὐτόν. εἰ
δὲ αὐτός τις ἑαυτὸν μολύνειν δόξειε κατὰ τῶν σκελῶν ἀφείς,
ἑαυτῷ μεγάλων κακῶν αἴτιος ἔσται καὶ προσέτι νοσήσει. πο-
νηρὸν δὲ καὶ τῇ κοίτῃ ἐναφιέναι· μακρὰν γὰρ νόσον μαντεύε-
10 ται, ἐπειδὴ οἱ μὴ δυνάμενοι ἀναστῆναι καὶ οἱ πρὸς ἐσχάτοις ὄν-
τες ἐναφιᾶσι τῇ κοίτῃ· πολλάκις δὲ καὶ γυναικὸς καὶ ἐρωμένης
διίστησι τὸ ὄναρ διὰ τὸ μολῦναι τὴν κοίτην. ἐν ᾧ δέ τις οἰκεῖ
οἴκῳ χαμαὶ ἀποπατεῖν μὴ χρήσασθαι ἔτι τῷ οἴκῳ σημαίνει·
ἥκιστα γάρ τις τοῖς μολυννομένοις ἐνδιατρίβει. πάντων δ' ἂν
15 εἴη σφαλερώτατον καὶ φοβερώτατον τὸ ἀποπατεῖν ἐν νεῷ
θεοῦ ἢ ἐν ἀγορᾷ ἢ ἐν πλατείᾳ ἢ ἐν βαλανείῳ· θεῶν τε γὰρ p. 115
μῆνιν καὶ μεγάλην ἀσχημοσύνην καὶ ζημίαν οὐ τὴν τυχοῦσαν
προαγορεύει, πρὸς δὲ καὶ τὰ κρυπτὰ ἐλέγχει, πολλάκις δὲ καὶ
μῖσος ἐργάζεται περὶ τὸν ἰδόντα. ἀποπατεῖν δὲ ἐν κοπρῶνι
20 καθήμενον ἢ ἐπὶ λασάνου στερεοῦ καὶ πολλὰ ἀποκρίνειν σκύ-
βαλα ἀγαθὸν πᾶσι· πολὺν γὰρ κουφισμὸν φροντίδων καὶ πά-
σης ἀνίας σημαίνει· καὶ γὰρ τὸ σῶμα μετὰ τὸν ἀπόπατον κου-
φότατον γίνεται. ἀγαθὸν δὲ καὶ πρὸς ἀποδημίαν τὸ τοιοῦτο
καὶ πρὸς ἀποδήμων ἀνακομιδὴν διὰ τὸ ὄνομα· ἄφοδος γὰρ
25 καλεῖται. ἐγὼ δὲ ἐτήρησα καὶ τὸ παρ' αἰγιαλῷ ἀποπατεῖν καὶ
ἐν ὁδοῖς καὶ ἐν ἀρούραις καὶ παρὰ ποταμῷ καὶ λίμνῃ λυσιτε-
λὲς ὂν καὶ τὰ αὐτὰ σημαῖνον τῷ δοκεῖν ἐν κοπρῶνι χέζειν, ὀρ-

---

1 τὴν οὐσίαν] τὸν ετερον L || ἐκληρονόμησεν L || τὸν ἑταῖρον] τὴν
οὐσίαν L || 2 πένητος om L || 3 ὑπὸ L || αἰσχύνη Reiskius: πρὸς αἰ-
σχύνη L, ὑπὸ αἰσχύνη V || 4 εὐποροῦντα] εὔπορον ὄντα L || τὰ om L
|| 5 καταφρονήσειν] καταφρονῆσαι LV || 7 τις] τι L || μολύνειν δόξειε
Reiffius: μολύνειν δόξει L, μολύνοι V || τῶν om V || ἀφείς] ἐφισ L ||
9 ἐναφιέναι] ἐπαφεῖναι L || οἱ om V || 12 ὄναρ] ὄναρ αἰτία τοῦ ἰδόντος
καὶ οὐ τῆς γυναικὸς LV || τὸ μολῦναι τὴν κοίτην] τὸ μολύνειν τὴν κοίτην
L, τὸ τὴν κοίτην μολῦναι V || οἰκεῖ om L || 13 χαμαί] ἐν τῷ χαμαὶ L || ἀπο-
πατεῖ L || χρήσασθαι] χρήσθαι L. an χρήσεσθαι? || 14 ἥκιστα] οὐχ
ἡδέως V || 15 σφαλερώτατον] ἐπισφαλέστερον V || φοβερώτερον V || τὸ
om L || νεῷ] ναῷ LV || 16 ἢ πλατείῃ ἢ βαλανείῳ V || βαλανίῳ L || 18
διελέγχει L || 20 λασσάνου στερροῦ L || 21 πολὺ L || φροντίδων καὶ πά-
σης] ψυχῆς καὶ φορτίδων L || 22 ἀπόπατον] πάτον L || κουφότατον L
|| 23 τοιοῦτον V || 24 πρὸς om V || ἀποδήμων] ἀποδήμου LV || 26 ὁδῷ
L || παρὰ] ἐν L || καὶ λίμνη] καὶ ἐν λίμναις L || 27 ὂν] ὦ L || σημαῖ-
νον] σημαίνοντα L ||

θῶς καὶ κατὰ λόγον ἀποβαίνοντος τοῦ τοιούτον· οὔτε γὰρ οἱ τόποι οὗτοι ὑπὸ τοῦ ἀποπατοῦντος βλάπτονται, αὐτῷ τε τῷ ἀποπατοῦντι παρέχουσι χωρὶς αἰσχύνης ἀποφορτίσασθαι.

Ἕπεται δὲ τῷ λόγῳ καὶ περὶ ποταμῶν καὶ πηγῶν εἰπεῖν καὶ λίμνης καὶ φρέατος.

27 Ποταμοὶ καθαρὸν καὶ διειδὲς ἔχοντες ὕδωρ καὶ ἠρέμα ῥέοντες ἀγαθοὶ δούλοις καὶ δικαζομένοις καὶ ἀποδημεῖν προῃρημένοις· ἐοίκασι γὰρ οἱ ποταμοὶ δεσπόταις μὲν καὶ δικασταῖς διὰ τὸ πράττειν ὅσα ἂν βούλωνται ἀνυπευθύνως καὶ κατὰ γνώμην τὴν ἑαυτῶν, ἀποδημίαις δὲ καὶ κινήσεσι διὰ τὸ μὴ μένειν τὸ ὕδωρ ἀλλὰ παραρρεῖν. ἐπειδὰν δὲ θολερὸν καὶ ῥοῶδες ᾖ τὸ ὕδωρ, τὴν ἀπὸ δεσποτῶν καὶ δικαστῶν ἀπειλὴν σημαίνουσιν οἱ ποταμοὶ καὶ πάσης ἀποδημίας εἴργουσιν. ἐὰν δέ τι καὶ ἁρπάσαντες κτῆμα τοῦ θεωμένου τὸν ὄνειρον ἀποφέρωσιν, ἐκ παντὸς βλάβην ἐπιφέρουσι· μείζονα δὲ τὴν βλάβην καὶ ἅμα καὶ κίνδυνον σημαίνουσιν αὐτὸν συναρπάσαντες· τὸν ὁρῶντα, καὶ μάλιστα ἐὰν καὶ εἰς θάλασσαν ἐκβάλωσι. πονηρὸν δὲ καὶ τὸ ἐν ποταμῷ ἑστάναι καὶ περικλύζεσθαι καὶ μὴ δύνασθαι ἐξελθεῖν· οὐ γὰρ ἂν ὑπομείνειέ τις ἐπὶ τῷ τοιούτῳ ὀνείρῳ τὰ κακά. χείμαρροι δὲ ποταμοὶ δικαστὰς σημαίνουσιν ἀγνώμονας καὶ δεσπότας ἀηδεῖς καὶ ὄχλον διὰ τὸ βίαιον καὶ μεγαλόφωνον. ἀγαθὸν δὲ τούτους περᾶν, μάλιστα μὲν τοῖς ποσίν· εἰ δὲ μή, νηξάμενον. εἰ δέ τις διὰ τὸ μὴ δύνασθαι ἀντικρὺς διελθεῖν ὑποστρέφειν ὑπολάβοι, ἄμεινον αὐτῷ ἀφίστασθαι καὶ μηκέτι δικάζεσθαι μηδὲ προσιέναι δεσπότῃ τὸ παρὸν μηδὲ ἐν ὄχλῳ ἀναστρέφεσθαι. νήχεσθαι δὲ ἐν ποταμῷ

---

2 ὑπὸ] ἀπὸ L || τε τῷ om L || 3 ἀποπατήσαντι V || παρέχονται L || 5 καὶ λίμνης καὶ φρέατος om L || 6 ποταμῶν πηγῶν λιμνων φρεάτων L, περὶ ποταμῶν καὶ λίμνης καὶ πηγῆς καὶ φρέατος V || δὲ post ποταμοὶ addit L || διειδὲς] διαυγὲς L || 7 προῃρημένοις] πειρωμένοις L, βουλομένοις V || 8 μὲν om L || 9 βούλονται L || 10 ἀποδημία δὲ καὶ κινήσει L || 11 ἀλλὰ καὶ παραρρεῖν L || θολερὸν] θολερὸν τὸ ὕδωρ L || ῥοῶδες] ῥυπῶδες V || 12 τὴν] καὶ τὴν LV || 13 πάσης] πρὸς τὰς L || 14 διαρπάσαντες V || θεωμένου] τεθεαμένου V || ἀποφέρωσιν Reiffius: ἀποφέρουσιν L, ἐπιφέρωσιν V || 15 παντὸς] παντὸς καὶ L || μείζονα δὲ τὴν βλάβην] μείζονα τῇ βλάβῃ δὲ V || 16 καὶ ἅμα καὶ] ἅμα καὶ LV || αὐτὸν] ἐὰν αὐτὸν LV || 17 μάλιστα] μᾶλλον κακὸν V || ἐμβάλωσι V || 19 ὑπομείνειε] ὑπομείνοι L, ὑπομεῖναι V || ἐπὶ] ἐν V || 20 ὀνείρῳ] ὀνείρῳ καὶ εἰ πάνυ εὔψυχος εἴη L, ὀνείρῳ κἂν πάνυ εὔψυχος εἴη V || δικαστὰς] καὶ δικαστὰς LV || 21 ἀηδεῖς] ἀηδεῖς καὶ πολλὰς ἀηδίας L || ὄχλους V || 23 μὲν om V || μή] μή γε καὶ V || νηξαμένους V || εἰ δέ τις] εἰδήετις L || 24 ἀντικρυ V || 26 ἐν om L || ἀναστρέφεσθαι] εναναστρεφεσθαι L ||

CAP. XXVI. XXVII.

δοκεῖν ᾗ λίμνῃ εἰς ἔσχατον ἐλάσαι κίνδυνον σημαίνει· ὅσα γὰρ ἰχθὺς ἐν γῇ πάσχει, τοσαῦτα εἰκὸς καὶ ἄνθρωπον ἐν ὑγρῷ πάσχειν. ἀεὶ δὲ ἄμεινον διανήξασθαι ἢ μεταξὺ κολυμβῶντα διυπνισθῆναι. ποταμὸς εἰς οἰκίαν ῥέων καθαρὸς ἀν- 5 δρὸς πλουσίου εἴσοδον εἰς τὴν οἰκίαν μαντεύεται ἐπ' ὠφελείᾳ τῶν ἐνοικούντων, τεταραγμένος δὲ καὶ θολερός, καὶ μάλιστα ἐάν τις πνιγῇ τῶν ἐν τῇ οἰκίᾳ ὄντων, ἐχθροῦ βίαν σημαίνει, ὃς πολλὰ καὶ τὴν οἰκίαν καὶ τοὺς ἐν αὐτῇ βλάψει. ἐξ οἰκίας δὲ ποταμὸς ἐκρέων πλουσίῳ μὲν ἀνδρὶ καὶ μέγα δυναμένῳ 10 συμφέρει· ἄρξει γὰρ τῆς πόλεως καὶ πολλὰ φιλοτιμούμενος εἰς τὸ δημόσιον ἀναλώσει, πολλοί τε ἐπὶ τὴν οἰκίαν αὐτοῦ φοιτήσουσι δεόμενοι καὶ χρῄζοντες· πάντες γὰρ ποταμοῦ δέονται. πένητι δὲ ἀνδρὶ διαβάλλει τὴν γυναῖκα ἢ τὸν παῖδα ἤ τινα τῶν ἐν τῇ οἰκίᾳ μοιχευόμενον ἢ ἀσχημονοῦντα. ἄλλο δὲ ὕδωρ 15 εἰς οἰκίαν ῥέον θολερὸν μὲν ἐμπιμπραμένην τὴν οἰκίαν ὄψεσθαι σημαίνει, τὸ δὲ καθαρὸν κτῆσιν καὶ χρήματα περιβαλεῖσθαι σημαίνει. φρέαρ δὲ ἰδεῖν ἐν τῇ οἰκίᾳ ἢ ἐν ἀγρῷ οὐκ ὂν πρότερον ἀγαθόν· οὐσίας γὰρ ἐπίκτησιν σημαίνει, ἀγάμῳ δὲ καὶ ἄπαιδι γυναῖκα καὶ παῖδας· νύμφαι τε γάρ εἰσιν ἐν τῷ 20 φρέατι καὶ ὥσπερ γυνὴ τὸ φρέαρ τοῖς ἔνδον τὰ ἐπιτήδεια ὧν χρῄζουσι παρέχει. ἀγαθὸν δὲ καὶ πλῆρες ἰδεῖν φρέαρ πλημμυροῦντος τοῦ ὕδατος, ὅταν γε μὴ ὑπερχέηται· ἐπεὶ τὸ ὑπερχεόμενον ὕδωρ τὰ προσγενόμενα ἀγαθὰ καὶ γυναῖκα τε καὶ παῖ- p. 117 δας μὴ παραμεῖναι μαντεύεται. τὸ δ' αὐτὸ καὶ ὅταν ἀλλότριοι

---

1 an ἢ ἐν λίμνῃ? || ἐλάσαι σημαίνει κίνδυνον V. post haec in V additur καὶ μᾶλλον ἐὰν ποταμῷ νήχηται, in L καὶ μᾶλλον ἐὰν εἰς ποταμὸν νήχεται || 2 ἐν γῇ] ἐπὶ γῆς V || εἰκὸς τοσαῦτα V || 3 ἀεὶ δὲ ἄμεινον διανήξασθαι] ἀεὶ δὲ διανήξασθαι ἄμεινον LV || 4 διυπνισθῆναι] διυπνῆσαι LV || malim ποταμὸς δὲ || οἰκείαν L || 5 οἰκείαν L || πρὸς ὠφέλειαν L || 6 θολερὸς L || 7 ἐάν τις πνιγῇ] ἀντισηνηται L, ἐάν τι κινῆται V || ὄντων om V || 8 ὃς πολλὰ] ὡς πολλὰ καὶ L || αὐτῇ] τῇ οἰκίᾳ V || μέγα] μεγάλα L || 10 expunxerim φιλοτιμούμενος || 11 φοιτήσουσιν L || 12 γὰρ] γὰρ τοῦ V || δέονται] χρήζονται L || 13 ᾗ τὸν παῖδα om V || an ἢ ἄλλον τινὰ τῶν ἐν τῇ οἰκίᾳ? || 14 ᾗ] καὶ V || ἄλλο δὲ] ἀλλὰ L || 15 θολερὸν μὲν] μὴ καθαρὸν L || ἐμπιμπραμένην] ἐμπιπραμένην LV || ὄψεσθαι om L || 16 χρήματα] ἀργύρια L || περιβαλεῖσθαι] περιποιήσαι L || 18 ἀγάμοις δὲ καὶ ἄπαισι γυναῖκας L || 20 γυνή] ἡ γυνὴ V || delendum videtur aut τὰ ἐπιτήδεια aut ὧν χρήζουσι || 22 τοῦ ὕδατος] τοῦ ὕδατος καὶ τοῦ φρέατος L || γε] γὰρ L || ὑπερχέηται] ὑπερεκχεῖται V || ἐπεὶ τὸ ὑπερχεόμενον ὕδωρ] ἐπεὶ τὸ ὑπερχεόμενον καὶ ῥέον ὕδωρ τοῦ φρέατος V, ἐπὶ τὸ ἐγχεόμενον καὶ ῥέον ὕδωρ τοῦ φρέατος L || 23 καὶ ante γυναῖκα abest a V || γυναῖκά τε καὶ] γυναικὸς καὶ L || 24 παραμεῖναι] παρεῖναι L, παραμενεῖν V || μαντεύεται] μὲν παύεται L || τὸ δ' αὐτὸ] τὸ αὐτὸ δὲ V ||

τινὲς ἀντλῶσι τὸ φρέαρ. λίμνη δὲ μεγάλη τὰ αὐτὰ τῷ ποταμῷ σημαίνει πλὴν τοῦ κατὰ τὴν ἀποδημίαν· αὕτη γὰρ εἴργει ἀποδημεῖν διὰ τὸ τὸ ὕδωρ ἐν αὐτῇ μὴ ῥεῖν ἀλλὰ μένειν ἐν τῇ χώρᾳ τῇ αὐτῇ ἀεί. σύμμετρος δὲ καὶ μικρὰ λίμνη γυναῖκα σημαίνει εὔπορον καὶ ἀφροδισίοις χαίρουσαν· δέχεται γὰρ τοὺς εἰσβαίνειν βουλομένους καὶ ἡ λίμνη καὶ οὐκ ἀπείργει. πηγαὶ δὲ καὶ κρῆναι καὶ πίδακες ὕδατι καθαρῷ πλημμυροῦσαι ἀγαθαὶ πᾶσι μὲν ἐπίσης, μάλιστα δὲ τοῖς νοσοῦσι καὶ τοῖς ἀπόροις· οἷς μὲν γὰρ σωτηρίας οἷς δὲ εὐπορίας εἰσὶ σημαντικαί· οὐδὲν γὰρ οὕτω τρόφιμον ὡς ὕδωρ. αὐαινόμεναι δὲ καὶ μὴ ἔχουσαι ὕδωρ τὰ ἐναντία σημαίνουσιν.

28 Ἕλη ποιμέσι μόνοις συμφέρει, τοῖς δὲ λοιποῖς ἀπραξιῶν ἐστι σημαντικά, καὶ τοῖς ὁδεύουσιν ἐμπόδια γίνεται διὰ τὰς ἐν αὐτοῖς ἀνοδίας. ὄρη δὲ καὶ νάπαι καὶ ἄγκη καὶ φάραγγες καὶ ὗλαι πᾶσι δυσθυμίας καὶ φόβους καὶ ταραχὰς καὶ ἀνεργασίας σημαίνουσι, δούλοις δὲ καὶ κακούργοις βασάνους καὶ πληγὰς καὶ πλουσίοις βλάβας διὰ τὸ κατακόπτεσθαι καὶ ἀεί τι ἀποβάλλειν. ἀεὶ δὲ ἄμεινον ταῦτα διεκπερᾶν καὶ τὰς ἐν αὐτοῖς ὁδοὺς εὑρίσκειν καὶ ἀπὸ τούτων εἰς πεδία κατιέναι καὶ μηκέτι ἐν αὐτοῖς ὄντα διυπνίζεσθαι. οἵας δ' ἂν ὁδοὺς ὁδεύειν τις ὑπολάβῃ, τοιούτῳ χρήσεται τῷ βίῳ· αἱ μὲν γὰρ πλατεῖαι καὶ ὁμαλαὶ καὶ ἐν πεδίῳ οὖσαι πολλὴν εὐμάρειαν ἐν τοῖς πραττομένοις προαγορεύουσιν, αἱ δὲ λεῖαι μὲν ἀνάντεις δὲ μετὰ παρολκῆς καὶ δυσθυμίας σημαίνουσιν ἀνύσειν τὰ προκείμενα, αἱ δὲ κατάντεις πᾶσίν εἰσιν ἄπρακτοι πλὴν τῶν φο-

---

1 ἀντλῶσι τὸ φρέαρ] τοῦτο τὸ ὕδωρ ἐκ φρέατος V. post τὸ δ' αὐτὸ videtur deesse σημαίνει || 3 ῥεῖν] ῥέειν LV || 4 ἐν τῇ χώρᾳ τῇ αὐτῇ ἀεί] ἀεὶ ἐν χώρᾳ τῇ αὐτῇ V || 5 λίμνη] λίαν V || εὔπορον] εὔκολον? καὶ addidi || 7 ἀπείργει] ἀπείργει εἴη δ' ἂν ἄριστον καὶ ἐν λίμνῃ ἢ ἐν ποταμῷ πλεεῖν καὶ μὴ νήχεσθαι V, ἤργει εἴη δ' ἂν ἄριστον καὶ ἐν λίμνῃ ἢ ἐν ποταμῷ πλεῖν καὶ μὴ νήχεσθαι L || πηδακες L || καθαρῷ] ἀγαθῷ V || 8 πλημμυρασαι L || μὲν om V || ἐπίσης] ἐφ' ἴσησ L || 9 γὰρ εὐπορίας οἷς δὲ σωτηρίας V || 11 τὰ ἀναντία] τὰ ἐναντία πᾶσι LV || 13 περὶ ἐλῶν καὶ ὀρῶν καὶ ὁδῶν ναπῶν τε καὶ φαράγγων V || Ἕλη] Ἕλη δὲ L || συμφέρουσιν L || 14 σημαντικά] σημεῖα L || 15 νάπη L || ἄγκεα V || 16 ὕλη L || πᾶσι] πᾶσα L, πᾶσαι V || ἀνεργίας προσημαίνουσι V || 20 παιδία L || 21 ὄντας διυπνίζειν L || δ' ἂν] δὲ L || 22 ὑπολάβῃ] ὑπολάβοι LV || τοιούτῳ] οὕτω L || τῷ om V || 23 ὁμαλαὶ] ὁμαλαὶ καὶ λεῖαι V || εὐμάριαν L || 24 λίαι L || ἀνάντεις] ὄντεσ L || 25 ἀνύειν L || προκείμενα] προκείμενα ἐὰν δέ τις ἐξανάβῃ καὶ ἐπὶ πέρας ἀφικέσθαι (ἀφίχθαι V) νομίσῃ LV || 26 δὲ] μὲν V || κατ' ἄντισ L ||

CAP. XXVII—XXX.   125

βουμένων καὶ φευγόντων· θᾶττον γὰρ ἀποφυγεῖν προαγορεύ- p. 118
ουσι· στεναὶ δὲ παντελῶς δυσθυμίας σημαίνουσι.

Δικαστήρια καὶ δικασταὶ καὶ δικολόγοι καὶ νομοδιδάκται 29
πᾶσι ταραχὰς καὶ δυσθυμίας καὶ δαπάνας ἀκαίρους προμαν-
5 τεύονται καὶ τὰ κρυπτὰ ἐλέγχουσι, τοῖς δὲ νοσοῦσι κρισίμους
ἡμέρας προαγορεύουσιν, ἐν αἷς, ἐὰν μὲν ὄναρ νικῶσιν, ἐπὶ τὸ
βέλτιον μεταβαλοῦσιν, ἐὰν δὲ λειφθῶσι, τεθνήξονται. εἰ δέ
τις δίκην ἔχων ὑπολάβοι ἐν τῇ τοῦ δικαστοῦ χώρᾳ καθέζε-
σθαι, οὐ λειφθήσεται· οὐ γὰρ ὁ δικαστὴς ἑαυτοῦ καταδικάζει,
10 ἀλλ' ἄλλων. πᾶσι δὲ τοῖς δίκην ἔχουσιν ἰατροὶ ὁρώμενοι τὸν
ἴσον τοῖς συνηγόροις ἔχουσι λόγον.

Βασιλεύειν δοκεῖν τῷ μὲν νοσοῦντι θάνατον προαγορεύει· 30
ἀνυπότακτος γὰρ μόνος ὁ βασιλεύς, ὥσπερ καὶ ὁ ἀποθανών·
τῷ δὲ ἐρρωμένῳ τῶν συγγενῶν ἀπώλειαν πάντων καὶ κοι-
15 νωνῶν χωρισμόν· ἀκοινώνητος γὰρ ἡ βασιλεία. κακούργῳ
δὲ δεσμὰ σημαίνει καὶ τὰ κρυπτὰ ἐλέγχει· ἐκφανὴς γὰρ ὁ βα-
σιλεύς ἐστι καὶ ὑπὸ πολλῶν φρουρεῖται. τὸ δὲ αὐτὸ σημαίνει
καὶ ἡ βασιλικὴ σκευή, τοῦτ' ἔστι διάδημα καὶ σκῆπτρον καὶ
ἁλουργίς. βασιλεύειν πένης ἐὰν δόξῃ, πολλὰ πράξει ἐπι-
20 δόξως μέν, ἀκερδῶς δέ. δούλῳ δὲ τὸ βασιλεύειν ἐλευθερίαν
προαγορεύει· πάντως γὰρ χρὴ τὸν βασιλέα ἐλεύθερον εἶναι.
ἄριστον δὲ φιλοσόφῳ καὶ μάντει τὸ βασιλεύειν· οὐδὲν γὰρ
ὑγιοῦς γνώμης ἐλευθεριώτερον οὐδὲ βασιλικώτερον ὑπολαμ- p. 119
βάνομεν εἶναι. στρατηγεῖν δὲ τοῖς μὲν ἠθάσιν ἀγαθόν, πέ-
25 νησι δὲ ταραχὰς σημαίνει καὶ περιβοήσεις, δούλοις δὲ ἐλευθε-
ρίαν. γραμματεύειν δὲ δοκεῖν ἀλλοτρίων καὶ οὐδὲν προση-
κόντων σημαίνει φροντίσαι πραγμάτων, ἐξ ὧν κάματος μὲν

1 προαγορεύουσιν L || 2 παντελῶς] παντελῶς ὁδοὶ V || σημαίνουσι] προαγορεύουσιν L || 3 περὶ δίκης L, περὶ δικαστηρίων καὶ δικῶν V || νομοδιδάκται] νόμοι V || 5 ἐλέγχουσιν L || 6 ὄναρ] κατ' ὄναρ V || 7 μεταβαλοῦσιν L || λειφθῶσι] ληφθῶσι κατ' ὄναρ V, λίπονται καθ' ὄναρ L. λειφθῶσι a Reiskio cepi || δὲ om L || 8 ὑπολάβοιεν L || 9 λειφθήσεται Reiskius: ληφθήσεται V, λημφθήσεται L || ἑαυτοῦ Reiskins: τὰ ἑαυτοῦ V, ἑαυτὸν L || καταδικάσει V || 10 ἄλλων] τὰ τῶν ἄλλων πάντων V, ἄλλους L || περὶ ἰατρῶν V || πᾶσιν L || 11 ἔχουσι] ἐπέχουσι LV || 12 περὶ ἀρχῆς πάσης V, περὶ ἀρχῆς L || 13 μόνος ὁ ἀποθανὼν ὥσπερ ὁ βασιλεύς L || 14 συγγενῶν καὶ κοινωνῶν ἀπώλειαν πάντων καὶ χωρισμόν V. ἀπόλειαν L || 16 ἐμφανὴς V || 17 φρουρῆται L || 18 τοῦτ' ἔστι om L || 20 μέν om L || τὸ om L || βασιλεύειν] βασιλεία L || 21 προαγορεύει] σημαίνει V || πάντων L || post εἶναι in V est καὶ ἀνυπότακτον || 23 ἐλευθεριώτερον post οὐδὲν γὰρ ponit V || βασιλικώτερον L || 24 δὲ om V || ἠθάσιν ἀγαθόν] ἐθίσασιν καλόν V || 25 περιβοήσεις] περιβοησίας V, πολυβοησίαν L ||

τῷ ἰδόντι καὶ πόνος ἔσται, ὠφέλεια δὲ οὐδ' ἡτισοῦν. νοσοῦντι δὲ καὶ αὕτη ἡ ἀρχὴ θάνατον προσημαίνει διὰ τὸ προάγειν τὸν γραμματέα. δούλῳ δὲ οἰκονομίας καὶ πίστεις περιποιεῖ τὸ ὄναρ τοῦτο. ἀστυνομεῖν δὲ ἢ παιδονομεῖν ἢ γυναικονομεῖν φροντίδας καὶ σκυλμοὺς τῷ ἰδόντι περιτίθησι διὰ δημόσια ἢ 5 διὰ παιδία ἢ διὰ γυναῖκας. ἀγορανομεῖν δὲ τοῖς ἐπὶ ἰατρικὴν ὁρμῶσι συμφέρει, καὶ μάλιστα τοῖς διαιτωμένοις διὰ τὸ τροφῆς τὸν ἀγορανόμον προνοεῖσθαι· τοῖς δὲ λοιποῖς ταραχὰς καὶ περιβοήσεις σημαίνει. ἐὰν δὲ καὶ πράγματα ποιῇ καὶ δαπάνας ἀχρήστους, πάντως καὶ ψόγους ἕξει· οὐ γὰρ ἔστιν 10 ἀγορανομοῦντα ἄνευ τούτων διάγειν. ἐπιδόσεις δὲ δημοσίας διδόναι παρ' ἑαυτοῦ τοῖς μὲν νοσοῦσι θάνατον προαγορεύει καὶ τῆς οὐσίας σκορπισμὸν καὶ διάλυσιν, τοῖς δὲ ἐρρωμένοις ταραχὰς καὶ περιβοήσεις. μόνοις δὲ τοῖς παντελῶς ἀπόροις ἀγαθόν ἐστι καὶ κερδοφόρον τὸ ὄναρ· οὐ γὰρ ἔστιν πολλοῖς 15 ἐπιδιδόναι μὴ οὐχὶ πολλὰ ἔχοντα. ἀγαθὸν δὲ καὶ σκηνικοῖς καὶ θυμελικοῖς καὶ πᾶσι τοῖς εἰς ὄχλον καθιεῖσιν ἑαυτούς· τιμὴν γὰρ πολλὴν κτήσασθαι σημαίνει· εὐφημοῦνται γὰρ οἱ τὰς ἐπιδόσεις διδόντες. διδομένης δὲ ἐπιδόσεως δοκεῖν λαμβάνειν ἀγαθόν, μὴ λαμβάνειν δὲ πονηρὸν πᾶσιν, ἐάν τε δημοσίᾳ 20 ἡ ἐπίδοσις ᾖ ἐάν τε ἰδιωτική· θάνατον γὰρ ἄντικρυς προαγορεύει, ἐπεὶ μηκέτι τοῖς ἀποθανοῦσιν ἡ ἐπίδοσις δίδοται. οἶδα δέ τινα εἰς Ὀλύμπια ἀνιόντα ἐπὶ τῷ ἀγωνίσασθαι, ὃς ἔδοξε τοὺς ἑλλανοδίκας τοῖς ἀθληταῖς διδόναι ἄρτους, αὐτῷ δὲ ὑστερήσαντι μηκέτι ἔχειν ὅ τι δοῦναι. καὶ οἱ μὲν ἄλλοι πάντες 25 ἐδόκουν αὐτὸν οὐ καταλήψεσθαι τὸν ἀγῶνα, ἐμοὶ δὲ δίκαιον ἐδόκει. καὶ δὴ οὕτως ἀπέβη· μετὰ γὰρ τὰς ἀπογραφὰς εὐθέως ἀπέθανεν. οἷα δ' ἂν ἀρχὴ πορφύραν ἢ χρυσὸν τὸν ἄρχοντα ἀναγκάζῃ φορεῖν, ὄλεθρον τοῖς νοσοῦσι σημαίνει καὶ

---

1 τῷ ἰδόντι καὶ πόνος] πολὺς τῷ ἰδόντι V ‖ δὲ] δὴ L ‖ 2 αὕτη Dorvillius: αὐτὴ LV ‖ 4 δὲ addidi ‖ 5 τῷ ἰδόντι περιτίθησι] ὑποτίθησι τῷ ἰδόντι V ‖ 6 παιδία] παιδάρια L ‖ 9 περιβοήσεις Reiskius: περιβοησίας V, περιβοησίαν L ‖ ποιεῖ L ‖ 10 πάντως] πάντως δὲ LV ‖ ψόγον V ‖ ἕξει om L ‖ ἔστιν] ἔνεστιν V ‖ 12 διδόναι] ἐπιδιδόναι LV ‖ 14 περιβοήσεις Reiskius: περιβοησίας LV ‖ δὲ om L ‖ 15 ἔστιν L ‖ κερδοφόρον] κερδαλέον L ‖ ἔστιν] ἔνεστιν V ‖ πολλοῖς ἐπιδιδόναι] ἐπιδιδόναι τοῖς πολλοῖς V ‖ 17 πᾶσιν L ‖ καθιεῖσι L ‖ ἑαυτοὺς om L ‖ 18 πολλὴν] πολλὴν πρὸς τοὺς ὄχλους LV ‖ 19 διδόντες] διαδιδόντες V ‖ 20 πονηρὸν] οὐκ ἀγαθὸν V ‖ 23 δίδοται] ἐπιδίδοται V ‖ 24 τῷ] τὸ V ‖ ὃς ἔδοξε τοὺς ἑλλανο om pr L ‖ 25 ἔχειν ὅ τι δοῦναι] ἔχοντας ἐπιδοῦναι LV ‖ 26 αὐτὸν post καταλήψεσθαι ponit V ‖ ἐμοὶ — ἐδόκει om L ‖ δίκαιον] τι κάκιον Casaubonus ‖ 27 δὴ] γὰρ V ‖ ἀποτροφὰς L ‖ 29 ἀναγκάζῃ τὸν ἄρχοντα V ‖

τὰ κρυπτὰ ἐλέγχει. τὸ δὲ ἱερᾶσθαι καὶ ἱερωσύνην παρὰ δήμου λαμβάνειν ἀγαθὸν πᾶσι πλὴν τῶν ἀποκρυπτομένων· ἐπίσημοι γὰρ οἱ ἱερεῖς. οἷον δ' ἂν ὑπολάβῃ τις θεοῦ ἱερεὺς εἶναι, τοιοῦτον αὑτῷ καὶ τὸ ἀγαθὸν ἀποβήσεται ἢ ἀπὸ τοιούτων
5 ἀνδρῶν ἢ γυναικῶν. συστημάτων δὲ ἢ οἰκίας ἄρχειν ἢ ἐπιτροπεύειν πᾶσι σκυλμοὺς καὶ ἀηδίας βιωτικὰς περιτίθησι, πολλάκις δὲ καὶ ζημίας, μάλιστα δὲ τοῖς δοκοῦσι παρ' ἑαυτῶν φιλοτιμεῖσθαι καὶ δεῖπνα ποιεῖν ἢ ἐπιδόσεις διδόναι. πᾶσα δὲ ἱερωσύνη καὶ πᾶσα ἀρχή, ἧς μὴ μέτεστι γυναικί, ἐὰν ὑπο-
10 λάβῃ γυνὴ ἱερατεύειν ἢ ἄρχειν, θάνατον αὐτῇ προαγορεύει· καὶ πάλιν αὖ πᾶσα ἱερωσύνη καὶ πᾶσα ἀρχή, ἧς μὴ μέτεστιν ἀνδρί, ἐὰν ἀνὴρ ὑπολάβῃ ἱερατεύειν ἢ ἄρχειν, ὁμοίως αὐτῷ προαγορεύει θάνατον.

Πόλεμος καὶ τὰ πολέμου ἔργα πᾶσι ταραχὰς σημαίνει καὶ 31
15 δυσθυμίας πλὴν στρατιωτῶν καὶ τῶν ἐξ ὅπλων ἢ δι' ὅπλων ἐργαζομένων· τούτοις δὲ εὐπορίαν προαγορεύει. τῶν δὲ ὅπλων τὰ μὲν σκεπαστικὰ πολλὴν ἀσφάλειαν προαγορεύει, οἷον ἀσπὶς καὶ κράνος καὶ θώραξ καὶ κνημῖδες. τὰ δὲ ἐκηβόλα πολλάκις καὶ ἀκουσίων ἁμαρτημάτων αἴτια γίνεται καὶ στάσεως καὶ φι-
20 λονεικίας οἷον δόρυ καὶ λόγχη καὶ ἀκόντιον καὶ σφενδόνη. μάχαιρα δὲ καὶ ξίφος τὸν θυμὸν τοῦ ἰδόντος σημαίνουσι καὶ τῶν χειρῶν τὸ ἰσχυρότατον καὶ τῆς γνώμης τὸ τολμηρότατον. ἰδίως δὲ ἡ ἀσπὶς γυναῖκα σημαίνει καὶ ἡ περικεφαλαία· πλουσίαν μὲν καὶ εὔμορφον ἡ πολυτελής, πενιχρὰν δὲ καὶ ἄμορφον ἡ
25 μὴ πολυτελής. στρατολογεῖσθαι δὲ ἢ στρατεύεσθαι τοῖς ὁπωσ- p. 121 ποτοῦν νοσοῦσι θάνατον σημαίνει· καὶ γὰρ ὁ στρατευόμενος ἐξ ἰδιωτικοῦ μεταβάλλει τὸν ἑαυτοῦ βίον καὶ ἐν ἄλλαις γί-

---

2 λαμβάνειν] λαβεῖν V ‖ πᾶσιν L ‖ 3 δὲ L ‖ ὑπολάβῃ τις] ὑπολάβοι τις L, τις ὑπολάβοι V ‖ ἱερεὺς εἶναι] ἱερατεύειν L ‖ 4 ἢ om V ‖ 5 ἢ ἐπιτροπεύειν] καὶ ἐπιτροπεύειν V ‖ 6 πᾶσι om L ‖ 7 δοκοῦσιν L ‖ παρ'] καὶ παρ' V ‖ 8 δεῖπνα] δεῖπνά τινα V ‖ 9 δὲ om L ‖ ἧς] ἢ sec L ‖ πάλιν αὖ πᾶσα ἱερωσύνη καὶ] πᾶσα ἱερωσύνη καὶ πάλιν αὖ V ‖ 12 ἀνδρί] ἀνδρὶ διὰ τὸ ἔθος ἢ νόμον LV, ‖ ἐὰν ἀνὴρ ὑπολάβῃ] ἀνδρὶ ὑπολαβόντι ‖ 13 θάνατον αὐτῷ προαγορεύει V ‖ 14 περὶ πολέμου καὶ στρατείας καὶ στρατολογίας V, περὶ πολέμου καὶ στρατιᾶς L ‖ 15 πλήν] πλὴν τῶν V ‖ post στρατιωτῶν V addit καὶ τῶν στρατηγῶν ‖ καὶ τῶν ἐξ] καὶ τῶν ἐξ ὄχλων ἢ ἐξ V ‖ δι' ὅπλων] ἐν ὅπλοις LV ‖ 17 σκεπαστικὰ Reiskius: σκεπαστὰ LV ‖ ἀσφάλιαν L ‖ 18 καὶ ante κράνος om V ‖ 19 στάσεων V ‖ φιλονικίας V ‖ 22 ἰσχυρὸν L. malim τῶν χειρῶν τὸ ἰσχυρὸν omisso καὶ τῆς γνώμης τὸ τολμηρότατον ‖ 24 καὶ] ἢ V, ἡ sec L in rasura ‖ εὔμορφος L ‖ ἢ] καὶ sec L ‖ πενιχρὰν] πενηχρὰν LV ‖ 25 δὲ om L ‖ ὁπωσοῦν V ‖ 26 νοσοῦσιν L ‖ στρατευόμενος] στρατευσάμενος LV ‖ 27 fortasse ἐξ ἰδιωτικοῦ εἰς δημόσιον μεταβάλλει τὸν ἑαυτοῦ βίον ‖ ἑαυτὸν V ‖

νεται διατριβαῖς τὴν πρώτην καταλιπών. πολλάκις δὲ καὶ πρεσβύταις θάνατον προηγόρευσε, τοῖς δὲ λοιποῖς σκυλμούς τε καὶ ἀηδίας καὶ κινήσεις προαγορεύει καὶ ἀποδημίας. ἀργοῖς δὲ καὶ ἀπόροις πράξεις σημαίνει καὶ ἐργασίας· οὔτε γὰρ ἀργὸς ὁ στρατιώτης οὔτε ἐνδεής ἐστι. δούλοις δὲ ἐν τιμῇ μὲν γενέσθαι σημαίνει, μηδέπω δὲ αὐτοὺς ἐλευθερωθῆναι· πολλοὶ δὲ καὶ ἐλευθερωθέντες οὐδὲν ἧττον ἐδούλευσάν τε καὶ ὑπετάγησαν· καὶ γὰρ εἰ καὶ ἐλεύθερος ὁ στρατιώτης, οὐδὲν ἧττον ὑπηρετεῖ.

32 Μονομαχεῖν δὲ δικάσασθαι σημαίνει ἢ ἄλλην τινὰ στάσιν ἢ μάχην μαχέσασθαι. καὶ γὰρ ἡ πυγμὴ μάχη καλεῖται, εἰ καὶ μὴ δι' ὅπλων γίνεται, ἃ δὴ τὰ ἔγγραφα καὶ δίκαια τῶν μαχομένων σημαίνει· ἀεὶ δὲ τὰ μὲν τοῦ φεύγοντος ὅπλα ἐγκληθῆναι σημαίνει, τὰ δὲ τοῦ διώκοντος ἐγκαλέσαι. ἐτήρησα δὲ ἐγὼ πολλάκις καὶ γάμον τὸ τοιοῦτον ὄναρ προαγορεῦσαν γυναικὸς τοιαύτης, οἷα ἄν τις ᾖ ὅπλα ἔχων ἢ οἴῳ ἄν τις ὑπολάβῃ πυκτεύειν. ἐπειδὴ δὲ ἄνευ τῶν ὀνομάτων αὐτῶν οὐκ ἂν εἴη σαφῶς παραστῆσαι τὰς ἀποδείξεις, χρήσομαι καὶ τοῖς ὀνόμασιν. οἷον εἰ μὲν θρακὶ πυκτεύοι τις, λήψεται γυναῖκα πλουσίαν καὶ πανοῦργον καὶ φιλόπρωτον· πλουσίαν μὲν διὰ τὸ κατεσκεπάσθαι τοῖς ὅπλοις, πανοῦργον δὲ διὰ τὸ μὴ ὀρθὸν ἔχειν τὸ ξίφος, φιλόπρωτον δὲ διὰ τὸ ἐπιβαίνειν. εἰ δέ τις μετ' ἀργυρέων ὅπλων πυκτεύοι, λήψεται γυναῖκα εὔμορφον καὶ ἠρέμα πλουσίαν καὶ πιστὴν καὶ οἰκουρὸν καὶ πειθομένην τῷ ἀνδρί· καὶ γὰρ ὑποβαίνει καὶ ἐσκέπασται, καὶ εὐμορφοτέρα ἡ πανοπλία αὕτη τῆς προτέρας. εἰ δὲ σεκούτορι, εὔμορφον μὲν λήψεται γυναῖκα καὶ πλουσίαν, μέγα δὲ φρονοῦσαν ἐπὶ τῇ οὐσίᾳ

---

1 καταλιπών Reiffius: καταλειπών LV ‖ 2 προηγόρευσεν L ‖ τε om L ‖ 4 σημαίνει καὶ ἐργασίας om L ‖ ὁ om L ‖ 5 ἐστι] ἐστιν ἀλλ' ἐντελής L cum rasura quatuor literarum ‖ μὲν om L ‖ γίνεσθαι L ‖ δὲ] δὲ αὐτοὺς V ‖ 6 δὲ καὶ] δὲ V ‖ 9 περὶ μονομαχίας V, μονομαχεῖν L ‖ δικάζεσθαι V ‖ 10 ᾖ] καὶ V ‖ μάχεσθαι L ‖ καὶ γὰρ ἡ πυγμὴ μάχη] μάχη τε γὰρ καὶ ἡ πυγμὴ V, καὶ ἡ πυγμὴ γὰρ μάχη L ‖ 11 ἃ δὴ τα] τὰ δὲ αὐτὰ καὶ V ‖ 14 τὸν V ‖ τοιοῦτο pr L ‖ ὄναρ] ὄνειρον V ‖ προαγορεύσαντα V ‖ 15 τις addidi ‖ ᾖ addidit Reiffius ‖ οἴῳ ἄν τις] ὅστις V ‖ ὑπολάβῃ] ὑπολάβοι LV ‖ 16 ἐπειδὴ δὲ] ἐπειδὴ pr L, ἐπεὶ δὲ sec L ‖ ἂν εἴη] ἔστι V ‖ 18 οἷον om V ‖ θρακὶ] θώρακι V sec L ‖ πυκτεύοι] πυκτεύει L, πυκτεύειν V ‖ λήμψεται pr L ‖ καὶ ante πανοῦργον addidi ‖ 19 πανοῦργον καὶ φιλόπρωτον πλουσίαν om L ‖ 21 verba τις μετ' ἀργυρέων ὅπλων sec L supplevit in rasura. scribendum videtur εἰ δέ τις σαμνίτῃ πυκτεύοι ‖ 22 πυκτεύει L ‖ λήμψεται L ‖ εὔμορφον om V ‖ καὶ addidi ‖ ἠρέμα supplevit sec L in rasura ‖ 23 καὶ addidi ‖ πιστικὴν V ‖ 25 λήμψεται L ‖ 26 καὶ πλουσίαν γυναῖκα L ‖ μέγα] μεγάλα LV ‖ ἐπὶ τῇ οὐσίᾳ φρονοῦσαν L ‖

καὶ διὰ τοῦτο καταφρονοῦσαν τοῦ ἀνδρὸς καὶ κακῶν πολλῶν
αἰτίαν ἐσομένην· ἀεὶ γὰρ διώκει. εἰ δὲ ῥητιαρίῳ, λήψεται γυ-
ναῖκα ἄπορον καὶ ἐρωτικὴν καὶ φοιτάδα καὶ ῥᾷστα τῷ βουλο-
μένῳ πλησιάξουσαν. ἱππεὺς δὲ τὴν γυναῖκα πλουσίαν μὲν
5 εἶναι λέγει καὶ εὐγενῆ, φρενῶν δὲ οὐ μετέχουσαν. ὁ δὲ ἀσσι-
δάριος ἀργὴν καὶ μωρὰν εἶναι τὴν γυναῖκα σημαίνει, ὁ δὲ
προβοκάτωρ εὔμορφον μὲν καὶ χαρίεσσαν, λαμυρὰν δὲ καὶ ἐρω-
τικήν. διμάχαιρος δὲ καὶ ὁ λεγόμενος μορμίλλων ἤτοι φαρμα-
κὸν ἢ ἄλλως κακότροπον ἢ ἄμορφον εἶναι τὴν γυναῖκα σημαί-
10 νουσι. ταῦτα δὲ οὐ πιθανευόμενος οὐδὲ κατὰ τὸ εἰκὸς συντι-
θεὶς λόγους γράφω, ἀλλὰ ἀπὸ πείρας τῶν ἑκάστοτε ἀποβαι-
νόντων πολλάκις ἐτήρησα.

Θύειν θεοῖς τὰ νενομισμένα ἑκάστῳ ἀγαθὸν πᾶσιν· ἢ γὰρ 33
τυχόντες ἀγαθῶν ἢ κακὰ φυγόντες ἄνθρωποι θεοῖς θύουσι. τὰ
15 δὲ ἀνόσια ἢ μὴ νενομισμένα ἱερεῖα θύειν θεοῖς μῆνιν τῶν θεῶν
οἷς ἔθυσέ τις προαγορεύει. ἄλλους δὲ θύοντας ἰδεῖν πονηρὸν
τῷ νοσοῦντι, κἂν Ἀσκληπιῷ θύοντας ἴδῃ, διὰ τὴν τοῦ θυομέ-
νου ἱερείου ἀναίρεσιν· θάνατον γὰρ σημαίνει. στεφανοῦν δὲ
θεοὺς ἄνθεσι καὶ κλάδοις τοῖς προσήκουσι καὶ νενομισμένοις ὁσί-
20 οις εἶναι ἀγαθὸν πᾶσιν, οὐκ ἄνευ μέντοι φροντίδων ἀποβησόμε-
νον. δούλῳ δὲ παραινεῖ τὸ τοιοῦτο πείθεσθαι τῷ δεσπότῃ καὶ τὰ
ἐκείνῳ κεχαρισμένα ποιεῖν. ἐκμάσσειν δὲ ἀγάλματα θεῶν ἢ ἀλεί-
φειν ἢ καθαίρειν ἢ σαροῦν τὰ πρὸ τῶν ἀγαλμάτων καὶ ῥαίνειν
τὰ περὶ τοὺς νεὼς ἡμαρτηκέναι τι εἰς αὐτοὺς ἐκείνους τοὺς θεοὺς
25 σημαίνει. οἶδα δέ τινα ἐπὶ τούτῳ τῷ ὀνείρῳ ἐπιωρκηκότα τοῦ-

---

1 καὶ διὰ τοῦτο καταφρονοῦσαν om L ‖ an κακῶν πολλῶν αἰτίαν αὐτῷ ἐσομένην? ‖ 2 λήμψεται L ‖ 3 φοιτάδα καὶ Reiskius: ἐκφοιτάδ᾽ L, φυγάδα V ‖ ῥᾷστα τῷ] ῥαιστατω L ‖ 4 γυναῖκα μὲν εἶναι πλουσίαν λέγει L ‖ 5 φρένας δὲ οὐκ ἔχουσαν V ‖ ἀσσιδάριος] ἀριδάρειος V ‖ 6 εἶναι om V ‖ 7 προβάκτωρ V ‖ λαμυρὸν L ‖ 8 μορμίλλων] ὀρβήλας V, ἀρβήλας L ‖ 9 σημαίνουσι] σημαίνει LV ‖ 10 δὲ addidi ‖ πειθανευόμενος L ‖ 11 ἑκάστοτε L ‖ 12 πολλάκις ἐτήρησα spuria videntur ‖ 13 περὶ θεῶν τιμῆς LV ‖ θεοὺς L ‖ πᾶσιν ἀγαθὸν V ‖ 14 κακὰ φυγόντες Rigaltius: καταφυγόντες L, καταφεύγοντες L ‖ θεοὺς θύουσιν L ‖ 15 θύειν θεοῖς] θύειν θεοῦς L, θεοῖς θύειν V ‖ τῶν om L ‖ 16 ἔθυσέ τις] εὐθύειν τὰς L ‖ προαγορεύσεις pr L, προσαγορεύσεις sec L ‖ ἄλλους δὲ θύοντας] ἀλλ᾽ οὐδεόντασ L ‖ 17 ἤδη L ‖ τὴν] τὸν L ‖ 18 δὲ om V ‖ 19 θεοὺς] θεὰν L ‖ καὶ κλάδοις om L ‖ τοῖς προσήκουσι] τοὺσπρινήκουσι L ‖ νενομισμένων L ‖ 21 δούλοις L ‖ τὸ τοιοῦτο] τὸ τοιοῦτον V, τῷ τοιούτῳ L ‖ 23 θεῶν ἀγάλματα ἢ καθαίρειν ἢ ἀλείφειν V. ἀλίφειν L ‖ τὰ πρὸ τῶν ἀγαλμάτων καὶ ῥαίνειν τὰ περὶ τοὺς νεὼς] τὰ πρὸ τῶν νεὼν καὶ τὰ πρὸ τῶν ἀγαλμάτων V, τὰ πρὸ τῶν ἀγαλμάτων καὶ ῥαίνειν τὰ περὶ τοὺς ναοὺς L ‖ 24 αὐτοὺς om L ‖ ἐκείνην τὴν θεὰν L ‖ 25 δὲ] δὲ ἐγώ V ‖ ἐπὶ] εἰ L ‖ ἐπιωρκηκότα] ἐπιορκηκότα εἰς V ‖

τον τὸν θεόν, οὗ ἐδόκει τὸ ἄγαλμα καθαίρειν. καὶ τοῦτο ἦν ὅπερ προηγόρευεν αὐτῷ ὁ ὄνειρος, δεῖν ἱκετεύειν τὸν θεόν. συντρίβειν δὲ θεῶν ἀγάλματα καὶ ἐκβάλλειν τῆς οἰκίας ἱδρυμένα ἔνδον ἢ καταρρίπτειν νεὼν ἤ τι τῶν οὐχ ὁσίων ἐν νεῷ ποιεῖν πονηρὸν ἂν εἴη πᾶσι καὶ περιστάσεις μεγάλας σημαίνει· οἱ γὰρ ἐν μεγάλαις συμφοραῖς γενόμενοι καὶ τῆς πρὸς θεοὺς εὐσεβείας ἀφίστανται. αὐτόματοι δὲ οἱ θεοὶ ἀπαλλασσόμενοι καὶ τὰ ἀγάλματα αὐτῶν συμπίπτοντα θάνατον τῷ ἰδόντι ἤ τινι τῶν αὐτοῦ προαγορεύει. θεοὶ δὲ θεοῖς θύοντες ἔρημον τὸν οἶκον τοῦ ἰδόντος ἔσεσθαι σημαίνουσιν· ὡς γὰρ οὐκ ὄντων ἀνθρώπων ἑαυτοῖς θύουσι. κινούμενα δὲ τὰ τῶν θεῶν ἀγάλματα πᾶσι φόβους καὶ ταραχὰς σημαίνει πλὴν τῶν δεδεμένων καὶ τῶν ἀποδημεῖν προῃρημένων· τούτων γὰρ οὓς μὲν λυθῆναι σημαίνει, ἵνα εὐκίνητοι γένωνται, οὓς δὲ κινεῖ τῆς ἕδρας καὶ ἐξάγει.

34 Τῶν θεῶν οἱ μέν εἰσι νοητοὶ οἱ δὲ αἰσθητοί· νοητοὶ μὲν οἱ πλείους, αἰσθητοὶ δὲ ὀλίγοι. δείξει δὲ ἔτι ὁ ἐπιὼν λόγος ἀκριβέστερον. φαμὲν δὲ τῶν θεῶν τοὺς μὲν ὀλυμπίους εἶναι, οὓς καὶ αἰθερίους καλοῦμεν, τοὺς δὲ οὐρανίους, τοὺς δὲ ἐπιγείους, τοὺς δὲ θαλασσίους καὶ ποταμίους, τοὺς δὲ χθονίους, τοὺς δὲ πέριξ τούτων. αἰθέριοι μὲν οὖν λέγοιντο ἂν εἰκότως Ζεὺς καὶ Ἥρα καὶ Ἀφροδίτη ἡ Οὐρανία καὶ Ἄρτεμις καὶ Ἀπόλλων καὶ Πῦρ τὸ αἰθέριον καὶ Ἀθηνᾶ· οὐράνιοι δὲ Ἥλιος καὶ Σελήνη καὶ ἀστέρες καὶ νέφη καὶ ἄνεμοι καὶ τὰ ὑπὸ τού-

---

2 ὅπερ] ὃ V ‖ δεῖν] ἰδεῖν LV ‖ ἱκετεύειν] ἱκέτην V. locus corruptus ‖ 3 ἡδρυμένα L ‖ 4 καταρίπτειν L ‖ νεὼν] ναοὺς V, ναὸν L ‖ νεῷ] ναοῖς V, ναῷ L ‖ 5 inter ποιεῖν et πονηρὸν in L est οὐκ ἀγαθὸν ‖ 6 τῆς πρὸς θεοὺς εὐσεβείας] τοὺς πρὶν τὴν θεὰν εὐσεβεῖν L ‖ 7 ἀπαλλαττόμενοι L ‖ 9 προαγορεύει] προφαίνει V ‖ δὲ addidi ‖ θεοῖς] θεοὺς L ‖ 10 ἔσεσθαι om L ‖ 11 ἑαυτοὺς L ‖ θύουσι] θύουσι· σπάνει γὰρ τῶν τιμησόντων αὐτοὺς ἑαυτοῖς τὰ νομιζόμενα ποιοῦσι V ‖ τὰ om V ‖ 12 πᾶσιν L ‖ φοβον L ‖ καὶ] ἢ καὶ V ‖ σημαίνει] σημαίνουσι LV ‖ πλεῖν L ‖ 13 δεδημένων L ‖ τῶν om L ‖ προῃρημένων] προειρημένων L, προαιρουμένων V ‖ τοὺς V ‖ 14 λυπηθῆναι L ‖ σημαίνει] σημαίνουσιν V ‖ ἵνα om L ‖ τοὺς V ‖ κινεῖ] κινοῦσι LV ‖ 15 ἐξάγει] ἐξάγουσι V ‖ 16 περὶ θεῶν L, περὶ θεῶν οὐρανίων καὶ ἐπιγείων V ‖ 17 πλεῖον L ‖ δείξη L ‖ ἐπιὼν] ἰὼν sec L in rasura ‖ τοῖς μὲν ὀλυμπίοις L ‖ εἶναι om L ‖ 19 τοῖς L ‖ ἐπουρανίους V ‖ 20 καὶ] τοὺς δὲ V ‖ ποταμίοις L ‖ τοὺς δὲ χθονίους Venetus 267: τοῖς δὲ χθονίοις L, om V ‖ 21 τοὺς δὲ πέριξ τούτων Reiskius addidit ‖ αἰθέριοις L ‖ οὖν om L ‖ λέγονται L, ‖ ἂν om L ‖ 22 καὶ addidi ‖ Ἥρα om L ‖ καὶ om pr L ‖ Ἀφροδίτη ἡ Οὐρανία Reiskius: ἀφροδίτη οὐρανία L, ἀφρδίτη καὶ οὐρανία V ‖ καὶ ante Ἄρτεμις om V ‖ 23 Ἥλιος] ὁ L ‖ 24 Σελήνη] ἡ L ‖ ἀστέρες] ἄστρα LV ‖ καὶ ἄνεμοι καὶ νέφη V ‖

CAP. XXXIII. XXXIV.

των συνιστάμενα παρήλια καὶ δοκίδες καὶ σέλας καὶ Ἶρις. εἰσὶ δὲ οὗτοι αἰσθητοὶ πάντες. τῶν δὲ ἐπιγείων αἰσθητοὶ μὲν Ἑκάτη καὶ Πὰν καὶ ἐφιάλτης καὶ Ἀσκληπιός (οὗτος δὲ καὶ νοητὸς ἅμα λέγεται), νοητοὶ δὲ Διόσκοροι καὶ Ἡρακλῆς καὶ
5 Διόνυσος καὶ Ἑρμῆς καὶ Νέμεσις καὶ Ἀφροδίτη ἡ πάνδημος καὶ Τύχη καὶ Πειθὼ καὶ Χάριτες καὶ Ὧραι καὶ Νύμφαι καὶ Ἑστία. θαλάσσιοι δὲ νοητοὶ μὲν Ποσειδῶν καὶ Ἀμφιτρίτη καὶ Νηρεὺς καὶ Νηρηίδες καὶ Λευκοθέα καὶ Φόρκυς, αἰσθητοὶ δὲ αὐτὴ ἡ Θάλασσα καὶ Κύματα καὶ Αἰγιαλοὶ Ποταμοί τε καὶ
10 Λίμναι καὶ Νύμφαι καὶ Ἀχελῷος. χθόνιοι δὲ Πλούτων καὶ Περσεφόνη καὶ Δημήτηρ καὶ Κόρη καὶ Ἴακχος καὶ Σάραπις καὶ Ἶσις καὶ Ἄνουβις καὶ Ἁρποκράτης καὶ Ἑκάτη ἡ χθονία p. 124 καὶ Ἐριννύες καὶ Δαίμονες οἱ περὶ τούτους καὶ Φόβος καὶ Δεῖμος, οὓς ἔνιοι Ἄρεος υἱεῖς λέγουσιν. αὐτὸν δὲ τὸν Ἄρη
15 πῇ μὲν ἐν τοῖς ἐπιγείοις πῇ δὲ ἐν τοῖς χθονίοις κατατακτέον. οἱ δὲ πέριξ τούτων Ὠκεανὸς καὶ Τηθὺς καὶ Κρόνος καὶ Τιτᾶνες καὶ Φύσις ἡ τῶν ὅλων. εἰ δέ τινα ἄλλον προβαίνων ὁ λόγος ὑπομνήσει τῶν θεῶν, οὐ παραλείψομεν τὸν περὶ αὐτοῦ λόγον.

20 Τούτων δὲ τῶν εἰρημένων θεῶν τοῖς μὲν μέγα δυναμένοις ἀνδράσι καὶ γυναιξὶν οἱ Ὀλύμπιοι συμφέρουσιν ὁρώμενοι, τοῖς δὲ μετρίοις οἱ οὐράνιοι, τοῖς δὲ πένησιν οἱ ἐπίγειοι. οἱ χθόνιοι δὲ ὡς ἐπὶ τὸ πλεῖστον μόνοις τοῖς γεωργοῖς καὶ τοῖς λανθάνειν πειρωμένοις εἰσὶν ἀγαθοί, καὶ οἱ θαλάσσιοι καὶ οἱ ποτά-
25 μιοι τοῖς ναυτιλλομένοις καὶ τοῖς ἐξ ὕδατος ἢ δι' ὕδατος ἐργαζομένοις. οἱ δὲ πέριξ τούτων πονηροὶ πᾶσι πλὴν φιλοσόφων καὶ μάντεων· οὗτοι γὰρ καὶ μέχρι τοῦ πέρατος τῶν ὅλων ἐκτείνουσι τὴν ἑαυτῶν γνώμην.

---

1 εἰσιν L ‖ 2 αἰσθητοὶ] ὁρατοὶ αἰσθητοὶ V. ὁρατοὶ αἰσθητοὶ πάντες τῶν δὲ ἐπιγείων om L ‖ 3 οὗτοι L ‖ 4 νοητοὶ L ‖ διόσκουροι V ‖ 5 ἡ addidit Reiskius ‖ 6 καὶ νύμφαι καὶ ὧραι L ‖ 7 δὲ om L ‖ Ποσειδῶν καὶ] ποσειδῶν τε καὶ V ‖ 8 Νηρεὺς καὶ om L ‖ αἰσθητὴ L ‖ 9 αὐτὴ] αὐτή τε L ‖ 10 Νύμφαι καὶ om V ‖ 11 περσιφόνη L ‖ ἴαγκος L ‖ 12 ἴσης L ‖ ἀρουβις L ‖ ἡ addidi ‖ 13 ἐρινύες L ‖ δέμονες V ‖ τούτοις L ‖ καὶ Φόβος καὶ Δεῖμος] φόβοι καὶ δημοι L ‖ 14 Ἄρεος] ἄρεως LV ‖ υιους L ‖ 15 ἐπιγειους L ‖ χθονίοις] καταχθονίοις L ‖ 17 φύσι L ‖ ἄλλον addidi ‖ 18 ὑπομνήσει] ὑπομνήσειε V, ὑπομνήσοι L ‖ παραλήψομαι V ‖ περὶ] ὑπὲρ V ‖ 20 εἰρημένων] προκειμένων V ‖ τοὺς μὲν μέγα δυναμένους L ‖ 21 τοὺς δὲ μετρίους L ‖ 22 δὲ πένησιν] πένησι δὲ V ‖ οἱ om L. malim οἱ δὲ χθόνιοι ‖ 23 μόνους τοὺς γεωργοὺς L ‖ τοὺς L ‖ λανθάνειν] λανθάνειν τι V ‖ 24 πειρωμένους L ‖ οἱ ante ποτάμιοι om V ‖ 25 τοὺς ναυτιλλομένους L ‖ καὶ τοῖς — ἐργαζομένοις om L ‖ 27 καὶ μάντεων addidi ‖ τοῦ addidi ‖ ἐκτείνουσι] τείνουσι LV ‖

9*

Περὶ δὲ ἑκάστου αὐτῶν κατ' ἰδίαν εἰπεῖν διδασκαλικώτερον εἶναί μοι δοκεῖ. πρῶτον οὖν περὶ τῶν ὀλυμπίων ποιήσομαι τὸν λόγον.

35 Δία ἰδεῖν αὐτὸν ὁποῖον ὑπειλήφαμεν ἢ ἄγαλμα αὐτοῦ ἔχον τὴν οἰκείαν σκευὴν ἀγαθὸν ἀνδρὶ βασιλεῖ καὶ πλουσίῳ· κρατύνει γὰρ οὗ μὲν τὴν τύχην οὗ δὲ τὸν πλοῦτον. νοσοῦντι δὲ σωτηρίαν μαντεύεται, καὶ τοῖς λοιποῖς δέ ἐστιν ἀγαθός. ἀεὶ δὲ ἄμεινον ἀτρέμας ἑστῶτα ἢ καθεζόμενον ἐπὶ θρόνου καὶ μὴ κινούμενον τὸν θεὸν ἰδεῖν· εἰ γὰρ κινοῖτο, εἰ μὲν πρὸς ἀνατολάς, ἀγαθὸς ἂν εἴη· εἰ δὲ πρὸς δύσιν, πονηρός, ὥσπερ καὶ ὅταν μὴ τὴν οἰκείαν ἔχῃ σκευήν. ὡς γάρ φησιν ὁ Πανύασις, ἄπρακτα καὶ ἀσθενῆ ἔσεσθαι τοῦ ἰδόντος τὰ πράγματα προαγορεύει.

Ἥρα δὲ γυναιξὶ μὲν τὰ αὐτὰ τῷ Διὶ σημαίνει, ἀνδράσι δὲ ἥττονα. τὰ δὲ αὐτὰ τῇ Ἥρᾳ καὶ ἡ Ῥέα σημαίνει.

Ἄρτεμις τοῖς φοβουμένοις ἀγαθή· διὰ γὰρ τὸ ἀρτεμές, ὅπερ ἐστὶν ὑγιές, ἀφόβους αὐτοὺς διαφυλάττει. καὶ γυναιξὶ τικτούσαις ἀγαθὴ ἡ θεός· Λοχεία γὰρ καλεῖται. κυνηγοῖς δὲ μάλιστα συμφέρει διὰ τὴν Ἀγροτέραν καὶ ἁλιεῦσι διὰ τὴν Λιμνᾶτιν. δραπέτας δὲ καὶ τὰ ἀπολλύμενά φησιν εὑρεθήσεσθαι· οὐδὲν γὰρ τὴν θεὸν διαφεύγει. ἀεὶ δὲ ἡ μὲν Ἀγροτέρα καὶ Ἐλαφηβόλος πρὸς πράξεις ἐπιτηδειοτέρα τῆς κατὰ ἄλλον τρόπον δεδημιουργημένης· τοῖς δὲ τὸν σεμνότερον ἐπανῃρημένοις βίον ἡ κατεσταλμένη τῷ σχήματι ἀμείνων, οἷον ἡ Ἐφεσία καὶ ἡ Περγαία καὶ ἡ λεγομένη παρὰ Λυκίοις Ἐλευθέρα. οὐδὲν δὲ διαφέρει τὴν θεὸν ἰδεῖν ὁποίαν ὑπειλήφαμεν ἢ ἄγαλμα αὐτῆς· ἐάν τε γὰρ σάρκινοι οἱ θεοὶ φαίνωνται ἐάν τε ὡς ἀγάλματα ἐξ ὕλης πεποιημένα, τὸν αὐτὸν ἔχουσι λόγον. θᾶττον δὲ καὶ τὰ

---

1 περὶ δὲ ἑκάστου] καὶ περὶ ἑκάστου δὲ L ‖ αὐτῶν] αὐτῶν καὶ V ‖ καθ' ἰδίαν L ‖ 4 περὶ διὸς ὀλυμπίου V, διὸς ὀλυμπίου L ‖ οἷον V ‖ ἀπειλήφαμεν L ‖ ἢ om L ‖ ἀγάλματα V ‖ αὐτοῦ Brunnius: αὐτοῦ ἐν οὐρανῷ LV ‖ ἔχοντι L, ἔχοντα V ‖ 6 οὗ μὲν] οὐ μὲν L, τοῦ μὲν τὸν πλοῦτον τοῦ δὲ V ‖ οὗ δὲ τὸν πλοῦτον] οὐδὲ τὸν πλοῦταν V, καὶ βασιλείαν V ‖ 7 λοιποῖς om L ‖ 9 γὰρ] δὲ καὶ V ‖ εἰ μὲν om L ‖ 10 δύσιν] δυσμας L ‖ ὥσπερ] ὅπερ L ‖ 11 ὅταν] ὅταν εἰ V ‖ ἔχῃ] ἔχοι V, ἔχει L ‖ πανασσ L ‖ 12 ἄπρακτα] ἀπτόλεμα L ‖ τὰ πράγματα τοῦ ἰδόντος V ‖ 14 περὶ ηρας καὶ περὶ ῥέας V ‖ verba Ἥρα δὲ usque ad ἡ θεός (p. 133, 18) om L ‖ γυναιξὶ μὲν τὰ αὐτὰ] τὰ αὐτὰ γυναιξὶ V ‖ 16 περὶ ἀρτέμιδος V ‖ 18 Λοχεία] λοχία V ‖ 19 Ἀγροτέραν Rigaltius: ἀγνοτέραν V. malim διὰ τὸ Ἀγροτέρα καλεῖσθαι et mox διὰ τὸ Λιμνᾶτις ‖ 20 ἀπολλύμενα Reiffius: ἀπολλόμενα V ‖ 23 τὸν addidi ‖ 24 τῷ σχήματι deleam ‖ 25 δὲ addidi ‖ 28 ἔχουσι] ἔξουσι V ‖ post θᾶττον Reiskio inserendum videbatur ἐσόμενα. ego post κακὰ inseruerim ‖

CAP. XXXIV—XXXVI. 133

ἀγαθὰ καὶ τὰ κακὰ σημαίνουσιν αὐτοὶ οἱ θεοὶ ὁρώμενοι ἥπερ τὰ ἀγάλματα αὐτῶν. Ἄρτεμιν γυμνὴν ἰδεῖν κατὰ πάντα τρόπον οὐδενὶ συμφέρει.

Ἀπόλλων μουσικοῖς ἀγαθός· λόγων γὰρ εὑρετὴς ὁ θεὸς
5 καὶ μουσικῆς πάσης· ἀγαθὸς δὲ καὶ ἰατροῖς· Παιήων γὰρ καλεῖται. καὶ μάντεσι καὶ φιλοσόφοις· ἐντελεῖς γὰρ αὐτοὺς καὶ ἐνδόξους ἔσεσθαι προαγορεύει. καὶ τὰ κρυπτὰ ἐλέγχει· ὁ γὰρ αὐτὸς εἶναι νενόμισται τῷ Ἡλίῳ. Ἀπόλλων ὁ Δελφίνιος ἀπο- p. 126
δημίας καὶ κινήσεις εἴωθε σημαίνειν.

10 Ἀθηνᾶ χειροτέχναις ἀγαθὴ διὰ τὴν προσηγορίαν· Ἐργάνη γὰρ καλεῖται. καὶ τοῖς γῆμαι βουλομένοις· σεμνὴν γὰρ καὶ οἰκουρὸν ἔσεσθαι τὴν γυναῖκα μαντεύεται. ἀγαθὴ δὲ καὶ φιλοσόφοις· φρόνησις γὰρ εἶναι νενόμισται ἡ θεός. ὅθεν καὶ ἐξ ἐγκεφάλου γεγεννῆσθαί φασιν αὐτήν. καὶ γεωργοῖς ἀγαθή·
15 τὸν γὰρ αὐτὸν τῇ γῇ λόγον ἔχει, ὥς φασιν οἱ φιλόσοφοι. καὶ τοῖς ἐπὶ πόλεμον ὁρμῶσιν ἀγαθή· τὸν γὰρ αὐτὸν τῷ Ἄρει λόγον ἔχει. γυναιξὶ δὲ ἑταίραις καὶ μοιχευομέναις πονηρά, ἔτι καὶ γυναιξὶ γήμασθαι προῃρημέναις· παρθένος γὰρ ἡ θεός.

Πῦρ τὸ αἰθέριον πᾶσιν ἀγαθόν, μάλιστα δὲ τοῖς νοσοῦσι·
20 σωτηρίας γὰρ αὐτοῖς ἐστι σημεῖον, ἐπεὶ μὴ μέτεστι τούτου τοῖς ἀποθανοῦσι. περὶ δὲ τῶν οὐρανίων ἑξῆς ἐροῦμεν.

Ἥλιος ἀπὸ ἀνατολῆς ἀνίσχων λαμπρὸς καὶ καθαρὸς καὶ 36 καταδυόμενος εἰς δύσιν ἀγαθὸς πᾶσιν· οἷς μὲν γὰρ πράξεις προαγορεύει· ἀνίστησι γὰρ ἐξ ὕπνου καὶ προτρέπεται πράτ-
25 τειν· οἷς δὲ παίδων γονήν· ἡλίους γὰρ καὶ τὰ ἀρρενικὰ τέκνα οἱ γονεῖς ὑποκοριζόμενοι καλοῦσι. δούλους δὲ ἐλευθέρους ποιεῖ· ἥλιον γὰρ καὶ τὴν ἐλευθερίαν καλοῦσιν ἄνθρωποι. τοῖς δὲ λοιποῖς εἰς ἐπίκτησιν ὠφέλιμος. τοὺς δὲ λανθάνειν καὶ ἀποκρύπτεσθαι πειρωμένους βλάπτει· πάντα γὰρ ἐλέγχει καὶ

---

1 οἱ θεοὶ] οἱ θεοὶ οἱ ἀθάνατοι V ‖ ἥπερ Reiffius: ἤπερ V ‖ 4 περὶ ἀπόλλωνος V ‖ 5 Παιήων] παιῶν V ‖ 9 εἴωθε σημαίνειν] malim σημαίνει ‖ 10 περὶ ἀθηνᾶς V ‖ 11 γὰρ καλεῖται] καλεῖται γὰρ V ‖ σεμνὴν Meinekius: σεμνὸν V ‖ 14 γεγεννῆσθαι] γεγενῆσθαι V ‖ 16 ὁρμῶσιν Reiskius: ὁρῶσιν V ‖ 18 προῃρημέναις] προαιρουμέναις V ‖ 19 περὶ πυρὸς αἰθερίου V, πυρὸς οὐρανίου L ‖ νοσοῦσιν L ‖ 20 σωτηρία L ‖ ἔστι om V ‖ μετέστη τοῦτο L ‖ 21 ἐφεξῆς L ‖ 22 περὶ ἡλίου V, ἡλίου L ‖ 23 ἀγαθὸς πᾶσιν] ἀγαθὸς πένησιν L, πᾶσιν ἀγαθός V ‖ οἷς] τοῖς LV ‖ 24 προτρέπει L ‖ 25 γὰρ] δὲ V ‖ τὰ ἀρρενικὰ τέκνα] τὰ ἀρσενικὰ τέκνα V, τέκνα τὰ ἀρρενικὰ L, τὰ τέκνα Suidas in v. Ἥλιος ‖ 26 δούλους] οὓς L ‖ 27 καλοῦμεν L ‖ τοὺς δὲ λοιποὺς L ‖ 28 εἰς ἐπίκτησιν] εἰσεκτησιν L, εἰς τὴν κτῆσιν V ‖ ὠφέλιμος] ὠφέλιμον LV ‖ τοὺς δὲ] οὓς δὲ τοὺς L ‖ 29 πειρομένους L ‖ ἐξελέγχει V ‖

εὐσύνοπτα ποιεῖ. Ἥλιος ἀπὸ δύσεως ἀνατέλλων τὰ κρυπτὰ
ἐλέγχει τῶν λεληθέναι δοκούντων, καὶ τὸν νοσοῦντα μετὰ ἀπό-
γνωσιν ἀνίστησι καὶ τὸν ὀφθαλμιῶντα οὔ φησι τυφλωθήσε-
σθαι· ἐκ πολλοῦ γὰρ σκότους τὸ φῶς ὄψεται. καὶ τὸν ἀπόδη-
μον ἐπανάγει, καὶ εἰ ἀπεγνωσμένος εἴη. ἀγαθὸς δὲ καὶ τῷ 5
εἰς δύσιν ἀπιέναι προῃρημένῳ· τὴν γὰρ ἐκεῖθεν ἀνακομιδὴν
προαγορεύει αὐτῷ. καὶ τῷ ἀπὸ δύσεως προσδεχομένῳ τινά·
ἤδη γὰρ αὐτὸν κεκινῆσθαι πρὸς τὴν ἐπάνοδον σημαίνει. τοῖς
δὲ λοιποῖς πρὸς πᾶν ἐγχείρημα καὶ πᾶσαν ἐλπίδα ἐναντίος καθ-
ίσταται καὶ τὰ κατὰ προαίρεσιν οὐκ ἐᾷ τελεσθῆναι· τούτου 10
γὰρ τὴν ἐναντίαν φύσει κινουμένου κίνησιν νοσεῖ καὶ τὸ ὅλον
καὶ τὸ ἐπὶ μέρους· πάντως δὲ καὶ ὁ ἰδὼν τὸν ὄνειρον μέρος
ἐστὶ τοῦ ὅλου. πρὸς λόγον δὲ τῶν εἰρημένων καὶ τὸν ἀπὸ με-
σημβρίας ἢ ἄρκτου ἀνατέλλοντα ἢ εἰς μεσημβρίαν ἢ ἄρκτον
δύνοντα κρίνειν χρή. Ἥλιος ἀμαυρὸς ἢ ὕφαιμος ἢ μορμωρω- 15
πὸς πᾶσι πονηρὸς καὶ ἄτοπος γίνεται τοῦτο μὲν ἀπραξίας δη-
λῶν, τοῦτο δὲ καὶ τοῖς τέκνοις τοῦ ἰδόντος νόσον ἤ τινα κίν-
δυνον ἢ τοῖς ὄμμασιν αὐτοῦ νόσον προαγορεύων. τοῖς δὲ λαν-
θάνειν πειρωμένοις καὶ τοῖς φοβουμένοις ἐπιτήδειος τετήρηται·
οἱ μὲν γὰρ λήσονται, οἱ δὲ οὐδὲν πείσονται πονηρόν· ἧττον 20
γὰρ ὁ ἀμαυρὸς ἐπικαίει. Ἥλιος εἰς γῆν κατιὼν ἐμπρησμοῦ
καὶ πυρκαϊᾶς ἐστὶ σημεῖον. τὸ δ' αὐτὸ σημαίνει κἂν εἴς τι
τῶν οἰκουμένων εἰσίῃ. Ἥλιος ἐν τῇ κοίτῃ τινὸς κατακείμενος
καὶ ἀπειλῶν νόσον μεγάλην καὶ φλεγμονὰς προαγορεύει, λέ-
γων δέ τι ἀγαθὸν ἢ διδοὺς εὐπορίας ἐστὶ σημεῖον, πολλοῖς δὲ 25
καὶ υἱῶν γένεσιν προηγόρευσεν. Ἥλιος ἀφανιζόμενος πᾶσι
πονηρὸς πλὴν τῶν λανθάνειν πειρωμένων καὶ τὰ ἀπόρρητα
ἐργαζομένων· ὡς δὲ ἐπὶ τὸ πλεῖστον ὀφθαλμῶν πήρωσιν ἔσε-

---

1 ἐξανατέλλων V || 2 τῶν] καίτοι L || τῶν ἀποκρυπτομένων post δοκούντων addit L || 3 ἀνίστησιν L || 5 καὶ εἰ] εἰ καὶ L || ἀπεγνωσμένως L || εἴη] ἂν εἴη V || ἀγαθὸν V || 6 εἰς] εἰς τὴν L || ἀπιέναι προῃρημένῳ] ἀπιέναι προειρημένῳ L, προαιρουμένῳ ἀπιέναι V || 8 κεκινεῖσθαι L || malim καὶ πρὸς πᾶσαν ἐλπίδα || 9 καθίσταται] καθίστασθαι πρὸς αὐτήν L || 10 τὰ om L || ἐκτελεσθῆναι L || 11 γὰρ] γὰρ ὡς εἰκὸς LV || φύσει] τοῦ φωτος L || νοσεῖ Reiskius: νοσεῖν V, δοκεῖ L || τὰ ὅλα καὶ τὰ L || 12 δὲ om L || τὸ L || 13 ἐστὶν L || 15 μορμορωπὸς] μορμυρωπὸς Suidas in v. μορμυρωπός. μορμύρων V, πορφυρώδης ἢ μορμυρώδης πρὸς L || 16 πονηρὸς] τοῖς πολέμοις L || δῆλον L || 17 τοῖς addidi || 18 προαγορεύει V || δὲ om L || λάνθανειν] λανθάνειν τι V || 19 ἐπιτηδείως L || 20 οὐδὲν] οὐ L || 21 ἐμπρισμοῦ L. fortasse ἐμπυρισμοῦ || 22 δὲ V || κἂν εἴς τι] κἂν ἔστι L, κἂν ἐπί τι V || 23 εἰσῇ L || ἐν τῇ κοίτῃ] ἐπὶ κοίτης LV || 24 νόσον] νόσον σημαίνει L || 25 ἢ διδοὺς] ἢ δεικνὺς L, καὶ δεικνὺς V || 26 υἱῶν] υἱοὺς L || προηγόρευσιν L || 28 ὀφθαλμοῦ L ||

CAP. XXXVI.   135

σθαι ἢ τέκνων ὄλεθρον προαγορεύει. Ἥλιος οὐχ οἷος ἔστιν ἀλλ' οἷος νενόμισται ἐν ἀνθρώπου ἰδέᾳ βλεπόμενος, σκευὴν ἔχων ἡνιόχου, ἀθληταῖς ἀγαθὸς καὶ τοῖς ἀποδημεῖν ἐπιχειροῦσι καὶ ἁρματηλάταις· νοσοῦσι δὲ ἐπικίνδυνος καὶ ὀλέθριος
5 καθίσταται. ἀεὶ δὲ ἄμεινον Ἡλίου αὐγὴν εἰς οἶκον εἰσιοῦσαν ἤπερ αὐτὸν τὸν Ἥλιον ἰδεῖν· ἡ μὲν γὰρ διὰ τὸ φωτεινότερον ποιεῖν τὸν οἶκον ἐπίπτησιν σημαίνει, ὁ δὲ οὐκ ἂν ὑπομεῖναι τοὺς ἔνδον τὰ δεινά· οὐδὲ γὰρ ἀντιβλέψαι αὐτῷ ἔστιν. οὔτε p. 128 δὲ διδούς τι ὁ Ἥλιος οὔτε ἀφαιρούμενης ἀγαθὸς ἂν εἴη· δι-
10 δοὺς μὲν γὰρ σημαίνει κινδύνους, ἀφαιρούμενος δὲ ὄλεθρον. ἀεὶ δὲ ἄμεινον ἄγαλμα ἰδεῖν τοῦ θεοῦ τούτου ἐν νεῷ ἱδρυμένον ἑστὸς ἐπὶ βάσεως ἢ αὐτὸν τὸν θεὸν ὁποῖος νενόμισται· καὶ γὰρ τὰ ἀγαθὰ τελειότερα προαγορεύει τὸ τοιοῦτον ὄναρ καὶ τὰ κακὰ ἥττονα. οἷος δέ ἐστι καὶ οἷος βλέπεται ἐν οὐρανῷ
15 φαινόμενος, καὶ οὕτως ἀγαθὸς ἂν εἴη.

Σελήνη γυναῖκα σημαίνει τοῦ ἰδόντος καὶ μητέρα· τροφὸς γὰρ εἶναι νενόμισται. καὶ θυγατέρα καὶ ἀδελφήν· Κόρη γὰρ καλεῖται. καὶ χρήματα καὶ εὐπορίαν καὶ πραγματείαν * * ψηφίζεται. καὶ πλοῦν· πρὸς γὰρ τὴν ταύτης κίνησιν καὶ οἱ κυβερ-
20 νῆται ναυτίλλονται. καὶ ἀποδημίαν· ἔστι γὰρ ἀεικίνητος. καὶ τὰ τοῦ ἰδόντος ὄμματα, ὅτι τοῦ ὁρᾶν καὶ αὐτή ἐστιν αἰτία καὶ δέσποινα. κοινὸν δὲ πάντες οἱ θεοὶ λόγον ἔχουσι πρὸς δεσπότας· οἱ μὲν ἄρρενες πρὸς ἄρρενας αἱ δὲ θήλειαι πρὸς θηλείας· ὀρθῶς γὰρ καὶ τοῦτο τὸ παλαιὸν ἔχει τὸ κρατοῦν δύνα-
25 μιν ἔχει θεοῦ. ἐὰν μὲν οὖν ἐπὶ τὸ κρεῖττον τρέπηται ἡ Σελήνη, τὴν ἀπὸ τούτων ἢ διὰ τούτων ὠφέλειαν σημαίνει· ἐὰν δὲ ἐπὶ τὸ χεῖρον, τὴν ἀπὸ τούτων ἢ διὰ τούτων βλάβην. ὁμοίως καὶ πλείονες φαινόμεναι Σελῆναι καὶ ἡ οὖσα ὅταν

---

1 τέκνου L ‖ οὐκ L ‖ οἷος] οἷός τε L ‖ 2 ἰδέᾳ Rigaltius: εἰδέᾳ V, εἴδει L ‖ 3 ἀγαθὸν V ‖ ἐπιχειροῦσι] ἐπιθυμοῦσι V ‖ 4 νοσοῦσιν L ‖ 5 οἶκον] οἰκίαν L ‖ 6 ἤπερ] ἡ γὰρ L ‖ γὰρ διὰ om L ‖ φωτινὸν L ‖ 8 δεινὰ] δεινὰ σημαίνει V ‖ οὔτε L ‖ 9 δὲ addidi ‖ ὁ om L ‖ 10 κινδύνους σημαίνει V ‖ 11 τούτου] τοῦ L ‖ νεῷ] ναῷ LV ‖ 12 ἑστὸς] ἑστὼς LV ‖ 13 τὸ τοιοῦτον] τοῦτο τὸ L ‖ 15 ἀγαθὸν V ‖ 16 περὶ σελήνης LV ‖ τροφὴ L ‖ 18 καὶ ante εὐπορίαν om L ‖ lacunam signavi. fuit fortasse καὶ γὰρ πρὸς σελήνην ψηφίζονται ‖ 19 πλοῦν] πλοῦν ἔχειν L ‖ ταύτης] αὐτὴν L ‖ 20 ἀποδημίας L ‖ ἔστι γὰρ] ὅτι ἔστι V ‖ 21 ὅτι τοῦ ὁρᾶν] τοῦ ὁρᾶν ὅτι L ‖ αὕτη] αὕτη LV ‖ 22 δέσποινα] δεσποτᾶς L ‖ δὲ] γὰρ LV ‖ θεοὶ] οὖν L ‖ 23 μὲν] μὲν γὰρ V ‖ ἄρρενες V ‖ ἄρσενας V ‖ 25 θεοῦ] οὖν L ‖ ἐὰν μὲν οὖν] καὶ ἐὰν μὲν V ‖ κρεῖττον] κρεῖττον καὶ ἥδιον LV ‖ τρέπεται L ‖ 26 τὴν] ἢ τὴν L ‖ διὰ τούτων διὰ ταῦτα V, διαυτα L ‖ 27 τούτων] διὰ τούτων διὰ ταῦτα LV ‖ 28 καὶ] καὶ αἱ V ‖ φαινόμεναι] γενόμεναι V ‖

ἀπολείπῃ. τὸ δὲ δοκεῖν ἐν τῇ Σελήνῃ τὴν ἑαυτοῦ εἰκόνα βλέπειν ἄπαιδι μὲν υἱοῦ γένεσιν προαγορεύει, γυναικὶ δὲ ἰδούσῃ
θυγατρός· ὄψονται γὰρ ἑκάτερος ὁμοίαν ἑαυτῷ εἰκόνα, τοῦτ᾽
ἔστι τέκνον. ἀγαθὸν δὲ καὶ τραπεζίταις καὶ δανεισταῖς καὶ
ἐραναρχαις· πολλὰ γὰρ ποριοῦνται. ἀγαθὸν δὲ καὶ τοῖς φαίνεσθαι βουλομένοις· τοὺς δὲ ἀποκρυπτομένους ἐλέγχει. νοσοῦντας δὲ καὶ τοὺς πλωιζομένους ἀναιρεῖ· τοὺς μὲν ὑδρωπιάσαντας, ἐπεὶ φύσει ἐστὶν ὑγρά· τοὺς δὲ ναυαγήσαντας.
ὅσα δ᾽ ἂν ἀγαθὰ ὁ Ἥλιος σημαίνῃ, ταῦτα καὶ ἡ Σελήνη.
ὁμοίως καὶ ὅσα ἂν κακά, ἀεὶ δὲ ἥττονα· καὶ γὰρ αὕτη ἧττόν
ἐστι τοῦ Ἡλίου θερμή. σημαίνει δὲ τὰ ἀποτελέσματα μὴ ἄνευ
θηλυκοῦ προσώπου τελεσθῆναι.

Ἀστέρες ὁμοῦ μὲν πάντες λαμπροὶ καὶ καθαροὶ ὁρώμενοι
καὶ πρὸς ἀποδημίαν εἰσὶν ἀγαθοὶ καὶ πρὸς ἄλλας πράξεις καὶ
πρὸς τὰ ἀπόρρητα· οὐ γὰρ τὸν αὐτὸν ἔχουσι λόγον τῷ Ἡλίῳ
ἢ τῇ Σελήνῃ· καὶ γὰρ ἄνευ τούτων ἐκφανεῖς εἰσί, μετὰ δὲ
τούτων ἤτοι τέλεον ἀφανεῖς ἢ καὶ ἀμαυρότεροι φαίνονται.
ἰδίᾳ δὲ ἕκαστος ἢ ἀπὸ τοῦ χρώματος ἢ ἀπὸ τοῦ μεγέθους ἢ
ἀπὸ τῆς κινήσεως ἢ ἀπὸ τοῦ σχήματος τοῦ κατὰ τὴν κίνησιν
κρινέσθω, εἴ γέ τις μὴ διαμαρτάνειν ἐθέλοι. μάλιστα δὲ ἂν
ἀπὸ τοῦ ἐν ἀστεροσκοπίᾳ λόγου τὸ τοιοῦτο σαφέστερον γένοιτο.
τῶν δὲ ἄστρων ἕκαστον κατὰ τὴν ἑαυτοῦ δύναμιν καὶ τὰ ἀποτελέσματα ποιεῖ. οἷον τὰ χειμῶνος αἴτια δυσθυμίας καὶ κινδύνους καὶ ταραχὰς σημαίνει, τὰ δὲ εὐδίας αἴτια εὐπραξίας
καὶ εὐημερίας καὶ πορισμόν· τὰ δὲ τροπῆς τοῦ καταστήματος
αἴτια τὰ μὲν θερινὰ τὴν ἐπὶ τὸ βέλτιον μεταβολὴν σημαίνει,

---

1 ἀπολείπῃ] ἀπολύηται V. fortasse ἐκλείπῃ || βλέπειν] ἰδεῖν L ||
2 γέννησιν L || προαγορεύει] δηλοῖ V || 3 θυγατρός] θυγατέρα L ||
ὄψεται V || ἕκαστος V || ἑαυτοῦ V || 4 ἔστιν L || δανισταῖς L || 5 εἰρηνάρχαις L || ποριοῦνται] πορίσουσι LV || 7 πλωιζομένους] πλοϊζομένους LV || τε V || ὑδρωπιάσαντας Rigaltius: ὑδροπιάσαντας V,
ὑδρωπιόντας L || 8 φύσις L || ναυαγήσαντας] ναυαγίῳ περιπίπτοντας
V || 9 δὲ V || ἀγαθὰ ὁ Ἥλιος] ἀγαθὰ ἢ ὁ ἥλιος L, ὁ ἥλιος ἀγαθὰ V ||
σημαίνῃ] σημαίνει LV || τοσαῦτα? || 10 καλά L || malim καὶ γὰρ αὕτη
|| 11 ἐστὶν L || δὲ] δὲ ἀεὶ L || 13 περὶ ἀστέρων V, ἀστέρων L ||
14 ἀποδημίας L || 15 λόγον om L || 16 malim καὶ γὰρ ἄνευ μὲν τούτων
|| εἰσὶν L || 17 post ἀφανεῖς excidit εἰσίν, nisi φαίνονται expungendum ||
18 ἢ om L || ἢ ἀπὸ] καὶ L || 19 ἀπὸ τῆς] ἀπ᾽ αὐτῆς τῆς L || 20 εἴ γέ
τις μὴ] εἴ γε μὴ τις V || θέλοι V || ἂν ἀπὸ] ἂν ἐπὶ V, ἀπὸ L || 21 τοιοῦτον
V || 22 ἄστρων] ἀστέρων LV || 24 σημαίνει] σημαίνουσι LV || ἀπραξίας L
|| 25 πορισμόν] πορισμὸν σημαίνει L, πορισμὸν σημαίνουσι V || 26 τὰ
μὲν θερινὰ τὴν ἐπὶ τὸ βέλτιον μεταβολὴν ἐπὶ τὰ βελτίονα θερινὰ μεταβολὴν L, τὴν ἐπὶ τὰ βελτίονα τὰ θερινὰ μεταβολὴν V ||

CAP. XXXVI.

τὰ δὲ χειμερινὰ τὴν ἐπὶ τὸ χεῖρον. ἤδη δὲ αὐτῶν ἔνια καὶ τοῖς μύθοις τοῖς περὶ αὐτὰ τὰς ἀποβάσεις ὁμοίας ἐπιφέρει. περὶ ὧν ἑκάστου λέγειν μακρὸν ἂν εἴη, καὶ ταῦτα τοῦ περὶ αὐτὰ λόγου ἐγνωσμένου πρὸς πάντων τῶν γε μὴ ἀπαιδεύτων.
5 ἀστέρες ἐκλείποντες πλουσίοις μὲν πενίαν πολλὴν καὶ ἐρημίαν σημαίνουσιν· ἔοικε γὰρ ὁ μὲν οὐρανὸς τῇ οἰκίᾳ τοῦ ἰδόντος, οἱ δὲ ἀστέρες τοῖς κατὰ τὴν οἰκίαν κτήμασί τε καὶ ἀνθρώποις· πένησι δὲ ὄλεθρον μαντεύονται. μόνοις δὲ ἂν εἴη τὸ τοιοῦτον ὄναρ ἀγαθὸν τοῖς μέγα τι κακὸν βουλομένοις ποιεῖν· ἀνύσουσι
10 γάρ. ἤκουσα δέ τινος λέγοντος ὡς ἄρα ἔδοξέ τις τοὺς ἀστέρας τοῦ οὐρανοῦ ἐκλελοιπέναι. φαλακρὸς ἐγένετο· ὃν γὰρ ἔχει λό- p. 130 γον ὁ οὐρανὸς πρὸς τὸν ὅλον κόσμον, τὸν αὐτὸν καὶ ἡ κεφαλὴ πρὸς τὸ σῶμα, καὶ πάλιν ὃν ἔχουσι λόγον οἱ ἀστέρες πρὸς τὸν οὐρανόν, τὸν αὐτὸν καὶ αἱ τρίχες πρὸς τὴν κεφαλήν. οὔτε δὲ
15 καταπίπτοντες εἰς γῆν οἱ ἀστέρες εἰσὶν ἀγαθοί (πολλῶν γὰρ ὄλεθρον μαντεύονται, καὶ ἀξιολόγων μὲν ἀνδρῶν οἱ μεγάλοι, λιτῶν δὲ καὶ ἀσήμων οἱ λεπτοὶ καὶ ἀμαυροί) οὔτε τὸ δοκεῖν κλέπτειν ἀστέρας ἀγαθόν· ὡς γὰρ ἐπὶ τὸ πλεῖστον ἱερόσυλοι ἐπὶ τούτῳ τῷ ὀνείρῳ οἱ ἰδόντες ἐγένοντο. οὐ μὴν ἔλαθόν γε
20 ἀλλὰ ἑάλωσαν· ἔπραξαν μὲν γὰρ ἃ ἐβούλοντο διὰ τὸ καὶ τῶν ἀστέρων κεκρατηκέναι, ἑάλωσαν δὲ διὰ τὸ τοῖς ὑπὲρ ἄνθρωπον ἐπιχειρεῖν. ἀλλὰ μὴν οὐδὲ ἐσθίειν δοκεῖν ἀστέρας ἀγαθὸν οὐδενὶ πλὴν μάντεων καὶ τῶν τὰ οὐράνια διασκεπτομένων· τούτοις γὰρ ἐργασίαν σημαίνει καὶ πολλὴν πρόσκτησιν·
25 τοῖς δὲ λοιποῖς ὄλεθρον μαντεύεται. πονηρὸν δὲ καὶ τὸ ὑπὸ στέγῃ ἰδεῖν ἀστέρας· ἢ γὰρ τὴν οἰκίαν ἔρημον γενομένην ἀποστεγασθῆναι σημαίνει, ἵνα καὶ ἔνδον οἱ ἀστέρες φαίνωνται, ἢ τὸν ἄρχοντα τῆς οἰκίας ἀποθανεῖν. παρήλιοι δὲ καὶ δοκί-

---

1 τὸ χεῖρον] τὰ χείρονα LV || 2 αὐτὰς L || ἐπιφέρουσι V || 4 πρὸς πάντων ἐγνωσμένου V || 5 ἐκλείποντες] ἐκλείποντες τοῦ οὐρανοῦ LV || 6 ἔοικεν L || τὴν οἰκίαν L || 7 κτήμασιν L || 8 πένησιν L || μαντεύονται] μαντεύεται LV || τοιοῦτο L || 9 βουλομένοις κακόν V || ποιεῖν om L || ἀνύσουσιν L || 10 γάρ] γὰρ καὶ εἰ μεγάλοις ἐπιχειροῦσιν LV || ἔδοξέ L || ἐδόκει LV || 11 φαλακρὸς] καὶ φαλακρὸς LV || 12 ὁ οὐρανὸς in L ponitur post κόσμον || καὶ om L || 13 ὃν] οἷον L. fortasse αὖ ὂν || 15 εἰς] ἐπὶ V || οἱ om L || ἀγαθοί] ἀγαθοὶ οὔτε ἀφανιζόμενοι V || 16 ἀνδρῶν] ἀνθρώπων V || 17 οὔτε] οὐδὲ LV || 18 γὰρ] δὲ L || πλεῖστον] πολὺ V || 20 ἃ ἐβούλοντο om V || τὸ om L || τὸν ἀστέρα L || 22 οὐδὲ ἐσθίειν δοκεῖν ἀστέρας ἀγαθὸν om L || 23 μάντεως L || 24 τούτων L || σημαίνουσι V || πολλῶν L || 26 στέγῃ] στέγην LV || post ἀποστεγασθῆναι in V est καὶ καυθῆναι || 27 σημαίνουσιν V || ἔνδοθεν V || φαίνωνται V ex correctione; erat φαίνονται. verba φαίνωνται — κομῆται ἀστέρες om L ||

δες καὶ σέλας καὶ οἱ λεγόμενοι κομῆται ἀστέρες καὶ οἱ πωγωνίαι τὰ αὐτὰ σημαίνουσιν ἃ καὶ οἱ ὑπὲρ ἀέρα ὁραθέντες εἰώθασι ποιεῖν.

Ἶρις δεξιὰ μὲν ὁρωμένη ἀγαθή, εὐώνυμος δὲ πονηρά. δεξιὰν δὲ καὶ εὐώνυμον οὐ πρὸς τὸν ὁρῶντα χρὴ νοεῖν, ἀλλὰ πρὸς τὸν ἥλιον. ὅπως δ᾽ ἂν φαίνηται, ἀεὶ τοῖς ἐν πενίᾳ πολλῇ ἢ ἄλλῃ τινὶ περιστάσει οὖσιν ἀγαθὴ νομιζέσθω· καὶ γὰρ αὐτὴ τρέπει ἀεὶ τὸ κατάστημα καὶ τὸ περιέχον ἀλλοιοῖ. πᾶσι δὲ τοῖς ἐν περιστάσει οὖσιν ἀγαθαὶ αἱ τῶν καθεστώτων μεταβολαί.

Νέφη τὰ μὲν λευκὰ εὐπραξίας ἐστὶ σημαντικὰ καὶ τὰ κρυπτὰ ἐλέγχει, τὰ δὲ πυρρὰ ἀπραξίας ἐστὶ σημαντικὰ καὶ τὰ ζοφώδη δυσθυμίας καὶ τὰ μέλανα χειμῶνος ἢ λύπης.

Ἄνεμοι πράως καὶ ἠρέμα πνέοντες ἀγαθοί, λάβροι δὲ καὶ βίαιοι σημαίνουσιν ἀνθρώπους ἀηδεῖς καὶ ἀγνώμονας, λαίλαπες δὲ καὶ οἱ σφοδροὶ ἄνεμοι κινδύνους ἐπιφέρουσι καὶ μεγάλας ταραχάς. χρὴ δὲ καὶ τοῦτο σκοπεῖν, ὅτι οἱ μὲν συννεφῆ ποιοῦντες τὸν ἀέρα πᾶσι μὲν τοῖς ἄλλοις εἰσὶ πονηροί, μόνοις δὲ τοῖς ἀποκρυπτομένοις ἀγαθοί· οἱ δὲ αἰθρίας αἴτιοι τἀναντία σημαίνουσιν. ἀεὶ δὲ τοῖς ἀποδήμους προσδοκῶσιν οἱ ἀπὸ τῶν κλιμάτων ἐκείνων, οὗ εἰσὶν οἱ ἀπόδημοι, πνέοντές εἰσιν ἀγαθοί, οἱ δὲ ἐναντίοι κατέχουσι τοὺς ἀποδήμους. ταῦτα μὲν περὶ τῶν οὐρανίων· περὶ δὲ τῶν ἐπιγείων θεῶν ὧδε κρίνειν προσήκει.

37 Οἱ μὲν αἰσθητοὶ θεοὶ φόβων καὶ κινδύνων καὶ περιστάσεών εἰσι σημαντικοί· καὶ γὰρ μεθ᾽ ἡμέραν ἐπιφερόμενοι τῶν τοιούτων αἴτιοι καθίστανται· σημαίνει δὲ καὶ διάφορα καὶ οὐ-

---

1 κομῆται Rigaltius: κομίται V ‖ οἱ πωγωνίαι] ὑπογονια L ‖ 2 ἃ] οἷα V, οἷς L ‖ οἱ om L ‖ ὑπὲρ ἀέρα ὁραθέντες] υπεθραθέντες L ‖ εἰώθασιν L ‖ 4 περὶ Ἴριδος LV ‖ Ἶρις] ἶρις δὲ V ‖ 5 ὁρῶντα] οὐρανὸν V ‖ 6 φαίνειται L ‖ 7 αὑτὴ] αὕτη LV ‖ 8 πρέπει LV ‖ verba καὶ τὸ περιέχον ἀλλοιοῖ delet Reiskius ‖ 9 αἱ addidit Reiskius ‖ 10 περὶ νεφῶν LV ‖ νέφη] νέφη δὲ V ‖ post σημαντικὰ in V est ἀπὸ γῆς εἰς οὐρανὸν ἀναφερόμενα ὡς ἐπὶ τὸ πολὺ καὶ ἀποδημίαν σημαίνει καὶ τοὺς ἀποδημήσαντας ἄγει, in L ἀπὸ γῆς εἰς οὐρανὸν ἀναφερόμενα ὡς ἐπὶ πολὺ καὶ ἀποδημίαν σημαίνει γενέσθαι καὶ ἀποδημοῦντας ἄγει ‖ 11 ἐστὶ] εἰσὶ L ‖ 12 χειμῶνος] verbum corruptum ‖ 13 περὶ ἀνέμων LV ‖ ἄνεμοι ἄνεμοι δὲ V ‖ 14 ἀηδεῖς καὶ ἀγνώμονας ἀνθρώπους L ‖ λέλαπες L ‖ 15 οἱ om L ‖ καὶ μεγάλας ἐπιφέρουσι ταραχάς V ‖ 16 συννεφῆ Rigaltius: συνεφῆ LV ‖ 17 πᾶσιν L ‖ εἰσὶ om L ‖ πονηροὶ] πονηροὶ τοῖς προαναφερομένοις V ‖ 18 τὰ ἐναντία V ‖ 19 τοῖς] τοὺς V ‖ ἀποδημοῦσιν L ‖ 22 ὧδε κρίνειν προσήκει om L ‖ 24 περὶ τῶν ἐπιγείων θεῶν V ‖ οἱ μὲν αἰσθητοὶ — τεχνίταις ἐστὶν ἀγαθός om L ‖ 26 διάφορα Reiffius: διαφθορὰν V ‖

CAP. XXXVI. XXXVII.

δὲν ὅμοιον ἀλλήλοις ἕκαστος φαινόμενος. οἷον Ἑκάτη ἰδεῖν
τριπρόσωπον ἑστῶσαν ἐπὶ βάσεως κινήσεις καὶ ἀποδημίας ση-
μαίνει· Ἐνοδία γὰρ ἡ θεὸς καλεῖται. μονοπρόσωπον δὲ ἰδεῖν
πονηρὸν πᾶσιν, ὡς δὲ ἐπὶ τὸ πλεῖστον ἀπὸ ξένης τὰ δεινὰ ἢ
5 ἀπὸ ξένου ἐσόμενα προαγορεύει. ἀεὶ δὲ τῶν καθεστώτων κι-
νεῖ τὸν ἰδόντα καὶ οὐκ ἐᾷ μένειν ἐν τοῖς αὐτοῖς, οἷα ἂν φαίνη-
ται καὶ ὁποία. κινουμένη δὲ ἡ θεὸς ἢ συναντῶσα κατὰ τὸ
σχῆμα καὶ τὰς ὄψεις καὶ τὰ ὑπ' αὐτῆς κρατούμενα σημαίνει
τὰ ἀποτελέσματα. περὶ ὧν λέγειν οὔτε ὅσιον οὔτε ἀσφαλές· p. 132
10 εὔδηλος δὲ ὁ λόγος τοῖς μεμυημένοις τῇ θεῷ, οἱ δὲ ἀμύητοι
παρὰ τῶν μεμυημένων μανθανέτωσαν.

Πὰν νομεῦσιν ἀγαθὸς διὰ τὸ νόμιον καὶ κυνηγοῖς διὰ τὸ
ἄγριον. τοῖς δὲ λοιποῖς ἀκαταστασίας καὶ θορύβους σημαίνει
καὶ ἐφ' οἷς τις μέγα φρονεῖ, ταῦτα αὐτῷ μὴ βέβαια εἶναι· οὐ
15 γὰρ ἀσφαλῶς ὑποκειμένας ἔχει τὰς βάσεις τῶν ποδῶν ὁ θεός.
λέγουσι δὲ ἔνιοι ὡς τοῖς περὶ τὸν Διόνυσον τεχνίταις ἐστὶν
ἀγαθός.

Ὁ δὲ Ἐφιάλτης ὁ αὐτὸς εἶναι τῷ Πανὶ νενόμισται, διά-
φορα δὲ σημαίνει· θλίβων μὲν γὰρ καὶ βαρῶν καὶ οὐδὲν ἀπο-
20 κρινόμενος θλίψεις καὶ στενοχωρίας σημαίνει, ὅ τι δ' ἂν ἀπο-
κρίνηται, τοῦτό ἐστιν ἀληθές. ἐὰν δέ τι καὶ διδῷ καὶ συνου-
σιάζῃ, μεγάλας ὠφελείας προαγορεύει, μάλιστα δὲ ὅταν μὴ
βαρῇ. ὅ τι δ' ἂν προσιὼν πράξῃ, τοὺς νοσοῦντας ἀνίστησιν·
οὐ γὰρ ἀποθανουμένῳ πρόσεισί ποτε ἀνθρώπῳ.

25 Ἀσκληπιὸς ἱδρυμένος μὲν ἐν νεῷ καὶ ἑστὼς ἐπὶ βάσεως
ὁρώμενος καὶ προσκυνούμενος ἀγαθὸς πᾶσι· κινούμενος δὲ ἢ
προσιὼν ἢ εἰς οἰκίαν εἰσιὼν νόσον καὶ λοιμὸν μαντεύεται·
τότε γὰρ μάλιστα τοῖς ἀνθρώποις δεῖ τοῦ θεοῦ τούτου. τοῖς
δὲ ἤδη νοσοῦσι σωτηρίαν προαγορεύει· Παιήων γὰρ ὁ θεὸς

---

5 κινεῖ] κινεῖ πραγμάτων V ‖ 6 οἷα — ὁποία] οἷα — ὁποῖα V ‖ 7 ἢ]
καὶ V ‖ τὸ addidi ‖ 8 τὰς ὄψεις] verba corrupta. Reiskius coniiciebat τοὺς
ὄφεις ‖ 10 εὔδηλος Meinekius: ἄδηλος V ‖ 12 περὶ πανὸς V ‖ 14 ταῦτα
Reiffius: τὰ αὐτὰ V ‖ 18 περὶ ἐφιάλτου LV ‖ malim ὁ αὐτὸς τῷ Πανὶ
εἶναι νενόμισται ‖ 19 μὲν om V ‖ καὶ βαρῶν] βαρέως V ‖ 20 ὅ τι δ'
ἂν] ὅτ' ἂν δ' ἂν L ‖ ἀποκρίνηται] ἀποκρίνηται ἐρωτώμενος V, ἐρωτώ-
μενος ἀποκρίνηται L ‖ 21 τουτέστιν L ‖ συνουσιάζει L. locus corruptus
‖ 22 ὠφελίας L ‖ 23 πράξει L. an πράσσῃ? ‖ 24 πρόσεισί ποτε] τα-
χέως πρόσεισι L ‖ 25 περὶ ἀσκληπιοῦ LV ‖ verba Ἀσκληπιὸς ἱδρυ-
μένος usque ad capitis 39 extrema verba μάλιστα δὲ Νεμέσει τὰ αὐτὰ ση-
μαίνει in L desunt ‖ νεῷ] ναῷ V ‖ 26 ὁρώμενος] καὶ ὁρώμενος V ‖
πᾶσι] ἐν πᾶσι καὶ περὶ πάντων ἐγχειρημάτων βραχείας μόνον εἴωθε νό-
σους ποιεῖν V ‖ 27 οἰκίαν] οἰκίας V ‖ 29 Παιήων] παιῶν V ‖

140 LIB. II.

λέγεται. ἀεὶ δὲ ὁ Ἀσκληπιὸς τοὺς ἐν ταῖς χρείαις συλλαμβανομένους καὶ τοὺς οἰκονομοῦντας τὸν οἶκον τοῦ ἰδόντος δηλοῖ. ἐν δὲ ταῖς δίκαις συνηγόρους σημαίνει.

p. 133 Διόσκοροι τοῖς πλωιζομένοις χειμῶνός εἰσι σημαντικοί, τοῖς δὲ ἐν γῇ οὖσι στάσεων ἢ δικῶν ἢ πολέμου ἢ μεγάλης νόσου. 5 πάντων δὲ τῶν δεινῶν εἰς τέλος ἀζημίους ἀπαλλάττουσι· σωτῆρες γάρ εἰσιν οἱ θεοί.

Ἡρακλέα μὲν ἰδεῖν αὐτὸν ἢ ἄγαλμα αὐτοῦ πᾶσι τοῖς εὐπροαιρέτως καὶ κατὰ νόμον ζῶσιν ἀγαθόν, καὶ μάλιστα ἐὰν πρός τινων ἀδικῶνται· ἀεὶ γὰρ ὁ θεὸς ὅτε ἦν ἐν ἀνθρώποις 10 ἐπήμυνε τοῖς ἀδικουμένοις καὶ ἐτιμώρει. τοῖς δὲ παρανομοῦσι καὶ τοῖς ἄδικόν τι πράττουσι πονηρὸς ὁ θεὸς διὰ τὸν αὐτὸν λόγον. ἀγαθὸς δὲ τοῖς ἐπὶ ἀγῶνα ἢ δίκην ἢ μάχην τινὰ πορευομένοις· Καλλίνικος γὰρ ὁ θεὸς καλεῖται. τὸ δὲ δοκεῖν συνδιατρίβειν τῷ θεῷ καὶ συμπράττειν τι ἢ τροφῆς τῆς αὐτῆς 15 κοινωνεῖν ἢ σκευὴν τὴν αὐτὴν ἔχειν ἢ παρὰ τοῦ θεοῦ τὴν λεοντῆν ἢ τὸ ῥόπαλον ἢ ἄλλο τι τῶν ὅπλων λαβεῖν πᾶσιν ἄτοπον καὶ πονηρὸν τετήρηται, καὶ διὰ μακρᾶς πείρας τῶν τοιούτων ἦλθον. εὐλόγως δὲ καὶ ὀρθῶς ἀποβαίνει εἰς οὐδὲν ἀγαθὸν τὰ τοιαῦτα· ᾧ γὰρ ὁ θεὸς ἐχρήσατο βίῳ, τούτου τῷ 20 ἰδόντι μεταδίδωσιν· ἐπίπονος δὲ καὶ μοχθηρὸς ἐγένετο ὁ τοῦ θεοῦ βίος, ὅτε ἦν ἐν ἀνθρώποις, καὶ εἰ πάνυ λαμπρὸς ἦν καὶ ἔνδοξος. πολλάκις δὲ καὶ τοιούτοις περιπεσεῖν σημαίνει, οἷς καὶ ὁ θεὸς ὁ ταῦτα ἔχων τὰ ὅπλα περιέπεσε.

Διόνυσος τοῖς γεωργοῖς συμφέρει τοῖς τὸν ξυλικὸν καρπὸν 25 p. 134 γεωργοῦσι, μάλιστα ἀμπέλους· καὶ καπήλοις δὲ καὶ πᾶσι τοῖς περὶ τὸν Διόνυσον τεχνίταις. ἀγαθὸς δὲ καὶ τοῖς ἐν περιστάσει τινὶ οὖσι· παῦλαν γὰρ καὶ ἀπαλλαγὴν τῶν δεινῶν σημαίνει δι᾽ αὐτὸ τὸ ὄνομα· ἔστι γὰρ Διόνυσος παρὰ τὸ διανύειν

---

1 συλλαμβανομένους Reiskius: λαμβανομένους L || 4 περὶ διοσκούρων V || Διόσκοροι] διόσκουροι V || πλωιζομένοις Rigaltius: πλοϊζομένοις V || 5 στάσεων] στάσεως V || 6 ἀπαλλάττουσι· σωτῆρες γάρ εἰσιν οἱ θεοί] ἀπαλλάττουσι καὶ τοὺς ἤδη ὄντας ἔν τινι τούτους ταχέως ἀπαλλάττουσι σωτῆρες γάρ εἰσιν οἱ θεοί ἀλλὰ τῶν πρότερον ἐπί τινι φόβῳ ἢ κινδύνῳ γενομένων V || 8 περὶ ἡρακλέους V || αὐτὸν addidi || εὐπροαιρέτως] εὐπροαιρέτοις V || 9 ἀγαθόν] ἀγαθός V || 10 θεὸς] θεός καὶ V || 13 ἢ μάχην τινὰ suspectum || 17 ῥόπαλον Reiffius: ῥάπαλον V || 19 εὐλόγως δὲ] ὡς δὲ εἰκὸς εὐλόγως V || εἰς] πρὸς V || 20 τὰ] καὶ τὰ V || 21 ἐπίπονος Reiskius: ἐπίμονος V || 24 ὁ ante ταῦτα adiecit Reiskius || τὰ inserui || 25 περὶ διονύσου V || 27 ἀγαθὸς] ἀγαθὸν V || 28 fortasse ἀνάπαυλαν || 29 Διόνυσος Reiffius: διήνυσις V || fortasse διανύσαι ||

ἕκαστα. τοῖς δὲ τὸν ἁβρὸν βίον ζῶσι καὶ μάλιστα παισὶ ταραχὰς καὶ κινδύνους καὶ ἐπιβουλὰς καὶ περιβοήσεις σημαίνει διὰ τὴν περὶ τὸν θεὸν ἱστορίαν καὶ διὰ τὸν φυσικὸν λόγον τοῦ Διονύσου· οὐδὲν μέντοι ἧττον καὶ τούτους σώζει καὶ οὐκ ἐᾷ δια-
5 φθαρῆναι. ὁδεύουσι δὲ καὶ πλέουσιν ἀντικρὺς καὶ διαρρήδην λῃστηρίων προσβολὰς σημαίνει καὶ τραύματα καὶ κατακοπάς.
ὁ δὲ χορὸς ὁ περὶ τὸν Διόνυσον, οἷον Βάκχοι καὶ Βάκχαι καὶ Βασσάραι καὶ Σάτυροι καὶ Πᾶνες καὶ ὅσα ἄλλα ἐστὶν ὅμοια ὀνόματα καὶ ὁμοῦ πάντες καὶ ἰδίᾳ ἕκαστος μεγάλας ταραχὰς
10 καὶ κινδύνους καὶ περιβοήσεις σημαίνουσι πλὴν τοῦ Σειληνοῦ· οὗτος γὰρ μόνος ἀγαθὸς ἂν εἴη πᾶσι τοῖς ἐπὶ τὸ πράττειν ὁρμωμένοις καὶ τοῖς φοβουμένοις. χορεύειν δὲ τῷ θεῷ ἢ θυρσοφορεῖν ἢ δενδροφορεῖν ἢ ἄλλο τι τῶν κεχαρισμένων τῷ τῷ θεῷ πράττειν πᾶσι πονηρὸν πλὴν δούλων· οἷς μὲν γὰρ
15 διὰ τὴν ἔκστασιν τῶν φρενῶν καὶ τὴν παρακοπὴν ἀφροσύνην καὶ βλάβην προαγορεύει, οἷς δὲ διὰ τὸ ἀνεπίστρεπτον τῶν ἐντυγχανόντων καὶ διὰ τὴν τοῦ θεοῦ προσηγορίαν καὶ εὐχαριστίαν ἐλευθερίας ἐστὶ σημαντικόν.

Ἑρμῆς ἀγαθὸς τοῖς ἐπὶ λόγους ὁρμωμένοις καὶ ἀθληταῖς
20 καὶ παιδοτρίβαις καὶ πᾶσι τοῖς ἐμπορικὸν τὸν βίον ἔχουσι καὶ ζυγοστάταις διὰ τὸ πάντας τοὺς τοιούτους ἐπίκουρον τὸν θεὸν νομίζειν. καὶ τοῖς ἀποδημεῖν βουλομένοις· πτηνὸν γὰρ ὑπειλήφαμεν εἶναι τὸν θεόν. τοῖς δὲ λοιποῖς ἀκαταστασίας καὶ θορύβους προαγορεύει. νοσοῦντας δὲ ἀναιρεῖ διὰ τὸ ψυχο-
25 πομπὸς νενομίσθαι. Ἑρμῆς ὁ τετράγωνος καὶ σφηνοπάγων p. 135 φιλολόγοις μόνοις συμφέρει, ὁ δὲ τετράγωνος καὶ ἀγένειος οὐδὲ τούτοις συμφέρει· τὸ γὰρ περικεκομμένον αὐτοῦ τῶν περὶ τὸν ἰδόντα πάντων ὄλεθρον μαντεύεται.

Νέμεσις ἀεὶ τοῖς κατὰ νόμον ζῶσιν ἀγαθὴ καὶ μετρίοις
30 ἀνθρώποις καὶ φιλοσόφοις· τοῖς δὲ παρανομοῦσι καὶ τοῖς ἐπιτιθεμένοις τισὶ καὶ τοῖς μεγάλων ὀρεγομένοις πραγμάτων ἐναν-

---

1 ἁβρὸν] ἄγριον Suidas in v. Διόνυσος || 3 addidi τοῦ || post Διονύσου in V est μεγίστου γὰρ αὐτοῖς κινδύνου αἴτιος τοῖς ἀνθρώποις καθίσταται ὁ θεὸς || 5 ἀντικρὺς] ἀντικρὺς γὰρ V || 9 ὀνόματα] ὀνόματα ἱερὰ τούτῳ τῷ θεῷ V || 10 περιβοήσεις] περιβοησίας V || Σειληνοῦ Reiffius: σηλεινοῦ V || 11 γὰρ] δὲ V || πᾶσι] πᾶσι καὶ V || 14 οἷς] τοῖς V || 16 ἀνεπίστρεπτον Reiskius: ἀνεπίτρεπτον V || post ἐντυγχανόντων aliquid excidisse videtur, velut βακχευτῶν || 19 περὶ ἑρμοῦ V || ἐπὶ Reiskius: περὶ V || 20 τὸν addidi || 25 ὁ τετράγωνος καὶ] τετράγωνος ὁ V || 27 οὐδὲ] οὐδὲν V || 29 περὶ νεμέσεως V || 30 φιλοσόφοις] φιλολόγοις V. nisi forte καὶ φιλολόγοις ex capite antecedente irrepsit || 31 ὀρεγομένους] ἀρχομένοις V. possis etiam γλιχομένοις ||

τία καθίσταται καὶ ἐμπόδιος τῶν ἐπιχειρουμένων· νεμεσᾶν γὰρ καλοῦμεν καὶ τὸ ἐμποδὼν ἵστασθαι τοῖς πραττομένοις κατὰ γνώμην. λέγουσι δέ τινες ὅτι ἡ θεὸς αὕτη τὰ μὲν ἀγαθὰ ἐπὶ τὸ χεῖρον τρέπει, τὰ δὲ κακὰ ἐπὶ τὸ βέλτιον.

Ἀφροδίτη ἡ μὲν πάνδημος ἀγύρταις καὶ καπήλοις καὶ ζυγοστάταις καὶ θυμελικοῖς καὶ ἰατροῖς καὶ σκηνικοῖς πᾶσι καὶ ἑταίραις ἀγαθή· γυναιξὶ δὲ οἰκοδεσποίναις αἰσχύνην καὶ βλάβην προαγορεύει καὶ τοὺς γῆμαι προῃρημένους κωλύει, ὡς κοινῆς ἐσομένης τῆς γυναικός. ἡ δὲ οὐρανία, περὶ ἧς ἐν τῷ ἔμπροσθεν λόγῳ ἑκὼν παρέλιπον, ἵνα μὴ διασπῷτο ὁ λόγος, τὰ ἐναντία τῇ πανδήμῳ σημαίνει. μάλιστα δὲ ἀγαθὴ πρὸς γάμους καὶ κοινωνίας καὶ πρὸς τέκνων γονήν· συνδυασμῶν γὰρ καὶ ἐπιγόνων ἐστὶν αἰτία. ἀγαθὴ δὲ καὶ γεωργοῖς· φύσις γὰρ καὶ μήτηρ τῶν ὅλων εἶναι νενόμισται. ἀγαθὴ δὲ καὶ μάντεσι· πάσης γὰρ μαντείας καὶ προγνώσεως εὑρετὶς εἶναι νενόμισται. Ἀφροδίτη ἡ πελαγία ναυκλήροις καὶ κυβερνήταις καὶ πᾶσι τοῖς ναυτιλλομένοις ἀγαθὴ τετήρηται καὶ πᾶσι τοῖς βουλομένοις ἀποδημεῖν διὰ τὸ τῆς θαλάσσης ἀεικίνητον· τοὺς δὲ ἐν τοῖς αὐτοῖς ἀεὶ μένειν προῃρημένους καὶ μὴ βουλομένους ἀναγκάζει κινεῖσθαι. Ἀφροδίτην ἰδεῖν ἀναδυομένην τοῖς πλέουσι πολὺν χειμῶνα καὶ ναυάγιον ἐσόμενον προαγορεύει· οὐδὲν δὲ ἧττον σώζει καὶ τὰ ἀπηλπισμένα τῶν πραγμάτων τελειοῖ. ἀεὶ δὲ ἀγαθὴ νενόμισται ἡ μέχρι ζώνης τὰ κάτω ἐσκεπασμένα ἔχουσα διὰ τὸ τοὺς μαζούς, οἵ εἰσι τροφιμώτατοι, γυμνοὺς ἔχειν καὶ ἐπιδείκνυσθαι. ἡ δὲ ὅλη γυμνὴ ἑταίραις μόναις ἀγαθὴ καὶ ἐργασίας σημαντική· πρὸς δὲ τὰ λοιπὰ αἰσχύνην προαγορεύει.

Ἥφαιστος τὰ μὲν αὐτὰ τῷ πυρὶ σημαίνει, ὡς δ' ἐπὶ τὸ πλεῖστον τὰ κρυπτὰ ἐλέγχει, καὶ μάλιστα μοιχείας διὰ τὴν περὶ αὐτὸν ἱστορίαν. χειρώναξι δέ ἐστιν ἀγαθὸς πᾶσι καὶ τοῖς γῆ-

---

1 νεμεσᾶν Suidas in v. νεμεσᾶν: νέμεσιν V || 3 κατὰ Suidas: παρὰ V || 5 περὶ ἀφροδίτης V || 6 ἰατροῖς] verbum corruptum || 8 προῃρημένους] προαιρουμένους V || 11 πρὸς — πρὸς] περὶ — περὶ V || 12 γονήν] γονάς V || συνδυασμῶν] συνδέσμων V || 13 ἐπιγόνων] vox corrupta || 14 καὶ μήτηρ τῶν ὅλων εἶναι] εἶναι καὶ μήτηρ τῶν ὅλων V || 15 εὑρετὶς Reiskius: εὑρετὴς V || 19 ἐν τοῖς αὐτοῖς ἀεὶ μένειν] ἐπὶ τοῖς αὐτοῖς ἀεὶ ἐμμένειν V || 24 τὸ Reiskius addidit || 25 γυμνοὺς ἔχειν] γυμνούς τε ἔχειν V. nisi fuit γυμνοὺς ἔχειν τε καὶ ἐπιδείκνυσθαι || 26 μόναις] καὶ μόναις V || 27 προαγορεύει] προαγορεύει ὡς ἐπὶ τὸ πλεῖστον V || 28 περὶ ἡφαίστου V || ὡς δ' ἐπὶ τὸ πλεῖστον] ὡς ἐπὶ τὸ πλεῖστον μόνον δὲ V ||

CAP. XXXVII. XXXVIII.

μαι καὶ κοινωνῆσαι βουλομένοις διὰ τὴν σύμπνοιαν τῶν φυσῶν καὶ τὰ ἑνούμενα σίδηρα.

Τύχη δὲ ἡ μὲν ἐπὶ κυλίνδρου ἑστῶσα πονηρὰ πᾶσι διὰ τὸ τῆς βάσεως ἐπικίνδυνον, ἡ δὲ τὸ πηδάλιον κρατοῦσα κινήσεις
5 προαγορεύει· οὐδεμία γὰρ πηδαλίου χρεία ἄνευ κινήσεως. ἀεὶ δὲ ἀγαθὴ ἢ καθεζομένη ἢ κατακεκλιμένη· τὸ ἀσφαλὲς γὰρ καὶ τὸ βέβαιον διὰ τοῦ σχήματος ἐπιδείκνυσιν. ὅσῳ δ᾽ ἂν πολυτελεστέρα καὶ εὐμορφοτέρα φαίνηται, τοσούτῳ βελτίων νομιζέσθω. λέγουσι δὲ ἔνιοι ὡς ἡ πολυτελὴς καὶ σφόδρα κεκο-
10 σμημένη Τύχη, καὶ μάλιστά γε ὅταν μὴ ὡς ἄγαλμα ἀλλ᾽ ὡς αὐτὴ ἡ Τύχη φαίνηται, πενίας ἐστὶ σημεῖον· ὡς γὰρ εἰκὸς ἑαυτῆς ἐπιμελομένη ἀμελεῖ τῶν ἀνθρώπων· ἡ δὲ λιτῶς ἔχουσα καὶ ἀμελοῦσα ἑαυτῆς πλοῦτον καὶ τρυφὴν προαγορεύει· φανερὸν γὰρ ὡς οὐχ ἑαυτῆς ἀλλὰ τῶν ἀνθρώπων προνοεῖ. ἐμοὶ δὲ
15 οὐκ εἰκότα λέγειν δοκοῦσιν· ἔστι γὰρ ἡ Τύχη οὐδὲν ἄλλο ἢ αὐτὰ τὰ κτήματα τῶν ἰδόντων.

Πειθὼ δὲ καὶ Χάριτες καὶ Ὧραι καὶ Νύμφαι πρὸς πάντα p. 137 καὶ πᾶσίν εἰσιν ἀγαθαί, Ἀριστοβούλη δὲ καὶ Εὐνομία τὰ αὐτὰ τῇ Νεμέσει σημαίνουσιν.

20 Ἑστία αὐτή τε καὶ τὰ ἀγάλματα αὐτῆς πολιτευομένοις μὲν τὴν βουλὴν καὶ τὴν ἐνθήκην σημαίνει τῶν προσόδων, ἰδιώταις δὲ αὐτὸ τὸ ζῆν, ἄρχοντι δὲ καὶ βασιλεῖ τὴν τῆς ἀρχῆς δύναμιν. περὶ δὲ θαλασσίων καὶ ποταμῶν θεῶν ἕκαστα ὧδε ἔχει.

Ποσειδῶν καὶ Ἀμφιτρίτη καὶ Νηρεὺς καὶ Νηρηίδες αὐτοί 38
25 τε ὁρώμενοι καὶ τὰ ἀγάλματα αὐτῶν ἀτάραχοι καὶ μηδὲν πονηρὸν πράττοντες ἢ λέγοντες ἀγαθοί εἰσι πᾶσι τοῖς τὴν θάλασσαν ἐργαζομένοις καὶ τοῖς κινεῖσθαι βουλομένοις, καὶ πρὸς τὰς λοιπὰς ἐγχειρήσεις οὐδὲν ἧττόν εἰσιν ἀγαθοί, πάντων δὲ μάλιστα τοῖς εἰς ὄχλον προϊοῦσι συμφορώτατοι τετήρηνται·
30 κινούμενοι δὲ ἢ ταρασσόμενοι ἢ κακόν τι λέγοντες ἢ δρῶντες τὰ ἐναντία τοῖς προειρημένοις σημαίνουσι. πολλάκις δὲ καὶ σεισμὸν καὶ ὄμβρον προηγόρευσαν ἐσόμενον.

---

3 περὶ τύχης V ‖ πᾶσι] πᾶσι σημαίνει V ‖ 8 βελτίων V ‖ νομιζέσθω] νομίζεσθαι εἶναι V ‖ 10 addidi καὶ ante μάλιστα ‖ 12 ἐπιμελομένη] ἐπιμελουμένη L ‖ 14 ἑαυτῆς] αὐτῆς V ‖ 16 κτήματα Rigaltius: κτίσματα V ‖ 20 περὶ ἑστίας V ‖ πολιτευομένοις] πόλεως V. poterat etiam scribi πολιτευταῖς ‖ 22 ἄρχοντι δὲ καὶ βασιλεῖ] ἄρχοντος δὲ καὶ βασιλέως V. sed rectius expungentur verba ἄρχοντος δὲ καὶ βασιλέως τὴν τῆς ἀρχῆς δύναμιν ‖ 24 περὶ θεῶν θαλασσίων V ‖ 30 post δρῶντες in V est ἢ πάσχοντες ἢ ἀπειλοῦντες ‖ 32 malim abesse καὶ ὄμβρον ‖

Λευκοθέα τοῖς μὲν τὴν θάλασσαν ἐργαζομένοις ἀγαθή, πρὸς δὲ τὰ ἄλλα πονηρὰ καὶ λύπης καὶ πένθους σημαντικὴ διὰ τὴν περὶ αὐτὴν ἱστορίαν. Πρωτεὺς δὲ καὶ Γλαῦκος καὶ Φόρκυς καὶ οἱ περὶ τούτους δαίμονες δόλους καὶ ἀπάτας σημαίνουσι διὰ τὸ εὐμετάβολον τῆς ὄψεως. μάντεσι δὲ ἀγαθοί. περὶ δὲ Θαλάσσης καὶ Κυμάτων ἐν τῷ περὶ πλοῦ λόγῳ ἔμπροσθεν ἐν αὐτῷ τούτῳ τῷ βιβλίῳ ἐπεμνήσθην. Αἰγιαλοὶ δὲ καὶ Ἠιόνες ἐλπίδων εἰσὶ σημαντικοὶ καὶ τοῖς κάμνουσι σωτηρίας· καὶ γὰρ οἱ ἐν μεγάλῳ χειμῶνι γενόμενοι, ἐπὰν ἴδωσιν αἰγιαλόν, ἐν ἡδίσταις ἐλπίσι γίνονται σωτηρίας. Ποταμοὶ δὲ καὶ Λίμναι καὶ Νύμφαι ἀγαθοὶ πρὸς παίδων γονήν. ἀκριβέστερον δὲ περὶ αὐτῶν ἐν τῷ ἔμπροσθεν λόγῳ εἴρηκα. Ἀχελῷος δὲ τὰ αὐτὰ τοῖς ποταμοῖς καὶ παντὶ ποτίμῳ ὕδατι σημαίνει καὶ ἰσχυρότερα τὰ ἀποτελέσματα ποιεῖ. ἐπειδὴ δὲ περὶ τούτων κατὰ τὸ ἐνδεχόμενον εἴρηται, λοιπὸν ἂν εἴη περὶ χθονίων θεῶν εἰπεῖν καὶ τῶν πέριξ τούτων.

39 Πλούτων καὶ Περσεφόνη τοῖς φοβουμένοις εἰσὶν ἀγαθοί· ἄρχουσι γὰρ τῶν οὐκέτι φοβουμένων· ἀγαθοὶ δὲ καὶ πένησι· πλοῦτον γὰρ καὶ πρόσκτησιν σημαίνουσι διὰ τὸ ἀνενδεὲς τῶν ὑποτεταγμένων αὐτοῖς· ἀγαθοὶ δὲ καὶ τοῖς γῆν πρίασθαι βουλομένοις καὶ τοῖς ἐπὶ τὸ ἄρχειν ὁρμωμένοις· πολλῶν γὰρ ἄρχουσιν οἱ θεοὶ οὗτοι. καὶ πρὸς τὰς μυστικὰς δὲ καὶ ἀπορρήτους χρείας ἀγαθοὶ τετήρηνται. πράττοντες δέ τι δεινὸν ἢ ἀπειλοῦντες τὰ ἐναντία σημαίνουσι.

Δημήτηρ καὶ Κόρη καὶ ὁ λεγόμενος Ἴακχος τοῖς μεμυημένοις ταῖς θεαῖς ἀγαθὸν οὐ τὸ τυχὸν ἐσόμενον σημαίνουσι· τοῖς δὲ ἀμυήτοις πρότερόν τινα φόβον καὶ κίνδυνον ἐπάγουσιν, εἶτα δὲ οὐδὲν ἧττον τελειοῦσι τὸ ἀγαθόν. γεωργοῖς δὲ καὶ τοῖς κτήσασθαι γῆν προῃρημένοις ἀγαθαί· κρατήσειν γὰρ τῆς γῆς καὶ δεσπόσειν προσημαίνουσι. καὶ τοὺς νοσοῦντας ἀνιστᾶσι· καρπῶν γάρ εἰσιν ἀνθρώποις χρησίμων αἴτιαι, ὧν τοῖς ἀποθανοῦσιν οὐ μέτεστιν. ἔτι καὶ τὴν Δημήτερα τῇ γῇ τὸν

---

1 περὶ λευκοθέας V || 10 σωτηρίας spurium esse videtur || 11 Νύμφαι] νύμφαι καὶ ἐφυδρίδες V, quod saltem νύμφαι αἱ ἐφυδριάδες scribendum erat || 12 ἔμπροσθεν] πρόσθεν V || 14 κατὰ τὸ ἐνδεχόμενον] κατὰ τὸ ἐνδεχόμενον ἱκανῶς V || 16 τούτων addidi || 17 περὶ χθονίων θεῶν καὶ τῶν πέριξ V || 20 ἀγαθοὶ] ἀγαθὸν V || 22 δὲ addidi || 25 Δημήτηρ] δημήτηρ δὲ V || 26 ἀγαθόν] ἀγαθόν τι καὶ V || 28 εἶτα δὲ] δὲ suspectum || τὸ] καὶ τὸ V || 29 κρατήσειν] κρατῆσαι V || 30 δεσπόσειν] δεσπόζειν V || ἀνιστᾶσι] ἀνιστᾶσι καὶ σώζουσι V || 31 αἴτιαι V || 32 Δημήτερα] δήμητρα V ||

CAP. XXXVIII. XXXIX. 145

αὐτὸν ἔχειν λόγον φασὶν οἱ σοφοί· ζείδωρος γὰρ ἡ γῆ καὶ p. 139
βιόδωρος καὶ φερέσβιος καλεῖται. ἀγαθὴ δ᾽ ἂν εἴη καὶ πρὸς
γάμον καὶ πρὸς τὰς ἄλλας ἐγχειρήσεις πάσας κατ᾽ ἰδίαν ὁρω-
μένη ἡ Δημήτηρ, οὐκέτι δὲ ἡ Κόρη διὰ τὴν περὶ αὐτὴν ἱστο-
5 ρίαν. αὕτη δὲ πολλάκις καὶ τοῖς ὀφθαλμοῖς τοῦ ἰδόντος κίν-
δυνον ἐπήνεγκε διὰ τὸ ὄνομα· κόρη γὰρ καλεῖται καὶ ἡ γλήνη
ἡ ἐν τῷ ὀφθαλμῷ.

Σάραπις καὶ Ἶσις καὶ Ἄνουβις καὶ Ἁρποκράτης αὐτοί τε
καὶ τὰ ἀγάλματα αὐτῶν καὶ τὰ μυστήρια ταραχὰς καὶ κινδύ-
10 νους καὶ ἀπειλὰς καὶ περιστάσεις σημαίνουσιν, ἐξ ὧν καὶ παρὰ
προσδοκίαν σώζουσιν· ἀεὶ γὰρ σωτῆρες εἶναι νενομισμένοι
εἰσὶν οἱ θεοὶ τῶν εἰς πᾶν ἀφιγμένων. ἐξαιρέτως δὲ τὰ μυστή-
ρια αὐτῶν πένθους ἐστὶ σημαντικά· καὶ γὰρ εἰ καὶ ὁ φυσικὸς
αὐτῶν λόγος ἄλλο τι περιέχει, ὅ γε μυθικὸς καὶ ὁ κατὰ τὴν
15 ἱστορίαν τοῦτο δείκνυσιν.

Ἑκάτη ἡ χθονία καὶ Ἐριννύες καὶ Δαίμονες οἱ περὶ τού-
τους φοβεροὶ καὶ τοῖς δικαιοπραγοῦσι, τοὺς δὲ παρανομοῦντας
καὶ τοὺς ἐπιτιθεμένους τισὶ διαφθείρουσι. τὰ δ᾽ αὐτὰ τούτοις
καὶ ἡ λεγομένη Μήτηρ θεῶν σημαίνει. αὕτη καὶ θορύβους καὶ
20 πένθη καθ᾽ ἑαυτὴν ὁρωμένη προαγορεύει καὶ τὰ κρυπτὰ ἐλέγ-
χει, γεωργοῖς δέ ἐστιν ἀγαθή· γῆ γὰρ εἶναι νενόμισται.

Δεῖμος καὶ Φόβος Ἄρεος υἱοὶ καὶ αὐτὸς δὲ ὁ Ἄρης στρα-
τηγοῖς καὶ στρατιώταις καὶ μονομάχοις καὶ λησταῖς καὶ κυβευ-
ταῖς πᾶσι συμφέρουσι. τοῖς δὲ λοιποῖς μάχας καὶ βλάβας ση-
25 μαίνουσι· τούτων γὰρ εἰσὶν αἴτιοι.

Ὠκεανὸς καὶ Τηθὺς φιλοσόφοις καὶ μάντεσι μόνοις ἀγα-
θοί, καθὼς ἤδη εἴρηται· τοῖς δὲ λοιποῖς λύπας ἐπιφέρουσιν
πλὴν τῶν παρὰ τῷ Ὠκεανῷ ἀναστρεφομένων.

Κρόνος καὶ Τιτᾶνες κακούργοις μὲν δεσμὰ σημαίνουσι καὶ
30 τοὺς ἐπιτιθεμένους τισὶ κωλύουσιν ἀνύσαι, πρὸς δὲ τὰ λάθρα

---

1 ζείδωρος] ζήδωρος V ‖ καὶ βιόδωρος καὶ φερέσβιος καλεῖται]
καλεῖται δὲ καὶ βιοδώρα καὶ φερέσβιος Suidas in v. ζείδωρον, καὶ φερέ-
σβιος καλεῖται καὶ βιόδωρος V ‖ 3 πρὸς ante τὰς ἄλλας inserui ‖ 9 post μυ-
στήρια in V est καὶ πᾶς ὁ περὶ αὐτῶν λόγος καὶ τῶν τούτοις συννάων τε
καὶ συμβώμων θεῶν ‖ 10 παρὰ προσδοκίαν] παρὰ προσδοκίαν καὶ παρὰ
τὰς ἐλπίδας V ‖ 11 εἶναι addidi ‖ 12 πᾶν] πάντα V ‖ post ἀφιγμένων
in V est καὶ ἔσχατον ἐλθόντων κίνδυνον τοὺς δὲ ἤδη ἐν τοῖς τοιούτοις ὄν-
τας αὐτίκα μάλα σώζουσιν ‖ δὲ] δὲ καὶ V ‖ 13 ἐστὶ] εἰσὶ V ‖ εἰ καὶ]
εἰ V ‖ 16 ἡ addidi ‖ οἱ Reiskius: καὶ οἱ V ‖ περὶ τούτους Rigaltius:
περίτους V ‖ 18 δ᾽ addidi et mox σημαίνει ‖ 26 Ὠκεανὸς] ὠκεανὸς δὲ
V ‖ 27 post ἐπιφέρουσιν in V est ἀφῖχθαι τοῦ ζῆν δηλοῦσι ‖

ARTEMIDORUS. 10

146 LIB. II.

πρασσόμενά είσιν άγαθοί. ούτε δέ γαμεῖν ἐπιτρέπουσιν ούτε παῖδας ἐσομένους προαγορεύουσιν.

Ἡ τῶν ὅλων Φύσις καὶ Εἱμαρμένη καὶ Πρόνοια καὶ εἴ τι ἄλλο ὄνομα τούτοις ἰσοδυναμεῖ, πᾶσιν ἀγαθὰ προαγορεύουσι πλὴν τῶν νοσούντων· τούτους γὰρ ἀναιροῦσιν, ἐὰν μὴ εὔφημά τινα λέγωσι. κοινὸν δὲ λόγον ἔχουσιν οἱ θεοὶ καὶ τὰ ἀγάλματα αὐτῶν. τούτων δὲ τὰ μὲν ἐξ ὕλης πεποιημένα στερεᾶς τε καὶ ἀσήπτου ἀγαθὰ ἂν εἴη, οἷον τὰ χρυσοῦ πεποιημένα ἢ ἀργύρου ἢ χαλκοῦ ἢ ἐλέφαντος ἢ λίθου ἢ ἠλέκτρου ἢ ἐβένου· τὰ δὲ ἐξ ὕλης ἄλλης πεποιημένα ἀγάλματα ἧττον ἂν εἴη ἀγαθά, πολλάκις δὲ καὶ κακά, οἷον τὰ γήινα καὶ ὀστράκινα καὶ πήλινα καὶ κήρινα καὶ γραπτὰ καὶ τὰ ὅμοια. ἔτι καὶ τοῦτο. ὅσοι ἀγαθὰ σημαίνουσιν, αὐτοί τε καὶ τὰ ἀγάλματα αὐτῶν, ἀγαθὸν ἂν εἴη μήτε συντριβόμενα ἰδεῖν μήτε κατασσόμενα τὰ ἀγάλματα αὐτῶν· ὅσοι δὲ κακὰ σημαίνουσιν, αὐτοί τε καὶ τὰ ἀγάλματα αὐτῶν, ἀφανιζόμενα ἰδεῖν ἀγαθὸν ἂν εἴη τὰ ἀγάλματα αὐτῶν.

40 Περὶ δὲ Ἡρώων καὶ Δαιμόνων τί δεῖ καὶ λέγειν; τὰ γὰρ αὐτὰ τοῖς θεοῖς σημαίνουσι καὶ ἀγαθὰ καὶ κακά, ἥττονα δὲ τῇ δυνάμει. μεμνῆσθαι δὲ χρὴ ὅτι ἕκαστον αὐτῶν τὴν οἰκείαν σκευὴν ἔχειν χρὴ καὶ μὴ διαλλάσσειν μηδὲ ἀποβάλλειν μηδὲ ἁπλῶς ἑστάναι μηδὲ ἄνευ ὅπλων εἶναι τῶν νενομισμένων, ἐπεὶ ὅ τι ἂν σημαίνωσιν, ἐάν τε ἀγαθὸν ἐάν τε κακόν, ἐξαπατῶσι καὶ ψεύδονται.

41 Γῆ κινουμένη τὰ πράγματα καὶ τὸν βίον τοῦ ἰδόντος κινηθήσεσθαι σημαίνει, χάσματα δὲ καὶ σεισμοὶ καὶ συμπτώσεις πάντας ἀνθρώπους ἀδικοῦσι καὶ διαφθείρουσιν αὐτοὺς ἢ τὰ ὑπάρχοντα αὐτῶν. μόνοις δὲ τοῖς ἀποδημεῖν προῃρημένοις καὶ τοῖς καταχρέοις αἴσια καὶ δεξιὰ πάντα τὰ τοιαῦτα τετήρηται·

---

3 ἤ] ἡ δὲ V ǁ 4 ὄνομα addidi ǁ ἀγαθά] ἀγαθὸν V ǁ 5 γάρ] δὲ V ǁ 6 καὶ] malim πρὸς ǁ 11 κακὰ οἷον addidit Reiskius ǁ τὰ γήινα idem: ταπεινά V ǁ καὶ addidi ante ὀστράκινα, nisi abiecto γήινα scribendum est τὰ ὀστράκινα καὶ πήλινα ǁ 12 καὶ addidi ante γραπτὰ ǁ 13 αὐτῶν inserui ǁ 15 ὅσοι δὲ κακὰ σημαίνουσιν αὐτοί τε καὶ τὰ ἀγάλματα αὐτῶν adiecit Reiskius ǁ 16 ἀφανιζόμενα ἰδεῖν ἀγαθὸν ἂν εἴη τὰ ἀγάλματα αὐτῶν] τούτους καὶ ἀφανιζομένους ἰδεῖν ἀγαθὸν ἂν εἴη πάντας καὶ τὰ ἀγάλματα αὐτῶν V ǁ post αὐτῶν in V est μάλιστα δὲ νεμέσει τὰ αὐτὰ σημαίνει ǁ 17 περὶ ἡρώων καὶ δαιμόνων LV ǁ δεῖ καὶ] δεῖ V ǁ 18 τοῖς] τοῖς ψευδωνύμοις L ǁ ἥττονα δὲ] ἥττονα μέντοι V ǁ 20 διαλάττειν V ǁ 21 ὅπλων] τούτων LV ǁ νενομοθετημένων L ǁ 22 ὅ τι ἂν Reiskius: ὅταν V, ἐὰν L ǁ 24 περὶ γῆς σεισμῶν καὶ χασμάτων LV ǁ καὶ τὸν βίον τοῦ ἰδόντος] τοῦ ἰδόντος καὶ τὸν βίον V ǁ 26 ἀδικοῦσιν L ǁ φθείρουσιν L ǁ 27 προειρημένοις L ǁ

CAP. XXXIX—LXIV. 147

τὰ γὰρ διαλυόμενα καὶ συμπίπτοντα οὐκέτι κατέχει ἐν τῇ προτέρᾳ χώρᾳ τοὺς ἰδόντας, ὅθεν καὶ δανείων καὶ δεσμῶν ἀπαλλάττει.

Περὶ δὲ τῶν παραλελειμμένων ἐπ᾽ ἀμφοτέραις ταῖς βίβλοις
5 περισσὸν μὲν λέγειν, ἐπειδὴ ἀπὸ τῶν γεγραμμένων κατὰ τὸ ὅμοιον τὰ ἄγραφα τεκμαίρεσθαι χρή· ὅμως δέ τι εἰρήσεται περὶ αὐτῶν.

Κλίμαξ ἀποδημίας ἐστὶ σημαντικὴ καὶ μεταβάσεως, οἱ δὲ 42
βαθμοὶ αὐτῆς καὶ προκοπὴν σημαίνουσι. λέγουσι δὲ ἔνιοι ὅτι
10 καὶ κίνδυνον σημαίνουσι.

Τάγηνον ζημίαν σημαίνει καὶ γυναῖκα λίχνην.

Μύλος ἀεὶ τῶν σκληρῶν καὶ πονηρῶν πραγμάτων λύσιν καὶ πιστὸν θεράποντα σημαίνει.

Ὅλμος γυναῖκα σημαίνει, ὕπερον δὲ ἄνδρα.

15 Ἀλεκτρυὼν ἐν μὲν πένητος οἰκίᾳ τὸν οἰκοδεσπότην, ἐν δὲ πλουσίου τὸν οἰκονόμον σημαίνει διὰ τὸ ἀνιστᾶν τοὺς ἔνδον ἐπὶ τὰ ἔργα.

Ὠιὰ ἰατροῖς καὶ ζωγράφοις καὶ τοῖς ἀπ᾽ αὐτῶν ποριζομένοις 43
συμφέρει· τοῖς δὲ λοιποῖς τὰ μὲν ὀλίγα κέρδους ἐστὶ σημαν-
20 τικὰ διὰ τὸ τρόφιμον, τὰ δὲ πολλὰ φροντίδος καὶ ἀνίας, πολλάκις δὲ καὶ δικῶν, ὅτι τὰ ἐξ αὐτῶν γεννώμενα δι᾽ ὅλου σκαλεύει καὶ τὰ κεκρυμμένα ἐρευνᾷ.

Ψιλοῦσθαι καὶ πιττοῦσθαι βλάβας καὶ ζημίας σημαίνει.

Ἔτι καὶ τοῦτο. μεμνῆσθαι χρὴ ὅτι ὅσα τεράστιά ἐστι καὶ 44
25 οὐδαμῶς ἐνδεχόμενα καὶ λόγον οὐκ ἔχοντα μεθ᾽ ἡμέραν γενέ- p. 142

---

1 συμπίπτοντα] συνάπτοντα V ‖ προτέρᾳ] πρώτῃ V ‖ 2 τοῦ ἰδόντος L ‖ 4 παραλελημμένων L ‖ ἐπ᾽] fortasse ἐν ‖ 5 περιττὸν L ‖ μὲν om L ‖ ἀπὸ] ἐξ αὐτῶν L ‖ 6 τὰ ἄγραφα om V ‖ ὅμως] ὁμοίως L ‖ δέ τι] δὲ ἔτι V ‖ 8 περὶ κλίμακος τηγάνου μύλου ὅλμου καὶ ἀλεκτρυῶνος V, κλίμακος L ‖ 9 σημαίνουσιν L ‖ λέγουσιν L ‖ 10 σημαίνουσιν L ‖ 11 ταγήνου pr L, τηγάνου sec L ‖ τάγηνον] τάγηνον δὲ L, τήγανον δὲ V ‖ λίχνην] λιχνὴν pr L, λίχνον V ‖ 12 μου λου L ‖ μύλος] μύλος δὲ LV ‖ ἀεὶ suspectum ‖ καὶ om L. omisso πονηρῶν malim τῶν σκληρῶν πραγμάτων ‖ 14 ὁλμουὕπερον L ‖ 15 ἀλεκτρυονος L ‖ 16 σημαίνει om L ‖ 17 post ἔργα in V est ψιλοῦσθαι ἢ πίσσῃ χρίεσθαι βλάβας καὶ ζημίας σημαίνει. vide v. 23 ‖ 18 περὶ ᾠῶν V, ὠιων L ‖ ᾠᾶ] ᾠᾶ δὲ LV ‖ ἰατροῖς] ἀπ᾽] ἐξ V ‖ ποριζομένοις] νομιζομένοις L ‖ 19 συμφέρει] σύμφορα V ‖ ἐστὶ] επι L ‖ 20 φροντίδων V ‖ 21 σκαλεύει διόλου V ‖ 23 ψιλοῦσθαι — σημαίνει om V. vide v. 17 ‖ πιττοῦσθαι] πιποῦσθαι L ‖ 24 περὶ ἱπποκενταύρου καὶ σκύλλης καὶ θεῶν ἀνθρωποειδῶν V, ἱπποκενταύρου καὶ σκύλλης L ‖ ὅτι om L ‖ 25 ἐνδεχόμενα καὶ λόγον οὐκ ἔχοντα] ἐνδεχόμενα L, ἐνδεχόμενα παρὰ φύσιν νοεῖται καὶ λόγον οὐκ ἔχοντα V ‖

10*

σθαι, ὡς Ἱπποκένταυρος καὶ Σκύλλα καὶ τὰ ὅμοια, ψευδεῖς τὰς ἐλπίδας καὶ ἀτελέστους ποιεῖ.

Φαίνονται δὲ οἱ θεοὶ ἐν ἀνθρώπων ἰδέᾳ τε καὶ μορφῇ, ἐπειδὴ νενομίκαμεν αὐτοὺς τὰ εἴδη ἡμῖν ἐοικέναι. κανονίζειν οὖν χρὴ τοὺς ἀγνοουμένους θεούς τε καὶ θεὰς ἀπὸ ἡλικίας ἢ ἀπὸ τῶν ἐκτὸς ἢ ἀπὸ τεχνῶν οὕτως. ἀπὸ μὲν ἡλικίας. οἷον παιδάριον ὀφθὲν καιρὸν σημαίνει τὸν μέλλοντα, νεανίσκος δὲ τὸν ἐνεστῶτα. καὶ πάλιν μειράκιον νέον τὸν Ἑρμῆν, νεανίσκος δὲ τὸν Ἡρακλέα, ἀνὴρ δὲ τὸν Δία, πρεσβύτης δὲ τὸν Κρόνον, δύο μειράκια τοὺς Διοσκόρους, παρθένος Ἐλπίδα ἢ Ἄρτεμιν ἢ Ἀθηνᾶν· Ἐλπίδα μὲν γελῶσα, Ἄρτεμιν δὲ σεμνοπροσωποῦσα, Ἀθηνᾶν δὲ γοργὸν ἐμβλέπουσα. γυνὴ δὲ νέα Τύχην, πρεσβῦτις δὲ Ἑστίαν· τρεῖς γυναῖκες Μοίρας, ὅταν ὦσιν ἐνδεδυμέναι· γυμναὶ δὲ Ὥρας, λουόμεναι δὲ Νύμφας. ἀπὸ δὲ τῶν ἐκτός. οἱ θεοὶ ἔχουσι παράσημα. οἱ τὰ αὐτὰ ἔχοντες, ἵνα μὴ καθ᾽ ἕκαστον λέγω, εὐσήμου ὄντος τοῦ λόγου, τοὺς θεοὺς τούτους σημαίνουσιν. ἀπὸ δὲ τεχνῶν. οἱ τὰς ἐπωνύμους τοῖς θεοῖς τέχνας ἔχοντες τοὺς τῶν τεχνῶν προϊσταμένους θεοὺς σημαίνουσιν.

Ὀνείρους δὲ ἀποβεβηκότας καὶ τὰς ἀποβάσεις αὐτῶν οὐκ ἐνεδέχετο γράφειν ἐν τέχνῃ ὀνειροκριτικῇ καὶ ὑποθήκαις θεωρημάτων. οὐδέ μοι πιθανὰ ἐδόκει ταῦτα, καίτοι Γεμίνου τοῦ Τυρίου καὶ Δημητρίου τοῦ Φαληρέως καὶ Ἀρτέμωνος τοῦ Μιλησίου τοῦ μὲν ἐν τρισὶ βιβλίοις τοῦ δὲ ἐν πέντε τοῦ δὲ ἐν εἰκοσιδύο πολλοὺς ὀνείρους ἀναγραψαμένων καὶ μάλιστα συνταγὰς καὶ θεραπείας τὰς ὑπὸ Σαράπιδος δοθείσας.

Ἔτι καὶ πινακὶς γυναῖκα σημαίνει διὰ τὸ τύπους παντο-

---

1 ἱπποκένταυροι V || 2 ποιεῖ] ποιεῖν L, ποιοῦσι V || 3 θεοὶ φαινόμενοι ἐν ἀνθρώπου ἰδέᾳ τοῦτο παρέλειπον ὡς ἄχρηστον καὶ φλήναφον L, quibus recentior manus adscripsit: σημειοῦ. σὺ μὲν οὖν ἄχρηστος εἶ καὶ φλήναφος τὰ συγγράμματα λυμαίνων ἀναίσθητε καὶ ὑποκριτά. ac desiderantur in L verba φαίνονται δὲ οἱ θεοὶ usque ad Σαράπιδος δοθείσας. totum autem hoc comma alieno loco positum est atque ex duobus coaluit frustis, quorum posterius incipiat a verbis ὀνείρους δὲ ἀποβεβηκότας. alterum vide an propriam sedem habuerit in extremo capite tricesimo nono; de posterioris sede nihil statuo || ἰδέᾳ] εἰδέᾳ V || 4 κανονίζειν] νομίζειν V || 5 τοὺς] τοὺς ὁρωμένους V || 6 τεχνῶν Reiffius: τῶν τεχνῶν V || 12 νέα Rigaltius: νέαν V || πρεσβῦτις Reiffius: πρεσβύτης V || 14 locus corruptus. malim ἀπὸ δὲ τῶν ἐκτός· οἱ ταῦτα τοῖς θεοῖς παράσημα ἔχοντες || 23 Τυρίου Rigaltius: πυρίου V || Μιλησίου Reiffius: μηλησίου V || 26 ὑπὸ] ἀπὸ V || 27 περὶ πινακίδος καὶ βιβλίων V, πινακίδος L || ἔτι καὶ om V ||

δαπούς γραμμάτων επιδέχεσθαι. τύπους δε εν τη συνηθεία και τα τέκνα καλούμεν.

Βιβλίον τον βίον του ιδόντος σημαίνει· (διέρχονται γαρ τα βιβλία οι άνθρωποι ώσπερ και τον βίον) και παλαιών πραγμάτων υπόμνησιν, επειδή τα πάλαι πραχθέντα τοις βιβλίοις εγγέγραπται. εσθίειν δε βιβλία παιδευταίς και σοφισταίς και πάσι τοις από λόγου ή βιβλίων ποριζομένοις συμφέρει· τοις δε λοιποίς θάνατον σύντομον προαγορεύει.

Πέρδικες και άνδρας και γυναίκας σημαίνουσιν, ως δε επί **46** το πλείστον γυναίκας αθέους και ασεβείς ουδέ ποτε τοις τρέφουσιν ευνοούσας· και γαρ δυστιθάσευτοί εισι και ποικίλοι και μόνοι των ορνίθων θεών σέβας ουκ έχουσι.

Πέδαι κατοχής και εμποδισμού εισί σημαντικαί και νόσου **47** δια το καθεκτικόν. δούλοις δε πίστεις μεγάλας προαγορεύουσιν, ων αχώριστοι έσονται· και γάμον αγάμοις και τέκνα τοις ουκ έχουσιν. από δε της ύλης αυτών το πολυτελές του γάμου έστι τεκμήρασθαι.

Παίειν τούτους μόνον εστίν αγαθόν, ων άρχει τις, πλην **48** γυναικός· αύτη γαρ ει παίοιτο, μοιχεύεται. οι δε λοιποί επ' p. 144 ωφελεία του παίοντος τας πληγάς λαμβάνουσιν. ων δε τις ουκ άρχει, τούτους παίειν ουκ αγαθόν· ζημίαν γαρ δια τον

3 βιβλον L || βιβλίον] βίβλον L₁ βιβλίον δε V || 4 ώσπερ και τον βίον οι άνθρωποι L || 5 πραγμάτων υπόμνησιν] υπόμνησιν γραμμάτων V || βίβλοις L || βιβλία εσθίειν L || 7 λόγου] λόγων LV || post ποριζομένοις in L additur την εργασίαν μόνον || 9 περί περδίκων LV || και om L || άνδρα και γυναίκα L || 10 πλείστον] πολύ L || γυναίκας] γυναίκας μάλλον LV || 11 δυστιθάσευτοί V ex correctione; erat δυστιθάσσευτοί || 12 των om L || έχουσιν L || 13 περί πεδών LV || 14 δούλους L || 15 αχώριστοι] αχώριστοι V, αχωρίστοις L || αγάμοις om L || 16 αυτών] αυτής V || 18 περί πληγών V, περί τύπτειν και τύπτεσθαι L || εστίν αγαθόν] αγαθόν εστιν V || 20 ων δε τις ουκ άρχει] ων δε μεν και αιμάσσουσιν, αλλ' ουκ αποκτείναί γε βούλονται. ούτως γε και οι χειρουργοί. και τοις τρόποις δε τοις ειρημένοις εν τω πρώτω βιβλίω ως αληθέσιν πρόσεχε και ουχ αμαρτήσεις, σαφώς δε αυτών εκεί και διδασκαλικώς ερμηνευομένων περισσόν ενθάδε λέγειν· μεριμνητικούς δε ονείρους ηγού είναι περί ων περιμνήσαντες πραγμάτων μη αλόγω τινί ορμή επιθυμίας χρώμενοι ίδωσιν άνθρωποι ονείρους. τους δε αυτούς και αιτηματικούς καλείν δια το αιτείν τι παρά θεού ιδείν περί των εν ποσίν πραγμάτων. μέμνησο δε όταν μεν αιτείς ονείρους μη επιθυμιάν λιβανωτόν μηδέ άρρητα ονόματα λέγειν, και το κεφάλαιον ειπείν περιεργότερον τον θεόν επερώτα μηδέ γε λόγον γαρ αν είη, ανθρώπων μεν τους σπουδαίους τοις μετά ανάγκης αιτούσιν και βιαίως μηδέν παρέχειν τοις δε επιεικέσιν χαρίζεσθαι, θεούς δε προς βίαν αιτουμένους υπακούειν· μετά δε το ιδείν και θύε και ευχαρίστει. έτι δε και των νομοθετούντων τοις θεοίς καταγέλα· λέγω δε των ευχομένων ούτως· εί μοι πρακτέον τόδε και εί μοι έσται τις ουκ άρχει L. vide IV 2 ||

νόμον προαγορεύει. παίεσθαι δὲ οὐκ ἀγαθὸν μήτε ὑπὸ θεῶν μήτε ὑπὸ νεκρῶν μήτε ὑπὸ τῶν ὑποτασσομένων, ἀλλ' ὑπὸ τῶν λοιπῶν. ἀεὶ δὲ ἀγαθὸν ξύλοις ἢ χερσὶ παίεσθαι, πονηρὸν δὲ ἱμάντι διὰ τοὺς μώλωπας καὶ καλάμῳ διὰ τὸν ψόφον. ὁπόθεν δὲ οἱ παιόμενοι λαμβάνουσι τὰς πληγάς, ἐντεῦθεν τὰς ὠφελείας συμβέβηκε γίνεσθαι.

49 Ἀποθανεῖν δοκεῖν καὶ ἐκκομισθῆναι καὶ κατορυγῆναι δούλῳ μὲν οὐκ ὄντι ἐν πίστει ἐλευθερίαν προαγορεύει· ἀδέσποτος γὰρ ὁ ἀποθανὼν καὶ πέπαυται κάμνων καὶ ὑπηρετῶν· τὸν δὲ ἐν πίστει ὄντα δοῦλον παραιρεῖται τῆς πίστεως ὁ θάνατος. ἀνδρὶ δὲ ἀγάμῳ γάμον προαγορεύει· τέλη μὲν γὰρ ἀμφότερα τοῖς ἀνθρώποις εἶναι νενόμισται καὶ ὁ γάμος, καὶ ὁ θάνατος, ἀεὶ δὲ δείκνυνται ὑπ' ἀλλήλων. ὅθεν καὶ τοῖς νοσοῦσι τὸ γαμεῖν θάνατον προαγορεύει· καὶ γὰρ τὰ αὐτὰ ἀμφοτέροις συμβαίνει, τῷ τε γαμοῦντι καὶ τῷ ἀποθανόντι, οἷον παραπομπὴ φίλων ἀνδρῶν τε καὶ γυναικῶν καὶ στέφανοι καὶ ἀρώματα καὶ μύρα καὶ συγγραφὴ κτημάτων. τὸν δὲ γεγαμηκότα διίστησι τῆς γυναικὸς ὁ θάνατος, καὶ κοινωνοὺς δὲ καὶ φίλους καὶ ἀδελφοὺς διαλύει καὶ διίστησιν ἀλλήλων· οἱ γὰρ ἀποθανόντες τοῖς ζῶσιν οὐ συναναστρέφονται, οὐδ' αὖ οἱ ζῶντες τοῖς ἀποθανοῦσι. τὸν δὲ ἐν τῇ οἰκείᾳ ὄντα ἐπὶ ξένην ἄγει διὰ τὸ μὴ τὸν ἀποθανόντα ἐν τοῖς αὐτοῖς ἔτι μένειν, τὸν δὲ ἐπὶ ξένης ὄντα εἰς τὴν οἰκείαν ἐπανάγει· καὶ γὰρ ὁ ἀποθανὼν εἰς τὴν γῆν κατατίθεται, ἥτις ἐστὶ κοινὴ πάντων πατρίς. ἀθλητὰς δὲ ἱερονίκας ὁ θάνατος ποιεῖ· τέλειοι γὰρ οἱ ἀποθανόντες ὡς καὶ οἱ νικήσαντες. ἀγαθὸν δὲ καὶ φιλολόγοις τὸ ἀποθανεῖν

---

1 οὐκ om L. locus turbatus || scribendum videtur οὔτε ὑπὸ θεῶν οὔτε ὑπὸ νεκρῶν οὔτε ὑπὸ τῶν ὑποτεταγμένων || 2 ὑποτασσομένων ἀλλ' ὑπὸ τῶν om L || 3 χειρὶ V || δὲ om L || 4 post ψόφον in L est καὶ νάρθηκι ἐπειδὴ ψοφῶδές ἐστι τὸ ξύλον, in V καὶ νάρθηκι ψοφῶδες γάρ ἐστι τὸ ξύλον || ὁπόθεν] ἐπειδὴ LV || 5 παιόμενον L || 6 γίνεσθαι] γίνεσθαι παρὰ τὸ λαμβάνειν V, γενέσθαι παρὰ τὸ λαμβάνειν L. post λαμβάνειν in LV est ἐγὼ δὲ ἐτήρησα καὶ τοῦτο ἐπ' ἐμαυτοῦ συμβάν. ποτὲ γὰρ δόξας ὑπὸ τῆς ἐμαυτοῦ γυναικὸς ἐν ὕπνοις ὑβρίζεσθαι, τῇ ἡμέρᾳ ἐκείνῃ ἀκαταθυμίου (ἀκαταθύμιον L) τινός μοι ὑπαντήσαντος ἐταράχθην (ἐταράγην L) καὶ ἐδυσφόρησα καὶ οὐκ ἦν ἀπεοικὸς (ἀεοικὸς V) τὸν ὑπὸ προσώπου ὑποτεταγμένου καὶ ὑφ' οὗ τιμᾶσθαι ὀφείλει (ὀφίλει L) ὑβρισθέντα μὴ ἀηδισθῆναι (ἀειδισθῆναι L) ἢ λυπηθῆναι ἐν πράγματι || 7 περὶ θανάτου LV || ἀποθανεῖν] ἀποθανεῖν μὲν L || 10 παραιτεῖται V || τῆς om V || ὁ om L || 11 τελεῖ L || μὲν γάρ] δὲ L || 13 δείκνυνται] δείκνυται V, νενόμισται L || ὑπὸ L || νοσοῦσιν L || 14 καὶ γὰρ om L || 15 ἀποθνήσκοντι V || 20 ζῶσι L || 21 ἀποθανοῦσιν L || οἰκίᾳ V || 23 οἰκίαν V || ἐπανάγει] ἄγει LV || 24 ἀθληταῖς δὲ ἱερονίκαις V || ὁ om V || θάνατον V ||

καὶ πατράσι· μνημεῖα γὰρ ἕξουσιν οἱ μὲν τοὺς παῖδας, οἱ δὲ τῆς ἑαυτῶν σοφίας τὰ συγγράμματα. ἀγαθὸν δὲ τὸν θάνατον ἐτήρησα καὶ τοῖς λυπουμένοις καὶ τοῖς φοβουμένοις (ἄφοβοι γὰρ καὶ ἄλυποι οἱ ἀποθανόντες) καὶ τοῖς περὶ γῆς δίκην ἔχουσι 5 καὶ τοῖς βουλομένοις γῆν πρίασθαι· γῆς γὰρ δεσπόται οἱ ἀποθανόντες. ἐν δὲ ταῖς ἄλλαις δίκαις πονηρὸν τὸ ἀποθανεῖν· ἄπρακτοι γὰρ οἱ ἀποθανόντες καὶ ἐν τῇ τῶν ζώντων ἐξουσίᾳ κείμενοι. εἰ δέ τις νοσῶν ἢ ἀλγῶν τι δόξειε τεθνάναι, ἄπονος ἔσται καὶ ἄνοσος· καὶ γὰρ οἱ ἀποθανόντες. οὐδὲν δὲ διαφέρει 10 ἢ αὐτὸ μόνον δοκεῖν ἀποθανεῖν ἢ ἐκκομισθῆναι ἢ ταφῆναι. ζῶντα δὲ θάπτεσθαι δοκεῖν οὐδενὶ συμφέρει· ὡς γὰρ ἐπὶ τὸ πολὺ εἰρκτὴν καὶ δεσμὰ σημαίνει. ὅ τι δ' ἂν σημαίνῃ ἀγαθὸν ἢ κακὸν ὁ θάνατος, τοῦτο ἐὰν μέν τις ἑαυτὸν ἀποκτείνῃ, ἔσται αὐτῷ διὰ τὴν ἑαυτοῦ αἰτίαν· ἐὰν δὲ ὑπὸ ἄλλου ἀποθάνῃ, διὰ 15 τὴν τοῦ ἄλλου αἰτίαν καὶ τὰ ἀποτελέσματα ἔσται. πάντες δὲ οἱ ἐκ καταδίκης θάνατοι τὰ σημαινόμενα καὶ ἀγαθὰ καὶ κακὰ σφοδρότερα ποιοῦσι. περὶ ὧν καὶ κατ' εἶδος εἰπεῖν ἄξιον.

Ἀπάγξασθαι θλίψεις καὶ στενοχωρίας σημαίνει διὰ τὸ συμ- 50 βαῖνον τοῖς ἀπαγχομένοις, καὶ προσέτι μὴ μεῖναι ἐν τῇ οἰκείᾳ 20 μηδὲ ὅπου τις ὢν τὸν ὄνειρον ἐθεάσατο· καὶ γὰρ ὁ ἀπαγξάμενος οὐκέτι τῆς γῆς ἐπιβαίνει οὐδ' ἐστὶν ἐπὶ ἕδρας. σφάξαι 51 p. 146 δὲ ἑαυτὸν ἢ ὑπό τινος σφαγῆναι ταὐτὰ σημαίνει τοῖς ἔμπροσθεν περὶ θανάτου εἰρημένοις, θᾶττον δὲ τελειοῖ. ἱερευθῆναι δὲ παρὰ βωμῷ θεοῦ ἢ δημοσίᾳ ἐν ἐκκλησίᾳ ἢ ἐν ἀγορᾷ ἀγα- 25 θὸν πᾶσι, μάλιστα δούλοις· ἐνδόξως γὰρ καὶ ἐπιφανῶς ἔσονται ἐλεύθεροι.

Ζῶντα κατακάεσθαι ταὐτὰ τῷ κεραυνοῦσθαι σημαίνει. 52 περὶ ὧν ἔμπροσθεν εἴρηται. ἰδίως δὲ τὸ ζῶντα κατακάεσθαι

---

1 πατράσι] ἅπασιν L, ‖ οἱ μὲν om L ‖ 2 αὐτῶν V ‖ 4 γῆς] τὴν L, τι V ‖ ἔχουσιν L ‖ 7 ζώντων] ζώων L ‖ 8 κείμενοι] διακείμενοι LV ‖ τι] ητι L ‖ δόξει τεθνηκέναι L ‖ 9 γὰρ post ἀποθανόντες ponit V ‖ δὲ addidi ‖ 12 ἱρκτὴν L ‖ καὶ] ἢ V ‖ σημαίνῃ] σημαίνει LV ‖ ἀγαθὸν ἢ κακὸν ὁ θάνατος] κακὸν ὁ θάνατος ἢ ἀγαθόν V ‖ 13 ἀποκτηνει L ‖ 15 τοῦ addidi ‖ δὲ addidi ‖ 17 καὶ post ὧν om L ‖ 18 περὶ ἀγχόνης V ‖ post ἀπάγξασθαι in LV est καὶ ἑαυτὸν ἀναρτῆσαι ‖ 19 τοῖς om L ‖ οἰκίᾳ V ‖ 21 τῆς γῆς] τῇ γῇ LV ‖ οὐδὲ V ‖ περὶ σφαγῆς V ‖ σφάξαι δὲ] σφάξαι δέ τινα V ‖ 22 τὰ αὐτὰ V ‖ 23 θᾶττον] τάχιον V ‖ τελειοῖ] τελεῖ LV ‖ ἱερευθῆναι δὲ] ἱερευθῆναι δὲ καὶ ἀποσφαγῆναι L, ἱερευθῆναι δὲ καὶ σφαγῆναι V ‖ 24 ἐν ἐκκλησίᾳ ἢ ἐν ἀγορᾷ] ἢ ἐν ἐκκλησίᾳ ἱερευθῆναι L ‖ 25 πᾶσιν L ‖ 27 περὶ τοῦ ζῶντα καίεσθαι V ‖ κατακάεσθαι] κατακαίεσθαι L, καίεσθαι V ‖ 28 κατακάεσθαι] κατακαίεσθαι LV ‖

τοῖς νοσοῦσι διὰ τὸ σύνθετον τοῦ ὀνόματος σωτηρίαν σημαίνει, τοῖς δὲ νέοις φορὰς ἀλόγους καὶ ἐπιθυμίας ἐρωτικὰς σημαίνει.

53 Σταυροῦσθαι πᾶσι μὲν τοῖς ναυτιλλομένοις ἀγαθόν· καὶ γὰρ ἐκ ξύλων καὶ ἥλων γέγονεν ὁ σταυρὸς ὡς καὶ τὸ πλοῖον, καὶ ἡ κατάρτιος αὐτοῦ ὁμοία ἐστὶ σταυρῷ. ἀγαθὸν δὲ καὶ πένητι· καὶ γὰρ ὑψηλὸς ὁ σταυρωθεὶς καὶ πολλοὺς τρέφει οἰωνούς. τὰ δὲ κρυπτὰ ἐλέγχει· ἐκφανὴς γὰρ ὁ σταυρωθείς. τοὺς δὲ πλουσίους βλάπτει· γυμνοὶ γὰρ σταυροῦνται καὶ τὰς σάρκας ἀπολλύουσιν οἱ σταυρωθέντες. ἀνδρὶ δὲ ἀγάμῳ γάμον προαγορεύει διὰ τὴν δέσιν πλὴν οὐ πάνυ τι συμφέροντα. ὁ δὲ αὐτὸς λόγος καὶ περὶ φιλίας καὶ κοινωνίας. δούλους δὲ ἐλευθεροῖ· ἀνυπότακτοι γὰρ οἱ σταυρωθέντες. τοὺς δὲ ἐν τῇ οἰκείᾳ διατρίβειν βουλομένους καὶ τοὺς ἰδίαν γῆν γεωργοῦντας καὶ τοὺς ἐκβληθῆναί ποθεν φοβουμένους ἐκβάλλει καὶ οὐκ ἐᾷ μένειν ἐν οἷς εἰσίν· εἴργει γὰρ ὁ σταυρὸς τῆς γῆς ἐπιβαίνειν. ἐν πόλει δὲ δοκεῖν ἐσταυρῶσθαι ἀρχὴν σημαίνει τοιαύτην, οἷος ἂν ᾖ ὁ τόπος, ἐν ᾧ ὁ σταυρὸς ἕστηκε.

54 Θηριομαχεῖν πένητι ἀγαθόν· πολλοὺς γὰρ ἕξει τρέφειν.
p. 147 καὶ γὰρ ὁ θηριομαχῶν ἀπὸ τῶν ἰδίων σαρκῶν τὰ θηρία τρέφει. ἀνδρὶ δὲ εὐπόρῳ ὑπὸ τοιούτων ἀδικίας ἐσομένας προαγορεύει, οἷα ἂν ᾖ τὰ θηρία. πολλοῖς δὲ νόσον προηγόρευσεν· ὡς γὰρ ὑπὸ θηρίων, οὕτω καὶ ὑπὸ νόσου φθείρονται αἱ σάρκες. δούλους δὲ ἐλευθεροῖ, ἐὰν ἀποθάνωσιν ὑπὸ τῶν θηρίων.

55 Εἰς Ἅιδου καταβῆναι δοκεῖν καὶ τὰ ἐν Ἅιδου ὁρᾶν, ὅσα ἐκεῖ εἶναι νενόμισται, τοῖς μὲν εὖ πράττουσι καὶ κατὰ προαίρεσιν ζῶσιν ἀπραξίαν καὶ βλάβην σημαίνει· ἄπρακτοι γὰρ οἱ

---

1 νοσοῦσιν L || 2 φορὰς] συμφορὰς LV || ἀλόγους L || 4 περὶ σταυροῦ V || ναυτιλλομένοις] ναυτίλλεσθαι προειρημένοις V || 5 γέγονεν ὁ] γεγονὼς L || ὡς om L || 6 κατάρτιος] καταρτία V || ἐστὶν L || καὶ ante πένητι om L || 7 καὶ πολλοὺς — σταυρωθεὶς om V || οἰωνοὺς addidi || 8 ἐκφανὴς] ἐκφανεὶς LV || τοὺς δὲ] καὶ τοὺς L || 9 τὰ σαρκία ἀπολλουσιν L || 10 προσαγορεύει L || 11 τι] τοι V || an ὁ δὲ αὐτός ἐστιν λόγος? || 12 κοινωνίας] περὶ κοινωνίας L || 13 οἰκίᾳ V || 16 εἴργει] εἴργει V, ἐγείρει L || 17 τοιαύτην σημαίνει V || 18 ᾖ] εἰ L || 19 περὶ τοῦ θηριομαχεῖν V, θηριομαχεῖν L || 20 τοιούτων] τῶν τοιούτων V || ἐσομένας] ἔσεσθαι L || 22 νόσον δὲ πολλοῖς L || προηγόρευσεν] ἐσήμανεν V || 23 οὕτως L || αἱ σάρκες] οἱ ἄνθρωποι L || 24 ἀποθάνωσιν] δόξωσιν ἀποτεθνηκέναι V || 25 περὶ τῆς εἰς ᾅδου καταβάσεως LV || δοκεῖν καὶ τὰ ἐν Ἅιδου ὁρᾶν] καὶ ἀναβῆναι καὶ θεωρεῖν V || 26 εἶναι om V || εὖ πράττουσι Meinekius: εὐπράττουσιν L, ἐν εὐπραξίαις V || καὶ κατὰ — ἀπραξίαν καὶ om V || 27 βλάβας V || post γὰρ L addit ἅπαντες ||

CAP. LII—LVI. 153

ἐν Ἅιδου καὶ ψυχροὶ καὶ ἀκίνητοι. τοῖς δὲ εὐλαβουμένοις
ἢ φροντίζουσιν ἢ λυπουμένοις ἀμεριμνίας καὶ ἀλυπίας προ-
αγορεύει· καὶ γὰρ ἄλυποι καὶ πάσης ἐκτὸς φροντίδος εἰσὶν οἱ
ἐν Ἅιδου. τοῖς δὲ λοιποῖς ἀποδημίας σημαίνει ἢ πάντως γε
5 τῶν τόπων ἐν οἷς εἰσὶν ἐκβάλλει· τοῦτο μὲν γὰρ οἱ παλαιοὶ
τοὺς μακρὰν ἀποδημήσαντας εἰς Ἅιδου πεπορεῦσθαι ἔλεγον,
τοῦτο δὲ καὶ αὐτὸς ὁ λόγος δείκνυσιν, ὅτι μὴ ἐν ταῖς αὐταῖς
διατριβαῖς εἰσὶν οἱ ἐν Ἅιδου. καὶ εἰ μέν τις ἀναβαίνειν πάλιν
ἐξ Ἅιδου ὑπολάβοι, ἀνακομισθήσεται ἀπὸ τῆς ξένης εἰς τὴν
10 οἰκείαν· εἰ δὲ μή, ἐπὶ ξένης καταβιώσεται. πολλάκις δὲ καὶ
τοὺς ἐπὶ ξένης ἡ εἰς Ἅιδου κατάβασις εἰς τὴν οἰκείαν ἐπανά-
γει. τὸ δὲ δοκεῖν εἰς Ἅιδου καταβάντα εἴργεσθαι τῆς εἰς ἀν-
θρώπους ἀνόδου βίᾳ κατασχεθῆναι πρός τινων σημαίνει ἢ εἰς
εἱρκτὴν ἐμβληθῆναι, πολλοῖς δὲ νόσον μακρὰν προηγόρευσε
15 καὶ ἐπὶ τῇ νόσῳ θάνατον. τὸ δὲ ἀναβαίνειν διαφυγήν τινα
πορισάμενον ἐξ ἐσχάτου τινὸς κινδύνου σώζει τὸν ἄρρωστον·
φαμὲν γὰρ καὶ ἐν τῇ συνηθείᾳ τὸν παρὰ προσδοκίαν σωθέντα
ἐξ Ἅιδου ἀναβεβηκέναι.

Βαστάζειν τινὰ τῶν δαιμόνων τῶν χθονίων, ἢ αὐτὸν τὸν
20 Πλούτωνα ἢ τὸν Κέρβερον ἢ ἄλλον τινὰ τῶν ἐν Ἅιδου, κα-
κούργῳ μὲν ἰδόντι σταυρὸν βαστάσαι σημαίνει· ἔοικε γὰρ καὶ
ὁ σταυρὸς θανάτῳ, καὶ ὁ μέλλων αὐτῷ προσηλοῦσθαι πρότε-
ρον αὐτὸν βαστάζει· ἀνδρὶ δὲ μὴ κακούργῳ θηρίον βαστάσαι
σημαίνει, καὶ εἰ μὲν βαρύνοιτο, δηχθῆναι καὶ ἀποθανεῖν· εἰ
25 δὲ μή, αἰσθόμενον ἀποθέσθαι καὶ μὴ διαφθαρῆναι. βαστάζειν
δέ τινα τῶν ζώντων ἄμεινον ἢ βαστάζεσθαι, ὅσῳ καὶ κρεῖττον
ἀμύνειν τινὶ δύνασθαι τοῦ ἐπιδεῖσθαι τιμωρίας καὶ βοηθείας.
ἔοικε γὰρ ὁ μὲν βαστάζων συναιρομένῳ τινὶ καὶ εὐεργετοῦντι,

---

2 ἢ φροντίζουσιν] καὶ φροντίζουσιν L || προαγορεύει] εἰσὶ προαγο-
ρευτικοὶ L || 3 πάσης φροντίδος ἔξω εἰσὶν L || 4 σημαίνει] εἰσὶ σημαν-
τικοὶ V || ἢ om L || γε] δὲ L || 5 γὰρ] καὶ LV || 6 μακρὰν] μακρὰν
ἀποδημίαν V || πεπορεῦσθαι Reiskius: πορεύεσθαι LV || 7 δείκνυσιν]
ἐπιδείκνυσιν V || ὁ λόγος] ὁ τόπος? || post ταῖς αὐτοῖς ni fallor excidit
τοῖς ζῶσι || 8 οἱ ἐν ἅδου] οὐ' ἐναδου L || πάλιν ἐξ ἅδου] ἐξ ἅδου πάλιν
V. deleam πάλιν || 9 ὑπολάβοι — εἰ δὲ μὴ om L || 10 ἐπὶ τῆς ξένης L ||
καταβιώσεται] καταβιώσει V || 12 εἴργεσθαι] εἴργεσθαι V, ἡγεῖσθαι L
|| 13 ἀνόδου] ὁδοῦ L || πρὸς — ἐμβληθῆναι om L || 14 προηγόρευσεν
L || 16 πορησάμενον L || ἐξ ἐσχάτου τινὸς κινδύνου] ἀπὸ ἐσχάτου κιν-
δύνου τινὸς V || 17 καὶ om V || συνηθίᾳ V || 19 περὶ τοῦ βαστά-
ζειν ἢ βαστάζεσθαι V, βαστάζειν ἢ βαστάζεσθαι L || βαστά-
ζειν] βαστάζειν δὲ L || 21 βαστάσαι] αὐτῷ V || ἔοικεν L || 23 βαστάξαι L ||
24 an βαροῖτο? || 25 αἰσθανόμενον L || 26 ἂν post ζώντων inserit L || καὶ
post ὅσῳ om V || 27 τινα V || βοηθείας καὶ τιμωρίας V || 28 ἔοικεν L || συν-

ὁ δὲ βασταζόμενος εὐεργετουμένῳ. ὅσῳ οὖν ἀσθενέστερός ἐστιν ὁ βαστάζων, οἷον γυνὴ ἢ παιδίον, τοσούτῳ χεῖρον τῷ βασταζομένῳ· καὶ γὰρ τῶν εὐτελεστέρων καὶ ἧττον ἀμύνειν δυναμένων ἐπιδεήσεται. μόνῳ δὲ οἰκέτῃ ὑπὸ τοῦ δεσπότου βαστάζεσθαι ἀγαθὸν καὶ τῷ παντελῶς πένητι ὑπὸ πλουσίου· πολλὰ γὰρ ὠφεληθήσονται ὑπὸ τῶν βασταζόντων.

57 Νεκροὺς ὁρᾶν αὐτὸ μόνον καὶ μηδὲν ἀξιόλογον δρᾶν ἢ πάσχειν οὕτω διατεθῆναι σημαίνει, ὅπως εἶχον σχέσεως οἱ νεκροὶ ὅτε ἔζων πρὸς τὸν ἰδόντα· εἰ μὲν γὰρ ἐγένοντο ἡδεῖς, ἀγαθὰ σημαίνουσι καὶ τὸν παρόντα καιρὸν ἡδέως διάξειν· εἰ δὲ μή, τὰ ἐναντία. εἰ δέ τι οἱ νεκροὶ λαμβάνοιεν, οἷον νεκροῖς συντίθεται, ἀσύμφορον. πάντων δὲ χαλεπώτατοι οἱ ἱμάτια περιαιρούμενοι ἢ ἀργύριον ἢ τροφάς· ἢ γὰρ αὐτῷ τῷ ἰδόντι θάνατον σημαίνουσιν ἤ τινι τῶν τούτῳ προσηκόντων. ὅτι δ' ἂν ἄλλο ἁρπάσωσι, κατὰ ἀναλογίαν κρίνειν χρή. διδόντες δέ τι οἱ νεκροὶ καὶ οὕτω πονηροί εἰσιν, εἰ μὴ ἄρα τροφὰς ἢ ἄργυρον ἢ ἱμάτια διδοῖεν.

58 Λέγουσι δὲ ἔνιοι τὸ ἀργύριον εἶναι πονηρὸν καὶ τὰ νομίσματα πάντα· ἐγὼ δὲ ἐτήρησα τὰ μὲν λεπτὰ καὶ χαλκᾶ νομίσματα δυσθυμιῶν αἴτια καὶ λόγων ἐπιλύπων, τὰ δὲ ἀργυρᾶ λόγων τῶν ἐν συνθήκαις περὶ σπουδαίων πραγμάτων σημαντικά, τὰ δὲ χρυσᾶ σπουδαιοτέρων. ἀεὶ δὲ ἄμεινον ὀλίγα ἔχειν χρήματα καὶ νομίσματα καὶ μὴ πολλά, ἐπεὶ τά γε πολλὰ διὰ τὸ δυσοικονόμητον φροντίδας καὶ λύπας σημαίνει, ὥσπερ καὶ

αιρομένῳ Reiskius: συναιρουμένῳ LV. pro τινὶ malim τε || 1 οὖν om V || 2 ἐστιν] ἦ V || ἦ addidit Rigaltius || 3 βαστάζοντι L || καὶ ἧττον] ἦ καὶ ἧττον ὢν L || 4 ἐπιδεήσεται] ἐπιδεηθήσεται LV || adieci δὲ itemque τοῦ || 6 ὠφεληθήσεται L || 7 περὶ νεκρῶν LV || δὲ post νεκροὺς addit L || δρᾶν om L || 8 εἶχον] ἔσχον V || 9 ἡδεῖς] ἡδεῖς εὐεργέται L, ἡδεῖς ἢ εὐεργέται V || 10 σημαίνουσιν L || καὶ] ἢ καὶ L || διάξειν] διάγειν LV || 11 οἷον νεκροῖς] οποιον οἱ νεκροὶ L || 12 συντίθεται] συντίθενται V || ἀσύμφορον om L || χαλαιπώτατον L || 13 ἄργυρον L || 15 ἄλλω L || ἁρπάσωσι] ἁρπάξωσι V, ἁρπάξωσιν L || 16 τι om V || ἄργυρον L || 17 διδοῖεν] ἐπιδοῖεν LV. post hanc vocem in LV est ἐγὼ δὲ ἐτήρησά τινα τὴν ἑαυτοῦ γυναῖκα προτελευτήσασαν θεασάμενον ἐν ὕπνοις ὅτι δῆθεν καθίστα (καθιστᾷ V) τὸν οἶκον στρωννύουσα κλίνας. καὶ τῇ ἑξῆς ἡμέρᾳ συνέβη τοὺς πλείονας τῶν διαφερόντων τοῦ θεασαμένου τὸ ὄναρ νοσῆσαι. καὶ ἐφάνη πρόδηλον τὸ ὄναρ μετὰ τὴν ἀπόβασιν· οἱ γὰρ νοσοῦντες δέονται κατὰ τὸ ἀναγκαῖον τῆς ἑτοιμασίας τῶν κλιναρίων, οὐχ (οὐκ L) οἱ ὑγιαίνοντες || 18 περὶ νομισμάτων V, περὶ νομισμάτων καὶ θησαυρῶν L || λέγουσι δὲ ἔνιοι] φασί τινες V || τὸν ἄργυρον L || 19 χαλκᾶ] χάλκεα LV || 20 ἐπιλύπων om L || 21 καὶ ante περὶ addit L || 22 χρυσᾶ] χρύσεα LV || ὀλίγα χρήματα ἔχειν V || 23 καὶ μὴ πολλὰ om V || 24 ὥσπερ καὶ θησαυρὸν εἴ τις ὑπολάβοι] ὥσπερ καὶ ὁ θησαυρὸς εἴ τις ὑπολάβοι θησαυρὸν L, ὥσπερ καὶ ὁ θησαυρός. περὶ θησαυ-

CAP. LVI—LXI. 155

θησαυρὸν εἴ τις ὑπολάβοι εὑρίσκειν ὀλίγα χρήματα ἔχοντα, **59**
ἥττονα τὰ χαλεπὰ σημαίνει· ὁ δὲ πολυχρήματος θησαυρὸς λύ-
πας καὶ μερίμνας σημαίνει, πολλάκις δὲ καὶ θάνατον προαγο-
ρεύει· οὐ γὰρ ἄνευ τοῦ τὴν γῆν ἀνασκαφῆναι θησαυρὸς εὑ-
5 ρίσκεται, ὥσπερ οὐδὲ νεκρὸς κατατίθεται.
   Δακρύειν καὶ ὀδύρεσθαι καὶ ἐπὶ νεκρῷ καὶ ἐπ' ἄλλῳ ὡτι- **60**
νιοῦν καὶ αὐτὸ τὸ λυπεῖσθαι χαρὰν ἐπί τινι καὶ ἡδονὴν ἐπὶ p. 150
κατορθώματι ἐσομένην προαγορεύει ὀρθῶς καὶ κατὰ λόγον·
ἔχει γὰρ ἡ ἡμετέρα ψυχὴ συγγενές τι πρὸς τὸ περιέχον καὶ τὸν
10 ἀέρα τὸν ἐκτός. ὥσπερ οὖν τὸ περιέχον καὶ ὁ ἀὴρ τρέπονται
ἀπὸ χειμῶνος εἰς εὐδίαν καὶ πάλιν ἀπὸ εὐδίας εἰς χειμῶνα,
οὕτως εἰκὸς καὶ τὴν ἡμετέραν γνώμην ἀπὸ λύπης εἰς ἡδονὴν
καὶ χαρὰν τρέπεσθαι καὶ ἀπὸ χαρᾶς εἰς λύπην. ὅθεν καὶ τὸ
χαίρειν εἰς τὸ ἐναντίον τρεπόμενον λύπην προαγορεύει. ἀεὶ
15 δὲ χρὴ ἐπί τινι λυπεῖσθαι καὶ μὴ ἄνευ ὑποθέσεως, ἐπεὶ τό γε
εἰκῆ λυπεῖσθαι ὄντως ἐπί τινι λυπηθήσεσθαι σημαίνει.
   Μνημεῖον ἔχειν ἢ οἰκοδομεῖν ἀγαθὸν δούλῳ καὶ ἄπαιδι· **61**
ὁ μὲν γὰρ ἔσται ἐλεύθερος, ἐπειδὴ μὴ δοῦλοι μνημεῖα κτῶν-
ται ἀλλ' ἐλεύθεροι, ὁ δὲ καταλείψει μνημεῖον ἑαυτοῦ παῖδα.
20 πολλάκις δὲ καὶ γάμον προηγόρευσε ὁ τοιοῦτος ὄνειρος, ἐπειδὴ

ροῦ. εἴ τις ὑπολάβοι θησαυρὸν V || 1 εὑρίσκειν] ὀρύσσειν V || ὀλίγα —
σημαίνει] καὶ εἰ μὲν ὀλίγον περιέχει ὁ θησαυρός, ἧττόν ἐστιν ἄτοπον· εἰ
δὲ πολλὰ χρήματα περιέχοι, μᾶλλον ἄτοπον γίνεται L || 3 πολλάκις δὲ
om V || 5 νεκρὸς] ὁ νεκρὸς LV || post κατατίθεται in LV haec haben-
tur: κἀγὼ τοῦτο παρεφυλαξάμην. ποτὲ γοῦν (οὖν V) ἐν δυσθυμίᾳ ὢν καὶ
φροντίδι ἐθεασάμην ἐμαυτὸν ἐν σπυρίδι ἔχοντα λεπτὰ κερμάτια καὶ εἰσ-
ελθὼν ἐν ἐργαστηρίῳ τινὶ ταῦτα ἀπεκλάπην καὶ ἀπώλεσα. καὶ συνέβη με
τῇ ἡμέρᾳ ἐκείνῃ αἰσίων μοι ἀπαγγελθέντων (ἀγγελθέντων V) περὶ ὧν
ἐφρόντιζον εὐθυμῆσαι καὶ ῥᾷον (ῥᾷότερον L) διατεθῆναι. ἔλεγεν δέ (δὴ
L) τις ἐν συνουσίᾳ ποτὲ διηγημάτων τοιούτων κινουμένων ὅτι ποτὲ ἐπὶ
ἀνύσει χρημάτων πέμψαι (πέμψας Reiskius) τὸν ἴδιον αὐτοῦ υἱόν, ἔτι
ἀποδήμου αὐτοῦ ὄντος ἐθεάσατο αὐτὸν ἐν ὕπνοις ἐλθόντα καὶ λέγοντα
'τρισχίλια ὀκτακόσια νομίσματα (/Γ ω ν ν L) ἤνεγκα'. καὶ ἀναθέμενός
τινι τῶν ἐπιστημόνων τὸ ὄναρ ἔμαθεν ὡς ἄπρακτος ὑποστρέψει (ὑποστρέ-
φει V) αὐτοῦ ὁ υἱός. ᾧ (ὁ Reiskius) καὶ ἀπήντησεν, πρῶτον μὲν ὅτι (ἀεὶ
addit L) τὰ ἐναντία ἀεὶ ἀποβαίνουσι (ἀποβαίνουσιν L), δεύτερον δὲ καὶ
ὅτι ἀεὶ εἰώθαμεν διὰ τῆς τοιαύτης θέσεως τῶν δακτύλων τῶν τρισχιλίων
ὀκτακοσίων σημαίνειν τὸ οὐδέν || 6 περὶ δακρύων LV || ὀδύρεσθαι]
ὀδύνασθαι V || ἄλλῳ ὡτινιοῦν] ἄλλῳ τινὶ οὖν L, ἄλλῳ τινὶ V || 7 αὐτὸ
V || τὸ om L || 8 ἐσομένω L || 9 τῇ ἡμετέρᾳ ψυχῇ L || τι om L || 10
οὖν] οὖν καὶ V || ἀεὶ post ἀὴρ addit V || τρέπονται] τρέπεται ἐπὶ τοὐ-
ναντίον L, τρέπεται ἐπὶ τὸ ἐναντίον V || 11 χειμονος L || χειμονα L ||
13 ὅθεν — λύπην om L || 15 τό] τοι L || 16 ὄντως Reiffius: εντως L,
ἔντινι V || 17 περὶ μνημείου LV || μνημεῖον] μνημεῖον δὲ LV || 18
ἐλεύθερος ἔσται V || ἐπειδὴ] ἐπεὶ V || 19 ἀλλὰ V || καταλείψει] κατα-
λείπειν L, καταλείψεται V || παῖδα μνημεῖον ἑαυτοῦ V || 20 καὶ ante
γάμον om V || προηγόρευσεν L || ὁ τοιοῦτος ὄνειρος] τὸ τοιοῦτον ὄναρ V ||

καὶ τὸ μνημεῖον ὡσπερεὶ γυνὴ ὅλα σώματα χωρεῖ· καὶ γῆς πρόσκτησιν. καὶ καθόλου πᾶσίν ἐστιν ἀγαθός, καὶ τοῖς εὐδαιμονοῦσι καὶ τοῖς ἀπόροις. συντριβόμενα δὲ μνημεῖα ἢ συμπίπτοντα τὰ ἐναντία σημαίνει.

62 Νεκροὶ ἀναβιοῦντες ταραχὰς σημαίνουσι καὶ βλάβας· καθ' ὑπόθεσιν γὰρ χρὴ ἐπινοῆσαι οἷα ἔσται ταραχὴ τῶν νεκρῶν ἀναβιωσάντων. ὡς εἰκὸς δὲ καὶ τὰ ἑαυτῶν ἀπαιτήσουσιν, ὅθεν καὶ βλάβαι γίνονται.

63 Νεκροὶ ἐκ δευτέρου ἀποθνήσκοντες ὁμωνύμων ἢ ὁμοίων ἢ τῶν ἔγγιστα γένους θάνατον προαγορεύουσιν, ἵνα οὕτως οἱ αὐτοὶ δὶς δόξωσιν ἀποθνήσκειν.

64 Φάρμακον θανάσιμον τὰ αὐτὰ τῷ θανάτῳ σημαίνει. ὁμοίως ** καὶ περὶ τῶν κνωδάλων καὶ κινωπέτων θηρίων, ὅσα ταχέως ἀναιρεῖ.

65 Ἐπειδὴ καὶ ὁ γάμος ἔοικε θανάτῳ καὶ ὑπὸ θανάτου σημαίνεται, ἐνταῦθα καλῶς ἔχειν ἡγησάμην ἐπιμνησθῆναι αὐτοῦ. γαμεῖν παρθένον τῷ νοσοῦντι θάνατον σημαίνει· ὅσα γὰρ τῷ γαμοῦντι συμβαίνει, τὰ αὐτὰ καὶ τῷ ἀποθανόντι. ἀγαθὸν δὲ τῷ καινῇ πραγματείᾳ ἐγχειρεῖν βουλομένῳ (τυχεῖν γὰρ σημαίνει τοῦ προκειμένου) καὶ τῷ ἐλπίζοντί ποθεν ὠφεληθῆναι· πάντως γὰρ ὁ γήμας προσλαμβάνεταί τινα οὐσίαν, ἢν ἐπάγεται ἡ νύμφη. τοῖς δὲ λοιποῖς ταραχὰς καὶ περιβοήσεις σημαίνει· οὐ γὰρ ἄνευ ταραχῆς συντελεῖται γάμος. εἰ δέ τις γυναῖκα διακεκορευμένην πρὸς γάμον λαμβάνοι, οὐ καιναῖς ἐπιθέμενος ἀλλὰ παλαιαῖς ἐγχειρήσεσιν οὐκ ἂν μεταμέλοιτο. εἰ δέ τις τὴν ἑαυτοῦ γυναῖκα ἴδοι ἄλλῳ γαμουμένην, ἐναλλαγὴν πράξεως ἢ χωρισμὸν δηλοῖ. εἰ δὲ γυνὴ ἄνδρα ἔχουσα δό-

---

1 καὶ om V || ὡσπερεὶ] ὥσπερ ἡ L, ὡς ἡ V, || ὅλα] ολοτὰ L, πολλὰ V. an ὁλοστά? || 2 πρόκτησιν V || ἀγαθός] ἀγαθόν LV || 3 συμπίπτοντα] καταπίπτοντα LV || 5 νεκροὶ ἀναβιοῦντες L, περὶ τοῦ νεκροὺς ἀναβιῶναι V || σημαίνουσιν L || 6 ἐπινοῆσαι χρῆ V || 7 δὲ] γὰρ V || ἀπαιτήσωσιν L || 8 καὶ φιλονεικίαι post βλάβαι addit V || 9 περὶ τοῦ νεκροὺς αὖθις τελευτᾶν V || ἐκ δευτέρου] ἄνωθεν L || ἀποθανόντες ὁμονύμων L || 11 δὶς om L || 12 περὶ φαρμάκου θανασίμου V || verba φάρμακον θανάσιμον in L lemmatis instar a reliqua oratione seiuncta sunt || τῷ θανάτῳ] τῷ θανασίμῳ L || 13 lacunam signavi. excidit fortasse τὰς κρίσεις χρὴ ποιεῖσθαι vel δεῖ διαλαμβάνειν || περὶ om L || κινωπέτων] τῶν κοινοπετῶν V || θηρίων delet Meinekius || ἀναιροῦσι V || 15 περὶ γάμου V, γάμου παντὸς L || ἔοικεν L || καὶ ὑπὸ] ἐπειδὴ καὶ ὑπὸ L || 16 ὑπομνησθῆναι L || 20 καὶ τῷ] ἐν τῷ L || 21 γήμας] γαμήσας LV || 23 ταραχὰς καὶ περιβοήσεις] ταραχὰς καὶ περιβοησίας V, περιβοησίας καὶ ταραχὰς L || 24 διακεκουρευμένην L || 26 ἐναλλαγὴν — εἰ δὲ om L || 27 γυνὴ] ἡ γυνὴ L ||

ξειεν ἄλλῳ γαμεῖσθαι, ὡς μὲν οἱ παλαιοὶ λέγουσι, κατορύξει τὸν ἄνδρα ἢ ἄλλως πως αὐτοῦ χωρισθήσεται· ὡς δὲ ἐγὼ ἐτήρησα, οὐκ ἀεὶ τοῦτο γίνεται ἀλλ᾽ ὅταν ἡ γυνὴ ἢ μὴ ἐν γαστρὶ ἔχῃ ἢ ἄτεκνος ᾖ ἢ μηδὲν ἔχῃ πράσιμον. εἰ δὲ μή, ἐὰν μὲν
5 θυγάτριον ἔχῃ, τοῦτο δώσει ἀνδρί· ἐὰν δὲ ἔγκυος ᾖ, θῆλυ τέξεται, ὅπερ ἀνατραφὲν ἀνδρὶ δώσει· καὶ οὕτως οὐχὶ αὐτὴ ἀλλ᾽ ἡ τῆς αὐτῆς μετέχουσα φύσεως ἄλλῳ γαμηθήσεται. καὶ ἡ πωλοῦσά τι συνάλλαγμα ὥσπερ ἐν γάμῳ κατὰ τὴν πρᾶσιν ποιήσεται πρός τινα.

10 Ἐπειδὴ περὶ χελιδόνος ἐν τῷ περὶ ὀρνίθων λόγῳ οὐκ ἐπ- **66** εμνήσθην ἀλλ᾽ ἑκὼν παρέλιπον, ἐνθάδε ἐπιμνησθήσομαι· φασὶ γὰρ τὸ ζῷον θάνατόν τε σημαίνειν ἀώρων σωμάτων καὶ πένθος καὶ λύπην μεγάλην· ἀπὸ τοιούτων γὰρ κακῶν τὴν ὄρνιν ταύτην λόγος ἔχει γενέσθαι. φησὶ γὰρ καὶ Ἀλέξανδρος ὁ Μύν-
15 διος δεῖν ταῖς ἱστορίαις πείθεσθαι καὶ Διονύσιος ὁ Ἡλιουπολίτης. φασὶ γὰρ ὅτι, κἄν τι ψεύδηταί τις ἱστορία διὰ τὸ προειλῆφθαι οὕτως ἔχειν, ἐπειδὰν ὅμοιόν τι τῇ περιοχῇ μέλλον ἀποβήσεσθαι ἡ ψυχὴ ἐθέλῃ προαγορεῦσαι, τὴν ἱστορίαν αὐτὴν ἐκείνην εἰς μέσον παράγει. ἐγὼ δὲ ἐπὶ μὲν τῶν πλείστων ἱστο-
20 ριῶν συμφωνοῦντα τὸν λόγον εὗρον, οὐδαμῶς δὲ ἐπὶ πασῶν. ὅθεν προθέμενος ἐν ἅπαντι τῷ λόγῳ οὐ τῷ πιθανῷ τῶν λεγομένων ἀκολουθεῖν ἀλλὰ τῇ πείρᾳ τῶν ἀποτελεσμάτων, καὶ νῦν p. 153 περὶ χελιδόνος λέγω ὅτι οὐκ ἔστι πονηρά, εἰ μή τι ἄτοπον πάσχοι ἢ διαλλάσσοι τι χρῶμα παρὰ φύσιν ὂν αὐτῇ. ἔστι δὲ αὐ-
25 τῆς ἡ φωνὴ οὐ θρῆνος ἀλλ᾽ ᾆσμα ἐνδόσιμον καὶ κελευστικὸν πρὸς ἔργα. ὅτι δὲ τοῦτο ἀληθές ἐστιν ἴδοι τις ἂν ἐντεῦθεν. χειμῶνος χελιδὼν οὔτε ἵπταται οὔτε φθέγγεται, καὶ ἅμα καὶ

---

1 παλαιοί] πολλοί V ‖ λέγουσιν L ‖ 2 ἐπετήρησα L ‖ 3 ἢ μὴ om L ‖ 4 ἔχῃ Reiskius: ἔχει V, ἔχουσα L ‖ ἔχῃ] ἔχουσα L ‖ 5 ἔχῃ] εἴη αυτῃ L ‖ δώσει ἀνδρί] ἀνδρὶ δίδωσιν V ‖ ἔγκυος ᾖ] ἔγτεκνος εἴη L ‖ 6 ἀνατραφὲν] ἀνατρέψασα L ‖ δώσει] δίδωσι V ‖ οὐχὶ] οὐχ ἡ V ‖ 7 ἀλλ᾽ ἡ] ἀλλὰ αὕτη ἡ L ‖ 10 περὶ χελιδόνων L, περὶ χελιδόνος καὶ ἀηδόνος V ‖ δὲ post ἐπειδὴ addit L ‖ 11 ἐμνήσθην V ‖ παρέλειπον L ‖ ἐνθάδε] ἐνταῦθα L ‖ φασὶν L ‖ 12 σημαίνει L ‖ 13 λύπην μεγάλην] μεγάλην τινα λύπην V ‖ τὴν] καὶ τὴν LV ‖ ὄρνην L ‖ 15 ταῖς om L ‖ πείθεσθαι] ἐπιθέσθαι L ‖ 16 φασὶν L ‖ κἄν τι ψεύδηται] κἄν ᾖ ψευδῆς V ‖ 17 τι om L ‖ 18 ἐθέλῃ] θέλῃ LV ‖ αὐτὴν] ταύτην V ‖ 19 εἰς] εἰς τὸ V ‖ μὲν om L ‖ 21 προθέμενος] προστιθέμενος V ‖ λεγομένων] λόγων L ‖ 22 ἀκολουθεῖν] ἠκολούθησα V ‖ 23 ἔστιν L ‖ 24 τι] τὸ L, εἴς τι V ‖ δὲ Suidas in v. χελιδόνιον μέλος: γὰρ LV ‖ 25 ἀλλὰ L ‖ ἐνδόσιμον] ἐνδοτικὸν LV ‖ 27 καὶ ἅμα καὶ ἡ γῆ καὶ ἡ θάλασσα κατὰ τὴν ὥραν ταύτην] κατὰ τὴν ὥραν ταύτην ἀλλὰ καὶ ἡ γῆ καὶ ἡ θάλασσα V, οὔτε κατὰ τὴν ὥραν ἡ γῆ καὶ ἡ θάλασσα L. ἀλλὰ καὶ ἡ γῆ καὶ ἡ θάλασσα κατὰ τὴν ὥραν ταύτην Reiskius ‖

ἡ γῆ καὶ ἡ θάλασσα κατὰ τὴν ὥραν ταύτην ἀργαί εἰσι καὶ οἱ ἄνθρωποι καὶ τὰ ἄλλα πάντα ζῶα καταδύεται καὶ οὐδὲν πράττει· ὅταν δὲ τὸ ἔαρ παραβάλῃ, πρώτη πρόεισιν, ὡς ἂν εἴποι τις, ὑποδεικνύουσα τῶν ἔργων ἕκαστα. καὶ ὅταν γε φαίνηται, οὐδέποτε ἑσπέρας ᾄδει ἀλλ᾽ ἕωθεν ἡλίου ἀνίσχοντος, οὓς ἂν ζῶντας καταλαμβάνῃ ὑπομιμνήσκουσα τῶν ἔργων. ἔστιν οὖν ἀγαθὴ καὶ πρὸς ἔργα καὶ πράξεις καὶ πρὸς μουσικήν, μάλιστα δὲ πάντων πρὸς γάμον· πιστὴν γὰρ καὶ οἰκουρὸν ἔσεσθαι τὴν γυναῖκα σημαίνει καὶ ὡς ἐπὶ τὸ πλεῖστον Ἑλληνίδα καὶ μουσικήν. ἀηδὼν δὲ τὰ μὲν αὐτὰ τῇ χελιδόνι σημαίνει, ἥττονα δέ· καὶ γὰρ ἧττον ἡμῖν ἐστι σύντροφος.

67 Περὶ ὀδόντων ἠκρίβωσα μὲν ἐν τῷ πρώτῳ βιβλίῳ, βραχὺ δέ τι καὶ ἐνταῦθα ἐρῶ. ὀδόντας εἰς χεῖρας λαβεῖν τοῦ στόματος ἐκπεσόντας ἢ εἰς τὸν κόλπον τῶν ἰδίων ἀπόθεσιν τέκνων σημαίνει γενέσθαι οὐ παραμενόντων ἢ οὐκ ἀνατραφησομένων. ὀδόντας τῇ γλώσσῃ τῇ ἑαυτοῦ ἐκβάλλειν σημαίνει τὰ ἐν τῷ βίῳ σκληρὰ τοῖς ἰδίοις λόγοις διαλῦσαι. λοιπὸν δὲ περὶ πτήσεως καὶ περὶ τῶν ἀξιοπίστων ἐροῦμεν καὶ περὶ χρόνου ζωῆς.

68 Ἵπτασθαι δοκεῖν ὀλίγον τῆς γῆς ἀπέχοντα καὶ ὀρθὸν τῷ σχήματι ἀγαθὸν τῷ ἰδόντι· ὅσον γὰρ ἄν τις ἀπέχῃ τῆς γῆς, τοσοῦτον ὑψηλότερός ἐστι τῶν κάτωθεν περιπατούντων· ἀεὶ δὲ ὑψηλοτέρους τοὺς εὐδαιμονεστέρους καλοῦμεν. ἀγαθὸν δὲ μὴ ἐν τῇ ἑαυτοῦ πατρίδι τοῦτο πάσχειν, ἐπεὶ μετανάστασιν σημαίνει διὰ τὸ μὴ τῆς γῆς ἐπιβαίνειν· τρόπον γάρ τινά φησι τὸ ὄναρ ἄβατον εἶναι τῷ ἰδόντι τὴν πατρίδα. ἵπτασθαι πτερὰ ἔχοντα ἀγαθὸν ἐπίσης πᾶσιν· οἱ μὲν γὰρ δοῦλοι ἐπὶ τούτῳ τῷ ὀνείρῳ ἐλευθεροῦνται, ἐπειδὴ καὶ πάντες οἱ ἱπτάμενοι ὄρνιθες

---

1 ἀργαί εἰσι] ἀργή ἐστι V, ἀργός ἐστι L || 2 οὐδὲν] οὐδὲν ἄλλο V || 3 ὅταν] ἐπειδὰν L || παραβάλει L || πρόσεισιν V. locus turbatissimus || 5 οὓς ἂν] οὖσαν pr L, ὡς sec L || 6 καταλαμβάνῃ] καταλαμβάνει L, καταλαμβάνοι V || 8 πιστιν L || τὴν γυναῖκα ἔσεσθαι L || 9 καὶ ὡς] καὶ γὰρ ὡς L || καὶ] ἢ V || μουσικήν] μουσικὴν καὶ γὰρ αὐτὴ ἡ χελιδὼν ὁμορόφιος L, μουσικὴν καὶ γὰρ αὐτὴ ἡ χελιδὼν ὁμορόφιος ἡμῖν διαιτᾶται V || ἀηδόνος L || χελιδόνη L⟩|| σημαίνει om L || 12 περὶ ὀδόντων V, ὀδόντων εἰς χεῖρας L || περὶ] περὶ δὲ V || 13 ἐνταῦθα] malim ἐνθάδε || ἐρῶ] τῶν πάλαι λειφθέντων ἐρῶ V || χεῖρας] τὰς χεῖρας L || 14 τὸν ἴδιον V || ἀπόθεσιν τέκνων σημαίνει γενέσθαι] ἀποθέσθαι τέκνων γονὴν σημαίνει L || 15 ἀναστραφησομένων L || 16 τὰ ἐν τῷ βίῳ σκληρὰ] τὰ σκληρὰ τῶν ἐν τῷ βιῷ L || 18 περὶ ante τῶν adieci || 19 περὶ πτήσεως LV || ἵπτασθαι] πετάσθαι L || τῆς γῆς ὀλίγον L || καὶ addidi || 20 ἀπέχοι V || 21 κάτωθεν] ἑκατέρωθεν V, ἐκκατερωθεν L || 23 πατρίδι suspectum || 24 τῆς γῆς] τῇ γῇ LV || τινα om L || 25 τῷ ἰδόντι τὸ ὄναρ ἄβατον εἶναι] τῷ ἰδόντι τὸν ὄνειρον ἄβατον εἶναι V, τὸ ὄναρ ἄβατον εἶναι τῷ ἰδόντι L || ἵπτασθαι] πέτεσθαι L, ἵπτασθαι δὲ V ||

CAP. LXVI—LXVIII.

ἀδέσποτοί τέ εἰσι καὶ ἡγεμόνα οὐκ ἔχουσι. πένητες δὲ πολλὰ πορίσουσιν· ὥσπερ γὰρ τὰ χρήματα τοὺς ἀνθρώπους βαστάζει, οὕτω καὶ τὰ πτερὰ τοὺς ὄρνιθας. πλουσίοις δὲ καὶ τοῖς μέγα δυναμένοις ἀρχὰς περιποιεῖ· ὥσπερ γὰρ τὰ ἱπτάμενα
5 τῶν ἐπὶ γῆς ἑρπόντων ὑπερέχει, οὕτω καὶ οἱ ἄρχοντες τῶν ἰδιωτῶν. ἄνευ δὲ πτερῶν δοκεῖν ἵπτασθαι καὶ πολὺ τῆς γῆς ἀπέχειν· κίνδυνον καὶ φόβον τῷ ἰδόντι σημαίνει. καὶ τὸ περὶ τοὺς κεράμους ἵπτασθαι καὶ τὰς οἰκίας καὶ τὰ ἄμφοδα ἀκαταστασίας τῆς ψυχῆς καὶ ταραχὰς μαντεύεται. τὸ δὲ δοκεῖν εἰς
10 τὸν οὐρανὸν ἀναπτῆναι δούλοις μὲν ἀεὶ εἰς μείζονας οἰκίας μεταβῆναι σημαίνει, πολλάκις δὲ καὶ εἰς βασιλέως αὐλὴν ἐλθεῖν· ἐλευθέρους δὲ καὶ μὴ βουλομένους πολλάκις ἐτήρησα εἰς τὴν Ἰταλίαν ἐλθόντας· ὥσπερ γὰρ ὁ οὐρανὸς θεῶν ἐστὶν οἶκος, οὕτω καὶ ἡ Ἰταλία βασιλέων. τοὺς δὲ λανθάνειν πειρω-
15 μένους καὶ τοὺς ἀποκρυπτομένους ἐλέγχει· πάντα γὰρ τὰ ἐν οὐρανῷ φανερά τε καὶ εὐσύνοπτά ἐστι πᾶσιν. ἵπτασθαι μετὰ ὀρνέων σημαίνει μετὰ ἀνθρώπων ἀλλοεθνῶν καὶ ξένων ἀναστραφήσεσθαι· κακούργοις δὲ πονηρόν· τοὺς γὰρ ἀλιτηρίους κολάζομεν πολλάκις καὶ διὰ σταυροῦ. πέτεσθαι μήτε πολὺ τῆς
20 γῆς ἀπέχοντα μήτε αὖ ταπεινὸν σφόδρα, ἀλλ᾽ ὡς δύνασθαι διαγινώσκειν τὰ ἐν τῇ γῇ, ἀποδημίαν τινὰ καὶ μετανάστασιν σημαίνει. ἔξεστι δὲ μαθεῖν ἀπὸ τῶν ἐν τῇ γῇ βλεπομένων ποταπά τινα τῷ ἰδόντι ἐν τῇ ἀποδημίᾳ ἀπαντήσει. οἷον πεδία μὲν καὶ ἄρουραι καὶ πόλεις καὶ κῶμαι καὶ ἀγροὶ καὶ πάντα τὰ ἀνθρώ-
25 πων ἔργα καὶ ποταμοὶ καλοὶ καὶ λίμναι καὶ θάλασσα εὔδιος καὶ ὅρμοι καὶ νῆες οὐριοδρομοῦσαι, ταῦτα πάντα βλεπόμενα

---

1 ἔχουσιν L || πολλὰ πορίσουσιν] πολλὰ χρήματα πορήσουσιν L, χρήματα πολλὰ πορίζουσιν V || 2 γὰρ om L || 4 περιποιεῖ] ποιεῖ L || 5 ὑπερέχει] ἄρχει L || 7 ἀπέχειν] δοκεῖν ἀπέχειν L || 8 οἰκίας L. malim καὶ τὸ περὶ τοὺς κεράμους ἵπτασθαι omissis καὶ τὰς οἰκίας || 9 προμαντεύεται V || τὸ δὲ δοκεῖν] δοκεῖν δὲ L || 10 δούλους V || οἰκείας L || 11 μεταβῆναι] μεταναστῆναι L || πολλάκις δὲ] πολλάκις V || βασιλέων V || εἰσελθεῖν L || 13 ἰταλίαν L || θεῶν] θεοῦ L || 14 οὕτως L || ἰταλία L || πειρωμένους] βουλομένους L || 16 τε καὶ] καὶ V || ὀρνέων] ὀρνίθων L || 17 ἀνθρώπων om V || 18 κακούργοις] πανούργοις LV || γὰρ] δὲ LV || κολάζομεν] κολάζει LV || 19 καὶ Reiffius: δὲ καὶ LV || πέτεσθαι μήτε] πετᾶσθαι μήτε L, πέτεσθαι μήτε δὲ V || τῆς γῆς πολὺ ἀπέχοντας L || 20 αὖ om L || 21 ἀποδημίαν τινὰ καὶ om L. fortasse delenda sunt τινὰ καὶ μετανάστασιν || 22 ἔξεστιν L || ἀπὸ τῶν ἐν τῇ γῇ βλεπομένων ποταπά τινα τῷ ἰδόντι ἐν τῇ ἀποδημίᾳ ἀπαντήσει] ποταπά τιναεν τῇ ἀποδημίᾳ τῷ ἰδόντι ἀπαντήσει ἀπὸ τῶν ἐν τῇ γῇ βλεπομένων L, τῷ ἰδόντι ἐν τῇ ἀποδημίᾳ ποταπά τὰ πάντα ἀπαντήσει ἀπὸ τῶν ἐν τῇ γῇ βλεπομένων V || 23 οἷον πεδία μὲν] πεδία μὲν γὰρ V || 25 καὶ λίμναι] καὶ λειμῶνες καὶ λίμναι καὶ λιμένες V ||

160 LIB. II.

ἀγαθὴν τὴν ἀποδημίαν μαντεύεται· ἄγκη δὲ καὶ φάραγγες καὶ νάπαι καὶ πέτραι καὶ θηρία καὶ ποταμοὶ χείμαρροι καὶ ὄρη καὶ
p. 155 κρημνοὶ πονηρὰ πάντα τὰ ἐν τῇ ἀποδημίᾳ προαγορεύουσιν. ἀεὶ δὲ ἀγαθὸν ἀναπτάντα πάλιν καταπτῆναι καὶ οὕτω διυπνίζεσθαι. πάντων δὲ ἄριστον τὸ ἑκόντα πέτεσθαι καὶ ἑκόντα 5 παύεσθαι· πολλὴν γὰρ ῥᾳστώνην καὶ εὐχέρειαν ἐν τοῖς πραττομένοις προαγορεύει. διωκόμενον δὲ ὑπὸ θηρίου ἢ ὑπὸ ἀνθρώπου ἢ ὑπὸ δαίμονος ἵπτασθαι οὐκ ἀγαθόν· φόβους γὰρ μεγάλους καὶ κινδύνους ἐπάγει· καὶ γὰρ ἐν τοῖς ὕπνοις τοσοῦτον ἦν τὸ δέος, ὥστε μὴ ἱκανὴν ἡγήσασθαι εἰς τὸ φυγεῖν τὴν 10 γῆν ἀλλὰ τοῦ οὐρανοῦ ἐπιλαβέσθαι. ἀγαθὸν δὲ δούλῳ τὸ ἐν τῇ οἰκίᾳ τοῦ δεσπότου πέτεσθαι· πολλῶν γὰρ ἐν τῇ οἰκίᾳ ὑπερέξει. εἰ δὲ ἐκτὸς πέτοιτο τῆς οἰκίας, μετὰ τὴν εὐημερίαν ἐξελεύσεται τῆς οἰκίας ἀποθανὼν μέν, ἐὰν διὰ τῆς αὐλῆς ἐκπίπτῃ· πραθεὶς δέ, ἐὰν διὰ τοῦ πυλῶνος· ἐὰν δὲ διὰ θυρίδος, 15 ἀποδράς. ὕπτιον δὲ πέτεσθαι πλέοντι μὲν ἢ βουλομένῳ πλεῦσαι οὐ πονηρόν· ὡς γὰρ ἐπὶ τὸ πολὺ καὶ ἐν πλοίῳ, ὅταν γε μὴ χειμάζωνται, ὕπτιοί εἰσιν οἱ ἄνθρωποι· τοῖς δὲ λοιποῖς ἀπραξίαν προαγορεύει· ὑπτίους γὰρ τοὺς ἀπράκτους λέγομεν. νοσοῦντας δὲ ἀναιρεῖ. πάντων δ' ἂν εἴη πονηρότατον καὶ σκαιότατον 20 τὸ βούλεσθαι πέτεσθαι καὶ μὴ δύνασθαι ἢ καὶ πετόμενον πρὸς τῇ γῇ τὴν κεφαλὴν ἔχειν καὶ πρὸς τῷ οὐρανῷ τοὺς πόδας· πολλὴν γὰρ κακοδαιμονίαν τῷ ἰδόντι προαγορεύει. ὅπως δ' ἂν πέτηται νοσῶν ἄνθρωπος, τεθνήξεται· φασὶ γὰρ τὰς ψυχὰς ἀπαλλαγείσας τῶν σωμάτων εἰς τὸν οὐρανὸν ἀνιέναι τά- 25

---

1 μαντεύονται L || 4 ἀγαθὸν post διυπνίζεσθαι ponit V || διυπνίζεσθαι] διυπνῆσαι pr L, διυπνῖσαι sec L || 5 πέτεσθαι Reiskius: πέτεσθαι καὶ βουλόμενον ἀνίπτασθαι V, ἀναπτᾶσθαι καὶ βουλόμενον ἀναπτᾶσθαι L || 6 εὐχερίαν L || ἐν adieci || 7 θηρίων V || ὑπὸ om L || 8 ἢ ὑπὸ δαίμονος ἵπτασθαι] ἢ δαίμονος ἵπτασθαι L, ἵπτασθαι ἢ ὑπὸ δαίμονος V || μεγάλους γὰρ φόβους L || 10 φεύγειν V || 12 τῇ om L || οἰκεία L || πέτεσθαι] πέτασθαι V, πετᾶν L || πολλῶν γὰρ om L || οἰκεία L || 13 οἰκείας L ||μετὰ τὴν εὐημερίαν] verba suspecta ||, ἐξελεύσεσθαι V || 14 οἰκείας L || αὐλῆς] αὐλῆς ἢ τῆς οἰκίας V || ἐκπίπτῃ] επτη L || 15 ἐὰν διὰ τοῦ] ἂν διὰ V || 16 ἀποδράς Meinekius: ἀποδράσας LV || ὕπτιον δὲ πέτεσθαι] πέτεσθαι δὲ ὕπτιον V || 17 ὡς γὰρ] ὕπτιοι γὰρ ὡς L || 18 χειμάζονται L || ὕπτιοι] ὕπτιοι δέ L || ἀπραξίας L || 19 ὑπτίους] cf. Suidas in v. ὕπτιος || γὰρ] δὲ L || 21 πέτασθαι V || πετώμενον V || 22 τὸν οὐρανὸν V || 23 τῷ ἰδόντι προαγορεύει] σημαίνει τῷ ἰδόντι V || ὅπως δ' ἂν πέτηται] πως γὰρ ἵπταται L || 24 ὁ ante ἄνθρωπος addit V || φασὶν L || γὰρ] γὰρ καὶ V || 25 ἀπαλλαγήσας L || ἀπιέναι V || τάχει χρωμένας] καὶ τάχει αἰρομένας L ||

CAP. LXVIII. LXIX.

χει χρωμένας ὑπερβάλλοντι καὶ ὡς εἰπεῖν πτηνῶν ὁμοίας. οἱ δὲ τὰς ἐπιδιφρίους ἐργαζόμενοι τέχνας παύσονται τῆς ἐργασίας, ἵνα εὐκίνητοι γένωνται καὶ μὴ μείνωσιν ἐφ᾽ ἕδρας διὰ τὴν πτῆσιν. καὶ οἱ δεδεμένοι λύονται· εὔλυτος γὰρ ὁ ἱπτάμε-
5 νος καὶ ποσὶ καὶ χερσί. πολλοὶ δὲ καὶ ἐτυφλώθησαν· ἐοίκασι γὰρ οἱ τυφλοὶ τοῖς ἱπταμένοις διὰ τὸ ἀεὶ φοβεῖσθαι καταπεσεῖν. ἐπὶ δίφρου δὲ ἢ βάθρου ἢ κλίνης ἢ ἄλλου τινὸς τοιούτου καθεζόμενον ἵπτασθαι μεγάλην νόσον νοσῆσαι ἢ παραλυθῆναι σημαίνει διὰ τὸ μὴ δύνασθαι τῆς γῆς ἐπιβαίνειν. ἀποδη-
10 μεῖν δὲ βουλομένῳ τὸ ὄναρ τοῦτο οὐκέτι πονηρὸν γίνεται· μετὰ γὰρ ὅλου τοῦ οἴκου καὶ τῆς ἐνθήκης τῆς ἰδίας ἀποδημή- p. 156
σει ἢ καὶ ὀχήματι φερόμενος.

Τῶν ἀξιοπίστων λεγομένων, οἷς λέγουσί τι πιστεύειν χρὴ 69 καὶ πείθεσθαι, φημὶ πρώτους εἶναι θεούς· ἀλλότριον γὰρ
15 θεῶν τὸ ψεύδεσθαι. ἔπειτα ἱερέας· τῆς γὰρ αὐτῆς τοῖς θεοῖς παρὰ ἀνθρώποις τετυχήκασι τιμῆς. εἶτα βασιλέας καὶ ἄρχοντας· τὸ κρατοῦν γὰρ δύναμιν ἔχει θεοῦ. εἶτα γονέας καὶ διδασκάλους· καὶ γὰρ οὗτοι ὅμοιοί εἰσι θεοῖς, οἱ μὲν εἰσάγοντες εἰς τὸ ζῆν, οἱ δὲ ὅπως χρὴ τῷ ζῆν χρῆσθαι διδά-
20 σκοντες. εἶτα μάντεις, μάντεων δὲ τοὺς μὴ ἀπατεῶνας. ὅσα γὰρ ἂν λέγωσι Πυθαγοριοταὶ φυσιογνωμονικοὶ ἀστραγαλομάντεις τυρομάντεις κοσκινομάντεις μορφοσκόποι χειροσκόποι λεκανομάντεις νεκρομάντεις, ψευδῆ πάντα καὶ ἀνυπόστατα χρὴ νομίζειν· καὶ γὰρ αἱ τέχναι αὐτῶν εἰσὶ τοιαῦται καὶ αὐτῆς μὲν
25 μαντικῆς οὐδὲ βραχὺ ἴσασι, γοητεύοντες δὲ καὶ ἀπατῶντες ἀποδιδύσκουσι τοὺς ἐντυγχάνοντας. ὑπολείπεται δὴ μόνα ἀληθῆ εἶναι τὰ ὑπὸ θυτῶν λεγόμενα καὶ οἰωνιστῶν καὶ ἀστερο-

---

1 πτηνὸν V ‖ 2 παύονται V ‖ 3 μὴ μείνωσιν] μὴ μένωσιν V, μεμηνώσιν L ‖ ἐφ᾽ ἕδρας] σφοδρᾶς L ‖ 6 γὰρ] γὰρ καὶ V ‖ 7 βάθρου] βαθμοῦ V ‖ ἢ κλίνης] ἢ κλίνης ἢ βάθρου V ‖ τοιούτου] τοιουτο L, om V ‖ 9 post σημαίνει in LV est ἢ τοῖς σκέλεσιν οὐκέτι χρῆσθαι ἀλλ᾽ ἐπὶ δίφρου βασταγῆναι ‖ τῆς γῆς om L ‖ ἐπιβαίνειν] ψαύειν V ‖ 11 οἴκου καὶ τῆς] οἴκου αὐτοῦ καὶ L ‖ 12 ὀχήματι] ὀχήμασι LV ‖ 13 περὶ ἀξιοπίστων LV ‖ τῶν] τῶν δὲ LV ‖ λέγουσιν L ‖ τι] τι κατ᾽ ὄναρ V, ὅτι κατ᾽ ὄναρ L ‖ 14 πόθεσθαι V ‖ φημὶ πρώτους] φημὶ δὲ πρῶτον L ‖ θεούς] θεόν L ‖ 15 θεῶν] θεοῦ LV ‖ ἱερέας] ἱερέα L, ἱερεῖς V ‖ τοῖς θεοῖς παρὰ] τοῦ θεοῦ ἔπειτα L ‖ 16 τετυχήκασι L, ε in rasura ‖ βασιλέας] βασιλεῖς LV ‖ 17 τὸ κρατοῦν γὰρ] τὸ γὰρ κρατοῦν L ‖ θεους L ‖ γονέας] γονεῖς LV ‖ 18 διδάσκαλοι L ‖ εἰσιν L ‖ 19 τῷ] τὸ L ‖ χρήσασθαι L ‖ 20 ἀπατεῶνας] ἀπατεῶνας μηδὲ ψευδομάντεις LV ‖ 21 πυθαγορικοὶ V ‖ 22 τυρομάντεις] τυρομάντεις γυρομάντεις V ‖ 23 νομίζειν χρή V ‖ 24 αὐτῆς Reiskius: αὐτοὶ LV ‖ 25 οὐδὲν L ‖ ἴσασιν L ‖ ἐξαπατῶντες L ‖ 26 δὴ] δὲ L ‖ 27 ὑπὸ θυτῶν Reiffius: ἀπὸ τῶν θυτῶν L, ὑπὸ τούτων V ‖

ARTEMIDORUS. 11

σκόπων καὶ τερατοσκόπων καὶ ὀνειροκριτῶν καὶ ἡπατοσκόπων. περὶ δὲ μαθηματικῶν τῶν γενεθλιαλόγων ἐπισκεψώμεθα. ἔτι τῶν ἀξιοπίστων εἰσὶ καὶ οἱ νεκροί, ἐπεὶ πάντως ἀληθῆ λέγουσι· διὰ γὰρ δύο ταῦτα οἱ ψευδόμενοι ἀπατῶσιν, ἢ διὰ τὸ ἐλπίζειν τι ἢ διὰ τὸ φοβεῖσθαι· οἱ δὲ μήτε ἐλπίζοντές τι μήτε φοβούμενοι εἰκότως ἀληθῆ λέγουσι. μάλιστα δὲ οἱ νεκροί εἰσι τοιοῦτοι. ἔτι καὶ τὰ παιδία ἀληθῆ λέγει· οὐδέπω γὰρ οἶδε ψεύδεσθαι καὶ ἐξαπατᾶν. καὶ οἱ παντελῶς πρεσβῦται· τὸ γὰρ ἀξιόπιστον διὰ τοῦ γήρως ἐνδείκνυνται. καὶ τὰ ἄλογα ζῷα πάντως ἀληθῆ λέγει διὰ τὸ μὴ εἶναι ἐν μεθόδῳ λόγου. οἱ δὲ λοιποί, ἵνα μὴ καθ᾽ ἕκαστον λέγω, ὅσα ἂν λέγωσι ψεύδονται, πλὴν τῶν ἐν τῷ ἀνὰ χεῖρα βίῳ πιστῶν καὶ τοῖς ἤθεσι χρηστῶν. θεατρικοὶ δὲ καὶ οἱ ἐπὶ θυμέλην ἀναβαίνοντες αὐτόθεν διὰ τὰς ὑποκρίσεις πᾶσιν ἄπιστοι, καὶ σοφισταὶ καὶ πένητες καὶ γάλλοι καὶ ἀπόκοποι καὶ σπάδοντες· οὗτοι γὰρ καὶ μὴ λέγοντές τι ψευδεῖς τὰς ἐλπίδας εἶναι μηνύουσι διὰ τὸ φύσει μήτε ἐν ἀνδράσι μήτε ἐν γυναιξὶν ἀριθμεῖσθαι.

70 Ἀνθρωπίνη γενεὰ κατ᾽ ἐνίους μὲν ἔχει ἔτη ἑπτά· ὅθεν καὶ λέγουσιν οἱ ἰατρικοὶ τὸν δύο γενεῶν μὴ δεῖν φλεβοτομεῖν, τὸν τεσσαρεσκαιδεκαετῆ λέγοντες ὡς ἔτι προσδεόμενον αἵματος καὶ οὐδέπω ἔχοντα περισσὸν αἷμα· κατ᾽ ἐνίους δὲ τριάκοντα· ὅθεν καὶ τὸν Νέστορα βούλονταί τινες ἐνενηκονταετῆ γεγονέναι· καθ᾽ ἡμᾶς δὲ ἑκατὸν ἔτη, ἐπειδὴ τοὺς πλείστους ἢ

---

1 καὶ τερατοσκοπῶν om V ‖ καὶ ἡπατοσκόπων om L ‖ 2 γενεσιαλόγων V ‖ ἐπισκεψώμεθα] vox corrupta ‖ 3 ἔτι] ἔπι L ‖ ἐπεὶ πάντως ἀληθῆ λέγουσι] ἐπεὶ πάντως ἀληθεύουσι V, καὶ ἐπὶ πάντων ἀληθῆ λέγουσι L ‖ 5 τι om L ‖ 6 εἰκότως] πάντως L ‖ 8 ἐξαπατῆσαι L ‖ πρεσβῦται] πρεσβύτατοι L ‖ τὸ ἀξιόπιστον γὰρ V ‖ 9 ἐνδείκνυνται V ‖ τὰ] τὸ L ‖ ἄλογα] αλλα V ‖ 10 λόγῳ L ‖ 11 λοιποὶ] πολλοὶ L ‖ ὅσα] πάντες ὅ τι V ‖ 12 ἀναχειραβίω V ‖ τοῖς ἤθεσι χρηστῶν] τὰ ἤδη κοσμίων L ‖ 13 ἐπὶ] εἰς L ‖ 15 καὶ ἀπόκοποι] οἱ ἀπόκοποι V ‖ γὰρ] δὲ L ‖ 16 μηνύουσι] λέγουσι L ‖ 17 post ἀριθμεῖσθαι in V est χρὴ οὖν τοῖς ἀξιοπίστοις καὶ περὶ τῶν ἄλλων πάντων λέγουσι πιστεύειν, in L χρὴ οὖν τοῖς ἀξιοπίστοις καὶ περὶ τῶν ἄλλων πάντων λέγουσιν πιστεύειν καὶ δὴ καὶ περὶ χρόνον ζωῆς L ‖ 18 περὶ χρόνων ζωῆς LV ‖ ἀνθρωπίνη γενεὰ κατ᾽ ἐνίους μὲν ἔχει] ἔχει ἡ ἀνθρωπίνη γενεὰ κατ᾽ ἐνίους μὲν V ‖ 19 τὸν Suidas in v. γενεά: τῶν LV ‖ μὴ δεῖν] μηδένα V ‖ 20 τὸν om L ‖ τεσσαρασκαιδεκαετῆ L ‖ 21 περισσὸν ἔχοντα L ‖ 22 βούλονταί τινες] βούλονται Suidas, βούλονταί τινες ὑπερβαίνειν τὰ ἑξήκοντα ἔτη εἶναι δὲ ἐν τῇ τρίτῃ γενεᾷ καὶ εἰς V ‖ ἐνενηκονταετῆ Suidas: ἐνενήκοντα ἔτη V, ϙ ἔτη L ‖ 23 post γεγονέναι in V est ὅν φησιν ὁ ποιητὴς τῷ δ᾽ ἤδη δύο μὲν γενεαὶ μερόπων ἀνθρώπων ἐφθίατο μετὰ δὲ τριτάτοισιν ἄνασσε, in L οἷόν φησιν ὁ ποιητὴς τρεῖς γενεὰς ἐξηκέναι καὶ καθηκέναι ‖ ἔτη] ἔτη εἶναι τὸν τέλειον τῆς ζωῆς χρόνον V ‖ πλείστω L ‖ ἢ ὀλίγῳ — ὁρῶμεν om L ‖

CAP. LXIX. LXX. 163

ὀλίγῳ ἀποδέοντας ζῶντας ὁρῶμεν ἢ ὀλίγῳ ὑπεραίροντας, ἄλλως τε καὶ ἐπειδὴ τὸν λόγον τῶν ἀποτελεσμάτων πρὸς τοῦτον τὸν ἀριθμὸν συμφωνοῦντα ἡ πεῖρα δείκνυσι. διὰ τοῦτο καὶ ἡμεῖς τῇ γενεᾷ χρησόμεθα ὡς δὴ ἐχούσῃ ἔτη ἑκατόν.

5 Ὅσοι οὖν τῶν ἀριθμῶν γραφέντες δι᾽ ὅλων τῶν γραμμάτων ἀποτελοῦσι ψῆφον ἐντὸς τῶν ἑκατόν, τούτους χρὴ γράφειν καὶ ψηφίζειν καὶ ἡγεῖσθαι τοσαῦτα ἔτη σημαίνειν ὅσα ἂν ἡ ψῆφος μηνύῃ. εἰσὶ δὲ οὗτοι μόνοι ἓν μία ἓξ δέκα ἕνδεκα δεκακιδέκα. καὶ ἔστι τὸ μὲν ἓν πεντήκοντα πέντε· γράφεται
10 γὰρ διὰ τοῦ ε̄ καὶ τοῦ ν̄· τὸ δὲ μία πεντήκοντα ἕν· γράφεται γὰρ διὰ τοῦ μ̄ καὶ τοῦ ι καὶ τοῦ ᾱ· τὸ δὲ ἓξ ἑξήκοντα p. 158 πέντε· γράφεται γὰρ διὰ τοῦ ε̄ καὶ τοῦ ξ. ὁμοίως καὶ τὰ δέκα καὶ τὰ ἕνδεκα καὶ τὰ δεκακιδέκα τῇ αὐτῇ ἐπινοίᾳ γράφειν καὶ ψηφίζειν χρή· εὑρεθήσεται γὰρ τὰ μὲν δέκα ὄντα τριά-
15 κοντα, τὰ δὲ ἕνδεκα ὀγδοήκοντα πέντε, τὰ δὲ δεκακιδέκα ἐνενήκοντα. καὶ οὕτω μὲν ἐκλαμβάνειν χρὴ τούτους τοὺς ἀριθμούς· ὅσοι δὲ τῶν ἀριθμῶν γραφέντες δι᾽ ὅλων τῶν γραμμάτων καὶ ψηφισθέντες ὑπερβάλλουσι τὴν ἀνθρωπίνην γενεάν, οἷον τὰ δύο (γίνεται γὰρ τετρακόσια ἑβδομήκοντα τέσ-
20 σαρα· ταῦτα δὲ οὔτε ἐνδέχεται οὔτε λόγον ἔχει ζῆσαι τοσαῦτα ἔτη τινά), τούτους τοὺς ἀριθμοὺς κατὰ τὴν ἀνάβασιν τῶν στοιχείων λαμβάνομεν οὕτως. ἐπὶ τὸ σημαῖνον στοιχεῖον τὸν ἀριθμὸν ἐλθόντες ψηφίζομεν ἑκάστου τῶν προαγόντων στοιχείων τὸν ἀριθμόν. οἷον τὰ δύο δείκνυται ὑπὸ τοῦ β. προσθέντες
25 οὖν τὸ ἓν φαμὲν εἶναι τρία. τὰ δὲ τρία συναριθμήσαντες τῷ ἑνὶ καὶ τοῖς δυσί φαμεν εἶναι ἕξ. ὁμοίως τὰ τέσσαρα σὺν τῷ

---

1 ὑπεραίροντας] ὑπερβάλλοντας L ‖ ἄλλως τε] ἀλλ᾽ ὡσγε L ‖ 3 δείκνυσιν L ‖ 4 χρησόμεθα] ἐχρησάμεθα V ‖ δὴ om L ‖ ἔτη — γραφέντες om L ‖ 6 ἀποτελοῦσιν L ‖ ἑκατῶν L ‖ 8 ἡ om pr L ‖ μηνύει L ‖ εἰσὶν L ‖ μία] μ̄ᾱ pr L ‖ 9 δεκακιδέκα] δεκάκις δέκα V, καὶ δεκακιδέκα L ‖ ἓν πεντήκοντα πέντε] ᾱν̄ε pr L, ἓν ν̄ε sec L ‖ 10 ε̄] ν̄ L ‖ ν̄] ε̄ L ‖ 11 μ̄] μ̄ι sec L ‖ ῑ] α sec L in rasura ‖ καὶ τοῦ ᾱ om L ‖ τὸ δὲ ἓξ — τοῦ ξ om pr L ‖ 12 ὁμοίως] ὁμοίως δὲ V ‖ 13 τὰ om L ‖ ἕνδεκα καὶ τὰ δεκακιδέκα] ἕνδεκα καὶ τὰ δεκάκις δέκα V, ἑνδεκακιδέκα L ‖ 15 ὀγδοήκοντα πέντε τὰ δὲ δεκακιδέκα] πεντεκαιδεκα L ‖ 16 ἐνενήκοντα] q̄ L, ἐνενήκοντα συντιθεμένων τῶν γραμμάτων καθ᾽ ἓν ἕκαστον V ‖ οὕτω] οὕτως LV ‖ μὲν om L ‖ τούτους τοὺς ἀριθμοὺς χρή V ‖ 17 γραφέντες] γράφονται L ‖ 19 γὰρ om V ‖ 20 ταῦτα] τοῦτο? ‖ οὔτε λόγον ἔχει οὔτε ἐνδέχεταί τινα ζῆσαι τοσαῦτα ἔτη L ‖ 21 τούτους] τούτους οὖν V ‖ τῶν] τὴν τῶν V ‖ 22 σημαῖνον] σημαινόμενον L ‖ τὸν Reiskius: καὶ τὸν LV ‖ 24 δείκνυνται L ‖ ὑπὸ] ἀπό V ‖ 25 οὖν τὸ ἓν] τὸ ᾱ V, οὖν τὸν ἀπὸ τοῦ ᾱ· ἓν L ‖ τρία τὰ δὲ τρία — φαμὲν εἶναι om L ‖

11*

τῶν ἔμπροσθεν στοιχείων ἀριθμῷ γίνεται δέκα, καὶ τὰ πέντε ὁμοίως γίνεται δέκα πέντε. τὰ δὲ ἓξ ἐν τῷ ἔμπροσθεν λόγῳ ἐπεδείξαμεν ὄντα ἐξήκοντα πέντε. τὰ δὲ ἑπτὰ σὺν τῷ ἔμπροσθεν ἀριθμῷ τῶν ἓξ μὴ συναριθμουμένων διὰ τὸ καὶ σημαίνειν κατ' ἰδίαν τὰ ἑξήκοντα πέντε καὶ ὑπὸ στοιχείου μὴ δείκνυ- 5
σθαι ἀλλ' ὑπὸ χαρακτῆρος γίνεται εἴκοσι δύο, ἔτι καὶ τὰ ὀκτὼ τριάκοντα, τῷ δ' αὐτῷ λόγῳ καὶ τὰ ἐννέα τριάκοντα ἐννέα. τὰ δὲ δέκα διπλάσιον ἔχει λόγον· καὶ γὰρ γραφέντα δι' ὅλων τῶν γραμμάτων καὶ ψηφισθέντα κατὰ μόνας σημαίνει τριάκοντα, καὶ πάλιν ὅτι οὐχ ὑπὸ χαρακτῆρος, ὡς τὰ ἕξ, ἀλλ' ὑπὸ 10
στοιχείου δείκνυται, κατὰ τὴν ἀνάβασιν τὴν τῶν στοιχείων γίνεται τεσσαράκοντα ἐννέα. ἵνα δὲ μὴ εἰς ἀμφίβολον πίπτῃ τις, ἐὰν μὲν ἀκούσῃ τινὸς λέγοντος 'δέκα σημαίνει τριάκοντα διὰ τὴν ἀπὸ τῶν δέκα γραφομένων καὶ συναγομένων ψῆφον', ἐὰν δὲ $\overline{ι}$ ἴδῃ που γεγραμμένον, γένοιτ' ἂν τεσσαράκοντα ἐννέα 15
κατὰ τὴν προειρημένην ἐπίνοιαν, συναριθμουμένης τῆς δεκάτης τῶν ἔμπροσθεν στοιχείων ψήφου χωρὶς τῶν ἕξ. οὕτω καὶ τὰ εἴκοσι ἑξήκοντα ἐννέα γίνεται καὶ τὰ τριάκοντα ἐνενήκοντα
p. 159 ἐννέα. οὐκέτι δὲ τὰ τεσσαράκοντα κατὰ τὸν αὐτὸν ἐκλαμβάνειν χρὴ τρόπον· οὐ γὰρ ἑκατὸν τριάκοντα ἐννέα ζήσεταί τις 20
ἔτη. ὁ δὲ αὐτὸς λόγος καὶ ἐπὶ τῶν πεντήκοντα καὶ ἐπὶ τῶν ἔτι μειζόνων ἀριθμῶν. χρὴ οὖν τούτους οὐ κατὰ τὴν ἀνάβασιν τῆς ψήφου τῶν στοιχείων ἀλλὰ κατὰ τὴν θέσιν τῶν στοιχείων ἐκλαμβάνειν. οἷον τὰ τεσσαράκοντά ἐστι $\overline{μ}$, ἐνδείξεται δὲ καὶ δώδεκα, ἐπειδὴ δωδέκατόν ἐστι στοιχεῖον τὸ $\overline{μ}$ τὸ τὰ 25

---

1 καὶ τὰ] τὰ V, καὶ τὸ L ‖ 3 δὲ ante ἑπτὰ om L ‖ 4 καὶ σημαίνειν] μὴ σημαίνειν L ‖ 5 ὑπὸ τοῦ στοιχείου L ‖ δείκνυσθαι] δύνασθαι L ‖ 6 ἔτι καὶ] ἔτι V ‖ ὀκτὼ] ἐν τῷ pr L ‖ 7 δ' addidi ‖ 8 διπλάσιον ἔχει] ἰδιόν φασιν ἔχειν V ‖ λόγον] τὰ γὰρ V, τὰ δὲ L ‖ 9 σημαίνει τριάκοντα] σημαίνειν V ‖ 10 ὅτι om V ‖ 11 στοιχείων V ‖ 12 πίπτει L ‖ 13 ἀκούσῃ τινὸς λέγοντος] ἀκούσῃ φωνὴν λέγοντός τινος LV ‖ 14 γραφομένην L ‖ καὶ συναγομένων om L ‖ 15 δὲ om V ‖ ἴδοι L ‖ γένοιτ'] λέγοιτο V ‖ 16 ἐπίνοιαν] ἔννοιαν V ‖ τῆς δεκάτης] τοῖς δὲ τῇ L ‖ 17 στοιχείου ψῆφον L ‖ χωρὶς τῶν ἕξ om V ‖ οὕτω καὶ] οὕτως καὶ L, οὕτως V ‖ 18 γίνεται om L ‖ 19 τὰ om L ‖ 20 οὐ] οὐκέτι L ‖ ζήσεται] ζήσεται ἂν V ‖ 22 ἀριθμῷ L ‖ 24 τὰ om V ‖ ἐστὶ] ἔτεσιν L ‖ ἐνδείξεται δὲ καὶ] ἐνδέχεται δὲ καὶ L, ἢ ἐνδείξεται V ‖ δώδεκα] δέκα δύο V ‖ 25 ἐπειδὴ — ὁμοίως] ἐπειδὴ $\overline{ι}$ $\overline{β}$ ἐστιν τὸ $\overline{μ}$ τὸ τὰ τεσσαράκοντα σημαῖνον πότε δὲ ἐνδέχεται καὶ ποτὲ οὒ ὁ ἐπιὼν λόγος σημαίνει οὕτως καὶ τὸ $\overline{ν}$. $\overline{ν}$ ἤτοι πεντήκοντα ἢ τρισκαιδέκα γένοιτο καὶ τὸ $\overline{ξ}$ ἤτοι $\overline{ξ}$ ἤτοι $\overline{ιδ}$ καὶ τὰ λοιπὰ ὁμοίως L, δωδέκατον γάρ ἐστι στοιχεῖον τὸ $\overline{μ}$ τὸ τεσσαράκοντα σημαῖνον πότε δὲ δέχεται τὸ $\overline{ν}$ ὁ ἐπιὼν λόγος σημαίνει ἐπειδὴ τὸ $\overline{μ}$ δωδέκατόν ἐστι στοιχεῖον καὶ τὸ $\overline{ν}$ ἐστι τρισκαιδέκατον ἤτοι δέκα τρία γένοιτ' ἂν καὶ τὸ $\overline{ξ}$ ἤτοι δέκα τέσσαρα καὶ τὰ λοιπὰ ὁμοίως V ‖

CAP. LXX.

τεσσαράκοντα σημαίνον. πότε δὲ ἐνδείκνυται καὶ πότε οὔ, ὁ ἐπιὼν λόγος σημανεῖ. οὕτω δὲ καὶ τὸ $\bar{v}$ ἤτοι πεντήκοντα ἢ τρισκαίδεκα γένοιτ' ἂν καὶ τὸ $\bar{\xi}$ ἤτοι ἑξήκοντα ἢ τεσσαρεσκαίδεκα καὶ τὰ λοιπὰ ὁμοίως. εἰσὶ δέ τινες καὶ σύνθετοι ἀριθμοί,
5 οὓς χρὴ διαιρεῖν, οἷον ἐπὶ μὲν τῶν πρώτων οὕτω. τὰ δέκα δὶς σημαίνει εἴκοσι καὶ τὰ δέκα τρὶς τριάκοντα καὶ τὰ τετράκις δέκα τεσσαράκοντα καὶ τὰ πεντάκις δέκα πεντήκοντα καὶ τὰ ἑξάκις δέκα ἑξήκοντα καὶ τὰ ἑπτάκις ἑβδομήκοντα καὶ τὰ ὀκτάκις ὀγδοήκοντα καὶ τὰ ἐννάκις ἐνενήκοντα, καὶ πάλιν τὰ εἴ-
10 κοσι δὶς τεσσαράκοντα καὶ τὰ εἴκοσι τρὶς ἑξήκοντα καὶ τὰ εἴκοσι τετράκις ὀγδοήκοντα καὶ τὰ εἴκοσι πεντάκις ἑκατόν. οὕτω καὶ τὰ τριάκοντα δὶς ἑξήκοντα καὶ τὰ τριάκοντα τρὶς ἐνενήκοντα καὶ τὰ τεσσαράκοντα δὶς ὀγδοήκοντα καὶ τὰ πεντήκοντα δὶς ἑκατόν. ἐπὶ δὲ τῶν πλειόνων ἐτῶν, οἷον εἴ τις ἀκούσειέ
15 τινος λέγοντος 'ζήσει ἔτη εἴκοσι ἕξ' χρὴ διαιρεῖν καὶ τὰ μὲν εἴκοσι εἴκοσι τίθεσθαι τὰ δὲ ἕξ κατὰ τὸν ἔμπροσθεν λόγον τίθεσθαι ἑξήκοντα πέντε. γίνεται οὖν τὰ πάντα ὀγδοήκοντα πέντε. εἰ δὲ εἴκοσι ἑπτά, τὰ μὲν εἴκοσι κατ' ἰδίαν εἴκοσι, τὰ δὲ ἑπτὰ κατὰ τὸν ἔμπροσθεν λόγον εἴκοσι δύο. γίνεται οὖν τὰ
20 πάντα τεσσαράκοντα δύο. οὕτω καὶ τὰ εἴκοσι ὀκτὼ πεντήκοντα, καὶ ὅστις ἂν ἄλλος ἀριθμὸς ᾖ, σὺν τοῖς εἴκοσιν ὑπὲρ τὰ πέντε κατ' ἰδίαν ψηφιζέσθω. ὁμοίως καὶ ὁ μετὰ τῶν τριάκοντα ὑπὲρ τὰ τρία καὶ ὁ μετὰ τῶν τεσσαράκοντα ὑπὲρ τὰ δύο καὶ ὁ μετὰ τῶν πεντήκοντα ὑπὲρ τὰ δύο. οἷον ὑποδείγματος χάριν, εἴ τις
25 ἀκούσειε τινὸς λέγοντος 'ζήσει ἔτη πεντήκοντα ἑπτά', εὔηθές ἐστιν ἑπτάκις πεντήκοντα προσδοκᾶν ἄνθρωπον ζῆσαι, ἅπερ γίνεται τριακόσια πεντήκοντα, ἀλλὰ δῆλον ὅτι τὰ ἑπτὰ κατ'

---

4 εἰσὶν L ∥ 5 δέκα om pr L ∥ δὶς] δὶς λεγόμενα V ∥ 6 δέκα — ἐνενήκοντα] $\bar{\tau}$ $\bar{\lambda}$ ἱναδισδέκα $\bar{\varkappa}$ ἢ τρισδέκα $\bar{\lambda}$ γίνεται καὶ τὰ $\bar{\varDelta}$ $\bar{\mu}$ καὶ τὰ $\overline{ε v}$ καὶ τὰ $\bar{\varsigma}$ ἑξήκοντα καὶ τὰ $\bar{\zeta}$ $\bar{ο}$ καὶ τὰ $\bar{η}$ $\bar{π}$. καὶ τὰ $\bar{\vartheta}$ $\bar{q}$ L ∥ 9 καὶ τὰ εἴκοσι] καὶ εἴκοσι L ∥ 10 τρὶς] $\bar{\iota\varsigma}$ ∥ καὶ om L ∥ εἴκοσι τετράκις ὀγδοήκοντα] $\bar{\varkappa}\bar{\delta}\bar{\pi}$ L ∥ 11 εἴκοσι πεντάκις] $\bar{\varkappa}\bar{ε}$ L ∥ ἑκατόν Reiffius: ἑκατὸν πεντάκις τῶν εἴκοσι γινομένων LV ∥ 12 τὰ addidi ∥ τὰ om L ∥ τρὶς] $\bar{γ}$ L ∥ 13 δὶς] $\bar{β}$ L ∥ 14 δὶς] $\bar{β}$ L ∥ τῶν] τῶν ἄλλων V ∥ πλιόνων L ∥ εἴ] ἢ L ∥ ἀκούσειέν L ∥ 15 τινος] τινος ἄλλου V ∥ ζήσει] ζήσεις LV ∥ ἕξ] $\bar{\varkappa\varsigma}$ L ∥ καὶ om L ∥ 16 εἴκοσι εἴκοσι] εἴκοσι ὡς εἴκοσι V ∥ τίθεσθαι] δέχεσθαι L ∥ 17 τὰ πάντα om L ∥ 18 εἰ] οἱ L ∥ δὲ] δὲ καὶ V ∥ ἰδίαν εἴκοσι] ἰδίαν V ∥ 20 οὕτως L ∥ ὀκτὼ om pr L ∥ 21 ἀριθμὸς ᾖ] ἀριθμῇ V, ἀριθμὸς ἔτη L ∥ ὑπὲρ τὰ πέντε] καὶ τὰ θ sec L ∥ 22 μετὰ] ὑπὲρ L. ∥ τριάκοντα] /Γ $\bar{\lambda}$ L ∥ 23 τρία καὶ] τρία V ∥ 24 ἀκούσειεν L ∥ ζήσει] ζήσεις LV ∥ 26 ζῆσαι om L ∥ 27 γίνεται] γίνονται L, γίγνονται V ∥ καθ' ἰδίαν L ∥

ἰδίαν κατὰ τὸν ἔμπροσθεν λόγον ψηφισθέντα σὺν τοῖς πεντήκοντα γίνεται ἑβδομήκοντα δύο. ὅταν μέντοι τις ᾖ ἐντὸς τοῦ εἰρημένου ἀριθμοῦ, δῆλον ὅτι σὺν τοῖς παρεληλυθόσιν ἔτεσι πάντα αὐτῷ οὕτω σημαίνεται. οἷον εἴ τις ὢν ἐτῶν τριάκοντα δόξειε λέγειν αὐτῷ τινὰ 'ζήσει ἔτη πεντήκοντα', οὗτος 5 ζήσεται λοιπὰ εἴκοσι, ἵνα αὐτῷ σὺν τοῖς τριάκοντα τοῖς πρὶν τὰ μέλλοντα εἴκοσι γένηται πεντήκοντα. εἰ δέ τις ὢν ἐτῶν ἑβδομήκοντα δόξειε λέγειν αὐτῷ τινὰ 'ζήσει ἔτη πεντήκοντα', δῆλον ὅτι οὔτε σὺν τοῖς πρώτοις λέγει αὐτῷ διὰ τὸ εἶναι τὰ πρῶτα πλείω τῶν πεντήκοντα, οὔτε μὴν ἄλλα πεντήκοντα ἔτη 10 ἐπὶ τοῖς ἑβδομήκοντα οἷόν τε ζῆσαι οὐδὲ ἐνδέχεται. τοιγαροῦν λοιπὰ δέκα τρία ζήσεται, ὅτι τὸ ν̄ τὸ τὰ πεντήκοντα σημαῖνον στοιχεῖον τρισκαιδέκατον τέτακται. ὁ δὲ παραπλήσιος καὶ ἐπὶ τῶν ἄλλων ὁμοίων λόγος τηρείσθω, ὅταν ᾖ ὁ λεγόμενος ἀριθμὸς τοῦ μὲν ἔμπροσθεν χρόνου ἥττων, πρὸς δὲ τὸν μέλλοντα 15 ἀνένδεκτος. ἔτι κἀκεῖνο. τὰς ἡμέρας καὶ τοὺς μῆνας καὶ τὰ ἔτη ὡς ἐπὶ τὸ πλεῖστον οὐ πάντως ἰσοδυναμοῦντα εὑρίσκομεν· καὶ γὰρ ὑπὸ ἐτῶν μῆνες καὶ ἡμέραι δείκνυνται καὶ ὑπὸ μηνῶν ἔτη καὶ ἡμέραι καὶ ὑπὸ ἡμερῶν μῆνες καὶ ἔτη. ἵνα δὲ τοῦτο μὴ εἰς ἀμφίβολον πίπτῃ, ὅταν εἴπῃ τις ἔτη, ἐὰν μὲν 20 σύμμετρα ᾖ καὶ ἐνδεχόμενα, ἔτη νομιζέσθω· ἐὰν δὲ πολλά, μῆνες· ἐὰν δὲ ὑπέρμετρα, ἡμέραι. ἀναστρέφει δὲ ὁ λόγος καὶ ἀπὸ ἡμερῶν. ἐὰν γὰρ ὦσι πολλαί, ἡμέραι νομιζέσθων· ἐὰν δὲ σύμμετροι, μῆνες· ἐὰν δὲ ὀλίγαι, ἔτη. ὁμοίως καὶ οἱ μῆνες πρὸς τὸ ἐνδεχόμενον ἐκλαμβανέσθων. τὸ δὲ ἐνδεχόμενον ἢ μὴ 25 ἐνδεχόμενον δείξει ἐπὶ μὲν τοῦ περὶ χρόνου ζωῆς λόγου ἡ ἡλι-

---

1 τὸν] τὸ pr L ǁ 2 γίνεται] γίνονται L, γίγνονται V ǁ 3 δῆλον ὅτι — σημαίνεται om V ǁ παρεληλυθῶσιν L ǁ 4 ἔτεσιν L ǁ οὕτως L ǁ ἐτῶν om L ǁ 5 δόξειεν L ǁ τινὰ αὐτῷ L ǁ ζήσει] ζήσεις LV ǁ ἔτη πεντήκοντα οὗτος ζήσει om L ǁ 6 ζήσεται] ζήσει V ǁ λοιπὰ] λοιπὸν V ǁ ἵνα] ἐπεὶ ἵνα L ǁ 7 εἴκοσι μέλλοντα V ǁ γένηται] γένηται τὰ L, γίνηται V ǁ τις] τι L ǁ 8 δόξει L ǁ ζήσει] ζήσεις L, ζήσειν V ǁ post πεντήκοντα in V est οὗτος ζήσει λοιπὰ δέκα τρία ǁ 9 οὐδὲ L ǁ σὺν] ἐν V ǁ 10 πλείονα V ǁ 11 οὐδὲ] οὔτε LV ǁ τοιγάρτοι V ǁ 12 τὸ ν̄ τὸ τὰ] τὸν L, τὰ V ǁ σημαῖνον στοιχεῖον] σημαίνοντα V ǁ 13 τρισκαιδέκατον] ἰγ L ǁ 14 ὁμοίως L ǁ τηρείσθω Reiffius: τετηρείσθω V, νοείσθω V ǁ 15 ἥττον L ǁ 17 πλεῖστον] πλεῖστον οὕτως διακρίνειν V ǁ οὐ] οὐ γὰρ LV ǁ πάντως] πάντως ἀεὶ LV ǁ ἰσοδυναμοῦντας L ǁ 18 ὑπὸ Reiffius: ἀπὸ LV ǁ ὑπὸ Reiffius: ἀπὸ LV ǁ 19 μηνῶν ἔτη καὶ ἡμέραι καὶ ἀπὸ om L ǁ ὑπὸ Reiffius: ἀπὸ V ǁ 20 πίπτει L ǁ 21 ᾖ καὶ ἐνδεχόμενα — ἡμέρας om L ǁ νομιζέσθω] νομιζέσθωσαν V ǁ 22 ἡμέραι Rigaltius: ἡμέρας V ǁ ὦσιν L ǁ νομιζέσθων] νομιζέσθωσαν LV ǁ 24 ἐὰν] ἐν pr L ǁ 25 ἐνδεχόμενον] ἐσόμενον L ǁ ἐκλαμβανέσθων] ἐκλαμβανέσθωσαν LV ǁ μὴ ἐνδεχόμενον Reiffius: μὴ LV ǁ 26 δείξει Venetus 267: δείξῃ L, ἐνδείξει V ǁ μὲν] τὸν L ǁ λόγον V ǁ ἡλικίας L ǁ

CAP. LXX.

κία τοῦ ἰδόντος, ἐπὶ δὲ τῶν ἄλλων προθεσμιῶν ἡ προσδοκία τῶν χρειῶν. μεμνῆσθαι δὲ χρὴ ὅτι πολλάκις οἱ θεοὶ ἀποφαίνονται μὲν ὡς περὶ χρόνου ζωῆς, σημαίνουσι δὲ οὐ πάντοτε περὶ χρόνου ζωῆς, ἀλλ' ἔστιν ὅτε καὶ περὶ μεταβολῆς τῶν πραγμά-
5 των καὶ περὶ ἐλευθερίας δούλοις καὶ περὶ τῶν ἄλλων ὅσα ἔμπροσθεν ὁ περὶ θανάτου λόγος περιέχει.   p. 161

Ταῦτα μὲν οὖν κατὰ τὸ ἐνδεχόμενον, ὅσον εἶχον δυνάμεως, ἀνελλιπῶς καὶ ὡς ἐμοὶ δοκεῖ ἐξ ὁλοκλήρου πάντα εἴρηται, Κάσσιε Μάξιμε, ἀνδρῶν σοφώτατε. εἰ δέ τις τῶν ἐντυγ-
10 χανόντων ταῖσδε ταῖς βίβλοις τῶν εἰρημένων τι ὑπ' ἐμοῦ παρά τινος τῶν ἄλλων εἰλῆφθαι καὶ μὴ ἀπὸ τῆς πείρας ἡγεῖται, ματαίως ὑπείληφεν, ἐπιμελέστερον δὲ ἐντυχὼν αὐτοῦ τούτου τοῦ βιβλίου τῷ προοιμίῳ κατανοήσει τὴν προαίρεσιν τὴν ἐμήν. ἔτι καὶ εἴ τινι πρὸς τὸ ἐναντίον ῥέπειν τι τῶν εἰρημένων φαί-
15 νεται ἢ ὡς ἐμοὶ ἐδόκει, διὰ τὸ ὑπό τινος πιθανοῦ λόγου κινεῖσθαι, ἴστω ὅτι εὑρεσιλογεῖν μὲν καὶ πιθανεύεσθαι κἀγὼ πάνυ ἱκανὸς ἦν, ἀλλ' οὐ θεατροκοπίας καὶ τὰ τοῖς λογεμπόροις ἀρέσκοντά ποτε μετῆλθον, ἀλλ' ἀεὶ τὴν πεῖραν μάρτυρα καὶ κανόνα τῶν ἐμῶν λόγων ἐπιβοῶμαι. ἐγὼ μὲν οὖν πάντων διὰ
20 πείρας ἐλήλυθα τῷ μηδὲν ἄλλο πράττειν, ἀεὶ δὲ καὶ νύκτωρ καὶ μεθ' ἡμέραν πρὸς ὀνειροκρισίᾳ εἶναι. σὺ δὲ οὐκ ἀναμενεῖς χρόνον, ἀλλ' αὐτόθεν διὰ τὴν σοφίαν καὶ τὴν ὑπερβάλλουσαν σύνεσιν δυνήσει ἐπικρῖναι ἕκαστα αὐτῶν εἴτε εὖ εἴτε μὴ καλῶς ἔχει. δέομαι δὲ ὀλίγα τῶν ἐντυγχανόντων τοῖς βιβλίοις
25 μήτε προσθεῖναι μήτε τι τῶν ὄντων ἀφελεῖν. εἴτε γὰρ δύναιτό τις τοῖς ἐμοῖς προσθεῖναι, ῥᾷον ἂν ἴδια ποιήσειεν· εἴτε τινὰ τῶν ἐγγεγραμμένων ταῖσδε ταῖς βίβλοις περισσὰ δοκεῖ, οἷς

---

2 χρή] χρὴ τοῦτο L, χρὴ καὶ τοῦτο V || 4 ἀλλὰ V || 5 δούλοις] τοῖς δούλοις V || 6 ὁ om L || 8 ἀνελλιπῶς Reiskius: ἀνελλειπῶς LV || εἴρηται] εἴρηταί σοι LV || 9 Κάσσιε] κάσιε V, κάσιε L || 11 τῶν ἄλλων om L || καὶ μὴ] ἀλλ' οὐκ L || ἀπὸ] ὑπὸ V || 12 ἐντυγχάνων L || τούτου om L || τοῦ] τοῦ δευτέρου L || 14 ἔτι om L || προειρημένων L || φαίνηται L || 15 ἢ ὡς Reiskius: πῶς L, ὡς V || ἐδόκει] δοκεῖ LV || verba διὰ τὸ — κινεῖσθαι spuria videntur || πειθανοῦ L || 16 εὑρεσιλογεῖν μὲν Reiskius: εὑρήσει λέγειν μὲν V, εὑρήσει μὲν λέγειν L || πειθανεύεσθαι L || πάνυ] πάνυ μὲν V || 17 ἱκανῶς L || θεατροκοπίας Reiskius: θεατροκοπία L, θεατροκοπίαις V || τὰ om V || 18 ἀρέσκοντα] ἀρέσκων V || μάρτυρα καὶ κανόνα] καὶ κανόνα καὶ μάρτυρα V || 19 ἐπιβοῶμαι] cf. Suidas in v. ἐπιβοῶμαι || πάντων] πάντων ἤδη V || 20 τῶν μηδὲν ἄλλο πραττόντων V || νυκτὸς V || 21 ὀνειροκρισίᾳ] ὀνειροκρισίαν LV || 23 ἐπικρίνειν L || ἕκαστον L || 24 ἔχειν L || ὀλίγα] vox corrupta || 25 προσθῆναι L || τι om V || 26 προσθῆναι L || ἴδια ποιήσειεν] ἰδιοποιήσειεν L || εἴτε] εἰ δέ V || 27 γεγραμμένων V ||

ἀρέσκεται μόνοις χρήσθω, τὰ λοιπὰ τῶν βιβλίων μὴ ἐξαιρῶν, θεὸν ἐπόπτην καὶ φύλακα πάντων νομίζων τὸν Ἀπόλλωνα, ᾧ πειθόμενος ἐγὼ πατρῴῳ ὄντι θεῷ εἰς τήνδε τὴν πραγματείαν παρῆλθον, πολλάκις με προτρεψαμένῳ, μάλιστα δὲ νῦν ἐναργῶς ἐπιστάντι μοι, ἡνίκα σοι ἐγνωρίσθην, καὶ μονονουχὶ κε- 5
λεύσαντι ταῦτα συγγράψαι. οὐδὲν οὖν θαυμαστὸν τὸν Δαλδιαῖον Ἀπόλλωνα, ὃν Μύστην καλοῦμεν ἡμεῖς πατρῴῳ ὀνόματι, ταῦτά με προτρέψασθαι τῆς σῆς ἀρετῆς καὶ σοφίας προνοούμενον· καὶ γὰρ εἶναί τινα Λυδοῖς προξενίαν πρὸς Φοίνικας οἱ τὰ πάτρια ἡμῖν ἐξηγούμενοί φασιν. 10

1 ἐξαιρῶν] ἐξαίρων LV ‖ 2 ἐφόπτην L ‖ 3 πατρίῳ V ‖ θεῷ εἰς τήνδε τὴν πραγματείαν παρῆλθον om L ‖ 4 καὶ ante πολλάκις addit L ‖ 6 συγγράψαι] συνέγραψα L ‖ τὸν Reiskius addidit ‖ Δαλδιαῖον] ἐν δαλδίᾳ V ‖ 7 ὑμεῖς L ‖ 10 πάτρια ἐξηγούμενοι ἡμῖν φασιν L ‖

Γ

Ἐπειδή, Κάσσιε Μάξιμε, ἀποβλέψας εἰς τὸ μεγαλεῖον τῆς σῆς
σοφίας προετράπην πραγματείαν συγγράψαι, ἣν ἐν τοῖς δυσὶ
βιβλίοις ἐπραγματευσάμην, τὴν ἐπιδοθεῖσάν σοι ἔχουσαν τάξιν
καὶ ἀκολουθίαν καὶ κατὰ μηδὲν κοινωνοῦσαν τῇ τῶν παλαιῶν
5 ὑποθέσει, καὶ καθ' ὅσον ἐνεδέχετο τὰ μὲν ἐξ ὁλοκλήρου * * τὰ
δὲ καὶ συμφωνούμενά τισι τὰ δὲ καὶ κατὰ τὸ παρεῖκον ἐκφω-
νούμενα ἐξεῖπον, ἐδόκει δέ μοι τῇ μὲν ὅλῃ ὑποθέσει προσδεῖν
τι, τοῖς δὲ ἐν ἀμφοτέροις τοῖς βιβλίοις γεγραμμένοις μηδέν τι
προσγράφειν, ἐπειδὴ ἔμελλεν ὥσπερ ὑγιεῖ σώματι καὶ εὐμόρ-
10 φῳ προσπλακέν τι, καὶ εἰ εὔμορφον εἴη, τοῦ προτέρου παραι-
ρήσειν κάλλους, ἰδίᾳ καὶ κατὰ μόνας ἕκαστον τῶν παραλελειμ-
μένων σποράδην καὶ εἰς οὐ συνημμένα κεφάλαια συναγαγὼν
τοῦτό σοι τὸ βιβλίον ἐποίησα, ὡς ἂν μή τις ἀνθρώπων πάρο-
δον καὶ ἐπιβάθραν τοῦ συγγράφειν τι τοιοῦτον ἐφεύρῃ.

15   Κυβεύειν δοκεῖν φιλονεικῆσαι πρός τινα σημαίνει περὶ 1

---

1 *Ἀρτεμιδώρου δαλδιανοῦ ὀνείρων κρίσεως. τοῦτο τὸ βι-
βλίον ἐπισυναγωγή ἐστι τῶν παραλειπομένων ἐν τοῖς προ-
τέροις δύο βιβλίοις* L. *διὸ οὐκ ἐπιγράφεται τρίτον ἀλλὰ
φιλάληθες ἢ ἐνόδιον.* sequuntur capitum argumenta. in V capitum
argumentis haec praefixa sunt: *Ἀρτεμιδώρου δαλδιανοῦ ὀνείρων
κρίσεως βιβλίον τρίτον. τοῦτο τὸ βιβλίον ἐπισυναγωγή ἐστι
τῶν παραλειπομένων ἐν τοῖς προτέροις δύο βιβλίοις. διὸ
οὐδὲ κυρίως ἐπιγράφεται τρίτον ἀλλὰ φιλάληθες ἢ ἐνόδιον.
τάδε ἔνεστιν ἐν τῷ τρίτῳ βιβλίῳ τῷ φιλαλήθει ἢ ἐνοδίῳ*
προοίμιον V ‖ κάσιε L ‖ μεγαλίον L ‖ σῆς om L ‖ 3 ἐπιδοθεῖσαν]
vox corrupta ‖ 5 lacunam signavit Reiskius ‖ 6 συμφωνοῦντα? ‖ τισιν
L ‖ κατὰ τὸ om L ‖ 7 ἐδόκει] οὐδοκεῖ L ‖ 8 τοῖς om V ‖ ἐγγεγραμ-
μένοις L ‖ μηδέν τι] μηδὲν ἐπιδέχεσθαι V ‖ 9 προσγράφεσθαι V ‖ 10
εἰ Reiskius: εἰς V, om L ‖ εἴη] εἶναι V ‖ τοῦ] τὸ τοῦ L ‖ παραιρή-
σειν] παρατηρησιν L, παραφαιρήσειν V ‖ 11 κάλλους V ‖ 12 εἰς addidit
Reiskius ‖ 13 ανθρωπον L ‖ 14 ἐπιβάθρα L ‖ ἐφεύρῃ] εὕρῃ V, ἐφεύ-
ρεν L ‖ 15 περὶ τοῦ κυβεύειν V, κυβεύειν L ‖ φιλονικῆσαι L ‖
τινα σημαίνει] τινασειμεν ἡ L ‖

LIB. III.

ἀργυρίου· καὶ γὰρ οἱ κύβοι ἀριθμὸν περιέχουσι καὶ ψῆφοι λέγονται. ἀεὶ δὲ ἀγαθὸν νικᾶν. εἰ δέ τις νοσῶν παίζειν ὑπολάβοι ψήφοις ἢ ἄλλον παίζοντα ἴδοι, κακόν, μάλιστα δὲ εἰ αὐτὸς λείποιτο, ἐπειδὴ μείονας ἔχων ψήφους καταλείπεται ὁ νικώμενος. αὐτοὶ δὲ οἱ κύβοι ὁρώμενοι στάσεις καὶ ἔχθρας προαγορεύουσιν, ἀπολλύμενοι δὲ λύουσι τὰς ἐν ποσὶ στάσεις καὶ αὐξόμενοι ἐπιτείνουσι. παιδίον δὲ παῖζον ἰδεῖν κύβοις ἢ ἀστραγάλοις ἢ ψήφοις οὐ πονηρόν· ἔθος γὰρ τοῖς παιδίοις ἀεὶ παίζειν· ἀνδρὶ δὲ τελείῳ καὶ γυναικὶ πονηρὸν τὸ ἀστραγάλοις δοκεῖν παίζειν, εἰ μὴ ἄρα κληρονομῆσαί τινα ἐλπίζων ἴδοι τις τὸ ὄναρ τοῦτο· ἐκ νεκρῶν γὰρ σωμάτων γεγόνασιν οἱ ἀστράγαλοι. διὸ κινδύνους τοῖς λοιποῖς προαγορεύουσιν.

2 Κλέπτειν δοκεῖν οὐδενὶ ἀγαθὸν πλὴν τῶν ἐξαπατᾶν τινὰς ἐθελόντων· κλέπτειν γὰρ καὶ τὸ παραλογίζεσθαι ἔλεγον οἱ παλαιοί. ὅσῳ δ' ἂν μείζονα ἢ πολυτελέστερα ἢ ἀσφαλέστερον τηρούμενα κλέπτῃ τις, τοσούτῳ μείζονα κίνδυνον ὑπομενεῖ· εἰκὸς γὰρ οἷς ὁ νόμος ὑπάγει τὸν κλέπτην, τοῖς αὐτοῖς καὶ τὸ **3** ὄναρ τὸν θεασάμενον ὑπάγειν. ἱεροσυλεῖν δὲ καὶ θεῶν ἀναθήματα κλέπτειν πᾶσι πονηρόν, μόνοις δὲ τοῖς ἱερεῦσι καὶ μάντεσι συμφέρει· καὶ γὰρ τὰς τῶν θεῶν ἀπαρχὰς τὸ ἔθος ἐπιτρέπει αὐτοῖς λαμβάνειν, καὶ τρόπον τινὰ ἀπὸ θεῶν τρέφονται καὶ οὐ πάντα φανερῶς λαμβάνουσι.

4 Ψεύδεσθαι οὐκ ἔστιν ἐπιτήδειον πλὴν τῶν ἐπὶ θυμέλην ἀνερχομένων καὶ ἀγυρτῶν καὶ ὧν ἔθος ἐστὶ ψεύδεσθαι. ἧττον δὲ πονηρὸν τοὺς ἀλλοτρίους ψεύδεσθαι ἢ τοὺς ἰδίους·

---

1 λέγονται] λέγονται αἷς οἱ κυβευτοὶ πέζουσιν L, λέγονται οἷς οἱ κυβεύοντες παίζουσιν V ‖ 2 ἀγαθὸν νικᾶν] νικᾶν ἀγαθὸν LV ‖ πέζειν L ‖ 3 πέζοντα L ‖ ἴδοι κακὸν μάλιστα δὲ εἰ] ἴδῃ κακὸν μάλιστα δὲ εἰ Reiskius: μάλιστα δὲ εἰς V, ἢ ὀταῖς λευκαῖς πέζων L ‖ εἰ αὐτός] εἰς αὐτοὺς V ‖ μείονας Salmasius: πλείονας LV ‖ νικόμενος L ‖ 5 προσαγορεύουσιν L ‖ 6 ἀπολλύμενοι Reiskius: ἀπολύμενοι V, ἀπολόμενοι L ‖ ἐν ποσὶ στάσεις] εμπροσείστασεισ L ‖ αὐξόμενοι] αὐξανόμενοι L, αὐξανόμεναι V ‖ 7 ἐπιτείνουσιν L' ‖ παῖδας δὲ πέξειν L ‖ ἢ ἀστραγάλοις ἢ ψήφοις οὐ πονηρόν] ἢ ψήφοις οὐ πονηρὸν οὐδὲ ἀστραγάλοις L ‖ 8 παιδίοις] παισὶν V ‖ ἀεὶ suspectum ‖ πέζειν L ‖ 10 πέξειν L ‖ ειδοι L ‖ τὸ ὄναρ τοῦτο] τὸν ὄνειρον V ‖ 12 λοιποῖς] λειπομένοις L ‖ 13 περὶ τοῦ κλέπτειν V, κλέπτειν L ‖ 14 κλέπτειν] cf. Suidas in v. κλέπτειν ‖ 15 μείζονα ἢ] μείζονα ἢ καὶ V ‖ ἀσφαλέστερα L ‖ 16 ὑπομένει V ‖ 17 τὸ ὄναρ] τὸν ὄνειρον V ‖ 18 τὸν om L ‖ ὑπάγει L ‖ περὶ τοῦ ἱεροσυλεῖν V ‖ ἀναθέματα L ‖ 19 πᾶσι] πᾶσι φύσει V ‖ ἱερεῦσιν L ‖ 21 ἀπὸ θεῶν τρέφονται] ὑποθέσεων τρέπονται L ‖ 22 πάντες V ‖ φαναιρῶς L ‖ λαμβάνουσιν L ‖ 23 περὶ τοῦ ψεύδεσθαι V, ψεύδεσθαι L ‖ ἔστιν om V ‖ ἐπιτήδιον L ‖ 24 ἐρχομένων L ‖ ὧν] τῶν L ‖ ἔστιν L ‖

μεγάλας γὰρ τούτοις συμφορὰς σημαίνει, κἂν ἐπὶ σμικροῖς δοκῇ τις ψεύδεσθαι.

Ὄρτυγες τοῖς μὴ ὀρτυγοτροφοῦσιν ἀγγελίας σημαίνουσι 5 διαποντίους ἀκούσεσθαι ἀηδεῖς καὶ πονηράς· διαποντίους μέν, ἐπεὶ καὶ αὐτοὶ διαπόντιοι παραγίνονται, ἀηδεῖς δέ, ὅτι μάχιμοί εἰσι καὶ ὀλιγόψυχοι. καὶ ἐν ταῖς κοινωνίαις καὶ φιλίαις καὶ γάμοις καὶ τοῖς βιωτικοῖς συμβολαίοις πᾶσι στάσεών εἰσι καὶ φιλονεικιῶν σημαντικοί, καὶ τοὺς νοσοῦντας εἰ μὲν μετακομισθεῖεν ἀποθανεῖσθαι σημαίνουσι διὰ τὸ ὀλιγόψυχον, μὴ μετακομισθέντας δὲ ἧττον κινδυνεύσειν. καὶ πρὸς ἀποδημίαν εἰσὶ πονηροί· δόλους γὰρ καὶ ἐνέδρας καὶ λῃστείας προαγορεύουσι· καὶ γὰρ αὐτοὶ τῆς οἰκείας μετανιστάμενοι περιπίπτουσι τοῖς θηρᾶν αὐτοὺς βουλομένοις. ἀλεκτρυόνες δὲ οἱ μάχιμοι στάσεων καὶ φιλονεικιῶν μόνον εἰσὶ σημαντικοί, πρὸς δὲ τὰ ἄλλα οὐκέτι ὁμοίως τοῖς ὄρτυξιν ἀποβαίνουσιν.

Μύρμηκας τοὺς μὲν πτερὰ ἔχοντας οὐδαμῶς ἰδεῖν ἀγαθόν· ὄλεθρον γὰρ προαγορεύουσι καὶ ἀποδημίας ἐπικινδύνους· τοὺς δὲ ἑτέρους ἀγαθὸν γεωργοῖς· εὐφορίαν γὰρ μαντεύονται, ἐπειδὴ ὅπου μὴ ἔστι σπέρματα, οὐκ ἂν ἴδοι τις μύρμηκας. ἀγαθοὶ δὲ οὗτοι καὶ τοῖς ἐξ ὄχλου ποριζομένοις καὶ τοῖς νοσοῦσιν, ὅταν γε μὴ περὶ τὸ σῶμα τοῦ ἰδόντος ἀναστρέφωνται· ἐργάται γὰρ καλοῦνται καὶ ἐργοπονούμενοι οὐ διαλείπουσιν, ὅπερ ἴδιόν ἐστι τῶν ζώντων. ἐπειδὰν δὲ περὶ τὸ σῶμα τοῦ ἰδόντος ἀναστρέφωνται, ὄλεθρον προαγορεύουσιν, ὅτι γῆς εἰσὶ παῖδες καὶ ψυχροὶ καὶ μέλανες.

Φθεῖρας ὀλίγους ἔχειν καὶ εὑρίσκειν ἐν τῷ σώματι ἢ ἐν 7 τοῖς ἱματίοις καὶ τούτους ἀναιρεῖν ἀγαθόν· πάσης γὰρ λύπης

---

1 γὰρ] δὲ L ‖ τοῦτο L ‖ μικροῖς L ‖ 2 δοκεῖ L ‖ 3 περὶ ὀρτύγων V, ὀρτύγων L ‖ μὴ] μὲν V ‖ ὀρτυγοτροφοῦσιν] τροφοῦσιν L, φιλοτροφοῦσιν V ‖ ἀγγελείας L ‖ σημαίνουσιν L ‖ 4 ἀκούσεσθαι] ἀκούσειν V, ἀκούειν L ‖ διαπόντιοι] διαπόντιοί εἰσιν ἀλλὰ καὶ ἐγχωριοι L, μὲν ἐγχώριοί εἰσιν ἀλλὰ διαπόντιοι V ‖ 5 ὅτι] ὅτι καὶ V ‖ 7 τοῖς συμβολαίοις καὶ βιωτικοῖς πᾶσι L ‖ 8 φιλονικιῶν L ‖ 10 μετακομισθέντες V ‖ κινδυνεύσειεν L ‖ 11 γὰρ om L ‖ λῃστείαν V ‖ προαγορεύοντες L ‖ 13 τοὺς L ‖ αὐτὰς pr V ‖ βουλομένους L ‖ περὶ ἀλεκτρυόνων μαχήμων L ‖ δὲ om L ‖ μάχημοι L ‖ 14 φιλονικειων L ‖ 15 ἐπιβαίνουσιν L ‖ 16 περὶ μυρμήκων LV ‖ μὲν] τὰ L ‖ 17 προαγορεύουσιν L ‖ 18 post ἑτέρους in LV est ἐργάτας καλουμένους. fortasse scribendum τοὺς δὲ ἑτέρους ἰδεῖν ἀγαθὸν γεωργοῖς ‖ εὐφορίας L ‖ προμαντεύονται V ‖ 19 ἔστι] τι L ‖ μύρμηκας] σπέρματα L ‖ 20 ποριζομένοις L ‖ 21 γε om L ‖ ἀναστρέφονται L ‖ 22 διαλίπουσιν L ‖ 23 ἴδιον] ἔργον L ‖ ἔστιν L ‖ τοῦ ἰδόντος om V ‖ 24 ἀναστρέφονται L ‖ 26 περὶ φθειρῶν καὶ ἑλμίνθων V, περὶ φθειρῶν L ‖

καὶ φροντίδος ἀπαλλαγῆναι προαγορεύει τὸ ὄναρ· πολλοὺς δὲ καὶ ὑπερβάλλοντας πλήθει πονηρὸν καὶ σημαῖνον νόσον μακρὰν ἢ δεσμὰ ἢ πολλήν γε ἀπορίαν· ἐν γὰρ τοῖς τοιούτοις πληθύνουσι καὶ οἱ φθεῖρες. καὶ εἰ μέν τις ἀποβάλλοι καὶ ἀποκαθαίροι πάντας, ἐλπὶς αὐτῷ τούτων ἀπαλλαγῆναι· εἰ δέ τις ἔχων αὐτοὺς διυπνισθείη, οὐκ ἄν ποτε σωθείη.

Ἕλμινθας ἀποκρίνειν διὰ τῆς ἕδρας ἢ διὰ τοῦ στόματος ὑπὸ οἰκείων ἀνθρώπων καὶ συνοικούντων καὶ ὡς ἐπὶ τὸ πλεῖστον τραπέζῃ τῇ αὐτῇ χρωμένων ἀδικούμενον λαθεῖν σημαίνει καὶ ἀπώσασθαι τοὺς ἀδικοῦντας ἢ κατὰ ἄλλον τρόπον στερηθῆναι αὐτῶν· ἐνοικοῦσι μὲν γὰρ τῷ σώματι οἱ ἕλμινθες, ἀλλ' οὐδὲν ἧττον αὐτὸ τὸ σῶμα λυμαίνονται. ἐπειδὰν δὲ ἀποκριθῶσιν, ἀποβληθῆναι τοὺς τοιούτους ἀνθρώπους σημαίνουσι.

Κόρεις δυσθυμιῶν καὶ φροντίδων εἰσὶ σημαντικοί· ἐπίσης γὰρ ταῖς φροντίσι καὶ οὗτοι ἀύπνους ποιοῦσι· καὶ προσέτι πρός τινας τῶν οἰκείων, ὡς δὲ ἐπὶ τὸ πλεῖστον πρὸς γυναῖκας ἀηδίας καὶ δυσαρεστήσεις φέρουσι.

Κώνωπες καὶ αἱ λεγόμεναι ἐμπίδες καὶ εἴ τι ἄλλο ὅμοιον ἀνθρώπους ἐπιφοιτῆσαι τῷ ἰδόντι σημαίνουσι πονηρούς, βλάβην ἐνδεικνυμένους καὶ προσέτι καταβοῶντας. καπήλοις δὲ καὶ οἰνεμπόροις εἰς ὄξος μεταβαλεῖν τὸν οἶνον προαγορεύουσι· χαίρουσι γὰρ ὄξει.

Μάχεσθαι τοῖς οἰκείοις οὐκ ἀγαθὸν οὐδὲ τοῖς ἐκτός, ἧττον δὲ πονηρόν. νοσῶν δέ τις ἐὰν δόξῃ μάχεσθαι, παρακόψει. μά-

---

1 ἀπαλλαγῆναι] ὑπερβαλλούσης L ‖ 2 καὶ σημαῖνον] ἔδοξε σημαίνει δὲ καὶ V ‖ 3 ἢ] καὶ L ‖ ἢ πολλήν γε] πολλήν τε L ‖ 4 οἱ] αἱ L ‖ ἀποβάλλοι] ἀποβάλοι L, ἀποβάλλει V ‖ ἀποκαθαίροι] ἀποκαθάροι L, ἀποκαθαίρει V. fortasse ἀποβάλοι καὶ ἀποκαθήραιτο ‖ 5 αὐτῷ] αὐτῶ ποτὲ V ‖ τις] ἔτι L ‖ 6 διυπνισθείη] διυπνισθῇ V, διοικίσοι L ‖ 7 περὶ ἑλμίγγων L ‖ ἑλμιγγας L ‖ ἀποκρίναι L ‖ 9 τραπέζῃ τῇ] τραπεζίτῃ L ‖ αὐτῷ L ‖ λαθεῖν] μαθεῖν LV ‖ σημαίνει] δηλοῖ V ‖ 10 ἄλλον] ἄλλον τινα L ‖ 11 ἐνοικοῦσιν L ‖ μὲν om L ‖ ἑλμιγγες L ‖ ἀλλ' οὐδὲν] ἄλλον L ‖ 12 καὶ ante ἐπειδὰν addit L ‖ 13 ἀποβληθῆναι] ἀποκριθῆναι L ‖ σημαίνουσιν L ‖ 14 περὶ κόρεων κωνώπων καὶ ἐμπίδων V, κόρεων L ‖ δυσθυμίας V ‖ φροντίδος V ‖ 15 οὗτοι] αὐτοὶ L ‖ ἀνύπνους L ‖ καὶ προσέτι] καὶ προσέτι καὶ L, καὶ V ‖ 17 ἀηδείας V ‖ δυσαρεστήσεις φέρουσι] δυσαριστησεῖσφέρουσι L ‖ 18 περὶ κωνώπων καὶ ἐμπίδων L ‖ κώνωπες] κώνωπες δὲ V ‖ ἐμπίδες] ἐλπίδες V, sed ἐμπίδες ex correctione ‖ 19 βλαβῆναι δεικνύμενους L ‖ 20 οἰνον ἐμπόροις L ‖ μεταβαλεῖν τὸν οἶνον] μεταβάλλειν τὸν οἶνον L, τὸν οἶνον μεταβαλεῖν V ‖ 21 προαγορεύουσιν L ‖ 22 χαίρουσι] ita V ex correctione; fuerat καίρουσι. χαίρουσιν L ‖ 23 περὶ μάχης καὶ μίσους V, περὶ μάχης L ‖ ἐκτός] ἔξω L ‖ 24 πονηρόν] πονηρὸν μάχεσθαι LV ‖ δὲ post νοσῶν om V ‖ τις ἐὰν] ἂν L ‖ δόξῃ μάχεσθαι om L ‖ παρακόψη V ‖ μάχεσθαι] μάχεσθαι δὲ V ‖

χεσθαι τοῖς βελτίοσιν, οἷον τοῖς δεσπόταις βασιλεῦσι μεγιστᾶσι καὶ πᾶσι τοῖς ὑπερέχουσι, κακῶς διατεθῆναι σημαίνει πρὸς τῶν οἷς τις ἐμάχετο.

Μισεῖν ἢ μισεῖσθαι οὐδενὶ συμφέρει. οὐδὲν δὲ διαφέρει
5 τινὰ μισεῖν, ὑφ᾽ οὗ μισεῖταί τις, ἐπειδὴ τὸ μῖσος ἐχθροὺς ποιεῖ· οἱ δὲ ἐχθροὶ οὔτε συναίρονται οὔτε συλλαμβάνονται. δεῖ δὲ τοῖς ἀνθρώποις βοηθείας καὶ τῶν συλλαμβανομένων, ἐπειδὴ διὰ τῶν τοιούτων ὠφελοῦνται.

Σφάζεσθαι καὶ ἀποθνήσκειν ὅ τι σημαίνει ἐν τῷ περὶ θα- 10
10 νάτου λόγῳ ἐν τῷ δευτέρῳ βιβλίῳ προείρηται. σφαζομένους δὲ ἰδεῖν ἀγαθόν· πάντα γὰρ τὰ προκείμενα ἐπὶ τὸ τέλος ἤδη ἀφῖχθαι σημαίνει, ἐπειδὴ ἡ σφαγὴ τελευτῆς ἐστι σημεῖον.

Κροκόδειλος πειρατὴν ἢ φονέα ἢ οὐδὲν ἧττον ἀπονενοη- 11
μένον ἄνθρωπον σημαίνει. ὅπως δ᾽ ἂν διαθῇ τὸν ἰδόντα ὁ p. 169
15 κροκόδειλος, οὕτω διαθήσει καὶ ὁ ὑπὸ τοῦ κροκοδείλου σημαινόμενος.

Αἴλουρος μοιχὸν σημαίνει· κλέπτης γάρ ἐστιν ὀρνίθων· αἱ δὲ ὄρνιθες γυναιξὶν εἰκάζονται, καθὼς ἐν τῷ πρώτῳ βιβλίῳ ἐπεμνήσθην.

20 Ἰχνεύμων καὶ ἴκτις πανούργους σημαίνουσιν ἀνθρώπους 12 καὶ δολίους οὐδέ ποτε τοῖς ὁρῶσιν εὐνοοῦντας διὰ τὸ ἄγριον καὶ δυστιθάσευτον. καὶ ὁ μὲν ἰχνεύμων ἄνδρας σημαίνει, ἡ δὲ ἴκτις γυναῖκας.

Θεὸς εἴ τις ὑπολάβοι γενέσθαι, ἱερεὺς ἂν γένοιτο ἢ μάντις· 13
25 τῆς γὰρ αὐτῆς τοῖς θεοῖς τιμῆς καὶ οὗτοι τυγχάνουσιν. εἰ δέ

---

1 οἷον] οἷον τοῖς V || 2 ὑπερέχουσι] διαφέρουσι L || 3 πρὸς τῶν om L || οἷς τις ἐμάχετο] οιετισεμαχεταν L || 4 περὶ μίσους L || μισισθαι L || 5 μισεῖται] μισεῖ L || 6 συναιροῦνται V || συλλαμβάνουσι L || 7 καὶ] δεῖ καὶ V || ἐπειδὴ] ἐπειδὴ δὲ L || 8 ὠφελοῦνται] ὠφελοῦνται πονηρὸν δὲ ἐτηρήσαμεν τὸ μίσος V, βοηθοῦνται πονηρὸν δὲ ἐτηρήσαμεν τὸ μίσος L || 9 περὶ σφαγῆς LV || 11 ἐπὶ τὸ τέλος] ἐπὶ τὸ τέλος συμπερανθέντα V, ἐπὶ τέλος συνπερανθέντα L || ἤδη ἀφῆχθαι L || 12 ἐστι σημεῖον] ἐστιν αἰτία L || 13 περὶ κροκοδείλου καὶ αἰλούρου V, περὶ κροκοδείλου L || πηρατὴν V || 14 δ᾽ ἂν om L || ὁ κροκόδειλος τὸν εἰδόντα L || 15 διαθήσει Reiskius: διαθήσεται V, διατεθήσεται L || καὶ ὁ om L || κροκοδείλου σημαινόμενος] τοιούτου τινός L || 17 περὶ ελουρον L || ελουρος L || 18 αἱ] οἱ L || καθὼς] καθὼς καὶ V || 19 ὑπεμνήσθην V || 20 περὶ ἰχνεύμονος καὶ ἴκτινος V, περὶ ἰχνεύμονος καὶ ἰκτεινου L || ἰχνεύμων] ἰχνεύμων δὲ L || 21 εὐνοοῦντας] εὐνοῆσαι δυναμένους LV || ἄγγιον pr L || 22 δυστιθάσευτον] δυστιθάσσευτον L, διστίθασον V || ἡ] ὁ V || 23 γυναῖκα L || 24 περὶ τοῦ θεὸν γενέσθαι V, περὶ θεον γενέσθαι L || εἴ] αν L || ἂν γένοιτο om L || 25 τιμῆς post τυγχάνουσι ponit V || τυγχάνουσιν L ||

174 LIB. III.

τις νοσῶν θεὸς εἶναι νομίσειε, τεθνήξεται· ἀθάνατοι γὰρ οἱ ἀποθανόντες, ἐπεὶ μηκέτι τεθνήξονται. εἰ δέ τις ἐν πενίᾳ ἢ δουλείᾳ ἢ δεσμοῖς ἢ περιστάσει τινὶ ἢ ᾡτινιοῦν καθεστὼς κακῷ ἴδοι τὸ ὄναρ τοῦτο, ἀπαλλαγήσεται τῶν περιεχόντων αὐτὸν δεινῶν· πολλαὶ γὰρ καὶ εὐπόριστοι τῷ θεῷ αἱ ἀπὸ τῶν δεινῶν σωτηρίαι. ἀνδρὶ δὲ πλουσίῳ καὶ μεγιστᾶνι ἀρχὴν μεγίστην κατὰ τὸ ἐπιβάλλον τοῦ ἀξιώματος προαγορεύει· ἐπίσης γὰρ τοῖς θεοῖς καὶ οἱ ἄρχοντες δύνανται εὖ καὶ κακῶς τινας ποιεῖν. ἀγαθὸν δὲ καὶ τοῖς ἐπὶ σκηνὴν ἀνερχομένοις διὰ τὸ ἐν τῇ ὑποκρίσει ἔθος· πολλάκις γὰρ καὶ θεῶν πρόσωπα ἀναλαμβάνουσιν.

14
p. 170

Θεὸν δοκεῖν ὑποδέχεσθαι τῷ μὲν εὖ πράττοντι φροντίδας καὶ λύπας καὶ δεινὰς πραγματείας προαγορεύει· οἱ γὰρ ἐν περιστάσει γενόμενοι θύουσί τε τοῖς θεοῖς καὶ ὑποδέχονται αὐτούς· τῷ δὲ ἐν πενίᾳ ἢ στενοχωρίᾳ ὄντι πολλὴν ἐπίδοσιν ἀγαθῶν προαγορεύει· τότε γὰρ μάλιστα οἱ πένητες εὐχαριστοῦσί τε τοῖς θεοῖς καὶ ὑποδέχονται αὐτούς.

Θεοῦ σκευὴν ἔχειν καὶ περικεῖσθαι ἄλλου τινὸς ἐπιτροπεῦσαι σημαίνει πλουσίου, ὥστε φαντασίαν μὲν ἔχειν πλούτου, ὑπόστασιν δὲ μή. τοῦτο πολλάκις οὕτως ἀποβὰν ἐτήρησα.

15 Καλόβαθρα ὑποδεδέσθαι δοκεῖν τοῖς μὲν κακούργοις δεσμὰ σημαίνει· καὶ γὰρ προσδεῖται τὰ καλόβαθρα τοῖς ποσὶ καὶ τὸν περίπατον ἀλλοιοῖ· τοῖς δὲ λοιποῖς νόσον ἢ ξενιτείαν προδηλοῖ διὰ τὰς αὐτὰς αἰτίας.

16 Ἐπὶ θαλάσσης περιπατεῖν ἀποδημῆσαι βουλομένῳ ἀγαθόν,

---

1 νομίσειεν L ‖ γὰρ] γὰρ οἱ θεοὶ καὶ LV ‖ 2 ἐπὶ L ‖ πενίᾳ ἢ δουλείᾳ] δουλείᾳ ἢ ἐν πενίᾳ L ‖ 3 περιστάσει τινὶ] περιστάσεσιν V ‖ ἢ ᾡτινιοῦν καθεστὼς κακῷ] καθεστὼς L ‖ 4 ἴδοι] ἴδοιτ' ἂν V ‖ τὸ ὄναρ τοῦτο] τὸν ὄνειρον τοῦτον V ‖ 5 πολλὴ γὰρ εὐπόριστος L ‖ αἱ — σωτηρίαι] ἡ — σωτηρία L ‖ 6 μεγιστᾶνι L ‖ μεγίστην] τὴν μεγίστην L ‖ 8 εὖ] καὶ εὖ L ‖ τινα L ‖ 9 σκηνῆς L ‖ 10 ἐν τῇ ὑποκρίσει ἔθος] τοὺς ἐν τῇ ὑποκρίσει θεούς L ‖ 10 γὰρ] δὲ V ‖ 12 περὶ τοῦ θεὸν ὑποδέχεσθαι ἢ θεοῦ σκευὴν ἔχειν V, θεὸν ὑποδέχεσθαι L ‖ θεὸν δοκεῖν ὑποδέχεσθαι om L ‖ 13 δεινὰ πράγματα L ‖ 14 θύουσιν L ‖ καὶ] ἢ L ‖ 16 πένητες] πένητες ὅταν εὐπορίσωσιν εὐχαριστοῦσίν τε τοῖς θεοῖς καὶ ὑποδέχονται αὐτούς L, πένητες εὐχαριστοῦσί τε τοῖς θεοῖς καὶ ὑποδέχονται αὐτοὺς ὅταν εὐπορήσωσι ‖ 18 θεοῦ σκεύει ἔχειν L ‖ θεοῦ] θεοῦ δὲ V ‖ 20 verba τοῦτο πολλάκις οὕτως ἀποβὰν ἐτήρησα spuria videntur ‖ 21 περὶ κωλοβάθρων V, περὶ κολοβάθρων L ‖ καλόβαθρα] κωλόβαθρα V, κολόβαθρα L ‖ ὑποδεδέσθαι] ὑποδέχεσθαι L, ὑποδέξασθαι V ‖ κακούργοις] πανούργοις LV ‖ 22 καλόβαθρα] κολόβαθρα LV ‖ ποσὶν L ‖ 23 ἀλλοιοῖ] ἀλλοῖον ποιεῖ L ‖ ξενιτίαν L ‖ 25 περὶ τοῦ ἐπὶ θαλάσσης περιπατεῖν V, ἐν θαλάσσῃ περιπατεῖν L ‖ ἐπὶ θαλάσσης] ἐν θαλάσσῃ V, ἐπὶ θαλάσσης δοκεῖν V ‖

καὶ μάλιστά γε εἰ πλεῖν μέλλοι· πολλὴν γὰρ ἀσφάλειαν προ-
αγορεύει τὸ ὄναρ. ἀγαθὸν δὲ καὶ δούλῳ καὶ τῷ γῆμαι προῃρη-
μένῳ· ὁ μὲν γὰρ τοῦ δεσπότου ὁ δὲ τῆς γυναικὸς ἄρξει· ἔοικε
γὰρ καὶ δεσπότῃ ἡ θάλασσα διὰ τὸ δυνατὸν καὶ γυναικὶ διὰ
5 τὸ ὑγρόν. ἀγαθὸν δὲ καὶ τῷ δίκην ἔχοντι· ὑπέρτερος γὰρ τοῦ
δικαστοῦ γενόμενος νικήσει· ἔοικε γὰρ καὶ δικαστῇ ἡ θάλασσα
διὰ τὸ τοὺς μὲν εὖ τοὺς δὲ κακῶς διατιθέναι. ἀνδρὶ δὲ νεω-
τέρῳ ἑταίρας ἐρασθῆναι σημαίνει καὶ γυναικὶ ἰδούσῃ ἑταιρικῷ
χρήσεσθαι βίῳ· ἔοικε γὰρ καὶ ἑταίρᾳ ἡ θάλασσα διὰ τὸ προσ- p. 171
10 βάλλειν ἡδείας μὲν τὰς πρώτας φαντασίας, κακῶς δὲ διατιθέ-
ναι τοὺς πλείστους. πᾶσι δὲ τοῖς ἐξ ὄχλου ποριζομένοις καὶ
πολιτευταῖς καὶ δημαγωγοῖς μετὰ πολλῆς εὐκλείας πορισμὸν
οὐ τὸν τυχόντα προαγορεύει· ἔοικε γὰρ καὶ ὄχλῳ ἡ θάλασσα
διὰ τὴν ἀταξίαν.
15 Ἀνθρώπους πλάσσειν ἀγαθὸν παιδοτρίβαις καὶ παιδευ- 17
ταῖς· τρόπον γάρ τινα καὶ οὗτοι ἀνθρώπους πλάσσουσιν,
οἱ μὲν διὰ τὸ ῥυθμίζειν οἱ δὲ διὰ τὸ βελτίονας ποιεῖν. ἀγα-
θὸν δὲ καὶ ἄπαισιν, ἐπεὶ γνησίων παίδων γονὴν προαγορεύει.
ἀγαθὸν δὲ καὶ σωματεμπόροις καὶ πένησιν· οἱ μὲν γὰρ ἀπὸ
20 τῆς ἐμπορίας πολλὰ καὶ μεγάλα κερδανοῦσιν, οἱ δὲ πολλοὺς
κτήσονται οἰκέτας. κακούργοις δὲ ὄλεθρον προαγορεύει· καὶ
γὰρ τὸν Προμηθέα λέγουσιν ἐπὶ τῷ πλάσαι τοὺς ἀνθρώπους
καὶ τὸ πῦρ κλέψαι κακῶς ἀπολέσθαι. πλουσίοις δὲ καὶ τοῖς
μέγα δυναμένοις ἀρχήν τινα μεγάλην προαγορεύει.
25 Ὑπεζεῦχθαι ὀχήματι ὥσπερ τι τῶν τετραπόδων δουλείαν 18
καὶ κάματον καὶ νόσον προαγορεύει, καὶ εἰ πάνυ τις λαμπρὸς
καὶ ἁβροδίαιτος ὢν τὸν ὄνειρον ἴδοι.

---

1 καὶ μάλιστά γε] μάλιστα δὲ V ‖ πλέειν L ‖ προαγορεύει] προση-
μαίνει V ‖ 2 γῆμαι] γαμῆσαι V ‖ προῃρημένῳ] προειρημένῳ L, βουλο-
μένῳ V ‖ 3 ἔοικεν L ‖ 5 τῷ] τὸ L ‖ 6 post γενόμενος in LV est ὡς
εἰκός ‖ ἔοικεν L ‖ καὶ om V ‖ 8 ἑτέρας L ‖ ἰδούσῃ delendum videtur
‖ 9 χρήσασθαι L ‖ ἔοικεν L ‖ γὰρ om L ‖ ἑταίρᾳ ἡ θάλασσα] ἡ θά-
λασσα ἑταίρᾳ LV ‖ 13 addidi καὶ et ἡ θάλασσα ‖ 15 περὶ τοῦ ἀν-
θρώπους πλάττειν V, ἀνθρώπους πλάσσειν L ‖ πλάττειν V ‖
παιδοτρίβες L ‖ 16 ἀνθρώπους] τοὺς ἀνθρώπους LV ‖ πλάσσουσιν] βλά-
πτουσιν V ‖ 17 μὲν γὰρ V ‖ τὸ] τοῦ L ‖ τὸ] τοὺς L ‖ 18 ἅπασιν L ‖
γνησίως L ‖ 19 σωμάτων ἐμπόροις L ‖ ἐπὶ τῇ ἐμπορίᾳ L ‖ 20 καὶ μεγάλα
κερδανοῦσιν] καὶ μεγάλα κερδαίνουσιν L, κερδανοῦσι καὶ μεγάλα V ‖
22 λέγουσι L ‖ πλάσαι] πλάττειν V ‖ 24 μέγα — προαγορεύει] μεγάλα
δυναμένοις βασιλείαν ἄρχειν τινὰ προαγορεύει μεγάλην V. post προαγο-
ρεύει in L est εἰ καὶ ἡ πάνυ τις λαμπρός ‖ 25 περὶ τοῦ ὑπεζεῦχθαι
V, ὑπεζεῦχθαι ὀχήματι L ‖

19 Ὀχεῖσθαι ἐπὶ ἅρματος ἢ ἀπήνης ἀνθρώπων ὑπεζευγμένων πολλῶν ἄρξαι σημαίνει καὶ προσέτι παῖδας ἀγαθοὺς τῷ ἰδόντι γενέσθαι μαντεύεται. πρὸς δὲ τὰς ἀποδημίας οὐ πάνυ τι συμφέρει· τὸ μὲν γὰρ ἀσφαλὲς ἐνδείκνυται, πολλὴν δὲ βραδύτητα προαγορεύει.

20 Εἰς μάντεως φοιτᾶν καὶ μαντεύεσθαι φροντίδας οὐ τὰς τυχούσας τῷ ἰδόντι σημαίνει· οὐ γὰρ δεῖ μαντικῆς τοῖς μὴ φροντίζουσιν. ὅ τι δ᾽ ἂν ὁ μάντις ὅγε ἀληθὴς ἀποκρίνηται, τούτοις πιστεύειν χρή. περὶ δὲ διαφορᾶς μάντεων, οἷς δεῖ προσέχειν καὶ οἷς μή, ἐν τῷ περὶ τῶν ἀξιοπίστων λόγῳ ἐν τῷ δευτέρῳ βιβλίῳ προείρηκα. ὁ δὲ μηδὲν ἀποκρινόμενος μάντις πᾶσαν ἐγχείρησιν καὶ πᾶσαν ὁρμὴν ὑπερτίθεται· ἔστι γὰρ παρά
21 γε τοῖς σοφοῖς καὶ ἡ σιγὴ ἀπόκρισις, ἀλλ᾽ ἀπαγορευτική. εἰ δέ τις ὑπολάβοι μάντις γεγονέναι καὶ εὐδοκιμεῖν ἐν τῷ προαγορεύειν, πολλῶν ἔμπειρος ἔσται πραγμάτων καὶ φροντίδας ἀναδέξεται τοῦτο μὲν ἰδίας τοῦτο δὲ καὶ ἀλλοτρίας· καὶ γὰρ τῷ μάντει μέλει καὶ τῶν οὐδὲν αὐτῷ προσηκόντων κακῶν, ἃ ἂν οἱ μαντευόμενοι φέρωσι. φέρει δὲ καὶ ἀποδημίας πολλάκις καὶ κινήσεις τῷ ἰδόντι ὁ ὄνειρος διὰ τὸ τοὺς μάντεις περινοστεῖν. καὶ τοῖς πένησιν εὐπορίαν· πολλοὶ γὰρ δέονται τοῦ μάντεως καὶ τῶν πλουσίων.

22 Νοσεῖν μόνοις τοῖς ἐν δεσμοῖς ἢ μεγάλη ἀνάγκη οὖσιν ἀγαθὸν διὰ τὸ τὴν νόσον λύειν τοὺς ὄγκους. τοῖς δὲ ἄλλοις μεγάλην ἀπραξίαν προαγορεύει· ἄπρακτοι γὰρ οἱ νοσοῦντες. καὶ τῶν ἐπιτηδείων ἔνδειαν· καὶ γὰρ ἐνδεεῖς τῷ σώματι ὢν

---

1 περὶ τοῦ ὀχεῖσθαι ἐπὶ ἅρματος V ∥ ὀχεῖσθαι] ὀχεῖσθαι δὲ V ∥ ἀπήνης] απ L cum lacuna trium litterarum ∥ ὑπεζευγμένων] ἐπιζευγνυμένων V ∥ 3 τι om V ∥ 6 περὶ τοῦ μαντεύεσθαι V, μαντεύεσθαι L ∥ μάντεως Reiskius: μάντεων L, μάντεις V ∥ φοιτᾶν] δὲ φοιτᾶν LV ∥ post μαντεύεσθαι in V est ἤγουν πυνθάνεσθαι περί τινος, in L ἤγουν ἐπανερέσθαι περί τινος μάντιν ∥ 7 post ἰδόντι V addit γενέσθαι ∥ μαντικῆς] μαντικῆς μέλλειν V ∥ 8 δ᾽ ἂν] γὰρ L ∥ ὅ γε ἀληθὴς] ὁμαληθωσμάντις L ∥ ἀποκρίνηται Reiffius: ἀποκρίνεται LV ∥ 9 τούτῳ L ∥ δεῖ] τε V ∥ 10 μή] μὴ προσῆκεν LV ∥ τῶν addidi ∥ ἀξιοπίστω L ∥ 11 ὁ δὲ μηδὲν] μηδὲν δὲ V ∥ 12 ἐστὶν L ∥ 13 γε om L ∥ σοφοῖς καὶ ἡ σιγὴ] σοφισταῖς ἡ σιγὴ οὐκ V ∥ ἀπαγορευτική] ἀπαγόρευσις V ∥ περὶ τοῦ μάντιν γενέσθαι V, μάντιν γενέσθαι L ∥ 14 γεγονέναι] γενέσθαι L ∥ ἐν delendum videtur ∥ 16 δὲ καὶ] δὲ V ∥ 17 μάντει L ∥ μέλει Rigaltius: μέλλει V, μάλιστα L ∥ αὐτῶν L ∥ 18 οἱ] οἱ κἀκεῖνα V ∥ φέρωσιν Reiffius: φέρουσιν L, αὐτῷ φέρουσιν V ∥ πολλάκις] πολλὰς L ∥ 19 ἰδόντι] ειδωντι L ∥ ὁ ὄνειρος] τὸν ὄνειρον V ∥ 20 τῶν μάντεων Reiffius ∥ 22 περὶ νόσου V, νοσεῖν L ∥ ἢ] malim ἢ ἐν ∥ οὖσιν om L ∥ 23 ἀγαθὸν διὰ τὸ] ἀγαθὸν διὰ τὸ καὶ V, δυνατὸν διὰ L ∥ 25 ἐπιτηδίων L ∥ ὧν μάλιστα χρὴ Venetus 267: χρὴ ὧν μάλιστα χρὴ L, om V ∥

CAP. XIX—XXIII. 177

μάλιστα χρὴ οἱ νοσοῦντες γίνονται. καὶ πρὸς τὰς ἀποδημίας ἐμποδὼν ἵσταται· δυσκίνητοι γὰρ οἱ νοσοῦντες. καὶ τὰς ἐπιθυμίας οὐκ ἐᾷ τελεσθῆναι· οὐδὲ γὰρ τὰς ὀρέξεις διὰ τὸ ἐπι- p. 173 κίνδυνον ἀναπληροῦσι τῷ νοσοῦντι οἱ ἰατροί. νοσοῦντα δὲ εἴ
5 τις ἐπισκέπτοιτο, εἰ μὲν γνώριμον, ἄτοπα τῷ νοσοῦντι σημαίνει· εἰ δὲ ἀγνῶτα, αὐτῷ τῷ ἰδόντι· οὐδὲν γὰρ διαφέρει ἢ αὐτὸν νοσεῖν ἢ ἄλλον ἀγνῶτα νοσοῦντα ἰδεῖν· εἰκόνας γὰρ τῶν ἀποβησομένων τοῖς ὁρῶσι πραγμάτων τοὺς πλησίον εἶναί φαμεν, ὅταν γε ἀγνοῶνται. ἐτήρησα δὲ καὶ τὸ τοιοῦτο. ὅσα
10 μὲν αὐτίκα ἀποβησόμενα σφοδρότερον ἡ ψυχὴ βούλεται σημῆναι ἀγαθὰ ἢ κακά, ταῦτα περὶ αὐτὸν τὸν ὁρῶντα παράγει· ὅσα δὲ βράδιον ἢ ἀτονώτερον, ταῦτα δι' ἀλλοτρίου σώματος δείκνυσι τῷ ὁρῶντι.

Τὰς ἑαυτοῦ σάρκας ἐσθίειν ἀγαθὸν πένητι· πολλὰ γὰρ τῷ 23
15 σώματι ἐργασάμενος καὶ πονῶν κτήσεται, καὶ οὕτως οὐχὶ τὰς σάρκας αὐτοῦ κατέδεται ἀλλὰ τὰς ἀπὸ τῶν σαρκῶν ἐργασίας. ἀγαθὸν δὲ καὶ χειροτέχνῃ τὸ τοιούτων μερῶν ἐσθίειν τοῦ σώματος, ἀφ' ὧν μάλιστα πορίζεται· οἱ μὲν γὰρ ἀμφοτέραις ταῖς χερσὶν ἐργάζονται, οἱ δὲ τῇ ἑτέρᾳ μόνον, οἱ δὲ ἄκροις τοῖς
20 δακτύλοις, οἱ δὲ καὶ παντὶ τῷ σώματι. φιλολόγοις δὲ ἀγαθὸν ἄλλοις παρέχειν τὸ στόμα καὶ τὴν γλῶσσαν ἐσθίειν· πολλὰ γὰρ πορίσαντες ἀπὸ τοῦ στόματος καὶ τῆς γλώσσης ἔσονται ἱκανοὶ καὶ ἄλλοις παρέχειν. εἰ δέ τις τὸ ἑαυτοῦ στόμα κατεσθίοι ἢ τὴν ἑαυτοῦ γλῶσσαν, παύσεται λόγοις χρώμενος· ἰδιώ-
25 ταις δὲ μετάνοιαν ἐπὶ προπετείᾳ λόγων σημαίνει. γυνὴ δὲ τὰς ἑαυτῆς σάρκας ἐσθίουσα πορνεύσει καὶ οὕτως ἀπὸ τοῦ ἰδίου σώματος τραφήσεται. παντὶ δὲ τῷ νοσοῦντα ἔχοντι ἤτοι φίλον

---

3 οὐδὲ] καὶ L ‖ γὰρ] γὰρ πρὸς V ‖ 4 τῶν νοσούντων L ‖ νοσοῦντα ἐπισκέπτεσθαι L ‖ εἴ τις ἐπισκέπτοιτο] ἐπισκέψασθαί τινα δοκεῖν V ‖ 5 γνώριμον] γνώριμον ὄντα L ‖ ἄτοπα] τὰ αὐτὰ LV ‖ νοσοῦντι] εἰδῶντι L ‖ 6 εἰδόντι L ‖ γὰρ om V ‖ 7 νοσεῖν] νόσον L ‖ 8 τοὺς] τοῖς L ‖ 9 ὅταν γε ἀγνοῶνται] ὅταν γε ἀγνοῶνται L, om V ‖ τὸ τοιοῦτο] τοῦτο V ‖ 10 ἀποβησόμενα] ἀποβησόμενα καὶ μᾶλλον ἢ L, ἀποβησόμενα καὶ μᾶλλον καὶ V ‖ 11 ταῦτα] καὶ ταῦτα V ‖ ὁρῶντα] ὁρῶντα συμβαίνοντα V ‖ 12 ἢ] ἢ ἧττον ἢ LV ‖ 13 δείκνυσι τῷ ὁρῶντι] δείκνυσι ἡ ψυχὴ τῷ ὁρῶντι V, τῷ ὁρῶντι δείκνυσι ἡ ψυχὴ L ‖ 14 περὶ τοῦ τὰς ἑαυτοῦ σάρκας ἐσθίειν V, τὰς ἑαυτοῦ σάρκας ἐσθίειν L ‖ ἐσθίειν] ἐσθίειν δοκεῖν V ‖ πολλοῖς L ‖ 15 ἐργαζομένοις L ‖ τὰ σαρκία ἑαυτοῦ L ‖ 16 ἀλλὰ τὰς ἀπὸ] ἀλλ' ἐκ L ‖ 17 τὸ] τὸ ἀπὸ L, ἀπὸ V ‖ 18 ὧν] οἵων V ‖ μάλιστα] μάλιστα καὶ V ‖ 19 μόνῃ V ‖ τοῖς om V ‖ 20 καὶ om V ‖ ἀγαθὸν] καλὸν V, om L ‖ 21 παρέχειν om L ‖ 22 malim πορισάμενοι ‖ στόματος — ἱκανοὶ om L ‖ 23 ἱκανοὶ Reiskius: καὶ ἱκανοὶ V ‖ κατεσθίει V ‖ 24 ἰδιώταις L ‖ 25 μετάνοιαν] μέγαν οἶαν L ‖ προπετείᾳ L ‖ 27 νοσοῦντας L ‖

ARTEMIDORUS. 12

ἢ συγγενῆ ἢ ἄλλον τινὰ τῶν σπουδαίων, πένθος προαγορεύει· καὶ γὰρ οἱ πενθοῦντες λωβώμενοι ἑαυτοὺς τὰς ἑαυτῶν σάρκας ἐσθίουσι. πλουσίῳ δὲ ἀνδρὶ καὶ παντὶ τῷ κατὰ προαίρεσιν ζῶντι οὐκ ἀγαθὸν ἐσθίειν τῶν ἰδίων σαρκῶν· πρόρριζον γὰρ ἀνατραπῆναι τὸν βίον καὶ τὴν ὕπαρξιν τοῦ ἰδόντος σημαίνει ὥσπερ καὶ τὸ τὴν ἰδίαν κόπρον ἐσθίειν.

24 Ἐπαρίστερα περιβεβλῆσθαι ἢ ὅπως ποτὲ γελοίως καὶ μὴ κοσμίως πᾶσι πονηρὸν καὶ πρὸς ταῖς ἀπραξίαις διασυρμὸν καὶ καταγέλωτα ὑπομεῖναι σημαίνει. μόνοις δὲ γελωτοποιοῖς ἀγαθὸν ἂν εἴη διὰ τὸ ἔθος.

25 Ἐπαρίστερα γράφειν σημαίνει πανούργως τι πρᾶξαι καὶ ἀπάτῃ καὶ μεθόδῳ χρησάμενον ὑπελθεῖν τινὰ καὶ ἀδικῆσαι, πολλάκις δὲ καὶ μοιχὸν γενόμενον νόθους παῖδας λάθρα ποιῆσαι. οἶδα δέ τινα, ὃς ἐπὶ τούτῳ τῷ ὀνείρῳ ποιητὴς ἐγένετο γελοίων ᾀσμάτων.

26 Μητρυιὰν ἰδεῖν οὔτε ζῶσαν οὔτε τεθνεῶσαν ἀγαθόν. καὶ εἰ μὲν χαλεπαίνοι ἢ ὀργίζοιτο ἢ βλάπτοι τὸν ὁρῶντα τὸ ὄναρ, ἐπιτείνει τὰ δεινά· εἰ δὲ μετρίως προσφέροιτο, ἥττονα ποιεῖ τὰ δεινά. χαριζομένη δέ τι τῷ ἰδόντι καὶ λόγοις καὶ ἔργοις ψευδεῖς τὰς ἐλπίδας φησὶν εἶναι· οὐ γὰρ ἀπὸ γνώμης οὐδὲ κατὰ προαίρεσιν φιλήσειεν ἄν ποτε μητρυιὰ πρόγονον. ὁ δὲ πατρωὸς τὰ αὐτὰ τῇ μητρυιᾷ σημαίνει, ἥττονα δὲ τῇ δυνάμει. πολλάκις δὲ καὶ ὁ πατρωὸς καὶ ἡ μητρυιὰ ξενιτείας καὶ ἀποδημίας γίνονται σύμβολα· ἐοίκασι γὰρ πατὴρ μὲν καὶ μήτηρ τῇ οἰκείᾳ, πατρωὸς δὲ καὶ μητρυιὰ τῇ ξένῃ.

27 Πρόγονοι ὁρώμενοι, λέγω δὲ συγγενεῖς τοὺς πρὸ τῶν γο-

---

3 ἐσθίουσιν L ‖ ἀνδρὶ om V ‖ 4 τῶν] ἀπὸ τῶν V ‖ πρόρριζον] πορίζων L ‖ 5 εἰδόντος L ‖ σημαίνειν L ‖ 6 τὸ] τῷ V ‖ ἐσθίοντι V ‖ 7 περὶ τοῦ ἐπ' ἀριστερᾷ περιβεβλῆσθαι V, ἐπαριστερᾷ περιβεβλῆσθαι L· ‖ ἐπ' ἀριστερᾷ V ‖ ἢ ὅπως] καὶ ὅπως L ‖ 8 πρὸς om L ‖ διασυρμὸν] καὶ ὀδυρμὸν L ‖ 11 περὶ τοῦ ἐπ' ἀριστερᾷ γράφειν V, ἐπαριστερὰ γράφειν L ‖ 12 ἀπάτην L ‖ 13 νόθους] νόθους V, νόθους ἄλλω L ‖ λάθρα videtur delendum esse ‖ ποιῆσαι om L ‖ 14 ὃς] ὡς ‖ 16 περὶ μητρυιᾶς καὶ πατρῴου V, περὶ μητρυιᾶς L ‖ τεθνεῶσαν] ἀποθανοῦσαν L ‖ 17 χαλεπαίνει V, χαλαιπένοι L ‖ ἢ βλάπτοι] βλάπτειν L ‖ τὸ] ἡ μητρυιὰ κατ' V ‖ 18 ἐπιτείνοι L ‖ 19 ποιεῖ om L ‖ 20 ἐλπίδας] ἐλπίδας καὶ τὰς προσδοκίας V ‖ οὐ] οὐδὲ L ‖ 21 οὔτε V ‖ φιλήσειεν] φιλῆσαι LV ‖ μητρυιὰ Reiskius: μητρυιὰν LV ‖ πρόγονον] γενόμενον L ‖ 22 περὶ πατρῴου L ‖ ἥττονας V ‖ δὲ post ἥττονα om L ‖ 23 ξενητίας L ‖ 24 σύμβολα om L ‖ ἐοίκασι] φασὶ L ‖ μὲν] τε V ‖ 25 τῇ om V ‖ καὶ] καὶ ἡ L ‖ 26 περὶ προγόνων καὶ ἐπιγόνων V, περὶ προγόνων L ‖ πρόγονοι] πρόγονοι δὲ V ‖

νέων γεγονότας, φροντίδας σημαίνουσι παλαιῶν ἕνεκα πραγμάτων. καὶ εἰ μέν τι ἀγαθὸν ἢ ἡδὺ ἢ κεχαρισμένον πράττοιεν ἢ λέγοιεν, εἰς ἀγαθὸν αἱ φροντίδες τελευτήσουσιν· εἰ δὲ μή, τοὐναντίον.

Ἐπίγονοι οἱ μὲν ἔτι νήπιοι καὶ βραχεῖς φροντίδων εἰσὶ σημαντικοί (περὶ ὧν ἀκριβέστερον ἐν τῷ πρώτῳ βιβλίῳ ἐν τῷ περὶ γενέσεως παίδων εἴρηκα κεφαλαίῳ), οἱ δὲ ἤδη τέλειοι βοηθείας καὶ συλλήψεώς εἰσι σημαντικοί.

Μῦς οἰκέτην σημαίνει· συνοικεῖ γὰρ καὶ ἀπὸ τῶν αὐτῶν 28 τρέφεται καὶ ἔστι δειλός. ἀγαθὸν οὖν καὶ πολλοὺς ἔνδον ἰδεῖν μύας καὶ τούτους ἱλαροὺς καὶ παίζοντας· πολλὴν γὰρ εὐφροσύνην προσημαίνουσι καὶ οἰκετῶν ἐπίκτησιν. εἰ δέ τι ποικιλώτερον περὶ τοὺς μύας βλέποι τις, ἔξεστι μεταφέρειν τὰς κρίσεις ἀπὸ τῶν παρὰ Μελάμποδος ἐν τῷ περὶ τεράτων καὶ σημείων γεγραμμένων, οὐδὲν διαφέρειν ἡγουμένους τὰ μεθ' ἡμέραν γινόμενα τῶν ὄναρ δοκούντων γίνεσθαι· τῆς γὰρ αὐτῆς τετύχηκε προρρήσεως, ὡς πολλάκις ἡμῖν ἔδοξε διὰ πείρας. διὰ μακροῦ δὲ τὸν τόπον τοῦτον ἐξείργασται ἐν τῷ δευτέρῳ τῆς ἑαυτοῦ συντάξεως Ἀπολλώνιος ὁ Ἀτταλεύς. ἐμοὶ δὲ νῦν πρόκειται τὰ σημαινόμενα δεικνύειν ἑκάστου τῶν παραλελειμμένων ἐν τῇ ἐμῇ πραγματείᾳ. διὸ καὶ τρίτον τοῦτο τὸ βιβλίον οὐχ ὡς συνημμένον τοῖς δυσὶν ἀλλ' ὡς ἀπολελυμένον ἐποίησα. ὅθεν καὶ τῆς ἐπιγραφῆς εἰκότως τεύξεται οὐχὶ τρίτον ἐκείνων ἀλλὰ κατ' ἰδίαν Φιλάληθες ἢ Ἐνόδιον.

Γαλῆ γυναῖκα σημαίνει πανοῦργον καὶ κακότροπον καὶ p. 176 δίκην· ἔστι γὰρ ἰσόψηφος δίκη καὶ γαλῆ. καὶ θάνατον· ὅ τι

---

1 σημαίνουσιν L || ἕνεκε L || 2 ἡδύ] ειδυ L || 4 τὸ ἐναντίον L || 5 ἐπιγόνων L || ἐπίγονοι] ἐπίγονοι δὲ V || οἱ μὲν] εἰ μὲν εἶεν V || 7 παίδων] καὶ παίδων περὶ L || εἴρηκα] κα pr L praecedente parvula rasura, in qua manus secunda supplevit εἴρη || ἤδη om L || 8 συλλήψεως] συλλήψεως καὶ ἐπικουρίας V || 9 περὶ μυὸς καὶ γαλῆς V, περὶ μυὸς L || συνοικεῖ] συνοικῆται L || 10 δειλός Reiskius: δῆλος LV. sed fortasse καὶ ἔστι δῆλος margini reddendum est || οὖν καὶ] δὲ V || 12 σημαίνουσιν V || ποικιλότερον L || 13 μυίας L || βλέποι τις] βλέποιτο τό τε L || 14 μελάμποδι L || post σημείων in L est ἐν τῷ περὶ μυῶν, in V καὶ περὶ μυῶν || 15 διαφέρει L || 16 γιγνόμενα V || γίγνεσθαι V || τετύχηκε] ἔτυχε V || 17 προαιρέσεως L || ἔδειξε V || 20 παραλελημμένων L, η in rasura || 21 τοῦτο τρίτον L || τὸ om L || 22 οὐχ ὡς συνημμένον] οὐ συνημμένον οὐχ ὡς συνημμένον L || τοῖς] ἐκείνοις τοῖς V || ἀπολελυμένον Reiskius: ἀπολελειμμένον V, ἀπολειπόμενον L || 23 ὅθεν] οὐδὲν L || γραφῆς L || 25 περὶ γαλῆς L || γαλῆ] γαλῆ δὲ LV || κακοῦργον L || καὶ δίκην] ἢ δίκην V || 26 γαλῆ Reiskius: γαλῆ καὶ ἄλγη ἀπὸ γὰρ τῶν αὐτῶν σύγκειται γραμμάτων L, γαλῆ ἀπὸ γὰρ τῶν αὐτῶν σύγκειται γραμμάτων V Suidas in v. γαλῆ || ὅ τι] οὐ L ||

12*

γὰρ ἂν λάβῃ, τοῦτο σήπει. καὶ ἐργασίας καὶ ὠφελείας· καλεῖται γὰρ πρός τινων κερδῶ. τὴν δὲ διαφορὰν ἔξεστι λαμβάνειν τούτων ἀπὸ τοῦ βλέπεσθαι προσιοῦσαν ἢ ἀπιοῦσαν ἢ πάσχουσάν τι ἢ δρῶσαν ἡδὺ ἢ ἀηδές.

29 Πηλὸς νόσον σημαίνει καὶ ὕβριν· νόσον μὲν διὰ τὸ μήτε καθαρὸν εἶναι ὕδωρ μήτε γῆν ἀλλ' ἐξ ἀμφοτέρων μεμῖχθαι καὶ μηδὲ ἕτερον εἶναι. πονηρὸν οὖν σύγκριμα τοῦ σώματος τοῦτ' ἐστι νόσον προαγορεύει εἰκότως· ὕβριν δέ, ὅτι μολύνει. ἔτι δὲ κίναιδον διὰ τὸ ὑγρὸν καὶ ἔκλυτον. ἀγαθὸς δ' ἂν εἴη τοῖς ἐκ πηλοῦ ἐργαζομένοις.

30 Λεκάνη οἰκέτην σημαίνει καὶ θεράπαιναν πιστούς. πίνειν δὲ ἐκ λεκάνης ἐρασθῆναι θεραπαίνης σημαίνει, τὸ δ' αὐτὸ καὶ εἴ τις ἐσθίοι ἐν λεκάνῃ. λεκάνην χρυσῆν ἢ ἀργυρᾶν ἔχειν ἤτοι θεράπαιναν ἀπελευθερώσαντα γῆμαι σημαίνει ἢ ἀπηλευθερωμένῃ συνοικῆσαι. λεκάνη θραυομένη θεράποντος σημαίνει ὄλεθρον. λεκάνῃ ἐγκατοπτρίζεσθαι τεκνῶσαι ἀπὸ θεραπαίνης σημαίνει. εἰ δέ τις αὐτὸς οἰκέτης ὢν οὐκ ἔχων ὑπηρέτην τοῦτον ἴδοι τὸν ὄνειρον, ἡγεῖσθαι χρὴ τὴν λεκάνην αὐτὴν τὴν δουλείαν αὐτῷ σημαίνειν.

31 Εἰκὼν τέκνα σημαίνει καὶ τὴν προαίρεσιν καὶ τὴν γνώμην τοῦ ἰδόντος· τέκνα μὲν διὰ τὴν ὁμοιότητα, γνώμην δὲ καὶ προαίρεσιν διὰ τὸ ἐπαγάλλεσθαι πάντας εἰκόσιν. ἡ δὲ ἐξ ὕλης στερεᾶς καὶ ἀσήπτου γεγενημένη ἀμείνων ἐστὶ τῶν γραπτῶν καὶ κηρίνων καὶ πηλίνων καὶ τῶν ὁμοίων. ὅ τι δ' ἂν πάθωσιν αἱ εἰκόνες, τοῦτο πείσονται καὶ οἱ παῖδες τοῦ ἰδόντος καὶ

---

1 λάβοι V ‖ 2 κερδῶ] κερδῶ καὶ ἱλάρια V, κερδῶ καὶ ἱλαρία Suidas l. c. ‖ ἔξεστιν L. malim τὴν δὲ διαφορὰν τούτων ἔξεστι λαμβάνειν ‖ 3 τοῦ] τοῦ πῶς L ‖ προϊοῦσαν L ‖ ἢ πάσχουσάν τι ἢ δρῶσαν ἡδὺ ἢ ἀηδές] πράττουσάν τι ἡδὺ ἢ ἀηδὲς πάσχουσαν τι ἢ δρῶσαν V, ἢ πάσχουσαν ἢ πράττουσάν τι ἡδὺ ἢ ἀηδὲς ἢ δρῶσαν L ‖ 5 περὶ πηλοῦ LV ‖ μήτε] μὴ V ‖ 6 ὕδωρ] τὸ ὕδωρ V ‖ μήτε] μήτε μὴν V, καὶ L ‖ 7 μηδέτερον V ‖ πονηρὸν οὖν] ἔστιν οὖν πονηρὸν V ‖ σύγκριμα] σύγκραμμα L ‖ τουτέστιν ὅσον V ‖ 8 ἔτι δὲ — ὑγρὸν καὶ ἔκλυτον] ὅτι δὲ μαλακὸν ἢ κινηδὸν ἀρριτουργὸν ἢ ἔκλυτον διὰ τὸ ὑγρὸν καὶ ἔκλυτον L ‖ 9 δὲ V ‖ 11 περὶ λεκάνης LV ‖ οἰκέτιν Reiskius ‖ πιστήν V ‖ 12 θεραπένης L ‖ δὲ V ‖ καὶ εἴ] ἢ L ‖ 13 ἐσθίει] ἐσθίει LV ‖ χρύσεαν V ‖ ἀργυρῆν L ‖ 14 θεράπεναν L ‖ σημαίνει γῆμαι L ‖ ἀπηλευθερωμένη Reiskius: ἀπηλευθερωμένην V, ἀπειλευθερωμένη L ‖ 15 συνοικῆσαι λεκάνη θραυομένη om L ‖ θεραπόντων L ‖ 16 ἐγκατοπρίζεσθαι L ‖ 17 ὑπηρέτιν Reiffius ‖ 18 ἴδοι τούτον L ‖ τὴν om L ‖ δουλίαν L ‖ 19 σημαίνει L ‖ 20 περὶ εἰκόνος LV ‖ 22 ἐπαγέλλεσθαι Valesius: ἐπαγγέλλεσθαι LV ‖ εἰκόσιν] τὰς εἰκόνας εἶναι L ‖ ἡ] εἰ L ‖ 23 ἀμείνων ἐστὶ] ἀμηνονεσ L ‖ 24 πηλίνων καὶ κηρίνων V ‖ καὶ τῶν ὁμοίων] καὶ τῶν ἄλλων τῶν ὁμοίων LV ‖

CAP. XXVIII—XXXIV.

αἱ ὁρμαὶ τῶν πράξεων. πολλάκις δὲ καὶ εἰς γονέας καὶ εἰς ἀδελφοὺς καὶ εἰς ἄλλους ὁμωνύμους ἀποβαίνει τὸ ὄναρ.

Μαῖα ὁρωμένη τὰ κρυπτὰ ἐλέγχει διὰ τὸ τὰ ἀπόρρητα καὶ 32 κεκρυμμένα ἐρευνᾶν καὶ βλάβας σημαίνει καὶ τοῖς νοσοῦσι θά-
5 νατον· ἐξάγει γὰρ τοῦ περιέχοντος τὸ περιεχόμενον καὶ δίδωσι τῇ γῇ. τοὺς δὲ βίᾳ ὑπό τινων κατεχομένους ἀπαλλάσσει· καὶ γὰρ τὸ περιεχόμενον τοῦ περιέχοντος ἀπαλλάσσει καὶ οὕτω κουφότερον ποιεῖ τὸ σῶμα. πολλάκις δὲ γυναικὶ μὴ ἐχούσῃ ἐν γαστρὶ νόσον προαγορεύει, ἐν γαστρὶ δὲ ἐχούσῃ οὐδὲν ἐπίση-
10 μον διὰ τὴν περὶ τὸν τοκετὸν ἐλπίδα.

Ἄκανθαι καὶ σκόλοπες ὀδύνας σημαίνουσι διὰ τὸ ὀξὺ καὶ 33 ἐμποδισμοὺς διὰ τὸ καθεκτικὸν καὶ φροντίδας καὶ λύπας διὰ τὸ τραχύ, πολλοῖς δὲ καὶ ἔρωτας καὶ ἀδικίας ὑπὸ ἀνθρώπων πονηρῶν· ἔρωτας μὲν διὰ τὸ μὴ εὐθύμους τοὺς ἐραστὰς εἶναι·
15 ἀδικίας δὲ ὑπὸ ἀνθρώπων πονηρῶν διὰ τὴν γινομένην ὑπὸ τούτων ἐκ τῶν τραυμάτων αἵματος ἀπόκρισιν. καὶ αἱ μὲν ἄκανθαι ὑπὸ γυναικῶν τὰς ἀδικίας οἱ δὲ σκόλοπες ὑπ' ἀνδρῶν προσημαίνουσι.

Τῶν γραμμάτων καθ' ἓν ὁρώμενον ἕκαστον τὰ μὲν φω- 34
20 νήεντα φόβους καὶ ταραχὰς σημαίνει, τὰ δὲ ἡμίφωνα ἀπραξίας μὲν οὐχί, φόβους δὲ ἐπάγει· τὰ δὲ ἄφωνα οὔτε φόβους οὔτε πράξεις. ἰδίᾳ δὲ τὸ ϱ̄ ἀπὸ τοῦ ἀριθμοῦ κρινέσθω. ἔστιν οὖν τοῖς ἐπὶ πρᾶξιν ὁρμῶσιν ἀγαθὸν διὰ τὸ ἰσόψηφον· ἔστι γὰρ καὶ τὸ ἐπ' ἀγαθὰ τὴν τοῦ ϱ̄ ἐκπληροῦν ψῆφον. καὶ
25 τοῖς προσδοκῶσιν ἀποδήμους· ἔστι γὰρ καὶ τὸ ἀνγελία ἑκα-

p. 178

---

1 γονέας] γονεῖς LV ‖ 2 τὸ οναρ om L ‖ 3 περὶ μαίας LV ‖ 4 διερευνᾶν V ‖ νοσοῦσιν L ‖ 5 περιέχοντος] περιέχοντος ἀεὶ LV ‖ δίδωσιν L ‖ 6 τινων] τινος LV ‖ 7 περιέχοντος ἀπαλλάσσει] περιέχοντος ἀπαλλάσσει σῶμα LV ‖ οὕτω] οὕτως τὸ περιεχόμενον σῶμα τοῦ περιέχοντος ἀπαλλάξασα LV ‖ 8 τὸ σῶμα om L ‖ πολλάκις δὲ] πολλάκις δὲ ὁρωμένη μαῖα LV ‖ ἐχούσι L ‖ 9 ἐν γαστρὶ] γυναικὶ L ‖ ἐχούσι L ‖ 10 ἐλπίδα] φροντίδα V ‖ 11 περὶ ἀκάνθης καὶ σκολόπων LV ‖ ἄκανθαι] ἄκανθαι δὲ L ‖ σημαίνουσιν L ‖ 12 λύπην L ‖ 13 ἔρωτα L ‖ ἀπὸ V ‖ 14 ἔρωτα L ‖ μὲν] δὲ L ‖ ἐραστὰς] ἐρῶντας V ‖ 15 ἀνθρώπων] ἀνθρώπων τινῶν V ‖ γινομένην] γιγνομένην LV ‖ 16 αἵματος] τοῦ αἵματος V ‖ 17 ὑπὸ] ἀπὸ L, ἐκ V ‖ 18 προσημαίνουσιν L ‖ 19 περὶ τοῦ ϱ̄ στοιχείου καὶ ἑκατόν V, περὶ τοῦ ϱ̄ L ‖ 20 φόβους] καὶ φόβους V ‖ σημαίνει] ἐπάγει L ‖ 21 ἀπραξίας] ἀπραξίας L, ἀπραξίαν V ‖ δὲ φόβους L. malim φόβους μὲν οὐχί, ἀπραξίας δὲ ‖ οὔτε] οὐχί L. fortasse οὔτε φόβους οὔτε ἀπραξίας ‖ 22 κρίνεται V ‖ 23 ὁρμῶσιν] ὁρῶσιν L, ὁρμωμένοις V ‖ 24 γὰρ om L ‖ καὶ τὸ] καὶ διὰ τὸ L ‖ ἀγαθὰ] L ‖ τοῦ ϱ̄] ἑκατόν V ‖ πληροῦν L ‖ 25 προσδοκῶσιν] προσδοκοῦσιν V ‖ καὶ τὸ addidi ‖ ἀνγελία] ἀγγελία mg V ‖ ἑκατόν] τὸ ϱ̄ L, τὰ ἑκατόν V ‖

τόν. καὶ τοῖς διαποροῦσι πότερον πεζῇ ἀπιτέον αὐτοῖς ἢ κατὰ πλοῦν συμβουλεύει π ε ζ ῇ· καὶ γὰρ καὶ τοῦτο ἰσόψηφον τοῦ ἑκατόν. τοῖς δὲ περὶ τοῦ ὅλως εἰ ἐξιτέον φροντίζουσι συμβουλεύει μένειν· καὶ γὰρ τὸ μ έν ε ἑκατόν. κακούργους δὲ δεσμεύει· καὶ γὰρ τὸ π έ δ α ι ἑκατόν. ποιμέσι δὲ καὶ ἱπποτρόφοις ἀγαθὸν τὸ ἑκατόν· καὶ γὰρ τὸ ν έ μ ε ἑκατόν.

35 Ἄλυσις γυναῖκα σημαίνει διὰ τὸ ὄνομα καὶ διὰ τὸ καθεκτικόν. καὶ πλοκὴν πραγμάτων οὐκ εὐθύμων οὐδὲ τερπνῶν· πέπλεκται μὲν γὰρ ἐκ πολλῶν, οὐκ εὐθύμους δὲ τοὺς δεδεμένους ποιεῖ. καὶ κατοχὴν καὶ ἐμποδισμὸν πράξεων δηλοῖ.

36
p. 179
Ἱστὸς ὄρθιος κινήσεις καὶ ἀποδημίας σημαίνει· χρὴ γὰρ περιπατεῖν τὴν ὑφαίνουσαν. ὁ δὲ ἕτερος ἱστὸς κατοχῆς ἐστι σημαντικός, ἐπειδὴ καθεζόμεναι αἱ γυναῖκες ὑφαίνουσι τὸν τοιοῦτον ἱστόν. ἀεὶ δὲ ἄμεινον ἀρχόμενον ὑφαίνεσθαι ἱστὸν ἰδεῖν ἢ πρὸς τὸ ἐκτέμνεσθαι ὄντα· ἔοικε γὰρ τῷ βίῳ. ὁ μὲν οὖν ἄρτι ἀρχόμενος ὑφαίνεσθαι μακρὸν ὑπαγορεύει βίον, ὁ δὲ πρὸς ἐκτομὴν ὢν ὀλίγον, ὁ δὲ ἐκτετμημένος θάνατον. περὶ δὲ χρωμάτων διαφορᾶς ἀπὸ τοῦ λόγου τοῦ περὶ ἱματίου καὶ κόσμου ἀνδρείου τε καὶ γυναικείου ἔξεστι τὰς κρίσεις μεταφέρειν. εἰ δέ τις πλέων ἱστὸν ἴδοι, ἡγείσθω τὴν κατάρτιον ὁρᾶν. ὅ τι ἂν οὖν περὶ τὸν ἱστὸν ἀποβαίνῃ, τὸ αὐτὸ καὶ περὶ τὴν κατάρτιον ἔσται. συνεργὰ δὲ τὰ εἰς ὑφὴν ἱστοῦ παρασκευαζόμενα πολλὰς φροντίδας καὶ σύγχυσιν πραγμάτων σημαίνει, ὧν ὀψὲ καὶ μόλις ἔσται διάκρισις· ἕως μὲν γὰρ ἐστι συνεργά, συγκέχυται καὶ ἀδιάκριτά ἐστιν· ἐπειδὰν δὲ ὑφαν-

---

1 καὶ] ὡς καὶ L ‖ διαποροῦσιν L ‖ ἀπειτέον L ‖ κατὰ] κατὰ τὸν V ‖ 2 καὶ γὰρ καὶ τοῦτο ἰσόψηφον τοῦ ἑκατόν] καὶ γὰρ τοῦτο ἰσόψηφον τοῦ ἑκατόν L, ἴση γὰρ καὶ τούτου ἡ ψῆφος V ‖ 3 εἰ] ἦ V ‖ φροντίζουσιν L ‖ συμβουλεύειν L ‖ 4 μένε ἑκατόν] μενεκατον pr L ‖ 5 γὰρ τὸ] γὰρ καὶ V ‖ ποιμέσιν L ‖ καὶ ἱπποτρόφοις ἀγαθὸν τὸ ἑκατόν om L ‖ 6 νέμε] νέμε τῇ ψήφῳ V ‖ 7 π ε ρ ὶ ἀ λ ύ σ ε ω ς LV ‖ γυναῖκα] vox corrupta ‖ καὶ διὰ] καὶ V ‖ 8 εὔθυμον οὐδὲ τερπνόν L ‖ 10 σημαίνει] δηλοῖ V ‖ 11 π ε ρ ὶ ἱ σ τ ο ῦ κ α ὶ σ υ ν έ ρ γ ω ν V, π ε ρ ὶ ἱ σ τ ο ῦ L ‖ κίνησιν καὶ ἀποδημίαν V ‖ 13 ἐπειδὴ] ἐπειδὴ γὰρ V ‖ ὑφαίνουσιν αἱ γυναῖκες V ‖ 14 ἀεὶ] ἅπασι V ‖ 15 τῷ βίῳ] τῇ τοῦ βίου τελευτῇ V ‖ 16 οὖν om L ‖ 18 χρωμάτων] χρημάτων LV ‖ 19 ἀνδρίου L ‖ γυναικείου ἔξεστι] γυναικίου ἐν τῷ δευτέρῳ βιβλίῳ ἐν ἀρχῇ ἐπεμνήσθην ἔξεστι L, γυναικείου ἐν τῷ δευτέρῳ βιβλίῳ ἐν ἀρχῇ ἐπεμνήσθην ἔξεστι δὲ V ‖ 20 εἰ] ἡ L ‖ δέ inserui ‖ πλέον L ‖ ἡγήσθω L ‖ 21 ὁρᾶν] ἀρᾶν L ‖ περιττὸν L ‖ ἀποβαίνῃ] ἀποβαίνοι LV ‖ 22 π ε ρ ὶ σ υ ν ε ρ γ ῶ ν L ‖ σύνεργα et mox συνέργων V ‖ δὲ] δὲ καὶ V ‖ ἱστοῦ] τοῦ ἱστοῦ L ‖ 23 σύγχυσιν] συγχύσεις τῶν L ‖ 24 μόγις V ‖ διάκρισις ἕως] διακρίσεως L ‖ ἔστι] ἔτι V ‖ 25 καὶ] δὲ καὶ L ‖

CAP. XXXIV—XXXIX.

θῇ, εἰς τὴν οἰκείαν ἕκαστον κατατεταγμένον χώραν καὶ τὴν εὐχρηστίαν παρέχει.

Ἀκόνη προτροπῆς ἐστὶ σημαντικὴ καὶ εὐθυμίας, καὶ τρό- 37
πον τινὰ ὀξυτέρους φησὶ δεῖν γενέσθαι. ἐν δὲ ταῖς φιλίαις οὐ
τοὺς συλλαμβανομένους σημαίνει ἀλλὰ τοὺς προτρέποντας καὶ
παρορμῶντας· συμπράττει μὲν γὰρ οὐδὲν τοῖς σιδηροῖς, ὀξύ-
τερα δὲ αὐτὰ ποιεῖ. πολλάκις δὲ ἀκόνη καὶ γυναῖκα σημαίνει.

Τὰ ἐτυμολογούμενα τῶν ὀνομάτων οὐκ ἄχρηστα νομίζειν 38
χρὴ πρὸς τὰς κρίσεις. ἐάν τε γὰρ ἐπ' ἀγαθοῖς τοῖς ὑπὸ τῶν
ἄλλων σημαινομένοις τὰ ὀνόματα ᾖ εὔφημα, τελειότερα τὰ
ἀγαθὰ ποιεῖ· ἐάν τ'. ἐπὶ κακοῖς, ἐλάττονα καὶ ἀμβλύτερα τὰ
κακὰ ποιεῖ. τὰ δὲ δύσφημα ἐναντία ταῖς προαιρέσεσι τὰ μὲν
κακὰ ἐπιτείνει, τὰ δὲ ἀγαθὰ ἀμβλύνει. πολλάκις δὲ καὶ ἀπὸ p. 180
μόνων αὐτῶν ἔστι τι προαγορεῦσαι. οἷον Μένων μὲν καὶ Με-
νεκράτης καὶ Κρατῖνος ἀποδημεῖν κωλύουσι, Ζήνων δὲ καὶ
Ζηνόφιλος καὶ Θεόδωρος τοὺς νοσοῦντας ἀνιστᾶσι, Κάρπος δὲ
καὶ Ἐλπιδιφόρος καὶ Εὔτυχος πορισμὸν ὑποδεικνύουσι, Θρά-
σων δὲ καὶ Θρασύλος καὶ Θρασύμαχος παρορμῶσι πράττειν
καὶ μὴ ἀποκνεῖν κελεύουσιν. ὁμοίως δὲ καὶ ἐπὶ τῶν θηλυκῶν
ὀνομάτων τὰς κρίσεις χρὴ ποιεῖσθαι.

Ἡ παραμυθία τοὺς μὲν εὐδαιμονοῦντας ἀδικεῖ, τοὺς δὲ ἐν 39
περιστάσει ὄντας ὠφελεῖ· τοὺς μὲν γὰρ εἰς τοῦτο κατάγει,
ὥστε δεῖν αὐτοῖς παραμυθίας διὰ τὸ ἀθυμεῖν ἐπὶ τοῖς συμ-
βαίνουσι κακοῖς, τοῖς δὲ χρηστὰς ὑποτίθεται τὰς ἐλπίδας ὀρ-
θῶς καὶ εὐλόγως τοῦ τοιούτου ἀποβαίνοντος. οὔτε γὰρ τῷ
ὁρῶντί φησί τις 'ἀναβλέψεις' ἀλλ' ὡς εἰκὸς τῷ ὑποκεχυμένῳ,
οὔτε τῷ ὑγιαίνοντι λέγει τις 'ἀναρρώσεις καὶ ὑγιανεῖς' ἀλλ' ὡς

---

2 εὐχρηστίαν] εὐχρηστίαν σημαίνει ὁμοίως καὶ V ‖ 3 περὶ ἀκό-
νης LV ‖ ἀκόνης προκοπῆς ἐστιν L ‖ σημαντικὴ] σημεῖον V ‖ 4 δεῖ
γίνεσθαι L ‖ οὐ τοὺς] ουτος L ‖ 5 λαμβανομένους L ‖ προτρέποντας]
προτερον L ‖ 6 σιδηροῖς] σιδηροῖς ἡ ἀκόνη V ‖ 8 περὶ ἐτυμολογίας
ὀνομάτων V, περὶ ὀνομάτων ἐτοιμολογίας L ‖ τὰ] τὰ δὲ LV ‖
ἐτοιμολογούμενα L ‖ 10 εὔφημα ᾖ V ‖ 11 ποιεῖ om V ‖ τ'] δὲ L ‖
ἐπὶ] ἐπὶ τοῖς V ‖ 12 ᾖ ante ἐναντία inserit L ‖ post ἐναντία videtur
excidisse ὄντα ‖ προαιρέσεσιν L ‖ 13 ἐπαμβλύνει V ‖ 14 μόνον ἔστιν
L ‖ 15 ἀποδημεῖν] ἀπὸ ἡμῖν L ‖ κωλύουσιν L ‖ 16 ζηλόφιλος L ‖ ἀνι-
στᾶσιν] ἀνίστησιν L, ἀνίστησι V ‖ 17 ὑποδείκνυσιν L ‖ 18 Θρασύλος]
Θρακαὶ Θρασύλλος L, Θρασύλος εὔβουλος V ‖ Θρασύβουλος V ‖ 20 χρή-
σεις L ‖ 21 περὶ παραμυθίας LV, ἡ δὲ LV ‖ 26 φησί] φήσει
V ‖ ἀναβλέψις L ‖ ὡς addidi ‖ τῷ ὑποκεχυμένῳ] τῷ ὑποκεχυμένῳ εἰς
εὐθυμίαν ἀνάγειν αὐτόν L, τὸ ὑποκεχυμένον εἰς εὐθυμίαν ἄγειν αὐτόν
V ‖ 27 ἀναρρώσεις Venetus 267: ἀναρρώσει L, ἀναρρώσων V ‖ καὶ ὑγια-
νεῖς Venetus 267: καὶ ὑγιαίνεις L, om V ‖

εἰκὸς τῷ κάμνοντι. οὕτως οὖν ἐπειδάν τινι προσελθών τις λέγῃ 'πλουτήσεις εὐδαιμονήσεις εὐτυχήσεις πράξεις ὃ βούλει', ὡς οὐκ εὐδαιμονοῦντι οὐδὲ πράττοντι κατὰ γνώμην λέγει. εἰ δὲ ἄρα τῷ ἐν περιστάσει ὄντι προαγορεύοι τις τῆς περιστάσεως λύσιν, τότε χρὴ ἀνανεώσασθαι τὸν περὶ τῶν ἀξιοπίστων λόγον, ὃν ἐπὶ τέλει τοῦ δευτέρου βιβλίου εἴρηκα, καὶ εἰ μὲν ἀξιόπιστος εἴη ὁ λέγων, πιστεύειν, εἰ δὲ μή, καταφρονεῖν ὡς ἐξαπατώμενον.

40 Ἐν ἄλλῳ μέρει τοῦ σώματος ὡτινιοῦν τραῦμα ὑπάρχον σὺν τῷ μέρει κρινέσθω ὡς βλαπτομένῳ, ἠκρίβωται δὲ ὁ λόγος ἐν τῷ πρώτῳ βιβλίῳ ἐν τῷ περὶ σώματος καὶ τῶν ἐν τῷ σώματι μερῶν· κατὰ δὲ τοῦ στήθους γενόμενον ἢ τῆς καρδίας νέοις μὲν καὶ ἀνδράσι καὶ γυναιξὶν ἔρωτα σημαίνει, πρεσβυτέροις δὲ λύπην· ἐν δὲ τῇ δεξιᾷ χειρὶ γενόμενον ἐν αὐτῷ τῷ θέναρι δάνειον προαγορεύει καὶ τὴν ἐπὶ χειρογράφῳ λύπην. οὐλὴ δὲ πάσης φροντίδος συμπέρασμα σημαίνει.

41 Δάνειον τῷ ζῆν τὸν αὐτὸν ἔχει λόγον· ὀφείλομεν γὰρ τὸ ζῆν τῇ τῶν ὅλων φύσει, ὡς καὶ τὸ δάνειον τῷ χρήσαντι. καὶ ὁ δανειστὴς δὲ τὸν αὐτὸν ἔχει λόγον τῷ δανείῳ. ὅθεν τοῖς νοσοῦσιν ἐφιστάμενος καὶ ἀπαιτῶν κίνδυνον σημαίνει, λαμβάνων δέ τι καὶ θάνατον. δανειστὴς ἀποθνῄσκων λύπης καὶ φροντίδος ἀπαλλάσσει. ἔτι δὲ καὶ δανειστὴς καὶ θυγάτηρ τὸν αὐτὸν ἔχουσι λόγον, ἐπειδήπερ καὶ ἡ θυγάτηρ μετὰ ἀνάγκης ἀπαιτεῖ. ὅταν γὰρ μετὰ πολλῶν ἀνατραφῇ φροντίδων, ἀπαλλάσσεται λαβοῦσα προῖκα. δανειστὴς οἰκέτῃ δεσπότην σημαίνει ἀποφορὰν ἀπαιτοῦντα. τὰ δὲ αὐτὰ τῷ δανειστῇ καὶ ὁ ἐνοικιολόγος σημαίνει.

42 Μαίνεσθαι ἀγαθὸν τοῖς ἐπὶ τὸ πράττειν ὁρμῶσιν· ἀκώ-

---

1 τινι om L ‖ τις λέγῃ] τις λέγει L, λέγῃς V ‖ 2 πράξεις] εὖ πράξεις L ‖ βούλῃ V ‖ ὡς om V ‖ 3 εὐδαιμονῶντι οὔτε πράττωντί L ‖ λέγοι L ‖ 4 προαγορεύει V ‖ παριστάσεως L ‖ 9 περὶ τραυμάτων καὶ οὐλῆς V, περὶ τραύματος L ‖ μέρει] μὲν τινὶ L ‖ 10 μέρι κρινέσθω L ‖ βλαπτομὲν L ‖ 11 τῶν ἐν τῷ] τῶν ἐν V ‖ 12 γιγνόμενον V ‖ 13 ἀνδράσιν L ‖ 14 γιγνόμενον V ‖ 16 περὶ οὐλῆς L ‖ πᾶσι συμπέρασμα φροντίδων V ‖ 17 περὶ δανείου καὶ δανειστοῦ ἐνοικιολόγου V, περὶ δανείου δανειστοῦ ἐνοικολόγου L ‖ τῷ] τὸ L ‖ γάρ] οὖν καὶ LV ‖ 18 τῷ] τὸ V ‖ χρήσαντι] ἐγχειρίσαντι V ‖ 19 δανιστὴς L ‖ τῷ δανείῳ λόγον V ‖ 21 δανιστής L ‖ 22 δὲ καὶ] δὲ L ‖ δανιστής L ‖ 24 ὅταν γάρ] καὶ ὅταν V, καὶ ὅτε L ‖ ἀπαλλάσσεται] καταπλάσσεται L ‖ 25 δανειστής] δανιστής L, ὡς δανειστὴς δανειστής V ‖ οἰκέτης V ‖ 26 αἰτοῦντα L ‖ δανιστῇ L ‖ ἐνοικολόγω L ‖ 28 περὶ μανίας καὶ μέθης V, περὶ μανίας L ‖ ὁρμῶσιν] ὁρμωμένοις V ‖

λυτοὶ γὰρ οἱ μαινόμενοι, ἐφ' ὅ τι ἂν ὁρμῶσι. μάλιστα δ' ἂν
εἴη ἀγαθὸν τοῖς δημαγωγεῖν καὶ ὄχλου ἄρχειν προῃρημένοις
καὶ τοῖς εἰς ὄχλον καθιεῖσιν ἑαυτούς· πλείονος γὰρ ἀποδοχῆς
ἀξιωθήσονται. ἀγαθὸν δὲ καὶ τοῖς παιδεύειν βουλομένοις,
5 ἐπειδὴ καὶ παῖδες τοῖς μαινομένοις ἀκολουθοῦσι. καὶ τοὺς
πένητας εὐπορωτέρους ἔσεσθαι σημαίνει· παρὰ πάντων γὰρ ὁ
μαινόμενος λαμβάνει. καὶ τῷ νοσοῦντι ὑγίειαν προαγορεύει·
κινεῖσθαι γὰρ καὶ περιπατεῖν ἡ μανία προάγεται καὶ μὴ κατ- p. 182
ερρῖφθαι, ὥσπερ ἐν νόσῳ.

10 Μεθύειν οὐδενὶ ἀγαθόν, οὔτε ἀνδρὶ οὔτε γυναικί· πολ-
λὴν γὰρ ἀφροσύνην καὶ παραποδισμὸν τῶν χρειῶν σημαίνει·
τούτων γὰρ καὶ ἡ μέθη ἐστὶν αἰτία. ἀγαθὸν δὲ τὸ μεθύειν
τοῖς φοβουμένοις· ἀνεπιστρεπτοῦσι γὰρ καὶ οὐ φοβοῦνται οἱ
μεθύοντες.

15 Φοβεῖσθαι οὐδενὶ ἀγαθόν, ἐπειδὴ ὁ φοβούμενος ἀντέχειν 43
μὲν πρὸς οὐδὲ ἓν δύναται, καταπροδοὺς δὲ καὶ τὴν ψυχὴν καὶ
τὸ σῶμα πρὸς πάντα ἐπιτηδειότατον· ἑαυτὸν παρέχει, ὥστε
θᾶττον παθεῖν ὃ ἂν μάλιστα φοβῆται.

Ἐπιστολὴν εἰ μέν τις ἴδοι καὶ τὰ ἐν αὐτῇ γεγραμμένα, εἰς 44
20 τοῦτο ἀποβαίνει, ὅ τι ἂν τὰ γεγραμμένα εἴπῃ· εἰ δὲ μή, πάν-
τως ἐστὶν ἀγαθή· ἴδιον γὰρ πάσης ἐπιστολῆς τὸ χαῖρε καὶ
ἔρρωσο λέγειν.

Κήλη ζημίας ἐστὶ σημαντική· τοῦτο μὲν διὰ τὸ ἰσόψηφον 45
τοῦτο δὲ ὅτι καὶ πάντα ὅσα ἐπιφύεται τῷ σώματι μήτε κάλλος
25 μήτ' ἰσχὺν προστιθέντα ἀλλὰ καὶ τῆς οὔσης εὐπρεπείας παρ-

---

1 ὅ τι] οτιδ' L, ὥτινι V || ὁρμῶσι] ὁρμήσωσι V, ὁρμήσουσιν L || 2 ἀγαθὸν εἴη L || προῃρημένοις] πειρωμένοις V, βουλομένοις L || 3 ὄχλους L || καθιεῖσιν Benedictus: καθιοῦσιν L, καθιᾶσιν V || πλίονος L || 4 βουλομένοις] βουλομένοις καὶ μαινομένοις V || 5 ἀκολουθοῦσιν L || 6 εὐπορωτέρους] εὐπόρους L || ἔσεσθαι] ἔσεσθαι ἡ μανία V || ση- μαίνει] δηλοῖ V || οἱ μαινόμενοι λαμβάνουσι V || 7 ὑγίειαν Reiffius: ὑγείαν V, τὴν ὑγίαν L || 8 κινῆσθαι L || γὰρ, ἡ μανία καὶ περιπατεῖν V || κατερρίφθαι Reiskius: κατεῤῥηφθαι καὶ ἠρεμεῖν L, κατερρίφθαι καὶ μὴ ἠρεμεῖν V || 9 νόσῳ] νόσῳ ὅπερ νοσῳ ὑγιείας ἐστὶ σύμβολον V, νόσῳ ὅπερ ὑγίας ἐστὶ σύμβουλον L || 10 περὶ μέθης L || 13 ἀνεπιστρεπτοῦσι Schneiderus Saxo: ἀνεπιστρέπτουσι L, ἀνεπιστρέφουσι V || 15 περὶ φόβου LV || 16 οὐδὲ ἓν] οὐδεὲν V, οὐδὲν L || 17 πάντα Reiskius: ταῦτα LV || ἐπιτηδειότατον] ἐπιτηδειότερον V, ἐπιτηδιώτερον L || αὐτὸν L || παρέχει] παρέχειν L || 18 ἂν] ἐὰν L || 19 περὶ ἐπιστολῆς LV || ἐπιστολὴ L || εἴδη L || καὶ τὰ] ἢ τὰ L || εἰς τοῦτο — γεγραμμένα om L || 20 ὅ τι] εἰς ὅ τι V || εἴπῃ] ἐν αὐτῇ λέγῃ L || 21 ἐστὶν L || τὸ om L || 22 λέγειν] ἔχει L || 23 περὶ κήλης LV || σημαντικὸν L || 25 μήτ' ἰσχὺν μήτε κάλλος V || παραιροῦντα] παραιρούμενα LV ||

αιρούντα τό σώμα βλάβης καὶ φροντίδος ἐστὶ σημαντικά. ἐπειδὴ δὲ πάθος ἐστὶν ἡ κήλη, καὶ τοῦτο περὶ τὰ αἰδοῖα, οὐδὲν ἧττον καὶ τὴν ἐπὶ τούτοις λύπην σημαίνει καὶ ἀνίαν, περὶ ὧν ἀκριβέστερον ἐν τῷ πρώτῳ βιβλίῳ ἐν τῷ περὶ σώματος λόγῳ εἴρηκα.

46 Ὅ τι ἂν ἐκ τοῦ σώματος φυτὸν πεφυκέναι δόξῃ τις, ὡς μὲν ἔνιοι λέγουσι, τεθνήξεται· γῆθεν γὰρ φύεται τὰ φυτά, εἰς γῆν δὲ καὶ τὰ τῶν ἀποθανόντων ἀναλύεται σώματα· ὡς δὲ ἐγώ φημι, τὰς κρίσεις δεῖ ποιεῖσθαι μὴ αὐτὸ μόνον ἀπὸ τῶν φυτῶν ἀλλὰ καὶ ἀπὸ τῶν μερῶν ἐξ ὧν φύεται τὰ φυτά· πολλάκις γὰρ οὐκ αὐτὸς ὁ ἰδὼν ἀπέθανεν ἀλλὰ τὸ δεικνύμενον ὑπὸ τοῦ μέρους, ἐν ᾧ ἦν τὸ φυτόν. ἔστι δέ τις καὶ περὶ αὐτὰ τὰ φυτὰ διαφορά, ὡς ἐνίοτε μὴ θάνατον ποιεῖν ἀλλὰ τομὰς καὶ χειρουργίας. τοῦτο δ' ἂν συμβαίνοι ἀπὸ τῶν ἑκάστοτε τεμνομένων, οἷον ἀμπέλου καὶ τῶν ὁμοίων. οἶδα γοῦν τινά, ὃς ἔδοξεν ἐκ τῆς κεφαλῆς αὐτοῦ πεφυκέναι ἄμπελον. αὐτὸ μόνον ἐσταφυλοτομήθη.

47 Ψώρα δὲ καὶ λέπρα καὶ ἐλέφας ἐπισημοτέρους τε καὶ ἐνδοξοτέρους τοὺς πένητας ποιοῦσι δι' εὐπορίαν· καὶ γὰρ τὰ πάθη ταῦτα ἀποβλέπτους τοὺς ἔχοντας ποιεῖ. τὰ δὲ κρυπτὰ ἐλέγχουσι διὰ τὸν αὐτὸν λόγον, τοῖς δὲ πλουσίοις καὶ τοῖς μέγα δυναμένοις ἀνδράσιν ἀρχὰς περιποιοῦσιν. ἀεὶ δὲ ἀγαθὸν αὐτὸν ἔχειν δοκεῖν ψώραν ἢ λέπραν ἢ ἐλέφαντα ἤ τι τοιοῦτο πάθος, οἷον ἀλφοὺς ἢ λειχῆνας· τὸ δὲ ἄλλον ἔχοντα ἰδεῖν λύπην καὶ φροντίδα σημαίνει. πᾶν γὰρ εἰδεχθὲς καὶ δυσπρόσωπον ὁραθὲν συνάγει τὰς ψυχὰς τῶν ὁρώντων καὶ συστέλλει.

---

1 τὰ σώματα V || φροντίδων V || ἐστί] εἰσὶ LV || 2 ἐστὶ L || τοῦτο] πάθος L || 3 τὴν addidi || λύπην σημαίνει καὶ ἀνίαν] λύπην σημαίνει καὶ ἀνίαν ἐπὶ τοῖς ὑπὸ τῶν αἰδοίων σημαινομένοις L, λύπην καὶ ἀνίαν σημαίνει ἐπὶ τοῖς ὑπὸ τῶν αἰδοίων σημαινομένοις V || 4 ἀκριβῶς L || 6 περὶ φυτῶν τῶν ἐν τῷ σώματι φυομένων V, περὶ φυτῶν ἐκ σώματος φυέντων L || ὅ τι] ὅτι δ' LV || τοῦ addidi || πεφυκέναι δόξῃ τις] δόξειεν πεφυκέναι τι L, δόξειέ τις πεφυκέναι V || 7 φύεται] ἀναδύεται L || εἰς] καὶ εἰς V || 8 καὶ τὰ] τὰ V || ἀναδύεται L || σωμα pr L || 9 αὐτό] αὐτὰ L, αὐτόθεν V || 12 τὸ φυτὸν ἦν V || δέ om L || 13 ἐνίοτε] ἔστιν ὅτε V || 14 συμβαίει L || ἑκάστοτε] ἑκάστῳ L || 15 ἀμπέλων L || 16 ἐκ] ἀπὸ L || ἄμπελον πεφυκέναι V || αὐτό] καὶ αὐτὸ LV || 18 περὶ ψώρας καὶ λέπρας καὶ ἐλέφαντος τοῦ πάθους V, περὶ ψώρας λέπρας ἐλέφαντος τοῦ πάθους L || ψώρας δὲ καὶ λέπρας L || τε om V || ἐνδόξους V || 19 ποιοῦσι] ποιοῦσι καὶ περιβλέπτους LV || δι'] διὰ τὴν LV || 20 ταῦτα] αὐτὰ L || 21 ἐλέγχουσι] ἐλέγχει LV || 22 περιποιοῦσι L || 23 ἔχειν δοκεῖν] ἔχειν L || τι τοιοῦτο] τι τοιοῦτον L, τοιοῦτο τι V || 24 λιχῆνας L || 25 λύπην καὶ] λύπην ἢ V || πάντα γὰρ τὸ ἰδεχθὲς L ||

ἀτοπώτερον δ' ἂν εἴη τῶν οἰκείων τινὰ ἰδεῖν τοιούτῳ συνεχόμενον πάθει. εἰ μὲν γὰρ οἰκέτης τοῦ ἰδόντος εἴη, ἄχρηστος εἰς ὑπηρεσίαν ἔσται αὐτῷ· εἰ δὲ παῖς, οὐ φυλάξει τὸ κατὰ γνώμην τοῦ πατρὸς ζῆν· εἰ δὲ γυνή, πάντως ἐπὶ τοῖς πρατ- p. 184
5 τομένοις ὑπ' αὐτῆς αἰσχυνεῖται. τοῖς δὲ ἐξ ὄχλου ποριζομένοις συμφέρει, καὶ περὶ τῶν ἄλλων δὲ κατ' ἀναλογίαν κρίνειν χρή.

Βάλλειν λίθοις τινὰ κακῶς εἰπεῖν τινὰ σημαίνει, βάλλε- 48
σθαι δὲ λίθοις ὑπό τινος κακῶς ἀκούσεσθαι προαγορεύει· ἐοίκασι γὰρ οἱ λίθοι λόγοις ἀπρεπέσι καὶ μαχίμοις. πολλάκις δὲ
10 τὸ βάλλεσθαι λίθοις καὶ ἀποδημίαν προηγόρευσε· δεῖ γὰρ ὡς εἰκὸς τὸν βαλλόμενον φυγεῖν. ἐπειδὰν δὲ πολλοὶ ὦσιν οἱ βάλλοντες, ἀγαθοὶ τετήρηνται μόνοις τοῖς ἐξ ὄχλου ποριζομένοις.

Τέττιγες ἄνδρας σημαίνουσι μουσικοὺς διὰ τὴν περὶ αὐ- 49
τοὺς ἱστορίαν, ἐν δὲ ταῖς χρείαις τοὺς οὐδὲν ὠφελοῦντας ἢ
15 αὐτὸ μόνον περὶ τῶν πραγμάτων λέγοντας καὶ μεμνημένους, ἐν δὲ τοῖς φόβοις τοὺς αὐτὸ μόνον ἀπειλοῦντας, οὐδὲν δὲ δυναμένους δρᾶσαι· οὐδὲν γὰρ οἱ τέττιγες πλὴν φωνὴν ἔχουσι. τοὺς δὲ νοσοῦντας δίψῃ συσχεθῆναι λέγουσι καὶ πάντως ἀποθανεῖσθαι· τροφῆς γὰρ οὐ μέτεστιν αὐτοῖς.

20 Σκίλλα γεωργοῖς μὲν ἀφορίας ἐστὶ σημαντικὴ διὰ τὸ μη- 50
δὲν ἐδώδιμον ἔχειν, ποιμέσι δὲ ἀγαθή, ὅτι φύσει συμβέβηκεν αὐτὴν λύκων εἶναι φθαρτικήν. ἀγαθὴ δ' ἂν εἴη πᾶσι τοῖς ἐν φροντίδι καὶ λύπῃ οὖσι· καθάρσιος γὰρ εἶναι νενόμισται· τοῖς δὲ εὖ πράττουσι δειμάτων ἐπαγωγὸς καὶ φροντίδων οὖσα τε-
25 τήρηται· οὐ γὰρ δεῖ καθαρμοῦ τοῖς μὴ ἐν περιστάσει τινὶ οὖσιν.

Ἀσφόδελος τῇ σκίλλῃ κατὰ τὰ αὐτὰ καὶ ὡσαύτως ἀπο- p. 185

---

1 ἀτοπότερον L ‖ εἴη] εἴη εἰ V ‖ ἴδοι V ‖ 4 ἐπὶ] ὑπὸ V ‖ 5 αὐτῆς] αὐτοῖς V ‖ αἰσχυνεῖται Reiskius: αἰσχύνεται LV ‖ τοῖς — χρή] καὶ περὶ τῶν ἄλλων δὲ κατὰ ἀναλογίαν κρίνειν χρὴ μόνοις τοῖς ἐξ ὄχλου ποριζομένοις συμφέρει L ‖ 7 περὶ τοῦ λιθοβολεῖν ἢ λιθοβολεῖσθαι V, περὶ λιθοκοπίας L ‖ λίθοις τινά] λίθοις τινὰς L ‖ 8 λίθοις om V ‖ ὑπό τινος om L ‖ κακῶς ἀκούσεσθαι] κακῶς ἀκούεσθαι L, ἀκούεσθαι κακῶς V. futurum Reiskius fecit ‖ προαγορεύει] σημαίνει ‖ 10 προαγορεύει V ‖ 11 φεύγειν V ‖ πολλοὶ] πολλοὶ πάνυ V ‖ 13 περὶ τεττίγων LV ‖ σημαίνουσι] δηλοῦσι V ‖ αὐτῶν L ‖ 15 καὶ μεμνημένους Reiskio suspectum est ‖ 16 αὐτὸ om V ‖ 17 δρᾶσαι] πρᾶξαι V ‖ οἷ] εἰσὶ V ‖ φωνῆς ἰσχύουσι V ‖ 18 λέγουσιν L ‖ ἀποθανηται L ‖ 20 περὶ σκίλλης καὶ ἀσφοδέλου V, σκίλλης L ‖ μὲν om L ‖ ἀφορία L ‖ 21 ἀγαθὴν L ‖ 22 αὐτῇ V ‖ εἶναι λύκων V ‖ εἴη] εἴει L ‖ 23 φροντίσι V ‖ γὰρ om L ‖ 24 εὖ πράττουσι] συμπράττουσιν L ‖ 27 περὶ ἀσφοδέλου L ‖ ἀσφόδελος] ἀσφόδελλος L, ἀσφόδελος δὲ V ‖ κατὰ om V ‖ ὡσαυτὸς L ‖

βαίνει, μόνους δὲ τοὺς νοσοῦντας ἀναιρεῖ, ὡς πολλάκις ἐτήρησα. τὴν δὲ αἰτίαν σαφῶς μὲν εἰπεῖν οὐκ ἔχω, εἰκὸς δὲ ὅτι νενόμισται τὸ ἐν Ἅιδου πεδίον ἀσφοδέλων εἶναι πλῆρες.

51 Πάσχειν δὲ δοκεῖν τὰ αὐτὰ ἄλλῳ ᾡτινιοῦν γνωρίμῳ, οἷον τὸν αὐτὸν πόδα ἢ τὴν αὐτὴν χεῖρα ἢ ἄλλο τι μέρος τοῦ σώματος τὰ αὐτὰ πάσχειν καὶ ὅλως συννοσεῖν ἢ συναλγεῖν, κοινωνῆσαι σημαίνει τῶν ἁμαρτημάτων ἐκείνῳ· τὰ μὲν γὰρ νοσήματα τοῦ σώματος καὶ αἱ τῶν μερῶν πηρώσεις ἐοίκασι ταῖς τῆς ψυχῆς ἀκολασίαις καὶ ἀλόγοις ἐπιθυμίαις, ὁ δὲ τὰ αὐτὰ πάσχων εἰκότως ἂν συνεξαμαρτάνοι. οἶδα δέ τινα πηρὸν τῷ δεξιῷ ποδί, ὃς ἔδοξε τὸν οἰκέτην αὐτοῦ τὸν αὐτὸν πόδα πηρὸν ἔχειν καὶ ὁμοίως σκάζειν. καὶ δὴ κατέλαβεν αὐτὸν ἐπὶ τῇ ἐρωμένῃ, ἧς αὐτὸς ἥττητο· καὶ τοῦτο ἦν, ὅπερ προηγόρευεν αὐτῷ τὸ ὄναρ, συνεξαμαρτάνειν αὐτῷ τὸν οἰκέτην.

52 Κόπρια συνάγειν ἀγαθὸν τοῖς ἐξ ὄχλου ποριζομένοις καὶ τοῖς τὰς ῥυπώδεις ἐργασίας ἐργαζομένοις· ἐκ πολλῶν γὰρ περισσευμάτων τὰ κόπρια γίνεται καὶ ὑπὸ πολλῶν ῥίπτεται· ἀγαθὸν δὲ καὶ τοῖς δημοσίᾳ ἐργολαβοῦσιν ἢ μισθουμένοις. ἀγαθὸν δὲ καὶ ἐπὶ κοπρίᾳ καθεύδειν ἀνδρὶ πένητι· πολλὰ γὰρ κτήσεται καὶ περιβαλεῖται χρήματα. πλουσίῳ δὲ τὸ ὄναρ ἀρχῆς ἐστι περιποιητικὸν ἢ τιμῆς τινος δημοσίας, ἐπειδὴ πάντες οἱ δημόται τῇ κοπρίᾳ προσφέρουσί τι καὶ προσβάλλουσιν, ὥσπερ καὶ τοῖς ἄρχουσι συντελοῦσί τι καὶ διδόασι. προσχεῖσθαι δὲ κόπρια ὑπό τινος γνωρίμου οὐκ ἀγαθόν· ἔχθραν γὰρ καὶ διχόνοιαν καὶ ἀδικίαν ὑπὸ τοῦ προσχέοντος σημαίνει· αὐτὸν δὲ ἄλλῳ κόπρια προσρίπτειν βλάβην πολλὴν προαγορεύει.

53 Προσευχὴ καὶ μεταῖται καὶ πάντες ἄνθρωποι προῖκται καὶ οἰκτροὶ καὶ πτωχοὶ λύπην καὶ φροντίδα καὶ τηκεδόνα τῆς ψυ-

---

1 ως] ὥς γε V ‖ 2 εἰκὸς δὲ] εἰκὸς δὲ εἰπεῖν LV ‖ 3 ἐν Ἅιδου] ἐν τῷ ᾅδῃ V ‖ παιδίον ἀσφοδέλλων L ‖ 4 περὶ τοῦ τὰ αὐτὰ ἄλλῳ πάσχειν V, τὰ αὐτὰ ἄλλῳ πάσχειν L ‖ δοκεῖν om L ‖ 7 γὰρ om L ‖ 6 τὰ αὐτὰ Reiskius: τὸ αὐτὸ LV ‖ 8 αἱ addidit Reiskius ‖ πειρώσεις L ‖ 11 ἔδοξεν L ‖ 12 ἐπισκάζειν V ‖ αὐτὸν om V ‖ τῇ ἐρωμένῃ Toupius: τῆς ἐρωμένης LV ‖ 13 ἥττητο καὶ] ηττη· καὶ L cum lacuna trium literarum ‖ προηγόρευεν] προηγόρευσεν LV ‖ 14 ὄναρ] ὄνειρον V ‖ αὐτὰ L ‖ 15 περὶ κοπρίας V, κοπρίας L ‖ κόπρια συνάγειν] κοπρίαν ἰδεῖν V ‖ 16 τὰς om L ‖ 17 γίνεται] συνάγεται L ‖ 18 δημοσίᾳ] τὰ δημοσία L, τὰ δημόσια V ‖ 19 κοπρίας V ‖ 20 τὸ ὄναρ ἀρχῆς ἐστὶ περιποιητικὸν] ἀρχῆς ἐστι ποιητικὸν τὸ ὄναρ V ‖ 21 ἢ] καὶ L ‖ 22 προσφέρουσιν L ‖ 23 καὶ ante τοῖς om L ‖ ἄρχουσιν συντελοῦσιν L ‖ τι] τε V ‖ διδόασιν V ‖ προχεῖσθαι L ‖ 24 κοπρίαν V ‖ 25 προσέχοντος L ‖ αὐτῷ δὲ ἄλλον κοπρίαν V ‖ 27 περὶ προσευχῆς LV ‖ 28 οἰκτροὶ] malim Ἱροι. nisi potius scribendum est οἰκουροὶ coll. Suida in v. προῖκτης ‖ τηκηδόνα L ‖

χῆς καὶ ἀνδρὶ καὶ γυναικὶ προαγορεύουσι· τοῦτο μὲν γὰρ οὐδεὶς ἄπεισιν εἰς προσευχὴν μὴ οὐχὶ φροντίζων, τοῦτο δὲ καὶ οἱ μεταῖται πάνυ εἰδεχθεῖς ὄντες καὶ ἄποροι καὶ μηδὲν ἔχοντες ὑγιὲς ἐμποδὼν ἵστανται πάσῃ προαιρέσει. ἔστι δὲ τοῦτο
5 καθόλου καὶ ἐπὶ πάντων ἄπταιστον· οἱ ἀγνοούμενοι ἄνθρωποι εἰκόνες εἰσὶ τῶν ἀποβησομένων ἑκάστῳ πραγμάτων, οἱ δὲ μεταῖται ὁμοίας καὶ αὐτοὶ τὰς περὶ αὐτοὺς φαντασίας καὶ τὰς πράξεις τοῖς ὁρῶσιν ἔσεσθαι σημαίνουσι. λαβόντες δέ τι νόμισμα βλάβην μεγάλην καὶ ἐπικίνδυνον προαγορεύουσι, πολ-
10 λάκις δὲ καὶ θάνατον αὐτῷ τῷ ἐπιδιδόντι ἤ τινι τῶν περὶ αὐτόν· ἐοίκασι γὰρ θανάτῳ, ἐπειδὴ μόνοι ἀνθρώπων ὥσπερ ὁ θάνατος οὐδὲν λαβόντες ἀποδιδόασι. μεταῖται δὲ εἰς οἰκίαν εἰσερχόμενοι τῆς οἰκίας ἀμφισβητῆσαί τινι σημαίνουσι, καὶ ἐάν τι λάβωσιν ἢ αὐτοὶ βίᾳ χρησάμενοι ἢ παρέχοντός τινος, βλά-
15 βην ὑπερβάλλουσάν τινα σημαίνουσι. τὸ δ᾽ αὐτὸ καὶ εἰς χωρίον εἰσιόντες σημαίνουσι.

Κλεὶς ὄναρ ὁρωμένη γῆμαι μὲν προῃρημένῳ πιστὴν καὶ 54 οἰκουρὸν ἔσεσθαι τὴν γυναῖκα σημαίνει καὶ τῷ θεράπαιναν ὠνήσασθαι βουλομένῳ εὔνουν ἔσεσθαι τὴν θεράπαιναν προαγο-
20 ρεύει. ἀποδημεῖν δὲ κωλύει ἀποκλεισμοῦ καὶ κατοχῆς οὖσα σημαντική· οὐ γὰρ ἐπὶ τῷ ἀνοίγεσθαι ἀλλ᾽ ἐπὶ τῷ κλείεσθαι τὰς θύρας γέγονεν ἡ κλείς, ἐπεὶ οὐκ ἂν ἔδει κλειδὸς οὐδὲ θυρῶν. νυνὶ δὲ ἐπειδὰν μὴ παρῇ ὁ φυλάξων, τότε τῆς κλειδὸς ἡ χρεία γίνεται καὶ κεκλημένων τῶν θυρῶν. εἰκότως οὖν ἐμπο-
25 δὼν γίνεται τοῖς ἀποδημεῖν βουλομένοις. τοῖς δ᾽ ἐπιστατεύειν ἐθέλουσι καὶ διέπειν τὰ ἀλλότρια πίστεώς ἐστι σημαντική.

---

1 προαγορεύουσιν L || γὰρ om L || 2 προσευχὴν] εὐχὴν L || φροντίζων] φροντίζων σφόδρα V || 3 εἰδεχθεῖς ὄντες] εἰδεχθήσονται L || 4 ἐστιν L || 5 δὲ] γὰρ V || πάντων] πᾶσι V || ἀγνοούμενοι L || 6 ἕκαστα L || 7 ὁμοίως V || τὰς om L || καὶ τὰς] καὶ V, τὰς L || 8 ἔσεσθαι om V || σημαίνουσιν L || 9 κίνδυνον προαγορεύουσιν L || 10 ἐπιδιδόντι] ἰδόντι V || 11 γὰρ] δὲ V || ὁ om L || 12 λαμβάνοντες L || ἀποδιδόασιν L || δὲ om L || 13 ἀμφισβητησίν τινα V || σημαίνουσιν L || ἐάν τι λάβωσιν] ἀντιλάβωσιν V || 14 αὐτοῖς βίᾳ χρώμενοι L || παρέχοντος] παρ᾽ ἕκοντος L, παρέχοντος ἑκόντος V || 15 σημαίνουσιν L || δὲ V || χωρίον] χωρίον τινὸς V || 16 σημαίνουσιν LV || 17 περὶ κλειδός LV || προειρημένῳ L || 20 ἀποδημίαν L || κατοχῆς L || 21 κατακλείεσθαι V || 22 γέγονεν ἡ] γενομένη L || post ἐπεὶ fortasse excidit ἄλλως. quanquam haud scio an verba ἐπεὶ οὐκ — κεκλημένων τῶν θυρῶν aliunde illata sint || ἐδεῖτο L || 23 τῆς om L || ἡ om V || 24 γίγνεται L || καὶ om V || κεκλεισμένων V || ἐμπόδιον V || 25 δ᾽ ἐπιστατεύειν Reiskius: δὲ πιστεύειν LV || 26 ἐθέλουσι] θέλουσι V, θέλουσιν L ||

55 Ψηφοπαικτεῖν δοκεῖν οὐκ ἐπιστάμενον πολλὰ ὠφεληθῆναι σημαίνει παραλογιζόμενον καὶ ψευδόμενον διὰ τὸ πολλὰς ψήφους κλέπτειν καὶ ταύτας ἄλλοτε ἄλλως δεικνύειν, οὐ κατά τινα ἁπλοῦν τρόπον, ἀλλὰ πανούργως. ἰδεῖν δὲ ψηφοπαικτοῦντά τινα, παραλογισθέντα καὶ ἐξαπατηθέντα βλαβῆναι σημαίνει.

56 Μάγειρος ὁ μὲν κατ' οἶκον ἀγαθὸς ὁρώμενος τοῖς γῆμαι προῃρημένοις· δεῖ γὰρ ἐν γάμοις μαγείρου. καὶ τοῖς πένησιν· οἱ γὰρ ἐκτενεῖς τροφὰς ἔχοντες μαγείρῳ χρῶνται. τοῖς δὲ νοσοῦσι παροξυσμοὺς σημαίνει καὶ φλεγμονὰς καὶ ποικίλην δυσκρασίαν, ἀφ' ὧν χυμοὶ γίνονται δριμεῖς, ὥς φασιν οἱ περὶ ταῦτα δεινοί· τέλος δὲ καὶ δάκρυα διὰ τὸν ὑπὸ τοῦ μαγείρου γινόμενον καπνόν. καὶ τὰ κρυπτὰ ἐλέγχει, ἐπειδὴ τὰ ἔργα τοῦ μαγείρου εἰς μέσον κομισθέντα παρατίθεται τοῖς εὐωχουμένοις καὶ φαίνεται οἷά ἐστιν.

Οἱ δὲ ἐν ἀγορᾷ μάγειροι οἱ τὰ κρέα κατακόπτοντες καὶ πιπράσκοντες κινδύνων εἰσὶ σημαντικοί. καὶ τοὺς νοσοῦντας τάχιον ἀναιροῦσιν, ἐπειδὴ νεκρῶν ἅπτονται σωμάτων καὶ ταῦτα οὐχ ὁλόκληρα οὐδὲ ὑγιᾶ ἐῶσιν ἀλλὰ κατακόπτουσι. πλουσίοις δὲ καὶ βλάβης πρὸς τοῖς κινδύνοις εἰσὶ σημαντικοὶ διὰ τὸ τῷ δήμῳ διανέμειν τὸν τοιοῦτον μάγειρον τὰ κρέα. οὗτος καὶ τοῖς φοβουμένοις στερρότερον ἐπάγει τὸν φόβον. δάνεια δὲ καὶ δεσμὰ διαλύει διὰ τὸ διαιρεῖν καὶ διακόπτειν.

57 Πανδοκεὺς τοῖς μὲν νοσοῦσι θάνατον σημαίνει· ἔοικε γὰρ

---

1 περὶ τοῦ ψηφοπεκτεῖν V, ψηφοπαικτων L. in V hoc caput infertur post capitis 56 verba οἷά ἐστιν ‖ ψηφοπεκτεῖν V ‖ ὠφεληθηθῆναι L ‖ 3 ταῦτα L ‖ 4 ψηφοπεκτοῦντα V ‖ 5 βλάβην L ‖ 7 περὶ μαγείρου LV ‖ ὁρώμενος ἀγαθὸν V ‖ 8 προειρημένοις L ‖ 9 ἔχοντες] ἔχοντες οὗτοι LV ‖ 10 παροξυσμὸν L ‖ φλεγμονὰς] φλεγμονὰς διὰ τὸ παροπτᾶν V, φλεγμονὰς διὰ τὸ παροπτᾶν L ‖ 11 γίνονται] γίγνονται LV ‖ 13 γιγνόμενον L ‖ ἐλέγχει] ἐλέγχει καὶ τὰ λάθρα γινόμενα εἰς μέσον ἄγει V, ἐλέγχει καὶ τὰ λάθρα γιγνόμενα εἰς τὸ μέσον ἄγει L ‖ ἐπειδὴ] ἐπεὶ καὶ V ‖ 14 εἰς μέσον] πρὸς L ‖ παρατίθενται V ‖ 15 οἷά ἐστιν] post haec verba in V legitur caput 55 ‖ 16 περὶ κρεοπώλου LV ‖ οἱ τὰ] οἱ ἐν ἀγορᾷ τὰ L ‖ 17 σημαντικοὶ] σημαντικοὶ καὶ βλάβης V, σημαντικοὶ καὶ βλάβας L ‖ 18 τάχιον] τάχειον L, ταχέως V ‖ καὶ ταῦτα] καὶ ταῦτά γε L, καὶ ταῦτα δὲ V ‖ 19 οὐδὲ] οὔτε L ‖ ὑγιεινὰ V ‖ κατακόπτουσιν L ‖ πλουσίους L ‖ 20 τοὺς κινδύνους V ‖ εἰσὶ σημαντικοὶ] εἰσὶ σημαντικοὶ καὶ κατὰ τὸ πλεῖστον εἰς τὸ δημόσιον L, σημαντικοί εἰσι καὶ κατὰ τὸ πλεῖστον εἰς τὸ δημόσιον V ‖ 21 τοιοῦτον om L ‖ οὗτος] τοῦτο L, om V ‖ 22 στερεώτερον V ‖ δάνεια] τὰ δάνεια V ‖ δὲ] τε L ‖ 23 δεσμὰ] τὰ δεσμὰ V ‖ λύει L ‖ διαιρεῖν] αἴρειν V ‖ διακόπτειν] διακόπτειν πάντα L ‖ 24 περὶ πανδοκέως LV ‖ νοσοῦσιν L ‖ σημαίνει] προαγορεύει L ‖

θανάτῳ διὰ τὸ πάντας δέχεσθαι· τοῖς δὲ λοιποῖς πᾶσι θλίψεις καὶ στενοχωρίας καὶ κινήσεις καὶ ἀποδημίας προαγορεύει. καὶ ὁ λόγος φανερός· τί γὰρ δεῖ τὰ οὕτω σαφῆ ἑρμηνεύειν; τὰ δὲ αὐτὰ τῷ πανδοκεῖ καὶ τὸ πανδοκεῖον σημαίνει.

Τελώνης ἀγαθὸς τῷ χρείαν ἡντιναοῦν ἀπαρτίσαι βουλο- 58
μένῳ καὶ τελειῶσαι· ἀπὸ γὰρ τοῦ τέλους τὸ συμπέρασμα ἑκάστης χρείας προαγορεύει. καὶ τοῖς κινεῖσθαι προῃρημένοις (ἀεὶ γὰρ πρὸς ταῖς ἐξόδοις ἔστηκε) μικρὰς κατοχὰς προαγορεύσας τὸ λοιπὸν ἐπιτρέπει κινεῖσθαι καὶ πάσῃ ἀποδημίᾳ χρῆσθαι. νοσοῦσι δὲ θάνατον προαγορεύει· τέλος γὰρ καὶ τὸν θάνατον καλοῦμεν. πρὸς γάμους δὲ καὶ κοινωνίας εὔνους μὲν εἶναι λέγει τοὺς κοινωνοὺς καὶ τὰς γυναῖκας, στασιώδεις δὲ καὶ μαχίμους διὰ τὰς γινομένας ἑκάστοτε περὶ τῶν τελῶν ἀμφισβητήσεις. τὸ δὲ εὔνουν αὐτῶν καὶ πιστὸν ἀπὸ τοῦ φυλακτικοῦ ἔστι τεκμήρασθαι.

Λευκέα τοῖς μὲν φοβουμένοις ἐστὶ πονηρά· στερρότερον 59
γὰρ καὶ φορτικώτερον ἐπάγει τὸν φόβον· καὶ τοῖς δούλοις βα- p. 189
σάνους προαγορεύει καὶ ἐλευθερίαν τοῖς πένησι· καὶ γὰρ κόπτεται καὶ καταπλέκεται· τοῖς δὲ ἐν τρυφῇ διάγουσι θλίψεις καὶ στενοχωρίας σημαίνει καὶ τοὺς ἀποδήμους ἐπανάγει, καὶ μάλιστά γε ὅταν διαπόντιοι ὦσι· καὶ γὰρ αὐτὴ διαπόντιος κομίζεται. λίνον δὲ πρὸς γάμον καὶ κοινωνίαν ἀγαθὸν διὰ τὴν πλοκὴν καὶ πρὸς τὰ ἐλπιζόμενα διὰ τὴν ἐξ αὐτοῦ γινομένην ἀρκυοστασίαν καὶ τὰς νεφέλας καὶ τὰ ὅμοια, οἷς οἱ ἄνθρωποι τὰ ἄπωθεν καὶ μακρὰν θηρῶσι. πρὸς δὲ τὰ λοιπὰ τὰ αὐτὰ μὲν

---

1 ἀποδέχεσθαι V || 2 κινήσεις] κινδύνους V || 3 φαναιρῶς L || ἐφερμηνεύειν V || 4 πανδοκί L || σημαίνει] προαγορεύει L || 5 περὶ τελώνου LV || ἀγαθὸν L || ἡντιναοῦν L || ἀπαρτῆσαι V || 6 καὶ τελειῶσαι om V || τὸ συμπέρασμα] τὸν συμπερασμὸν LV || 7 τοῖς κινεῖσθαι προῃρημένοις] τοὺς κινῆσθαι βουλομένους L, τοῖς κινεῖσθαι πού προαιρουμένους corr V, fuerat προαιρουμένοις || 8 ἔστηκεν L || 9 τὸ λοιπὸν — προαγορεύει om L || πάσῃ ἀποδημίᾳ Reiskius: πάσης ἀποδημίας V || 10 τέλος] τελευτὴ V, τελευτὴ L || 11 γάμου L || δὲ καὶ] δὲ L || 12 τοὺς] καὶ τοὺς L || δὲ om L || 13 μαχίμους L || τὴν γινομένην — ἀμφισβήτησιν V || 14 παραφυλακτικοῦ V || 16 περὶ λευκέας καὶ λίνου καὶ κανάβεως V, περὶ λευκέας L || λευκέα om L || πονηρὸν L || 17 βασάνους] βασάνους καὶ θλίψεις LV || 18 καὶ ἐλευθερίαν τοῖς πένησι] καὶ ἐλευθέρων τοῖς πένησιν L. fortasse καὶ δεσμὰ τοῖς ἐλευθέροις. post πένησιν in LV est πλὴν τῶν ἐχόντων ἐξ αὐτῆς (καὶ addit L) ἢ δι' αὐτῆς τὴν ἐργασίαν || κόπτεται] κόπτεται καὶ βασανίζεται V || 19 διάγουσιν L || 20 σημαίνει] προαγορεύει L || ἐπανάγει] ἄγει LV || καὶ μάλιστά γε] μάλιστά γε L, μάλιστα δὲ V || 21 ὦσιν L || αὐτὴ γὰρ V || 22 λίνου L || λίνον δὲ] λίνον καὶ L || 23 πρὸς ante κοινωνίαν addit L || 24 οἱ om V || 25 τὰ] τὰς L || ἄπωθεν] ἄποθεν V, ποθὲν L || τὰ μὲν αὐτὰ V ||

τῇ λευκέᾳ σημαίνει, ἥττονα δὲ τῇ δυνάμει. κάνναβις δὲ ὑπερεπιτείνει τὰ σημαινόμενα ὑπὸ τῆς λευκέας καὶ τοῦ λίνου καὶ βασάνους ὑπερβαλλούσας τινὰς σημαίνει καὶ δεσμὰ εὔτονα λυθεῖσα μέντοι πάντων ἀπαλλάσσει. εἰδέναι δὲ χρὴ ὅτι ἕκαστον τούτων τοῖς ἐμπορευομένοις καὶ τοῖς πιπράσκουσι καὶ τοῖς ἐξ αὐτῶν ἢ δι' αὐτῶν ἐργαζομένοις οὐδὲν ἀποτρόπαιον προαγορεύει.

60 Φυλάττεσθαι ὑπό τινων κατεχόμενον βίᾳ ἐμποδισμοὺς τῶν χρειῶν καὶ κατοχὰς καὶ παρολκὰς ἐν ταῖς προθεσμίαις καὶ ἐπίτασιν ἐν ταῖς νόσοις προαγορεύει, τοῖς δὲ ἐσχάτως ἔχουσι σωτηρίαν· φυλακὴν μὲν γὰρ καὶ παρατήρησιν καὶ μονὴν τῶν ὄντων τὴν ζωὴν καλοῦμεν, τὸ δ' ἐναντίον τούτοις λύσιν καὶ ἀπώλειαν, τοῦτ' ἔστι τὸν θάνατον. εἰς δὲ τὸ δεσμωτήριον καὶ τὴν εἱρκτὴν εἰσελθεῖν ἑκόντα ἢ βίᾳ πρός τινων εἰσαχθῆναι νόσον ἰσχυρὰν ἢ λύπην μεγάλην προαγορεύει. δήμιοι δὲ καὶ δεσμοφύλακες κατοχῆς καὶ λύπης εἰσὶ σημαντικοί. κακούργους δὲ δεσμεύουσι καὶ τὰ κρυπτὰ ἐλέγχουσι· τοῖς γὰρ ἐληλεγμένοις καὶ καταφώροις γεγονόσι προσίασι.

61 Παννυχίδες καὶ ἑορταὶ νυκτεριναὶ καὶ μετὰ ἀγρυπνίας εὐφροσύναι πρὸς γάμους καὶ κοινωνίας εἰσὶν ἀγαθαὶ καὶ τοῖς πένησιν εὐπορίας καὶ προσκτήσεώς εἰσι σημαντικαί, καθότι καὶ τοῖς λυπουμένοις καὶ τοῖς φοβουμένοις ἄφοβοι καὶ ἄλυποι τετήρηνται· οὐ γὰρ ἔνεστι παννυχίζειν μὴ οὐχὶ ἐν πολλῇ εὐφροσύνῃ ὄντας. μοιχοὺς δὲ καὶ μοιχευομένας καταφανεῖς μὲν τιθέασι, κολάζουσι δὲ οὐδαμῶς, ἐπειδὴ τὰ πραττόμενα ἐν ταῖς

---

1 τῇ λευκέᾳ] τελευταῖα L || κανναβέως L || κάνναβις δὲ] κάναβις V || ὑπερεπιτείνει] ὑπερεπειτινα L || 3 βασάνους] τὰς βασάνους LV || δεσμὰ] τὰ δεσμὰ V || 4 πάντων] vox corrupta || ἀπαλλάσει L. post hanc vocem in LV est μόνη γὰρ αὕτη καὶ ἀναλύεται μετὰ (τὴν inserit L) πολλὴν τριβήν || 6 τοῖς om L || ἢ] καὶ L || ἀποτρόπαιον] ἀποτρόπαιον καὶ ἄτοπον V || 8 περὶ τοῦ τηρεῖσθαι V, περὶ τοῦ τηρῆσθαι δοκεῖν καὶ εἱρκτῆς καὶ δήμου L || τινων] τινος LV || βίᾳ om V || τῶν om V || 9 καὶ παρολκὰς καὶ κατοχὰς L || 10 προαγορεύει τοῖς δὲ ἐσχάτως ἔχουσι σωτηρίαν] προαγορεύει τοῖς δὲ ἐσχάτως ἔχουσι σωτηρίαν προαγορεύει V, προαγορεύει L || 11 παρατήρησιν] τηρησησιν L || ὄντων Suidas in v. ζωή: πραγμάτων LV || 12 τὴν ζωὴν] τὸ ζῆν L || δὲ V || τούτοις] τούτου V, τούτων L || 13 τὸ om L || 14 ἢ βίᾳ πρός τινων] πρός τινων βίᾳ L || 16 κακούργους δὲ δεσμεύουσι] κακούργους δὲ L, κακούργοις δὲ V || 17 ἐλέγχει V || 18 καταφόροις γεγόνασι προσίασιν L || 19 περὶ παννυχίδων V, παννυχισμοῦ ἢ τῶν νυκτερινῶν L || παννυχίδες] παννυχὶς δὲ L, παννυχίδες δὲ V || verba καὶ ἑορταὶ — εὐφροσύναι glossae speciem referunt || καὶ μετὰ] μετὰ L || 21 εἰσὶ L || 22 τοῖς ante φοβουμένοις om L || 23 ἔνεστι] ἔστι V || 24 ὄντα? || ἐκφανεῖς V || 25 τιθέασι] τίθησι V, τίθησιν L || κολάζουσι] κολάζει LV ||

παννυχίσι γνώριμα μὲν τοῖς συναναστρεφομένοις ἐστί, τρόπον δέ τινα συγχωρεῖται. τοῖς δὲ ἐν εὐπορίᾳ καθεστῶσι καὶ οἷς ἐστὶ λαμπρὸς ὁ βίος ταραχὰς καὶ περιβοήσεις περιτιθέασιν, ὧν τὸ τέλος ἄλυπον ἂν γένοιτο.

5 Ἀγορὰ ταραχῆς ἐστὶ σημαντικὴ καὶ θορύβου διὰ τὸν ἐν 62 αὐτῇ ἀγειρόμενον ὄχλον. τοῖς δὲ ἐν ἀγορᾷ ζῶσιν ἀνθρώποις ἀγαθὴ καὶ ὄχλου πλήθουσα καὶ θορύβου μεστὴ ὁρωμένη· ἡ δὲ ἔρημος καὶ ἀθόρυβος ἀπραξίαν μὲν τούτοις, τοῖς δὲ ἄλλοις πολλὴν ἀσφάλειαν προαγορεύει. ἀγορὰ ἐσπαρμένη παντὶ δή-
10 πουθεν ἄβατος γίνεται, ὅ τι ἂν ᾖ τὸ ἐν αὐτῇ ἐσπαρμένον. λέγουσι δὲ ἔνιοι τὸ τοιοῦτον τῇ πόλει ἐν μὲν εὐποτμίᾳ λιμόν, ἐν δὲ λιμῷ εὐποτμίαν σημαίνειν. θέατρα δὲ καὶ πλατεῖαι καὶ προάστεια καὶ τεμένη καὶ περίπατοι καὶ πάντα τὰ κοινὰ τὸν αὐτὸν τῇ ἀγορᾷ λόγον ἔχει.

15 Ἀνδριάντες χαλκοῖ κινούμενοι οἱ μὲν μεγάλοι σφόδρα εὐ- 63 πορίας εἰσὶ καὶ προσόδου καὶ χαλκοῦ κτήσεως σημαντικοὶ διὰ τὴν τοῦ χαλκοῦ κίνησιν· οἱ δὲ ὑπερμεγέθεις, ὅπως ἂν κινῶν- p. 191 ται, φόβους καὶ κινδύνους οὐ τοὺς τυχόντας ἐπάγουσι· φοβερὰ γὰρ ἡ τούτων κίνησις καὶ καταπληκτικὴ ὡς εἰκὸς τοῖς
20 ὁρῶσι γίνεται. οἱ δὲ λίθινοι καὶ οἱ ἐξ ἄλλης ὕλης κατὰ τὰ αὐτὰ τοῖς τῶν θεῶν ἀγάλμασι κρινέσθωσαν. ἔτι καὶ τοὺς ἐν τῇ πόλει πρωτεύοντας οἱ ἀνδριάντες σημαίνουσιν. ὅ τι ἂν οὖν δρῶσιν ἢ πάσχωσι, τὰ αὐτὰ τοὺς ἡγουμένους τῆς πόλεως δρᾶσαι ἢ παθεῖν προσημαίνουσιν.

25 Ἀσπάλαξ ἄνθρωπον τυφλὸν ἀπὸ τοῦ συμβεβηκότος σημαί- 64 νει καὶ ματαιοπονίαν διὰ τὸν μάταιον τοῦ ζώου πόνον. καὶ τὸν ἀποκρύπτεσθαι βουλόμενον σημαίνει ὑφ' ἑαυτοῦ ἐλεγχθῆ-

---

1 παννυχησι L || ἐστί] ἐστὶ κἂν ἀκόλαστα ᾖ V, καὶ ἀκόλαστα ὂν L || 2 συγχωρεῖται] συγκεχώρηται διὰ τὴν μέθην V || ἀπορίᾳ V || καθεστῶσιν L || 3 οἷς ἐστὶ λαμπρὸς ὁ βίος] οἷς ἐπίλαμπρος ὁ βίος L, οἷς ἐστὶν ὁ βίος ἐπίλαμπρος V || περιβοήσεις περιτιθέασιν] περιβοησίας τίθησιν LV || 4 ὂν] ὧν L || ἀλυτον L || 5 περὶ ἀγορᾶς θεάτρου πλατείας καὶ τῶν τοιούτων L || ἔστιν || 9 πολλὴν om L || προαγορεύειν L || παντὶ Reiskius: πάντη LV || 10 λέγουσιν L || 11 τῇ πόλει τὸ τοιοῦτον L || εὐποτνια L || ἐν λιμῷ δὲ V || 12 εὐποτνίαν L || θέατρον L || 13 πλατεῖαι καὶ προάστεια] πλατεια καὶ προάστεια L, προάστια καὶ πλατεία V || τὰ om L || 15 περὶ ἀνδριάντων LV || 17 ὅπως ἂν κινῶνται] verba suspecta || 18 τυχοῦντας L || 19 κίνησις καὶ καταπληκτικὴ] καὶ καταπληκτικὴ κίνησις V, καὶ καταπληκτικὴ L || 20 γίγνεται L || 21 τῇ om L || 22 σημαίνουσιν οἱ ἀνδριάντες V || ἂν om V || δρῶσιν ἢ πάσχωσι] δρῶσιν ἢ πάσχουσιν L, ἢ δρῶσιν ἢ πάσχουσιν V || 23 ἡγεμόνας V || 25 περὶ ἀσπάλακος || ἀσφάλαξ L || 26 τοῦ ζώου] αὐτῷ συμβαίνοντα L || 27 ὑφ' ἑαυτοῦ] ὑπὸ τῶν αὑτοῦ L ||

ναι· καὶ γὰρ ὁ ἀσπάλαξ ὑπὸ τῶν ἰδίων ἐλεγχόμενος ἔργων συλλαμβάνεται.

65 Γλαὺξ ἐλεὸς βύας αἰγωλιὸς σκὼψ νυκτικόραξ καὶ προσέτι νυκτερὶς καὶ εἴ τι ἄλλο νυκτερινὸν ὄρνεον πρὸς μὲν τὰς πράξεις πάντα ἐστὶν ἄπρακτα, πρὸς δὲ τοὺς φόβους ἄφοβα, ὅτι 5 μήτε θηρεύει ἐν ἡμέρᾳ μήτε σαρκοφαγεῖ τὰ νυκτερινὰ ὄρνεα. μόνη δὲ νυκτερὶς γυναιξὶν ἐγκύμοσίν ἐστιν ἀγαθή· οὐ γὰρ ᾠοτοκεῖ, ὥσπερ οἱ ἄλλοι ὄρνιθες, ἀλλὰ ζῳοτοκεῖ καὶ γάλα ἐν μαζοῖς ἔχει καὶ τοὺς ἰδίους ἐκτρέφει νεοττούς. ὅ τι δ᾽ ἂν τούτων τῶν ὀρνέων τις ἴδῃ πλέων ἢ ὁδεύων, χειμῶνι μεγάλῳ ἢ 10 λῃσταῖς περιπεσεῖται. εἰσοικιζόμενα δὲ εἰς οἰκίαν ταῦτα ἔρημον ἔσεσθαι τὴν οἰκίαν μαντεύεται.

66 Ὡρολόγιον πράξεις καὶ ὁρμὰς καὶ κινήσεις καὶ ἐπιβολὰς τῶν χρειῶν σημαίνει· πάντα γὰρ πρὸς τὰς ὥρας ἀποβλέποντες οἱ ἄνθρωποι πράσσουσιν. ὅθεν συμπῖπτον ἢ κατασσόμενον 15
p. 192 πονηρὸν ἂν εἴη καὶ ὀλέθριον, μάλιστα δὲ τοῖς νοσοῦσιν. ἀεὶ δὲ ἄμεινον τὰς πρὸ τῆς ἕκτης ὥρας ἀριθμεῖν ἢ τὰς μετὰ τὴν ἕκτην.

Ταῦτα μὲν οὖν εἰς ἀναπλήρωσιν τῶν δεόντων, ὅσα μήτ᾽ ἐν ταῖς προτέραις βίβλοις ἐχρῆν γράφειν ὥσπερ ἂν εἰς ἀνοί- 20 κειον κατατεθέντα καὶ ἀλλοτρίαν χώραν, μήτε μὴν ἄγραφα καταλιπεῖν εὔλογον ἦν, ὅπως μή τινι, ὡς ἔφην, πάροδον καὶ ἐπιβάθραν καταλείπω τοῦ γράφειν, αὐτάρκως ἔμοιγε ἔχειν δοκεῖ. χρὴ δὲ γινώσκειν ὅτι οὐδὲν οὕτω χαλεπόν ἐστι καὶ δύσκολον ὡς τὸ τὴν κρᾶσιν καὶ μῖξιν τῶν ὁρωμένων ἐν τοῖς 25

---

1 ἀσφάλαξ L ‖ 2 συλλαμβανεῖται L ‖ 3 περὶ νυκτερινῶν ὀρνέων LV ‖ ἐλεὸς Reiffius: εἰλεὸς V, ἐλαιος L ‖ βύας] ῥύαξ V, βρύαξ L ‖ αἰγωλιὸς Reiffius: αἰπολειὸς V, αποδιος L ‖ 5 πάντα aut delendum esse videtur aut scribendum πάντως ‖ εἰσὶν L ‖ 6 ἐν ἡμέρᾳ addidit Brunnius ‖ 7 μόνη δὲ] μόνη LV ‖ νυκτερὶς γυναιξὶν ἐγκύμοσιν] νυκτερὶς καὶ γυναιξὶν ἐγκυμῶσι L, γυναιξὶν ἐγκύμοσι νυκτερὶς V ‖ οὐ γὰρ ᾠοτοκεῖ ἀλλὰ γὰρ ᾠοτοκεῖ L, οὐκ ᾠοτοκεῖ γὰρ V ‖ 9 ἐκτρέφει νεοττούς] παῖδας ἐκτρέφει V ‖ τούτων] ἐκ τούτων L ‖ 10 τις om L ‖ ἢ om L ‖ 11 ταῦτα] πᾶσαν V ‖ 12 ἔσεσθαι τὴν οἰκίαν] τὴν οἰκίαν ἔσεσθαι V ‖ προμαντεύεται V ‖ 13 περὶ ὡρολογίου LV ‖ ἐπιβουλὰς V ‖ 14 τῶν addidi ‖ 15 οἱ om V ‖ πράττουσιν L ‖ κατασσόμενον] κατεασσόμενον LV ‖ 16 δὲ] γε V ‖ 17 ἄμεινον in LV ponitur post ἀριθμεῖν ‖ τὰς] τῆσ L (α a manu secunda), τὰ V ‖ τῆς om L ‖ τὴν om L ‖ 19 ταῦτα] τὰ V ‖ μήτ᾽] μὴ LV ‖ 20 ἀνοίκειον Reiskius: οἰκείαν V, οἰκίαν L ‖ 21 κατατιθέντας L ‖ ἀλλοτρίαν χώραν] ἀνοικείαν L ‖ 22 καταλειπεῖν L ‖ τινα V ‖ ὡς ἔφην om L ‖ 23 καταλειπῶν L ‖ 24 δὲ om L ‖ γιγνώσκειν L ‖ οὕτως V ‖ χαλαιπόν L ‖ 25 ὡς τὸ] ὥστε L ‖ καὶ] καὶ τὴν V ‖

CAP. LXIV—LXVI.

ὕπνοις συνιδόντα μίαν ἐκ πάντων ἀπόφασιν ποιήσασθαι, ἐπειδὴ πολλάκις ἐναντία ἀλλήλοις καὶ οὐδὲν ὅμοιον ἔχοντα ἔστιν ἰδεῖν. ἀδύνατον δὲ μαχόμενα εἶναι τὰ σημαινόμενα ἀλλήλοις, εἴγε τὰ πάντα ἐσόμενα οἱ ὄνειροι προαγορεύουσιν· ἀλλ' ὥσπερ
5 τῶν πραγμάτων ἐστὶ τάξις καὶ ἀκολουθία, οὕτω καὶ τοῖς ὀνείροις εἰκὸς ἀκολουθεῖν τάξιν τινά. ἐπειδὰν οὖν ἴδῃ τις ὁμοῦ ἀγαθὰ καὶ κακά, ἐν νῷ δεῖ λαβεῖν ὁπότερα πρότερα εἶδε, τὰ ἀγαθὰ ἢ τὰ κακά· καὶ γὰρ ἐν τοῖς πράγμασι ποτὲ μὲν χρησταὶ φανεῖσαι ἐλπίδες εἰς κακὸν ἀπέβησαν, ποτὲ δὲ οἱ προσδοκη-
10 θέντες φόβοι ἀγαθῶν αἴτιοι κατέστησαν. ἔστι δὲ ὅτε καὶ ἀντὶ μεγάλων κακῶν λυσιτελεῖ μικρὰ παθεῖν, καὶ πάλιν αὖ ἐφάνη τις μικρὰ προσδοκία ἀγαθῶν ἢ κακῶν ψευδὴς οὖσα καὶ ματαία. τοῦτον οὖν τὸν τρόπον καὶ οἱ ὄνειροι μεμιγμένων τῶν ἐν αὑτοῖς σημαινομένων εἰκότως εἰσὶ ποικίλοι καὶ τοῖς πολ-
15 λοῖς δυσερμήνευτοι. ἐγὼ δὲ ὅπως εὐπαρακολούθητον ἕκαστον τῶν σημαινομένων γένηται, ἐν τάξει ἕκαστον καὶ κοσμίως καὶ ὡς μάλιστα ἐνεδέχετο διδασκαλικῶς ἀνέγραψα. ὥσπερ δὲ οἱ γραμματικοὶ τῶν στοιχείων ἐπειδὰν τὰς δυνάμεις διδάξωσι τοὺς παῖδας, τότε καὶ ὅπως ὁμοῦ πᾶσι χρῆσθαι δεῖ ὑποτίθεν-
20 ται, οὕτω κἀγὼ μικράς τινας καὶ εὐπαρακολουθήτους ὑποθήκας πρὸς τοῖς εἰρημένοις ἐπισωρεύσω, ὡς ἂν ᾖ εὐμαθῆ τὰ βιβλία πᾶσιν· ἐπεὶ τοῖς γε πείρᾳ κεχρημένοις καὶ τριβαῖς πολλαῖς εὐπαρακολούθητός ἐστιν ὁ λόγος καὶ ἱκανὸς ἕκαστα διδάξαι ὡς ἔχει. ἐν μὲν οὖν τῷ πρώτῳ βιβλίῳ ἔφην εἶναι τὴν p. 193
25 κεφαλὴν πατέρα τοῦ ἰδόντος, ἐν· δὲ τῷ δευτέρῳ λέοντα εἶναι βασιλέα ἢ νόσον, καὶ ἐν τῷ περὶ θανάτου τοῖς πενομένοις τὸ ἀποθανεῖν χρηστὸν εἶναι καὶ λυσιτελὲς ἐπέδειξα. ἐπειδὰν οὖν πένης ἀνὴρ πατέρα ἔχων πλούσιον ὄναρ ὑπὸ λέοντος τὴν κεφαλὴν ἀφῃρῆσθαι δόξῃ καὶ ἀποθανεῖν, εἰκός ἐστι τὸν πατέρα

---

2 ἔστιν om L || 5 τῶν] τῶν ἄλλων V || τάξις] πρᾶξις L || 6 εἰκὸς om L || τις ἴδῃ V || 7 λαμβάνειν L || πρότερον V || εἶδε τὰ ἀγαθὰ ἢ τὰ κακά] ἴδε τὰ ἀγαθὰ ἢ τὰ κακά L, τὰ ἀγαθὰ ἢ τὰ κακὰ εἶδε V || 8 χρηστὰ L || 9 ἀνέβησαν L || 10 φόβοις ἀγαθὸν L || ἔστιν L || ὅτι L || 11 αὖ] οὖν V || ἐφάνη τις] σφάνη τι L || 12 μικρὰ om L || οὖσα om L || 13 μεμιγμένοι V || τῶν ἐν αὑτοῖς σημαινομένων om V || 15 ὅπως Venetus 267: ὡς V, om L. malim ὅπως ἄν || 17 διδασκάλως ἀνέγραψα pr L, διδασκάλῳ συνέγραψα sec L || 18 διδάξωσιν L || 20 οὕτως L || καὶ ἐγὼ V || 21 πρὸς omissum est L, versui suprascriptum in V || ἐπισορεύσω L, ἂν ᾖ εὐμαθῆ] εἴη εὐμαθῆ L, ἂν ἔχῃ εὐμαθῶς V || 22 πᾶσι L || 24 οὖν addidi || ἔφην] φαμὲν V || εἶναι πατέρα τὴν κεφαλὴν τοῦ ἰδόντος L || 25 εἶναι] εἶναι καὶ V || 27 ὑπέδειξα L || 28 πλούσιον ὄναρ] πλούσιον κατ' ὄναρ V || fortasse τῆς κεφαλῆς ἀφῃρῆσθαι || 29 ἀφῃρῆσθαι] ἀφῃρησο pr L || ἐστιν L ||

13*

αὐτοῦ ἀποθανόντα κληρονόμον αὐτὸν καταλείψειν, καὶ τοῦτον
τὸν τρόπον ἄλυπος ἂν γένοιτο καὶ εὔπορος, οὔτε φορτικὸν ἔτι
ἔχων τὸν πατέρα οὔτε ὑπὸ τῆς πενίας θλιβόμενος· ἔστι γὰρ ἡ
μὲν κεφαλὴ ὁ πατήρ, ἡ δὲ ἀφαίρεσις ἡ στέρησις τοῦ πατρός,
ὁ δὲ λέων ἡ νόσος, ἣν νοσήσας ὁ πατὴρ ἀποθάνοι ἄν· ὁ δὲ 5
θάνατος ἡ μεταβολὴ τοῦ βίου καὶ τὸ διὰ τὸν πλοῦτον ἀνενδεές.
τοῦτον δὴ τὸν τρόπον καὶ ἐπὶ πάντων τῶν ποικίλων ὀνείρων
χρὴ ποιεῖσθαι τὰς κρίσεις συνάγοντα καὶ ποιοῦντα καθ' ἕκα-
στον τῶν κεφαλαίων σῶμα ἕν. χρὴ δὲ ἀποφαίνεσθαι μιμούμε-
νον τοὺς θύτας, οἳ καὶ καθ' ἓν τῶν σημείων ἐπίστανται πρὸς 10
τί ἁρμόζει, καὶ τὰς ἀποφάσεις οὐδέν τι μᾶλλον ἐξ ἑνὸς ἑκά-
στου ἢ ἐκ πάντων ποιοῦνται. γένοιτο δὲ μετὰ πολλῆς εὐμε-
νείας τοὺς ἐντυγχάνοντας ἀναγνῶναι τὰ βιβλία καὶ μὴ πρὸ
τοῦ ἀκριβῶς καταλαβεῖν ἐγκαλεῖν τι, ἐπεὶ τό γε ὅτι τοὺς ἐπι-
μελῶς ἀναγνόντας οὐκ ἐάσει ἀποστῆναί ποτε τῶν λόγων τού- 15
των τὰ βιβλία καὶ διομόσασθαι ἔχω.

Τὰ μὲν δὴ χρειώδη, Κάσσιε Μάξιμε, τοῖς βιβλίοις κα-
θὼς προσῆκεν ἐξ ὁλοκλήρου πάντα ἀποδέδοται· τὴν δὲ ἐπι-
γραφὴν μὴ θαυμάσῃς, διότι Ἀρτεμιδώρου Δαλδιανοῦ καὶ οὐχὶ
Ἐφεσίου ἐπιγέγραπται, ὥσπερ πολλὰ τῶν ἤδη εἰς ἄλλας πραγ- 20
ματείας πεποιημένων μοι βιβλίων· τὴν μὲν γὰρ Ἔφεσον συμ-
βέβηκε καὶ αὐτὴν δι' ἑαυτῆς περιώνυμον εἶναι καὶ πολλῶν καὶ
ἀξιολόγων κηρύκων τετυχηκέναι, Δάλδις δὲ πόλισμα Λυδίας
ὂν οὐ σφόδρα ἐλλόγιμον διὰ τὸ μὴ τοιούτων ἀνδρῶν τετυχη-
κέναι ἄγνωστον τὸ μέχρι εἰς ἡμᾶς μεμένηκε. διὸ θρεπτήρια 25
οὔσῃ μοι πατρίδι πρὸς μητρὸς ταῦτα ἀποδίδωμι αὐτῇ.

---

1 ἀποθανόντα] ἀποθανεῖν καὶ V || καταλιψαι L || 2 ἄν] τὲ ἅμα L
|| ἔτι] ἔστι L || 3 θλιβόμενος Reiskius: θλιβόμενον V, φθειρόμενος L ||
6 τὸν] τὸ L || 8 ποιεῖσθαι — ἕν] πείθεσθαι ἀκριβῶς συναγαγόντα τὰς
κρίσεις τῶν κεφαλαίων καὶ ποιοῦντα τὸ σῶμα ἕν L || 10 ἓν] ἕκαστον V.
fortasse καθ' ἓν ἕκαστον || 11 τί] τί ἕκαστον LV || οὐδέν τι] οὐδὲν L
|| 12 ἢ om L || 13 post ἐντυγχάνοντας in LV est ἐπιθυμῆσαι || τὰ βιβλία
ἀναγνῶναι V || πρὸ Reiskius: πρὸς V. in L membrana scissa est, ut com-
pareat non nisi πρ || 14 καταλαβεῖν] καταμαθεῖν V || τι om V || ἐπεὶ
τό γε] ἐπεί τοι γε V, ἐπείγε ὅτι L || 15 ἀναγνόντας] ἀναγνῶντας L, ἀνα-
γινώσκοντας V || ποτὲ ἀποστῆναι V || 16 διομόσασθαι] διωμόσασθαι
LV || 17 κάσιε L || 18 προσῆκεν] προείρηκεν L || 19 διότι] διόπερ L ||
οὐχὶ] οὐκ L || 21 πεποιημένων om L || συμβέβηκεν L || 22 ἑαυτὴν V ||
πολλῶν καὶ] πολλῶν V || 23 Δάλδις] δαλδία L || Λυδίας ὂν] λυδίας
καὶ V, λύδιον καὶ L || 25 ἡμᾶς] ἐμὲ V || μεμένηκεν L || 26 αὐτὴν L ||

Δ

Ἀρτεμίδωρος Ἀρτεμιδώρῳ τῷ υἱῷ χαίρειν.

Ἐπειδὴ κατὰ δαίμονα καὶ τὴν τοῦ κρατίστου Κασσίου Μαξί- p. 197
μου σπουδὴν προετράπην ὀνειροκριτικὰ βιβλία ποιῆσαι, ὅπως
τῷ ἑταίρῳ χαρισαίμην καὶ τὴν ἐμαυτοῦ σοφίαν μὴ σιγῇ παρα-
δοὺς καὶ ὄκνῳ ματαίως ἀναλώσαιμι, ταῦτα, ὅπως εἶχον δυνά-
5 μεως, ὥς γε ἐμαυτὸν εἰδέναι οὔτε τοῦ μεγαλείου τῆς τέχνης
ἀποδέοντα οὔτε πρὸς αὐτάρκειαν ἐνδεῶς ἔχοντα τοῖς γε μὴ παν-
τελῶς ἀνοήτοις ἐποίησα συναγαγὼν ἕκαστα τῶν ὁρᾶσθαι δυ-
ναμένων καὶ ἐν χρήσει ὄντων ἐνυπνίων, τάξει τινὶ καὶ ἀκο-
λουθίᾳ χρησάμενος ὁμοίᾳ βίῳ ἀνθρωπίνῳ, ἀπὸ γενέσεως ἄχρι
10 θανάτου καθ' ἕκαστον τῶν πραττομένων ἐμπεριλαβὼν καὶ
πρὸς ὅ τι τὴν ἀναφορὰν ἕκαστον ἔχειν καὶ εἰς ὅ τι ἀποβαίνειν
δύναται, οὐχὶ ψιλῇ εἰκασίᾳ ἀλλὰ πείρᾳ καὶ τῇ τῶν ἀποτελε- p. 198
σμάτων μαρτυρίᾳ πειθόμενος. καὶ ὅσα σπερματωδέστερα καὶ
οὐκ ἐξειργασμένα οἱ παλαιοὶ συνέγραψαν, ἐξειργασάμην εἰς
15 λεπτὴν καὶ ἀληθῆ διαίρεσιν, καὶ ὅσα καινοτέρας ἔχοντα τὰς
ἀποβάσεις ἢ καὶ αὐτὰ καινὰ ὄντα ὑπέπιπτε συμπεριέλαβον.
καὶ ἐδόκουν ἀποχρώντως ἔχειν τὴν πραγματείαν δυσὶ περιω-

ἀρτεμιδώρου δαλδιανοῦ ὀνειροκρίτων, ἔστι δὲ τὸ βι-
βλίον τοῦτο ἀποτελεσμάτων καὶ διδασκαλικὸν τέχνης ὀνει-
ροκρίτης L, ἀρτεμιδώρου δαλδιανοῦ ὀνείρων κρίσεως προ-
οίμιον καὶ διαλαλία V. in utroque codice capitum elenchus sequitur
|| 1 an καὶ κατὰ τὴν? || κασίου L || 2 ποιῆσαι] ποιήσασθαι LV || 4 post
ἀναλώσαιμι in LV additur καὶ || ὅπως εἶχον] ὅσης ἔχω L || 5 ὥς γε
Reiskius: ὥστε V, ὥστε L || ἐμαυτὸν] αὐτὸν L || μεγαλίου L || 6 αὐτάρ-
κιαν L || 7 συναγαγὼν ἕκαστα] συναγωγὴν L || 9 ὁμοίω L || 10 ἕκαστα
L || ἐμπεριλαβὼν] ἐν περιλαβὼν L, ἀναλαβὼν V. an συμπεριλαβὼν?
καὶ πρὸς] πρὸς L || 11 ἔχειν om L || 12 οὐχὶ] οὐ V || εἰκασίᾳ] ἴκεσια
pr L || ἀλλὰ πείρᾳ] ἀλλ' ἢ πείρα V || τῇ] ταῖς V || 13 μαρτυρίαις V
|| σπερματωδέστερον L || 14 ἐξειργασμένην L || 16 ἐκβάσεις L || ἢ om
L || συνπεριλαβῶν L || 17 ἐδόκουν] ευδοκουν L || δυσὶ] ην δυσὶν L ||
περιωρισάμην L ||

ρισμένην βιβλίοις. ἔπειτα μέντοι διαπεφευγότα τινὰ τὴν πραγματείαν ηὑρίσκετο, μικρὰ μὲν καὶ οὐ πολλῆς ἄξια φροντίδος, ὅμως δὲ ἐπιζητούμενα ὑπὸ τῶν ὀνυχιζόντων πάντα καὶ μηδὲν ἀβασάνιστον εὑρίσκειν πειρωμένων. ἀθροίσας οὖν, ὡς ἐνῆν, τὰ μάλιστ' ἀξιόλογα οὐχὶ καθ' ὑποθέσεως μιᾶς λόγον (οὐδὲ γὰρ οὐδὲ ἐνεδέχετο τά γε οὕτως ἀλλήλων κεχωρισμένα σωματοποιεῖν καὶ εἰς ἓν συνάγειν) ἀλλ' ὡς ἐν ἐπιδρομῇ λόγων τρίτον βιβλίον τὸ φιλάληθες ἢ ἐνόδιον ἐποίησα. ἦν δὲ ἄρα τις ἐν ἀνθρώποις Μῶμος ἀπεληλαμένος θεῶν καὶ δαιμόνων οὐκ ἀγαθός, ᾧ χρὴ κατὰ τὸ καρτερὸν ἐνίστασθαι ἐπιστάμενον ὅτι πλείοσιν ὅπλοις πρὸς τὰ κρείττονα τῶν ἔργων ἀγωνίζεται. καὶ γὰρ νῦν αἰσθάνομαί τινων τοῖς βιβλίοις ἐγκαλούντων ὡς τῶν μὲν ἐν αὐτοῖς γεγραμμένων ἀληθείας μὲν οὐδ' ὁτιοῦν ἀποδεόντων, οὐ πάντων δὲ ἐξειργασμένων οὐδὲ ᾐτιολογημένων, ἔστι δὲ ὧν καὶ παραλελειμμένων ἀναγκαίων ὄντων τῇ ὑποθέσει. διὸ μετὰ πολλῆς ἐπιστροφῆς ὑπέρ τε ἐμαυτοῦ καὶ σοῦ ὡρμήθην ἐπὶ τὴν συγγραφὴν τοῦδε τοῦ βιβλίου, ὅπως ἂν ἔχῃς πρὸς ἕκαστα ἐπηβόλως τε, εἰ αὐτὸ μόνον δέοι κρίνειν, καὶ πρὸς τοὺς ζητητικοὺς τῶν ἀνθρώπων εὐκόλως πρὸς ἀπόκρισιν, μεμνημένος ὅτι σοι προσπεφώνηται τὸ βιβλίον, ὅπως ἂν αὐτὸς ἔχῃς χρῆσθαι καὶ μὴ πολλοῖς κοινωνῇς ἀντιγραφῶν. τὰ γὰρ ἐνταῦθα γραφησόμενα μένοντα μὲν παρὰ σοὶ πάντων ὑπέρτερον ἢ οὐδενός γε λειπόμενον ὀνειροκριτικόν σε ποιήσει, κοινωθέντα δὲ οὐδέν τι μᾶλλον ἑτέρων σε ἐπιστάμενον ἐπιδείξει. εὖ γὰρ ἴσθι ὅτι τῶν λόγων τῶν ἡμετέρων ἥττονές εἰσι πολλοὶ καὶ σχεδὸν πάντες, οἷς ἐπιμελές ἐστι τὸ κατορθοῦν ἐν μαντικῇ. κανονικῶς οὖν καὶ ὁρικῶς τῶν ζητουμένων ἕκαστά σοι

---

1 τὴν om V ‖ 2 ηὑρίσκετο] ἀνευρίσκετο V ‖ 3 ἐπιζητουμεν L ‖ 4 ἀβασανιστων L ‖ πειρωμένων εὑρίσκειν V ‖ ὡς ἐνῆν τὰ μάλιστ' ἀξιόλογα] ὡς ἐνῆν τὰ πλεῖστα καὶ ἀξιόλογα V, τὰ πλεῖστα ὡς ἐνῆν καὶ ἀξιόλογα L ‖ 5 οὐχὶ καθ'] οὐκ ἀπὸ V ‖ λόγον] λόγου V ‖ 6 γε] τε L ‖ 7 συναγαγεῖν L ‖ ἐν om L ‖ τρίτον βιβλίον] ΓL ‖ 8 ἢ om V ‖ ἦν δέ τις ἄρα V ‖ 9 ἀγαθὸς ᾧ] ἀρα θ' ὅσω L. οὐκ ἀγαθὸς expunxerim ‖ 11 πλείοσιν] vox corrupta. πλείωσιν L ‖ 12 τινῶν] τοίνυν L ‖ ἐγκαλούντων] ἐπικαλούντων V ‖ 13 μὲν om V ‖ οὐδ' ὁτιοῦν] οὐδὲ ὅτι L ‖ 14 πάντως L ‖ αἰτιολογημένων V ‖ ἔστιν L ‖ 15 ὧν καὶ] καὶ ὧν V ‖ παραλελημμένων L ‖ 16 ὑποστροφῆς L ‖ ἐμαυτοῦ] ἐμοῦ αὐτοῦ L ‖ 18 ἕκαστον L ‖ ἐπηβόλως Reiskius: ἐπιβόλως LV ‖ 19 ζητητικοὺς] εὐζητικοὺς L ‖ 20 τὸ] τῷ L ‖ βιβλίον] B τοῦτο L ‖ ὅπως ἂν] ὅπως L ‖ 21 post χρῆσθαι excidisse videtur αὐτῷ ‖ ἀντιγράφοις V ‖ 23 ἢ om L ‖ γε om V ‖ ὀνειροκριτικόν σε] ὀνειροκριτων L ‖ 24 οὐδέν L ‖ ἕτερον L ‖ 25 ἴσῃ L ‖ 26 τὸ κατορθοῦν] τὸ κατ' αὐτοὺς ἐπανορθοῦν V ‖ 27 τῶν ζητουμένων ἕκαστα] περὶ τῶν ζητουμένων ἕκαστα V, ἕκαστα περὶ τῶν ζητουμένων L ‖ σοι om L ‖

PROOEMIUM.

κατὰ τὴν ὑπόθεσιν τὴν ἐν τοῖς πρώτοις δυσὶ βιβλίοις ἀπ' ἀρχῆς ἀναγράφω.

Πρὸς μὲν οὖν τοὺς μὴ πάντα ἠτιολογῆσθαι λέγοντας ὀρθῶς ἐρεῖς τὸ ἐκ τοῦ προοιμίου τοῦ πρώτου βιβλίου ῥητόν,
5 πλὴν εἰ μὴ τοῦτο οὕτω σαφὲς εἴη, ὡς περιττὴν ἡγεῖσθαι τὴν περὶ αὐτοῦ ἐξήγησιν· πρὸς δὲ τοὺς μὴ πάντα ἐξειργάσθαι λέγοντας καὶ τούς τινα παραλελεῖφθαι ἐρεῖς ὅτι ἔνιά τισιν ὅμοια ὄντα ὡς εὔγνωστα παραλέλειπται ἢ οὐκ ἐξείργασται, ὡς στρόφιον διαδήματι καὶ λαγὼς ἐλάφῳ καὶ κάμηλος ἐλέφαντι καὶ
10 κρόκος μύροις καὶ ὅσα ἄλλα ἐστὶν εὐώδη, καὶ ὅτι χοῖρος καὶ ὄρνιθες ταῖς ἑαυτῶν σαρξὶ τὸν αὐτὸν ἔχουσι λόγον. πρὸς δὲ τοὺς πυνθανομένους περὶ ὀνείρου καὶ ἐνυπνίου διαφορᾶς ἐπιμελῶς προεῖπον ὅτι ἕτερόν ἐστι τοῦ ὀνείρου τὸ ἐνύπνιον καὶ οὐ ταὐτόν. ἀλλὰ καὶ τὸν ὄνειρον ἐνύπνιον καλῶς εἴποι τις ἄν·
15 ὅταν δὲ τεχνικῶς λέγῃ τις, κυρίως ἕκαστον χρὴ καλεῖν, καὶ τὸ μὲν ἀσήμαντον καὶ οὐδενὸς προαγορευτικὸν ἀλλ' ἐν μόνῳ τῷ ὕπνῳ τὴν δύναμιν ἔχον, γινόμενον δὲ ἐξ ἐπιθυμίας ἀλόγου ἢ ὑπερβάλλοντος φόβου ἢ πλησμονῆς ἢ ἐνδείας, ἐνύπνιον χρὴ καλεῖν, τὸ δὲ μετὰ τὸν ὕπνον ἐναργὲς ὂν καὶ ἀποβησόμενον ἐς
20 ἀγαθὸν ἢ κακὸν ὄνειρον δι' ἃς αἰτίας ἐκεῖ προείρηκα. ὅταν δὲ κοινῶς τις λέγῃ, καταχρηστέον τοῖς ὀνόμασιν, ὡς καὶ ὁ ποιητής

κλῦτε, φίλοι, θεῖός μοι ἐνύπνιον ἦλθεν ὄνειρος.

φίλον γὰρ αὐτῷ τὸ ἰσοδυναμοῦσι χρῆσθαι ὀνόμασι καὶ ῥήμασι
25 καὶ πᾶσι τοῖς τοῦ λόγου μέρεσιν, ὡς καὶ ἀμφὶ περὶ κρήνην

---

1 δυσὶ] δύο L, om V ‖ ἀπ' ἀρχῆς videtur expungendum esse ‖ 3 οὖν om L ‖ ἠτιολογῆσθαι] αἰτιολογεῖσθαι L, αἰτιολογήσασθαι V ‖ 5 πλὴν om V ‖ μὴ τοῦτο οὕτω σαφὲς εἴη ὡς] μὴ τοῦτο σαφὲς εἴπω L, μή που ἄλλοις οὕτως ἀσφαλὲς εἴη ὡς V ‖ 6 πάντας L ‖ 7 καταλελεῖφθαι V ‖ 8 εὔγνωστα om L ‖ 9 καὶ ante κάμηλος om L ‖ 10 ὅτι om Suidas in v. στρόφιον ‖ 11 αὐτῶν L ‖ σαρξὶν L ‖ ἔχουσι] οὐκ ἔχουσι V Suidas ‖ 12 περὶ] διατί L ‖ 13 προειπῶν L ‖ ἐστιν L ‖ 14 οὐ ταὐτόν] ἀλλαχῇ οὐ ταὐτὸν V ‖ ἀλλὰ] ἀλλαχῇ L ‖ τὸν ὄνειρον ἐνύπνιον] τὸ ἐνύπνιον V, τὸ ὄνειρον καὶ ἐνύπνιον Suidas in v. ὄνειρον ‖ καλῶς] λέγων L ‖ εἴποι τις ἄν Suidas: εἴποις ἄν L, εἴπης ἄν V ‖ 15 δὲ Suidas: μὲν LV ‖ λέγοι L ‖ 16 οὐδὲν L ‖ 17 ἔχον Suidas: ἔχοντα V, ἔχων L ‖ ἐξ Suidas: ὑπὸ L, ἀπὸ V ‖ ἀλόγου ἢ] ἀλόγου ἢ ἀπὸ V ‖ 18 ἐνδείας Suidas: ἐνδείας τροφῆς LV ‖ χρὴ] δεῖ L ‖ 19 δὲ] δὲ καὶ L ‖ post ὕπνον in V additur ἀποβησόμενον ‖ ἐναργὲς] ἐνεργὲς L, ἐναργείᾳ Suidas ‖ καὶ ἀποβησόμενον εἰς ἀγαθὸν] καὶ ἀποβησόμενον ἔς τι ἀγαθὸν Suidas, καὶ ἀποβησόμενον ἐστιν ἀγαθὸν L, ἀγαθὸν V ‖ 20 δι' ἃς αἰτίας] δι' αἰτίας ἃς V ‖ 21 τις λέγῃ] πληγῇ L ‖ 23 θεῖός] ὁ θεῖος L ‖ 24 τὸ om L ‖

καὶ εἰ δ' Ὀδυσεὺς ἔλθοι καὶ ἵκοιτο καὶ ἄλλα ἄττα πολλά.

Μέμνησο δὲ ὅτι τοῖς ἐνστάσει χρωμένοις ἀγαθῇ καὶ εὐπροαιρέτῳ ἐνύπνια οὐ γίνεται οὐδὲ ἄλλαι τινὲς ἄλογοι φαντασίαι, ἀλλὰ πάντα ὄνειροι καὶ ὡς ἐπὶ τὸ πλεῖστον θεωρηματικοί· οὐ γὰρ ἐπιθολοῦται αὐτῶν ἡ ψυχὴ οὔτε φόβοις οὔτε ἐλπίσιν, καὶ μέντοι καὶ τῶν τοῦ σώματος ἡδονῶν ἄρχουσι. τὸ δὲ κεφάλαιον εἰπεῖν, τῷ σπουδαίῳ ἐνύπνιον οὐ φαίνεται οὐδέ τις ἄλλη ἄλογος φαντασία. ἵνα δὲ μή ποτε ἐξαπατηθῇς, ** τοῖς πολλοῖς ἐνύπνια καὶ τοῖς δυναμένοις αὐτὰ διακρίνειν· οἱ μὲν γὰρ πολλοί, οἷα βούλονται ἢ οἷα φοβοῦνται, τοιαῦτα καὶ κατὰ τὸν ὕπνον ὁρῶσιν, οἱ δὲ αὖ σοφοὶ περὶ ταῦτα καὶ δεινοί, οἷα βούλονται, τοιαῦτα σημαίνουσιν. ἢν δέ τις τῶν ἀπείρων ἴδῃ, χρὴ πιστεύειν οὐχ ὡς ἐνυπνίοις ἀλλ' ὡς ὀνείροις. οἷον ὁ δυνάμενος διακρίνειν τὰ τοιαῦτα ἢ διὰ τὸ βιβλίοις ἐντετυχηκέναι ὀνειροκριτικοῖς ἢ διὰ τὸ ὀνειροκρίταις συναναστρέφεσθαι ἢ διὰ τὸ εὐεπηβόλως ἔχειν πρὸς τὰς κρίσεις εἰ μὲν τύχοι ἐρῶν γυναικός, οὐ τὴν ἐρωμένην ὄψεται ἀλλ' ἵππον ἢ κάτοπτρον ἢ ναῦν ἢ θάλασσαν ἢ θηρίον θῆλυ ἢ ἐσθῆτα γυναικείαν ἢ ἄλλο τι τῶν σημαινόντων γυναῖκα. εἰ δὲ πρὸς ἀποδημίαν γένοιτο, οὐχὶ ὀχήματα ὄψεται οὐδὲ ναῦς οὐδὲ στρωματοδέσμους οὐδὲ σκεύη συνειλεγμένα ἢ παρασκευὴν ἀποδημίας, ἵπτασθαι δὲ δόξει καὶ σεισμὸν ἢ πόλεμον ἢ κεραυνὸν ὄψεται καὶ εἴ τι ἄλλο ἀποδημίας ἐστὶ σύμβολον. καὶ εἰ φοβοῖτό τινα ἢ φεύγοι, οὐκ αὐτὸν ἐκεῖνον ὄψεται, ἀλλὰ θηρίον ἐκφεύγειν νομιεῖ καὶ δεσμὰ διαρρήσειν καὶ λῃστὰς ἀναιρεῖν καὶ θεοῖς θύειν καὶ ὅσα

---

1 εἰ δ'] εἰ L ‖ Ὀδυσσεὺς V ‖ ἥκοιτο L ‖ 2 post πολλὰ in LV est οὕτως καὶ θεῖός μοι ἐνύπνιον ἦλθεν ὄνειρος ‖ 3 δὲ om V ‖ ἐν στάσει V ‖ ἀγαθὰ L ‖ εὐπροαιρέτῳ Reiskius: εὐπροαίρετα V, εὐπροαίρετος L ‖ 4 οὐδὲ] οὔτε V ‖ 5 πάντως? ‖ 6 οὔτε φόβοις οὔτε Reiffius: οὔτε φόβῳ οὔτε L, οὔτε ἐν φόβοις οὔτε ἐν V ‖ 7 ἄρχουσιν L ‖ 8 τῷ]·ἐν τῷ LV ‖ 9 lacunam signavi ‖ τοῖς πολλοῖς] οὐ πολλὰ τοῖς αὐτοῖς L ‖ 11 γὰρ om V ‖ ἢ οἷα] ἢ θεῖα L ‖ τοσαῦτα L ‖ 12 αὖ om L ‖ 13 ἴδῃ] ἴδοι LV ‖ 14 οὐχ] οὐχί? ‖ οἷον Venetus 267: οἷα V, ἄλλο οἷον L ‖ ὁ addidit Reiskius. δυνάμενοι L ‖ 17 ἢ post συναναστρέφεσθαι om L ‖ εὐεπηβόλως] εὐεπιβόλως LV ‖ τύχῃ L ‖ 18 οὐ] οὐχί? ‖ 19 ἐσθῆτα Rigaltius: αἰσθῆτα LV ‖ 21 ναῦν L ‖ οὐδὲ] ἀλλὰ V ‖ στρωματοδέσμους V ‖ 22 συνειλεγμένα Venetus 267 et fortasse Suidas in v. συνειλεγμένα: συνειλιγμένα L, συνειλημμένα V. mox aut delendum est ἢ παρασκευὴν ἀποδημίας aut inserendum ἄλλην post ἢ ‖ 23 δόξει] εἰ δόξῃ V, om L. δόξει Reiffii emendatio est ‖ καὶ σεισμὸν] ἢ σεισμὸν V ‖ 24 ἐστὶ] ἔσται LV ‖ φοβοῖτό] φοβοῖτό τις V ‖ 25 θηρίον] τὸ θηρίον L ‖ νομιεῖ] νομίσει LV ‖ 26 διαρρήσειν L ‖

ἰδόντες οἱ ἄλλοι ἄνθρωποι ἔξω δέους καὶ ταραχῆς γίνονται. ὡς καὶ ἐν Κορίνθῳ ζωγράφος τὸν δεσπότην κατορύσσειν πολλάκις ἐδόκει τοῦτο μὲν τὴν ὀροφὴν τοῦ οἰκήματος ἐν ᾧ διέτριβεν ἀπόλλυσθαι, τοῦτο δὲ καὶ τὴν ἑαυτοῦ κεφαλὴν ἀποτετμῆ-
5 σθαι. καὶ οὐδὲν ἧσσον περιῆν αὐτῷ ὁ δεσπότης καὶ ἔτι νῦν περίεστιν. ἀλλ' ἐπειδὴ κριτικῶς εἶχε τῶν τοιούτων, τεχνικώτερον αὐτῷ προσέπαιζεν ἡ ψυχή· αὐτὰ γὰρ ταῦτα ἄλλῳ ἰδόντι τοῦ δεσπότου ὄλεθρον προεμαντεύετο. ἵνα δὲ μὴ ἄπορόν σοι φαίνηται τὸ τοιοῦτον, εὖ ἴσθι ὅτι πολλοὶ μὲν καὶ σχεδὸν οἱ
10 πλεῖστοι, ἵνα μὴ λέγω πάντες, εἰσὶν οἱ τὰ κοινὰ ἐνύπνια p. 201 ὁρῶντες, παντελῶς δὲ ὀλίγοι καὶ μόνοι οἱ ὀνειροκριτικοὶ τῶν ἀνθρώπων τὰ ἕτερα, περὶ ὧν ὁ προγεγραμμένος λόγος εἴρηται.

Τῶν δὲ ὀνείρων πάντων οὓς μὲν θεωρηματικοὺς οὓς δὲ 1 καὶ ἀλληγορικοὺς καλοῦμεν· καὶ θεωρηματικοὺς μὲν τοὺς οὕ-
15 τως ἀποβαίνοντας ὡς θεωροῦνται, ἀλληγορικοὺς δὲ τοὺς τὰ σημαινόμενα δι' αἰνιγμάτων ἐπιδεικνύντας. ἐπειδὴ δὲ καὶ ἐν τούτοις γίνεταί τις πλάνη ἀμφιβαλλόντων πότερον χρὴ τὰ θεωρηθέντα αὐτὰ προσδέχεσθαι ἢ ἕτερόν τι ἐκ τούτων ἀποβησόμενον, οὐκ ἄπορόν σοι τὸ διακρίνειν δύνασθαι. πρῶτον μὲν
20 γὰρ ὅσα θεωρηματικά ἐστι, παραχρῆμα καὶ αὐτίκα μάλα ἀποβαίνει· ὅσα δὲ ἀλληγορικά, πάντως χρόνου διαλείποντος ἢ πολλοῦ ἢ ὀλίγου. ἔπειτα καὶ εὔηθες ἂν εἴη τὰ τεράστια καὶ οὐδαμῶς ἐνδεχόμενα ἐγρηγορότι συμβαίνειν ὡς θεωρηματικὰ προσδέχεσθαι. οἷον εἴ τις ὑπολάβοι θεὸς γεγονέναι ἢ πέτεσθαι
25 ἢ κέρατα ἔχειν ἢ εἰς Ἅιδου καταβεβηκέναι· * * ἢ ὑπὸ κυνὸς δεδῆχθαι ἢ παρακαταθήκην λαβεῖν ἢ φίλον ἰδεῖν ἢ δραπέτην εὑρεῖν ἢ δειπνεῖν παρ' ἑαυτῷ ἢ πίνειν ἢ συντείνειν ἢ ἀπολέ-

---

1 οἱ om V || 2 ὁ ante ζωγράφος addit V || τὸν δεσπότην] τῶν δεσποτῶν pr L eraso posteriore ω || κατορύσσειν Reiskius: κατορύσσων V, κατορύττων L. totum locum sic conformat Reiskius: ὡς καὶ ἐν Κορίνθῳ ὁ ζωγράφος, ὃς τὸν δεσπότην κατορύττειν πολλάκις ἐδόκει καὶ τοῦτο μὲν τὴν ὀροφήν. videtur post ἀπόλλυσθαι deesse νομίζων vel simile verbum || 3 οἰκήματος] οἰκείου οἰκήματος V || 4 ἀποτέμνεσθαι L || 5 περιῆν] παρῆν LV || 6 τεχνηκώτερον L || 7 προσέπαιξεν L || 8 σοι φαίνεται] σοι φαίνεται L, φανήται σοι V || 9 τοιοῦτο L || 11 τῶν ἀνθρώπων om L || 13 περὶ διαφορᾶς ὀνείρων V || οὓς] τοὺς L || οὓς] τοὺς L || δὲ] δὲ καὶ V || 16 ἐν τούτοις] fortasse ἐν τοῖς θεωρηματικοῖς || 17 χρὴ τὰ] χρήματα L || 18 ἕτερον] ἄλλο V || 20 γὰρ om V || ἔπειτα L || 22 post ὀλίγου in V est ἢ τὸ ἔσχατον ἡμέρας μιᾶς idemque in L omisso ἢ || 23 ἐγρηγορότι] ἐγρηγορήσει L. an ἐν ἐγρηγόρσει? || συμβαίνειν] συμβαίνειν ταῦτα οὕτως LV || 25 lacunam signavit Reiskius || 26 ἰδεῖν] ἰδεῖν ἢ ἥλιον V || 27 ἢ πίνειν om L || συντίνειν L. συμπίνειν Reiskius ||

σαι τι· ταῦτα γὰρ καὶ ὅσα τούτοις ὅμοια πῇ μὲν οὕτως ἀποβαίνει ὡς θεωρεῖται, πῇ δὲ καὶ ἀλληγορικῶς. εἰ μὲν οὖν παραυτίκα ἀποβαίνει, περισσὸν αὐτὰ κρίνειν· εἰ δὲ μή, ἐφάρμοζε ἑκάστῳ τὴν προσήκουσαν κρίσιν ἐκ τῶν προτέρων βιβλίων. ὅσα μέντοι σπανιά ἐστι καὶ ἅπαξ που γινόμενα, ταῦτα ὡς τεράστια καὶ ἔκφυλα τῶνδε τῶν λόγων παραδέχου μὲν ὡς ἐνδεχόμενα γενέσθαι, μὴ χρῶ δὲ ὡς πάντῃ καὶ πάντως καθολικοῖς. Ῥούσων ὁ Λαοδικεὺς τὴν τοῦ φίλου οἰκίαν ὠνήσασθαι δόξας μετὰ τριετίαν ὠνήσατο. ἀλλὰ τοῦτο μόνον θεωρηματικὸν ἦλθεν εἰς ἡμᾶς ὀψὲ καὶ μὴ αὐτίκα ἀποβάν, τῶν δὲ ἰδίων τε καὶ κοινῶν καὶ ἀλλοτρίων καὶ δημοσίων καὶ κοσμικῶν ὀνείρων τὸν λόγον ἠκριβωμένον καὶ σφόδρα γε ἔχεις ἐν τῷ πρώτῳ βιβλίῳ. ὅμως δὲ καὶ ἐν τούτῳ τῷ θεωρήματι οἱ τὰς αὐτὰς ἐν τισι τέχνας ἔχοντες, καὶ εἰ πάνυ εἶεν γνώριμοι, τῶν τεχνῶν αὐτῶν εἰσὶ σημαντικοί. τοιγαροῦν γραμματικὸν γραμματικῷ οὐδὲν ἄλλο ἢ τὴν γραμματικὴν εἶναι τέχνην καὶ ῥήτορα ῥήτορι ῥητορικήν, οὕτω δὲ καὶ ἐπὶ τῶν βαναύσων χαλκέα χαλκεῖ καὶ τέκτονα τέκτονι τὴν χαλκευτικὴν καὶ τεκτονικὴν τέχνην σημαίνειν. οἷον Φίλαγρος ὁ ῥήτωρ Ἴσαρον τὸν ῥήτορα νοσοῦντα ἐθεάσατο, καὶ ἐπὶ πολὺ παρὰ προαίρεσιν τὴν ἑαυτοῦ ἐσίγησε. καὶ ἐν Κυζίκῳ τέκτων τὸν ἀγχίθυρον τέκτονα ἀποθανόντα καὶ ἐκφερόμενον ἰδὼν διὰ δανειστὰς ἐξεχώρησε τοῦ ἐργαστηρίου καὶ μετανέστη τῆς πόλεως.

2 Περὶ δὲ τῶν ἓξ στοιχείων πρὸς τοὺς ἐπιφθόνως εἰρῆσθαι δο-

κοῦντας ὅπως ἔχῃς ἀποκρίνασθαι καὶ ἅμα καὶ αὐτὸς μὴ ἐξαπατηθῇς ὑπὸ τῶν πλείονα λεγόντων εἶναι, οὗτος ὁ λόγος ἁρμόσει. τῶν ὄντων ἃ μὲν φύσει ἐστὶν ἃ δὲ νενόμισται· ἔστι δὲ πρῶτα μὲν ταῦτα καὶ ἡγεμονικὰ δύο στοιχεῖα. τὰ μὲν οὖν φύσει δεῖ κατὰ
5 ταὐτὰ καὶ ὡσαύτως ἔχειν, τῶν δὲ νενομισμένων ἃ μὲν συνθέμενοι ἀλλήλοις οἱ ἄνθρωποι αὐτοὶ ἑαυτοῖς προστάττουσι, καὶ καλεῖται τὸ τοιοῦτον ἔθος· ἔστι δὲ, ὡς ἡ Φημονόη λέγει, νόμος ἄγραφος· ἃ δὲ φόβῳ τοῦ παραβαίνεσθαι γραψάμενοι νόμους καλοῦσι παρὰ τὸ νενομικέναι ταῦτα οὕτω δεῖν ἔχειν.
10 κοινῇ μὲν οὖν ἑαυτοῖς ὡμολογήκασι μυστήρια καὶ τελετὰς καὶ πανηγύρεις καὶ ἀγῶνας καὶ στρατείαν καὶ γεωργίαν καὶ πόλεων συνοικήσεις καὶ γάμους καὶ παίδων ἀνατροφὰς καὶ ὅσα ἄλλα τούτοις ὅμοια, ἑαυτῷ δὲ ἕκαστος ὁμολογήσας ἐνστάσει χρῆται ἰδίᾳ καὶ ἐσθῆτι καὶ ὑποδέσει καὶ τροφῇ καὶ κουρᾷ καὶ
15 ἄλλῳ τῳ περὶ τὸ σῶμα κόσμῳ καὶ ἐπιτηδεύματι καὶ προαιρέσει, ἣν ἂν μάλιστα ἐπαινῇ, ἄλλο δ' ἄλλοισιν νόμισμα, σφετέραν δ' αἰνεῖ δίκαν ἕκαστος φησὶν ὁ Πίνδαρος. τῶν δὲ γεγραμμένων νόμων δύναμις ἀεὶ ἡ αὐτή, καὶ πράττοντι μὲν κατὰ τὴν γραφὴν ἔπαινοι καὶ τιμαὶ καὶ δόξα ἀγαθὴ καὶ
20 ἀσφάλεια πολλή, παραβαίνοντι δὲ τοὺς γεγραμμένους νόμους ζημίαι τε καὶ κολάσεις καὶ κίνδυνοι. τὸ μὲν οὖν κατὰ τὸν νόμον ἀδιαίρετον πλὴν ὅσον χρόνῳ, τὸ δὲ ἔθος ἀποσχίδας ἔσχηκε τήν τε τοῦ χρόνου καὶ τὴν τῆς τέχνης καὶ τὴν τῶν ὀνομάτων· πάντα γὰρ τὰ πραττόμενα κατὰ νόμον καὶ ἄνευ νόμου πάντως
25 ἔν τινι χρόνῳ γίνεται ἢ γέγονεν ἢ ἔσται, χρόνου δὲ ἀποσχίδες καιροὶ καὶ ὧραι. πράττουσι δὲ ἕκαστα ἄνθρωποι ἤτοι τεχνικῶς ἢ ἀτέχνως· τεχνικῶς μὲν οἱ ἐπιστάμενοι, ἀτέχνως δὲ οἱ

---

3 δὲ post ἔστι om L. delendum est μέν, nisi verba ἐστὶ — στοιχεῖα glossatoris sunt || 5 ταὐτὰ] ταῦτα L, τὰ αὐτὰ V || 6 ἀλλήλοις spurium videtur || προστάττουσι] πράττουσι LV || 7 ἐστιν L || ἡ Φημονόη] ἡ φήμων· ἢ L, ἡ φήμη V || νόμος ἄγραφος] cf. Suidas in v. ἔθος || 9 οὕτω δεῖν] δεῖν οὕτως V || 10 μὲν οὖν] μὲν L || 11 ἀγῶνας] ἀγῶνα L || 13 ἑαυτῷ δὲ ἕκαστος] αὐτῷ ἕκαστος L || ἐνστάσει] ἐν στάσει L, ἐπὶ πᾶσι V || 14 καὶ addidi ante ἐσθῆτι || ὑποδέσει] ὑποδήσει LV || 15 ἐπιτηδεύματι] ἐπιτηδεύμασι πᾶσι L || 16 ἐπαινεῖ L || ἄλλο δ' ἄλλοισιν νόμισμα Cram. An. Par. III. p. 154, 13: ἄλλα δ' ἄλλοισι νόμιμα Matr. An. p. 475, ἄλλα δὲ ἄλλοις νόμιμα LV || 17 σφέτερα V || δ' αἰνεῖ δίκαν Cram. Matr.: δέδεικται LV || ἑκάστοις V || 18 ἀεὶ LV. possis etiam μένει || καὶ πράττοντι μὲν] πράττοντι δὲ LV || 20 ἀσφάλια L || 22 ὅσον] ὅσον ἐν LV || ἀποσχίδας] ἀποσχέσεις LV || ἔσχηκεν L || 23 τε om L || τὴν om L || τὴν Reiffius: τὸ V, om L || 25 ἀποσχίδες] ἀποσχέσεις LV || 26 πράττουσιν L ||

μή. δεῖ δὲ τῇ τέχνῃ ἐργαλείων τε καὶ μηχανημάτων καὶ τῶν
ὅσα ἑκάστῃ πρόσφορα καὶ οἰκεῖα νενόμισται. ὅτι δὲ οὐδὲν τῶν
ὄντων ἀνώνυμόν ἐστι, περισσὸν καὶ λέγειν. τῶν δὲ ὀνομάτων
ἃ μὲν εὔφημα ἃ δὲ δύσφημα νενόμισται. ὥστε ἐάν τι λέγῃ τις
παρ' αὐτὰ τὰ ἓξ στοιχεῖα, δυνάμει μέν τινος τούτων ἴδιον 5
ἐρεῖ, φωνῇ δὲ οὐκ ἴδιον. οἷον χαρὰ καὶ λύπη καὶ ἔχθρα καὶ
φιλία καὶ νόσος καὶ ὑγίεια καὶ ἔκκρισις καὶ πρόσχρησις σωμά-
των καὶ κάλλος καὶ αἰσχρότης καὶ αὔξησις καὶ μείωσις καὶ γέ-
νεσις καὶ τελευτὴ καὶ ὅσα ἄλλα τούτοις ὅμοια κατὰ φύσιν
πάντα· οὐδὲ γάρ ἐστιν ἕτερα τῆς φύσεως οὐδὲ ὡς στοιχεῖα· 10
οὐδὲ γάρ ἐστιν ἡ φύσις ψιλὸν ὄνομα, ἀλλ' ἡ τῶν πάντῃ καὶ
πάντως ἐσομένων τε καὶ οὐκ ἐσομένων περιφορὰ φύσις ὠνό-
μασται. οὕτω δὲ καὶ ὁ νόμος καὶ τὸ ἔθος οὐκ αὐτὰ καθ' ἑαυτά
ἐστιν ὀνόματα, ὡς τὸ βλίτυρι καὶ ὁ σκινδαψός, ἀλλά τινος νό-
μος καί τινος ἔθος, ὥσθ' ὅταν τις εἴπῃ γάμον καὶ μοιχείαν 15
καὶ λῃστείαν καὶ παρακαταθήκην καὶ ὕβριν καὶ πάλιν αὖ κου-
ρὰν καὶ ἐσθῆτα καὶ ποιὰν τροφήν, λέληθεν ἑαυτὸν νόμου ὄνο-
μα ἢ ἔθους λέγων, ὥσπερ ἄλλο τι στοιχεῖον. οὕτω καὶ ὅταν
σκεῦος ᾖ μηχάνημά τι ἢ ἐργαλεῖον ὥσπερ τι στοιχεῖον λέγῃ, ἢ
τέχνην λέγει ἢ ὄνομα ἢ χρόνον· τέχνην μέν, ὅταν τὴν δι' ἐρ- 20
γαλείων ἐργασίαν· ὄνομα δέ, ὅταν μηχάνημα ἢ σκεῦος· χρό-
νον δέ, ὅταν ἀμφότερα, οἷον δρέπανον ἢ δίκελλαν· ἐν ὡρι-
σμένοις γὰρ χρόνοις καὶ δρεπάνου καὶ δικέλλης δεῖ τοῖς ἀν-
θρώποις. κοινὸς μὲν οὖν λόγος ἐστίν, ὅτι πάντα τὰ κατὰ φύ-
σιν ἢ νόμον ἢ ἔθος ἢ τέχνην ἢ ὀνόματα ἢ χρόνον βλεπόμενα 25
ἀγαθά, τὰ δὲ ἐναντία τούτοις πονηρὰ καὶ ἀλυσιτελῆ. μέμνησο

---

1 post μή in L est τὴν τέχνην σύστημα ἐκ καταλήψεων πρός τι τέλος εὔχρηστον ὁρίζονταί τινες εἶναι, in V τὴν τέχνην σύστημα ἐγκαταλήψεων πρός τι τέλος εὔχρηστον ὁρίζονται εἶναι ‖ ἐργαλίων L ‖ τε om V ‖ 2 οἰκία L ‖ 4 ἐάν τι λέγῃ τις παρ' αὐτά] οταν τις λέγει L ‖ 5 τινος ἐρεῖ τούτων ἴδιον L ‖ 6 οἷον om L ‖ καὶ post χαρά om V ‖ 7 ὑγίεια Reiffius: ὑγία L, ὑγεια V ‖ ἔκκρισις καὶ πρόσχρησις] ἔμπτωσις καὶ πρόσκρισις V, γρ. καὶ ἔκκρισις καὶ πρόσχρησις mg V ‖ σώματι L ‖ 8 γέννησις L ‖ 9 ἄλλα om L ‖ ὅμοια] ὅμα V ‖ κατὰ φύσιν πάντα] verba suspecta ‖ 10 γάρ om L ‖ 12 ὀνόμασται L ‖ 13 οὕτως V ‖ δὲ καί] δὲ L ‖ αὐτὸ καθ' ἑαυτὸ L ‖ 14 βλίτυρι] βρίτυρι V ‖ ὁ addidi ‖ 15 εἴπῃ] εἴποι LV ‖ 17 ἐσθῆτα καί] αἰσθῆτα L ‖ 18 οὕτω] οὕτως LV ‖ 19 τι om L ‖ λέγῃ Reiffius: λέγει L, om V ‖ περὶ διαφορᾶς τεχνῶν L ‖ ἢ om L ‖ 20 ἢ ante ὄνομα om L ‖ 21 ἢ om L ‖ 22 post δίκελλαν in L est ἢ ἁμᾶν γεωργίαν, in V ἢ ἁμᾶν γεώργια ‖ ἐν ὡρισμένοις] ἐνορισμένοις L ‖ 23 γάρ] γὰρ τοῖς L ‖ δρεπάνου] δρεπάνους L, δρεπάνης V ‖ 25 ἢ νόμον ἢ ἔθος ἢ τέχνην ἢ ὀνόματα ἢ χρόνον] ἠνομένα ηθος η τέχνη ἢ χρόνον (χρόνος manus secunda) ἢ ὀνόματα L, νόμον ἢ φήμην ἢ ἔθος ἢ χρόνον ἢ τέχνην ἢ ὀνόματα V ‖ 26 λυσιτελῆ pr L ‖

CAP. II.

δὲ ὅτι οὐ πάντως καθολικὸς οὗτος ὁ λόγος ἀλλ' ὡς ἐπὶ τὸ πλεῖστον μᾶλλον οὕτως ἔχων· πολλὰ γὰρ καὶ παρὰ τὰς ὑποστάσεις τῶν πραγμάτων ἀνακολούθως τῇ φύσει καὶ τῶν ἄλλων στοιχείων τινὶ ὁρώμενα ἀγαθὰ γίνεται. οἷον ἔδοξέ τις τὴν μη-
5 τέρα τύπτειν. ἦν μὲν οὖν παράνομον, ἀλλ' οὐδὲν ἧττον ἐλυσιτέλησεν αὐτῷ, ἐπειδὴ κεραμεὺς ἔτυχεν ὤν· μητέρα δὲ τὴν γῆν καλοῦμεν, ἣν ὁ κεραμεὺς τύπτων ἐργάζεται. τοιγαροῦν εἰργάσατο πολλά. μέμνησο δὲ ὅτι μεῖζον ἔθος μικροτέρου κρατεῖ. ὡς Ἀριστείδης ὁ νομικὸς καίτοι ἔθος ἔχων ἐν λευκοῖς
10 προϊέναι νοσῶν ἔδοξε λευκὰ φορεῖν ἱμάτια. οὐδὲν ἀπώνατο τοῦ ἔθους· οὐ γὰρ εἰς μακρὰν ἀπέθανεν· ἦν γὰρ μεῖζον ἔθος τὸ ἐπεῖγον, καθ' ὃ οἱ νεκροὶ ἐν λευκοῖς ἐκφέρονται. καὶ τῶν τεχνῶν δὲ αἱ δυνάμεις ὅμοιαι, καὶ εἰ τῇ ἐνεργείᾳ εἶεν ἀνόμοιοι, εἰς ταὐτὸν ἀποβαίνουσιν. ὡς Ἀπολλωνίδης ὁ χειρουρ-
15 γὸς ὁμηρίζειν νομίσας καὶ πολλοὺς τιτρώσκειν πολλοὺς ἐχείρισε. καὶ γὰρ οἱ ὁμηρισταὶ τιτρώσκουσι μὲν καὶ αἱμάσσουσιν, ἀλλ' οὐκ ἀποκτεῖναί γε βούλονται· οὕτω δὲ καὶ ὁ χειρουργός. καὶ τοῖς τρόποις δὲ τοῖς εἰρημένοις ἐν τῷ πρώτῳ βιβλίῳ ὡς ἀληθέσι πρόσεχε, καὶ οὐχ ἁμαρτήσει. σαφῶς δὲ
20 αὐτῶν ἐκεῖ καὶ διδασκαλικῶς ἡρμηνευμένων περισσὸν ἐνθάδε σοι λέγειν. μεριμνητικοὺς δὲ ὀνείρους ἡγοῦ εἶναι περὶ ὧν ἂν μεριμνήσαντες πραγμάτων ἢ ἀλόγῳ τινὶ ὁρμῇ ἢ ἐπιθυμίᾳ χρώμενοι ἴδωσιν οἱ ἄνθρωποι ὀνείρους· τοὺς δὲ αὐτοὺς καὶ αἰτητικοὺς καλοῦμεν διὰ τὸ αἰτεῖν παρὰ θεῶν ἰδεῖν τι περὶ τῶν
25 ἐν ποσὶ πραγμάτων. μέμνησο δέ, ὅταν μὲν αἰτῇς ὀνείρους, μήτε ἐπιθυμιᾶν λιβανωτὸν μήτε ὀνόματα ἄρρητα λέγειν, καί, τὸ κεφάλαιον εἰπεῖν, περιεργότερον τοὺς θεοὺς ἐπερώτα μηδέν γε-

---

2 μᾶλλον videtur delendum esse ‖ 3 ἀκολούθως V, ἀνακολούθως mg V ‖ καὶ] ἡ L ‖ 4 τινὶ στοιχείων V ‖ ὀνείρου ἔκβασις L ‖ ἔδοξεν L ‖ 7 καλοῦμεν ἣν] καλουμένην L ‖ τύπτων] παίων L ‖ 8 μείζων L ‖ 9 ἀριστήδης L. malim ὡς καὶ Ἀριστείδης. ‖ καίτοι Valesius: καὶ τοῖς L, καί τις V ‖ 10 φορεῖν λευκὰ ἱμάτια V ‖ οὐδὲν] καὶ οὐδὲν LV ‖ ἀπώνατο] ὤνησεν ἀπὸ L ‖ 12 ἐπεῖγον] an ἐπέχον? ‖ καθον L ‖ φέρονται L ‖ 13 malim αἱ δυνάμεις εἰ καὶ omisso ὅμοιαι ‖ 14 malim ὡς καὶ Ἀπολλωνίδης ‖ 15 ἐχειρούργησε L ‖ 16 verba μὲν καὶ αἱμάσσουσιν usque ad καὶ εἴ μοι ἔσται (p. 206, 6) redeunt in L post libri II verba λαμβάνουσιν ὧν δὲ (p. 129, 28) ‖ 17 ἀποκτεῖναι L ‖ 19 ἀληθέσι L' ‖ ἁμαρτήσει] ἁμαρτήσεις LV ‖ 20 αὐτῶν post διδασκαλικῶς ponit V ‖ ἡρμηνευμένων] ἑρμηνευμένων V, ἑρμηνευομένων L ‖ 21 μεριμνητικοὺς L p. 129, 28 mg: μεριμνηματικοὺς LV ‖ ἡγοῦ] ἡγοῦμαι V ‖ ἂν inserui ‖ 22 ἢ om V ‖ ἢ Reiskius addidit ‖ ἐπιθυμίας L ‖ 23 οἱ om L ‖ αἰτητικοὺς] αἰτηματικοὺς V sec L, τηματικοὺς pr L ‖ 24 καλοῦμεν] καλεῖν LV ‖ αἰτεῖν τι παρὰ θεοῦ ἰδεῖν L ‖ περὶ om V ‖ 25 αἰτεῖς L ‖ ὀνείρους] ὀνείρους τοὺς θεοὺς V ‖ 26 μήτε ἐπιθυμιᾶν] μὴ ἐπιθυμιᾶν L ‖ ἄρρητα ὀνόματα L ‖ 27 γέλοιον pr L ‖

p. 205

λοῖον γὰρ ἂν εἴη ἀνθρώπων μὲν τοὺς σπουδαίους τοῖς μετ᾽ ἀνάγκης αἰτοῦσι καὶ βιαίως μηδὲν παρέχειν, τοῖς δὲ ἐπιεικέσι χαρίζεσθαι, θεοὺς δὲ πρὸς βίαν αἰτουμένους ὑπακούειν. μετὰ δὲ τὸ ἰδεῖν καὶ θῦε καὶ εὐχαρίστει. ἔτι δὲ καὶ τῶν νομοθετούντων τοῖς θεοῖς καταγέλα, λέγω δὲ τῶν εὐχομένων οὕτως 5 'ἐμοὶ πρακτέον τόδε' καὶ 'ἐμοὶ ἐατέον τόδε' καὶ 'νῦν ἴδοιμι Δήμητρος καρπόν· εἰ δὲ μή, Διονύσου' καὶ 'εἰ μὲν συμφέρει μοι καὶ λυσιτελεῖ, λάβοιμί τι· εἰ δὲ μή, δοίην.' ἐπὶ γὰρ τοῖς τοιούτοις πλάνη γίνεται πολλή. ὁ μὲν γὰρ θεὸς πρὸς τὸ ἀποβησόμενον δίδωσι τοὺς ὀνείρους τῇ ψυχῇ τοῦ ὁρῶντος φύσει 10 μαντικῇ οὔσῃ ἢ εἴ τι ἄλλο ἐστὶν αἴτιον τοῦ ὀνειρώσσειν· ὁ δὲ πρὸς τὴν ἑαυτοῦ ἐπερώτησιν ἐκλαμβάνων τὰ ἐν τοῖς ὕπνοις ὁραθέντα, εἰ ἐναντία εἴη, πλανᾶται. οἷον τῷ νοσοῦντι ἄρτοι ὠμοί, καίτοι Δήμητρος καρπός εἰσιν, ἀλλὰ διὰ τὸ μέλλειν ὀπτᾶσθαι λαβρότερον ἐπάγουσι τὸν πυρετόν, τῷ δὲ γῆμαι καὶ 15 κοινωνῆσαι ἐθέλοντι ἄμπελος καὶ οἶνος, ἡ μὲν διὰ τοὺς ἕλικας ὁ δὲ διὰ τὴν κρᾶσιν, ἐπιτηδειότερα πυρῶν ἢ κριθῶν. καὶ τῷ περὶ προκοπῆς φροντίζοντι δωρεῖσθαι καὶ διδόναι τι κρεῖττον ἢ λαμβάνειν, εἰ μὴ ἄρα παρὰ τῶν βελτιόνων λαμβάνοι· ὁ μὲν γὰρ πολλὰ ἔχων καὶ μεταδοίη ἄν, ὁ δὲ οὐκ ἔχων λάβοι ἄν. 20 χρὴ οὖν εὔχεσθαι μὲν τῷ θεῷ περὶ ὧν τις φροντίζει· ὅπως δὲ χρὴ προαγορεύειν, ἐπιτρεπτέον αὐτῷ τῷ θεῷ ἢ τῇ ἑαυτοῦ ψυ-
3 χῇ. θεοπέμπτους δὲ ὀνείρους ἡγοῦ τοὺς αἰφνίδιον ἐφισταμένους, ὡς καὶ πάντα τὰ ἀπροσδόκητα θεόπεμπτα καλοῦμεν. κρῖνε δὲ τὰ ἐξ ὁλοκλήρου μνημονευόμενα καὶ ὧν ἀκριβῆ κατά- 25 ληψιν ὁ ἰδὼν ἔχει, ἐπεὶ εἰ τὰ μὲν ὁραθέντα ἀποβήσεται, σὺ δὲ εὑρεθήσει τὰ μὴ ὁραθέντα κρίνων, πταίσεις. χρὴ δὲ φεύγειν δόξαν ἀμαθίας.

1 μετὰ L ‖ 3 αἰτουμένοις V sec L ‖ τι post αἰτουμένοις addit V ‖ 5 τοῖς θεοῖς L p. 149,20 mg: τοὺς θεοὺς LV ‖ καταγέλα] καταγελᾷ L, καταγελᾶν V ‖ οὕτω V ‖ 6 ἐμοὶ] εἴ μοι LV ‖ πρακταιον L ‖ ἐμοὶ ἐατέον] εἴ μοι ἔσται LV ‖ νῦν] εἰ νῦν LV ‖ ειδοιμι L ‖ 7 διονύσσον L ‖ συμφέρει] συμφέροι LV ‖ 8 λυσιτελεῖ] εἰ λυσιτελῇ V ‖ μή] μοι L ‖ 10 δίδωσι] δίδωσι δείκνυσι L ‖ ὁρῶντος] ἰδόντος L ‖ 11 ἢ εἴ] ἢ εἴ L, εἰ καὶ V ‖ ἐστὶν ἄλλο V ‖ τὸ ante αἴτιον addit L ‖ 12 ἐρώτησιν L ‖ εἴη] εἶεν LV ‖ 14 Δήμητρος] τῆς δήμητρος V ‖ καρπός om L ‖ εἰσὶν Reiskius: ἔστιν LV ‖ ἀλλὰ] καὶ L ‖ 16 ἐθέλοντι] θέλοντι LV ‖ ἄμπελος Reiffius: ἄμπελοι LV ‖ ἢ] ο pr L ‖ 18 κρεῖττον] fortasse legendum ἄμεινον ‖ 20 μεταδοίη ἄν] μεταδιδοίη L ‖ 21 μὲν om L ‖ τοῖς θεοῖς V ‖ 22 αὑτοῖς τοῖς θεοῖς V ‖ 23 περὶ θεοπέμπτων ὀνείρων V ‖ addidi ἡγοῦ. possis etiam λέγω vel simile quid ‖ ἐφνήδιον V ‖ ἐπισταμένοις L ‖ 25 κρῖνε] κρῖναι LV ‖ 26 post ἔχει in LV est καὶ ὧν ἀκριβῶς μέμνηται ‖ εἰ om pr L ‖ 27 εὑρεθήσει] εὑρεθείση L, εὑρεθῆς V ‖ κρίνων] κρίνας? ‖

Ἔθη τὰ τοπικὰ καὶ τῶν τόπων τὸ ἴδιον εἰ μὴ ἐπίστασαι, 4 πυνθάνου. ἀποδημίαι δὲ καὶ ἀναγνώσεις ἕξιν σοι περιποιήσουσι τούτων μάλιστα· οὐ γὰρ τὰ ὀνειροκριτικὰ μόνον βιβλία ἱκανά ἐστιν ὠφελεῖν ἀλλὰ καὶ ἡ ἄλλη ὕλη. γυνὴ ἔδοξεν εἰς τὸν νεὼν 5 τῆς Ἀρτέμιδος τῆς Ἐφεσίας εἰσεληλυθέναι. οὐκ εἰς μακρὰν ἀπέθανε· θάνατος γὰρ ἡ ζημία τῇ εἰσελθούσῃ ἐκεῖ γυναικί. ἑταίρα ἔδοξεν εἰς τὸ τῆς Ἀρτέμιδος ἱερὸν εἰσεληλυθέναι. κατέλυσε τὴν ἑταιρείαν· οὐδὲ γὰρ εἰς τὸ ἱερὸν πρότερον εἰσέλθοι ἄν, εἰ μὴ καταλύσειε τὴν ἑταιρείαν. καὶ περὶ τῶν ἄλλων δὲ ἐθῶν 10 τῶν τοπικῶν καθ' ἑκάστην πόλιν ἢ χώραν πρὸς τὸ τοπικὸν ποιοῦ τὰς κρίσεις. πυνθάνεσθαι δ' ἐπιμελῶς ἕκαστα τῶν ἐν τοῖς ὕπνοις ὁρωμένων μὴ ὄκνει, ὡς ἔστιν ὅτε μικροῦ τινὸς προσθέσει ἢ ἀφαιρέσει τὰ ἀποτελέσματα διαφέροντα γίνεται. οἷον νοσοῦντά τις ἔχων υἱὸν ἔδοξε περαίνειν αὐτὸν καὶ ἥδεσθαι. ἐξη-15 σεν ὁ παῖς· καὶ γὰρ τὸ περαίνειν ἔχειν λέγομεν 'καὶ τὸ κεκτῆσθαι· ἐλήφθη δὲ τὸ τοιοῦτον ἀπὸ τοῦ ἥδεσθαι. ἄλλος νοσοῦντα ἔχων υἱὸν ἔδοξε περαίνειν αὐτὸν καὶ ἄχθεσθαι. ἀπέθανεν ὁ παῖς· φθείρεσθαι γὰρ τὸ περαίνεσθαι καὶ τὸ ἀποθνήσκειν ἐπίσης καλοῦμεν· ἐλήφθη δὲ τοῦτο ἀπὸ τοῦ ἄχθεσθαι. περὶ μὲν 20 οὖν τῶν ἐν τῷ προοιμίῳ τοῦ πρώτου καὶ τοῦ δευτέρου βιβλίου γεγραμμένων ταῦτα· τὰ δὲ ἄλλα ὅσα χρὴ ἐπίστασθαί σε ὧδε ἔχει.

Ὅσα πέπλεκται, οὐ μόνον λίνα καὶ δίκτυα καὶ νεφέλαι 5 ἀλλὰ καὶ κανᾶ καὶ σπυρίδες καὶ κανθήλια καὶ κάλαθοι καὶ

---

1 περὶ ἐθῶν τοπικῶν V [|, ἔθη] ἔθη δὲ LV || 2 περιποιοῦσι V || 4 νεών] νεὼν ἢ οἶκον V, ναὸν ἢ οἶκον L || 5 εἰσεληλυθέναι] εἰσελθοῦσα δεικνύειν ἡ δὲ LV | 6 ἀπέθανεν L || τῇ εἰσελθούσῃ ἐκεῖ] ἐκεῖ εἰσελθούσῃ L || 7 ἑταίρα] ἑτέρα L, ἑταίρα δὲ V || εἰσεληλυθέναι] εἰσεληλυθέναι καὶ ἠλευθερώθη καὶ V, εἰσεληλυθέναι καὶ ἐλευθερώθη καὶ L || 8 ἑταιρείαν] ἑταιρίαν V, ἑτερίαν L || malim οὐ γὰρ πρότερον ἑταίρα εἰς τοῦτο τὸ ἱερὸν εἰσέλθοι ἂν || 9 εἰ om L || καταλύσῃ L || τὴν ἑταιρείαν] τὴν ἑταιρίαν V, ἑταίρα L || 10 τῶν τοπικῶν om V || post τοπικὸν in V est ἔθος || 11 τὴν κρίσιν L || δὲ V || 12 ὄκνει] ὀκνεῖ L, ὀκνείν V || μικροῦ] ἐπὶ μικροῦ V || 13 post γίνεται in LV est καὶ περὶ αὐτὴν τὴν διάθεσιν τῆς γνώμης || 16 ἐλήφθη] εἴληπται V || τοιοῦτο L. fortasse ἐλήφθη δὲ τοῦτο || ἄλλος] ἄλλος δὲ πάλιν V || 17 ἔδοξεν L || ἄχθεσθαι] ἄχθεσθαι καὶ L, ἄχθεσθαι καὶ μεταγινώσκειν V || 18 φθίρεσθαι L || γὰρ — ἀποθνήσκειν] γὰρ τὸ ἀποθνήσκειν καὶ τὸ περαίνειν L, γὰρ καὶ τὸ περαίνεσθαι καὶ ἀποθνήσκειν V || 19 post ἄχθεσθαι in LV est ἐπεὶ δὲ (ἐπειδὴ L) αὐτὸς ὁ πατὴρ ἐνήργει, αὐτὸς ἦν ὁ καὶ τοῦ θανάτου τῷ παιδὶ αἴτιος οὐκ ἐν δέοντι καιρῷ τῆς νόσου θρέψας αὐτόν || 20 τοῦ ante δευτέρου om V || 21 γεγραμμένῳ pr L || 23 περὶ πλεκτῶν σκευῶν V || καὶ δίκτυα — σπυρίδες] καὶ δίκτυα — σφυρίδες L, καὶ δίκτυα καὶ σπυρίδες καὶ νεφέλαι ἀλλὰ καὶ κάνα V ||

κεκρύφαλοι καὶ ὅρμοι χρυσοῖ καὶ ἁλύσεις πᾶσαι καὶ στέφανοι καὶ ὅσα ὅμοια, πρὸς μὲν γάμους καὶ φιλίας καὶ κοινωνίας ἀγαθὰ διὰ τὴν συμπλοκήν, πρὸς δὲ ἀποδημίαν καὶ δρασμὸν καὶ φυγὴν ἐμπόδια διὰ τὰς δέσεις καὶ πρὸς τὰς πράξεις ἄπρακτα χωρὶς τῶν μετὰ δόλου τι πραττόντων καὶ τοῖς φοβουμένοις ἐπίφοβα διὰ τὸ καθεκτικόν.

6 Ὅσοι συναντῶσι καὶ ὅσοι βλέπονται, ἄνδρες τε καὶ γυναῖκες, οἱ μὲν φίλοι τε καὶ εὐεργέται καὶ τὸ ὅλον οἱ μὴ βλάπτοντες ἢ μὴ βλάψαντες, ζῶντές τε καὶ νεκροὶ ἀγαθοί, οἱ δὲ βλάπτοντες ἢ βλάψαντες πονηροί· εἰκόνας γὰρ τῶν πραγμάτων τοὺς ὁρωμένους χρὴ λογίζεσθαι, ἀγαθῶν μὲν τοὺς φίλους, κακῶν δὲ τοὺς ἐχθρούς.

7 Ἃ πάλαι τις ἐκέκτητο χρήματα ἢ κτήματα ἢ οὓς πάλαι εἶχεν ἀνθρώπους ὅτε ηὐτύχει ἢν νῦν ἔχειν ἀπορῶν ἢ πενόμενος δόξῃ, ἀγαθὸν αὐτῷ· τῆς γὰρ τότε τύχης ὑποστροφὴν σημαίνει.

Ἃ πάλαι τις ἐκέκτητο χρήματα ἢ κτήματα ἢ οὓς πάλαι εἶχεν ἀνθρώπους ὅτε ἦν ἄπορος ἢ πένης εἰ νῦν εὐπορῶν δόξειεν ἔχειν, κακῶν αὐτῷ πολλῶν καὶ πενίας σύμβολον.

8 Τῶν ἐν τοῖς ὕπνοις ὁρωμένων ἀνθρώπων ἀγαθὰς ἡμέρας ποιοῦσι τὰς ἐπιούσας οἱ ἥδιστοι ἢ οἱ φίλτατοι ἢ οἱ φιλοῦντες τοὺς ὁρῶντας, κἂν ἀγνοῶσιν αὐτούς· κακὰς δὲ οἱ ἔχθιστοι ἢ οἱ μισούμενοι ἢ οἱ μισοῦντες τοὺς ὁρῶντας, κἂν λανθάνωσιν. ἵνα δὲ μὴ ἄπορον τὸ τοιοῦτον εἶναι νομίσῃς, ὅταν τινὰ τῶν φίλων ἴδῃς καὶ κακὴν ἡμέραν διάγῃς, γίνωσκε ὅτι μισεῖ μέν σε, προσποιεῖται δέ σε φιλεῖν· καὶ ἐάν τινα τῶν ἐχθρῶν βλέπῃς καὶ καλὴν ἡμέραν διάγῃς, γίνωσκε ὅτι οὐ δικαίως αὐτὸν μισεῖς.

9 Ὅσοι συναντῶσι καὶ βλέπονται τεχνῖται, ὁμοίως ταῖς τέχναις ἀποβαίνουσιν. αὐτοῖς δὲ καὶ ταῖς τέχναις ὁμοίως τὰ ἐρ-

---

1 κρύφαλοι L || χρύσεοι V || 2 ὅσα] ὅσα εἴδη V, ὅσα ἴδια L || 3 ἀποδημίας L || δρόμον V || 4 δέσεις Reiffius: δήσεις LV || 7 περὶ συναντήσεως ἀνθρώπων V || 8 οἱ] ἢ L || 11 ἀγαθῶν Rigaltius: ἀγαθὸν LV || κακῶν Rigaltius: κακὸν LV || 13 περὶ προτέρας τύχης V || 14 ηὐτύχει] εὐτύχει τούτους LV || ἢν Reiffius: η L, om V || 15 αὐτῷ om L || ὑποστροφον L || 17 addidi χρήματα ἢ κτήματα || ἢ οὓς — ἀνθρώπους om L || 18 νῦν εὐπορῶν εἰ V || 19 κακὸν L || πολλῶν om L || 20 περὶ διαφορᾶς τῶν ἐν ὕπνοις ὁρωμένων ἀνθρώπων V || 21 ποιοῦσιν L || οἱ ante φίλτατοι om V || 22 ἀγνοῶσιν αὐτοῖς L || οἱ ἔχθιστοι ἢ] οἱ ἐχθροὶ καὶ οἱ ἔχθιστοι καὶ L || 24 τοιοῦτο L || 25 διαγάγῃς L || ὅτι — γίνωσκε om L || 29 περὶ συναντήσεως τεχνιτῶν V, περὶ τεχνιτῶν L || 30 ἀποβαίνουσιν — ὁμοίως om L ||

γαστήρια αὐτῶν ὁρώμενα ἀποβαίνει χωρὶς ἑταίρας καὶ πορνείου· αὐτὴ μὲν γὰρ καθ᾽ ἑαυτὴν ἡ πόρνη ἀγαθή, τὸ δὲ ἐργαστήριον αὐτῆς πονηρόν. τὰς δὲ αἰτίας ἐν τῷ περὶ συνουσίας ἔχεις λόγῳ.

Παιδίων τὰ μὲν ἀρρενικὰ ἀγαθά, τὰ δὲ θηλυκὰ πονηρά, **10** ἀμφότερα δὲ φροντίδων ἐστὶ σημαντικά. παῖδες δὲ καὶ νεανίσκοι γερόντων συμφορώτεροι βλέπεσθαι πρὸς τὰς πράξεις· πρὸς δὲ τὰς πίστεις ἄνδρες καὶ πρεσβῦται παίδων καὶ νεανίσκων ἀμείνονες, πλὴν εἰ μή τι πράττοιεν ἢ λέγοιεν ἄτοπον.

Ὅσα μὲν βραδέως φύεται καὶ βραδέως αὔξεται, φυτῶν μὲν **11** δρῦς ἐλάα κυπάρισσος καὶ τὰ ὅμοια, ζῴων δὲ ἐλέφας ἔλαφος p. 209 κορώνη καὶ τὰ ὅμοια, καὶ τὰ ἀγαθὰ καὶ τὰ κακὰ βράδιον ἐπάγει· ὅσα δὲ ταχέως φύεται καὶ ταχέως αὔξεται, φυτῶν μὲν ἄμπελος καὶ περσική, ζῴων δὲ χοῖρος καὶ τὰ ὅμοια, ταχέως καὶ τὰ ἀγαθὰ καὶ τὰ κακὰ ἐπάγει. ταῦτα δὲ καὶ ἐν ταῖς προθεσμίαις τὸν αὐτὸν ἔχει λόγον. ὁμοίως λάμβανε καὶ τὰ ἐν ἀγρῷ γεννώμενα πάντα πρὸς σύγκρισιν τῶν ἐν κήπῳ, καὶ γεωργὸν ὁρώμενον καὶ κηπουρόν. ἰδίως δὲ ὁ κῆπος πορνοβοσκοῖς συμφέρει διὰ τὰ πολλὰ σπέρματα καὶ τὴν πρόσκαιρον ἐργασίαν, πάσας δὲ γυναῖκας διαβάλλει ὡς ἀσέμνους καὶ μαχλάδας.

Ὅσα μακρά ἐστιν, οἷον κυπάρισσοι καὶ πίτυες καὶ κάμακες καὶ ἄνδρες ἐπιμήκεις καὶ τὰ ὅμοια, πάντα μακροθυμεῖν κελεύει καὶ μὴ κενοσπουδεῖν· τὰ δὲ κολοβὰ καὶ βραχέα σπεύδειν ἐγκελεύεται.

Ὅσα στερεά, οἷον τείχη καὶ θεμέλιοι καὶ δένδρα παλαιὰ **12** καὶ τὰ σιδηρᾶ καὶ τὰ ἀδαμάντινα, φοβουμένοις ἀγαθά, ὅταν ἐμπεριέχηταί τις ὑπ᾽ αὐτῶν· διὰ γὰρ τὸ ἀσφαλὲς ἄφοβα γίνεται· εἰ δὲ μή, τὸ διαφεύγειν σημαίνει.

---

1 ἑτέρας L ‖ 2 ἡ om L ‖ 4 ἔχεις λόγῳ] ἔχει λόγῳ L, λόγῳ ἔχεις V ‖ 5 περὶ παιδίων νεανίσκων καὶ γερόντων V ‖ παιδίων] παιδίων δὲ V, παίδων δὲ L ‖ ἀρρενικά] ἀρσενικά V, ἀρσενικὰ καὶ L ‖ 6 ἀμφότεροι sec L ‖ δὲ om L ‖ ἐστί] εἰσὶ LV ‖ 7 γερόντων] φροντίδων L ‖ βλέπεσθαι] δέχεσθαι L ‖ 10 περὶ τῶν βραδέως ἢ ταχέως φυομένων φυτῶν V ‖ ὅσα μὲν] ὅσα δὲ V ‖ 11 δρύες L ‖ ἐλάα] ἐλαία LV ‖ ζῴων δὲ] τῶν δὲ ζῴων V ‖ 12 κορώνη ἔλαφος V ‖ ἀγαθά] καλά V ‖ βράδειον L ‖ 15 ἀγαθὰ καὶ τὰ κακά] καλὰ καὶ τὰ κακά V, κακὰ καὶ τὰ καλά L ‖ 18 κηπωρόν V ‖ 23 τά] ὅσα LV ‖ 24 ἐκκελεύεται L ‖ 26 περὶ τειχῶν καὶ θεμελίων καὶ δένδρων LV ‖ ὅσα] ὅσα δὲ LV ‖ οἷον addidi ‖ 27 ἀγαθόν L ‖ 28 ἐμπεριέχηται Reiskius: μὴ ἐκπεριέχηται V, μὴ περιέχηται L ‖ 29 an τὸ διαφυγεῖν vel omisso articulo διαφυγεῖν?

Ὅσα μαλακὰ καὶ εὔτονα, ἀγαθὰ ἐπίσης πᾶσιν.
Ὅσα μαλακὰ καὶ ἄτονα, τοῖς φοβουμένοις ἀγαθά.
Ὅσα βαρέα, κατοχῆς ἐστὶ σημαντικὰ καὶ πενίας· ταχέως γὰρ εἰς τὸ κάτω ῥέπει.

13 Ὀχήματα ὅσα νενόμισται, οἷον ἵππων ὄνων ἡμιόνων, οἷς μὲν ἀγαθὰ οἷς δὲ κακὰ σημαίνει· δείξομεν δὲ ὅταν εἰς τὸν περὶ ζῴων ἔλθωμεν λόγον· ὅσα δὲ μὴ νενόμισται, οἷον λύκων παρδάλεων ὑαινῶν καὶ τῶν ἄλλων θηρίων, μόνοις ἀγαθὰ τοῖς φοβουμένοις ἐχθροὺς δυνατοὺς διὰ τὸ ὑποτετάχθαι τῷ ἡνιόχῳ τὰ ὑπεζευγμένα. ἐπ᾽ ἀνθρώπων δὲ ὀχεῖσθαι μόνοις ἀγαθὸν τοῖς ἄρχειν ἐθέλουσι καὶ σοφισταῖς καὶ διδασκάλοις καὶ παιδοτρίβαις καὶ ἀνδραποδισταῖς, τοὺς δὲ λοιποὺς εἰς περιβοήσεις καὶ ὄλεθρον κατάγει.

14 Κολακεύειν τοῖς ἔθος ἔχουσι μόνοις συμφέρει, τοὺς δὲ λοιποὺς ταπεινοῖ· ἥττονες γὰρ οἱ κολακεύοντες τῶν κολακευομένων. κολακεύεσθαι δ᾽ οὐδενὶ συμφέρει, μάλιστα δὲ ὑπὸ γνωρίμου· προδοσίαν γὰρ ἐξ ἐκείνου προσδέχεσθαι χρή.

15 Πωλεῖσθαι ἀγαθὸν τοῖς τὰ παρόντα ἀλλάξαι βουλομένοις, οἷον δούλοις καὶ πένησι· κακὸν δὲ εὐπόροις καὶ πεπιστευμένοις. πολλοὶ δὲ καὶ ἐπράθησαν. τὸ δὲ πεπρᾶσθαι τοῦ πωλεῖσθαι ταύτῃ διαφέρει, ᾗ τὸ μὲν πεπρᾶσθαι πάντῃ καὶ πάντως ἀποβαίνει, τὸ δὲ πωλεῖσθαι ἔστιν ὅτε καὶ οὐκ ἀποβαίνει· ἐνδέχεται γὰρ τὸ ἔτι πωλούμενον μὴ πραθῆναι. οὕτω δὲ καὶ ἐπὶ

---

1 ἀγαθὰ — ἄτονα om L ‖ 3 ὅσα] ὅσα δὲ L ‖ βαρέα] βραδέα L ‖ σημαντικὰ post πενίας ponit V ‖ 5 περὶ ὀχημάτων παντοίων V, περὶ ὀχημάτων ἵππων τε καὶ ὄνων L ‖ εἰμιόνων L ‖ οἷς — οἷς] τοῖς — τοῖς L ‖ 6 εἰς] ἐπὶ? ‖ 7 ἔλθωμεν L ‖ λόγον] λόγον περὶ τοῦ ὀχεῖσθαι ἢ παρδάλι ἢ κυνὶ καὶ τῶν ὁμοίων θηρίων L ‖ 8 ὑαινῶν] κυνῶν LV. sed fortasse κυνῶν glossatori debetur ‖ 10 ὑπεζευγμένα Rigaltius: ὑποζευγμένα LV ‖ δὲ om L ‖ 11 ἄρχειν] ἄρχειν τινὸς LV ‖ θέλουσι V ‖ 13 περιβοήσεις] περιβοησίας V, περιβοησίαν L ‖ 14 περὶ κολακείας V, περὶ τοῦ κολακεύειν L ‖ μόνοις] μόνον LV ‖ σύμφορον L ‖ τοὺς δὲ λοιποὺς ταπεινοῖ] οἱ δὲ ἄλλοι ταπεινοί L ‖ 15 κολακευομένων] οὐ κολακεύουσιν περὶ τοῦ κολακεύεσθαι L, οὐ κολακευόντων V ‖ 16 δὲ V ‖ οὐδενὶ] ὑπ᾽ οὐδενὸς L, ὑπ᾽ οὐδενὸς οὐ V ‖ δὲ ὑπὸ om L ‖ 18 περὶ τοῦ πωλεῖσθαι LV ‖ 19 οἷον addidi ‖ δούλοις om L ‖ πένησι] πένησιν μόνον L ‖ εὐπόροις] πένησιν καὶ εὐπόροις L, εὐπόροις καὶ νοσοῦσι V ‖ 20 ἐπράθησαν] ἡρπάσθησαν καὶ ἐπράθησαν LV ‖ 21 διαφέρει] διαφέρει περὶ τοῦ ἀγοράζειν L ‖ ᾗ τὸ] ἢ τὸ L, τὸ μὴ τελείως τι γενέσθαι καὶ τὸ τελείως γενέσθαι ἢ τὸ V ‖ πεπρᾶσθαι] ἡρπάσθαι L ‖ 22 ἀπέβη Suidas in v. πεπρᾶσθαι ‖ 23 τὸ ἔτι πωλούμενον Suidas: τὸν ἐπιπωλούμενον LV, malim τὸ πωλούμενον ‖ οὕτω] τοῦτο LV. nisi scribendum est κατὰ ταὐτὰ ‖

τῶν ἄλλων πάντων ὀνείρων τὰ γεγονότα πάντως ἀποβαίνει,
τὰ δὲ γινόμενα ἤτοι ἀποβαίνει ἢ οὔ.

Ἀγοράζειν ἀγαθὸν πάντα καὶ ἐπικτᾶσθαι, ὅσα γε ἀγορά- 16
ζουσιν ἄνθρωποι κειμήλια· τὰρ γὰ πρὸς τροφὴν πένησιν ἐπι-
τηδειότερα· τοῖς γὰρ εὐπόροις ἀναλώματα σημαίνει.

Ἐπικτᾶσθαι καὶ πολυτελεστέραν ἢ καὶ ἐγκατάσκευον ἔχειν 17
οὐσίαν, τῆς γε οὔσης πολυτελεστέραν ἢ καὶ μετρίως ἀμεί-
νονα, ἀγαθὸν πάντως. τὸ δὲ παρὰ δύναμιν πλουτεῖν ἄτοπον
καὶ ζημίας ἐστὶ σημεῖον· χρὴ γὰρ τὸν πλουτοῦντα ἀναλοῦν,
καὶ ἐπιβουλῆς μετέχει καὶ φθόνου ὁ πλούσιος. τὸ δὲ παρὰ
δύναμιν πρὸς τὴν ἑκάστου ὑπόστασιν σκόπει.

Πένεσθαι οὐδενὶ συμφέρει, μάλιστα ῥήτορσι καὶ πᾶσι φι- 18
λολόγοις· ἀπορεῖσθαι γὰρ ἐπίσης τὸ πένεσθαι καὶ τὸ μὴ δύ-
νασθαι φθέγγεσθαί φαμεν.

Τὰ παρ' ἡλικίαν τοῖς βρέφεσι γινόμενα ἄρρεσι μὲν πώ- 19
γων καὶ πολιά, θηλείαις δὲ γάμοι καὶ τοκετοὶ καὶ τὰ ἄλλα τὰ
πρὸ τῆς ὥρας, πάντα κακὰ πλὴν λαλιᾶς. εἰκότως δὲ τὰ ἄλλα
τὰ πρὸ τοῦ δέοντος γινόμενα θάνατον σημαίνει, ὅτι ἐγγύς ἐστι
τοῦ γήρως, μεθ' ὃ πάντως ἀκολουθεῖ θάνατος· λαλιὰ δὲ ἀγα-
θή, ὅτι φύσει λογικὸν ζῷόν ἐστιν ὁ ἄνθρωπος. γραμματικὸς
ἔδοξε τὸν υἱὸν αὑτοῦ μηνῶν ὄντα πέντε λαλεῖν τρανῶς καὶ
ἐνάρθρως. καὶ προσεδόκων μέν τινες τὸ παιδίον ἀποθανεῖ-
σθαι, ἔζησε δέ, καὶ πολλὰ ἄλλα παιδία ἐπὶ τούτῳ τῷ ὀνείρῳ
ζῇ. περὶ δὲ τῶν ἄλλων τῶν παρ' ἡλικίαν ἐπὶ τῶν μηκέτι βρε-

---

1 πάντων om L ∥ γεγονότα] γιγνόμενα V ∥ 2 τὰ δὲ — οὔ om V ∥
3 περὶ ἀγορασίας V, περὶ τοῦ ἐπικτᾶσθαι L ∥ ἀγαθὸν ἀγορά-
ζειν L ∥ γε] δὲ L, γε εἰς τὴν χρῆσιν V ∥ 5 γὰρ] δὲ V ∥ 6 περὶ τοῦ
ἐπικτᾶσθαι V ∥ πολυτελέστερον V ∥ ,ἢ καὶ ἐγκατάσκευον ἔχειν] ἔχειν
καὶ ἐγκατάσκευον V ∥ 7 γε] τε LV ∥ ἀμείνονα] ἄμεινον ἆ L ∥ 8 ἀγα-
θὸν πάντως. τὸ δὲ παρὰ] καλὸν μὴ παντελῶς δὲ ὑπὲρ V, μὴ παντελῶς δὲ
ὑπὲρ L ∥ ἄτοπον] ἄτοπον γὰρ V ∥ 9 ζημία L ∥ γὰρ] δὲ V ∥ ἀναλί-
σκειν V ∥ 10 μετέχει] μετέχειν LV ∥ post φθόνου in LV est καὶ γὰρ
ἐπιβουλεύεται καὶ φθονεῖται (φθόνου L) ∥ 11 πρὸς] εἰς V ∥ σκοπεῖν L
∥ 12 περὶ τοῦ πένεσθαι LV ∥ μάλιστα] μάλιστα δὲ V ∥ ῥήτορσιν L
∥ 13 τὸ πένεσθαι] τῷ πένεσθαι L ∥ καὶ τὸ addidit sec L ∥ 15 περὶ
τῶν παρ' ἡλικίαν τοῖς βρέφεσι γινομένων καὶ ἐκβάσεις ὀνεί-
ρων V ∥ τὰ] γὰρ L ∥ γινόμενα] γιγνόμενα πονηρά V, συμβαίνει πονηρὰ
περὶ τοῦ παρ' ἡλικίαν τοῖς βρέφεσι γινομένου καὶ ἔκβασις
ὀνείρων L ∥ ἄρσεσι V ∥ μὲν om L ∥ 16 πολιαὶ θηλίαις L ∥ τὰ πρὸ]
πρὸ V ∥ 17 κακὰ om V ∥ 18 γιγνόμενα V ∥ 19 τοῦ γήρως Reiffius: τὸ
γήρας V, τὸ γήρα L ∥ πάντως ἀκολουθεῖ] παρακολουθεῖ L ∥ 20 φύσει
λογικὸν] φυσιολογικὸν L ∥ ὁ om V ∥ γραμματικὸς] ὁ γραμματικὸς V ∥
21 ἔδοξε] ἐδόκει LV ∥ μηνῶν] μενων L ∥ 22 ἐναργῶς V ∥ προσέδοκουν
L ∥ μέν om L ∥ 23 ἔζησεν L ∥ 24 ζῇ om V ∥ περὶ] ἐπὶ L ∥

φῶν ἐν τῷ περὶ ἀλλοιώσεως ἐν τῷ πρώτῳ βιβλίῳ ἐπιμελῶς διῄρηται.

20 Πειρῶ δὲ πάντα μὲν αἰτιολογεῖν καὶ προσάπτειν ἑκάστῳ λόγον καὶ πιθανάς τινας ἀποδείξεις, ὡς εἰ καὶ πάνυ ἀληθῆ λέγοις, ψιλὰ καὶ περιλελεπισμένα ἀποτελέσματα λέγων ἧττον εἶναι δόξεις ἔμπειρος· αὐτὸς δὲ μὴ ἐξαπατηθῇς ὡς τῆς αἰτιολογίας κυρίας τῶν ἀποτελεσμάτων οὔσης· πολλὰ γὰρ ἀποβαίνει συνεχῶς ἐνίοις, καὶ ὅτι μὲν κατὰ λόγον ἀποβαίνει ἴσμεν ἐκ τοῦ πάντοτε ὁμοίως ἀποβαίνειν, τὰς δὲ αἰτίας, δι' ἃς οὕτως ἀποβαίνει, εὑρεῖν οὐ δυνάμεθα. ὅθεν ἡγούμεθα τὰς μὲν ἀποβάσεις ἀπὸ τῆς πείρας εὑρῆσθαι, τὰς δὲ αἰτιολογίας ἀπὸ ἡμῶν αὐτῶν κατὰ τὴν ἑκάστου δύναμιν.

Ἔτι καὶ τοῦτο. ὅσα πάντη καὶ πάντως ἀκολουθεῖ τισὶ τῶν γινομένων, καὶ ἐν τοῖς ὕπνοις ἀκολουθῆσαι ἀνάγκη. οἷον ζωγράφος ἔδοξε τὴν ἑαυτοῦ μητρυιὰν περαίνειν. εἰς ἔχθραν κατέστη τῷ πατρί· ἀκολουθεῖ γὰρ πάσῃ μοιχείᾳ ζηλοτυπία καὶ ἔχθρα. τοῦτο δὲ καὶ ἐπὶ τῶν ἄλλων ὀνείρων παρατήρει πάντων, καὶ οὐχ ἁμαρτήσει.

Ὅσοι σημαίνουσιν ὄνειροι παίδων γονὴν ἢ γάμον, οἱ αὐτοὶ καὶ τοὺς ἀποδημοῦντας παῖδας ἐπανάγουσι καὶ τὴν ἀπηλλαγμένην γυναῖκα. ἔδοξέ τις ἀροτριᾶν καὶ σπείρειν πυρούς. ἐπανῆκον αὐτῷ οἱ παῖδες ἐξ ἀποδημίας καὶ ἡ γυνὴ χωρὶς οἰκοῦσα.

21 Πρὸς δὲ τοὺς λέγοντας ὅτι οἱ κακοὶ ὄνειροι τάχιον ἀπο-

---

1 ἀλλοιώσεως L || ἐν] ἓν ἐν L || πρώτῳ] δευτέρῳ L || 2 διῄρηται] διείρηται LV || 3 περὶ αἰτιολογίας V || δὲ om L || πάντων V || αἰτιολογεῖν] δικαιολογεῖν L || 4 λόγον καὶ] λόγῳ V || πιθανάς τινας] πιθανάετιναο L || λέγοις] λέγων L, λέγεις V || 5 ψιλὰ] ἑψικὰ L || περιλελεπισμένα] περιηλπισμένα L, περιεσπασμένα V || ἀποτελέσματα] πράγματα V || λέγων addidi || δόξεις L || ἔμπειρος] εἰσπερασ L || 6 ἐξειαπατηθης L || 8 πάντοτε ὁμοίως] πάντοτε L || ἀποβαίνει L || 9 τὰς δὲ αἰτίας] ταί δὲ λιτίαι pr L || εὑρεῖν] εὖρες pr L || 10 ἀπὸ] ὑπὸ V || εὑρῆσθαι] πτύρεσθαι L || 11 ἀπὸ] ὑπὸ? || τὴν] τέλει L || 12 δύναμιν] δυναιδιεν L || 13 ὅσα πάντη] εἴσακαν L || τισὶν L || 14 γιγνομένων V || γινομένων post ὕπνοις addit L || οἷον] οἷον ὁ V || 15 ἐδόκει L || τὴν μητρυιὰν ἑαυτοῦ L || εἰς ἔχθραν] ἔπειτα εἰς ἔχθραν V, ἔπειτα ἐν ἔχθρᾳ L || 16 πᾶσι L || καὶ ἔχθρα] τε καὶ ἔχθρα V || 17 ἄλλων πάντων παρατήρει ὀνείρων V || 18 οὐχ ἁμαρτήσει] οὐκ ἂν ἁμαρτήσῃς L || 19 ἢ γάμον] εὖ γαμον L || οἱ αὐτοί] ἑαυτοῖς L || 20 ἀποδήμους L || παῖδας] παντας L || ἐπανάγουσιν L || ἀπελαγμένην L || 21 γυναῖκα] γυναῖκα καὶ παιδία L, γυναῖκα καὶ παιδία περὶ ἀρότρου V || ἀροτριασαι L || σπείρειν] περὶ L || 22 ἐπανῆκον] καὶ ἐπανῆκον V, καὶ ἐπανεικων L || οἱ addidi || 23 περὶ τῶν λεγόντων ὅτι οἱ κακοὶ ὄνειροι τάχιον ἀποβαίνουσιν οἱ δὲ ἀγαθοὶ βράδιον V, περὶ τοὺς πρὸς τοὺς λέγοντας ὅτι οἱ κακοὶ ὄνειροι τάχειον ἀποβαίνουσιν οἱ δὲ ἀγαθοὶ οὐ καὶ περὶ συνταγῶν ἔκβασις ὀνείρων L || τάχειον L ||

βαίνουσιν, οἱ δὲ ἀγαθοὶ βράδιον ἢ καὶ οὐκ ἀποβαίνουσιν, εἴποις ἂν ὅτι οὐκ ἔστιν ἀληθὲς τὸ τοιοῦτον. ἡ δὲ αἰτία τῆς πλάνης ἐστὶν ἥδε. ἤτοι κακοὺς οἱ ἄνθρωποι ὁρῶσιν ὀνείρους ἔχοντας φαντασίας ἀγαθὰς καὶ κακῶν ἀποβαινόντων ἡγοῦνται
5 ὑπὸ ἀγαθῶν ὀνείρων ἐξηπατῆσθαι (διὸ παραθήσεις τοὺς ἐκ τοῦ εἰδικοῦ τρόπου ὀνείρους τοὺς κατὰ τὸ ἐντὸς μὲν ἀγαθούς, κατὰ τὸ ἐκτὸς δὲ κακούς) ἢ τὸ παρὸν κακοδαιμονοῦντες ὁρῶσι κακοὺς ὀνείρους σημαντικοὺς τῶν ἐνεστώτων κακῶν καὶ ἀγαθοὺς προαγορευτικοὺς τῶν ἐσομένων ἀγαθῶν, οὐδέπω δὲ ἀπο-
10 βαινόντων τῶν ἀγαθῶν ἡγοῦνται ἐξηπατῆσθαι. φαίνεται δὲ καὶ τοῖς εὐδαιμονοῦσι κακὰ ἐνύπνια καὶ οὐδέπω ἀποβαίνοντα καταφρονεῖται. ἀλλὰ πάντως ἀποβαίνει. τῶν δὲ ἄλλων ὀνείρων οἱ μέν εἰσι πᾶσι κακοί, ἑκάστῳ κατὰ δύναμιν ποιόν τι κακὸν σημαίνοντες οἱ κατὰ τὸ ἐντὸς καὶ κατὰ τὸ ἐκτὸς κα-
15 κοί, ὧν ἐν τῷ πρώτῳ βιβλίῳ ἐπεμνήσθην· οἱ δ' ἐπίσης πᾶσιν ἀγαθοί, οἱ καὶ κατὰ τὸ ἐντὸς καὶ κατὰ τὸ ἐκτὸς ἀγαθοί· οἱ δὲ κατὰ μὲν τὸ ἕτερον ἀγαθοὶ κατὰ δὲ τὸ ἕτερον κακοὶ οἷς μὲν ἀγαθοὶ οἷς δὲ κακοὶ γίνονται. γνώσει δὲ πότε μὲν ἀγαθοὶ πότε δὲ κακοὶ γίνονται ἀπὸ τῆς τύχης ἢ τῶν πράξεων ἢ τῆς
20 φροντίδος ἢ τῆς ἡλικίας τῶν ὁρώντων.

Περὶ συνταγῶν, ὅτι μὲν θεοὶ ἀνθρώποις συντάσσουσι θεραπείας, μάταιον τὸ ζητεῖν· πολλοὶ γὰρ καὶ ἐν Περγάμῳ καὶ ἐν Ἀλεξανδρείᾳ καὶ ἀλλαχοῦ συνταγαῖς ἐθεραπεύθησαν, εἰσὶ δὲ οἳ καὶ τὴν ἰατρικὴν ἐκ τοιούτων συνταγῶν λέγουσιν εὑ-
25 ρῆσθαι· ὅτι δὲ ἃς ἀναγράφουσί τινες συνταγὰς πολλοῦ γέλωτός εἰσι μεσταί, καὶ τοῖς ἐπὶ ποσὸν ἀφιγμένοις φρονήσεως ἡγοῦμαι σαφὲς εἶναι· οὐ γὰρ τὰ ὁρώμενα ἀναγράφουσιν ἀλλ'

---

1 οἱ δὲ — ἀποβαίνουσιν om L ∥ 3 οἱ ἄνθρωποι addidi ∥ 5 ἐξαπατεῖσθαι pr V ∥ παραθήσεις] παραθήσει LV ∥ 6 εἰδικοῦ] ἰδικοῦ LV ∥ τὸ ἐντὸς] τὸ αὐτὸ ἐντὸς L ∥ 7 καλοὺς L ∥ παρὸν] παρὸν οἱ ἄνθρωποι V, παρόμοιον ἄνθρωποι L ∥ κακοδαιμονῶντες V ∥ ὁρῶσι] ὁρῶσι καὶ V ∥ 8 σημαντικοὺς] σημαντικὴ οὐ L ∥ ἀγαθῶν L ∥ 9 προσαγορευτικοὺς V ∥ ἀγαθῶν] ἀγαθῶν μὴ ἀπαγορεύωσι κακοπραγοῦντι εἰς L, ἀγαθῶν εἰς εὐθυμίαν ἵνα ἐλπίδι τῶν ἐσομένων ἀγαθῶν μὴ ἀπαγορεύωσι κακοπραγοῦντες V ∥ 12 ἄλλων] ὄντων LV ∥ 13 πᾶσιν L ∥ ἑκάστῳ] ἑκάστῳ δὲ V ∥ ποιῶν τι κακῶν L ∥ 14 σημαίνοντες] σημαίνοντες πάντες V ∥ malim οἱ καὶ κατὰ τὸ ἐντὸς ∥ 16 ἐκτὸς] ἐκτὸς καὶ πᾶσιν LV ∥ 18 μὲν om L ∥ πότε δὲ] ἢ πότε L ∥ ἀπὸ] ἢ ἀπὸ L ∥ 20 φροντίδος ἢ] φρονήσεως τῆς ἕως L ∥ 21 περὶ συνταγῶν V ∥ περὶ] περὶ δὲ V ∥ θεοὶ] οἱ θεοὶ V ∥ συντάσσουσιν L ∥ 24 εἰσὶν L ∥ εὑρῆσθαι Reiskius: εὑρεῖσθαι LV ∥ 25 ἃς adiecit Reiskius ∥ 27 ἀναγράφουσιν] γράφουσιν LV ∥

214   LIB. IV.

ὅσα ἂν αὐτοὶ πλάσωσιν. ὅταν γάρ τις λέγῃ Νηρεΐδων ζωμὸν χειμῶνι συνταγὴν δεδόσθαι τισί, δοκεῖ μοι τὰς χεῖμας τῶν πελωρίδων ἀποκληρώσας βελτίονας ἡγεῖσθαι * * καὶ πελωρίου ἐγκέφαλον τὸν ἀλεκτρυόνος, καὶ Ἰνδοὺς δάκνοντας πέπερι, καὶ παρθένου γάλα καὶ ἄστρων αἷμα δρόσον, καὶ πρόβατον 5 Κρητικὸν μῆλον κυδώνιον καὶ ὅσα τοιαῦτα, ἵνα μὴ μακρότερον ἀποτείνω λόγον· δεῖ γὰρ μὴ τοὺς ἀλλοτρίους λήρους διαβάλλοντα τῆς ὑποθέσεως ἀποπλανᾶσθαι· ἀρκεῖ γὰρ καὶ δι' ὀλίγων ἐν ὑποδείγματος λόγῳ ἐλέγχειν τὰ τοιαῦτα. ὅταν οὖν τὰ τοιαῦτα ἄττα ἀναγράφωσι, δοκοῦσί μοι τὴν ἑαυτῶν ἕξιν 10 ὑποδεικνύειν, ὅτι δύνανται πλάσσειν ὀνείρους μᾶλλον ἢ τὸ τῶν θεῶν φιλάνθρωπον συνιέναι· ἓν γὰρ οὐδὲ ἓν τοιοῦτον ἀληθῶς ὁραθὲν εἰς ἡμᾶς ἦλθεν. ἡγοῦμαι δὲ καὶ τοὺς θεούς, οἷς ταῦτα προσάπτουσιν, εἰκότως ἂν χαλεπαίνειν τοῖς ἀναπλάσσουσιν αὐτά, ὅτι κακοζήλους καὶ πανούργους καὶ ἀσόφους 15 τοὺς θεοὺς διαβάλλουσι. πολλοὶ δὲ καὶ ἐκ τῶν Ἀριστοτέλους περὶ ζῴων καὶ Ἀρχελάου καὶ τῶν Ξενοκράτους τοῦ Ἀφροδισιέως παρακηκοότες ὑφ' οὗ ἕκαστον ζῷον θεραπεύεται καὶ τί ἕκαστον φοβεῖται καὶ ᾧ μάλιστα χαίρει, εἰς συνταγὰς καὶ θεραπείας ἀναπεπλάκασι. καί τις κάσῖς συνταγὰς καὶ θεραπείας 20 ἀναπλάσσει, ὃς μάλιστα κατακόρως ἐν τρίτῳ τῆς ἑαυτοῦ συντάξεως κέχρηται οὕτως. οὐ ἐγὼ καίπερ εὖ εἰδὼς τὸ ὄνομα οὐκ

---

1 τις] τι L ‖ λέγῃ Νηρεΐδων ζωμὸν Reiffius (λέγει Νηρεΐδων ζωμὸν Valesius): λέγει ν pr L, λεγειηρεϊδων ζωμων sec L, λέγων ἢ ῥείδων ζωμῶν V ‖ 2 χειμῶνι — καὶ ὅσα τοιαῦτα om pr L ‖ τινι? ‖ χείμας] χει V in rasura ‖ 3 ἀποκληρώσας] an ἀποληρησας? ‖ lacunam signavi ‖ πελωρίου] malim πυλωροῦ vel πέλωρος ‖ 4 τὸν Valesius: καί V sec L ‖ ἀλεκτρυόνος] ἀλεκτρυῶνος V sec L ‖ πέπερι] πεπεριτι μέλαν ἐστὶ καὶ δάκνει sec L, πέπεριτι μέλαν ἐστὶ καὶ δάκνει V. πέπερι ὅτι μέλαν ἐστὶ καὶ δάκνει Valesius ‖ 5 post γάλα excidisse videtur δάκρυον ‖ ‖ ἄστρων Valesius: ἄστρον V sec L ‖ 6 κυδώνιον Rigaltius: κιδώνιον V sec L ‖ μακρότερον ἀποτείνω λόγον] μακρολογῶ τερω λέγω pr L, περαι ante τερω supplevit manus secunda ‖ 7 διαβάλλοντας V ‖ 10 ἄττα] ἄτοπα V, τινα L ‖ δοκοῦσιν L ‖ ἑαυτῶν om V ‖ 11 ὑποδεικνύειν Reiskius ‖ 12 συνιέναι om L ‖ ἓν γὰρ οὐδὲ ἕν] ἐν γὰρ οὐδενὶ ἕν L ‖ 13 post ἦλθεν in V est ὅρα δὲ καὶ τὰ τούτων ἔτι γελοιότερα. σκέπαρνον τὸ κῴδιον ἔφη τις ἐπεὶ σκέπει τὸν ἄρνα· οὕτω γὰρ καὶ διαυλόδρομος ὁ ἀλεκτρυῶν γίνεται, διὰ γὰρ τῆς αὐλῆς τρέχει. καὶ ἄλλα δὲ ἄν τις εἴπῃ ὅμοια ἢ γελοιότερα, in L λέγω δὲ καὶ τὰ τούτων ἔτι γελοιοτέρας. καὶ πόρνων κῴδιον ἐπισκέπει τὸν ἄρνα· οὕτως γὰρ καὶ διαυλόδρομος ὁ ἀλεκτρυῶν γίνεται· διὰ γὰρ τῆς αὐλῆς τρέχει. καὶ ἄλλα δὲ ἄν τις εἴπῃ ὅμοια ἢ γελοιώτερα ‖ 14 ἂν] ἂν καὶ L ‖ ἀναπλάσασιν? ‖ 16 verba πολλοὶ δὲ — ἐπιμνησθήσομαι videntur in marginem revocanda esse ‖ πολλὰ L ‖ 17 malim καὶ τῶν Ἀρχελάου ‖ τοῦ ante Ἀφροδισιέως addidit Reiskius ‖ 18 ζῷον] τῶν ζῴων V ‖ καὶ τί — ἀναπεπλάκασι om L ‖ 20 κάσῖς] καὶ νῦν Rigaltius ‖ 21 ὃς] ἃ pr L, ὃ sec L ‖ ἐν τρίτῳ V, ἐπὶ πρώτης L. malim ἐν τῷ τρίτῳ ‖ τῆς om L ‖ 22 οὐ om L ‖

ἐπιμνησθήσομαι. τὰς δὲ συνταγὰς τῶν θεῶν ἤτοι ἁπλᾶς καὶ οὐδὲν ἐχούσας αἴνιγμα εὑρήσεις· χριστὰ γὰρ ἢ ἐπίπλαστα ἢ βρωτὰ ἢ ποτὰ τοῖς αὐτοῖς ὀνόμασιν, οἷς καὶ ἡμεῖς καλοῦμεν, συντάσσουσιν οἱ θεοί, ἢ καὶ ὅταν αἰνίσσωνται οἱ θεοί, πάνυ
5 σαφῶς αἰνίσσονται. οἷον γυνὴ ἔδοξε περὶ μαζὸν ἔχουσα φλεγμονὴν ὑπὸ προβάτου θηλάζεσθαι. ἀρνόγλωσσον καταπλασαμένη ἰάθη. οἵαν δ᾽ ἂν θεραπείαν εὕρῃς, ἐάν τε αὐτὸς κρίνῃς ἐάν τε ἄλλου κρίναντος ἀποβᾶσαν μάθῃς, ἀνερευνῶν εὑρήσεις ἰατρικώτατα ἔχουσαν καὶ οὐκ ἔξω τοῦ ἐν ἰατρικῇ λό-
10 γου. ὡς καὶ Φρόντων ὁ ἀρθριτικὸς θεραπείαν αἰτήσας ἔδοξεν ἐν τοῖς προαστείοις περιπατεῖν. προπόλει χρισάμενος παρηγορήθη. ὅθεν ἔστω σοι κατὰ τὸ ἐνδεχόμενον ἐπιμελές, ὡς πολλάκις σοι παρῄνουν, ἰατρικῶν ἔχεσθαι λόγων. μέμνησο δὲ κἀκείνου, ὅτι οἱ μὴ νοσοῦντες μηδὲ ὅλως ἀλγοῦντές τι, εἴ τινα
15 λάβοιεν συνταγὴν ἢ ἀπὸ τῶν ἐμπύρων τι λαβόντες ἀποφέροιεν ὡς ὠφελῆσον, νοσήσουσιν ἢ ἀλγήσουσί τι μέρος τοῦ σώματος· οὐ γὰρ τοῖς ὑγιαίνουσιν ἀλλὰ τοῖς κάμνουσι δεῖ θεραπειῶν.

Ἔτι κἀκεῖνο. μέμνησο τῶν ἐμῶν κρίσεων καὶ τῆς ἐμῆς ὑποβολῆς καὶ μὴ ζηλώσῃς κακοζήλους κρίσεις, μηδὲ ἐὰν ἐπαινεῖ-

---

1 ἐπιμνησθήσομαι] ἐπεμνησθήσομαι L, ἐπιμνήσομαι V ‖ 2 αἴνιγμα] ἐν ἡμῖν μάλα L ‖ χριστὰ γὰρ Reiskius: χρηστὰ γὰρ V, τὰ γὰρ L ‖ 3 τοῖς addidi ‖ αὐτοῖς] αὐτὰ οἷς L ‖ ὀνόμασιν οἷς] ὀνομασίαις L ‖ 4 οἱ θεοί — αἰνίσσωνται om L ‖ αἰνίσσωνται Reiffius: αἰνίσσονται V ‖ οἱ θεοί] ὅθεν οἱ L ‖ 5 ἐνίσσονται L ‖ φλεγμονὴν ἔχουσα V ‖ 6 θλήζεσθαι pr L ‖ ἀρνόγλωσσον καταπλασαμένη ἰάθη] ἀρνογλώσσω καταπλασαμένη ἰάθεν ἢ L, ἀρνόγλωσσον βοτάνην καταπλασσαμένη ἰάθη V. post ἢ in L est διὰ τὸ ὄνομα τοῦ φυτοῦ σύνθετον ὃν δηλοῦν τὰ ἦν τοῦ ἀρνογλώσσου, post ἰάθη in V διὰ τὸ τοῦ φυτοῦ ὄνομα σύνθετον ἐδήλου τὴν τοῦ ἀρνογλώσσου βοτάνην V, quae ita Reiffius refecit: διὰ τὸ τοῦ ὀνόμα σύνθετον δηλοῦν τὴν βοτάνην καὶ τοῦ ἀρνὸς γλῶσσαν. rectius scribes διὰ τὸ τὸ ὄνομα τοῦ φυτοῦ σύνθετον ὃν δηλοῦν τὴν βοτάνην καὶ τὴν τοῦ ἀρνὸς γλῶσσαν ‖ 7 οἵαν δ᾽ om L ‖ θεραπείαν] θεταμεναν L ‖ 8 κρίνεις L ‖ κρίνοντος V ‖ ἀπόβασιν V ‖ ἀνερευνῶν] ἂν ευρενουν L ‖ 9 ἐν ἰατρικῇ λόγου] ἰατρικοῦ λόγου L. fortasse delenda sunt καὶ οὐκ ἔξω τοῦ ἐν ἰατρικῇ λόγου ‖ 10 ὡς om L ‖ Φρόντων ὁ] φροντανοσ ‖ ἀρθριτικὸς Rigaltius: ἀρθρητικὸς V, αρθριτικων L ‖ ἔδοξεν L ‖ 11 προπόλει] καὶ προ πολυ L, καὶ πυρπολήσει V ‖ χρισάμενος] χρησάμενος LV ‖ παρηγορήθη] παρηγορήθη ἱκανῶς ὡς ἴσον εἶναι τὸ χρῆμα (l. χρῖμα) θεραπεία V, παρηγορὴ ἱκανῶς ὡς ἴσον εἶναι τὸ χρῆσμα θεραπείας L ‖ 12 ἐπιμελῶς V ‖ 13 ἰατρικῶν ἔχεσθαι] ἰατρικὴ ἐχεσθαι L, ἰατρικῶν πεῖραν εἴσεσθαι V ‖ κακινο L ‖ 14 μὴ] μὲν L ‖ τινα] εἴποιεν ἂν V ‖ 15 λάβοιεν] λάβωσι V, λάβωσιν L ‖ συντάπιν L ‖ τῶν] ἴστων τι ἢ L, ἱερῶν V ‖ ἐμπύρων] ἐμπείρων V ‖ τι] εἰ V, om L ‖ ἀποφέροιεν] αὐτὸ φέροιεν V, αὐτὸ φέρουσιν L ‖ 16 ὠφελῆσον] ὠφελῆσον πρότερον ἢ V, ὠφέλησεν πρότερον ἢ L ‖ 17 κάμνουσιν L ‖ θεραπεύειν L ‖ 18 τῶν] ὁ τῶν L ‖ ὑποβολῆς] ἐπιβολῆς LV ‖ 19 μὴ om L ‖ ἂν L ‖ ἐπαινῆσθαι V ‖

σθαι πρός τινος μέλλης. μηδὲ ἀπὸ μιᾶς συλλαβῆς κρίνης ὀνείρους, ἵνα μὴ πταίσμασι περιπίπτων ἀδοξήσῃς. οἷον νοσῶν τις ἔδοξε Πείσωνά τινα καλούμενον ὁρᾶν. τοῦτό τις ὑπεκρίνατο πολλὴν ἀσφάλειαν καὶ σωτηρίαν καὶ προσέτι ἔφη ἐνενήκοντα καὶ πέντε ζήσειν αὐτὸν ἔτη ἀπὸ τῆς πρώτης τοῦ Πείσωνος συλλαβῆς. ἀλλ᾽ οὐδὲν ἧττον ἀπέθανεν ὁ ἰδὼν τὸν ὄνειρον ἐν αὐτῇ τῇ νόσῳ· καὶ γὰρ ὁ Πείσων αὐτῷ μύρα βαστάζειν ἐδόκει, νοσοῦντι δὲ πονηρὰ τὰ μύρα διὰ τὸ συνεκφέρεσθαι. μὴ νομίσῃς δὲ τὸν τοῦ ναυκλήρου ὄνειρον τούτῳ ὅμοιον εἶναι· πυνθανομένῳ γὰρ αὐτῷ εἰ ἀναβήσεται εἰς Ῥώμην, ἀπεκρίνατό τις οὔ. εἰς τετρακοσίας ἑβδομήκοντα ἡμέρας ἀνέβη· οὐδὲν γὰρ διέφερεν ἢ τὸν ἀριθμὸν αὐτὸν εἰπεῖν ἢ τὸ ὄνομα τοῦ στοιχείου τοῦ δηλοῦντος τὸν ἀριθμόν.

23 Περὶ δὲ ἀναγραμματισμοῦ Ἀρίστανδρος ἄριστος ὢν ὀνειροκρίτης καὶ ἄλλοι τινὲς παλαιοὶ παντελῶς γελοῖόν τι πεπόνθασιν. ἐν μὲν γὰρ τοῖς προοιμίοις διδάσκουσι τί ἐστιν ἀναγραμματισμός, οὐδαμοῦ δὲ φαίνονται αὐτοὶ χρησάμενοι, οὔτε μεταθέντες συλλαβὰς οὔτε ἀφελόντες ἢ προσθέντες γράμματα· ἐγὼ δὲ καὶ ἐν ἀρχῇ τῆς ἐμῆς συντάξεως ἐπεμνήσθην καὶ νῦν σοι παραινῶ χρῆσθαι μὲν ἀναγραμματισμῷ, ὅταν τινὶ κρίνων ὀνείρους ἐθέλῃς ἑτέρου σοφώτερον δοκεῖν κρίνειν, ἑαυτῷ μέντοι κρίνων μηδαμῶς χρήσῃ, ἐπεὶ ἐξαπατηθήσει.

24 Ἰσοψήφοις δὲ χρήσει, ὅταν καὶ χωρὶς τῶν ἰσοψήφων τὰ

CAP. XXII—XXIV. 217

βλεπόμενα τοῦτο, ὅπερ ἂν τὰ ἰσόψηφα περιέχῃ, σημαίνῃ. οἷον γραῦς τοῖς νοσοῦσιν ὁρωμένη θανάτου γίνεται σύμβολον· ἔστι γὰρ γραῦς ἑπτακόσια τέσσαρα καὶ ἡ ἐκφορὰ ἑπτακόσια τέσσαρα. ἀλλὰ καὶ χωρὶς τοῦ ἰσοψήφου γραῦς ἐκφορᾶς ἐστὶ ση-
5 μαντικὴ αὐτή, μέλλουσα μὴ εἰς μακρὰν ἀποθνήσκειν. εἰ δέ ποτέ τινα ὄνειρον μηδενὶ τῶν ὀνειροκριτικῶν θεωρημάτων ὑποπίπτοντα μὴ δυνηθείης κρῖναι, μὴ ἀθυμήσῃς· καὶ γὰρ εἰσί p. 217 τινες πρὸ τῆς ἀποβάσεως ἄκριτοι, οὓς κρίνων μὲν ἐπιτυχὴς παρά γε ἐμοὶ εἶναι δόξεις, μὴ κρίνων δὲ οὐκ ἄτεχνος. οἷον
10 ἔδοξε στρατοπεδάρχης ἐπὶ τῇ μαχαίρᾳ αὐτοῦ γεγράφθαι ῑ ῡ ϙ. ἐγένετο πόλεμος ὁ Ἰουδαϊκὸς ἐν Κυρήνῃ, καὶ ἠρίστευσεν ἐν τῷ πολέμῳ ὁ ἰδὼν τὸν ὄνειρον, καὶ τοῦτο ἦν ὃ εἴπομεν, ἀπὸ μὲν τοῦ ῑ Ἰουδαίοις, ἀπὸ δὲ τοῦ ῡ Κυρηναίοις, ἀπὸ δὲ τοῦ ϙ θάνατος. ἀλλὰ πρὸ μὲν τῆς ἀποβάσεως ἦν ἄκριτος, ἀπο-
15 βάντων δὲ τῶν ἀποτελεσμάτων καὶ σφόδρα εὔκριτος. δοκεῖ δέ μοι καὶ Ἀρίστανδρος Ἀλεξάνδρῳ τῷ Μακεδόνι πολιορκοῦντι Τύρον καὶ προσκαθημένῳ καὶ διὰ τὸν χρόνον ἀσχάλλοντι καὶ ἀνιωμένῳ δόξαντι ἐπὶ τῆς ἀσπίδος Σάτυρον παίζοντα ἰδεῖν ἐπιτυχῶς κρῖναι, ὅτι ἔτυχεν ἐν Τύρῳ τε ὢν καὶ πολεμοῦντι Τυ-
20 ρίους τῷ βασιλεῖ συνών· τὸ γὰρ Σάτυρος ὄνομα εἰς τὸ σὰ Τύρος διαλαβὼν προθυμότερον τὸν βασιλέα πολεμεῖν ἐποίησεν, ὥστε καὶ εἷλε τὴν πόλιν. ἔστι δὲ τούτοις ὅμοιον καὶ τὸ ὑπογεγραμμένον. Σύρος ὁ τοῦ Ἀντιπάτρου δοῦλος τὰ ὑποκάτω τῶν ποδῶν αὐτοῦ αὖα ἔδοξεν ἔχειν. ζῶν κατεκάη.
25 Ἔτι τὸ δηλούμενον ὑπό τινος πάλιν αὖ ἐκείνου ἐστὶ ση-

---

1 τοῦτο] τουτοιοτι L. ὅπερ ἂν τὰ om pr L relicta lacuna duodecim fere literarum || περιέχει L || σημαίνῃ Reiffius: σημαίνει V, σημαινόμενα L || 2 γραῦς] γραῖα L || ἐστιν L || 3 ἡ ἐκφορὰ — τέσσαρα om L || 4 γραῦς] ἡ γραῦς LV || ἐστὶν ἐκφορᾶς V || 5 εἰ δέ ποτέ τινα ὄνειρον μηδενὶ Reiskius: εἰ δέ ποτέ τινα ὄνειρον ἐν μηδενὶ V, εἰδενὶ L || 7 ὑποπίπτοντα] ὑποπίπτοντα εὑροις V || δυνηθείης] δυνηθῆς LV || 8 τῆς inserui || κρίνων μὲν] ὁ μὲν κρίνων L || ἐπιτυχὴς] ἂν ἐπιτυχῆς V || 9 γε] τε L || δόξεις] δοκεῖς V, δοκεῖ L || μὴ κρίνων δὲ] ὁ δὲ μὴ κρίνων L || 10 ἔδοξε] ἔδοξέ τις LV || ῑ ῡ ϙ] ιϙ L || 12 ὁ om V || 11 κυρίνη L || 12 ἦν ὃ εἴπομεν om L || 13 μὲν om V || τοῦ ῡ Κυρηναίοις ἀπὸ δὲ om L || 17 ἀσχάλλοντι Reiskius: ἀσχάλοντι L, ἀσχάζοντι V || 18 δόξαντι] δόξαντι ὄναρ LV || ἐπὶ τῆς] ἐπὶ τῆσ ἀπο τῆσ L || ἀσπίδος] ἀσπίδος αὐτοῦ V || 19 ἔτυχεν] ἡ τύχη L || 20 ὄνομα — Τύρος om L || σὰ Reiffius: σὴ V || 21 πολεμεῖν] ἀποδημεῖν L || 22 ὥστε] τε L || εἷλε] ἰδε L || ἐστιν L || 23 Σύρος] ὁ σύρος LV || τὰ om L || 24 αὖα] αὐτὰ τὰ πέλματα LV || ἔδοξεν L || ἔχειν] μὴ ἔχειν LV || ζῶν] καὶ ζῶν V || κατεκάῃ] κατε pr L cum lacunula || 25 ἔτι Reiffius: ὅτι LV || αὖ] αὐτὸ L, αὖ ὑπ' V. fortasse αὐτοῦ || σημαντικόν] σημαντικὴ ὂν L

μαντικόν, ύφ' ού δηλούται. οίον γυνή έδοξε τα όμματα άλγεΐν. ένόσησαν αυτής οι παίδες. άλλη γυνή έδοξεν αυτής τους παίδας νοσείν. ένόσησαν αυτής τα όμματα. Διογένης ο ναύκληρος της ακάτου το αντιπρόσωπον έδοξεν άπολωλεκέναι. ούκ εις μακράν ο πρωρεύς αύτου απέθανε. και εν Μιλήτω τον πρωρέα τις δόξας έκφέρειν και κατορύσσειν της νεώς απώλεσε το αντιπρόσωπον. και ό τον πατέρα δόξας νοσείν την κεφαλήν ήλγησεν. ότι δε πατρός έστι σημαντική ή κεφαλή οίσθα από του πρώτου βιβλίου.

25 Καθόλου των εν τω σώματι μερών τα μεν άνω προς τους βελτίονας και εντιμοτέρους λάμβανε, τα δε υποκάτω προς τους ήττονας και υποδεεστέρους. περί δε εκάστου το κατ' είδος από της περί σώματος και των εν τω σώματι μερών διαιρέσεως εκ του πρώτου λάμβανε βιβλίου.

26 Πάντα έμετον και αίματος και τροφής και φλέγματος τοις μεν άπόροις εις ώφέλειαν κρίνε, τοις δε εύπόροις εις βλάβην· οι μεν γαρ ούκ αν απολέσαιέν τι, ει μη κτήσαιντο πρότερον· οι δε έχοντές τι και απολλύουσι.

Πάσαι τροφαί τα αυτά και βλεπόμεναι αυτό μόνον και εσθιόμεναι σημαίνουσι πλήν κρομμύων· ταύτα δε βλεπόμενα μεν αγαθά, εσθιόμενα δε πονηρά.

27 Τους πολλάκις ορωμένους ονείρους, ει μεν εκ μικρών διαστημάτων βλέποιντο, αεί το αυτό σημαίνειν νόμιζε, τούτου δε

ἕνεκα ὁρᾶσθαι πολλάκις, τοῦ μᾶλλον αὐτοῖς προσέχειν καὶ πιστεύειν· καὶ γὰρ ἡμεῖς ἐν τῇ συνηθείᾳ, ὅταν τι σπουδαῖον λέγωμεν, πολλάκις αὐτὸ λέγομεν. οὕτως οὖν καὶ ἡ ψυχή, ἢ ὅτι σπουδαῖα προαγορεύει καὶ ἀξιόλογα καὶ οὐ πάρεργα, πολ-
5 λάκις αὐτὰ δείκνυσιν, ἢ ὅτι πρὸ πολλοῦ τῆς ἀποβάσεως αὐτῶν ἤρξατο καὶ οὐ διαλείπει αὐτὰ ὁρῶσα. ὅταν δὲ μεγάλα ᾖ τὰ διαστήματα τῷ αὐτῷ πολλάκις ὁρωμένῳ ὀνείρῳ, ἄλλοτε ἄλλα σημαίνειν αὐτὸν νόμιζε. ὥσπερ γὰρ εἰ πολλοὶ τὸν αὐτὸν ἴδοιεν ὄνειρον, διαφόρως ἑκάστῳ ἀποβήσεται διὰ τὸ μὴ πάντας ἐν τοῖς
10 αὐτοῖς εἶναι πράγμασιν, οὕτω καὶ ἐὰν ἐπὶ διαφόροις τὸ αὐτό τις ἴδῃ, διαφόρως αὐτῷ ἀποβήσεται διὰ τὸ μὴ πάντως ἐν τοῖς αὐτοῖς εἶναι πράγμασιν. οἷον ἔδοξέ τις τὴν ῥῖνα ἀπολωλεκέναι, ἔτυχε δὲ ὢν μυροπώλης. ἀπώλεσε τὴν ἐνθήκην καὶ ἐπαύσατο μυροπωλῶν διὰ τὸ μὴ ἔχειν ῥῖνα· οὐκέτι γὰρ ἔχων τὸ δο- p. 219
15 κιμαστήριον τῶν μύρων εἰκότως οὐδὲ τῇ ἀπὸ τῶν μύρων ἐχρῆτο ἐργασίᾳ. ὁ αὐτὸς οὐκέτι μυροπωλῶν ἔδοξε ῥῖνα οὐκ ἔχειν. ἑάλω πλαστογραφήσας καὶ ἔφυγε τὴν ἑαυτοῦ· ὅ τι γὰρ ἂν λείπῃ τῷ προσώπῳ, ἄτιμον αὐτὸ ποιεῖ· ἔστι δὲ τὸ πρόσωπον τῆς αἰδοῦς καὶ τῆς ἐπιτιμίας εἰκών. εἰκότως οὖν κἀκεῖ-
20 νος ἄτιμος ἐγένετο. ὁ αὐτὸς νοσῶν ἔδοξε ῥῖνα οὐκ ἔχειν. οὐκ εἰς μακρὰν ἀπέθανε· καὶ γὰρ τὰ κρανία τῶν ἀποθανόντων ῥῖνα οὐκ ἔχει. ἀλλὰ πρότερον μὲν ὡς ἐμπόρῳ εἰς τὰ μύρα ἀπέβη, δεύτερον δὲ ὡς ἐπιτίμῳ εἰς τὸ ἀξίωμα, τρίτον δὲ ὡς νοσοῦντι εἰς αὐτὸ τὸ σῶμα· καὶ οὕτως ὁ αὐτὸς ὄνειρος τῷ αὐ-
25 τῷ τρὶς οὐχ ὁμοίως ἀπέβη.

Ἔτι καὶ τῶν σκευῶν καὶ τῶν ἐργαλείων ἕκαστον ἢ τὴν τέχ- 28
νην σημαίνει ἢ τὸ περιεχόμενον ὑπ᾽ αὐτοῦ, ὡς πίθοι οἶνον ἢ

---

1 ἕνεκα] ἕνεκεν LV ‖ 2 τις L ‖ 3 λέγομεν L ‖ πολλάκις αὐτὸ Venetus 267: πολλάκις αὐτῷ L, συνεχῶς V ‖ ἢ ὅτι] ὅτε V ‖ 4 προαγορεύεις L ‖ 5 ἢ om L ‖ τῆς αποαναβασεως L ‖ 6 εἴρξατο L. deest infinitivus ‖ καὶ om L ‖ μεγάλα ᾖ] μεγάλη ἡ L, ἡ μεγάλα V ‖ 7 τῶν αὐτῶν πολλάκις ὁρωμένων ὀνείρων L ‖ 8 σημαίνειν αὐτόν] σημαίνειν τῶν αὐτῶν ὀνείρων L, σημαίνειν τὸν αὐτὸν V ‖ εἰ Reiskius: οἱ LV ‖ 10 οὕτω καὶ — ἀποβήσεται] οὕτω καὶ διάφορα L ‖ 11 πάντως] ἀεὶ L ‖ 13 ἔτυχεν L ‖ ἀπώλεσεν L ‖ 14 μυροπολῶν L ‖ ἔχων] εἶχε V ‖ τὸ om L ‖ 15 τῶν om L ‖ εἰκότως οὐδὲ τῇ ἀπὸ τῶν μύρων] ἐν γ V ‖ 16 αὐτός] αὐτὸς οὖν V ‖ ῥῖνα] τιγα pr L ‖ 17 ἔφυγεν L ‖ τὴν ἑαυτοῦ] τὴν ἑαυτοῦ πόλιν V ‖ 18 λείποι V ‖ αὐτὸν L ‖ ἔστιν L ‖ 19 αἰδοῦ L ‖ 20 ἀπότιμος L ‖ ὁ αὐτός] ὁ αὐτὸς οὕτος V ‖ νοσῶν om V ‖ οὐκ] καὶ οὐκ LV ‖ 21 ἀπέθανεν L ‖ 22 ῥίνας L ‖ ἔχειν L ‖ 23 ὡς om L ‖ 24 fortasse αὐτὸ delendum est ‖ οὕτως ὁ αὐτός] ουτοσ L, ὅμως ὁ αὐτός V ‖ τῷ αὐτῷ] τῷ αὐτῷ τούτῳ V ‖ 26 περὶ σκευῶν καὶ ἐργαλείων V ‖ ἔτι om V ‖ ἐργαλίων L ‖ 27 ἢ] καὶ V ‖

έλαιον καὶ σιπύη πυροὺς ἢ κριθὰς ἢ κατὰ ἀναλογίαν τὸ ὅμοιον
ὂν τῇ χρήσει, ὡς ἐργαλεῖα πάντα φίλους καὶ τέκνα καὶ γονέας
καὶ ταμιεῖα ταμίας καὶ κίσται καὶ θησαυροφυλάκια γυναῖκας
καὶ οἰκονόμους.

Ἱππικὸς ἀνὴρ στρατηγίαν αἰτῶν παρὰ τοῦ βασιλέως ἔδοξε
κληθεὶς πρός τινος ἐξελθεῖν τοῦ οἴκου ἔνθα ἦν καὶ καταβὰς
δύο κλίμακας λαβεῖν ἀπὸ τοῦ καλέσαντος στέφανον ἐλαΐνὸν
τοιοῦτον οἷον ἐν πομπαῖς φοροῦσιν ἱππεῖς Ῥωμαίων. καὶ πάνυ
μὲν εὔθυμος ἦν, ἐθάρρουν τε τῷ ὀνείρῳ καὶ οἱ περὶ αὐτόν·
ἀπέτυχε δὲ τῆς αἰτήσεως. ἔλαβε γὰρ τὸν στέφανον οὐκ ἀνα-
βὰς ἀλλὰ καταβὰς τὰς κλίμακας, λέγομεν δὲ τὰς προκοπὰς
ἀναβάσεις, τὸ δ' ἐναντίον αὐταῖς καταβάσεις. ὁ δὲ στέφανος
ἐποίησεν αὐτὸν γῆμαι παρθένον διὰ τὴν δέσιν καὶ ὅτι ἐλάα
παρθένου ἐστὶ θεᾶς· ἐγένετο γὰρ καὶ ἐν Αἰγύπτῳ· τὸ γὰρ φυ-
τὸν ἐξ Αἰγύπτου εἰς Ἀθήνας διακομισθῆναι λόγος ἔχει. τοῦ-
τόν σοι τὸν ὄνειρον ὑπέγραψα, ἵνα μάθῃς ὅτι μὴ δεῖ ταῖς πρώ-
ταις φαντασίαις τῶν ὀνείρων προσέχειν, ἀλλ' ὁμοῦ τῇ τάξει
πάντων τῶν ὁραθέντων· οἱ γὰρ ἀπὸ μόνου τοῦ στεφάνου κρί-
νοντες οὐ προσέχοντες τῇ καταβάσει ἔπταισαν.

29 Οἱ ἀπὸ γένους τὸ γένος ὅλον σημαίνουσι, μάλιστα παῖδες·
καὶ γὰρ ὅ τι ἂν ἄλλο σημαίνωσιν, ἅμα καὶ τὴν γενεὰν δηλοῦ-
σιν. οἷον ἔδοξέ τις τὴν ἑαυτοῦ θυγατέρα κυρτὴν ἰδεῖν. ἀπέ-
θανε τοῦ ἰδόντος ἡ ἀδελφὴ ὀρθῶς καὶ κατὰ λόγον· ἦν γὰρ
αὐτῷ τὸ γένος οὐχ ὑγιές.

30 Πάντα τὰ περιεκτικὰ ἡμῶν αὐτῶν τὸν αὐτὸν ἔχει λόγον,
ἱμάτιον οἰκία τεῖχος ναῦς καὶ τὰ ὅμοια. οἷον ξύλινον ἱμάτιον

---

1 καὶ σιπύη] σιπυλη L, καὶ σωροὶ V ‖ ἢ κριθὰς] καὶ κριθὰς L ‖ τὸ ὅμοιον ὂν] τὸ ὅμοιον ἐν V, τὸ ὅμοιον L. fortasse scribendum τὸ τῇ χρήσει ὅμοιον ‖ 2 ὡς] ὥσπερ V ‖ ἐργαλια L ‖ γόνεις L ‖ 3 ταμιεῖα] ταμεῖα LV ‖ ταμίας] τοὺς ταμίας V, τοὺς ταμειας L ‖ καὶ κίσται om L ‖ 4 οἰκονόμους] τοὺς οἰκονόμους L ‖ 5 στρατηγίαν Brunnius: στρατείαν LV ‖ αἰτῶν παρὰ] ἢ ἀπὸ L ‖ τοῦ om V ‖ 7 ἐλαΐνὸν] ἐλαύνων λαβεῖν L ‖ 8 ἐν] ἐμ L ‖ 9 ἐνθαρρουν L ‖ 9 τε] δὲ LV ‖ οἱ om L ‖ 10 ἀπέτυχεν L ‖ ἔλαβεν L ‖ 12 τὸ δ' ἐναντίον αὐταῖς καταβάσεις om V. cf. Suidas in v. ἀναβάσεις ‖ 13 καὶ — λόγος ἔχει om V ‖ ἐλαία παρθένου Reiffius: παρθένον εἶλε ἀπαρθένου γὰρ L. feci ἐλάα ‖ 14 an ἐγένετο δὲ τοῦτο ἐν Αἰγύπτῳ? ‖ 15 διακομισθῆναι Venetus 267: διακοσμηθῆναι L ‖ 16 ὑπέγραψα] ὑπεγραψαι L, συνέγραψα V ‖ 17 ἀλλὰ L ‖ 18 κρίνοντες] κινικηθέντες L ‖ 19 οὐ — ἔπταισαν om pr L relicta lacuna ‖ ἔπταισαν] ἔπταισαν πάντες V ‖ 20 περὶ συγγενείας V ‖ οἱ] πάντες οἱ V sec L, οἱ pr L ‖ σημαίνουσιν L ‖ γὰρ post μάλιστα add L ‖ 21 ἄλλῳ L ‖ 22 ἰδεῖν] ὁρᾶν L ‖ ἀπέθανεν L ‖ 23 τοῦ om L ‖ γὰρ] παρ' L ‖ 25 περὶ περιεκτικῶν σημείων V ‖ 26 οἰκεια L ‖ οἷον ante ἱμάτιον transposuerim ‖

CAP. XXVIII—XXX.   221

ἔδοξέ τις περιβεβλῆσθαι. ἔτυχε πλέων καὶ ἐβραδυπλόησεν· ἦν
γὰρ αὐτῷ ξύλινον ἱμάτιον ἡ ναῦς. τὸ ἱμάτιόν τις ἔδοξε μέσον
ἐρρωγέναι. συνετρίβη αὐτοῦ ἡ οἰκία· τὸ γὰρ περιέχον αὐτὸν
ἦν οὐχ ὑγιές. τὸν κέραμον τῆς οἰκίας ἔδοξέ τις ἀπολωλέναι.
5 τὰ ἱμάτια ἀπώλεσε· τὸ γὰρ σκέπον αὐτὸν οὐκέτι ἦν. τὸ τεῖχος
ἔδοξέ τις διαρραγῆναι. ναύκληρος ἦν καὶ τὰ ἀμφιμήτρια τῆς
νεὼς διέπεσε. πάντα δὲ ταῦτα καὶ πρὸς τὸ σῶμα τὴν ἀναφο-
ρὰν ἔχει. ὁ γοῦν δόξας τὸ ἱμάτιον ἐρρωγὸς ἰδεῖν εἰκότως ἐτρώ-
θη κατ' ἐκεῖνο τὸ μέρος, καθ' ὃ καὶ περιβληθέντος τοῦ ἱμα-
10 τίου ἡ ῥαγὰς ἦν· ὥσπερ γὰρ αὐτῷ τὸ ἱμάτιον, οὕτω καὶ τῇ
ψυχῇ αὐτοῦ τὸ σῶμα περιέκειτο.

Ἅμα τοῖς ἄλλοις ἀποτελέσμασιν οἱ δοῦλοι καὶ πρὸς τὸ σῶ-
μα τῶν δεσποτῶν τὴν ἀναφορὰν ἔχουσιν. ὁ γοῦν δόξας τὸν
οἰκέτην πυρέσσοντα ἰδεῖν εἰκότως αὐτὸς ἐνόσησεν· ὃν γὰρ ἔχει
15 λόγον ὁ οἰκέτης πρὸς τὸν ὁρῶντα, τὸν αὐτὸν καὶ τὸ σῶμα πρὸς
τὴν ψυχήν. ἔδοξέ τις ἵππου ὑποδήματα ὑποδεδέσθαι. ἐστρα-
τεύσατο καὶ ἐγένετο ἱππεύς· οὐδὲν γὰρ διέφερεν ἢ αὐτὸν ἢ
τὸν βαστάζοντα ἵππον ὑποδεδέσθαι τὰ ὑποδήματα.

Πολλὰ τῶν ἀποβαινόντων καὶ εἰς τοὺς ὁμοίους καὶ εἰς p. 221
20 τοὺς ἀφ' αἵματος καὶ εἰς τοὺς ὁμωνύμους ἀποβαίνει. οἷον
ἔδοξε γυνὴ ἄνδρα ἔχουσα ἄλλῳ γαμεῖσθαι. οὔτε δὲ ὁ ἀνὴρ
ἐνόσει αὐτῆς, ἵνα αὐτὸν κατορύξασα δυνηθῇ ἄλλῳ γαμηθῆναι,
οὔτε εἶχέ τι ὃ πωλήσει, ἵν' ὥσπερ γαμουμένη ἄλλῳ συνάλλα-
γμα ποιήσηται, οὔτ' ἦν αὐτῇ θυγάτηρ ὡραία γάμων, ἵνα ἐκεί-
25 νην ἐκδῷ πρὸς γάμον καὶ οὕτω μὴ ἑαυτὴν ἀλλὰ τὴν θυγατέρα

---

1 τις om L ǁ εδραδυπλοησ L ǁ 3 ἐρραγέναι L ǁ οἰκεία L ǁ γὰρ
om L ǁ 4 οὐχ ὑγιὲς] οὖν εἴσω L ǁ τῶν κεράμων L ǁ οἰκείας L ǁ 5 post
ἀπώλεσε in L est octo literarum lacuna ǁ σκέπων L ǁ 6 διαρραγῆναι]
ἐρρωγέναι V ǁ ἦν] δὲ ἦν V ǁ ἀμφιμήτρια Reiffius: ἀμφιμίτρια V, ἀμ-
φιμέτρια L ǁ 7 διέπεσε] ἔπεσεν πρὸς ὄρος L, ἔσπασε V. post haec in
L legitur βάλλουσι γὰρ τῷ μὲν τείχει πολέμιοι τὸ δὲ πλοῖον θαλάττια καὶ
χειμών, in V προσβάλλουσι γὰρ τῷ μὲν τείχει πολέμιοι τῷ δὲ πλοίῳ θά-
λασσα καὶ χειμών ǁ 8 ὁ γοῦν] ὁ οὖν V, οἷον οὖν L ǁ διερρωγὸς L ǁ 9
κατ' ἐκεῖνο] ἐκεῖνο L, καὶ κατ' ἐκεῖνο V ǁ καθ' om L ǁ περιεβλήθη τὸ
ἱμάτιον L ǁ 10 ῥαγὰς ἦν om L relicta unius fere versus lacuna ǁ αὐτῷ
τὸ] οτὸ L ǁ οὕτως L ǁ 11 αὐτὸ V ǁ 12 ἅμα] ἅμα καὶ L ǁ 13 ὁ γοῦν
δόξας τὸν οἰκέτην] ὁ οὖν δόξας τὸν οἰκῶν τις L ǁ 14 ἐνόσησεν ὃν] ἐνώ-
σεως γὰρ L ǁ 15 ὁ οἰκέτης om L ǁ ὁρῶντα] ὁρῶντα δοῦλος L ǁ πρὸς]
καὶ L ǁ 17 αὐτοῦ pr L ǁ 19 πολλὰ ἀπὸ τῶν L ǁ 20 ἀποβαίνειν L ǁ 21
ἔδοξε] ἔδοξέ τις LV ǁ οὔτε δὲ — πωλήσῃ] οὔτε δὲ — πωλήσει V, ἔτυχεν
L lacuna septem fere literarum inter ἔτυχεν et ἵνα relicta ǁ 23 ἵνα L ǁ
συναλλάγματα L ǁ 24 ποιήσηται] ποιήσειται L, ποιήσῃ V ǁ οὔτ' om L
ǁ γάμῳ L ǁ ἵνα — οὕτω om L ǁ

ἴδῃ ἄλλῳ γαμουμένην, οὔτε αὐτὴ ἐνόσει, ἵνα ἀποθάνῃ, ἐπειδὴ
καὶ γάμος καὶ θάνατος τὸν αὐτὸν ἔχουσι λόγον, ὅτι τὰ παρα-
κολουθοῦντα ἀμφοτέροις ἐστὶν ὅμοια· ἦν δὲ αὐτῇ ἀδελφὴ ὁμώ-
νυμος, καὶ ἔτυχε νοσοῦσα καὶ ἀπέθανε. καὶ τὸ αὐτῇ ἂν ἀπο-
βάν, εἰ ἐνόσει, τοῦτο τῇ ἀδελφῇ ὁμωνύμῳ οὔσῃ ἀπέβη.

31 Βασιλεὺς καὶ νεὼς καὶ στρατιώτης καὶ ἐπιστολὴ βασιλέως
καὶ ἀργύριον καὶ ὅσα ὅμοια τούτοις ὑπ᾽ ἀλλήλων σημαίνεται.
ὁ Στρατόνικος ᾤετο τὸν βασιλέα λακτίζειν. προελθὼν εὗρε
χρυσοῦν νόμισμα, ὃ ἔτυχε πατήσας· οὐδὲν γὰρ διέφερεν ἢ τὸν
βασιλέα ἢ τὴν εἰκόνα αὐτοῦ λακτίζειν ἢ πατεῖν. ὁ Ζήνων
ἔδοξεν ἑκατοντάρχης γεγονέναι. προελθὼν ἔλαβεν ἑκατὸν βα-
σιλικὰς ἐπιστολάς. Κρατῖνος ὁ ἡμέτερος ἀργυροῦ νεὼ ἐργεπι-
στάτης δόξας εἶναι ἀργυρίου βασιλικοῦ ἐγένετο ταμίας.

Ὅ τι ἂν ἐκ τοῦ στόματος δῷ ὁ βασιλεύς, δι᾽ ἀποφάσεως
ὠφελήσει τὸν λαβόντα. Χρύσιππος ὁ Κορίνθιος ἐκ τοῦ στόμα-
τος τοῦ βασιλέως δύο λαβὼν ὀδόντας μιᾷ ἡμέρᾳ δυσὶν ἀποφά-
σεσιν ἐπὶ τοῦ βασιλέως δικαζόμενος ἐνίκησεν.

32 Ὁ βίος διχῇ σοι νοείσθω, ποτὲ μὲν ὡς οὐσία καὶ κτήματα
ποτὲ δὲ ὡς αὐτὸ τὸ ζῆν. γυνὴ πλουσία κόρακας ἔδοξεν ἐπι-
στάντας αὐτῇ τρεῖς ἀναιδῶς προσβλέπειν, ἕνα δὲ ἐξ αὐτῶν
καὶ φωνὴν ῥήξαντα εἰπεῖν ‘ἐγώ σε ἔκβιον ποιήσω,’ καὶ τρὶς
τοὺς κόρακας περιελθόντας αὐτὴν ἀποπτῆναι. αὕτη μετὰ ἐν-
νέα ἡμέρας ἀπέθανεν ὀρθῶς καὶ κατὰ λόγον· τὸ γὰρ ἔκβιον
ποιήσω ὅμοιον ἦν τῷ ἔξω τοῦ βίου ποιήσω, τοῦτ᾽ ἔστιν

---

1 ἴδῃ ἄλλῳ γαμουμένην] ἡ δὲ ἄλλῳ γαμουμένη ‖ 3 ὅμοια ἐστιν V ‖ ἦν om L ‖ ὁμώνυμος] ομωνυμωουση L ‖ 4 ἔτυχεν L ‖ ἀπέθανεν L ‖ ἂν ἀποβὰν] ἀναποβησόμενον L, ἀποβησόμενον V ‖ 5 εἰ] ἐπεὶ V ‖ τοῦτο τουτω L ‖ 6 περὶ βασιλέως V ‖ νεώς] ναὸς LV ‖ καὶ στρατιώτης καὶ βασιλέως στρατιώτης L ‖ 7 καὶ ἀργύριον om L ‖ ὅμοια τούτοις τοιαῦτα V ‖ ὑπ᾽ ἀλλήλων σημαίνεται] ἀργύριον σημαίνει L ‖ 8 στρατώνικος L ‖ εὗρεν L ‖ 9 χρυσοῦ L ‖ ἔτυχεν L ‖ καὶ] ἢ V. καὶ πατεῖν videtur delendum esse ‖ 10 ζένων L ‖ 11 ἔδοξεν] ἔδοξεν ὁ L ‖ ἑκατόν-ταρχος V ‖ προελθὼν] καὶ προελθὼν LV ‖ βασιλικὰς ἐπιστολάς] ἀττι-κὰς ἐπιστελᾶς βασιλεικᾶς L ‖ 12 Κρατῖνος ὁ om pr L lacuna quindecim literarum relicta ‖ ἡμέτερος] an ἡμετέρειος?‖ ἀργυροῦ νεὼ — ταμίας] ἀργυρέου ναοῦ — ἐργεπιστάτης V, ὄναρ λαβὼν ἀργύριον εἰσοδιάσθη ναοῦ βασιλεικοῦ   δόξας εἶναι ζωΐλος ταμείας ἐγένετο ἀργυροῦ βασι-λεικοῦ pr L lacuna inter βασιλεικοῦ et δόξας relicta octo literarum ca-pace, quam secunda manus explevit verbis ἐγένετο ἐργεπιστάτης. videtur quartum exemplum latere ‖ 14 ὅ τι ἂν] ὅτ᾽ ἂν L ‖ τοῦ om V ‖ ὁ om V ‖ 16 μιᾷ ἡμέρᾳ] ἐν ἡμέρᾳ μιᾷ V ‖ 17 ἐνίκησεν ὁ βίος om pr L lacuna decem literarum relicta ‖ 18 περὶ κοράκων V ‖ 20 ἀποβλέπειν L ‖ 21 ἔκβιον] ἐκ τοῦ βίον L ‖ τρεῖς L ‖ 22 περιηλθόν L ‖ ἐννέα om L ‖ 23 ἔκβιον] ἔκβιόν σε LV ‖ 24 ὅμοιον ἦν τῷ om L ‖

ἀποκτενῶ. τρὶς δὲ οἱ τρεῖς περιελθόντες τὰς ἐννέα ἐδήλουν ἡμέρας.

Ὅσα λέγει τις ἄλλῳ μὴ ἀπὸ τέχνης τῆς ἑαυτοῦ, εἰς αὐτὸν 33 ἀποβαίνει· ὅσα δὲ ἀπὸ τέχνης, εἰς ἐκεῖνον βλέπει, οὐδαμῶς δὲ εἰς αὐτὸν τὸν λέγοντα, ἀλλ' ὡς ἐπὶ τῶν βαναύσων τεχνῶν ὅσα ἔμαθέ τις εἰ ποιοίη ἀγαθόν, οὕτω καὶ ἐπὶ τῶν λοιπῶν. ὅσα μὲν γὰρ ἰατροὶ νομικὰ ἢ μάντεις ἰατρικὰ ἢ νομικοὶ μαντικὰ ἄλλῳ λέγουσι, ταῦτα εἰς αὐτοὺς τοὺς λέγοντας ἀποβαίνει· ὅσα δὲ νομικοὶ νομικὰ ἢ ἰατροὶ ἰατρικὰ ἢ μάντεις μαντικὰ λέγουσι, ταῦτα ὡς περὶ κατορθούντων ἐν ταῖς τέχναις διαλάμβανε. ἔδοξεν ἰατρὸς λέγειν τινὶ 'Ῥωμαῖος ὢν Ἑλληνίδα μὴ γάμει'. γήμας αὐτὸς ὑπὸ τῆς γυναικὸς ἐβλάβη πολλά.

Ὧν τις ἔχει χρείαν, τούτους χρὴ δοκεῖν εὐεργετεῖν ἢ μηδαμῶς γε βλάπτειν, ἐπεὶ οὐ χρήσεται τῇ ἐξ αὐτῶν ὠφελείᾳ. Ἡρακλείδης ὁ Θυατειρηνὸς μέλλων ἀγωνίζεσθαι ἐν Ῥώμῃ τὸν τῶν τραγῳδῶν ἀγῶνα ἔδοξε τοὺς θεατὰς ἀποσφάττειν καὶ τοὺς κριτάς. ἐλείφθη· οὐ γὰρ ἄν τις τοὺς φίλους ἀποκτείνειεν ἀλλὰ τοὺς ἐχθρούς. τρόπον οὖν τινὰ ἔλεγεν αὐτῷ τὸ ἐνύπνιον ἐχθροὺς ἔσεσθαι τοὺς θεατὰς καὶ τοὺς κριτάς· ἄλλως τε καὶ οὐκ ἔμελλον αὐτῷ ἀποσφαγέντες οἴσειν ψήφους.

Ἀλέξανδρος ὁ φιλόσοφος ἔδοξε τὴν ἐπὶ θανάτῳ πατακεκρίσθαι καὶ παραιτησάμενος μόλις ἀπολελύσθαι ἀπὸ τοῦ σταυροῦ· ἔμελε δὲ αὐτῷ ἅτε ἀνδρὶ ἀσκητῇ οὔτε γάμου οὔτε κοινωνίας οὔτε πλούτου οὔτε τῶν ὅσα ὑπὸ σταυροῦ σημαίνεται. τῇ ὑστεραίᾳ διενεχθεὶς πρός τινα Κυνικὸν ἐπλήγη p. 223 τὴν κεφαλὴν ξύλῳ, καὶ τοῦτο ἦν ὅπερ προηγόρευεν αὐτῷ ἡ

---

1 ἀποκτενῶ] ἀπο   ἔκτην L cum trium literarum lacuna ‖ τρὶς δὲ οἱ τρεῖς] τρεῖς δὲ οἱ τρεῖς L, οἱ τρεῖς δὲ τρὶς V ‖ 2 ἡμέρας ἐδήλουν L ‖ 3 περὶ τῶν λεγομένων ἐν ὕπνοις καὶ ἀποβαινόντων V ‖ τέχνης] τῆς τέχνης V ‖ αὐτὸν] ἑαυτὸν LV ‖ 4 βλέπει] ὁ δὲ λέγει L. malim εἰς ἐκεῖνον abiecto βλέπει ‖ 5 δὲ] γε L ‖ τῶν om V ‖ 6 εἰ ποιοίη] εἴποισοι L ‖ οὕτως L ‖ 7 ἰατροὶ] τις ἰατρὸς L ‖ μάντεις] μάντις L, νομικοὶ V ‖ ἢ om L ‖ νομικοὶ] ἰατροὶ V, ἰατρὸς V ‖ 8 ἄλλῳ om V ‖ λέγουσιν L ‖ αὐτοὺς om L ‖ ἀποβαίνει] ἀποθανεῖν L ‖ 9 νομικος L ‖ ἰατρος L ‖ ἢ μαντικὰ σημαντικὰ pr L ‖ 10 λέγουσιν L ‖ ὡς περὶ] ὡσπερεὶ L ‖ 11 διαλάμβανε] λαμβανειν δεῖ V ‖ ἔδοξεν] ἔδοξέ τις LV ‖ λέγων L ‖ 12 γαμεῖν L ‖ γήμας] γαμήσας LV ‖ ἐβλάβη om pr L relicta lacunula ‖ 13 ὧν τις] ὠντας L ‖ ρειαν L ‖ ἢ om L ‖ 14 γε] τε L ‖ ὠφελειαν L ‖ 15 Θυατειρηνὸς] τυρηνος L, Θυατηρηνὸς ὁ τραγῳδὸς V ‖ 17 ἐλείφθη καὶ ἐλείφθη L, καὶ τοὺς φίλους ἐλείφθη V ‖ ἄν] εἰώθε V ‖ τις om L ‖ ἀποκτείνειεν] ἀποκτείνειν V, ἀποκτείναι L ‖ 18 τινας L ‖ 19 ἔσεσθαι] εἶναι L ‖ 22 ἀπὸ] ἀπ' αὐτοῦ V, ἀπὸ τούτου L ‖ 23 ἔμελε Reiskius: ἔμελλε V, ἔμελλεν L ‖ ἅτε] ὄντι V ‖ 24 τῶν ἄλλων ὅσα? τῶν ὅσα ἄλλα? ‖ 26 προηγόρευεν αὐτῷ] προηγόρευσεν αὐτῶ V, αὐτῷ προηγόρευσεν L ‖

ψυχή, μέλλειν ξύλῳ μικροῦ δεῖν ἀποθανεῖσθαι. οὗτος ὁ ὄνειρος διδάξει σέ τι ζητεῖν καὶ πέρας τῶν ἐνδεχομένων ἀποβαίνειν.

Ἡ τοῦ κναφέως γυνὴ δόξασα μέλανα ἱμάτια ἔχειν καὶ μεταγνωσθεῖσα μεταλαβεῖν λευκὰ τὸν υἱὸν ἀπώλεσε καὶ μετὰ τρεῖς 5 ἡμέρας εὗρεν αὐτόν. οὕτω τὰ λευκὰ τῶν μελάνων ἀμείνω.

Ὁ ἐν Περγάμῳ δόξας κλάσματα ἄρτων καὶ ἄρτους ὑγιεῖς χέζειν, ἐτραχηλοκοπήθη· ὥσπερ γὰρ οὐκ ἦν αὐτῷ κεφαλὴ ἡ δυναμένη μασήσασθαι τοὺς ἄρτους.

34 Ἑστίαν ἐπὶ ξένης οἰκοδομεῖν μὴ προῃρημένῳ γῆμαι ἢ κατ- 10 οικῆσαι ἐκεῖ θάνατον μαντεύεται. ὁ Βιθυνὸς νεανίσκος ἐν Ῥώμῃ δόξας ἑστίαν οἰκοδομεῖν ἀπέθανε.

35 Τῶν δὲ συνθέτων ὀνείρων διελὼν τὰ κεφάλαια κατὰ μόνας ἕκαστον κρῖνε. οἷον εἴ τις δόξειε πλεῖν εἶτα τοῦ πλοίου ἐξελθὼν ἐπὶ τῆς θαλάσσης περιπατεῖν, ἰδίᾳ μὲν τὸ πλεῖν ἰδίᾳ 15 δὲ τὸ ἐπὶ τῆς θαλάσσης περιπατεῖν κρῖνε· ἔχεις δὲ τὸ μὲν πλεῖν ἐν τῷ δευτέρῳ βιβλίῳ, τὸ δὲ ἐπὶ τῆς θαλάσσης περιπατεῖν ἐν τῷ τρίτῳ, ὅθεν λάμβανε τὰς κρίσεις.

36 Οὐδὲν τῶν ἀκινήτων περὶ τὸ σῶμα κείμενον ὠφελεῖ. ὁ ἐν Μαγνησίᾳ δόξας χαλκᾶ ἱμάτια περικεῖσθαι ὀρθῶς ἀπέθανεν. 20 ἦν γὰρ αὐτὸν τὰ περιέχοντα ἀκίνητα καὶ οἷα τοῖς ἀγάλμασι περιτίθεται. ταῦτα δὲ οὐ ζῇ.

37 Ἀνδρόγυνον κωμῳδεῖν ἔδοξέ τις. ἐνόσησεν αὐτῷ τὸ αἰδοῖον. Γάλλους ὁρᾶν ἔδοξέ τις. ἐνόσησεν αὐτῷ τὸ αἰδοῖον. τὸ μὲν οὖν πρῶτον διὰ τὸ ὄνομα οὕτως ἀπέβη, τὸ δὲ δεύτερον 25

---

1 ἀποθανεῖσθαι] ἀποθανεῖσθαι καὶ ταχὺ ἂν ἀπέθνησκεν εἰ μὴ ἀπελύετο V, om pr L relicta lacuna || ὁ] σε ὁ V || 2 σε ζητεῖν τι] τι ζητεῖν V || πέρας] περὶ V || ἐνδεχομένων] ἀνασχομενων L || 4 μεταγνωσθεῖσα] καταγνωσθεῖσα LV || 5 μεταλαμβανει L || ἀπόλεσεν L || 6 αὐτὸν om L || οὕτως L || τὰ] καὶ τὰ V || ἀμείνονα L || 7 ὑγιῆς L || 8 οὐκ ἦν αὐτῷ κεφαλὴ ἡ δυναμένη] αὐτῷ οὐκ ἦν κεφαλὴ δυναμένη L. locus corruptus || 9 τοὺς om V || 10 περὶ ἑστίας V || προῃρημένη L || 11 Βιθυνὸς] βιονῶω L || 12 δόξας ἐν ῥωμη V || ἀπέθανεν L || 13 περὶ συνθέτων ὀνείρων V || διελὼν] διαιρων L || 14 κρῖνε Reiffius: κρῖναι V, ἔκρινεν L || εἴ τις] ετισ L || δόξειε] δόξειεν τινι L || πλεῖν πλέειν V, om L || εἶτα om L || 15 ἰδίᾳ — περιπατεῖν om V || πλεῖν πλέειν L || ἰδίᾳ δὲ] ἰδιασδε L || 16 κρῖνε] κρῖναι L, οὕτω κρῖναι V || δὲ τὸ] τοῦ V || 17 πλεῖν] πλέειν L || τὸ] τοῦ V || τῆς addidi || 18 ὅθεν om V || λάμβανε τὰς κρίσεις] δαλδιανε ταῖς κρισεσιν L || 19 περὶ ἀκινήτων αἰσθητικῶν V || τὸ om L || κείμενον] κινούμενον L || ὠφελειεν L || 20 χάλκεια L || 21 malim ἦν γὰρ τὰ περιέχοντα αὐτὸν || καὶ om V || ἀγάλμασιν περιθετα L || 23 περὶ κωμῳδοῦ καὶ τραγῳδοῦ V || τις] τις δραμα V || 24 Γάλλους] γάμους L || 25 οὖν addidi || οὕτως ἀπέβη om V ||

CAP. XXXIII—XLI.

διὰ τὸ συμβεβηκὸς τοῖς ὁρωμένοις. καίτοι καὶ τὸ κωμῳδεῖν οἶσθα ὃ σημαίνει καὶ τὸ Γάλλους ὁρᾶν. μέμνησο δὲ ὅτι, εἴτε κωμῳδεῖν εἴτε τραγῳδεῖν ὑπολάβοι τις καὶ μνημονεύοι, κατὰ τὴν ὑπόθεσιν τοῦ δράματος γίνεται καὶ τὰ ἀποτελέσματα.

5 Τὰ τῷ χρώματι ὅμοια εἰς ταὐτὸν ἀποβαίνει. Αἰθίοπά τις 38 λαβὼν δῶρον μεθ᾽ ἡμέραν ἀνθράκων πλῆρες ἐδέξατο ἀγγεῖον.

Αἱ περιοχαὶ τῶν μυστηρίων ὅμοια τὰ ἀποτελέσματα ποι- 39 οῦσι καὶ ἐν χρόνῳ τοσούτῳ ὁρώμενα ἐν ὅσῳ τελεῖται τὰ μυστήρια. γυνὴ ἔδοξε χορεύειν τῷ Διονύσῳ μεθυσθεῖσα. τὸ 10 ἑαυτῆς παιδίον ἀπέκτεινεν ὂν τριετές. καὶ γὰρ ὁ περὶ Πενθέα καὶ Ἀγαυὴν λόγος τοιοῦτος, καὶ τῷ θεῷ τριετηρίδες ἄγονται ἑορταί.

Ὅτι τὸ ἐργάζεσθαι τῷ ζῆν τὸν αὐτὸν ἔχει λόγον, παρακεί- 40 σθω σοι ὅδε ὁ ὄνειρος. γυνὴ ἔδοξε τὸν ἱστὸν ἐξυφαγκέναι. 15 τῇ ὑστεραίᾳ ἀπέθανεν· οὐκέτι γὰρ εἶχεν ἔργον, τοῦτ᾽ ἔστιν οὐκέτι εἶχε τὸ ζῆν.

Οὔτε τὸ ἀπορρύπτεσθαι οὔτε τὸ περικεχρῖσθαί τινι τὸ πρόσ- 41 ωπον ἀγαθόν· οὐκ ἀναμάρτητον γάρ φησιν εἶναι τὸν ἰδόντα. p. 225 ὁ Πάφιος νεανίσκος ἔδοξε κατακεχρῖσθαι τὸ πρόσωπον, ὥσπερ 20 αἱ γυναῖκες, καὶ ἐν θεάτρῳ καθέζεσθαι. μοιχεύων ἑάλω καὶ ἠσχημόνησεν.

Ὅσα εἰς ἄλλο ἐστὶν εὔχρηστα, εἰς ἄλλο δαπανηθέντα

---

1 συμβεβηκὼς L ‖ καίτοι om L ‖ 2 ὃ] ὅσα L. verba καίτοι — ὁρᾶν delenda videntur ‖ Γάλλους] γάλλος V, γάμους L ‖ ὁρᾶν] ὃ V ‖ ὅτι om L ‖ 3 μνημονεύει V ‖ 4 γίνεται καὶ τὰ ἀποτελέσματα] κρίνεται καὶ τὰ ἀποτελέσματα] καὶ τὰ ἀποβαίνοντα γίνεται L ‖ 5 περὶ χρωμάτων V, ταὐτόν] αὐτὸ V, τοῦτο αὐτῷ L ‖ 6 δῶρον] δῶρον κατ᾽ ὄναρ V ‖ ἀγγεῖον ἐδόξετε L ‖ 7 περὶ μυστηρίων V ‖ αἱ om L ‖ περιωχετῶν L ‖ τὰ om L ‖ ποιοῦσιν L ‖ 8 τοσοῦτον L ‖ ὁρώμενα] ὁρώμεναι V, om pr L spatio relicto ‖ ἐν ὅσῳ Meinekius: ἐν οἴω V, om L ‖ τελεῖται] τελοῦνται V ‖ τὰ μυστήρια] ἣν τελετὴ τοῦ διονύσου καὶ μυστήρια V ‖ 9 ἔδοξε γυνὴ V ‖ 10 παιδίον] τέκνον V ‖ ἀπέκτεινεν L ‖ Πενθέα καὶ Ἀγαυὴν] πενθέα καὶ αὐτὸ νοεῖν L, ἀγαυὴν καὶ πενθέα V ‖ 11 λόγος τοιοῦτος — ἑορταί] δεῖ ὅτι οὗτος καὶ τετραετηρίδες ἄγονταί τε ατε L ‖ 13 περὶ τοῦ ἐργάζεσθαι V ‖ ὅτι] ὅτι δὲ V ‖ τῷ] τὸ L ‖ 14 ὅδε ὁ ὄνειρος] ὁδε ὀνείρος L, ὁ ὄνειρος οὗτος V ‖ τὸν addidi ‖ ὑφαγκέναι V ‖ 15 τῇ ὑστεραίᾳ] τὸ ὕστερον L ‖ 17 περὶ τοῦ ἀποκρύπτεσθαι καὶ χρίεσθαι τὸ πρόσωπον V ‖ ἀπορρύπτεσθαι Meinekius: ἀποκρύπτεσθαι LV ‖ περικεχρῖσθαι] ἐπικεχρίσθαι L, περιχρίεσθαι V ‖ τινι τὸ πρόσωπον L τῷ προσώπῳ L ‖ 18 ἀγαθὸν οὐκ om L ‖ γάρ φησιν] γάρ φασιν V, φησιν L ‖ 19 κατακεχρῖσθαι] τις κατακεχρῆσθαι pr L, τις κατακεχρεῖσθαι sec L, καταχρίεσθαι V ‖ 20 καὶ ἐν θεάτρῳ καθέζεσθαι] καὶ ἐν θεάτρῳ κάθεσθαι L, om V ‖ μοιχεύω L ‖ 21 post ὅσα εἰς ἄλλο pr L addit διά, quod delevit secunda. eadem prima manus omisit verba ἐστὶν εὔχρηστα εἰς ἄλλο δαπανηθέντα 25 literarum spatio relicto ‖

ἄχρηστα γίνεται. ὁ Κρητικὸς ἔμπορος ἔδοξε τὸ πρόσωπον οἴνῳ νίπτεσθαι, καὶ εἶπέ τις αὐτῷ τῶν περὶ ταῦτα δεινῶν 'ἐργάσει ἐκ τοῦ οἴνου καὶ τὰ δάνεια τὰ σεαυτοῦ ἀποπλυνεῖς.' τὸ δὲ ἄρα ἦν οὐ τοιοῦτον, ἀλλ' ὁ οἶνος αὐτῷ διεφθάρη· τὸ γὰρ ἀπόνιμμα ἄποτον καὶ ἄχρηστον εἰς τὸ λοιπόν.

42 Ἔτι κἀκεῖνο. ἔστι τινὰ τῶν ἐν τοῖς ὀνείροις κόσμου ἕνεκα θεωρούμενα, ἃ χρὴ καταλείπειν. ὥσπερ γὰρ εἴ τις εἰς οἶκον εἰσίοι, πάντως καὶ τὴν παραστάδα καὶ τὴν φλιὰν καὶ τὸ ὑπέρθυρον βλέπει, ἀλλ' οὐ διὰ ταῦτα εἴσεισιν, οὕτως οὐκ ἀπὸ τούτων τὴν κρίσιν ποιητέον, ἀλλ' ἀπ' αὐτοῦ τοῦ οἴκου. ἔδοξέ τις τὴν ἑαυτοῦ γυναῖκα ἐπὶ πορνείου καθεζομένην ἐν ἱματίοις πορφυροῖς ὁρᾶν, καὶ ἐποιησάμεθα τὴν κρίσιν οὐκ ἀπὸ τῶν ἱματίων οὐδὲ ἀπὸ τῆς καθέδρας οὐδὲ ἀπ' ἄλλου τινὸς ἢ ἀπὸ τοῦ πορνείου μόνου. τελώνης ὁ ἰδὼν ἐγένετο· ἦν γὰρ αὐτῷ ἡ ἐργασία ἄχρωμος, τέχνην δὲ ἢ πραγματείαν τοῦ ἰδόντος τὴν γυναῖκα νομίζομεν εἶναι. ὥσπερ οὖν ἡ φύσις οὐ τοῦ ἀναγκαίου χάριν πάντα ποιεῖ ἀλλὰ καὶ τοῦ κόσμου, ὡς τὰς ἕλικας ἐν ταῖς ἀμπέλοις, οὕτω καὶ ἡ ψυχὴ πολλὰ ἕνεκεν κόσμου συνθεωρεῖ** καὶ πολλάκις ἀπὸ μέρους τὰ ὅλα δείκνυσιν. οἷον ἔδοξέ τις τῆς ἀδελφῆς τὰ ἱμάτια ἔχειν καὶ περικεῖσθαι. ἐκληρονόμησε τὴν ἀδελφήν.

Ὅτι τὸ φῶς τοῦ σκότους λυσιτελέστερον τοῖς μὴ λανθάνειν βουλομένοις, ἐντεῦθεν ἂν μάθοις. Μένιππος ὁ Μάγνης παγκρατιαστὴς οὐ πρὸ πολλοῦ τοῦ ἐν Ῥώμῃ ἀγῶνος ἔδοξε παγ-

---

1 γίνεται] γίνεται καὶ οὐκ ἔστι τῷ ἰδόντι χρήσιμα V ‖ κριτικὸς L ‖ τὸ πρόσωπον om V ‖ 2 οἴνῳ] ὑπὸ L ‖ καὶ om L ‖ εἶπέ τις αὐτῷ τῶν] ἐπέτ αὐτὸ τῷ L ‖ 3 δεικνῶν L ‖ ἐργάσῃ V ‖ ante σεαυτοῦ addidi articulum ‖ σαυτοῦ V ‖ 4 τὸ δὲ ἄρα ἦν οὐ] τὸ ῥαῖνον L ‖ ἀλλὰ L ‖ αὐτοῦ L ‖ διεφθάρη] διεφθάρει L, διέφθαρτο V ‖ 5 γὰρ post ἀπόνιμμα posuit L ‖ ἄποτον Lobeckius: ἄτοκον LV ‖ 6 ἔτι κἀκεῖνο om V ‖ ἔστι τινὰ τῶν ἐν] ἐστινάτοπον L ‖ ἕνεκεν L ‖ 7 καταλείπειν] κατακαλύπτειν L ‖ οἶκον] οικειαν L ‖ 9 εἴσεισιν] εἰσιν L ‖ 11 πορνείου Suidas in v. ἄχρωμος: πορνείῳ LV ‖ καθεζομένην] καθημένην V ‖ 12 καὶ addidi ‖ 13 οὐδὲ ἀπὸ τῆς] οὐκ ἀπὸ τῆς L ‖ ἀπὸ ἄλλου V ‖ 14 τελώνης om pr L relicta lacuna ‖ ἰδὼν] ἰδὼν τὸν ὄνειρον L ‖ ἐγένετο] ἐγεγόνει τὸ L ‖ ἦν γὰρ αὐτῷ ἡ ἐργασία] ἦν αὐτῶν ἐργασία L ‖ 15 δὲ] γὰρ LV ‖ πραγματείαν] πραγματείαν ἢ ἔργον V ‖ τοῦ] τούτου pr L ‖ 16 ἡ φύσις οὐ] ἠμφιάσου L ‖ 17 πάντα] πάντα μόνον L, πάντα μόνον V ‖ κοσμίου L ‖ τὰς] τοὺς L ‖ 18 οὕτως L ‖ πολλὰ — πολλάκις om L. malim ἕνεκα. lacunam signavi ‖ 19 τὰ ὅλα] τὰ ἄλλα V, τὰ θαυμάσια L ‖ 22 ὅτι] ὅτι δὲ V ‖ τοῖς] τοῖς τε L ‖ 23 Μένιππος] μὲν υπος pr L, sec ł fecit et lacunam lineā explevit ‖ ὁ] ω L ‖ 24 παγκρατιαστὴς] παγκρατειαστῆς L, om V ‖ οὐ om L ‖ πολοῦ L ‖ παγκρατειαζοντος L ‖

κρατιάζοντος αύτοῦ νύκτα γεγονέναι. οὐ μόνον ἐλείφθη τὸν ἐν Ῥώμῃ ἀγῶνα, ἀλλὰ καὶ πληγεὶς τὴν χεῖρα κατέλυσεν.

Ὅτι οὐκ ἐκφεύγουσι παντελῶς οἱ ὄνειροι τὸν λόγον τῶν 43 ἱστοριῶν, μάθοις ἂν ἐντεῦθεν. γυνὴ ἔδοξε τοὺς τοῦ Ἡρα-
5 κλέους ἄθλους τετελεκέναι. οὐκ εἰς μακρὰν ἐμπυρισμῷ περιληφθεῖσα ζῶσα ἐκαύθη· φασὶ γὰρ καὶ τὸν Ἡρακλέα πυρὶ διαφθαρῆναι τὸ σῶμα. ὅτε μέντοι δεῖ προσέχειν ἱστορίαις καὶ ὅτε μή, ἐπὰν κατὰ τοῦτο τοῦ λόγου γένωμαι, διδάξω σε.

Ἔτι καὶ τοῦτο. καταφρονεῖν οὔτε ἰδιώτου ἑνὸς ἢ πολλῶν 44
10 οὔτε δήμου συμφέρει ὥσπερ οὐδὲ τὸ καταφρονεῖσθαι, λέγω δὲ τὸ καταφρονοῦντος ἔργα πάσχειν ἢ δρᾶν. ἔδοξέ τις ἀναστειλαμένην τὴν γυναῖκα ἐπιδεικνύειν αὐτῷ τὸ αἰδοῖον. πολλῶν κακῶν αἰτία ἐγένετο αὐτῷ ἡ γυνή· ὥσπερ γὰρ εὐκαταφρονήτῳ ἀνεστείλατο. ἔδοξέ τις ἐν συμβιώσει καὶ φρατρίᾳ τοῖς
15 συμβιώταις ἀναστειλάμενος ἑκάστῳ προσουρεῖν. ἀπηλάθη τῆς φρατρίας ὡς ἄτιμος· εἰκὸς γὰρ τοὺς οὕτω παροινοῦντας μισεῖσθαί τε καὶ ἀπελαύνεσθαι. ἔδοξέ τις ἐν θεάτρῳ μέσῳ οὐρεῖν τοῦ ὄχλου καθεζομένου. παρενόμησεν εἰκότως· τῶν γὰρ ἀρχόντων νόμων ὥσπερ καὶ τῶν θεατῶν κατεφρόνησε. τοὺς
20 γε μὴν ἄρχοντας οὐδὲν κωλύει δοκεῖν τῶν ὑποτεταγμένων καταφρονεῖν.

Περὶ ἰατρῶν ὅτι τοῖς εὐεργέταις καὶ τοῖς ἀμύνουσι τὸν 45
αὐτὸν ἔχουσι λόγον, εἴπομεν καὶ ἐν τῷ δευτέρῳ βιβλίῳ καὶ p. 227

---

1 γεγονέναι] γενέσθαι V ‖ ἐλείφθη] ἔλειπεν L ‖ 2 πληγεὶς] πληγῆς L ‖ κατέλυσεν] κατόλεσεν L ‖ 3 περὶ τῶν καθ' ἱστορίαν ὀνείρων V ‖ ἐκφεύγουσιν L ‖ 4 τοὺς] τὰ L ‖ 5 ἄθλους om L ‖ τετελεκέναι] κατέχειν L ‖ οὐκ] καὶ οὐχ L ‖ προλειφθεῖσα L ‖ 6 ζῶσα ἐκαύθη] ἀπέθανε V ‖ φασὶν L ‖ καὶ om V ‖ 7 σῶμα] σωματι L ‖ ὅτε] ὅτι L ‖ malim ταῖς ἱστορίαις ‖ καὶ om L ‖ 8 τοῦτο] τόδε V ‖ γένομαι L ‖ 9 post ἔτι καὶ τοῦτο in V lemma est περὶ τοῦ μή τινος καταφρονεῖν ‖ πολλῶν] πολλὴν L ‖ 10 καταφρονεῖσθαι λέγω δὲ τὸ] τὰ τοῦ V ‖ 11 πάσχειν ἢ δρᾶν] ποιεῖν ἢ πάσχειν V. post haec in LV est εἰ μὴ μόνοις (μόνον V) τοῖς ἄρχειν δυναμένοις ‖ ἀνεσταλμένην L ‖ 12 αἰδοῖον] αἰδοῖον ὂν L ‖ 13 αἰτία om L ‖ εὐκαταφρονήτῳ] εὐκαταφρονήτῳ αὐτῷ L ‖ 14 ἀνεστείλατο] ἀνεστείλατο δεικνύουσα τὸ αἰδοῖον V ‖ συμβιώσει] συμβίῳ L ‖ φατρίᾳ V ‖ τοῖς συμβιώταις] της συμβιώτης L ‖ 15 ἀναστειλάμενος Schaeferus: ἀναστειλαμενον LV ‖ ἀπηλάθη L ‖ 16 φατρίας V ‖ παροινοῦντας] ita pr L, πράττοντας sec ‖ 17 τε om V ‖ μεστῷ V ‖ οὐρεῖν τοῦ ὄχλου καθεζομένου] τοῦ ὄχλου κατουρεῖν V ‖ 18 παρενόμησεν] νόμισαι pr L relicto sex literarum spatio ‖ εἰκότως — καταφρονεῖν] ita V, nisi quod ὥσπερ καὶ scripsi pro ὥσπερ ἐκεῖ. in L ita haec coarctantur, εἰκὸς γὰρ τοὺς ἄρχοντας καταφρονεῖν τῶν ὑποτεταγμένων ‖ 22 περὶ ἰατρῶν V, περὶ ἰατρῶν ὅτι τοῖς εὐεργέταις τὸν αὐτὸν ἔχουσι λόγον L ‖ περὶ] περὶ δὲ V ‖ ὅτι] ὅτι πᾶσι LV ‖ ἀμύνουσι τὸν] ἀμύνου ἔργον L ‖ 23 λόγον ἔχουσιν L ‖ εἴπομεν] μὲν L ‖

15*

νῦν δὲ πιστώσομαί σοι τὸ δόγμα καὶ δι' ἀποβάσεως ὀνείρου. δίκην τις ἔχων ἔδοξε νοσεῖν καὶ ἰατροὺς οὐκ ἔχειν. συνέβη αὐτῷ καταλειφθῆναι ὑπὸ τῶν συνηγόρων· ἡ μὲν γὰρ νόσος τὴν δίκην ἐδήλου· κρίνεσθαι γὰρ ἀμφοτέρους φαμὲν καὶ τοὺς δικαζομένους καὶ τοὺς νοσοῦντας. οἱ δὲ ἰατροὶ τοὺς συνηγόρους ἐδήλουν.

46 Ἔτι καὶ τοῦτο. μέμνησο ὅτι τὰ μὴ ἐν τόπῳ οἰκείῳ βλεπόμενα τὸ ἐναντίον τῷ σημαινομένῳ προαγορεύει. οἷον ἔδοξέ τις ἄνδρα φίλον καὶ συνήθη, οὗ τὴν θυγατέρα ἐμοίχευεν, ἀποστεῖλαι αὐτῷ ἵππον, τὸν δὲ ἱπποκόμον δύο κλίμακας ἀναγαγόντα τὸν ἵππον εἰς τὸν κοιτωνίσκον εἰσαγαγεῖν, ἔνθα ἦν αὐτὸς κατακείμενος. μετ' οὐ πολὺ ἀπείρχθη τῆς πρὸς τὴν ἐρωμένην ὁδοῦ· ὁ μὲν γὰρ ἵππος τὴν γυναῖκα ἐσήμαινεν, ὁ δὲ τόπος τὸ μὴ παραμεῖναι, ὅτι μὴ δυνατὸν ἦν ἐπὶ τριστέγης γενέσθαι ἵππον.

47 Ὅσα τεράστιά ἐστι καὶ οὐδαμῶς ἐνδεχόμενα γενέσθαι, ὡς Ἱπποκένταυρος καὶ Σκύλλα, ψευδεῖς τὰς προσδοκίας ἔσεσθαι σημαίνει, ὡς ἐν τῷ δευτέρῳ βιβλίῳ προείρηκα. ἐνίοτε μέντοι τὰς μὲν ἐλπίδας οὐ τελειοῖ, τὰς δὲ ὑποθέσεις τῶν πραγμάτων ταῖς περιοχαῖς ὁμοίας ποιεῖ. ἔδοξεν ἀνὴρ ἐπιθυμῶν παῖδας αὐτῷ γενέσθαι τὴν γυναῖκα κυοῦσαν ἔχων, Ἱπποκένταυρον αὐτῷ γεγεννῆσθαι. δίδυμα αὐτῷ ἐγεννήθη βρέφη· δύο γὰρ σώματα τοῦ Ἱπποκενταύρου. ἀλλ' οὐδέτερον τῶν παιδίων ἐτράφη· οὐδαμῶς γὰρ ἐνδέχεται Ἱπποκένταυρον γενέσθαι· εἰ δὲ καὶ γένοιτο, ἀδύνατον τὸ τραφῆναι.

Ὅσα τῶν ἱστορικῶν διπλοῦν ἔχει λόγον, τῶν μὲν ὡς ὄντως ἔχει λεγόντων, τῶν δὲ ἄλλως, τούτων ὁποτέρᾳ ἂν ἀκολου-

---

1 δι' ἀποβάσεως] καὶ ἀπ' ἐκβάσεως V ‖ 2 ἰατρὸν L ‖ 3 καταληφθῆναι V ‖ 6 ἐδήλουν om L ‖ 7 περὶ οἰκείων τόπων V ‖ μέμνησο] μὲν ἦσθα L ‖ 8 τῶν σημαινομένων L ‖ προαγορεύουσιν V ‖ 9 ἀνδρὶ L ‖ συνήθη καὶ φίλον V ‖ οὗ τὴν om L ‖ ἐμοίχευσαι L ‖ 10 αὐτὸν L ‖ ἀγαγόντα L ‖ 11 εἰς τὸν — αὐτὸς om L ‖ 12 μετ'] καὶ μετ' LV ‖ ἐρωμένην] γυναῖκα L ‖ 13 ὁδοῦ — ἵππον om pr L relicta lacuna ‖ 16 περὶ τεραστίων καὶ ἱστοριῶν V ‖ μηδαμῶς V ‖ 17 Ἱπποκένταυροι καὶ σκύλλω L ‖ ψευδεῖς] ψεαεῖσ L ‖ 18 προσείρηκα] εἴρηκα L, προείρηται V ‖ μέντοι] δὲ V ‖ 20 ὁμοίως V ‖ ἔδοξεν] ἔδοξέ τις LV ‖ 22 γεγενεῖσθαι L ‖ 23 σώματα] ὀνόματα L ‖ ἀλλ' om pr L cum lacunula ‖ οὐδέτερον] οὐ δεύτερον L ‖ παιδίων] τέκνων V ‖ 24 Ἱπποκένταυρον] ἵππον καὶ κένταυρον L ‖ 25 τοῦτον ante ἀδύνατον addit V ‖ τὸ] γε V ‖ 26 ἱστοριῶν L ‖ διπλοῦν] διπλασίονα L ‖ ἔχει] ἔχουσι L ‖ τῶν μὲν ὡς ὄντως ἔχει λεγόντων, τῶν δὲ ἄλλως] τῶν μὲν ὡς οὕτως ἔχουσι λεγόντων τῶν δὲ ὡς ἄλλως V, τῶν μὲν ὡς οὕτως ἔχουσι λόγον τῶν δὲ ὡς οὕτως L ‖ ὁποτέρῳ V ‖ ἀκολουθήσῃς] ἀκολουθῆσ L, ἀκολουθήσαις V ‖

θήσῃς δόξῃ ὡς ἀποβησομένῃ, ὀρθῶς ποιήσεις, κἂν μὴ ἐπιτύχῃς· ἄμεινον δὲ ἀμφοτέρας τὰς δόξας εἰδέναι τε καὶ λέγειν. οἷον ἔδοξέ τις τὸν φοίνικα τὸ ὄρνεον ζωγραφεῖν. εἶπεν Αἰγύπτιος ὅτι ὁ ἰδὼν τὸν ὄνειρον εἰς τοσοῦτον ἧκε πενίας ὥστε τὸν
5 πατέρα ἀποθανόντα δι' ἀπορίαν πολλὴν αὐτὸς ὑποδὺς ἐβάστασε καὶ ἐξεκόμισε· καὶ γὰρ ὁ φοίνιξ τὸν ἑαυτοῦ πατέρα καταθάπτει. εἰ μὲν οὖν οὕτως ἀπέβη ὁ ὄνειρος, οὐκ οἶδα, ἀλλ' οὖν γε ἐκεῖνος οὕτως διηγεῖτο, καὶ κατὰ τοῦτο τῆς ἱστορίας εἰκὸς ἦν ἀποβεβηκέναι. λέγουσι δὲ ἔνιοι ὅτι ὁ φοίνιξ οὐ τὸν πατέρα
10 καταθάπτει οὐδὲ ὅλως ἐστὶν αὐτῷ περιὼν πατὴρ οὐδὲ ἄλλος τις τῶν προγόνων, ἀλλ' ὅταν αὐτὸν τὸ μοιρίδιον ἄγῃ, ἔρχεται εἰς Αἴγυπτον ὅθεν οὐκ ἴσασιν ἄνθρωποι, καὶ αὐτὸς ἑαυτῷ ποιησάμενος ἐκ κασίας τε καὶ σμύρνης πυρὰν ἐναποθνῄσκει. καυθείσης δὲ τῆς πυρᾶς μετὰ χρόνον ἐκ τῆς σποδοῦ σκώληκα
15 λέγουσι γεννᾶσθαι, ὅντινα μεταβάλλειν αὐξανόμενον καὶ γίνεσθαι πάλιν φοίνικα καὶ ἀφίπτασθαι Αἰγύπτου ἐκεῖσε ὅθεν ἧκεν ὁ πρὸ αὐτοῦ φοίνιξ. ὥστε εἰ καὶ τῶν γονέων ἔρημόν τις εἴποι γενέσθαι τὸν ἰδόντα τὸν ὄνειρον, κατὰ τοῦτο τῆς ἱστορίας οὐκ ἀποτεύξεται. μέμνησο δὲ ὅτι τῶν ἱστοριῶν μόναις
20 σοι προσεκτέον ταῖς πάνυ πεπιστευμέναις ἐκ πολλῶν καὶ μεγάλων τεκμηρίων ὅτι εἰσὶν ἀληθεῖς, ὡς τῷ πολέμῳ τῷ Περσικῷ καὶ ἐπάνωθεν τῷ Τρωικῷ καὶ τοῖς ὁμοίοις. τούτων γὰρ καὶ ἐναυλίσματα δείκνυται καὶ τόποι παρατάξεων καὶ στρατοπέδων καθιδρύσεις καὶ πόλεων κτίσεις καὶ βωμῶν ἀναστάσεις καὶ
25 ὅσα ἄλλα τούτοις ἀκόλουθα. ὅταν οὖν τοιοῦτό τις ἴδῃ, πάν-

---

1 δόξῃ ὡς] δόξης ὁμοίως L, ὡς ὁμοίως V ‖ ἀποβησομένῳ V ‖ 2 ἄμεινον] ἄριστον L ‖ τὰς om L ‖ τε om V ‖ 3 οἷον] οἷον ὁ παρὰ τοῦ αἰγυπτίου λεχθεὶς ὄνειρος LV ‖ ἔδοξέ τις τὸν φοίνικα] ἔδοξέ τις φοίνικα V, om L ‖ τὸ] καὶ τὸ L ‖ Αἰγύπτιος] ὁ αἰγύπτιος V ‖ 4 ἧκε] ἦ ἧκε L ‖ ὥστε] ὡς L ‖ 5 ἀπορείαν L ‖ 6 ἐξεκόμισεν L ‖ καταθάπτει] καταθάπτει καὶ οὐκ ἐᾷ διπτόμενον V ‖ 7 οὖν om L ‖ 10 ἐστὶ περιὼν αὐτῷ V ‖ ἄλλως V ‖ 11 ἔρχεται] ἄγεται V ‖ 12 ἤσασιν L ‖ αὐτὸς ἑαυτῷ Suidas in v. φοίνιξ: αὐτὸς ἑαυτοῦ V, τὸ σεαυτοῦ L ‖ 13 ἀποθνῄσκει V Suidas ‖ 14 σκολικα L ‖ 15 λέγουσι γεννᾶσθαι] λέγουσι γίνεσθαι L, γεννᾶσθαι λέγουσιν V ‖ μεταβάλλειν αὐξανόμενον καὶ γίνεσθαι] πετασθαι L, μεταβάλλειν καὶ γίνεσθαι Suidas. pro αὐξανόμενον malim αὐξόμενον ‖ 16 ἀφίπτασθαι] ἀφίπτασθαι πάλιν L ‖ αἰγύπτιους L ‖ ἐκεῖσε] ἐκεῖθεν Suidas ‖ 17 ὥστε εἰ] ὅθεν L ‖ γονέων] συγγενων L ‖ 18 εἴποι τις ἔρημον γενέσθαι V ‖ τοῦτο om L ‖ τὴν ἱστορίαν L ‖ 20 σοι om L ‖ προσεκταῖον L ‖ ταῖς] τὰς L ‖ πεπιστευμένας L ‖ 21 ὅτε L. verba ὅτι εἰσὶν ἀληθεῖς spuria esse videntur ‖ 22 ἐπάνωθεν] ἔτι ἄνωθεν V ‖ ἐναυλίσματα] αἰναῦσαίματα L ‖ παρατάξεως V ‖ 24 κτίσεις καὶ βωμῶν ἀναστάσεις] καὶ βωμῶν κτίσεις V ‖ 25 ἀκολουθεῖ V ‖ τοιοῦτο] τοιοῦτον LV ‖ ἴδῃ τις V ‖

τως ὅμοιόν τι αὐτῷ ἀποβήσεται. ἔτι καὶ τῶν ἱστοριῶν χρὴ
προσέχειν ταῖς πολυθρυλήτοις καὶ ταῖς πρὸς τῶν πλείστων πε-
πιστευμέναις, οἷα τὰ περὶ τὸν Προμηθέα καὶ τὴν Νιόβην καὶ
τῶν τραγῳδουμένων ἕκαστον· ταῦτα γὰρ εἰ καὶ μὴ οὕτως ἔχοι,
ἀλλ᾽ οὖν γε διὰ τὸ προειλῆφθαι πρὸς τῶν πλείστων ὁμοίως
ταῖς περιοχαῖς ἀποβαίνει. ὅσα δὲ παντελῶς ἐξίτηλα καὶ φλυα-
ρίας καὶ λήρου μεστά, ὡς τὰ περὶ τὴν γιγαντομαχίαν καὶ τοὺς
Σπαρτοὺς τούς τε ἐν Θήβαις καὶ τοὺς ἐν Κόλχοις καὶ τὰ ὅμοια,
ἤτοι τέλεον οὐκ ἀποβήσεται ἢ κατὰ τὸν ἔμπροσθεν λόγον πᾶ-
σαν ἀθετεῖ καὶ περιγράφει προσδοκίαν, καὶ ματαίας ὑπαγο-
ρεύει καὶ κενὰς τὰς ἐλπίδας, εἰ μὴ ἄρα τι τῶν μυθικῶν τού-
των φυσικὴν ἐπιδέχοιτο τὴν ἐξήγησιν. οἷον ἔδοξέ τις Ἐνδυ-
μίων γεγονέναι καὶ ὑπὸ τῆς Σελήνης ἐρᾶσθαι. συνέβη αὐτῷ
πολλή τις εὔκλεια καὶ πορισμὸς οὐκ ὀλίγος ἐκπονήσαντι μαν-
τικὴν τὴν δι᾽ ἄστρων· καὶ γὰρ τὸν Ἐνδυμίωνα λόγος ἔχει
πρὸς μὲν τῶν πολλῶν ὑπὸ τῆς Σελήνης φιληθέντα συνεῖναι
αὐτῇ, πρὸς δὲ τῶν τὰ τοιαῦτα ἐξηγουμένων ἀστρολογίᾳ μάλι-
στα πάντων ἀνθρώπων προσέχοντα καὶ νύκτωρ διαγρυπνοῦντα
δόξαι τῇ σελήνῃ ὁμιλεῖν.

48 Ὅ τι ἄν τις ἴδῃ ὅμοιον ἢ συγγενὲς ἢ οἰκεῖον, τοῦτο ἅμα
τῷ οἰκείῳ καὶ συγγενεῖ βλεπόμενον ἧττον ἂν εἴη πονηρόν. οἷον
ἔδοξέ τις πίθον ἔχων οἴνου μεστὸν ἄμπελον ἐκ τοῦ πίθου πε-
φυκέναι. ἔστι δὲ καὶ παρὰ Φοίβῳ τῷ Ἀντιοχεῖ ὄνειρος τοιοῦ-
τος. ἔδοξέ τις πίθον ἔχων οἴνου πλέων ἐκ τοῦ πίθου ἐλάαν
πεφυκέναι. καί φησιν ὁ Φοῖβος ὅτι πάντες οἱ πιόντες τοῦ οἴ-
νου ἀπέθανον ἐχίδνης ἐναποθανούσης τῷ οἴνῳ. τῷ δὲ δόξαντι

---

1 ἔτι καί] ἔτι V ‖ χρή] χρήσεις L ‖ 2 ταῖς] καὶ ταῖς LV ‖ πολυ-
θρυλλήτοις V ‖ ταῖς ante πρός om V ‖ 3 οἷα] οἷον L ‖ τόν om V ‖ 4
οὕτως ἔχοι] αὐτοῖσ ἐκεῖ L ‖ 6 ἀποβαίνει ὅσα δέ] ἀποβαίνετο ἄλλαι L ‖
φλυαρίας] φλυαρα L ‖ 7 ὡς τὰ om L ‖ καὶ τούς] καὶ τὸν ἐνδυμίωνα καὶ
τούς L ‖ 8 κόχλοις L ‖ 11 ἐλπίδας] ἐλπίδας ἔχειν L ‖ εἰ μὴ ἄρα τι] εἰ
μή τι ἄρα LV ‖ τῶν μυθικῶν τούτων Reiffius: τὸν μυθικὸν τοῦτον L,
τῶν φυσικῶν τούτων V ‖ 13 ἐρᾶσθαι] ἐρασθῆναι V ‖ 14 εὔκλεια] εὐκο-
λια L ‖ 15 τὸν Ἐνδυμίωνα λόγος] γὰρ τοι ὁ ἐνδυμίων ἄλγος L ‖ 16 τῶν]
τό L ‖ πολλῶν — φιληθέντα om L ‖ 17 αὐτήν L ‖ ἐξηγουμένων] λεγο-
μένων L ‖ 19 ὁμιλεῖν] συνεῖναι καὶ συνομιλεῖν V ‖ 20 περὶ ὁμοίων
καὶ συγγενῶν V ‖ ὅ τι ἄν] ὅ τι δ᾽ ἂν LV ‖ τις ἴδῃ] τις ἴδοι V, τινι
L ‖ ἢ συγγενὲς ἢ οἰκεῖον τοῦτο] συμμηγεν ἢ εἰσοῖον οἰκεῖον ἡ τουτω L ‖
21 οἰκείῳ καί om L ‖ βλεπόμενον ἧττον ἄν om L ‖ εἴη] ἢ L ‖ 22 ἔχων
om L ‖ μεστὸν ἄμπελον ἐκ τοῦ πίθου] παλαιοῦ ἐκ τοῦ πίθου ἄμπελον L
‖ 24 πλέων] παλαιοῦ L ‖ ἐλάαν] ἐλαίαν LV ‖ 25 πάντες οἱ] τοι L ‖
26 ἀπέθανον — ἀπέθανον] ἀπέθανον καὶ ἐγένοντο ἐλεεινοὶ διὰ τὸ ὄνομα
τῆς ἐλαίας· ἦν γὰρ ἐν τῷ πίθῳ ἔχιθνα νεκρὰ καὶ ὁ οἶνος διέφθαρτο. οὐ
μὲν ἔπιόν γέ τινες οἱ δὲ ἀπέθανον L ‖

ἐκ τοῦ πίθου ὁμοίως ἄμπελον πεφυκέναι ἦν μὲν καὶ τούτῳ ἐν
τῷ πίθῳ ἔχιδνα νεκρὰ καὶ ὁ οἶνος ὁμοίως διέφθαρτο, οὐ μὴν
ἐπιόν γέ τινες οὐδὲ ἀπέθανον· δόξαν γὰρ αὐτοῖς διυλίσαι πρό-
τερον τὸν οἶνον ὡς αὖθις πιομένοις, μαθόντες τὸ συμβεβηκὸς
5 ἐξέχεαν τὸν οἶνον. ἦν δὲ εἰκὸς τούτους μὴ ἀποθανεῖν· ἐπεὶ
γὰρ οἰκεία ἡ ἄμπελος τῷ ἐν τῷ πίθῳ ὑγρῷ, ἧττον ἐγένετο ὁ
ὄνειρος πονηρός.

Πᾶσα ἐπὶ τὸ βέλτιον μεταβολὴ ἀγαθὴ πλουσίοις, καὶ ἐάν **49**
τις εἰς θεὸν μεταβάλῃ· δεῖ δὲ μηδὲν ἐνδεὲς ἔχειν. οἶον ἔδοξέ τις
10 Ἥλιος γεγονέναι καὶ διὰ τῆς ἀγορᾶς διέρχεσθαι ἔχων ἀκτῖνας
ἕνδεκα στρατηγὸς ἀπεδείχθη τῆς ἑαυτοῦ πόλεως καὶ μῆνας ἕν-
δεκα ἐπιζήσας τῇ ἀρχῇ ἀπέθανε διὰ τὸ μὴ τέλειον ἔχειν τῶν
ἀκτίνων τὸν ἀριθμόν. πολλὰ δὲ καὶ οἱ τόποι παρ᾽ ἑαυτῶν εἰσ-
φέρουσι ταῖς ἀποβάσεσιν. οἶον ἔδοξέ τις ἐσταυρῶσθαι, ση-
15 μαίνοντος τοῦ δοκεῖν ἐσταυρῶσθαι δόξαν καὶ εὐπορίαν· δόξαν
μὲν διὰ τὸ ὑψηλότατον εἶναι τὸν ἐσταυρωμένον, εὐπορίαν δὲ
διὰ τὸ πολλοὺς τρέφειν οἰωνούς. ὁ Μένανδρος ἐν Ἑλλάδι ἔδο-
ξεν ἐσταυρῶσθαι ἔμπροσθεν ἱεροῦ Διὸς Πολιέως. ἱερεὺς ἀπο-
δειχθεὶς αὐτοῦ ἐκείνου τοῦ θεοῦ λαμπρότερός τε καὶ εὐπορώ-
20 τερος ἐγένετο.

Ἔτι καὶ τοῦτο. οἱ φίλοι ἅμα τοῖς ἐχθροῖς ἀναστρεφόμενοι **50**
καὶ συναγελαζόμενοι τοῖς ἐχθροῖς εἰς ἔχθραν τῷ ἰδόντι καθί-
στανται. ὁ Φιλῖνος ἔδοξε τῶν ἑταίρων αὐτοῦ τινὰ ἅμα τοῖς

---

3 δόξαν γὰρ αὐτοῖς διυλίσαι] ἔδοξαν γὰρ διυλίζειν V || 4 πιομένοις] πιόμενοι LV || τὸ συμβεβηκός] τὸ συμβεβηκὸς εὑρόντες δὲ τὰ θηρίου ὀστᾶ V, τὸ συμβεβηκὸς εὗρον γὰρ ἐν τῷ πίθῳ ἔχιδναν pr L cum quatuor literarum lacuna inter ἔχιδναν et ἐξέχεαν. ὀστᾶ supplevit manus secunda || 5 μὴ ἀποθανεῖν] μὲν ἀποθανεῖσθαι οὐ γὰρ εἴ τι ἄμπελος τοῦτο καὶ ὁ οἶνος ὅθεν ἄτροτος ἐγένετο ὁ οἶνος L, μὴ ἀποθανεῖν οὐ γὰρ εἴ τι ἄμπελος τοῦτο καὶ οἶνος ὅθεν ἄποτος ἐγένετο ὁ οἶνος V || γὰρ] δὲ LV || οἰκεία ἡ] ἔοικεν L || 6 ὑγρῷ] οἴνῳ V || ὁ ὄνειρος] οἶνος L || 7 post πονηρός in L est οὐκ ἀπέθανον, in V διὸ καὶ οὐκ ἀπέθανον || 8 περὶ τῆς ἐπὶ τὸ βέλτιον μεταβολῆς || καὶ ἐάν — μεταβάλῃ om L || 9 ἐνδεῶς V || 11 ἑαυτοῦ] αὐτοῦ LV || 12 ἐπιζήσας post ἀρχῇ ponit L || τέλεον V || 13 καὶ παρ᾽ ἑαυτῶν οἱ τόποι V || εἰσφέρουσιν L || 14 ἔδοξέ τις ἐσταυρῶσθαι Venetus 267: om LV || σημαίνοντος τοῦ Venetus 267: ἐσημενοντος του L, σημαίνει τοῦτο τὸ V || 16 ὑψηλότερον L || εὐπόρειαν L || 17 τρέφειν] ἔχειν L || οἰωνοὺς ὁ Μένανδρος] οἰωνοὺς μένανδρος V, om pr L relicta unius versus lacuna, μένανδρος sec L || ἐν Ἑλλάδι glossatoris esse videtur || 18 Πολιέως Valesius: πολεως L, πολέως V || ἱερεὺς] καὶ ἱερεὺς LV || 19 αὐτοῦ om L || 20 ἐγένετο καὶ εὐπορώτερος V || 21 περὶ ἐχθρῶν καὶ φίλων V || ἐχθροῖς] ἐχθίστοις L || 22 καθίστανται om L || 23 φελεινὸς V ||

ἐχθροῖς μέλλειν ἀποδημεῖν. εἰς ἔχθραν κατέστη τῷ ἑταίρῳ διά τινας αἰτίας οὐδὲν προσηκούσας τοῖς ἐχθροῖς.

51 Τὰ ἡμιτελῆ τῶν ἔργων ἀπραξίαν σημαίνει τελείαν καὶ οὐδὲ τὰς ἀρχὰς παρέχει. ὁ Κίλιξ ἀδελφοῦ κλῆρον παρὰ τοῦ βασιλέως αἰτῶν ἔδοξε πρόβατον κείρειν μέχρι ἡμισείας, καὶ τοῦ πόκου λαβεῖν τὸ περισσὸν οὐ δυνάμενος διυπνίσθη. καὶ προσδοκία μὲν ἦν αὐτὸν τὸ ἥμισυ τοῦ κλήρου λήψεσθαι, ἔλαβε δὲ οὐδέν.

52 Ὅσοι τῶν στεφάνων ἀγαθόν τι σημαίνουσιν, οὗτοι μὴ περὶ τῇ κεφαλῇ ὄντες ἀλλὰ περί τινι ἄλλῳ μέρει τοῦ σώματος πρὸς τῷ μηδὲν ἀγαθὸν σημαίνειν προσέτι καὶ κακοὶ γίνονται. ὁ Ζωίλος εἰς Ὀλύμπια ἀναγαγὼν παῖδας ἰδίους ἀγωνιουμένους τὸν μὲν πάλην τὸν δὲ παγκράτιον ἔδοξεν ἐστεφανῶσθαι τὰ σφυρὰ αὐτῶν ἐλάᾳ καὶ κοτίνῳ. καὶ σφόδρα μὲν ἦν εὔθυμος ὡς ἱερῶν ὄντων καὶ ἐπινικίων τῶν στεφάνων καὶ Ὀλυμπίασι διδομένων, ἀπέθανον δὲ αὐτῷ οἱ παῖδες πρὸ τοῦ ἀγῶνος· οἱ γὰρ περὶ τοῖς σφυροῖς στέφανοι οὐ πολὺ τῆς γῆς ἀπεῖχον.

53 Ὅσα ἡ θάλασσα σημαίνει καὶ τὰ περὶ τὴν θάλασσαν, λιμένες καὶ σκόπελοι καὶ ὑποδρομαὶ καὶ αἰγιαλοὶ καὶ πλοῖα καὶ αὐτὸ τὸ πλεῖν, ἐν τῷ δευτέρῳ βιβλίῳ προακήκοας· ὅμως δέ τι καὶ νῦν εἰρήσεταί σοι τοιοῦτον ἀποβεβηκός. ἔδοξέ τις εἰς θάλασσαν πεσὼν καταφέρεσθαι εἰς τὸν βυθὸν καὶ δι' αἰσθήσεως ἔχειν ἐπὶ πολὺ καταφερόμενος, καὶ τέλος ὑπὸ τοῦ δέους ἀφυπνίσθη. γήμας ἑταίραν ἅμα αὐτῇ μετανέστη καὶ τὸ πολὺ

---

1 εἰς] καὶ εἰς LV ‖ τῷ ἑταίρῳ] τῶν ἑταίρων V ‖ post ἑταίρῳ L addit αὐτοῦ ‖ 2 αἰτίας] αἰτίας ἄλλας V, αἰτίας ἀλλὰ εἰς L ‖ 3 π ε ρ ὶ ἡ μ ι - τ ε λ ῶ ν ἔ ρ γ ω ν V ‖ τὰ ἡμιτελῆ τῶν] ὅταν μὴ τῶν αὐτῶν L ‖ ἀπραξίας L ‖ τελείαν] τέλεον LV ‖ 4 παρά] ἀπὸ LV ‖ 5 μέχρι] μέχρις LV ‖ ἡμισίας L ‖ τοῦ πόκου] τοῦτο ποῦ pr L ‖ 6 λαβεῖν] λαβὼν τὸ πλεῖστον V, τὸ πλεῖστον λαβὼν L ‖ δυνάμενος] δυνάμενος κεῖραι V ‖ 7 αὐτὸν] αὐτῷ LV ‖ λήψεσθαι] λαβεῖν V ‖ ἔλαβεν L ‖ 9 π ε ρ ὶ σ τ ε φ ά ν ω ν τ ῶ ν π α ρ ὰ φ ύ σ ι ν κ ε ι μ έ ν ω ν V ‖ τι ἀγαθὸν L ‖ οὗτοι] οὔτε pr L ‖ 10 τῇ κεφαλῇ] τὴν κεφαλὴν LV ‖ 11 τῷ] τὸ L ‖ 12 Ζωίλος] ζωίλσος V ‖ ὀλυμπίαν V ‖ ἀναγαγών] ἄγων V ‖ ἀγωνιουμένους] ἀγωνισομένους L, ἀγωνιζομένους V ‖ 13 τὸν μὲν πάλην] τὸν μὲν ουστον μὲν πάλιν L ‖ ἔδοξε L ‖ τὰ σφυρὰ om L ‖ 14 αὐτῶν addidi ‖ ἐλάᾳ] ἐλαίᾳ LV ‖ κοτίνῳ L ‖ 16 διδόμενον pr L ‖ αὐτοῦ L ‖ 17 ἀπεῖχον] ἀπέχουσιν V ‖ 18 π ε ρ ὶ θ α λ ά σ σ η ς V ‖ σημαίνει om L ‖ λιμένες] οἰμένες pr L ‖ 19 καὶ πλοῖα om L ‖ 20 πλέειν L ‖ δέ τι] ὡσδέ τι pr L ‖ 21 σοι] σοί τι L ‖ ἀποβεβηκώς L ‖ 22 πεσὼν καταφέρεσθαι] πεσεῖν καὶ καταφέρεσθαι V, πεσὼν κάτω φέρεσθαι L ‖ δι' αἰσθήσεως] δεῖ ἐσθήσεως L ‖ 23 ὑπ'] ὑπ αὐτοῦ LV ‖ 24 διυπνίσθη? ‖ γήμας] γήμας ἤτοι L ‖ ἑταίραν — μετανέστη om L ‖ καὶ τὸ] κατω L ‖

τοῦ βίου διέτριψεν ἐπὶ ξένης. τούτων τὰς αἰτίας περισσὸν
λέγειν.

Ὅσα συνεχῶς περί τι μέρος τοῦ σώματός ἐστι, ταῦτα τὸν 54
αὐτὸν τοῖς πεφυκόσιν ἔχει λόγον. οἷον ἔδοξέ τις ξύλα ἔχειν ἐκ p. 232
5 τῶν δακτύλων πεφυκότα. καὶ πάλιν ἔδοξέ τις ἔρια ἔχειν ἐκ
τοῦ στήθους πεφυκότα καὶ τοῦ μεταφρένου. ὁ μὲν ἐγένετο κυ-
βερνήτης, ὁ δὲ φθισικός· τῷ μὲν γὰρ ἀεὶ ξύλα ἦν διὰ χει-
ρῶν τὰ τῶν πηδαλίων, τῷ δὲ ἀεὶ ἔρια περὶ τῷ θώρακι διὰ
τὴν νόσον.

10 Ἔτι καὶ τοῦτο. πολλὰ παρὰ τὸ πλῆθος ἀποβαίνει καὶ πά- 55
λιν παρὰ τὸ μέγεθος. παρὰ μὲν τὸ πλῆθος, ὡς ἐπὶ κρομμύων,
ἃ εἴ τις νοσῶν δόξειεν ἐσθίειν, εἰ μὲν πολλά, ἀναστήσεται,
ἄλλον δέ τινα πενθήσει· εἰ δὲ ὀλίγα, τεθνήξεται· δακρύουσι
μὲν γὰρ οἱ τὰ κρόμμυα ἐσθίοντες, δακρύουσι δὲ καὶ οἱ ἀποθνή-
15 σκοντες· οὐ γὰρ ἄνευ δακρύων τις ἀπέθανεν. ἀλλ' ὀλίγα οὗ-
τοι δακρύουσιν, ὡς ἔστιν ὅτε καὶ τοὺς πλησίον λαθεῖν, μόνον
νοτισθέντων τῶν βλεφάρων· οἱ δὲ πενθοῦντες πολλά· καὶ γὰρ
ἐπὶ πολὺ δακρύουσι. παρὰ δὲ τὸ μέγεθος, ὡς ἐπὶ αἰγῶν καὶ
ἐρίφων. αἶγας μὲν γὰρ οὔτε λευκὰς οὔτε μελαίνας ἰδεῖν ἀγα-
20 θὸν πλὴν αἰπόλου· ἔριφοι δὲ πάντες ἀγαθοί. ταὐτὰ δέ σοι ἐπὶ
πάντων ὀνείρων τηρείσθω νῦν εἰς ὑπόδειγμα ἐπὶ τούτων μό-
νων εἰρημένα. ἔνια δὲ τὸν αὐτὸν ἔχει λόγον καὶ ἐν πλήθει καὶ
ἐν μεγέθει καὶ ἐν ὀλιγότητι καὶ ἐν σμικρότητι, ὡς πρόβατα·
ταῦτα γὰρ καὶ πολλὰ καὶ ὀλίγα καὶ καθ' ἓν ὁραθέντα τὸν αὐ-
25 τὸν ἔχει λόγον.

Χρὴ δέ σε καὶ τὰ ἤθη τῶν ζῴων ἀντιπαραβάλλειν τοῖς 56
p. 233

---

1 διέτριψεν] διερρηξεν L ‖ ξένης] ζωῆς L ‖ περισσὸν τὰς αἰτίας
V ‖ 3 περὶ τῶν ἐκ τοῦ σώματος φυομένων V ‖ τοῦ σώματος post
ἐστὶ ponit L ‖ τὸν αὐτὸν] την αυτων κτησιν L ‖ 4 ἐκπεφυκόσιν L ‖
ἐκ
5 πεφυκότα V ‖ 6 ὁ μὲν] καὶ ὁ μὲν LV. malim ἐγένοντο ὁ μὲν ‖ κυβερ-
νήτης ὁ δὲ φθισικός] κυβερνήτης ὁ δὲ φθισικός L, φθισικὸς ὁ δὲ κυβερ-
νήτης V ‖ 7 ἀεὶ] διὰ τὰ L ‖ διὰ] διὰ τῶν V ‖ 8 ἀεὶ om L ‖ 10 περὶ
τῶν παρὰ τὸ πλῆθος ἢ μέγεθος διαφόρως ἀποβαινόντων V
‖ πολλὰ om V ‖ παρὰ τὸ πλῆθος] παρὰ τὸ μέγεθος καὶ παρὰ τὸ πλῆθος
V ‖ διαφόρως post παρὰ τὸ πλῆθος addit L ‖ 11 μὲν om L ‖ κρομμύων
ἃ] κρόμμυα L, κρομμύων V ‖ 12 εἴ τις νοσῶν om L ‖ δόξειεν] δόξειεν
ἅπαξ κρόμμυα V ‖ μὲν] μὲν γὰρ L ‖ 13 εἰ δὲ om L ‖ δακρύουσιν L ‖
14 μὲν om V ‖ δακρύουσιν L ‖ 15 ἀλλ' om V ‖ οὗτοι] αὐτοὶ V ‖ 16
ὅτε] οστε L ‖ πλησίους L ‖ 17 νοτισθέντων Rigaltius: νωτισθέντων V,
νοτιασαντων L ‖ καὶ γὰρ] δὲ καὶ L ‖ 18 δακρύουσιν L ‖ 19 μέλανας
V ‖ 20 αἰπόλου om L relicta lacuna ‖ ταὐτὰ δὲ] ταῦτα LV ‖ 21 νῦν
videtur delendum esse ‖ 22 ἐν addidi ‖ 23 μικρότητι L ‖ 24 καθ' ad-
didi ‖ 26 περὶ ἠθῶν ζῴων V ‖ σε] γε V ‖ ἔθη L ‖ ἀντιπαραβαλλεῖν L ‖

ἤθεσι τοῖς ἀνθρωπίνοις καὶ τὴν γνώμην καὶ τὴν προαίρεσιν
ἑκάστου κατὰ τὸ ὅμοιον σκοπεῖν. οἷον τὰ μεγαλόφρονα καὶ
ἐλευθέρια καὶ πραγματικὰ καὶ φοβερὰ τοιούτους ἀνθρώπους
προαγορεύει, οἷον λέων τίγρις πάρδαλις ἐλέφας ἀετὸς ἄρπη.
καὶ τὰ βίαια καὶ τραχέα καὶ δυσσύμβολα ὁμοίους προαγορεύει 5
ἀνθρώπους, ὡς σύαγρος καὶ ἄρκτος. καὶ τὰ δειλὰ καὶ δρο-
μικὰ καὶ ἀνελεύθερα δειλοὺς ἢ δραπέτας παρίστησιν, ὡς ἔλα-
φος λαγὼς κύων. τὰ δὲ νωθῆ καὶ ἄπρακτα καὶ πανοῦργα, ὡς
ὕαινα, νωθεῖς καὶ ἀπράκτους, πολλάκις δὲ καὶ φαρμακοὺς παρ-
ίστησι. καὶ τῶν ἰοβόλων τὰ φοβερὰ καὶ ἰσχυρὰ καὶ δυνατὰ 10
μεγάλους ἄνδρας παρίστησιν, ὡς δράκων βασιλίσκος ὀρυίνας.
τὰ δὲ πολὺν ἰὸν ἔχοντα πλουσίους ἄνδρας τε καὶ γυναῖκας, ὡς
ἀσπὶς ἔχιδνα σήψ. τὰ δὲ μείζονα τὴν φαντασίαν τῆς δυνάμεως
ἔχοντα ἀλαζόνας καὶ ἀνυποστάτους ἀνθρώπους, ὡς παρείας
φύσαλος τυφλίνης. τὰ δὲ μικρά, ὡς φαλάγγια καὶ ὕδροι καὶ 15
σαυροί, μικροὺς μὲν καὶ εὐκαταφρονήτους, ἱκανοὺς δὲ κακῶς
διαθεῖναι παρίστησιν ἀνθρώπους. τὰ δὲ ἁρπάζοντα φανερῶς
λῃστὰς καὶ ἅρπαγας, ὡς ἱέραξ καὶ λύκος. τὰ δὲ ἁρπάζοντα
μέν, οὐ φανερῶς δέ, ἐπιβούλους, ὡς ἰκτῖνος καὶ ἀλώπηξ. τὰ
δὲ εὔμορφα καὶ χαρίεντα φιλοκάλους, ὡς ψιττακὸς καὶ πέρδιξ 20
καὶ ταώς. τὰ δὲ μουσικὰ καὶ ἡδύφωνα φιλολόγους καὶ μουσι-
κοὺς καὶ εὐφώνους, ὡς χελιδὼν καὶ ἀηδὼν καὶ βασιλίσκος καὶ
τὰ ὅμοια. τὰ δὲ μιμητικὰ γόητας καὶ πανούργους, ὡς πίθη-
κος καὶ κόσσυφος καὶ κίσσα. τὰ δὲ ποικίλα καὶ κατάστικτα,
ὡς πάρδαλις, οὐχ ἁπλοῦς τὸ νόημα, πολλάκις δὲ καὶ ἐστιγμέ- 25

CAP. LVI. 235

νους. τὰ δὲ ἐργατικὰ καὶ ταλαίπωρα ἐργάτας καὶ ὑποτεταγμένους, ὡς ὄνοι καὶ βοῦς ἐργάται. τὰ δὲ ἐργατικὰ μὲν ἀνυπότακτα δὲ τοὺς ἀφηνιάζοντας καὶ ἀγερώχους, ὡς ταῦροι καὶ βοῦς ἀγελαῖαι καὶ ἵπποι φορβάδες καὶ ὄναγροι. τὰ δὲ συνα- p. 234
5 γελαζόμενα κοινωνικοὺς καὶ συναγελαστικοὺς ἀνθρώπους, ὅθεν καὶ πρὸς κοινωνίαν ἐστὶ σύμφορα, ὡς πελαργοὶ καὶ γέρανοι καὶ ψᾶρες καὶ κολοιοὶ καὶ περιστεραί. τούτων δὲ ἔνια καὶ χειμῶνας προαγορεύει, ὡς κολοιοὶ καὶ ψᾶρες, καὶ λῃστὰς καὶ πολεμίους, ὡς γέρανοι καὶ πελαργοί. τὰ δὲ νεκροῖς ἐφεδρεύοντα
10 καὶ μηδὲν θηρεύοντα ἀργοὺς καὶ νωθεῖς ἀνθρώπους ἢ νεκροστόλους ἢ ἐνταφιοπώλας ἢ βυρσέας ἢ ἀπεληλαμένους πόλεως, ὡς γῦπες. τὰ δὲ νυκτερινὰ καὶ μηδὲν ἐν ἡμέρᾳ πράσσοντα μοιχοὺς ἢ κλέπτας ἢ νυκτερινὴν ἔχοντας τὴν ἐργασίαν, ὡς γλαῦξ καὶ νυκτικόραξ καὶ αἰγωλιὸς καὶ τὰ ὅμοια. τὰ δὲ πολ-
15 λαῖς χρώμενα φωναῖς πολυγλώσσους ἢ πολυΐστορας, ὡς κόραξ καὶ κορώνη καὶ κίσσα καὶ τὰ ὅμοια. τὰ δὲ φιλόχωρα τοὺς πλησίον οἰκοῦντας καὶ τοὺς ἐγγὺς θυρῶν, ὡς χελιδὼν καὶ λαγώς. ταῦτα δὲ καὶ τοὺς δραπέτας εἰς τὴν οἰκείαν πορεύεσθαι σημαίνει φύσει ὄντας ἐλευθέρους. μέμνησο δέ, ὁπόσα τῶν ζῴων ταὐτὰ εἰς
20 πολλὰ δύναται κρίνεσθαι, ταῦτα κριτέον. οἷον πάρδαλις καὶ μεγαλόφρονα σημαίνει διὰ τὰ ἤθη καὶ ποικίλον διὰ τὸ χρῶμα, ὁμοίως καὶ πέρδιξ εὔμορφον καὶ πανοῦργον. καὶ τὸ ὅλον ἔχων τὰ ὑποδείγματα περί τε αὐτῶν τούτων καὶ τῶν μὴ κατηριθμημένων ἐνθάδε ἢ ἐν τοῖς πρώτοις βιβλίοις ποιοῦ τὸν λόγον. ἔτι καὶ

1 δὲ addidi || ταλαιπορους L || 2 βοῦς] βόες LV || ἐργάται] ἐργάται γὰρ V || ἐργατικὰ] ἔργα L || 3 ἀφηνιάζοντας] ἀφεινιαζον pr L || 4 ἀγελαῖαι] om pr L, καὶ ἀγελαία V || ἵπποι φορβάδες] υποφορβα pr L, ἵπποι φορβάδες καὶ φοράδες V || καὶ ὄναγροι] ονοι L || δὲ om L || 5 καὶ ante κοινωνικοὺς addit L || 6 ἐστὶ] εἰσί V || 7 ψαροι L || καὶ κολοιοί — κολοιοὶ καὶ ψᾶρες om L || 9 δὲ om L || ἐφεδρεύοντα Reiskius: ἐφεδρεύοντας L, ἐφεδρέωντα V || 10 μηδὲν] μηδενὶ L, μὴ V || θηρεύοντας L || ἀργοὺς om L || καὶ νωθεῖς] καὶ μηδὲν ὠθεῖν εἰς L || 11 ἐνταφιοπώλους V || βυρσεις L || ἀπεληλασμένους πόλεων V || 12 δὲ om L || πράσσοντα] πρόσοντα L, πράσσοντά τι V || 13 μοιχγούς] ἢ μοιχοὺς L || τὴν addidi || 14 καὶ νυκτικόραξ Rigaltius: καὶ νυκτηκόραξ V, om L || αἰγωλιὸς Toupius: πολειοσ L, αἰπόλιος V. post αἰπόλιος idem V addit καὶ κορώνη || δὲ addidi || 15 πολυγλώσσους] πολυγνωστούς L || ἢ] καὶ V || 16 κορώνη] κορωνη ἢ L || καὶ κίσσα om V || δὲ addidi || 17 θυρῶν] τηρῶν L || καὶ λαγώς] λαγωος L || 18 οἰκίαν V || 19 μεμνησθω L || inserui ὅτι || ὁπόσα] ποσα L || ταὐτὰ] τὰ αὐτὰ V || 20 δύνανται V || ταῦτα κριτέον] ταῦτα εἰς πάντα κρίνεται V || 21 μεγαλοφωνας L || 22 ἔχων τὰ Reiskius: ἔχοντα LV || περί τε αὐτῶν τούτων καὶ τῶν] περὶ αὐτὸν τούτων L || κατεριθμημένων V || 24 ἐνθάδε] ἐνταῦθα V || ἐν om V || βιβλίων] βιβλίοις τῶν ζῴων L || ποιοῦ] ου L

τοῦτο. ὅσα τῶν ζώων θεοῖς τισὶν ἀνάκειται, τοὺς θεοὺς αὐτοὺς
ἐκείνους σημαίνει. κοινῇ δὲ πάντα, τὰ μὲν ἥμερα καὶ σύντροφα
πρὸς τοὺς οἰκείους λάμβανε, τὰ δὲ ἄγρια πρὸς τοὺς ἐχθροὺς ἢ
πρὸς νόσον ἢ πρὸς καιρὸν ἀηδῆ καὶ κακοπραγίαν· ὥσπερ γὰρ τὰ
θηρία βλάπτει τοὺς ἀνθρώπους, οὕτω καὶ οἱ ἐχθροὶ καὶ αἱ νόσοι
καὶ αἱ κακοπραγίαι. τὰ μὲν οὖν ἥμερα ζῷα ἀγαθὸν ἔχειν καὶ
ἐρρωμένα ὁρᾶν καὶ κρατούμενα ὑφ᾽ ἡμῶν αὐτῶν καὶ μὴ ὑπὸ
τῶν ἐχθρῶν, τὰ δὲ ἄγρια καὶ ἀποθνήσκοντα καὶ χειρούμενα
ὑφ᾽ ἡμῶν ἀγαθὰ ἂν εἴη καὶ κρατούμενα ὑπὸ τῶν ἡμέρων καὶ
συντρόφων ζώων· ὑπὸ δὲ τῶν ἐχθρῶν κρατούμενα ἢ ὑπέρ-
τερα τῶν ἡμέρων γινόμενα καὶ διατιθέμενά τι πονηρόν, ἄτοπα
ἂν εἴη καὶ σκαιὰ πάντα.

Περὶ δένδρων καὶ φυτῶν κατ᾽ εἶδος ἐν τῷ περὶ γεωργίας
λόγῳ ἐν τῷ δευτέρῳ βιβλίῳ ἠκρίβωται. μέμνησο δὲ ὅτι τὸν
αὐτὸν ἔχει λόγον τοῖς καρποῖς τὰ δένδρα καὶ τοῖς θεοῖς, ὧν
ἕκαστόν ἐστιν ἱερόν. κοινῇ δὲ πάντα τὰ ἔγκαρπα τῶν ἀγρίων
βελτίονα καὶ τῶν ἐγκάρπων τὰ μὴ φυλλορροοῦντα πλὴν ἐλάας
καὶ δάφνης· τούτων γὰρ ἐπὶ τῶν νοσούντων ἡ μὲν ἐλάα θα-
νατηφόρος οὖσα τετήρηται αὐτή τε καὶ ὁ καρπὸς αὐτῆς καὶ τὰ
φύλλα, δάφνη δὲ σωτήριος. καὶ γὰρ εἰκός· τοῖς γὰρ ἀποθα-
νοῦσιν ἐλάας μὲν συνεκφέρουσιν, δάφνας δὲ οὐδαμῶς. τὰ δὲ
ἄκαρπα χείρω χωρὶς τῶν ἐχόντων ἐξ αὑτῶν ἢ δι᾽ αὑτῶν τὴν
ἐργασίαν. καὶ τὰ πολυχρόνια ἐν μὲν ταῖς προθεσμίαις παρολ-
κῆς ἐστι σημεῖα, ἐν δὲ ταῖς νόσοις σωτήρια γίνεται· τὰ δὲ
ἄλλα τῶν ἀποτελεσμάτων βράδιον ἐπάγει. ὁμοίως καὶ τὰ βρα-
δέως φυόμενα καὶ αὐξανόμενα· τὰ δὲ ἐναντία τούτοις τῶν
ἐναντίων ἐστὶ σημαντικά. ἄκανθαι δὲ καὶ σκόλοπες καὶ παλί-

---

1 τοῦτο] τοῦτο θέασαι V || 2 σημαίνουσι V || 3 ἄγρια] ἀτίθασα L
|| 4 νόσον V || κακοπραγίαι] ἀπραγίαι LV || 5 οὕτως V || οἱ om L ||
6 ἥμερα om L || 7 ἢ ante κρατούμενα addit L || ὑφ᾽] ὑπο L || μὴ om
V || 8 ἐχθρῶν] ἐχθρῶν ἢ ὑπο θηριων L, ἐχθρῶν καὶ τῶν θηρίων V ||
χειρούμενα] μὴ χειρούμενα V, μὴ ἐγχειρούμενα L || 9 ὑφ᾽] ὑπὸ L ||
ἡμέρων Reiskius: ἡμετέρων LV || 10 συντροφων] συντρόφων ἡμῶν V,
συντρόφων ἡμῖν L || 11 ἡμέρων] ὁρων L, ὁρώντων || διατιθέμενα] δια-
τιθέντα L || 12 σκαιὰ om pr L relicta lacuna || 13 περὶ δένδρων
καὶ φυτῶν V || περὶ δένδρων] περὶ δένδρων δὲ LV || κατὰ L || 14
λόγῳ om L || 15 τὸ δένδρον V || 16 δὲ] δὲ τὰ L || ἀγρίων βελτίονα καὶ
om pr L cum lacuna || τῶν ante ἐγκάρπων addidi || 17 ἐλάας] ἐλαίας
LV || 18 γὰρ] δὲ V || ἐλάᾳ] ἐλαία LV || 20 τοῖς] τοῖς μὲν V || ἀπο-
θανοῦσιν] ἀποθνήσκουσιν L || 21 ἐλάας] ἐλαίας LV || μὲν om V || 22
ἐξ αὑτῶν ἢ δι᾽ αὑτῶν τὴν ἐργασίαν] τὴν ἐξ αὑτῶν ἢ δι᾽ αὑτῶν ἐργασίαν
LV || 23 καὶ τὰ] malim τὰ δὲ || 24 ἐστιν L || 25 βραδειον L || βρα-
δέως] βραδὺ LV || 26 αὐξόμενα? || δὲ om L ||

CAP. LVI—LIX.

ουροι καὶ βάτοι πρὸς μὲν ἀσφάλειαν ἐπιτήδεια πάντα διὰ τὸ
φραγμοὶ γίνεσθαι καὶ ἕρκη χωρίων, πρὸς δὲ τὰς ἐκπλοκὰς οὐ
πάνυ τι ἐπιτήδεια διὰ τὸ καθεκτικόν. τελώναις δὲ καὶ καπή-
λοις καὶ λησταῖς καὶ ζυγοκρούσταις καὶ παραλογισταῖς ἀνθρώ-
5 ποις ἐπιτηδειότερα τῶν ἄλλων γίνεται διὰ τὸ βίᾳ τὰ ἀλλότρια
καὶ μὴ βουλομένων ἀποσπᾶν.

Ἔτι καὶ ἀπὸ τῶν σκευῶν καὶ ἐργαλείων οὐ μόνον τὰς τέχ- 58
νας καὶ τὰς ἀπὸ τῶν τεχνῶν ἐργασίας λαμβάνειν χρὴ ἀλλὰ καὶ
αὐτοὺς τοὺς τεχνίτας ἢ τοὺς χρωμένους τοῖς σκεύεσιν. οἷον
10 ἔδοξέ τις τὸν χαλινὸν τοῦ ἵππου διερρυηκέναι. ἀπέθανεν αὐτοῦ
ὁ ἱπποκόμος. καὶ πάλιν αὖ ἔδοξέ τις τὸν κύαθον αἰφνίδιον
κατεάχθαι. ἀπέθανεν αὐτοῦ ὁ οἰνοχόος. ὁ δὲ αὐτὸς καὶ ἐπὶ p. 236
πάντων τῶν σκευῶν καὶ ἐργαλείων τηρείσθω σοι λόγος.

Ἔτι καὶ ὅσα οὐδαμῇ οὐδαμῶς ἐνδεχόμενά ἐστιν ἀπολέσθαι,
15 ὄναρ ἀπολλύμενα θάνατον τῷ ἰδόντι ἢ τῶν ὀμμάτων βλάβην
προσημαίνει. οἷον ἔδοξέ τις τὸν οὐρανὸν ἀπολωλεκέναι. ἀπέ-
θανεν· ὥσπερ γὰρ τοῖς ἀπολλυμένοις οὐκ ἔστι χρῆσθαι, οὕτω
καὶ οἷς τις μὴ χρῆται, ταῦτα ὡς πρὸς αὐτὸν ἀπόλωλεν.

Ἔτι καὶ τῶν ἀνθρώπων τὰ ἤθη βασάνιζε πρότερον, τοῦτ' 59
20 ἔστιν ἐπιμελῶς ἀναπυνθάνου· καὶ εἰ μὴ παρ' αὐτῶν ἀσφαλὲς
εἴη σοι πυνθάνεσθαι, τὸ παρὸν ὑπερθέμενος παρ' ἄλλου πυν-
θάνου τὰ περὶ αὐτούς, ἵνα μὴ πταίσῃς. οἷον ἔδοξέ τις τὴν
ἑαυτοῦ γυναῖκα ἀρρητοποιεῖν. καὶ πάλιν αὖ ἔδοξέ τις ὑπὸ τῆς
γυναικὸς ἀρρητοποιεῖσθαι. καὶ πολλῷ χρόνῳ οὐδὲν αὐτοῖς
25 ἀπέβαινε τῶν σημαινομένων ὑπὸ τῆς τοιαύτης ὄψεως, ὅσα γε
ἐπὶ τῶν ἄλλων ἀνθρώπων ἀποβαίνειν φιλεῖ. ὡς δὲ οὐκ ἦν
φανερὰ ἡ αἰτία, ἐθαύμαζον, καί μοι ἐδόκει ἄλογον εἶναι τὸ

---

1 βάτοι] βάτοι καὶ βάλανοι V ‖ ἅπαντα V ‖ 2 φραγμοὶ] εἰς φραγ-
μοὺς V ‖ ἐκπλοκὰς] vox corrupta ‖ 5 τὰ ἀλλότρια] τὰ ἀλλότρια τῶν
ἀλλων V ‖ 7 περὶ σκευῶν καὶ ἐργαλείων V ‖ καὶ ἐργαλείων om L ‖
9 τοὺς τεχνίτας ἢ om L ‖ 10 ἀπέθανεν] καὶ ἀπέθανεν V ‖ 11 καὶ πάλιν
αὖ] πάλιν V ‖ τὸν κύαθον] τὸν κύαθον αὐτοῦ V ‖ 12 οἰνοχόος L ‖ καὶ
om L ‖ 13 τῶν om L ‖ σκευῶν ἐργαλείων L ‖ τηρησθω L ‖ 14 ουδα-
μως ουδαμου L ‖ ἐστιν om L ‖ 15 ὄναρ] κατ' ὄναρ V ‖ 16 οὐρανὸν]
κόσμον V ‖ ἀπολωλεκέναι Reiffius: ἀπολολεκέναι L, ἀπολελωκέναι V ‖
ἀπέθανεν] καὶ ἀπέθανεν LV ‖ 17 ἀπωλλομένοις L ‖ οὐκ ἔστι |χρῆ-
σθαι] οὐ χρὴ ἔτῃ χρῆσθαι ‖ 18 χρᾶται L ‖ ἀπολωλεν L ‖ 19 περὶ
ἠθῶν ἀνθρωπίνων V ‖ 21 ὑπερθέμενος] διυπερθέμενος L ‖ παρὰ
L ‖ 22 αὐτούς] αυτου L ‖ 23 αὖ post ἀρρητοποιεῖν addit L. fortasse
καὶ πάλιν αὖ ἔδοξέ τις ‖ καὶ πάλιν — ἀρρητοποιεῖσθαι om pr L lacuna
relicta ‖ 24 αὐτοὺς V ‖ αὐτοῖς Reiskius: αὐτοὺς LV ‖ 25 ὑπὸ Reis-
kius: ἐπὶ LV ‖ 26 φιλεῖ] ὀφείλει V ‖ ἦν] εν L ‖

μηδὲν αὐτοῖς ἀποβαίνειν· ὕστερον δὲ τῷ χρόνῳ ἔμαθον ὅτι ἦν ἄρα ἀμφοτέροις ἔθος τοῦτο πράσσειν, καὶ μὴ καθαρεύειν τὰ στόματα. διὸ καὶ εἰκότως οὐδὲν αὐτοῖς ἀπέβαινεν, πρὸς ἃ δὲ ἐπτοημένοι ἦσαν, ταῦτα ἔβλεπον. ὑπόδειγμα ἐπὶ τῶν κλέπτειν δοκούντων καὶ φονεύειν καὶ ἱεροσυλεῖν· πολλάκις γὰρ 5 αὐτὰ ταῦτα ἐννοοῦσι. καὶ ἤν τις αὐτὰ ὡς αἰνίγματα ἑρμηνεύειν ἐπιχειρῇ, πταίει καὶ ἐξαπατᾶται. περιίστασο δὲ καὶ τοὺς ἡγουμένους ὅτι οἱ ὄνειροι κατὰ γένεσιν τὴν ἑκάστου θεωροῦνται, καὶ οἱ ἀγαθοὶ καὶ οἱ κακοί· λέγουσι γὰρ ὅτι οἱ ἀγαθοποιοὶ τῶν ἀστέρων, ὅταν μὴ δύνωνται ἀγαθόν τι ποιῆσαι, διά 10 γε τῶν ὀνείρων εὐφραίνουσιν, οἱ δὲ κακοποιοὶ τῶν ἀστέρων, ὅταν μὴ δύνωνται κακόν τι ποιῆσαι, διά γε τῶν ὀνείρων ἐκταράσσουσι καὶ φοβοῦσιν. εἰ γὰρ ἦν τοῦτο ἀληθές, οὐκ ἂν οἱ

p. 237 ὄνειροι ἀπέβαινον· νυνὶ δὲ καὶ οἱ ἀγαθοὶ καὶ οἱ κακοὶ ἀποβαίνουσι κατὰ τὸν λόγον τὸν ἴδιον ἕκαστος. ἔτι τῶν ὀνείρων τοὺς 15 φιλολογωτέρους οὐδαμῶς οἱ ἰδιῶται τῶν ἀνθρώπων ὁρῶσι (λέγω δὲ τοὺς ἀπαιδεύτους), ἀλλ' ὅσοι φιλολογοῦσι καὶ ὅσοι μὴ ἀπαίδευτοί εἰσιν. ὅθεν ἄν τις καὶ μάλιστα καταμάθοι ὅτι τῆς ψυχῆς ἔργα εἰσὶν οἱ ὄνειροι καὶ ὅτι οὐχ ὑπό τινος ἔξωθεν γίνονται. τῶν δὲ ἐν τοῖς ὕπνοις λεγομένων ἐπῶν ἢ ἰάμβων ἢ 20 ἐπιγραμμάτων ἢ ἄλλων ῥήσεων τὰ μὲν αὐτὰ παρέχει τὴν ἀπόβασιν, ὅσα γε αὐτοτελῆ διάνοιαν περιέχει. οἷον ἔδοξέ τις λέγειν αὐτῷ τινὰ τῶν ἀξιοπίστων τὸ Ἡσιόδειον ἔπος

μὴ κακὰ κερδαίνειν· κακὰ κέρδεα ἶσ' ἄτῃσιν.

οὗτος ἐπιθέμενος λῃστείαις ἑάλω καὶ ἐκολάσθη. τὰ δὲ ἐπὶ τὴν 25 ὑπόθεσιν τοῦ ποιήματος ἀναπέμπει τὴν κρίσιν, ὅσα γε μὴ αὐ-

---

2 τοῦτο] fortasse omissis πράσσειν καὶ scribendum ὅτι ἦν ἄρα ἀμφοτέροις ἔθος τὸ μὴ καθαρεύειν τὰ στόματα ‖ 3 στόματα] σώματα LV ‖ 4 δὲ om L ‖ ἐπτοημένοι L ‖ ἔβλεπον] βλεπον L ‖ ὑπόδειγμα ἐπὶ om L. locus corruptus ‖ 5 δοκουντα L ‖ 6 αὐτὰ ταῦτα] ταῦτα αὐτὰ V, αὐτὰ L ‖ ἐννοοῦσιν L ‖ 'αὐτοῖς L ‖ 7 ἐξαπατᾶται] ἐξαπατᾶται περὶ τὰς τέχνας V ‖ 10 δύνονται L ‖ 12 δύνονται L ‖ τι κακόν V ‖ post ποιῆσαι in LV est διά τινα ἀντίβασιν ἄλλων ἀστέρων ‖ post ὀνείρων V addit ἀεὶ ‖ ἐκταράσσουσιν L ‖ 13 εἰ γὰρ] ἦ γὰρ μὴ L ‖ 14 καὶ οἱ ante κακοὶ om L ‖ ἀποβαίνουσιν L ‖ 15 τὸν λόγον τὸν ἴδιον] τὸν ἴδιον λόγον V ‖ ἔτι] καὶ V ‖ 17 δὲ] δὲ καὶ V ‖ post ἀπαιδεύτους in V additur ἰδιώτας ‖ φιλολογοῦσιν L ‖ 18 ὅτι] καὶ οτι αὐτῆς V ‖ 19 ὅτι om V ‖ 20 λεγομένων] γενομένων V ‖ ἰαμβίων L ‖ 21 ἐπιγραμμάτων ἢ ἄλλων ῥήσεων om L ‖ παρέχει] περιέχει L ‖ 23 Ἡσιόδειον] ἡσιόδιον LV ‖ 24 ἶσ' ἄτῃσιν] ἴσατησιν L, ἴσα ἄτησιν V ‖ 25 λῃστείαις ἑάλω καὶ ἐκολάσθη] λῃστιαισ αλω καὶ κολασθηναι L ‖ τὰ δὲ ἐπὶ τὴν ὑπόθεσιν om L ‖ 26 malim ὅσα γε μὴ ‖

τοτελῆ διάνοιαν περιέχει. οἷον ἔδοξέ τις λέγειν θεράπαιναν τὰ Εὐριπίδεια ἰαμβεῖα

ὄπτα, κάταιθε σάρκας, ἐμπλήσθητί μου.

αὕτη ζηλοτυπηθεῖσα ὑπὸ τῆς δεσποίνης μυρία ἔπαθε κακά·
ἦν γὰρ εἰκὸς τῇ ὑποθέσει τῇ περὶ Ἀνδρομάχην ἀκόλουθα γενέσθαι αὐτῇ τὰ ἀποτελέσματα. ἀνὴρ πένης ἔδοξε λέγειν τοῦτο τὸ ἰαμβεῖον

ἅπαντα τἀδόκητα πρῶτον ἦλθ᾽ ἅπαξ.

θησαυρὸν εὗρε καὶ ἐπλούτησε. γυνὴ ἔδοξε λέγειν αὐτῇ τινὰ
κεῖται Πάτροκλος, νέκυος δὲ δὴ ἀμφιμάχονται
γυμνοῦ· ἀτὰρ τά γε τεύχε᾽ ἔχει κορυθαίολος Ἕκτωρ.

ταύτης ὁ ἀνὴρ ἀποδημῶν ἀπέθανε, καὶ τῆς οὐσίας ὑπὸ τοῦ φίσκου καταληφθείσης εἰς μάχην κατέστη καὶ ἐδικάσατο ἡ γυνή· καὶ οὐδὲν ἤνυσεν, ἀλλ᾽ ἐν τῇ δίκῃ οὖσα ἀπέθανεν. ὁρᾷς ὅτι τούτων ἃ μὲν αὐτάρκως τὴν ἀπόβασιν ἔδειξεν οὐ προσδεηθέντα τῆς τῶν ποιημάτων ὑποθέσεως, ἃ δὲ κατὰ τὰς ἱστορίας τὰς ἐν τοῖς ποιήμασιν ἀπέβη.

Ἔτι τῶν πόλεων τὰς οἰκειοτέρας ἄμεινον βλέπειν ἢ τὰς ἄλλας, οἷον πατρίδας ἢ ἐν αἷς τις διέτριψεν εὐτυχῶς· τὰς δὲ μὴ οἰκείας ἢ μὴ συνήθεις βλέπειν ἧττον ἀγαθόν. ὁμοῦ δὲ πάσας ἀγαθὸν ὁρᾶν πολυάνδρους οὔσας καὶ εὖ οἰκουμένας καὶ πληθούσας πολυτελείας καὶ τῶν ἄλλων ὅσα πόλεως μέγεθος ἢ εὐδαιμονίαν ἐπιδείκνυσιν. ἐρήμους δὲ ἢ κατερηριμμένας βλέπειν οὔτε ἰδίας οὔτε ἀλλοτρίας πόλεις ἀγαθόν. σημαίνουσι δὲ αἱ πατρίδες καὶ τοὺς γονέας. οἷον ἔδοξέ τις τὴν πατρίδα.

---

1 θεράπαιναν λέγειν L || 2 Εὐριπίδεια ἰαμβεῖα Dorvillius: εὐριπίδια ἰάμβια LV || 3 ὄπτὰς V || κάταιθε Porsonus: κατέσθιε L, κατήσθιε V || 4 ἔπαθεν L || 5 εἰκως L || 6 γενέσθαι] γεγενῆσθαι V || ἀνὴρ] πάλιν ἀνὴρ LV || λέγειν om L || 7 τοῦτον τὸν L || ἰαμβεῖον Reiskius: ἰάμβιον LV || 8 ἅπαντα τἀδόκητα] πάντα τὰ ἀδόκητα L || ἦλθεν L || 9 εὗρεν καὶ ἐπλούτησεν L || γυνή] γυνή τις V || 10 νέκυος δὲ δὴ] νεκυσ ωδε δὴ L || 11 κορυθαίολος] κορυθολος L || 12 ὁ ἀνὴρ ἀποδημῶν] ἀποδημῶν ὁ ἀνὴρ LV || ἀπέθανεν L || 13 φίσβου V || καταλημφθείσης L || 14 an ὁρᾷς δὲ? || 15 αὐτάρκη L || 16 τῆς τῶν] τῆς ἐκ τῶν LV || κατὰ] καὶ L || 17 ἀποβήσεται L || 18 περὶ πόλεων V || ἔτι om L || 19 ἢ ante ἐν om L || τις om V || τὰς δὲ μὴ] τὰς ξένας δὲ καὶ μὴ V || 20 βλέπειν om V || ὁμοῦ δὲ πάσας ἀγαθὸν om L || 21 οὔσας καὶ εὖ οἰκουμένας καὶ] συνεγκροτουμένας L || 22 πληθοῦσα L || πολυτελείας] πολιτείας L, πολίταις V || τῶν ἄλλων] τοῖς ἄλλοις V || 23 ἢ] τὴν L || κατερηριμμένας Meinekius: κατερρημμένας L, κατερηγμένας V || 24 σημαίνουσιν L || 25 γονέας] γονεῖς LV ||

σεισμῷ συμπεσεῖν. ὁ πατὴρ αὐτοῦ καταδικασθεὶς τὴν ἐπὶ θανάτῳ ἀπώλετο.

61 Ὅσα τισὶ παρακολουθεῖ, ταῦτα ὄναρ βλεπόμενα μεθ' ἡμέραν ἀποβαίνει. μάλιστα δὲ τὸ μοιχεύειν ἔχθραν πρὸς τὸν ἄνδρα τῆς μοιχευομένης ποιεῖ τῷ ἰδόντι· ἕπεται γὰρ τῷ μοιχῷ μῖσος ἐκ τοῦ ἀνδρὸς τῆς μοιχευομένης. ὅσα δὲ οὐκ ἀκολουθεῖ τισί, ταῦτα οὐδὲ ἐν τοῖς ὕπνοις ὁραθέντα ἀποβαίνει. οἷον ἔδοξέ τις τὸν δεσπότην παρακατακλίνειν αὐτῷ τὴν ἑαυτοῦ γυναῖκα. καὶ ἔχθρα μὲν αὐτῷ οὐδ' ἡτισοῦν ἐγένετο πρὸς τὸν δεσπότην, πᾶσαν δὲ τὴν οὐσίαν ἐπιτραπεῖσαν ὑπὸ τοῦ δεσπότου διῳκονόμησε καὶ προέστη τοῦ παντὸς οἴκου· ἦν γὰρ εἰκὸς μηδεμίαν ἔσεσθαι ζηλοτυπίαν πρὸς τὸν τὴν ἑαυτοῦ παρακοιμίζοντα γυναῖκα.

62 Ἔτι ἔνια περὶ τὰ ἀγγεῖα διαφόρως ἀποβαίνει. οἷον γάλα
p. 239 ἐν γαύλῳ κερδαλέον, ἐν δὲ λεκάνῃ ζημίας σύμβολον· οὐ γὰρ ἄν τις αὐτῷ χρήσαιτο εἰς τροφήν. τὸ δὲ ἐναντίον τῷ χρῆσθαι μὴ χρῆσθαι, δι' οὗ ζημία γίνεται.

63 Τῶν δὲ τὰ λίαν μεγάλα αἰνίγματα προσαπτόντων τοῖς ὀνείροις κατάπτυε ὡς οὐκ ἐχόντων ἔννοιαν ὀνείρου φαντασίας ἢ τῶν θεῶν πανουργίαν καὶ κακοτροπίαν κατεγνωκότων, εἴ γε εἰς τοσαύτην λέσχην ἐμβάλλουσι τοὺς ὁρῶντας τοὺς ὀνείρους, ὥστε ἀντὶ τοῦ διὰ τῶν ὀνείρων μαθεῖν τὰ ἐσόμενα προσ-

---

1 συμπεσεῖν] πεσεῖν LV || ὁ] καὶ ὁ LV || 3 περὶ τοῦ πόσα τῶν κατ' ὄναρ βλεπομένων ἀποβαίνει V || τισιν L || malim ἀκολουθεῖ || ταῦτα addidit Reiffius || ὄναρ βλεπόμενα μεθ' Venetus.267: ὄναρ βλεπόμενον μεθ' L, τῶν κατ' ὄναρ βλεπομένων καθ' V || 4 δέ om L || ἔχθραν πρὸς] πρὸς ἔχθρον L, ον in rasura || τὸν om L || 5 τῷ ἰδόντι ποιεῖ L || ἕπεται γὰρ] ἕπεται γὰρ καὶ ἀκολουθεῖ LV || 6 μοιχευομένης] μοιχευθείσης L || ὅσα δὲ οὐκ ἀκολουθεῖ om L || 7 τισιν L || οὐδὲ] οὐδεν L || τοῖς om V || post ὕπνοις in LV est τῶν πρώτων ||, ὁραθέντα Reiskius: ὁραθέντων LV || οἷον] ὡς L || 9 οὐδ' ἡτισοῦν] οὐδὲν τισοῦν pr L, οὐδὲν ἡτισοῦν sec || 10 post δεσπότην in V est τὰ δὲ χρήματα καὶ || 11 διακονόμησεν L || προέστη] προεστησ L || εἰκὼς L || 12 post ἔσεσθαι excidisse videtur αὐτῷ || ζηλωτυπίαν L || τὸν τὴν ἑαυτοῦ παρακοιμίζοντα] τὸν ἑαυτοῦ παρακοιμίζοντα Venetus 267: τὸν ἑαυτοῦ παρακομίζοντα V, τὸν ἑαυτοῦ παρακυμίζοντα L || 14 περὶ ἀγγείων γάλακτος V || ἔτι] οτι L || ἀγγια L || διαφόρως om L || 16 χρᾶσθαι L || 17 χρῆσθαι Reiskius: χρᾶσθαι L, χρήσεσθαι V || δι' οὗ] δι' ὃ V || περὶ τοῦ μὴ μεγάλα αἰνίγματα τοῖς ὀνείροις προσφέρειν V || λίαν om L || προσαπτόντων] πρὸς ἃ τίς τῶν L || 19 κατάπτυε ὡς] καταπτύσεως L || post ἔννοιαν in LV est ἢ || ὀνείρου φαντασίας] ὀνείρου φαντασίαν V || 20 τῶν] ὡς ὄντων V, οντων L || καὶ] η V || κακοπραγίαν V || προεγνωκότων L || 21 ἐμβάλλουσι τοὺς ὁρῶντας] βάλλουσιν ὁρῶντας L || τοὺς] πρὸς L || 22 ὥστε Reiskius: οἷον V. οἷον — ὀνείραν om pr L relicta lacuna ||

CAP. LXI—LXV.   241

ἔτι καὶ ὅσα μή ἐστιν αὐτοῖς ἀνάγκη ζητοῦσιν· εὖ γὰρ ἴσθι ὅτι
ἐνίους οὐδαμῶς ἐνδέχεται ἰδεῖν ὀνείρους. οἶον λέγουσί τι τοι-
οῦτον. ἀπολέσας τις ἀνδράποδον ἔδοξε λέγειν αὐτῷ τινὰ ʽ ἐν
ἀστρατεύτοις ἐστί σου ὁ θεράπων ̓. ηὑρέθη ἐν Θήβαις ὁ θε-
5 ράπων, ἐπειδὴ μόνοι οἱ Θηβαῖοι τῶν Βοιωτῶν οὐκ ἐστράτευσαν
ἐπὶ Ἴλιον. καὶ πάλιν λέγουσιν ὅτι νοσῶν τις ἔδοξε λέγειν αὐ-
τῷ τινὰ ʽτῷ μονοκρήπιδι θῦσον καὶ θεραπευθήσει ̓. ἔθυσε
τῷ Ἑρμῇ· φασὶ γὰρ τὸν θεὸν τοῦτον Περσεῖ ἐπὶ τὴν τῆς Γορ-
γοῦς τομὴν ἀπιόντι τὸ ἕτερον τῶν ὑποδημάτων δόντα τὸ ἕτε-
10 ρον ἔχειν μόνον. πολλὰ δὲ καὶ ἄλλα τοιαῦτα ἀναφέρουσιν, ἃ
μᾶλλον τοὺς ἀπείρως ἱστορίας ξένης ἔχοντας ἐλέγχειν ἔοικεν
ἢ τοὺς ὀνειροκρίτας. πάντα δὲ τὰ τοιαῦτα βουλομένῳ σοι μα-
θεῖν εὔκολον, ἵνα πρὸς τούτους εὐαποκρίτως ἔχῃς· εἰσὶ γὰρ
καὶ παρὰ Λυκόφρονι ἐν τῇ Ἀλεξάνδρᾳ καὶ παρὰ Ἡρακλείδῃ
15 τῷ Ποντικῷ ἐν ταῖς Λέσχαις καὶ παρὰ Παρθενίῳ ἐν ταῖς Ἐλε-
γείαις καὶ παρ᾽ ἄλλοις πολλοῖς ἱστορίαι ξέναι καὶ ἄτριπτοι.

Πρόσεχε δὲ καὶ ταῖς ὑπό τινων εὐεργεσίαις δυναμέναις γενέ- **64**
σθαι ἢ μή. οἶον ἔδοξέ τις ὑπὸ τοῦ δεσπότου φονεύεσθαι. ἠλευ- p. 240
θερώθη ὑπὸ τοῦ φονεύοντος, ἐπειδὴ ὁ θάνατος τοῦτο ἐσήμαινεν·
20 ὁ γὰρ τοῦ θανάτου αἴτιος καὶ τῆς ἐλευθερίας ἦν αἴτιος· ἐδύ-
νατο γάρ. ὁ δὲ ὑπὸ τοῦ συνδούλου δόξας φονεύεσθαι ἐλεύ-
θερος μὲν οὐκ ἐγένετο (οὐ γὰρ οἷός τε ἦν ὁ σύνδουλος αὐτὸν
ἐλευθεροῦν), εἰς ἔχθραν δὲ κατέστη αὐτῷ· οὐ γὰρ φίλοι οἱ
φονεύοντες τοῖς ἀναιρουμένοις.

25 Πρὸς δὲ τοὺς πυνθανομένους εἰ δυνατὸν ἐν τῷ αὐτῷ και- **65**
ρῷ καὶ ἀγαθοὺς καὶ κακοὺς ἰδεῖν ὀνείρους καὶ ζητοῦντας ὁπο-

---

1 καὶ μὴ ὅσα V || ζητεῖν Reiskius mavult || ἴσθι] ῃσθι L || 2 λέ-
γουσί τι τοιοῦτον] verba suspecta || 4 ἐστίν L || ηὑρέθη] εὑρέθη LV
|| 5 Βοιωτικα L || 6 ἐπὶ] εἰς V || Ἴλιον om pr L relicto spatio || 7
μονοκρηπιδι L || ἔθυσεν L || 8 τῷ Ἑρμῇ] ἑρμῆ L. cf. Suidas in v. μο-
νοκρήπιδι || τὸν θεὸν τοῦτον] τοῦτον τὸν θεὸν V || Πέρσαι L || τὴν
τῆς om V || 9 τομὴν ἀπιόντι] τομεν ἀπειοντι L || verba τὸ ἕτερον τῶν
ὑποδημάτων δόντα ex Suida adieci || τὸ ἕτερον ἔχειν μόνον] τὸ ἕτερον
μόνον ἔχειν τῶν ὑποδημάτων V || 11 τοὺς om L || ἀπείρους L || ξένης]
καὶ ξένως V || 13 εἰσίν L || 14 ἀλεξάνδρεια L || 15 ἐν om L || ταῖς ad-
didi || παρὰ L || 17 τινων] ταῖς L || εὐεργεσίαις] γρ. ἐργασίαις mg V ||
δυναμένοις L || 18 ἦ] εἰ L || post μή in V est περὶ εὐεργεσιῶν ἢ
ἐργασιῶν δυνατῶν || οἶον om V || τοῦ om V || φονεύεσθαι] πε-
φονεῦσθαι LV || ἠλευθερώθη L || 19 ἐσήμανεν L || 20 γὰρ Reiskius: δὲ
LV || 21 ὑπὸ] ἀπὸ V || 22 αὐτὸν ὁ σύνδουλος V || 23 ἐλευθεροῖν L ||
οὐ] οὐδὲ V || 25 περὶ τοῦ εἰ δυνατὸν τῷ αὐτῷ καιρῷ πονη-
ροὺς καὶ ἀγαθοὺς ὀνείρους ὁρᾶν V || ἐν τῷ αὐτῷ καιρῷ καὶ] τὸν
αὐτὸν καιρὸν V || 26 ὀνείρους ἰδεῖν L || ὁποτερον L ||

ARTEMIDORUS.   16

τέροις χρὴ πιστεύειν, πότερον τοῖς ἀγαθοῖς ἢ τοῖς κακοῖς, καὶ
εἰ ἕτεροι ἑτέρων εἰσὶν ἀναιρετικοὶ ἢ βεβαιωταί, εἴποις ἂν ὅτι
οὐ μόνον ἐν τῷ αὐτῷ καιρῷ δυνατὸν ἀλλὰ καὶ ἐν νυκτὶ τῇ
αὐτῇ καὶ ἐν ὀνείρῳ τῷ αὐτῷ καὶ ἀγαθὸν καὶ κακὸν πολλάκις
ἐστιν ἰδεῖν. καὶ παραθήσεις τοὺς πολλὰ δι' ὀλίγων σημαίνοντας 5
ἢ πολλὰ διὰ πολλῶν. καὶ οὐδὲν θαυμαστόν, εἴ γε καὶ τῶν ἀν-
θρώπων τὰ πράγματα καὶ ὁ βίος ἐστὶ τοιοῦτος· πολλάκις γὰρ
κατὰ τὸν αὐτὸν καιρὸν καὶ ἀγαθόν τι καὶ κακὸν πάσχουσι.

Πίστευε μὲν τοῖς ἀποβεβηκόσιν ὀνείροις ὡς πάλιν ὁμοίως
ἀποβησομένοις, ἡγοῦ δὲ καὶ καινότερόν τι σημαίνειν αὐτούς· 10
καὶ οὕτω σοι συμβήσεται μὴ μόναις ἐπαναπαύεσθαι ταῖς παλαιαῖς
ἀποβάσεσιν, ἀλλὰ πειρᾶσθαι ἀεί τι προσεξευρίσκειν ὅμοιον τοῖς
πρώτοις, ἐπεὶ γελοῖον ἂν εἴη ὁμοίως τοῖς πολλοῖς μόνα τὰ γε-
γραμμένα ἢ λεχθέντα μνημονεύειν. οἷόν ποτε καὶ Ἀντιπάτρῳ
τῷ ὀνειροκρίτῃ συνέβη. ἔδοξέ τις σιδήρῳ πλησιάζειν ὥσπερ γυ- 15
ναικί. ἀπέβη αὐτῷ εἰς δοῦλον καταδικασθῆναι καὶ σιδήρῳ
συνεῖναι, τοῦτ' ἔστι συναναστρέφεσθαι. ὁ δὴ βέλτιστος Ἀντί-
πατρος τούτου μεμνημένος ἄλλῳ ποτὲ δόξαντι σιδήρῳ πλησιά-
ζειν ὑπεκρίνατο τὴν εἰς μονομάχους καταδίκην· τῷ δὲ οὐχ οὕ-
τως ἀπέβη, ἀλλ' ἐτμήθη τὸ αἰδοῖον ὁ ἰδὼν τὸ ὄνειρον. 20

66 Ἔτι καὶ ἐκεῖνο παρὰ Φοίβῳ κείμενον πολλοῖς πλάνην
ἐμποιεῖ. ἔδοξέ τις γέφυρα γεγονέναι. ἐγένετο ποταμοδιάρτης·
τὸ γὰρ αὐτὸ γεφύρᾳ ἔργον εἶχε. καὶ τοῦτο μὲν ὁ Φοῖβος ἀνα-
γράφει, νυνὶ δὲ ἀνὴρ πλούσιος δόξας γέφυρα γεγονέναι ὑπὸ
πολλῶν καταφρονηθεὶς ὥσπερ κατεπατήθη. ἴδοι δ' ἄν ποτε 25
καὶ γυνὴ τὸν ὄνειρον τοῦτον καὶ παῖς ὡραῖος, καὶ πόρνοι

---

1 τοῖς ἀγαθοῖς ἢ τοῖς κακοῖς] τοῖς κακοῖς ἢ τοῖς ἀγαθοῖς LV ‖ 2 ἕτεροις L ‖ ἑτέρων] τῶν ἑτέρων LV ‖ βεβαιωταί] βέβαιοι V ‖ ὅτι om V ‖ 3 τῷ αὐτῷ] ἑνὶ L. fortasse ἐν ὀνείρῳ ἑνὶ καὶ ταὐτῷ ‖ 4 καὶ κακὸν καὶ ἀγαθόν V ‖ 5 malim ἢ τοὺς πολλὰ διὰ πολλῶν. Reiskius coniciebat ἢ ὀλίγα διὰ πολλῶν ‖ 6 οὐδὲν] οὐ L ‖ εἴ γε καὶ] εἰ ἑκάστῳ V ‖ τῶν ἀνθρώπων τὰ πράγματα] τὰ τῶν ἀνθρώπων πράγματα L ‖ 7 ἔστιν L ‖ 8 πάσχουσι] πάσχουσιν καὶ παράλληλα καὶ ὁμοῦ LV ‖ 9 μὲν] δὲ V ‖ ὀνείροις om V ‖ 10 ἀποβησόμενοι L ‖ δὲ καὶ] δέ τι V ‖ κενότερόν L ‖ an σημανεῖν? ‖ 12 ἐκβάσεσιν L ‖ ἀλλὰ] ἀλλὰ καὶ V ‖ ὅμοιον] οἷον L. verba corrupta ‖ 13 ἐπεὶ] ἐπεὶ καὶ V ‖ 14 ἢ om L ‖ 16 καὶ] καὶ ἀεὶ V ‖ συνεῖναι τοῦτ' ἔστι om V ‖ 17 δὴ] δὲ V ‖ 18 ἄλλο L ‖ δόξαντι σιδήρῳ] δόξαντισσιδήρῳ L ‖ 21 post ἐμποιεῖ in V est περὶ γεφύρας ‖ ἐκεῖνο addidi ‖ 22 ἐκποιεῖ L ‖ τις] τις αὐτός V, τις αὐτοῖς L ‖ ποταμοδιάρτης] ποταμῷ pr L cum lacuna. cf. Suidas in v. ποταμοδιάρτης ‖ 23 τὸ] τοι L ‖ γεφύρᾳ] γεφύρῃ L, γεφύρας V ‖ εἶχεν L ‖ μὲν] μόνος V ‖ ὁ delendum videtur ‖ 24 ἀνὴρ πλούσιος] τις ἀνὴρ πλούσιος L, πλούσιός τις ἀνὴρ V ‖ δόξας] ἔδοξε V ‖ 25 πολλῶν] ὄχλων πολλῶν V ‖ ὥσπερ] ὥσπερ γεφύρα V ‖ ἴδοι δ' ἄν om L ‖ 26 καὶ ante γυνὴ om L ‖

γενόμενοι πολλούς ὑποδέξονται. καὶ δικαζόμενός τις ἐπὶ τούτῳ τῷ ὀνείρῳ ὑπέρτερος ἂν γένοιτο τῶν ἐχθρῶν καὶ αὐτοῦ τοῦ δικαστοῦ· ἔοικε γὰρ ποταμὸς δικαστῇ διὰ τὸ πράττειν ἀνυπευθύνως ἃ βούλεται, ἡ δὲ γέφυρα ἄνωθέν ἐστι τοῦ ποταμοῦ.

5 Εἰς δὲ τὸ γυμνάσιον τῆς τῶν ὁμοίων ἐπινοίας αὐτάρκης ἂν 67 σοι γένοιτο παρατεθεὶς ὁ ὄνειρος οὗτος. γυνὴ ἔδοξεν ἐν γαστρὶ ἔχουσα δράκοντα γεγεννηκέναι. ὁ ἐξ αὐτῆς γεννώμενος ῥήτωρ ἄριστος καὶ διώνυμος ἐγένετο· διπλῆν γὰρ ἔχει τὴν γλῶσσαν ὁ δράκων, ὥσπερ καὶ ὁ ῥήτωρ. ἦν δὲ καὶ ἡ γυνὴ πλουσία, ἐφό-
10 διον δὲ παιδείας ὁ πλοῦτος. καὶ ἄλλη τὸν αὐτὸν εἶδεν ὄνειρον. ὁ ἐξ αὐτῆς γεννώμενος ἱεροφάντης ἐγένετο· ἱερὸς γὰρ ὁ δράκων καὶ μύστης. ἦν δὲ καὶ ἡ τὸν ὄνειρον ἰδοῦσα ἱερέως p. 242 γυνή. καὶ ἄλλη τὸν αὐτὸν εἶδεν ὄνειρον. ὁ ἐξ αὐτῆς γεννώμενος μάντις ἄριστος ἀπέβη· ἔστι γὰρ ὁ δράκων ἱερὸς τῷ μαντι-
15 κωτάτῳ Ἀπόλλωνι. ἦν δὲ καὶ ἡ γυνὴ μάντεως θυγάτηρ. καὶ ἄλλη τὸν αὐτὸν εἶδεν ὄνειρον. ὁ ἐξ αὐτῆς γεννώμενος ἀκόλαστος καὶ ὑβριστὴς ἀπέβη καὶ πολλὰς τῶν ἐν τῇ πόλει γυναικῶν ἐμοίχευσε· διὰ γὰρ τῶν στενωτάτων χηραμῶν διαδυόμενος ὁ δράκων τοὺς ἐπιτηροῦντας πειρᾶται λανθάνειν. ἦν δὲ καὶ ἡ
20 γυνὴ μαχλοτέρα καὶ ἑταιρική. καὶ ἄλλη τὸν αὐτὸν εἶδεν ὄνειρον. ὁ ἐξ αὐτῆς γεννώμενος ληστεύων ἑάλω καὶ ἐτραχηλοκοπήθη· καὶ γὰρ ὁ δράκων ἐπειδὰν ἁλῷ, εἰς τὴν κεφαλὴν παιόμενος ἀποθνήσκει. ἦν δὲ καὶ ἡ γυνὴ οὐ πάνυ τι ἀγαθή. καὶ ἄλλη τὸν αὐτὸν εἶδεν ὄνειρον. ὁ ἐξ αὐτῆς γεννώμενος δραπετι-
25 κὸς ἐγένετο· οὐ γὰρ ὀρθῇ τῇ πορείᾳ χρῆται ὁ δράκων. ἦν δὲ

---

1 ὑποδέξονται] ἐπιδέξονται L, ὑπεδέξαντο V ‖ ἐπὶ om L ‖ 2 καὶ om L ‖ δικαστοῦ] κριτοῦ V ‖ 3 ποταμὸς] ὁ ποταμὸς LV ‖ δικαστῇ] τῷ δικαστῇ L, τῷ κριτῇ V ‖ 4 ἃ] ὃ L ‖ ἔστι] ἐπὶ V ‖ ἔστιν post ποταμοῦ addit V ‖ 5 περὶ τοῦ τῆς τῶν ὁμοίων ἐπινοίας γυμνασίου V ‖ 6 παρατεθεὶς ὁ ὄνειρος] ὁ παρατεθεὶς ὄνειρος L ‖ οὕτως L ‖ 7 post γεγεννηκέναι in L est γέγονεν ‖ γεννώμενος] γεννηθεὶς L ‖ 8 ὁμώνυμος L ‖ διπλῆν] διττὴν V. cf. Suidas in v. δράκων ‖ ἔχει] εἶχεν L ‖ γλῶτταν V ‖ 9 ἐφόδιον δὲ] ἐφόδιον γὰρ V ‖ 10 ἴδεν L ‖ 11 ὁ] καὶ ὁ V, καὶ L ‖ γεννόμενος L ‖ ἐγένετο ἱεροφάντης V ‖ 12 μύστης] μύστης καὶ πᾶσιν μυστηρίοις παρὼν L, μύστης καὶ πᾶσι μυστηρίοις παρὼν ἦν V ‖ ἦν δὲ om V ‖ 13 ἴδεν L ‖ ὁ] καὶ ὁ LV ‖ γεννόμενος L ‖ 14 ἔστιν L ‖ τῶν μαντικωτάτων ἀπόλλων L ‖ 15 post Ἀπόλλωνι in V est ἀνακείμενος ‖ 16 εἶδεν ὄνειρον] ἴδεν ὄνειρον L, ὄνειρον εἶδε V ‖ ὁ] καὶ ὁ LV ‖ γεννόμενος L ‖ ἀκόλαστος καὶ ὑβριστὴς ἀπέβη καὶ om L ‖ 18 ἐμοίχευσε] ἐμοιχεύσατο V ‖ χηραμῶν] χ ἦ pr L, ηραμῶν supplevit secunda ‖ 19 ὁ δράκων om V ‖ πειρᾶται τοὺς ἐπιτηροῦντας [λανθάνειν L ‖ 20 ὄνειρον ἴδεν L ‖ 21 ὁ] καὶ ὁ LV ‖ γεννόμενος L ‖ 22 ὁ δράκων] cf. Suidas in v. δράκων gl. 3 ‖ ἐπειδὰν καὶ ἑάλω L ‖ 23 ἦν δὲ om pr L spatio relicto ‖ πάνυ τι] παντὶ L ‖ ἀγαθόν L ‖ 24 ἴδεν L ‖ ὁ] καὶ ὁ LV ‖ γεννόμενος L ‖ 25 οὐ γὰρ om L ‖ ὀρθῇ] ὁρῶν L ‖ χρᾶται L ‖ ὁ om V ‖ δὲ] γὰρ V ‖

16*

καὶ ἡ γυνὴ δούλη. καὶ ἄλλη τὸν αὐτὸν εἶδεν ὄνειρον. ὁ ἐξ αὐτῆς γεννώμενος παράλυτος ἐγένετο· καὶ γὰρ ὁ δράκων τῷ παντὶ σώματι εἰς τὴν πορείαν προσχρῆται, ὡς καὶ τῶν ἀνθρώπων οἱ παράλυτοι. ἦν δὲ ὅτε ἔβλεπε τὸν ὄνειρον ἡ γυνὴ ἐν νόσῳ. εἰκὸς οὖν καὶ τὸ βρέφος ἐν νόσῳ συλληφθὲν καὶ κυοφορηθὲν μὴ φυλάξαι τοὺς πόρους ἐρρωμένους.

68 Ὅσα ὁμοίως κινεῖται, ἐν τοῖς ὕπνοις βλεπόμενα τὸν αὐτὸν ἔχει λόγον. οἷον ἔδοξέ τις ὑπὸ δράκοντος δεδῆχθαι τὸν ἕτερον τῶν ποδῶν. ὑπὸ τροχοῦ ἐπλήγη ἐν ὁδῷ αὐτὸν ἐκεῖνον τὸν πόδα, ὅνπερ ἐδόκει δεδῆχθαι· καὶ γὰρ ὁ τροχὸς εἰλούμενος ὅλῳ τῷ σώματι κινεῖται ὥσπερ ὁ δράκων.

69 Ὅτι οἱ θεοὶ τοῖς δεσπόταις τὸν αὐτὸν ἔχουσι λόγον, καὶ ἐν τῷ περὶ θεῶν λόγῳ προείρηκα καὶ τὰ ἀποτελέσματα δέ σε οὐδὲν ἧττον διδάξει. καὶ νῦν εἰς ἐπίδειξιν τοῦ τοιούτου οὗτος ὁ ὄνειρος παρακείσθω. δοῦλος ἔδοξε μετὰ τοῦ Διὸς σφαιρίζειν. ἐφιλονείκησε τῷ δεσπότῃ καὶ ἐλευθερώτερον προσδιαλεγόμενος ἐμισήθη· ὁ μὲν γὰρ Ζεὺς τὸν δεσπότην ἐσήμαινεν, ὁ δὲ σφαιρισμὸς τὴν ἐξ ἴσου ῥῆσιν καὶ φιλονεικίαν· φιλονείκως γὰρ οἱ σφαιρίζοντες παίζουσιν, ὁσάκις δ᾽ ἂν λάβωσι τὴν σφαῖραν, τοσαυτάκις ἀντικρούουσι. καὶ τὸ ὅλον δεσπόται γονεῖς διδάσκαλοι θεοὶ τὸν αὐτὸν ἔχουσι λόγον. καὶ υἱὸς καὶ υἱωνὸς καὶ πατὴρ καὶ πάππος καὶ θυγάτηρ καὶ ἐγγόνη καὶ μήτηρ καὶ μάμμη τὸν αὐτὸν ἔχουσι λόγον.

70 Ἔτι καὶ οἱ ἀδελφοὶ τοῖς ἐχθροῖς τὸν αὐτὸν ἔχουσι λόγον πρὸς τὰ ἀποτελέσματα· οὐ γὰρ ἐπ᾽ ὠφελείᾳ γίνονται ἀλλ᾽ ἐπὶ βλάβῃ ὥσπερ καὶ οἱ ἐχθροί, ἐπειδὴ ἃ μόνος τις ἔμελλεν ἕξειν, ταῦτα οὐ μόνος ἀλλ᾽ ἐξ ἡμισείας ἢ τρίτου μέρους μετὰ τῶν

---

1 ἴδεν L ‖ ὁ] καὶ ὁ LV ‖ 2 γεννόμενος L ‖ 3 προσχρᾶται L ‖ τῶν om L ‖ 4 ἔβλεπεν L ‖ 5 εἶκως L ‖ 6 φυλαξας L ‖ 7 περὶ τῶν ὁμοίως κινουμένων V ‖ 8 λόγον ἔχει L ‖ τὸν ἕτερον] τὸ pr L relicta lacuna ‖ 9 τὸν αὐτὸν ἐκεῖνον πόδα V ‖ 11 post κινεῖται in LV est πορευόμενος ‖ 12 περὶ τοῦ ὅτι οἱ θεοὶ τοῖς δεσπόταις τὸν αὐτὸν ἔχουσι λόγον V ‖ ὅτι] ὅτι δὲ V ‖ 13 προειρήκαμεν V ‖ δὲ] ἃ L ‖ 14 νῦν] ο νῦν L. an τὸ νῦν? ‖ οὗτος] ὅμοιος οὗτος V ‖ 15 παρακείσθω] οὕτω παρακείσθω V ‖ δοῦλος] δοῦλός τις V ‖ 16 ἐφιλονίκησε L ‖ 18 ἐξ ἴσου ῥῆσιν] ὀξυθύμησιν L ‖ φιλονικειαν L ‖ 20 ἀντικρούουσιν L ‖ verba καὶ τὸ ὅλον δεσπόται γονεῖς διδάσκαλοι θεοὶ τὸν αὐτὸν ἔχουσι λόγον cum reliquis huius capitis verbis aliunde illata esse videntur ‖ 21 υἱωνὸς] υἱωννιὸς L ‖ 22 post πάππος L addit τὸν αὐτὸν ἔχουσι λόγον ‖ ἐκγόνη L ‖ 24 περὶ τοῦ ὅτι οἱ ἀδελφοὶ εἰς ἐχθροὺς κρίνονται V ‖ ἔτι καὶ — λόγον om L ‖ 25 post ἀποτελέσματα in LV est καὶ οἱ ἐχθροὶ τοῖς ἀδελφοῖς ‖ 26 ἔχειν L ‖ 27 ἡμισίας L ‖

ἀδελφῶν ἕξει. ὁ Τιμοκράτης ἔδοξέ τινα τῶν ἀδελφῶν ἀποθανόντα κατορύττειν. οὐκ εἰς μακρὰν εἰδέ τινα τῶν ἐχθρῶν ἀποθανόντα. οὐ μόνον δὲ ἀδελφοὶ ἀποθνήσκοντες ἐχθρῶν ὄλεθρον σημαίνουσιν ἀλλὰ καὶ ζημίας προσδοκωμένης λύσιν. οἷον Διο-
5 κλῆς ὁ γραμματικὸς φοβούμενος ἐξ ἐπηρείας ἀργύριον ἀπολέσαι τὸν ἀδελφὸν ἔδοξε τεθνάναι. ἀζήμιος ἔμεινεν.

Ὅτι οὔτε οἱ θεοὶ οὔτε ἄλλοι ἀξιόπιστοι ψεύδονται, ἀλλ᾽ οἷα ἂν λέγωσιν ἀληθῆ λέγουσιν, ἐν τῷ δευτέρῳ βιβλίῳ διείρηκα. ἐπειδὴ δὲ πολλάκις οἱ ἄνθρωποι ῥηθέντων τινῶν αὐτοῖς καὶ
10 μὴ ἀποβάντων ἐξηπατῆσθαι νομίζουσι, παρακείσθω σοι οὗτος ὁ λόγος, ὡς ἄρα οἱ θεοὶ καὶ πάντες οἱ ἀξιόπιστοι πάντως μὲν ἀληθῆ λέγουσιν, ἀλλὰ ποτὲ μὲν ἁπλῶς λέγουσι, ποτὲ δὲ αἰνίσσονται. ὅταν μὲν οὖν ἁπλῶς λέγωσιν, οὐδὲν πρᾶγμα παρέχουσιν οὐδὲ λέσχην διὰ τὸ ἁπλοῦν τῆς ῥήσεως· ὅταν δὲ αἰνίσσων-
15 ται καὶ μὴ ἁπλῶς λέγωσιν, ἑρμηνευτέον σοι τὰ αἰνίγματα. καὶ γὰρ εἰκὸς τοὺς θεοὺς τὰ πολλὰ δι᾽ αἰνιγμάτων λέγειν, ἐπειδὴ καὶ σοφώτεροι ὄντες ἡμῶν αὐτῶν οὐδὲν ἡμᾶς ἀβασανίστως βούλονται λαμβάνειν. οἷον ἔδοξέ τις λέγειν αὐτῷ τὸν Πᾶνα 'ἡ γυνή σοι φάρμακον δώσει διὰ τοῦ δεῖνος ὄντος γνωρί-
20 μου καὶ συνήθους'. τούτου ἡ γυνὴ φάρμακον μὲν οὐκ ἔδωκεν, ἐμοιχεύθη δὲ ὑπ᾽ αὐτοῦ ἐκείνου δι᾽ οὗ ἐλέγετο φάρμακον δώσειν· καὶ γὰρ ἡ μοιχεία καὶ ἡ φαρμακεία λάθρᾳ γίνονται καὶ ἀμφότεραι ἐπιβουλαὶ λέγονται, καὶ οὔτε ἡ μοιχευο-

---

1 ἕξει] ἔχει LV ‖ ὁ Τιμοκράτης] τονμοκρατης L ‖ 2 κατορύττειν — ἀποθανόντα om L ‖ οὐκ] καὶ οὐκ V ‖ ἐχθρῶν Reiskius: ἀδελφῶν V ‖ 3. ἀδελφῶν L ‖ 4 Διοκλῆς] ὁ διοκλῆς L ‖ 5 ἐπηρείας] ἐπειριας L, ἀπειρίας V, γρ. ἐπηρείας mg V ‖ 6 ἀζήμιος] καὶ ἀζήμιος LV ‖ ἔμεινεν] ἐγένετο L ‖ 7 περὶ τοῦ ὅτι ὅσα οἱ θεοὶ λέγουσιν ἀληθῆ V ‖ ὅτι ὅτι δὲ V ‖ οἱ om L ‖ malim οὔτε οἱ ἄλλοι ἀξιόπιστοι ‖ οἷα] ὅσ᾽ L ‖ 8 λέγουσιν] λέγωσιν L ‖ βιβλίῳ] βιβλίῳ ἕκαστα LV ‖ διείρηκα] διῄρηται V ‖ 9 δὲ om L ‖ ῥηθέντων] προρρηθέντων? ‖ 10 ἀποβάντων] ἀποβάντων οὕτω L, ἀποβάντων οὕτως V ‖ νομίζουσιν L ‖ οὕτος] καὶ οὗτος V, καὶ οὕτως L ‖ 11 οἱ om L ‖ πάντως] πάντα V ‖ 12 λέγουσιν L ‖ αἰνίσσονται] ἀνίσσονται L ‖ 13 οὖν μὲν L ‖ 14 λέσχην om pr L relicta lacuna ‖ αἰνίσσωνται] ἀνίσσοντε L ‖ 15 ἑρμηνευτέον σοι] ἑρμηνεύουσι L ‖ εἰκὼς L ‖ 18 λαμβάνειν] μανθάνειν V ‖ 19 σοι — ἡ γυνὴ om L ‖ δώσει] δίδωσι V ‖ διὰ Reiskius: διὰ τὸ V ‖ 21 ἐλέγετο] ἔλεγε τὸ V ‖ δώσει L ‖ καὶ γὰρ ἡ μοιχεία καὶ ἡ φαρμακεία λάθρα γίνονται καὶ ἀμφότεραι ἐπιβουλαὶ λέγονται] μοιχεία καὶ φαρμακεία ταὐτόν ἐστι· ἀμφότερα γὰρ (ita Suidae codices praeter AV, qui καὶ γὰρ ἀμφότερα exhibent) λάθρᾳ γίνεται, λέγονται δὲ καὶ ἐπιβουλαί Suidas in v. μοιχεία. in L est καὶ γὰρ ἐμοιχεύθη καὶ ἡ φαρμακεία λάθρα γίνεται καὶ ἀμφότεροι ἐπίβουλοι ἐγένοντο, in V καὶ γὰρ ἡ φαρμακεία καὶ ἡ μοιχεία λάθρα γίνονται καὶ ἀμφότερα ἐπιβουλαὶ λέγονται ‖

μένη ούτε ή φάρμακον παρέχουσα φιλεί τον άνδρα. και επί
τούτοις ουκ εις μακράν ή γυνή απηλλάγη αυτού· πάντων μεν
γαρ ο θάνατος εστι λυτικός, το δε φάρμακον τον αυτόν τω
θανάτω λόγον έχει.

72 Έτι και οι θεοί όταν μη την οικείαν έχωσι σκευήν μηδε
εν τόπω τω επιβάλλοντι μηδε εν σχήματι τω προσήκοντι ώσιν,
ό τι αν λέγωσι, ψευδή λέγουσι και εξαπατώσι. προσεκτέον
ούν ομού πάσι, τω λέγοντι τω λεγομένω τω τόπω τω σχήματι
τη σκευή του λέγοντος. Χρυσάμπελος ο λυριστής δίκην έχων
περί παιδός εις δουλείαν αγομένου έδοξε τον Πάνα βλέπειν
εν τη αγορά καθεζόμενον έχοντα Ρωμαϊκήν εσθήτα και υπόδεσιν,
και πυνθανομένω αυτώ περί του πράγματος φάναι· 'νικήσεις'.
ελείφθη εικότως αποβάντος αυτώ τούτου· ο γαρ φιλέρημος
και απράγμων θεός και μόνον έχων νεβρίδιον και
καλαυρόπιον και συρίγγιον έμενεν εν τη αγορά καθεζόμενος
εν εσθήτι πολιτική. ούτως ούν και τας εν τοις ύπνοις γινομένας
κρίσεις των ονείρων, εάν μεν απλαί ώσιν, αυτοκρίτους
είναι νόμιζε και έχειν αυτάς εν εαυταίς τας κρίσεις και μηδέν
παρεγχείρει εις τα κεκριμένα· όταν δε μη απλαί ώσι, πειρώ
και αυτάς τας κρίσεις ερμηνεύειν τε και διακρίνειν. οίον ο
Πλούταρχος εις τον ουρανόν αναβαίνειν υπό του Ερμού αγόμενος
έδοξε, ** και τη επιούση όναρ υπεκρίνατό τις αυτώ τον όνειρον
και έφη μακάριον έσεσθαι αυτόν, και τούτο είναι το εις τον
ουρανόν αναβαίνειν και την υπερβάλλουσαν ευδαιμονίαν.
έτυχε δε νοσών και κακώς υπό της νόσου διακείμενος. ουκ
εις μακράν απέθανε, και τούτο ην όπερ αυτώ και ο όνειρος

---

1 φιλεί τον Suidas: φιλούσι τους V, φιλουσίους L || 2 αυτού απηλλάγη V || 3 λυτικός] δοτικόν L || δε om L || 4 έχει] έδει L || 5 περί θεών ανοικείαν σκευήν εχόντων V || την οικείαν έχωσι] την οικείαν έχειν L, έχωσι την οικείαν V || 7 λέγωσιν L] λέγωσιν L || προσεκταίον L || 8 πάσι] τας L || 10 αγωμένου L || 11 υπόδεσιν] υποδήματα V || 12 και om L || αυτών L || πράγματος] γράμματος L || 13 ελείφθη] ελήφθη V || 14 απράγμων] άπραγμον L. cf. Suidas in v. Πάν || μόνος L || νεβρίδιον om pr L relicta lacuna || 15 και συρίγγιον] ή συριτίον L || καθεζόμενος] καθήμενος V || 16 εν om L || εσθήτη L || γενομένας V || 17 ώσι] ώσιν L, ώσι και μη αινιγματώδεις V || 18 εαυταίς] αυταίς L || 19 παρεγχείρει] παρεγχειρείν L, παρεγχείρει λέγειν V || post κεκριμένα in LV est καθ' ύπνους || όταν δε] όταν δε αύται αί κρίσεις αί εν τοις ύπνοις υπό τινων κρινόμεναι V itemque L, nisi quod pro extremo vocabulo habet κρινομένων || ώσι] ώσιν αλλ' αινίγματα L || 20 τε om V || 21 αναγόμενος L || 22 έδοξε] εδόκει LV. lacunam signavi. fortasse excidit και υπερευδαιμονείν || 23 αυτόν έσεσθαι L || το om L || 24 ουρανόν] ουρανόν αυτόν V || post αναβαίνειν adieci και || 25 κακώς post νόσου ponit V || ουκ] και ουκ V, και ουχ L || 26 απέθανεν L || όπερ] περί L || και ante ο om V ||

καὶ ἡ κρίσις ἐσήμαινον. καὶ γὰρ ἡ εἰς τὸν οὐρανὸν ἀνάβασις νοσοῦντι ὀλέθριος, καὶ ἡ μεγάλη εὐδαιμονία θανάτου σημεῖον· μόνος γὰρ εὐδαιμονεῖ ᾧ μηδὲν μέτεστι κακοδαιμονίας. τοιοῦτος δέ ἐστιν ὁ ἀποθανών.

Τῶν θεῶν οἱ νομιζόμενοι ἐχθροὶ εἶναι ὁμοῦ βλεπόμενοι 73 ἔχθρας εἰσὶ καὶ στάσεως σημαντικοί, ὡς ὁ Ἄρης καὶ ὁ Ἥφαιστος ὁμοῦ βλεπόμενοι καὶ ὁ Ποσειδῶν καὶ ἡ Ἀθηνᾶ καὶ ὁ Ζεὺς καὶ ὁ Κρόνος καὶ οἱ Ὀλύμπιοι θεοὶ ἅμα τοῖς Τιτᾶσιν ὁρώμενοι.

Ὅσοι τῶν θεῶν ταῖς τέχναις τῶν ὁρώντων ἁρμόζουσι, τούτους ἄμεινον ἰδεῖν ἢ τοὺς ἐναντίους· κακοὶ γάρ εἰσιν οἱ μὴ συλλαμβανόμενοι ταῖς τέχναις, οἷον ὑδραγωγοῖς ὁ Ἥφαιστος καὶ χαλκεῦσιν ὁ Ἀχελῷος καὶ πορνοβοσκοῖς ἡ Ἄρτεμις. 74 p. 246

Ὅσα οἱ ἄρρενες θεοὶ τοῖς ἀνδράσι σημαίνουσι, ταῦτα καὶ 75 αἱ θήλειαι ταῖς γυναιξίν.

Οἱ ἄρρενες θεοὶ ἀνδράσι συμφέρουσι μᾶλλον τῶν θηλειῶν καὶ αἱ θήλειαι γυναιξὶ μᾶλλον τῶν ἀρρένων.

Οἱ ἄρρενες θεοὶ θηλειῶν ἔχοντες ἐσθῆτα ἢ ἔνδυμα ἢ ἄλλο τι φόρημα γυναιξὶ μᾶλλον ἢ ἀνδράσι συμφέρουσιν, αἱ δὲ θήλειαι ἀνδρείαν ἔχουσαι στολὴν ἀνδράσι μᾶλλον ἢ γυναιξὶ συμφέρουσιν.

Ἄνευ τῶν ἀναθημάτων καὶ τῶν ὅπλων οἱ θεοὶ βλεπόμενοι 76 πονηροί.

Τῶν αἰσθητῶν θεῶν τοῖς πενιχροῖς οὐδεὶς οὐδενὶ συμφέ- 77 ρει, καὶ οἱ μείζονες τῶν θεῶν καὶ πρεσβύτεροι καὶ τῇ τάξει προύχοντες τοῖς βελτίοσι μᾶλλον ἢ τοῖς ταπεινοτέροις συμφέρουσιν.

Ὁ Ἥλιος ἅμα τοῖς ἄστροις βλεπόμενος ἀηδὴς καὶ ἄτοπος, εἰ μὴ ἄρχοι τῶν ἄστρων καὶ προάγοι· ὁ μὲν γὰρ περιεχόμενος p. 247 ὑπὸ τῶν ἄστρων ὑπὸ τῶν ἡττόνων τὸν ἰδόντα κακῶς παθεῖν

---

1 κρισης L ‖ ἐσήμαινε V ‖ 2 ὀλέθριος] ὀλέθριον L, ὄλεθρος V ‖ εὐδαιμονεῖ] εὐδαιμονῶν LV ‖ 3 μέτεστιν L ‖ τοιοῦτος] οὗτος L ‖ 5 περὶ θεῶν ἐχθρῶν εἰς ἀλλήλους V ‖ 6 ὁ ante Ἄρης om V ‖ articulum inserui ante Ἡφαιστος ‖ 7 ποσιδῶν L ‖ 9 περὶ θεῶν καὶ τεχνῶν V ‖ ἁρμόζουσιν L ‖ 10 εἰσιν οἱ] εἰσὶ L, οἳ V ‖ 13 περὶ θεῶν ἀρρένων καὶ θηλειῶν V ‖ ὅσας L ‖ σημαίνουσιν L ‖ 14 θήλιαι L ‖ 15 μᾶλλον om L ‖ 16 ταῖς ante γυναιξὶ addit V ‖ 17 ἔνδυμα] ἐνδύματα LV ‖ ἢ ἄλλο τι φόρημα] ἢ ἄλλα τινὰ φορέματα V ‖ 18 γυναιξὶν L ‖ μᾶλλον] μᾶλλον καὶ μᾶλλον L ‖ δὲ θήλειαι] θήλειαι δὲ V ‖ 21 περὶ γυμνῶν θεῶν V ‖ ἄνευ τῶν ὅπλων καὶ τῶν ἀναθημάτων V ‖ 23 περὶ θεῶν αἰσθητῶν καὶ πρεσβυτέρων V ‖ τῶν αἰσθη om pr L ‖ τοῖς — τῶν θεῶν om L ‖ πενηχροῖς V ‖ 24 οἱ ante πρεσβύτεροι addit V ‖ 25 βελτίωσι L ‖ ταπεινωτέροις L ‖ 28 ὁ μὲν γὰρ] ἀλλὰ V ‖

προαγορεύει, ὁ δὲ ἄρχων τῶν ἄστρων καὶ προηγούμενος τῶν ἐχθρῶν ὑπέρτερον ἔσεσθαι σημαίνει καὶ τὴν ὑπάρχουσαν τύχην κρατύνει καὶ πρὸς τοῖς οὖσι καὶ ἄλλα προσκτήσασθαι σημαίνει. ἔοικε γὰρ τὸ μὲν μεῖζον καὶ κρεῖττον τῷ ἰδόντι, τὰ δὲ μικρότερα καὶ χείρονα τοῖς ἐχθροῖς καὶ τοῖς ἀρχομένοις.

78 Οἱ Ἥρωες καὶ αἱ Ἡρωΐδες τοῖς θεοῖς τὸν αὐτὸν ἔχουσι λόγον πλὴν ὅσον δυνάμεως ἀπολείπονται· καὶ γὰρ τὰ ἀγαθὰ καὶ τὰ κακὰ ἥττονα σημαίνουσιν. ἀεὶ δὲ οἱ κατηφεῖς καὶ λιτοὶ καὶ μικροὶ βλεπόμενοι σημαίνουσιν Ἥρωας πλησίον τῆς τοῦ ἰδόντος οἰκίας ἱδρυμένους ἤτοι ἀτελέστους ἢ πρός τινων ὑβριζομένους ἢ κατακεχωσμένους, οὓς χρὴ ἀνευρόντα τελέσαι καὶ τιμᾶν. ὅ τι δ' ἂν οἱ Ἥρωες εἰσελθόντες εἰς οἰκίαν κακὸν πράξωσιν, ἐχθρῶν ἢ λῃστῶν ἔφοδον σημαίνουσι.

79 Δράκοντες οἱ μὲν εἰς ἄνδρας μεταβάλλοντες Ἥρωας σημαίνουσιν, οἱ δὲ εἰς γυναῖκας, Ἡρωΐδας.

80 Ὅτι πολλὰ ἐκ τῶν ἐτύμων τῶν ὀνομάτων κριτέον, ἐντεῦθεν ἂν μάθοις. Μενεκράτης ὁ γραμματικὸς εἶπεν ὄνειρον τοιοῦτον. ἐπιθυμῶν τις παίδων ἔδοξε χρεώστῃ συναντήσας τὸ χρέος ἀπολαβεῖν καὶ ἀποχὴν τῷ χρεώστῃ δοῦναι. καὶ ὁ μὲν ὄνειρος οὗτος· ἱστορεῖ δὲ ὅτι μὴ δυναμένων τῶν ἐν Ἀλεξανδρείᾳ ὀνειροκριτῶν κρῖναι αὐτὸν ἀπορῶν ὁ ἄνθρωπος τί ποτ' ἐθέλει σημαίνειν ὁ ὄνειρος, ηὔξατο τῷ Σαράπιδι κρῖναι αὐτῷ τὸ αἴνιγμα. καὶ δὴ ἔδοξεν ὄναρ λέγειν αὐτῷ τὸν Σάραπιν 'οὐκ ἔσονταί σοι παῖδες'. ὁ γὰρ ἀποχὴν δοὺς τόκον οὐ λαμβάνει, τόκος δὲ καλεῖται ὁ γεννώμενος παῖς. μέμνησο

---

1 προαγορεύει] προσημαίνει L ‖ τῶν ἐχθρῶν] καὶ τῶν ἐχθρῶν LV ‖ 3 κρατύνῃ L ‖ οὖσιν] ὑπάρχουσιν V ‖ ἄλλω προσκτᾶσθαι L ‖ 4 μὲν om L ‖ κρείττω L ‖ 5 τοῖς ante ἀρχομένοις om V ‖ 6 περὶ ἡρώων V ‖ αἱ Ἡρωΐδες] ἑρωσΐδες L ‖ 7 ὅσον] ita L, sed eadem manus fecit ὅσων. ὅσοι V ‖ δυνάμεων L ‖ 8 ἀεὶ] εἰ L ‖ οἱ] οἱ μὲν LV ‖ λιτοὶ καὶ om L ‖ καὶ post μικροὶ addit L ‖ 9 Ἥρωας] πρωας L ‖ 10 ἤτοι] ἢ V ‖ ἀτελέστους] ἀτελέστους ἢ τελετῆς δεομένους V, ἀτελέστους τελετῆς δεομένους L ‖ post τίνων in L est ἀμελουμένους ‖ 11 οὓς χρὴ] χρὴ οὖν V ‖ ἀνευρόντα Reiffius: ἀνευρῶντα V, ἀνευρόντας L ‖ 12 εἰς] εἰς τὴν V ‖ κακῶν L ‖ 13 σημαίνουσιν L ‖ 14 περὶ δρακόντων μεταβαλλομένων V ‖ μεταβάλλοντες] μεταβαλλόμενοι V ‖ Ἥρωας] πρωα L ‖ 15 οἱ] εἰ L ‖ 16 περὶ ἑτοίμων ὀνομάτων V ‖ ἐκ] καὶ ἐκ V ‖ ἐτύμων Rigaltius: ἑτοίμων LV ‖ τῶν om V ‖ κριτέων L ‖ 17 μάθῃς V ‖ 18 παίδων] τέκνον V ‖ χρεώστης L ‖ 19 χρέως L ‖ τῷ χρεώστῃ] τοῦ χρέους L ‖ 20 οὗτος] οὕτως LV. praeterea malim ἱστορεῖ δὲ ἐκεῖνος ὅτι vel ὁ δὲ ἱστορεῖ ‖ 22 ποτ' ἐθέλει] ποτε θέλει V, ποτε θέλοι L ‖ 23 λέγειν om L ‖ τὸν] τὸν λέγοντα L ‖ 24 δοὺς] παρασχὼν V ‖ 25 ὁ] πᾶς ὁ V. malim τόκος δὲ καλεῖται καὶ ὁ γεννώμενος παῖς ‖

δὲ ὅτι εὐφήμων ὀνομάτων ἄπιστοι αἱ ἐτυμολογίαι, ἐὰν μὴ καὶ
τὰ καθ' ὧν τέτακται τὰ ὀνόματα εἰς ταὐτὸ ῥέπῃ. οἷον Παῦλος
ὁ νομικὸς δίκην ἔχων ἐπὶ τοῦ αὐτοκράτορος ἔδοξεν αὐτῷ συν-
αγορεύειν Νίκωνά τινα καλούμενον. ἦν δὲ οὗτος ὁ Νίκων
5 πάλαι ποτὲ ἐπὶ τοῦ αὐτοκράτορος δίκην ἡττημένος. καὶ ὁ μὲν
Παῦλος τῷ ὀνόματι μόνῳ προσεῖχεν, ἦν δὲ αὐτῷ καταδίκης
σημαντικὸς ὁ ὄνειρος ὀρθῶς καὶ κατὰ λόγον, ὅτι ἦν ὁ Νίκων
λελειμμένος.

Τὰ ἐν νεκυσίοις καὶ περιδείπνοις παρατιθέμενά τισιν οὔτε 81
10 ἰδεῖν οὔτε φαγεῖν ἀγαθὸν οὔτε περιδειπνεῖσθαι· νοσοῦσι μὲν
γὰρ ὄλεθρον μαντεύεται, ἐρρωμένοις δὲ θάνατόν τινος τῶν
οἰκείων προαγορεύει. ὁ Σύρος ἔδοξε τῷ δεσπότῃ περίδειπνον
παρατιθέναι. οὐκ εἰς μακρὰν κατώρυξε τὸν δεσπότην, ὥσπερ
καὶ ὁ ὑπὸ τοῦ πάτρωνος ὄναρ ἠλευθερωμένος ἀπέβαλε τὸν
15 πάτρωνα θανάτῳ.

Σκόπει δὲ καὶ ἐπὶ τῶν δοκούντων ἀποθνήσκειν μή ποτε 82
ἀναβιοῦν νομίσῃ τις· οὐκέτι γὰρ τὰ ὑπὸ τοῦ θανάτου σημαι-
νόμενα γίνεται. Λεωνᾶς ὁ Σύρος παλαιστὴς μέλλων ἀγωνίζε- p. 249
σθαι τὸν ἐν Ῥώμῃ ἀγῶνα ἔδοξε τεθνάναι καὶ ἐκφέρεσθαι, συν-
20 αντήσαντα δὲ αὐτῷ τινὰ ἀλείπτην χαλεπαίνειν πρὸς τοὺς ἐκ-
φέροντας ὅτι ταχέως καὶ κενοσπούδως αὐτὸν ἐκφέροιεν· δύνα-
σθαι γὰρ αὐτὸν ἀναβιῶναι. ἔπειτα ἐλαίῳ θερμῷ καὶ ἐρίοις
χρισάμενον κατὰ τοῦ στήθους ποιῆσαι αὐτὸν ἀναβιῶναι. οὗ-
τος εὐημέρησε ἐν τῷ ἀγῶνι ἐπιφανῶς παλαίσας, μέλλων δὲ
25 στεφανοῦσθαι ἐκωλύθη πρὸς τοῦ ἀλείπτου ἐπιπροσθεμένου τὴν

---

1 ἄπιστοι] ἄπιστοι αἱ εὐτυχίαι καὶ V || ετοιμολογιαι L || 2 ὧν Reiskius: ὃν V, ον L || ταὐτὸ] τὸ αὐτὸ L, αὐτὸ V || 3 τοῦ om L || ἔδοξε — συναγορεύειν] ἐδοξενεἰκόνα τινὰ καλούμενον αὐτοῦ συναγόρευειν L, ἔδοξεν αὐτῷ συναγορεύειν νίκωνα τινα καλούμενον ὅτι μὴ τὴν ἐτυμολογίαν τοῦ ὀνόματος ἀλλὰ καὶ τὴν πρᾶξιν τοῦ ὀνόματος ἐν ὕπνῳ δεῖ προσέχειν V || 4 Νίκων] νεικον L || 6 καταδίκης ὁ ὄνειρος σημαντικὸς V || 7 ἦν] ἦν καὶ V || νείκων L || 8 λελειμμένος Reiskius: λελιμμένος L, λελυμένος V || 9 περὶ νεκυσίων καὶ περιδείπνων V || νεκυσίοις] νέκυσιν L || περιδείπνοις] δείπνοις L || παρατιθέμενα] πραττόμενα L || 10 περιδειπνεῖσθαι] περιλειπεῖν ὥσπερ νεκρὸν ἀγαθὸν L spatio inter περιλειπεῖν et ὥσπερ relicto || νοσοῦσι] νοσοῦντι V || 11 τινος om L || 13 οὐκ] καὶ οὐκ LV || 14 ὁ om L || ὄναρ ἠλευθερωμένος] ὄναρ πάλιν ἠλευθερωμένος L, πάλιν ἠλευθερωμένος ὄναρ V || 16 περὶ ἀναβιώσεως V || σκοπεῖν V || δὲ om L || χρὴ post ἀποθνήσκειν addit V || μή ποτε] μήτε L || 17 ἀναβιοῦν] ἀναζῆν L || νομήσει L || 18 ὁ Σύρος παλαιστής] ὁ Σύρος ὁ παλαιστὴς V, τίς παλαι συρος L || 20 ἀλείπτειν L || χαλαικαίνειν L || 21 κενοσπούδως] κενώσπουδαιωσ L || αὐτὸν om L || 22 ἀναβιῶσαι L || ἔπειτα om L || 23 χρησάμενον L || αὐτὸν om L || ἀναβιῶσαι L || 24 εὐημέρησεν L || ἐν om V || 25 πρὸς] ὑπὸ L || ἐπιπροσθεμένου] ἐπίπροσθεν θεμένου Reiskius. fortasse οὐ προσιεμένου. nec proxima vitio libera sunt ||

ἐργασίαν τοῦ στεφάνου· λαβὼν γὰρ ἀργύριον οὐκ εἴασεν αὐτὸν περὶ τοῦ στεφάνου παλαίοντα διαγωνίσασθαι.

Μένανδρος ὁ Σμυρναῖος εἰς Ὀλύμπια ἀνερχόμενος ἔδοξεν ἐν τῷ σταδίῳ τῷ Ὀλυμπίασι κατορωρύχθαι. ἐγένετο ὀλυμπιονίκης.

Ὅσα νεκροῖς συντίθεται, ταῦτα οὔτε δοῦναι νεκρῷ οὔτε παρὰ νεκροῦ λαβεῖν ἀγαθόν· ἢ γὰρ αὐτῷ τῷ ἰδόντι ἤ τινι τῶν τοῦ ἰδόντος ὀλέθρια γίνεται. τῶν δὲ ἄλλων ἓν οὐδὲν νεκρῷ δοῦναι συμφέρει, λαβεῖν δὲ πάντα καὶ ὁμοῦ καὶ κατὰ ἓν παρὰ νεκροῦ συμφέρει, μάλιστα δὲ τροφὰς καὶ ἀργύριον καὶ σκεύη καὶ ἱμάτια.

83 Ὅσα τῶν ἀγαθῶν καὶ ὅσα τῶν κακῶν τῶν περὶ τὸ σῶμα βλεπομένων οὐχ ὅλα ἀλλ᾽ ἐξ ἡμισείας βλέπεται, καὶ τὰ ἀγαθὰ καὶ τὰ κακὰ ἥττονα ποιεῖ. οἷον ἡ τοῦ Διογνήτου γυνὴ ἔδοξεν ἐν τῇ δεξιᾷ μόνῃ παρειᾷ γένειον ἔχειν. καὶ σημαίνοντος τοῦ ὀνείρου πάσαις γυναιξὶ ταῖς γε μὴ ἀγάμοις μηδὲ ἀτέκνοις ἔτι καὶ ταῖς μὴ ἐν γαστρὶ ἐχούσαις χηρείαν, ἀπέβη αὐτῇ μήτε σὺν τῷ ἀνδρὶ εἶναι μήτε μὴν ἀπηλλάχθαι αὐτοῦ, ἀλλὰ πολλῷ χρόνῳ οἰκουρεῖν ὑπολειφθεῖσαν ἐν τῇ πατρίδι παρὰ τὴν τοῦ ἀνδρὸς ἀποδημίαν. οὐδὲν δὲ διαφέρει γυναικὶ ἐάν τε πώγωνα ἔχειν δοκῇ ἐάν τε ἀνδρὸς αἰδοῖα ἐάν τε στολὴν ἢ κουρὰν ἢ ἄλλο τι ἀνδρεῖον· τὰ αὐτὰ γὰρ ἀποβήσεται. ὁμοίως καὶ ἐπὶ ἀνδρῶν οὐδὲν διαφέρει ἐάν τε ὅλον τὸ σῶμά τις εἰς γυναῖκα μεταβεβληκέναι δοκῇ ἐάν τε μόνον γυναικείαν φύσιν ἔχειν ἐάν τε στολὴν ἢ ὑπόδεσιν ἢ ἐμπλέγματα γυναικεῖα· τὰ αὐτὰ γὰρ ἀποβήσεται. ἔστι δὲ ταῦτα οὐχ ὅμοια τοῖς ἡμιτελέσι τῶν ἐρ-

---

3 ὁ] μὲν ὁ L ‖ σμυρνεος L ‖ εἰς] εἰς τὰ V ‖ ἀπερχόμενος V ‖ 4 σταδίῳ om L ‖ τῷ Ὀλυμπίασι Meinekius: τῷ ἐν ὀλυμπιᾶσι V, om L ‖ κατορωρύχθαι Reiskius: κατωρορύχθαι V, οιχθαι L ‖ ἐγένετο] καὶ ἐγένετο LV ‖ 6 νεκροῖς] νεκρος L, νεκρῷ V ‖ 8 ὀλέθρια] ὄλεθρος V, ἐλεύθερος L ‖ ἓν οὐδὲν] ἐν οὐδενὶ LV ‖ ἃ post νεκρῷ in LV illatum expunxit Reiskius ‖ 11 καὶ ἱμάτια καὶ σκεύη V ‖ 12 περὶ κακῶν καὶ ἀγαθῶν τῶν ἐν τῷ σώματι V ‖ ὅσα τῶν ἀγαθῶν καὶ ὅσα τῶν κακῶν] ὅσα τῶν ἀγαθῶν L, ὅσα τῶν κακῶν καὶ ὅσα τῶν ἀγαθῶν V ‖ 13 ἀλλὰ L ‖ ἡμισιας L ‖ βλέπεται] βλεπομένων L ‖ 14 καὶ τὰ κακὰ καὶ τὰ ἀγαθὰ L ‖ Διογνήτου] διογνώστου V ‖ 16 μὴ ἀγάμοις] μὲν ἀγαθοῖς L ‖ μηδὲ] μήτε V ‖ ἀτεχνοις L ‖ ἔτι] επι L ‖ 17 αὐτῇ] αὕτη L ‖ 18 ἀλλὰ πολλῷ ἀπολλῶ L ‖ 20 δὲ om L ‖ 21 δοκῇ] δοκεῖν L ‖ ἐάν τε στολὴν] ἄν τε στολην L ‖ 22 ἀνδρεῖον] ἀνδρεῖον ἔχειν δοκῇ V, ἀνδρεῖον δοκεῖ ἔχειν L ‖ ταὐτὰ] ταῦτα L, τὰ αὐτὰ V ‖ 23 οὐδὲν] οὐδὲν δὲ V ‖ τις om V ‖ 24 δοκῇ] δόξιν LV, μόνην V ‖ γυναικείαν om L ‖ ἔχειν ἐάν τε στολὴν ἢ om L ‖ 25 ὑπόδεσιν] ὑπόδησιν LV ‖ ἐμπλήγματα L ‖ ταῦτὰ] ταῦτα LV ‖ 26 ἐστὶ δὲ ταῦτα om V ‖

CAP. LXXXII—LXXXIV.

γων οὐδὲ τῷ τοῦ Κίλικος ὀνείρῳ τοῦ τὸ πρόβατον δόξαντος κείρειν.

Τῶν ἀποβάσεων τὸ κεφάλαιον εὑρεῖν ἔστω σοι ἔργον, τὰ δὲ συμπτώματα τὰ ἀκολουθοῦντα πειρῶ μὲν εὑρίσκειν, ἀποτυχὼν δὲ μὴ ἄχθου. ὁ Κύπριος νεανίσκος ὄνειρον ὥρισεν ἀποβεβηκότα φιλονείκως. ἦν δὲ οὗτος ὁ ὄνειρος. γυνὴ ἐν γαστρὶ ἔχουσα ἔδοξε χῆνα τετοκέναι. ὃ κριτέον, εἰ μὲν ἱερέως εἴη ἡ γυνή, τὸ τεχθὲν ζήσειν· ἱεροὶ γὰρ οἱ χῆνες οἱ ἐν ναοῖς ἀνατρεφόμενοι· εἰ δὲ μή, εἰ μὲν θῆλυ εἴη, ζήσειν μέν, ἑταιρικῷ δὲ χρήσεσθαι βίῳ διὰ τὸ περικαλλὲς τῶν χηνῶν· εἰ δὲ ἄρρεν, μὴ ζήσειν, ὅτι ἐστὶν ὁ μὲν χὴν στεγανόπους ὁ δὲ ἄνθρωπος σχιζόπους. τὰ δὲ μὴ ἐκ τοῦ αὐτοῦ γένους ἢ τοῦ αὐτοῦ εἴδους ἐναντία πρὸς ἀνατροφὴν παίδων. ὁ δὲ εἶπεν ἄρρεν τεχθὲν ἐν ὕδατι τεθνάναι. εἰ μὲν οὐ πάντῃ καὶ πάντως ὁ χὴν ἦν ἐν ὕδατι, ἀλλ' ἀπέθνησκε μόνως, καὶ μὴ μυρίοι ἦσαν αὐτῷ οἱ θάνατοι, ἄξιον ἦν ἐγκαλεῖν τῷ κρίναντι, ὅτι μὴ εἶπεν ἐν ὕδατι τὸν παῖδα τεθνήξεσθαι· εἰ δὲ ἔδει μὲν ὀλιγοχρόνιον γενέσθαι, συνέπεσε δὲ αὐτῷ τὸ ἐν ὕδατι ἀποθανεῖν, αὐτάρκης ἦν ἡ κρίσις. καὶ γὰρ τὸ μὴ διακρῖναι πότερον ἄρρεν ἢ θῆλυ τέτοκε, κατὰ λόγον ἐγένετο· ἔνεστι μὲν γὰρ ἄρρενα εἶναι τὸν χῆνα, ἔνεστι δὲ καὶ θήλειαν.

Πρὸς δὲ τοὺς πυνθανομένους πόσῳ χρόνῳ οἱ ὄνειροι ἀποβαίνουσιν εἴποις ἂν ὅτι ὅσα τῶν ὄντων ἐν ὡρισμένοις χρόνοις γίνεται, ταῦτα καὶ ἐν τοῖς ὕπνοις ὁραθέντα ἐν τοῖς αὐτοῖς ἀποβαίνει χρόνοις, ὡς ἀγῶνες καὶ πανηγύρεις καὶ ἄρχοντες

---

3 τὰ δὲ] καὶ τὰ V ‖ 4 συμπτώματα] κατὰ συμπτώματα L ‖ τὰ ante ἀκολουθοῦντα addidit Reiskius ‖ ἐπακολουθοῦντα V ‖ 5 δὲ μὴ ἄχθου om pr L relicta lacuna ‖ ὁ Κύπριος νεανίσκος] ὁ σύρος V ‖ ὄνειρων L ‖ 7 ἔδοξεν L ‖ χῆνα] ἔχενα pr L ‖ ὃ κριτέον] ἐκρίθη V. locus turbatus ‖ εἴη] ἦν L ‖ ἡ om L ‖ 8 ζήσειν] ζήσει V, ζῆν L ‖ οἱ Meinekius: καὶ LV ‖ ἐν ναοῖς] ναοὶ L ‖ ἀνατρεφόμενοι Meinekius: ἀναστρεφόμενοι LV ‖ 9 θῆλυ εἴη] ονλυσιν L ‖ ζήσειν Reiskius: ζήσει V, ζῆν L ‖ ἑταιρικῷ] ἑτερῷ L ‖ 10 χρήσασθαι L ‖ βίῳ] τῷ βίω L ‖ 11 ζήσειν Reiskius: ζῆν LV ‖ ὁ ante μὲν om L ‖ ανθροπους σχειζαπους L ‖ 12 ἢ] εἰ μὴ ἐκ L ‖ 13 ἐναντία] ταῦτα ἐναντία V ‖ ἀνατροφὴν Reiskius: ἀναστροφὴν VL ‖ 14 τεθνάναι] au τεθνήξεσθαι? ‖ post μὲν inserendum esse videtur οὖν. sed restant alia quae medicinam flagitant ‖ ἐν om L ‖ 15 ἀλλ' om L ‖ ἀπεθνησκεν μονω L ‖ μονω om L ‖ μυρίοις L ‖ ἦν] ἦν V ‖ ἐν om V ‖ 17 τεθνήξεσθαι] ἀποτεθνηκέναι V ‖ 18 συνέπεσεν L ‖ τὸ] τῶ L ‖ 19 ἄρσεν L ‖ τέτοκε κατὰ λόγον εγενε om L ‖ 20 ἄρρενα] ενα L ‖ 21 θήλειαν] καθ' ἰδίαν L ‖ 22 περὶ τοῦ πόσῳ χρόνῳ ἀποβαίνουσιν οἱ ὄνειροι V ‖ 23 ὅτι] εἰκότως ταῦτα V ‖ ωντων L ‖ 24 γίνεται χρόνοις V ‖ αὑτοῖς] ὑπ' αὐτοῖς L ‖ 25 ὡς addidi ‖ πανηγυρις L ‖ ‖

252 LIB. IV. CAP. LXXXIV.

p. 251 καὶ στρατηγοὶ καὶ τὰ ὅμοια. ὅσα δὲ τῶν ὄντων ἐν ἀορίστοις καὶ μὴ πεπηγόσι χρόνοις γίνεται, ἀορίστως καὶ ἀποβαίνει, ὡς συνουσίαι καὶ τροφαὶ καὶ ἐκκρίσεις καὶ τὰ συντελοῦντα τούτοις χωρὶς ζώων· ταῦτα γὰρ δι' ὅσου χρόνου γεννᾶται, τοῦτ' ἔστιν ὅσῳ κυοφορεῖται, τοσούτῳ καὶ ἀποβαίνει. ἔτι θεοὶ καὶ βασι- 5 λεῖς καὶ γονεῖς καὶ δεσπόται οὐκ ἐν ὡρισμένοις ἀποβαίνουσι χρόνοις. λάμβανε δὲ σύμμετρα τὰ ἀποτελέσματα καὶ τοὺς χρόνους ἐκ τῶν παρακειμένων ἑκάστοις τῶν ὁρωμένων ἢ ἐξ αὐτῶν τῶν προσδοκωῶν· γελοῖον γὰρ ἂν εἴη τῷ περὶ τῆς αὔριον φοβουμένῳ ἢ ἐλπίζοντι καὶ ἰδόντι ὄνειρον τὰ εἰς ὥρας ἐσό- 10 μενα κρίνειν. ἔτι καὶ ὧν προσήμερός ἐστιν ἡ χρῆσις, ἡμέραις ἀποβαίνει, ὧν δὲ χρονιωτέρα, χρόνῳ πλείονι. καὶ τὰ μακρόθεν ὁρώμενα, ὡς τὰ περὶ τὸν οὐρανόν, διὰ τὸ διάστημα βράδιον ἀποβαίνει. ἔτι καὶ τοῦτο. καὶ οἱ ἀγαθοὶ καὶ οἱ κακοὶ ὄνειροι τοῖς μὲν μεγάλοις ἀνδράσι καὶ γυναιξὶ μεγάλα καὶ τὰ 15 ἀγαθὰ καὶ τὰ κακὰ ποιοῦσι, τοῖς δὲ μετρίοις μέτρια, τοῖς δὲ ταπεινοῖς μικρὰ παντελῶς, καὶ μάλιστά γε οἱ ἀγαθοί· καὶ γὰρ εἰκός, ἐπειδὴ οὗτοι καὶ τὸ τυχὸν λαβόντες ἀγαπῶσι καὶ ὑπερχαίρουσιν. ὀρθῶς γοῦν καὶ τὸ Καλλιμάχειον ἔχει αἰεὶ τοῖς μικκοῖς μικκὰ διδοῦσι θεοί. 20

Ταῦτα μὲν οὖν, ὦ τέκνον, ἱκανῶς καὶ ἀνενδεῶς ἔχει, πάντων τῶν ἐν ὀνειροκρισίᾳ ἀπόρων λελυμένων καὶ οὕτως ὑπτίων κειμένων καὶ εὐεπιγνώστων σοι ἐσομένων. ἴσθι δὲ ὅτι οὐχὶ ὀνείρων ἀποβάσεις εἰπεῖν σοι τὸ προκείμενόν μοι ἦν ἀλλ' ἀφωρισμένως καθ' ἕκαστον ζήτημα τὰς ἐπιλύσεις συναγαγεῖν. 25 αἱ δὲ ἀποβάσεις ἑκάστων παράκεινται εἰς ὑπόδειγμα. ἱστορίας δὲ ἕνεκα ὅπως ἔχῃς ἀπονώτερον ταῖς τριβαῖς χρῆσθαι, πειράσομαι συναγαγὼν ὡς πλείστους ἀποβεβηκότας ὀνείρους ἄλλο σοι βιβλίον ποιῆσαι.

---

2 μὴ om L ‖ πεπηγόσι] επειγουσιν L ‖ 3 ἐγκρίσεις L ‖ post ἐκκρίσεις V addit καὶ προεκκρίσεις ‖ συντελοῦντα] συμβουλοῦντα L ‖ τούτοις om L ‖ 5 ὅσῳ] ὡς L ‖ ἔτι] επει L ‖ 6 οὐκ ἐν om L ‖ 8 ἑκάστοις τῶν ὁρωμένων om L ‖ 9 τῆς] τὴν V ‖ 10 ὄνειρον] τὸν ὄνειρον V ‖ ὥρας] ορας L ‖ 11 χρῆσις] εὑρέσις V, in mg γρ. χρῆσις ‖ malim ἐν ἡμέραις ‖ 12 ὧν om L ‖ 14 καὶ ante οἱ ἀγαθοὶ om V ‖ 15 μὲν om L ‖ καὶ γυναιξὶ] ἢ γυναιξὶ V ‖ 16 καὶ τὰ κακὰ om V ‖ ποιοῦσιν L ‖ 17 ταπεινοῖς] ἀπόροις L ‖ οἱ om L ‖ 18 εἴκως L ‖ 19 Καλλιμάχειον Rigaltius: καλλιμάχιον LV ‖ αἰεὶ Rigaltius: ἀεὶ L, τὰ ἀεὶ V ‖ 20 μικκοῖς μικκὰ Reiffius: μικροῖς μικρὰ LV ‖ θεοις L ‖ 21 ἔχειν L ‖ 24 ἀποβασει L ‖ εἰπεῖν σοι τὸ] εἰπεῖν σοι τὸ νῦν Venetus 267, πισοι το νῦν L, λέγειν σοι τὸ V ‖ ἀλλὰ L ‖ 25 συνάγειν V ‖ 26 αἱ om L ‖ ἑκάστω L ‖ 27 ἕνεκεν L ‖ χρασθαι L

E

Ἀρτεμίδωρος Ἀρτεμιδώρῳ υἱῷ χαίρειν.

Ἄξιον μέν, ὦ τέκνον, ἐγκαλεῖν τῆς βραδύτητος ἡμῖν, εἰ διὰ p. 252
ῥᾳθυμίαν ἐγένετο· ἐπεὶ δὲ τὸ προκείμενον ἦν ἱστορίαν ὀνείρων ἀποβεβηκότων συναγαγεῖν σοι, χαλεπὸν δὲ καὶ ἐργῶδες ἦν τῷ γε βουλομένῳ ἀξίους ἀναγραφῆς συναγαγεῖν ὀνείρους
5 (τοὺς μὲν γὰρ τυχόντας καὶ πάνυ ῥᾴδιον καὶ ἐν βραχεῖ χρόνῳ παμπληθεῖς ἀναγράφειν, τοιούτους δέ, ὁποίους ἄν τις γράφων οὐ μόνον οὐκ αἰσχύνοιτο ἀλλὰ καὶ μέγα φρονεῖν ἐπ' αὐτοῖς ἔχοι, οὐκ ἄνευ πόνου καὶ χρόνου οἷόν τ' ἦν ἀθροῖσαι, καὶ μάλιστά γε μὴ ῥᾳδιουργῆσαι βουλομένῳ) τοιγαροῦν ἔν τε ταῖς
10 πανηγύρεσι ταῖς κατὰ τὴν Ἑλλάδα καὶ ἐν Ἀσίᾳ καὶ πάλιν αὖ ἐν Ἰταλίᾳ ἐξεπίτηδες ἀγείρων ὅσους μάλιστα ἐδυνάμην τοῦτό p. 253
σοι τὸ βιβλίον μετὰ τὸν ἐν τοῖς ἔμπροσθεν πεπονημένοις μοι βιβλίοις πόνον ὠφελιμώτατον ἐσόμενον αὐτῷ τέ σοι καὶ εἴ τινι κοινωνήσειας ἀντιγράφου πεποίηκα. εὕροις δ' ἂν καθ' ἕκα-
15 στον τῶν ὀνείρων ψιλὰς τὰς ἀποβάσεις, ὡς ἀπέβησαν, ἄνευ σκηνῆς καὶ τραγῳδίας ἀναγεγραμμένας· οὐδὲ γὰρ ἄλλο ἢ τὴν

Ἀρτεμιδώρου Δαλδιανοῦ ὀνείρων ἀποβάσεων βιβλίον πέμπτον προοίμιον V ∥ 1 ἄξιον μὲν] ἀξίως μὲν L, ἄξιον μὲν ἴσως V ∥ 2 ἐγίνετο L ∥ ἐπεὶ δὲ] ἐπεὶ δὴ L ∥ ἱστορία L ∥ 3 χαλεπὸν L ∥ 4 ἦν om L ∥ ἀναγραφοὺς L ∥ ὀνείρους συναγαγεῖν V ∥ 5 πάνυ] πάνυ αὖ V. ceterum καὶ ante πάνυ videtur delendum esse ∥ ῥᾴδιον] τάχειον βράδιον L ∥ 6 ἄν τις γράφων] ἀντιγράφων L ∥ 7 αἰσχύνεται V ∥ 8 ἔχει V ∥ οὐκ ἄνευ] καὶ οὐκ ἐνευ L ∥ τ' ἦν] τὴν L, τε ἦν V ∥ καὶ addidi ∥ 9 γε μὴ ῥᾳδιουργῆσαι] δὲ καὶ ῥᾳδιουργῆσαι μὴ V ∥ 10 πανηγύρεσιν L ∥ ταῖς] τῶν V ∥ αὖ πάλιν L ∥ 11 ἐν Ἰταλίᾳ] ἠταιδια L ∥ ἀγείρων ὅσους μάλιστα] ἀπιὼν μάλιστα ὅσους V ∥ ἐδυνάμην] ἐδυνάμην εὑρὼν L, ἠδυνάμην εὑρὼν V ∥ 12 τὸν] τὸ L ∥ 13 τέ σοι καὶ εἴ τινι om L ∥ 14 κοινωνήσειας] εἰς L. malim κοινώσειας ∥ ἀντίγραφον V ∥ 15 τὰς] τε V ∥ verba ὡς ἀπέβησαν videntur delenda esse ∥ 16 σκηνῆς καὶ τραγῳδίας om pr L unius versus spatio relicto ∥ οὐδὲν L ∥ ἄλλο ἢ] ἄλλον L ∥

254   LIB. V.

ἀπὸ τῆς πείρας πίστιν ἅμα καὶ ὠφέλειαν συναγαγεῖν προεθέμην. διόπερ τὰ εἰς πάντα ἀπὸ τῶν αὐτῶν ἐνδεχόμενα ἀποβαίνειν παρὰ τὰς τῶν θεωμένων τύχας τε καὶ προαιρέσεις καὶ ἡλικίας καὶ περιστάσεις παραιτησάμενος (ἐπειδὴ τὸ μὲν πρῶτον καὶ τὸ δεύτερον καὶ τὸ τρίτον μάλιστα τούτων ἐστὶν ἀνάπλεω, τὸ δὲ τέταρτον αὐτῷ σοι προσφωνηθὲν τεχνικὴν περιέχον θεωρίαν καὶ ἄτριπτον τῶν ἐπιζητουμένων ἑρμηνείαν ἠκρίβωται) ὅμως σοι προσδεῖν ἡγούμενος τριβῆς τε καὶ γυμνασίας, ὡς ἐπηγγειλάμην ἐπὶ τέλει τοῦ τετάρτου, καὶ νῦν ἐμπεδῶν τὴν ὑπόσχεσιν ἀποδίδωμι.

1 Ἔδοξέ τις τοῦ Ποσειδῶνος τοῦ ἐν Ἰσθμῷ τῇ βάσει ἁλύσει προσδεδέσθαι. ἱερεὺς ἐγένετο τοῦ Ποσειδῶνος· ἔδει γὰρ αὐτὸν ἀχώριστον εἶναι τῶν τῆς ἱερωσύνης τόπων.

2 Ἔδοξέ τις τὴν ἑαυτοῦ γυναῖκα προσαγαγὼν ὥσπερ τι ἱερεῖον ἀποθῦσαι καὶ τὰ κρέα κατακόπτων πιπράσκειν καὶ τὴν ἐμπολὴν αὐτῷ πάνυ πολλὴν γίνεσθαι. ἐπὶ δὲ τούτοις χαίρειν τε ἔδοξε καὶ τὸ συναγόμενον ἀργύριον πειρᾶσθαι κρύπτειν διὰ τὸν τῶν περισταμένων φθόνον. οὗτος τὴν ἑαυτοῦ γυναῖκα προαγωγεύων ἐπ' αἰσχροῖς ἐπορίζετο, καὶ ἦν αὐτῷ τὸ ἔργον λυσιτελὲς μὲν εἰς πορισμόν, ἄξιον δὲ ἀποκρύπτεσθαι.

3 Ἔδοξέ τις εἰς γυμνάσιον τὸ ἐν τῇ πατρίδι ὃν αὐτοῦ εἰσελθὼν ἰδεῖν εἰκόνα ἰδίαν, ἥτις καὶ ὕπαρ ἦν ἀνακειμένη· εἶτα ἔδοξεν αὐτῷ τὸ πῆγμα τῆς εἰκόνος πᾶν τὸ ἔξωθεν διαλελύσθαι. πυνθανομένῳ δέ τινι τί συμβεβηκὸς εἴη περὶ τὴν εἰκόνα λέγειν ᾤετο· ἡ μὲν εἰκών μου μένει ὑγιής, τὸ δὲ πῆγμα λέλυται. χωλὸς ἐγένετο ἀμφοτέρους τοὺς πόδας εἰκότως· τὸ μὲν γὰρ

---

2 ἀποβαίνειν] ἀποβαίνειν ἦν L ‖ 3 θεωμένων] θεωμένων ἡμῶν V ‖ τε om L ‖ 4 πρῶτον] πρῶτον τε V ‖ 5 ἀνάπλεα L ‖ 6 τέταρτον — περιέχον om L ‖ αὐτῷ Reiskius: ταῦτα V ‖ 7 θεωρίαν] τῇ θεωρίᾳ L ‖ ἄτριπτον] ἄτρεστον L ‖ ἐπιζητουμένων] ἐπιζητουμένων πάντων L ‖ 8 σοὶ προσδεῖν — ἀποδίδωμι om pr L spatio versuum trium et dimidii relicto ‖ 11 ποσιδῶνος L ‖ τοῦ [ἐν Ἰσθμῷ] τῇ βάσει τοῦ ἐνϊεμοτηβασιλειααλύσει L, βάσει V ‖ τῇ βάσει ἁλύσει] τη βασιλειααλύσει L ‖ 12 ποσιδῶνος L ‖ 13 ἀχώριστον αὐτὸν L ‖ εἶναι τῶν τῆς ἱερωσύνης τόπων] εἶναι τῶ (τῶν Urbinas 107) τῆς ἱερωσύνης λόγων L, εἶναι ἱερέα V ‖ 14 προσάγων L ‖ 15 ἐμπολὴν] ἐμπολὴ L, ἐμπωλὴν V ‖ 17 post ἀργύριον in L legitur ἀπὸ τοῦ κρεωπολείου, in V ἀπὸ τοῦ κρεοπωλίου ‖ διὰ τὸν τῶν περισταμένων φθόνον] διὰ τὸν περισταμενον φθόνον V, περισταμένος φθόνος L ‖ 18 αὐτοῦ L ‖ 19 προαγορεύων L ‖ 20 εἰς] οἷς L ‖ ἀποκρύπτειν L ‖ 21 εἰς om L ‖ 22 ὕπαρ ἦν] υπαρην L, παρῆν V ‖ εἶτα] τάδε καὶ L ‖ 23 ἔδοξεν] ἐδόκει LV ‖ πλῆγμα L ‖ πᾶν τὸ] παντιὸ L ‖ διαδεδύσθαι L ‖ 24 δέ om L ‖ 24 συμβεβηκὼς L ‖ 25 πλῆγμα L ‖ 26 τὸ μὲν γὰρ] τὸ μὲν γὰρ τὸ L ‖

SOMN. I—IX.

γυμνάσιον σύμβολον ἦν τῆς καθ' ὅλον τὸν ὄγκον εὐεξίας, ἡ δὲ p. 254
εἰκὼν τὰ περὶ τὸ πρόσωπον ἐσήμαινε, τὸ δὲ ἔξωθεν πῆγμα
τὰ λοιπὰ τοῦ σώματος ἦν.

Ἔδοξέ τις λιβανωτῷ τὸν πρωκτὸν ἐκμάσσειν. ἀσεβείας 4
5 ἑάλω, ἐπειδὴ ᾧ τοὺς θεοὺς τιμῶμεν ἐξύβρισεν. ἡ δὲ ὀσμὴ τὸ
μὴ λαθεῖν αὐτὸν ἐσήμαινεν.

Ἔδοξέ τις σίνηπι τετριμμένον ὑγρὸν πίνειν, ἔτυχε δὲ αὐτῷ 5
δίκη οὖσα καὶ ἔφευγε φόνου γραφήν. ἑάλω καὶ τῆς κεφαλῆς
ἀφῃρέθη· ἦν γὰρ οὔτε σύνηθες οὔτε ὅλως πότιμον τὸ ποτόν.
10 καὶ μέντοι καὶ διακριθὲν πρότερον ὑπὸ τοῦ λεγομένου ἠθμοῦ
τὸ σίνηπι ἔπινε. τοιγαροῦν ὑπὸ κριτοῦ, ὅπερ ἐστὶ δικαστοῦ,
εἰς ὄλεθρον κατέστη.

Ἔδοξέ τις Ξάνθος ὁ ποταμὸς ὁ ἐν Τροίᾳ γεγονέναι. αἷμα 6
ἀνήνεγκεν ἐπὶ ἔτη δέκα· οὐ μὴν ἀπέθανέ γε, ὅπερ ἦν εἰκὸς
15 διὰ τὸ ἀθάνατον εἶναι τὸν ποταμόν.

Ἔδοξέ τις ἐν Νεμέᾳ ἀγωνίζεσθαι ἀνδρῶν πάλην καὶ νικᾶν 7
καὶ στεφανοῦσθαι, ἔτυχε δὲ αὐτῷ δίκη οὖσα περὶ ἀγροῦ, ἐν
ᾧ παμμέγεθες ἦν ἕλος. καὶ δὴ ἐνίκησε τῷ τοῦ ἕλους λόγῳ
διὰ τὸ σελίνῳ τῷ ἐν Νεμέᾳ τοὺς νικῶντας στεφανοῦσθαι.

20 Ἔδοξέ τις ἐν τῇ τύλῃ πυροὺς ἔχειν ἀντὶ κνεφάλλων. ἦν 8
αὐτῷ γυνή, ἥτις μηδεπώποτε συλλαβοῦσα πρότερον ἐκείνου
τοῦ ἔτους ἔγκυος γενομένη παιδάριον ἐγέννησεν ἄρρεν· ἡ μὲν
γὰρ τύλη τὴν γυναῖκα ἐσήμαινεν, οἱ δὲ πυροὶ ἄρρεν σπέρμα.

Ηὔξατό τις τῷ Ἀσκληπιῷ, εἰ διὰ τοῦ ἔτους ἄνοσος ἔλθοι, 9

---

1 ὄγκον Reiskius: οἶκον LV || 2 ἐσημαίνετο L || ἔξωθεν glossatoris
esse videtur || πλῆγμα L || 4 προκτὸν L || ἐκμάσσειν] ἐκμάσει L, ἐκ-
μάσσειν αὐτοῦ V || 5 ᾧ] ὁ L || τιμῶμεν] τιμῶν μὲν L, τιμῶμεν οὗτος V
|| ἐξύβρισεν] ἐξύβριζεν V. an ἐνύβρισεν? || ἡ δὲ] ἐνηδὲ L || ὀσμὴ] ὀδμὴ
LV || 7 σίνηπι τετριμμένον ὑγρὸν] σίνιπι τετριμμένον ὑγρὸν L, τετριμ-
μένον ὑγρὸν σίνηπι V || 8 φεύγειν φόνου γράφειν L || 9 καὶ post μέντοι
ex Suida accessit in v. ἠθμός || 10 ἠθμοῦ Suidas: ἡομοῦ L, ἰσθμὸν V ||
τὸ σίνηπι Reiffius: σίνιπι L, τὸ νάπι V || ἔπινεν] πίννειν L || 11 τοι-
γαροῦν ὑπὸ κριτοῦ] ὑπὸ κριτοῦ τοίνυν V || εἰς] εἰς τὸν L || 13 ξάνθον
τὸν ποταμὸν τὸν V || ἐν] ἐν τῇ V || γεγονέναι] γεγονέναι αἷμα μέγα μὲν
καὶ οὐχ οἷόν τε πιστεύειν ἀλλ' οὖν γε οὕτως ἀποβὰν ἱστορήσαμεν V, ne-
que aliter L, nisi quod pro οἷόν habet οἷο || 14 ἔτη δέκα] ἔτη δὲ L, δέκα
ἔτη V || οὐ μὴν γε ἀπέθανεν V || ἦν εἰκὸς] ἦν εἰκὸς ἦν L || 16 νεμεία
L || 17 ἔτυχεν L || αὐτῷ om L || 18 ἐνίκησεν L || τῷ om L || ἕλους]
εἴδους V || 19 τὸ] τῷ L || σελήνῳ L || τῷ] τῷ καὶ L. malim τῷ ἐκ Νεμέας
|| τοὺς νικῶντας στεφανοῦσθαι] οἱ νικῶντες στεφανοῦνται L || 20 πυ-
ροὺς L || κνεφάλλων] κναφάλων V, γναφάλων Suidas in v. γνάφαλοι:
γναφάλλων L Suidas in v. τύλη || ἦν] ἐν L || 21 μηδέποτε L || 22 τοῦ
om L || παιδάριον ἐγέννησεν ἄρρεν Suidas: παιδάριον ἐγέννησεν L, παῖδα
ἄρρενα ἐγέννησεν V || 23 γυναῖκα] γυναῖκα τεκεῖν V || πυρροὶ L || ἄρ-
ρενος L || 24 ἔλθοι] ἡ L ||

θύσειν αὐτῷ ἀλεκτρυόνα· ἔπειτα διαλιπὼν ἡμέραν ηὔξατο πάλιν τῷ Ἀσκληπιῷ, εἰ μὴ ὀφθαλμιάσειεν, ἕτερον ἀλεκτρυόνα θύσειν. καὶ δὴ εἰς νύκτα ἔδοξε λέγειν αὐτῷ τὸν Ἀσκληπιὸν 'εἷς μοι ἀλεκτρυὼν ἀρκεῖ'. ἄνοσος μὲν οὖν ἔμεινεν, ὠφθαλμίασε δὲ ἰσχυρῶς· καὶ γὰρ μιᾷ εὐχῇ ὁ θεὸς ἀρκούμενος τὸ ἕτερον ἠρνεῖτο.

10 Ἔδοξέ τις φεύγων γραφὴν δημοσίων ἀδικημάτων τὰ δικαιώματα ἀπολωλεκέναι. τῇ ὑστεραίᾳ εἰσαχθείσης τῆς δίκης ἀφείθη τῶν ἐγκλημάτων, καὶ τοῦτο ἦν ἄρα, ὅπερ ἐσήμαινεν αὐτῷ τὸ ὄναρ, ἀφεθέντι τῶν ἐγκλημάτων μηκέτι δεήσεσθαι τῶν δικαιωμάτων.

11 Ἔδοξέ τις ἀπὸ τῆς σελήνης λύχνον ἅπτειν. τυφλὸς ἐγένετο. ὅθεν γὰρ οὐκ ἠδύνατο ἅψαι, ἐκεῖθεν ἐλάμβανε τὸ φῶς. ἄλλως τε καὶ τὴν σελήνην φασὶν οὐκ ἔχειν ἴδιον φῶς.

12 Ἔδοξε γυνὴ ἐν τῇ σελήνῃ τρεῖς ὁρᾶν εἰκόνας ἰδίας. ἐγέννησε τρίδυμα θηλυκά, καὶ τὰ τρία τοῦ αὐτοῦ μηνὸς ἀπέθανεν. ἦσαν γὰρ αἱ εἰκόνες τὰ τέκνα, εἷς δὲ περιεῖχεν αὐτὰς κύκλος. τοιγάρτοι ἑνὶ χορίῳ, ὥς λέγουσιν ἰατρῶν παῖδες, περιείχετο τὰ βρέφη. ἔζησε δὲ οὐ πλείονα χρόνον διὰ τὴν σελήνην.

13 Ἔδοξε παῖς παλαιστὴς περὶ τῆς ἐγκρίσεως πεφροντικὼς τὸν Ἀσκληπιὸν κριτὴν εἶναι καὶ παροδεύων ἅμα τοῖς ἄλλοις παισὶν ἐν παρεξαγωγῇ ὑπὸ τοῦ θεοῦ ἐκκεκρίσθαι. καὶ δὴ πρὸ τοῦ ἀγῶνος ἀπέθανεν· ὁ γὰρ θεὸς οὐ τοῦ ἀγῶνος ἀλλὰ τοῦ ζῆν, οὗπερ εἶναι κριτὴς νομίζεται, ἐξέβαλεν αὐτόν.

14 Ἔδοξέ τις ἐν τῇ σελήνῃ τὸ ἑαυτοῦ πρόσωπον ἰδεῖν. ἀπεδήμησε μακρὰν ἀποδημίαν καὶ τὸν πλεῖστον τοῦ βίου χρόνον

---

1 αὐτῷ om L ‖ ἀλεκτρυῶνα V ‖ διαλειπὼν L ‖ ἡμέραν] ἡμέραν ἕνα L, ἡμέρας V ‖ 2 εἰ] καὶ εἰ V ‖ ὀφθαλμιάσει ἐναετερον L ‖ ἀλεκτρυῶνα V ‖ 3 θύειν L ‖ καὶ δὴ] καὶ δὴ καὶ V ‖ αὐτῷ] αὐτὸν L ‖ 4 ὠφθαλμίασεν ‖ 5 καὶ] ἐπὶ LV ‖ ἀρκούμενος ὁ θεὸς V ‖ 6 ἠρνεῖτο] ἀπένευσεν V. fortasse ἀνένευσεν ‖ 7 δημοσίων om V ‖ τὰ δικαιώματα] τὰ γράμματα καὶ τὰ δικαιώματα V, τὰ γράμματα δικαιώματα L ‖ 8 ἀπολωλέναι V ‖ τῇ] τε L, καὶ τῇ V ‖ ὑστερίας L ‖ ἀφείθη] ἀφίων L ‖ 10 μηκέτι καὶ τοῦτο μηκέτι L ‖ 12 ἀνάπτειν? ‖ 13 ἀνάψαι? ‖ ἐλάμβανεν L ‖ 15 ἔδοξε] ἔδοξέ τις LV ‖ ἐγέννησεν L ‖ 16 τρίδυμα] τριδίδυμα L ‖ αὐτοῦ τοῦ μηνὸς ἀπέθανον V ‖ 17 ἦσαν γὰρ αἱ εἰκόνες] εἰκόνες γὰρ L ‖ αὐτὰ V ‖ 18 ἑνὶ] ἐν ἐνὶ V ‖ χορίῳ Cornarius: χωρίῳ LV ‖ ὡς] ὃν L ‖ περιεῖχεν L ‖ ἔζησε δὲ] ἐξῆσε ἔδει L ‖ 19 χρόνον Reiskius addidit ‖ 20 ἔδοξε παῖς] ἔδοξέ τις LV ‖ παλεστὴς L ‖ ἐγκρίσεως] κρίσεως LV ‖ 24 οὗπερ εἶναι κριτὴς νομίζεται] οὑπερ εἶναι μᾶλλον κριτὴς νομίζεται L, μᾶλλον κριτὴς νομίζεται εἶναι V ‖ ἐξέβαλεν] ἐξέβαλεν οὖν V ‖ 25 ἰδεῖν] ὁρᾶν L ‖ 26 τὸν πλεῖστον τοῦ βίου χρόνον] τὸν πλεῖστον βίον τοῦ χρόνον L, τὸν πλεῖστον χρόνον V ‖

ἐν ἄλῃ καὶ ξενιτείᾳ διῆγε· τὸ γὰρ ἀεικίνητον τῆς σελήνης
ἔμελλε συμπεριοίσειν αὐτόν.

Ἔδοξέ τις σιδηροῦν αἰδοῖον ἔχειν. ἐγένετο αὐτῷ υἱός, ὑφ' 15
οὗ ἀνῃρέθη· καὶ γὰρ ὁ σίδηρος ὑπὸ τοῦ ἐξ αὐτοῦ γενομένου
ἰοῦ φθείρεται.

Ἔδοξε ναύκληρος ἐν Μακάρων νήσοις εἶναι καὶ ὑπὸ τῶν 16
ἡρώων κατέχεσθαι, ἔπειτα ἐλθόντα τὸν Ἀγαμέμνονα ἀπολῦσαι
αὐτόν. ἀγγαρείᾳ περιπεσὼν ὑπὸ τῶν ἐπιτρόπων τοῦ αὐτοκράτορος
κατεσχέθη, ἔπειτα ἐντυχὼν τῷ βασιλεῖ ἀφείθη τῆς ἀγγαρείας.

Ἔδοξέ τις ἀποδημῶν τῆς οἰκείας τὴν κλεῖδα τοῦ οἰκήματος
ἀπολωλεκέναι. ἀνακομισθεὶς εὗρε τὴν θυγατέρα ἐφθαρμένην· 17
τρόπον γάρ τινα ἔλεγεν αὐτῷ τὸ ὄναρ οὐκ εἶναι ἐν ἀσφαλεῖ
τὰ οἴκοι.

Ἔδοξέ τις ἐκ τῆς κεφαλῆς αὐτοῦ ἐλάαν πεφυκέναι. ἐφιλο-
σόφησεν εὐτόνως καὶ τοῖς λόγοις καὶ τῇ ἀσκήσει χρησάμενος 18
ἀκολούθως· καὶ γὰρ ἀειθαλὲς τὸ φυτὸν καὶ στερεὸν καὶ τῇ
Ἀθηνᾷ ἀνάκειται. φρόνησις δὲ εἶναι νομίζεται ἡ θεός. p. 256

Ἔδοξέ τις τῷ ἡλίῳ συνανατέλλειν καὶ τῇ σελήνῃ συντρέ-
χειν. ἀπήγξατο, καὶ οὕτως ὅ τε ἥλιος καὶ ἡ σελήνη ἀνίσχοντες 19
ἔβλεπον αὐτὸν μετάρσιον ὄντα.

Ἔδοξέ τις τὸν δοῦλον αὐτοῦ, ὃν μάλιστα παρὰ τοὺς ἄλλους 20
ἐτίμα, φανὸν γεγονέναι. τυφλὸς ἐγένετο καὶ ὑπὸ τοῦ δούλου
αὐτοῦ ἐκείνου ἐχειραγωγεῖτο καὶ τοῦτον τὸν τρόπον δι' ἐκεί-
νου τὸ φῶς ἔβλεπεν.

Ἔδοξέ τις ἐπὶ κύκλῳ τρίποδος διαπλεῖν πέλαγος μέγα.
φεύγων ἀδικημάτων γραφὴν ἑάλω καὶ εἰς νῆσον κατεδικάσθη· 21
τὸ γὰρ περιοχοῦν αὐτὸν ἦν περίρρυτον καὶ ἐοικὸς τὸ σχῆμα νήσῳ.

---

1 ἄλῃ Tafelius: ἅλῃ V, αλλη L || καὶ om L || ξενιτείᾳ] ξενία L ||
διῆγεν L || εὐκίνητον L || 2 ἔμελλεν L || 3 σιδηροῦν] σιδήριον L || 4
οὗ] οὗ ἔχειν L || γενομένου ἰοῦ Reiskius: ἰοῦ γενομένου LV || 6 ἔδοξε]
ἔδοξέ τις LV || 7 ἡρώων] τρώων L || 8 ἀγγαρείᾳ Reiffius: ἀγγαρία L,
ἀγκαρία V || 9 ἀφείθη] ἀφῆκεν L || ἀγκαρείας V || 10 οἰκίας V ||
12 ἀσφαλεῖ] ἀσφαλείᾳ LV || 13 οἴκοι] οἴκεια L || 14 ἐλάαν] ἐλαίαν LV
|| 16 στερεὸν] στέφεται L. locus corruptus || 17 ἀνάκειται] ἀνακείμενον
V || 18 συνανατελεῖν τῷ ἡλίῳ V || 20 ὄντα] ὄντα κρεμάμενον L, ὄντα
καὶ κρεμάμενον V || 21 τὸν om L || 22 γεγονέναι Ruhnkenius: γεγονέναι
τοῦτον ὅνπερ λαμπτῆρα καλοῦσι V, γεγονέναι τοῦτον ὁντεραμαπτηρα κα-
λοῦσιν L || 23 αὐτοῦ om V. malim ὑπ' αὐτοῦ ἐκείνου τοῦ δούλου || τοῦ-
τον τὸν τρόπον] τοῦτον τὸν διττὸν τρόπον L, τοῦτο τῷ τρόπῳ V || δι'
ἐκείνου τὸ] ἐκίνου τοῦτο L || 25 διαπλέειν L || 26 φεύγων] ἔφυγεν δὲ L
|| νῆσσον L || κατεδίκασαν L || 27 περιοχοῦν αὐτὸν ἦν] περιέχον ἦν
αὐτὸν LV || περίρρυτον] περιργυιτων L || ἐοικὸς Reiffius: οἶκος LV |
τὸ σχῆμα] τῷ σχῆμα τῇ L, τὸ σχῆμα τῇ V || νήσσω L ||

ARTEMIDORUS. 17

22 Ἔδοξέ τις τὸ ἑαυτοῦ παιδίον ἀποδέρειν καὶ ποιεῖν ἀσκόν. τῇ ὑστεραίᾳ τὸ παιδίον αὐτοῦ εἰς ποταμὸν πεσὸν ἐπνίγη· καὶ γὰρ ἀπὸ νεκρῶν σαρκῶν ὁ ἀσκὸς γίνεται καὶ ὑγροῦ ἐστὶ δεκτικός.

23 Ἔδοξέ τις τοῦ οὐρανοῦ ἀστέρα ἐκπεσεῖν καὶ ἄλλον χαμόθεν εἰς τὸν οὐρανὸν ἀναβῆναι. οὗτος ἦν οἰκέτης τινός. ἔπειτα ὁ δεσπότης αὐτοῦ ἀπέθανεν, ἡγούμενος δὲ ἐλεύθερός τε καὶ ἀδέσποτος εἶναι εὗρε παῖδα τοῦ προτέρου δεσπότου, ᾧ κατ᾽ ἀνάγκην ἐδούλευσεν. ὁ μὲν οὖν πεσὼν ἀστὴρ ἐσήμαινε τὸν ἀποθανούμενον, ὁ δὲ εἰς οὐρανὸν ἀνελθὼν τὸν ἐποψόμενον καὶ δεσπόσοντα αὐτοῦ.

24 Ἔδοξέ τις εἰς χοίνικα χέζειν. ἑάλω ἀδελφῇ τῇ ἑαυτοῦ μιγνύμενος· μέτρον γὰρ ἡ χοῖνιξ, τὸ δὲ μέτρον νόμῳ ἔοικε. τρόπον οὖν τινὰ παρενόμει παρὰ τὰ νενομισμένα κοινῇ τοῖς Ἕλλησι πράττων.

25 Ἔδοξέ τις ἐρωμένην τὴν ἑαυτοῦ ὁρᾶν ἐν σταμνίῳ ὀστρακίνῳ κειμένην. ἀπέθανεν ἡ ἐρωμένη αὐτοῦ σφαγεῖσα ὑπὸ δούλου δημοσίου. θάνατον μὲν γὰρ εἰκότως ἐσήμαινε τῇ γυναικὶ τὸ εἶναι ἐν τῷ ὀστρακίνῳ σκεύει· ὑπὸ δημοσίου δέ, ἐπεὶ καὶ τὸ σταμνίον δημόσιόν τε καὶ ἅπασιν ὑπηρετοῦν.

26 Ἔδοξέ τις τοῦ Σαράπιδος τὸ ὄνομα ἐγγεγραμμένον λεπίδι χαλκῇ περὶ τὸν τράχηλον δεδέσθαι ὥσπερ σκυτίδα. συνάγχῃ ληφθεὶς ἑπτὰ ἡμέραις ἀπέθανε· καὶ γὰρ χθόνιος ὁ θεὸς εἶναι νενόμισται καὶ τὸν αὐτὸν ἔχει λόγον τῷ Πλούτωνι, καὶ τὸ ὄνομα αὐτοῦ γράμματα ἑπτὰ ἔχει, καὶ καθ᾽ ὃ περιέκειτο τὴν σκυτίδα μέρος, κατ᾽ ἐκεῖνο τὸ μέρος νοσήσας ἀπέθανεν.

27 Ἔδοξέ τις ἐπὶ ξένης διατρίβων ἑστίαν οἰκοδομεῖν. ἀπέθανεν εἰκότως· ἦν γὰρ σύμβολον τῆς ὅλης καταστάσεως καὶ

---

1 ἀποδήρειν L ‖ 2 ὑστερία L ‖ πεσὼν ἐπνίγει L ‖ 3 ἔστιν L ‖ 4 ἀστέρα Reiskius: ἀστέρας LV ‖ χαμόθεν] χαμόθεν ἀστέρα LV ‖ 6 τε om L ‖ 7 εὗρεν παιδία L ‖ 8 ἐσήμανεν L ‖ 9 εἰς] εἰ εἰς L ‖ ἀνελθὼν] ἀνιὼν V ‖ 10 δεσποτεύσοντα L ‖ αὐτὸν V ‖ 11 τῇ addidi ‖ 12 γὰρ ἡ χοῖνιξ τὸ δὲ μέτρον om L ‖ ἔοικεν L ‖ 13 ἕλλησιν πράσσω L ‖ 15 τὴν om V ‖ 16 κειμένην] καὶ ἡ μὲν L, καιομένην V ‖ ἀπέθανεν] καὶ ἀπέθανεν V ‖ ἡ om L ‖ 17 ἐσήμενε L ‖ 18 ὑπὸ] ἐπὶ V ‖ καὶ post ἐπεὶ expunxerim ‖ 19 τε om V ‖ πᾶσιν V ‖ ὑπηρετοῦν om L. fortasse ὑπηρετεῖ ‖ 20 τις om L ‖ τοῦ Σαράπιδος τὸ ὄνομα ἐγγεγραμμένον] τοῦ σαράπιδος τοενεμενγεγραμμένον L, τὸ ὄνομα τοῦ σαράπιδος ἐγγεγραμμένον V ‖ 21 συνάγχω L ‖ ἑπτὰ ἡμέραις] εἰς ἑπτὰ ἡμέρας V ‖ 22 ἀπέθανεν L ‖ 24 καὶ καθ᾽ ὃ περιέκειτο] κακαθοπεριεκειτο L ‖ σκοιτίδα L ‖ 25 τοῦ καὶ ante νοσήσας addit L ‖ 27 post ἀπέθανεν in LV est ἐπὶ ξένης ἔνθα (καὶ addit V) ᾠκοδόμησεν ‖ ἦν γὰρ] γὰρ ἦν L ‖ τῆς ὅλης] διὰ ἄλλης L ‖ καταστάσεως] καταλύσεως V ‖

τοῦ τέλους ἡ ἑστία, ἣν ἐπὶ ξένης οἰκοδομῶν ἔμελλεν ἕξειν τὸ τέλος.

Ἔδοξέ τις ἐπὶ ξένης διατρίβων ἑστίαν οἰκοδομεῖν καὶ ἀντὶ λίθων τὰ ἴδια βιβλία τῷ πηλῷ περιπλάσσειν, εἶτα μεταδόξαν αὐτῷ καταβαλεῖν καὶ παύσασθαι οἰκοδομοῦντα. ἐνόσησε πονηρῶς καὶ εἰς ἔσχατον ἐλθὼν κίνδυνον μόλις ἐσώθη. τούτων τὰς αἰτίας φανερὰς οὔσας περισσὸν ἡγοῦμαι λέγειν. 28

Ἔδοξέ τις ὑπὸ γυναικὸς ἣν ἐκ πολλοῦ ἐγνώριζε διώκεσθαι βουλομένης περιβαλεῖν αὐτῷ τοὺς λεγομένους τῇ Ῥωμαίων φωνῇ φαινόλας μέσους λελυμένους ἐκ τῶν ῥαφῶν, καὶ τέλος οὐ βουλόμενος καταναγκασθῆναι. τούτου ἐρασθεῖσα ἡ γυνὴ ἐγήματο αὐτῷ οὐ βουλομένῳ καὶ δι' ὀλίγων ἐτῶν ἀπηλλάγη αὐτοῦ διὰ τὸ λελύσθαι τοὺς φαινόλας. 29

Ἔδοξε γυνὴ νοσοῦσα κυεῖν, ἤδη τε ὠδίνειν καὶ ἐγγὺς τοῦ τεκεῖν εἶναι, ἁψαμένην δέ τινα αὐτῆς, ἣν ᾤετο μὴ ἀπείρως ἔχειν τῶν περὶ τὰ τοιαῦτα, φάναι 'νῦν μὲν οὐ τέξει, μετὰ δὲ μῆνας ἑπτὰ παιδάριον καλόν γε λίαν.' ἐγένετο ἐν νόσῳ πάνυ κινδυνώδει, ὅθεν οὐκ ἂν ᾤετό τις αὐτὴν σωθήσεσθαι, καὶ μὴν γενομένην ῥᾷον ὡς μὴ τέλεον ὑγιᾶναι. μετὰ ἑπτὰ ἡμέρας ἀπέθανεν εἰκότως· ἔμελλε γὰρ ἀποθήσεσθαι τὸ βάρος καὶ τὰς ἀλγηδόνας μετὰ τοὺς ἑπτὰ μῆνας. τὸ δὲ καλὸν παιδάριον ἦν ὁ θάνατος, ὅστις αἱρετώτερος ἦν διὰ τὸ ἄπονον τοῦ νοσώδους καὶ ταλαιπώρου βίου. 30

Ἔδοξέ τις ἑαυτὸν περαίνειν, ἀνὴρ οὐκ ἄσημος καὶ τελῶν μεγάλων μισθωτής. εἰς τοσοῦτο περιστάσεως ἦλθεν, ὥστε δι' ἀπορίαν τε καὶ χρειῶν συνέχειαν ἑαυτὸν ἐξαγαγεῖν τοῦ βίου εἰκότως· ἦν γὰρ αὐτῷ τοσαύτη ἑτέρου σώματος ἐρημία 31

---

1 ἣν] ἦν L ‖ ἔμελλεν ἕξειν τὸ τέλος] ἔμελλεν τέλος ἕξειν ἐκεῖ L ‖ 4 εἶτα] εἶτα δὲ V ‖ 5 ἐνόσησεν L ‖ πονηρῶς] ἐπιμελῶς L ‖ 6 addidi κίνδυνον μόλις ‖ 7 λέγειν] γράφειν V ‖ 8 ἐκ πολλοῦ] επιπολησ L ‖ ἐγνώριζεν L ‖ διώκεσθαι om L ‖ 9 περιβάλλειν V ‖ αὐτῷ om L ‖ τῇ om L ‖ 10 φαινόλας Rigaltius: παινόλας L, φελῶνας V. malim φαινόλην μέσον λελυμένον omissis τοὺς λεγομένους τῇ Ῥωμαίων φωνῇ ‖ μέσους] εμεσουσ L ‖ ἐκ] ἔχειν ἐκ L ‖ 11 βουλόμενον V ‖ καταναγκασθῆναι] κατεναγκασθη L, καταναγκάσαι V ‖ ἡ γυνή] ab his verbis recentissima manus exaravit duo folia codicis L ‖ 12 δι' addidi ‖ 13 φαινόλας] φελῶνας V. malim τὸν φαινόλην ‖ 14 ἔδοξε] ἔδοξέ τις LV ‖ 16 φάναι Reiskius: φαίνεται LV ‖ μὲν om pr L ‖ 18 οθεν — ὑγιᾶναι] locus corruptus ‖ 20 ἀποθήσασθαι Reiskius: ἀποθήσασθαι LV ‖ 24 καὶ addidi ‖ 25 μισθωτής Reiskius: μισθῷ τῆς L, μισθῶν τῆς V ‖ τοσοῦτο Reiskius: αὐτὸν LV ‖ ὥστε] ἕως τι LV ‖ 26 χρειῶν] χρεῶν LV ‖

καὶ ἀναλωμάτων ἀπορία, ὥστε τὴν ὄρεξιν εἰς ἑαυτὸν ἐπιστρέψαι.

32 Ἔδοξέ τις τὸν δακτύλιον αὐτοῦ, ᾧ πάντα κατεσημαίνετο, ἐκβαλεῖν, εἶτα ζητῶν καταλαβεῖν τὸν ἐν αὐτῷ λίθον κατεαγμένον εἰς πολλά, ὥστε ἄχρηστον εἶναι. διέπεσεν αὐτῷ πάντα τὰ πράγματα ἡμερῶν πέντε καὶ πεντήκοντα.

33 Ἔδοξέ τις ἐπικύψας πονηρὸν ὄζοντας τοὺς περὶ τὸν ὀμφαλὸν τόπους καταλαβεῖν. φάρμακον θανάσιμον ἑκὼν ἔπιεν οὐχ ὑπομένων περίστασιν ἀνάγκην τε χρειῶν· φόβῳ γὰρ τοῦ μὴ τὰ ἀναγκαῖα καὶ ἀπόκρυφα αὐτοῦ ἐξοζήσῃ καὶ ἐγνώσθη παρὰ τὸ δέον καὶ ἐκαύθη θᾶττον καὶ ἀπέθανεν.

34 Ἔδοξέ τις λαμπάδας ἀπὸ τῆς ἑστίας τῆς ἔνδον παρ' αὐτῷ μὴ δύνασθαι ἀνάψαι καὶ ἀπὸ τοῦ οὐρανίου ἀνάψαι πυρός. ἐσταυρώθη καὶ τοῦτον τὸν τρόπον τῷ οὐρανίῳ πυρὶ ἐλάμπετο.

35 Ἔδοξέ τις ἀδελφὴν ἔχων πλουσίαν ἅμα καὶ νοσοῦσαν πρὸ τῆς οἰκίας τῆς ἀδελφῆς συκῆν πεφυκέναι καὶ ἀπ' αὐτῆς δρεπόμενος σῦκα μέλανα τὸν ἀριθμὸν ἑπτὰ ἐσθίειν. ἀπέθανεν ἡ ἀδελφὴ ἐπὶ κληρονόμῳ τῷ ἰδόντι τὸν ὄνειρον ἑπτὰ ἡμέρας ἐπιζήσασα. φανεροὶ οἱ λόγοι.

36 Ἔδοξέ τις ὑπὸ τοῦ στρατηγοῦ τῆς ἑαυτοῦ πόλεως ἐκβάλλεσθαι τοῦ γυμνασίου. τοῦτον ὁ πατὴρ ἐξέβαλε τῆς οἰκίας· ὃν γὰρ ἔχει λόγον ἐν τῇ πόλει στρατηγός, τὸν αὐτὸν ἐν τῇ οἰκίᾳ πατήρ.

37 Ἔδοξε γυνὴ ἐν τῷ δεξιῷ μαζῷ ὀφθαλμὸν ἔχειν. υἱὸς ἦν αὐτῇ ἀγαπητός, ὃν οὐκ εἰς μακρὰν ἐκόψατο. ᾧ γὰρ λόγῳ ὁ δόξας ποτὲ ἐν τῷ δεξιῷ ὤμῳ ὀφθαλμὸν ἔχειν ἐξέβαλε τὸν ἀδελφόν (τρόπον γάρ τινα ἔλεγεν αὐτῷ τὸ ὄναρ· βλέπε τὸν ὦμον,

---

1 ἀναλωμάτων Rigaltius: ἀναλῶ LV || post ἀπορία in LV est κατ' ὄναρ || εἰς ἑαυτὸν Reiskius: αὐτῶν LV || ἐπιστρέψαι] ἀποστρέψαι LV. post hanc vocem in LV est ᾖ διὰ τὸ μὴ εἶναι ἄλλο σῶμα ᾧ ἂν ἐχρήσατο ἢ διὰ τὸ μήτε βαίνειν δύνασθαι μήτε ἀναλίσκειν ἔχειν || 3 αὐτοῦ ᾧ πάντα] ἑάλω πάντα L, ἑαλω   πάντα relicta lacuna V. ἑαυτοῦ ᾧ Rigaltius || 4 κατεοιγμένον L || 5 πολλὰ corruptum videtur. requiras πεντήκοντα πέντε || διέπεσεν Reiskius: διέπνευσεν LV || τὰ πράγματα Reiskius: τὰ τῶν πραγμάτων LV || 7 ὄζοντας Reiskius: ὄζοντα LV || τὸν ὀμφαλὸν] τὸν ἀρχαῖον ὀμφαλὸν LV || 8 οὐχ Reiskius: οὖν LV || 9 χρειῶν] χρεῶν L, χρεῶν V || 10 ἐξοζήσῃ] ἐξοζέσῃ LV || locus corruptus || 11 ἐπέθανεν L || 13 οὐρανίου ἀνάψαι πυρός] οὐρανοῦ ἀνάψαι LV || 14 τοῦτον] κατὰ τοῦτον LV || ἐλάμπετο] ἐθάλπετο LV || 16 ἀπ' Reiskius: ἐπ' LV || 20 τοῦ addidi || ἐκβάλλεσθαι Reiffius: ἐκβάλεσθαι LV. post hanc vocem in LV est τῶν οἰκείων καί. delevit Reiskius || 24 ἔδοξε] ἔδοξέ τις LV || 26 ἀδελφὸν] ὦμον LV || 27 ὦμον Reiskius: ὦμον αὐτῷ τούτῳ LV ||

πρόσεχε τῷ ὤμῳ), ταὐτῷ λόγῳ καὶ ἡ γυνὴ οὐ τὸν μαζὸν ἀλλὰ τὸν ἐοικότα τῷ μαζῷ υἱὸν ἀπώλεσεν.

Ἔδοξέ τις τὴν ἑαυτοῦ κόπρον σὺν ἄρτῳ ἐσθίειν καὶ ἥδεσθαι. παρανομήσας ἐκληρονόμησεν ἀνέγκλητος διὰ τὸ ἥδεσθαι, 38
5 οὐκ ἀνυπονόητος δὲ διὰ τὴν κόπρον· εἰκὸς γὰρ ἦν αἰσχύνης αὐτῷ τὸ κέρδος πλῆρες εἶναι.

Ἔδοξέ τις δύο θυγατέρας ἔχων παρθένους τὴν μὲν ἑτέραν 39 ἔχειν ἐπὶ τῇ κεφαλῇ χρυσῆν Ἀφροδίτην πεπεδημένην, τὴν δ' ἑτέραν ἀμπέλου στέλεχος αὐτόθεν πεφυκός. τούτων ἡ μὲν προ-
10 τέρα ἐγήματο, ἡ δὲ ἑτέρα ἀπέθανεν· ἡ γὰρ Ἀφροδίτη γάμου καὶ παιδοποιίας ἦν σύμβολον κατὰ τὸ Ὁμηρικὸν ἀλλὰ σύ γ' ἱμερόεντα μετέρχεο ἔργα γάμοιο, καὶ τὸ πολυτελὲς τῆς ὕλης τὸ τερπνὸν τοῦ γάμου ἐσήμαινεν, ἄλλως τε καὶ κατάλληλος τῇ Ἀφροδίτῃ ὁ χρυσός· αἱ δὲ πέδαι τὸ ἀδιάλυτον τοῦ γά-
15 μου ἐσήμαινον· ἡ δὲ ἄμπελος θανάτου σημεῖον ἦν τοῦ περὶ τὴν ἑτέραν ἐσομένου διὰ τὸ γῆθεν φύεσθαι (εἰς γῆν δὲ καὶ τὰ σώματα ἀναλύεται) καὶ ὅτι ἐν τῷ ἀκμαιοτάτῳ τῆς ὥρας τοῦ καρποῦ στερίσκεται ἡ ἄμπελος.

Ἔδοξέ τις ἐκ τῶν σαρκῶν ἐκδύνειν ὥσπερ ὄφις ἐκ τοῦ γή- 40
20 ρως. τῇ ὑστεραίᾳ ἀπέθανε· καὶ γὰρ ἡ ψυχὴ τὸ σῶμα καταλιπεῖν μέλλουσα τοιαύτας παρείχετο φαντασίας.

Ἔδοξέ τις Ἰσθμοῖ γενόμενος τὸν ἴδιον υἱὸν ζητεῖν. ἀπώ- 41 λετο ὁ υἱὸς αὐτοῦ διὰ τὸν μῦθον τὸν Μελικέρτειον.

Ἔδοξέ τις τρεῖς ἔχων υἱοὺς ὑπὸ τῶν δύο κατακοπεὶς ἐσθί- 42
25 εσθαι, ἐπιστάντα τε τὸν νεώτατον πρός γε τοὺς ἄλλους χαλεπαίνειν καὶ λυπεῖσθαι καὶ μυσαττόμενον λέγειν ' ἐγὼ τοῦ πατρὸς οὐ μὴ φάγω.' συνέβη τὸν νεώτατον υἱὸν αὐτοῦ ἀποθανεῖν· μόνος γὰρ οὐκ ἔμελλεν ἐσθίειν οὐ τῶν σαρκῶν ἀλλὰ τῆς ὑπάρξεως, πρότερος τοῦ πατρὸς ἀποθανὼν καὶ μὴ κληρονο-
30 μήσας. οἱ δὲ ἕτεροι οἱ φαγόντες διάδοχοι τῆς οὐσίας τοῦ πατρὸς ἐγένοντο.

---

1 ταὐτῷ λόγῳ] τούτῳ τῷ λόγῳ LV. Reiskius malebat αὐτῷ τούτῳ τῷ λόγῳ || 7 ἑτέραν] προτέραν LV. possis etiam πρεσβυτέραν || 8 τῇ κεφαλῇ Reiskius: τὴν κεφαλὴν LV || χρυσῆν] χρυσέαν LV || 9 inserui αὐτόθεν. nisi forte πεφυκὸς delendum est || 11 κατὰ Reiffius: παρὰ LV || 12 ἡμερόεντα L || 14 post χρυσὸς in LV est ὃν ἐπεπέδητο || αἱ δὲ πέδαι] αἵ τε παιδοποιίαι LV. αἵ τε πέδαι Jacobsius || 15 ἐσήμαινον idem: ἐσήμαινεν LV || 22 τις Meinekius: τις κατ' ὄναρ LV || Ἰσθμοῖ Meinekius: ἐν Ἰσθμῷ LV || γενόμενος] γινόμενος LV || 23 Μελικέρτειον Meinekius: μελικέρτιον LV || 25 νεώτατον] νεώτερον LV || 26 μισαττόμενον V || 27 νεώτατον] νεώτερον LV ||

43 Ἔδοξέ τις τὴν ἀδελφὴν αὐτοῦ ὑπὸ τοῦ πατρὸς τοῦ ἀνδρὸς ἀποσπᾶσθαι καὶ ἄλλῳ δίδοσθαι γαμηθησομένην. συνέβη τὸν ἰδόντα ἀποθανεῖν· ὁ μὲν γὰρ πατὴρ εἰκότως ἐσήμαινε τὸν δαίμονα τὸν τοῦ ζῆν αἴτιον τῷ ἰδόντι, ἡ δὲ ἀδελφὴ τὸν αὐτὸν ἔχουσα λόγον τῇ ψυχῇ ἀποσπωμένῃ τοῦ ἀνδρὸς τοῦ σώματος ἔμελλεν ἀποσπασθήσεσθαι ὑπὸ τοῦ δαίμονος καὶ ἐν ἄλλαις ἔσεσθαι διατριβαῖς καὶ ἤθεσιν, ὥσπερ ὑπολαμβάνουσιν ἄνθρωποι τῶν καμόντων τὰς ψυχὰς ἀπαλλαγείσας τῶν σωμάτων ἐν ἄλλαις γίνεσθαι διατριβαῖς.

44 Ἔδοξεν ἀθλητὴς ἐν γαστρὶ ἔχειν καὶ δύο μέλανα θηλυκὰ βρέφη τεκεῖν. τυφλὸς ἐγένετο, καὶ αἱ κόραι αὐτοῦ προέπεσον καὶ ἐγένοντο μέλαιναι.

45 Ἔδοξεν ἀνὴρ παγκρατιαστὴς πρὸς ἀγῶνα τετοκέναι καὶ τὸ ἑαυτοῦ βρέφος τιθηνεῖσθαι. ἐλείφθη ἐκεῖνον τὸν ἀγῶνα καὶ τοῦ λοιποῦ κατέλυσε τὴν ἄθλησιν· οὐ γὰρ ἀνδρὸς ἔργα ἀλλὰ γυναικὸς ὑπομένειν ἐδόκει.

46 Ἔδοξέ τις ὑπὸ τῆς ἑαυτοῦ μητρὸς πάλιν τίκτεσθαι. ἀπὸ ξένης ἀνακομισθεὶς εἰς τὴν ἑαυτοῦ κατέλαβε τὴν μητέρα νοσοῦσαν καὶ ἐκληρονόμησε. καὶ τοῦτο ἦν τὸ ὑπ' αὐτῆς γεννᾶσθαι, τὸ ἐκ πενίας εἰς εὐπορίαν καταστῆναι ὑπὸ τῆς μητρός· καὶ γὰρ ἔτυχεν ἐν πολλῇ ἐνδείᾳ καὶ πενίᾳ ὤν.

47 Ἔδοξέ τις τὸ γένειον τὸ ἑαυτοῦ κάεσθαι λαμπρῷ καὶ καθαρῷ πυρί. τούτου ὁ υἱὸς ἐγένετο διάσημος καὶ λαμπρὸς ἐν μαντικῇ. οὐ μὴν ἐπὶ πολὺ συνεγένοντο ἀλλήλοις, ἀλλ' ὑπὸ περιστάσεώς τινος χωρὶς ἀλλήλων ἐγένοντο· ἐπίσημον γὰρ αὐτοῦ ἐποίει τὸν υἱὸν τὸ καόμενον γένειον· ὁ γὰρ παῖς πατρὸς κόσμος, ὥσπερ ὁ πώγων προσώπου· ἐπειδὴ δὲ τὸ πῦρ μειοῦν πέφυκε πᾶσαν ὕλην, οὐ παρέμεινεν αὐτῷ ὁ παῖς, ἐχωρίσθη δέ, οὐκ ἀποθανὼν διὰ τὸ ἄνευ καπνοῦ τὸ πῦρ λάμπειν.

48 Ἀνὴρ παγκρατιαστὴς Ὀλύμπια μέλλων ἀγωνίζεσθαι πάλην ἅμα καὶ παγκράτιον ἔδοξεν ἀμφοτέρας τὰς χεῖρας αὐτοῦ χρυσᾶς γεγονέναι. οὐδέτερον τῶν στεφάνων ἤρατο· ἔμελλε γὰρ ὥσπερ χρυσαῖς ταῖς χερσὶν ἀργαῖς καὶ ἀκινήτοις χρήσεσθαι.

---

1 τοῦ ἀνδρὸς om L || 2 ἄλλου L || γαμιθησομένη L || 3 τὸν δαίμονα] τὸν διὰ τὸν δαιμονάν γε L, τὸν δία τὸν δαιμονά γε V || 8 καμόντων] καμνόντων LV || 10 ἔδοξε] ἔδοξέ τις LV || 11 προέπεσον Meinekius: προσέπεσον LV || 13 ἔδοξε] ἔδοξέ τις LV || 14 τιθηνεῖσθαι Eldickius: τεθοινεῖσθαι LV || 19 καὶ addidit Rigaltius || αὐτῆς Reiskius: αὐτοῦ LV. fortasse τὸ ὑπ' αὐτῆς πάλιν γεννᾶσθαι || κάεσθαι] καίεσθαι LV || 24 συνεγίνοντο? || 26 καόμενον] καιόμενον LV || 29 λάμπειν] ἅπτειν LV || 30 fortasse Ὀλυμπίασι || 33 χρυσαῖς] χρυσέαις LV || χρήσεσθαι] χρήσασθαι LV ||

Ἔδοξέ τις μεταμορφωθεὶς ἀρκτόχειρ γεγονέναι. καταδικα- **49**
σθεὶς τὴν ἐπὶ θανάτῳ ἐθηριομάχησε καὶ προσδεθεὶς ξύλῳ
ἐβρώθη ὑπὸ ἄρκτου· ἐπειδὰν γὰρ φωλεύῃ ἡ ἄρκτος, τῷ στό-
ματι ἐμβαλοῦσα τὴν χεῖρα ὥσπερ ἐσθίουσα ἀπομυζᾷ καὶ τρέ-
φεται.

Ἔδοξέ τις ἐπὶ ξένης διάγων κατὰ πρεσβείαν εἰς τὴν οἰ- **50**
κείαν ὑποστραφῆναι, εἶτα παραστᾶσαν αὐτῷ τὴν γυναῖκα λέ-
γειν ' Μοῦσα ἡ μικρὰ ἀπέθανεν.' ἐπεστάλη αὐτῷ ὑπὸ τῆς γυ-
ναικὸς ὅτι ὁ νεώτατος αὐτοῦ τῶν παίδων ἀπέθανεν· ἡδὺς γὰρ
ὁ παῖς ἦν καὶ ποθεινὸς ὡς αἱ Μοῦσαι.

Ἔδοξέ τις τὸ βάκτρον αὐτοῦ κατεάχθαι. ἐνόσησε καὶ παρε- **51**
λύθη· τὸ ἔρεισμα γὰρ τοῦ σώματος ἐδηλοῦτο ὑπὸ τοῦ βάκτρου,
τοῦτ' ἔστιν ἡ ῥώμη καὶ εὐεξία τοῦ σώματος.

Ὁ αὐτὸς ἀνιώμενος καὶ δυσφορῶν ἐπὶ τῇ παραλύσει χρο-
νιωτέρᾳ γενομένῃ ἔδοξε τὸ βάκτρον αὐτοῦ κατεάχθαι. αὐτίκα
μάλα ἀνερρώσθη· οὐκέτι γὰρ ἔμελλε δεήσειν ἐρείσματος.

Ἔδοξέ τις ἀδελφὸν ἔχων ἀποδημοῦντα ἐπιστείλαντα ἑκά- **52**
στοτε ὡς ἐλευσόμενον τυφλὸν γενόμενον αὐτοῦ τὸν ἀδελφὸν
παρεῖναι. ἀπέθανεν ὁ ἰδὼν τὸν ὄνειρον εἰκότως, ἐπειδὴ οὐχ
οἷός τε ἦν αὐτὸν ὁ ἀδελφὸς θεάσασθαι.

Ἔδοξε γυνὴ τὴν ἐμπλέκουσαν αὐτὴν θεράπαιναν τὴν εἰ- **53**
κόνα αὐτῆς, ἣν εἶχεν ἐπὶ πίνακι γεγραμμένην, καὶ τὰ ἱμάτια
αὐτῆς χρήσασθαι παρ' αὐτῆς ὡς εἰς πομπὴν παρελευσομένην.
αὐτίκα ἡ θεράπαινα τόν τε ἄνδρα ἀπέστησεν αὐτῆς ὑποδια-
βάλλουσα καὶ ζημιῶν καὶ πομπειῶν ἐγένετο αὐτῇ αἰτία.

Ἔδοξέ τις τὸν ἕτερον τῶν ὤμων ἰδεῖν βουλόμενος μὴ δύ- **54**
νασθαι. μονόφθαλμος ἐγένετο καὶ τοῦτον τὸν τρόπον κατ'
ἐκεῖνον τὸν ὦμον ὀφθαλμὸν οὐκ ἔχων οὐδὲ τὸν ὦμον ἰδεῖν
ἠδύνατο.

---

1 ἀρκτόχειρ Rigaltius: ἀρκόχειρ LV ‖ 2 καὶ addidit Reiskius ‖ 3 ἐβρώθη Rigaltius: βρώθη LV ‖ ἄρκτου Rigaltius: ἄρκου LV. post hanc vocem in LV additur τοῦτο γὰρ καὶ τῇ χειρὶ συμβαίνει ‖ ἄρκτος Rigaltius: ἄρκος LV ‖ 6 κατ' ὄναρ post πρεσβείαν a LV illatum delevi cum Meinekio ‖ οἰκείαν Reiffius: οἰκίαν LV ‖ 7 ὑποστραφῆναι] ἀποστραφῆναι LV ‖ 8 ἐπεστάλη Schaeferus: ἀπεστάλη LV ‖ 11 τις] τις ἀκούειν τινος LV ‖ 12 fortasse τὸ γὰρ ἔρεισμα ‖ 13 malim ἡ ῥώμη τε καὶ εὐεξία ‖ 14 γενομένῃ Reiskius: γινομένη LV ‖ 16 γὰρ] γὰρ αὐτῷ LV. post ἐρείσματος in LV est ἐπειδὴ ἔμελλεν αὐτῷ χρῆσθαι εἰς πορίαν ‖ 17 ἐπιστείλαντα] ἐπιδείξαντα LV ‖ 21 ἔδοξε] ἔδοξέ τις LV ‖ αὐτὴν Reiskius: αὐτῇ LV ‖ 23 χρήσασθαι Reiskius: χρῆσθαι LV ‖ 25 πομπειῶν] πομπῶν LV ‖ 28 ἔχων] ἔχων ἰδεῖν LV ‖

55 Δρομεὺς Ὀλυμπίασι παίδων στάδιον ἐστεφανωμένος μέλλων ἕτερον ἀγῶνα ἀγωνίζεσθαι ἔδοξεν ἐν τῷ Ὀλυμπικῷ στεφάνῳ ὥσπερ ἐν λεκάνῃ τοὺς πόδας νίπτεσθαι. ἐλείφθη ἐκεῖνον τὸν ἀγῶνα καὶ ἀδόξως ** τοῦ σταδίου· κατήσχυνε γὰρ τὸν πρότερον στέφανον.

56 Ἔδοξέ τις ἐπὶ βοὸς μέλανος ὀχεῖσθαι, τὸν δὲ βοῦν ἄκοντα φέρειν αὐτὸν ** ἢ ἄλλο τι κακὸν ἐργάσασθαι. ἔτυχε πλέων καὶ ἐκείνης τῆς ἡμέρας ἐν κινδύνῳ ἐγένετο μεγάλῳ καὶ οὐ μετὰ πολλὰς ἡμέρας ναυαγίῳ περιπεσὼν τῆς νεὼς ἀπολλυμένης μόλις ἐσώθη. ὡς δὲ ἐοίκασι ναῦς τε καὶ βοῦς ἐν τῇ δευτέρᾳ βίβλῳ εἴρηταί μοι.

57 Ἔδοξέ τις ἀετὸν τὰ σπλάγχνα αὐτοῦ τοῖς ὄνυξιν ἀνακείραντα φέρειν διὰ τῆς πόλεως εἰς τὸ θέατρον ὄχλου ὃν πλῆρες καὶ ἐπιδεικνύειν τοῖς θεαταῖς. ὄντι αὐτῷ ἄπαιδι ἐπὶ τούτῳ τῷ ὀνείρῳ ἐγένετο παῖς διάσημος καὶ λαμπρὸς ἐν τῇ πόλει· ὁ μὲν γὰρ ἀετὸς τὸ ἔτος ἐσήμαινεν, ἐν ᾧ ἔμελλεν αὐτῷ ὁ παῖς τεχθῆναι, τὰ δὲ σπλάγχνα τὸν παῖδα, ἡ δὲ φορὰ ἡ εἰς τὸ θέατρον τὸ λαμπρὸν καὶ ἐπίσημον τοῦ παιδὸς ἐσήμαινεν.

58 Ἔδοξέ τις ἐπὶ μάκτρας μεστῆς αἵματος ἀνθρωπείου βασταζόμενος φέρεσθαι ὑπό τινων καὶ ἐσθίειν πεπηγὸς τὸ αἷμα, εἶτα συναντήσασαν αὐτῷ τὴν μητέρα λέγειν ' ὦ τέκνον, ἄτιμόν με ἐποίησας.' ἔπειτα ἀποθεμένων αὐτὸν τῶν φερόντων οἴκαδε ἀφῖχθαι ἔδοξεν. ἀπεγράψατο εἰς μονομάχους καὶ πολλοῖς ἔτεσιν ἐπύκτευεν ἀπότομον πυγμήν· τό τε γὰρ ἀνθρώπειον αἷμα

---

1 Ὀλυμπίασι Meinekius: ἐν Ὀλυμπίᾳ LV ‖ παίδων Valesius: παίζων LV ‖ 4 lacunam signavi. ἐξέπεσε inserit Reiskius. malim ἐξεβλήθη vel ἀπηλλάγη ‖ 7 αὐτὸν] lacunam signavi. fortasse excidit καὶ ἀποσείσασθαι πρὶν ‖ 9 inde a verbo ναυαγίῳ in L antiqua manus redit ‖ 9 ἀπολλυμένης Reiskius: ἀπολομένης L, ἀπολλομένης V ‖ 10 ἐοίκασι] ἔοικεν L ‖ βοῦς τε καὶ ναῦς V ‖ ἐν τῷ δευτέρῳ βιβλίῳ V ‖ 12 αὐτοῦ] ἑαυτοῦ V ‖ ἀνακείραντα V ‖ 13 ὃν] ὄντος V ‖ πλῆρες Reiskius: πλῆρις L, πλήρους V ‖ 14 ὄντι αὐτῷ] καὶ αὐτῷ τῷ πατρὶ ὄντι V ‖ τούτῳ om L ‖ 15 παῖς] υἱὸς V ‖ 16 ἀετὸς ἐσήμαινε τὸ ἔτος V ‖ 17 τεχθῆναι] ἔσεσθαι L ‖ τὸν] τὸ L ‖ post παῖδα in V additur οὕτω γὰρ καὶ τὸν παῖδα καλεῖν ἔθος ἐστίν, in L καλεῖν ἔθος ἐστὶν [ἡ δὲ φορὰ ἡ] εἰ δὲ ρα L cum lacunula duarum literarum capaci ‖ 18 λαμπρὸν καὶ om V ‖ μάκτρας H. Stephanus: μακρας L, μακρᾶς V ‖ 19 post μακρας in V est τῆς λεγομένης καρδόπου, in L τῆς λεγομένης κατὰ δρόμου ‖ ἀνθρωπείου] ἀνθρωπίνου LV ‖ 20 ἅμα post ἐσθίειν addit L ‖ εἶτα] ἔπειτα L ‖ 21 ἄτιμον] ἀτιμόνην L ‖ 22 ἔπειτα] ἔπειτα δὲ LV ‖ ἀποθεμένων] θεμένων L ‖ αὐτὸν τῶν] αὐτῶν τῶν V ‖ post φερόντων in LV additur αὐτὸν ‖ 23 ἀφῖχθαι L ‖ ἔδοξεν] ἐδόκει LV ‖ ἐπεγράψατο V ‖ μονομάχους] μονομάχου L, μονομαχίαν V. sed fuit fortasse ἀπεγράψατο μονόμαχος ‖ 24 ἐπύκτευεν] ἐπύκτευεν LV ‖ ἀπότομον] ἀποτομονα L ‖ ἀνθρώπινον L ‖ αἷμα ἐσθίειν τὴν ἀπο om L ‖

ἐσθίειν τὴν ἀπὸ αἵματος ἀνθρωπείου ὠμήν τε καὶ ἀνόσιον ἐσήμαινεν αὐτοῦ τροφήν, καὶ ἡ τῆς μητρὸς φωνὴ τὴν ἀτιμίαν τοῦ βίου προεμαντεύετο, καὶ τὸν ἀεὶ καὶ συνεχῶς γινόμενον κίνδυνον ἐσήμαινε τὸ ἐπὶ τῆς μάκτρας φέρεσθαι· τὰ γὰρ ἐκεῖ τιθέμενα πάντως δαπανᾶται. καὶ τυχὸν ἂν ἀπέθανε μονόμαχος, εἰ μὴ ἀποτεθεὶς εἰς τὸν οἶκον ἦλθε τὸν ἑαυτοῦ· ὀψὲ γὰρ σπευσάντων τινῶν αὐτῷ ἀφείθη τῶν μονομάχων.

Ἔδοξέ τις οὐρανόθεν πεσὸν ἀκόντιον τρῶσαι αὐτὸν εἰς τὸν 59
ἕτερον πόδα. οὗτος ὑπὸ ὄφεως δηχθεὶς τοῦ λεγομένου ἀκον- p. 263
τίου εἰς τὸν πόδα ἐκεῖνον σφακελίσας ἀπέθανεν.

Ἔδοξέ τις ὑπὸ ζυγὸν ἀχθεὶς ἅμα τῷ ἀδελφῷ πάλαι τεθνε- 60
ῶτι ζευχθεὶς ὑπὸ τῆς μητρὸς ὥσπερ τι ὑποζύγιον ἐλαύνεσθαι τῆς μητρὸς ἡνιοχούσης. ἦλθε παρὰ τὴν μητέρα κάμνων καὶ ἀπέθανε καὶ ἐτάφη ὁμοῦ τῷ ἀδελφῷ, καὶ ταύτην τὴν συνωρίδα ἔξευξεν ἀθλίως ἡ μήτηρ.

Ἔδοξέ τις ὑπὸ τοῦ Ἀσκληπιοῦ ξίφει πληγεὶς εἰς τὴν γα- 61
στέρα ἀποθανεῖν. οὗτος ἀπόστημα γενόμενον κατὰ τῆς γαστρὸς ἰάσατο τομῇ χρησάμενος.

Ἔδοξέ τις τὸ ἑαυτοῦ αἰδοῖον ἄρτῳ καὶ τυρῷ ψωμίζειν ὥσ- 62
περ τι ζῷον. κακῶς ἀπέθανε· δέον γὰρ προσφέρειν τῷ στόματι τὰς τροφὰς τῷ αἰδοίῳ προσέφερεν, ὥσπερ αἰνισσόμενος οὐκ ἔχειν πρόσωπον οὐδὲ στόμα.

Ἔδοξε γυνὴ ἐκ τοῦ στήθους αὐτῆς πεφυκέναι πυρῶν 63
ἀστάχυας καὶ εἰς τὴν φύσιν αὐτῆς ἐπικλωμένους πάλιν καταδύεσθαι. αὕτη κατὰ περίστασιν ἀγνοοῦσα τῷ ἑαυτῆς παιδὶ

---

1 ἀνθρωπίνου L ‖ ὠμήν] ὁμὸν L ‖ ἀνοσίαν V ‖ 2 αὐτοῦ] αὐτῷ LV ‖ 3 τὸν ἀεὶ] τοαναει L ‖ γενησόμενον] γινόμενον L ‖ 4 ἐσήμαινεν L ‖ τὸ] διὰ τὸ L ‖ μάκτρας Stephanus: μακρᾶς LV ‖ post φέρεσθαι in V est βασταζόμενος ‖ 5 ἂν om L ‖ ἀπέθανεν L ‖ μονόμαχος] τοῖς μονομάχοις LV ‖ 6 ἀποτεθεὶς] κατατεθεὶς V, καταθεσις L ‖ ἦλθεν L ‖ ὀψὲ ὅτε] L ‖ σπευσάντων τινῶν αὐτῷ] σπευσάντων αὐτῶν τινων V ‖ 7 ἀφείθη] ἀφείθη L ‖ 8 πεσὸν] πεσόντα L ‖ τροσαι L ‖ αὐτὸν post ἀκόντιον ponit V ‖ 9 πόδα] πολλὰ pr L, πόδα αὐτοῦ V ‖ 11 post ἀχθεὶς V addit ἐξεῦχθαι ‖ πάλαι τεθνεῶτι] ὃς πάλαι ἐτεθνήκει καὶ V ‖ 13 ἦλθεν L ‖ 14 ὁμοῦ] ἅμα V ‖ συνωρίδα] ξυνωρίδα LV ‖ 16. τοῦ om V ‖ 17 οὗτος] τοῦτο L, τούτῳ V ‖ γενόμενον] ἐγένετο V ‖ 18 ἰάσατο] ἰάσατο ὁ ἀσκληπιός L, καὶ ἰάσατο αὐτὸν ὁ ἀσκληπιός V ‖ χρησάμενος] χρησάμενος ἐπ' αὐτοῦ L ‖ 19 αἰδοῖον ψωμίζειν ὥσπερ τι ζῷον ἄρτῳ τυρῷ L. an ἀρτοτύρῳ? ‖ 20 κακῶς] καὶ κακῶς L ‖ ἀπέθανεν L ‖ 21 αἰνιττόμενος V ‖ 22 οὐκ ἔχειν Reiskius: ὡς οὐκ ἔχειν V, τὸ L ‖ οὐδὲ] οὐδὲ τὸ L ‖ 23 ἔδοξε] ἔδοξέ τις V ‖ πεφυκέναι] ἐκπεφυκέναι LV ‖ πυρρῶν L ‖ 24 ἀστάχυας] στάχυας LV ‖ πάλιν ἐπικλωμένους L ‖ 25 αὕτη Reiskius: αὐτῇ V, αὐτῇ L ‖ ἀγνοοῦσα L ‖ τῷ] τὸ L ‖

ἐμίγη, ἔπειτα ἑαυτήν τε διεχρήσατο καὶ πονηρῶς ἀπέθανεν·
οἱ μὲν γὰρ ἀστάχυες τὸν παῖδα ἐσήμαινον, ἡ δὲ εἰς τὴν φύσιν
αὐτῆς κατάδυσις τὴν μίξιν, τὸν δὲ ἐπ᾽ αὐτῇ μόρον ἐσήμαι-
νεν ἐκπεφυκότα τὰ σπέρματα τοῦ σώματος αὐτῆς, διὰ τὸ γῆ-
θεν καὶ μὴ τῶν σωμάτων ἐκφύεσθαι.

64 Ἔδοξέ τις ἐν τῷ χιτῶνι τῷ ἰδίῳ κόρεις πάνυ πολλοὺς καὶ
μεγάλους εὑρὼν μυσάττεσθαι καὶ βουλόμενος ἀπορρίπτειν αὐ-
τοὺς μὴ δύνασθαι. τῇ ὑστεραίᾳ μαθὼν ὅτι ἡ γυνὴ αὐτοῦ μοι-
χεύεται, ἠνιάθη μέν, οὐκ ἀπηλλάγη δὲ αὐτῆς διά τι γενόμε-
νον ἐμπόδιον· ἐσήμαινε γὰρ αὐτῷ ὁ χιτὼν τὴν περιπλεκομένην
αὐτῷ γυναῖκα καὶ οἱ κόρεις τὴν αἰσχύνην. ἐπειδὴ δὲ οὐχ οἷός
τε ἦν βουλόμενος ἀφελεῖν αὐτούς, οὐδὲ τῆς γυναικὸς βουλό-
μενος ἀπαλλαγῆναι ἠδυνήθη.

65 Ἔδοξέ τις τὸ αἰδοῖον αὐτοῦ ἄχρι ἄκρας τῆς κορώνης τε-
τριχῶσθαι καὶ λάσιον εἶναι πυκνῶν πάνυ τριχῶν αἰφνίδιον
φυεισῶν. ἀποπεφασμένος κίναιδος ἐγένετο πάσῃ μὲν ἀκολά-
στῳ χαρισάμενος ἡδονῇ, μόνῳ δὲ τῷ αἰδοίῳ κατὰ νόμον ἀν-
δρῶν μὴ χρώμενος. τοιγαροῦν οὕτως ἀργὸν ἦν αὐτῷ τὸ μέρος
ἐκεῖνο, ὡς διὰ τὸ μὴ τρίβεσθαι πρὸς ἕτερον σῶμα καὶ τρίχας
ἐκφῦσαι.

66 Ἔδοξέ τις λέγειν αὐτῷ τινα ' θῦσον τῷ Ἀσκληπιῷ.' τῇ
ὑστεραίᾳ μεγάλῃ συμφορᾷ ἐχρήσατο· κατηνέχθη γὰρ ἀπὸ ὀχή-
ματος περιστρεφθέντος καὶ συνετρίβη τὴν χεῖρα τὴν δεξιάν,
καὶ τοῦτο ἦν ἄρα, ὅπερ ἐσήμαινεν αὐτῷ τὸ ὄναρ, δεῖν φυλάτ-
τεσθαι καὶ θύειν ἀποτρόπαια τῷ θεῷ.

67 Ἔδοξέ τις κάτοπτρον ἔχειν κουρέως ἑστὸς ἐν τῇ πλατείᾳ

---

1 ἐμίγη] εμμιγῆναι L ‖ ἔπειτα] εἶτα V ‖ ἑαυτὴν] δὲ αὐτὴ L ‖ τε
διεχρήσατο] τέλει ἐχρήσατο L ‖ 2 γὰρ om L ‖ ἀστάχυες] στάχυες LV ‖
3 post κατάδυσις L addit ἔσεσθαι ‖ ἐπ᾽ αὐτὴν V ‖ μωρὸν ἢ ἐσήμαινεν L
‖ 4 ἐκπεφυκότα] ἐμπεφυκότα V, ἀρχὴν ἐκπεφυκότα L· ‖ τοῦ] ἀπὸ τοῦ V,
ἀπὸ L ‖ 5 τῶν] ἀπὸ τῶν LV ‖ σωμάτων] ζώντων V ‖ 7 μυσάττεσθαι
καὶ] οὓς ἀποθέσθαι τε καὶ L ‖ ἀπορρίπτειν] ὁποβάλλειν V ‖ 9 διά τι]
διὰ τὸ LV ‖ 10 ἐσήμαινε γὰρ αὐτῷ ὁ χιτὼν Reiffius: ἐσήμαινον γὰρ
αὐτῷ οἱ χιτῶνες V, εἰσέμενον γὰρ οἱ χιτῶνες L ‖ 11 τὴν] τήν τε L ‖ ἐπει-
δὴ] ἐπεὶ V ‖ 12 βουλομένης L ‖ 13 ἠδυνήθη V ‖ 14 ἄχρι] ἄχρις LV ‖
17 χαρισάμενος] χρησάμενος LV ‖ ἡδονῇ] ἡδονὴ θηλυδρίας τε καὶ ἀν-
δρόγυνος ὢν L, ἡδονὴ θηλυδρίας ὢν καὶ ἀνδρόγυνος V ‖ νόμων L ‖ 18
τοιγαροῦν] τοῦ ἀγαροῦν L ‖ οὕτως] οὕτως ἤδη V ‖ ἀργὸν] γὰρ L ‖
19 ἐκεῖνο L ‖ τριθεσθαι L ‖ 21 iterum legitur hoc somnium in V post
67, ubi pro περιστρεφθέντος καὶ συνετρίβη est καὶ περιστραφεὶς συνετρί-
βη et τὴν δεξιὰν χεῖρα pro τὴν χεῖρα τὴν δεξιάν et ἐσήμαινεν ἐκεῖ pro
ἐσήμαινε δεῖν ‖ 22 κατενέχθη L ‖ 23 τὴν ante χεῖρα om L ‖ 24 ἐσή-
μαινε V ‖ αὐτῷ τὸ ὄναρ addidi ‖ 26 ἔχειν] fortasse ἰδεῖν ‖ ἑστὸς]
ἑστὼς LV ‖

SOMN. LXIII—LXIX. 267

πλησίον ἀγορᾶς καὶ περὶ πολλοῦ ποιεῖσθαι τὸ κατοπτρίζεσθαι.
ἐπὶ δὲ τούτοις συγχωρηθὲν αὐτῷ κατωπτρίσατο καὶ εἶδε τὴν
εἰκόνα αὐτοῦ πᾶσαν μεστὴν σπίλων. ἦν ἔρως ἑταίρας αὐτῷ,
ἣν οὐδενὸς συγχωροῦντος αὐτῷ βίᾳ λαβὼν ἔσχε καὶ παῖς ἐγένετο
5 αὐτῷ ἐπίμωμος οὐ διὰ τὸ γένος μόνον, ἀλλ' ὅτι καὶ διάστροφος
ἦν τοὺς ὀφθαλμούς. τὸ δὲ κάτοπτρον τοῦ κουρέως κοινὴν ἐσή-
μαινε τὴν γυναῖκα καὶ παντὶ προκειμένην, ἥτις οὐκ εὐμαρῶς
ἐχρήσατο τῷ μοιχῷ· ἐκώλυε γὰρ ἂν ἀγαγέσθαι τὴν ἄνθρωπον.
ἐπεὶ δὲ εἶδε τὴν ἑαυτοῦ εἰκόνα, ἐγένετο παῖς αὐτῷ τὰ μὲν
10 ἄλλα ὅμοιος, οὐκ ἄμωμος δέ, ὅτι καὶ σπίλους εἶχεν.

Ἔδοξέ τις ἐν τῷ πρωκτῷ στόμα ἔχειν καὶ ὀδόντας μεγάλους 68
καὶ καλοὺς καὶ φωνὴν ῥήσσειν δι' αὐτοῦ καὶ ἐσθίειν δι' αὐ-
τοῦ καὶ ὅσα τῷ στόματι πράσσεται, πάντα ὅμοια ἔχειν. ὑπὸ
προπετείας λόγων ἔφυγε τὴν ἑαυτοῦ. ἐῶ λέγειν τὰς αἰτίας·
15 εἰκότα γὰρ καὶ εὔλογα ἦν τὰ συμβάντα.

Ἔδοξέ τις ἐν Ῥώμῃ διάγων περὶ τὴν πόλιν ἵπτασθαι πλη- 69
σίον τῶν κεράμων καὶ ἀγάλλεσθαι μὲν ἐπὶ τῇ εὐπτησίᾳ, θαυ-
μάζεσθαι δὲ πρὸς πάντων τῶν θεωμένων, ὑπὸ δὲ πόνου τινὸς
καὶ ὀδαξησμοῦ τῆς καρδίας παύσασθαι ἱπτάμενος καὶ ὑπ' αἰ- p. 265
20 δοῦς ἀποκρύπτεσθαι. θαυμάσιος ἀνὴρ καὶ διαφέρων μάντις
καὶ ἐπίσημος ἐν τῇ πόλει διατρίψας ἐπορίσατο πολλὰ σὺν τῷ
καὶ θαυμάζεσθαι. οὐ μὴν ἀπώνατό γε τῆς μαντικῆς οὐδὲ τοῦ
πορισμοῦ· ἡ γὰρ γυνὴ αὐτὸν καταπροδοῦσα ἀπέστρεψεν, ὥστε
ὑπ' αἰδοῦς μεταναστῆναι.

---

1 τὸ om L ‖ 2 ἐπὶ] in V iota in rasura est. fuerat εἰ ‖ locus corruptus ‖ κατοπτρίσατο καὶ ἴδε L ‖ 3 αὐτοῦ πᾶσαν μεστὴν om L ‖ σπίλων] σπηλῶν πλήρης L ‖ ἦν ἔρως Rigaltius: ἦν ἔρως V, ὡς L ‖ ἑταίρας] ἑτέρας V ‖ ἦν Reiskius: ἦν L, om V ‖ 4 αὐτῷ om L ‖ βίᾳ λαβὼν ἔσχε] λαβεῖν βίᾳ ἔλαβε V ‖ παῖς] πληροι L ‖ 5 αὐτῷ] αὐτοῖς LV ‖ γένος μόνον Reiskius: γενόμενον V, γένος L ‖ 6 τὸ δὲ κάτοπτρον] ἐν κατόπτρῳ L ‖ τοῦ κουρέως] τοῦτον γυνὴ κουρέως L ‖ κοινὴν om L ‖ ἐσήμαινεν L ‖ 7 καὶ om L ‖ προκειμένην] προσκειμένην V ‖ ἥτις om L ‖ 8 τῷ μοιχῷ om L. verba corrupta ‖ ἐκώλυε γὰρ ἂν] ησανοιεκολυον L ‖ 9 ἐπεὶ δὲ om L ‖ αὐτῷ παῖς V ‖ μὲν addidi ‖ 10 ὁμοίως L ‖ post ὅτι excidisse videtur ἡ εἰκὼν ‖ εἶχεν] ἔσχεν V ‖ 11 μεγάλους καὶ om L ‖ 12 δι' αὐτοῦ post ἐσθίειν om V ‖ 13 ὅσα om L ‖ πράσσεται om L relicto quinque literarum spatio ‖ 14 τὴν ἑαυτοῦ] τὴν ἑαυτοῦ πατρίδα ἀπελάθη L, τὴν ἑαυτοῦ δίκην ἀπελασθεὶς L ‖ λέγειν — γὰρ om L ‖ 15 συμβάντα] σημαινόμενα L ‖ 16 διάγων] διατῶν L ‖ 17 ἐπὶ — θαυμάζεσθαι δὲ om L ‖ τῇ εὐπτησίᾳ Reiskius: τὴν εὐπτησίαν V ‖ 19 ὀδαξησμοῦ Reiffius: ὀδαξισμοῦ LV ‖ ἱπτάμενον L ‖ ὑπο L ‖ 20 ὑποκρύπτεσθαι L ‖ διαφορῶν L ‖ μάντις] μάντις ἦν LV ‖ 21 an σὺν καὶ τῷ θαυμάζεσθαι? ‖ ὠνατο L ‖ 23 γὰρ] γὰρ αὐτοῦ L, δὲ V ‖ αὐτὸν om L ‖ καταπροδοῦσα] καὶ τὰς τριοδους L ‖ ἀπέστρεψεν — αἰδοῦς om L. ἀπέστρεψεν corruptum est ‖

70 Ἔδοξέ τις ἵπτασθαι μέλλων ὑπό τινος τῶν φίλων κεκωλῦσθαι τοῦ ποδὸς τοῦ δεξιοῦ κατασχεθείς (ὄνομα δὲ τῷ φίλῳ Ἰούλιος), ἔμελλε δὲ τῆς Ῥώμης ἀπαναστήσεσθαι. καὶ δὴ παρεσκευάσατο μὲν τὰ πρὸς τὴν ἀποδημίαν, ἄρτι δὲ τοῦ Ἰουλίου λεγομένου μηνὸς ἐνστάντος ὑπὸ περιστάσεως ἐκωλύθη καὶ κατέμεινεν. οὐ μὴν ἡ καταμονὴ εἰς τέλος ἐγένετο, ὅτι φίλος ἦν ὁ κατασχών.

71 Ἔδοξεν ἀνὴρ νοσῶν εἰς Διὸς ἐλθὼν ἱερὸν πυνθάνεσθαι τοῦ θεοῦ φωνῇ χρησάμενος ταύτῃ ʽ ῥάων ἔσομαι; ζήσω;ʼ καὶ ὁ Ζεὺς εἶπε μὲν πρὸς αὐτὸν οὐδέν, ἐπένευσε δὲ τῇ κεφαλῇ. εἰς τὴν ὑστεραίαν ἀπέθανε καὶ μάλα εἰκότως· εἰς γῆν γὰρ ἔβλεπε νεύων κάτω ὁ θεός.

72 Νοσοῦσα γυνὴ ἔδοξεν ἐπερέσθαι τὴν Ἀφροδίτην εἰ ζήσει, καὶ ἡ θεὸς ἀνένευσε. οὐδὲν ἧττον ἔζησεν ἡ γυνή· τὸ γὰρ ἐναντίον σχῆμα τῷ πρὶν σωτήριον ἦν.

73 Ἔδοξε γυνὴ τέκνων γλιχομένη δίφρους ὁρᾶν λοχείους ἑπτὰ τῇ θαλάσσῃ ἐπιπλέοντας. κυεῖν μὲν αὐτῇ συνέβη, μήτηρ δὲ οὐκ ἐγένετο, ἀλλ᾽ οἱ ἑπτὰ οὓς ἔτεκε παῖδες ἀπέθανον πρὸ ὥρας ἔτι ἐν σπαργάνοις.

74 Ἔδοξέ τις μεταμορφωθεὶς δένδρον γενέσθαι παμμέγεθες δικροῦν, καὶ τὸ μὲν ἕτερον μέρος εἶναι λεύκην τὸ δὲ ἕτερον πίτυν· ἔπειτα τῇ μὲν λεύκῃ παντοδαποὺς ὄρνιθας ἐφιζάνειν

---

1 κεκολύσθαι L ‖ 2 τοῦ prius om L ‖ 3 ἔμελλεν L ‖ δὲ post ἔμελλε om V ‖ 3 ἀπαναστήσεσθαι] ἀπανίστασθαι V ‖ καὶ δὴ παρεσκευάσατο] καὶ δὴ καὶ τὸ pr L lacuna inter καὶ et τὸ relicta ‖ 4 Ἰουλίου] ἠουλίου L ‖ 5 λεγομένου om V ‖ ἐκολύθη L ‖ 6 μὴν ἡ καταμονὴ] μὲν επιπονηρὰν τινα κατὰ μονὴν L ‖ ἐγένετο om L ‖ 8 ἔδοξεν] ἔδοξέ τις LV ‖ ἐλθεῖν L ‖ 9 τοῦ] τε τοῦ L ‖ χρησάμενος Reiskius: χρησάμενόν L ‖ ῥᾷον L ‖ ζήσω] καὶ ζήσω V ‖ 10 εἶπεν L ‖ ἐπένευσεν L ‖ τῇ κεφαλῇ] τὴν κεφαλὴν V ‖ 11 γῆν] τὴν γῆν L ‖ 12 post θεὸς in LV est ὅτι δὲ μὴ ἀλόγως ἀπέβη ἐπιστεύσαμεν ἀπὸ ἑτέρου ‖ 13 ἐρέσθαι V ‖ post Ἀφροδίτην in L est ὄναρ, in V κατ᾽ ὄναρ. delevit Meinekius ‖ ζήσει] ζήσειε V, ζήσειεν L ‖ 14 ἡ om L ‖ οὐδὲν] καὶ οὐδὲν LV ‖ ἧττον] εἱγγῶν L ‖ 15 τῷ] τὸ L ‖ post πρὶν in L est εἰς οὐρανὸν βλέπουσα, in V εἰς οὐρανὸν βλεπούσης ‖ ἦν om L ‖ 16 ἔδοξε] ἔδοξέ τις V ‖ τέκνων] περὶ τέκνων V ‖ γλιχομένη] γλη χομένη L, εὐχομένη V ‖ λοχείους] λοχείους οἷς πρὸς τὸ τεκεῖν χρῶνται αἱ γυναῖκες L, λοχεί|ους (sic) οἷς πρὸς τὸ ἀποτεκεῖν χρῶνται αἱ γυναῖκες V. expunxi glossam auctore Hieronymo Alexandro. respicit hunc locum Suidas in v. λοχαῖοι δίφροι ‖ ἑπτὰ] εἰστὰ L, ἐπὶ V ‖ 17 τῇ om V ‖ αὑτῆς L ‖ μήτηρ] ἡ μήτηρ L ‖ 18 ἀλλ᾽ οἱ] ἀλλὰ LV ‖ ἑπτὰ ους om L ‖ ἔτεκεν L ‖ παῖδες[παῖδας LV ‖ ἀποθανεῖν V ‖ 19 ἔτι om V ‖ ὄντας post σπαργάνοις addit V ‖ 20 γίνεσθαι L ‖ 21 δικροῦν Schaeferus: δίχρουν V, γρ. δίκορμον mg V, δίκορον L. fortasse δίκορσον verum est. v. Suidam in v. ‖ εἶναι om L ‖ 22 τὴν μὲν λεύκην L ‖ ἐφιζειν τὴν δὲ πιτυΐδα λάρους L. post λάρους in eodem lacunula est duarum literarum ‖

τῇ δὲ πίτυϊ λάρους καὶ αἰθυίας καὶ ὅσα ἄλλα ἐστὶ θαλάσσια
ὄρνεα. ἐγένοντο αὐτῷ παῖδες δύο, ὧν ὁ μὲν ἕτερος ἤθλησε διὰ
τὴν λεύκην καὶ περινοστῶν παντοδαπῶν ἀνθρώπων καὶ μὴ
ὁμοφύλων ἠνέσχετο, ὁ δὲ ἕτερος καίπερ ὢν γεωργοῦ παῖς ναύ-
5 κληρος ἐγένετο καὶ τῶν οὐκ ἀσήμως πλευσάντων. αὐτὸς δὲ ὁ
ἰδὼν τὸν ὄνειρον μακρογήρως καὶ λιπαρῶς κατεβίωσεν.

Ἔδοξέ τις παῖδα παγκρατιαστὴν εἰς Ὀλύμπια ἀναγαγὼν 75
καταδεδικάσθαι τὴν ἐπὶ θανάτῳ τὸν παῖδα σφαγησόμενον δῆ-
θεν ἐπὶ τοῦ βωμοῦ τοῦ Διός, αὐτὸς δὲ κατολοφυράμενος καὶ
10 πολλὰ ἱκετεύσας παρῃτήσατο μὴ ἀποθανεῖν τὸν παῖδα. ἐνε-
κρίθη ὁ παῖς καὶ ἠγωνίσατο καὶ ἐν ἐλπίδι μεγάλῃ τοῦ νικᾶν
γενόμενος ἐλείφθη εἰκότως· οὔτε γὰρ ἐν τελευτῇ ἐγένετο,
τοῦτ' ἔστιν ἐν συμπεράσματι τοῦ νικᾶν, οὔτε μὴν δημοσίας
ἔτυχε τιμῆς· ὡς γὰρ εἰκὸς οἱ προθυμόμενοι δημοσίᾳ μεγάλων
15 τιμῶν ἀξιοῦνται, κατὰ ταὐτὰ δὲ καὶ οἱ ὀλυμπιονῖκαι.

Ἔδοξέ τις εἰς Ὀλύμπια ἀναγαγὼν παῖδα παλαιστὴν πρὸς 76
τῶν ἑλλανοδικῶν ἀποσφαγέντα τὸν παῖδα τῷ σταδίῳ ἐντεθά-
φθαι. ἐγένετο ὁ παῖς ὀλυμπιονίκης εἰκότως· καὶ γὰρ ἐπιγρα-
φῆς ἀκόλουθόν ἐστι τὸν ἀποθανόντα τυχεῖν ὡς καὶ τὸν ὀλυμ-
20 πιονίκην καὶ μακάριον λέγεσθαι.

Ἔδοξέ τις λέγειν αὐτῷ τινά· 'ἀποθανεῖν μὲν μὴ φοβοῦ, ζῆν 77
δὲ οὐ δύνασαι.' τυφλὸς ἐγένετο ὀρθῶς καὶ κατὰ λόγον ἀπο-
βάντος αὐτῷ τοῦ τοιούτου· οὐκ ἐτεθνήκει μὲν γὰρ παρ' ὅσον
ἔζη, οὐκ ἔζη δὲ παρ' ὅσον οὐκ ἔβλεπε τὸ φῶς.

25 Δρομεὺς μέλλων ἱερὸν ἀγῶνα ἀγωνίζεσθαι ἔδοξε κεράμιον 78
ἔχων ἐπὶ κρήνην ἀφῖχθαι ἀρυσόμενος ὕδωρ. καὶ ἕως ἀφ-
ικνεῖτο ἐπὶ τὴν κρήνην, ἔρρει τὸ ὕδωρ· ἄρτι δὲ προσιόντος αὐ-
τοῦ καὶ βουλομένου λαβεῖν ἐπαύσατο ῥέον. ἐπεὶ δὲ διαλιπὼν

---

1 ἐστὶ addidi || θαλάττια L || 2 ἠθέλησεν L || 3 μὴ] οὐχ V || 4 ἠνεί-
χετο V || 5 ἀσήμων L || 6 καὶ post ὄνειρον addit L || 7 παγκρατιαστὴς L ||
ὀλύμπιον ἀγῶν καταδικᾶσθαι L || 9 αὐτὸς om L || κατολοφυράμενος Mei-
nekius: κατολοφυρόμενος V, om L || καὶ πολλὰ om L || 10 ἐνεκρίθη] ἐκρίθη
V sec L, om pr L relicta lacuna decem literarum || 12 οὐ δὲ V || 13 δημο-
σίας] δημοσίᾳ LV || 14 ἔτυχεν L || προθυμόμενοι Reiskius: προθυμού-
μενοι V, προθυμούμενον L || 15 κατὰ ταὐτὰ] κατὰ ταῦτα V, καὶ ταῦτα
L || 17 παῖδα] πόδα L || τῷ] ἐν τῷ L || ἐντετάχθαι L || 18 εἰκότως
om V || 19 ἔστιν L || καὶ om V || καὶ post ὀλυμπιονίκην om L || 21
τινὰ αὐτῷ V || 22 ὀρθῶς] εἰκότως L || 23 οὐκ om L || τεθνήκει L ||
24 ἔζη — ὅσον om L || τὸ φῶς οὐκ ἔβλεπε V || 26 ἀφῆχθαι L || ἀρυσό-
μενος Reiskius: ἀρυσάμενος LV || malim καὶ ἕως μὲν ἀφικνεῖτο || 27 ἔρ-
ρει] ἔρρεε LV || ἄρτι] ἔτι V || 28 βουλόμενον L || ῥέον] τὸ ὕδωρ V ||
διαλιπὼν] διαλείπων L, διαλείπον V ||

πάλιν προσῄει, πάλιν ὁμοίως ῥέον ἄρτι προσιόντος ἐπαύσατο, καὶ τρίτον ὁμοίως. τέλος δὲ καὶ παντελῶς ἐξέλιπεν, ὥστε ὀργισθέντα ῥῆξαί τε καὶ κατάξαι τὸ κεράμιον. δραμὼν ἐξ ἴσης ἄλλῳ καίπερ οὔσης ῥοπῆς τῆς κατ᾽ αὐτὸν πλείονος πάλιν ἠναγκάσθη δραμεῖν. καὶ δεύτερον συνελὼν τῷ ἀνταγωνιστῇ τὰ τέρματα τρίτον ἔδραμε καὶ πολλῆς γενομένης τῆς κατ᾽ αὐτὸν ῥοπῆς ἀφῃρέθη τοῦ στεφάνου· ἔτυχε γὰρ σπεύδων τῷ ἀνταγωνιστῇ ὁ τὸν ἀγῶνα ἐπιτελῶν. παρῆν δὲ εἰκάζειν τὴν μὲν κρήνην τῷ ἀγῶνι, τὸν δὲ ὀχετὸν τῷ ἀγωνοθέτῃ, τὸ δὲ ὕδωρ τῷ στεφάνῳ, τὸ δὲ κεράμιον τῇ ἀσκήσει καὶ τὴν ἀποτυχίαν τοῦ ὕδατος διὰ τὸν οὐ παρέχοντα ὀχετὸν τῇ ἀποτυχίᾳ τοῦ στεφάνου διὰ τὸν κατασπεύδοντα ἀγωνοθέτην, τὴν δὲ ματαίαν ἄσκησιν τῇ τοῦ κεραμίου κατάξει.

79 Δρομεὺς μέλλων ἀγωνίζεσθαι ἱερὸν ἀγῶνα ἔδοξεν ὀχετὸν ὕδατος ἔμπλεων κόπρου καὶ βορβόρου λαβὼν κόρηθρον ἐκκαθαίρειν καὶ καταπλύνειν ὕδατι πολλῷ, ὅπως εὔρουν τε καὶ καθαρὸν ἀποδείξειε. τῇ ὑστεραίᾳ κλυστῆρα προσθέμενος καὶ ὑπεξαγαγὼν τῆς ἑαυτοῦ γαστρὸς τὰ σκύβαλα εὔπους τε καὶ κοῦφος γενόμενος ἐστεφανώθη.

80 Ἔδοξε γυνὴ τὸν ἑαυτῆς ἐραστὴν χοιρείαν αὐτῇ κεφαλὴν δωρεῖσθαι. ἐμίσησε τὸν ἐραστὴν καὶ κατέλιπεν αὐτόν· ἀναφρόδιτος γὰρ ὁ χοῖρος.

81 Ἔδοξε κύκλιος αὐλητὴς τὰ πέλματα τῶν ποδῶν αὐτοῦ ηὐλοκοπῆσθαι. κατέλυσε καὶ ἐπαύσατο αὐλῶν τε καὶ ἀγωνιζόμε-

---

1 προσῄει] πρόσειη L, κατίη V ‖ πάλιν ὁμοίως ῥέον] ὅμως ῥέον V ‖ ἄρτι] γὰρ ἔτι L ‖ 2 δὲ post παντελῶς addit L ‖ ἐξέλιπεν] ἐξέλειπεν L, ἀπέλιπεν V ‖ 3 κατάξαι] κατεάξαι LV ‖ post κεράμιον in V est ὃ ἔφερε δρόμου γενομένου ἐγένετο, ‖ δραμὼν om V ‖ ἄλλου V ‖ 4 τῆς κατ᾽ αὐτόν] τινὸς κατὰ αὐτόν L, κατ᾽ αὐτόν V ‖ post πλείονος in V est νίκης ‖ 5 δεύτερον] τὸ praefigit V ‖ συνελὼν] συνελθὼν LV ‖ 6 τρίτον] τὸ τρίτον V ‖ post καὶ V habet οὐχ ὀλίγον ‖ πολλῆς γενομένης τῆς κατ᾽ αὐτὸν ῥοπῆς] πολλῆς τῆς γενομένης κατ᾽ αὐτὸν ῥοπῆς L, πολλῆς τῆς κατ᾽ αὐτὸν γενομένης τροπῆς V ‖ 7 ἀφεθῆ L ‖ ἀπέτυχεν L ‖ τὸν ἀνταγωνιστὴν V ‖ 8 ὁ τὸν ἀγῶνα ἐπιτελῶν παρῆν om pr V relictā lacunā sex literarum ‖ δὲ om L ‖ 9 ὀχετὸν] in hoc vocabulo desinit Laurentiani manus vetusta. reliqua supplevit manus saeculi XVI. ceterum V ὄχλον exhibet pro ὀχετὸν ‖ τῷ ante ἀγωνοθέτῃ om V ‖ 10 καὶ τὴν] malim τὴν δὲ ‖ 11 διὰ τὸν οὐ παρέχοντα Reiskius: διατόνου παρέχοντος τὸν LV. verba καὶ τὴν ἀποτυχίαν — ἀγωνοθέτην glossatoris esse videntur ‖ 13 κατταξει Reiskius: τάξει LV ‖ 15 κόπρου] κόπρων LV ‖ 16 εὔρουν Reiffius: εὗρον LV ‖ 17 ἀποδείξειε] ἀποδείξῃ LV ‖ προθέμενος Suidas: in v. κλυστήρ ‖ 18 τὰ Suidas: om LV ‖ post σκύβαλα in LV est καίπερ ἐγγὺς ὢν τοῦ ἀγῶνος ‖ 20 ἔδοξε] ἔδοξέ τις LV ‖ 23 ἔδοξε] ἔδοξέ τις LV ‖

νος, καὶ οὕτως ἀργοῖς ἐχρήσατο τοῖς ποσὶν ὥσπερ ἠυλοκοπη-
μένοις οὐκέτι βαίνων ἐν τῷ κατὰ σκηνὴν ἔργῳ.

Ἔδοξέ τις τοὺς συμβιώτας καὶ φράτορας αὐτοῦ ἐπιστάντας 82
αἰφνίδιον λέγειν αὐτῷ 'ὑπόδεξαι ἡμᾶς καὶ δείπνισον', αὐτὸς
5 δὲ λέγειν ὡς 'τὸν χαλκὸν οὐκ ἔχω οὐδ' ὅθεν ὑμᾶς ὑποδέξο-
μαι,' ἔπειτα ἀπεληλακέναι αὐτούς. τῇ ὑστεραίᾳ περιπεσὼν
ναυαγίῳ καὶ εἰς ἔσχατον ἐλθὼν κίνδυνον μόλις ἐσώθη, εἰκό-
τως ἀποβάντος αὐτῷ καὶ κατὰ λόγον τοῦ ὀνείρου. ἔθος μὲν
γὰρ τοῖς συμβιώταις καὶ εἰς τὰ τῶν ἀποθανόντων εἰσιέναι καὶ
10 δειπνεῖν, ἡ δὲ ὑποδοχὴ λέγεται γενέσθαι ὑπὸ τοῦ ἀποθανόν-
τος κατὰ τιμὴν τὴν ἐκ τῶν συμβιωτῶν εἰς τὸν ἀποθανόντα.
ὁ δὲ οὐχ ὑποδεξάμενος αὐτοὺς εἰκότως τὸν κίνδυνον ἐσήμαι-
νεν. εἰ δὲ αὐτὸς οὐχ ὑπέστη τὴν διαδοχήν, εἰκότως ἐσώθη·
οἱ μὲν γὰρ ἐπιστάντες καὶ μύοντες αὐτῶν τὴν ὑποδοχὴν ὠθεῖτο. p. 268
15 τὸ δὲ ναυάγιον, ὅτι κατὰ ἀπορίαν χρημάτων αὐτοὺς ἀπήλασεν.

Ἔδοξέ τις ἄρτον ἀποβάπτων εἰς μέλι ἐσθίειν. ἐπὶ λόγους 83
φιλοσοφικοὺς ὁρμήσας καὶ τὴν ἐν αὐτοῖς σοφίαν ἐπορίσατο καὶ
περιεβάλετο χρήματα πολλά· ἐσήμαινε γὰρ τὸ μέλι τὴν εὐέ-
πειαν τῆς σοφίας, ὡς εἰκός, τὸν πορισμὸν δὲ ὁ ἄρτος.

20 Ἔδοξέ τις ἐκ τοῦ στήθους αὐτοῦ πεφυκέναι ἀστάχυας 84
πυρῶν, ἔπειτα προσελθόντα τινὰ ἀποσπάσαι τοὺς ἀστάχυας
ὡς οὐ πρέποντας αὐτῷ. ἔτυχον αὐτῷ παῖδες ὄντες δύο καὶ
ἀπέθανον συμφορᾷ χρησάμενοι πονηρᾷ· λῃστήριον γὰρ ἐπελ-
θὸν οἰκοῦσιν αὐτοῖς τὸν ἀγρὸν διέφθειρεν αὐτούς. ἐσήμαινον
25 γὰρ οἱ μὲν ἀστάχυες τοὺς παῖδας, ἡ δὲ ἀφαίρεσις τὴν ἀναίρε-
σιν τῶν παίδων.

Ἔδοξε δοῦλος παρὰ τῆς δεσποίνης ᾠὸν λαβεῖν ἑφθὸν καὶ 85
τὸ μὲν λεπύριον ἀπορρῖψαι, τῷ δὲ ᾠῷ καταχρήσασθαι. τού-
του ἡ δέσποινα ἔτυχεν ἔγκυος οὖσα, ἔπειτα ἐγέννησε παιδά-
30 ριον. καὶ αὐτὴ μὲν ἀπέθανε, τὸ δὲ βρέφος λαβὼν ὁ ἰδὼν τὸν
ὄνειρον ἀνεθρέψατο κελευσθεὶς πρὸς τοῦ ἀνδρὸς τῆς δεσποί-

---

1 ἀργοῖς] αὐλοῖς LV || 4 δείπνισον Reiskius: δείπνησον LV || 5
λέγειν] λέγει LV || τὸν] τὸ L || 6 ἔπειτα ἀπεληλακέναι αὐτούς] ἐπεὶ
τούτους ἀπελήλακεν αὐτός LV || 7 εἰς] ἐπὶ LV || 8 ἔθος μὲν — αὐτοὺς
ἀπήλασεν] verba corruptissima. versu 8 Reiffius pro διαδοχὴν vere cor-
rigit ὑποδοχήν || 17 ἐπορίσατο καὶ in marginem videtur revocandum esse
|| 20 ἀστάχυας] στάχυας LV hic et infra || 24 διέφθειρεν L || 25 ἀστά-
χυες] στάχυες LV || 26 post παῖδας in LV est ἦν γὰρ ἄρρεν σπέρμα ||
27 ἔδοξε] ἔδοξέ τις LV || 28 λεπύριον] λέκυθον LV. λέπυρον vel κέλυ-
φος Reiffius ||

νης. ούτω το μὲν περιέχον άπορρίψιμον καὶ ούδενὸς ἄξιον ἦν, τὸ δὲ περιεχόμενον ἀφορμὰς τροφῆς τῷ ἰδόντι παρέσχεν.

86 Ἔδοξε γυνὴ τὸ τοῦ ἀνδρὸς αἰδοῖον ἀφῃρημένον τοῦ λοιποῦ σώματος ἔχειν ἐν ταῖς χερσὶ καὶ ἐπιμέλεσθαι αὐτοῦ καὶ πολλὴν ἔχειν πρόνοιαν ὅπως σώζοιτο. ἐγένετο αὐτῇ υἱὸς ἐκ τοῦ ἀνδρός, ὃν ἀνεθρέψατο· τὸ γὰρ τοῦ ἀνδρὸς αἰδοῖον τοῦ παιδὸς ἦν σημεῖον· ἐξ αὐτοῦ γὰρ ὁ παῖς ἐγεγόνει. ἐπειδὴ δὲ ἀφῃρέθη αὐτὸ τοῦ λοιποῦ σώματος, ἀναθρεψαμένη τὸν παῖδα τοῦ ἀνδρὸς ἀπηλλάγη.

87 Ἔδοξέ τις ὑπὸ τοῦ Ἄρεος περαίνεσθαι. διάθεσις αὐτῷ ἐγένετο περὶ τὴν ἕδραν καὶ τὸν πόρον, καὶ ὡς οὐκ ἐδύνατο ἄλλῳ τινὶ τρόπῳ θεραπευθῆναι, τομῇ χρησάμενος ἐθεραπεύθη. ἐσήμαινε γὰρ ὁ μὲν Ἄρης τὸν σίδηρον, ὡς καὶ ἐν τῇ συνηθείᾳ τὸν σίδηρον ἄρην καλοῦμεν μετωνυμικῶς· ἡ δὲ ἐπὶ τῇ συνουσίᾳ ἡδονὴ τὸ μὴ ἐπ' ὀλέθρῳ τὴν τομὴν γενέσθαι ἐδήλου.

88 Ἔδοξέ τις ἀργύριον οὐκ ἔχειν καὶ ἐπὶ τούτῳ λυπεῖσθαι. τοῦτον συνέβη ἀποπληξίᾳ περιπεσόντα ἀποθανεῖν εἰκότως· οὐ γὰρ ἦσαν αὐτῷ ἀφορμαὶ βιωτικαί.

89 Ἔδοξέ τις νοσῶν τὸν στόμαχον καὶ συνταγῆς δεόμενος παρὰ τοῦ Ἀσκληπιοῦ εἰς τὸ ἱερὸν τοῦ θεοῦ εἰσιέναι, καὶ τὸν θεὸν ἐκτείναντα τῆς δεξιᾶς ἑαυτοῦ χειρὸς τοὺς δακτύλους παρέχειν αὐτῷ ἐσθίειν. φοίνικας πέντε ἐσθίων ἐθεραπεύθη· καὶ γὰρ αἱ τοῦ φοίνικος βάλανοι αἱ σπουδαῖαι δάκτυλοι καλοῦνται.

90 Ἔδοξέ τις χρυσίον πολύ τε καὶ λαμπρὸν κατὰ τῶν ὤμων φέρειν. τυφλὸς ἐγένετο διὰ τὴν λαμπηδόνα τὴν τοῦ χρυσίου· ὡς γὰρ εἰκὸς ἠμαύρου τὴν ὄψιν τοῦ φοροῦντος.

91 Ἔδοξέ τις τρία αἰδοῖα ἔχειν. ἔτυχε δοῦλος ὢν καὶ ἠλευθερώθη καὶ τρία ἀντὶ ἑνὸς ὀνόματος ἐκτήσατο, τὰ δύο ἐκ τοῦ ἐλευθερώσαντος προσλαβών.

92 Νοσῶν τις ηὔξατο τῷ Σαράπιδι, εἰ μέλλει σωθήσεσθαι, τὴν δεξιὰν αὐτῷ χεῖρα ὄναρ ἐπισεῖσαι, εἰ δὲ μή, τὴν ἀριστεράν. καὶ δὴ ἔδοξεν εἰσιόντι αὐτῷ τὸ ἱερὸν τοῦ Σαράπιδος τὸν Κέρ-

---

1 τὸ μὲν] μὲν τὸ LV || 3 ἔδοξε] ἔδοξέ τις LV || 4 ἐπιμέλεσθαι] ἐπιμελεῖσθαι LV || 8 ἐφηρέθη L || 10 Ἄρεος] ἄρεως τοῦ θεοῦ LV || 13 addidi ὁ μὲν Ἄρης et mox τὸν σίδηρον ἄρην || 17 τοῦτον Reiskius: αὐτὸν LV || 18 post βιωτικαὶ in LV est καὶ οὐδὲ πόθεν ἂν ἀμειβηται τὰ πρὸς τὸ ζῆν || 20 εἰς] ὄναρ εἰς LV || 21 ἐκτείναντα Rigaltius: ἐκκτείναντα LV || ἑαυτοῦ] αὐτοῦ LV || 22 φοίνικαν L || 27 ἠλευθερώθη] ἐλευθερώθη LV || 30 ηὔξατο] εὔξατο LV || 31 ἐπισεῖσαι] ἐπισεῖσθαι LV ||

βερον τὴν χεῖρα τὴν δεξιὰν ἐπισείειν αὐτῷ. τῇ ἐπιούσῃ ἀπέ-
θανεν εἰκότως· ἀρθείσης γὰρ τῆς δεξιᾶς ἕτοιμος ἦν παραδέ-
ξασθαι αὐτὸν ὁ Κέρβερος, ὅσπερ ὄλεθρος εἶναι νενόμισται.

Ἔδοξέ τις ὑπὸ τοῦ Σαράπιδος εἰς τὸν κάλαθον τὸν ἐπὶ τῇ 93
5 κεφαλῇ κείμενον βεβλῆσθαι. ἀπέθανεν· Πλούτων γὰρ ὁ θεὸς
εἶναι νενόμισται.

Περὶ τὸ ὄσχεον μέλλων τις τέμνεσθαι ηὔξατο τῷ Σαράπιδι 94
περὶ τῆς τομῆς καὶ ἔδοξε λέγειν αὐτῷ τὸν θεὸν ʽθαρρῶν τέ-
μνου, θεραπευθήσει τεμνόμενος.ʼ ἀπέθανεν· ἔμελλε γὰρ ὥσπερ
10 θεραπευθεὶς ἄπονος ἔσεσθαι. εἰκὸς δὲ ἦν αὐτῷ χωρῆσαι τοῦτο,
ἐπειδὴ μὴ Ὀλύμπιος ἢ αἰθέριος ὁ θεὸς ἀλλὰ χθόνιος.

Ἔδοξεν ἀθλητὴς τὰ αἰδοῖα ἀποτεμὼν ἐλάᾳ τὴν κεφαλὴν 95
ἐστεφανῶσθαι. ἐγένετο ἱερονίκης· καὶ μέχρι ἄφθορος ἦν, λαμ-
πρῶς καὶ ἐπιφανῶς τῇ ἀθλήσει ἐχρήσατο, χαρισάμενος δὲ ἀφρο-
15 δισίοις ἀδόξως κατέλυσεν.

---

1 post χεῖρα in LV est ἀφελόντα [] ἐπεσείειν L || 4 τῇ κεφαλῇ Reis-
kius: τὴν κεφαλὴν LV || 7 τὸ addidi || τις] τι V || τέμνη L || 11 αἰ-
θέριος Cornarius: ἐλευθέριος LV || 12 ἔδοξεν] ἔδοξέ τις LV || ἐλάᾳ τὴν
κεφαλὴν] καὶ ἅμα τὴν κεφαλὴν δήσας LV || 13 post ἱερονίκης in LV
est καὶ οὐκ ἄδοξος || 14 χαρισάμενος] χρησάμενος LV || 16 τέλος Ἀρ-
τεμιδώρου L, Μιχαῆλος ἀποστόλης βυζάντιος μετὰ τὴν τῆς ἑαυτοῦ πα-
τρίδος ἅλωσιν πενίᾳ συζῶν καὶ τόδε τὸ βιβλίον ἐν κρήτῃ μετὰ πολλὰ
ἄλλα ἐξέγραψα V ||

INDEX RERUM.

Ἀβασανίστως 245, 17.
οὐδὲν ἔθνος ἀνθρώπων ἀβασίλευτον 14, 4.
ἄβατος 158, 25. 193, 10. γῆ 95, 11. ἄβατα χωρία 93, 11.
ἀβέβαιος 189, 14.
ἀβροδίαιτος 175, 26.
οἱ τὸν ἁβρὸν βίον ζῶντες 141, 1.
ἀγαθόν τι πράττοντες ἢ λέγοντες οἱ πρόγονοι 179, 2. πρὸς ἀγαθόν τίθεσθαί τι 67, 10. εἰς ἀγαθὸν τελευτᾶν 179, 3. ἐπ' ἀγαθοῖς 183, 9. ἀγαθοὶ παῖδες 176, 2. γυνὴ οὐ πάνυ τι ἀγαθή 243, 23.
ἐπ' ἀγαθά 181, 24.
ἀγαθοποιοὶ ἀστέρες 238, 9.
ἀγάλλεσθαι 22, 5. 267, 17.
ἄγαλμα 143, 10. ἀγάλματα 143, 20. 25. 145, 9. θεῶν ἀγάλματα 12, 12. 129, 22—130, 15, 193, 21. τὰ ἀγάλματα τῶν θεῶν καὶ οἱ θεοὶ κοινὸν λόγον ἔχουσιν 146, 6. ἄγαλμα θεοῦ 132, 26 sq. 133, 2. 140, 8. Διός 132, 4. ἀγάλματα χρυσᾶ ἀργυρᾶ χαλκᾶ ἐλεφάντινα λίθινα ἠλέκτρινα ἐβένινα γήϊνα ὀστράκινα πήλινα κήρινα γραπτά 146, 8. ποιεῖν ἀγάλματα 49, 18. ἀγάλματα ἐσθήμασι κεκοσμημένα 224, 21.
Ἀγαμέμνων 8, 21. 257, 7.
ἄγαμος 20, 21. 38, 14. 51, 14. 87, 10. 89, 21. 94, 15. 96, 17. 123, 18. 149, 15. 150, 11. 152, 10. ἄγαμος γυνή 47, 7. γυναῖκες οὐκ ἄγαμοι 250, 16.
ἀγαπᾶν 252, 18.
ἀγαπητὸς υἱός 260, 24.
Ἀγαυή 225, 11.
ἀγγαρεία 257, 8. 9.
ἀγγεῖον 35, 1. 240, 14.
ἀγγελίαι 25, 15. 17. διαπόντιοι 116, 13. 171, 3.
ἀγελαῖοι βοῦς 102, 1. 235, 4.
ἀγένειος 141, 26.
ἀγέρωχοι 235, 3.

ἄγκιστρον 107, 16.
ἄγκη 124, 15—21. 160, 1.
ἄγκυρα 116, 20.
ἀγκῶνες 67, 28.
ἀγνοεῖν 81, 9. 208, 22. οἱ ἀγνοούμενοι ἄνθρωποι 189, 5. αἱ ἀγνοούμεναι γυναῖκες εἰκόνες εἰσὶ πράξεων τῶν ἀποβησομένων τῷ ἰδόντι 73, 15.
ἀγνώμων 111, 1. ἀγνώμονες ἄνθρωποι 138, 14. ἀγνώμονες ἄνδρες 114, 17. ἀγνώμων γυνή 113, 4. ἀγνώμονες δικασταί 122, 21. ἀγνώμων ἐχθρός 103, 21. 104, 23. ἀγνώμων ὁ κυών 100, 1.
ἀγνώς 177, 6. ἀγνῶτα ἀρρητοποιεῖν 80, 11. ὑπὸ ἀγνῶτος ἀρρητοποιηθῆναι 80, 6. ἀγνῶτα γυναῖκα περαίνειν 73, 8.
ἀγορά 193, 5—12. 120, 22. 267, 1. ἀγοραί 6, 7. ἐν ἀγορᾷ 151, 19. καθέζεσθαι 246, 11. 15. ἀσματολογεῖν 69, 26. ἀποπατεῖν 121, 16. ἀνδριάντα χαλκοῦν ἰδεῖν ἐν ἀγορᾷ κείμενον 47, 21. οἱ ἐν ἀγορᾷ μάντεις 2, 13. διὰ τῆς ἀγορᾶς διέρχεσθαι 231, 10.
ἀγοράζειν 211, 3—5.
ἀγορανομεῖν 126, 6—11.
ἀγορανόμος 126, 8.
ἀγριαίνων λέων 102, 15. ἀγριαίνοντες κύνες 99, 16. ὄνοι ἢ ἡμίονοι 101, 21—23.
ἄγρια ζῷα 26, 4. 102, 10. 103, 23. 236, 3—12. ζῷα ἄγρια γενόμενα ἐξ ἡμέρων 105, 23. ἄγρια δένδρα 236, 16. τὸ ἄγριον τοῦ Πανός 139, 13. διὰ τῆς γλώσσης ἐμφαίνειν τὸ μὴ ἄγριον 106, 10.
ἀγροί 159, 24. τὰ ἐν ἀγρῷ γεννώμενα 209, 17. περὶ ἀγροῦ δίκην ἔχειν 255, 17.
Ἀγροτέρα 132, 19. 21.
μετ' ἀγρυπνίας εὐφροσύναι 192, 19.
ἀγύρτης 170, 24. ἀγύρται 142, 5.

INDEX RERUM.

ἀγῶνες 15, 23. 203, 11. 251, 25. ἀγὼν ἱερός 269, 25. 270, 14. ἀγῶνας στεφανωθῆναι 37, 15. πρὸς ἀγῶνα εἶναι 45, 24. πρὸς ἀγῶνα τίκτειν 262, 13. οἱ ἐπὶ ἀγῶνα πορευόμενοι 140, 13. ἐπιτελεῖν ἀγῶνα 270, 8. καταλαμβάνειν τὸν ἀγῶνα 52, 1. ἀποθανεῖν πρὸ τοῦ ἀγῶνος 256, 22.
ἀγωνία 57, 24. ἀγωνίαι 58, 13.
ἀγωνίζεσθαι 7, 18. 269, 11. οἱ περὶ μεγάλων ἀγωνιῶντες ἐν τοῖς ἱματίοις ἱδροῦσι 58, 14.
ἀγωνοθέτης 270, 9.
τὰ ἀδαμάντινα 209, 26—29.
ᾄδειν 7, 17. 69, 18—28.
ἀδελφή 7, 26. 28, 10. 12. 40, 12. 135, 17. 220, 23. ταὐτὸ σημαίνει τῇ ψυχῇ 262, 4. τῇ θυγατρί 76, 4. μίγνυσθαι τῇ ἑαυτοῦ ἀδελφῇ 258, 11. ἀδελφή τινος ὑπὸ τοῦ πατρὸς τοῦ ἀνδρὸς ἀποσπωμένη καὶ ἄλλῳ δοθεῖσα εἰς γάμον 262, 2.
ἀδελφοί 244, 24. 245, 6. ἀδελφὸς ἐχθροῦ σημαντικός 73, 24. ἀδελφὸν περαίνειν 76, 4. περαίνεσθαι ὑπ' ἀδελφοῦ 73, 23. ἀδελφός 25, 24. sq. 28, 9. 12. 42, 27. v. δεξιά. ἀδελφοῦ νόσος 39, 4. ἀδελφοῦ θάνατος 39, 4. ἀδελφὸν ἀποβάλλειν 260, 26. ἀδελφοὶ χωρισθέντες 94, 18. οἱ ὀφθαλμοὶ καὶ οἱ ὦμοι ἀδελφοί εἰσιν ἀλλήλων 26, 26. 39, 5. τὰ ὦτα ἀδελφά ἐστιν ἀλλήλων 25, 26. ἀδελφοί 26, 25. 42, 21. 44, 17. 97, 12. 150, 19. 181, 1.
ἀδέσποτος 159, 1. 258, 7. ἀδέσποτος ὁ ἀποθανών 150, 8.
εἰς Ἅιδου καταβεβηκέναι καὶ τὰ ἐν Ἅιδου ὁρᾶν 152, 25—153, 18. 201, 25. εἰς Ἅιδου καταβάντα εἴργεσθαι τῆς εἰς ἀνθρώπους ἀνόδου 153, 12. εἰς Ἅιδου πεπορεῦσθαι οἱ παλαιοὶ τοὺς μακρὰν ἀποδημήσαντας ἔλεγον 153, 6. ἐξ Ἅιδου ἀναβεβηκέναι ἐν τῇ συνηθείᾳ φαμὲν τὸν παρὰ προσδοκίαν σωθέντα 153, 18. οἱ ἐν Ἅιδου 152, 25— 153, 18. v. οἱ ἀποθανόντες. τὸ ἐν Ἅιδου πεδίον ἀσφοδέλων πλῆρες 188, 3.
τὸ ἀδιάλυτον τοῦ γάμου 261, 14.
ἀδικῆσαί τινα 178, 12. ἀδικεῖσθαι 172, 9. οἱ ἀδικούμενοι 140, 10.
ἀδικημάτων γραφή 11, 8. 257, 26. δημοσίων 256, 7.
ἀδικία 188, 25. ἀδικίαι 99, 16. ἀδικίαι 181, 13.

οἱ ἄδικόν τι πράττοντες 140, 12.
ἀδόξως 264, 4.
ἀδράφυξις 61, 22.
Ἀδριανός 27, 15. τὸν ἱερὸν ἀγῶνα ἀγωνίζεσθαι τὸν Ἀδριανοῦ 58, 24.
ἀειθαλής 257, 16. τὸ ἀειθαλές 71, 7.
ἀεικίνητος 257, 1. ἡ σελήνη 135, 20. τὸ τῆς θαλάσσης ἀεικίνητον 142, 18.
ἀεροπόρα ζῷα 111, 23—114, 24.
ἀετός 112, 6—113, 3. 113, 6. 234, 4. τὸ ἀ' ἔτος 113, 1. 246, 16. ἔθος παλαιὸν τοὺς ἀποθανόντας βασιλεῖς καὶ μεγιστᾶνας πλάσσειν ἐπ' ἀετῶν ὀχουμένους 112, 13. ἀετὸς τὰ σπλάγχνα τινὸς φέρων εἰς τὸ θέατρον καὶ ἐπιδεικνύων τοῖς θεαταῖς 264, 12. ἀετὸς στρατοπέδου παντὸς πρόεισι 112, 21.
ἀετὸς ἰχθῦς 109, 18.
ἀζήμιον μεῖναι 245, 6. ἀπαλλάττειν τινὰ ἀζήμιον 140, 6.
ἀηδής 44, 3. 247, 27. ἀηδεῖς ἄνθρωποι 110, 1. 138, 14. δεσπόται 122, 21. ἀγγελίαι 171, 4. καιρὸς ἀηδής 236, 4. ἔρωτες οὐκ ἀηδεῖς 96, 13.
ἀηδῶς διακειμένη ψυχή 17, 11.
ἀηδές τι πάσχουσα ἢ δρῶσα ἡ γαλῆ 180, 4.
ἀηδία 26, 14. 107, 24. 119, 15. 127, 6. ἀηδίαι 128, 3. 172, 17.
ἀηδισθῆναι mg 150, 6.
ἀηδών 158, 10. 234, 22.
ἀήρ 16, 2. 91, 10—18. ὁ ἀὴρ ὁ ἐκτός 155, 10. οἱ ὑπὲρ ἀέρα ὁραθέντες ἀστέρες 138, 2. βαλανεῖα ἀέρος εὐκράτως ἔχοντα 58, 8.
ἄθεοι γυναῖκες 149, 10. οὐδὲν ἔθνος ἀνθρώπων ἄθεον 14, 3.
Ἀθηνᾶ 130, 23. 133, 10—18. 148, 11. 220, 14. 247, 7. τὸν αὐτὸν τῇ γῇ λόγον ἔχει 133, 15. φρόνησις εἶναι νομίζεται 257, 17. Ἀθηνᾷ μιγῆναι 81, 18.
Ἀθῆναι 220, 15.
κοῦροι Ἀθηναίων 14, 22.
ἀθλεῖν 112, 22. 269, 2.
ἄθλησις 118, 21. 262, 15. 273, 14.
ἀθλητής 18, 1. 20, 24. 21, 15. 19. 27, 12. 37, 14. 47, 19. 51, 23. 54, 19. 27. 71, 4. 8. 94, 23. 102, 13. 119, 24. 135, 3. 141, 19. 150, 24. 273, 12. ἀθλητής παῖς 55, 26. 56, 25. ἀθλητὴς ἐν γαστρὶ ἔχων καὶ δύο μέλανα θηλυκὰ βρέφη τεκών 262, 10.
ἄθλον 57, 16.
ἀθόρυβος ἀγορά 193, 8.

18*

τὸ ἄθραυστον 61, 2.
ἀθυμεῖν 183, 23.
Αἰγαῖον πέλαγος φοβερώτατον 100,22.
αἴγειρος 119, 20. ἄκαρπος ib. 23. ὅπλα αἰγείρινα 119, 22.
Αἰγιαλοί 131, 9. 144, 7.
αἰγιαλοί 232, 19. παρ' αἰγιαλῷ ἀποπατεῖν 121, 25.
αἰγίβοτος mg 101, 4.
αἰγυπιός 113, 6.
Αἰγύπτιος 229, 3.
Αἰγυπτίων θεῶν ἱερεῖς ξυροῦνται τὴν ὅλην κεφαλήν 23, 23. τὰ θηρία καὶ πάντα τὰ κινώπετα ὡς εἴδωλα θεῶν τιμῶσιν, οὐ πάντες μέντοι τὰ αὐτά 14, 15.
Αἴγυπτος 220, 14. 229, 12. 16.
αἰγωλιός 194, 3. 235, 14.
αἰδοῖον 7, 27. 42, 25. 43, 11. 80, 27. 118, 2. ἀνειμένον 43, 8. δεσπότου αἰδοῖον 74, 20. αἰδοῖον σιδηροῦν 257, 3. νοσοῦν 224, 23. 24. αἰδοῖον ἄχρι ἄκρας τῆς κορώνης τετριχωμένον 266, 14. ψωμίζειν τὸ αἰδοῖον ἄρτῳ καὶ τυρῷ 265, 19. ἀφαιρεθῆναι τὸ αἰδοῖον 79, 18. τμηθῆναι τὸ αἰδοῖον 242, 20. καταφιλεῖν τὸ ἑαυτοῦ αἰδοῖον 80, 19. γυνὴ τὸ τοῦ ἀνδρὸς αἰδοῖον ἀφῃρημένον τοῦ λοιποῦ σώματος ἔχουσα ἐν ταῖς χερσίν 272, 3. γυνὴ αἰδοῖα ἀνδρὸς ἔχουσα 250, 21. ἀθλητὴς τὰ αἰδοῖα ἀποτεμὼν καὶ στεφανωθείς 273, 12. αἰδοῖα τρία ἔχειν 272, 27. ἐπιδεικνύειν τὸ αἰδοῖόν τινι 227, 12. αἰδοῖον Ἑρμοῦ ἄγαλμα 43, 6. αἰδοῖον ἀνδρεία ὑπό τινων λέγεται 43, 3. ἡ ἐπὶ τοῖς αἰδοίοις λύπη 186, 3.
αἰδὼς ἐπιτιμία καλεῖται 43, 12. ὑπ' αἰδοῦς ἀποκρύπτεσθαι 267, 19.
αἰθέριοι θεοί 130, 19. 21—23. 273, 11.
Αἰθίοψ 225, 5.
αἰθρίας αἴτιοι ἄνεμοι 138, 18.
αἴθυια 110, 21. 114, 22. 269, 1.
αἰκάλλω mg 34, 26.
αἴλουρος 173, 17. κλέπτης ὀρνίθων ib.
αἷμα ἐμεῖν 34, 21—35, 9. πτύειν 35, 8. 218, 15. 255, 14. αἷμα ἐκπεσοῦσιν ὀδοῦσιν ἑπόμενον 32, 6. αἷμα ἀργυρίου σημαντικόν 34, 23. 57, 3. αἷμα ἀνθρώπειον ἐσθίειν 264, 19. αἵματος ἀπόκρισις 181, 16. οἱ ἐξ αἵματος ποριζόμενοι 57, 4. ἄστρων αἷμα 214, 5. οἱ καθ' αἷμα προσήκοντες 43, 1. οἱ καθ' αἷμα 23, 11. οἱ ἀφ' αἵματος 19, 9. 31, 1. 56, 6. 221, 20.
αἱμάσσω 205, 16.

αἴνιγμα 106, 2. αἰνίγματα προσάπτειν τοῖς ὀνείροις 240, 18—241, 16.
αἰνίσσεσθαι 245, 12.
αἴξ 100, 18—101, 4. 233, 18—20. ὄπισθεν ἐπιβαίνει 79, 6. αἰγῶν ἤθη 100, 24. τὰ μεγάλα κύματα αἶγας ἐν τῇ συνηθείᾳ λέγομεν 100, 20.
αἰπόλια πλατέα 101, 3.
αἰπόλος 233, 20.
αἰσθητοὶ θεοί 130, 16. 131, 1. 8. 138, 24. 247, 23—26.
αἴσιος 146, 28. αἴσια 9, 18.
αἰσχρολογίαι mg 53, 19.
αἰσχρὸν εἶναι 48, 11. ἐπ' αἰσχροῖς πορίζεσθαι 254, 19.
αἰσχρότης 204, 8.
αἰσχύνη 24, 23. 33, 9. 72, 22. 142, 7. 26. 261, 6. 266, 11. αἰσχύναι 31, 2. 57, 1. αἰσχύνῃ περιπίπτειν 121, 3. πρὸς αἰσχύνης εἶναι 68, 8.
αἰτητικά 13, 11. αἰτητικοὶ ὄνειροι 205, 23.
αἰτιολογεῖν 212, 3.
αἰτιολογία 212, 6.
αἰφνίδιος συμφορά 24, 12.
ἄκαιροι δαπάναι 125, 4.
ἀκαλήφη 109, 9.
ἄκανθαι 66, 14. 181, 11—18. 236, 27.
ἀκάνθια ἐν τοῖς ὀδοῦσιν ἔχειν 33, 16.
τὸ ἀκανθῶδες 61, 20. 65, 3.
ἀκαρπέω 77, 24.
ἄκαρπα δένδρα 236, 22.
ἀκαταθυμίου τινός μοι ὑπαντήσαντος mg 150, 6.
ἀκαταστασίαι 139, 13. 141, 23. 159, 8.
ἀκαταφρόνητος 30, 18.
ἄκατος 218, 4.
ἀκερδὴς ἐγχείρησις 89, 12. ἀκερδῶς πράττειν πολλά 125, 20.
ἀκέφαλον λέγομεν τὸν ἄτιμον 36, 24.
ἀκίνητος 262, 33. ἀκίνητα 12, 2. τὰ ἀκίνητα περὶ τὸ σῶμα κείμενα 224, 19. ἀκίνητοι οἱ ἐν Ἅιδου 153, 1.
ἄκμονι παρεστάναι 49, 22.
ἀκοινώνητος 125, 15.
ἀκολασίαι ψυχῆς 188, 14.
ἀκόλαστος 243, 17. ἡδονή 266, 16. τὰ ἀκολουθοῦντά τισι 240, 3—13. τὰ πάντως ἀκολουθοῦντά τισι τῶν γινομένων 212, 13.
ἀκόλουθοι πολλοί 87, 7.
ἀκόνη 183, 3—7.
ἀκοντίας ὄφις 265, 9.
ἀκόντιον 127, 20. οὐρανόθεν πεσόν 265, 8.
ἄκοσμοι ἐργασίαι 7, 3. θαλάσσης ἀνατροπαί 6, 10.
ἀκούσια ἁμαρτήματα 127, 19.

INDEX RERUM. 277

κατ' άκρας υπό κεραυνού πεπλήχθαι 93, 3.
ακρίς 115, 12.
άκριτα τα μη εξ ολοκλήρου μνημονευόμενα 16, 21—17, 7.
άκροατών τυγχάνειν επιτηδείων 107, 22.
ακτίνες ένδεκα 231, 10.
ακώλυτος 184, 28.
άκοντες in re gymnastica 55, 13.
άλαζόνες 234, 14.
άλαλος 68, 26.
αλγηδόνες 259, 20.
άλγεῖν 29, 6. 94,21. 151,8. 215,4. αλγοῦντα εκβάλλειν οδόντας 32, 4.
αλείπτης 249, 20.
αλείφειν αγάλματα θεών 129, 22.
αλεκτρυών 147, 15. mg 214, 13. αλεκτρυόνες οι μάχιμοι 171, 13—15.
αλεκτρυόνα θύειν Άσκληπιώ 256, 1.
αλεκτρυόνος εγκέφαλος 214, 4.
η Αλεξάνδρα τοῦ Λυκόφρονος 241,14.
Αλεξάνδρεια 213, 23. 248, 20.
Αλέξανδρος ο Μακεδών 217, 16.
ΑΛΕΞΑΝΔΡΟΣ Ο ΜΥΝΔΙΟΣ 62, 15. 93, 26. 157, 14.
Αλέξανδρος ο φιλόσοφος 223, 21.
αλεπίδωτος 109, 20.
άλευρα 63, 14.
άλη 257, 1.
αληθή λέγει τα θηρία ο τι αν λέγη 105, 27.
αλίεια 16, 3. 107, 13—111, 22.
άλιστα κρέα 65, 7—11.
άλιεῖς mg 108, 25. 132, 19.
αλιτήριος 159, 18.
ΑΛΚΑΙΟΣ mg 119, 3.
αλλάξαι τα παρόντα 210, 18.
αλληγορικοί όνειροι 201,14—202,13.
τα άλογα ζώα αξιόπιστα 162, 8. άλογος επιθυμία 199, 17. άλογος ορμή 205, 22. άλογοι φαντασίαι 200, 4. 9. αλόγως δραν πάντα 114, 19.
οι εν αλλοδαπή όντες 82, 4.
αλλοεθνείς άνθρωποι 159, 17.
αλλοίωσις 46, 5 -48. 7.
άλλος αυτός 6, 16. εν άλλη γη 91, 3. άλλο ύδωρ εις οικίαν ρέον 123, 14.
αλλότριοι 123, 24. 125, 26. 170, 25. παίδες 19, 23. 91, 4. όνειροι 202, 11. κύνες 99, 18. οφθαλμοί 29, 11. αλλότριαι τρίχες 22, 7. πόλεις 239, 24. αλλοτρίας γης αντιποιείσθαι 95,7. δι' αλλοτρίου σώματος η ψυχή δείκνυσιν όσα βράδιον η ατονώτερον αποβησόμενα βούλεται σημήναι αγαθά η κακά 177.12. τα αλλότρια 237, 5.

αλουργίς 86, 25. 87, 8. 125, 19.
στέφανοι εξ αλών πεποιημένοι 71, 19. αλός ίππους ο ποιητής τας ναύς λέγει 54, 10.
άλση 93, 7.
αλτήρες 52, 8.
αλτηρία 55, 11.
αλυπίαι 153, 2.
άλυπος 151, 4. 153, 3. 192, 22. 196, 2. άλυποι 24, 10. άλυπον τέλος 193, 4.
άλυσις 89, 20. 182, 7—10. 208, 1. αλύσει προσδεδέσθαι τη βάσει του Ποσειδώνος 254, 12.
άλφιτα 63, 15.
άλφοί 186, 24.
αλώναι 238, 25. 255, 8.
αλώπηξ 104, 9 -12. 234, 19.
άμαξα 118, 6.
αμαράκου στέφανοι 70, 22.
αμάραντου στέφανοι 70, 17. νεκροίς η θεοίς ανατίθενται, σπάνιον δε ανθρώποις 70, 20.
αμαρτάνειν τι εις τους θεούς 129,24.
αμαρτήματα 127, 19. μεγάλα 71, 24. των αμαρτημάτων κοινωνήσαί τινι 188, 6.
αμαυρός ήλιος 134,15. λύχνος 96,18. αμαυροί αστέρες 136, 17. 137, 17.
αμβλύνειν τα αγαθά 183, 13.
αμβλύτερα κακά 183, 11.
αμβλυώττειν 26, 18.
αμελούσα εαυτής Τύχη 143, 13.
αμελέστερον διάγειν 39, 8.
αμεριμνίαι 153, 2.
άμετρος 90, 4. άμετρον πυρ εν ουρανώ 92, 17. άμετρον ορώμενον πυρ το εν χρήσει 96, 6. άμετροι τροφαί 13, 23. άμετρον πίνειν 60, 5.
άμορφα ώτα 25, 7. αμορφότερον εαυτόν οράν εν κατόπτρω 91, 5. άμορφος γυνή 127, 24. 129, 9.
άμπελος 186, 15. 206, 16. 209, 14. 226, 18. 261, 15. εκ κεφαλής πεφυκυία 186, 16. αμπέλου στέλεχος εκ κεφαλής πεφυκός 261, 9. άμπελος εκ πίθου πεφυκυία 230, 22. αμπέλου στέφανοι 72, 3. άμπελος μόνη κράμβη ου περιπλέκεται 62, 3. εν τω ακμαιοτάτω της ώρας του καρπού στερίσκεται 261, 17. οι τους αμπέλους γεωργούντες 140, 26.
αμπελουργοί 62, 2.
αμύγδαλα 65, 26.
οι αμύητοι 144, 27.
αμύνειν 153, 27. οι αμύνοντες 227,

2. οἱ ἀμύνοντες ἐν ταῖς χρείαις 118, 19.
ἀμφίβιος 108, 19.
ἀμφίβληστρον 107, 13.
τὰ ἀμφίβολα τῶν σημείων 17, 2.
ἀμφιδέτης 118, 4.
ἀμφιμήτρια 221, 6.
ἀμφισβητῆσαι οἰκίας 189, 13.
Ἀμφιτρίτη 131, 7. 143, 24—32.
περὶ τὰ ἄμφοδα ἵπτασθαι 159, 8.
ἀμφορεῖς 67, 26.
ἄμωμος 267, 10.
ἀναβάλλεσθαι 49, 6. 70, 22.
ἀναβάσεις 220, 12.
ἀναβιοῦντες νεκροί 156, 5—7. 249, 16—250, 2.
ἀναβλέπειν 183, 26.
ἀναβολαί 65, 8.
ἀναγεσθαι ἀκινδύνως 49, 7.
ἀναγκαῖα πράγματα 19, 13. τὰ ἀναγκαῖα 81, 4. 260, 10. περί τινων ἀναγκαίων φθέγγεσθαι 33, 17. ἀναγκαῖον καλεῖται τὸ αἰδοῖον 43, 11. 80, 1. τὸ ἀναγκαῖον τῶν χρειῶν 116, 20. ὁ μᾶλλον ἀναγκαῖος ὢν τῷ ἰδόντι 36, 12.
ἀνάγκη 43, 11. 80, 2. 24. οἱ ἐν μεγάλῃ ἀνάγκῃ ὄντες 176, 22. πρὸς ἀνάγκην 58, 10. κατ' ἀνάγκην δουλεύειν 258, 7.
ἀναγορεύω 9, 8.
ἀναγραμματισμός 216, 14—22.
ἀναθήματα θεῶν 247, 21. κλέπτειν 170, 18—22. κοινὰ πόλεως ἀναθήματα 6, 7.
οἱ μετὰ ἀναιδείας ζῶντες 25, 2.
ἀναιδεῖς 99, 24.
ἀναίρεσις παίδων 271, 25.
ἀναιρεῖν τὰ προκείμενα 32, 1.
ἀναισθησία 29, 19.
ἀνακάειν πῦρ 98, 7.
ἀνακηρύσσειν 57, 10.
ἀνακομιδή 116, 13. 134, 6. ἀνακομιδὴ ἀποδήμων 114, 8. ἡ εἰς τὴν οἰκείαν ἀνακομιδή 38, 1.
ἀνακομισθῆναι 34, 26. 257, 11. ἀπὸ τῆς ξένης 153, 9. 262, 17.
ἀναλαμβάνειν 59, 5. τέκνον τινὸς ἀναλαμβάνειν 29, 13. ἀναλαβόντες τὰς μητέρας 77, 8.
ἀναλάμπειν 67, 15.
ἀνάληψις 120, 3.
ἀναλίσκειν 123, 11.
κατὰ ἀναλογίαν κρίνειν 154, 15.
ἀναλοῦν 211, 9.
ἀναλύεσθαι 186, 8.
ἀναλώματα 211, 5. ἀναλωμάτων ἀπορία 260, 1. βραχὺ ἀνάλωμα 72, 23.

οὐκ ἀναμάρτητος 225, 18.
ἀναμάξαι μεγάλα κακὰ ταῖς ἰδίαις κεφαλαῖς 120, 25.
ἀνανεύω 268, 14.
ἀνάπαυλα τῶν ἐνεστώτων κακῶν 35, 10.
ἀναπαύεσθαι κάμνοντας 14, 7.
ἀνάπτειν λαμπάδας ἀπὸ τοῦ οὐρανίου πυρός 260, 12. ἀνάπτεσθαι 96, 20.
ἀναρρωσθῆναι 263, 16.
ἀναρτᾶν ἑαυτόν 7, 18. 11, 9. mg 151, 18. τοὺς ἀναρτήσαντας ἑαυτοὺς οὐ καλοῦσιν οἱ προσήκοντες ἐν νεκρῶν δείπνοις 11, 10.
ἀνασκαφῆναι 155, 4.
ἀναστάσεις βωμῶν 229, 24.
ἀναστείλασθαι 227, 11. 14. 15.
ἀναστρέφεσθαι 171, 21. 24. κατὰ προαίρεσιν 35, 12.
ἀνατετμῆσθαι 41, 27.
πρὸς ἀνατολὰς κινεῖσθαι 132, 9. τὰ πρὸς ἀνατολὴν τοῦ οἴκου 97, 13. ἀπ' ἀνατολῆς 92, 20. ἀπὸ ἀνατολῆς ἀνίσχων ἥλιος 133, 22.
ἀνατρέπεσθαι πρόρριζον 120, 10. 178, 5. ἀνατρέπεται ναῦς 115, 22.
ἀνατρέφεσθαι 15, 18. 19, 11—21, 4. 271, 31. 272, 6.
ἀνατροπαὶ θαλάσσης ακοσμοι 6, 10.
ἀνατροφὴ παίδων 251, 13.
ἀναφρόδιτος 270, 21.
ἀναφωνέω 53, 5.
ἀγγελία 181, 25.
ἀνδραποδισταί 210, 12.
ἀνδράποδον 52, 16. 241, 3.
ἀνδρεία ὑπό τινων λέγεται τὸ αἰδοῖον 43, 3.
ἀνδρεία ἐσθής 247, 17—20. γυνὴ ἀνδρεία ἔχουσα 250, 21.
ἀνδριάντες 193, 15—24. ἀνδριάντος τυχεῖν 47, 20.
ἀνδρόγυνος 104, 20. κωμῳδῶν 224, 23. mg 266, 17.
Ἀνδρομάχη 239, 5.
ἀνδρῶν 97, 4.
ἀνέγκλητος 261, 4.
ἀνελεύθερα ζῷα 234, 7.
ἄνεμοι 130, 24. 138, 13—23. 110, 14.
ἀνεμώνης στέφανοι 70, 23.
τὸ ἀνενδεές 144, 19. 196, 6.
ἀνεπίληπτος 23, 21.
ἀνεπιστρεπτέω 185, 13.
τὸ ἀνεπίστρεπτον τῶν ἐντυγχανόντων 141, 16.
ἀνεργασίαι 61, 20. 124, 16.
ἀνήρ 148, 9. 262, 5. 42, 14. 67, 23. 97, 21. 147, 14. 149, 9. 173, 22. ἀν-

δρες 209, 8. εἰς γυναῖκα μεταβεβλημένοι 250, 23. εἰς ἄνδρα μεταβάλλειν 46, 17. 47, 7. ἀνδρῶν ἐσθίειν 64, 23. κατὰ νόμον ἀνδρῶν χρῆσθαι αἰδοίῳ 266, 17. ἀνδρὸς ἔργα 262, 15. ἄνδρες ἐπιμήκεις 209, 23. εἰς ἀνδρὸς πορεύεσθαι 75, 21.
ἀνθηραὶ ἐσθῆτες 88, 18. ἑταιρῶν καὶ γυναικῶν πλουσίων 88, 19.
ἄνθεσι τοῖς προσήκουσι στεφανοῦν θεόν 129, 19. στέφανον ἀνεδεδέσθαι ἐξ ἀνθέων πεποιημένον 70, 1.
ἀνθράκων ἀγγεῖον 225, 6.
ἄνθρωποι ὑπεζευγμένοι 176, 1. ἀνθρώπους πλάσσειν 175, 15—24. ὑπὸ ἀνθρώπου διακόμενον ἵπτασθαι 160, 8. ἐπ' ἀνθρώπων ὀχεῖσθαι 210, 10. ἥλιος ἐν ἀνθρώπων ἰδέᾳ βλεπόμενος 135, 2. ἤδη ἀνθρώπων 237, 19—238, 7. ὑπὲρ ἄνθρωπον 48, 9. ὑπὲρ ἄνθρωπον μέγας 46, 10. τὰ ὑπὲρ ἄνθρωπον 137, 21. γυνὴ ἄνδρα ἔχουσα 47, 9. ἄνθρωπος φύσει ζῷον λογικόν 211, 20. σχιζόπους 251, 11.
ἀνθρωπείας ἐσθίειν σάρκας 64, 10. αἷμα ἀνθρώπειον 264, 19. 265, 1.
ἀνθρωπίνη γενεά 162, 18—163, 4.
ἀνία 100, 3. ἀνίαι 55, 10. 147, 20. ἐν ἀνίᾳ 35, 10. ἀνίας πάσης κουφισμός 121, 21.
ἀνιᾶσθαι 77, 25. 78, 3. 107, 1. 263, 14. 266, 9. ὁ ἀνιώμενος 42, 11.
ἄνικμοι τρίχες mg 22, 17.
ἀνιστάναι τοὺς ἔνδον ἐπὶ τὰ ἔργα 147, 16. ἐξ ὕπνου 133, 24. v. νοσοῦντας. ἀναστῆναι ἐκ νόσου 24, 4. 62, 17. ἐξ ὕπνου 82, 16. 84, 19.
ἀνοδίαι 124, 15.
ἀνοίκειος διὰ τὸ σχῆμα 90, 5.
ἀνόμοιον ἑαυτὸν ἐν κατόπτρῳ ὁρᾶν 91, 3.
ἀνόσιος τροφή 265, 1. ἀνόσια ἱερεῖα θύειν 129, 15.
ἄνοσος 151, 9. 256, 4.
Ἄνουβις 131, 12. 145, 1—13.
ἀντεγκληθῆναι 25, 10.
ἀντέχειν 39, 2.
ἀντιβλέψαι ἡλίῳ 135, 8.
ἀντικρούειν τὴν σφαῖραν 244, 20.
ἀντιλογίαι 55, 13.
Ἀντιοχεύς 230, 23.
ἀντίπαις 75, 3.
ΑΝΤΙΠΑΤΡΟΣ ὁ ὀνειροκρίτης 217, 23. 242, 14. 17.
ἀντιπρόσωπον 116, 25. τὸ ἀντιπρόσωπον τῆς ἀκάτου ἀπολωλεκέναι 218, 4. 7.

ΑΝΤΙΦΩΝ Ὁ ΑΘΗΝΑΙΟΣ 109, 12.
ἀντλεῖν φρέαρ 124, 1. οἱ ἀντλοῦντες 45, 12. εἰς ἀντλίαν καταδικασθῆναι 45, 11. 15.
Ἀντωνῖνος βασιλεὺς πρῶτον ἐν Ἰταλίᾳ ἤγεν Εὐσέβεια 27, 15.
ἀνυπευθύνως ὁ δικαστὴς πράττει ἃ βούλεται 243, 3.
οὐκ ἀνυπονόητος 261, 5.
ἀνυπότακτος 125, 13. 152, 13. ἀνυπότακτα ζῷα 235, 2.
ἀνυπόστατος 161, 23. 234, 14.
ἀνύτειν 137, 9. τὰ προκείμενα 124, 25. οὐδὲν ἀνύτειν 239, 14.
τὰ ἄνω τοῦ σώματος μέρη 218, 10.
ἄνωθεν ἐπικειμένην τὴν μητέρα περαίνειν 78, 12. οἱ ἄνωθεν ὀδόντες 31, 6. ἄνωθεν εἶναί τινος 243, 4.
ἀνώνυμον οὐδὲν τῶν ὄντων 204, 2.
ἀνωφελεῖς ἄνθρωποι 110, 2.
τὸ παρ' ἀξίαν 71, 23.
ἀξίνη 117, 25.
ἀξιολόγων ἀνδρῶν ὄλεθρος 137, 16.
ἀξιόπιστος 28, 1. 105, 27. 106, 2. 176, 10. 238, 23. οἱ ἀξιόπιστοι ποτὲ μὲν ἁπλῶς ἀληθῆ λέγουσι, ποτὲ δὲ αἰνίσσονται 245, 7—246, 4.
οὐδενὸς ἄξιος 272, 1.
ἀξίωμα 174, 7. 219, 23.
ἀόριστοι χρόνοι 252, 1. ἀορίστως 252, 2.
ἀπάγχεσθαι 151, 18. 257, 19.
ἀπαθὲς στῆθος 39, 6.
ἀπαίδευτος 238, 17. 18.
ἄπαις 20, 22. 28, 15. 35, 17. 48, 25. 149, 16. 175, 18. 34, 24. 38, 14. 42, 1. 123, 19. 136, 2. 155, 17. ἀνὴρ ἄπαις 228, 20. ἄπαις γυνή 47, 8.
ἀπαιτεῖν 184, 20. μετ' ἀνάγκης 184, 23.
ἀπαλλαγὴ τῶν δεινῶν 140, 28. τῶν ἐν ποσὶ κακῶν 91, 25.
ἀπαλλακτιῶντι δουλείας 86, 4. οἱ τῆς γῆς τῆς ἑαυτῶν ἀπαλλακτιῶντες 82, 6.
ἀπαλλάσσειν 35, 13. 192, 4. κακῶς ἐν βαρβάροις ἀπαλλάξαι 50, 29. ἀπαλλαγῆναι 246, 2. 272, 9. τὴν ἀπηλλαγμένην γυναῖκα ἐπανάγειν 212, 20. ἀπηλλάχθαι τοῦ ἀνδρός 250, 18. αὐτόματοι οἱ θεοὶ ἀπαλλασσόμενοι 130, 7.
ἀπαρίστασθαι 268, 3.
τὰ ἅπαξ γινόμενα 36, 14. 202, 5.
ἀπαργυρωθῆναι 47, 14.
ἀπαρχαὶ θεῶν 170, 20.
ἀπατεῶνές 49, 19. 161, 20.

ἀπάτη χρῆσθαι 178, 12. ἀπάται 53, 23. 66, 16. 69, 17. 120. 3. 144, 4.
ἀπειλή 92, 16. ἀπειλαί 102, 17. 145, 10. ἀπειλή ἡ ἀπὸ δεσποτῶν 122, 12. ἐκ τῶν ὑπερεχόντων 102, 4. δυνατοῦ ἀνδρός 112, 17.
ἀπειλῶν 112, 25. ἥλιος 134, 24. λέων 102, 15. ταῦρος 102, 4. ἐλέφας 103, 14. ἀετός 112, 17. ἀπειλοῦσα λέαινα 102, 23. οἱ χθόνιοι θεοὶ ἀπειλοῦντες 144, 24. οἱ αὐτὸ μόνον ἀπειλοῦντες 187, 16.
ἀπιοῦσα γαλῆ 180, 3.
ἀπελαύνειν 271, 6. 15. ἀπεληλαμένοι πόλεως 235, . 11. ἀπελαθῆναι φρατρίας 227, 15.
ἀπελεύθεραι 68, 3. ἀπελευθέραν γῆμαι 51, 16.
ἀπελεύθεροι 44, 18.
ὁ ἀπελευθερώσας 43, 20. ἀπηλευθερωμένη θεραπαίνῃ συνοικῆσαι 180, 14. θεράπαιναν ἀπελευθερώσαντα γῆμαι 180, 14.
τὰ ἀπηλπισμένα τῶν πραγμάτων 142, 22.
ἀπέραντος 52, 6.
ἀπευθύνειν 50, 10. ἅπαντα 90, 20.
ἐπὶ ἀπήνης ὀχεῖσθαι 176. 1—5.
ἄπιος 66, 21—24. 119, 17. ἀπίων τῶν ἡμέρων ὁ καρπὸς ἀποθησαυρισθεὶς ἄσηπτος μένει 66, 22. ποτὸς ἐξ αὐτῶν παρά τισιν σκευάζεται ib.
ἁπλοῦς 246, 19. τρόπος 190, 4. ἁπλοῦς — αἰνιγματώδης 106, 1. ἁπλοῦς τὸ νόημα 234, 25. τὸ ἁπλοῦν τῆς ῥήσεως 245, 14. ἁπλῶς ἑστάναι 146, 21. ἁπλῶς ἀληθῆ λέγειν 245, 12.
ἁπλοῦν τὰ σώματα 68, 17.
ἄπλυτα ἱμάτια 88, 23.
τῶν ἀποβάσεων τὸ κεφάλαιον εὑρεῖν 251, 3—21.
τὰ ἀποβησόμενα πράγματα 177, 8. 189, 6. πράξεις αἱ ἀποβησόμεναι 73, 15.
ἀποβάλλειν 124, 19. 172, 4. 13. δακτύλους 40, 21. ὀδόντας 31, 17.
ἀποβιόω 7, 1.
ἀπόβλεπτος 72, 1. 186, 20.
ἀποβολή 45, 19. 118, 1. ἀποβολὴ τῶν περισσῶν 61, 18.
ἀπογαιώμενος τόπος mg 25, 21.
ἀπόγεια σχοινία 116, 23.
ἀπογεννῆσαι 18. 25.
ἀπεγνωσμένος 134, 5.
μετὰ ἀπόγνωσιν 134, 2.
ἀπογραφαί 126, 27.
ἀπογράψασθαι εἰς μονομάχους 264, 23.

ἄποδα θηρία 106, 3—107, 7.
ἀποδέρειν τὸ ἑαυτοῦ παιδίον 258, 1.
ἀποδημεῖν 27, 8. 28, 20. 44, 7. 50, 9. 51, 12. 112, 17. 116, 21. 239, 12. 257, 10. ἀποδημεῖν κωλύειν 183, 15. 189, 20. οἱ ἀποδημεῖν βουλόμενοι 91, 11. 141, 21. 142, 18. 161, 9. 189, 25. ὁ ἀποδημῆσαι βουλόμενος 174, 25. ὁ ἀποδημεῖν ἐθέλων 18, 12. οἱ ἀποδημεῖν προῃρημένοι 85, 12. 122, 7. 130, 13. 146, 27. οἱ ἀποδημεῖν ἐπιχειροῦντες 135, 3. ἀποδημοῦντα ἀνακομισθῆναι 80, 21. τοὺς ἀποδημοῦντας παῖδας ἐπανάγειν 212, 20.
ἀποδημία 55, 6. 70, 27. 103, 3. 105, 10. 114, 7. 116, 16. 119, 6. 121, 23. 135, 20. 136, 14. 147, 8. 159, 21. 171, 10. 178, 23. 187, 10. 208, 3. 250, 20. ἀποδημίαι 101, 13. 108, 19. 118, 16. 122, 10. 128, 3. 133. 8. 139, 2. 153, 4. 176, 3. 18. 177, 1. 182, 11. 191, 2. εἰς ἀποδημίαν στέλλεσθαι 91, 20. ἀποδημίαν μακρὰν ἀποδημεῖν 256, 25. ἀποδημίας εἴργειν 122, 13. πρὸς ἀποδημίαν γίνεσθαι 200, 20. τὸ κατὰ τὴν ἀποδημίαν δυσεργές 105, 11.
ἀπόδημος 27, 9. 34, 25. 95, 10. 116, 12. τοὺς ἀποδήμους ἐπανάγειν 111, 15. 134, 4. 191, 20. τὸν ἀπόδημον ἐπανάγειν εἰς τὴν οἰκείαν 77, 2. ὁ ἀπόδημος εἰς τὴν οἰκείαν ἀνακομισθήσεται 77, 26. ἀποδήμων ἀνακομιδή 114, 8. 121, 23. ὁ ἀπόδημον ἀποδεχόμενος 38, 15. οἱ προσδοκῶντες ἀποδήμους 138, 19. 181, 25.
ἀποδιδόναι χρέα τοῖς δανεισταῖς 117, 9. πλέον τοῦ δέοντος ἀποδοῦναι 40, 23. ἀποδόσθαι 81, 5.
οἱ ἀποδιδράσκοντες 105, 12. ἀποδρᾶναι 160, 16. ὁ ἀποδρᾶναι πειρώμενος 18, 11.
ἀποδιδύσκειν τοὺς ἐντυγχάνοντας 161, 26.
ἀπόδοσις χρεῶν 31, 29.
ἀποδοχή 185, 3.
ἀποθέσθαι 153, 25. τὰ παρόντα δεινά 19, 3.
ἀπόθετα λάχανα 65, 18.
ἀποθήκη 30, 5. 97, 6.
ἀποθησαυρίζω 66, 22.
ἀποθνήσκειν 6, 15. 7, 18. 173, 9. 202, 21. 34, 15. 35, 3. 153, 24. 160, 14. ὑπ' ἄλλου ἀποθανεῖν 151, 14. οἱ ἀποθανόντες 150, 7—151, 17. ἐπιγραφῆς τυγχάνουσιν καὶ μακάριοι

INDEX RERUM. 281

λέγονται 269, 19. ἐσχισμένοις ἐνειλοῦνται ῥάκεσι 18, 8. ὁ ἀποθανὼν εὐδαιμονεῖ 247, 4. δακρύουσιν οἱ ἀποθνήσκοντες 233, 14. ὁ ἀποθανούμενος 258, 9. ἀποθνήσκων δανεισίης 184, 21.
ἀποθῦσαι τὴν γυναῖκα 254, 14.
ἀποκαθαίρω 172, 4.
ἀποκλεισμός 189, 20.
κελεύειν μὴ ἀποκνεῖν 183, 19.
ἀπόκοποι 162, 15.
ἀποκρίνειν τὰ ἑαυτοῦ ἔντερα διὰ τοῦ στόματος 35, 15. αἷμα ἀποκρίνειν 57, 3. ἀποκρίνειν δύνασθαι de pene 43, 9. Ἐφιάλτης οὐδὲν ἀποκρινόμενος 139, 19.
ἀποκρίσεις ποιεῖσθαι εἴς τινα 75, 5.
ἀποκρύπτεσθαι ὑπ᾽ αἰδοῦς 267, 19. οἱ ἀποκρυπτόμενοι 94, 6. 127, 2. 136, 6. 138, 18. 159, 15. ὁ ἀποκρύπτεσθαι βουλόμενος 193, 27. οἱ ἀποκρύπτεσθαι πειρώμενοι 133, 28.
τὰ ἀπόκρυφα 260, 10.
ἀποκτείνειν ἑαυτόν 151, 13.
ἀπολαβεῖν ἧττον τοῦ δέοντος 40, 24.
ἀπολείπουσα Σελήνη 136, 1.
ΑΠΟΛΛΟΔΩΡΟΣ Ο ΤΕΛΜΗΣΣΕΤΣ 77, 13.
ἀπολλύειν τι τῶν ἐσπουδασμένων 12, 19. ἀπολέσαι τι 201, 27. τὰ οὐδαμῶς ἐνδεχόμενα ἀπολέσθαι 237, 14—18. ἀπολλύμενα ἱμάτια 88, 11 —17. τὰ περὶ τὸν τράχηλον 90, 9. τὰ ἀπολλύμενα 111, 2. 132, 20. τὰ ἀπολωλότα σώζειν 111, 16. ἀπολωλός τι ζητεῖν 27, 19. 98, 20. 91, 11. οἱ ἀπολωλεκότες ἀνδράποδα ἢ τινας τῶν οἰκείων 52, 16.
ἀπολύειν 257, 7.
Ἀπόλλων 119, 9. 130, 23. 133, 4—9. ὁ Δαλδιαῖος 168, 6. Μύστης 168, 7. μαντικώτατος 243, 14.
Ἀπολλωνίδης ὁ χειρουργός 205, 14.
ΑΠΟΛΛΩΝΙΟΣ Ο ΑΤΤΑΛΕΤΣ ἐν β τῆς ἑαυτοῦ συντάξεως 34, 15. 179, 19.
ἀπόνιμμα 226, 5.
ἀπονενοημένος ἄνθρωπος 173, 13.
ἄπονος 151, 8. ἄπονον εἶναι θεραπευθέντα 273, 10. τὸ ἄπονον 259, 22.
ἀπόνως ἐκβάλλειν ὀδόντα 32, 2. ἀπονώτερον δουλεύειν 47, 2.
ἀποξυρούμενον γένειον 30, 23.
ἀποξύειν τὸν ἱδρῶτα 59, 14. τῶν λαχάνων ὅσα ἀποξύεται 61, 17.
ἀποπατεῖν 121, 13.

ἀποπεφασμένος 266, 16.
ἀποπίπτοντες οἱ μαζοί 39, 13.
ἀποπληξία 272, 17.
ἀποπλύνειν δάνεια 226, 3.
ἀπορεῖσθαι 211, 13.
ἀπορία 39, 15. 63, 3. 12. 78, 11. 80, 16. 96, 10. 119, 24. 259, 26. χρημάτων 271, 15. ἀναλωμάτων 260, 1. πολλή 172, 3. βαρεῖα 81, 4. οὐχ ἡ τυχοῦσα 23, 6. οἱ ἐν ἀπορίᾳ καθεστῶτες 193, 2.
ἄποροι 24, 10. 55, 15. 88, 5. 124, 9. 126, 14. 128, 4. 156, 3. 189, 3. 218, 16. ὑπὸ ἀπόρου περαίνεσθαι 74, 12.
ἄπορος γυνή 129, 3.
ἀπορρέον γένειον 30, 23.
ἀπόρρητοι χρεῖαι βιωτικαί 31, 24. 144, 22. ἀπόρρητα γυναικός 74, 5. τὰ ἀπόρρητα 136, 15. ἐρευνᾶν 181, 3. οἱ τὰ ἀπόρρητα ἐργαζόμενοι 134, 27. βουλεύματα ά. 43, 9.
ἀπορρίψιμος 272, 1.
ἀπορρύπτεσθαι 225, 17—20.
ἀποσβεννύειν πῦρ ἐν ἑστίᾳ ἢ κλιβάνῳ ἀνημμένον 98, 13.
ἀποσπᾶν τὰ ἀλλότρια 237, 5. βίᾳ πρός τινος ἀποσπώμενον γένειον 30, 23.
ἀποστεγασθεῖσα οἰκία 137, 26.
ἀπόστημα 265, 17.
ἀποστῆσαί τινά τινος 263, 24.
ἀποστραφῆναι τινα 75, 16. 78, 5. ἀπεστραμμένην τὴν μητέρα περαίνειν 78, 4. ἀπεστραμμένη κεφαλή 37, 22.
ἐξ ἀποστροφῆς 75, 12.
ἀποσφάττειν τοὺς θεατὰς καὶ τοὺς κριτάς 223, 16. ἀποσφαγῆναι 269, 17. v. σφαγῆναι.
ἀποσχίδες ἔθους 203, 22. χρόνου 203, 25.
ἀποτεταμένος mg 78, 22.
ἀποτετμῆσθαι τὴν ἑαυτοῦ κεφαλήν 201, 4.
ἀποτίκτειν 18, 25. 20, 14.
ἀπότομος 68, 16. πυγμή 264, 24.
ἀποτρόπαιος 192, 6. ἀποτρόπαια θύειν 266, 25.
ἀποτυχία ὕδατος 270, 10. στεφάνου 270, 11.
ἀπουσίας ποιεῖσθαι 75, 7.
ἀπουσιάζειν εἴς τινα 75, 22.
ἀποφεύγειν 125, 1.
ἀποφορά 184, 25. ἀποφορὰν διδόναι de servo 32, 16. τὴν ἀποφορὰν ἀποδοῦναι τῇ γαστρί 68, 16.
ἀπόφραξις mg 3, 13.
ἀποχή 248, 19. 24.

ἀπραγέω 51, 3. 59, 5. παύσασθαι ἀπραγοῦντα 33, 19.
ἀπραγία 48, 13. 87, 21.
ἀπράγμων 246, 14.
ἄπρακτος 56, 1. 82, 13. 14. mg 98, 25. 124, 26. ἄπρακτοι 234, 9. ἄπρακτος πρὸς τὰς πράξεις 62, 12. 194, 4. 208, 4. ἄπρακτα ζῷα 234, 8. ἄπρακτα πράγματα 132, 10. ἄπρακτοι οἱ νοσοῦντες 176, 24. οἱ παῖδες 20, 1. οἱ ἀποθανόντες 151, 7. οἱ ἐν Ἅιδον 152, 27.
ἀπραξία 23, 5. 26, 19. 33, 17. 33, 22. 59, 5. 59, 24. 82, 24. 99, 10. 112, 26. 115, 18. 138, 11. 152, 27. 160, 18. 176, 24. 193, 8. 230, 3. ἀπράξαι 26, 14. 50, 18. 52, 9. 69, 20. 88, 7. 91, 13. 117, 3. 124, 13. 134, 16. 178, 8. 181, 21.
ἀπρεπεῖς ἐσθῆτες 88, 6. λόγοι 187, 9.
τὸ ἀπροσδόκητον 92, 7.
ἀπρόσλογον ὄνομα 16, 13.
τὰ ἄπωθεν 191, 25.
ἀπώλεια 192, 13. κτημάτων 31, 22.
ἀπώσασθαι τοὺς ἀδικοῦντας 172, 10.
ἀργία 40, 23. 41, 8. 51, 7. 86, 9.
ἀργός 17, 17. 41, 3. 128, 3. 235, 10. 262, 33. 266, 18. 271, 1. εἰς ἔργα καὶ λόγους 51, 9. ἀργὴ γυνή 129, 6. μηρὸς ἀργός 12, 2. τὰ ἀργὰ φύει τρίχας 34, 8. ἀργοῖς χρῆσθαι τοῖς γόνασι 44, 11.
ἀργύριον 34, 23. 106, 19. 154, 17—24. 222, 7—13. βασιλικόν 222, 13. ἀργύριον οὐκ ἔχειν 272, 16. παρὰ φίλον λαβεῖν 4, 16. παρὰ νεκροῦ 250, 10. νεκροὶ ἀργύριον περιαιρούμενοι 154, 13. ἀργύριον ἀπολέσαι 245, 5.
ἀργυροῦς νεώς 222, 12. ὀδόντες ἀργυροῖ 33, 10. ἀργυρᾷ ποτήρια 60, 26. νομίσματα 154, 20. ἀργυροῦν γεγονέναι 47, 13. ἀργυρᾶν λεκάνην ἔχειν 180, 13. μετ' ἀργυρῶν ὅπλων πυκτεύειν 128, 21.
Ἄρης 131, 14. 133, 16. 145, 22. 247, 6. Ἄρεος υἱεῖς 131, 14. 145, 22. περαίνεσθαι ὑπὸ τοῦ Ἄρεος 272, 10. ἄρην τὸν σίδηρον καλοῦμεν μετωνυμικῶς 272, 14.
ἀρθριτικός 215, 10.
ΑΡΙΣΤΑΝΔΡΟΣ Ὁ ΤΕΛΜΗΣΣΕΤΣ 31, 4. 216, 14. 217, 16.
Ἀριστείδης ὁ νομικός 205, 9.
ἀριστερὸς ὀφθαλμός 28, 9. 12. ἀριστερὰ χείρ 7, 26. 40, 8. 272, 31.
τὰ ἀριστερά mg 218, 12.
Ἀριστοβούλη 143, 18.

ΑΡΙΣΤΟΤΕΛΗΣ 13, 14. περὶ ζῴων 108, 11. 214, 16.
ΑΡΙΣΤΟΦΑΝΗΣ ἐν τοῖς εἰς Ἀριστοτέλην ὑπομνήμασιν 108, 12.
Ἀρκάδες βαλανηφάγοι mg 119, 3.
ἄρκτος 103, 1—6. 234, 6. βρωθῆναι ὑπὸ ἄρκτου 263, 3. ἄρκτος φωλεύουσα τὴν χεῖρα ἀπομυζᾷ 263, 4. ἄρκτος τὸ ἄστρον οὐ καταδύεται 103, 6. τὰ πρὸς ἄρκτον τοῦ οἴκου 97, 14. ἀπ' ἄρκτου ἀνατέλλων ἥλιος 134, 14. εἰς ἄρκτον δύνων ἥλιος 134, 14. ἀπ' ἄρκτου 92, 19.
ἀρκτόχειρ 263, 1.
ἀρκνοστασία 98, 17. 191, 24.
ἅρμα ἐλαύνειν διὰ πόλεως 54, 23. διὰ τῆς ἐρήμου 55, 3. ἐπὶ ἅρματος ὀχεῖσθαι 176, 1—5. ἅρμα τέτρωρον 54, 18.
ἁρματηλάται 135, 4.
ἁρμός 49, 12.
ἁρμονία 53, 9.
ἀρνόγλωσσον 215, 6.
ἀροτριᾶν 48, 24. 117, 15. 212, 21.
ἄροτρον 117, 18.
ἄρουρα 48, 26. ἄρουραι 159, 24. ἐν ἀρούραις ἀποπατεῖν 121, 26.
ἁρπάζων κτῆμα ποταμός 122, 14. ζῷα ἁρπάζοντα φανερῶς 234, 17. οὐ φανερῶς 234, 19. ὡς ἐκ πυρὸς ἁρπάζειν τὰ σκέλη 45, 25.
ἁρπακτικὸς ἐχθρός 104, 7. 110, 25.
ἅρπαξ 113, 12. 234, 18.
ἁρπαστόν 52, 5. ἑταίρα ἔοικε 52, 7.
ἅρπη 113, 3. 234, 4.
Ἁρποκράτης 131, 12. 145, 1—15.
ἄρρεν 30, 17. 47, 8. παιδίον ἄρρεν 255, 22. σπέρμα 255, 23. ἄρρενες 211, 15. mg 218, 12. προσήκοντες 23, 11.
ἀρρενικὰ δένδρα 98, 5. ἀρρενικὰ παιδία 209, 5—9. 67, 23.
ἀρρητοποιεῖν 79, 14—80, 13. 237, 23. ἀρρητοποιεῖσθαι 79, 4—80, 13. 237, 24.
ἄρρητα ὀνόματα λέγειν 205, 26.
ἀρρητουργεῖν ἑαυτόν 80, 23.
ἄρρωστος 153, 16.
ΑΡΤΕΜΙΔΩΡΟΣ 1, 1—20. Δαλδιανός — Ἐφέσιος 196, 19.
Ἀρτεμίδωρος ὁ Ἀρτεμιδώρου 197, 1.
ἀρτεμές 132, 16.
Ἄρτεμις 130, 22. 132, 16—133, 3. 148, 10. 247, 12. Ἀρτέμιδι μιγῆναι 81, 18. θάνατος ἡ ζημία γυναικὶ τῇ εἰσελθούσῃ εἰς τὸν νεὼν τῆς Ἀρτέμιδος τῆς Ἐφεσίας 207, 6. οὐκ ἂν πρότερον εἰς τὸ αὐτὸ ἱερὸν εἰσέλθοι ἑταίρα εἰ μὴ καταλύσειε τὴν ἑταιρείαν 207, 8.

INDEX RERUM. 283

ΆΡΤΕΜΩΝ Ὁ ΜΙΛΗΣΙΟΣ 5, 18. 148, 23.
ἄρτος 63, 9—14. 126, 24. 261, 3. 265, 19. ἄρτοι ὠμοί 206, 13. ἄρτους λαβεῖν δύο παρὰ τοῦ Ἡλίου 12, 25. ἄρτον μεμελιτωμένον ἐσθίειν 271, 16. ἄρτων κλάσματα καὶ ἄρτους ὑγιεῖς χέζειν 224, 7.
ἄρρυθμα ὦτα 25, 7.
ἀρύσασθαι ὕδωρ 269, 26.
ἀρχαιότης 61, 1.
ΆΡΧΕΛΑΟΣ 214, 17.
ἀρχή 21, 16. 94, 10. 118, 21. 125, 12 —127, 13. 152, 17. 174, 6. 175, 24. ἀρχαί 96, 25. 159, 4. ἀρχὴ δημοσία 16, 4. ἀρχὴν ἄρχειν 9, 15. ἐπ' ἀρχὰς ὁρμᾶν 38, 8. ἀρχῆς περιποιητικός 186, 22. 188, 20. ἡ τῆς ἀρχῆς δύναμις 143, 22. ἀρχῆς τινὰ παραλύειν 47, 5. mg 22, 27. ἀρχὴ τελευτῆς χείρων 19, 18. οὐδὲ τὰς ἀρχὰς παρέχειν 230, 4.
ἄρχειν δεσπότου — γυναικός 175, 3. οἱ ἄρχειν ἐθέλοντες 144, 21. 210, 11. ὁ τῆς οἰκίας ἄρχων 67, 13. 137, 28. οἱ τῆς νεὼς ἄρχοντες 37, 7. οἱ ἄρχοντες νόμοι 227, 19. οἱ ἀρχόμενοι 248, 5. πλούσιος πρὸς τῷ ἄρχειν ἤδη καθεστώς 21, 14, 22. οὔ τις ἄρχει 72, 17. 149, 18. ἄρξαι 94, 11. πολλῶν ἄρξαι 112, 23. 176, 2.
ἄρχων 8, 16. 9, 10. 22, 8. 100, 14. 102, 14. 106, 4. 143, 22. ἄρχοντες 251, 25. 227, 20. οἱ ἄρχοντες ἀξιόπιστοι 161, 16.
ἀρώματα 150, 17.
ἀρωματοπώλης 115, 19.
ἀσάμινθος 57, 19.
ἀσεβείας ἀλῶναι 255, 5.
ἀσεβεῖς γυναῖκες 149, 10.
ἄσεμνος 209, 20. ἄσεμνοι ἐργασίαι 115, 17.
ἀσήμαντον ἐνύπνιον 5, 17. 13, 9. τὸ ἀσήμαντον 199, 16.
ἀνὴρ οὐκ ἄσημος 259, 24. ἀσήμων ἀνδρῶν ὄλεθρος 137, 17. ἄσημα χωρία 93, 5. 8. ἀσημότερος 70, 10. ἀσήμως 269, 5.
ἄσηπτος 66, 22. θεῶν ἀγάλματα ἐξ ὕλης ἀσήπτου πεποιημένα 12, 12. 146, 8. 180, 23.
ἀσθενεῖν 68, 17.
ἀσθενεῖς ἐργασίαι 7, 3. ἀσθενῆ πράγματα 132, 12. τὸ ἀσθενὲς τῶν γυναικείας ἐσθῆτας φορούντων 87, 15.
Ἀσία 2, 17. 253, 10.
ἀσκεῖν τὰ σώματα 39, 9.
ἀσκέπτως δρᾶν πάντα 114, 18.

ἄσκησις 257, 14. 270, 10.
ἀσκητὴς ἀνήρ 223, 23.
Ἀσκληπιός 106, 9. 131, 3. 139, 25 — 140, 3. 255, 24. 256, 6. 20—24. 272, 20. Ἀσκληπιῷ θύειν 129, 17. 266, 21. ὑπὸ τοῦ Ἀσκληπιοῦ ξίφει πληγέντα ἀποθανεῖν 265, 16.
ἀσκός 258, 3. ἀσκὸν ποιεῖν τὸ ἑαυτοῦ παιδίον 258, 1.
ᾆσμα 69, 18—22. 157, 25. 178, 15.
ᾀσματολογεῖν 69, 26.
ἀσπάζεσθαι τοὺς συνήθεις 85, 15.
ἀσπαίρω 110, 16.
ἀσπάλαξ 193, 25—194, 2.
ἀσπάσματα 16, 2.
ἄσπερμος 101, 20.
ἀσπίς 106, 19—22. 234, 13.
ἀσπίς 127, 17. 23—25.
ἀσσιδάριος 129, 5.
ἀστακός 108, 17.
ἀστάχυς 118, 8. ἀστάχυες πυρῶν 265, 23. 271, 20. τῶν ὤτων ἐκπεφυκότες 25, 22.
Ἀστάρτη 14, 14.
ὁ ἐν ἀστεροσκοπίᾳ λόγος 136, 21.
οἱ ἀστεροσκόποι ἀξιόπιστοι 161, 27.
ἀστὴρ τοῦ οὐρανοῦ ἐκπεσὼν καὶ ἄλλος χαμόθεν εἰς τὸν οὐρανὸν ἀναβάς 258, 4. ἀστέρες 130, 24. 136, 13—138, 3. οἱ ἀγαθοποιοὶ καὶ οἱ κακοποιοί 238, 9. οἱ ὑπὲρ ἀέρα ὁραθέντες 138, 2. ἀστέρων χορός 10, 1. ἀστέρες τρίχας σημαίνουσιν 137, 13. ἐοίκασιν τοῖς κατὰ τὴν οἰκίαν κτήμασί τε καὶ ἀνθρώποις 137, 7.
οὐκ ἀστικός 107, 7.
ἀστοχεῖν 85, 5.
ἀστράγαλοι 170, 7—12. ἐκ νεκρῶν σωμάτων γίνονται 170, 11.
ἀστραγαλομάντεις 161, 21.
ἀστραπὴ χωρὶς βροντῆς 92, 8.
ἀστράτευτοι 241, 4.
ἀστρολογίᾳ προσέχειν 230, 17.
ἄστρα 136, 22—137, 4. 247, 27—248, 5. ἄστρων ἔκλειψις 6, 9. αἷμα 214, 5. μαντικὴν τὴν δι' ἄστρων ἐκπονεῖν 230, 14.
ἀστυνομεῖν 126, 4—6.
ἀσφάλεια 128, 15. 127, 17. 175, 1. 193, 9. 216, 4. 237, 1. ἀσφάλεια πολλή 60, 26. πρὸς ἀποδημίας 101, 14. κτημάτων 99, 14.
τὸ ἀσφαλές 116, 21. 143, 6. 176, 4. 209, 28. ἀσφαλέστερον τηρούμενα 170, 15. ἐν ἀσφαλεῖ 30, 7. 257, 12.
ἀσφόδελος 187, 27—188, 3.
ἄσχημον πρόσωπον 57, 2.
ἀσχημονεῖν 68, 25. 123, 14. 225, 20.

ἀσχημοσύνη 42, 5. 121, 17. περιβόητος 69, 4. ἀσχημοσύναι 69, 27.
ἀταλαιπώρως ἐκπίπτοντες ὀδόντες 32, 8.
ἀταξία ὄχλου 175, 14.
ἀτάραχος 143, 25. ἀετός 112, 8.
ἄτεκνος 89, 22. γυνή 157, 4. 108, 9. 250, 16.
ἀτέλεστος φόβος 92, 10. ἐλπίς 148, 2. ἥρωες ἀτέλεστοι 248, 10.
ἀτεχνῶς πράττειν 203, 27.
ἀτημέλητοι τρίχες 22, 13. 17.
τὸ ἀτιθάσευτον 173, 21.
ἀτιμία 33, 9. 265, 2.
ἄτιμος 11, 9. 14, 13. 94, 27. 219, 20. 227, 16. 264, 21. ἄτιμον γενέσθαι 66, 3.
ἄτλητοι συμφοραί 47, 23.
ἄτολμος 105, 14.
ἀτονίαι πράξεων 109, 7.
ἀτονώτερον ἀποβῆναι 177, 12.
ἄτοπος 134, 16. 140, 17. 177, 5. 236, 11. 247, 27. ἄτοπόν τι πράσσειν ἢ λέγειν 209, 9.
ἀτρέμα μένειν 45, 9. ἀτρέμας ἑστηκέναι 132, 8.
τὰ ἀτριβῆ φύει τρίχας 34, 8.
ἄτριπτοι ἱστορίαι 241, 16.
ἀτροφία σώματος 35, 14.
ἄτροφος ὄγκος 62, 6. τὸ ἄτροφον 61, 21.
Ἀττική 14, 20.
αὐαίνεσθαι 120, 10. 12.
αὐγή ἠλίου 135, 5.
αὐλεῖν 53, 5—8.
αὐλή βασιλέως 27, 11. 159, 11. διὰ τῆς αὐλῆς ἐξίπτασθαι 160, 14.
αὐλητής 270, 23. αὐληταί 80, 12.
αὔξῆσαι 43, 15. αὐξήσαντες ὀδόντες 32, 20. τοῖχοι μετὰ τὸ πῦρ αὐξηθέντες 97, 16. αὐξῆσαι τὰς πράξεις καὶ τὸν βίον τοῦ ἰδόντος 46, 9.
αὔξησις 204, 8.
αὖος 94, 22.
ἄυπνους ποιεῖν 172, 15.
ὁ περὶ τῆς αὔριον φοβούμενος 252, 9. τὰ αὐτὰ πάσχειν ἄλλῳ 188, 4—14.
αὐτάρκη πίνειν οἶνον 60, 4.
αὐτίκα ἀποβῆναι 177, 10.
ὁ αὐτοκράτωρ 249, 3. 5. 257, 8. οἱ ἐπίτροποι τοῦ αὐτοκράτορος 257, 8.
αὐτοτελής διάνοια 238, 22. 26.
αὐτόκριτοι ὄνειροι 246, 17.
αὐτοφυέσιν ὕδασι θερμοῖς λούεσθαι 59, 3.
αὐχμός 114, 6.
ἀφαιρούμενός τι ὁ ἥλιος 135, 9.
ἀφαίρεσις 117, 22. μικροῦ τινός 207, 13. κεφαλῆς 196, 4. ἀσταχύων 271, 25.
τέλεον ἀφανεῖς ἀστέρες 136, 17.
ἀφανιζόμενος ἥλιος 134, 26.
ἀφηνιάζοντες 235, 3.
ἄφθορος 273, 13.
ἄφοβος mg 98, 25. 132, 17. 151, 3. 192, 22. 209, 28. οὐκ ἄφοβος 39, 25. ἀγαθὰ οὐκ ἄφοβα 116, 3. ἄφοβος πρὸς τοὺς φόβους 194, 5. ἀφόβως βαστάζειν 103, 11.
ἄφοδος 121, 24.
ἀφορία 92, 18. 21. 105, 2. 115, 13. 187, 20.
ἀφορμαὶ βιωτικαί 272, 18. τροφῆς 272, 2.
ἀφροδισιάζειν 7, 19.
Ἀφροδισιεύς 214; 17.
ἀφροδισίοις χαίρουσα γυνή 124, 5. δαπάναι περὶ τὰ ἀφροδίσια 44, 3.
Ἀφροδίτη 65, 24. 71, 15. 114, 2. 268, 13. Οὐρανία 130, 22. 142, 9—16. φύσις καὶ μήτηρ τῶν ὅλων νενόμισται 142, 13. μαντείας εὑρετίς 142, 15. πάνδημος 131, 5. 142, 5 —9. πελαγία 142, 16. ἀναδυομένη 142, 20. μέχρι ζώνης γυμνή 142, 13. ὅλη γυμνή 142, 25. χρυσῆ πεπεδημένη 261, 8. 10. Ἀφροδίτης νόμος ἐν μίξει 76, 24.
ἀφρόνως τι πραγματεύεσθαι 46, 21. 74, 29.
ἀφροσύνη 141, 15. 185, 11.
ἀφύη 108, 1.
ἀφυπνισθῆναι 232, 24.
ἄφωνον παιδίον τίκτειν 111, 12. γράμματα τὰ ἄφωνα 181, 21. ἀφώνως ᾄδειν 69, 19.
Ἀχαιοί 8, 23. 26.
Ἀχελῷος 131, 10. 144, 12. 247, 12.
ἄχθεσθαι 207, 17.
ἀχράδες 66, 25. 119, 17.
ἄχρηστος 260, 5. εἰς ὑπηρεσίαν 187, 3. ἄχρηστοι δαπάναι 126, 10.
ἄχρωμος ἐργασία 226, 15.
ἀχώριστος 149, 15. 254, 13.
ἄψηφοι δακτύλιοι 89, 12.
ἀώρων σωμάτων θάνατος 157, 12.
βαθμοὶ κλίμακος 147, 9.
ἐπὶ βάθρου καθεζόμενον ἵπτασθαι 161, 7.
βάκτρον κατεαγμένον 263, 11. 15.
Βάκχοι 141, 7.
περὶ βαλανείου καὶ λούτρου παντοδαποῦ 15, 23. 57, 18—59, 10. ἐν βαλανείῳ ᾄδειν 69, 23. ἀποπατεῖν 121, 16. βαλανεῖον πάλαι μὲν ἦν ὑπόμνημα πόνου ἢ πολέμου, νῦν δὲ ὁδός ἐστιν ἐπὶ τρυφήν 57, 28—

58, 7. οί πάνυ παλαιοί ούκ ήδεσαν βαλανεία 57, 18.
βαλανηφάγος mg 119, 3.
βάλανοι φοίνικος 272, 23.
βάναυσοι τέχναι 86, 11. 223, 5.
βαρβαρική έσθής 87, 17—22. βαρβαρικά γράμματα 50, 26.
βάρβαροι διατριβαί 50, 27.
τά βαρέα 210, 3. άθλείν 27, 12. 54, 19.
βαρηθήναι 71, 19. Έφιάλτης βαρών 139, 19.
βαρήσεις 21, 23.
βάρος 259, 20.
βαρύνεσθαι 153, 24.
βαρύς ό χρυσός 71, 27.
βάσανοι 18, 21. 63, 20. 66, 13. 71, 24. 26. 80, 17. 108, 6. 124, 17. 191, 17. 192, 3. οί βασάνους προσδοκώντες 82, 15.
βασιλεία mg 175, 24. ή βασιλεία άκοινώνητος 125, 15.
βασιλεύς 8, 16. 9, 2. 22, 8. 100, 14. 102, 13. 103, 10. 106, 4. 112, 11. 132, 5. 143, 22. 195, 26. 220, 5. 222, 6—13. 252, 5. ό βασιλεύς 232, 4. 257, 9. έπιστολή βασιλέως 222, 6—13. τά υπό του βασιλέως έκ του στόματος έκδοθέντα 222, 14—17. οί βασιλείς άξιόπιστοι 161, 16. βασιλεύσι μάχεσθαι 173, 1—3. έν αυλή βασιλέως 27, 11. εις βασιλέως αυλήν έλθείν 159, 11.
βασιλεύω 125, 12—24. 112, 23.
βασιλικός 125, 23. βασιλικά πρόσωπα 68, 30. βασιλική γυνή 113, 3. σκευή 125, 18.
βασιλίσκος 234, 11.
βασιλίσκος όρνύφιον 234, 22.
βάσις Ποσειδώνος 254, 11. έπί βάσεως έστώς 139, 2. 25. άγαλμα έπί βάσεως έστός 135, 12. τό τής βάσεως έπικίνδυνον 143, 4. αί βάσεις τών ποδών 139, 15.
Βασσάραι 141, 8.
βαστάζειν τινά τών δαιμόνων τών χθονίων 153, 19—25. τών ζώντων 153, 25—154, 6. μύρα 216, 7. βασταζόντων χείρες 45, 5. βαστάζων έλέφας 103, 18.
βάτος 237, 1.
βάτραχοι 110, 6. οίκείων άνθρώπων σημαντικοί 110, 10.
τό βέβαιον 143, 7. βεβαιότερα άγαθά 96, 21.
οί βελτίονες 173, 1. 206, 19. 218, 10. οί κατά τόν οίκον βελτίονες 31, 7. τοίς βελτίοσι μάχεσθαι 173, 1—3. άπό τών βελτιόνων ώφελείαι 81,

16. πρός τούς βελτίονας σύστασις 29, 17. έπί τό βέλτιον 142, 4. μετάγεσθαι 97, 17. μεταβήναι 97, 23. μεταβάλλειν 125, 7. ή έπί τό βέλτιον μεταβολή 231, 8—20. 136, 26. προκοπή 100, 9.
βία 192, 14. βία άποσπάν τά άλλότρια 237, 5. γένειον βία πρός τινος άποσπώμενον 30, 23. βία χρησάμενον λαβείν τι 189, 14. βία υπό τινων κατέχεσθαι 23, 20. 27, 4. 115, 23. 116, 8. 153, 13. 181, 6. 192, 8.
βίαιος έχθρός 104, 7. 105, 1. χειμών 104, 22. βίαιοι άνεμοι 138, 14. βίαιον ζώον 38, 20. βίαια ζώα 234, 5. βίαια πράγματα 82, 11. βίαιοι θάνατοι 33, 10. 38, 21. κίνδυνοι 22, 18. άνδρες 99, 24. βίαιος ό κύων 100, 1. βιαιότερα κακά 24, 1. τό βίαιον τών χειμάρρων 122, 21.
βιβλίον 149, 3—8. 259, 4. οί άπό βιβλίων ποριζόμενοι 149, 7.
ό Βιθυνός νεανίσκος 224, 11.
βιόδωρος 145, 2.
βίος 222, 18—223, 2. 7, 1. 42, 17. 67, 15. 20. 22. 118, 6. 12. 124, 22. 146, 24. 149, 3. βίος καί ύπαρξις 178, 5. βίος ούκ έν άσφαλεί κείμενος 97, 18. έπί τό βέλτιον μεταχθείς 97, 1. τόν βίον έπί τό ταπεινόν κατάγειν 91, 18. μεταβολή βίου 196, 6. βίος αύξανόμενος 46, 9. τό τερπνότατον τών έν τώ βίω 100, 2. τά κατά τόν βίον δύσχρηστα 89, 1. τά πρός τόν βίον εύχρηστα 98, 10. τά έν τώ βίω σκληρά 158, 16. τά έν τώ βίω μοχθηρά 38, 17. τό πέρας τού βίου 55, 21. ή τού βίου χρήσις 12, 27. διαγωγή 67, 6. άλλαγή τού παντός βίου 33, 13. άνήρ βίου δεόμενος 20, 19. τόν βίον διεξαγαγείν 69, 24. έξάγειν έαυτόν τού βίου 259, 26.
βίρρος 88, 8.
βιωτικαί άηδίαι 127, 6. άφορμαί 272, 18. χρείαι 31, 23. βιωτικά συμβόλαια 171, 7.
βλάβη 23, 12. 14. 24, 23. 35, 13. 57, 23. 59, 13. 61, 18. 87, 5. 115, 18. 23. 117, 22. 25. 118, 1. 122, 15. 135, 27. 141, 16. 142, 7. 152, 27. 172, 19. 186, 1. 188, 26. 189, 9. 14. 190, 5. 20. 218, 16. 223, 12. βλάβη άπό προπετείας λόγου 34, 3. έκ μητρυιάς 178, 17. άπό τών όνυχισάντων 24, 15. βλάβαι 31, 2. 40, 21. 44, 5. 50, 7. 57, 2. 99, 17. 102, 23.

103, 13. 117, 14. 120, 14. 124, 18. 145, 24. 147, 23. 156, 5. 181, 4.
βλάβαι κτημάτων 99, 14.
βλάπτω 133, 29. βλαβῆναι 46, 21. μεγάλα 121, 3. οἱ μὴ βλάπτοντες ἢ μὴ βλάψαντες 208, 8.
βλαστοὶ δένδρων 94, 23.
βλέννος 110, 2.
οἱ βλεπόμενοι 208, 7.
βλέφαρα mg 218, 12.
βλίτυρι 204, 14.
βόεια κρέα εὐτελῆ 63, 20.
βοήθεια 179, 8. βοηθείας ἐπιδεῖσθαι 153, 27.
Βοιωτοί 241, 6.
βόμβος μελιττῶν 115, 2.
βόρβορος 270, 15.
βουβῶνες 43, |24 — 44, 1. τὰ μέχρι βουβώνων 41, 18—21.
βουλεύματα ἀπόρρητα 43, 9.
βουλή 143, 21.
βουνιάς 62, 5.
βοῦς 102, 1. 235, 2. 4. ἐτυμολογούμενος 102, 2. ὄπισθεν ἐπιβαίνει 79, 6. βοὸς κέρατα ἔχειν 38, 20—23. ἐπὶ βοὸς μέλανος ὀχεῖσθαι 264, 6.
βοῦς ἰχθύς 109, 18.
τὰ βραδέως ἢ ταχέως φυόμενα καὶ αὐξόμενα 209, 10—16. 236, 25. βράδιον 34, 10. 112, 9. 177, 12. 209, 12. 213, 1. 236, 25. 252, 13. βραδύτερα τὰ ἀγαθά 116, 4. 16.
βραδυπλοέω 221, 1.
βραδύτης 176, 4. βραδύτητες 101, 14.
βραχίονες 40, 1.
τὰ βραχέα 209, 24. ἐπίγονοι βραχεῖς 179, 5.
βρέφη 211, 15. παιδία παντελῶς βρέφη 19, 11—20, 2. βρέφη δύο μέλανα θηλυκά 262, 10. τὰ βρέφη οὐ βαδίζει 18, 3. ἐσχισμένοις ἐνειλεῖται ῥάκεσι καὶ χάμαι τίθεται 18, 8. ἀργὰ καὶ ἐνειλημένα τὰς χεῖρας τυγχάνει 17, 7. ὑπὸ ἄλλων ἄρχεται ὧν οὐ κατὰ γνώμην αὑτοῖς 17, 20. οὐκ ἄρχει ἑαυτῶν, κἂν ἐλεύθερα ᾖ 18, 18. οὐκ ἔστιν ἀναθρέψαι τὰ βρέφη ἄνευ μεριμνῶν 19. 14. συγγνώμης ἀξιοῦται, κἂν ἁμάρτῃ 18, 18. τὰ ἀρρενικὰ βρέφη ἀνατραφέντα οὐδὲν παρὰ τῶν γονέων λαμβάνει, τὰ δὲ θηλυκὰ προικὸς ἐπιδεῖται 19, 19.
βροντὴ χωρὶς ἀστραπῆς 92, 6. ἀπειλῇ προσείκασται 92, 10. βρονταί 94, 8.
βρόχοι mg 98, 17.

βρωτά 215, 3.
βύας 194, 3.
βύρσα 102, 7.
βυρσεῖς 235, 11.
βυρσοδεψέω 49, 12.
βυρσοδέψης 113, 7. ὁ βυρσοδέψης νεκρῶν ἅπτεται σωμάτων καὶ τῆς πόλεως ἀπῴκισται 49, 13.
βωμολόχος 2, 14. 110, 6.
βωμός 39, 9. παρὰ βωμῷ θεοῦ 151, 24. βωμῶν ἀναστάσεις 229, 24:
γάλα ἔχειν ἐν τοῖς μαζοῖς 20, 13. γάλακτι χρῶνται οἱ τέλειοι, ὅταν νοσοῦντες τροφῇ μὴ δύνωνται χρῆσθαι 20, 11. ἐν γάλακτι εἶναι ὥσπερ οἱ παῖδες 20, 3—12. γάλα ἐν γαυλῷ 240, 14. ἐν λεκάνῃ 240, 15. παρθένου γάλα 214, 5.
γαλεός 109, 19.
γαλῆ 179, 25—180, 4. κερδὼ καλεῖται 180, 2. ἰσόψηφος γαλῆ καὶ δίκη 179, 26. ὅ τι ἂν λάβῃ, τοῦτο σήπει 180, 1. συμβάλλει τὸ στόμα πρὶν μιγῆναι 79, 8.
γαλήνη 45, 2. 117, 13.
γάλλοι 162, 15. γάλλους ὁρᾶν 224, 24. 225, 2.
γαμεῖσθαι ἄλλῳ 221, 21—222, 5. γυνὴ ἄλλῳ γαμουμένη 156, 26. 157, 1. γαμεῖν 146, 1. γήμασθαι 259, 11. 261, 10. διιστάναι γεγαμηκότας 94, 17. ὁ γαμῶν 105, 2. ὁ γῆμαι ἐθέλων 49, 11. 206, 15. ὁ γῆμαι βουλόμενος 90, 25. 133, 11. 142, 30. ὁ γῆμαι προῃρημένος 28, 14. 48, 25. 49, 23. 142, 8. 175, 2. 189, 17. 190, 7. γυναῖκες γήμασθαι προῃρημέναι 133, 18.
γάμος 150, 12. 156, 15—157, 9. 211, 16. 222, 2. 13, 5. 20, 16. 21. 47, 8. 51, 14. 53, 8. 89, 21. 96, 17. 101, 6. 20. 109, 1. 128, 14. 145, 3. 149, 15. 150, 11. 152, 10. 155, 20. 158, 8. 191, 22. 192, 20. 203, 12. 212, 19. 220, 13. 223, 23. 261, 10. γάμοι 50, 8. 142, 11. 171, 7. 191, 11. 208, 2. παρθένος πρὸ πολλοῦ τῆς ὥρας τῶν γάμων οὖσα 20, 18. γάμος καὶ παίδων γονή 117, 18. κοινωνία καὶ γάμος 118, 5. γάμοι ἐλευθέρων γυναικῶν 71, 5. λύσις γάμου 79, 21. 83, 4.
γάρον πίνειν 60, 18. γάρος οὐδὲν ἄλλο ἐστὶν ἢ σηπεδών 60, 19.
γαστὴρ δανειστοῦ σημαντικὴ 61, 24. δεσπότης ἀπότομος καὶ ὠμός 68, 15. τὴν γαστέρα λύειν 108, 23. ἐκταράσσειν 61, 22. ἐν γαστρὶ

INDEX RERUM. 287

ἔχειν 20, 5. 30, 16. 79, 22. 107, 1. 111, 11. 157, 3. 181, 8. 243, 6. 250, 17. 251, 6. 262, 10.
γαυλός 240, 15.
γελᾶν 7, 20. γελῶσα παρθένος 148, 11.
γελοῖα ᾄσματα 178, 15. γελοίως περιβεβλῆσθαι 178, 7.
γέλως 42, 19.
γελωτοποιοί 69, 17. 178, 9. ξυροῦνται τὴν ὅλην κεφαλήν 23, 24.
ΓΕΜΙΝΟΣ Ὁ ΤΤΡΙΟΣ 148, 22.
γενεά 220, 21. ἀνθρωπίνη 162, 18—163, 4. ἡ τοῦ ἰδόντος τὸν ὄνειρον 66, 18. οἱ δύο γενεῶν 162, 19.
γενεθλιαλόγοι 162, 2.
γένειον 30, 9—31, 2. καόμενον λαμπρῷ πυρί 262, 22. γένειον ἔχειν ἐν τῇ δεξιᾷ μόνον παρειᾷ 250, 15. γυνὴ γένειον ἔχουσα 30, 12. γένεια φέρειν 30, 21.
γένεσις 204, 8. ὄνειροι κατὰ γένεσιν τὴν ἑκάστου θεωρούμενοι 238, 8.
γενέτειρα πάντων ἡ γῆ 78, 14.
γενικὸς τρόπος 10, 12. 14—12, 4.
γεννᾶσθαι 15, 18. ὑπὸ γυναικὸς ἡστινοσοῦν 17, 14.
οἱ ἀπὸ γένους 220, 20. τὰ μὴ ἐκ τοῦ αὐτοῦ γένους 251, 12.
γερανός 114, 4. 235, 7. 9. περὶ τροπὰς ὡρῶν ἀποδημεῖ τε καὶ μετανίσταται 114, 8.
γέρων 209, 7—9. εἰς γέροντα μεταβάλλειν 46, 17. 19. οἱ γέροντες 8, 22.
Γέται ἐπὶ μεσημβρίαν οἰκοῦσιν 14, 10. στίζονται παρὰ Γέταις οἱ δοῦλοι 14, 9.
γεφύραν γεγονέναι 242, 22—243, 4.
γεωμέτρης 50, 12.
γεωμετρία 50, 11.
γεωργέω 48, 24. ὁ γεωργεῖν ἐθέλων 77, 20.
γεωργία 16, 4. 117, 15—118, 19. 101, 17. 203, 11.
γεωργός 41, 8. 66, 25. 70, 26. 71, 13. 77, 23. 91, 22. 92, 3. 105, 1. 114, 25. 115, 9. 12. 120, 16. 131, 23. 133, 14. 140, 25. 142, 13. 144, 28. 145, 21. 171, 18. 187, 20. 209, 18. 269, 4.
Γῆ 133, 15.
γῆ 144, 32. 145, 21. 205, 7. κινουμένη 146, 24. πῦρ εἰς γῆν καταφερόμενον 92, 22. πρὸς τῇ γῇ τὴν κεφαλὴν ἔχειν πετόμενον 160, 21. τῆς γῆς ὀλίγον ἢ πολὺ ἀπέχειν ἱπτάμενον 158, 19. 159, 6. εἰς γῆν κατιὼν ἥλιος 134, 21. ἀστέρες μεταπίπτοντες εἰς γῆν 137, 15. ἐπὶ γῆς ὕπτιον ἢ πρηνῆ ὑπὸ κεραυνοῦ καταφλέγεσθαι 95, 24. τὴν γῆν μητέρα καλοῦμεν 77, 18. ἡ γῆ τροφὸς πάντων καὶ γενέτειρα 78, 14. κοινὴ πάντων πατρίς 18, 6. 35, 5. 150, 24. περὶ γῆς μάχη 55, 15. 56, 9. περὶ γῆς καὶ τῶν ἐν γῇ δικάζεσθαι 95, 1. οἱ περὶ γῆς δικαζόμενοι 36, 19. 61, 25. 77, 20. 151, 4. ὁ γῆν πρίασθαι βουλόμενος 77, 20. 144, 20. 151, 5. οἱ γῆν κτήσασθαι προῃρημένοι 144, 29. οἱ διὰ γῆς ἐργαζόμενοι 48, 1. οἱ ἰδίαν γῆν γεωργοῦντες 156, 1. τῇ γῇ διδόναι 181, 5. εἰς τὴν γῆν κατατίθεσθαι 150, 24. οἱ ἐν γῇ ὄντες 140, 5. γῆς παῖδες 171, 24. γῆς πρόσκτησις 156, 1.
γῆθεν 261, 16. 266, 4.
γήϊνος 91, 1. 146, 11.
γῆρας 46, 1. 211, 19. εἰς γῆρας ἀφικέσθαι 47, 24. πενία ἐν τῷ γήρᾳ 23, 6. γήρας ὄψεως 261, 19. ἀποδιδύσκεσθαι τὸ γῆρας 106, 5. 108, 12. 15.
γιγαντομαχία 230, 7.
τὰ γενόμενα πάντως ἀποβαίνει, τὰ δὲ γινόμενα ἤτοι ἀποβαίνει ἢ οὔ 211, 1. ἐφ' ἑαυτῷ γενέσθαι 30, 21.
Γλαῦκος 144, 3—5.
γλαῦξ 194, 3. 235, 14.
γλήνη 145, 6.
μῆλα ἐαρινὰ γλυκέα 65, 21.
γλῶσσα 33, 20—34, 20. mg 218, 12. διπλῆ γλῶσσα 243, 8. τὴν ἑαυτοῦ γλῶσσαν ἐσθίειν 177, 24. ἄλλοις παρέχειν ἐσθίειν 177, 21. ὀδόντας τῇ ἑαυτοῦ γλώσσῃ ἐκβάλλειν 158, 16. διὰ τῆς γλώσσης ἐμφαίνειν τὸ μὴ ἄγριον 106, 11.
γνήσιοι παῖδες 175, 18.
γνώμη 180, 20. τῆς γνώμης τὸ τολμηρότατον 127, 22. κατὰ γνώμην 17, 21. πράττειν 184, 3. τὸ κατὰ γνώμην τοῦ πατρὸς ζῆν 187, 3. τὰ κατὰ γνώμην πραττόμενα 142, 2. τὰ κατὰ γνώμην 85, 10. ἀπὸ γνώμης 178, 20.
γνώριμος 39, 20. 188, 24. 202, 14. 245, 19. 6, 6. 112, 22. 177, 5. 188, 4. περαίνεσθαι ὑπό τινος γνωρίμου 74, 9. γνωρίμῃ γυναικὶ μιγῆναι 73, 25. ὑπὸ γνωρίμου κολακεύεσθαι 210, 17. γνώριμος ἀνὴρ ἢ γυνή 80, 9. γνωρίμῃ γυνῇ 20, 4. γνωριμώτατοι ἄνδρες 9, 17. οὐ

γνώριμος 56, 15. ἀνὴρ οὐ γνώριμος 64, 10.
γόγγρος 109, 17.
γογγύλη 62, 5.
γόης 2, 13. 104, 13. 110, 6. 25. 234, 23.
γοητεύω 161, 25.
γονὴ παίδων 117, 18. 133, 25. 175, 18. 212, 19.
γονεῖς 12, 13. 252, 6. 26, 25. 41, 22. 42, 25. 181, 1. 220, 2. 239, 25. 244, 20. οἱ γονεῖς αἴτιοι τοῦ τὸ φῶς ὁρᾶν 27, 2. ἀξιόπιστοι 161, 17. ὁ γονέας ἔχων 36, 3. γονέων στερηθῆναι 41, 24. γονέων ἔρημος 229, 17.
γόνατα 44, 6—20. εἰς γόνατα κειμένη μιγῆναι τῇ μητρί 78, 10. γόνατα καλάμου 44, 15.
γοργὸν ἐμβλέπουσα παρθένος 148, 12. Γοργώ 241, 8.
γραῖα 113, 18. mg 217, 2.
γράμματα 181, 19—182, 6. 16, 12. 15. μανθάνειν 50, 13. γραμμάτων ἀριθμός 258, 23. δικαιώματα καὶ γράμματα mg 256, 7. γραμμάτων ἐπιλαβέσθαι ὑπὸ τοῦ ἀντιδίκου γεγραμμένων 56, 14.
γραμματεύς 126, 3.
γραμματεύω 125, 26—126, 4.
γραμματική 202, 16.
γραμματικός 202, 15. 211, 20. οἱ γραμματικοί 195, 18.
γραπτὴ εἰκών 180, 23.
γραῦς 217, 2—5.
γραῦς ἰχθύς 108, 17.
γράφειν ὀνείρους 9, 4.
γραφεῖς 40, 22.
γραφὴ δημοσίων ἀδικημάτων 11, 8. 256, 7. 257, 26.
γρῖπος 107, 13.
γυμνάσιον 6, 7. 15, 23. 52, 4—14. 254, 21. 255, 1. γυμνασίου ἐκβάλλεσθαι ὑπὸ τοῦ στρατηγοῦ τῆς πόλεως 260, 20.
γυμνικά 54, 5.
γυμνός 152, 9. γυμναὶ γυναῖκες τρεῖς 148, 14. Ἄρτεμις γυμνή 133, 2.
γυμνοῦσθαι 88, 16.
γυναικεία ἐσθής 87, 10—17. 200, 19. ἐργασία 117, 26. ἀνὴρ γυναικείαν φύσιν ἔχων 250, 24.
γυναικονομέω 126, 4—6.
γυναικώδης ἀνήρ mg 104, 20.
γυναικωνῖτις 97, 5.
γυνή 7, 26. 25, 5. 40, 12. 42, 14. 18. 26. 48, 26. 67, 12. 97, 3. 21. 99, 11. 13. 113, 3. 117, 25. 118, 11. 21. 123, 19. 127, 23. 135, 16. 147, 14. 148, 27. 154, 2. 156, 1. 173, 18. 23. 175, 4. 182, 7. 183, 7. 209, 20. v. κνήμη. 220, 3. v. αἰδοῖον. 228, 13. τέχνης σημαντικὴ ἢ πραγματείας ἧ οὐ προΐσταται καὶ ἄρχει ὁ ἰδών 7, 3. 5. 72, 15. 226, 16. γυνὴ παιομένη 149, 19. γυναικῶν ἐσθίειν 64, 24. ἡττᾶσθαι γυναικῶν 14, 6. γυναικὶ τῇ ἑαυτοῦ μιγῆναι 72. 13. γυνὴ γυναῖκα περαίνουσα 81, 8. ὑπὸ γυναικὸς περανθεῖσα 81, 10. μιγεῖσα τῷ ἑαυτοῦ παιδί 265, 25. περιπλεκομένη τῷ ἀνδρί 266, 10. ὑπὸ γυναικὸς διώκεσθαι 259, 8. εἰς γυναῖκα μεταβάλλειν 46, 24. γυναικὸς ἔργα 75, 25. ὑπομένειν 262, 15. στερηθῆναι γυναικός 17, 22. 18, 22. 21, 2. 36, 6. 81, 2. 87, 14. 121, 11. γυναικῶν ὄλεθρος 97, 17. 98, 5. γυναῖκες φύσει εἰσὶ φιλόπλουτοι ὥσπερ καὶ φιλόκοσμοι 89, 25. γυνὴ θερμοτέρα γίνεται ἔγκυος οὖσα 98, 12. οὐδὲν οὕτω τὸ σῶμα θερμαίνει ὡς πῦρ καὶ γυνή 94, 66. γυνὴ χωρισθεῖσα τοῦ ἀνδρός 30, 14. 81, 11. ὁ γυναῖκα ἔχων 18, 21. οἱ περὶ γυναικὸς φροντίζοντες 65, 23. ὠφελεῖαι ἀπὸ γυναικῶν 66, 11.
γύροι οἱ περὶ τοὺς ὄρους 118, 15.
γύψ 113, 7—11. 235, 12. γῦπας οὐκ ἀναιροῦσιν ἐν Ἰταλίᾳ καὶ τοὺς ἐπιτιθεμένους αὐτοῖς ἀσεβεῖν νομίζουσιν 14, 17.
Δαίμων 11, 18. ὁ τοῦ ζῆν αἴτιος 262, 3. Δαίμονες 146, 17. 198, 9. οἱ χθόνιοι 131, 13. οἱ περὶ Σάραπιν καὶ Ἑκάτην καὶ Ἐρινύας 145, 16. οἱ περὶ Πρωτέα καὶ Φόρκυν 144, 4. ὑπὸ δαίμονος διακόμενον ἵπτασθαι 160, 8.
τὸ δαιμόνιον 20, 9.
δάκνοντες κύνες 99, 16. 19. δάκνουσαι ἀσπίδες καὶ ἔχιδναι 106, 21. δάκνουσα λέαινα 102, 23. δηχθῆναι 153, 24.
δάκρυα 190, 12.
δακρύειν 155, 6—16.
δακτύλιοι 89, 9—19. τῶν πεπιστευμένων τὸν οἶκον 90, 15. τὸν δακτύλιον ἐκβαλεῖν 260, 3.
δάκτυλοι χειρῶν 40, 21—26. ξύλα ἐκ τῶν δακτύλων πεφυκότα 233, 3. ἐκ δακτύλων δύο περὶ μίαν 56, 12. δακτύλων θέσις τὸ οὐδὲν σημαίνουσα mg 155, 5.
δάκτυλοι φοίνικος 272, 21.

INDEX RERUM.

Δαλδία mg 168, 6.
Δάλδις 196, 23.
Ἀπόλλων ὁ Δαλδιαῖος 168, 6.
Δαλδιανός 196, 19.
οἱ δανείζοντες 40, 23. δανείσασθαι 19, 20. δανειζόμενον μὴ ἔχειν δακτύλους 40, 25.
δάνειον 184, 17—27. 184, 15. δάνεια 90, 22. 116, 23. δάνειον ἀποδοῦναι 19, 23. δάνεια διαλύειν 79, 25. 190, 22. δανείων ἀπαλλάττειν 147, 2. δάνεια ἀποπλύειν 226, 3.
δανειστής 184, 19—27. 21, 15. 20. 28, 17. 40, 26. mg 116, 23. 117, 9. δανεισταί 19, 6. 36, 16. 42, 20. 136, 4. 202, 22.
δαπάναι 20, 15. 125, 4. 126, 10. ἄκαιροι 55, 8. περὶ τὰ ἀφροδίσια 44, 3.
δαπανᾶν 225, 21—226, 5. δαπανῆσαι τὰ χρήματα εἰς τροφάς 33, 11.
δασεῖαι ὀφρύες 26, 11.
δασύνεσθαι 39, 9.
δάφνη 119, 5. 236, 18—21. τοῖς ἀποθανοῦσιν οὐδαμῶς συνεκφερομένη ibid.
δάφνινος στέφανος 71, 12.
δαψίλεια βίου 68, 14.
οἱ δεδεμένοι 88, 13. 130, 13. 161, 4. 182, 9. ἀνὴρ δεδεμένος ὀρχούμενος 69, 8. δήσας τινὰ δράκων 106, 13.
ὁ δεδιώς 3, 10.
οὐδὲν διαφέρει εἰς πρόγνωσιν ἡ δείλη ἑσπέρα τῆς δείλης πρωίας 13, 20.
δειλός 105, 14. 234, 7. δειλὰ ζῷα 234, 6.
δεῖμα τῆς ψυχῆς 57, 24. δείματα 187, 24.
Δείμος 131, 14. 145, 22.
τὰ δεινά 135, 8. 139, 4. 140, 6. 28. 178, 18. τὰ περιέχοντα δεινά 174, 5. δειναὶ πραγματεῖαι 174, 13. ἐπάγειν τι τῶν δεινῶν 35, 13. ὑπομένειν τὰ δεινά 39, 1. διαλύειν τὰ δεινά 63, 23. τὰ παρόντα δεινὰ ἀποθέσθαι 19, 3. δεινότεραι ἐπιθέσεις 99, 22. δεινότερον 53, 17.
δεῖπνα ποιεῖν 127, 8. τοὺς ἀναρτήσαντας ἑαυτοὺς οὐ καλοῦσιν οἱ προσήκοντες ἐν νεκρῶν δείπνοις 11, 10.
δειπνεῖν v. Κρόνος. 12, 23. δειπνεῖν παρ᾽ ἑαυτῷ 201, 27.
δειπνίζειν 271, 4.
δέκα ἔτη 255, 14.
Ἀπόλλων ὁ Δελφίνιος 133, 8.

ARTEMIDORUS.

δελφίς 110, 13. 18.
δένδρα 118, 20. 120, 5. 236, 13—237, 6. δένδρων βλαστοί mg 94, 23. δένδρα κεκεραυνωμένα 94, 22. παλαιά 209, 26. δένδρων τὰ πρὸ τῆς οἰκίας καόμενα 98, 3—7. δένδρον γίνεσθαι δικροῦν 268, 20.
δενδροφορεῖν 141, 13.
δεξαμενή 58, 21.
δεξιός 146, 28. τὰ δεξιά mg 218, 12. χεὶρ ἡ δεξιά 7, 25. 40, 7. 10. 272, 21. 31. σημαίνει ὃν ἐν τῇ συνηθείᾳ λέγομεν ὅτι ἡ δεξιὰ χείρ ἐστι τοῦ δεινός 40, 11. τραῦμα ἐν τῇ δεξιᾷ χειρὶ γενόμενον 184, 14. τὴν χεῖρα τὴν δεξιὰν συντριβῆναι 266, 23. δεξιὰ παρειά 250, 15. δεξιὸς ὀφθαλμός 28, 8. πούς 188, 11. 268, 2. ὦμος 260, 26. μαζός 260, 24. 261, 1. δεξιοὶ ὀδόντες 31, 10. 13. ὁ δεξιὸς τοῖχος 97, 10. τὸ δεξιὸν μέρος τῆς κεφαλῆς ψιλωθέν 23, 10. Ἴρις δεξιὰ ὀρωμένη 138, 4.
δεόμενος 123, 12.
πλέον τοῦ δέοντος 40, 23. τὰ πρὸ τοῦ δέοντος γενόμενα 211, 18—212, 2.
εἰς δέος πίπτειν 69, 10. ὑπὸ τοῦ δέους 232, 23.
δέσις 152, 11. 220, 13. δέσεις 208, 4.
δεσμά 41, 7. 16. 43, 11. 45, 8. 72, 4. 87, 6. 90, 23. 106, 13. 125, 16. 145, 29. 151, 12. 172, 3. 174, 21. 192, 3. οἱ ἐν δεσμοῖς 20, 8. 27, 4. 38, 24. 174, 3. 176, 22. δεσμὰ διαλύειν 190, 23. 200, 25. δεσμῶν ἀπαλλάττειν 147, 2.
δεσμεύειν 182, 5. 192, 17.
δέσμιοι κύνες 99, 5.
δεσμοφύλακες 192, 16.
δεσμῶται 86, 20.
δεσμωτήριον 12, 23. εἰς τὸ δεσμωτήριον εἰσελθεῖν 192, 13.
δεσπόζειν γῆς 144, 29. ὁ δεσπόσων τινός 258, 10.
δέσποινα 239, 4. 271, 27. οἰκίας 97, 9.
δεσπότης 221, 12—18. 244, 12—21. 252, 6. 8. 19. 17, 25. mg 97, 6. 100, 13. 102, 14. 103, 10. mg 106, 4. 112, 25. 122, 8. 12. 175, 4. 184, 25. δεσπότης οἰκίας 97, 9. 10. ἐργοδότης 54, 13. δεσποτῶν ὄλεθρος 98, 2. 5. 201, 8. δεσπότης ἀποθανών 258, 6. ἀπειλὴ δεσποτῶν 122, 12.
δεσπόταις μάχεσθαι 173, 1—3. ὑπὸ τοῦ δεσπότου βαστάζεσθαι 154, 4. ἐν τῇ οἰκίᾳ τοῦ δεσπότου

19

πέτεσθαι 160, 11—16. πάντες οί θεοὶ δεσπότας σημαίνουσιν 135, 22. χάριτι τῶν δεσποτῶν ἐλευθερωθῆναι 53, 4.
ἐκ δευτέρου ἀποθνήσκειν 156, 8—11.
δέφειν 74, 19. 22.
οἱ δημαγωγεῖν προηρημένοι 185, 2.
δημαγωγός 21, 23. 72, 1. 76, 24. 175, 12.
Δημήτηρ 71, 14. 106, 9. 131, 11. 144, 25—145, 7. Δήμητρος καρπός 206, 7. 14.
ΔΗΜΗΤΡΙΟΣ Ὁ ΦΑΛΗΡΕΤΣ 148, 23.
δήμιοι 192, 15—18.
δεδημιουργημένος 132, 23. δημιουργῶν 115, 4.
δῆμος 9, 10. 75, 17. 127, 1. 190, 21. δῆμον καταφρονεῖν 227, 10.
δημοσίᾳ 151, 24.
δημόσια 126, 5. δημοσίας τυγχάνειν τιμῆς 188, 21. 269, 13. δοῦλος δημόσιος 258, 16. δημόσιον χωρίον 120, 22. δημόσιοι ὄνειροι 202, 11. κατακριθῆναι τὴν εἰς ἔργον δημόσιον καταδίκην 23, 17. τὸ δημόσιον 123, 11.
δημότης 102, 13.
διαβάλλειν τινί τινα 123, 13.
διαγρυπνεῖν νύκτωρ 230, 18.
διάδημα mg 21, 17. 87, 7. 125, 18. 199, 9.
διαδοχή 271, 13.
διάδοχος τῆς οὐσίας τοῦ πατρός 261, 30.
διάθεσις 272, 10.
διαιρέσεις ὑπὸ σιδήρου γινόμεναι 62, 7.
οἱ διαιτώμενοι 126, 7.
διακεκορευμένη γυνή 156, 24.
διακριθῆναι 255, 10.
διαλύειν φίλους καὶ ἀδελφούς 150, 19. διαλύειν τι τῶν ἐν τῷ βίῳ μοχθηρῶν 38, 17. τὰ διαλυόμενα 147, 1. διαλυόμενα τὰ περὶ τὸν τράχηλον 90, 10.
διανεύω 68, 26.
διανήξασθαι 123, 3.
διάνοια αὐτοτελής 238, 22. 239, 1.
διαπόντιος 191, 21. διαπόντιοι ἀγγελίαι 116, 13. 171, 4.
διαρρεῖν 237, 10.
διάσημος 262, 23. 264, 15. 18.
διάστροφος τοὺς ὀφθαλμούς 267, 5.
διασυρμός 178, 8.
διατίθεσθαι τὰ φορτία 19, 8. 32, 18.
διατριβαί 128, 1. ἐν ταῖς αὐταῖς διατριβαῖς 153, 7.
διαυλοδρόμος mg 214, 13.

δίαυλος 55, 22.
τὸ διαφανές 61, 4.
μάντις διαφέρων 267, 20. οἱ κατὰ τὸν οἶκον διαφέροντες 31, 7.
διαφεύγειν 18, 11. 209, 29.
διαφθείρειν τὸν ἀγῶνα 58, 26. αἷμα διεφθορός 35, 6. cf. 34, 21.
διαφυγή 153, 15.
διαχρήσασθαι mg 103, 13. ἑαυτόν 266, 1.
διδασκαλία τεχνῶν καὶ ἔργων καὶ ἐπιτηδευμάτων 48, 14—51, 5.
διδάσκαλος 100, 12. 210, 11. 244, 20. οἱ διδάσκαλοι ἀξιόπιστοι 161, 18. εἰς διδασκάλου πέμπειν υἱόν 75, 4.
διδόναι τι 206, 8. 18. θεοὺς ὁρᾶν Ὀλυμπίους διδόντας τι ἀγαθόν 12, 11. ἥλιος διδούς τι ἀγαθόν 134, 25. 135, 9. διδούς τι ὁ Ἐφιάλτης 139, 21. ἀετός 117, 18. διδόντες τι οἱ νεκροί 154, 15. διδούς τι δράκων ἢ λέγων 106, 10.
δίδυμα βρέφη 228, 22.
διειδὲς ὕδωρ ἔχοντες ποταμοί 59, 7. 122, 6.
διεκπερᾶν ὄρη καὶ ὕλας 124, 19.
οἱ διέπειν τὰ ἀλλότρια ἐθέλοντες 189, 26.
διιστάναι 150, 18. τὰ διεστῶτα 111, 18.
δικάζεσθαι 95, 1. 128, 9. 239, 13. οἱ δικαζόμενοι 88, 9. 104, 23. 122, 7. 140, 3. 243, 1.
τὰ δίκαια τῶν μαχομένων 128, 11.
οἱ δικαιοπραγοῦντες 41, 14. 51, 21. 145, 17.
δικαιώματα 256, 7.
δικασταί 125, 3—10. 122, 8. 12. 20. 175, 6. 243, 2. 3. 255, 11. 62, 23. ἐν τῇ τοῦ δικαστοῦ χώρᾳ καθέζεσθαι 125, 8.
δικαστήρια 125, 3—7.
δίκελλα 204, 22.
δίκη 16, 4. δίκη καὶ γαλῆ ἰσόψηφα 179, 26. δίκαι 147, 21. 18, 14. 69, 2. 140, 5. δίκαι αἱ περὶ ἐπιτιμίας 94, 25. δίκαι γραφεῖσαι 11, 7. οἱ δίκην ἔχοντες 25, 8. 30, 16. 65, 15. 86, 3. 125, 8. 10. 175, 5. 228, 2. 249, 3. 255, 8. 17. δίκην ἔχειν περὶ παιδός 246, 9. δίκην ἔχοντα νοσεῖν 228, 2. οἱ ἐπὶ δίκην πορευόμενοι 140, 13. οἱ ἐν δίκαις φεύγοντες 105, 13. δικῶν ἐπαγωγή 42, 7.
δικολόγοι 125, 3—11.
δικροῦν δένδρον 268, 20.
δίκτυα 207, 23.
διμάχαιρος 129, 8.

INDEX RERUM. 291

Διογένης ὁ ναύκληρος 218, 3.
διογκωθῆναι 18, 20.
Διόγνητος 250, 14.
διοικονομεῖν τὴν οὐσίαν ἐπιτραπεῖσαν ὑπὸ τοῦ δεσπότου 240, 10.
Διοκλῆς ὁ γραμματικός 245, 4.
Διόνυσος 131, 5. 140, 25—141, 18. ἐτυμολογούμενος 140, 29. ὁ φυσικὸς λόγος τοῦ Διονύσου 141, 3. τριετηρίδες τῷ Διονύσῳ ἄγονται ἑορταί 225, 11. χορεύειν τῷ Διονύσῳ 225, 9. Διονύσου καρπός 206, 7. οἱ περὶ τὸν Διόνυσον τεχνῖται 22, 9. 62, 3. 72, 3. 86, 26. 87, 8. 139, 16. 140, 27.
ΔΙΟΝΥΣΙΟΣ Ο ΗΛΙΟΤΠΟΛΙΤΗΣ 157, 15.
Διόσκοροι 131, 4. 140, 4—7. 148, 10.
τὰ διπλᾶ πάντα τά γε παρὰ φύσιν στάσεώς ἐστιν σημαντικά 29, 23. διπλᾶ τὰ ὄντα γενόμενα 43, 16. διπλᾶ τὰ σημαινόμενα 42, 24. διπλῆ γλῶσσα 243, 8.
διπλοῦσθαι 42, 23.
δίσκος 55, 9.
διττά 37, 14—21.
διυλίζω 231, 3.
διυπνίζω 66, 1. διυπνίζεσθαι 124, 21. 160, 4. διυπνισθῆναι 172, 6. 232, 6. διυπνισθῆναι μεταξὺ κολυμβῶντα 123, 4.
ἐπὶ δίφρου καθεζόμενον ἵπτασθαι 161, 7. δίφρους ὁρᾶν λοχείους 268, 16.
διχάζειν 50, 6. δεδιχάσθαι 62, 24.
διχόνοια 188, 25. διχόνοιαι 50, 7.
διψάς 107, 7.
δίψῃ συσχεθῆναι 187, 18.
τὸ διψῆν οὐδὲν ἄλλο ἐστὶν ἢ ἐπιθυμεῖν 60, 23. ὁ διψῶν 3, 12. διψῶντα πίνειν 60, 20.
διώκειν 11, 16. 129, 2. τὰ τοῦ διώκοντος ὅπλα 128, 13. διώκεσθαι ὑπὸ γυναικός 259, 8. διώκων ταῦρος 102, 4. ἐλέφας 103, 13.
δνοφερὸς ἀήρ 91, 13.
δοκίδες 131, 1. 137, 28.
δόλιοι ἄνθρωποι 173, 21.
ὁ δόλιχος 55, 23. 24.
οἱ μετὰ δόλου τι πράττοντες 208, 5. δόλοι 65, 13. 89, 15. 27. 92, 7. 99, 18. 107, 17. 108, 4. 144, 4. 171, 11.
δόλων 107, 16.
δόξα 231, 15.
δόρυ 127, 20.
οἱ διὰ δόσεως καὶ λήψεως ποριζόμενοι 39, 24.
δουλεία 22, 20. 26, 1. 38, 11. 43, 11. 66, 14. 175, 25. 180, 18. πλείων 47, 11. δουλεῖαι 53, 15. ὁ ἐν δουλείᾳ ὤν 174, 3. τῷ δουλείας ἀπαλλακτῶντι 86, 4.
δουλεύειν κατ' ἀνάγκην 258, 8.
δούλη 40, 13. 47, 11. 97, 20. γυνὴ δούλη 244, 1. δούλην περαίνειν 74, 15. δούλῃ ἰδίᾳ μιγῆναι 73, 17.
δοῦλος 221, 12—18. v. πούς. 17, 25. 19, 2. 21, 25. 25, 7. 32, 14. 44, 23. 47, 1. 14. 19. 71, 22. 88, 5. 102, 5. 14. 112, 24. 115, 23. 117, 20. 125, 20. 129, 21. 150, 8. 151, 20. 152, 12. 155, 17. 160, 11. 175, 2. δοῦλοι 45, 20. 52, 21. 54, 26. 63, 20. 86, 20. 87, 2. 88, 13. 91, 24. 108, 6. 118, 24. 122, 7. 124, 17. 125, 25. 126, 3. 128, 5. 133, 26. 141, 14. 149, 14. 152, 24. 158, 26. 159, 10. 191, 17. 210, 19. δοῦλοι Ἑλλήνων 86, 7. δοῦλος ἐν πίστει ὤν 36, 22. δοῦλος δημόσιος 258, 16. 18. εἰς δοῦλον κατακριθῆναι 50, 25. εἰς δοῦλον καταδικασθῆναι 242, 16. γυνὴ δούλῳ συνοικοῦσα 79, 25. δοῦλον ὄντα στρατεύεσθαι 13, 3. δοῦλον περαίνειν 74, 15. δούλῳ ἰδίῳ μιγῆναι 73, 18. δοῦλος ὀρχούμενος 69, 5. δοῦλοι ἐλευθερωθέντες 55, 20. 272, 27. δοῦλος φανὸς γενόμενος 257, 21. δοῦλος σφαιρίζων μετὰ τοῦ Διός 244, 15. δοῦλος ᾠὸν λαβὼν παρὰ τῆς δεσποίνης 271, 27. δοῦλοι κεκεραυνωμένοι 93, 20. δοῦλοι Ῥωμαίων 86, 12. τὴν αὐτὴν τοῖς δεσπόταις ὡς ἐπὶ τὸ πλεῖστον ἐσθῆτα ἔχουσι 86, 14. δοῦλος δέφων τὸν δεσπότην 74, 19. δοῦλος δεφόμενος ὑπὸ τοῦ δεσπότου 74, 22.
δράγμα 118, 8.
δράκων 106, 4—16. 234, 11. ἐπὶ θησαυροῖς ἱδρυμένος 106, 8. ἀνακείμενος Διὶ Σαβαζίῳ Ἡλίῳ Δήμητρι Κόρῃ Ἑκάτῃ Ἀσκληπιῷ Ἥρωσι 106, 9. διπλῆν ἔχει τὴν γλῶσσαν 243, 8. μύστης 243, 11. ἱερός ἐστι τῷ Ἀπόλλωνι 243, 14. διὰ τῶν στενωτάτων χηραμῶν διαδύεται 243, 18. εἰς τὴν κεφαλὴν παιόμενος ἀποθνῄσκει 243, 22. πορεία χρῆται οὐκ ὀρθῇ 243, 25. τῷ παντὶ σώματι εἰς τὴν πορείαν προσχρῆται 244, 2. 11. γῆς παῖς ἐστι καὶ τὰς διατριβὰς ἐν τῇ γῇ ποιεῖται 106, 15. δράκοντα γενναν 243, 7—244, 6. ὑπὸ δράκοντος δεδῆχθαι τὸν ἕτερον τῶν ποδῶν 244, 8.

19*

δράκοντες εἰς ἄνδρας ἢ γυναῖκας μεταβάλλοντες 248, 14.
δράματα τραγικά 53, 13.
δραπέτης 114, 19. 132, 20. 234, 7. 235, 18. δραπέτην διώκειν 27, 20. 98, 19. εὑρίσκειν 111, 16. 201, 26.
δραπετικὸν γενέσθαι 243, 24.
δρασμός 208, 3.
δρέπανον 117, 22. 204, 22.
δριμεῖς πόνοι 63, 8. χυμοί 86, 27. 190, 11.
δρομαῖος παῖς 64, 18.
δρομεύς 27, 13. 45, 24. 269, 25. 270, 14.
δρομικα ζῷα 234, 6.
δρόμος 55, 8. τρέχειν ἁπλοῦν δρόμον 55, 18.
δρόσος 214, 5.
δρυΐνας 107, 5. 234, 11.
δρυΐνος στέφανος 71, 12.
δρῦς 119, 8. 209, 11.
δρύφακτοι 97, 26.
οἱ μέγα δυνάμενοι 123, 9. 175, 24. 186, 22. μὴ δύνασθαι προϊέναι 85, 10.
δύναμις — φωνή 204, 5. δύναμις ἄστρων 136, 22. δυνάμεως ἀπολείπεσθαι 248, 7. παρὰ δύναμιν 38, 2. πλουτεῖν 211, 8.
δυνατὸς ἀνήρ 112, 17. ἐχθρός 104, 23. 210, 9. τὸ δυνατὸν 102, 15. 106, 4. 175, 4. ζῷα τὴν φαντασίαν τῆς δυνάμεως ἔχοντα 234, 13. τῶν ἰοβόλων ζῴων τὰ δυνατά 234, 10.
δύο μειράκια 148, 10. δύο ἔχειν αἰδοῖα 43, 16.
δυσαναθυμίατος mg 3, 13.
δυσαρεστήσεις 172, 17.
δυσεργές 48, 22.
δυσθανατέω 110, 16.
δυσθυμία 96, 18. 124, 25. 138, 12. δυσθυμίαι 91, 6. 92, 5. 115, 21. 120, 18. 124, 16. 125, 2. 4. 127, 15. 136, 23. 154, 20. 172, 14. ἐν δυσθυμίᾳ εἶναι mg 155, 5.
ὁ εἰς δύσιν ἀπιέναι προηρημένος 134, 6. ἀπὸ δύσεως 92, 20. ὁ ἀπὸ δύσεως προσδεχόμενός τινα 134, 7. ἀπὸ δύσεως ἀνατέλλων ἥλιος 134, 1. εἰς δύσιν καταδυόμενος ἥλιος 133, 23. πρὸς δύσιν κινεῖσθαι 132, 10. τὰ πρὸς δύσιν τοῦ οἴκου 97, 15. ἐν τῇ δύσει 105, 17.
δυσκίνητοι οἱ νοσοῦντες 177, 2.
δυσκολώτερα τὰ ἀγαθά 116, 5.
δυσκρασία ποικίλη 190, 10.
δυσοικονόμητος 154, 24.
τὸ δυσπρόσωπον 186, 25.
δυσσύμβολα ζῷα 234, 5.

τὸ δύστριπτον 63, 2. 19.
δύσφημα ὀνόματα 183, 12. 204, 4.
δυσφορεῖν 263, 14.
δυσχέρεια 32, 24.
δυσχερής 41, 24.
τὰ δύσχρηστα 70, 9. τὰ κατὰ τὸν βίον δύσχρηστα 89, 1.
δωρεῖσθαί τι 206, 18.
ἑαρινὰ μῆλα 65, 21.
παρ' ἑαυτοῦ 126, 12. 127, 7. τὰς ἑαυτοῦ σάρκας ἐσθίειν 177, 14. 26.
ἐγγὺς εἶναι τοῦ τεκεῖν 259, 14. τῶν ἔγγιστα γένους θάνατος 156, 11.
ἐγγόνη 244, 22.
τὰ ἔγγραφα τῶν μαχομένων 128, 11.
ἐγείρεσθαι ἐξ ὕπνου 82, 16. 84, 19.
ἐγρηγορέναι ἡμέρας 14, 6. νυκτὸς κεκλιμένον ἐν τῇ κοίτῃ 85, 1.
ἐγρήγορσις 16, 1.
ἐγκαλεῖν 52, 1. ἐγκαλέσαι 128, 13. ὁ ἐγκαλῶν 18, 14. 25, 8. ὁ ἐγκαλούμενος 18, 16. 25, 8. ἐγκληθῆναι 128, 12.
ἔγκαρπα δένδρα 236, 16.
ἐγκατοκτρίζεσθαι λεκάνῃ 180, 16.
ἐγκατάσκευον ἔχειν οὐσίαν 211, 6.
ἐγκλείειν μελίσσας 115, 8.
τῶν ἐγκλημάτων ἀφεθῆναι 256, 8.
ἐγκρίνεσθαι 55, 26. ἐγκρίνεσθαι 269, 10. ἐγκριθῆναι τοῖς παισί 56, 26.
ἔγκρισις ἀθλητοῦ 51, 23. 256. 20. ἡ τῆς ἐγκρίσεως ἡλικία 56, 1.
ἐγκύμονες γυναῖκες 194, 7.
ἔγκυος 271, 29. γυνὴ 20, 5. ὁ γυναῖκα ἔχων μὴ ἔγκυον 17, 21. 23. ἔγκυον γενέσθαι 255, 22. ἔγκυον εἶναι 98, 11.
ἐγκωμιογράφοι 53, 25.
μείζοσιν ἢ καθ' ἑαυτὸν ἐγχειρῆσαι πράγμασι 38, 4.
ἐγχείρημα 134, 9.
ἐγχείρησις 72, 25. 176, 12. ἐγχειρήσεις 143, 28. 145, 3. κατοχαὶ ἐγχειρήσεων 116, 8.
ἔγχελυς 109, 17.
τὰ ἐγχώρια ἔθη ἀγαθῶν σημαντικά 15, 2.
ἕδρα 272, 11. κινεῖν τῆς ἕδρας τινά 130, 14. ἐπὶ ἕδρας 151, 21. μεῖναι 161, 3. διὰ τῆς ἕδρας ἕλμινθας ἀποκρίνειν 172, 7.
τὸ ἐδώδιμον 65, 4.
εὐημερίαι 136, 25.
οἱ ἐθάδες 193, 6.
ἔθος τί 203, 7. 203, 22. sqq. διὰ τὸ ἔθος 178, 10. αἱ κατὰ τὸ ἔθος τροφαί 34, 14. ἡ κατ' ἔθος συνουσία 72, 9—74, 23. οἱ ἔθος ἔχοντες

59, 24. 68, 8. 69, 14. 90, 21. 210, 14. ἔθη κοινά 14, 1—8. ἴδια ἢ ἐθνικά 14, 9—15, 4. τοπικά 207, 1—22. τὰ ἔθει ὁρώμενα 9, 19. οἱ ἐξ ἔθους 63, 9. ἔθος μεῖζον μικροτέρου κρατεῖ 205, 8.
εἰδεχθής 189, 3. εἰδεχθὴς γυνὴ περαινομένη 73, 12. τὸ εἰδεχθές 186, 25.
εἰδικὸς τρόπος 10, 12. 12, 5—13, 6. 213, 6.
τὰ μὴ ἐκ τοῦ αὐτοῦ εἴδους 251, 12.
εἴδωλα θεῶν 14, 15.
εἰκῆ λυπεῖσθαι 155, 16.
εἰκών 180, 20—181, 2. βασιλέως 222, 10. εἰκόνες ἴδιαι 256, 15. φυσικαί 5, 2. ἰδεῖν εἰκόνα ἰδίαν 254, 22. 255, 2. εἰκὼν ἐν πίνακι γεγραμμένη 263, 21. εἰκὼν μεστὴ σπίλων 267, 3. ἐν σελήνη τὴν ἑαυτοῦ εἰκόνα βλέπειν 136, 1. εἰκόνες τῶν ἀποβησομένων οἱ πλησίον εἰσίν, εἰ ἀγνοοῦνται 177, 7.
Εἱμαρμένη 146, 3.
εἱρκτή 151, 12. εἰς εἱρκτὴν ἐμβληθῆναι 153, 14. οἱ ἐν εἱρκτῇ ὄντες 38, 25. 108, 13. εἰς τὴν εἱρκτὴν εἰσελθεῖν 192, 14.
εἰσελαύνειν εἰς πόλιν 54, 20. 27.
Ἑκάτη 106, 9. 131, 3. 139, 1—11. ἡ χθονία 131, 12. 145, 16. Ἑκάτῃ μιγῆναι 81, 18.
ἑκατοντάρχην γεγονέναι 222, 11.
ἐκβάλλειν 152, 15. 153, 5. ἐκβληθῆναι τοῦ ἀγῶνος 59, 1. οἱ ἐκβληθῆναί ποθεν φοβούμενοι 152, 15. τῶν τόπων ἐκβληθῆναι, ἐν οἷς τίς ἐστι 92, 25. ἐκβάλλειν θεῶν ἀγάλματα τῆς οἰκίας 130, 3. ἐκβάλλειν ὀδόντας καὶ ἄλλους ἀναφύεσθαι 33, 12—15.
ἔκβιον ποιήσω 222, 23.
ἐκδιδόναι θυγατέρα πρὸς γάμον 221, 25.
ἐκδύνειν ἐκ τῶν σαρκῶν 261, 19.
ἐκηβόλα ὅπλα 127, 18.
ἐκκαθαίρειν 270, 15.
ἐν ἐκκλησίᾳ 151, 19.
ἐκκομισθῆναι 150, 7. 151, 10.
ἐκκρίνεσθαι 56, 2. ἐκκεκρίσθαι 256, 22.
ἐκκρίσεις 252, 3. ἔκκρισις σωμάτων 204, 7. ἀθλητοῦ 51, 23.
ἐκκυβιστᾶν 69, 14.
ἐκλαμβάνειν 25, 23.
ἐκλείποντες ἀστέρες 137, 5. 11.
ἔκλειψις τελεία ἡλίου καὶ σελήνης καὶ τῶν ἄλλων ἄστρων 6, 8.

ἔκλυτος 180, 9. τὸ ἔκλυτον 62, 12.
ἐκμάσσειν ἀγάλματα θεῶν 129, 22.
ἐκπίπτειν (νεώς) 69, 7. ἐκπίπτοντες οἱ ὀδόντες 31, 17. 22. 26—29. 32, 1—24.
ἐκπλοκαί 237, 2.
ἔκστασις φρενῶν 141, 15.
ἐκταράσσειν 238, 12.
ἐκτείνειν τὴν ἑαυτοῦ γνώμην 131, 27.
ἐκτενεῖς τροφαί 190, 9.
αἱ πρὸ τῆς ἕκτης ὧραι 194, 17.
τὰ ἑκτός 7, 21. ἀπὸ τῶν ἐκτός 148, 6. 14. τοῖς ἐκτὸς μάχεσθαι 172, 23.
ἐκτὸς πέτεσθαι τῆς οἰκίας τοῦ δεσπότου 160, 13.
Ἕκτωρ 239, 11.
ἐκφανής 136, 16. 152, 8. ὁ βασιλεὺς 125, 16.
ἐκφέρειν τὸν πρωρέα 218, 6. ἐκφέρεσθαι 55, 2. 202, 22. 249, 19. ἐκφέρονται οἱ ἀποθανόντες ἐν λευκοῖς 86, 17.
ἡ ἐκφορά 217, 3 (= 704).
ἔκφυλα 202, 6.
ἑκών 192, 14. ἑκοῦσα γυνή 72, 13. ἑκόντα πέτεσθαι καὶ ἑκόντα παύεσθαι 160, 5.
ἐλαία 65, 18. 118, 21. 209, 11. 236, 17—21. θυγατρὸς σημαντική 71, 7. ἀειθαλὴς καὶ στερεὰ καὶ τῇ Ἀθηνᾷ ἀνάκειται 257, 17. μετὰ πληγῶν ὁ καρπὸς αὐτῆς καθαιρεῖται 118, 25. τοῖς ἀποθανοῦσιν συνεκφερομένη 236, 21. ἐξ Αἰγύπτου εἰς Ἀθήνας διακομισθεῖσα 220, 14. ἐλάᾳ στεφανωθῆναι 273, 12. ἐλάας στέφανοι 71, 5. ἀειθαλεῖς 71, 7. περιβόητοι 71, 11. ἐλάᾳ ἐστεφανῶσθαι τὰ σφυρά 232, 14. ἐλάα ἐκ πίθου πεφυκυῖα 230, 22. πεφυκυῖα ἐκ κεφαλῆς 257, 14.
ἐλαϊνὸς στέφανος 220, 1.
ἔλαιον 220, 1. θερμόν 249, 22. ἔλαιον πίνειν 60, 19.
ἐλάττονα τὰ κακά 183, 11.
ἐλαύνεσθαι ὥσπερ τι ὑποζύγιον 265, 12.
ἔλαφος 105, 9—15. 199, 9. 209, 11. 234, 7. ὄπισθεν ἐπιβαίνει 79, 6.
Ἐλαφηβόλος 132, 22.
αἱ Ἐλεγεῖαι τοῦ Παρθενίου 241, 15.
ἐλέγχειν πάντα 133, 29. cf. τὰ κρυπτά. ἐλεγχθῆναι 35, 6. ὑφ' ἑαυτοῦ 193, 27. τοῖς εὐλαβουμένοις ἐλεγχθῆναι 88, 21. 89, 7.
ἔλεγχος 42, 5. ἔλεγχον ἐπάγειν 108, 8.
ἐλεδώνη 109, 9.

ἐλενίου στέφανοι 70, 23.
ἰλεός 194, 3.
Ἄρτεμις Ἐλευθέρα 132, 25.
ἐλευθερία 13, 4. 32, 14. 36, 25. 54, 26. 86, 15. 118, 21. 125, 20. 25. 150, 8. 191, 18.
ἐλεύθερος 32, 10. 151, 26. 155, 18. 159, 12. 258, 6. φύσει ἐλεύθερος 235, 19. οὐ παντελῶς ἐλεύθεροι 99, 23. ἐλεύθερον γίνεσθαι 43, 19. ἐλευθέρα γυνή 97, 19. ἐλευθέραν γῆμαι 51, 16. ἐλευθέρων ἴδια τὸ ἀγωνίζεσθαι ἐν ἱερῷ ἀγῶνι καὶ στεφανωθῆναι 57, 9. ἐλευθερώτερον προσδιαλέγεσθαι 244, 16.
ἐλευθέριος 125, 23. ἐλευθέρια ζῷα 234, 3.
ἐλευθεροῦν 133, 26. 152, 12. 24. 158, 27. ἐλευθερωθῆναι 21, 25. 47, 20. οὐδέπω 17, 26. μηδέπω 128, 6. ὁ ἐλευθερώσας 272, 29. δοῦλος ἐλευθερωθείς 272, 27. λαμπρὰ τὰ ἱμάτια τῶν ἐλευθερωθέντων 93, 22.
Ἐλευσῖνι 14, 21. ὁ ἐν Ἐλευσῖνι λόγος 66, 14.
ἐλεφάντινοι ὀδόντες 33, 1. δακτύλιοι 89, 18.
ἐλέφας 103, 7—20. 199, 9. 209, 11. 234, 4. Πλούτωνι ἀνακείμενος 103, 17. ἐλέφαντος κεφαλὴν ἔχειν 38, 3.
ἐλέφας (morbus) 186, 18—187, 6.
ἕλικες 206, 16. ἕλικες αἱ ἐν ταῖς ἀμπέλοις 226, 17. αἱ τοῦ κισσοῦ 72, 5.
ἕλκος περὶ τὸν τράχηλον 35, 20.
ἡλκωμέναι παρειαί 30, 2. μέτωπον ἡλκωμένον 24, 23. ἡλκωμένοι οἱ μαζοί 39, 13.
ἑλλανοδίκαι 126, 24. 269, 17.
Ἑλλάς 2, 16. 65, 29. 231, 17. 253, 10.
Ἕλλην 37, 11. 50, 21. Ἕλληνες 2, 28. 258, 13.
Ἑλληνικαὶ διατριβαί 50, 22. Ἑλληνικὰ γράμματα 50, 21.
Ἑλληνίς 50, 23. 223, 11. γυνὴ Ἑλληνίς 158, 9.
Ἑλληνιστὶ 50, 26.
ἐλλόγιμοι ἄνδρες 9, 17. ἐλλόγιμα χωρία 93, 8.
ἕλμινθας ἀποκρίνειν 172, 7.
ἕλος 255, 18. ἕλη 124, 13—15.
Ἐλπιδιφόρος 183, 17.
ὁ ἐλπίζων ποθὲν ὠφεληθῆναι 156, 20. τὰ ἐλπιζόμενα 109, 14. 191, 23.
Ἐλπίς 148, 10.
ἐλπὶς πᾶσα 134, 9. ἐλπίδες 144, 8. μάταιαι καὶ κεναί 230, 10. διολισθοῦσαι 109, 21. οὐ τελειωθεῖσαι 228, 19. εἰς ἐλπίδας ἀναβάλλειν τὰ πράγματα 70, 21. δι' ἐλπίδα 3, 23.
ἔλυμος 63, 2.
ἔμβρυον 107, 2.
ἐμεῖν 3, 12. 19. 7, 19. ἐμεῖν αἷμα 34, 21 — 35, 9. χολὴν φλέγμα 34, 9. τροφήν 34, 13.
ἔμετος 218, 15—18.
ἔμπειρος πολλῶν πραγμάτων 176, 15.
ἐμπεριέχεσθαι 209, 28.
ἐμπιμπραμένη οἰκία 123, 15.
ἐμπίς 172, 18—22. χαίρει ὄξει 172, 22.
ἀνὴρ ἐμπλέγματα ἔχων γυναικεῖα 250, 25.
ἐμπλέκειν 263, 21. ἐμπλέκεσθαι 24, 18. 90, 20.
ἐμπόδιος 91, 21. 142, 1. ἐμπόδιον 117, 20. ἐμπόδια 85, 13. 109, 6. 116, 8. 124, 14. 208, 4. ἐμπόδιος χρείας 31, 27.
ἐμποδισμός 149, 13. πράξεων 182, 10. ἐμποδισμοί 116, 10. 181, 12. χρειῶν 98, 21. 192, 8.
ἐμποδὼν ἵστασθαι 142, 2. 177, 2. ἐμποδὼν ἵστασθαι πάσῃ προαιρέσει 189, 4.
ἐμπολή 73, 8. 254, 15.
οἱ ἐμπορευόμενοι 192, 5.
ἐμπορία 175, 20.
οἱ ἐμπορικὸν τὸν βίον ἔχοντες 141, 20.
ἔμπορος 44, 25. ἔμποροι 19, 7. 36, 16. 37, 9. 81, 23. οἱ μὴ ἔμποροι 32, 10. ἔμπορος Κρητικός 226, 1.
ἐμπρησμός 134, 21.
ἐμπροσθεν 44, 21. οἱ ἐμπρόσθιοι ὀδόντες 31, 16.
ἔμπυρα 215, 15.
ἐμπυρισμῷ καταληφθείς 227, 5.
ἐναγεῖς ἐχθροί 113, 9.
ἐναλλαγὴ πράξεως 156, 26.
οἱ ἐναλλὰξ ἄρτοι 63, 11.
ἐναντίος πρὸς πᾶσαν ἐλπίδα 134, 9.
μὴ ἐναποκλείεσθαι οἰκίᾳ 85, 9.
τὸ μετὰ τὸν ὕπνον ἐναργές 199, 19.
ἐνάρθρως λαλεῖν 211, 22.
ἐναυλίσματα 229, 23.
ἐναφιέναι τῇ κοίτῃ 121, 9.
ἐνδεδυμέναι γυναῖκες τρεῖς 148, 13.
ἐνδεὴς τῷ σώματι 176, 25. ἐνδεὲς ἔχειν τι 231, 9.
ἐν ἐνδείᾳ εἶναι 262, 21. τῶν ἐπιτηδείων 77, 5. 176, 25. ἔνδεια κατὰ τὸν βίον 41, 21. ἀργυρίου 26, 18. δι' ἔνδειαν 3, 22.
τὰ μὴ ἐνδεχόμενα γενέσθαι 228, 16.

INDEX RERUM. 295

ἔνδημος 95, 12.
οἱ ἔνδον 123, 20. 135, 8. 147, 16.
ἔνδοξος 71, 9. 94, 23. 140, 22. ἔνδοξον γενέσθαι 133, 17. ἐνδοξότερος 186, 18. ἐνδόξως 151, 25.
ἐνδόσιμον ᾆσμα 157, 25.
ἔνδυμα 247, 17.
Ἐνδυμίων 230, 12. ἀλληγορούμενος 230, 15—19.
ἐνέδραι 65, 13. 69, 17. 89, 15. 27. 92, 7. 98, 22. 99, 18. 107, 17. 171, 11.
ἐνειλήματα 68, 3.
ἐνειλημένος τὰς χεῖρας 17, 18. ἐνειλημένος ῥάκεσι 18, 8.
ἐνεργός 12, 2.
ἐνήλατα κλινῶν 67, 22. τὸ ἔξω ἐνήλατον 96, 3.
ἐντεθάφθαι τῷ σταδίῳ 269, 17.
ἐνθήκη 161, 11. mg 116, 26. προσόδων 143, 21. ἀπολέσαι τὴν ἐνθήκην 219, 13.
ὁ ἐνεστὼς καιρός 148, 8. ἐνιαυτός 112, 27. τῶν ἐνεστώτων κακῶν ἀνάπαυλα 35, 10.
εἰς ἐνιαυτόν 51, 7.
Ἐνοδία (Ἑκάτη) 139, 3.
Ἐνόδιον 179, 24. 198, 8.
ἐνοικιολόγος 184, 24.
ἐνοῦν 50, 7. τὰ ἡνωμένα 94, 19. τὰ ἑνούμενα σίδηρα 143, 2.
ἔνστασις ἰδία 203, 13.
ἐνταθῆναι ὑπὸ τοῦ δεσπότου 74, 23.
ἐνταφιοπῶλαι 235, 11.
ἐντελῆ γενέσθαι 133, 6.
ἔντερα 42, 20. δανειστοῦ σημαντικά 61, 24. τὰ ἑαυτοῦ ἔντερα ἀποκρίνειν διὰ τοῦ στόματος 35, 15.
οἱ ἐντιμότεροι 218, 10. ἐπὶ τὸ ἐντιμότερον μεταβάλλειν 46, 18.
ἔντομον 114, 23.
ἰδεῖν τὰ ἐντὸς ἑαυτοῦ 41, 27. ἐντὸς τῶν δέκα 75, 19. τῶν ἑκατόν 163, 6. τοῦ εἰρημένου ἀριθμοῦ 166, 2.
ἐντόσθια 42, 3.
ἐνύπνιον τί 3, 1—23. 199, 12—200, 2. ἐνύπνιον ἀσήμαντον 5, 17.
ἐνυπνιώδης 13, 10.
ἐνώτιον 89, 20.
ἐξάγειν ἑαυτὸν τοῦ βίου 259, 26.
ἐξαμβλώματα 49, 1.
ἐξάμηνον 117, 24.
ἐξαπατᾶν 146, 22. 246, 7. οἱ ἐξαπατᾶν τινα ἐθέλοντες 170, 13.
ἐξελαύνειν πόλεως 55, 2.
ἐξελθεῖν μὴ δύνασθαι 122, 19.
τῇ ἑξῆς ἡμέρᾳ mg 154, 17.
ἐξιέναι δύνασθαι ἐκ τῶν πορνείων

72, 27. οἱ περὶ τοῦ εἰ ἐξιτέον φροντίζοντες 182, 3.
ἐξίτηλος 230, 6.
ἐξοδιασμοί 55, 8.
ἔξοδοι 191, 8. τὰς ἐξόδους τῆς οἰκίας μὴ εὑρίσκειν 85, 11.
ἐξόζω 260, 10.
ἐν ἐξουσίᾳ τινὸς κεῖσθαι 151, 7.
ἐξυφαίνειν ἱστόν 225, 14.
τὰ ἔξωθεν περιζόμενα 99, 7.
ἐν ἑορταῖς οὔτε ποικίλη οὔτε γυναικεία βλάπτει τινὰ ἐσθής 87, 16.
ἐπαγωγὸς δειμάτων 187, 24.
ἐπανάγειν 51, 13. τὸν ἐπὶ ξένης ὄντα 41, 25.
ἐπανάστασις ἔκ τινων συγγενῶν 37, 18.
ἐπάνοδος 134, 8.
ἐπαριστερὰ γράφειν 178, 11—15. περιβεβλῆσθαι 178, 7.
ἐπαύξειν 43, 15.
ἐπαφροδισία 65, 22. ἐν τοῖς πρασσομένοις 114, 1.
ἐπαχθὴς τοῖς ἰδίοις 38, 7.
ἔπη τὰ ἐν τοῖς ὕπνοις λεγόμενα 238, 20.
ἐξ ἐπηρείας 245, 5. ἐπηρεῖαι 66, 5.
ἐπὶ τῇ ἐρωμένῃ κατέλαβεν αὐτὸν 188, 12.
ἐπιβαίνειν 128, 21.
κατὰ τὸ ἐπιβάλλον τοῦ ἀξιώματος 174, 7. τόπος ὁ ἐπιβάλλων 246, 5 —247, 4.
ἐπιβάται 37, 9.
ἐπιβλέπειν τὰ ἔνδον 67, 14.
ἐπιβολαὶ τῶν χρειῶν 194, 13.
ἐπιβουλὴ ἐκ τῶν ὑποτεταγμένων 101, 21. ἐκ διαβολῆς 26, 4. ἐπιβουλῆς μετέχει ὁ πλούσιος 211, 10. ἐπιβουλαί 28, 19. 108, 4. mg 109, 18. 141, 2. 245, 23. ἐν ἐπιβουλαῖς εἶναι 47, 16.
ἐπίβουλοι 234, 19.
ἐπίγειοι θεοί 130, 19. 131, 2—7. 15. 22. 138, 22. ἐπίγεια ζῷα 98, 26— 107, 12.
ἐπίγονοι? 142, 13. 179, 5—7.
τὰ ἐν τοῖς ὕπνοις λεγόμενα ἐπιγράμματα 238, 20—239, 17.
ἐπιγραφῆς ὁ ἀποθανὼν τυγχάνει ὡς καὶ ὁ ὀλυμπιονίκης καὶ μακάριος λέγεται 269, 19.
ἐπιδειπνέω 67, 18.
ἐπιδεῖσθαί τινος 153, 27. 154, 4.
ἐπιδιαμένειν 43, 14.
ἐπιδιδόναι 76, 1. ὁ ἐπιδιδούς 189, 10.
ἐκιδίφριον τὴν ἐργασίαν ἔχειν 107,

INDEX RERUM.

20. οἱ τὰς ἐπιδιφρίους ἐργαζόμεναι τέχνας 161, 2.
ἐπιδόξως πράττειν πολλά 125, 19.
ἐπίδοσις ἀγαθῶν 174, 15. ἐπίδοσις δημοσία 126, 11—28. ἰδιωτική 126, 21. ἐπιδόσεις διδόναι 127, 8.
ἐπιεικὴς γυνή 105, 4.
ἐπιζήμιος mg 22, 17.
ἐπιζῆν 12, 26. 231, 12. 260, 18.
ἐπιζυγοῦν τὰς θύρας 11, 18.
ἐπιθέσεις 99, 20—22.
ἐπιθυμίαι 177, 2. ἐρωτικαί 152, 2. τὰ κατ' ἐπιθυμίαν 60, 23.
ἐπιθυμιᾶν 205, 26.
ἐπίθυμον 70, 28.
ἐπικίνδυνος 135, 4. βλάβη 189, 9, ἀποδημίαι ἐπικίνδυνοι 171, 17. τὸ ἐπικίνδυνον 177, 3. τὸ τῆς βάσεως ἐπικίνδυνον 143, 4.
ἐπικτᾶσθαι 211, 3—11.
ἐπίκτησις 133, 28. 135, 7. οὐσίας 123, 18. χρημάτων 21, 17.
ἐπίλυπος mg 22, 17. ἐπίλυποι λόγοι 154, 20.
ἐπιμέλεσθαι 272, 4.
ἐπιμήκεις ἄνδρες 209, 23.
ἐπιμιξίαι αἱ τῶν καιρῶν 10, 3.
ἐπίμοχθος εὐπορία 22, 11.
ἐπίμωμος 267, 5.
ἐπινεύειν τῇ κεφαλῇ 268, 10.
ἐπιορκέω 129, 25.
τῇ ἐπιούσῃ 273, 1.
τὰ ἔπιπλα τῶν σκενῶν 31, 21. 42, 19.
ἐπίπλαστα 215, 2.
ἐπίκονος 140, 21.
ἐπισείειν χεῖρα δεξιὰν ἢ ἀριστερὰν 272, 31. 273, 1.
ἐπίσημος 70, 9. 267, 21. ἐπίσημον οὐδέν 181, 9. ἐπίσημα χωρία 93, 9. ἐπίσημοι οἱ ἱερεῖς 127, 2. ἐπισημότερος 186, 18. ἐπισημοτέρως 94, 11.
ἐπισκέπτεσθαι νοσοῦντα 177, 4.
οἱ ἐπιστατεύειν ἐθέλοντες 189, 25.
ἐπιστέλλειν 263, 17.
οἱ ἐπιστήμονες mg 155, 5.
ἐπιστολή 185, 19—22. 263, 8. βασιλέως 222, 6—13.
ἐπίτασις ἐν ταῖς νόσοις 192, 9. χορδῶν 53, 10.
ἐπιτάφιος ἀγών 71, 3.
ἐπιτείνειν τὰ σημαινόμενα 192, 1. τὰ δεινά 178, 18. τὰ κακά 183, 13. στάσεις 170, 7. ἐπιτεταμένη ἐπιθυμία 73, 27. αἰδοῖον ἐπιτεταμένον 43, 8.
ἐπιτελεῖν ἀγῶνα 270, 8.
ἐπιτήδειός τινι 134, 19. τὰ ἐπιτήδεια παρέχειν 123, 20. τῶν ἐπιτηδείων ἔνδεια 176, 25.
ἐπιτηδεύματα 15, 20. 203, 15. διδασκαλία ἐπιτηδευμάτων 48, 14—51, 5.
ἐπιτιμία ἀξιώματος 43, 12. δίκαι αἱ περὶ ἐπιτιμίας 37, 3. 94, 25. αἰδὼς ἐπιτιμία καλεῖται 43, 12.
οἱ ἐπιτιθέμενοί τισι 85, 3. 141, 30. 145, 18. 30.
ἐπιτραπεῖσα οὐσία 240, 10.
ἐπιτροπεύειν 127, 5. ἐπιτροπεῦσαι πλουσίου 174, 19.
ἐπιφάνεια σώματος 57, 25. χειρῶν 41, 10.
ἐπιφανῶς 151, 25. 273, 14.
ἐπίφοβα 208, 6.
ἐπίχειρα οὐκ ἀγαθά 81, 21.
τὰ ἐπιχειρούμενα 142, 1.
ἐποχεῖσθαι κριῷ ἀσφαλῶς 100, 15. ὁ ἐποχούμενος 103, 11.
ὁ ἐποψόμενος 258, 9.
ἑπτά 259, 17. 260, 17. 18. 268, 16.
ἑραναρχης 21, 15. 21. 36, 16. 136, 5.
ἐραστής 270, 20.
ἐργάζεσθαι 225, 13. ἐργάσασθαι 31, 3. ἐργάζεσθαι ἐξ οἴνου 226, 3. διὰ φωνῆς 34, 12.
ἐργαλεῖα 54, 5—12. 204, 1. 219, 26— 220, 4. 237, 7—13.
Ἐργάνη 133, 10.
ἐργασία 137, 24. 142, 26. 209, 20. γυναικεία 117, 26. τὴν ἐργασίαν ἔχειν ἔκ τινος 114, 25. 236, 22. ἐργασίαι 82, 17. 128, 4. 180, 1. μικραί 63, 19. 24. μεγάλαι 87, 13.
ἐργάσιμοι καλοῦνται αἱ ἑταῖραι 72, 25.
τοῦ ἐργαστηρίου ἐκχωρεῖν 202, 22.
ἐργαστήρια τεχνιτῶν 50, 4. ἐργαστήριον πόρνης 209, 2. ἑταῖραι ἐπὶ ἐργαστηρίων καθεζόμεναι καὶ πιπράσκουσαί τι καὶ δεχόμεναι ἐμπολάς 73, 4.
ἐργάται 235, 1. βοῦς ἐργάται 102, 1. 235, 2. μύρμηκες 171, 22.
ἐργατικὰ ζῶα 235, 1. 2.
ἐργεπιστάτης 222, 12.
ἐργοδότης 25, 13. 54, 13.
ἐργολαβίαι 116, 23.
ἐργολαβεῖν δημοσίᾳ 188, 18.
ἔργον 225, 15. mg 226, 15. ἔργα 15, 21. 158, 7. ἀνθρώπων 159, 24. διδασκαλία ἔργων 48, 14—50, 12. μητρυιὰ ἔργοις τι χαριζομένη 178, 19. κατακριθῆναι τὴν εἰς ἔργον δημόσιον καταδίκην 23, 17.
ἐργοπόνος 76, 21.
ἐρεᾶ ἱμάτια 86, 3.

ἐρεγμός 62, 23.
ἔρεισμα σώματος 263, 12. 16.
ἐρεσσομένης τῆς νεώς 45, 3.
ἐρημία 137, 5.
ἔρημος ἀγορά 193, 8. ἔρημος οἶκος 42, 9. 130, 10. 137, 26. 194, 11. ἔρημοι πόλεις 239, 23. ἔρημα χωρία 93, 10. διὰ τῆς ἐρήμου ἅρμα ἐλαύνειν 55, 3.
ἔρια 249, 22. ἐκ τοῦ στήθους πεφυκότα 233, 5. ἔρια ἀντὶ τριχῶν ἔχειν 22, 22. φορεῖν ἐπὶ τῆς κεφαλῆς 23, 1. στέφανοι ἐξ ἐρίων πεποιημένοι 71, 17.
Ἐρίννυες 131, 13. 145, 16.
Ἔρις 65, 25.
ἔριφοι 233, 19.
ἕρκη χωρίων 237, 2.
Ἑρμῆς 131, 5. 141, 19—28. 148, 8. πτηνός 141, 22. ψυχοπομπός 141, 24. τετράγωνος καὶ σφηνοπώγων 141, 25. τετράγωνος καὶ ἀγένειος 141, 26. ὑπὸ τοῦ Ἑρμοῦ ἄγεσθαι εἰς οὐρανὸν ἀναβαίνοντα 246, 21. Ἑρμοῦ ἄγαλμα αἰδοῖον 43, 6. ὄχημα κριός 100, 17. Ἑρμῆς τῷ Περσεῖ τὸ ἕτερον τῶν ὑποδημάτων δοὺς τὸ ἕτερον εἶχε μόνον 241, 8.
ἑρπετὰ θηρία 106, 22—107, 2.
τὰ ἐπὶ γῆς ἕρποντα 159, 5.
ἐρρωμένος 32, 10. 82, 19. 24. 85, 21.
ἔρρωσο 83, 1. 185, 22.
ἐρυθρῖνος 108, 8.
ἐρωμένη 7, 1. 42, 27. 43, 17: 72, 21. 188, 12. 200, 18. 258, 15. τελευτήσασα 7, 1. ἐστερῆσθαι ἐρωμένης 81, 2. ἐρωμένης διίστησι τὸ ὄναρ 121, 11. οἱ περὶ ἐρωμένης φροντίζοντες 65, 23.
ὁ ἐρῶν 3, 10. 17.
ἔρως 39, 22. 67, 14. 96, 13. 184, 13.
ἔρωτες 181, 13.
ἐρωτικὴ γυνή 129, 3. 7.
ἐσθήματα 7, 22.
ἐσθής 85, 25—89, 8. 203, 14. ἀνδρεία—θήλεια 247, 17—20. πολιτικὴ 246, 16. Ῥωμαϊκή 246, 11. ἡ κατὰ ὥραν τοῦ ἔτους 86, 1.
ἐσθίειν 3, 11. 19. αἷμα 264, 20. βιβλία 149, 6. ἀστέρας 137, 20. διὰ τοῦ πρωκτοῦ 267, 12. ἐσθίεσθαι ὑπὸ τῶν υἱῶν 261, 24.
ἐσοπτρίζεσθαι 24, 19.
τὰ πρὸς ἑσπέραν τοῦ οἴκου 97, 14. δείλη ἑσπέρα 13, 20.
Ἑστία 131, 7. 143, 20—23. 148, 13. Ἑστίᾳ μιγῆναι 81, 18.
ἑστία 67, 15—17. 98, 9. 258, 27. 260, 12. ἐφ' ἑστίας ἀνακάειν πῦρ 98, 8. κατασβεννύειν 98, 13. ἑστίαν οἰκοδομεῖν ἐπὶ ξένης 224, 10. 258, 26. 259, 3.
ἐξ ἐσχάτου τινὸς κίνδυνον 153, 16. εἰς ἔσχατον κατάγειν κίνδυνον 110, 22 εἰς ἔσχατον ἐλάσαι κίνδυνον 24, 2. 69, 15. 103, 16. 123, 1. εἰς ἔσχατον ἐλθεῖν κίνδυνον 259, 6. 271, 5. οἱ ἐσχάτως ἔχοντες 192, 10.
ἑταίρα 47, 12. 59, 15. 88, 18. 110, 24. 133, 17. 142, 7. 25. 175, 9. 207, 7. 209, 1. 232, 24. γυνὴ ἑταίρα 72, 21. ἑταίρας ἔρως 52, 6. 175, 8. 267, 3.
ἑταιρεία 207, 8,
ἑταιρικὴ γυνή 120, 1. 243, 20.
ἑταιρικὸς βίος 55, 24. 175, 8. 251, 9.
ἑταῖρος καὶ συνήθης 120, 27.
ἑτερομεγεθήσαντες ὀδόντες 32, 20.
τὸ α΄ ἔτος 113, 1. 264, 16.
τὰ ἔτυμα τῶν ὀνομάτων 248, 16—249, 8.
ἐτυμολογίαι 249, 1.
τὰ ἐτυμολογούμενα τῶν ὀνομάτων 183, 8.
οἱ εὖ γεγονότες 22, 21. εὖ διατιθέναι 175, 7. πόλεις εὖ οἰκούμεναι 239, 21. ὁ εὖ πράττων 86, 13. 152, 26. 174, 12. 187, 24.
εὐαισθησία 29, 16.
εὐανδρία 24, 23. 38, 25. 44, 6.
εὐανθεῖς ὀφρύες 26, 11.
εὐαπόσβεστος 67, 14.
εὐγενὴς γυνή 129, 5. εὐγενεστέραν ἑαυτοῦ γῆμαι 51, 17. οὐ παντελῶς εὐγενεῖς 99, 23.
εὐγενεῖς 99, 23.
εὐγνώμων 105, 14. ἀνὴρ οὐκ εὐγνώμων 104, 21.
εὐδαιμονία 8, 19. πόλεως 239, 23. ὑπερβάλλουσα εὐδαιμονία 246, 24. 247, 2.
οἱ εὐδαιμονοῦντες 156, 2. 183, 21.
εὐδία 66, 7. 91, 27. ἄστρα εὐδίας αἴτια 136, 24.
εὔδιος θάλασσα 159, 25.
εὐδοκιμεῖν ἐν τῷ προαγορεύειν 176, 14.
εὐεξία 263, 13. σώματος 102, 13. ἡ κατ' ὅλον τὸν ὄγκον εὐεξία 255, 1.
εὐέπεια 33, 2. σοφίας 271, 18.
εὐεργεσίαι 103, 12.
εὐεργέται 116, 17. 227, 2. ἄκοντες 116, 20. συναντῶντες 208, 8.
εὐεργετεῖν ὧν ἔχει τις χρείαν 223,

13—20. εὐεργετῶν 153, 28. εὐεργετούμενος 154, 1.
εὐημερέω 249, 24.
εὐημερία 160, 13.
ΕΤΗΝΟΣ 19, 16.
ΕΤΗΝΟΣ ἐν τοῖς εἰς Εὔνομον Ἐρωτικοῖς 11, 28.
εὐθαλής 66, 19.
πράγματα οὐκ εὔθυμα 182, 8. εὐθύμως 69, 24.
εὐθυμία 183, 3.
εὐκάτακτος 61, 3.
εὐκαταφρόνητος 227, 13. 234, 16.
εὐκίνητος 69, 9. 130, 14. 161, 3. τὸ κατὰ τὴν ὁδὸν εὐκίνητον 105, 10.
εὔκλεια 230, 14. μετὰ πολλῆς εὐκλείας 175, 12.
οἱ εὐλαβούμενοι 153, 1.
εὐλοκοπεῖσθαι 270, 23. 271, 1.
εὔλυτος 69, 9. 161, 4.
τὸ εὐμάραντον τῶν ῥόδων 70, 15.
εὐμάρεια ἐν τοῖς πραττομένοις 124, 23.
εὐμαρῶς 267, 7.
τὸ εὐμετάβολον τῆς ὄψεως 144, 5.
εὔμορφος (Τύχη) 143, 8. γυνή 73, 9. 119, 5. 127, 24. 128, 22. 25. 129, 7. πανοπλία 128, 24. εὔμορφα ὦτα 25, 6. εὔμορφος ῥίς 29, 15. εὔμορφα ζῶα 234. 20. 235, 22. εὔμορφοι παῖδες ἀλλότριοι 19, 23.
εὐνοήσειν 101, 8. γυναῖκες τοῖς τρέφουσιν εὐνοοῦσαι 149, 11. ἄνθρωποι οὐδέποτε τοῖς ὁρῶσιν εὐνοοῦντες 173, 21.
Εὐνομία 143, 18.
τὸ εὔνουν 191, 14. εὔνους γυνή 18, 23. 20, 23. 49, 23. 105, 2. εὔνοι γυναῖκες 191, 11. εὔνους θεράπαινα 189, 19. εὔνους ἀνήρ 30, 14.
εὐπάρυφος 65, 29.
εὐπλοεῖν 115, 20.
εὐπορεῖν 10, 23. 47, 15. οἱ εὐποροῦντες 85, 3.
εὐπορία 20, 15. 21, 17. 22, 11. 58, 9. 64, 20. 96, 8. 17. 25. 124, 10. 127, 16. 134, 25. 135, 18. 176, 20. 192, 21. 193, 15. 231, 15. 16. ἐκ πενίας εἰς εὐπορίαν καταστῆναι 262, 20.
εὐπόριστος 174, 5. τροφή 112, 3.
εὔπορος 71, 9. 152, 21. 196, 2. εὔποροι 9, 23. 55, 15. 210, 19. 211, 5. 218, 16. τοὺς εὐπόρους πτερὰ ἔχειν φαμέν 10, 23. εὔπορος γυνή 119, 5. 124, 5. 173, 28. εὐπορώτερος 231, 19. γυνὴ εὐπορωτέρα τοῦ ἀνδρός 79, 24.
εὐποτμία 193, 11.

εὔπους 270, 18.
εὐπραξία 38, 25. 58, 9. 138, 10. εὐπραξίαι 26, 13. 136, 24.
εὐπρέπεια 24, 9.
εὐπρεπῶς 69, 24.
οἱ εὐπροαιρέτως ζῶντες 140, 8. τοῖς ἐνστάσει χρωμένοις ἀγαθῇ καὶ εὐπροαιρέτῳ ἐνύπνια οὐ γίνεται 200, 3.
εὐπτησία 267, 17.
εὕρεσις ταχεῖα 98, 20.
ΕΥΡΙΠΙΔΗΣ 97, 25. 239, 2.
εὑρίσκειν τὰς ἐν ὄρεσιν ὁδούς 124, 20. μὴ εὑρεῖν ὅ τί τις πίῃ 60, 21.
εὔρους 270, 16.
τὸ εὔρυθμον φυλάσσειν 39, 11.
εὔσαρκον μέτωπον 24, 22. εὔσαρκοι ὦμοι 38, 24.
Εὐσέβεια 27, 14.
εὔσημος ἀστέρων χορός 10, 1.
εὐσύνοπτος 134, 1. 159, 16.
εὐτελέστεροι 154, 4.
εὔτονοι χεῖρες 39, 23. λόγοι 55, 13. εὔτονα δεσμά 192, 3. τὰ εὔτονα 210, 1. εὐτόνως φιλοσοφεῖν 257, 15.
Εὔτυχος 183, 17.
εὔφημα λέγειν 146, 5. εὔφημόν τι εἰπεῖν 105, 26. εὔφημα ὀνόματα 183, 10, 204, 4. 249, 1.
εὐφημεῖσθαι 126, 18.
εὐφορία 171, 18.
εὐφραίνειν 238, 11.
εὐφροσύνη 68, 14. 179, 11. 192, 19.
εὐφυΐα σώματος 48, 9.
εὔφωνοι 234, 22. εὐφώνως ᾄδειν 69, 18.
εὐχαριστεῖν 206, 4. mg 174, 16.
εὐχαριστία 141, 17.
εὐχέρεια ἐν τοῖς πραττομένοις 160, 6.
εὐχρηστία 183, 2.
εὔχρουν αἷμα 34, 21.
εὐώνυμοι ὀδόντες 31, 11. 14. Ἶρις εὐώνυμος ὁρωμένη 138, 4. τοῖχος ὁ εὐώνυμος 97, 11. τὸ εὐώνυμον μέρος τῆς κεφαλῆς ψιλωθέν 23, 12.
Ἐφέσιος 196, 20. Ἄρτεμις Ἐφεσία 132, 24. Ἐφέσιοι 14, 20.
Ἔφεσος 196, 21.
ἐφεστρίς 88, 8.
ᾠὸν ἐφθόν 271, 27.
ἐφιππαζομένην τὴν μητέρα περαίνειν 78, 12.
ἐφηβεία 15, 22. ἐφηβεία κανών ἐστιν ὀρθοῦ βίου καὶ ὑγιοῦς 51, 22. ἐφηβείας χρόνος ἐνιαυτός 51, 10. τριετία 51, 11.
ἐφηβεύειν μόνοις ἐλευθέροις ἐφίησιν ὁ νόμος 51, 5.

INDEX RERUM. 299

οἱ ἔφηβοι οὐχ ὑπερόριοι μάχονται 52, 2. ἔνδημον χρὴ εἶναι τὸν ἐφηβεύοντα 51, 13. χειρ ἐφήβου ἐν τῇ χλαμύδι ἐνειλημένη 51, 8. ἀργὴ εἰς ἔργα καὶ λόγους εἰς ἐνιαυτόν 51, 9.
Ἐφιάλτης 131, 1. 139, 18—24. ἀποθανουμένῳ οὐ πρόσεισι 139, 24.
ἐφυδρίδες (Νύμφαι) mg 144, 11.
ἔχειν λέγομεν τὸ περαίνειν καὶ τὸ κεκτῆσθαι 207, 15. θύρα ἡ ἐχομένη 97, 20. 21.
οἱ ἔχθιστοι 208, 22.
ἔχθρα 76, 17. 79, 20. 188; 24. 204, 6. 240, 4. 247, 6. πρὸς τοὺς ὑπερέχοντας 29, 19. ἔχθρα ἀκολουθεῖ πάσῃ μοιχείᾳ 212, 17. εἰς ἔχθραν καταστῆναί τινι 75, 16. 76, 7. 80, 4. 9. 212, 15. 231, 22. 232, 1. ἔχθραι 50, 9. 65, 4. 170, 5. ἔχθρας λύσις 85, 19.
ἐχθροί 244, 24—245, 6. 73, 23. 103, 21. 104, 2. 106, 16. 24. 107, 4. 110, 17. 113, 9. 123, 7. 223, 19. 236, 4. 243, 2. 247, 2. 248, 5. ἐχθρῶν ἔφοδος 248, 13. ἐχθροὶ δυνατοί 210, 9. περαίνεσθαι ὑπ' ἐχθροῦ 73, 24. φίλοι ἐχθροῖς συναναστρεφόμενοι 231, 21—232, 2.
ἔχιδνα 106, 19—22. 234, 13. ἔχιδναι συμβάλλουσι τὰ στόματα πρὶν μιγῆναι 79, 8. ἔχιδνα ἐναποθανοῦσα οἴνῳ 230, 26. 231, 2.
ἐχῖνος 108, 25.
ἑψητός 108, 1.
ἔωθεν 4, 17. 85, 8.
ζειά 63, 2.
ζείδωρος 145, 1.
Ζεύς 130, 22. 132, 4—13. 247, 7. 268, 8. 10. Πολιεύς 231, 18. Σαβάζιος 106. 9, βωμὸς Διός 269, 9. δοῦλος σφαιρίζων μετὰ τοῦ Διός 244, 15. τοῖς κεκεραυνωμένοις ὡς ὑπὸ Διὸς τετιμημένοις προσίασιν οἱ ἄνθρωποι 93, 24.
ζηλοτυπηθῆναι 239, 4.
ζηλοτυπία 76, 18. ζηλοτυπία ἀκολουθεῖ πάσῃ μοιχείᾳ 212, 17.
ζημία 19, 18. 74, 17. 80, 7. 121, 17. 147, 11. 185, 23. 211, 9. 240, 15. 17. ζημίαι 55, 8. 88, 6. 91, 24. 127, 7. 147, 23. 263, 25. ζημία διὰ τὸν νόμον 149, 21. ζημίας προσδοκωμένης λύσις 245, 4.
ζῆν 35, 2. 143, 22. 184, 17. 222, 19. 225, 13. 16. 268, 14. δαίμων ὁ τοῦ ζῆν αἴτιος 262, 4. τοῦ ζῆν ἐκβληθῆναι 256, 23. ζῶντες 208, 9. ζῶντα καυθῆναι 151, 27—152, 3.

227, 6. θάπτεσθαι 151, 11. ζῶντας ἰχθύας λαμβάνειν 111, 6. ζῶσα μητρυιά 178, 16.
Ζηνόφιλος 183, 16.
Ζήνων 183, 15. 222, 10.
ζοφώδη νέφη 138, 11.
ζυγόδεσμος 118, 3.
ζυγοκρούσται 237, 4.
ζυγόν 117, 20. ὑπὸ ζυγὸν ἀχθῆναι ἅμα τῷ ἀδελφῷ πάλαι τεθνεῶτι 265, 11.
ζυγοστάται 141, 21. 142, 5.
ζῷα 252, 4. ἐπίγεια δίποδα καὶ ἄποδα καὶ τετράποδα 98, 26. ἤδη ζώων 233, 26—236, 12. ζῷα βραδέως ἢ ταχέως φυόμενα καὶ αὐξόμενα 209, 11—16. θεοῖς τισιν ἀνακείμενα τοὺς θεοὺς ἐκείνους σημαίνει 236, 12. τὰ ἄλογα ζῷα ἀξιόπιστα 162, 8.
ζωγράφοι 147, 18. 212, 14. ζωγράφος ἐν Κορίνθῳ 201, 2.
ζωή 192, 12.
Ζωΐλος 232, 12.
ζωμὸς Νηρεΐδων 214, 1.
τὰ ὑπὲρ ζώνην καὶ τὰ ὑπὸ ζώνην mg 218, 12.
ἐφ' ἡγεμονίας ὁρμᾶν 38, 8.
οἱ ἡγούμενοι τῆς πόλεως 193, 23.
ἢ δέος ἢ λύπη παῖς πατρὶ πάντα χρόνον 19, 16.
ἥδεσθαι 77, 8. 9. 207, 14. 261, 3. 272, 14. ἐπὶ τοῖς ἀφροδισίοις 81, 16, 19.
ἡδονή 8, 7. 155, 7. ἡδοναί 7, 8. 26, 13. 42, 19.
ἡδὺν γενέσθαι 154, 9. σώματος ἡδεῖα ὄψις 12, 14. εὐπορία οὐχ ἡδεῖα 22, 11. ἡδύ τι εἰπεῖν 105, 27. ἡδύ τι πράττοντες ἢ λέγοντες οἱ πρόγονοι 179, 2. ἡδύ τι πάσχουσα ἢ δρῶσα ἡ γαλῆ 180, 3. οἱ ἥδιστοι 85, 23. 208, 21. ἡδίστη χρῆσις 7, 2. ἡδέως διακειμένη ψυχή 17, 11. τὸν παρόντα καιρὸν ἡδέως διάγειν 154, 10.
ἡδύφωνα ζῷα 234, 21.
ἠερέθονται 46, 23.
ἠθάς 86, 6. οἱ ἠθάδες 125, 24.
ἤθη ἀνθρώπων 237, 19—238, 7. ζώων 233, 26—236, 12. γυνὴ τοῖς ἤθεσιν εὖ κεχρημένη 113, 4.
ἠθμός 255, 10.
ἡ ἡλικία τῶν ὁρώντων 213, 20. ἀπὸ ἡλικίας 148, 5. ὑπὲρ ἡλικίαν 51, 20. 24. τὰ παρ' ἡλικίαν 20, 19. 30, 19. 211, 15—212, 2.
Ἥλιος 106, 9. 130, 24. 133, 8. 22—135,

15. 136, 9. 11. 15. 247, 27—248, 5.
ἡλίου ἀφανισμός 6, 9. ἐπιτολαί
10, 2. ἡλίῳ συνανατέλλειν 257, 18.
παρὰ τοῦ Ἡλίου ἄρτους λαβεῖν
δύο 12, 25. Ἥλιον γεγονέναι 231,
10. ἥλιον τὴν ἐλευθερίαν καλοῦσιν ἄνθρωποι 133, 27. ἡλίους τὰ
ἀρρενικὰ τέκνα οἱ γονεῖς ὑποκοριζόμενοι καλοῦσι 133, 25.
ἧλοι 152, 5.
ἡμέρα 259, 19. 260, 6. ἀγαθή 208,
20. καλή 208, 27. κακή 208, 25.
ἡμέραι καθαραί 10, 1. τὰ μεθ᾽
ἡμέραν γενόμενα 179, 15. μεθ᾽
ἡμέραν ἐπιφέρεσθαι 138, 25. οὐδὲν διαφέρει εἰς πρόγνωσιν ἡ νὺξ
τῆς ἡμέρας 13, 20. ὄνειροι ἡμέραις ἀποβαίνοντες 252, 11. τὰ
μηδὲν ἐν ἡμέρᾳ πράσσοντα ζῷα
235, 12. πρὸς ἡμέρας 51, 3.
ἥμερος λέων 102, 11. ἥμερα ζῷα
102, 9. 236, 2—12. ζῷα ἥμερα γενόμενα ἐξ ἀγρίων 105, 24.
ἡμίονοι 101, 16—23. ἄσπερμοι 101,
20. ἡμιόνων ὀχήματα 210, 5.
μέχρι ἡμισείας 232, 5. ἐξ ἡμισείας
28, 8. τὰ περὶ τὸ σῶμα ἀγαθὰ ἢ
κακὰ ἐξ ἡμισείας βλεπόμενα 250,
12—251, 2.
τὰ ἡμιτελῆ τῶν ἔργων 232, 3—8. 250,
26—251, 2.
ἡμίφωνα γράμματα 181, 20.
ἡνίοχος 210, 10. ἡνιόχου σκευή
135, 2.
Ἡϊόνες 144, 8.
ἧπαρ 42, 17.
οἱ ἡπατοσκόποι ἀξιόπιστοι 162, 1.
Ἥρα 130, 22. 132, 14 sq. Ἥρᾳ μιγῆναι 81, 18.
Ἡρακλείδης ὁ Θυατειρηνός 223, 15.
ΗΡΑΚΛΕΙΔΗΣ Ο ΠΟΝΤΙΚΟΣ
ἐν ταῖς Λέσχαις 241, 14.
Ἡρακλῆς 131, 4. 140, 8—24. 148, 9.
πυρὶ διαφθαρεὶς τὸ σῶμα 227, 6.
Ἡρακλέους ἄθλους τετελεκέναι
227, 4. λεύκη ἀνακειμένη Ἡρακλεῖ 119, 25.
ἠρέμα πλουσία γυνή 128, 22. ἠρέμα
ῥέοντες ποταμοί 122, 7. ἄνεμοι
ἠρέμα πνέοντες 138, 13.
Ἥρωες 106, 9. 146, 17. 248, 6—13.
οἱ ἐν Μακάρων νήσοις 257, 7.
ἥρωες πλησίον τῆς τοῦ ἰδόντος
οἰκίας ἱδρυμένοι 248, 10.
Ἡρωίδες 148, 15. 248, 6—13.
ΗΣΙΟΔΟΣ 238, 23.
ὁ τὸν ἥσυχον ἐπανῃρημένος βίον
22, 1. ἡσυχῇ ἵπτασθαι 112, 8.

ἧττα 54, 21. ἀθλητῶν 27, 12.
ἡττᾶσθαι γυναικῶν 14, 6.
ἧττον 17, 12. 135, 14. 136, 10. 171,
10. 172, 23. 178, 18. 22. 192, 1.
230, 21. 231, 6. 248, 8. 250, 14.
ἥττονα 132, 15. 158, 10. οἱ ἥττονες 218, 12. 247, 29.

Ἥφαιστος 142, 28—143, 2. 247, 6.11.
Θακεύειν 7, 20.
θάλαμος 97, 3—4.
θάλασσα 131, 9. 144, 6.
θάλασσα καὶ τὰ περὶ θάλασσαν 175,
3—14. 200, 19. 232, 18. 268, 17.
θάλασσα εὔδιος 159, 25. ἠρέμα
πορφύρουσα καὶ κυμαίνουσα 117,
12. θαλάσσης ἄκοσμοι ἀνατροπαί
6, 10. εἰς θάλασσαν πεσεῖν 232,
22. ἐπὶ θαλάσσης περιπατεῖν 174,
25—175, 14. 224, 15. οἱ τὴν θάλασσαν ἐργαζόμενοι 143, 26. 144, 1.
θαλάσσιοι θεοί 130, 20. 131, 7—10.
24. θαλάσσια ὄρνεα 110, 21—111,
3. 269, 1. θαλάσσιον θηρίον 110,
12.
θάλλειν 120, 9.
θανάσιμον φάρμακον 156, 12—14.
260, 8.
θανατηφόρος 236, 18.
θάνατος 16, 5. 18, 7. 150, 7—152, 24.
195, 27. 196, 6. 222, 2. 11, 23. 18,
26. 20, 18. 27, 24. 29, 20. 35, 18.
37, 7. 20. 39, 14. 42, 10. 46, 14.
47, 18. 26. 48, 12. 54, 17. 55, 4.
56, 18. 57, 17. 61, 6. 70, 11. 78,
13. 81, 13. 82, 4. 23. 85, 14. 86,
17. 91, 7. 96, 11. 97, 12. 103, 15.
110, 19. 112, 10. 25. 125, 12. 126,
2. 12. 21. 127, 10. 13. 26. 128, 2.
129, 18. 130, 8. 153, 15. 22. 154,
14. 155, 3. 156, 11. 13. 15. 157, 12.
171, 9. 174, 1. 179, 26. 181, 4. 182,
17. 184, 21. 189, 10. 190, 24. 191,
10. 192, 13. 207, 6. 211, 18. 217,
14. 219, 21. 224, 11. 225, 15. 232,
16. 237, 10. 11. 15. 16. 239, 12.
247, 2. 249, 11. 258, 6. 18. 259,
22. 261, 10. 15. 20. θάνατος σύντομος 33, 7. θάνατοι βίαιοι 33, 10.
οἱ ἐκ καταδίκης θάνατοι 151, 18
—152, 24. τὴν ἐπὶ θανάτῳ καταδικάζεσθαι 14, 24. 223, 21. 240, 1.
263, 2. 269, 8. ὁ φεύγων θανάτου δίκην 36, 13. θάνατος πάντων λυτικός 246, 3.

θάπτειν τὸν πατέρα 229, 5. ταφῆναι 150, 7. 151, 10. οἱ κεκεραυνωμένοι ὅπου ἂν ὑπὸ τοῦ πυρὸς

INDEX RERUM. 301

καταληφθῶσιν, ἐνταῦθα θάπτονται 95, 6.
θᾶττον 34, 10. 125, 1. 132, 28. 190, 18.
θαυμάζεσθαι ὑπὸ τῶν θεωμένων 267, 17.
θαυμάσιος 267, 20.
θαυματοποιοί 40, 18.
θεαί 247, 14—20. ἀνθρείαν ἔχουσαι στολήν 247, 18. παρὰ ταῖς θεαῖς 14, 20.
θεαταί 227, 19. ἀποσφάττειν τοὺς θεατάς 223, 16.
θέατρα 193, 12. ἐν θεάτρῳ καθέζεσθαι 225, 20. ὀρχεῖσθαι πεπλασμένον καὶ τὴν ἄλλην ἔχοντα σκευήν 68, 27. ἐν θεάτρῳ μέσῳ οὐρεῖν 227, 17. ἡ εἰς τὸ θέατρον φορά 264, 17.
θεατρικοί 162, 13.
στέφανοι ἐκ θείου πεποιημένοι 71, 19. δακτύλιοι θεῖον ἔνδον ἔχοντες 89, 15.
θεμέλιοι 98, 2. 209, 26.
τραῦμα ἐν τῷ θέναρι γενόμενον 184, 14.
Θεόδωρος 183, 16.
ΘΕΟΓΝΙΣ 33, 24. 60, 7.
θεοί 16, 5. 130, 16—146, 16. 236, 15. 248, 6. 252, 5. Ὀλύμπιοι 12, 11. 247, 8. 273, 11. αἰθέριοι χθόνιοι 273, 11. θαλάσσιοι 130, 20. 131, 7—10. 24. αἰσθητοί 247, 23—26. ἄρρενες 247, 13—20. πάντες οἱ θεοὶ δεσπότας σημαίνουσιν 135, 22. 244, 12—21. γονέας καὶ διδασκάλους ib. θεοὶ ταῖς τέχναις τῶν ὀνείρους ὁρώντων ἁρμόζοντες 247, 9—12. τῶν θεῶν οἱ νομιζόμενοι ἐχθροὶ εἶναι ἀλλήλων 247, 5—8. αὐτόματοι οἱ θεοὶ ἀπαλλασσόμενοι 130, 7. οἱ θεοὶ ποτὲ μὲν ἁπλῶς ἀληθῆ λέγουσι, ποτὲ δὲ αἰνίσσονται 245, 7—246, 4. ἀξιόπιστοί εἰσιν 161, 14. θᾶττον καὶ τὰ ἀγαθὰ καὶ τὰ κακὰ σημαίνουσιν αὐτοὶ οἱ θεοὶ ὀρώμενοι ἢ τὰ ἀγάλματα αὐτῶν 132, 28. θεοὶ ἄρρενες θηλειῶν ἔχοντες ἐσθῆτα 247, 17. θεοὶ οὐκ ἔχοντες τὴν οἰκείαν σκευὴν οὐδὲ ἕδραν οὐδὲ σχῆμα τὸ προσῆκον 246, 5—247, 4. βλεπόμενοι ἄνευ τῶν ἀναθημάτων καὶ τῶν ὅπλων 247, 21. φαινόμενοι ἐν ἀνθρώπων ἰδέᾳ 148, 3—19. θεοῦ σκευὴν ἔχειν 174, 18—20. θεὸν γενέσθαι 173, 24—174, 11. 201, 24. εἰς θεόν, μεταβάλλειν 231, 9. θεῷ ἢ θεᾷ μιγῆναι 81, 12—27. ὑπὸ θεῶν παίεσθαι 150, 1. ὑπὸ θεοῦ περανθῆναι 81, 13. θεοῖς λαλεῖν 7, 20. θεοὺς σέβεσθαι καὶ τιμᾶν 14, 3. ὑποδέχεσθαι 174, 12—17. θεοῖς θύειν 129, 13. 200, 26. θεοὶ θεοῖς θύοντες 130, 9. θεῶν ἀγάλματα 12, 12. 129, 22—130, 15. οἱ θεοὶ καὶ τὰ ἀγάλματα αὐτῶν κοινὸν ἔχουσι λόγον 146, 6. θεοὶ ἐν πλοίῳ ἱδρυμένοι 117, 6. ζῶα θεοῖς ἀνακείμενα 236, 12. ἀπὸ θεῶν ἄρξασθαι 15, 15. μῆνις θεῶν 121, 17.
θεόπεμπτοι ὄνειροι 206, 23. θεόπεμπτα 13, 13. 17. 206, 24.
θεράπαινα 97, 6. 239, 1. ὁ θεράπαιναν ὠνήσασθαι βουλόμενος 189, 18. ἐρασθῆναι θεραπαίνης 180, 12. θεραπαίνης γάμος 180, 14. τεκνῶσαι ἀπὸ θεραπαίνης 180, 16. θεράπαινα τὴν εἰκόνα καὶ τὰ ἱμάτια τῆς δεσποίνης χρησαμένη 263, 21.
θεραπεία πολλή 58, 16.
θεραπεῖαι ἰατρικαί 213, 21—215, 17.
θεραπεύεσθαι νοσοῦντα 3, 17.
θεράποντες 59, 11. 67, 25. οἱ κατὰ τὸν οἶκον 97, 5. θεράποντος ὄλεθρος 180, 15.
θερίζειν 49, 4.
θερινὰ ἄστρα 136, 26.
τὸ θερμόν 58, 13. εἰς θερμὰ πορεύεσθαι 59, 5. θερμὸν ὕδωρ πίνειν 59, 23. θερμοῖς ὕδασι λούεσθαι 59, 3.
Θεσσαλία 14, 23.
οἱ θεώμενοι 267, 18.
θεωφηματικοὶ ὄνειροι 200, 5. 201, 13 —202, 23.
Θῆβαι 230, 8. 241, 4.
οἱ Θηβαῖοι μόνοι τῶν Βοιωτῶν οὐκ ἐστράτευσαν εἰς Ἴλιον 241, 5.
θηλάζεσθαι ὑπὸ προβάτου 215, 6.
θήλειαι 211, 16. mg 218, 12. θήλειαι συγγενεῖς 23, 13. θήλεια ἐσθής 247, 17—20. τὰ θηλύτερα σώματα γάλα ἔχει 21, 1. θηλύτεραι αἱ γυναῖκες τῶν ἀνδρῶν 47, 6.
θῆλυ θηρίον 200, 19.
θηλυδρίας mg 266, 17.
θηλυκά 256, 16. τέκνα 67, 24. παιδία 209, 5. δύο βρέφη θηλυκά 262, 10. ἄνευ θηλυκοῦ προσώπου 136, 11. θηλυκὰ ὀνόματα 183, 19. θηλυκὰ δένδρα 98, 5.
θημῶνες ἀσταχύων 118, 8.
εἰς θήραν συνεξελθεῖν τινι 4, 14. κύνες ἐπὶ θήρᾳ τρεφόμενοι 99, 6. τὰ μηδὲν θηρεύοντα ζῶα 235, 10.

θηρία 160, 2. εἰς θηρίον μεταβάλλειν 48, 4. θηρίῳ μιγῆναι 82, 7. θηρίον βαστάσαι 153, 23. θηρίον ἐκφεύγειν 200, 25. ὑπὸ θηρίου διωκόμενον ἵπτασθαι 160, 8. θηρίου σάρκας ἐσθίειν 64, 27.
θηριομαχεῖν 152, 19—24. 263, 2.
θηριῶδες 103, 3. 109, 18.
θησαυρὸν εὑρίσκειν 7, 19. 12, 29. 155, 1—5. 239, 9.
θησαυροφυλάκια 68, 1. 220, 3.
θλίβων Ἐφιάλτης 139, 19.
θλῖψις 61, 12. θλίψεις 78, 9. 88, 8. 139, 20. 151, 18. 191, 1. 19.
τεθνήξεσθαι 44, 11. 125, 7. τεθνάναι 249, 19. τεθνεῶσα μητρυιά 178, 16.
θολερὸν ὕδωρ 122, 11. 123, 15.
θολὸς σηπίας 109, 11.
θόρυβος 193, 5. θόρυβοι 139, 14. 141, 24. 145, 19. ἀγορὰ θορύβου μεστή 193, 7.
θρακὶ πυκτεύειν 128, 18—21.
Θρᾷκες πρὸς ἀρκτὸν οἰκοῦσιν 14, 9. στίζονται παρὰ Θραξὶν οἱ εὐγενεῖς παῖδες 14, 9.
Θρασύλος 183, 18.
Θρασύμαχος 183, 18.
Θράσων 183, 17.
θρανομένη λεκάνη 180, 15.
θρίγκος 98, 2. 118, 13.
θριδακίναι 61, 19.
θρίναξ 117, 28.
θρίξ 22, 5—23, 3. 137, 14. ἄνικμοι τρίχες καὶ κονριῶσαι mg 22, 17. στῆθος πεπυκνωμένον θριξὶ 39, 6. τρίχες ἐκφυεῖσαι 266, 15. 19. τρίχας ἔχειν ἐκ τῶν χειρῶν πεφυκυίας 41, 6—11. ἐκ τῆς γλώττης 34, 5. ἐκ τῆς ὑπερῴας ἐκ τῶν οὔλων ἐκ τῶν ὀδόντων ἐκ τῶν χειλῶν 34, 18. τὰ ἀργὰ φύει τρίχας 34, 8. τρίχες εἰς ἄλλην ὕλην μεταβαλοῦσαι 23, 2. ὑπὲρ εὐμορφίας ἔστιν ὅτε καὶ ἀλλοτρίαις θριξὶν αἱ γυναῖκες χρῶνται 22, 6.
ἐπὶ θρόνου καθεζόμενος 132, 8. ἐπὶ θρόνον καθεζόμενον κεραυνοῦσθαι 96, 2.
Θυατειρηνός 223, 15.
θυγάτηρ 7, 26. 19, 20. 28, 9. 12. 29, 10. 40, 13. 48, 27. 135, 17. 184, 22—25. 244, 22. ἐφαρμένη 257, 11. θυγατρὸς γένεσις 136, 2. ἔργα 75, 25. θυγατέρα περαίνειν ὡραίαν γάμου 75, 20. θυγατέρα τὴν ἑαυτοῦ περαίνειν παρ᾽ ἀνδρὶ οὖσαν 75, 26. τὴν θυγατέρα κατορύσσειν ἀποθανοῦσαν 19, 21. κυρτὴν ἰδεῖν τὴν ἑαυτοῦ θυγατέρα 220, 22.
θυγάτριον 20, 7. θύγατριον μικρὸν παντελῶς περαίνειν 75, 18.
θύειν 206, 4. θεοῖς 129, 13—16. ἄλλους θύοντας ἰδεῖν 129, 16—18. θύειν Ἀσκληπιῷ 266, 21. ἀποτρόπαια 266, 25.
θύλακοι 52, 11.
οἱ ἐπὶ θυμέλην ἀναβαίνοντες 87, 11. 162, 13. 170, 23.
θυμελικοί 86, 25. 126, 16. 142, 6.
θύμον 70, 28.
θυμός 42, 16. 18. 127, 21.
θύννος 109, 22.
θύρα 97, 17. ὁ τὴν θύραν ἔχων τοῖχος 97, 8. οἱ ἐγγὺς θυρῶν 235, 17.
θυρίδες πολλαὶ τοῦ οἴκου 97, 12. ὁ τὴν θυρίδα ἔχων τοῖχος 97, 9. διὰ θυρίδος ἐξίπτασθαι 160, 15.
θυρσοφορεῖν 141, 13.
θύται 17, 2. 57, 4. 196, 10. οἱ θυταὶ ἀξιόπιστοι 161, 27.
θώραξ 233, 8.
θώραξ 127, 18.

Ἴακχος 131, 11. 144, 25—145, 7.
ἰαμβεῖα λέγειν 53, 13. τὰ ἐν τοῖς ὕπνοις λεγόμενα ἰαμβεῖα 238, 20—239, 17.
ἰατρεία θεῶν 82, 21.
ἰατρικὰ λέγειν 223, 7—11. λόγοι ἰατρικοί 215, 13. ἰατρική 213, 24. τέχνη 119, 8. οἱ ἐπὶ ἰατρικὴν ὁρμῶντες 126, 6.
ἰατροί 125, 10. 223, 7—11. 227, 21—228, 6. 49, 15. 57, 4. 63, 7. 71, 1. 113, 8. 119, 8. 133, 5. 142, 6. 147, 18. ἰατροὺς οὐκ ἔχειν νοσοῦντα 228, 2.
τὸ κατὰ τὴν ἰδέαν 46, 6. 48, 8—13.
ἴδιοι — ἀλλότριοι 170, 25. ἴδιοι ὄνειροι 202, 10. τῶν ἰδίων πένθη 24, 12. παῖδες ἴδιοι 42, 2. ἀπόθεσις ἰδίων τέκνων 158, 14. πόλεις ἴδιαι 239. 24. ἔθη ἴδια 14, 9—15, 4. κατ᾽ ἰδίαν 145, 3. ἰδιαίτατον 7, 6.
ἰδιόχρωμα ἱμάτια οὐκ ἀνίησι τὸ χρῶμα 88, 21.
ἰδιώτης 8, 26. 9, 7. 9. 238, 16. ἰδιῶται 8, 18. 9, 3. 143, 21. 177, 24.
ἰδιώτου καταφρονεῖν 227, 9.
ἐξ ἰδιωτικοῦ μεταβάλλειν τὸν βίον 127, 26.
μὴ δύνασθαι ἱδροῦν ἐν βαλανείῳ 58, 19.
ἱδρὼς ἐν βαλανείῳ ἀποκρινόμενος 57, 23.

ἱέραξ 113, 12. 234, 18.
ἱερᾶσθαι 127, 1.
ἱερατεύειν mg 127, 3. 127, 10. 12.
ἱερεῖον 129, 15. 18.
ἱερευθῆναι 151, 18.
ἱερεύς 22, 8. 86, 25. 173, 24. *Διὸς Πολιέως* 231, 18. ἱερέα εἶναι 127, 3—5. ἱερέα γενέσθαι Ποσειδῶνος 254, 12. οἱ ἱερεῖς ἀξιόπιστοι 161, 15. ἱερέως γυνή 243, 12. 251, 7. ἱερεῖς Αἰγυπτίων θεῶν 23, 23. τοῖς ἱερεῦσι τὸ ἔθος ἐπιτρέπει λαμβάνειν τὰς τῶν θεῶν ἀπαρχάς 170, 19.
ἱερὸν Διὸς Πολιέως 231, 18. ἐν ἱερῷ καθεύδειν 82, 18.
ἱερονίκης 85, 1. 150, 25. 273, 13.
ἱερὸς ἀγών 56, 5. 57, 9. 58, 24. 269, 25. 270, 14. ἱερὰ νόσος 104, 15. ἀνακειμένη τῇ Σελήνῃ 104, 16. στέφανοι ἱεροὶ καὶ ἐπινίκιοι 232, 15.
ἱεροσυλεῖν 170, 18—22. 238, 5.
ἱερόσυλοι 137, 18.
ἱεροφάντης 243, 11.
ἱερώσασθαι 94, 11.
ἱερωσύνη 94, 10. ἱερωσύναι 54, 24. οἱ τῆς ἱερωσύνης τόποι 254, 13. ἱερωσύνην λαμβάνειν παρὰ δήμου 127, 1.
Ἰθακήσιοι 4, 7.
ι κ θ 217, 10.
ἴκτερος mg 33, 6.
ἰκτῖνος 113, 12. 234, 19.
ἴκτις 173, 20—23. 173, 21.
ἱλαρία (γαλῆ) mg 180, 2.
ἱλαροὺς ὁρᾶν θεοὺς Ὀλυμπίους 12, 11. μύας 179, 11.
Ἴλιον 241, 6.
ἱμάς 63, 21. ἱμάντι παίεσθαι 150, 4.
ἱμάτια 220. 26 — 221, 4. 8. 263, 22. μέλανα ἱμάτια καὶ λευκά 224, 4. χαλκᾶ ἱμάτια τοῖς ἀγάλμασι περιτίθεται 224, 21. ἀδελφῆς ἱμάτια ἔχειν 226, 20. σκευὴ ἱματίων πολυτελῶν καὶ μαλακῶν 73, 10. ἅμα τοῖς ἱματίοις εἰς τὸ θερμὸν εἰσιέναι 57, 12. ἱμάτια λαβεῖν παρὰ νεκρῶν 250, 11. νεκροὶ ἱμάτια περιαιρούμενοι 154, 12.
Ἰνδία 103, 7.
Ἰνδοὶ δάκνοντες 214, 4.
ἰξευτικοὶ κάλαμοι 111, 15.
ὁ ἰξεύων 111, 19.
ἰξός 111, 15.
ἰξώδης 109, 6.
ἰοβόλα ζῷα 234, 10.
ἰός 106, 20.
ἰός 257, 5. ζῷα πολὺν ἰὸν ἔχοντα 234, 12.
Ἰόνιος κόλπος 87, 24.
Ἰουδαϊκὸς πόλεμος ἐν Κυρήνῃ 217, 11.
ἰουλίς 108, 5.
Ἰούλιος 268, 3. μήν 268, 4.
ἱππάζεσθει διὰ πόλεως 54. 25.
ἱππείας τρίχας ἔχειν 22, 20. ἱππεία χαίτη ὡς ἐπὶ τὸ πολὺ δεσμεύεται 22, 21.
ἱππεύς 129, 4. ἱππεῖς Ῥωμαίων 220, 8. ἱππέα γενέσθαι 221, 17.
τὰ ἱππικά 54, 5. ἱππικὸς ἀνὴρ 220, 5.
Ἱπποκένταυρος 148, 1. 228, 17. 21.
Ἵππιος (Ποσειδῶν) 54. 11.
ἱπποκόμος 228, 10. 237, 10.
ἵππος 54, 9 — 14. 200, 18. 228, 13. κέλης 54, 6. ἵπποι φορβάδες 235, 4. ἵππος ἐπὶ κάλλει μέγα φρονεῖ 54, 9. ὄπισθεν ἐπιβαίνει 79, 6. ἵππων ὀχήματα 210, 5. ἵππου χαλινός 237, 9. ἵππου ὑποδήματα ὑποδεδέσθαι 221, 16. ἵππου κεφαλὴν ἔχειν 38, 9. ἵππου δύο κλίμακας ἀναχθείς 228, 10.
ἱπποτρόφοι 182, 5.
ἵπτασθαι 158, 19 — 161, 12. 200, 22. περὶ τὴν Ῥώμην 267, 16. ἵπτασθαι μέλλοντα κωλύεσθαι 268, 1. ἱπτάμενος ἀετός 112, 8.
Ἶρις 131, 1. 138, 4—-9.
Ἶρος 4, 7.
Ἰσθμός 254, 11. Ἰσθμοὶ ζητεῖν τὸν ἴδιον υἱόν 261. 22.
Ἶσις 131, 12. 145, 1—15.
ἡ ἐξ ἴσου ῥῆσις 244, 18. δραμεῖν ἐξ ἴσης ἄλλῳ 270, 3.
ἰσόψηφα 16, 15. 185, 23. 179, 26. 181, 23—182, 6. 216, 23—217, 5.
ἱστίον 102. 7.
ἱστοκεραία 102, 6. ἱστοκεραίαν ἀπολέσαι 37, 5.
ἱστορία ξένη 241, 11. 16. ἱστορίαι αἱ πάνυ πεπιστευμέναι ὅτι ἀληθεῖς εἰσίν 229, 19—230, 1. αἱ πάνυ πολυθρύλητοι 230, 1—19. κατὰ τὰς ἱστορίας τὰς ἐν τοῖς ποιήμασιν 239, 16. ἱστοριῶν λόγος 227, 3. ὁ κατὰ τὴν ἱστορίαν λόγος 145, 14.
ἱστορικὰ διπλοῦν ἔχοντα λόγον 228, 26.
ἱστός 182, 11—22. ὄρθιος 182, 11. ὁ ἕτερος 182, 12. ἱστὸς ἄρτι ἀρχόμενος ὑφαίνεσθαι 182, 15. ὁ πρὸς ἐκτομὴν ὤν 182, 17. ὁ ἐκτετμημένος ib. ἱστὸν ἐξυφαγκέναι 225, 14.

ἱστὸς νεώς 116, 24.
ἰσχναὶ παρειαί 30, 2.
μὴ ἰσχύειν 48, 12.
τὸ ἰσχυρόν 102, 15. τῶν ἰοβόλων ζώων τὰ ἰσχυρά 234, 10. ἰσχυρότερα κακά 96, 21. ἀποτελέσματα 144, 13. ἰσχυρότατος 127, 22.
ἰσχύς 43, 2. 44, 6. σώματος 12, 14. 41, 21. 48, 9.
Ἰταλία 2, 17. 103, 7. 9. 18. 253, 11. γῦπας οὐκ ἀναιροῦσιν ἐν Ἰταλίᾳ 14, 18. ἡ Ἰταλία οἶκος βασιλέων ἐστίν 159, 14.
ἰχθύες 107, 18—110, 5. μικροὶ λαμβανόμενοι 107, 23. ἰχθύας λαμβάνειν πολλοὺς καὶ μεγάλους 107, 18. ἰχθύων μίξις 79. 12. σκευασία καὶ ἄρτυσις 111, 7. ἰχθύας ἐσθίειν 14, 14. 65, 1—6. ἰχθὺν τεκεῖν 111, 11.
ἰχνεύμων 173, 20—23. ἄγριος καὶ ἀτιθάσευτος 173, 21.
ἰχώρ 25, 15.
ἴων στέφανοι 70, 7—12.
Ἰωνία 14, 19.
καθαίρειν ἀγάλματα θεῶν 129, 23. καθαίρειν τὰ ὦτα 25, 15.
μὴ καθαρεύειν τὰ στόματα 238, 2.
καθαρμός 187, 25.
καθαρός 270, 16. καθαρὸν ὕδωρ 123, 16. κρῆναι ὕδατι καθαρῷ πλημμυροῦσαι 124, 8. ποταμοὶ καθαρὸν ἔχοντες ὕδωρ 59, 7. 122, 6. καθαρὸς ἥλιος 133, 22. καθαροὶ ἀστέρες 136, 13. καθαρὸς ἀήρ 91, 10—12. καθαραὶ ἡμέραι 10, 1. καθαρὰ ἱμάτια 88, 22. οἱ παντελῶς καθαροὶ ἄρτοι 63, 10. πῦρ καθαρόν 262, 22. 29. καθαρὸν ὁρώμενον πῦρ τὸ ἐν χρήσει 96, 5. τὸ ἐφ᾽ ἑστίας 96, 7. καθαρὸν πῦρ ἐν οὐρανῷ 92, 16. οἶκοι καιόμενοι καθαρῷ πυρί 96, 24. κίονες 97, 22.
καθάρσιος 187, 23.
καθέδρα 226, 13.
καθεζομένη Τύχη 143, 6.
τὸ καθεκτικόν 109, 6. 149, 14. 181, 12. 182, 7. 208, 6. 237, 3.
καθέλκειν τινα 37, 19.
τῶν καθεστώτων κινεῖν 139, 5. αἱ τῶν καθεστώτων μεταβολαί 138, 9.
καθετήρ 107, 16.
καθεύδειν 3, 19. 82, 13. νύκτωρ 14, 6. ἐπὶ κοπρίᾳ 188, 19.
καθιδρύσεις στρατοπέδων 229, 23.
καθίζειν εἰς χρείας mg 7, 20.
καθιστάναι οἶκον mg 154, 17.

καθολικά 202, 7. καθολικοὶ τρόποι 10, 11. ὁ καθολικὸς λόγος 6, 12.
καθορίζεσθαι καλῶς 49, 7.
τὸ κάθυγρον τοῦ σελίνου 71, 3.
καινὰ ἱμάτια 86, 3. ὁ καινῇ πραγματείᾳ ἐγχειρεῖν βουλόμενος 156, 19.
καιροὶ τί 203, 26. περὶ καιρῶν κρίσεως 13, 19—24. ἀγαθῶν καιρῶν σύστασις 19, 24. αἱ τῶν καιρῶν ἐπιμιξίαι 10, 3. ἐν τῷ αὐτῷ καιρῷ καὶ ἀγαθοὺς καὶ κακοὺς ἰδεῖν ὀνείρους 241, 25. 242, 8. κατὰ τὸν καιρόν 70, 13. παρὰ τὸν καιρόν 49, 5. 66, 4. 10. 17. καιρὸς ἀηδής 236, 4.
κακοδαίμων 105, 7.
κακοδαιμονία 160, 23. 247, 3.
κακοείμων γυνὴ περαινομένη 73, 15.
κακοπάθεια 49, 1.
οἱ κακοποιοὶ τῶν ἀστέρων 238, 11.
οἱ μέγα τι κακὸν βουλευόμενοι 137, 9. κακὰ πολλά 227, 13. ὁ ἐν πολλοῖς κακοῖς ὤν 42, 11. κακῶν πολλῶν αἴτιος 129, 1. ἐπὶ κακοῖς 183, 11. κακίονα ἑαυτὸν ὁρᾶν ἐν κατόπτρῳ 91, 5. κακῶς διατιθέναι 175, 7. 10. 234, 16. διατεθῆναι 173, 2. παθεῖν 247, 29. ἀποθανεῖν 265, 20. τὰ περί τινα κακῶς ἔχοντα 38, 16. κακῶς εἰπεῖν 187, 7. κακῶς ἀκούεσθαι 187, 8. κακῶς ἀναγινώσκειν βαρβαρικὰ γράμματα 50, 29.
κακοπραγία 236, 4.
κακοτροπία 240, 20.
κακότροπος 102, 26. 129, 9. 179, 25.
τὸ κακοῦν κρεῖττον τοῦ ὑπό τινος κακοῦσθαι 98, 25.
κακοῦργος 41, 16. 45, 7. 15. 72, 6. 108, 6. 109, 3. 124, 17. 125, 15. 145, 29. 153, 20. 159, 18. 174, 21. 175, 22. 182, 4. 192, 16. ὑψηλὸς ὀρχούμενος 69, 11.
κακουχία 64, 6.
κάλαθοι 207, 24. κάλαθος ἐπικείμενος τῇ τοῦ Σαράπιδος κεφαλῇ 273, 4.
κάλαμοι ἰξευτικοί 111, 15—19. καλάμοις αὐλεῖν 53, 7. καλάμῳ παίεσθαι 150, 4. κάλαμος ἐκ τοῦ δεξιοῦ γόνατος πεφυκώς 44, 14.
καλαυρόπιον 246, 15.
ΚΑΛΛΙΜΑΧΟΣ 252, 19.
Καλλιμάχειος 252, 19.
Ἡρακλῆς Καλλίνικος 140, 14.
Καλλιστὼ ἡ Ἀρκαδική 103, 1.

κάλλος 48, 8. 204, 8.
καλόβαθρα ὑποδεδέσθαι 174, 21—24.
καλοβατέω 69, 16.
καλὸν παιδάριον 259, 17. 21. καλὰ βαλανεῖα 58, 8. καλὴ ῥίς 29, 15. καλαὶ τρίχες 22, 5. χεῖρες 39, 23. καλῶς καὶ ἑκτικῶς ἀναγινώσκειν βαρβαρικὰ γράμματα 50, 27.
κάμακες 209, 22.
κάματος 63, 1. 89, 9. 125, 27. 175, 26. κάματοι 119, 2.
κάμηλος 199, 9. οἱονεὶ κάμμηρος 11, 28. κάμηλος ὄνομα ξενοδοκείου 11, 17.
κάμνειν 265, 13. κάμνοντα πεπαῦσθαι 150, 9. ὁ κάμνων 56, 17. 85, 14. 184, 1. οἱ κάμνοντες 144, 8. οἱ καμόντες 262, 8.
κανᾶ 207, 24.
κάνθαρος 115, 16.
κανθήλια 207, 24.
κάνναβις 192, 1—7.
καόμενοι κίονες 97, 22. καόμεναι θύραι 97, 17. δένδρων τὰ πρὸ τῆς οἰκίας καόμενα 98, 3—7. καομένους ἰδεῖν τοὺς πόδας 45, 18.
κάπετος 118, 10.
κάπηλοι 25, 1. 62, 2. 140, 26. 142, 5. 172, 20. 237, 3.
καπνός 262, 29.
καππάρεις 65, 18.
καπρᾶν 105, 7.
κάπρος 105, 6.
κάραβος 108, 16.
καρδία 42, 14. καρδίας ὀδαξησμός 267, 19. τραῦμα κατὰ τῆς καρδίας γενόμενον 184, 12.
κάρδοπος mg 264, 19.
καρηβαρία 21, 24.
καρῆναι — χαρῆναι 24, 6.
καρίς 108, 16.
καρκινάς mg 108, 25.
καρκινευταί mg 108, 25.
καρκίνος 108, 17.
καρποί 236, 15. φθορὰ καρπῶν 115, 13. καρπὸς Δήμητρος 206, 7.
καρποὶ χειρῶν 41, 6.
Κάρπος 183, 16.
καρποφορεῖν 120, 9.
κάρυον 65, 26. 66, 1.
κασία 229, 13.
Κάσσιος Μάξιμος 1, 1. 83, 6. 167, 9. 169, 1. 196, 17. 197, 1.
κασσιτέρινοι ὀδόντες 33, 8.
κασώριον 72, 2.
καταβάσεις 220, 12.
καταβοᾶν 172, 20.

καταβοήσεις 25, 5.
καταγέλως 178, 9. καταγέλωτες 69, 27.
πρὸ καταγνώσεως 36, 23.
ἀπουσίας ποιεῖσθαι καταγράφοντα πολλὰ εἰς υἱόν 75, 6.
κατάδεσμοι 71, 18.
καταδικασθῆναι 18, 17. 45, 11. 240, 1. 242, 16. 243, 1. 257, 26. 269, 8.
καταδίκη 37, 3. 88, 9. 95, 1. 249, 6. v. ἔργον. ἐκ καταδίκης 36, 1. οἱ ἐκ καταδίκης θάνατοι 151, 16. 18 —152, 24.
κατάδυσις εἰς τὴν φύσιν 266, 2.
καταθύμιος γυνή 37, 17. 87, 12.
καταιδαζόμενοι οἴκοι 96, 26.
καταισχύνειν στέφανον 264, 4.
κατακαέντες δρύφακτοι 98, 1. πατὴρ κατακαόμενος 6, 22. ζῶντα κατακάεσθαι 151, 27—152, 3.
κατακεκλιμένη Τύχη 143, 6.
κατακοπαί 48, 2. 124, 18. 141, 6. κατακόπτεσθαι 62, 8. κατακοπῆναι 261, 24. κατακόπτειν κρέα 254, 15.
καταλαμβάνειν τὸν ἀγῶνα 52, 1. 126, 26.
καταλειφθῆναι ὑπὸ τῶν συνηγόρων 228, 3.
κατάλληλος 63, 9. γλῶσσα κατάλληλος τῷ στόματι 33, 20.
καταλύειν 227, 2. 270, 24. 273, 15. τὴν ἄθλησιν 262, 14.
καταμαγεῖα 59, 11.
καταμεῖναι 268, 5.
καταμονή 268, 6.
κατανοούμενα τὰ σπλάγχνα 42, 6.
κατάντεις ὁδοί 124, 24. 26.
κάταξις κεραμίου 270, 13.
καταπαλαίειν 56, 21. 23.
ὥσπερ καταπατηθῆναι 242, 25.
κατάπηροι ὄνειροι 16, 11.
καταπλοκὴ πραγμάτων 89, 27. χρειῶν 90, 22. καταπλοκαί 98, 22.
καταπλύνειν 270, 16.
καταπροδιδόναι 267, 24.
καταπτῆναι ἀναπτάντα 160, 4.
καταρρίπτειν νεῶν 130, 4. κατερρίφθαι ὥσπερ ἐν νόσῳ 185, 8.
ἡ κατάρτιος 102, 7. 152, 6. 182, 20.
κατασημαίνεσθαι δακτυλίῳ 260, 3.
κατεσκεπάσθαι τοῖς ὅπλοις 128, 19.
κατασκευὴ νεῶν 119, 13.
κατάσσειν κεράμιον 270, 3. μηρόν 11, 25. κατάσσεσθαι 260, 4. 263, 11. 15. κατεάχθαι 237, 11. ὅσα κατάσσεται 65, 27. ποτήρια κατασσόμενα 61, 6—13. κατασσύμενον

ὡρολόγιον 194, 15. κατασσόμενα τὰ περὶ τὸν τράχηλον 90, 9.
κατάστασις 258, 27. ἡ ὅλη κατάστασις τοῦ ἰδόντος 67, 15.
Ἄρτεμις ἡ κατεσταλμένη τῷ σχήματι 132, 24.
τὸ κατάστημα 136, 25. 138, 8.
κατάστικτα ζῷα 234, 24.
κατατιλάω 120, 28.
κατατομαί 62, 7.
καταφανής 192, 24. χρεῖαι βιωτικαὶ οὐ πολλοῖς καταφανεῖς 31, 25.
καταφέρεσθαι εἰς τὸν βυθὸν τῆς θαλάσσης 232, 22.
καταφιλεῖν τοὺς συνήθεις 85, 15. νεκροὺς 85, 19. τὸ ἑαυτοῦ αἰδοῖον 80, 19.
καταπεφλέχθαι ὑπὸ τοῦ κεραυνοῦ 95, 14—96, 4.
καταφρονεῖν τινος ἢ καταφρονεῖσθαι 227, 9—21. 73, 22. 76, 6. 121, 6. 129, 1. 184, 7. 242, 25.
κατάφωρον γίνεσθαι ἐπὶ μεγάλοις ἁμαρτήμασιν 71, 24. 192, 18.
κατάχρεος 19, 2. 36, 18. 61, 22. 80, 24. 88, 13. 146, 28.
κατακεχρῖσθαι τὸ πρόσωπον 225, 19.
ἥρωες κατακεχωσμένοι 248, 11.
κατερηριμμέναι πόλεις 239. 23.
κατέρχεσθαι 36, 19.
κατέχεσθαι ὑπὸ τῶν ἡρώων τῶν ἐν Μακάρων νήσοις 257, 7.
κατηφής 248, 8.
κατοπτρίζεσθαι 90, 24. 267, 1. 2.
κάτοπτρον 90, 26. 200, 18. 266, 26. γήινον τὸ κάτοπτρον 91, 1. ἐν κατόπτρῳ ὁρᾶν τὴν ἑαυτοῦ εἰκόνα 90, 24.
ἐπὶ κατορθώματι χαρά 155, 8.
κατορύσσειν 64, 12. κατορυγῆναι 150, 7. κατορύσσειν τὸν ἄνδρα 157, 1. τὸν δεσπότην 201, 2. 249, 13. βρέφος 80, 5. ἀδελφὸν 245, 2. τὸν πρῳρέα 218, 6. κατορύσσειν τὴν θυγατέρα τὴν ἑαυτοῦ ἀποθανοῦσαν 19, 21. κατορωρύχθαι ἐν τῷ σταδίῳ τῷ Ὀλυμπιάσι 250, 4.
κατοχή 116, 24. 149, 13. 182, 10. 12. 189, 20. 192, 16. 210, 3. κατοχαί 85, 12. 109, 6. 116, 10. 118, 17. 192, 9.
εἰς τὸ κάτω ῥέπειν 210, 4.
οἱ κάτωθεν ὀδόντες 31, 8. οἱ κάτωθεν περιπατοῦντες 158, 21.
αἱ κατωφερεῖς 105, 7.
κέγχρος 63, 2.
κειμήλια 31. 20. 211, 4.
κείρειν πρόβατον 232, 5. κείρεσθαι 24, 5—14. κείρονται οἷς μάλιστα

εὐπρεπείας μέλει, οὐχ οἱ ἐν περιστάσει ἢ συμφορᾷ 24, 7. v. περικείρω.
κεκρύφαλοι 208, 1.
ᾆσμα κελευστικὸν πρὸς ἔργα 157, 25.
κέλης 54, 6.
κενὸς φόβος 53, 3. ἀνατμηθέντα δοκεῖν κενὸν εἶναι 42, 8. κενοὶ δακτύλιοι θεῖον ἔνδον ἔχοντες 89, 15.
μὴ κενοσπουδεῖν 209, 24.
κεραμεύς 113, 7. 205, 6.
κεράμιον 269, 25.
ὁ κέραμος τῆς οἰκίας 221, 4. ἵπτασθαι πλησίον τῶν κεράμων 267, 16. περὶ τοὺς κεράμους ἵπτασθαι 159, 8.
κεράσια 66, 15.
κέρας νεώς 116, 26. κέρατα βοός 102, 8. κέρατα ἔχειν 38, 20—23. 201, 25. τὰ κέρατα φοροῦντα ζῷα τραχηλοκοπεῖται 38, 22. κέρατα σοι ποιήσει ἡ γυνή mg 101, 4.
κεράτινα ποτήρια 61, 1.
κεραυνός 92, 27—96, 4. 200, 23. καὶ τὰ ἡνωμένα χωρίζει 94, 19. ἄνευ χειμῶνος πλησίον πεσὼν 92, 27. ἔμπροσθεν πεσὼν 93, 3. κατὰ κεφαλῆς πεσὼν 95, 15. κεραυνὸς εἰς γῆν πεσὼν ἄβατον τὴν γῆν καθίστησιν 95, 10. τὰ ἄσημα τῶν χωρίων ἐπίσημα ποιεῖ διὰ τοὺς ἐνιδρυμένους βωμοὺς καὶ τὰς γινομένας ἐν αὐταῖς θυσίας, ἃ δὲ πολυτελῆ χωρία ἔρημα καὶ ἄβατα 93, 8.
κεραυνοῦσθαι 120, 10. πένητα ὄντα 13, 3. ὁ κεραυνωθεὶς αἰφνίδιον παρασημότερος γίνεται 93, 16. οἱ κεραυνωθέντες ὡς θεοὶ τιμῶνται 94, 27. οἱ κεκεραυνωμένοι ὅπου ἂν ὑπὸ τοῦ πυρὸς καταληφθῶσιν, ἐνταῦθα θάπτονται 95, 6. τοὺς καταδικασθέντας ἐν τῇ συνηθείᾳ κεκεραυνῶσθαί φαμεν 95, 2.
Κέρβερος 272, 32. ὄλεθρος εἶναι νενόμισται 273, 3. τὸν Κέρβερον βαστάζειν 153, 20.
κερδαλέος 240, 15.
κέρδος 147, 19. 261, 6. οὐδαμῶς κέρδος 107, 24. κερδῶν ἰδίων χάριν 53, 24.
κερδοφόρος 126, 15.
κερδῷ 180, 2.
κερκοπίθηκος mg 104, 17.
κεράτια mg 155, 5.
τὸ κεφάλαιον τῶν ἀποβάσεων 251, 3 —21. κεφάλαια τὰ χρήματα κα-

λεῖται 21, 19. πολλὰ κεφάλαια κτήσασθαι 37, 16. ἀπώλεια τῶν κεφαλαίων 36, 17.
κεφαλή 21, 14—22, 4. 36, 1—38, 19. 137, 12. 195, 25. 196, 4. ὑπερέχουσα ἢ ὑπερεχομένη 37, 19. κεφαλὴ τοῦ ζῆν καὶ τοῦ φωτός αἰτία 6, 19. γονεῦσιν μὲν ἔοικε διὰ τὸ τοῦ ζῆν αἰτίαν εἶναι, τέκνοις δὲ διὰ τὸ πρόσωπον καὶ τὴν εἰκόνα 36, 3. εἰς πατέρα ἀποβαίνει 7, 24. κυρία τοῦ σώματος οὖσα δεσπότην σημαίνει 36, 26. οἶκός ἐστι τῶν αἰσθήσεων 36, 9. συγγενῶν σημαντική 23, 14. ὀνόματος ἢ ἀξιώματος 37, 12. κεφαλὴ χοιρεία 270, 20. δύο ἔχειν κεφαλὰς ἢ τρεῖς 37, 14—21. κρατοῦντα ταῖς χερσὶ τὴν ἑαυτοῦ κεφαλὴν ἑτέραν ἔχειν τῆς κατὰ φύσιν 38, 18. κεφαλὴ τοῦ κατὰ φύσιν λειπομένη 22, 2. ἀλγεῖν τὴν κεφαλήν 218, 7. τῇ κεφαλῇ τοῦ ἰδόντος τὸν ὄνειρον ἐπικαθεσθεὶς ἀετός 112, 9. ἐλάα πεφυκυῖα ἐκ κεφαλῆς 257, 14. περὶ τὴν κεφαλὴν συνιστάμενος κίνδυνος 92, 24.
κεφαλωτά 61, 24.
κήλη 185, 23—186, 5.
κῆπος 209, 18—21. τὰ ἐν κήπῳ γενώμενα 209, 17.
κηπουροί 70, 26. 209, 18.
κήρα τὸν θάνατον καλοῦσιν οἱ ποιηταί 71, 16.
κήρινοι στέφανοι 71, 16. ὀδόντες κήρινοι 33, 6. εἰκὼν κηρίνη 146, 12. 180, 24.
κῆρυξ 108, 24.
κηρύσσειν 53, 3.
κιβώτια 7, 22.
κιθαρίζειν 53, 8.
κιθαρῳδεῖν 53, 11.
κιθαρῳδός 58, 23.
Κίλιξ 232, 4. 251, 1.
ἐπὶ κιναιδίᾳ διαβεβλημένος 102, 21.
κίναιδος ἀνήρ 104, 21. 180, 9. 266, 16.
κινάρα 61, 19. ἀκανθώδης καὶ ὀξεῖα ib. ἄτροφος 61, 21.
κίνδυνος 37, 20. 59, 9. 102, 3. 103, 7. 117, 3. 122, 16. 134, 17. 144, 27. 147, 10. 159, 7. 170, 16. 184, 20. cf. κεφαλή. κίνδυνοι 53, 16. 61, 3. 86, 27. 91, 24. 98, 22. 107, 9. 109, 17. 115, 21. 135, 10. 136, 23. 138, 15. 141, 2. 10. 145, 9. 160, 9. 170, 12. 190, 17. 193, 18. ὁ συνεχῶς κίνδυνος 265, 3. ἐν κινδύνῳ γίνεσθαι μεγάλῳ 264, 8. κίνδυνοι διὰ νόσων 56, 16. v. ἔσχατος.
κινεῖσθαι 132, 9. 185, 8. οἱ κινεῖσθαι βουλόμενοι 143, 27. οἱ κινεῖσθαι προῃρημένοι 191, 7. κεκινῆσθαι πρὸς τὴν ἐπάνοδον 134, 8. κινούμενοι οἱ θαλάσσιοι θεοί 143, 30. κινουμένη Ἑκάτη 139, 7. κινούμενος ὁ Ἀσκληπιός 139, 26. κινούμενα τὰ τῶν θεῶν ἀγάλματα 130, 11. ἀνδριάντες κινούμενοι 193, 15—24. κινούμενα φορτία 32, 18. ἄστρον τὸ ἀεὶ κινούμενον 104, 3. τὰ ὁμοίως κινούμενα 244, 7—11.
κίνησις 103, 3. κίνησις ψυχῆς 4, 25. ἀστέρων 136, 19. ἡ ἐκ τόπου εἰς τόπον κίνησις 55, 7. κίνησιν ἡντιναοῦν κινεῖσθαι 44, 8. κινήσεις 44, 7. 118, 16. 122, 10. 128, 3. 133, 9. 139, 1. 143, 4. 176, 19. 182, 11. 191, 2. 194, 13.
κινώπετα 14, 15. 156, 13.
κίονι προσδεθεὶς δοῦλος 74, 22. κίονες 97, 22.
κίσσα 234, 24. 235, 16.
κισσοῦ στέφανοι 72, 3.
κίσται 67, 29. 220, 3.
κιστίδια 7, 22.
κίχλη 108, 4.
κλαδεύω 49, 4.
κλάδοις τοῖς προσήκουσι στεφανοῦν θεόν 129, 19.
κλαίειν 7, 20.
κλάσματα ἄρτων χέζειν 224, 7.
κλείς 189, 17—26. τὴν κλεῖδα τοῦ οἰκήματος ἀπολωλεκέναι 257, 11.
κλέπτειν 170, 13—22. 238, 4. κλέπτειν ἀστέρας 137, 18. κλέπτειν τὸ παραλογίζεσθαι ἔλεγον οἱ παλαιοί 170, 14.
κλέπτης 113, 16. 114, 19. 235, 13.
κληρονομεῖν τινα 77, 7. 121, 1. 261, 4. 19. 262, 19. κληρονομῆσαι ἐλπίζων τις 170, 10. κληρονομεῖν ἀδελφήν 226, 20.
κληρονόμος 25, 24. 76, 3. 196, 1. 232, 4. 260, 18.'
κλίβανος 98, 8. γυναικὶ προσείκασται 98, 9.
κλῖμαξ 147, 8. κλίμακες 228, 10. κλίμακας δύο καταβῆναι 220, 7.
κλίματα 138, 20.
κλινάριον mg 154, 17.
κλίνη 67, 19. ἐπὶ κλίνης καθεζόμενον ἵπτασθαι 161, 7. κλίνας στρωννύειν mg 154, 17.
κλινίδια 7, 22.
κλυστῆρα προστίθεσθαι 270, 17.

20*

κναφέως γυνή 224, 4.
κνέφαλλα 255, 20.
κνήμη 8, 1. κνῆμαι 44, 21.
κνημῖδες 127, 18.
κνώδαλα θηρία 156, 13.
τὰ κοινά 193, 13. κοινὰ ἐνύπνια 201, 10. κοινοὶ ὄνειροι 7, 8. 202, 10. κοινὸς καλεῖται ὁ τοὺς νεκροὺς δεχόμενος τόπος 73, 1. κοινὴ γυνή 142, 9. 267, 6. κοινῶς λέγειν 199, 21.
οἱ κοινωνῆσαι ἐθέλοντες 49, 11. 143, 1. 206, 15. κοινωνῆσαι τῶν ἁμαρτημάτων τινί 188, 6.
κοινωνία 53, 9. 101, 6. 118, 5. 152, 12. 191, 22. 223, 23. 235, 6. πρὸς κοινωνίαν ἀγαθός 109, 2. κοινωνίαι 50, 8. 114, 2. 142, 12. 171, 6. 191, 11. 192, 20. 208, 2. κοινωνίαι χωρισθεῖσαι 83, 4. 100, 23.
κοινωνικοί 235, 5.
κοινωνοί 44, 17. 97, 12. 150, 18. κοινωνῶν χωρισμός 94, 17. 125, 14.
κοιλία 42, 19. τὴν κοιλίαν ἐκταράττειν 108, 20.
κοιμᾶσθαι 7, 20. 28, 4.
τὰ πρὸς κοίτην 67, 19. κοίτης ἀπορία 78, 8. ἐν τῇ κοίτῃ ἰδεῖν ἰχθύν 111, 8. ἐν τῇ κοίτῃ τινὸς κατακείμενος ἥλιος 134, 23. ἐν τῇ κοίτῃ κατακείμενον ὑπὸ κεραυνοῦ καταφλέγεσθαι 95, 23.
κοιτωνίσκος 228, 11.
κοκκίνη ἐσθής 87, 9.
κόκκυξ 108, 9.
κολακεύειν — κολακεύεσθαι 210, 14 —17.
κολασθῆναι 238, 25.
κολίας 109, 23.
τὰ κολοβά 209, 24. κολοβοὶ ὀδόντες 32, 23. κολοβαὶ ἐσθῆτες 88, 6.
κολοιός 113, 21. 235, 7. 8.
κολοκύντη 62, 5.
εἰς τὸν κόλπον λαβεῖν ὀδόντας 158, 14. ἐν κόλπῳ ἔχειν ἑρπετά 106, 23.
κολυμβᾶν 7, 19. 69, 7. μεταξὺ κολυμβῶντα διυπνισθῆναι 123, 3.
Κόλχοι 230, 8.
κομεῖν τὸ ἐπιμέλεσθαί ἐστιν 22, 15.
κόμη 22, 14.
κομῆται ἀστέρες 138, 1.
κομιδὴ τριχῶν 22, 13.
κομιδῇ νέος 30, 19. 31, 15.
κομῶσιν φιλόσοφοι καὶ ἱερεῖς καὶ μάντεις καὶ βασιλεῖς καὶ ἄρχοντες καὶ οἱ περὶ τὸν Διόνυσον τεχνῖται 22, 9.

κονδυλισμὸς ἐπιταγὴν σημαίνει 110, 11.
κονδύλους ἐπισείειν βατράχοις 110, 8.
κόπος 118, 9.
ἐπὶ κοπρίᾳ καθεύδειν 188, 19.
κόπρια 93, 6. 188, 15—26.
κόπρος 120, 16. 270, 15. τὴν ἰδίαν κόπρον ἐσθίειν (178, 6) σὺν ἄρτῳ καὶ ἥδεσθαι 261, 3.
ἐν κοπρῶνι ἀποπατεῖν 121, 19. 27.
κοπταί 65, 14.
κόπτεσθαί τινα 260, 25. ὁ κοπτόμενος 68, 20. κόπτεται λευκέα 191, 18.
κορακῖνος 110, 2.
κόραξ 113, 15. 222, 19—223, 2. 235, 15.
κόρεις 172, 14—17. εὑρεῖν ἐν χιτῶνι 266, 6.
Κόρη 106, 9. 131, 11. 144, 25—145, 7.
Κόρη καλεῖται ἡ Σελήνη 135, 17.
κόρη καλεῖται καὶ ἡ γλήνη ἡ ἐν τῷ ὀφθαλμῷ 145, 6. κόραι προπεσοῦσαι καὶ μέλαιναι γενόμεναι 262, 11.
κόρηθρον 270, 15.
Κορίνθιος 223, 15.
Κόρινθος 201, 2.
κορώνη 113, 17. 209, 12. 235, 16. χειμῶνος ἄγγελος 113, 18.
κορώνη αἰδοίου 266, 14.
κοσκινομάντεις 161, 22.
ἡ σφόδρα κεκοσμημένη Τύχη 143, 9.
κοσμικὰ πάθη 6, 10. κοσμικοὶ ὄνειροι 202, 11.
κόσμιος 30, 11. κοσμία γυνή 113, 24. γυναῖκες οὐ πάνυ τι κόσμιαι 120, 2. οἱ τὰ ἤθη κόσμιοι mg 162, 12. τὸ κόσμιον τοῦ βίου 67, 29. κοσμίως 42, 1. μὴ κοσμίως περιβεβλῆσθαι 178, 7.
περὶ κόσμου παντὸς ἀνδρείου καὶ γυναικείου 16, 2. 24, 20. 89 9— 90, 18. κόσμος περὶ τὸ σῶμα 203, 15. τὸ πρὸς κόσμον τεῖνον 23, 22. 88, 17. τὰ ἐν ὀνείροις κόσμου ἕνεκα θεωρούμενα 226, 6—19.
κόσσυφος 234, 24.
κοτίνῳ ἐστεφανῶσθαι τὰ σφυρά 232, 14.
κουρὰ ἰδία 203, 14. γυνὴ κουρὰν ἀνδρὸς ἔχουσα 250, 21.
κουρεύς 266, 26. κείρεσθαι ὑπὸ κουρέως 24, 5—10.
κουριῶσαι τρίχες mg 22, 17.
κουροτρόφος mg 101, 4.
κουφισμὸς φροντίδων καὶ ἀνίας 121, 21.

INDEX RERUM. 309

κοῦφος 270, 19.
κόφινος 118, 5.
κράμβαι 62, 1.
κρανίον 29, 20. 219, 21.
κράνος 127, 18.
κρᾶσις οἴνου 206, 17.
κρατεῖν γῆς 144, 29. μὴ κρατεῖν τῆς οἰκίας 17, 19. τὰ ὑπό τινος κρατούμενα 139, 8. ἄμεινον κρατεῖν ἀγρίων ζῴων ἢ κρατεῖσθαι 104, 1. τὸ κρατοῦν δύναμιν ἔχει θεοῦ 135, 24. 161, 17.
Κρατῖνος 183, 15. 222, 12.
κρατύνειν τὴν ὑπάρχουσαν τύχην 247, 3.
κρέα 63, 16—65, 11. 254, 15.
κρείειν 100, 14.
τὸ κρεῖττον 248, 4. ἡ ἐπὶ τὸ κρεῖττον μεταβολή 67, 10. ἐπὶ τὸ κρεῖττον τρεπομένη Σελήνη 135, 25.
κρημνοί 160, 3. κατὰ κρημνῶν πεσεῖν 12, 17.
κρήνη 124, 7. 269, 26. ἐν κρήναις λούεσθαι 59, 7. ἐπὶ κρήνην ἐλθόντα μὴ καταλαβεῖν ὕδωρ 60, 22.
ὁ Κρητικὸς ἔμπορος 226, 1. πρόβατον Κρητικόν 214, 5.
κριθαί 48, 27. 206, 17. 220, 1.
κρίθινοι ἄρτοι 63, 13. πρώτην ἀνθρώποις τὴν τροφὴν ταύτην παρὰ θεῶν λόγος ἔχει δοθῆναι 63, 14.
κρίνεσθαί φαμεν καὶ τοὺς δικαζομένους καὶ τοὺς νοσοῦντας 228, 4.
κρίνων στέφανοι 70, 21.
κριός 100, 13—17. Ἑρμοῦ ὄχημα 100, 17.
περὶ κρίσεως ὀνείρων 15, 5—14. 16, 7.
κρίσιμοι ἡμέραι 125, 5.
κριτής 255, 11. ἀποσφάττειν τοὺς κριτάς 223, 16.
κριτικῶς ἔχειν τινος 201, 6.
κρόκεον ἰόν 70, 10.
κροκόδειλος 173, 13—16.
κρόκος 199, 10.
κρόμμυα 62, 13—20. 218, 20. 233, 11—18. κρόμμυα ἐσθίειν νοσοῦντα 233, 12. κρομμύοις ἐστεφανῶσθαι 72, 7.
Κρόνος 131, 16. 145, 29. 148, 9. 247, 8. δειπνεῖν σὺν τῷ Κρόνῳ 12, 23.
κρύος 92, 2.
τὰ κεκρυμμένα ἐρευνᾶν 147, 22. 181, 4.
τὰ κρυπτὰ ἐλέγχειν 19, 4. 42, 7. 49, 14. 50, 10. 52, 18. 61, 4. 16. 63, 8. 71, 10. 28. 89, 3. 92, 6. 96, 22. 114, 13. 121, 18. 125, 5. 16. 127, 1. 133, 17. 134, 2. 138, 10. 142, 29. 145, 20. 152, 8. 181, 3. 186, 20. 190, 13. 192, 17.

κτενίζεσθαι 24, 18. 90, 19—91, 9.
κτείς 90, 20.
κτείς (pecten marinus) 108, 25.
κτήματα 31, 19. 42, 2. 97, 6. 143, 16. 208, 13. 222, 18. ἀφαιρεθῆναι τῶν κτημάτων 94, 4. περὶ κτημάτων δικάζεσθαι 94, 27.
κεκτῆσθαι 207, 15.
κτῆσις 11, 7. 12, 14. 43, 7. κτῆσιν περιβαλέσθαι 123, 16.
κτίσεις πόλεων 229, 24.
κύαθος 237, 11.
κύαμος 62, 23. πνεύματος ποιητικὸς ἀτόπου 62, 25. πάσης τελετῆς καὶ παντὸς ἱεροῦ ἀπεληλαμένος 62, 26.
κυβερνᾶν 49, 7.
κυβερνήτης 27, 17. 37, 8. 45, 2. 62, 22. 81, 23. 116, 26. 142, 16. 135, 19. 233, 6.
κυβεύειν 169, 15—170, 12.
κυβευτής 145, 23.
κύβοι 170, 5—7. οἱ κύβοι ψῆφοι λέγονται 170, 1.
κυδώνια μῆλα 65, 25. 214, 6.
κυεῖν 18, 19—19, 10. 268, 17. γυνὴ κυοῦσα 228, 21. καὶ νοσοῦσα 259, 14.
Κυζικός 202, 21.
κύκλιος αὐλητής 270, 23.
ἐπὶ κύκλον τρίποδος πλεῖν 257, 25.
Κύκλωψ 28, 24. Κύκλωπα ἰδεῖν ἢ τὸ ἄντρον αὐτοῦ 12, 18.
κύκνος 114, 12. οὐ πρότερον φθέγγεται εἰ μὴ πρὸς τῷ ἀποθνήσκειν εἴη 114, 15.
ἐπὶ κυλίνδρου ἑστῶσα Τύχη 143, 3.
Κυλλήνη 43, 6.
θάλασσα ἠρέμα κυμαίνουσα 117, 12.
Κύματα 131, 9. 144, 6.
κυνήγιον 16, 3. 98, 16—26.
κυνηγοί 132, 18. 139, 12.
Κυνικός 223, 25.
κυνόδοντες 31, 16. 20, 24.
κυνοκέφαλος 104, 14.
κυοφορέω 18, 22. 244, 5.
κυπάρισσος 119, 20. 209, 11. 22.
ὁ Κύπριος νεανίσκος 251, 5.
Κυρήνη 217, 11.
κύριος νεώς 116, 24.
κυρτὴν ἰδεῖν τὴν ἑαυτοῦ θυγατέρα 220, 22.
κύων 99, 2—100, 4. 234, 8. Σείριος 99, 26. κυνᾶν ἤδη 99, 24. 100, 1. κυνὸς κεφαλὴν ἔχειν 38, 8. ὑπὸ κυνὸς δεδῆχθαι 201, 25.
κωβιός 110, 1.
κώδιον mg 214, 13.
κωλύειν ἀνύσαι 145, 30. μὴ κωλύεσθαι προϊόντα ἕωθεν 85, 8.

κῶμαι 159, 24.
κωμικὰ ἔχειν πλάσματα ἢ βιβλία 53, 18. αἱ ὑποθέσεις τῶν κωμικῶν δραμάτων 53, 22.
κωμῳδεῖν 53, 18. 225, 1. 3. ἀνδρόγυνος κωμῳδῶν 224, 23.
κωμῳδία ἡ παλαιά 53, 19. ἡ καθ' ἡμᾶς κωμῳδία 53, 20.
κωμῳδιογράφος mg 53, 25.
κωμῳδῶν ἀκούειν 53, 18.
κώνωπες 172, 18—22. χαίρουσιν ὄξει 172, 22.
κωφός 26, 7. 68, 25.
λάβρος ἐπαιγίζων 100, 21. λάβροι ἄνεμοι 138, 13. λαβρότερος 206, 15.
λαγόνες 41, 18—21. 42, 4.
λαγώς 199, 9. 234, 8.
λαγώς (avis) 235, 17.
λάθρᾳ 245, 22. ἐχθροὶ λάθρᾳ ἐπιβουλεύοντες 104, 11. τὰ λάθρᾳ πρασσόμενα 145, 30.
λαθραῖοι ἀδικίαι 99, 21. ὠφελεῖαι 66, 12. οἱ τὰ λαθραῖα ἐργαζόμενοι 86, 24.
λαῖλαψ 91, 23. 138, 14.
λακτίζειν τὸν βασιλέα 222, 9.
λαλιά 211, 17. 19.
λαμβάνειν τι 206, 8. 19. ἕτοιμος πρὸς τὸ λαβεῖν 40, 8. λαμβάνων τι ὁ δανειστής 184, 20. λαβόντες οἱ μεταῖται 189, 8. 14.
λαμπάδα ἔχειν καομένην νυκτός 96, 12. ἄλλον ὁρᾶν ἔχοντα λαμπάδα 96, 14. λαμπάδες ἐν οὐρανῷ καόμεναι 92, 23. λαμπάδας ἀνάψαι μὴ δύνασθαι ἀπὸ τῆς ἑστίας τῆς ἔνδον καὶ ἀνάψαι ἀπὸ τοῦ οὐρανίου πυρός 260, 12.
λαμπηδών 272, 25.
λαμπρός 140, 22. 175, 26. ἀήρ 91, 10 —12. ἥλιος 133, 22. λαμπροὶ ἀστέρες 136, 13. χρυσίον λαμπρόν 272, 24. λαμπρὰ ἱμάτια 88, 22. λαμπρὰ τὰ ἱμάτια τῶν ἐλευθερωθέντων 93, 22. πῦρ λαμπρόν 262, 22. ἐν οὐρανῷ 92, 16. τὸ ἐφ' ἑστίας πῦρ λαμπρὸν ὁρώμενον 96, 7. λύχνος καόμενος ἐν οἰκίᾳ λαμπρός 96, 15. τοῖχοι μετὰ τὸ πῦρ λαμπρότεροι γενόμενοι 97, 16. παῖς λαμπρός 264, 15. 18. λαμπρὸς ἐν μαντικῇ 262, 23. οἷς ἐστὶ λαμπρὸς ὁ βίος 193, 3. λαμπρόν τι πρᾶξαι 50, 28. λαμπρότερος 231, 19. λαμπρῶς 273, 13.
λαμπτήρ mg 257, 22.
λαμπυρίς 115, 16.
λαμυρὰ γυνή 129, 7.
ὁ λανθάνειν βουλόμενος 35, 6. οἱ μὴ λανθάνειν βουλόμενοι 226, 22. οἱ λανθάνειν ἐθέλοντες 96, 15. οἱ λανθάνειν πειρώμενοι 42, 5. 70, 14. 108, 8. 131, 23. 133, 28. 134, 18. 27. 159, 14. οἱ μὴ λανθάνειν πειρώμενοι 94, 6. τοὺς πλησίον λαθεῖν 78, 23. τὸ μὴ λαθεῖν 255, 6.
Λαοδικεύς 202, 8.
λάπαθα 61, 21. λαπάθου στέφανοι 70, 23.
Λάρισσα 14, 23.
λάρος 110, 21. 114, 22. 269, 1.
λάσανον 121, 20.
λάσιον γένειον 30, 9. στῆθος 39, 6. αἰδοῖον λάσιον 266, 14.
λάχανα 61, 15—62, 20. 108, 21. ἀπόθετα 65, 18.
λέαινα 102, 22—24.
λέγειν 7, 17. θεοὺς ὁρᾶν Ὀλυμπίους λέγοντάς τι ἀγαθόν 12, 11. ἥλιος λέγων τι ἀγαθόν 134, 25. λέγων τι δράκων ἢ διδούς 106, 10. λέγων τι κακόν 143, 25.
λεῖαι ὁδοί 124, 24.
λειοῦν 50, 9.
λειμῶνες mg 159, 25.
λείπεσθαι παίζοντα ψήφοις 11, 15. 170, 4. λειφθῆναι 125, 7. 9. 223, 17. 246, 13. 249, 7. 262, 14. 264, 3. 269, 12. ἀγῶνα 227, 1.
λειτουργία 16, 4.
λειχῆνες 186, 24.
λεκάνη 180, 11—19. 240, 15. 264, 3. πίνειν ἐκ λεκάνης 180, 11. ἐσθίειν ἐν λεκάνῃ 180, 11.
λεκανομάντεις 161, 22.
τὴν λεοντὴν λαβεῖν παρὰ τοῦ Ἡρακλέους 140, 17.
λεπιστός 109, 20.
λεπὶς χαλκῆ 258, 20. αἱ λεπίδες τοῖς ἰχθῦσι περίκεινται ὥσπερ ἀνθρώποις τὰ χρήματα 109, 16.
λέπρα 186, 18—187, 6.
λεπτὰ νομίσματα 154, 19. λεπτοὶ ἀστέρες 137, 17.
λεπτοκάρυα 65, 27.
λεπύριον ᾠοῦ 271, 27.
λέσχη 240, 21. λέσχην παρέχειν οὐδεμίαν 245, 14. αἱ Λέσχαι Ἡρακλείδου τοῦ Ποντικοῦ 241, 14.
λευκέα 191, 16—22. διαπόντιος κομίζεται 191, 21. κόπτεται καὶ καταπλέκεται 191, 18.
λεύκη 268, 21. Ἡρακλεῖ ἱερά 119, 25.
Λευκοθέα 131, 8. 144, 1—3.
λευκοὶ κύνες 99, 20. λευκαὶ αἶγες 100, 18. 19. 233, 19. λευκὰ πρόβατα 100, 5—7. σῦκα 66, 7. λά-

INDEX RERUM.

χανα 62, 6. λευκή σταφυλή 66, 12. τρίχες λευκαί 34, 5. 10. νέφη λευκά 138, 10. λευκή χλάμυς 51, 15. λευκά ίμάτια 86, 6—18. λευκοΐς ίματίοις ού χρώνται οί άνθρωποι προς έργοις όντες 86, 11. λευκά τά ίμάτια τών έν όχλω άναστρεφομένων 86, 8. έν λευκοΐς προϊέναι 205, 9. έν λευκοΐς έκφέρονται οί άποθανόντες 86, 17. 205, 12. λευκά ίμάτια μεταλαβεΐν 224, 5. λευκόν ίον 70, 9.
λέων 102, 11—21. 195, 25. 196, 5. 234, 4. λέοντος κεφαλήν έχειν 38, 3. ώτα λέοντος 26, 3.
Λεωνάς ό Σύρος 249, 18.
λήκυθος 59, 16.
λήρου μεστός 230, 7.
ληστεΐαι 171, 11. ληστείαις έπιτίθεσθαι 238, 25.
ληστήριον 271, 23. ληστηρίω περιπεσεΐν 12, 17. ληστηρίων προσβολαί 141, 6.
ληστεύοντα άλώναι 243, 21.
λησταί 26, 2. 113, 12. 145, 23. 194, 11. 234, 18. 235, 8. 237, 4. ληστών έφοδος 114, 5. 248, 13. ληστάς άναιρεΐν 200, 26.
οί διά δόσεως καί λήψεως ποριζόμενοι 39, 24.
λιβανωτός 205, 26. 255, 4.
Λιβύη 105, 16.
λίθινοι άνδριάντες 193, 20. λίθινον μέτωπον 24, 24. λίθινον γεγονέναι 48, 1.
λίθος δακτυλικός κατεαγμένος είς πολλά 260, 4. λίθοι πολυτελείς 89, 20. λίθοις βάλλειν τινά 187, 7. βάλλεσθαι λίθοις ib.
λιμένες 6, 6. 116, 17. mg 159, 25. 232, 18.
Λίμναι 131, 10. 144, 11.
λιμναΐα όρνεα 114, 21. λιμναΐοι ίχθύες 110, 2. ήσσον πολυτελείς τών θαλασσίων καί τρέφουσιν ούχ όμοίως 110, 4.
Λιμνάτις 132, 19.
λίμνη 110, 10. 114, 20. 124, 1—7. 123, 1. 159, 25. παρά λίμνη άποπατεΐν 121, 26. έν λίμναις λούεσθαι 59, 6.
λιμός 80, 16. 92, 18. 193, 11.
λιμώττειν 112, 2.
λίνον 98, 17. 191, 22—192, 1. λίνα 207, 23. λίνα τά κυνηγετικά 107, 14. όσα έκ λίνων πέπλεκται πρός άλίειαν 107, 14.
λινόσπερμον 63, 7.

λιπαρώς 269, 6.
λιτός 248, 8. λιταί τροφαί 112, 1. λιτά χωρία 93, 5. λιτών άνδρών όλεθρος 137, 17. ή λιτώς έχουσα Τύχη 143, 12. κρέα χοίρεια ήψημένα λιτώς 64, 4.
λίχνος γυνή 147, 11.
λογοποιός 53, 25.
λόγος 43, 4. γονιμώτατος 43, 5. λόγοι 40, 15. εύτονοι 55, 14. φιλοσοφικοί 271, 16. σπουδαίοι 85, 21. ήδεΐς λόγους είπεΐν καί άκούσαι 85, 16. άνήρ λόγων έπιμελόμενος 30, 9. οί άπό λόγου ποριζόμενοι 34, 6. 149, 7. διά λόγου πορίσαι χρήματα 33, 11. διά λόγου πράττειν 32, 5. 33, 19. διά λόγου κατεργαζόμεναι χρεΐαι βιωτικαί 31, 26. οί έπί λόγους όρμώμενοι 141, 19. λόγοις χρήσθαι 257, 14. λόγοις χρώμενον παύσασθαι 177, 24. λόγων προπέτεια 267, 14. τά έν τώ βίω σκληρά τοΐς ίδίοις λόγοις διαλύσαι 158, 17. μητρυιά λόγοις τι χαριζομένη 178, 19. λόγων εύρετής Απόλλων 133, 4.
λόγχη 127, 20.
λοιμός 139, 27.
λούεσθαι 57, 18—59, 10. τό λούεσθαι έρρωμένων έστίν ού πρός άνάγκην γε όντων 58, 10. λουόμεναι γυναίκες 148, 14.
Λοχεία 132, 18.
λοχείους όράν δίφρους 268, 16.
Λυδία 196, 23.
Λυδοί 168, 9.
λύειν τάς έν ποσί στάσεις 170, 6. τήν γαστέρα 108, 23. λυθήναι 130, 14. 161, 4. μή λυθήναι έκ δεσμών 20, 9.
λυκάβας 104, 3.
Λύκιοι 132, 25.
λύκος 104, 1—8. 234, 18. λύκοι έπόμενοι άλλήλοις έν τάξει δίασι ποταμόν 104, 5. λύκων φθαρτική ή σκίλλα 187, 22. λύκου κεφαλήν έχειν 38, 3. ώτα 26, 3. λύκων όχήματα 210, 7.
ΛΤΚΟΦΡΩΝ έν τή Άλεξάνδρα 241, 14.
λυπεΐσθαι 3, 21. 155, 7—16. 261, 26. 272, 16. οί λυπούμενοι 90, 28. 151, 3. 153, 2. 192, 22.
λύπη 8, 7. 30, 2. 65, 9. 100, 3. 138, 12. 144, 2. 157, 13. 171, 27. 184, 14. 192, 15. 16. 204, 6. λύπαι 7, 7. 19, 12. 22, 15. 49, 23. 65, 28. 91, 13. 145, 27. 154, 24. 155, 2. 174, 13. 181, 12. λύπη πένθει άνάλο-

γος 53, 7. οἱ ἐν λύπῃ ὄντες 187, 23.
λυπηρὰ ἀγγελία 39, 20. λυπηρῶς διάγουσα γυνὴ περαινομένη 73, 13.
λυριστής 246, 9.
λύσις 192, 12.
λυχνίον 67, 12.
λύχνος 67, 12. 96, 15—23. λύχνον ἅπτειν ἀπὸ τῆς σελήνης 256, 12.
λωβᾶσθαι ἑαυτόν 178, 2. τοὺς μαζοὺς λωβᾶσθαι 39, 16.
μάγειρος 57, 5. ὁ κατ' οἶκον 190, 7 — 15. ὁ ἐν ἀγορᾷ 190, 16—23.
Μάγνης 226, 23.
ὁ ἐν Μαγνησίᾳ 224, 20.
μαζοί 39, 10—19. δεξιός 260, 24. 261, 1. γάλα ἔχειν ἐν τοῖς μαζοῖς 20, 13. φλεγμονὴ περὶ μαζόν 215, 5. μαζῷ γυναικείῳ χρῶνται οἱ τέλειοι, ὅταν νοσοῦντες τροφῇ μὴ δύνωνται χρῆσθαι mg 20, 11.
οἱ μαθηματικοὶ οἱ γενεθλιαλόγοι 162, 2.
μαῖα 181, 3—10.
μαίνεσθαι 184, 28—185, 9. ὁ μαινόμενος παρὰ πάντων λαμβάνει 185, 6.
μαινίς 108, 1.
μακάριοι 269, 19. μακάριον εἶναι 246, 23.
Μακάρων νῆσοι 257, 6.
τὰ μακρὰ 209, 22—24. μακροὶ ἰχθῦς σελάχιοι 109, 13.
οἱ μακρὰν ἀποδημήσαντες 153, 6. τὰ μακρὰν 191, 25.
μακρόγηρως 269, 6.
τὰ μακρόθεν 111, 17. τὰ μακρόθεν ὁρώμενα 252, 12.
μακροθυμεῖν 209, 13.
μακροθυμία 119, 10.
μακρονοσία 32, 11. 48, 13.
ἐπὶ μάκτρας μεστῆς αἵματος ἀνθρωπείου βαστάζεσθαι καὶ ἐσθίειν πεπηγὸς τὸ αἷμα 264, 19.
τὰ μαλακὰ 210, 1. 2. μαλακὴ ἐσθὴς 88, 3. μαλακὰ ἱμάτια 73, 10. τὸ μαλακὸν τῶν γυναικείας ἐσθῆτας φοροῦντων 87, 15. οἱ μαλακοὶ τῶν ἰχθύων τὰ χρώματα μεταβάλλουσι καὶ ὁμοιοῦνται τοῖς τόποις ἐν οἷς ἂν γένωνται 109, 4. ὀστᾶ οὐκ ἔχουσι 109, 8.
μαλακόστρακοι ἰχθύες 108, 16.
μαλάχη 61, 21. 70, 25.
μάμμη 244, 22.
ἡ τὸν μάνδαλον ἔχουσα θύρα 97, 19. 21.
μανδραγόρας 60, 1.

μανδύη 88. 7.
μανία 69, 28.
μαντεία 142, 15.
μάντεις 223, 7—11. 27, 18. 91, 16. 119, 8. 125, 22. 131, 26. 133, 6. 137, 23. 142, 14. 144, 5. 145, 26. 173, 24. 243, 14. οἱ ἐν ἀγορᾷ μάντεις 2,13. περὶ διαφορᾶς μάντεων 176, 9. εἰς μάντεως φοιτᾶν 176, 6 —21. μάντιν γεγονέναι 176, 14. οἱ μάντεις ἀξιόπιστοι 161, 20. μάντις διαφέρων 267, 20. μάντεως θυγάτηρ 243, 15. οἱ μάντεις περινοστοῦσι 176, 19. τοῖς μάντεσι τὸ ἔθος ἐπιτρέπει λαμβάνειν τὰς τῶν θεῶν ἀπαρχάς 170, 19.
μαντεύεσθαι 176, 6—21.
μαντικὰ λέγειν 223, 7—11.
μαντικὴ 1, 6. 13. 176, 7. μαντικῆς ἀπόνασθαι 267, 22. λαμπρὸς ἐν μαντικῇ 262, 23. μαντικὴν τὴν δι' ἄστρων ἐκπονεῖν 230, 14.
μάσταξ 115, 12.
μαστιγοῦσθαι τὰ ὦτα 25, 16.
μάταιαι ἐλπίδες 62, 5. 65, 5. 111, 4. ταραχὴ ματαία 113, 20. μάταια πράγματα 81, 9. ἄσκησις ματαία 270, 12.
ματαιοπονία 48, 23. 56, 21. 66, 17. 109, 13. 120, 4. 193, 26.
μάχαιρα 127, 20. 217, 10. μαχαίραις περιδινεῖσθαι 69, 13.
μάχεσθαι 172, 23—173, 3.
μάχη 57, 8. 117, 25. 128, 10. μάχη καλεῖται καὶ πυγμή ib. μάχαι 53, 16. 55, 13. 145, 24. οἱ ἐπὶ μάχην πορευόμενοι 140, 13. εἰς μάχην καταστῆναι 239, 13.
μάχιμος 171, 5. 13. γυνή 49, 24. 110, 25. 191, 13. μάχιμοι λόγοι 187, 9.
μαχλὰς 209, 20. 243, 20.
μεγάλη κεφαλή 21, 14. μεγάλαι τρίχες 22, 5—17. μέγα γένειον 30, 9. μεγάλοι ὄρνιθες 111, 25—112, 2. ἐκ μικροῦ μέγαν γίνεσθαι 46, 7. οἶνον πίνειν μὴ ἐν μεγάλοις ποτηρίοις 59, 25. ἀνδριάντες χαλκοῖ οἱ μεγάλοι 193, 15. μεγάλοι ἄνδρες 234, 11. 252, 15. γυναῖκες μεγάλαι 252, 15. μεγάλοι ἀστέρες 137, 16. μεγάλων ἐφίεσθαι 112, 1. οἱ μεγάλων ὀρεγόμενοι πραγμάτων 141, 31. οἱ μέγα δυνάμενοι 131, 20. οἱ μέγα φρονοῦντες 139, 14. μέγα φρονοῦσα γυνὴ ἐπὶ τῇ οὐσίᾳ 128, 26. μέγιστος ἀνήρ 103, 10.
μεγαλόφρονες 235, 21. μεγαλόφρονα ζῷα 234, 2.

τὸ μεγαλόφωνον 52, 18. τῶν χειμάρρων 122, 22.
τὰ παρὰ τὸ μέγεθος ἀποβαίνοντα 233, 18—25. μέγεθος ἀστέρων 136, 18. πόλεως 239, 22.
μεγιστᾶνες 8, 16. 112, 12. 174, 6. μεγιστᾶσι μάχεσθαι 173, 1—3.
μεθόδῳ χρῆσθαι 178, 12. ἐν μεθόδῳ εἶναι λόγου 162, 10.
μεθύειν 185, 10—14. μεθυσθῆναι 225, 9.
μὴ μεθύσκεσθαι 59, 26.
θεοὺς ὁρᾶν Ὀλυμπίους μειδιῶντας 12, 11.
τὸ μεῖζον 248, 4. μείζονα γενέσθαι ἐκ μικροτέρου 67, 8. ἐκ τοῦ ὄντος 46, 7. μαζοὶ μείζονες γινόμενοι 39, 10. μείζονα ζῶα 234, 13.
μειράκιον νέον 148, 8. δύο μειράκια 148, 10.
μείωσις 204, 8.
ΜΕΛΑΜΠΟΥΣ ἐν τῷ περὶ τεράτων καὶ σημείων 149, 14.
μέλαν 26, 12,
μελάνουρος 109, 23.
μέλανες ὀδόντες 32, 22. τρίχες μέλαιναι 34, 5. 9. μέλανα πρόβατα 100, 5—7. μέλαιναι αἶγες 100, 18. 19. 233, 19. μέλανες κύνες 99, 21. βόες 264, 6. μύρμηκες 171, 25. μέλαινα σταφυλή 66, 12. μέλανα σῦκα 66, 7. 260, 16, μέλανα νέφη 138, 12. μέλαινα χλαμύς 51, 16. μέλανα ἱμάτια τῶν πενθούντων 86, 19. 224, 4. πένητες καὶ δοῦλοι καὶ δεσμῶται ἐν μέλασιν ἱματίοις ἐκκομίζονται 86, 22.
μέλι 271, 16.
μελία 119, 20. ἄκαρπος ib. 23. ὅπλα ἐξ αὐτῆς γίνεται ib.
ὁ Μελικέρτειος μῦθος 261, 23.
μελίλωτον 70, 28.
μέλισσα 114, 25. ἡγεμόνι ὑποτέτακται 115, 7. ἀψύχοις ἐπικαθέζεται 115, 8.
Μελιταῖοι κύνες 99, 5. 100, 2.
τὰ μέλλοντα 37, 25. καιρὸς ὁ μέλλων 148, 7.
οἱ μελοποιοί 53, 24.
μεμνῆσθαι τῶν εἰρημένων 53, 14.
ΜΕΝΑΝΔΡΟΣ 89, 4. 105, 7. 135, 24. 161, 17.
Μένανδρος 231, 17.
Μένανδρος ὁ Σμυρναῖος 250, 3.
μένε 182, 4.
μένειν 42, 22. ἐν τῇ αὐτῇ χώρᾳ 124, 4. ἐν ταὐτῷ 152, 16. ἐν τοῖς αὐτοῖς 139, 6. 142, 19. 150, 22. ἐν

τῇ τάξει τῇ οἰκείᾳ 43, 13. μὴ μεῖναι ἐν τῇ οἰκείᾳ 151, 19. ἐν τοῖς οἰκείοις χωρίοις 38, 12.
Μενεκράτης 183, 14.
Μενεκράτης ὁ γραμματικός 248, 17.
Μένιππος ὁ Μάγνης 226, 23.
Μένων 183, 14.
μέριμνα 155, 3. μέριμναι πραγμάτων τινῶν ἀναγκαίων ἕνεκα 19, 13.
μεριμνητικοὶ ὄνειροι 205, 21. μεριμνητικά 13, 10.
ἀπὸ μέρους 28, 7. 226, 19, τὸ ἐπὶ μέρους 134, 12.
μεσῆλιξ 𝔐, 16.
ἀπὸ μεσημβρίας (92, 19) ἀνατέλλων ἥλιος 134, 13. εἰς μεσημβρίαν δύνων ἥλιος 134, 14, τὰ πρὸς μεσημβρίαν τοῦ οἴκου 97, 15.
ὁ μέσος τοῖχος 97, 10. οἱ εἰς τὸ μέσον παρέχεσθαι βουλόμενοι 94, 24.
μεταβάλλειν τὰ χρώματα 46, 5—48, 7. 109, 4. εἰς γῆν μεταβάλλουσιν οἱ ἀποθανόντες 82, 1. μεταβάλλειν ἐπὶ τὸ βέλτιον 231, 8—20. εἰς θεόν 231, 9.
μετάβασις 147, 8.
οἱ μεταγενέστεροι 57, 20. 93, 20.
μεταγινώσκειν ἐπὶ τῇ συνουσίᾳ 77, 25. 78, 3.
μεταῖται 188, 27. 189, 3. 12.
μετακομισθῆναι νοσοῦντα 171, 8.
εἰς μέταλλον κατακριθῆναι 56, 4.
μετανάστασις 158, 24. 159, 21.
μετανιστάναι 91, 2. μετανίστασθαι τῆς πατρίδος 37, 23. τῆς οἰκείας 171, 12. πόλεως 202, 23, μεταναστῆναι 232, 24. 267, 24. τῆς οἰκείας 10, 20.
μετάνοια ἐπὶ τῇ ἀποδημίᾳ 37, 23. ἐπὶ προπετείᾳ λόγων 177, 25.
ἐκ τοῦ μεταφρένου πεφυκότα ἔρια 233, 5.
μέτριος 112, 22. οἱ μέτριοι 131, 22. μέτριοι ἄνθρωποι 141, 29. ἄνδρες 252, 15. οὐσία μετρίως ἀμείνων 211, 17. μετρίως προσφερομένη μητρυιά 178, 18.
μέτρον 258, 12. τὰ μέτρα 49, 11.
μετωνυμικῶς 272, 14.
μέτωπον 24, 22—25, 3. τὰ περὶ τὸ μέτωπον μέρη τοῦ παρόντος σημαντικά 23, 4.
μήδεα καλεῖται τά τε βουλεύματα καὶ τὸ αἰδοῖον 43, 10.
μηλέα 119, 17.
μηλολόνθης 115, 16.
μηλόμελι πίνειν 60, 13.

314 INDEX RERUM.

μῆλον κυδώνιον 214, 6. μῆλα 65, 21
—26. ἐαρινὰ γλυκέα ἀνάκειται
τῇ Ἀφροδίτῃ, τὰ δὲ ὀξέα ἐστὶν Ἐρι-
δος 65, 25.
μῆνες 259, 17. μῆνας ἕνδεκα ἐπιζῆν
231, 11. πρὸς μῆνας 51, 4.
μῆνις θεῶν 121, 17. 129, 15.
μηροί 44, 1—5. τὸν μηρὸν κατάσσειν
11, 25.
Μήτηρ θεῶν 145, 19—21. γῆ εἶναι
νενόμισται 145, 21,
μήτηρ 7, 26. 28, 10. 40, 12. 76, 24.
78, 6. 135, 16. 178, 24. 244, 22.
μήτηρ νοσοῦσα 7, 3. γῇ ἔοικεν ἡ
μήτηρ 78, 13. μήτηρ τέχνης ση-
μαντική 7, 3. 5. 76, 21. 78, 6. τοῦ
προκειμένου 78, 6. τὴν μητέρα τύ-
πτειν 205, 4. μητρὶ μιγῆναι 76, 8
—79, 19.
μητρυιά 178, 16—25. τὴν μητρυιὰν
περαίνειν 212, 15,
μηχανήματα 204, 1.
μιαρᾷ φωνῇ χρῆσθαι 105, 1. μιαροὶ
ἐχθροί 113, 10.
μίγνυσθαι τῇ ἑαυτοῦ ἀδελφῇ 258,
11. ἑαυτῷ μιγῆναι 80, 15.
μικρός 248, 8. τὰ μικρότερα 248, 4.
μικροὶ ἄνδρες 234, 16. παντελῶς
μικρὰ παρθένος 20, 17. μικρὰ
ζῷα 234, 15. μικροὶ ὄρνιθες 111,
26—112, 4. μικροὶ ἰχθῦς λαμβα-
νόμενοι 107, 23. μικροὺς ἰχθῦς
ἐσθίειν 65, 3—5. μικρὰ λίμνη 124,
4. μικρὰ δένδρα 98, 6, μικραὶ ἐρ-
γασίαι 91, 23. ἐκ μικροῦ μέγαν γε-
νέσθαι 46, 7. μικρότερον γενέσθαι
ἐκ μείζονος 67, 8.
Μίλητος 218, 5.
μιμητικὰ ζῷα 234, 23.
μιμολόγοι 69, 16.
μίξις 266, 3. σχήματα μίξεως 78, 19
—22. θεῶν μίξεις 81, 14. μίξις
φιλότης καλεῖται 76, 29.
μισεῖν ἢ μισεῖσθαι 173, 4—8. μισεῖ-
σθαι 227, 14. μισηθῆναι 244, 17.
οἱ μισοῦντες 208, 23. οἱ μισούμε-
νοι 208, 23.
οἱ μισθούμενοι 188, 18.
μισθοὺς χορηγεῖν 75, 5. λαμβάνειν
87, 13.
ὁ μισθωτοὺς τρέφων 45, 1. τελῶν
μεγάλων μισθωτής 259, 24.
μῖσος 25, 2. 121, 19. 240, 6. 270, 21.
πρὸς τοὺς συνοικοῦντας 61, 16.
μίσχος 117, 28.
μνᾶς δέκα 4, 17.
ἐν μνήμασι καθεύδειν 82, 22.
μνημεῖα 151, 1. 155, 17—156, 4.

Μοῖραι 148, 13.
μοιχάς 34, 4.
μοιχεία 39, 19. 245, 22. μοιχεῖαι
142, 29. πάσῃ μοιχείᾳ ἀκολουθεῖ
ζηλοτυπία 212, 17.
μοιχεύειν 228, 9. 240, 4. 243, 18. μοι-
χεύοντα ἁλῶναι 225, 20. μοιχεύε-
σθαι 123, 14. 149, 19. 266, 8. μοι-
χευθῆναι 106, 23. 245, 20. μοι-
χευόμεναι γυναῖκες 68, 7. 133, 17.
192, 24.
μοιχός 113, 15. 173, 17. 267, 8. μοι-
χοί 29, 2. 49, 18. 192, 24. 235, 13.
μοιχὸν γενέσθαι 178, 13.
μόλις σωθῆναι 259, 6. 264, 10. 271,
7. μόλις ἐσόμενα τὰ ἀγαθά 116, 5.
μολύβδινοι ὀδόντες 33, 8.
μολύνειν 120, 18. 180, 8. μολύνεσθαι
120, 26.
μονὴ τῶν ὄντων 192, 11.
μονόκρηπις 241, 7.
μονομαχεῖν 13, 4. 128, 9—129, 12.
μονομαχία 36, 2.
μονόμαχος 20, 24. 145, 23. 264, 23.
265, 5. 7. εἰς μονομάχους καταδι-
κασθῆναι 242, 19.
μονοπρόσωπος Ἑκάτη 139, 3.
μονόφθαλμον γίνεσθαι 263, 27.
μορμίλλων 129, 8.
μορμοπωπός 134, 15.
μορμύρος 109, 23.
ὁ ἐπί τινι μόρος 266, 3.
μορφοσκόποι 161, 22.
Μόσσυνες οἱ ἐν Ποντικῇ συνουσιά-
ζουσι δημοσίᾳ καὶ γυναιξὶ μίσγον-
ται ὥσπερ οἱ κύνες 14, 11.
Μοῦσαι 263, 10. Μοῦσα ἡ μικρά
263, 8.
μουσική 114, 12. 133, 5. 158, 7.
μουσικοί 69, 18. 133, 4. 234, 21. μου-
σικὸς ἀνήρ 114, 12. μουσικοὶ ἄν-
δρες 187, 13, μουσικὴ γυνή 158, 9.
μουσικὰ ζῷα 234, 21.
μοχθηρὸς βίος 140, 21. τὰ ἐν τῷ βίῳ
μοχθηρά 38, 17.
μοχθῶ 70, 27.
οἱ μεμυημένοι τῇ Ἑκάτῃ ·139, 10.
ταῖς θεαῖς 144, 25.
ὁ μυθικὸς λόγος 145, 14.
μῦθοι 137, 2.
μύλοι 31, 17. 20, 24.
μύλος 147, 12.
μύραινα mg 109, 16.
μυρία πάσχειν κακά 239, 4.
μυρίζεσθαι 68, 7—9.
μύρμηκες 171, 16—25. οἱ τὰ πτερὰ
ἔχοντες 171, 15. ἐργάται καλοῦν-
ται 171, 22. γῆς παῖδες καὶ ψυχροὶ

INDEX RERUM.

καὶ μέλανες 25, 20. 171, 24. μύρμηκες εἰς τὰ ὦτα εἰσιόντες 25, 18.
μύρον 15, 24. 150, 17. 199; 10, μύρα βαστάζειν 216, 7. μύρον λαβεῖν παρὰ νεκροῦ 12, 29.
μυροπώλης 115, 19. 219, 13.
μυρρίνη 98, 7. 120, 1. κοινὴ Δήμητρι καὶ Ἀφροδίτῃ 71, 15.
μύρσινος στέφανος 71, 13.
μυρτίτης 60, 13.
μῦς 179, 9—17.
μῦς (mitulus) 108, 25.
μυσάττεσθαι 261, 26.
μυστήρια 74, 4. 81, 8. 11. 203, 10. Σαράπιδος 145, 9. αἱ περιοχαὶ τῶν μυστηρίων 225, 7.
Ἀπόλλων Μύστης 168, 7. δράκων μύστης 243, 12.
μυστικαὶ χρεῖαι 144, 22. βιωτικαί 31, 24. οἱ τὰ πάνυ μυστικώτερα πράττοντες 9, 23.
μύω 271, 14.
μώλωπες 150, 4.
Μῶμος 198, 9.
μωρὰ γυνή 129, 6.
νάπαι 124, 15—21. 160, 2.
νάρθηκι παίεσθαι mg 150, 4.
νάρκη 109, 18.
ναρκίσσων στέφανος 70, 4.
ναυαγεῖν 4, 11. 49, 9. 69, 6. 115, 21. 136, 8.
ναυάγιον 24, 2. 61, 9. 102, 6. 111, 10. 142, 21. 271, 15. ναυαγίῳ περιπίπτειν 264, 9. 271, 6.
ναύκληρος 37, 9. 44, 25. 117, 6. 221, 6. 257, 6. 269, 4. ὁ τοῦ ναυκλήρου ὄνειρος 216, 9. ναύκληροι 19, 8. 36, 16. 81, 22. 119, 12. 142, 16. ναυκλήρου παῖδες mg 116, 26.
ναῦς 119, 13. 200, 19. 21. 220, 26. 221, 2. 264, 10. νῆες οὐριοδρομοῦσαι 159, 26. ἐν νηΐ 105, 9.
ναύτης 116, 26. ναῦται 40, 18.
ναυτίλλεσθαι 135, 20. οἱ ναυτιλλόμενοι 102, 5. 119, 12. 131, 25. 142, 17. 152, 4.
ναυτίλος 109, 9.
πάλιν νεάζειν 106, 6.
νεανίσκος 148, 7. 8. 209, 6—9. εἰς νεανίσκον μεταβάλλειν 46, 14. 17.
νεβρίδιον Πανός 246, 14.
νέοι 96, 12. 152, 2. νέοι ἄνδρες 39, 21. νέα γυνή 20, 13. 148, 12. νέαι γυναῖκες 39, 21. νέοι καὶ ἄνδρες καὶ γυναῖκες 184, 13. παῖς κομιδῇ νέος 30, 19. νεώτεροι 31, 14. 97, 13. mg 218, 12. νεώτερος ἀνήρ 175, 7. νεώτερον ἀδελφὸν περαί-

νειν 76, 4. ὑπὸ νεωτέρου περαίνεσθαι 74, 12. νεώτεραι 31, 15. mg 218, 12. ὁ νεώτατος τῶν παίδων 263, 9. ἡ νεωτέρα θυγάτηρ ἢ ἀδελφὸς ἢ υἱός οἱ νεώτεροι 28, 12.
νεκρός 155, 5. 208, 9. 250, 6—11. νεκροὶ ἀναβιοῦντες 156, 5—7. 249, 16—250, 2. ἐκ δευτέρου ἀποθνήσκοντες 156, 8—11. ὑπὸ νεκρῶν παίεσθαι 150, 2. νεκρῷ μιγῆναι 81, 27. περανθῆναι ὑπὸ νεκροῦ 81, 29. νεκρῷ παλαίειν 56, 26. νεκροὺς ὁρᾶν 154, 7—17. καταφιλεῖν 85, 19. 23. παρὰ νεκροῦ λαμβάνειν μύρον ἢ ῥόδον 12, 29. νεκροὶ ἱμάτια περιαιρούμενοι ἢ ἀργύριον ἢ τροφάς 154, 12. διδόντες τι 154, 15. λαμβάνοντες τι οἷον νεκροῖς συντίθεται 154, 11. τὰ νεκροῖς συντιθέμενα 250, 6. οἱ νεκροὶ ἀξιόπιστοι 162, 3—7. νεκρῶν σωμάτων ἅπτεσθαι 49, 13. 190, 18. νεκρὰ παιδία τίκτειν 111, 13. τὰ νεκροῖς ἐφεδρεύοντα ζῷα 235, 9. νεκροὶ ἰχθύες 111, 4. νεκρὸς ἀετός 112, 24. ἐπὶ νεκρῷ δακρύειν 155, 6. νεκρῶν δεῖπνα 10, 10.
νεκροστόλοι 235, 10.
νεκρομάντεις 161, 23.
τὰ ἐν νεκυσίοις παρατιθέμενα 249, 9—15.
νέμε 182, 6.
ἐν Νεμέᾳ ἀγωνίζεσθαι 255, 16. 19. τὸ σέλινον τὸ ἐκ Νεμέας 255, 19.
νεμεσᾶν τί 142, 1.
Νέμεσις 131, 5. 141, 29—142, 4. 143, 19. τὰ μὲν ἀγαθὰ ἐπὶ τὸ χεῖρον τρέπει, τὰ δὲ κακὰ ἐπὶ τὸ βέλτιον 142, 3.
οἱ νεμόμενοι τὴν γῆν 95, 4.
Νέστωρ ἐνενηκονταετής 162, 22.
νεύειν κάτω 268, 12.
νεῦρα κιθάρεως 53, 11.
τὰ νενομισμένα θύειν θεοῖς 129, 13 —16. ὀχήματα τὰ νενομισμένα καὶ τὰ μή 210, 5—13. ὁ θεὸς ὁποῖος νενόμισται 135, 2. 12.
νεφέλαι 191, 24.
νεφέλαι αἱ ὀρνιθευτικαί 98, 18. 111, 20. 207, 23.
νέφη 130, 24. 138, 10—12.
νεφροί 42, 21.
νεώς 93, 7. 121, 15. 130, 4. 222, 6— 13. τὰ περὶ τοὺς νεώς 129, 24. Ἀσκληπιὸς ἱδρυμένος ἐν νεῷ 139, 25. ἄγαλμα Ἡλίου ἐν νεῷ ἱδρυμένον 135, 11.
νηνεμία 96, 23.

νήπιοι επίγονοι 179, 5.
Νηρεύς 131, 8. 143, 24—32.
Νηρηίδες 131, 8. 143, 24—32. Νηρείδων ζωμός 214, 1.
εἰς νῆσον καταδικασθῆναι 257, 26.
νῆσοι Μακάρων 257, 6. τῶν νήσων αἱ μέγισται καὶ πολυανθρωπόταται 2, 17.
νῆσσα 114, 21.
νήχεσθαι 59, 8. ἐν ποταμῷ ἢ λίμνῃ 122, 26. νηξάμενον περᾶν χειμάρρους 122, 23.
νικᾶν 36, 20. δικαζόμενον 222, 17. οἱ νικήσαντες 150, 26.
ΝΙΚΑΝΔΡΟΣ 107, 8.
νίκη 21, 19. νίκης τυχεῖν 38, 5.
νικηφόρος 54, 20.
ΝΙΚΟΣΤΡΑΤΟΣ Ὁ ἘΦΕΣΙΟΣ 9, 16.
Νίκων 249, 4. 7.
Νιόβη 230, 3.
νίπτεσθαι οἴνῳ τὸ πρόσωπον 226, 2. νίπτεσθαι τοὺς πόδας ἐν στεφάνῳ Ὀλυμπικῷ 264, 1.
νοητοὶ θεοί 130, 16. 131, 4. 7.
νόθοι 91, 4. νόθους παῖδας ποιῆσαι 178, 13.
νομεῖς 139, 12.
νομικός 205, 9. 223, 7—11. 249, 3. νομικὰ λέγειν 223, 7—11.
τὸ νόμιον τοῦ Πανός 139, 12.
νόμισμα 189, 8. νομίσματα 154, 17 —24. πολλά 90, 7. χρυσοῦν νόμισμα 222, 9.
νομοδιδάκται 125, 3—11.
νομοθετεῖν θεοῖς 206, 4.
νόμος 2, 19. 203, 3 sqq. 258, 12. νόμοι γεγραμμένοι 203, 18 sqq. οἱ ἄρχοντες νόμοι 227, 19. κατὰ νόμον ἀνδρῶν 266, 17. κατὰ νόμον Ἀφροδίτης μίγνυσθαι 76, 24. ἡ κατὰ νόμον συνουσία 72, 9—74, 23. οἱ κατὰ νόμον ζῶντες 49, 10. 140, 9. 141, 29. κατὰ νόμους γεγαμημένην περαίνειν 74, 6. νόμῳ ἡ χλάμυς περιτίθεται, νόμῳ δὲ ἡ γυνὴ γαμεῖται 51, 14.
νοσεῖν 12, 19. 34, 13. 56, 26. 121, 8. 176, 22—177, 9. 202, 19. 259, 5. 263, 11. νοσεῖν ἢ ἀλγεῖν 29, 5. νοσεῖν δίκην ἔχοντα 228, 2. ὁ νοσῶν 18, 7. 26. 21, 24. 29, 20. 35, 17. 44, 11. 47, 17. 54, 27. 68, 23. 71, 25. 81, 13. 82, 19. 85, 20. 86, 16. 111, 9. 126, 1. 129, 17. 132, 6. 134, 2. 151, 8. 156, 17. 170, 2. 172, 24. 174, 1. 185, 7. 206, 13. 241, 6. ὁ πάλαι νοσῶν 85, 14. οἱ νοσοῦντες 24, 2. 27, 24. 32, 11. 48, 13. 54, 17. 55, 18. 57, 16. 58, 10. 59, 4. 62, 6. 9. 70, 13. 19. 71, 16. 82, 23. 86, 21. 27. 96, 11. 17. 106, 14. 108, 3. 7. 13. 113, 9. 114, 13. 120, 3. 124, 9. 125, 5. 12. 126, 12. 29. 127, 26. 133, 19. 135, 4. 136, 6. 139, 29. 146, 5. 150, 14. 152, 1. 171, 8. 20. 177, 1. 181, 4. 184, 19. 187, 18. 190, 9. 24. 191, 10. 194, 16. 249, 10. ὁ νοσοῦντά τινα ἔχων 68, 19. 177, 27. ἀνιστάναι τοὺς νοσοῦντας 134, 3. 139, 23. 144, 30. 183, 16. νοσοῦντες ἀνιστάμενοι mg 32, 14. τοὺς νοσοῦντας ἀναιρεῖν 52, 19. 53, 7. 56, 3. 71, 1. 87, 5. 91, 1. 96, 19. 136, 7. 141, 24. 160, 19. 188, 1. 190, 17. νοσοῦντες ἀναιρούμενοι 83, 5. νοσοῦντα θεραπεύεσθαι 3, 17. οἱ νοσοῦντες εἰς τὸ θερμὸν εἰσίασιν ἐνδεδυμένοι 58, 14. μήτηρ νοσοῦσα 262, 18. γυνὴ 244, 4. γυνὴ νοσοῦσα καὶ κυοῦσα 259, 14. ἀδελφὴ πλουσία καὶ νοσοῦσα 260, 15. νοσῶν υἱός 207, 13. παῖδες νοσοῦντες 26, 20. νοσοῦν μέτωπον 24, 23. κύνες νοσοῦντες 99, 14. νοσῶν ἄνθρωπος πετόμενος 160, 29. νοσοῦσα γυνὴ ἐπερομένη τὴν Ἀφροδίτην εἰ ζήσει 268, 13. ἀνὴρ νοσῶν πυνθανόμενος τοῦ Διὸς εἰ ῥᾴων ἔσται 268, 8. συνταγῆς δεόμενος παρὰ Ἀσκληπιοῦ 272, 19.
νοσήματα σώματος 188, 12.
νόσος 195, 26. 196, 5. 228, 3. 18, 24. 20, 25. 34, 1. 35, 7. 21. 39, 13. 41, 20. 45, 4. 46, 20. 47, 6. 55, 16. 56, 22. 58, 13. 59, 9. 60, 20. 63, 11. 65, 10. 70, 25. 72, 5. 74, 29. 79, 16. 80, 17. 81, 4. 82, 19. 85, 14. 87, 21. 88, 6. 99, 15. 101, 22. 102, 16. 27. 103, 3. 14. 106, 16. 115, 2. 120, 18. 134, 17. 24. 139, 27. 140, 5. 149, 13. 152, 22. 174, 23. 175, 26. 180, 5. 181, 9. 192, 15. 204, 7. 236, 4. μακρά 20, 5. 58, 17. 121, 9. 153, 14. 172, 2. νόσοι 59, 23. 91, 6. 236, 24. μακραί 22, 23. ἐν νόσῳ ὄντι 35, 10. νόσῳ μεγάλῃ περιβληθῆναι 87, 14. νόσος ἐξ ὑγρῶν 107, 3. ἡ νόσος λύει τοὺς ὄγκους 176, 23. θηρίῳ ἔοικε 102, 17. κακῶς διακεῖσθαι ὑπὸ νόσου 246, 25.
νοσώδης βίος 259, 22.
νυκτερινὴν ἔχειν τὴν ἐργασίαν 235, 13. νυκτεριναὶ ἑορταί 192, 19. νυκτερινὰ ζῷα 235, 12. τὰ νυκτε-

INDEX RERUM.

ρινὰ ὄρνεα οὔτε θηρεύει ἐν ἡμέρᾳ οὔτε σαρκοφαγεῖ 194, 6.
νυκτερίς 194, 4. 7—9. ζωοτοκεῖ 194, 8.
νυκτικόραξ 194, 3. 235, 14.
Νύμφαι 131, 6. 10. 143, 17. 144, 11. 148, 14. νύμφαι ἐν φρέατι 123, 19.
ἡ νύμφη 156, 22.
νύξ 227, 1. οὐδὲν διαφέρει εἰς πρόγνωσιν ἡ νὺξ τῆς ἡμέρας 13, 20. ἐν νυκτὶ τῇ αὐτῇ καὶ ἀγαθὸν καὶ κακὸν ἔστιν ἰδεῖν ὄνειρον 242, 3. ἐν νυκτὶ φῶς ἰδεῖν αἰφνίδιον ἀναλάμψαν 85, 6.
νωθεῖς 234, 9. 235, 10. νωθῆ ζῷα 234, 8.
νῶτον 46, 1—4. Πλούτωνος ἴδιον 46, 2.

Ξάνθος ὁ ποταμὸς ὁ ἐν Τροίᾳ 255, 13.
ξένοι ἄνθρωποι 159, 17. ἀπὸ ξένης ἢ ἀπὸ ξένου τὰ δεινά 139, 4. τὸ ξένον τῆς φωνῆς 51, 2. ξένη ἱστορία 241, 11. καὶ ἄτριπτος 241, 16. ἡ ξένη 178, 25. ἐπὶ ξένης 258, 26. 259, 1.3. ἑστίαν ἐπὶ ξένης οἰκοδομεῖν 224, 10. ἐπὶ ξένης διάγειν 263, 6. διατρίβειν 233, 1. ἐν ξένῃ διατρίβειν 10, 24. ὁ ἐπὶ ξένης ὢν 18, 4. 36, 19. 41, 25. 51, 12. 150, 23. οἱ ἐπὶ ξένης ὄντες 37, 26. οἱ ἐπὶ ξένης 153, 11. ἀπὸ ξένης 262, 18. ἐπὶ ξένην ἄγειν 150, 21.
τὰ ξενικὰ ἔθη κακῶν σημαντικά 15, 3.
ξενιτεία 174, 23. 178, 23. 257, 1.
ξενοδοκεῖον κάμηλος καλούμενον 11, 17.
ΞΕΝΟΚΡΑΤΗΣ ΑΦΡΟΔΙΣΙΕΥΣ 214, 17.
ΞΕΝΟΦΩΝ Ὁ ΣΩΚΡΑΤΙΚΟΣ 60, 1.
ξέσται 67, 25.
ξίφος 127, 21.
οἱ τὸν ξυλικὸν καρπὸν γεωργοῦντες 140, 26.
ξύλινον ἱμάτιον 221, 26. ὀδόντες ξύλινοι 33, 9.
ξύλῳ προσδεθῆναι 263, 2. ξύλῳ πληγῆναι τὴν κεφαλήν 223, 26. ξύλοις παίεσθαι 150, 3. ξύλα ἐκ τῶν δακτύλων πεφυκότα 233, 3. ξύλα 152, 5.
ξυρεῖσθαι 23, 23—24, 14. ξυροῦνται οἱ τῶν Αἰγυπτίων θεῶν ἱερεῖς καὶ οἱ γελωτοποιοί 23, 23. ἄνθρωποι ἐκ μεγάλης νόσου ἀναστάντες 24, 4.
ξύστραι 59, 11. 13—16.
ξυστροφύλαξ 59, 16.

ὄγκος ἄτροφος 62, 6. ὄγκοι 176, 23.
ὀδαξησμὸς καρδίας 267, 19.
ὀδεύειν 62, 6. 92, 5. 124, 22. οἱ ὀδεύοντες 104, 22. 124, 14. 141, 5. 194, 10.
ὁδοί 124, 19—125, 2. ἐν ὁδῷ καθεύδειν 82, 22. ᾄδειν ἑπόμενον ὑποζυγίῳ 69, 26. ἀποπατεῖν 121, 26. ἔλαφον ἐν ὁδῷ ἰδεῖν 105, 10.
ὀδόντες 31, 3—33, 19. 34, 19. 158, 12—18. mg 218, 12. ὀδόντας ἔχειν ἐν τῷ πρωκτῷ μεγάλους 267, 11. ὀδόντες ἐκ τοῦ στόματος τοῦ βασιλέως ληφθέντες 222, 16.
ὀδύναι 61, 20. 181, 11.
ὀδύρεσθαι 155, 6—16.
ὄζειν πονηρόν 260, 7.
ὅθεν — ἐκεῖθεν 110, 13.
ὀθόνια 86, 1.
οἰδήσασα γλῶσσα 34, 1.
οἴκαδε ἀφῖχθαι 264, 22.
ἡ οἰκεία 10, 17. 21. 18, 12. 178, 25. 235, 18. ὁ ἐν τῇ οἰκείᾳ ὢν 150, 21. οἱ ἐν τῇ οἰκείᾳ διατρίβειν βουλόμενοι 152, 13. τῆς οἰκείας ἀποδημεῖν 257, 10. εἰς τὴν οἰκείαν ἐπανάγειν 153, 20. 153, 11. ἡ εἰς τὴν οἰκείαν ἀνακομιδή 18, 4. κατὰ πρεσβείαν ὑποστραφῆναι εἰς τὴν οἰκείαν 263, 6.
οἰκεῖοι 52, 17. 99, 11. 13. 236, 3. 249, 12. οἰκεῖοι ἄνθρωποι 172, 8. οἰκείων σάρκες 64, 11. τοῖς οἰκείοις μάχεσθαι 172, 23. οἰκεῖον σὺν τῷ οἰκείῳ βλεπόμενον 230, 20—231, 7. πένθος οἰκεῖον 63, 17. οἰκεῖα σκευή 132, 5. 11. 246, 5—247, 4. τὰ μὴ ἐν τόπῳ οἰκείῳ βλεπόμενα 228, 7. 232, 9—17. τῶν πόλεων αἱ οἰκειότεραι 239, 18. οἱ οἰκειότατοι 91, 8.
κατ᾽ οἰκειότητα τῶν χρειῶν 7, 24.
οἰκέται 12, 13. 25, 5. 67, 21. 110, 7. 118, 5. 154, 4. 175, 21. 179, 9. 184, 25. 187, 2. 188, 11. 258, 5. οἰκετῶν ὄλεθρος 98, 6. πρόσκτησις 41, 15. ἐπίκτησις 179, 12. οἰκέτας κτήσασθαι 45, 4. περαίνεσθαι ὑπ᾽ οἰκέτου 73, 21.
οἴκημα 257, 10.
οἰκία 137, 6. 220, 26. 221, 3. οἱ ἐν τῇ οἰκίᾳ 123, 14. οἱ ἐν τῇ οἰκίᾳ ἄνθρωποι 110, 9. τὰ κατὰ τὴν οἰκίαν κτήματα 137, 7. εἰς οἰκίαν εἰσιὼν ὁ Ἀσκληπιός 139, 27. ἥρωες εἰς οἰκίαν εἰσελθόντες 248, 12. εἰς οἰκίαν εἰσερχόμενοι μεταῖται 189, 12. ποταμὸς εἰς οἰκίαν ῥέων 123,

4. ἱκρεῶν ἐξ οἰκίας 123, 8. εἰς μείζονας οἰκίας μεταβῆναι 159, 10. οἰκίας ἄρχειν 127, 5. μὴ κρατεῖν τῆς οἰκίας 17, 19. τὴν οἰκίαν ἀπολέσαι 36, 8. οἰκίας ἐκβάλλεσθαι 260, 21. τὴν τοῦ φίλου οἰκίαν ὀνήσασθαι 202, 8. εἰς οἰκίαν εἰσοικιζόμενα τὰ νυκτερινὰ ὄρνεα 194, 11. περὶ τὰς οἰκίας ἵπτασθαι 159, 8.
οἰκοδέσποινα 113, 23. 142, 7.
οἰκοδεσπότης 147, 15.
τὰ οἴκοθεν 32, 4.
τὰ οἴκοι 257, 13.
οἰκονομίαι 126, 3.
οἰκονομέω 38, 16. οἰκονομεῖν τὸν ἑαυτοῦ οἶκον 30, 15. οἱ οἰκονομοῦντες 140, 2.
οἰκονόμος 67, 26. 90, 13. 97, 7. 147, 16. οἰκονόμοι 220, 4. οἰκονόμον στερηθῆναι 36, 6.
εἰς οἶκον εἰσιέναι 226, 7. εἰς τὸν οἶκον ἐλθεῖν τὸν ἑαυτοῦ 265, 6. ἡλίου αὐγὴ εἰς οἶκον εἰσιοῦσα 135, 5. οἱ κατὰ τὸν οἶκον ἄνθρωποι 31, 9. 97, 4. οἱ κατὰ τὸν οἶκον πεπιστευμένοι 90, 12. οἶκον προστῆναι 240, 11. γονεῖς φίλοι οἰκέται οἶκον αὔξοντες 12, 13. ὁ τοῦ παντὸς οἶκον λόγος 43, 1. οἶκοι καόμενοι 96, 24.
εἰς τι τῶν οἰκουμένων εἰσιὼν ἥλιος 134, 23. ἡ ἄλλη οἰκουμένη 14, 24.
οἰκουρέω 47, 4. 250, 19.
οἰκουρία 75, 24. ἀγαθή 99, 12.
οἰκουρὸς γυνή 59, 17. 128, 23. 133, 12. 188, 8. 189, 18. οἰκουροὶ ἄνθρωποι mg 188, 28. κύνες 99, 11.
οἴκτροὶ ἄνθρωποι 188, 28.
οἰμώζειν 75, 4.
οἰνέμποροι 172, 21.
οἰνόμελι πίνειν 60, 13.
οἶνος 206, 16. 219, 27. 230, 22. 24. διεφθαρμένος 226, 4. 231, 2. οἶνος εἰς ὄξος μεταβαλών 172, 21. οἴνῳ νίπτεσθαι τὸ πρόσωπον 226, 2.
οἰνοχόος 237, 12.
τὸ οἰνῶδες 66, 23.
οἱ οἰωνισταὶ ἀξιόπιστοι 161, 27.
οἰωνός 152, 7. 231, 17.
ὀλέθριος 135, 4. 194, 16. 250, 8.
ὄλεθρος 6, 20. 26, 24. 85, 20. 97, 24. 98, 1—7. 106, 14. 112, 12. 117, 7. 126, 29. 135, 10. 137, 8. 16. 25. 141, 28. 171, 7. 24. 175, 21. 210, 13. 249, 11. 273, 3. γυναικός 97, 17. ἐπ᾽ ὀλέθρῳ 272, 15. εἰς ὄλεθρον καταστῆναι 255. 12.

ὀλίγον πῦρ ἐν οὐρανῷ 92, 16. ὀλίγον ὁρώμενον πῦρ τὸ ἐν χρήσει 96, 5. ὀλίγα ἔχειν χρήματα καὶ νομίσματα 154, 22. οἶνον πίνειν ὀλίγον 59, 25. 60, 5.
ὀλιγοχρόνιος 251, 17. ὀλιγοχρόνιον παιδίον τίκτειν 111, 13.
ὀλιγόψυχος 171, 6. 9.
ὄλμος 147, 14.
ὁλόκληρος 190, 19. τὰ ἐξ ὁλοκλήρου μνημονευόμενα 206, 25. τὰ μὴ ἐξ ὁλοκλήρου μνημονευόμενα ἄκριτα 16, 21. οὐχ ὁλόκληρον γενέσθαι ἐξ ὑγιοῦς 67, 9.
τὸ ὅλον 134, 11. τὰ ὅλα 226, 19.
Ὀλύμπια 232, 12. 250, 3. 262, 30. 269, 7. 16. εἰς Ὀλύμπια ἀνιέναι 126, 23. Ὀλυμπίασι 56, 4. 232, 15. 264, 1. στάδιον τὸ Ὀλυμπίασι 250, 4.
Ὀλύμπιοι θεοί 12, 11. 130, 18. 131, 21. 132, 2—133, 21. 247, 8. 273, 11. ἐν Ὀλυμπικῷ στεφάνῳ τοὺς πόδας νίπτεσθαι 264, 1.
ὀλυμπιονίκης 250, 4. 269, 18. οἱ ὀλυμπιονῖκαι μεγάλων τιμῶν ἀξιοῦνται 269, 15. ἐπιγραφῆς τυγχάνουσι καὶ μακάριοι λέγονται 269, 19.
ὁμαλαὶ ὁδοί 124, 23. δι᾽ ὁμαλῶν χωρίων ἐποχεῖσθαι κριῷ 100, 15.
ὄμβρος 66, 8. 91, 23. 143, 32.
ὁμηρίζειν 205, 15.
τὸ Ὁμηρικόν 261, 11.
ὁμηρισταί 205, 16.
ΌΜΗΡΟΣ 1, 3. 4, 6. 8, 20. 54, 10. 89, 10. 100, 21. 101, 2, 19. 199, 22. 25. 200, 1. 239, 10.
ὄμμα v. ὀφθαλμός.
ὁμογενής 10, 24.
ὁ ὅμοιος 117, 2. οἱ ὅμοιοι 27, 3. 221, 19. ὁμοίων θάνατος 156, 10. ὅμοια 243, 5—244, 6. τὸ ὅμοιον σὺν τῷ ὁμοίῳ βλεπόμενον 230, 20—231, 7. κατὰ τὸ ὅμοιον 147, 5. 234, 2. τῶν ὁμοίων χρειῶν 31, 27. τὰ ὁμοίως κινούμενα 244, 7—11.
ὁμοιοῦσθαι τῷ τόπῳ, ἐν ᾧ ἄν τις γέννηται 109, 5.
ὁμόσε χωρεῖν 99, 13. 104, 8. 107, 9. 113, 13.
οὐχ ὁμόφυλοι ἄνθρωποι 269, 4.
ὀμφαλός 41, 21—26. οἱ περὶ τὸν ὀμφαλὸν τόποι πονηρὸν ὄζοντες 260, 7.
ὁμωνυμίαι 36, 17.
ὁμώνυμοι 181, 2. 221, 20. ὁμωνύμων θάνατος 156, 10.

INDEX RERUM. 319

ὄναγρος 103, 21. 235, 4.
ὄνασθαι 64, 20. τῶν προκειμένων 101, 10.
ὀνειροκρισία οὐδὲν ἄλλο ἐστὶν ἢ ὁμοίου παράθεσις 120, 7.
οἱ ὀνειροκριταὶ ἀξιόπιστοι 162, 1. ποῖον εἶναι χρὴ τὸν ὀνειροκρίτην 16, 16—21.
ὄνειρος τί 3, 1—5, 23. ἐτυμολογούμενος 4, 4—7. ὀνείρου καὶ ἐνυπνίου διαφορά 3, 1—23. 199, 12—200, 2. ὄνειροι ἴδιοι 5, 25—6, 2. 13—20. κοινοί 6, 5. 7, 8. 8, 2. δημόσιοι 6, 8. 8, 10. 9, 3. ἀλλότριοι 6, 2—5. 8, 2. εἰς αὐτὸν τὸν ἰδόντα ἀποβάντες 6, 21—7, 8. οἱ κατὰ τὸ ἐντός 12, 6, 9. οἱ κατὰ τὸ ἐκτός 12, 6. 9. οἱ κατὰ τὸ ἐντὸς καὶ κατὰ τὸ ἐκτὸς κακοί 213, 14. οἱ κατὰ τὸ ἐντὸς καὶ κατὰ τὸ ἐκτὸς κακοί 213, 16. οἱ κατὰ τὸ ἐντὸς μὲν ἀγαθοί, κατὰ δὲ τὸ ἐκτὸς κακοί 213, 6. ὀλίγα δι' ὀλίγων προαγορεύοντες 10, 15. 11, 1—3. ὀλίγα διὰ πολλῶν 10, 5. 11, 13—12, 3. πολλὰ δι' ὀλίγων 10, 15. 11, 13—12, 4. 242, 5. πολλὰ διὰ πολλῶν 10, 14—11, 1. 242, 5. θεωρηματικοί 4, 9—18. 5, 15—23. ἀλληγορικοί 4, 9. 18. 19. τῶν ἀλληγορικῶν ὀνείρων εἴδη πέντε ἐστίν 5, 24—9, 18. ὄνειροι κοσμικοί 6, 11. 8, 10. ἀγαθοὶ καὶ κακοί 238, 9. 14. 241, 25—242, 8. 252, 14—20. κατὰ μὲν τὸ ἕτερον ἀγαθοί, κατὰ δὲ τὸ ἕτερον κακοί 213, 17. ποικίλοι 195, 14. 196, 7. σύνθετοι 224, 13—18. οἱ αὐτοὶ πολλάκις ὁρώμενοι 218, 23—219, 25. κατὰ γένεσιν τὴν ἑκάστου θεωρούμενοι 238, 8. τῶν ὀνείρων οἱ φιλολογώτεροι 238, 15—20. ὄνειροι οἱ ἀποβεβηκότες πάλιν ὁμοίως ἀποβήσονται καί τι καὶ καινότερον σημαίνουσιν 242, 9—20. ἐν ὀνείρῳ τῷ αὐτῷ καὶ ἀγαθὸν καὶ κακόν ἐστιν ἰδεῖν ὄνειρον 242, 3. πόσῳ χρόνῳ οἱ ὄνειροι ἀποβαίνουσιν 251, 22—252, 20. οἱ κακοὶ ὄνειροι τάχιον ἀποβαίνουσιν, οἱ δὲ ἀγαθοὶ βράδιον 212, 23. ὄνειροι τῆς ψυχῆς ἔργα εἰσὶν καὶ οὐχ ὑπό τινος ἔξωθεν γίνονται 238, 19. δυσερμήνευτοι οἱ ὄνειροι τοῖς πολλοῖς 195, 15.
ὀνειρωγμοί 3, 9.
ὀνειρώσσειν 13, 15. 206, 11.
τὰ ὀνόμασιν ὁρώμενα 9, 19. 203, 23. 204, 3. ταὐτὸ ὄνομα καλεῖσθαι 11,

6. ἀπολωλεκέναι τὸ ἑαυτοῦ ὄνομα 11, 4. μηδὲ ἀποθανόντα ἔχειν ὄνομα 11, 10. ὀνόματα ἐτυμολογούμενα 183, 8. διὰ τὸ ὄνομα 224, 25. τρία ὀνόματα ἀνθ' ἑνός 43, 20. 272, 28.
ὄνος mg 101, 4. 101, 5—15. 20—22. 235, 2. ἐτυμολογούμενος 101, 10. Σειληνῷ ἀνακείμενος 101, 11. ὄνου ὦτα ἔχειν 25, 26. κεφαλὴν 38, 9. ὄνων ὀχήματα 210, 5. ὄνος ὄπισθεν ἐπιβαίνει 79, 6.
ἐκ τοῦ ὄντος μεῖζω γίνεσθαι 46, 7. τὰ ὄντα 64, 8. τῶν ὄντων τὸ κράτιστον ἀπολέσαι 35, 17. ὄντως λυπηθήσεσθαι 155, 16.
ὀνυχίζεσθαι 24, 14—18. οἱ ὀνυχίζοντες 198, 3.
ὄξος πίνειν 60, 17. οἶνος εἰς ὄξος μεταβαλῶν 172, 21.
τὸ ὀξύ 61, 20. 181, 11. ὀξὺ ὁρᾶν 26, 17. 85, 6. ὀξέα μῆλα 65, 24. ὀξύτερον γενέσθαι 183, 4.
ὀξύη 119, 20. ἄκαρπος 119, 23. ὅπλα ἐξ αὐτῆς γινόμενα 119, 22.
ὀξυλάπαθα 61, 21.
ὄπισθεν 44, 21. ἐπιβαίνειν 79, 6.
τὰ ὀπίσθια 46, 1—4. Πλούτωνος ἴδια 46, 2.
τὰ ὀπίσω τῆς κεφαλῆς μέρη γήρως σημαντικά 23, 6. πᾶν τὸ ὀπίσω τοῦ μέλλοντος χρόνου σημαντικόν ἐστι 23, 7.
ὅπλον (δρόμος ὁπλίτης) 57, 15—17. ὅπλα 127, 16—25. ὅπλα ἐκ πλατάνων γινόμενα καὶ αἰγείρων καὶ πτελεῶν καὶ ὀξυῶν καὶ μελιῶν 119, 22. ὅπλα θεοῦ 140, 17. 24. 247, 21. τὰ νενομισμένα 146, 21. ὅπλα μονομάχων 128, 11—129, 10. νεώς 116, 26. οἱ ἐξ ὅπλων ἢ δι' ὅπλων ἐργαζόμενοι 127, 15.
ὁπλοτέρων ἀνδρῶν φρένες 46, 23.
ὁπόθεν — ἐντεῦθεν 150, 4.
ὀπτᾶσθαι 206, 15.
ὀπτοὺς ἰχθύας ἐσθίειν 65, 1—6. ὀπτὰ ἐσθίειν χοίρεια 64, 3.
ὀπώρα 65, 21—66, 26.
ὅραμα 5, 19.
τοῦ ὁρᾶν δέσποινα καὶ ἡ Σελήνη 135, 21. εἰκόνες τῶν πραγμάτων δί ὁρώμενοι 208, 10. οἱ ἐν ὕπνοις ὁρώμενοι 208, 20—28. περὶ αὐτὸν τὸν ὁρῶντα ἡ ψυχὴ παράγει ὅσα αὐτίκα ἀποβησόμενα ἢ σφοδρότερον βούλεται σημῆναι ἀγαθὰ ἢ κακά 177, 9.
ὀργιζομένη μητρυιά 178, 17.

ὄρεξις 260, 1. ὀρέξεις 177, 3.
ὄρη 124, 15—21. 160, 2.
ὀρθὸν τῷ σχήματι ἵπτασθαι 158,19.
ὀρθὸν ἑστῶτα κεραυνοῦσθαι 96,1.
μὴ ὀρθὸν ἔχειν τὸ ξίφος 128, 20.
ὀρθῇ παρεστάναι τῇ μητρὶ κατὰ
τὴν συνουσίαν 78, 7.
ὡρισμένοι χρόνοι 251, 23. 252, 6.
ὁρμή 176, 12. ὁρμαί 181, 1. 194, 13.
ὁρμιά 107, 15.
ὅρμος 116, 18. 159, 26.
ὅρμοι 89, 20. 90, 5. πεπλεγμένοι 49,
17. χρυσοῖ 73, 11. 208, 1.
ὄρνεα θαλάσσια 110, 21—111, 3. νυ-
κτερινά 194, 3—12. τὰ ὄρνεα οὐχ
ὁμογενῆ ἀνθρώποις 10, 24. μετὰ
ὀρνέων ἵπτασθαι 150, 16. τοῖς ὀρ-
νέοις συναπαίρειν 10, 19.
ὀρνίθεια κρέα 64, 24—27.
ὄρνιθες 111, 23—114, 24. 199, 11.
παντοδαποί 268, 22. ὄρνιθες ἐπι-
βαίνοντες τῷ βάρει τὰς θηλείας
συνιζάνειν ἀναγκάζουσι 79, 10.
ὄρνιθες γυναικῶν καὶ δικῶν σημαν-
τικαί 64, 26. 173, 18. ἐκ γυναικῶν
μετέβαλον mg 64, 26.
τὰ ὀρνιθογενῆ 38, 13.
οἱ περὶ τοὺς ὄρους γύροι 118, 15.
ὀροφή 201, 3. βαλανεῖον 58, 21.
ὄρτυγες 171, 3—13. διαπόντιοι πα-
ραγίνονται 171, 3. μάχιμοι καὶ
ὀλιγόψυχοι 171, 5. ὀρτυγοτροφέω
171, 3.
ὀρχεῖσθαι 7, 17. 68, 10—69, 12.
ὄρχησις μετὰ στροφῆς 54, 3.
ὀρχησταί 40, 18.
τῶν οὐχ ὁσίων τι ποιεῖν ἐν νεῷ 130,
4. κλάδοι νενομισμένοι ὅσιοι εἶ-
ναι 129, 19. ἄνθη νενομισμένα
ὅσια εἶναι 129, 19.
ὀσμή 255, 5. τὰ κρυπτὰ ἐλέγχουσα
49, 14. 70, 15. ὀσμὴ λαχάνων μετὰ
τὸ βρωθῆναι 61, 15.
ὄσπρια 48, 27. 62, 21—63, 8.
ὀστράκινον γεγονέναι 47, 25. ὀστρά-
κινος λύχνος 96, 21. ὀστράκινα πο-
τήρια 60, 26. σταμνίον ὀστράκι-
νον 258, 15. 19.
τὰ ὀστρακόδερμα 108, 24.
ὄστρεον 108, 24.
τὸ ὀστῶδες 63, 24.
ὄσχεον 273, 7.
οὐ 216, 11.
Ἴβαρος ὁ ῥήτωρ 202, 19.
τὸ οὐδὲν θέσει τινὶ δακτύλων ση-
μαινόμενον mg 155, 5.
οὐλά 34, 19.
οὐλή 184, 16.

οὐλός 118, 7.
οὐράνιοι θεοί 130, 19. 23—131, 2.
133, 21—138, 22. οἱ τὰ οὐράνια
διασκεπτόμενοι 27, 18. 81, 23. 91,
17. 137, 23.
οὐρανόθεν 265, 8.
οὐρανός 258, 4. κεφαλὴν σημαίνει
137, 12. τὴν οἰκίαν τοῦ ἰδόντος
137, 6. τὰ περὶ τὸν οὐρανόν 252,
13. ἐν οὐρανῷ φαινόμενος ἥλιος
135,14. εἰς τὸν οὐρανὸν ἀναβαίνειν
246, 21. 247, 1. εἰς τὸν οὐρανὸν
ἀναπτῆναι 159, 9. πρὸς τῷ οὐρα-
νῷ τοὺς πόδας ἔχειν τοὺς πόδας
160, 21. τὸν οὐρανὸν ἀπολωλεκέ-
ναι 237, 16.
οὐρεῖν ἐν θεάτρῳ μέσῳ 227, 17.
οὐριοδρομοῦσαι νῆες 159, 26.
οὔριος πλοῦς 13, 5.
οὖς 25, 4—26, 10.
οὐσία 211, 7. 222, 18. 240, 10. 261,
30. οὐσίαν περιβάλλεσθαι πολλήν
37, 16. διαδέχεσθαι τὴν οὐσίαν
121, 1. προσλαμβάνειν οὐσίαν 156,
21. οὐσίας σκορπισμός 126, 23.
διάλυσις 126, 13. ἀπώλεια 79, 16.
98, 1. τῆς οὐσίας ἀφαιρεθῆναι 94,
14. ὁ περὶ τῆς οὐσίας τῆς μητρῴας
ἀμφισβητῶν 77, 27.
οἱ ὀφείλοντες 40, 23.
ὀφθαλμιάω 256, 2. 4. ὁ ὀφθαλμιῶν
134, 3.
ὀφθαλμός 26, 17—29, 14. 135, 21.
χρυσοῦς 11, 2. ὀφθαλμῶν πήρωσις
90, 16. ἐν τοῖς ὀφθαλμοῖς ἔχειν
ὦτα 26, 7. ἐπὶ τοῖς ὠσὶν ἔχειν
ὀφθαλμούς 26, 9. ἀλλαχοῦ που
ἔχειν τοὺς ὀφθαλμούς 29,3. ἐν τῷ
δεξιῷ ὤμῳ 260, 26. ἐν τῷ δεξιῷ
μαζῷ 260, 24. 261, 1. τρεῖς ἔχειν
ὀφθαλμοὺς ἢ τέσσαρας ἢ καὶ
πλείονας 28, 13. ὀφθαλμοὶ ἐπὶ
τοὺς πόδας πίπτοντες 29, 8. ἀλ-
γεῖν τοὺς ὀφθαλμοὺς 218, 1.
ὀφθαλμῶν νόσος 134, 18. πήρωσις
134, 28. βλάβη 145, 5. 237, 15.
περὶ ὀφθαλμοὺς κίνδυνος 102, 28.
145, 5. διάστροφος τοὺς ὀφθαλ-
μούς 267, 5.
ὄφις 106, 16. 17. 265, 9. γῆρας ἐκδύ-
νων 261, 19.
ὀφρύς 26, 11. οἱ τὰς ὀφρῦς ἀνεσπα-
κότες 2, 15. ἔθος παλαιὸν ἐπὶ
πένθει τὰς ὀφρῦς ψιλοῦσθαι 26,
15. αἱ γυναῖκες ὑπὲρ εὐμορφίας
μέλανι χρίονται τοὺς ὀφρῦς 26,
12.
ὀχεῖσθαι ἐλέφαντι 103, 20. ἀετῷ

INDEX RERUM.

112, 11. ἐπὶ βοὸς μέλανος 264, 6. ἐπὶ ἅρματος 176, 1—5.
ὀχετός 270, 9. 14.
ὀχήματα 200, 21. 210, 5—13. 266, 22. ὀχήματι φερόμενον ἀποδημῆσαι 161,12. ὀχήματι ὑπεξεύχθαι ὥσπερ τι τῶν τετραπόδων 175, 25—27.
ὄχλος 113, 20. 122, 21. 175, 13. οἱ ὄχλου ἄρχειν προῃρημένοι 72, 2. 185, 2. τοῖς ὄχλου προΐστασθαι βουλομένοις 100, 11. οἱ εἰς ὄχλον προϊόντες 143, 29. οἱ εἰς ὄχλον καθιέντες ἑαυτούς 126, 16. 185, 3. οἱ ἐν ὄχλῳ ἀναστρεφόμενοι 86, 8. οἱ ἐξ ὄχλου ποριζόμενοι 58, 23. 63, 3. 110, 7. 171, 20. 175, 11. 187, 5. 12. 188, 15. ἀγορὰ ὄχλον πλήθουσα 193, 7. τοῦ ὄχλου καθεζομένου 227, 18. ὄχλων συνδρομαί 49, 21. ὕβρεις ἐκ τῶν ὄχλων 21, 23.
ὄχναι 66, 25.
ὀψέ 38, 1.
κατὰ τὰς ὄψεις 139, 8.
κρέα χοίρεια κατηρτυμένα ὑπὸ ὀψοποιῶν 64, 5.
παγκρατιαστής 226, 24. παῖς παγκρατιαστής 269, 7. παγκρατιαστοῦ χεῖρας χρυσαῖ γενόμεναι 262, 30. παγκρατιαστὴς πρὸς ἀγῶνα τεκὼν καὶ τὸ ἑαυτοῦ βρέφος τιθηνούμενος 262, 13.
παγκράτιον 57, 6. 232, 13.
πάγος 91, 27.
πάγουρος 108, 17.
αἱ παθητικαὶ διαθέσεις τῆς ψυχῆς 12, 20.
πάθος περὶ τὸν τράχηλον 85, 20.
παιδαγωγός καὶ τροφός 74, 19.
παιδάριον 148, 7. 271, 29. παιδάριον καλόν 259, 17. 21.
παιδεία 43, 4. παιδείας ἐφόδιον ὁ πλοῦτος 243, 9.
οἱ παιδεύειν βουλόμενοι 185, 4.
παιδευταί 149, 6. 175, 15.
τὰ παιδικά 3, 10. 17. τὸ παιδικὸν τῆς ἡλικίας 19, 24. 74, 31.
παιδίον 154, 2. 225, 10. παιδία 209, 5—9. παιδίον ὀρχούμενον 68, 25. τὰ παιδία ἀξιόπιστα 162, 7. παιδίου γένεσις 102, 19. παιδίον παῖζον κύβοις ἢ ἀστραγάλοις ἢ ψήφοις 170, 7. παιδία ἰδεῖν παντελῶς βρέφη 19, 11—20, 2.
παιδονομεῖν 126, 4—6.
παιδοποιΐα 101, 20. 114, 9. 261, 11.
παιδοτρίβαι 141, 20. 175, 15. 210, 12.
παίειν 149, 18—150, 1. παίεσθαι 150, 1—6.

παίζοντας ἰδεῖν μύας 179, 11.
Παιήων 133, 5. 139, 29.
παῖς 17, 23. 266, 2. ὡραῖος 242, 26. παῖδες 20, 22. 26, 24. 45, 19. 48, 27. 123, 19. 141, 1. 146, 2. 209, 6 —9. 220, 20. ἀγαθοί 37, 17. παῖς πατρὸς κόσμος 262, 26. παιδὸς ἐπιθυμεῖν 50, 19. παίδων ἐπιθυμεῖν 248, 18. παίδων γονή 98, 9. 144, 11. 212, 19. παίδων ἀνατροφαί 203, 12. παῖδες νοσοῦντες 26, 20. 218, 2. παίδων στερηθῆναι 94, 20. παίδων ὄλεθρος 98, 1. διαφθορὰ τῶν ὑπαρχόντων καὶ παίδων καὶ δούλων 45, 19. παῖδες τοῖς μαινομένοις ἀκολουθοῦσι 185, 5. παίδων στάδιον στεφανοῦσθαι 264, 1. παίδων ἐσθίειν 64, 24. παιδὸς ἰδίου σάρκας ἐσθίειν 64, 15. εἰς παῖδα μεταβάλλειν 46, 14. 20. ὁ παῖδας ἔχων 26, 20.
παλαίειν 56, 6. νεκρῷ παλαίειν 56, 26. ἄνδρα ὄντα παιδὶ παλαίειν 56, 19.
οἱ παλαιοί 2, 5. 6. 9. 7, 10. 10, 10. 15, 15. 65, 15. 66, 5. 100, 5. 14. 111, 12. 153, 5. 157, 1. 197, 14. 216, 15. οἱ πάνυ παλαιοί 57, 18. 93, 3. παλαιὰ πράγματα 179, 1. παλαιῶν πραγμάτων ὑπόμνησις 149, 4. παλαιαῖς ἐγχειρήσεσιν ἐπιτίθεσθαι 156, 25. δένδρα παλαιά 209, 26.
παλαιστής 52, 1. 56, 16. 64, 18. 249, 18. παῖς παλαιστής 256, 20. 269, 16.
πάλη 55, 16. 232, 13. 262, 30. ἀνδρῶν κάλη 255, 16.
παλινδρομία 28, 21.
παλίουροι 236, 27.
παλλακίδες 68, 3.
Πάν 131, 3. 139, 12—17. 141, 8. 245, 18. 246, 10.
οἱ εἰς Πᾶν ἀφιγμένοι 145, 12.
πανδοκεῖον 191, 4.
πανδοκεύς 190, 24—191, 4.
πανηγύρεις 203, 11. 251, 25. κατὰ πανηγύρεις 2, 16. ἐν πανηγύρεσι οὔτε ποικίλη οὔτε γυναικεία βλάπτει τινὰ ἐσθής 87, 16,
παννυχίδες 192, 19.
πανοπλία 128, 24.
πανουργία 49, 15. 240, 20.
πανοῦργος 28, 26. 102, 25. 104, 13. 110, 1. 234, 23. 235, 22. πανοῦργοι ἄνθρωποι 173, 20. πανοῦργος γυνή 128, 19. 179, 25. πανοῦργα

INDEX RERUM.

ζῶα 234, 8. πανούργως 190, 4. π. τι πρᾶξαι 178, 11.
παντοδαπός 268, 22. 269, 3.
ΠΑΝΤΑΣΙΣ Ὁ ΑΛΙΚΑΡΝΑΣΣΕΤΣ 9, 16. 59, 9. 132, 11.
πάππος 244, 22.
παρακαταθήκη 4, 17. παρακαταθήκην λαβεῖν 201, 26.
παρακατακλίνειν 240, 8.
παρακοιμίζω 240, 12.
τὰ παρακολουθοῦντά τισι 240, 3—13.
παρακοπή 141, 15.
παρακόπτειν 68, 19. 172, 24. νοσήσαντα 51, 1.
παραλογίζεσθαι 170, 14. 190, 2. 5.
παραλογισταί 237, 4.
παραλελύσθαι 12, 19. 48, 11. παραλυθῆναι 263, 11. τῆς πίστεως 36, 22. παραλύειν τινὰ ἀρχῆς 47, 5. παραλύειν τῶν ἐν χερσὶ πραγμάτων 40, 2.
παράλυσις 263, 14.
παράλυτος 244, 2. 4.
μὴ παραμεῖναι 123, 24. 145, 17. 228, 14. 262, 28.
παραμυθία 183, 21—184, 8.
παρανομεῖν 227, 18. 258, 13. 261, 4. οἱ παρανομοῦντες 51, 21. 140, 11. 141, 30. 145, 17.
παράνομος συνουσία 74, 24—80, 13.
παραποδισμὸς τῶν χρειῶν 185, 11.
παραπολέσαι 64, 7.
παραπομπὴ βασιλέως 71, 23. φίλων 150, 16.
παράσημος 93, 16. 18. παράσημα θεῶν 148, 15.
παρασκευὴ χειρῶν 52, 11.
παραστάς 226, 8.
παρατάξεων τόποι 229, 23.
παρατήρησις τῶν ὄντων 192, 11.
πάρδαλις 102, 25, 234, 4. 25. 235, 20. παρδάλεων ὀχήματα 210, 8. παρδάλεως κεφαλὴν ἔχειν 38, 3. παρδάλεως ὦτα ἔχειν 26, 3.
παρειά 30, 1—4. δεξιὰ 250, 15. ἐν τοῖς πένθεσι λωβῶνται τὰς παρειὰς οἱ ἄνθρωποι 30, 3.
παρείας 107, 5. 234, 14.
παρεῖναι 43, 13.
ἐν παρεξαγωγῇ παροδεύειν 256, 22.
παρέχειν δύνασθαι 43, 8. παρέχειν ἑαυτήν 73, 11. 14. γυνὴ οὐ παρέχουσα ἑαυτήν 72, 20. παρέχοντός τινος λαβεῖν τι 189, 14.
παρήλια 131, 1. 137, 28.
ΠΑΡΘΕΝΙΟΣ ἐν Ἐλεγείαις 241, 15.

παρθένος 148, 10. παρθένοι ἐλεύθεραι 54, 23. παρθένοι θυγατέρες 261, 7. παρθένος θεός 220, 14. γαμεῖν παρθένον 156, 17. παρθένου γάλα 214, 5.
οἱ παριστάμενοι ἐν ταῖς χρείαις 118, 18.
πάρνοψ 115, 12.
παροινέω 227, 16.
παροινία ἕπεται τῇ μέθῃ 60, 12.
παρολκή 119, 10. 236, 23. 57, 15. 65, 8. 101, 14. 117, 19. 124, 25. 192, 9. παρολκὴ πραγμάτων 113, 17. παρολκαὶ ἐν τοῖς πραττομένοις 118, 8.
παροξυσμοί 190, 10.
παροπτάω mg 190, 10.
παρορμᾶν πράττειν 183, 18. οἱ παρορμῶντες 183, 6.
παροψίδες 67, 6.
παρρησία 24, 23.
τὰ αὐτὰ πάσχειν ἄλλῳ 188, 4—14. ἄτοπόν τι πάσχειν 157, 23.
παθόντες τι οἱ μαζοί 39, 12. παθόντα τι τὰ γόνατα 44, 9.
παθοῦσαί τι αἱ εἰκόνες 180, 24.
πατεῖν 222, 9.
πατήρ 28, 9. 40, 10. 151, 1. 178, 24. 195, 25. 196, 4. 240, 1. 244, 21. 260, 21. 22. 262, 3. v. κεφαλή et δεξιά. πατὴρ τοῦ ζῆν καὶ τοῦ φωτὸς αἴτιος τῷ υἱῷ 6, 18. πατὴρ ἄλλος αὐτὸς τῷ υἱῷ 6, 16. τὸν δῆμον σημαίνει 75, 17. πατὴρ νοσῶν 218, 7. κατακαόμενος 6, 22. περιαίρειν τὸν ἑαυτοῦ πατέρα 75, 15. θάπτειν τὸν ἑαυτοῦ πατέρα 29, 5.
πατρίς 41, 22. πατρίδες πόλεις 239, 19. 25. 254, 21. πατρίδος στερηθῆναι 41, 25. τῆς πατρίδος ἐξέρχεσθαι 78, 1.
Πάτροκλος 239, 10.
πάτρων 249, 14.
πατρωός 178, 22—25.
παῦλα 42, 12. τῶν δεινῶν 140, 28.
Παῦλος ὁ νομικός 249, 2. 6.
ὁ Πάφιος νεανίσκος 225, 19.
παχεῖαι παρειαί 30, 1. παχεῖς ὦμοι 38, 24.
πάχναι 91, 22.
πέδαι 149, 13—17. 261, 14. τὸ πέδαι ἰσόψηφον τῷ ἑκατόν 182, 5.
πεπεδῆσθαι 261, 8.
πεδία 159, 23. εἰς τὰ πεδία κατιέναι 124, 20. ὁδοὶ ἐν πεδίῳ οὖσαι 124, 23.
πεζῇ 182, 2.

INDEX RERUM. 323

οἱ διαποροῦντες πότερον πεζῇ ἀπιτέον ἢ κατὰ πλοῦν 182, 1.
Πει 216, 5.
πείθεσθαι τῷ δεσπότῃ 129, 21. γυνὴ πειθομένη τῷ ἀνδρί 128, 23.
Πειθώ 131, 6. 143, 17.
πειθώ 62, 21.
ὁ πεινῶν 3, 11.
πειρατής 173, 13.
πεῖσμα 116, 22.
Πείσων 216, 3—13.
πέλαγος 257, 25.
πελαργός 114, 4—11. 235, 6. 9.
πελεκάν 114, 17.
πέλεκυς 117, 24.
τὰ πέλματα τῶν ποδῶν 270, 23.
πελώριος 214, 3.
πελωρίς 108, 25. 214, 3.
πέμματα τὰ ἐν ἑορταῖς καὶ θυσίαις γινόμενα 65, 16.
πένης 17, 15. 18, 9. 19, 2. 21, 15. 34, 22. 37, 15. 42, 1. 45, 4. 47, 1. 15. 58, 15. 63, 12. 69, 27. 71, 23. 87, 5. 102, 5. 112, 20. 125, 19. 152, 6. 19. 177, 14. 188, 19. πένητες 9, 3. 60, 15. 71, 8. 85, 3. 86, 20. 88, 4. 13. 91, 25. 93, 4. 94, 5. 16. 96, 25. 108, 14. 111, 25. 112, 15. 125, 24. 131, 22. 137, 8. 144, 18. 159, 1. 175, 19. 176, 20. 185, 6. 186, 19. 190, 8. 191, 18. 192, 21. 210, 19. 211, 4. ἀνὴρ πένης 20, 19. 123, 13. 239, 6. πένητες ἄνδρες 113, 20. πένης γυνή 69, 3. ὁ παντελῶς πένης 154, 4. ἐν πένητος οἰκίᾳ 147, 15. οἱ πένητες ἄπιστοι 162, 14. πένητα ὄντα κεραυνοῦσθαι 13, 3. οἱ πένητες ἐοίκασι χωρίοις λιτοῖς καὶ ἀσήμοις, εἰς ἃ κόπρια ῥίπτεται 93, 5. οἱ πένητες οὐ πρότερον ἐπ' ἐσκευασμένον οἶνον ὁρμῶνται εἰ μὴ ὑπὸ νόσου ἀναγκάζοιντο 60, 16.
Πενθεύς 225, 10.
πενθικοῖς αὐλοῖς αὐλεῖν 53, 6.
πένθος 26, 14. 30, 2. 39, 15. 40, 1. 53, 6. 63, 1. 144, 2. 145, 12. 13. 20. 157, 12. 178, 1. πένθη 22, 15. 145, 20. τῶν ἰδίων 24, 12.
πενία 33, 22. 43, 10. 63, 3. 69, 20. 119, 24. 137, 5. 143, 11. 208, 19. 210, 3. 229, 4. οἱ ἐν πενίᾳ 138, 6. 174, 2. 15. ὑπὸ τῆς πενίας θλιβόμενος 196, 3. ἐκ πενίας εἰς εὐπορίαν καταστῆναι 262, 20. πενία τὴν τῶν λόγων παρρησίαν παραιρεῖται 33, 23.

πενιχρὰ γυνή 54, 24. 127, 24. πρεσβῦτις 20, 15.
πένεσθαι 211, 12—14. οἱ πενόμενοι 27, 5. 77, 5. 195, 26.
πενταετής 74, 25.
πενταθλεῖν 55, 6.
πεντήκοντα πέντε 260, 6.
μῆλα ἐαρινὰ πέπανα 65, 21.
πέπερι 214, 4.
πέπον τὸ προσφιλέστατον οἱ ποιηταὶ καλοῦσι 62, 11. πέπον καὶ τὸ ἔκλυτον καλεῖται 62, 12.
πέπονες 62, 10.
πεπρᾶσθαι 210, 20.
περαίνειν ἑαυτόν 259, 24. τὴν μητρυιάν 212, 15. τὸν υἱὸν νοσοῦντα 207, 13—19. περαίνεσθαι ὑπὸ τοῦ Ἄρεος 272, 10.
περᾶν χειμάρρους 122, 22.
τὸ πέρας τῶν ὅλων 131, 27.
Περγαία Ἄρτεμις 132, 25.
Πέργαμος 213, 22. ὁ ἐν Περγάμῳ 224, 7.
πέρδικες 149, 9. 234, 20. 235, 22. δυστιθάσευτοί εἰσι καὶ ποικίλοι καὶ μόνοι τῶν ὀρνίθων θεῶν σέβας οὐκ ἔχουσιν 149, 11.
περιαιρεῖν ἀνάγκην 80, 24.
περιβάλλεσθαι χρήματα πολλά 271, 18.
περιβοήσεις 49, 20. 102, 2. 125, 25. 126, 8. 14. 141, 2. 10. 156, 22. 193, 3. 210, 13.
περιβόητος ἀσχημοσύνη 69, 4.
περίβολος 118, 14.
περιγενόμενος 38, 6.
περιγράφειν τὰ προκείμενα 32, 16.
περιδειπνεῖσθαι 249, 9—15.
τὰ ἐν περιδείπνοις παρατιθέμενα 249, 9—15.
περιδέραιος κόσμος 89, 20.
τὰ περιεκτικά 220, 25. τὸ περιεκτικὸν τῶν φροντίδων 42, 12. 16.
περιεπόντων πολλῶν 58, 16.
τὸ περιέχον 138, 8. 155, 10. 181, 5. 7. 272, 1. τὸ περιεχόμενον 181, 5. 7. 272, 2. τὸ περιέχον σῶμά 19, 1. τὰ περιέχοντα τὸ σῶμα κακά 88, 15. τὸ ὑπὸ σκεύους περιεχόμενον 219, 27.
περικείρουσιν ἑαυτοὺς οἱ ἐν συμφορᾷ μεγάλῃ γενόμενοι 24, 12.
περικεφαλαία 127, 23—25.
περικλύζεσθαι ποταμῷ 122, 18.
τὸ περικεκομμένον τοῦ Ἑρμοῦ 141, 27.
περιλελεπισμένα ἀποτελέσματα 212, 5.
περίνεος 37, 7.

21*

περινοστέω 176, 19. 269, 3.
οἱ θεοὶ οἱ πέριξ τῶν χθονίων 130, 21. 131, 16 sq. 26. 147, 16.
περιουσία 43, 7. πολλή 89, 23. χρημάτων 20, 20. 34, 22. κτημάτων 20, 20.
περιοχή 53, 14. 157, 17. περιοχαί 228, 20. 230, 6. αἱ περιοχαὶ τῶν μυστηρίων 225, 7.
περιπατεῖν 182, 12. 185, 8. ἐπὶ θαλάττης περιπατεῖν 174, 25—175, 14.
περίπατοι 193, 13.
περιπλεκομένη τῷ ἀνδρὶ γυνή 266, 10. περιπλακεὶς δράκων 106, 13. περιπλακεῖσαι ἀσπίδες καὶ ἔχιδναι 106, 21.
περιρρήγνυται ναῦς πέτραις 115, 22.
περίρρυτος 257, 27.
περισσεύματα 118, 16.
τὸ περισσὸν τοῦ τόκου 232, 6.
διὰ περισσότητα 3, 22.
περίστασις 259, 26. 260, 9, 262, 25. 265, 25. 268, 5. περιστάσεις 130, 5. 138, 24. 145, 10. οἱ ἐν περιστάσει ὄντες 19, 3. 91, 25. 108, 14. 136, 7. 9. 140, 27. 174. 3. 183, 22. 184, 4. οἱ ἐν περιστάσει γενόμενοι 174, 14.
περιστεραί 113, 22. 235, 7. ἀνάκεινται τῇ Ἀφροδίτῃ 114, 1. συμβάλλουσι τὰ στόματα πρὶν μιγῆναι 79, 8.
περιτέμνεσθαι 62, 9.
περιχρίεσθαι 225, 17—20.
Περσεύς 241, 8.
Περσεφόνη 131, 11. 144, 17—24.
περσικά 66, 15.
περσική 209, 14.
πολέμου τοῦ Περσικοῦ ἐναυλίσματα δείκνυται καὶ τόποι παρατάξεως 229, 23.
πετεινοῦ κεφαλὴν ἔχειν 38, 9.
πέτεσθαι 10, 14. 201, 24. πέτεσθαι βουλόμενον μὴ δύνασθαι 160, 21. ἐπὶ πέτρᾳ καθέζεσθαι 112, 6. πέτραι 160, 2.
πηγαί 124, 7—12. ἐν πηγαῖς λούεσθαι 59, 6.
πῆγμα εἰκόνος 254, 23. 25. 255, 2. χρόνοι οὐ πεπηγότες 252, 2.
τὰ πηδήματα τὰ ἐν τῇ ἀλτηρίᾳ 55, 11.
πηλαμύς 109, 22.
πήλινον γεγονέναι 47, 25. εἰκὼν πηλίνη 180, 24.
πηλός 180, 5—10. 259, 4. οἱ διὰ πηλοῦ ἐργαζόμενοι 48, 1. οἱ ἐκ πηλοῦ ἐργαζόμενοι 180, 10.

πηδάλια 62, 23. 105, 9. mg 116, 26. 233, 8. Τύχη τὸ πηδάλιον κρατοῦσα 143, 4.
πηρὸς τῷ δεξιῷ ποδί 188, 11.
πηρώσεις μερῶν 188, 13.
πήχεις 40, 2.
πιαλέοι γενόμενοι οἱ μηροί 44, 2.
πίδακες 124, 7—12.
πίθηκος 104, 13. 234, 23. ἀνάκειται τῇ Σελήνῃ 104, 16. πίθηκοι οἱ τὰς οὐρὰς ἔχοντες 104, 18.
πίθος 219, 27. οἴνου μεστός 230, 22. 24.
πῖνα 109, 1.
πινακίς 148, 27.
πίναξ 67, 6. 263, 21.
ΠΙΝΔΑΡΟΣ 94, 13. 203, 17.
πίνειν 3, 12. 19. 59, 23—60, 24. 201, 27. τὸ πίνειν τῆς ἐπιθυμίας ἀνάπαυλαν ἔχει 60, 24.
πινοφύλαξ 109, 1.
οἱ πιπράσκοντες 192, 5. πραθῆναι 37, 2. 47, 14. 160, 15. 210, 20.
πίπτειν περὶ γῆς μάχεσθαι δοκοῦντα 56, 10.
πίσον 62, 21.
πίσσα 119, 14.
πισσοῦσθαι 147, 23.
οἱ πιστευόμενοι 19, 6. οἱ πεπιστευμένοι 210, 19. ἀπώλεια τῶν πιστευομένων κατὰ τὸν οἶκον 90, 12. 14.
πίστις 189, 26. πίστεις 126, 3. 149, 14. σύμφορος πρὸς τὰς πίστεις 209, 8. ἐν πίστει εἶναι 36, 22. 150, 8. οἱ ἐν πίστει ὄντες ἢ τιμῇ 94, 2. τῆς πίστεως παραιρεῖσθαί τινα 150, 10. τῆς πίστεως ἀφαιρεθῆναι 94, 4. παραλυθῆναι 36, 22.
τὸ πιστόν 191, 14. πιστὴ γυνή 128, 23. 158, 8. 189, 17. πιστὸς θεράπων 147, 13. οἰκέτης πιστός 180, 11. πιστὴ θεράπαινα 59, 17. θεράπαινα πιστή 180, 11.
πίτυς 119, 12. 209, 22. 268, 22. φιλέρημος 119, 16.
αἱ πλαζόμεναι τῶν ἑταιρῶν 73, 5.
πλακοῦντες 65, 12—20.
πλάνη 28, 21.
πλάνητες ἄνδρες 81, 24.
πλάσις ψυχῆς 4, 25.
πλάσματα τραγικά 53, 13. κωμικά 53, 18.
πλάσσειν 49, 17. ἀνθρώπους 175, 15—24.
πλαστογραφήσαντα ἁλῶναι 219, 17.
πλαστογράφοι 49, 19.

πλάτανος 119, 20. ἄκαρπος ib. 23. ὅπλα ἐκ πλατάνου γενόμενα ib. 22.
πλατεῖα 120, 22. 193, 13. 266, 26. ἐν πλατείαις ἀσματολογεῖν 69, 26. ἀποπατεῖν 121, 16.
πλατεῖα χείρ ἡ ἐντός 41, 7. ὁδοὶ πλατεῖαι 124, 23. πλατέα αἰπόλια 101, 3. πλατεῖς ἰχθῦς σελάχιοι 109, 17.
πλείονας ἔχειν δακτύλους 41, 1. πόδας 44, 25. πλείονες φαινόμεναι Σελῆναι 135, 28.
πλεῖν 13, 4. 115, 20. 224, 11. 232, 20. 264, 7. οἱ πλέοντες 4, 11. 24, 1. 28, 21. 37, 4. 61, 8. 69, 6. 100, 20. 104, 22. 110, 22. 111, 9. 132, 5. 141, 5. 142, 20. 160, 16. 182, 20. 194, 10. οἱ μέλλοντες πλεῖν 70, 6. 175, 1. ὁ πλεῦσαι βουλόμενος 160, 16. πλεῖν ἐπὶ κύκλου τρίποδος 257, 25. πλέοντα ὑπὸ κεραυνοῦ καταφλέγεσθαι 95, 23.
τὰ πεπλεγμένα 207, 23—208, 6.
πληγαί 108, 18. 118, 24. 124, 17. πληγὰς λαβεῖν 69, 5. 149, 20, πολλὰς λαμβάνειν πληγάς 74, 22.
τὰ παρὰ τὸ πλῆθος ἀποβαίνοντα 233, 10—18.
πλήθουσαι πολυτελείας πόλεις 239, 22.
πλημμυροῦντος τοῦ ὕδατος 123, 21. 124, 8.
πλῆρες ἰδεῖν τὸ φρέαρ 123, 21.
πλησιάζειν σιδήρῳ ὥσπερ γυναικί 242, 15.
οἱ πλησίον 177, 8. οἱ πλησίον οἰκοῦντες 235, 16.
πεπλησμένος τροφῆς 3, 12.
πλησμονή 199, 18.
πλήξας ταῦρος 102, 6.
πλοῖον 116, 1. 232, 19. ἐν πλοίῳ ὁρώμενος λύχνος 96, 22.
πλοκή 71, 6. πραγμάτων 182, 8. αἱ ποικίλαι τῶν δραμάτων πλοκαί 69, 2.
πλοῦς 16, 3. mg 116, 26. 135, 19. οὔριος 13, 5. οἱ διαποροῦντες πότερον πεζῇ ἀπιτέον ἢ κατὰ πλοῦν 181, 1.
πλούσιος 17, 18. 18, 21. 19, 5. 21, 14. 22. 25, 5. 28, 18. 33, 11. 37, 18. 42, 4. 44, 3. 45, 4. 47, 3. 16. 60, 14. 63, 12. 69, 27. 72, 1. 87, 2. 88, 3. 93, 4. 94, 17. 96, 25. 111, 25. 112, 23. 124, 18. 137, 5. 152, 9. 159, 3. 174, 6. 175, 23. 178, 3. 186, 21. 188, 20. 190, 19. 211, 10. 231, 8. ἀνὴρ πλούσιος 102, 20. 112, 12.
119, 3. 123, 9. 234, 12. 242, 24. πλουσία γυνή 69, 3. 88, 19. 103, 19. 106, 20. 113, 3. 127, 24. 128, 18. 26. 129, 4. 222, 19. 234, 12. 243, 9. πλουσία πρεσβῦτις 20, 15. ἀδελφὴ πλουσία καὶ νοσοῦσα 260, 15. ἐν πλουσίου οἰκίᾳ 147, 16. πλουσίου ἀνδρὸς εἴσοδος εἰς οἰκίαν 123, 4. ὑπὸ πλουσίου βαστάζεσθαι πένητα ὄντα 154, 5. πλουσίου ἐπιτροπεῦσαι 174, 19. οἱ πλούσιοι ἐοίκασιν τεμένεσι θεῶν ἢ ἄλσεσιν 93, 6.
πλουτεῖν 211, 8—11. 239, 9. πλουτῆσαι 68, 29. τοῖς ἐπὶ τὸ πλουτεῖν ὁρμωμένοις 100, 16.
Πλούταρχος 246, 21.
πλοῦτος 13, 4. 106, 7. 143, 13. 144, 19. 223, 24. ἐφόδιον παιδείας 243, 9.
Πλούτων 103, 17. 131, 10. 144, 17—24. 258, 23. τὸν Πλούτωνα βαστάζειν 153, 20. περαίνεσθαι ὑπὸ πλουσιωτέρου 74, 10. Πλούτωνος ἴδια νῶτον καὶ τὰ ὀπίσθια πάντα 46, 2.
πλυνόμενα ἱμάτια 89, 8. πεπλυμένα ἱμάτια 88, 23. πλύνειν τὰ ἑαυτοῦ ἱμάτια 88, 24. πλύνειν καταχρηστικῶς τὸ ἐλέγχειν ἔλεγον οἱ παλαιοί 89, 3.
οἱ πλωϊζόμενοι 136, 7. 140, 4.
πνεῦμα 42, 16. ἐξιόν 52, 20. τὸ πνεῦμα τοῦ ἰδόντος 67, 13. πᾶν σῶμα τίκτον πνεῦμα ἐξαφίησι 18, 27.
πνεύμων 42, 17.
πνίγεσθαι 3, 13. πνιγῆναι 123, 7. 258, 2.
πόα ἐκφῦσα μηροῦ 11, 19.
ποδάγρα 53, 11. ποδάγραι mg 98, 17.
ποθεινός 26, 21. 263, 10.
ποιηταί 27, 20. 62, 11. 71, 17. ποιητὴς γελοίων ἀσμάτων 178, 14.
ποικίλος 235, 21. ποικίλη ἐσθής 86, 24. 87, 16. 88, 18. ποικίλα ζῷα 234, 24. ποικίλοι κύνες 99, 22. ποικίλοι ἰχθύες 108, 3. τὸ ποικίλον τῶν ἐρίων 71, 18. τὸ ποικίλον τοῦ χρώματος 102, 26. ποικιλώτερόν τι ἰδεῖν περὶ τοὺς μύας 179, 12.
ποιμένες 124, 13. 182, 5. 187, 21.
τὸ ποιόν 46, 6. 24—48, 7.
πόνος 232, 6.
πολέμιοι 235, 4. πολεμίων ἔφοδος 92, 18. 20. 114, 5.

πόλεμος 140, 5. 200, 23. οἱ ἐπὶ πόλεμον ὁρμῶντες 119, 21. 133, 16. πόλεμος καὶ τὰ πολέμου ἔργα 127, 14—16. πόλεμος ὁ Περσικός 229, 21. ὁ Τρωϊκός 229, 22.
πολιά 211, 16.
πόλεις 159, 24. 239, 18—240, 2. κατὰ πόλεις 2, 16. πόλεων κτίσεις 229, 24. ἀπεληλαμένοι πόλεως 235, 11. ἐν πόλει οὐ διατρίβοντες 107, 7. ἐν πόλει σταυροῦσθαι 152, 17. κύνες εἰς πόλιν ἐρχόμενοι 99, 9. διὰ πόλεως ἱππάζεσθαι 54, 25. ἴδιον ἐλευθέρων τὸ διὰ πόλεως ἱππεύειν 54, 26. διὰ πόλεως ἅρμα ἐλαύνειν 54, 23. εἰσελαύνειν εἰς πόλιν 54, 27. ἐξελαύνειν πόλεως 55, 2.
οἱ πολιτευόμενοι 47, 3. 143, 20.
πολιτευτής 26, 24. 175, 12.
πολιτικὴ ἐσθής 246, 16.
πολύανδροι πόλεις 239, 21.
πολύγλωσσος 235, 15.
πολυΐστορες 235, 15.
πολύκμητος σίδηρος 89, 10.
πολύπους 109, 9.
πολὺν πίνειν 60, 5. ἐν πολλοῖς πίνουσιν ἀναστρέφεσθαι 60, 11. πολλὰς χεῖρας ἔχειν 41, 12. πολλοὺς ἔχειν μαζούς 39, 17. πολὺ πῦρ ἐν οὐρανῷ 92, 17. πολὺ ὁρώμενον πῦρ τὸ ἐν χρήσει 96, 6. πολλοὺς ἰδεῖν μύας 179, 10.
πολυσχήμων 4, 25.
πολυτέλεια 67, 7. 239, 22. κατὰ τὸν οἶκον 33, 3.
πολυτελὴς ἀσπίς 127, 24. πολυτελῆ ἱμάτια 73, 10. πολυτελὴς ἐσθὴς 88, 3. πολυτελῆ χωρία 93, 10. πολυτελὴς γυνὴ καὶ κοινωνός 101, 7. πολυτελὴς Τύχη 143, 7. 9. τὸ πολυτελὲς τοῦ γάμου 149, 16. τῆς ὕλης 261, 12. πολυτελεστέρα κτῆσις 12, 14. πολυτελεστέραν ἔχειν οὐσίαν 211, 6.
πολυχρήματος θησαυρός 155, 2.
πολυχρόνια τέκνα 71, 6. δένδρα 236, 23.
εἰς πομπὴν παρέρχεσθαι 263, 23.
πομπεῖαι 263, 25.
πονηροὶ ἄνθρωποι 107, 11. 110, 2. 115, 10. 14. 172, 19. 181, 14. ἄνδρες πονηροί 99, 19. γυναῖκες πονηραί 99, 19. 115, 14. πονηρὰ πράγματα 42, 7. 82, 11. 147, 12. πονηραὶ ἀγγελίαι 171, 4. πονηρῶς ἀποθανεῖν 266, 1.
πόνος 49, 1. 126, 1. 267, 18. πόνοι 21, 25. 52, 9. 119, 2. μετὰ πόνου 50, 13. πόνοις περιπεσεῖν 52, 3. πόνος ἐκπεσοῦσιν ὀδοῦσιν ἑπόμενος 32, 6.
Ποντική 14, 12.
πορίζω 117, 9. πορίσαι 31, 3. χρήματα 33, 10. τὰ ποριζόμενα 40, 7. τὰ πεπορισμένα 40, 8. τὰ πεπορισμένα κτήματα 99, 11. πολλὰ πορίζειν 159, 2. πορίζεσθαι πολλά 136, 5. 267, 21. 271, 17. τοῖς ἀπὸ λόγου ποριζομένοις 34, 6.
πορισμός 136, 25. 183, 17. 230, 14. 271, 19. πορισμὸς οὐχ ὁ τυχών 175, 12. πορισμοῦ ἀπόνασθαι 267, 23.
πορνεία 54, 25. 55, 24.
πορνεῖον 72, 27. θανάτου σημαντικόν 73, 3. 209, 1. ἐπὶ πορνείου καθῆσθαι 226, 11.
πορνεύειν 177, 26.
πόρνη 209, 2.
πορνικὴ γυνή 113, 23.
πορνοβοσκός 31, 12. 209, 18. 247, 12.
πόρνος 243, 1.
πόρος 272, 11. πόροι οὐκ ἐρρωμένοι 244, 6.
πορφύρα 71, 22. 126, 28.
πορφύρα 108, 24.
πορφυροῦν ἴον 70, 10. πορφυρᾷ ἱμάτια 226, 12. πορφυρᾷ ἐσθῆς 87, 1. πορφυρᾷ χλαμύς 51, 17. ἔχει τινὰ τὸ πορφυροῦν χρῶμα συμπάθειαν πρὸς τὸν θάνατον 70, 12.
πορφυρευταί mg 108, 25.
πορφυρίων 109, 9.
θάλασσα ἠρέμα πορφύρουσα 117, 12.
Ποσειδῶν 131, 7. 143, 24—32. 247, 7. Ποσειδῶν Ἵππιος 54, 11. Ποσειδῶν ὁ ἐν Ἰσθμῷ 254, 11.
τὸ ποσόν 46, 5—23.
ποτά 215, 3.
ποτάμια ὄρνεα 114, 21. ποτάμιοι θεοί 130, 20. 131, 24.
ποταμοδιάρτης 282, 22.
Ποταμοί 131, 9. 144, 10.
ποταμός 114, 20. 122, 6—123, 14. 243, 3. ἀθάνατοι οἱ ποταμοί 255, 15. ποταμοὶ καλοί 159, 25. εἰς θάλασσαν ἐκβάλλοντες ποταμοί 122, 17. παρὰ ποταμῷ ἀποπατεῖν 121, 26. ἑστάναι ἐν ποταμῷ 122, 18. εἰς ποταμὸν πεσόντα πνιγῆναι 258, 2. ἐν ποταμοῖς λούεσθαι 59, 7. ἐπὶ ποταμὸν ἐλθόντα μὴ καταλαβεῖν ὕδωρ 60, 21.
ποτήρια 60, 25—61, 13. 67, 5. μεγάλα 59, 25.

INDEX RERUM. 327

τὰ μὴ πότιμα 255, 9. 144, 13.
πούς 188, 5. 11. ὁ δεξιός 268, 2. πόδες ἄκροι 44, 22. πόδες δρομαίου 64, 18. πούς εἰς δοῦλον ἀποβαίνει 7, 25. 29, 10. πόδες κλινῶν 67, 21. τὰ πρὸ ποδῶν 18, 13. 96, 14. τὰ ἐν ποσὶ κακά 42, 11. 91, 25. αἱ ἐν ποσὶ στάσεις 170, 6. τοῖς ποσὶν περᾶν χειμάρρους 122, 23. ἐν τοῖς ποσὶν ἔχειν τοὺς ὀφθαλμούς 29, 4. κινδυνεύειν τὼ πόδε 11, 24.
πράγματα ποιεῖν 126, 9. πρᾶγμα παρέχειν οὐδέν 245, 13. διαφθορὰ πραγμάτων 90, 13. τὰ πράγματα τοῦ ἰδόντος κινηθέντα 146, 24.
πραγματεία 72, 16. 135, 18. 226, 15.
πραγματευταί 19, 6.
πραγματικὰ ζῶα 234, 3.
πραικόκκια 66, 15.
πράξεις 44, 7. 82, 17. 96, 13. 99, 9. 101, 9. 117, 18. 128, 4. 133, 23. 158, 7. 194, 13. πράξεις μεγάλαι 117, 12. πρὸς τὰς πράξεις σύμφορος 209, 7. πρὸς πράξεις ἐπιτήδειος 132, 22. πρὸς ἄλλας πράξεις 136, 14. πράξεις αὐξῆσαι 46, 9. αἱ πράξεις τῶν ὁρώντων 213, 19. πράξεις μετὰ ῥαστώνης 52, 9. οἱ ἐπὶ πρᾶξιν ὁρμῶντες 112, 7. 181, 23.
πράσα τὰ κειρόμενα 61, 17.
πράσιμον ἔχειν μηδὲν 157, 4.
οἱ πράττειν τι βουλόμενοι 85, 13. οἱ ἐπὶ τὸ πράττειν ὁρμώμενοι 30, 10. 120, 2. 141, 11. 184, 28. πράττειν μηδὲν πονηρόν 143, 25. πράττοντές τι δεινὸν οἱ χθόνιοι θεοί 144, 23.
πράως πνέοντες ἄνεμοι 138, 13.
κατὰ πρεσβείαν εἰς τὴν οἰκείαν ὑποστραφῆναι 263, 6.
πρεσβύτης 148, 9. 51, 20. 119, 3. πρεσβῦται 209, 8. 31, 16. 39, 21. 128, 2. οἱ παντελῶς πρεσβῦται ἀξιόπιστοι 162, 8. πρεσβύτεροι 31, 13. 97, 13. 184, 13. mg 218, 12. ὁ πρεσβύτερος υἱὸς ἢ ἀδελφὸς ἢ θυγάτηρ ἢ πρεσβυτέρα 28, 11. πρεσβύτερον ἀδελφὸν περαίνειν 76, 4. περαίνεσθαι ὑπὸ πρεσβυτέρου 74, 10. πρεσβυτέρων ἐσθίειν 64, 24. πρεσβύτεραι 31, 14.
πρεσβῦτις 20, 14. 148, 12. πρεσβῦτις περαινομένη 73, 12.
πρημάς 109, 22.

πότιμον ὕδωρ ἐπὶ γῆς πρηνῇ ὑπὸ κεραυνοῦ καταφλέγεσθαι 95, 24.
ὁ προάγων ἐν δρόμῳ 27, 16. προάγει ὁ γραμματεύς 126, 2.
τὸ μηδενὸς προαγορευτικόν 199, 16.
προαγωγεύειν τὴν γυναῖκα 254, 19.
προαίρεσις 180, 20. 203, 15. κατὰ προαίρεσιν 14, 19. 78, 17. 178, 21. κατὰ προαίρεσιν ἀνύειν τι 48, 19. οἱ κατὰ προαίρεσιν ζῶντες 152, 26. 178, 3. ὁ κατὰ προαίρεσιν ἀναστρεφόμενος 35, 12. τὰ κατὰ προαίρεσιν 85, 9. 134, 10. παρὰ προαίρεσιν 76, 1. 202, 20.
προαναλώματα 64, 6.
προάστεια 193, 12. ἐν τοῖς προαστείοις περιπατεῖν 215, 11.
προβάτεια κρέα 63, 17.
πρόβατον 63, 18. 100, 5—12. 233, 23. ἐτυμολογούμενον 100, 9. προβάτων ἤθη 100, 8. πρόβατον Κρητικόν 214, 5. πρόβατον κείρειν 232, 5. ὑπὸ προβάτου θηλάζεσθαι 215, 6.
προβιβασμός 100, 9.
προβοκάτωρ 129, 7.
πρόγνωσις 142, 15.
πρόγονος 178, 21. πρόγονοι 178, 26.
προδοσία 210, 17.
προθεσμία 12, 27. προθεσμίαι 192, 9. 209, 15. 236, 23.
οἱ προθυόμενοι δημοσίᾳ μεγάλων τιμῶν ἀξιοῦνται 269, 14.
τὰ πρόθυρα τῆς οἰκίας mg 97, 6.
προϊέναι ἔωθεν εὐμαρῶς 85, 8. μὴ προϊέναι δύνασθαι 120, 23.
προῖκται 2, 13. 188, 27.
προίξ 10, 19. 184, 25.
οὔ τις προΐσταται 72, 16. προστῆναι οἴκου 240, 11.
τὸ προκείμενον 156, 20. τὰ προκείμενα 32, 7. 65, 7. 173, 11. τὰ προκείμενα περᾶναι 10, 21. ἀνύειν 124, 25. τυγχάνειν τοῦ προκειμένου 48, 17. 21. ἀποτυγχάνειν τοῦ προκειμένου 48, 19. 22. αἱ προκείμεναι πράξεις 92, 4. τὸ τέρμα τῶν προκειμένων 55, 19. γυνὴ παντὶ προκειμένη 267, 7.
προκηρύσσειν ὀνείρους 9, 4.
προκοπή 147, 9. προκοπαί 220, 11. ἡ ἐπὶ τὸ βέλτιον προκοπή 100, 9. ὁ περὶ προκοπῆς φροντίζων 206, 18.
προλαβεῖν τὴν ἡλικίαν 30, 19.
Προμηθεύς 175, 22. 230, 3.
προνοεῖν ἑαυτοῦ 30, 22.
Πρόνοια 146, 3.
πρόνοια ἐν τοῖς πραττομένοις 29, 16.

πρόνοιαν ἔχειν τινός 272, 5. μετὰ πολλῆς προνοίας 85, 4.
προπεμπόμενος ὑπὸ τῆς ὑποβεβλημένης αὐτῷ τάξεως mg 22, 17.
προπέτεια λόγων 34, 3. 177, 25. 267, 14.
πρόπολις 215, 11.
πρόρριζον ἀνατραπῆναι 66, 20. 120, 10. 178, 4. πρόρριζα ἀνασπᾶται τὰ τρόφιμα τῶν λαχάνων 61, 26.
προσάγειν τὴν γυναῖκα 254, 14.
προσαγορεύειν τοὺς συνήθεις 85, 15. τοὺς μὴ συνήθεις, ἄλλως δὲ γνωρίμους 85, 17. τοὺς ἐχθροὺς 85, 19.
τὰ προσγινόμενα 41, 2. τὰ προσγενόμενα ἀγαθά 128, 23.
προσδοκιαί 252, 9. ψευδεῖς 228, 17. προσδοκίαν περιγράφειν 230, 10. παρὰ προσδοκίαν 38, 1. 145, 10. τὰ παρὰ προσδοκίαν μεγάλα 56, 24. ὁ παρὰ προσδοκίαν σωθείς 153, 17.
τὰ προσδοκώμενα 111, 5. τελειοῦν τὰ προσδοκώμενα 111, 17. ἀποτυχία τῶν προσδοκωμένων 119, 6.
προσεπισωρεύειν κακά 20, 9.
προσευχή 188, 27. 189, 2.
οἱ μηδὲν προσήκοντες 125, 26. καθ' ὃν οὐ προσήκει τρόπον 58, 11.
ὧν προσημερός ἐστιν ἡ χρῆσις 252, 11.
πρόσθεσις μικροῦ τινός 207, 12.
οἱ προσιόντες τοῖς χείλεσιν 61, 5. οἱ ἑκάστοτε προσιόντες 30, 6. προσιὼν ἐλέφας 103, 18. ἀετός 117, 18. δράκων 106, 10. λέων προσιὼν ἀβλαβῶς 102, 11. προσιοῦσα γαλῆ 180, 3. προσιοῦσαι ἀσπίδες καὶ ἐχιδναι 106, 21. προσιὼν ὁ Ἐφιάλτης 139, 23. ὁ Ἀσκληπιός 139, 27. γυνὴ προσιεμένη 72, 14.
πρόσκαιρος ἐργασία 209, 19. πρόσκαιροι ἡδοναί 66, 16.
πρόσκτησις 89, 23. 96, 16. 137, 24. 144, 19. 192, 21. 248, 3, χρημάτων 34, 22.
προσκυνούμενος ὁ Ἀσκληπιός 139, 26.
πρόσοδος 193, 16. προσόδων ἐνθήκη 143, 21.
προσουρεῖν 227, 15.
τὰ προσπησσόμενα 67, 29.
αἱ προσπλοκαὶ τοῦ κισσοῦ 72, 5.
προσπταίειν 18, 14.
προσρίπτειν κόπρια 188, 26.
μὴ προστιθέναι τι τῷ σώματι 59, 14.
τὸ προσφιλέστατον 62, 11.
προσφιλοτεχνεῖν 16, 12.

πρόσχρησις σωμάτων 204, 7.
πρόσχρωτα μιγῆναι 79, 13.
προστιλάω 121, 2,
τὸ προστυχὸν οὐκ ἀγαπᾶν 112, 2.
προσχεῖσθαι κόπρια 188, 23.
πρόσωπον 90, 27. τὰ περὶ τὸ πρόσωπον 255, 2. τὸ πρόσωπον τῆς αἰδοῦς καὶ τῆς ἐπιτιμίας εἰκών 219, 18, οἴνῳ νίπτεσθαι τὸ πρόσωπον 226, 2. περιχρίεσθαι τὸ πρόσωπον 225, 17—20. οὐκ ἔχειν πρόσωπον 265, 22. ἰδεῖν ἐν σελήνῃ τὸ πρόσωπον 256, 25. θεῶν πρόσωπα ἀναλαμβάνειν 174, 10. πρόσωπον ὑποτεταγμένον mg 150, 6. τὸ ἐπιβλέπον τὰ κτήματα πρόσωπον 36, 7.
προτιθέναι ὀνείρους 9, 4.
οἱ προτρέποντες 183, 5. προτρέπεσθαι πράττειν 133, 24.
προτροπή 183, 3.
τὸ περικαλλὲς τῶν χηνῶν 251, 10.
δείλη πρωΐα 13, 22.
ἐν τῷ πρωκτῷ ἔχειν στόμα 267, 11. τὸν πρωκτὸν ἐκμάσσειν λιβανωτῷ 255, 1.
πρωρεύς 37, 8. 116, 25. 218, 5—7.
οἱ ἐν τῇ πόλει πρωτεύοντες 193, 21.
Πρωτεύς 144, 3—5.
οἱ πρῶτοι 93, 19.
πτελέα 119, 20. ἄκαρπος 119, 23. ὅπλα ἐξ αὐτῆς γενόμενα 119, 22.
πτερὰ ἔχειν 10, 19. πτερὰ ἔχοντα ἵπτασθαι 158, 25. ἄνευ πτερῶν ἵπτασθαι 159, 6. τοὺς εὐπόρους πτερὰ ἔχειν φαμέν 10, 23.
πτηνός 141, 22.
πτῆσις 38, 13. 158, 19—161, 12.
πτισάνη 63, 1.
πτύειν αἷμα 35, 8.
πτύον 117, 28.
πτωχοί 188, 28. ὑπὸ πτωχοῦ περαίνεσθαι 74, 14. τὸν πτωχὸν Ἶρον ἐκάλουν οἱ Ἰθακήσιοι 4, 7.
πυγμή 128, 10—129, 10. 264, 24.
Πυθαγορισταί 161, 21.
πυκνουμένη ἐπιφάνεια 41, 10. πεπυκνῶσθαι θριξί 39, 6.
πυκτεύειν 7, 18. 57, 1—5. 128, 15. 264, 24.
διὰ τοῦ πυλῶνος ἐξίπτασθαι 160, 15.
πυξογραφεῖν 49, 17.
πύξος 120, 1. πύξοι 98, 7.
Πῦρ τὸ αἰθέριον 130, 23. 133, 19—21. πῦρ 92, 12. 142, 28. οὐράνιον καὶ θεῖον 92, 14—96, 4. 260, 13. ἐπίγειον καὶ τὸ ἐν χρήσει 96, 5—98, 14. λαμπρόν 262, 22. ἴδιον πυρὸς πᾶσαν ὕλην φθείρειν 93, 13. τὸ πῦρ

INDEX RERUM. 329

μειοῦν πέφυκε πᾶσαν ὕλην 262, 27.
τάχος ταῖς ὠφελείαις προστίθησι
64, 4. οὐδὲν οὕτω τὸ σῶμα θερμαίνει ὡς πῦρ καὶ γυνή 94, 16.
πυρὶ καταφλέγεσθαι 120, 11. πῦρ
ἐπὶ ναῦν φερόμενον 117, 4. ἀπὸ
πυρὸς κίνδυνοι 102, 18. πῦρ ἀνακάειν 98, 7. ἀποσβεννύειν 98, 13.
ὡς ἐκ πυρὸς ἁρπάζειν τὰ σκέλη 45, 25. δίκην πυρὸς ὑπὸ τοῦ
πάθους καόμενος 6, 24.
πυραμοῦς 65, 14. παρὰ τοῖς παλαιοῖς ἐπινίκιος 65, 15.
πυργίσκοι 68, 1.
πυρέσσων οἰκέτης 221, 14.
πυρετός 87, 9. 99, 25. 108, 7. 206, 15.
πυρετῷ ὅμοιος ὁ κυών 100, 1.
πυρκαϊά 134, 22. κατὰ τὸν οἶκόν 33, 5.
πυροί 25, 22. 48, 27. 206, 17. 220, 1.
255, 20. σπείρειν πυρούς 212, 21.
πυρῶν ἀστάχυες πεφυκότες ἐκ
στήθους 271, 20. ἐκ στήθους γυναικὸς καὶ καταδυόμενοι εἰς τὴν
φύσιν αὐτῆς 265, 23.
πυρροὶ κύνες 99, 21. ἰχθῦς 108, 6.
πυρρὰ νέφη 138, 11.
πυρρίχη 54, 3.
πυρριχίζειν 69, 12.
πώγων 30, 12. 211, 15. κόσμος προσώπου 262, 27. γυνὴ πώγωνα
ἔχουσα 250, 20.
πωγωνίαι ἀστέρες 138, 1.
πωλεῖν 221, 23. πωλεῖσθαι 210, 18
—211, 2.
ϱ 181, 22—182, 6.
ῥαγάς 221, 10.
ῥαίνειν τὰ περὶ τοὺς νεώς 129, 24.
ῥάκη ἐσχισμένα 18, 8.
ῥαστώνη ἐν τοῖς πραττομένοις 160,
6. πράξεις μετὰ ῥαστώνης 52, 9.
μετὰ πολλῆς ῥαστώνης 78, 17.
ῥάφανος 61, 17.
ῥαφαί 49, 12. ἐκ τῶν ῥαφῶν λελύσθαι 259, 10.
Ῥέα 132, 15. Ῥέᾳ μιγῆναι 81, 18.
ῥέπειν εἰς τὸ κάτω 210, 4.
ῥήσεις 238, 21. ἡ ἐξ ἴσου ῥῆσις 244,
18.
ῥήσσειν 18, 3. 56, 10—28. φωνὴν
ῥήσσειν 267, 12. ῥῆξαι κεράμιον
270, 3.
ῥητιαρίῳ πυκτεύειν 129, 2.
ῥητίνη ἡ ἀπὸ τῶν πιτύων καὶ στροβίλων γινομένη 119, 14.
ῥητορική 202, 16.
ῥήτωρ 202, 16. 243, 7—9. 21, 23. 57,
7. ῥήτορες 49, 18. 62, 22. 80, 12.
211, 12.

ῥίνη ἰχθύς 109, 19.
ῥίς 28, 15—24. μὴ ἔχειν ῥῖνα 29, 18.
τὴν ῥῖνα ἀπολωλεκέναι 219, 12—
25. δύο ἔχειν ῥῖνας 29, 21.
ῥοά 119, 27. ῥοαί 66, 12.
ῥοδοδάφνη 70, 25. 120, 1.
ῥόδα 125, 20. 120, 1.
ῥόδων στέφανοι 70, 12—17. ῥόδον
λαβεῖν παρὰ νεκροῦ 12, 30.
ῥοῖζος ἀκόντων 55, 13.
τὸ ῥόπαλον λαβεῖν παρὰ τοῦ Ἡρακλέους 140, 17.
ῥοπὴ ἡ κατά τινα πλείων 270, 4.
Ῥούσων ὁ Λαοδικεύς 202, 8.
ῥόφημα 32, 13.
ῥοώδες ὕδωρ ποταμῶν 122, 11.
ῥυθμίζειν 175, 17.
ῥυπαρὰ ἱμάτια 88, 23. ῥυπαροὶ ἄρτοι 63, 10.
ῥύπος 25, 15.
οἱ τὰς ῥυπώδεις ἐργασίας ἐργαζόμενοι 88, 24. 115, 16. 120, 19. 188, 16.
ῥυτήρ 54, 7.
Ῥωμαϊκὴ ἐσθής 87, 22—88, 3. ἐσθὴς
καὶ ὑπόδεσις Ῥωμαϊκή 246, 11.
Ῥωμαϊκὰ γράμματα 50, 21. 25.
Ῥωμαϊκαὶ διατριβαί 50, 22.
Ῥωμαῖος 50, 21. 223, 11. Ῥωμαῖοι
37, 11. 259, 9. ἱππεῖς Ῥωμαίων
220, 8.
ῥώμη 263, 13.
Ῥώμη 216, 10. 224, 12. 225, 15. 267,
16. 268, 3. ὁ ἐν Ῥώμῃ ἀγών 226,
24. 227, 1. 249, 19.
ἐρρῶσθαι 101, 6. ἐρρωμένοι κύνες
99, 12. πόροι οὐκ ἐρρωμένοι 244,
6. ἐρρωμένος τὴν γνώμην 75, 2. ὁ
ἐρρωμένος 68, 23. 125, 14. οἱ ἐρρωμένοι 58, 9. 59, 4. 108, 4. 126,
13. 249, 11.
Σαβάζιος Ζεύς 106, 9.
σαγήνη 107, 13.
σαίνων λέων 102, 11. σαίνουσα λέαινα 102, 23. σαίνοντες κύνες 99,
12. 18.
σαλεύματα mg 78, 21.
σαλευόμενοι ὀδόντες mg 32, 22.
σαλπιγκταί 80, 12.
σάλπιγξ στογγύλη 52, 22. οὐχ ἱερὰ
ἀλλὰ πολεμιστηρία 52, 23. σάλπιγξ ἡ ἱερά 52, 15—22. ἐν πολέμῳ συνάγει τοὺς ἐσκορπισμένους
52, 17. σύγκειται ἐξ ὀστῶν καὶ
χαλκοῦ 52, 19. ἰδίᾳ ἐλευθέρων
52, 22.
σαλπίζειν 52, 15—53, 3.
σαμψύχου στέφανοι 70, 23.
Σάραπις 131, 11. 145, 1—15. 248,
22. 272, 30. 32. 273, 4. χθόνιος

Θεός 258, 22. 273, 11. ὁ αὐτὸς τῷ Πλούτωνι 258, 23. 273, 5. θεραπεῖαι ὑπὸ Σαράπιδος δοθεῖσαι 148, 26. περὶ τὸν τράχηλον δεδέσθαι Σαράπιδος τὸ ὄνομα ἐγγεγραμμένον λεπίδι χαλκῇ 258, 20.
σάρκες 199, 11. 261, 28. αἱ ἀπὸ τῶν σαρκῶν ἐργασίαι 177, 16. τὰς σάρκας ἀπολλύειν 152, 9. τὰς ἑαυτοῦ σάρκας ἐσθίειν 177, 14. ἐκ τῶν σαρκῶν ἐκδύνειν 261, 19.
σαρκία ἐν τοῖς ὀδοῦσιν ἔχειν 33, 16. σαρκία ἐκπεσοῦσιν ὀδοῦσιν ἑπόμενα 32, 6.
σάρκινοι οἱ θεοὶ φαινόμενοι 132, 27.
σαροῦν τὰ πρὸ τῶν ἀγαλμάτων 129, 23.
Σάτυροι 141, 8. Σάτυρος ἐπὶ τῆς ἀσπίδος τοῦ Ἀλεξάνδρου παίζων 217, 18.
σαυροί 234, 16.
μὴ σαφεῖ χρῆσθαι τῇ φωνῇ 69, 25.
ἐσβεσμένος λύχνος 96, 19. τὸ ἐφ᾿ ἑστίας πῦρ σβεννύμενον ὁρᾶν 96, 9.
Σειληνός 141, 10. ἥδιστος δαίμων 101, 11.
Σείριος πυρετοῦ αἴτιος 99, 26. κύων καλούμενος ib.
σεισμός 143, 32. 200, 23. σεισμοὶ 146, 25. σεισμῷ συμπεσεῖν 240, 1.
σεκούτορι πυκτεύειν 128, 25.
σέλας 131, 1. 138, 1.
σελάχιοι ἰχθῦς 109, 13.
Σελήνη 104, 16. 130, 24. 135, 16—136, 12. 16. 230, 16. 256, 12—19. 25. σελήνης ἐπιτολαί 10, 2. ἔκλειψις 6, 9. σελήνη φύσει ὑγρά 81, 27. 136, 8. ἧττον τοῦ Ἡλίου θερμή 136, 10. οὐκ ἔχει ἴδιον φῶς 256, 14. αἰτία τοῦ ὁρᾶν καὶ ἡ Σελήνη 135, 21. ἀεικίνητος 257, 1. σελήνη συντρέχειν 257, 18. μιγῆναι 81, 22. ὑπὸ τῆς Σελήνης ἐρᾶσθαι 230, 13.
σελίνῳ οἱ ἐν Νεμέᾳ νικῶντες στεφανοῦνται 255, 19. σελίνων στέφανος 71, 1. ἐπιταφίῳ ἀγῶνι ἐπιτήδειος 71, 3.
σεμναὶ θεαί 81, 20. σεμνὴ γυνή 133, 11. οἱ τὸν σεμνότερον ἐπανῃρημένοι βίον 132, 23.
σεμνοπροσωποῦσα παρθένος 148, 11. οἱ σεμνοπροσωποῦντες 2, 14.
σέρις 61, 17.
σεσηπότες ὀδόντες 32, 22.
σηπεδών 60, 19.
σηπία 109, 10.
σησαμίδες 65, 14.
σήσαμον 63, 6.

σήψ 107, 7. 234, 13.
σιαγόνες 30, 5—8.
σιγᾶν 202, 20.
ἡ σιγὴ ἀπόκρισις ἀπαγορευτική 176, 13.
σίδηρος 257, 4. 272, 13. σιδήρῳ πλησιάζειν ὥσπερ γυναικί 242, 15. 18. εἰς σίδηρον μεταβάλλειν 47, 23. τὰ ἐνούμενα σίδηρα 143, 2. σιδήρῳ τέμνεσθαι 72, 6. διαιρέσεις ὑπὸ σιδήρου γινόμεναι 62, 7.
σιδηροῦς 257, 3. τὰ σιδηρᾶ 209, 26—29. σιδηροῦν μέτωπον 24, 24. σιδηροῖ δακτύλιοι 89, 9. σιδηροῦς καλοῦμεν τοὺς κακὰ ὑπομείναντας πολλά 47, 24.
σίκυοι 62, 8.
σιμός 109, 22.
σίνηπι 63, 7. τετριμμένον ὑγρόν 255, 7.
σιπύη 220, 1.
σιρός 118, 10.
εἰσυμβρίου στέφανοι 70, 22.
σιτοδόκα σκεύη 67, 27.
σκάζειν 188, 12.
σκαιός 236, 12.
σκαλεύειν δι᾿ ὅλου 147, 21.
σκέπαρνον mg 214, 13.
ἐσκεπάσθαι 128, 24. ἐσκεπασμένος 142, 23. τὸ σκέπον 221, 5.
σκεπαστικὰ ὅπλα 127, 17.
ἐσκευασμένος οἶνος 60, |14. ποτὸν ἐσκευασμένον ἐξ ἁπλῶν 66, 24.
σκευὴ βασιλική 125, 18. θεοῦ σκευὴν ἔχειν 174, 18—20. σκευὴν τὴν αὐτὴν ἔχειν Ἡρακλεῖ 140, 16. σκευὴ οἰκεῖα 146, 20. 246, 5—247, 4. ἀνδρεία ἐγχωρία καὶ ξενική 85, 26. σκευὴ ἱματίων πολυτελῶν καὶ μαλακῶν 73, 10.
σκευή 7, 22. 219, 26—220, 4. 237, 7—13. οἱ χρώμενοι τοῖς σκεύεσι 237, 9. σκεύη μεγάλα 90, 7. σκεύη λαβεῖν παρὰ νεκρῶν 250, 11. σκεύη συνειλεγμένα 200, 22. τὰ κατ᾿ οἶκον 67, 3—68, 3. τὰ ἔπιπλα τῶν σκευῶν 31, 21.
ἐν σκιᾷ διάγειν 14, 8.
τὸ κατὰ σκηνὴν ἔργον 271, 2. οἱ ἐπὶ σκηνὴν ἀνερχόμενοι 174, 9.
σκηνικοί 86, 25. 126, 16. 142, 6.
σκηπτός 95, 10. 15.
σκῆπτρον 125, 18.
σκίλλα 187, 20—26. οὐδὲν ἔχουσα ἐδώδιμον 187, 20. λύκων φθαρτική 187, 22. καθάρσιος εἶναι νενόμισται 187, 23.
σκίμπους 67, 21.

σκινδαψός 204, 14.
σκληρὰ πράγματα 147, 12. τὰ σκληρά 90, 20.
σκολόπενδρα 107, 11.
σκόλοψ 118, 14. 181, 11—18. 236, 27.
σκόπελος 116, 18. 232, 19.
σκοπὸς προτεθειμένος 10, 17. τοῦ σκοποῦ μὴ ἁμαρτάνειν 10, 22.
σκόροδα 62, 13.
σκορπίος 107, 11.
σκορπίος ἰχθύς 109, 23.
σκοτεινὸς ἀήρ 91, 13.
φῶς σκότους λυσιτελέστερον 226, 22 —227, 2.
σκύβαλα ἀποκρίνειν 108, 20. 121, 20. τὰ ὑποκείμενα σκύβαλα ὑπεξάγειν 61, 23. 270, 18.
Σκύλλα 148, 1. 228, 17.
σκυλμοί 126, 5. 127, 6. 128, 2.
σκύμνοι λέοντος 102, 18.
σκυτεύειν 49, 10.
σκυτίς 258, 21. 24.
σκώληξ 229, 14.
τὰ σκώμματα τῆς παλαιᾶς κωμῳδίας 53, 19.
σκώψ 194, 3.
σμύραινα 109, 16.
Σμυρναῖος 250, 3.
Σμύρνη 58, 24.
σμύρνη 229, 13.
σμυχόμενοι οἶκοι 96, 26.
σούκινοι δακτύλιοι 89, 13.
σοφίας συγγράμματα 151, 2.
σοφισταί 25, 18. 80, 13. 100, 12. 107, 20. 149, 6. 162, 14. 210, 11.
ΣΟΦΟΚΛΗΣ 239, 8.
ἀνὴρ σοφός 22, 8. οἱ σοφοί 145, 1.
σπάδοντες 162, 15.
σπάνια 202, 5.
ἐν σπαργάνοις 268, 19. ἐν σπαργάνοις εἶναι ὥσπερ οἱ παῖδες 20, 3 —12.
οἱ Σπαρτοὶ οἱ ἐν Θήβαις καὶ οἱ ἐν Κόλχοις 230, 8.
σπείρειν 48, 24. 117, 15. πυρούς 212, 21. ἀγορὰ ἐσπαρμένη 193, 9.
σπέρματα 48, 26. 118, 11. 209, 19. ἐκπεφυκότα σώματος 266,4. ἄρρεν σπέρμα 255, 23. mg 271, 26.
ὁ σπερματικὸς λόγος 42, 25.
σπερμολόγος 112, 3.
σπεύδειν 209, 24. 270, 12.
εἰκὼν μεστὴ σπίλων 267, 3. 10.
σπλάγχνα 41, 27—42, 24. 264, 17. τὰ ἑαυτοῦ σπλάγχνα ἀποκρίνειν διὰ τοῦ στόματος 35, 15.
σπλήν 42, 18.
σπονδαυλεῖν 53, 8.

σπονδάζειν τινί 11, 14.
σπυρίς mg 155, 5. 207, 24.
τὰ ἐσπουδασμένα περᾶναι 10, 22. ἀπολλύειν τι τῶν ἐσπουδασμένων 12, 19. ὁ μᾶλλον ἐσπουδασμένος 36, 11.
τῶν σπουδαίων τις 178,1. σπουδαῖα πράγματα 154, 21.
σταδιεύς 27, 13.
στάδιον 55, 22. 250, 4. παίδων στάδιον στεφανοῦσθαι 264, 1. τῷ σταδίῳ ἐντεθάφθαι 269, 17.
στάλιξ 98, 17.
ἐν σταμνίῳ ὀστρακίνῳ ὁρᾶν τὴν ἑαυτοῦ ἐρωμένην κειμένην 258,15.
στασιάσαι 56, 6. πρὸς τοὺς οἰκείους 60, 17.
στάσις 32, 20. 53, 10. 57, 7. 62, 24. 65, 24. 117, 24. 127, 19. 128, 9. στάσεις 29, 22. 50, 7. 53, 19. mg 90, 23. 140, 5. 170, 5. 171, 7. 14. 247, 6. στάσις πρὸς τοὺς οἰκείους 35, 9. στάσις πολέμου μήτηρ 60, 12.
στασιώδεις γυναῖκες 191, 12.
σταυρός 153, 22. 159, 19. 223, 22—224, 1. ὁ μέλλων τῷ σταυρῷ προσηλοῦσθαι πρότερον αὐτὸν βαστάζει 153, 22.
σταυροῦσθαι 7, 19. 69, 11. 152, 4—18. 231, 14. 18. 260, 14.
στάχυς v. ἄσταχυς.
σταφυλή 66, 9.
σταφυλῖνοι 61, 25.
σταφυλοτομηθῆναι 186, 17.
στεγανόπους 251, 11.
ὑπὸ στέγῃ ἰδεῖν ἀστέρας 137, 25.
στελγίδες 59, 10.
στεναὶ ὁδοί 125, 2.
στενόστομά τινα ποτήρια οὐ πάλαι ὑπ' ἀνθρώπων ηὑρημένα 61, 11.
στενοχωρία 61, 13. στενοχωρίαι 78, 9. 88, 8. 139, 20. 151, 18. 191, 2. 20. ὁ ἐν στενοχωρίᾳ ὢν 174, 15.
στερεός 257, 16. τὰ στερεά 209, 26 —29. στερεὰ ὕλη 60, 27. εἰκὼν ἐξ ὕλης στερεᾶς γενομένη 180, 23. λάσανον στερεόν 121, 20.
στερίσκειν 43, 15.
κατὰ στέρνον πεσὼν κεραυνός 95, 15.
στερρότερος φόβος 190, 22. 191, 16.
στέφανος 15, 25. 21, 17. 70, 1—72, 8. 87, 7. 90, 6. 150, 16. στέφανος 208, 1. 232, 9—17. 250, 1. ἐλαΐνος ὃν ἐν πομπαῖς φέρουσιν ἱππεῖς Ῥωμαίων 220, 7. μέχρι στεφάνου ἀφικέσθαι ἀθλοῦντα 57, 13. στέ-

φανον αἴρεσθαι 262, 32. στεφάνου ἀφαιρεθῆναι 270, 7. ἐν στεφάνῳ Ὀλυμπικῷ τοὺς πόδας νίπτεσθαι 264, 1.
στεφανοῦν θεόν 129,10—22. στεφανοῦσθαι 255, 17, 270, 19. στάδιον 264, 1. ἐλάᾳ στεφανωθῆναι 273, 12. ἐστεφανῶσθαι τὰ σφυρά 232, 14.
στῆθος 39, 6—22. ἔρια ἐκ τοῦ στήθους πεφυκότα 233, 5. v. πυροί. τραῦμα κατὰ τοῦ στήθους γενόμενον 184, 12.
στίζεσθαι 14, 9. ἐστιγμένοι 234, 25. ἔθνη στιζόμενα 102, 27.
στοιχεῖα 195, 18. τὰ ἐξ στοιχεῖα 5, 2. 9, 18—10, 9. 202, 24—205, 21.
ἀνὴρ στολὴν γυναικὸς ἔχων 250, 25. γυνὴ στολὴν ἀνδρὸς ἔχουσα 250, 21.
στόμα 31, 8. 80, 27. οὐκ ἔχειν στόμα 265, 22. γλῶσσα ὑπὲρ τὸ στόμα πίπτουσά 34, 2. διὰ τοῦ στόματος ἔλμινθας ἀποκρίνειν 172, 7. στόμα ἔχειν ἐν τῷ πρωκτῷ 267, 11. τὸ ἑαυτοῦ στόμα ἐσθίειν 177, 23. ἄλλοις παρέχειν τὸ στόμα ἐσθίειν 177, 21. τὰ ὑπὸ τοῦ βασιλέως ἐκ τοῦ στόματος δοθέντα 222, 14—17. μὴ καθαρεύειν τὰ στόματα 238, 2. στομάτων κοινωνεῖν 80, 10. οἱ διὰ στόματος ἔχοντες τὴν ἐργασίαν 80, 12. συμβάλλειν τὰ στόματα 79, 7.
τὸν στόμαχον νοσεῖν 272, 19.
στρατεία 16, 5. 203, 11.
στρατεύεσθαι 112, 21. 127, 25—128, 8. 221, 16. δοῦλον ὄντα 13, 3.
στρατηγεῖν 125, 24—26. ὁ στρατηγῶν 115, 4.
στρατηγίαν αἰτεῖν 220, 5.
στρατηγός 9, 9. 15. 145, 22. 252, 1. πόλεως 260, 20. 22. στρατηγὸν ἀποδειχθῆναι 231, 11.
στρατιώτης 128, 5. 222, 6—13. 21, 25. 27, 11. 102, 12. 115, 5. 145, 23.
στρατολογεῖσθαι 127, 25—128, 8.
Στρατόνικος 222, 8.
στρατοπεδάρχης 217, 10.
στρατοπέδου ἄρχειν 112, 21. στρατοπέδων καθιδρύσεις 229, 23.
στρόβιλος 119, 12. φιλέρημος 119,16.
στρόμβος 108, 24.
στρουθὸς κατὰ βραχὺ συνέρχεται 79, 9.
στροφὴ ἐπὶ τοῦ αὐτοῦ τόπου 103, 5. ὄρχησις μετὰ στροφῆς 54, 3.
στρόφιον mg 21, 17. 199, 8.

στρωμάτων ἀπορία 78, 8.
στρωματεύς 108, 5.
στρωματόδεσμος 68, 2. 200, 21.
στρωννύειν κλίνας mg 154, 17.
στύλοι γὰρ οἴκων παῖδες ἄρσενες 97, 25.
τὸ στῦφον 65, 26.
σύαγρος 104, 22—105, 8. 234, 6.
τὸ συγγενὲς σὺν τῷ συγγενεῖ βλεπόμενον 230, 20—231, 7. συγγενεῖς 42, 21. οἱ κατὰ τὸν οἶκον 97, 4. συγγενὴς ἀπόδημος 34, 25. · συγγενεῖς ἀποβάλλειν 19, 9. συγγενῶν ὄλεθρος 98, 26. ἀπώλεια 125, 14.
οἱ βουλόμενοι συγγενέσθαι τισί 52, 16.
συγγνώμης ἀξιοῦσθαι 17, 26. 18, 17.
συγγραφὴ κτημάτων 150, 17.
σύγκριμα τοῦ σώματος πονηρόν 180,7.
σύγχρωτα μιγῆναι 79, 3. μήτηρ σύγχρωτα περαινομένη καὶ ζῶσα 76, 13—77, 13. νεκρά 77, 13—78, 4.
σύγχυσις πραγμάτων 182, 23.
συκάζειν τὸ ἐπηρεάζειν, ἔλεγον οἱ παλαιοί 66, 5.
συκάμινον 66, 16. 17—21.
συκῆ πεφυκυῖα πρὸ οἰκίας 260, 15.
σῦκα 66, 3. μέλανα 260, 16. τῶν συκῶν τὰ λευκὰ ἡδίονα τῶν μελάνων mg 66, 4.
συκοφαντίαι 66, 5.
συλλαβεῖν 20, 14. συλλαμβάνεσθαι 173, 6. οἱ συλλαμβανόμενοι 183, 5. οἱ ἐν ταῖς χρείαις συλλαμβανόμενοι 140, 1.
σύλληψις 179, 8.
συλλογὴ χρημάτων 21, 22.
φύσει συμβεβηκός 13, 16. ἀπὸ τοῦ συμβεβηκότος 193, 25.
συμβιβάσεις 62, 10.
συμβίωσις 227, 14. οἱ τὰς συμβιώσεις καταλείποντες 105, 13.
ὁ συμβιώτης 227, 15. 271, 3. ἔθος τοῖς συμβιώταις εἰς τὰ τῶν ἀποθανόντων εἰσιέναι καὶ δειπνεῖν 271, 8.
συμβόλαια βιωτικά 171, 7.
σύμβωμοι θεοί mg 145, 9.
σύμμετρος λίμνη 124, 4. γλῶσσα 33, 20. συμμέτρως ἔχειν τροφῆς 13, 22.
ἐν συμπεράσματι γίνεσθαι τοῦ νικᾶν 269, 13.
συμπεριφέρειν 257, 2.
συμπίπτειν mg 96, 24. τὰ συμπίπτοντα 147, 1. συμπίπτον ὡρολόγιον 194, 15. συμπίπτοντα μνημεῖα 156, 3. ἀγάλματα θεῶν 130, 8.

συμπλοκή 208, 3.
σύμπνοια 143, 1.
συμπτώσεις 146, 25.
επί τω συμφέροντι 50, 15.
εν συμφορά είναι 35, 10. συμφοραί 171, 1. οι εν μεγάλαις συμφοραίς γενόμενοι 130, 6. συμφορά χρήσθαι πονηρά 271, 23.
συνάγειν τας ψυχάς 186, 26.
συναγελαζόμενα ζώα 235, 4.
συναγελαστικός 114, 3. 235, 5.
συναγορεύειν 249, 4.
συνάγχη 258, 21.
συναίρεσθαι 153, 28. 173, 6. οι συναιρόμενοι εν ταίς χρείαις 118, 19.
συναλγείν 188, 6.
συναλλαγαί 114, 2.
συνάλλαγμα 157, 8. 221, 23.
συνάλλεσθαί φαμεν καί τους ανιωμένους επί τοις προσπεσούσιν αιφνίδιον 55, 12.
συναναστρέφεσθαι 75, 9. 28. 150, 20.
συνανατέλλειν ηλίω 257, 18.
συνάντησις τεχνιτών 208, 29.
οι συναντώντες 208, 7—12. συναντώσα Έκάτη 139, 7.
συνδείν 50, 8.
συνδιατρίβειν Ήρακλεί 140, 15.
συνδυασμοί 142, 12.
συνεκφέρεσθαι 216, 8.
συνεξαμαρτάνειν τινί 188, 10. 14.
συνεργά 182, 22—183, 2.
τα συνεχώς περί τι μέρος του σώματος όντα 233, 3—9.
συνήγορος 125, 11. 140, 3. καταλειφθήναι υπό των συνηγόρων 228, 3.
εν τη συνηθεία 13, 17. 272, 13.
συνήθης 245, 19. ανήρ 228, 9. εσθής 85, 27. τα μη συνήθη 255, 9. των πόλεων αι μη συνήθεις 239, 20.
συνήθει γυναικί μιγήναι 73, 25.
το σύνθετον του ονόματος 152, 1.
συνθήκαι 116, 24. λόγοι οι εν συνθήκαις περί σπουδαίων πραγμάτων 154, 21.
σύνναοι θεοί mg 145, 9.
συννεφής αήρ 91, 13. άνεμοι συννεφή ποιούντες τον αέρα 138, 16.
συννοσείν 188, 6.
σύνοδοι θεών 81, 14.
συνόδους 108, 8.
συνοικίσεις πόλεων 203, 12.
συνοικούντες άνθρωποι 172, 8.
συνουσία 15, 25. 72, 9—82, 12. το της συνουσίας όνομα 75, 10. γυνή ουκ αντιβαίνουσα προς την συνουσίαν 72, 14. coll. 19. η των ανδρών συνουσία ως επί το πλείστον εξ αποστροφής γίνεται 75, 12.
συνουσίαι 252, 3.
συνουσιάζων ο Έφιάλτης 139, 21.
τοις εν συνοχή ουσιν 88, 14.
συνταγαί θεών 213, 21—215. 272, 19.
συντείνειν 201, 27.
σύντομος όλεθρος 64, 16. θάνατος 33, 7. 71, 26. 149, 8. σύντομα κακά 24, 1.
συντρέχειν σελήνη 257, 18.
συντρίβειν θεών αγάλματα 130, 3. συντριβόμενοι κίονες 97, 24. συντριβόμενα μνημεία 156, 3.
σύντροφα ζώα 102, 9. 236, 3—12.
σύντροφος ύλη 61, 1.
συρίγγιον 246, 15.
σύριγξ 44, 16. εν τω γόνατι 44, 15.
Σύροι οι την Άστάρτην σεβόμενοι ιχθύς ουκ εσθίουσιν 14, 14.
Σύρος ο του Αντιπάτρου δούλος 217, 23. 249, 12. 18. mg 251, 5.
σύστασις προς τους βελτίονας 29, 17.
συστέλλειν τας ψυχάς 186, 26.
συστημάτων άρχειν 127, 5.
συστροφή στόματος 60, 18.
συνωρίς 54, 16. 265, 14.
σφαγή τελευτής σημείον εστι 173, 12.
σφάζεσθαι 173, 9. σφαζομένους ιδείν 173, 10. σφάξαι εαυτόν 151, 21.
σφαγήναι υπό τινος 151, 21. 269, 8.
σφαίρα 52, 5. 244, 19. εταίρα έοικε 52, 7.
σφαιρίζειν 244, 15. φιλονείκως οι σφαιρίζοντες παίζουσιν 244, 18.
σφαιρισμός 244, 18.
σφακελίζω 265, 10.
σφενδόνη 127, 20.
σφήνες 52, 12.
σφηνοπώγων 141, 25.
σφηξ 115, 10.
σφίγγες 104, 17.
σφοδροί άνεμοι 138, 15. σφοδρότερος 151, 17. σφοδρότερον αποβήναι 177, 10.
σφύρα 49, 25.
σφυρά 44, 22. εστεφανώσθαι τα σφυρά 232, 14.
σφύραινα 109, 22.
σφυρήλατοι δακτύλιοι 89, 14.
σχήμα το προσήκον 246, 5—247, 4. διάφορα σχήματα μίξεως 78, 24—79, 14. οικείον ανθρώπων συνουσιαζόντων σχήμα το πρόσωπα 79, 13. το των αστέρων σχήμα το κατά την κίνησιν 136, 19. κατά το σχήμα 139, 7.
σχιζόπους 251, 12.

334 INDEX RERUM.

ἐσχισμένα ῥάκη 18, 8.
σχοινία ἀπόγεια 116, 23.
σχολή 17, 17. 40, 23. 41, 7. 51, 7. 76, 22. 85, 4. 86, 9. 107, 21. πρὸς λόγους 34, 12. πρὸς τροφάς 34, 13.
σώζειν παρὰ προσδοκίαν 145, 11.
σῶμα 12, 14. 221, 7—11. 262, 5. τὰ περὶ τὸ σῶμα 74, 3. τὰ τοῦ σώματος 255, 3. τὰ μέρη τοῦ σώματος 188, 5. τὰ ἐν τῷ σώματι μέρη 218, 10—14. περὶ σώματος καὶ τῶν ἐν τῷ σώματι μερῶν προσγινομένων τε καὶ ἀπογινομένων καὶ αὐξομένων καὶ μειουμένων καὶ ἀλλοιουμένων εἰς μορφὴν ἑτέραν ἢ εἰς ὕλην 15, 18—21. 21, 5. τὰ συνεχῶς περὶ τι μέρος τοῦ σώματος ὄντα 233, 3—9. ἐξῄρτηται τρόπον τινὰ τῆς κεφαλῆς καὶ τοῦ τραχήλου πᾶν τὸ σῶμα 35, 22. τὰ περὶ τὸ σῶμα ἀγαθὰ ἢ κακὰ ἐξ ἡμισείας βλεπόμενα 250, 12 — 251, 2. σώματος εὐφυΐα 48, 9. ἀνδρεία 43, 3. ἐρείσματα 263, 12. 16. κοινὰ σώματι καὶ ψυχῇ 3, 16—23. σώματος ἴδια 3, 15—23. τὰ τῶν σωμάτων συγκρίματα 44, 33. τὰ σώματα εἰς γῆν ἀναλύεται 261, 16. ἑτέρου σώματος ἐρημία 259, 27. σπέρματα ἐκπεφυκότα σώματος 266, 4. σωμάτων ἐπίκτησις 39, 12. σωμάτων ἄρχειν 45, 1. ἐργάζεσθαι τῷ σώματι 177, 15.
οἱ σωμασκοῦντες 20, 25. 47, 6.
σωματέμποροι 175, 19.
τὰ σωματικά 3, 21.
σωτῆρες Σάραπις καὶ Ἶσις 145, 11.
σωτηρία 56, 19. 86, 18. 124, 9. 132, 7. 133, 20. 139, 29. 144, 8. 152, 1. 216, 4. σωτηρίαι 174, 6.
σωτήριος 236, 20. 24. 268, 15.
τάγηνον 147, 11.
ταλαιπωρία 22, 20. 26, 1. 38, 11. ταλαιπωρίαι 53, 15.
ταλαίπωρος βίος 259, 23. ταλαίπωρα ζῷα 235, 1.
ταμίας 97, 6. 220, 3. οἱ κατὰ τὸν οἶκον ταμίαι 67, 27. ταμίας ἀργυρίου βασιλικοῦ 222, 13.
ταμιεῖον 67, 28. 97, 6. 220, 3.
τάξις ὀνείρων 195, 6. τ. ἡ ὑποβεβλημένη mg 22, 17.
ταπεινὸς ἀήρ 91, 16. ταπεινοὶ ἄνδρες 252, 17.
ταπεινόω 210, 15.
ταράσσεσθαι 53, 2. ταρασσόμενοι οἱ θαλάσσιοι θεοί 143, 30. τε-
ταραγμένος ποταμὸς εἰς οἰκίαν εἰσρέων 123, 6.
ταραχή 57, 22. 193, 5. ταραχαί 22, 1. 49, 23. mg 53, 19. 65, 28. 69, 2. 81, 17. 86, 7. 27. 92, 5. 102, 1. 115, 1. 117, 14. 124, 16. 125, 4. 25. 126, 8. 14. 127, 14. 130, 12. 136, 24. 138, 16. 141, 1. 9. 145, 9. 156, 5. 22. 159, 9. 181, 21. 193, 3.
ταρίχη 65, 7—11.
ταυρεία 63, 21.
ταῦρος 102, 3—8. 235, 3. ταύροις ἀγωνίζονται παῖδες Ἐφεσίων 14, 19. κοῦροι Ἀθηναίων 14, 22. ἐν Λαρίσσῃ οἱ τῶν κατοικούντων εὐγενέστατοι, ἐν δὲ τῇ ἄλλῃ οἰκουμένῃ τὰ αὐτὰ τοῖς τὴν ἐπὶ θανάτῳ κατακριθεῖσι συμβαίνει 14, 23.
ἐν τάφοις καθεύδειν 82, 22.
τάχιον 212, 23.
τὸ τάχος τῆς νεώς 105, 9.
ταώς 234, 20.
τείχη 6, 7. 209, 26. 220, 26. 221, 5.
τέκνον 25, 5. 42, 17. τέκνα 6, 20. 42, 20. 22. 26. 89, 22. 90, 28. 97, 23. 134, 17. 149, 2. 15. 180, 20. 220, 2. ἐπιθυμεῖν τέκνων 51, 18. γυνὴ τέκνων γλιχομένη 268, 16. τεκνῶν γυνή 142, 12. ὁ τέκνα ἔχων 36, 3. τέκνα τρέφειν 14, 6. τέκνων ἐπίκτησις 39, 11. πρόσκτησις 41, 15. ἀπόθεσις 158, 14. ὄλεθρος 35, 16. 42, 10. 79, 16. 135, 1. ὁ τεκνῶσαι βουλόμενος 80, 25.
τεκτονεύειν 49, 10.
τεκτονική 202, 18.
τεκτονικοί 119, 21.
τέκτων 202, 18. 21.
τέλειος 30, 17. 150, 25. τελεία γυνὴ παίζουσα ἀστραγάλοις 170, 9. τέλειος ἀνὴρ παίζων ἀστραγάλοις 170, 9. ἐπίγονοι τέλειοι 179, 7. τελειότερα ἀγαθά 135, 13. 183, 10.
τελεσφορεῖν 20, 14.
τελετή 62, 26. τελεταί 203, 10.
τελευτή 204, 9. ἐν τελευτῇ γίνεσθαι 269, 12.
τέλος 191, 10. 259, 1. τέλη νενόμισται εἶναι τοῖς ἀνθρώποις καὶ ὁ γάμος καὶ ὁ θάνατος 150, 11. τελῶν μεγάλων μισθωτής 259, 24. ἐπὶ τὸ τέλος ἀφῖχθαι 173, 11.
τελώνης 191, 5—15. 226, 14. 237, 3.
τεμένη 193, 13.
τέμνειν 50, 6.
τὰ τεράστια 147, 24. 201, 22. 202, 5. 228, 16.
οἱ τερατοσκόποι ἀξιόπιστοι 162, 1.

INDEX RERUM.

τέρεμνον 97, 26.
τερπνός 71, 21. τὸ τερπνὸν τοῦ γάμου 261, 13. πράγματα οὐ τερπνὰ 182, 8.
ἐπὶ τερπωλῇ τρεφόμενοι κύνες 99, 5.
Ἑρμῆς ὁ τετράγωνος 141, 25.
τετράποδα ζῷα 99, 2. τετράποδος κεφαλή 38, 9. τὰ τετράποδα ὄπισθεν ἐπιβαίνει 79, 7.
τέτρωρον ἅρμα 54, 18.
τέττιγες 187, 13—19. οὐδὲν πλὴν φωνὴν ἔχουσιν 187, 17. τροφῆς ἀμοιροῦσιν 187, 19.
τευθίς 109, 9.
τεῦτλον 61, 21.
τέχνη 7, 3. 5. 72, 15. 203, 23. mg 204, 1. 219, 26. 226, 15. τέχναι 40, 15. 202, 14. 247, 9—12. τὰ τέχνῃ ὁρώμενα 9, 19. περὶ διδασκαλίας τεχνῶν παντοδαπῶν καὶ ἔργων καὶ ἐπιτηδευμάτων 15, 21. 48, 14. τὰ αὐτὰ ταῖς τέχναις σημαίνουσιν οἱ τεχνῖται καὶ τὰ ἐργαστήρια αὐτῶν καὶ τὰ ἐργαλεῖα 50, 3. 208, 29. τέχναι θεῶν 148, 6. 17—19. τὰ ἀπὸ τέχνης τῆς ἑαυτοῦ λεχθέντα 223, 3. ἀπὸ τῆς τέχνης πορίζειν 76, 23. αἱ ἀπὸ τῶν τεχνῶν ἐργασίαι 237, 7—13.
τεχνικῶς 199, 15. πράττειν 203, 26. τεχνικώτερον προσπαίζειν τινί 201, 6.
τεχνῖται 50, 4. συναντῶντες 208, 29.
τήβεννος 87, 22—88, 3.
Τηθύς 131, 16. 145, 26.
τηκεδών 65, 9. ψυχῆς 188, 28.
τημελεῖν τὴν κεφαλὴν 38, 15.
τημένειος 88, 1.
Τήμενος Ἀρκάς 87, 23.
τίγρις 234, 4.
τιθασὸς ἀετός 117, 18.
τιθηνεῖσθαι τὸ ἑαυτοῦ βρέφος 262,14.
τίκτειν ἀετόν 112, 20. ἰχθύν 111,11. πρὸς ἀγῶνα 262, 13. πάλιν τίκτεσθαι ὑπὸ τῆς ἑαυτοῦ μητρός 262, 17. πᾶν σῶμα τίκτον πνεῦμα ἐξαφίησι 18, 27. τίκτουσαι γυναῖκες 132, 18.
ἐν τιμῇ γενέσθαι 128, 5. τιμὴν πολλὴν κτήσασθαι 126, 18. τῆς τιμῆς ἀφαιρεθῆναι 94, 4. τὰ μὴ πολλῆς ἄξια τιμῆς (κτήματα) 31, 21. κατὰ τιμήν 271, 11.
τὸ τιμιώτατον 68, 2. ἀπολέσαι τὸ τιμιώτατον 11, 5.
Τιμοκράτης 245, 1.
τιμωρίας ἐπιδεῖσθαι 153, 27.
Τιτᾶνες 131, 16. 145, 29. 247, 8.

τιτρώσκειν 205, 15. τιτρώσκεσθαι κατὰ τὸ στῆθος 39, 19. τετρῶσθαι 4, 14.
τοίχαρχος 37, 7. 117, 1.
τοῖχοι κλινῶν 67, 25. οἰκίας 97, 8—17.
τοκετοί 211, 16. ἡ περὶ τὸν τοκετὸν ἐλπίς 181, 10.
τόκος 248, 24. τόκος καλεῖται καὶ ὁ γεννώμενος παῖς 248, 25. τόκον ἀποδοῦναι 24, 14.
τολμηρότατος 127, 22.
τομεῖς 31, 15. 21. 25.
τομή 273, 8. τομαί 186, 13. τομῇ χρησάμενον ἰᾶσθαι ἀπόστημα 265, 18. θεραπευθῆναι 272, 12.
τὸ τοπικόν 51, 11. ἔθη τὰ τοπικὰ 207, 1—22.
τόπος ὁ ἐπιβάλλων 246, 5—247, 4. τὰ μὴ ἐν τόπῳ οἰκείῳ βλεπόμενα 228, 7. 232, 9—17. στροφὴ ἐπὶ τοῦ αὐτοῦ τόπου 103, 5. τόποι παρατάξεων 229, 23. εἴργει χρῆσθαι τοῖς τόποις 120, 23.
τορεύειν 49, 18.
τραγικὰ ἔχειν δράματα ἢ πλάσματα 53, 13.
τράγος (ὄσπριον) 63, 4. μετὰ καμάτου γίνεται 63, 5.
τραγῳδεῖν 53, 12. 225, 3. τὰ τραγῳδούμενα 230, 4.
τραγῳδῶν ἀκούειν 53, 13. ὁ τῶν τραγῳδῶν ἀγών 223, 16.
τρανὸν φθέγγεσθαι 33, 21. τρανῶς λαλεῖν 211, 21.
τράπεζα 67, 17. ἄνθρωποι τῇ αὐτῇ τραπέζῃ χρώμενοι 172, 9.
τραπεζίτης 21, 15. 21. 36, 15. 136, 4.
τραπεζοφόροι 67, 26.
τὸ τραυλὸν τῆς φωνῆς 18, 15.
τραῦμα 184, 9. τραύματα 48, 2. 66, 13. 87, 9. 115, 2. 141, 6. 181, 16.
τετραχηλοπῆσθαι 6, 17. 36, 1—37, 13. τραχηλοκοπηθῆναι 38, 21. 72, 6. 224, 8. 243, 21. 255, 8.
τράχηλος 35, 20—24. 258, 21. τὰ περὶ τὸν τράχηλον 89, 19—90, 1—10.
τὸ τραχύ 181, 13. τραχέα ζῷα 234, 5.
τρεῖς γυναῖκες 148, 13. τρία ἔχειν αἰδοῖα 43, 19.
τρέφεσθαι ἀπὸ θεῶν 170, 21. τὸ τρεφόμενον 39, 17.
οἱ τρέχοντες 54, 20.
τριβακὰ ἱμάτια 86, 2.
περὶ τὰ ἔργα τριβόμεναι χεῖρες 41, 9.
τρίγλη τοῖς κυεῖ 108, 8.
τρίδυμα 256, 16.

τριετές παιδίον 225, 10.
τριετηρίδες έορταί 225, 11.
τριετία 202, 8.
τρίπους 67, 15—17. επί κύκλου τρίποδος πλείν 257, 25.
τριπρόσωπος Εκάτη 139, 2.
τριστέγη 228, 14.
τριχίας 108, 1.
τρίχωμα 22, 14.
τετριχωμένον αιδοϊον 266, 14.
Τροία 255, 13.
άστρα τροπής του καταστήματος αίτια 136, 25.
τρόπις mg 116, 26.
τρόποι 205, 18. καθολικοί 10, 11. τρόπος γενικός 10, 12. 14—12, 4. ειδικός 10, 12. 12, 5—13, 6.
τροφή υγρά καί ξηρά 15, 24. 59, 23. 67, 2. ιδία 203, 14. υγιεινή 32, 13. ωμή και άνόσιος 265, 1. τροφαί 252, 3. τροφαίς χρήσθαι 14, 7. τροφαί βλεπόμεναι καί έσθιόμεναι 218, 19—21. δυσαναθυμίατος ή τροφή mg 3, 13. τροφήν έμείν 35, 13. 218, 15. αί άμετροι τροφαί ουδέ προς αύτη τη έφ παρέχουσιν ιδείν το αληθές 13, 23. κοιλία μετά πολλής βίας απαιτεί τροφάς 42, 20. τά προς τροφήν άγοράζειν 211, 4. εις τροφάς τά χρήματα δαπανήσαι 33, 11. νεκροί τροφάς περιαιρούμενοι 154, 13. τροφάς λαβείν παρά νεκρού 250, 10. τροφής της αυτής κοινωνείν Ήρακλεί 140, 15.
τό τρόφιμον 63, 4. 66, 23. 147, 20. τά τρόφιμα των λαχάνων 61, 25. τροφιμώτατον τό ύδωρ 124, 10. μαζοί τροφιμώτατοι 142, 24.
τροφός (39, 16) και παιδαγωγός 74, 19. τροφός ή Σελήνη 135, 16. τροφός πάντων ή γη 78, 14.
τροχοπαικτείν 69, 13.
τροχόν έλαύνειν 52, 1. υπό τροχού πληγήναι 244, 9. ό τροχός είλούμενος όλω τω σώματι κινείται ώσπερ ό δράκων 244, 10.
τρυγάν 49, 4.
τρυγών 109, 18.
τρυφάν 60, 15.
τρυφή 143, 13. οι έν τροφή διάγοντες 191, 19.
πολέμου του Τρωικού έναυλίσματα δείκνυται καί τόποι παρατάξεων 229, 22.
τρωκτά λάχανα 61, 18.
τύλη 67, 19. 255, 20.
τύπους έπιδέχεσθαι γραμμάτων 148,

27. τύπους έν τη συνηθεία καί τά τέκνα καλούμεν 149, 1.
τυρομάντεις 161, 22.
Τύρος 217, 17.
τυρός 65, 13. 265, 19.
τετυρωμένοι πλακούντες 65, 12.
τυφλίνης 234. 15.
τυφλός 26, 9. 29, 4. 45, 7. τον έτερον των οφθαλμών 28, 6. άνθρωπος τυφλός 193, 25. τυφλόν γίνεσθαι 257, 22. 262, 11. 269, 22. 272, 25. αδελφός από της ξένης άνακομισθείς τυφλός 263, 17.
τυφλότης 90, 16.
τυφλούσθαι 11, 2. τετυφλώσθαι 6, 20. 26, 23. τυφλωθήναι 161, 5.
Τύχη 131, 6. 143, 3—16. 148, 12. ή τύχη των ορώντων 213, 19. περί προτέρας τύχης 208, 13—19. ή υπάρχουσα τύχη 247, 3.
τό τυχόν 252, 18. άγαθόν ού τό τυχόν 144, 26.
ύαινα 104, 20. 234, 9. υαινών οχήματα 210, 8.
υάλινα ποτήρια 61, 2. όδόντες υάλινοι 33, 9.
υβρίζεσθαι mg 150, 6. ήρωες υβριζόμενοι 248, 10.
ύβρις 180, 5. 8. ύβρεις 22, 1. 53, 16. έκ των όχλων 21, 23.
υβριστής 243, 17.
υγίαινε 83, 1.
υγίεια 44, 9. 58, 10. 59, 4. 82, 19. 86, 2. 96, 17. 120, 3. 185, 7. 204, 7. υγιής λόγος 16, 23. υγιές στήθος 39, 6. μέτωπον 24, 22. μηδέν έχειν υγιές 189, 3. έκ κατεαγότος γενέσθαι υγιά 67, 9. 190, 19. ουδέν υγιούς γνώμης ελευθεριώτερον ουδέ βασιλικώτερον 125, 23.
υγρός 180, 9. τό υγρόν 175, 5. 258, 4. τά υγρά αποκρίνειν 62, 9. κίνδυνος έξ υγρών 111, 10. νόσος 107, 3.
υδραγωγοί 247, 11.
ύδροι 107, 3—5. 234, 15.
υδρόμηλον 60, 13.
υδροποτείν mg 59, 24.
υδρωπιάζω 45, 17. 71, 2. 81, 23. 136, 7.
ύδωρ άρύσασθαι 269, 26. μή ευρίσκειν ύδωρ έν ταίς δεξαμεναίς 58, 21. έν τω βαλανείω 58, 25. έν ύδατι κατοπτρίζεσθαι 91, 7. άποθανείν 251, 14. 18. ύδωρ δέον άπό των ποδών τινός 45, 14. οί έξ ύδατος ή δι' ύδατος εργαζόμενοι 131, 25. οί έξ ύδατος ή δι' ύδατος

INDEX RERUM. 337

τὸν πορισμὸν ποιοῦντες 70, 6. τὴν ἐργασίαν ἔχειν ἐξ ὕδατος 107, 5. 111, 1. τροφιμώτατον τὸ ὕδωρ 124, 10.
ὑετός 91, 19—21. mg 104, 22.
υἱός 7, 25. 11, 5. 28, 9. 12. 40, 10. 244, 21. 257, 3. υἱοί 48, 27. υἱῶν γένεσις 134, 26. 136, 2. υἱαῦ θάνατος 224, 5. υἱῶν ὄλεθρος 97, 24. υἱὸς ἀγαπητός 260, 24. γυνὴ ἔχουσα υἱόν 47, 9. υἱὸν περαίνειν οὔπω πενταετῆ γεγονότα 74, 25. υἱὸν ἀντίπαιδα περαίνειν 75, 3. υἱῷ μιγῆναι ἀνδρὶ τελείῳ ἤδη ὄντι 75, 7. ὑπὸ τοῦ υἱοῦ περαίνεσθαι 75, 13. ἐσθίεσθαι ὑπὸ τῶν υἱῶν 261, 24.
υἱωνός 244, 21.
ὕλη 15, 21. 29, 7. 47, 16. 48, 4. ἀγάλματα ἐξ ὕλης πεποιημένα 132, 28. ὕλη πεδῶν 149, 16. v. στερεός, σύντροφος. ὗλαι 124, 16—21.
ὑλακτοῦντες κύνες 99, 16. 20.
ὑμνῳδίαι 53, 22.
ὗνις 117, 28. 118, 1.
ὑπαίθριον διάγειν 14, 8. ὑπαίθριον τὸ βαλανεῖον ἰδεῖν ἀπολέσαν τὴν ὀροφήν 58, 20. οἱ ὑπαίθριοι ἐργαζόμενοι 66, 6. ὑπαιθρίους τὰς ἐργασίας ἔχειν 91, 20.
ὑπακούεσθαι προθύμως 101, 8. ὑπακουσόμενος 25, 4.
ὕπανδρον περαίνειν 74, 6.
ὕπαρξις 41, 21. 118, 12. 178, 5. 261, 29.
ὑπεράλματα 52, 12.
ὑπερβάλλουσα εὐδαιμονία 246, 24. 247, 2.
ὑπερεπιτείνω 192, 1.
οἱ ὑπερέχοντες 71, 20. 102, 4. οἱ ὑπερέχοντες οἰκεῖοι 29, 22. ἔκ τινων ὑπερεχόντων ἀπειλή 92, 16.
ἐξ ὑπερθέσεως 55, 22. 23.
ὑπέρθυρον 97, 26. 226, 8.
ὑπερμεγέθεις ἀνδριάντες 193, 17.
ὕπερον 147, 14.
ὑπερόριος 52, 2.
ὑπέρτερον εἶναί τινος 76, 6. ὑπέρτερον γενέσθαι 175, 5. 247, 2. ὑπέρτερον γενέσθαι τῶν ἐχθρῶν καὶ αὐτοῦ τοῦ δικαστοῦ 243, 2.
ὑπερτίθεσθαι 32, 8. 176, 12.
ὑπερχαίρειν 252, 18.
ὑπερχεόμενον ὕδωρ 123, 22.
ὑπέρχεσθαί τινα 178, 12.
ὑπερῷα 34, 18.
ὑπήνη 35, 20—24.
οἱ ἐν ὑπηρεσίᾳ ὄντες 52, 21.
ὑπηρέται 67, 26. ὑπηρετῶν ἀπώλεια 40, 22.

ὑπηρετοῦντα πεπαῦσθαι 150, 9. τῶν ὑπηρετούντων στερηθῆναι 40, 3.
ὕπνος 15, 25.
ὑπνοῦν 82, 14.
ὑποβαίνω 128, 24.
ὑπογάστριον 41, 18—21.
οἱ ὑποδεέστεροι 31, 8. 218, 12.
ὑπόδεσις 90, 18. Ῥωμαϊκή 246, 11. ἰδίᾳ 203, 14. ἀνὴρ ὑπόδεσιν γυναικὸς ἔχων 250, 25.
ὑποδέχεσθαι 271, 4. τι ταῖς χερσίν 25, 23. θεὸν ὑποδέχεσθαι 174, 12—17. πολλοὺς ὑποδέχεσθαι πόρνον γενόμενον 243, 1.
ὑποδήματα ἵππου ὑποδεδέσθαι 221, 16.
ὑποδιαβάλλειν 263, 24.
ὑποδοχή 271, 10. 14.
ὑποδρομή 116, 18. ὑποδρομαί 232, 19.
τὰ ὑπεζευγμένα 210, 10. ὑπεζευγμένοι ἄνθρωποι 176, 1. ὑπεζεῦχθαι ὀχήματι ὥσπερ τι τῶν τετραπόδων. 175, 25—27.
ὑποζύγιον 69, 23.
ὑπόθεσις ποιήματος 238, 26. 239, 16. αἱ ὑποθέσεις τῶν πραγμάτων 228, 19. λυπεῖσθαι μὴ ἄνευ τινὸς ὑποθέσεως 155, 15.
εἰς ὑποθήκην ἔχειν τι 117, 10.
τὰ ὑποκάτω τοῦ σώματος μέρη 218, 11.
ὑποκρίσεις 53, 23.
τὸ ὑπομενετικὸν τῶν ἔργων 101, 16.
αἱ ὑποκείμεναι τοῖς πράγμασιν ὑποστάσεις 9, 22. 174, 20.
ὑποστρέφειν 122, 24.
ὑποστροφὴ τῆς πρότερον τύχης 208, 15.
ὑποταγή 66, 14.
ὑποταγῆναι 128, 7. τὸ ὑποτετάχθαι 210, 9. οἱ ὑποτεταγμένοι 101, 21. 144, 20. 227, 20. 235, 1. πρόσωπον ὑποτεταγμένον mg 150, 6.
ὑποτρίμματα 65, 19.
ὁ ὑποκεχυμένος 183, 26.
ὕπτιον πέτεσθαι 160, 16. ὑπτίους τοὺς ἀπράκτους λέγομεν 160, 19. ἐπὶ γῆς ὕπτιον ὑπὸ κεραυνοῦ καταφλέγεσθαι 95, 24.
τῇ ὑστεραίᾳ 225, 15. 261, 20. 266, 8. 21. 270, 17. 271, 6. εἰς τὴν ὑστεραίαν 268, 11.
ὑστερῆσαι 126, 24.
ὕφαιμος ἥλιος 134, 15.
ὑψηλὸν ὀρχεῖσθαι 69, 10. ἐπὶ δένδρῳ ὑψηλοτάτῳ καθέζεσθαι 112,

ARTEMIDORUS. 22

6. ὑψηλοτέρους καλοῦμεν τοὺς εὐδαιμονεστέρους 158, 22.
οἱ φαίνεσθαι βουλόμενοι 186, 5.
φαινόλης 88, 10. ἐκ τῶν ῥαφῶν λελυμένος 259, 10. 13.
φακῆ 63, 1.
φαλάγγιον 107, 10. 234, 15.
φαλακρὸν γενέσθαι 137, 11.
φανερός 70, 9. 159, 16. τὰ φανερά 25, 11. φανεραὶ ὠφέλειαι 66, 12. ἀδικίαι 99, 21. ἀδικίαι οὐ παντελῶς φανεραί 99, 2. φανερώταται χρεῖαι βιωτικαί 31, 25. ζῷα ἁρπάζοντα φανερῶς 234, 17. οὐ φανερῶς 234, 19. ἐκ τοῦ φανεροῦ ὁμόσε χωρεῖν 104, 8. οὐ πάντα φανερῶς λαμβάνειν 170, 22.
φανὸν γίνεσθαι 257, 21.
φαντασίαι 175, 10. 261, 21. αἱ περί τινα φαντασίαι 189, 7.
φάντασμα 5, 17.
φάραγγες 124, 15—21. 160, 1.
φαρμακεία 60, 20. 108, 3. 245, 22. φαρμακεῖαι 71, 18.
φαρμακίς 104, 20.
φάρμακον 246, 3. φ. διδόναι 245, 19. φ. θανάσιμον 156, 12—14. 260, 8.
φαρμακὸς γυνή 129, 8. φαρμακοί 234, 9.
φάσσα 113, 22.
τὰ φαῦλα 93, 6. τὰ περικείμενα φαῦλα 108, 15.
φερέσβιος 145, 2.
φερνὴν ἐπιδιδόναι 75, 21.
φεύγειν τινά 200, 24. φεύγειν δίκην 23, 19. ὁ φεύγων 18, 16. οἱ φεύγοντες 125, 1. τὰ τοῦ φεύγοντος ὅπλα 128, 12. φεύγειν τὴν ἑαυτοῦ 219, 17.
ΦΗΜΟΝΟΗ 96, 5. 203, 7.
φθεγγόμενος τῇ ἑαυτοῦ φωνῇ ἀετός 117, 18. ζῷα φθεγγόμενα ὥσπερ ἄνθρωποι 105, 26. μὴ δύνασθαι φθέγγεσθαι 211, 13.
φθεῖρας ἔχειν 171, 26—172, 6.
φθείρεσθαι 74, 27. φθείρεσθαι λέγομεν τὸ ἀποθνήσκειν καὶ τὸ περαίνεσθαι 207, 10. θυγάτηρ ἐφθαρμένη 257, 11.
φθισικός 233, 7.
φθίσις 22, 23. 32, 11. 60, 18.
φθόνου μετέχει ὁ πλούσιος 211, 10.
φθορὰν καλοῦμεν τὸν ὄλεθρον 74, 27.
Φίλαγρος ὁ ῥήτωρ 202, 19.
τὸ φιλάληθες βιβλίον 179, 24. 198, 8.
φιλαπόδημος 81, 24.
φιλεῖσθαι παρὰ τοῦ δεσπότου 17, 25.

οἱ φιλοῦντες 208, 21. οἱ ἑκάστοτε φιλοῦντες 30, 6. φιλούμενοι δι' ἀνάγκην 116, 19. ὁ μᾶλλον φιλούμενος 36, 12.
φιλέρημος 119, 16. 246, 13.
φίλη 7, 26. 8, 1.
φιλία 152, 12. 204, 7. φιλίαι 62, 10. 114, 2. 171, 6. 208, 2. ἐν ταῖς φιλίαις 183, 4. εἰς φιλίαν καταστῆναί τινι 76, 23. λύσις φιλίας 79, 21. 100, 23.
Φιλῖνος 231, 23.
φιλογέωργος 31, 12.
φιλόκαλοι 234, 20.
φιλόκοσμος 89, 26.
φιλολογεῖν 238, 17.
φιλολόγοι 33, 2. 4. 40, 22. 94, 24. 100, 16. 141, 26. 150, 26. 177, 20. 211, 12. 234, 21. τῶν ὀνείρων οἱ φιλολογώτεροι 338, 15—20.
φιλονεικεῖν 244, 16. φιλονεικῆσαι 56, 7. 27. περὶ ἀργυρίου 169, 15.
φιλονεικία 127, 19. 244, 18. φιλονεικίαι 52, 5. 13. 65, 24. 171, 8. 14.
φιλόπλουτος 89, 25.
φιλόπρατος γυνή 128, 19.
φίλος 7, 25. 40, 11. 268, 1. 6. φίλοι 12, 13. 116, 17. 150, 19. 220, 2. ἀνὴρ φίλος 228, 9. φίλον ἰδεῖν 201, 26. φίλους ὁρᾶν λυπουμένους ἢ χαίροντας 7, 7. φίλοι συναντῶντες 208, 8. φίλοι ἐχθροῖς συναναστρεφόμενοι 231, 21—232, 2. φίλον περαίνειν 76, 7. φίλος τρέφων 54, 13. φίλους ἐχθροὺς ποιεῖν 94, 18. φίλον στερηθῆναι 36, 6. φίλων ὄλεθρος 98, 2. 6. οἱ φίλτατοι 85, 23. 208, 21. τῶν φιλτάτων τις ἀποθανών 110, 19. τὰ περὶ τοὺς φιλτάτους 30, 7.
φιλοσοφεῖν 257, 14. ἀνὴρ φιλοσοφῶν 30, 10.
ὁρμᾶν ἐπὶ λόγους φιλοσοφικούς 271, 16.
φιλόσοφοι 25, 26. 125, 22. 131, 26. 133, 6. 141, 30. 145, 26. ὥς φασιν οἱ φιλόσοφοι 133, 15.
φιλότης 76, 29.
φιλοτιμεῖσθαι παρ' ἑαυτοῦ 127, 8. φιλοτιμούμενος 123, 10.
φιλοφροσύναι 60, 3.
φιλόχωρα ζῷα 235, 16.
φίσκος 239, 13.
λέγουσιν οἱ ἰατρικοὶ τὸν δύο γενεῶν μὴ δεῖν φλεβοτομεῖν 162, 19.
φλέγμα ἐμεῖν 35, 9. 218, 15.
φλεγμονὴ περὶ μαζόν 215, 5. φλεγμοναί 108, 7. 134, 24. 190, 10.

INDEX RERUM. 339

φλιά 226, 8.
φλυαρίας μεστός 230, 6.
φοβεῖν 238, 13. φοβεῖσθαι 107, 1. 185, 15—18. 200, 24. οἱ φοβούμενοι 82, 14. 17. 112, 7. 24. 118, 15. 132, 16. 134, 19. 141, 12. 144, 17. 151, 3. 185, 13. 190, 22. 191, 16. 192, 22. 208, 5. 209, 27. 210, 2. φοβούμενος δεθῆναι 39, 25. οἱ φοβούμενοι ἐχθροὺς δυνατοὺς 210, 9.
φοβερός 30, 11. 145, 17. φοβερὸς τοῖς ἐναντίοις 38, 6. φοβερὰ ζῷα 234, 3. τῶν ἰοβόλων ζῴων τὰ φοβερά 234, 10.
Φόβος Ἄρεος υἱός 131, 13. 145, 22.
φόβος 102, 16. 28. 103, 7. 144, 27. 159, 7. φόβοι 81, 17. 124, 16. 130, 12. 138, 24. 160, 8. 181, 20. 193, 18. μετὰ φόβον 50, 14. διὰ φόβον 3, 23. ἐν τοῖς φόβοις 187, 16. μάταιος φόβος 92, 8. εἰς φόβον πίπτειν 69, 10.
ΦΟΙΒΟΣ Ὁ ἈΝΤΙΟΧΕΤΣ 5, 19. 93, 26. 230, 23. 25. 242, 21. 23.
Φοίνικες 168, 9.
φοίνικος στέφανοι 71, 5. ἀειθαλεῖς 71, 7. περιβόητοι 71, 11. αἱ τοῦ φοίνικος βάλανοι αἱ σπουδαῖαι δάκτυλοι καλοῦνται 272, 23.
φοίνιξ ὄρνεον 229, 3—17.
φοιτᾶν ἐπὶ τὴν οἰκίαν τινός 123, 11. φοιτῶντα μειράκια 25, 19.
φοιτὰς γυνή 129, 3.
φονεύειν 238, 5.
φονεύς 173, 13.
φόνου γραφὴν φεύγειν 255, 8.
φοραὶ ἄλογοι 152, 2.
φορβάδες ἵπποι 235, 4.
φόρημα 247, 18.
Φόρκυς 131, 8. 144, 3—5.
φορτία κινούμενα 32, 18. τὰ φορτία διαθέσθαι 19, 8.
φορτικὸς πατήρ 196, 2. φορτικώτερος φόβος 191, 17.
φραγμός 118, 14. 237, 2.
φράτορες 271, 3.
φρατρία 227, 14.
φρόνησις 133, 13. 257, 17.
φροντίδες 176, 6.
Φρόντων ὁ ἀρθριτικός 215, 10.
Φρύγιον ἀμάρακον mg 70, 22.
φυγάς 11, 9. φυγάδα εἶναι τῆς ἑαυτοῦ 75, 15.
φυγή 119, 6. 15. 208, 4.
φυκίς 108, 5.
φυλακὴ τῶν ὄντων 192, 11.

φύλακες πολλοί 87, 7. μετὰ φυλάκων προέρχεσθαι 45, 8.
τὸ φυλακτικόν 191, 14.
φυλάττεσθαι 192, 8—15. ἐπιτήδειος πρὸς τὸ φυλάξαι 40, 9.
τὰ μὴ φυλλορροοῦντα τῶν δένδρων 236, 17.
φῦσα 49, 24. αἱ φῦσαι 143, 1.
φύσαλος 107, 5. 284, 15.
φυσικὴ ἐξήγησις 230, 12. ὁ φυσικὸς λόγος 141, 3. 145, 3. λόγῳ τινὶ φυσικῷ 43, 7.
φυσιογνωμικοί 161, 21.
ἡ τῶν ὅλων Φύσις 131, 17. 146, 3. 184, 18.
φύσις τί 204, 12. τὰ φύσει ὁρώμενα 9, 19. 203, 3. ἡ φύσις κοινὴ πάντων μήτηρ 77, 10. κατὰ φύσιν 41, 27. τοὺς ἐρρωμένους φαμὲν κατὰ φύσιν ἔχειν 77, 12. ὁ κατὰ φύσιν λόγος 79, 5. κατὰ φύσιν περαίνειν 76, 15. ἡ κατὰ φύσιν συνουσία 72, 9—74, 23. 80, 13—82, 12. παρὰ φύσιν δέχεσθαι τὰ σπέρματα 79, 23. ἡ εἰς τὴν φύσιν κατάδυσις 266, 2.
φυτεύειν 48, 24. 117, 15.
φυτὸν ἐκ τοῦ σώματος πεφυκός 186, 6—17. φυτά 48, 26. 118, 20. 236, 13—237, 6. ἐκ τῶν γονάτων πεφυκότα 44, 10. βραδέως ἢ ταχέως φυόμενα καὶ αὐξόμενα 209, 10—16.
φωνή — δύναμις 204, 6. φωνὴν ῥῆξαι 222, 19. ζῷα φωνὴν ῥήξαντα 105, 25. φωνὴν ῥήσσειν διὰ τοῦ πρωκτοῦ 267, 12. ζῷα πολλαῖς χρώμεναι φωναῖς 235, 14. διὰ φωνῆς κατεργαζόμεναι χρείαι βιωτικαί 31, 26. οἱ διὰ φωνῆς ἐργαζόμενοι 34, 12.
τὰ φωνήεντα γράμματα 181, 19.
τὸ φῶς βλέπειν 257, 24. οὐ βλέπειν τὸ φῶς 269, 24. φῶς ἰδεῖν ἐν νυκτὶ αἰφνίδιον ἀναλάμψαν 85, 7. φῶς σκότους λυσιτελέστερον 226, 22—227, 2.
φωτεινὰ βαλανεῖα 58, 8. φωτεινότερος 135, 6.
χαῖρε 185, 21.
χαίρειν 3, 20. 155, 13. 254, 16.
χαίτη ἱππεία 22, 21.
χάλαζα 92, 5.
χαλεπά 155, 2.
χαλεπαίνειν 261, 25. χαλεπαίνουσα μητρυιά 178, 17.
χαλινὸς ἵππου 237, 9.
χαλκεύειν 49, 22.

22*

340 INDEX RERUM.

χαλκεύς 202, 17. 247, 12.
χαλκευτική 202, 18.
χαλκίς 107, 25.
χαλκὸν οὐκ ἔχειν 271, 5. χαλκοῦ κτῆσις 193, 16.
χαλκοῦν γεγονέναι 47, 19. χαλκοῦν μέτωπον 24, 24. εἰκόνα τὴν ἑαυτοῦ χαλκῆν ἰδεῖν ἐν ἀγορᾷ κειμένην 47, 21. ἀνδριάντες χαλκοῖ 193, 15. χαλκαῖ εἰκόνες τῶν ἐλευθέρων ἀνατίθενται 47, 20. λύχνος χαλκοῦς 96, 20. χαλκᾶ ἱμάτια 224, 20. νομίσματα 154, 19. χαλκῆ λεπίς 258, 20.
χαμαί 18, 9. 35, 3. 190, 11.
χαμαιλέων 107, 8.
χαμόθεν 258, 4.
χάννος 108, 5.
χαρά 8, 6. 155, 7. 204, 6.
χαρῆναι — καρῆναι 24, 6.
χαρίεσσα γυνή 73, 10. 129, 7. χαρίεντες ὄντες παῖδες ἀλλότριοι 19, 23. χαρίεντα ζῶα 234, 20. τὸ χάριεν φυλάσσειν 39, 11.
τὰ νῦν κεχαρισμένα 37, 25. ποιεῖν τῶν τι κεχαρισμένων τῷ θεῷ 141, 13. ποιεῖν τὰ τῷ δεσπότῃ κεχαρισμένα 129, 22. κεχαρισμένον τι πράττοντες ἢ λέγοντες οἱ πρόγονοι 179, 2.
Χάριτες 131, 6. 143, 17.
Χάρων ψήφοις παίζων 11, 14.
χάσματα 146, 25.
χέζειν εἰς χοίνικα 258, 11. ἄρτων κλάσματα χέζειν καὶ ἄρτους ὑγιεῖς 224, 7.
χεῖλη 30, 5—8. 34, 19. mg 218, 12.
χειμάζεσθαι 49, 9. 116, 7.
χείμαρροι ποταμοί 122, 20—26. 160, 2.
χειμερινὰ μῆλα 65, 25. ῥόδα 70, 16. ἄστρα 137, 1.
χειμών 66, 7. 91, 24. 94, 9. 102, 5. 104, 22. 113, 18. 114, 5. 115, 20. 117, 5. 13. 138, 12. 140, 4. 142, 21. 194, 10. χειμῶνες 235, 7. ἄστρα χειμῶνος αἴτια 136, 23. οἱ ἐν χειμῶνι διάγοντες 63, 21. οἱ ἐν μεγάλῳ χειμῶνι γενόμενοι 144, 9.
χεῖρες 39, 23—40, 20. 188, 5. χεὶρ ἡ δεξιά 7, 25. 272, 21. 31. ἡ ἀριστερά 7, 26. τὰ περὶ τὴν χεῖρα 89, 9 —19. 90, 11—18. χεῖρες χρυσαῖ 262, 31. χεὶρ ἐνειλημένη 51, 8. χεῖρες χειροτέχνου 64, 18. παρασκευὴ χειρῶν 52, 11. ἡ τῶν χειρῶν ἔκτασις 69, 12. τῶν χειρῶν τὸ ἰσχυρότατον 127, 22. χεῖρες δούλων σημαντικαί 74, 16. χερσὶ παίεσθαι 150, 3. ἐν ταῖς χερσὶν ἔχειν τοὺς ὀφθαλμούς 29, 4. εἰς χεῖρας λαβεῖν ὀδόντας 158, 13. ἐν ταῖς χερσὶ τὴν κεφαλὴν ἔχειν 38, 14. τὴν χεῖρα τὴν δεξιὰν συντριβῆναι 266, 23. ταῖς χερσὶν ὑποδέχεσθαί τι 25, 23. πληγεὶς τὴν χεῖρα 227, 2. χεῖρες αἱ πράξεις καλοῦνται mg 17, 18. τὰ ἐν χερσὶ πράγματα 40, 2. οἱ ἐν τῷ ἀνὰ χεῖρα βίῳ πιστοί 162, 12.
χειραγωγεῖσθαι 257, 23.
χειραγωγός 45, 7.
χειρίζω 205, 16.
ἡ ἐπὶ χειρογράφῳ λύπη 184, 15.
χειρόγραφα 40, 15.
τὰ χείρονα 248, 4. ἐπὶ τὸ χεῖρον 142, 4. ἡ ἐπὶ τὸ χεῖρον μεταβολή 67, 11. 137, 1. Σελήνη ἐπὶ τὸ χεῖρον τρεπομένη 135, 27.
χειροσκόποι 161, 22.
χειροτέχνης 17, 17. 25, 12. 39, 24. 41, 8. 12. 51, 6. 64, 18. 76, 21. 86, 8. 133, 10. 177, 17.
χειροτονεῖν τὸ αἰδοῖον 74, 14.
χειρουργέω mg 205, 16.
χειρουργίαι 186, 14.
χειρουργός 205, 14. 17.
χειρώνακτες 142, 30.
χελιδών 114, 16. 157, 10—158, 11. 234, 22—235, 17. ἔστιν ἡ φωνὴ τῆς χελιδόνος ᾆσμα ἐνδόσιμον καὶ κελευστικὸν πρὸς ἔργα 157, 25.
χήμη 108, 25. 214, 2.
χὴν ἀνδρὸς ἀλαζόνος σημαντικός 64, 26. τὸ περικαλλὲς τῶν χηνῶν 251, 10. χὴν στεγανόπους 251, 11. οἱ χῆνες ἱεροὶ οἱ ἐν ναοῖς ἀνατρεφόμενοι 251, 8. χῆνα τετοκέναι 251, 7.
χήνεια κρέα 64, 24—27.
χηνίσκος 116, 25.
χήρα 47, 10.
χηρεία 39, 8. 250, 17.
χηρεύειν 81, 11.
δένδρων τὰ παντελῶς χθαμαλά 98, 6.
χθόνιοι θεοί 130, 20. 131, 10—14 sq. 22. 144, 15. 258, 22. 273, 11.
χίμαιρα ὁμώνυμος χειμῶνι 63, 23.
χιμαίρεια κρέα 63, 21.
χιτών 266, 6.
χιών 91, 27.
χλαμύς 51, 14—18. 87, 23. 88, 7. ἐμπεριέχει τὸ σῶμα 88, 9.
χλεύη 23, 5. 48, 23. 56, 22.
χλωρὸς ὁ χρυσός 71, 27.
εἰς χοίνικα χέζειν 258, 11.

INDEX RERUM. 341

χοιρεία κεφαλή 270, 20. χοιρείας έχειν τρίχας 22, 18. χοίρεια κρέα 63, 25—64, 7.
χοίρος 22, 19. 63, 25—64, 2. 199, 10. 209, 14. αναφρόδιτος ὁ χοίρος 270, 21.
χολή 42, 18. 87, 1. χολὴν ἐμεῖν 35, 9.
χόνδρος 63, 4. μετα καματου γίνεται 63, 5.
χορεύειν θεῷ 141, 12. τῷ Διονύσῳ 225, 9.
χορίον 256, 18.
ὁ χορὸς ὁ περὶ τὸν Διόνυσον 141, 7.
χρεία 116, 21. χρεῖαι 118, 19. χρειῶν συνέχεια 259, 26. ἐμποδισμοί 98, 21. καταπλοκαί 90, 22. ἀνάγκη 260, 9. κατ' οἰκειότητα τῶν χρειῶν 7, 24. χρεῖαι βιωτικαί 31, 23. ἐν ταῖς χρείαις 187, 14. καθίζειν εἰς χρείας mg 7, 20. ὁ χρείαν ἡντιναοῦν ἀπαρτίσαι βουλόμενος 191, 5.
τὸ χρέος ἀπολαβεῖν 248, 19. χρέα ἀποδιδόναι τοῖς δανεισταῖς 117, 9.
χρεώστης 24, 14. 28, 17. 31, 28. 248, 18.
χρήζων 123, 12.
χρήματα 18, 20. 42, 18. 106, 7. 135, 18. 208, 13. τὰ χρήματα κεφαλαῖα καλεῖται 21, 19. οἱ χρήματα συνάγοντες 36, 17. χρήματα περιβαλέσθαι 123, 16. 188, 20. χρημάτων πρόσκτησις 41, 15. ἐν ταῖς περὶ χρημάτων δίκαις 37, 3. τὰ χρήματα βαστάζει τοὺς ἀνθρώπους 159, 3. τὰ χρήματα τοῖς ἀνθρώποις περίκειται ὥσπερ αἱ λεπίδες τοῖς ἰχθύσι 109, 16.
χρηματισμός 5, 20.
ὁ χρήσας 184, 18.
μὴ χρῆσθαι 240, 17. μὴ χρήσασθαι ἔτι τῷ οἴκῳ 121, 13. οἱ χρώμενοι τοῖς σκεύεσι 237, 9.
οἱ χρηστοὶ τοῖς ἤθεσι 162, 12. χρηστὰ τέλη 53, 21.
χρησταὶ ἐλπίδες 183, 24.
χρήσιμος οἰκέτης 59, 18.
ἡ τοῦ βίου χρῆσις 12, 27. χρῆσις ἡδίστη 7, 2. πῦρ τὸ ἐν χρήσει 96, 5—98, 14.
χριστά 215, 2.
ὧν χρονιωτέρα ἐστὶν ἡ χρῆσις 252, 12.
χρόνος 106, 5. 119, 4. στοιχεῖον 203, 22 sqq. τὰ χρόνῳ ὁρώμενα 9, 19. χρόνοι 117, 19. χρόνος πολύς 113, 17. χρόνος ὁ τὰ σκληρὰ διαλύων 90, 20. περὶ χρόνου ζωῆς 162, 18

—167, 6. πόσῳ χρόνῳ οἱ ὄνειροι ἀποβαίνουσιν 251, 22—252, 20.
Χρυσάμπελος ὁ ληριστής 246, 9.
τὸ χρυσίον πυρὶ ἔοικε 94, 12. χρυσίον κατὰ τῶν ὤμων φέρειν 272, 24.
Χρύσιππος ὁ Κορίνθιος 222, 15.
χρυσός 90, 2—9. 126, 28. κατάλληλος τῇ Ἀφροδίτῃ ὁ χρυσός 261, 13. ὁ χρυσὸς οὐκ ἴδιος ὀφθαλμῶν 11, 3. θανάτῳ προσείκασται 71, 28. χλωρὸς ὁ χρυσὸς καὶ βαρὺς καὶ ψυχρός 71, 27.
χρυσοῦν εἶναι 12, 28. γεγονέναι 47, 13. λεκάνην χρυσῆν ἔχειν 180. 13. χεῖρες χρυσαῖ 262, 31. χρυσοῖ δακτύλιοι 89, 11. ὀφθαλμοί 11, 2. ὀδόντες 33, 3. ὅρμοι 73, 11. 208, 1. χρυσοῦς στέφανος 71, 21. χρυσᾶ νομίσματα 154, 22. 222, 9. χρυσᾶ ποτήρια 60, 25. χρυσῆ Ἀφροδίτη 261, 8. 12.
χρυσοφορεῖν διά τινα ἀρχὴν ἢ ἱερωσύνην 94, 10. ὁ χρυσοφορῶν ἀπόβλεπτός ἐστι 72, 1.
χρυσοχοεῖν 49, 15.
χρῶμα 66, 13. 70, 19. 92, 6. 157, 24. 235, 22. ἀστέρων 136, 18. χρώματα ἱστοῦ 182, 18. τὰ τῷ χρώματι ὅμοια 225, 5.
χυλός 32, 13.
χυμοὶ δριμεῖς 86, 27.
χωλὸν γεγονέναι 254, 26.
χωρισθῆναι 262, 28. τοῦ ἀνδρός 75, 26. 157, 2. δοῦλος χωρισθεὶς τοῦ δεσπότου 37, 1.
χωρίον δημόσιον 120, 22. εἰς χωρίον εἰσιόντες οἱ μετάίται 189, 15. ἔρκη χωρίων 237, 2.
χωρὶς ἀλλήλων γενέσθαι 75, 11. οἱ χωρὶς οἰκοῦντες ἐπὶ ταὐτὸ συναχθέντες 77, 1.
χωρισμός 156, 27.
ψάλλειν 53, 8.
ψάρ 113, 20. 235, 7. 8.
ψεκάδες 91, 21.
ψεύδεσθαι 146, 23. 170, 23—171, 2. 190, 2.
ψευδῆ λέγειν 246, 7. ψευδεῖς ἐλπίδες 148, 1. 162, 16. 178, 20. 228, 17.
ψευδόμαντις mg 161, 20.
ψηφίζεσθαι 135, 18.
ψῆφοι 89, 13. 170, 1. ὀφθαλμῶν 26, 19. 28, 17. 90, 17. δακτύλιοι ψήφους ἔχοντες 89, 11. ψήφοις παίζειν 11, 14. 22. 170, 3. 8.
ψηφοπαικτέω 190, 1—6.

ψιλὸν εἶναι 23, 4—22. ψιλαὶ ὀφρῦς 26, 13. ψιλὰ πράγματα 212, 5.
οἱ ψιλότητες ἀπορίας οὐδὲν διαφέρουσιν ἢ ὅτι κατ' ἔλλειψιν γίνονται θερμοῦ ἢ ὅτι μηδενὸς ἐπιλαβέσθαι παρέχουσιν 23, 8.
ψιλοῦσθαι 147, 23. τὰς ὀφρῦς 26, 15.
ψιττακός 234, 20.
ψόγους ἔχειν 126, 10.
ψόφος 65, 28. διὰ τὸν ψόφον 150, 4.
ψοφώδης ὁ νάρθηξ mg 150, 4.
ψυχή 262, 5. ψυχῆς ἴδια 3, 16—23. κοινὰ σώματι καὶ ψυχῇ 3, 16—23. ἔχει ἡ ἡμετέρα ψυχὴ συγγενές τι πρὸς τὸ περιέχον καὶ τὸν ἀέρα τὸν ἐκτός 155, 9. ψυχὴ τὸ σῶμα καταλιπεῖν μέλλουσα 261, 20. φασὶ τὰς ψυχὰς ἀπαλλαγείσας τῶν σωμάτων εἰς τὸν οὐρανὸν ἀνιέναι τάχει χρωμένας ὑπερβάλλοντι 160, 25. αἱ ψυχαὶ τῶν καμόντων ἀπαλλαγεῖσαι τῶν σωμάτων ἐν ἄλλαις γίνονται διατριβαῖς 262, 9. ψυχὴ ἀνθρώπου φύσει μαντική 206, 10.
τὰ ψυχικά 3, 22.
ψυχοπομπός 141, 24.
ψυχρός 171, 25. ψυχρὸς ὁ χρυσός 71, 27. τὸ ψυχρὸν τοῦ σελίνου 71, 2. ψυχρὸν ὕδωρ 59, 23. ψυχραὶ ἐγχειρήσεις 92, 4. ψυχροὶ οἱ ἐν Ἅιδου 153, 1.
ψωμίζειν τὸ αἰδοῖον ἄρτῳ καὶ τυρῷ 265, 19.

ψώρα 186, 18—187, 6.
ᾠδικοί 69, 18.
ὠδίνειν 259, 14.
Ὠκεανός 105, 17. 131, 16. 145, 26.
ὦμοι 38. 24—39, 5. 272, 24. παλαιστοῦ 64, 19. ὦμος δεξιός 260, 26. μὴ δύνασθαι ἰδεῖν τὸν ἕτερον τῶν ὤμων 263, 25. παρὰ τὸν ὦμον 4, 16.
ὠμοὶ ἄνθρωποι 115, 11. τροφὴ ὠμή 265, 1. ὠμὰ κρέα ἐσθιόμενα 64, 7. ὠμοὶ ἄρτοι 206, 13. ὠμότερον 53, 17.
ᾠόν 147, 18. 271, 27.
Ὧραι 131, 6. 143, 17. 148, 14.
ὧραι τί 203, 26. ὧραι ἔτους 86, 1. 104, 6. 106, 7. κατὰ τὴν ὥραν 66, 10. 70, 5. 7. κατὰ τὴν ὥραν τὴν οἰκείαν 91, 27. τὴν ἰδίαν 66, 3. παρὰ τὴν ὥραν 70, 8. 92, 2. τὰ παρὰ τὴν ὥραν ἄνθη 70, 2. πρὸ ὥρας 268, 18. τὰ πρὸ τῆς ὥρας 211, 17—212, 2. τὰ εἰς ὥρας ἐσόμενα 252, 10. ὧραι αἱ πρὸ τῆς ἕκτης 194, 17.
ὡραῖος παῖς 242, 26. ὡραία παρθένος 20, 15. γυνή 29, 1. ἐπὶ τὸ ὡραιότερον μεταβάλλειν 46, 15.
ὡρολόγιον 194, 13—18.
ὠφέλειαι 135, 26. 218, 16. ὠφέλειαι 50, 8. 61, 25. 64, 4. 26. 82, 8. 102, 12. 23. 139, 22. 150, 5. 180, 1. ἐπ' ὠφελείᾳ 123, 5. ὠφελεῖσθαι πολλά 38, 6.

Supplementum Indicis:

ἀδόξως 273, 15.
Ἀθηνᾶ φρόνησις εἶναι νενόμισται 133, 13.
ΑΝΩΝΤΜΟΣ ἐν τρίτῳ τῆς ἑαυτοῦ συντάξεως 214, 21.
ἀφροδισίοις χαρίζεσθαι 214, 21.

καταλύειν 273, 15.
λύγκες (simiarum genus) v. Add. ad mg 104, 17.
p. 309[a] versu 3 a fine lege 7 pro 17.
p. 313[b] versu 8 scribe μέριμναι pro μερίμναι.

Addenda et Corrigenda.

Pag. 7, 8. ἐστί] immo ἔστι.

p. 9, 22. γίνεται γὰρ ὡς τοῖς εὐπόροις τὸ πῦρ ἄκουσι καὶ τοῖς Conradus Bursianus in Anall. Philol. et Paedag. a. 1863. p. 702.

p. 11, 11. δῆλον οὖν παντὶ γένοιτ' ἂν ὅτι πάντα ἀπὸ τοῦ αὐτοῦ ἀπέβη τῷ τὸν αὐτὸν ἔχειν λόγον] pro παντί malim παιδί vel παισί, ut est p. 40, 18 ὅτι δὲ ναύταις καὶ ὀρχησταῖς καὶ θαυματοποιοῖς μὴ ἔχειν χεῖρας οὐκ ἀγαθόν, ἐπειδὴ ἄνευ τούτων οὐχ οἷοί τέ εἰσιν ἐργάζεσθαι, δῆλον δήπουθέν ἐστι παισίν coll. p. 213, 25 ὅτι δὲ ἃς ἀναγράφουσί τινες συνταγὰς πολλοῦ γέλωτός εἰσι μεσταί, καὶ τοῖς ἐπὶ ποσὸν ἀφιγμένοις φρονήσεως ἡγοῦμαι σαφὲς εἶναι.

p. 11, 28. Fortasse scribendum est Εὔηνος ἐν τοῖς πρὸς Εὔνομον Ἐρωτικοῖς.

p. 12, 26. in adnotatione post δύο λαμβάνειν excidit L.

p. 13, 4. infinitivum desiderari dixi in adnotatione. excidit aut ὕπτιον πέτεσθαι aut ἐπὶ θαλάσσης περιπατεῖν. vide p. 160, 16 ὕπτιον δὲ πέτεσθαι πλέοντι μὲν ἢ βουλομένῳ πλεῦσαι οὐ πονηρόν. 174, 25 ἐπὶ θαλάσσης περιπατεῖν ἀποδημῆσαι βουλομένῳ ἀγαθόν, καὶ μάλιστά γε εἰ πλεῖν μέλλοι.

p. 15, 5. in adnotatione pro τινὰ scribe τίνα.

p. 15, 22. rectius scribes ἐφηβείας.

p. 19, 4. καὶ τὰ κρυπτὰ ἐλέγχει ἐπεὶ τὸ κεκρυμμένον τέως βρέφος ἐξεφάνη] pro ἐπεί L exhibet κατά, quod in καθά conversum Artemidoro assignavit Bursianus. at particula causali opus erat, neque usquam Artemidorus voce καθά usus est. ut ἐπεί hoc loco post τὰ κρυπτὰ ἐλέγχει, ita post eandem formulam ἐπειδή legitur p. 190, 13. quae p. 18, 9 ex capite octavo Bursianus inseruit verba, ea eodem loco collocanda esse dudum ego dixi in Museo Rhenano. idem valet de aliis nonnullis, quae ille proposuit.

p. 20, 5. Frustra Bursianus coniecit εἰ μὴ γυναῖκα ἔχοι υἱὸν ἐν γαστρὶ ἔχουσαν· neque enim formula ἐν γαστρὶ ἔχειν accusativum sibi adiungi patitur.

p. 20, 19. τὰ γὰρ παρὰ τὴν ἡλικίαν μοχθηρά] malim τὰ γὰρ παρ' ἡλικίαν μοχθηρά, v. p. 211, 15. 24.

p. 22, 8. in adn. post σοφῷ ἀνδρὶ adde V.

p. 23, 22. τὸ πρὸς κόσμον τοῦ βίου τεῖνον] fortasse τὸ πρὸς κόσμον τεῖνον omissis τοῦ βίου, v. p. 88, 16 πᾶν γὰρ τὸ πρὸς κόσμον τεῖνον ἀπολέσαι σημαίνει.

p. 24, 15. βλάβην ὑπὸ τῶν ὀνυχισάντων] nunc cum L malim ἀπό.

p. 25, 7. ἀρυθμα] scribendum erat ἄρρυθμα.

p. 28, 8. ἔτι καὶ τοῦτο] rescribe ἔτι καὶ τοῦτο χρὴ σκοπεῖν ὅτι.

p. 28, 11. ἢ ἀδελφὸν ἢ θυγατέρα] malim καὶ ἀδελφὸν καὶ θυγατέρα.

p. 31, 12. φιλογεωργὸς] immo φιλογέωργος.

p. 32, 24. πολλάκις δὲ καὶ πρεσβύτας ἀπέβαλον τινές] scribe ἀπέβαλόν τινες. ante πρεσβύτας excidisse videtur γονέας. mox post ὀδόντας cum V delendum δέ.

p. 37, 6. in adnotatione scribe 'ὁ ἑορακώς] ὁ ἑωρακώς V, om L ||'

p. 37, 7. hinc sua sumsit Suidas in v. Τοίχαρχος. ἐπὶ νεὼς ὁ ἄρχων αὐτῆς. τοιχάρχου δὲ πρῳρεύς, πρῳρέως δὲ κυβερνήτης, κυβερνήτου δὲ ναύκληρος. apparet autem, in Artemidori oratione quater expungendum fuisse articulum.

p. 37, 22. in adn. corrige ἑαυτοῦ et mox ante προαγορεύει 24 pone pro 23.

p. 42, 13. nunc malim ἔτι κἀκεῖνο χρὴ σκοπεῖν ὅτι ἡ καρδία κτλ.

p. 43, 12. αἰδώς] respexit hunc locum Suidas in v. αἰδώς.

p. 45, 1. in margine corrige CAP. XLVI—XLV.

p. 45, 18. καιομένους] malim καομένους.

p. 45, 24. in adnotatione scribe προσαγωνιῶντες L pro προσαγωνιῶντες V.

p. 47, 1. in margine corrige CAP. XLIX. L.

p. 48, 13. praefero ἀπραξίαν hic et 87, 21.

p. 55, 24. scr. γυναιξί.

p. 55, 26. παισί praeceperat Valesius.

p. 59, 2. Laurentiani lectionem εφῶεισῃ, cuius patrocinium suscepit Bursianus (rectius scripsisset ἐφ' ὃ εἰσῄει, non ἐφ' ᾧ εἰσῄει), ego propterea sprevi, quod verba μὴ εὑρεῖν interiectis ἐφ' ᾧ εἰσῄει male dissocientur a formula ὅπερ ἐσήμαινεν αὐτῷ τὸ ὄναρ, cui confinem esse debere infinitivum et linguae leges suadent et ipse Artemidorus his exemplis demonstrat: p. 130, 1 καὶ τοῦτο ἦν ὅπερ προηγόρευεν αὐτῷ ὁ ὄνειρος, δεῖν ἱκετεύειν τὸν θεόν. 188, 13 καὶ τοῦτο ἦν ὅπερ προηγόρευεν αὐτῷ τὸ ὄναρ, συνεξαμαρτάνειν αὐτῷ τὸν οἰκέτην. 223, 26 καὶ τοῦτο ἦν ὅπερ προηγόρευεν αὐτῷ ἡ ψυχή, μέλλειν ξύλῳ μικροῦ δεῖν ἀποθανεῖσθαι. 266, 24 καὶ τοῦτο ἦν ἄρα, ὅπερ ἐσήμαινεν αὐτῷ τὸ ὄναρ, δεῖν φυλάττεσθαι καὶ θύειν ἀποτρόπαια τῷ θεῷ.

p. 59, 6. post πορεύονται excidisse videtur οἱ ἄνθρωποι.

p. 61, 19. in adnot. pro κίναρα scr. κινάρα.

p. 63, 22. ibidem post ἀκέρδειαν μὲν τὰ δὲ excidit V.

p. 64, 22. ἀγαθᾶ] typothetae error. lege ἀγαθαί.

p. 65, 16. admirationem faciunt verba ἐπὶ δὲ τῶν ἄλλων πεμμάτων τῶν ἐν ἑορταῖς καὶ θυσίαις γινομένων τὰς κρίσεις ἀπὸ τοῦ λόγου τῶν ἑορτῶν ποιητέον, ubi leve est, quod scribendum esse videtur ἀπὸ τοῦ περὶ ἑορτῶν λόγου vel ἀπὸ τοῦ λόγου τοῦ περὶ ἑορτῶν. maius est, quod, si locum indagare coneris, quo de festis diebus disseruerit Artemidorus, eius rei frustra suscipias laborem. itaque excidit caput aut ipsius scriptoris vitio aut librariorum.

p. 65, 25. τὰ addidi post χειμερινά.

p. 65, 26. post καλούμενον dele comma.

p. 66, 12. scribendum est λαθραίους cum Laurentiano. vide p. 99, 21.

p. 66, 15. βερεκόκκια] volebam πραικόκκια. nunc malim βερίκοκκα.

p. 68, 15. εἰ μὴ ὥσπερ δεσπότῃ ἀποτόμῳ καὶ ὠμῷ τῇ γαστρὶ τὴν ἀποφορὰν ἀποδῶσι] requiritur ἢν μή.

p. 69, 1. in margine corrige LXXVI pro XLVI.

p. 70, 15. in adnot. scribe 'ὅπου δὲ Reiskius: ὅπου γε LV.'

p. 70, 21. οἱ δ᾽ ἐκ τῶν κρίνων γεγονότες (στέφανοι) εἰς ἐλπίδας ἀναβάλλουσι τὰ πράγματα] ita cum Reiskio scripsi. sed debebam εἰς ἐλπίδας ἀναβάλλονται τὰ πράγματα. medio Artemidorus usus est etiam p. 49, 6.

p. 85, 14. τῷ κάμνοντι] malim τῷ καμόντι.

p. 94, 10. μέλλοντως] scr. μέλλοντος.

p. 96, 22. δὲ post λύχνους cum V expungendum erat.

p. 96, 24. in adnotatione post οἶκοι corrige V pro L.

p. 98, 7. ἀνακαίειν] malim ἀνακάειν.

p. 99, 16. ἀδικίας τὰς ὑπὸ τῶν τοιούτων — προσώπων] pro ὑπό emendandum est ἀπό et mox δόλους καὶ ἐνέδρας ἀπὸ πονηρῶν ἀνδρῶν καὶ γυναικῶν. sine codicum controversia ἀπό legitur p. 102, 18 τὰς ἀπὸ τοιούτων ἀνδρῶν ἀπειλὰς ἢ τοὺς ἀπὸ πυρὸς κινδύνους (in proximis correxi οὐκ ἀπὸ ἀνδρῶν ἀλλ᾽ ἀπὸ γυναικῶν). 122, 12 τὴν ἀπὸ δεσποτῶν καὶ δικαστῶν ἀπειλήν. alibi dixit ἀπειλὴ ἔκ τινος, βλάβη ἔκ τινος, v. p. 92, 16. 178, 17. similiter Apollodorus II, 5, 6 ὄρνεις — τὴν ἀπὸ τῶν λύκων ἁρπαγὴν δεδοικότες. Diodorus IV, 55 Θετταλὸν μὲν τὸν διαφυγόντα τὸν ἀπὸ τῆς μητρὸς φόνον.

p. 100, 17. in adnot. scribe 'ceterum εἶναι σχῆμα V.'

p. 102, 15. ὅταν δὲ ἀπειλῇ ἢ ἀγριαίνῃ τινὶ ὁ λέων] pro τινί, quod absurdum est, V exhibet τι et ipsum ab Artemidori consuetudine alienissimum. scilicet utrumque coniunctivum absolute efferri oportebat. vide indicem in ἀπειλῶν, διώκειν, οἱ προσιόντες.

p. 102, 20. quae typothetarum incuria exciderant verba ἐτήρησα δὲ πολλάκις καὶ ἄνδρας πλουσίους σημαίνουσαν διαβεβλημένους ἐπὶ κιναιδίᾳ alieno loco a correctore illata fuerunt. sedem suam habent post μαντεύεται versu 24.

p. 103, 11. de elephanto: ἐπειδὰν βαστάξῃ ἀφόβως πειθόμενος τῷ ἐποχουμένῳ, τὰς ἀπὸ τῶν τοιούτων ἐργασίας μαντεύεται] perperam pro ἀφόβως conieci ἀβλαβῶς, male etiam in indice ἀφόβως coniunxi cum βαστάζω. scribendum videtur ἀθορύβως πειθόμενος.

p. 104, 17. σφίγγας δὲ καὶ πιθήκους τοὺς τὰς οὐρὰς ἔχοντας]

post δὲ καί in L legitur λύγγοι καί, in V λύγους καί, quae aliud agens in marginem reieci. licet enim inde eruere λύγκας, quod genus simiarum ignotum adhuc lexicographis apud Galenum exstat vol. IV. p. 94: πίθηκος, εἶτα λύγκες καὶ σάτυροι, κἄπειθ' ἑξῆς κυνοκέφαλοι. deinde vide ne pro πιθήκους τοὺς τὰς οὐρὰς ἔχοντας cum Veneto rescribendum sit κερκοπιθήκους abiectis τοὺς τὰς οὐρὰς ἔχοντας, quae glossae speciem referunt.

p. 107, 14. immo ἁλιείαν.

p. 108, 1. in margine corrige LIB. II. itemque in proximis paginis.

p. 108, 10. malim κυεῖ.

p. 108, 24. scr. κήρυξ.

p. 109, 4. αὐτοί videtur spurium esse.

p. 109, 9. post οἶδε pone comma.

p. 109, 18. ὁ λεγόμενος βάτος] codicum lectio intacta relinquenda erat. aquila piscis praeter hunc locum commemoratur in Coeranidis libro quarto: ἀετός ἐστιν ἰχθὺς ἀλέπιδος, ὅμοιος ἱέρακι ἰχθύι, μελάντερος, παρεοικὼς κατὰ πάντα τρυγόνι δίχα τοῦ κέντρου. itaque aquila, ut proximi apud Artemidorum pisces, et ipsa ex raiarum genere est.

p. 110, 8. in adnot. pro προύστη] pone προέστη].

p. 110, 13. ὅθεν] ita correxi codicum scripturam ὅπου. nunc praefero ὁπόθεν, quod in simili sententia legitur p. 150, 4 ὁπόθεν δὲ οἱ παιόμενοι λαμβάνουσι τὰς πληγάς, ἐντεῦθεν τὰς ὠφελείας συμβέβηκε γενέσθαι.

p. 110, 16. in adnotatione dele verba 'post σῶσαι addidi δύναται.'

p. 111, 25. ὄρνιθες ἱεροί haud scio an recte habeant. de falconibus certe Demetrius Pepagomenus Hieracosoph. p. 1 τὸ τῶν ἱερῶν ὀρνίθων γένος. 3 τὸ ἱερὸν τῶν ὀρνίθων γένος.

p. 113, 1. ἢ πρῶτον ἔτος] rectius scribes ἢ α' ἔτος, v. p. 264, 16.

p. 114, 15. οὐ γὰρ πρότερον φθέγγεται εἰ μὴ πρὸς τῷ ἀποθανεῖν ᾖ. scribendum aut ἦν μή aut εἴη.

p. 117, 25. egregie Bursianus in Laurentiani lectione ἃ μὴ vidit recondi ἄμη. scribendum igitur ἀξίνη δὲ καὶ ἄμη γυναικός τε καὶ γυναικείας ἐργασίας. vide Phrynichum Bekkeri p. 62, 9 σκαφεῖον: ἐργαλεῖον, ᾧ σκάπτουσιν, ἤτοι ἄμη ἢ ἀξίνη.

p. 118, 10. in adn. scr. εἰς τροφήν ἐστι]

p. 119, 3. ibidem corrige (p. 118, 20) pro (p. 118, 22).

p. 119, 6. post ἀποτυχίαν dele punctum.

p. 120, 8. μεμνῆσθαι δὲ καὶ τοῦτο χρή] corrige μεμνῆσθαι δὲ καὶ τούτου χρή, itemque p. 95, 13 et 167, 2 μεμνῆσθαι δὲ χρὴ καὶ τούτου. eundem soloecismum distinctione sustuli p. 147, 24, ubi erat ἔτι καὶ τοῦτο μεμνῆσθαι χρὴ ὅτι, et p. 228, 7, ubi legebatur ἔτι καὶ τοῦτο μέμνησο ὅτι.

p. 121, 26. nunc Laurentiani lectionem praeopto καὶ ἐν ποταμῷ καὶ ἐν λίμναις.

p. 124, 18. corr. πλουσίοις.

p. 128, 6. μηδέπω δὲ αὐτοὺς ἐλευθερωθῆναι] dele αὐτούς.

ADDENDA ET CORRIGENDA 347

p. 128, 21. ἀργυρέων] in Laurentiani margine a manu recenti adscriptum est γρ. μυρμίλλων.

p. 129, 23. in adnotatione ante θεῶν pro 23 pone 22 et mox insere 23 ante τὰ πρὸ τῶν..

p. 131, 6. ante καὶ Τύχη excidisse καὶ Ἥφαιστος testatum facit Vulcanus infra commemoratus p. 142, 28—143, 2.

p. 131, 20. τοῖς μὲν μέγα. δυναμένοις ἀνδράσι καὶ γυναιξίν] malim τοῖς μέγα δυναμένοις καὶ ἀνδράσι καὶ γυναιξίν.

p. 132, 11. ὁ Πανύασις] malim Πανύασις sine articulo.

p. 132, 25. Ἐλευθέρα] Ἐλευθώ Rigaltius.

p. 134, 1. Ἥλιος ἀπὸ δύσεως ἀνατέλλων τὰ κρυπτὰ ἐλέγχει τῶν λεληθέναι δοκούντων] verba τῶν λεληθέναι δοκούντων importaticia esse censeo. nusquam enim Artemidorus a formula τὰ κρυπτὰ ἐλέγχειν pendere fecit genetivum. vide indicem in v.

p. 134, 21. malim ἐπικάει.

p. 135, 9. corr. ἀφαιρούμενος.

p. 136, 26. in adnotatione scribe: τὰ μὲν θερινὰ τὴν ἐπὶ τὸ βέλτιον μεταβολὴν] ἐπὶ τὰ βελτίονα θερινὰ μεταβολὴν L, τὴν ἐπὶ τὰ βελτίονα τὰ θερινὰ μεταβολὴν V. verborum ordinem redintegravit Reiffius, ego τὸ βέλτιον emendavi pro τὰ βελτίονα.

p. 137, 28. aut hic scribendum παρήλια, aut p. 131, 1 pro τὰ ὑπὸ τούτων συνιστάμενα παρήλια restituendum masculinum.

p. 138, 2. ἃ καὶ οἱ ὑπὲρ αἴρα ὁραθέντες εἰώθασι ποιεῖν] verba εἰώθασι ποιεῖν in marginem revocanda esse videntur.

p. 140, 1. in adnotatione post λαμβανομένους corrige V pro L.

p. 140, 22. tolle emblema ὅτε ἦν ἐν ἀνθρώποις.

p. 140, 29. Διόνυσος praecepit Rigaltius.

p. 141, 13. dele τῷ. mox glossatoris esse videntur διὰ τὴν τοῦ θεοῦ προσηγορίαν καὶ εὐχαριστίαν. cogitavit ille, nisi fallor, de Libero patre.

p. 142, 5. ἀγύρταις καὶ καπήλοις καὶ ζυγοστάταις καὶ θυμελικοῖς καὶ ἰατροῖς καὶ σκηνικοῖς] ἰατροῖς, nisi aliunde irrepsit, commutandum est cum θεατρικοῖς. vide p. 162, 13 θεατρικοὶ δὲ καὶ οἱ ἐπὶ θυμέλην ἀναβαίνοντες.

p. 142, 13. pro ἐπιγόνων malim ἐπιπλοκῶν.

p. 143, 12. in adnot. post ἐπιμελουμένη pro L ponendum V.

p. 145, 9. ibidem corr. καὶ πᾶς.

p. 147, 11. reducenda est Veneti editionumque lectio λίχνον.

p. 147, 18. de vocis ἰατροῖς veritate non debebam dubitare. ni mirum ova medicis bene eveniunt ob ᾠὰ ὑέλινα ἰατρικά, de quibus vide Schneiderum in Ecl. Phys. t. 2. p. 116.

p. 148, 3. verba φαίνονται δὲ οἱ θεοὶ usque ad θεοὺς σημαίνουσιν nunc Artemidoro abiudicanda esse censeo.

p. 153, 7. in adnot. corrige 'post ταῖς αὐταῖς.'

p. 153, 20. post τῶν ἐν Ἅιδου, ni fallor, excidit δαιμόνων.

p. 155, 14. εἰς τὸ ἐναντίον τρεπόμενον] verba suspecta.

ADDENDA ET CORRIGENDA

p. 158, 22. ὑψηλοτέρους] sua hinc sumsit Suidas in v. ὑψηλότερος.

p. 150, 14. τοὺς δὲ λανθάνειν πειρωμένους καὶ τοὺς ἀποκρυπτομένους ἐλέγχει] malim omisso articulo καὶ ἀποκρυπτομένῳ, uti recte scriptum est p. 94, 6. nisi forte insiticium est καὶ τοὺς ἀποκρυπτομένους itemque καὶ λανθάνειν πειρωμένους p. 94, 7 et καὶ ἀποκρύπτεσθαι p. 133, 28. vide indicem.

p. 162, 19. οἱ addidi cum Suida et Laurentiani manu secunda.

p. 163, 16. οὕτω] ita Reiffius scripsit.

p. 178, 14. in adn. scribe ὅς] ὡς L.

p. 185, 2. verba καὶ ὄχλον ἄρχειν haud scio an delenda sint.

p. 187, 5. scribe αἰσχυνθήσεται.

p. 187, 9. in adnot. post σημαίνει excidit L.

p. 191, 18. καί, quod a L addi scripsi post αὐτῆς, re vera in illo post ἥ additum est.

p. 200, 9. vere, ut videtur, Bursianus ἵνα δὲ μήποτε ἐξαπατηθῇς οὐ ταὐτὰ τοῖς πολλοῖς ἐνύπνια κτλ.

p. 211, 3. καὶ ἐπικτᾶσθαι] haec ex proximis huc videntur illata esse.

p. 214, 1. verba ηρείδων ζωμον — τοιαῦτα in L spatio relicto omissa sunt.

p. 214, 11. ὑποδεικνύειν] typographi sphalma. scr. ἐπιδεικνύειν.

p. 214, 13. in adnot. corr. γελοιότερα et mox διαυλοδρόμος.

p. 214, 20. καί τις κάσῖς συνταγὰς καὶ θεραπείας ἀναπλάσσει, ὃς μάλιστα κατακόρως ἐν τρίτῳ τῆς ἑαυτοῦ κέχρηται οὕτως] ad Artemidorum refero καί τις συνταγὰς καὶ θεραπείας κτλ, ad glossatorem corruptam vocem κάσῖς, in qua ut Casium iatrosophistam agnoscere mihi videar, libri Aristotelici περὶ ζῴων vicinitas efficit.

p. 220, 26. quae in adnotatione scripsi ʽοἷον ante ἱμάτιον transposuerim᾿ de priore ἱμάτιον intelligi volebam. malebam igitur πάντα — ο ἷ ο ν ἱμάτιον οἰκία.

p. 224, 4. perperam scripsi μεταγνωσθεῖσα. fortasse μεταπεισθεῖσα vel μεταγνοῦσα verum est.

p. 225, 2. Γάλλους] ita Reiffius correxit.

p. 227, 2. fortasse ἐν Ῥώμῃ expungendum est.

p. 236, 8. τὰ δὲ ἄγρια καὶ ἀποθνήσκοντα καὶ χειρούμενα] καὶ post αγρια videtur tollendum esse.

p. 238, 2. verba καὶ μὴ καθαρεύειν τὰ στόματα emblematis speciem referunt.

p. 238, 16. ὅσα γε μή] pugnant inter se contextus et adnotatio. delenda est particula γε.

p. 240, 25. immo γαυλῷ.

p. 254, 11. in adnotatione pro ποσιδῶνος L || τοῦ ἐν Ἰσθμῷ] τῇ βάσει τοῦ ενϳεμοτηβασιλειααλύσει L, βάσει V pone Ποσειδῶνος τοῦ ἐν Ἰσθμῷ] ποσιδῶνος τοῦ ενϳεμο L, ποσειδῶνος V.

p. 255, 19. malim διὰ τὸ σελίνῳ τοὺς ἐν Νεμέᾳ νικῶντας στεφανοῦσθαι.

p. 257, 23. in adn. pro πρόπον corr. τρόπον.

ADDENDA ET CORRIGENDA

p. 257, 26. post φεύγων excidisse videtur δημοσίων. cf. p. 11, 8. 256, 7.

p. 258, 13. fortasse παρὰ τὰ κοινῇ νενομισμένα.

p. 258, 21. in L pro σκυτίδα est κυτιδα sine accentu. in transcursu moneo, transposita sibila σκυτίδα restituendum esse Dioscoridi II 12 οἱ δὲ τῆς κεφαλῆς σκώληκες εἰς κύστιδα ἐνδεόμενοι καὶ περιαπτόμενοι τραχήλῳ ἢ βραχίονι, ubi G. Dindorfius cóniiciebat κυτίδα. excidit sibila apud Philostratum Imagg. I 28 τὸ μὲν χρῶμα (τῆς στολῆς) ἐκ φοινικῆς ἀλουργίας, ἣν ἐπαινοῦσι Φοίνικες, ἀγαπάσθω δὲ τῶν ἀλουργῶν μάλιστα, δοκοῦν γὰρ σκυθρωπάζειν ἕλκει τινὰ παρὰ τοῦ ἡλίου ὥραν καὶ τῷ τῆς ἴδης ἄνθει ῥαίνεται. scribendum enim est τῷ τῆς σίδης ἄνθει.

p. 259, 18. pro σωθήσεσθαι scribendum videtur σωθῆναι.

p. 264, 17. post παῖδα pone colon.

p. 264, 24. in adnotatione corrige: ἐπύκτευεν] ἐπύκτευσεν LV.

p. 270, 13. ibidem scribe κατάξει pro καττάξει. mox post Suidas dele colon et versu 20 disiunctim scribe ἔδοξέ τις LV.

p. 320[b] versu 3 a fine lege τάς pro τούς.

CPSIA information can be obtained at www.ICGtesting.com
Printed in the USA
LVOW10s1554020516

486308LV00057B/1635/P

9 781104 036294